Y TESTAMENT NEWYDD

GOOD [illegible]

NEW TESTAMENT

THE BRITISH AND FOREIGN BIBLE SOCIETY

in association with

COLLINS/FOUNT

Y TESTAMENT NEWYDD

YN GYMRAEG

The New Testament in Welsh and English

BFBS-1978-2M-263DI

ISBN 0 564 03651 X

I ANN A DAVID

NADOLIG 1979.

RHODD GAN MAM A DAD.

RHAGARWEINIAD

Ar Ddydd Gŵyl Dewi 1975 cyhoeddwyd Testament Newydd *Y Beibl Cymraeg Newydd*, dan nawdd Cydbwyllgor y cynrychiolir arno holl Eglwysi Cymru. Cyhoeddwyd y gyfrol ar ran y Cydbwyllgor gan Y Gymdeithas Feiblaidd Frytanaidd a Thramor. Bu'r derbyniad brwd a gafodd, a'r gwerthiant mawr a fu arni (gwerthwyd 50,000 o gopïau mewn llai na dwy flynedd) yn galondid mawr i'r Cydbwyllgor ac i'r Gymdeithas fel ei gilydd.

Yn fuan ar ôl cyhoeddi'r cyfieithiad Cymraeg newydd hwn, daeth Cymdeithas y Beiblau yn argyhoeddedig bod galw mewn rhai cylchoedd yng Nghymru—mewn ardaloedd di-Gymraeg, er enghraifft, ac ymhlith y nifer cynyddol o ddysgwyr y Gymraeg—am argraffiad diglot a fyddai'n gosod y fersiwn newydd yn gyfochrog â chyfieithiad Saesneg modern. Mynegodd y Gymdeithas ei hawydd i baratoi argraffiad ar y llinellau hyn, a chytunodd y Cydbwyllgor yn barod iawn â'r cynllun.

Y cam angenrheidiol nesaf, wrth gwrs, oedd penderfynu pa fersiwn Saesneg i'w ddefnyddio i'r pwrpas. Am resymau ymarferol, yn bennaf, y dewiswyd y "Today's English Version". Cyhoeddwyd y Testament Newydd yn y fersiwn hwn gan y Gymdeithas Feiblaidd Americanaidd yn yr Unol Daleithiau yn 1966 a daeth yn adnabyddus ym Mhrydain wedi i gwmni Collins ei gyhoeddi yn 1968 yng nghyfres boblogaidd Fontana Books, dan y teitl *Good News for Modern Man*: *the New Testament in Today's English Version*. Gwerthwyd dros hanner can miliwn o gopïau o'r cyfieithiad hwn o'r Testament Newydd mewn deng mlynedd. Yn Hydref 1976 cyhoeddwyd y Beibl cyfan yn y fersiwn poblogaidd hwn dan y teitl *Good News Bible*: *Today's English Version* (The Bible Societies: Collins/Fontana, 1976), ac y mae'r gyfrol hon yn cynnwys y pedwerydd argraffiad (diwygiedig) o'r Testament Newydd yn y fersiwn *T.E.V*.

Un rheswm amlwg dros ddewis y *T.E.V.* i'w gyfosod â'r *B.C.N.* yw'r ffaith fod i'r Gymdeithas Feiblaidd Frytanaidd a Thramor ran uniongyrchol yn y gwaith o gyhoeddi'r naill a'r llall. Yr oedd y dull cyfrifiadurol a fabwysiadwyd i gysodi testun y *T.E.V.* yn hwyluso'r ffordd i argraffu ar bob tudalen Saesneg yr un faint yn union o destun ag a geir ar dudalen presennol testun y *B.C.N.*; golygai hyn arbediad sylweddol iawn yn y gost o baratoi a chyhoeddi'r argraffiad diglot. Rheswm arall dros fabwysiadu'r *T.E.V.* yw'r ffaith ei fod yntau, fel y *B.C.N.*, yn seiliedig ar y testun Groeg a gyhoeddwyd gan y Cymdeithasau Beiblaidd Unedig (*The Greek New Testament*, 1966; trydydd argraffiad, 1976).

Y mae'n bwysig, fodd bynnag, i'r sawl fydd yn defnyddio'r argraffiad diglot hwn sylweddoli mai dau gyfieithiad cwbl annibynnol ar ei gilydd yw'r fersiynau Cymraeg a Saesneg a gynhwysir ynddo, a bod yr egwyddorion a ddilynwyd gan y cyfieithwyr yn amrywio cryn dipyn rhwng y naill gyfieithiad a'r llall. Nid ydynt, felly, yn cyfateb i'w gilydd o ran ieithwedd ac arddull, na chwaith bob amser o ran eu dehongliad o ystyr y testun.

Y mae'r *T.E.V.* yn perthyn i ddosbarth o gyfieithiadau o'r Ysgrythurau i ieithoedd modern a adwaenir fel "common language versions". Y bwriad, fel yr eglura'r Rhagair i *Good News Bible* 1976, yw cynnig "i ddarllenwyr heddiw y ddealltwriaeth lawnaf sy'n bosibl o gynnwys y testunau gwreiddiol" trwy ddefnyddio "geiriau a ffurfiau iaith a dderbynnir yn gyffredinol gan bobl sy'n defnyddio Saesneg fel cyfrwng cyfathrebu"—naill ai fel eu mamiaith neu fel ail iaith. Gan hynny, "nid yw'r cyfieithiad yn dilyn yr eirfa a'r arddull traddodiadol a geir yn fersiynau hanesyddol y Beibl Saesneg; y mae'n ceisio, yn hytrach, gyflwyno cynnwys a neges y Beibl yn y Saesneg safonol a naturiol a arferir o ddydd i ddydd yn y bywyd cyfoes."

Y mae fersiwn y *B.C.N.*, o'i gymharu â'r *T.E.V.*, yn fwy ceidwadol a thraddodiadol a llenyddol ei naws a'i arddull. Lluniwyd ef yn bennaf at wasanaeth yr Eglwysi yn eu haddoliad a'u gweithgarwch addysgol. Ar gyfer darllenwyr a myfyrwyr â'u cefndir yn y traddodiad Cristionogol y bwriadwyd ef yn y lle cyntaf. Er iddo gael ei gyflwyno i'r Eglwysi a'r genedl gyda'r deisyfiad (a fynegir yn Rhagair argraffiad 1975) "iddo fod yn gyfrwng i genhadaeth Duw yn y Gymru gyfoes", nid yw'n gyfieithiad "cenhadol" yn yr ystyr o geisio cyfathrebu neges y Testament Newydd mewn termau cwbl ddealladwy i ddarllenwyr nad oes ganddynt unrhyw gefndir yn y traddodiad beiblaidd a Christionogol. Y mae'r dyfyniadau canlynol o'r Rhagarweiniad i fersiwn y *B.C.N.* yn egluro'r egwyddorion a ddilynwyd ynddo :

> Ceisiodd y Panel, hyd y gallai, ymgadw rhag unrhyw duedd i *aralleirio*'r gwreiddiol yn hytrach na'i gyfieithu. Y mae'n wir fod pob cyfieithiad da i ryw fesur yn esboniad ar y gwaith gwreiddiol. Ond nid yr un yw gwaith y cyfieithydd a'r eiddo'r esboniwr, ac y mae'r naill a'r llall mor anhepgorol â'i gilydd. Nid yw'r cyfieithiad presennol yn ceisio osgoi pob amwysedd

yn y gwreiddiol trwy fabwysiadu un dehongliad posibl ar draul un arall; pan yw'r gwreiddiol yn amwys, ceisir cyfleu, hyd y gellir, yr un amwysedd yn y cyfieithiad. Gyda golwg ar dermau diwinyddol "technegol", barnodd y Panel mai gwell ar y cyfan oedd cadw'r ffurfiau Cymraeg traddodiadol, sydd fel rheol yn drosiadau llythrennol o'r termau gwreiddiol, yn hytrach na gwisgo mantell yr esboniwr ac aralleirio'r termau er ceisio dehongli eu hystyr. Am y rheswm hwn cadwyd termau fel "teyrnas Dduw", "bywyd tragwyddol", "yng Nghrist", "cnawd", "cyfiawn-cyfiawnhau-cyfiawnhad-cyfiawnder", "sant-sanctaidd-sancteiddio-sancteiddhad", etc. Weithiau, fodd bynnag, pan yw'r cyfieithiad llythrennol a thraddodiadol yn gamarweiniol a lle mae cytundeb cyffredinol ymhlith esbonwyr cyfoes ynglŷn ag ystyr y term gwreiddiol, mentrwyd ar gyfieithiad newydd. Felly, er enghraifft, yn Rhufeiniaid 3. 25 aeth "gwaed" yn "marw aberthol" a "iawn" yn "moddion puredigaeth".

Lle'r oedd yn bosibl cyfleu ystyr y gwreiddiol mewn Cymraeg rhywiog, naturiol trwy gyfieithu'n fwy neu lai llythrennol a dilyn trefn geiriau a chymalau'r Groeg, hynny a wnaed. Ond ni phetruswyd ymadael, lle'r oedd angen, â'r dull "gair am air", "cymal am gymal", o gyfieithu. Yr amcan llywodraethol oedd cyfleu, mor ffyddlon ag y gellid, ystyr y cyfansoddiad gwreiddiol fel cyfanwaith.

Ni wnaethpwyd unrhyw ymdrech fwriadol, fel y gwnaethpwyd yn y *New English Bible*, i osgoi iaith "feiblaidd" ei naws a bod mor wahanol ag y gellid i'r cyfieithiad Cymraeg clasurol a thraddodiadol . . . Ychydig, yn wir, yw'r adnodau sydd, yn y cyfieithiad a gynigir yn awr, heb eu newid o gwbl. Ond mewn cyfartaledd pur uchel o'r enghreifftiau y mae'r cyfnewidiadau'n gyfyngedig i fanylion yn ymwneud â gramadeg a chystrawen . . .

Ym marn y rhai a fu'n darparu'r cyfieithiad hwn y mae lle . . ., a phob cyfiawnhad, i fersiwn sy'n ymdebygu i'r corff sylweddol o lenyddiaeth dda, yn farddoniaeth a rhyddiaith, sydd wedi ei ysgrifennu yn Gymraeg yn y ganrif hon. Nid cadw urddas yr Ysgrythurau a'r iaith a ddarllenir ar achlysuron seremonïol yw'r unig amcan wrth gyfieithu fel y gwnaed yma, ond hefyd (ac yn bennaf efallai) cadw cyswllt rhwng y Beibl a llenyddiaeth gyfoes. Geill eraill, yn gwbl briodol, roi cyfieithiad sy'n llawer iawn nes i'r iaith lafar, ond bydd y cyfieithiad hwnnw wedi ei ddieithrio, yn holl naws ei ieithwedd, oddi wrth bron y cyfan o lenyddiaeth yr iaith.

Nid yw'r ffaith bod y ddau fersiwn a gynhwysir yn yr argraffiad presennol i ryw fesur yn wahanol o ran eu hieithwedd a'u hegwyddorion sylfaenol yn anfantais i gyd. Rhydd hyn gyfle i'r sawl fydd yn defnyddio'r gyfrol gymharu dau fath gwahanol o fersiwn modern o'r Testament Newydd. Y mae'n bosibl y bydd angen yng Nghymru yn y blynyddoedd i ddod am gyfieithiad mewn "iaith gyffredin" ar batrwm y *T.E.V.*—yng ngeiriau'r Rhagarweiniad a ddyfynwyd uchod, "cyfieithiad sy'n llawer iawn nes i'r iaith lafar". Y mae'r Gymdeithas Feiblaidd eisoes wedi datgan ei pharodrwydd i gyhoeddi fersiwn felly, os bydd digon o alw amdano. Bydd adwaith darllenwyr i'r argraffiad diglot presennol yn foddion i'r Gymdeithas synhwyro maint y galw am fersiwn "iaith gyffredin" yn Gymraeg.

Y mae'n bleser gennyf gymeradwyo'r gyfrol hon i'r darllenwyr y bwriadwyd hi yn bennaf ar eu cyfer, ac yn wir i ddarllenwyr Cymraeg yn gyffredinol sy'n chwilio'r Ysgrythurau er mwyn darganfod cyflawnder y trysor sydd ynddynt.

OWEN E. EVANS

Bangor, Ionawr 1977. Cyfarwyddwr *Y Beibl Cymraeg Newydd.*

INTRODUCTION

St. David's Day 1975 saw the publication of the New Testament of *Y Beibl Cymraeg Newydd,* a new translation of the Bible into contemporary Welsh sponsored by a Joint Committee representative of all Churches in Wales. The work was published, on behalf of the Joint Committee, by the British and Foreign Bible Society. The enthusiastic welcome afforded it, and the fact that 50,000 copies of the volume have been sold in less than two years, have greatly encouraged both the Welsh Churches Joint Committee and the Bible Society.

Soon after the publication of this new Welsh version of the New Testament, the Bible Society and the Joint Churches Committee became convinced that there was a need, in some circles within Wales - in anglicised areas, for instance, and among the ever-growing number of learners of the Welsh language - for a diglot edition that would set the new Welsh version alongside a modern English version of the New Testament. The Society indicated its willingness to undertake the publication of such an edition, and the Joint Committee readily agreed to the proposal.

The next step, of course, was to decide which English version to use for this purpose. The considerations which led to the choice of "Today's English Version" were in the main of a practical nature. The New Testament in this version was first published in the U.S.A. in 1966 by the American Bible Society, and gained wide circulation in Britain as a result of its appearance in 1968 in the popular series of Fontana paperbacks published by Collins (*Good News for Modern Man: The New Testament in Today's English Version.*) Over fifty million copies of this version of the New Testament were sold within the space of ten years. In the Autumn of 1976 the complete Bible was published in the same popular version under the title, *Good News Bible: Today's English Version* (The Bible Societies: Collins/Fontana, 1976); this volume incorporates the fourth (revised) edition of the *T.E.V.* New Testament.

One obvious reason for choosing the *T.E.V.* to place alongside the *B.C.N.* is the fact that the British and Foreign Bible Society was directly concerned with the publication of each of these versions. The computerised method by which the *T.E.V.* text was set for printing makes it easily possible to match the existing page of the *B.C.N.* text, a fact which substantially reduces the cost of preparing and publishing a diglot edition. Another reason for choosing the *T.E.V.* is the fact that, like the *B.C.N.*, it is based on the Greek text published by the United Bible Societies (*The Greek New Testament*, 1966; third edition, 1976).

It is important, however, that users of this diglot edition should be fully aware that the Welsh and English versions it comprises are completely independent, and that the principles underlying the process of translation varied considerably as between the one and the other.

They do not, therefore, correspond to one another in their linguistic and stylistic approaches, nor indeed at all points in their interpretation of the meaning of the text.

The *T.E.V.* belongs to a class of translations of the Scriptures into modern language that have become known as the "common language versions". The aim of such a version as it is explained in the Foreword to the *Good News Bible* (1976) is "to give today's readers maximum understanding of the content of the original texts" by using "words and forms that are widely accepted by people who use English as a means of communication" - either as their mother tongue or as a second language. Accordingly, the translation "does not follow the traditional vocabulary and style found in the historic English Bible versions. Instead it attempts to present the Biblical content and message in standard, everyday, natural English."

Compared with the *T.E.V.*, the *B.C.N.* version is more traditional and literary in character and style. It was prepared chiefly for use by the Churches in their worship and in their educational activity. The primary constituency for which it was intended was that of readers and students whose background is firmly in the Christian tradition. Although it was presented to the Churches and the Welsh nation with the prayer (expressed in the Foreword to the 1975 edition) that it might be "a means of furthering the mission of God in contemporary Wales", it is not a "missionary" version in the sense that it seeks to communicate the message of the New Testament in terms readily intelligible to readers who lack any background in the Christian biblical tradition. The following (translated) excerpts from the Introduction to the *B.C.N.* version explain the principles underlying the translation:

> The Panel sought, as far as possible, to avoid any tendency to *paraphrase,* rather than translate, the original. It is true that every good translation is to some extent a commentary on the original work. But the translator's task is distinct from that of the commentator, though each is as necessary as the other. The present translation does not seek to avoid every ambiguity in the original by adopting one possible interpretation at the expense of another; where the original is ambiguous, the aim is to convey as far as possible the same ambiguity in the translation. In the case of "technical" theological terms the Panel judged it best, on the whole, to retain the traditional Welsh forms which are usually literal renderings of the terms found in the original, rather than to don the commentator's mantle and paraphrase the terms in an attempt to interpret their meaning. For this reason the new version retains such terms as "Kingdom of God", "eternal life", "in Christ", "flesh", "just(righteous)-justify-justification-righteousness", "saint-holy-sanctify-sanctification", etc. Occasionally, however, when the literal and traditional translation is misleading and when there is widespread agreement among modern commentators regarding the

meaning of the original term, the translators have ventured to adopt a new rendering. Thus for instance, in Romans 3.25 "blood" has become "sacrificial death" and "propitiation" has become "means of purification".

Where it was possible to express the meaning of the original in natural, idiomatic Welsh whilst translating more or less literally and following the same order of words and clauses as the Greek, that was the course adopted. We did not, however, hesitate to depart from this "word-for-word, clause-for-clause" method of translating whenever such a course became necessary. The governing principle and aim was to convey, as faithfully as possible, the meaning of the original composition as a whole.

No deliberate attempt was made, as was the case with the *New English Bible*, to avoid "biblical" language and to be as different as possible from the classic and traditional Welsh version . . . There are but few verses, indeed, which in the new version have suffered no change at all. But in a fairly high proportion of instances the changes are limited to details of grammar and syntax . . .

. . . In the judgement of those responsible for preparing this translation, there is room . . . and every justification for a version which is similar in literary character to the substantial body of good literature, both poetry and prose, that has been written in Welsh during the present century. In opting for this style of translation, the aim has been, not merely to preserve the dignity of the Scriptures and of the language that is read on ceremonial occasions, but to maintain the link between the Bible and contemporary literature. Others may, quite properly, provide a version that will be much closer to everyday speech, but such a version will be entirely divorced, in its linguistic and stylistic character, from almost the whole of Welsh literature.

The fact that the two versions used in the present edition represent such different linguistic and stylistic approaches may not be without its advantages. It will provide an opportunity for users of the edition to compare the two different kinds of modern version. It is possible that the years immediately ahead will reveal that there is a need in Wales for a "common language" version similar in style and character to the *T.E.V.* - in the words of the Introduction quoted above, "a version that will be much closer to everyday speech." The Bible Society has already expressed its willingness to publish such a version if there is a sufficient demand for it. The reactions of readers to the present diglot edition will help the Society to judge the extent to which there is a need for a "common language" translation into Welsh.

I gladly commend this volume to the class of readers for which it is primarily intended, and indeed to Welsh readers generally who search the Scriptures in order to discover the fulness of the treasure contained in them.

Owen E. Evans

Bangor, January 1977. Director of *Y Beibl Cymraeg Newydd.*

Contents

CYNNWYS

THE GOSPEL ACCORDING TO

MATTHEW

The Ancestors of Jesus Christ

(Luke 3.23-38)

1 This is the list of the ancestors of Jesus Christ, a descendant of David, who was a descendant of Abraham.

2-6a From Abraham to King David, the following ancestors are listed: Abraham, Isaac, Jacob, Judah and his brothers; then Perez and Zerah (their mother was Tamar), Hezron, Ram, Amminadab, Nahshon, Salmon, Boaz (his mother was Rahab), Obed (his mother was Ruth), Jesse, and King David.

6b-11 From David to the time when the people of Israel were taken into exile in Babylon, the following ancestors are listed: David, Solomon (his mother was the woman who had been Uriah's wife), Rehoboam, Abijah, Asa, Jehoshaphat, Jehoram, Uzziah, Jotham, Ahaz, Hezekiah, Manasseh, Amon, Josiah, and Jehoiachin and his brothers.

12-16 From the time after the exile in Babylon to the birth of Jesus, the following ancestors are listed: Jehoiachin, Shealtiel, Zerubbabel, Abiud, Eliakim, Azor, Zadok, Achim, Eliud, Eleazar, Matthan, Jacob, and Joseph, who married Mary, the mother of Jesus, who was called the Messiah.

17 So then, there were fourteen generations from Abraham to David, and fourteen from David to the exile in Babylon, and fourteen from then to the birth of the Messiah.

The Birth of Jesus Christ

(Luke 2.1-7)

18 This was how the birth of Jesus Christ took place. His mother
Mary was engaged to Joseph, but before they were married, she
found out that she was going to have a baby by the Holy Spirit.
19 Joseph was a man who always did what was right, but he did
not want to disgrace Mary publicly; so he made plans to break
the engagement privately. 20 While he was thinking about this, an

YR EFENGYL YN ÔL

MATHEW

Llinach Iesu Grist
(Lc 3.23-38)

Dyma restr achau Iesu Grist, Mab Dafydd, mab Abraham. 1
Yr oedd Abraham yn dad i Isaac, Isaac yn dad i Jacob, a 2
Jacob yn dad i Jwda a'i frodyr. Yr oedd Jwda yn dad i Phares 3
a Sara, a Thamar yn fam iddynt; yr oedd Phares yn dad i
Hesrom, Hesrom i Aram, Aram i Aminadab, Aminadab i 4
Naason, Naason i Salmon; yr oedd Salmon yn dad i Boas, a 5
Rachab yn fam iddo, Boas yn dad i Obed, a Ruth yn fam iddo,
Obed yn dad i Jesse, a Jesse yn dad i'r Brenin Dafydd. 6

Yr oedd Dafydd yn dad i Solomon, a gwraig Ureias yn fam
iddo, yr oedd Solomon yn dad i Rehoboam, Rehoboam yn dad 7
i Abia, ac Abia'n dad i Asa. Yr oedd Asa'n dad i Jehosaffat, 8
Jehosaffat i Joram, Joram i Useia, Useia i Jotham, Jotham i 9
Ahas, Ahas i Heseceia, Heseceia i Manasse, Manasse i Amon, 10
ac Amon i Joseia. Yr oedd Joseia yn dad i Jechoneia a'i frodyr 11
yng nghyfnod y gaethglud i Fabilon.

Ar ôl y gaethglud i Fabilon, yr oedd Jechoneia yn dad i 12
Salathiel, Salathiel i Sorobabel, Sorobabel i Abiwd, Abiwd i 13
Eliacim, Eliacim i Asor, Asor i Sadoc, Sadoc i Achim, Achim i 14
Eliwd, Eliwd i Eleasar, Eleasar i Mathan, a Mathan i Jacob. 15
Yr oedd Jacob yn dad i Joseff, gŵr Mair, a hi a roddodd enedig- 16
aeth i Iesu, a elwid y Meseia.

Felly, pedair ar ddeg yw cyfanrif y cenedlaethau o Abraham 17
hyd Ddafydd, a phedair ar ddeg o Ddafydd hyd y gaethglud i
Fabilon, a phedair ar ddeg hefyd o'r gaethglud i Fabilon hyd y
Meseia.

Genedigaeth Iesu Grist
(Lc 2.1-7)

Fel hyn y bu genedigaeth Iesu Grist. Pan oedd Mair ei fam 18
wedi ei dyweddïo i Joseff, cyn iddynt briodi fe gafwyd ei bod
hi'n feichiog o'r Ysbryd Glân. A chan ei fod yn ddyn cyfiawn, 19
ond heb ddymuno ei chywilyddio'n gyhoeddus, penderfynodd
Joseff, ei gŵr, ei gollwng ymaith yn ddirgel. Ond wedi iddo 20

angel of the Lord appeared to him in a dream and said, "Joseph,
descendant of David, do not be afraid to take Mary to be your
wife. For it is by the Holy Spirit that she has conceived. 21 She
will have a son, and you will name him Jesus—because he will
save his people from their sins."
22 Now all this happened in order to make what the Lord had
said through the prophet come true, 23 "A virgin will become pregnant
and have a son, and he will be called Immanuel" (which means,
"God is with us").
24 So when Joseph woke up, he married Mary, as the angel of
the Lord had told him to do. 25 But he had no sexual relations
with her before she gave birth to her son. And Joseph named him
Jesus.

Visitors from the East

2 Jesus was born in the town of Bethlehem in Judaea, during
the time when Herod was king. Soon afterwards, some men
who studied the stars came from the east to Jerusalem 2 and asked,
"Where is the baby born to be the king of the Jews? We saw
his star when it came up in the east, and we have come to worship
him."
3 When King Herod heard about this, he was very upset, and
so was everyone else in Jerusalem. 4 He called together all the chief
priests and the teachers of the Law and asked them, "Where will
the Messiah be born?"
5 "In the town of Bethlehem in Judaea," they answered. "For
this is what the prophet wrote:
6 'Bethlehem in the land of Judah,
you are by no means the least of the leading cities of Judah;
for from you will come a leader
who will guide my people Israel.' "
7 So Herod called the visitors from the east to a secret meeting
and found out from them the exact time the star had appeared.
8 Then he sent them to Bethlehem with these instructions: "Go and
make a careful search for the child, and when you find him, let
me know, so that I too may go and worship him."
9-10 And so they left, and on their way they saw the same star
they had seen in the east. When they saw it, how happy they were,
what joy was theirs! It went ahead of them until it stopped over
the place where the child was. 11 They went into the house, and

gynllunio felly, dyma angel yr Arglwydd yn ymddangos iddo
mewn breuddwyd, a dweud, "Joseff fab Dafydd, paid ag ofni
cymryd Mair yn wraig i ti, oherwydd y mae'r hyn a genhedl-
wyd ynddi yn deillio o'r Ysbryd Glân. Bydd yn esgor ar fab, 21
a gelwi ef Iesu, am mai ef a wareda ei bobl oddi wrth eu
pechodau." A digwyddodd hyn oll fel y cyflawnid y gair a 22
lefarwyd gan yr Arglwydd trwy'r proffwyd:

" Wele, bydd y wyryf yn beichiogi, ac yn esgor ar fab, 23
a gelwir ef Emmanuel ",

hynny yw, o'i gyfieithu, "Y mae Duw gyda ni". A phan 24
ddeffrôdd Joseff o'i gwsg, gwnaeth fel yr oedd angel yr Ar-
glwydd wedi gorchymyn, a chymryd Mair yn wraig iddo.
Ond ni chafodd gyfathrach â hi hyd nes iddi esgor ar fab; a 25
galwodd ef Iesu.

Ymweliad y Sêr-ddewiniaid

Wedi i Iesu gael ei eni ym Methlehem Jwdea yn nyddiau'r 2
Brenin Herod, daeth sêr-ddewiniaid o'r dwyrain i Jerwsalem a
holi, " Ble mae'r hwn a anwyd i fod yn frenin yr Iddewon ? 2
Oherwydd gwelsom ei seren ef ar ei chyfodiad, a daethom i dalu
gwrogaeth iddo." A phan glywodd y Brenin Herod hyn, 3
cythruddwyd ef, a Jerwsalem i gyd gydag ef. Galwodd ynghyd 4
yr holl brif offeiriaid ac ysgrifenyddion y bobl, a holi ganddynt
ble yr oedd y Meseia i gael ei eni. Eu hateb oedd, " Ym 5
Methlehem Jwdea, oherwydd felly yr ysgrifennwyd gan y
proffwyd:

' A thithau Bethlehem yng ngwlad Jwda, 6
nid y lleiaf wyt ti o lawer ymysg tywysogion Jwda,
canys ohonot ti y daw allan arweinydd
a fydd yn fugail ar fy mhobl Israel.' "

Yna galwodd Herod y sêr-ddewiniaid yn ddirgel ato, a 7
holodd ganddynt yn fanwl pa bryd yr oedd y seren wedi ym-
ddangos. Anfonodd hwy i Fethlehem gan ddweud, " Ewch, a 8
chwiliwch yn fanwl am y plentyn, a phan fyddwch wedi dod o
hyd iddo, rhowch wybod i mi er mwyn i minnau hefyd fynd a
thalu gwrogaeth iddo." Wedi gwrando ar y brenin aethant ar eu 9
taith, a dyma'r seren a welsent ar ei chyfodiad yn mynd o'u
blaen hyd nes iddi ddod ac aros uwchlaw'r lle yr oedd y
plentyn. A phan welsant y seren, yr oeddent yn llawen dros 10
ben. Daethant i'r tŷ a gweld y plentyn gyda Mair ei fam; 11

when they saw the child with his mother Mary, they knelt down
and worshipped him. They brought out their gifts of gold, frankincense,
and myrrh, and presented them to him.
12 Then they returned to their country by another road, since God
had warned them in a dream not to go back to Herod.

The Escape to Egypt

13 After they had left, an angel of the Lord appeared in a dream to
Joseph and said, "Herod will be looking for the child in order to kill
him. So get up, take the child and his mother and escape to Egypt, and
stay there until I tell you to leave."
14 Joseph got up, took the child and his mother, and left during
the night for Egypt, 15 where he stayed until Herod died. This was
done to make what the Lord had said through the prophet come
true, "I called my Son out of Egypt."

The Killing of the Children

16 When Herod realized that the visitors from the east had tricked
him, he was furious. He gave orders to kill all the boys in Bethlehem
and its neighbourhood who were two years old and younger—this
was done in accordance with what he had learned from the visitors
about the time when the star had appeared.
17 In this way what the prophet Jeremiah had said came true:
18 "A sound is heard in Ramah,
the sound of bitter weeping.
Rachel is crying for her children;
she refuses to be comforted,
for they are dead."

The Return from Egypt

19 After Herod died, an angel of the Lord appeared in a dream
to Joseph in Egypt 20 and said, "Get up, take the child and his
mother, and go back to the land of Israel, because those who tried
to kill the child are dead." 21 So Joseph got up, took the child and
his mother, and went back to Israel.
22 But when Joseph heard that Archelaus had succeeded his father
Herod as king of Judaea, he was afraid to go there. He was given
more instructions in a dream, so he went to the province of Galilee
23 and made his home in a town named Nazareth. And so what
the prophets had said came true: "He will be called a Nazarene."

syrthiasant i lawr a thalu eu gwrogaeth iddo, ac wedi agor eu
trysorau offrymasant iddo anrhegion, aur a thus a myrr. Yna, 12
ar ôl cael eu rhybuddio mewn breuddwyd i beidio â dychwelyd
at Herod, aethant yn ôl i'w gwlad ar hyd ffordd arall.

Ffoi i'r Aifft

Wedi iddynt ymadael, dyma angel yr Arglwydd yn ym- 13
ddangos i Joseff mewn breuddwyd, a dweud, " Cyfod, a
chymer y plentyn a'i fam gyda thi, a ffo i'r Aifft, ac aros yno
hyd nes y dywedaf wrthyt, oherwydd y mae Herod yn mynd i
chwilio am y plentyn er mwyn ei ladd." Yna cododd Joseff, a 14
chymerodd y plentyn a'i fam gydag ef liw nos, ac ymadael i'r
Aifft. Arhosodd yno hyd farwolaeth Herod, fel y cyflawnid y 15
gair a lefarwyd gan yr Arglwydd trwy'r proffwyd: " O'r Aifft
y gelwais fy mab."

Lladd y Plant

Yna, pan ddeallodd Herod iddo gael ei dwyllo gan y sêr- 16
ddewiniaid, aeth yn gynddeiriog, a rhoddodd orchymyn i ladd
pob un o'r plant ym Methlehem a'r holl gyffiniau oedd yn
ddwyflwydd oed neu lai, gan gyfrif o'r amser a hysbyswyd iddo
gan y sêr-ddewiniaid. Felly y cyflawnwyd y gair a lefarwyd 17
trwy Jeremeia'r proffwyd:

" Llef a glybuwyd yn Rama, 18
wylofain a galaru dwys;
Rachel yn wylo am ei phlant,
ac ni fynnai ei chysuro, am nad oeddent mwy."

Dychwelyd o'r Aifft

Ar ôl i Herod farw, dyma angel yr Arglwydd yn ymddangos 19
mewn breuddwyd i Joseff yn yr Aifft, gan ddweud, " Cyfod, a 20
chymer y plentyn a'i fam gyda thi, a dos i wlad Israel, oherwydd
bu farw y rhai oedd yn ceisio bywyd y plentyn." Yna cododd 21
Joseff, a chymerodd y plentyn a'i fam gydag ef, a mynd i wlad
Israel. Ond wedi clywed bod Archelaus yn teyrnasu dros 22
Jwdea yn lle ei dad Herod, daeth ofn ar Joseff fynd yno.
Cafodd ei rybuddio mewn breuddwyd, ac ymadawodd i barth-
au Galilea, ac ymsefydlodd mewn tref a elwid Nasareth, fel y 23
cyflawnid y gair a lefarwyd trwy'r proffwydi: " Gelwir ef yn
Nasaread."

The Preaching of John the Baptist
(Mark 1.1-8; Luke 3.1-18; John 1.19-28)

3 At that time John the Baptist came to the desert of Judaea
and started preaching. 2 "Turn away from your sins," he said,
"because the Kingdom of heaven is near!" 3 John was the man the
prophet Isaiah was talking about when he said,

"Someone is shouting in the desert,
'Prepare a road for the Lord;
make a straight path for him to travel!'"

4 John's clothes were made of camel's hair; he wore a leather
belt round his waist, and his food was locusts and wild honey. 5 People
came to him from Jerusalem, from the whole province of Judaea,
and from all the country near the River Jordan. 6 They confessed
their sins, and he baptized them in the Jordan.

7 When John saw many Pharisees and Sadducees coming to him
to be baptized, he said to them, "You snakes—who told you that
you could escape from the punishment God is about to send? 8 Do
those things that will show that you have turned from your sins.
9 And don't think you can escape punishment by saying that Abraham
is your ancestor. I tell you that God can take these stones and
make descendants for Abraham! 10 The axe is ready to cut down
the trees at the roots; every tree that does not bear good fruit will
be cut down and thrown in the fire. 11 I baptize you with water
to show that you have repented, but the one who will come after
me will baptize you with the Holy Spirit and fire. He is much
greater than I am; and I am not good enough even to carry his
sandals. 12 He has his winnowing shovel with him to thresh out all
the grain. He will gather his wheat into his barn, but he will burn
the chaff in a fire that never goes out."

The Baptism of Jesus
(Mark 1.9-11; Luke 3.21-22)

13 At that time Jesus arrived from Galilee and came to John at
the Jordan to be baptized by him. 14 But John tried to make him
change his mind. "I ought to be baptized by you," John said, "and
yet you have come to me!"

15 But Jesus answered him, "Let it be so for now. For in this
way we shall do all that God requires." So John agreed.

16 As soon as Jesus was baptized, he came up out of the water.

Pregethu Ioan Fedyddiwr
(Mc 1. 1-8; Lc 3. 1-9, 15-17; In 1. 19-28)

Yn y dyddiau hynny daeth Ioan Fedyddiwr, gan bregethu'r **3**
genadwri hon yn anialwch Jwdea: "Edifarhewch, oherwydd 2
y mae teyrnas Dduw wedi dod yn agos." Dyma'r hwn y 3
soniwyd amdano gan y proffwyd Eseia pan ddywedodd:

"Llais un yn llefain yn yr anialwch,
'Paratowch ffordd yr Arglwydd,
gwnewch lwybrau union iddo.'"

Yr oedd dillad Ioan o flew camel, a gwregys o groen am ei ganol, 4
a'i fwyd oedd locustiaid a mêl gwyllt. Yr oedd trigolion 5
Jerwsalem a Jwdea i gyd, a'r holl wlad o amgylch yr Iorddonen,
yn mynd allan ato, ac yn cael eu bedyddio ganddo yn afon 6
Iorddonen, gan gyffesu eu pechodau.

A phan welodd Ioan lawer o'r Phariseaid a'r Sadwceaid yn 7
dod i'w bedyddio ganddo, dywedodd wrthynt: "Chwi epil
gwiberod; pwy a'ch rhybuddiodd i ffoi rhag y digofaint sydd i
ddod? Dygwch ffrwyth gan hynny a fydd yn deilwng o'ch 8
edifeirwch. A pheidiwch â meddwl dweud wrthych eich 9
hunain, 'Y mae gennym Abraham yn dad', oherwydd 'rwy'n
dweud wrthych y gall Duw godi plant i Abraham o'r cerrig
hyn. Ac y mae'r fwyell eisoes wrth wraidd y coed; felly, y 10
mae pob coeden nad yw'n dwyn ffrwyth da yn cael ei thorri i
lawr a'i bwrw i'r tân. Yr wyf fi yn eich bedyddio â dŵr i 11
edifeirwch; ond y mae'r hwn sydd yn dod ar f'ôl i yn gryfach
na mi, un nad wyf fi'n deilwng i dynnu ei esgidiau. Bydd ef yn
eich bedyddio â'r Ysbryd Glân ac â thân. Y mae ei wyntyll yn 12
barod yn ei law, a bydd yn nithio'n lân yr hyn a ddyrnwyd, ac
yn casglu ei wenith i'w ysgubor. Ond am yr us, bydd yn llosgi
hwnnw â thân anniffoddadwy."

Bedydd Iesu
(Mc 1. 9-11; Lc 3. 21-22)

Yna daeth Iesu o Galilea i'r Iorddonen at Ioan i'w fedyddio 13
ganddo. Ceisiodd Ioan ei rwystro, gan ddweud, "Myfi sydd 14
ag angen fy medyddio gennyt ti, ac a wyt ti yn dod ataf fi?"
Meddai Iesu wrtho, "Gad imi ddod yn awr, oherwydd fel hyn 15
y mae'n weddus i ni gyflawni popeth y mae cyfiawnder yn ei
ofyn." Yna gadawodd Ioan iddo ddod. Bedyddiwyd Iesu, ac 16

Then heaven was opened to him, and he saw the Spirit of God
coming down like a dove and alighting on him. 17 Then a voice
said from heaven, "This is my own dear Son, with whom I am
pleased."

The Temptation of Jesus

(Mark 1.12-13; Luke 4.1-13)

4 Then the Spirit led Jesus into the desert to be tempted by the
Devil. 2 After spending forty days and nights without food, Jesus
was hungry. 3 Then the Devil came to him and said, "If you are
God's Son, order these stones to turn into bread."

4 But Jesus answered, "The scripture says, 'Man cannot live on bread alone, but needs every word that God speaks.' "

5 Then the Devil took Jesus to Jerusalem, the Holy City, set him
on the highest point of the Temple, 6 and said to him, "If you are
God's Son, throw yourself down, for the scripture says,

'God will give orders to his angels about you;
they will hold you up with their hands,
so that not even your feet will be hurt on the stones.' "

7 Jesus answered, "But the scripture also says, 'Do not put the Lord your God to the test.' "

8 Then the Devil took Jesus to a very high mountain and showed
him all the kingdoms of the world in all their greatness. 9 "All this I
will give you," the Devil said, "if you kneel down and worship
me."

10 Then Jesus answered, "Go away, Satan! The scripture says, 'Worship the Lord your God and serve only him!' "

11 Then the Devil left Jesus; and angels came and helped him.

Jesus Begins His Work in Galilee

(Mark 1.14-15; Luke 4.14-15)

12 When Jesus heard that John had been put in prison, he went
away to Galilee. 13 He did not stay in Nazareth, but went to live
in Capernaum, a town by Lake Galilee, in the territory of Zebulun
and Naphtali. 14 This was done to make what the prophet Isaiah
had said come true,

yna, pan gododd allan o'r dŵr, dyma'r nefoedd yn agor iddo, a
gwelodd Ysbryd Duw yn disgyn fel colomen ac yn dod arno.
A dyma lais o'r nefoedd yn dweud, "Hwn yw fy Mab, yr 17
Anwylyd; ynddo ef yr wyf yn ymhyfrydu."

Temtiad Iesu
(Mc 1. 12-13; Lc 4. 1-13)

Yna arweiniwyd Iesu i'r anialwch gan yr Ysbryd, i gael ei **4**
demtio gan y diafol. Wedi iddo ymprydio am ddeugain dydd 2
a deugain nos daeth arno eisiau bwyd. A daeth y temtiwr a 3
dweud wrtho, "Os Mab Duw wyt ti, dywed wrth y cerrig hyn
am droi'n fara." Ond atebodd Iesu ef, "Y mae'n ysgrifenedig: 4

'Nid ar fara yn unig y bydd dyn fyw,
ond ar bob gair sy'n dod allan
o enau Duw.' "

Yna cymerodd y diafol ef i'r ddinas sanctaidd, a'i osod ar dŵr 5
uchaf y deml, a dweud wrtho, "Os Mab Duw wyt ti, bwrw dy 6
hun i lawr; oherwydd y mae'n ysgrifenedig:

'Rhydd orchymyn i'w angylion amdanat,
ac fe'th gludant ar eu dwylo,
rhag iti daro dy droed yn erbyn carreg.' "

Dywedodd Iesu wrtho, "Y mae'n ysgrifenedig drachefn: 7
'Paid â gosod yr Arglwydd dy Dduw ar ei brawf.' " Unwaith 8
eto cymerodd y diafol ef i fynydd uchel iawn, a dangos iddo holl
deyrnasoedd y byd a'u gogoniant, a dweud wrtho, "Y rhain i 9
gyd a roddaf i ti, os syrthi i lawr a'm haddoli i." Yna dywedodd 10
Iesu wrtho, "Dos ymaith, Satan; oherwydd y mae'n ysgrif-
enedig:

'Yr Arglwydd dy Dduw a addoli,
ac ef yn unig a wasanaethi.' "

Yna gadawodd y diafol ef, a daeth angylion a gweini arno. 11

Dechrau'r Weinidogaeth yng Ngalilea
(Mc 1. 14-15; Lc 4. 14-15)

Ar ôl iddo glywed bod Ioan wedi ei garcharu, aeth Iesu 12
ymaith i Galilea. A chan adael Nasareth aeth i fyw i Gaper- 13
naum, tref ar lan y môr yng nghyffiniau Sabwlon a Neffthali,
fel y cyflawnid y gair a lefarwyd trwy Eseia'r proffwyd: 14

15 "Land of Zebulun and land of Naphtali,
on the road to the sea, on the other side of the Jordan,
Galilee, land of the Gentiles!
16 The people who live in darkness
will see a great light.
On those who live in the dark land of death
the light will shine."

17 From that time Jesus began to preach his message: "Turn away
from your sins, because the Kingdom of heaven is near!"

Jesus Calls Four Fishermen

(Mark 1.16-20; Luke 5.1-11)

18 As Jesus walked along the shore of Lake Galilee, he saw two
brothers who were fishermen, Simon (called Peter) and his brother
Andrew, catching fish in the lake with a net. 19 Jesus said to them,
"Come with me, and I will teach you to catch men." 20 At once
they left their nets and went with him.

21 He went on and saw two other brothers, James and John, the
sons of Zebedee. They were in their boat with their father Zebedee,
getting their nets ready. Jesus called them, 22 and at once they left
the boat and their father, and went with him.

Jesus Teaches, Preaches, and Heals

(Luke 6.17-19)

23 Jesus went all over Galilee, teaching in the synagogues, preaching
the Good News about the Kingdom, and healing people who had
all kinds of disease and sickness. 24 The news about him spread through
the whole country of Syria, so that people brought to him all those
who were sick, suffering from all kinds of diseases and disorders:
people with demons, and epileptics, and paralytics—and Jesus healed
them all. 25 Large crowds followed him from Galilee and the Ten
Towns, from Jerusalem, Judaea, and the land on the other side of
the Jordan.

The Sermon on the Mount

5 Jesus saw the crowds and went up a hill, where he sat down.
His disciples gathered round him, 2 and he began to teach them:

" Gwlad Sabwlon a gwlad Neffthali, 15
ar y ffordd i'r môr, tu hwnt i'r Iorddonen,
Galilea'r Cenhedloedd;
y bobl oedd yn trigo mewn tywyllwch 16
a welodd oleuni mawr,
ac ar drigolion tir cysgod angau
y gwawriodd goleuni."

O'r amser hwnnw y dechreuodd Iesu bregethu'r genadwri 17
hon: " Edifarhewch, oherwydd y mae teyrnas nefoedd wedi
dod yn agos."

Galw Pedwar Pysgotwr
(Mc 1. 16-20; Lc 5. 1-11)

Wrth gerdded ar lan Môr Galilea gwelodd Iesu ddau frawd, 18
Simon, a elwid Pedr, ac Andreas ei frawd, yn bwrw rhwyd i'r
môr; pysgotwyr oeddent. A dywedodd wrthynt, " Dewch ar 19
fy ôl i, ac fe'ch gwnaf yn bysgotwyr dynion." Gadawsant eu 20
rhwydau ar unwaith a'i ganlyn ef. Ac wedi iddo fynd ymlaen 21
oddi yno gwelodd ddau frawd arall, Iago fab Sebedeus ac Ioan
ei frawd, yn y cwch gyda Sebedeus eu tad yn cyweirio eu
rhwydau. Galwodd hwythau, ac ar unwaith, gan adael y cwch 22
a'u tad, canlynasant ef.

Gweinidogaethu i Dyrfa Fawr
(Lc 6. 17-19)

Yr oedd yn mynd o amgylch Galilea gyfan, dan ddysgu yn 23
eu synagogau hwy a phregethu efengyl y deyrnas, ac iacháu
pob afiechyd a phob llesgedd ymhlith y bobl. Aeth y sôn am- 24
dano trwy Syria gyfan; dygasant ato yr holl gleifion oedd yn
dioddef dan amrywiol afiechydon, y rhai oedd yn cael eu llethu
gan boenau, y rhai oedd wedi eu meddiannu gan gythreuliaid,
y rhai lloerig, a'r rhai oedd wedi eu parlysu; ac fe iachaodd ef
hwy. A dilynwyd ef gan dyrfaoedd mawr o Galilea a'r Deca- 25
polis, a Jerwsalem a Jwdea, a'r tu hwnt i'r Iorddonen.

Y BREGETH AR Y MYNYDD
(MATHEW 5-7)

Pan welodd Iesu y tyrfaoedd, aeth i fyny'r mynydd, ac wedi **5**
iddo eistedd i lawr daeth ei ddisgyblion ato. Dechreuodd eu 2
hannerch a'u dysgu fel hyn :

True Happiness

(Luke 6.20-23)

3 “Happy are those who know they are spiritually poor;
the Kingdom of heaven belongs to them!
4 “Happy are those who mourn;
God will comfort them!
5 “Happy are those who are humble;
they will receive what God has promised!
6 “Happy are those whose greatest desire is to do what God requires;
God will satisfy them fully!
7 “Happy are those who are merciful to others;
God will be merciful to them!
8 “Happy are the pure in heart;
they will see God!
9 “Happy are those who work for peace;
God will call them his children!
10 “Happy are those who are persecuted because they do what God
requires;
the Kingdom of heaven belongs to them!
11 “Happy are you when people insult you and persecute you
and tell all kinds of evil lies against you because you are my followers.
12 Be happy and glad, for a great reward is kept for you in heaven.
This is how the prophets who lived before you were persecuted.

Salt and Light

(Mark 9.50; Luke 14.34-35)

13 “You are like salt for all mankind. But if salt loses its saltiness,
there is no way to make it salty again. It has become worthless,
so it is thrown out and people trample on it.
14 “You are like light for the whole world. A city built on a
hill cannot be hidden. 15 No one lights a lamp and puts it under
a bowl; instead he puts it on the lampstand, where it gives light
for everyone in the house. 16 In the same way your light must shine
before people, so that they will see the good things you do and
praise your Father in heaven.

Teaching about the Law

17 “Do not think that I have come to do away with the Law

Y Gwynfydau
(Lc 6. 20-23)

" Gwyn eu byd y rhai sy'n dlodion yn yr ysbryd, 3
oherwydd eiddynt hwy yw teyrnas nefoedd.
Gwyn eu byd y rhai sy'n galaru, 4
oherwydd cânt hwy eu cysuro.
Gwyn eu byd y rhai addfwyn, 5
oherwydd cânt hwy etifeddu'r ddaear.
Gwyn eu byd y rhai sy'n newynu a sychedu am 6
gyfiawnder,
oherwydd cânt hwy eu digon.
Gwyn eu byd y rhai trugarog, 7
oherwydd cânt hwy dderbyn trugaredd.
Gwyn eu byd y rhai pur eu calon, 8
oherwydd cânt hwy weld Duw.
Gwyn eu byd y tangnefeddwyr, 9
oherwydd cânt hwy eu galw'n feibion Duw.
Gwyn eu byd y rhai a erlidiwyd yn achos cyfiawnder, 10
oherwydd eiddynt hwy yw teyrnas nefoedd.

Gwyn eich byd pan fydd dynion yn eich gwaradwyddo a'ch 11
erlid, ac yn dweud pob math o ddrygair celwyddog yn eich
erbyn, o'm hachos i. Llawenhewch a gorfoleddwch, oherwydd 12
y mae eich gwobr yn fawr yn y nefoedd; felly yn wir yr erlid-
iodd dynion y proffwydi oedd o'ch blaen chwi.

Halen a Goleuni
(Mc 9. 50; Lc 14. 34-35)

" Chwi yw halen y ddaear ; ond os cyll yr halen ei flas, 13
â pha beth yr helltir ef ? Nid yw'n dda i ddim bellach ond
i'w luchio allan a'i sathru dan draed gan ddynion. Chwi 14
yw goleuni'r byd. Ni ellir cuddio dinas a osodir ar fryn.
Ac nid yw pobl yn cynnau cannwyll ac yn ei dodi dan lestr, 15
ond yn hytrach ar ganhwyllbren, a bydd yn rhoi golau i bawb
sydd yn y tŷ. Felly boed i'ch goleuni chwithau lewyrchu 16
gerbron dynion, nes iddynt weld eich gweithredoedd da chwi
a gogoneddu eich Tad, yr hwn sydd yn y nefoedd.

Dysgeidiaeth ar y Gyfraith

" Peidiwch â thybio i mi ddod i ddileu'r Gyfraith na'r 17

of Moses and the teachings of the prophets. I have not come to
do away with them, but to make their teachings come true. [18]Re-
member that as long as heaven and earth last, not the least point
nor the smallest detail of the Law will be done away with—not
until the end of all things.[a] [19]So then, whoever disobeys even the
least important of the commandments and teaches others to do the
same, will be least in the Kingdom of heaven. On the other hand,
whoever obeys the Law and teaches others to do the same, will
be great in the Kingdom of heaven. [20]I tell you, then, that you
will be able to enter the Kingdom of heaven only if you are more
faithful than the teachers of the Law and the Pharisees in doing what
God requires.

Teaching about Anger

21 "You have heard that people were told in the past, 'Do not
commit murder; anyone who does will be brought to trial.' [22]But
now I tell you: whoever is angry[b] with his brother will be brought
to trial, whoever calls his brother 'You good-for-nothing!' will be
brought before the Council, and whoever calls his brother a worthless
fool will be in danger of going to the fire of hell. [23]So if you are
about to offer your gift to God at the altar and there you remember
that your brother has something against you, [24]leave your gift there
in front of the altar, go at once and make peace with your brother,
and then come back and offer your gift to God.

25 "If someone brings a lawsuit against you and takes you to court,
settle the dispute with him while there is time, before you get to court.
Once you are there, he will hand you over to the judge, who will hand
you over to the police, and you will be put in jail. [26]There you will
stay, I tell you, until you pay the last penny of your fine.

Teaching about Adultery

27 "You have heard that it was said, 'Do not commit adultery.'
[28]But now I tell you: anyone who looks at a woman and wants
to possess her is guilty of committing adultery with her in his heart.
[29]So if your right eye causes you to sin, take it out and throw
it away! It is much better for you to lose a part of your body
than to have your whole body thrown into hell. [30]If your right
hand causes you to sin, cut it off and throw it away! It is much
better for you to lose one of your limbs than for your whole body
to go to hell.

---

[a] the end of all things; *or* all its teachings come true.

[b] whoever is angry; *some manuscripts have* whoever without cause is angry.

Dysgeidiaeth ar Ysgariad
(Mth 19. 19; Mc 10. 11-12; Lc 16. 18)

" Dywedwyd hefyd, ' Pwy bynnag sy'n ysgaru ei wraig, 31
rhodded iddi lythyr ysgar.' Ond 'rwyf fi'n dweud wrthych 32
fod pob un sy'n ysgaru ei wraig, ar wahân i achos o buteindra,
yn peri iddi hi odinebu, ac y mae'r sawl sy'n priodi gwraig a
ysgarwyd yn godinebu.

Dysgeidiaeth ar Lwon

" Clywsoch hefyd fel y dywedwyd wrth y rhai gynt, ' Na 33
thynga lw twyllodrus ', a ' Rhaid iti gadw pob llw a roist i'r
Arglwydd.' Ond 'rwyf fi'n dweud wrthych: peidiwch â 34
thyngu llw o gwbl; nac i'r nef, gan mai gorsedd Duw ydyw;
nac i'r ddaear, gan mai ei droedfainc ef ydyw; nac i Jerwsalem, 35
gan mai dinas y Brenin mawr ydyw. Paid â thyngu chwaith 36
i'th ben, oherwydd ni elli wneud un blewyn yn wyn nac yn
ddu. Ond boed ' ie ' eich ymadrodd chwi yn ' ie ' yn unig, 37
a'ch ' nage ' yn ' nage ' yn unig; o'r Un drwg y mae popeth dros
ben y rhain.

Dysgeidiaeth ar Ddial
(Lc 6. 29-30)

" Clywsoch fel y dywedwyd, ' Llygad am lygad, a dant am 38
ddant.' Ond 'rwyf fi'n dweud wrthych: peidiwch â gwrth- 39
sefyll y sawl sy'n gwneud drwg i chwi. Os bydd rhywun yn
dy daro ar dy foch dde, tro'r llall ato hefyd. Ac os bydd 40
rhywun am fynd â thi i gyfraith a chymryd dy grys, gad iddo
gael dy fantell hefyd. Ac os bydd rhywun yn dy orfodi i'w 41
ddanfon am un filltir, dos gydag ef ddwy. Rho i'r sawl sy'n 42
gofyn gennyt, a phaid â throi i ffwrdd oddi wrth y dyn sydd am
fenthyca gennyt.

Caru Gelynion
(Lc 6. 27-28, 32-36)

" Clywsoch fel y dywedwyd, ' Câr dy gymydog, a chasâ dy 43
elyn.' Ond 'rwyf fi'n dweud wrthych: carwch eich gelynion, 44
a gweddïwch dros y rhai sydd yn eich erlid; felly fe fyddwch 45
yn feibion i'ch Tad sydd yn y nefoedd, oherwydd y mae ef yn
peri i'w haul godi ar y drwg a'r da, ac yn rhoi glaw i'r cyfiawn

to those who do evil. 46 Why should God reward you if you love
only the people who love you? Even the tax collectors do that!
47 And if you speak only to your friends, have you done anything
out of the ordinary? Even the pagans do that! 48 You must be perfect—
just as your Father in heaven is perfect!

Teaching about Charity

6 "Make certain you do not perform your religious duties in public
so that people will see what you do. If you do these things
publicly, you will not have any reward from your Father in heaven.
2 "So when you give something to a needy person, do not make
a big show of it, as the hypocrites do in the houses of worship
and on the streets. They do it so that people will praise them. I
assure you, they have already been paid in full. 3 But when you
help a needy person, do it in such a way that even your closest
friend will not know about it. 4 Then it will be a private matter.
And your Father, who sees what you do in private, will reward
you.

Teaching about Prayer

(Luke 11.2-4)

5 "When you pray, do not be like the hypocrites! They love to
stand up and pray in the houses of worship and on the street corners,
so that everyone will see them. I assure you, they have already
been paid in full. 6 But when you pray, go to your room, close
the door, and pray to your Father, who is unseen. And your Father,
who sees what you do in private, will reward you.
7 "When you pray, do not use a lot of meaningless words, as
the pagans do, who think that God will hear them because their
prayers are long. 8 Do not be like them. Your Father already knows
what you need before you ask him. 9 This, then, is how you should
pray:

'Our Father in heaven:
May your holy name be honoured;
10 may your Kingdom come;

a'r anghyfiawn. Os carwch y rhai sy'n eich caru chwi, pa wobr 46
sydd i chwi? Onid yw hyd yn oed y casglwyr trethi yn gwneud
cymaint â hynny? Ac os cyfarchwch eich brodyr yn unig, pa 47
ragoriaeth sydd yn hynny? Onid yw'r paganiaid hyd yn oed
yn gwneud cymaint â hynny? Felly byddwch chwi'n berffaith 48
fel y mae eich Tad nefol yn berffaith.

Dysgeidiaeth ar Elusennau

"Cymerwch ofal i beidio â chyflawni eich dyletswyddau **6**
crefyddol o flaen dynion, er mwyn cael eich gweld ganddynt;
os gwnewch, nid oes gwobr i chwi gan eich Tad, yr hwn sydd
yn y nefoedd.

"Felly, pan fyddi'n rhoi elusen, paid â chanu utgorn o'th 2
flaen, fel y mae'r rhagrithwyr yn gwneud yn y synagogau ac
yn yr heolydd, er mwyn cael eu canmol gan ddynion. Yn wir,
'rwy'n dweud wrthych, y mae eu gwobr ganddynt eisoes.
Ond pan fyddi di'n rhoi elusen, paid â gadael i'th law chwith 3
wybod beth y mae dy law dde yn ei wneud. Felly bydd dy 4
elusen di yn y dirgel, a bydd dy Dad, sydd yn gweld yn y
dirgel, yn dy wobrwyo.

Dysgeidiaeth ar Weddi

(Lc 11. 2-4)

"A phan fyddwch yn gweddïo, peidiwch â bod fel y rhagrith- 5
wyr; oherwydd y maent hwy'n hoffi gweddïo ar eu sefyll yn y
synagogau ac ar gonglau'r heolydd, er mwyn cael eu gweld
gan ddynion. Yn wir, 'rwy'n dweud wrthych, y mae eu gwobr
ganddynt eisoes. Ond pan fyddi di'n gweddïo, dos i mewn i'th 6
ystafell, ac wedi cau dy ddrws gweddïa ar dy Dad sydd yn y
dirgel, a bydd dy Dad sydd yn gweld yn y dirgel yn dy wobrwyo.
Ac wrth weddïo, peidiwch â phentyrru geiriau fel y mae'r 7
paganiaid yn gwneud; y maent hwy'n tybied y cânt eu gwrando
am eu haml eiriau. Peidiwch felly â bod yn debyg iddynt hwy, 8
oherwydd y mae eich Tad yn gwybod cyn i chwi ofyn iddo
beth yw eich anghenion. Felly, gweddïwch chwi fel hyn: 9

'Ein Tad yn y nefoedd,
sancteiddier dy enw;
deled dy deyrnas; 10

may your will be done on earth as it is in heaven.
11 Give us today the food we need.[c]
12 Forgive us the wrongs we have done,
as we forgive the wrongs that others have done to us.
13 Do not bring us to hard testing,
but keep us safe from the Evil One.'
14 "If you forgive others the wrongs they have done to you, your
Father in heaven will also forgive you. 15 But if you do not forgive
others, then your Father will not forgive the wrongs you have done.

Teaching about Fasting

16 "And when you fast, do not put on a sad face as the hypocrites do.
They neglect their appearance so that everyone will see that they are
fasting. I assure you, they have already been paid in full. 17 When you
go without food, wash your face and comb your hair, 18 so that others
cannot know that you are fasting—only your Father, who is unseen,
will know. And your Father, who sees what you do in private, will
reward you.

Riches in Heaven

(Luke 12.33-34)

19 "Do not store up riches for yourselves here on earth, where
moths and rust destroy, and robbers break in and steal. 20 Instead,
store up riches for yourselves in heaven, where moths and rust cannot
destroy, and robbers cannot break in and steal. 21 For your heart
will always be where your riches are.

The Light of the Body

(Luke 11.34-36)

22 "The eyes are like a lamp for the body. If your eyes are sound,
your whole body will be full of light; 23 but if your eyes are no
good, your body will be in darkness. So if the light in you is darkness,
how terribly dark it will be!

---

[c] we need; *or* for today; *or* for tomorrow.

gwneler dy ewyllys,
ar y ddaear fel yn y nef.
Dyro inni heddiw ein bara beunyddiol; 11
a maddau inni ein troseddau, 12
fel yr ŷm ni wedi maddau i'r rhai a drosedd-
odd i'n herbyn;
a phaid â'n dwyn i brawf, 13
ond gwared ni rhag yr Un drwg.'*
Oherwydd os maddeuwch i ddynion eu camweddau, bydd 14
eich Tad nefol hefyd yn maddau i chwi. Ond os na faddeuwch 15
i ddynion eu camweddau, ni fydd eich Tad chwaith yn maddau
eich camweddau chwi.

Dysgeidiaeth ar Ymprydio

" A phan fyddwch yn ymprydio, peidiwch â bod yn wyneb- 16
drist fel y rhagrithwyr; y maent hwy'n anffurfio eu hwynebau
er mwyn i ddynion gael gweld eu bod yn ymprydio. Yn wir,
'rwy'n dweud wrthych, y mae eu gwobr ganddynt eisoes.
Ond pan fyddi di'n ymprydio, eneinia dy ben a golch dy wyneb, 17
fel nad dynion a gaiff weld dy fod yn ymprydio, ond yn 18
hytrach dy Dad sydd yn y dirgel; a bydd dy Dad, sydd yn
gweld yn y dirgel, yn dy wobrwyo.

Trysor yn y Nef
(Lc 12. 33-34)

" Peidiwch â chasglu ichwi drysorau ar y ddaear, lle mae 19
gwyfyn a rhwd yn difa, a lle mae lladron yn torri trwodd ac yn
lladrata. Casglwch ichwi drysorau yn y nef, lle nad yw gwyfyn 20
na rhwd yn difa, a lle nad yw lladron yn torri trwodd nac yn
lladrata. Oherwydd lle mae dy drysor, yno hefyd y bydd dy 21
galon.

Goleuni'r Corff
(Lc 11. 34-36)

"Y llygad yw cannwyll y corff; felly os bydd dy lygad yn 22
iach, bydd dy gorff yn llawn goleuni. Ond os bydd dy lygad yn 23
sâl, bydd dy gorff yn llawn tywyllwch. Ac os yw'r goleuni
sydd ynot yn dywyllwch, mor fawr yw'r tywyllwch!

---

*adn. 13: ychwanega rhai llawysgrifau: *Oherwydd eiddot ti yw'r deyrnas a'r gallu a'r gogoniant am byth. Amen.*

God and Possessions

(Luke 16.13; 12.22-31)

24 "No one can be a slave of two masters; he will hate one and
love the other; he will be loyal to one and despise the other. You
cannot serve both God and money.

25 "This is why I tell you not to be worried about the food and
drink you need in order to stay alive, or about clothes for your
body. After all, isn't life worth more than food? And isn't the body
worth more than clothes? 26 Look at the birds flying around: they
do not sow seeds, gather a harvest and put it in barns; yet your
Father in heaven takes care of them! Aren't you worth much more
than birds? 27 Can any of you live a bit longer[d] by worrying about
it?

28 "And why worry about clothes? Look how the wild flowers
grow: they do not work or make clothes for themselves. 29 But I
tell you that not even King Solomon with all his wealth had clothes
as beautiful as one of these flowers. 30 It is God who clothes the
wild grass—grass that is here today and gone tomorrow, burnt up
in the oven. Won't he be all the more sure to clothe you? How
little faith you have!

31 "So do not start worrying: 'Where will my food come from?
or my drink? or my clothes?' 32 (These are the things the pagans
are always concerned about.) Your Father in heaven knows that
you need all these things. 33 Instead, be concerned above everything
else with the Kingdom of God and with what he requires of you,
and he will provide you with all these other things. 34 So do not
worry about tomorrow; it will have enough worries of its own.
There is no need to add to the troubles each day brings.

Judging Others

(Luke 6.37-38, 41-42)

7 "Do not judge others, so that God will not judge you, 2 for
God will judge you in the same way as you judge others, and
he will apply to you the same rules you apply to others. 3 Why,
then, do you look at the speck in your brother's eye, and pay no

---

[d] live a bit longer; *or* grow a bit taller.

Duw ac Arian
(Lc 16. 13)

"Ni all neb wasanaethu dau feistr; oherwydd bydd un ai'n 24
casâu'r naill ac yn caru'r llall, neu'n deyrngar i'r naill ac yn
dirmygu'r llall. Ni allwch wasanaethu Duw ac Arian.

Gofal a Phryder
(Lc 12. 22-34)

"Am hynny 'rwy'n dweud wrthych, peidiwch â phryderu 25
am eich einioes, beth i'w fwyta na'i yfed, nac am eich corff,
beth i'w wisgo; onid oes rhagor i einioes dyn na lluniaeth, a
rhagor i'w gorff na dillad? Edrychwch ar adar yr awyr: nid 26
ydynt yn hau nac yn medi nac yn casglu i ysguboriau, ac eto y
y mae eich Tad nefol yn eu bwydo. Onid ydych chwi yn
llawer mwy gwerthfawr na hwy? Prun ohonoch a all ychwan- 27
egu un fodfedd at ei daldra* trwy bryderu? A pham yr ydych 28
yn pryderu am ddillad? Ystyriwch lili'r maes, pa fodd y
mae'n tyfu; nid yw'n llafurio nac yn nyddu. Ond 'rwy'n 29
dweud wrthych, nid oedd gan hyd yn oed Solomon yn ei holl
ogoniant wisg i'w chymharu ag un o'r rhain. Os yw Duw yn 30
dilladu felly laswellt y maes, sydd yno heddiw ac yfory yn cael
ei daflu i'r ffwrn, onid llawer mwy y dillada chwi, chwi o
ychydig ffydd? Peidiwch felly â phryderu a dweud, 'Beth yr 31
ydym i'w fwyta?' neu 'Beth yr ydym i'w yfed?' neu 'Beth yr
ydym i'w wisgo?' Dyna'r holl bethau y mae'r Cenhedloedd 32
yn eu ceisio; y mae eich Tad nefol yn gwybod fod arnoch angen
y rhain i gyd. Ond ceisiwch yn gyntaf ei deyrnas a'i gyfiawnder 33
ef, a rhoir y pethau hyn i gyd yn ychwaneg i chwi. Peidiwch 34
felly â phryderu am yfory, oherwydd bydd gan yfory ei bryder
ei hun. Digon i'r diwrnod ei drafferth ei hun.

Barnu Eraill
(Lc 6. 37-38, 41-42)

"Peidiwch â barnu, rhag ichwi gael eich barnu; oherwydd 2 **7**
fel y byddwch chwi'n barnu y cewch chwithau eich barnu, ac
â'r mesur y rhowch y rhoir i chwithau. Pam yr wyt yn edrych 3
ar y brycheuyn sydd yn llygad dy frawd, a thithau heb sylwi ar

---

*adn. 27: neu *awr at hyd ei oes.*

attention to the log in your own eye? 4 How dare you say to your
brother, 'Please, let me take that speck out of your eye,' when you
have a log in your own eye? 5 You hypocrite! First take the log
out of your own eye, and then you will be able to see clearly to
take the speck out of your brother's eye.

6 "Do not give what is holy to dogs—they will only turn and
attack you. Do not throw your pearls in front of pigs—they will
only trample them underfoot.

Ask, Seek, Knock
(Luke 11.9-13)

7 "Ask, and you will receive; seek, and you will find; knock,
and the door will be opened to you. 8 For everyone who asks will
receive, and anyone who seeks will find, and the door will be opened
to him who knocks. 9 Would any of you who are fathers give your
son a stone when he asks for bread? 10 Or would you give him
a snake when he asks for a fish? 11 Bad as you are, you know
how to give good things to your children. How much more, then,
will your Father in heaven give good things to those who ask him!

12 "Do for others what you want them to do for you: this is
the meaning of the Law of Moses and of the teachings of the prophets.

The Narrow Gate
(Luke 13.24)

13 "Go in through the narrow gate, because the gate to hell is wide
and the road that leads to it is easy, and there are many who travel it.
14 But the gate to life is narrow and the way that leads to it is
hard, and there are few people who find it.

A Tree and Its Fruit
(Luke 6.43-44)

15 "Be on your guard against false prophets; they come to you
looking like sheep on the outside, but on the inside they are really
like wild wolves. 16 You will know them by what they do. Thorn
bushes do not bear grapes, and briars do not bear figs. 17 A healthy
tree bears good fruit, but a poor tree bears bad fruit. 18 A healthy
tree cannot bear bad fruit, and a poor tree cannot bear good fruit.
19 And any tree that does not bear good fruit is cut down and thrown
in the fire. 20 So then, you will know the false prophets by what
they do.

y trawst sydd yn dy lygad dy hun ? Neu sut y dywedi wrth dy 4
frawd, ‘ Gad imi dynnu allan y brycheuyn o'th lygad di ', a
dyna drawst yn dy lygad dy hun ? Ragrithiwr, yn gyntaf tyn y 5
trawst allan o'th lygad dy hun, ac yna fe weli yn ddigon eglur i
dynnu'r brycheuyn o lygad dy frawd. Peidiwch â rhoi'r hyn 6
sy'n sanctaidd i'r cŵn, na thaflu eich perlau o flaen y moch,
rhag iddynt eu sathru dan eu traed, a throi arnoch a'ch rhwygo.

Gofynnwch, Chwiliwch, Curwch
(Lc 11. 9-13)

“ Gofynnwch, ac fe roddir i chwi; chwiliwch, ac fe gewch; 7
curwch, ac fe agorir i chwi. Oherwydd y mae pawb sy'n gofyn 8
yn derbyn, a'r hwn sy'n chwilio yn cael, ac i'r hwn sy'n curo
agorir y drws. Pa ddyn ohonoch, os bydd ei fab yn gofyn iddo 9
am fara, a rydd iddo garreg ? Neu os bydd yn gofyn am 10
bysgodyn, a rydd iddo sarff ? Am hynny, os ydych chwi, sy'n 11
ddynion drwg, yn medru rhoi rhoddion da i'ch plant, gymaint
mwy y rhydd eich Tad sydd yn y nefoedd bethau da i'r rhai
sy'n gofyn ganddo. Pa beth bynnag y dymunwch i ddynion ei 12
wneud i chwi, gwnewch chwithau felly iddynt hwy; hyn yw'r
Gyfraith a'r proffwydi.

Y Porth Cyfyng
(Lc 13. 24)

“ Ewch i mewn trwy'r porth cyfyng; oherwydd llydan yw'r 13
porth ac eang yw'r ffordd sy'n arwain i ddistryw, a llawer yw'r
rhai sy'n mynd ar hyd-ddi. Ond cyfyng yw'r porth a chul yw'r 14
ffordd sy'n arwain i fywyd, ac ychydig yw'r rhai sy'n ei chael.

Adnabod Coeden wrth ei Ffrwyth
(Lc 6. 43-44)

“ Gochelwch rhag gau-broffwydi, sy'n dod atoch yng ngwisg 15
defaid, ond sydd o'u mewn yn fleiddiaid rheibus. Wrth eu 16
ffrwythau yr adnabyddwch hwy. Ai ar ddrain y mae casglu
grawnwin neu ar ysgall ffigys ? Felly y mae pob coeden dda 17
yn dwyn ffrwyth da, a choeden wael yn dwyn ffrwyth drwg.
Ni all coeden dda ddwyn ffrwyth drwg, na choeden wael 18
ffrwyth da. Y mae pob coeden nad yw'n dwyn ffrwyth da yn 19
cael ei thorri i lawr a'i bwrw i'r tân. Felly, wrth eu ffrwythau 20
yr adnabyddwch hwy.

I Never Knew You
(Luke 13.25-27)

21 "Not everyone who calls me 'Lord, Lord' will enter the Kingdom
of heaven, but only those who do what my Father in heaven wants
them to do. 22 When Judgement Day comes, many will say to me,
'Lord, Lord! In your name we spoke God's message, by your name
we drove out many demons and performed many miracles!' 23 Then
I will say to them, 'I never knew you. Get away from me, you
wicked people!'

The Two House Builders
(Luke 6.47-49)

24 "So then, anyone who hears these words of mine and obeys
them is like a wise man who built his house on rock. 25 The rain
poured down, the rivers overflowed, and the wind blew hard against
that house. But it did not fall, because it was built on rock.
26 "But anyone who hears these words of mine and does not obey
them is like a foolish man who built his house on sand. 27 The
rain poured down, the rivers overflowed, the wind blew hard against
that house, and it fell. And what a terrible fall that was!"

The Authority of Jesus

28 When Jesus finished saying these things, the crowd was amazed at
the way he taught. 29 He wasn't like the teachers of the Law; instead, he
taught with authority.

Jesus Heals a Man
(Mark 1.40-45; Luke 5.12-16)

8 When Jesus came down from the hill, large crowds followed
him. 2 Then a man suffering from a dreaded skin-disease came
to him, knelt down before him, and said, "Sir, if you want to, you
can make me clean."[e]
3 Jesus stretched out his hand and touched him. "I do want to,"
he answered. "Be clean!" At once the man was healed of his disease.
4 Then Jesus said to him, "Listen! Don't tell anyone, but go straight to
the priest and let him examine you; then in order to prove to everyone
that you are cured, offer the sacrifice that Moses ordered."

---

[e] MAKE ME CLEAN: *This disease was considered to make a person ritually unclean.*

Ni Fûm Erioed yn eich Adnabod
(Lc 13. 25-27)

" Nid pawb sy'n dweud wrthyf, ' Arglwydd, Arglwydd ', 21
fydd yn mynd i mewn i deyrnas nefoedd, ond y sawl sy'n
gwneud ewyllys fy Nhad, yr hwn sydd yn y nefoedd. Bydd 22
llawer yn dweud wrthyf yn y dydd hwnnw, ' Arglwydd,
Arglwydd, oni fuom yn proffwydo yn dy enw di, ac yn dy enw
di yn bwrw allan gythreuliaid, ac yn dy enw di yn cyflawni
gwyrthiau lawer ?' Ac yna dywedaf wrthynt yn eu hwynebau, 23
' Ni fûm erioed yn eich adnabod; ewch ymaith oddi wrthyf,
chwi ddrwgweithredwyr.'

Y Ddwy Sylfaen
(Lc 6. 47-49)

" Pob un felly sy'n gwrando ar y geiriau hyn o'r eiddof ac yn 24
eu gwneud, fe'i cyffelybir i ddyn call, a adeiladodd ei dŷ ar y
graig. Disgynnodd y glaw a daeth y llifogydd, a chwythodd y 25
gwyntoedd a tharo yn erbyn y tŷ hwnnw, ond ni syrthiodd, am
ei fod wedi ei sylfaenu ar y graig. A phob un sy'n gwrando ar 26
y geiriau hyn o'r eiddof a heb eu gwneud, fe'i cyffelybir i ddyn
ffôl, a adeiladodd ei dŷ ar y tywod. A disgynnodd y glaw a 27
daeth y llifogydd, a chwythodd y gwyntoedd a tharo yn erbyn
y tŷ hwnnw, ac fe syrthiodd, a dirfawr oedd ei gwymp."

Pan orffennodd Iesu lefaru'r geiriau hyn, synnodd y tyrfa- 28
oedd at yr hyn yr oedd yn ei ddysgu; oherwydd yr oedd yn eu 29
dysgu fel un ag awdurdod ganddo, ac nid fel eu hysgrifenydd-
ion.

Glanhau Dyn Gwahanglwyfus
(Mc 1. 40-45; Lc 5. 12-16)

Wedi iddo ddod i lawr o'r mynydd dilynodd tyrfaoedd mawr **8**
ef. A dyma ddyn gwahanglwyfus yn dod ato ac yn syrthio o'i 2
flaen a dweud, " Syr, os mynni, gelli fy nglanhau." Estynnodd 3
Iesu ei law a chyffwrdd ag ef gan ddweud, " Yr wyf yn mynnu,
glanhaer di." Ac ar unwaith glanhawyd ei wahanglwyf.
Meddai Iesu wrtho, " Gwylia na ddywedi wrth neb, ond dos a 4
dangos dy hun i'r offeiriad, ac offryma'r rhodd a orchmynnodd
Moses, yn dystiolaeth i'r bobl."

Jesus Heals a Roman Officer's Servant

(Luke 7.1-10)

5 When Jesus entered Capernaum, a Roman officer met him and
begged for help: 6 "Sir, my servant is sick in bed at home, unable
to move and suffering terribly."
7 "I will go and make him well," Jesus said.
8 "Oh no, sir," answered the officer. "I do not deserve to have you
come into my house. Just give the order, and my servant will get well.
9 I, too, am a man under the authority of superior officers, and I
have soldiers under me. I order this one, 'Go!' and he goes; and
I order that one, 'Come!' and he comes; and I order my slave,
'Do this!' and he does it."
10 When Jesus heard this, he was surprised and said to the people
following him, "I tell you, I have never found anyone in Israel
with faith like this. 11 I assure you that many will come from the
east and the west and sit down with Abraham, Isaac, and Jacob
at the feast in the Kingdom of heaven. 12 But those who should
be in the Kingdom will be thrown out into the darkness, where
they will cry and grind their teeth." 13 Then Jesus said to the officer,
"Go home, and what you believe will be done for you."
And the officer's servant was healed that very moment.

Jesus Heals Many People

(Mark 1.29-34; Luke 4.38-41)

14 Jesus went to Peter's home, and there he saw Peter's mother-in-
law sick in bed with a fever. 15 He touched her hand; the fever
left her, and she got up and began to wait on him.
16 When evening came, people brought to Jesus many who had
demons in them. Jesus drove out the evil spirits with a word and
healed all who were sick. 17 He did this to make what the prophet
Isaiah had said come true, "He himself took our sickness and carried
away our diseases."

The Would-be Followers of Jesus

(Luke 9.57-62)

18 When Jesus noticed the crowd round him, he ordered his disciples
to go to the other side of the lake. 19 A teacher of the Law came
to him. "Teacher," he said, "I am ready to go with you wherever
you go."
20 Jesus answered him, "Foxes have holes, and birds have nests,
but the Son of Man has nowhere to lie down and rest."

Iacháu Gwas Canwriad
(Lc 7.1-10; In 4.43-54)

Ar ôl iddo fynd i mewn i Gapernaum daeth canwriad ato 5
ac erfyn arno: " Syr, y mae fy ngwas yn gorwedd yn y tŷ wedi ei 6
barlysu, mewn poenau enbyd." Dywedodd Iesu wrtho, " Fe 7
ddof fi i'w iacháu." Atebodd y canwriad, " Syr, nid wyf yn 8
deilwng i ti ddod dan fy nho; ond dywed air yn unig, a chaiff
fy ngwas ei iacháu. Oherwydd dyn sydd o dan awdurdod wyf 9
finnau, a chennyf filwyr danaf; byddaf yn dweud wrth hwn,
'Dos', ac fe â, ac wrth un arall, 'Tyrd', ac fe ddaw, ac wrth fy
ngwas, 'Gwna hyn', ac fe'i gwna." Pan glywodd Iesu hyn, fe 10
ryfeddodd, a dywedodd wrth y rhai oedd yn ei ddilyn, " Yn
wir, 'rwy'n dweud wrthych, ni chefais gan neb yn Israel ffydd
mor fawr. 'Rwy'n dweud wrthych y daw llawer o'r dwyrain a'r 11
gorllewin a chymryd eu lle wrth y wledd gydag Abraham ac
Isaac a Jacob yn nheyrnas nefoedd. Ond caiff meibion y 12
deyrnas eu bwrw allan i'r tywyllwch eithaf; bydd yno wylo ac
ysgyrnygu dannedd." A dywedodd Iesu wrth y canwriad, 13
" Dos ymaith, boed iti fel y credaist." Ac fe iachawyd ei was y
munud hwnnw.

Iacháu Llawer
(Mc 1.29-34; Lc 4.38-41)

Pan ddaeth i dŷ Pedr, gwelodd Iesu ei fam-yng-nghyfraith 14
ef yn gorwedd yn wael dan dwymyn. Fe gyffyrddodd â'i llaw, 15
a gadawodd y dwymyn hi, ac fe gododd a dechrau gweini arno.
Gyda'r nos daethant â llawer oedd wedi eu meddiannu gan 16
gythreuliaid ato, ac fe fwriodd allan yr ysbrydion â'i air, ac
iacháu pawb oedd yn dioddef; fel y cyflawnid y gair a lefarwyd 17
trwy Eseia'r proffwyd:

" Ef a gymerodd ein gwendidau
ac a ddug ymaith ein clefydau."

Rhai yn Dymuno Canlyn Iesu
(Lc 9.57-62)

Pan welodd Iesu dyrfa o'i amgylch, rhoddodd orchymyn i 18
groesi i'r ochr draw. Daeth un o'r ysgrifenyddion a dweud 19
wrtho, " Athro, canlynaf di lle bynnag yr ei." Meddai Iesu 20
wrtho, " Y mae gan y llwynogod ffeuau, ac adar yr awyr nythod,

21 Another man, who was a disciple, said, "Sir, first let me go
back and bury my father."
22 "Follow me," Jesus answered, "and let the dead bury their own
dead."

Jesus Calms a Storm
(Mark 4.35-41; Luke 8.22-25)

23 Jesus got into a boat, and his disciples went with him. 24 Suddenly
a fierce storm hit the lake, and the boat was in danger of sinking. But
Jesus was asleep. 25 The disciples went to him and woke him up. "Save
us, Lord!" they said. "We are about to die!"
26 "Why are you so frightened?" Jesus answered. "How little faith
you have!" Then he got up and ordered the winds and the waves
to stop, and there was a great calm.
27 Everyone was amazed. "What kind of man is this?" they said.
"Even the winds and the waves obey him!"

Jesus Heals Two Men with Demons
(Mark 5.1-20; Luke 8.26-39)

28 When Jesus came to the territory of Gadara on the other side
of the lake, he was met by two men who came out of the burial
caves there. These men had demons in them and were so fierce
that no one dared travel on that road. 29 At once they screamed,
"What do you want with us, you Son of God? Have you come
to punish us before the right time?"
30 Not far away there was a large herd of pigs feeding. 31 So the
demons begged Jesus, "If you are going to drive us out, send us
into that herd of pigs."
32 "Go," Jesus told them; so they left and went off into the pigs. The
whole herd rushed down the side of the cliff into the lake and was
drowned.
33 The men who had been taking care of the pigs ran away and
went into the town, where they told the whole story and what had
happened to the men with the demons. 34 So everyone from the town
went out to meet Jesus; and when they saw him, they begged him
to leave their territory.

Jesus Heals a Paralysed Man
(Mark 2.1-12; Luke 5.17-26)

9 Jesus got into the boat and went back across the lake to his
own town,[f] 2 where some people brought to him a paralysed
man, lying on a bed. When Jesus saw how much faith they had,

---

[f] HIS OWN TOWN: *Capernaum (see 4.13).*

ond gan Fab y Dyn nid oes le i roi ei ben i lawr." Dywedodd 21
un arall o'i ddisgyblion wrtho, "Arglwydd, caniatâ imi yn
gyntaf fynd a chladdu fy nhad." Ond meddai Iesu wrtho, 22
"Canlyn fi, a gad i'r meirw gladdu eu meirw eu hunain."

Gostegu Storm
(Mc 4.35-41; Lc 8.22-25)

Aeth Iesu i mewn i'r cwch a chanlynodd ei ddisgyblion ef. 23
A dyma storm fawr yn codi ar y môr, nes bod y cwch yn cael ei 24
guddio gan y tonnau; ond yr oedd ef yn cysgu. Daethant ato 25
a'i ddeffro a dweud, "Arglwydd, achub ni, y mae ar ben
arnom." A dywedodd wrthynt, "Pam y mae arnoch ofn, chwi 26
o ychydig ffydd?" Yna cododd a cheryddodd y gwyntoedd a'r
môr, a bu tawelwch mawr. Synnodd y dynion a dweud, "Pa 27
fath ddyn yw hwn? Y mae hyd yn oed y gwyntoedd a'r môr yn
ufuddhau iddo."

Iacháu'r Dynion Gwallgo yng Ngadara
(Mc 5.1-20; Lc 8.26-39)

Wedi iddo fynd i'r ochr draw, i wlad y Gadareniaid, daeth 28
i'w gyfarfod ddau ddyn oedd wedi eu meddiannu gan gythreul-
iaid, yn dod allan o blith y beddau; yr oeddent mor ffyrnig
fel na allai neb fynd heibio'r ffordd honno. A dyma hwy'n 29
gweiddi, "Beth sydd a fynni di â ni, Fab Duw? A ddaethost
yma cyn yr amser i'n poenydio ni?" Cryn bellter oddi wrthynt 30
yr oedd cenfaint fawr o foch yn pori. Ymbiliodd y cythreuliaid 31
arno, "Os wyt yn ein bwrw ni allan, anfon ni i'r genfaint
moch." Meddai ef wrthynt, "Ewch." Ac fe aethant allan o'r 32
dynion a mynd i mewn i'r moch. A dyma'r genfaint i gyd yn
rhuthro dros y dibyn i'r môr, a threngi yn y dyfroedd. Ffôdd 33
eu bugeiliaid, a mynd am y dref i adrodd yr holl hanes, a'r hyn
oedd wedi digwydd i'r dynion gwallgo. A dyma'r holl dref yn 34
mynd allan i gyfarfod â Iesu, ac wedi ei weld yn erfyn arno
symud o'u gororau.

Iacháu Dyn wedi ei Barlysu
(Mc 2.1-12; Lc 5.17-26)

Aeth Iesu i mewn i gwch a chroesi'r môr a dod i'w dref ei **9**
hun. A dyma hwy'n dod â dyn wedi ei barlysu ato, yn gorwedd 2

he said to the paralysed man, "Courage, my son! Your sins are
forgiven."
3 Then some teachers of the Law said to themselves, "This man
is speaking blasphemy!"
4 Jesus perceived what they were thinking, so he said, "Why are
you thinking such evil things? 5 Is it easier to say, 'Your sins are
forgiven,' or to say, 'Get up and walk'? 6 I will prove to you, then,
that the Son of Man has authority on earth to forgive sins." So
he said to the paralysed man, "Get up, pick up your bed, and go
home!"
7 The man got up and went home. 8 When the people saw it,
they were afraid, and praised God for giving such authority to men.

Jesus Calls Matthew

(Mark 2.13-17; Luke 5.27-32)

9 Jesus left that place, and as he walked along, he saw a tax collector,
named Matthew, sitting in his office. He said to him, "Follow me."
Matthew got up and followed him.
10 While Jesus was having a meal in Matthew's house,[g] many
tax collectors and other outcasts came and joined Jesus and his
disciples at the table. 11 Some Pharisees saw this and asked his disciples,
"Why does your teacher eat with such people?"
12 Jesus heard them and answered, "People who are well do not
need a doctor, but only those who are sick. 13 Go and find out
what is meant by the scripture that says: 'It is kindness that I want,
not animal sacrifices.' I have not come to call respectable people,
but outcasts."

The Question about Fasting

(Mark 2.18-22; Luke 5.33-39)

14 Then the followers of John the Baptist came to Jesus, asking,
"Why is it that we and the Pharisees fast often, but your disciples don't
fast at all?"
15 Jesus answered, "Do you expect the guests at a wedding party to
be sad as long as the bridegroom is with them? Of course not!
But the day will come when the bridegroom will be taken away
from them, and then they will fast.
16 "No one patches up an old coat with a piece of new cloth,
for the new patch will shrink and make an even bigger hole in
the coat. 17 Nor does anyone pour new wine into used wineskins,
for the skins will burst, the wine will pour out, and the skins will
be ruined. Instead, new wine is poured into fresh wineskins, and
both will keep in good condition."

---

[g] in Matthew's house; *or* in his *(that is,* Jesus') house.

ar wely. Pan welodd Iesu eu ffydd hwy dywedodd wrth y claf,
" Cod dy galon, fy mab; maddeuwyd dy bechodau." A dyma 3
rai o'r ysgrifenyddion yn dweud ynddynt eu hunain, " Y mae
hwn yn cablu." Deallodd Iesu eu meddyliau ac meddai, " Pam 4
yr ydych yn meddwl pethau drwg yn eich calonnau? Oherwydd 5
prun sydd hawsaf, ai dweud, 'Maddeuwyd dy bechodau', ai
ynteu dweud, 'Cod a cherdda'? Ond er mwyn i chwi wybod 6
fod gan Fab y Dyn hawl i faddau pechodau ar y ddaear "—
yna meddai wrth y claf, " Cod, a chymer dy wely a dos adref."
A chododd ac aeth ymaith i'w gartref. Pan welodd y tyrfaoedd 7,8
hyn daeth ofn arnynt a rhoesant ogoniant i Dduw, a roddodd y
fath awdurdod i ddynion.

Galw Mathew
(Mc 2.13-17; Lc 5.27-32)

Wrth fynd heibio oddi yno gwelodd Iesu ddyn a elwid 9
Mathew yn eistedd wrth y dollfa, a dywedodd wrtho, " Canlyn
fi." Cododd yntau a chanlynodd ef. Ac yr oedd wrth bryd 10
bwyd yn ei dŷ, a dyma lawer o gasglwyr trethi ac o bechadur-
iaid yn dod a chydfwyta gyda Iesu a'i ddisgyblion. A phan 11
welodd y Phariseaid, dywedasant wrth ei ddisgyblion, " Pam
y mae eich athro yn bwyta gyda chasglwyr trethi a phechadur-
iaid?" Clywodd Iesu, a dywedodd, " Nid ar y cryfion ond ar y 12
cleifion y mae angen meddyg. Ond ewch a dysgwch beth yw 13
ystyr hyn, 'Trugaredd a ddymunaf, nid aberth'. Oherwydd i
alw pechaduriaid, nid rhai cyfiawn, yr wyf fi wedi dod."

Holi ynglŷn ag Ymprydio
(Mc 2.18-22; Lc 5.33-39)

Yna daeth disgyblion Ioan ato a dweud, " Pam yr ydym ni 14
a'r Phariseaid yn ymprydio llawer, ond dy ddisgyblion di ddim
yn ymprydio?" Dywedodd Iesu wrthynt, " A all gwesteion 15
priodas alaru cyhyd ag y mae'r priodfab gyda hwy ? Ond fe
ddaw dyddiau pan ddygir y priodfab oddi wrthynt, ac yna yr
ymprydiant. Ni fydd neb yn gwnïo clwt o frethyn heb ei bannu 16
ar hen ddilledyn; oherwydd fe dynn y clwt wrth y dilledyn,
ac fe â'r rhwyg yn waeth. Ni fydd pobl chwaith yn tywallt gwin 17
newydd i hen grwyn; os gwnânt, fe rwygir y crwyn, fe sernir y
gwin a difethir y crwyn. Ond byddant yn tywallt gwin newydd
i grwyn newydd, ac fe gedwir y ddau."

The Official's Daughter and the Woman Who Touched Jesus' Cloak

(Mark 5.21-43; Luke 8.40-56)

18 While Jesus was saying this, a Jewish official came to him, knelt
down before him, and said, "My daughter has just died; but come and
place your hands on her, and she will live."

19 So Jesus got up and followed him, and his disciples went along
with him.

20 A woman who had suffered from severe bleeding for twelve
years came up behind Jesus and touched the edge of his cloak. 21 She
said to herself, "If I only touch his cloak, I will get well."

22 Jesus turned round and saw her, and said, "Courage, my
daughter! Your faith has made you well." At that very moment
the woman became well.

23 Then Jesus went into the official's house. When he saw the
musicians for the funeral and the people all stirred up, 24 he said,
"Get out, everybody! The little girl is not dead—she is only sleeping!"
Then they all laughed at him. 25 But as soon as the people had
been put out, Jesus went into the girl's room and took hold of
her hand, and she got up. 26 The news about this spread all over
that part of the country.

Jesus Heals Two Blind Men

27 Jesus left that place, and as he walked along, two blind men
started following him. "Take pity on us, Son of David!" they shouted.

28 When Jesus had gone indoors, the two blind men came to him,
and he asked them, "Do you believe that I can heal you?"

"Yes, sir!" they answered.

29 Then Jesus touched their eyes and said, "Let it happen, then, just
as you believe!"—30 and their sight was restored. Jesus spoke sternly
to them, "Don't tell this to anyone!"

31 But they left and spread the news about Jesus all over that
part of the country.

Jesus Heals a Dumb Man

32 As the men were leaving, some people brought to Jesus a man
who could not talk because he had a demon. 33 But as soon as the
demon was driven out, the man started talking, and everyone was
amazed. "We have never seen anything like this in Israel!" they
exclaimed.

34 But the Pharisees said, "It is the chief of the demons who
gives him the power to drive out demons."

Jesus Has Pity for the People

35 Jesus went round visiting all the towns and villages. He taught in

Merch y Llywodraethwr, a'r Wraig a Gyffyrddodd â Mantell Iesu
(Mc 5.21-43; Lc 8.40-56)

Tra oedd ef yn siarad fel hyn â hwy, dyma ryw lywodraethwr 18
yn dod ato ac ymgrymu iddo a dweud, "Y mae fy merch
newydd farw; ond tyrd a rho dy law arni, ac fe fydd fyw." A 19
chododd Iesu a dilynodd ef gyda'i ddisgyblion. A dyma wraig 20
ag arni waedlif ers deuddeng mlynedd yn dod ato o'r tu ôl ac yn
cyffwrdd ag ymyl ei fantell. Oherwydd yr oedd hi wedi dweud 21
ynddi ei hun, "Dim ond imi gyffwrdd â'i fantell, fe gaf fy
iacháu." A throes Iesu, a gwelodd hi, ac meddai, "Cod dy 22
galon, fy merch; dy ffydd sydd wedi dy iacháu di." Ac iach-
awyd y wraig o'r munud hwnnw. Pan ddaeth Iesu i dŷ'r 23
llywodraethwr, a gweld y pibyddion a'r dyrfa mewn cynnwrf,
dywedodd, "Ewch ymaith, oherwydd nid yw'r eneth wedi 24
marw, cysgu y mae." Dechreusant chwerthin am ei ben.
Ac wedi i'r dyrfa gael ei gyrru allan, aeth ef i mewn a gafael yn 25
ei llaw, a chododd yr eneth. Ac aeth yr hanes am hyn allan i'r 26
holl ardal honno.

Iachâu Dau Ddyn Dall

Wrth i Iesu fynd oddi yno dilynodd dau ddyn dall ef gan 27
weiddi, "Trugarha wrthym ni, Fab Dafydd." Wedi iddo 28
ddod i'r tŷ daeth y deillion ato, a gofynnodd Iesu iddynt, "A
ydych yn credu y gallaf wneud hyn?" Dywedasant wrtho,
"Ydym, Syr." Yna cyffyrddodd â'u llygaid a dweud, "Yn ôl 29
eich ffydd boed i chwi." Agorwyd eu llygaid, a rhybuddiodd 30
Iesu hwy yn llym, "Gofalwch na chaiff neb wybod." Ond 31
aethant allan a thaenu'r hanes amdano yn yr holl ardal honno.

Iachâu Dyn Mud

Fel yr oeddent yn mynd ymaith, dyma rywrai'n dwyn ato 32
ddyn mud wedi ei feddiannu gan gythraul. Wedi i'r cythraul 33
gael ei fwrw allan, llefarodd y mudan; a rhyfeddodd y tyrfa-
oedd gan ddweud, "Ni welwyd erioed y fath beth yn Israel."
Ond dywedodd y Phariseaid, "Trwy bennaeth y cythreuliaid 34
y mae'n bwrw allan gythreuliaid."

Tosturi Iesu

Yr oedd Iesu'n mynd o amgylch yr holl drefi a'r pentrefi, 35
dan ddysgu yn eu synagogau hwy, a phregethu efengyl y

the synagogues, preached the Good News about the Kingdom, and
healed people with every kind of disease and sickness. 36 As he saw
the crowds, his heart was filled with pity for them, because they
were worried and helpless, like sheep without a shepherd. 37 So he
said to his disciples, "The harvest is large, but there are few workers
to gather it in. 38 Pray to the owner of the harvest that he will
send out workers to gather in his harvest."

The Twelve Apostles

(Mark 3.13-19; Luke 6.12-16)

10 Jesus called his twelve disciples together and gave them
authority to drive out evil spirits and to heal every disease
and every sickness. 2 These are the names of the twelve apostles:
first, Simon (called Peter) and his brother Andrew; James and his
brother John, the sons of Zebedee; 3 Philip and Bartholomew; Thomas
and Matthew, the tax collector; James son of Alphaeus, and
Thaddaeus; 4 Simon the Patriot, and Judas Iscariot, who betrayed
Jesus.

The Mission of the Twelve

(Mark 6.7-13; Luke 9.1-6)

5 These twelve men were sent out by Jesus with the following
instructions: "Do not go to any Gentile territory or any Samaritan
towns. 6 Instead, you are to go to those lost sheep, the people of
Israel. 7 Go and preach, 'The Kingdom of heaven is near!' 8 Heal
the sick, bring the dead back to life, heal those who suffer from
dreaded skin-diseases, and drive out demons. You have received with-
out paying, so give without being paid. 9 Do not carry any gold,
silver, or copper money in your pockets; 10 do not carry a beggar's
bag for the journey or an extra shirt or shoes or a stick. A worker
should be given what he needs.

11 "When you come to a town or village, go in and look for
someone who is willing to welcome you, and stay with him until
you leave that place. 12 When you go into a house, say, 'Peace be
with you.' 13 If the people in that house welcome you, let your greeting
of peace remain; but if they do not welcome you, then take back
your greeting. 14 And if some home or town will not welcome you
or listen to you, then leave that place and shake the dust off your
feet. 15 I assure you that on the Judgement Day God will show
more mercy to the people of Sodom and Gomorrah than to the
people of that town!

deyrnas, ac iacháu pob afiechyd a phob llesgedd. A phan 36
welodd ef y tyrfaoedd tosturiodd wrthynt am eu bod yn flin-
derus a diymadferth fel defaid heb fugail. Yna meddai wrth ei 37
ddisgyblion, " Y mae'r cynhaeaf yn fawr ond y gweithwyr yn
brin; deisyfwch felly ar arglwydd y cynhaeaf anfon gweithwyr 38
i'w gynhaeaf."

Cenhadaeth y Deuddeg
(Mc 3.13-19; Lc 6.12-16)

Wedi galw ato ei ddeuddeg disgybl rhoddodd Iesu iddynt **10**
awdurdod dros ysbrydion aflan, i'w bwrw allan, ac i iacháu
pob afiechyd a phob llesgedd. A dyma enwau'r deuddeg 2
apostol: yn gyntaf Simon, a elwir Pedr, ac Andreas ei frawd, a
Iago fab Sebedeus, ac Ioan ei frawd, Philip a Bartholomeus, 3
Thomas a Mathew'r casglwr trethi, Iago fab Alffeus, a Thad-
eus,* Simon y Selot, a Jwdas Iscariot, yr un a'i bradychodd ef. 4

Rhoi Comisiwn i'r Deuddeg
(Mc 6.7-13; Lc 9.1-6)

Y deuddeg hyn a anfonodd Iesu allan wedi rhoi'r gorch- 5
mynion yma iddynt: " Peidiwch â mynd i gyfeiriad y Cenhedl-
oedd, a pheidiwch â mynd i mewn i un o drefi'r Samariaid.
Ewch yn hytrach at ddefaid colledig tŷ Israel. Ac wrth fynd 6,7
cyhoeddwch y genadwri: 'Y mae teyrnas nefoedd wedi dod yn
agos.' Iachewch y cleifion, cyfodwch y meirw, glanhewch y 8
gwahanglwyfus, bwriwch allan gythreuliaid; derbyniasoch
heb dâl, rhowch heb dâl. Peidiwch â chymryd aur nac arian na 9
phres yn eich gwregys, na chod i'r daith nac ail got na sandalau 10
na ffon. Y mae'r gweithiwr yn haeddu ei fwyd. I ba dref neu 11
bentref bynnag yr ewch, holwch pwy sy'n deilwng yno, ac
arhoswch yno hyd nes y byddwch yn ymadael â'r ardal. A 12
phan fyddwch yn mynd i mewn i dŷ, cyfarchwch y tŷ. Ac os 13
bydd y tŷ yn deilwng, deued eich tangnefedd arno. Ond os na
fydd y tŷ yn deilwng, dychweled eich tangnefedd atoch. Ac os 14
bydd rhywun yn gwrthod eich derbyn a gwrthod gwrando ar
eich geiriau, ewch allan o'r tŷ hwnnw neu'r dref honno ac
ysgydwch y llwch oddi ar eich traed. Yn wir, 'rwy'n dweud 15
wrthych y caiff tir Sodom a Gomorra lai i'w ddioddef yn Nydd
y Farn na'r dref honno.

---

*adn. 3: yn ôl darlleniad arall, *Lebeus*.

Coming Persecutions

(Mark 13.9-13; Luke 21.12-17)

16 "Listen! I am sending you out just like sheep to a pack of
wolves. You must be as cautious as snakes and as gentle as doves.
17 Watch out, for there will be men who will arrest you and take
you to court, and they will whip you in the synagogues. 18 For my
sake you will be brought to trial before rulers and kings, to tell
the Good News to them and to the Gentiles. 19 When they bring
you to trial, do not worry about what you are going to say or
how you will say it; when the time comes, you will be given what
you will say. 20 For the words you will speak will not be yours;
they will come from the Spirit of your Father speaking through
you.

21 "Men will hand over their own brothers to be put to death,
and fathers will do the same to their children; children will turn
against their parents and have them put to death. 22 Everyone will
hate you because of me. But whoever holds out to the end will
be saved. 23 When they persecute you in one town, run away to
another one. I assure you that you will not finish your work in
all the towns of Israel before the Son of Man comes.

24 "No pupil is greater than his teacher; no slave is greater than his
master. 25 So a pupil should be satisfied to become like his teacher, and
a slave like his master. If the head of the family is called Beelzebul, the
members of the family will be called even worse names!

Whom to Fear

(Luke 12.2-7)

26 "So do not be afraid of people. Whatever is now covered up
will be uncovered, and every secret will be made known. 27 What
I am telling you in the dark you must repeat in broad daylight,
and what you have heard in private you must announce from the
housetops. 28 Do not be afraid of those who kill the body but cannot
kill the soul; rather be afraid of God, who can destroy both body
and soul in hell. 29 For only a penny you can buy two sparrows,
yet not one sparrow falls to the ground without your Father's consent.
30 As for you, even the hairs of your head have all been counted.
31 So do not be afraid; you are worth much more than many sparrows!

Confessing and Rejecting Christ

(Luke 12.8-9)

32 "If anyone declares publicly that he belongs to me, I will do

Erledigaethau i Ddod
(Mc 13.9-13; Lc 21.12-17)

" Dyma fi yn eich anfon allan fel defaid i blith bleiddiaid ; 16
felly byddwch yn gall fel seirff ac yn ddiniwed fel colomennod.
Gochelwch rhag dynion; oherwydd fe'ch traddodant chwi i 17
lysoedd, ac fe'ch fflangellant yn eu synagogau. Cewch eich 18
dwyn o flaen llywodraethwyr a brenhinoedd o'm hachos i, i
ddwyn tystiolaeth iddynt ac i'r Cenhedloedd. Pan draddodant 19
chwi, peidiwch â phryderu pa fodd na pha beth i lefaru, oher-
wydd fe roddir i chwi y pryd hwnnw eiriau i'w llefaru. Nid 20
chwi sydd yn llefaru, ond Ysbryd eich Tad sy'n llefaru ynoch
chwi. Bradycha brawd ei frawd i farwolaeth, a thad ei blentyn, 21
a chyfyd plant yn erbyn eu rhieni a pheri eu lladd. A chas 22
fyddwch gan bawb o achos fy enw i; ond y sawl sy'n dyfal-
barhau i'r diwedd a gaiff ei gadw. Pan erlidiant chwi mewn un 23
dref, ffowch i un arall. Yn wir, 'rwy'n dweud wrthych, ni
fyddwch wedi cwblhau trefi Israel cyn dyfod Mab y Dyn.
" Nid yw disgybl yn well na'i athro na chaethwas yn well na'i 24
feistr. Digon i'r disgybl yw bod fel ei athro, a'r caethwas fel ei 25
feistr. Os galwasant feistr y tŷ yn Beelsebwl, pa faint mwy ei
deulu ?

Pwy i'w Ofni
(Lc 12.2-7)

" Peidiwch â'u hofni hwy. Oherwydd nid oes dim wedi ei 26
guddio na ddatguddir, na dim yn guddiedig na cheir ei wybod.
Yr hyn a ddywedaf wrthych yn y tywyllwch, dywedwch ef yng 27
ngolau dydd; a'r hyn a sibrydir i'ch clust, cyhoeddwch ef ar
bennau'r tai. A pheidiwch ag ofni'r rhai sy'n lladd y corff, ond 28
na allant ladd yr enaid; ofnwch yn hytrach yr hwn sy'n gallu
dinistrio'r enaid a'r corff yn uffern. Oni werthir dau aderyn y 29
to am geiniog ? Eto nid oes un ohonynt yn syrthio i'r ddaear
heb eich Tad. Amdanoch chwi, y mae hyd yn oed pob blewyn 30
o wallt eich pen wedi ei rifo. Peidiwch ag ofni felly; yr ydych 31
chwi'n werth mwy na llawer o adar y to.

Cyffesu Crist gerbron Dynion
(Lc 12.8-9)

" Pob un fydd yn fy arddel i gerbron dynion, byddaf finnau 32
hefyd yn ei arddel ef gerbron fy Nhad, yr hwn sydd yn y nef-

the same for him before my Father in heaven. 33 But if anyone rejects me publicly, I will reject him before my Father in heaven.

Not Peace, but a Sword
(Luke 12.51-53; 14.26-27)

34 "Do not think that I have come to bring peace to the world. No, I did not come to bring peace, but a sword. 35 I came to set sons against their fathers, daughters against their mothers, daughters-in-law against their mothers-in-law; 36 a man's worst enemies will be the members of his own family.

37 "Whoever loves his father or mother more than me is not fit to be my disciple; whoever loves his son or daughter more than me is not fit to be my disciple. 38 Whoever does not take up his cross and follow in my steps is not fit to be my disciple. 39 Whoever tries to gain his own life will lose it; but whoever loses his life for my sake will gain it.

Rewards
(Mark 9.41)

40 "Whoever welcomes you welcomes me; and whoever welcomes me welcomes the one who sent me. 41 Whoever welcomes God's messenger because he is God's messenger, will share in his reward. And whoever welcomes a good man because he is good, will share in his reward. 42 You can be sure that whoever gives even a drink of cold water to one of the least of these my followers because he is my follower, will certainly receive a reward."

The Messengers from John the Baptist
(Luke 7.18-35)

11 When Jesus finished giving these instructions to his twelve disciples, he left that place and went off to teach and preach in the towns near there.

2 When John the Baptist heard in prison about the things that Christ was doing, he sent some of his disciples to him. 3 "Tell us," they asked Jesus, "are you the one John said was going to come, or should we expect someone else?"

oedd. Ond pwy bynnag fydd yn fy ngwadu i gerbron dynion, 33
byddaf finnau hefyd yn ei wadu ef gerbron fy Nhad, yr hwn
sydd yn y nefoedd.

Nid Heddwch, ond Cleddyf
(Lc 12.51-53; 14.26-27)

"Peidiwch â meddwl mai i ddwyn heddwch i'r ddaear y 34
deuthum; nid i ddwyn heddwch y deuthum ond cleddyf.
Oherwydd deuthum i rannu 35

'dyn yn erbyn ei dad,
a merch yn erbyn ei mam,
a merch-yng-nghyfraith yn erbyn ei mam-yng-nghyfraith;
a gelynion dyn fydd ei deulu ei hun'. 36

Nid yw'r sawl sy'n caru tad neu fam yn fwy na myfi yn deilwng 37
ohonof fi; ac nid yw'r sawl sy'n caru mab neu ferch yn fwy na
myfi yn deilwng ohonof fi. A'r hwn nad yw'n cymryd ei groes 38
ac yn canlyn ar fy ôl i, nid yw'n deilwng ohonof fi. Y dyn sy'n 39
ennill ei fywyd a'i cyll, a'r dyn sy'n colli ei fywyd er fy mwyn i
a'i hennill.

Gwobrau
(Mc 9.41)

"Y mae'r hwn sy'n eich derbyn chwi yn fy nerbyn i, a'r hwn 40
sy'n fy nerbyn i yn derbyn yr hwn a'm hanfonodd i. Yr hwn 41
sy'n derbyn proffwyd am ei fod yn broffwyd, fe gaiff wobr
proffwyd, a'r hwn sy'n derbyn dyn cyfiawn am ei fod yn ddyn
cyfiawn, fe gaiff wobr dyn cyfiawn. A phwy bynnag a rydd 42
ddim ond cwpanaid o ddŵr oer i un o'r rhai bychain hyn am ei
fod yn ddisgybl, yn wir, 'rwy'n dweud wrthych, ni chyll
hwnnw mo'i wobr."

Pan orffennodd Iesu roi cynghorion i'w ddeuddeg disgybl, **11**
symudodd oddi yno er mwyn dysgu a phregethu yn eu trefi hwy.

Negesyddion Ioan Fedyddiwr
(Lc 7.18-35)

Pan glywodd Ioan yn y carchar am weithredoedd Crist, 2
anfonodd trwy ei ddisgyblion a gofyn iddo, "Ai ti yw'r hwn 3
sydd i ddod, ai am rywun arall yr ydym i ddisgwyl?" Ac 4

4 Jesus answered, "Go back and tell John what you are hearing and seeing: 5 the blind can see, the lame can walk, those who suffer from dreaded skin-diseases are made clean,[h] the deaf hear, the dead are brought back to life, and the Good News is preached to the poor. 6 How happy are those who have no doubts about me!"

7 While John's disciples were leaving, Jesus spoke about him to the crowds: "When you went out to John in the desert, what did you expect to see? A blade of grass bending in the wind? 8 What did you go out to see? A man dressed up in fancy clothes? People who dress like that live in palaces! 9 Tell me, what did you go out to see? A prophet? Yes indeed, but you saw much more than a prophet. 10 For John is the one of whom the scripture says: 'God said, I will send my messenger ahead of you to open the way for you.' 11 I assure you that John the Baptist is greater than any man who has ever lived. But he who is least in the Kingdom of heaven is greater than John. 12 From the time John preached his message until this very day the Kingdom of heaven has suffered violent attacks,[i] and violent men try to seize it. 13 Until the time of John all the prophets and the Law of Moses spoke about the Kingdom; 14 and if you are willing to believe their message, John is Elijah, whose coming was predicted. 15 Listen, then, if you have ears!

16 "Now, to what can I compare the people of this day? They are like children sitting in the market-place. One group shouts to the other, 17 'We played wedding music for you, but you wouldn't dance! We sang funeral songs, but you wouldn't cry!' 18 When John came, he fasted and drank no wine, and everyone said, 'He has a demon in him!' 19 When the Son of Man came, he ate and drank, and everyone said, 'Look at this man! He is a glutton and a drinker, a friend of tax collectors and other outcasts!' God's wisdom, however, is shown to be true by its results."

The Unbelieving Towns

(Luke 10.13-15)

20 The people in the towns where Jesus had performed most of his miracles did not turn from their sins, so he reproached those towns. 21 "How terrible it will be for you, Chorazin! How terrible for you too, Bethsaida! If the miracles which were performed in you had been performed in Tyre and Sidon, the people there would long ago have put on sackcloth and sprinkled ashes on themselves, to show that they had turned from their sins! 22 I assure you that on the Judgement Day God will show more mercy to the people

---

[h] MADE CLEAN: *See 8.2.*

[i] has suffered violent attacks; *or* has been coming violently.

atebodd Iesu hwy, " Ewch a dywedwch wrth Ioan yr hyn yr
ydych yn ei glywed ac yn ei weld. Y mae'r deillion yn cael eu 5
golwg yn ôl, y cloffion yn cerdded, y gwahangleifion yn cael eu
glanhau a'r byddariaid yn clywed, y meirw yn codi, y tlodion
yn cael clywed y newydd da. Gwyn ei fyd y sawl na ddaw 6
cwymp iddo o'm hachos i." Wrth i ddisgyblion Ioan fynd 7
ymaith, dechreuodd Iesu sôn am Ioan wrth y tyrfaoedd. "Beth
yr aethoch allan i'r anialwch i edrych arno ? Ai brwynen yn
siglo yn y gwynt ? Beth yr aethoch allan i'w weld ? Ai dyn 8
wedi ei wisgo mewn dillad esmwyth ? Yn nhai brenhinoedd y
mae'r rhai sy'n gwisgo dillad esmwyth. Beth yr aethoch allan 9
i'w weld ? Ai proffwyd ? Ie, meddaf wrthych, a mwy na
phroffwyd. Dyma'r un y mae'n ysgrifenedig amdano : 10

'Wele fi'n anfon fy nghennad o'th flaen,
i baratoi'r ffordd ar dy gyfer.'

Yn wir, 'rwy'n dweud wrthych, ni chododd ymhlith meibion 11
gwragedd neb mwy na Ioan Fedyddiwr; ac eto y mae'r lleiaf
yn nheyrnas nefoedd yn fwy nag ef. O ddyddiau Ioan Fedydd- 12
iwr hyd yn awr y mae teyrnas nefoedd yn cael ei threisio, a
threiswyr sy'n ei chipio hi. Hyd at Ioan y proffwydodd yr holl 13
broffwydi a'r Gyfraith; ac os mynnwch dderbyn hynny, ef yw 14
Elias sydd ar ddod. Yr hwn sydd ganddo glustiau, gwrandawed. 15

" Â phwy y cymharaf y genhedlaeth hon ? Y mae'n debyg i 16
blant yn eistedd yn y marchnadoedd ac yn galw ar ei gilydd:

'Canasom ffliwt i chwi, ac ni ddawnsiasoch; 17
canasom alarnad, ac nid wylasoch.'

Oherwydd daeth Ioan, un nad yw'n bwyta nac yn yfed, ac y 18
maent yn dweud, ' Y mae cythraul ynddo.' Daeth Mab y Dyn, 19
un sy'n bwyta ac yn yfed, ac y maent yn dweud, ' Dyma
feddwyn glwth, cyfaill i gasglwyr trethi a phechaduriaid.' Ac
eto profir gan ei gweithredoedd fod doethineb Duw yn iawn."

Gwae'r Trefi Di-edifar
(Lc 10.13-15)

Yna dechreuodd geryddu'r trefi lle y gwnaed y rhan fwyaf o'i 20
wyrthiau, am nad oeddent wedi edifarhau. " Gwae di, 21
Chorasin ! gwae di, Bethsaida ! Oherwydd petai'r gwyrthiau
a wnaed ynoch chwi wedi eu gwneud yn Tyrus a Sidon,
buasent ers talm wedi edifarhau mewn sachliain a lludw. Ond 22
'rwy'n dweud wrthych, caiff Tyrus a Sidon lai i'w ddioddef yn

of Tyre and Sidon than to you! 23 And as for you, Capernaum!
Did you want to lift yourself up to heaven? You will be thrown
down to hell! If the miracles which were performed in you had
been performed in Sodom, it would still be in existence today! 24 You
can be sure that on the Judgement Day God will show more mercy
to Sodom than to you!"

Come to Me and Rest

(Luke 10.21-22)

25 At that time Jesus said, "Father, Lord of heaven and earth!
I thank you because you have shown to the unlearned what you
have hidden from the wise and learned. 26 Yes, Father, this was
how you wanted it to happen.

27 "My Father has given me all things. No one knows the Son
except the Father, and no one knows the Father except the Son
and those to whom the Son chooses to reveal him.

28 "Come to me, all of you who are tired from carrying heavy
loads, and I will give you rest. 29 Take my yoke and put it on you,
and learn from me, because I am gentle and humble in spirit; and
you will find rest. 30 For the yoke I will give you is easy, and the
load I will put on you is light."

The Question about the Sabbath

(Mark 2.23-28; Luke 6.1-5)

12 Not long afterwards Jesus was walking through some cornfields
on the Sabbath. His disciples were hungry, so they began
to pick ears of corn and eat the grain. 2 When the Pharisees saw
this, they said to Jesus, "Look, it is against our Law for your disciples
to do this on the Sabbath!"

3 Jesus answered, "Have you never read what David did that time
when he and his men were hungry? 4 He went into the house of
God, and he and his men ate the bread offered to God, even though
it was against the Law for them to eat it—only the priests were
allowed to eat that bread. 5 Or have you not read in the Law of
Moses that every Sabbath the priests in the Temple actually break
the Sabbath law, yet they are not guilty? 6 I tell you that there
is something here greater than the Temple. 7 The scripture says, 'It
is kindness that I want, not animal sacrifices.' If you really knew
what this means, you would not condemn people who are not guilty;
8 for the Son of Man is Lord of the Sabbath."

Nydd y Farn na chwi. A thithau, Capernaum, 23
'A ddyrchefir di hyd nef?
Byddi'n disgyn hyd uffern.'
Oherwydd petai'r gwyrthiau a wnaed ynot ti wedi eu gwneud
yn Sodom, buasai'n sefyll hyd heddiw. Ond 'rwy'n dweud 24
wrthych y caiff tir Sodom lai i'w ddioddef yn Nydd y Farn na
thi."

Dewch ataf Fi am Orffwystra
(Lc 10.21–22)

Yr amser hwnnw dywedodd Iesu, "Yr wyf yn dy foliannu di, 25
O Dad, Arglwydd nef a daear, am iti guddio'r pethau hyn rhag
y doethion a'r deallusion, a'u datguddio i rai bychain; ie, 26
O Dad, oherwydd felly y rhyngodd dy fodd di. Traddodwyd i 27
mi bob peth gan fy Nhad. Nid oes neb yn adnabod y Mab,
ond y Tad, ac nid oes neb yn adnabod y Tad, ond y Mab a
phwy bynnag y mae'r Mab yn dewis ei ddatguddio iddo.
Dewch ataf fi, bawb sy'n flinedig ac yn llwythog, ac fe roddaf fi 28
orffwystra i chwi. Cymerwch fy iau arnoch a dysgwch gennyf, 29
oherwydd addfwyn ydwyf a gostyngedig o galon, ac fe gewch
orffwystra i'ch eneidiau. Y mae fy iau i yn hawdd ei dwyn, a'm 30
baich i yn ysgafn."

Tynnu Tywysennau ar y Saboth
(Mc 2.23-28; Lc 6.1-5)

Yr amser hwnnw aeth Iesu drwy'r caeau ŷd ar y Saboth; **12**
yr oedd eisiau bwyd ar ei ddisgyblion, a dechreusant dynnu
tywysennau a'u bwyta. Pan welodd y Phariseaid hynny, 2
meddent wrtho, "Edrych, y mae dy ddisgyblion yn gwneud
peth sy'n groes i'r Gyfraith ar y Saboth." Dywedodd yntau 3
wrthynt, "Onid ydych wedi darllen beth a wnaeth Dafydd,
pan oedd eisiau bwyd arno ef a'r rhai oedd gydag ef? Sut yr 4
aeth i mewn i dŷ Duw a sut y bwytasant y torthau cysegredig,
nad oedd yn gyfreithlon iddo ef na'r rhai oedd gydag ef eu
bwyta, ond i'r offeiriaid yn unig? Neu onid ydych wedi darllen 5
yn y Gyfraith fod yr offeiriaid ar y Saboth yn y deml yn halogi'r
Saboth ond eu bod yn ddieuog? 'Rwy'n dweud wrthych fod 6
rhywbeth mwy na'r deml yma. Pe buasech wedi deall beth yw 7
ystyr y dywediad, 'Trugaredd a ddymunaf, nid aberth', ni
fuasech wedi condemnio'r dieuog. Oherwydd y mae Mab y 8
Dyn yn arglwydd ar y Saboth."

The Man with a Paralysed Hand
(Mark 3.1-6; Luke 6.6-11)

9 Jesus left that place and went to a synagogue, [10]where there
was a man who had a paralysed hand. Some people were there
who wanted to accuse Jesus of doing wrong, so they asked him,
"Is it against our Law to heal on the Sabbath?"

11 Jesus answered, "What if one of you has a sheep and it falls
into a deep hole on the Sabbath? Will he not take hold of it and
lift it out? [12]And a man is worth much more than a sheep! So
then, our Law does allow us to help someone on the Sabbath."
[13]Then he said to the man with the paralysed hand, "Stretch out
your hand."

He stretched it out, and it became well again, just like the other one.
[14]Then the Pharisees left and made plans to kill Jesus.

God's Chosen Servant

15 When Jesus heard about the plot against him, he went away
from that place; and large crowds followed him. He healed all those
who were ill [16]and gave them orders not to tell others about him.
[17]He did this so as to make what God had said through the prophet
Isaiah come true:

[18]"Here is my servant, whom I have chosen,
the one I love, and with whom I am pleased.
I will send my Spirit upon him,
and he will announce my judgement to the nations.
[19]He will not argue or shout,
or make loud speeches in the streets.
[20]He will be gentle to those who are weak,
and kind to those who are helpless.
He will persist until he causes justice to triumph,
[21]and in him all peoples will put their hope."

Jesus and Beelzebul
(Mark 3.20-30; Luke 11.14-23)

22 Then some people brought to Jesus a man who was blind and
could not talk because he had a demon. Jesus healed the man, so
that he was able to talk and see. [23]The crowds were all amazed
at what Jesus had done. "Could he be the Son of David?" they
asked.

24 When the Pharisees heard this, they replied, "He drives out
demons only because their ruler Beelzebul gives him power to do
so."

25 Jesus knew what they were thinking, so he said to them, "Any
country that divides itself into groups which fight each other will

Y Dyn â'r Llaw Ddiffrwyth
(Mc 3.1-6; Lc 6.6-11)

Symudodd oddi yno a daeth i'w synagog hwy. Yno yr oedd 9,10
dyn â chanddo law ddiffrwyth. Gofynasant i Iesu, er mwyn
cael cyhuddiad i'w ddwyn yn ei erbyn, "A yw'n gyfreithlon
iacháu ar y Saboth?" Dywedodd yntau wrthynt, "Pa ddyn 11
ohonoch â chanddo un ddafad, os syrth honno i bydew ar y
Saboth, na fydd yn gafael ynddi a'i chodi? Gymaint mwy 12
gwerthfawr yw dyn na dafad. Am hynny y mae'n gyfreithlon
gwneud da ar y Saboth." Yna dywedodd wrth y dyn, "Estyn 13
dy law." Estynnodd yntau hi, a gwnaed ei law yn holliach fel y
llall. Ac fe aeth y Phariseaid allan a chynllwynio yn ei erbyn, 14
sut i'w ladd.

Y Gwas Dewisedig

Ond daeth Iesu i wybod, ac aeth ymaith oddi yno. Dilynodd 15
llawer ef, ac fe iachaodd bawb ohonynt, a rhybuddiodd hwy i 16
beidio â'i wneud yn hysbys, fel y cyflawnid y gair a lefarwyd 17
trwy Eseia'r proffwyd:

"Dyma fy ngwas, yr un a ddewisais, 18
Fy anwylyd, yr ymhyfrydodd fy enaid ynddo.
Rhoddaf fy Ysbryd arno,
a bydd yn cyhoeddi barn i'r Cenhedloedd.
Ni fydd yn ymrafael nac yn gweiddi, 19
ac ni chlyw neb ei lais ef yn yr heolydd.
Ni fydd yn mathru corsen doredig, 20
nac yn diffodd cannwyll sy'n mygu,
nes iddo ddwyn barn i fuddugoliaeth.
Ac yn ei enw ef y bydd gobaith y Cenhedloedd." 21

Iesu a Beelsebwl
(Mc 3.20-30; Lc 11.14-23; 12.10)

Yna dygwyd ato ddyn â chythraul ynddo, yn ddall a mud; 22
iachaodd Iesu ef, nes bod y mudan yn llefaru a gweld. A syn- 23
nodd yr holl dyrfaoedd a dweud, "A yw'n bosibl mai hwn yw
Mab Dafydd?" Ond pan glywodd y Phariseaid dywedasant, 24
"Nid yw hwn yn bwrw allan gythreuliaid ond trwy Beelsebwl,
pennaeth y cythreuliaid." Deallodd Iesu eu meddyliau a dy- 25
wedodd wrthynt, "Caiff pob teyrnas a ymrannodd yn ei herbyn

not last very long. And any town or family that divides itself into groups which fight each other will fall apart. 26 So if one group is fighting another in Satan's kingdom, this means that it is already divided into groups and will soon fall apart! 27 You say that I drive out demons because Beelzebul gives me the power to do so. Well, then, who gives your followers the power to drive them out? What your own followers do proves that you are wrong! 28 No, it is not Beelzebul, but God's Spirit, who gives me the power to drive out demons, which proves that the Kingdom of God has already come upon you.

29 "No one can break into a strong man's house and take away his belongings unless he first ties up the strong man; then he can plunder his house.

30 "Anyone who is not for me is really against me; anyone who does not help me gather is really scattering. 31 And so I tell you that people can be forgiven any sin and any evil thing they say;[j] but whoever says evil things against the Holy Spirit will not be forgiven. 32 Anyone who says something against the Son of Man can be forgiven; but whoever says something against the Holy Spirit will not be forgiven—now or ever.

A Tree and Its Fruit

(Luke 6.43-45)

33 "To have good fruit you must have a healthy tree; if you have a poor tree, you will have bad fruit. A tree is known by the kind of fruit it bears. 34 You snakes—how can you say good things when you are evil? For the mouth speaks what the heart is full of. 35 A good person brings good things out of his treasure of good things; a bad person brings bad things out of his treasure of bad things.

36 "You can be sure that on Judgement Day everyone will have to give account of every useless word he has ever spoken. 37 Your words will be used to judge you—to declare you either innocent or guilty."

The Demand for a Miracle

(Mark 8.11-12; Luke 11.29-32)

38 Then some teachers of the Law and some Pharisees spoke up. "Teacher," they said, "we want to see you perform a miracle."

39 "How evil and godless are the people of this day!" Jesus exclaimed. "You ask me for a miracle? No! The only miracle you will be given is the miracle of the prophet Jonah. 40 In the same way that Jonah spent three days and nights in the big fish, so will

---

[j] evil thing they say; *or* evil thing they say against God.

ei hun ei difrodi, ac ni bydd yr un dref na thŷ a ymrannodd yn
ei erbyn ei hun yn sefyll. Ac os yw Satan yn bwrw allan Satan, 26
y mae wedi ymrannu yn ei erbyn ei hun; sut felly y saif ei
deyrnas ? Ac os trwy Beelsebwl yr wyf fi'n bwrw allan 27
gythreuliaid, trwy bwy y mae eich disgyblion chwi yn eu bwrw
allan ? Am hynny hwy fydd yn eich barnu. Ond os trwy 28
Ysbryd Duw yr wyf fi'n bwrw allan gythreuliaid, yna y mae
teyrnas Dduw wedi cyrraedd atoch. Neu sut y gall rhywun 29
fynd i mewn i dŷ dyn cryf ac ysbeilio'i ddodrefn heb iddo'n
gyntaf rwymo'r dyn cryf ? Wedyn caiff ysbeilio'i dŷ ef. Os 30
nad yw dyn gyda mi, yn fy erbyn i y mae, ac os nad yw'n casglu
gyda mi, gwasgaru y mae. Am hynny 'rwy'n dweud wrthych, 31
maddeuir pob pechod a chabledd i ddynion, ond y cabledd yn
erbyn yr Ysbryd ni faddeuir mohono. A phwy bynnag a 32
ddywed air yn erbyn Mab y Dyn, maddeuir iddo; ond pwy
bynnag a'i dywed yn erbyn yr Ysbryd Glân, ni faddeuir iddo
nac yn yr oes hon nac yn yr oes sydd i ddod.

Coeden a'i Ffrwyth
(Lc 6.43-45)

" Naill ai cyfrifwch y goeden yn dda a'i ffrwyth yn dda, neu 33
cyfrifwch y goeden yn wael a'i ffrwyth yn wael. Wrth ei ffrwyth
y mae'r goeden yn cael ei hadnabod. Chwi epil gwiberod, sut 34
y gallwch lefaru pethau da, a chwi eich hunain yn ddrwg ?
Oherwydd yn ôl yr hyn sy'n llenwi'r galon y mae'r genau'n
llefaru. Y mae'r dyn da o'i drysor da yn dwyn allan bethau da, 35
a'r dyn drwg o'i drysor drwg yn dwyn allan bethau drwg.
'Rwy'n dweud wrthych am bob gair di-fudd a lefara dynion, 36
fe roddant gyfrif amdano yn Nydd y Farn. Oherwydd wrth dy 37
eiriau y cei dy gyfiawnhau, ac wrth dy eiriau y cei dy gon-
demnio."

Ceisio Arwydd
(Mc 8.11-12; Lc 11.29-32)

Yna dywedodd rhai o'r ysgrifenyddion a'r Phariseaid wrtho, 38
"Athro, fe garem weld arwydd gennyt." Atebodd yntau, 39
" Cenhedlaeth ddrygionus ac annuwiol sy'n ceisio arwydd, eto
ni roddir arwydd iddi ond arwydd y proffwyd Jona. Oherwydd 40
fel y bu Jona ym mol y morfil am dri diwrnod a thair nos, felly
y bydd Mab y Dyn yn nyfnder y ddaear am dri diwrnod a thair

the Son of Man spend three days and nights in the depths of the
earth. 41 On Judgement Day the people of Nineveh will stand up
and accuse you, because they turned from their sins when they heard
Jonah preach; and I tell you that there is something here greater
than Jonah! 42 On Judgement Day the Queen of Sheba will stand
up and accuse you, because she travelled all the way from her country
to listen to King Solomon's wise teaching; and I assure you that
there is something here greater than Solomon!

The Return of the Evil Spirit
(Luke 11.24-26)

43 "When an evil spirit goes out of a person, it travels over dry
country looking for a place to rest. If it can't find one, 44 it says to
itself, 'I will go back to my house.' So it goes back and finds the house
empty, clean, and all tidy. 45 Then it goes out and brings along seven
other spirits even worse than itself, and they come and live there. So
when it is all over, that person is in a worse state than he was at
the beginning. This is what will happen to the evil people of this day."

Jesus' Mother and Brothers
(Mark 3.31-35; Luke 8.19-21)

46 Jesus was still talking to the people when his mother and brothers
arrived. They stood outside, asking to speak with him. 47 So one of
the people there said to him, "Look, your mother and brothers are
standing outside, and they want to speak with you."[k]
48 Jesus answered, "Who is my mother? Who are my brothers?"
49 Then he pointed to his disciples and said, "Look! Here are my
mother and my brothers! 50 Whoever does what my Father in heaven
wants him to do is my brother, my sister, and my mother."

The Parable of the Sower
(Mark 4.1-9; Luke 8.4-8)

13 That same day Jesus left the house and went to the lake-side,
where he sat down to teach. 2 The crowd that gathered round
him was so large that he got into a boat and sat in it, while the
crowd stood on the shore. 3 He used parables to tell them many
things.
"Once there was a man who went out to sow corn. 4 As he scattered
the seed in the field, some of it fell along the path, and the birds came
and ate it up. 5 Some of it fell on rocky ground, where there was little

---

[k] *Some manuscripts do not have verse 47.*

nos. Bydd gwŷr Ninefe yn codi yn y Farn gyda'r genhedlaeth 41
hon ac yn ei chondemnio hi; oherwydd edifarhasant hwy dan
genadwri Jona, ac yr ydych chwi'n gweld yma beth mwy na
Jona. Bydd Brenhines y De yn codi yn y Farn gyda'r genhedl- 42
aeth hon ac yn ei chondemnio; oherwydd daeth hi o eithafoedd
y ddaear i glywed doethineb Solomon, ac yr ydych chwi'n gweld
yma beth mwy na Solomon.

Yr Ysbryd Aflan yn Dychwelyd
(Lc 11.24-26)

"Pan fydd ysbryd aflan yn mynd allan o ddyn, bydd yn 43
rhodio trwy fannau sychion gan geisio gorffwysfa, ac nid yw yn
ei gael. Yna y mae'n dweud, 'Mi ddychwelaf i'm cartref, y lle y 44
deuthum ohono.' Wedi cyrraedd, y mae'n ei gael yn wag, wedi
ei ysgubo a'i osod mewn trefn. Yna y mae'n mynd ac yn 45
cymryd gydag ef saith ysbryd arall mwy drygionus nag ef ei
hun; y maent yn dod i mewn ac yn ymgartrefu yno; ac y mae
cyflwr olaf y dyn hwnnw yn waeth na'r cyntaf. Felly hefyd y
bydd i'r genhedlaeth ddrwg hon."

Mam a Brodyr Iesu
(Mc 3.31-35; Lc 8.19-21)

Tra oedd ef yn dal i siarad â'r tyrfaoedd, yr oedd ei fam a'i 46
frodyr yn sefyll y tu allan yn ceisio siarad ag ef. Dywedodd 47
rhywun wrtho, "Dacw dy fam a'th frodyr yn sefyll y tu allan
yn ceisio siarad â thi." Atebodd Iesu ef, "Pwy yw fy mam, a 48
phwy yw fy mrodyr ?" A chan estyn ei law at ei ddisgyblion 49
dywedodd, "Dyma fy mam a'm brodyr i. Oherwydd pwy 50
bynnag sy'n gwneud ewyllys fy Nhad, yr hwn sydd yn y nef-
oedd, y mae hwnnw'n frawd i mi, ac yn chwaer, ac yn fam."

Dameg yr Heuwr
(Mc 4.1-9; Lc 8.4-8)

Y diwrnod hwnnw aeth Iesu allan o'r tŷ ac eisteddodd ar lan **13**
y môr. Daeth tyrfaoedd mawr ynghyd ato, nes iddo fynd ac 2
eistedd mewn cwch, ac yr oedd yr holl dyrfa yn sefyll ar y
traeth. Fe lefarodd lawer wrthynt ar ddamhegion, gan ddweud: 3
"Aeth heuwr allan i hau. Ac wrth iddo hau, syrthiodd peth had 4
ar hyd y llwybr, a daeth yr adar a'i fwyta. Syrthiodd peth arall 5

soil. The seeds soon sprouted, because the soil wasn't deep. 6 But
when the sun came up, it burnt the young plants; and because the roots
had not grown deep enough, the plants soon dried up. 7 Some of the
seed fell among thorn bushes, which grew up and choked the plants.
8 But some seeds fell in good soil, and the plants produced corn;
some produced a hundred grains, others sixty, and others thirty."
9 And Jesus concluded, "Listen, then, if you have ears!"

The Purpose of the Parables
(Mark 4.10-12; Luke 8.9-10)

10 Then the disciples came to Jesus and asked him, "Why do
you use parables when you talk to the people?"
11 Jesus answered, "The knowledge about the secrets of the King-
dom of heaven has been given to you, but not to them. 12 For the
person who has something will be given more, so that he will have
more than enough; but the person who has nothing will have taken
away from him even the little he has. 13 The reason I use parables
in talking to them is that they look, but do not see, and they listen,
but do not hear or understand. 14 So the prophecy of Isaiah applies
to them:

'This people will listen and listen, but not understand;
they will look and look, but not see,
15 because their minds are dull,
and they have stopped up their ears
and have closed their eyes.
Otherwise, their eyes would see,
their ears would hear,
their minds would understand,
and they would turn to me, says God,
and I would heal them.'

16 "As for you, how fortunate you are! Your eyes see and your
ears hear. 17 I assure you that many prophets and many of God's
people wanted very much to see what you see, but they could not,
and to hear what you hear, but they did not.

Jesus Explains the Parable of the Sower
(Mark 4.13-20; Luke 8.11-15)

18 "Listen, then, and learn what the parable of the sower means.
19 Those who hear the message about the Kingdom but do not under-
stand it are like the seeds that fell along the path. The Evil One

ar leoedd creigiog, lle ni chafodd fawr o bridd, a thyfodd yn
gyflym am nad oedd iddo ddyfnder daear. Ond wedi i'r haul 6
godi fe'i llosgwyd, ac am nad oedd iddo wreiddyn fe wywodd.
Syrthiodd hadau eraill ymhlith y drain, a thyfodd y drain a'u 7
tagu. A syrthiodd eraill ar dir da a ffrwytho, peth ganwaith 8
cymaint, a pheth drigain, a pheth ddeg ar hugain. Yr hwn sydd 9
ganddo glustiau, gwrandawed."

Pwrpas y Damhegion
(Mc 4.10-12; Lc 8.9-10)

Daeth y disgyblion a dweud wrtho, " Pam yr wyt yn siarad 10
wrthynt ar ddamhegion ?" Atebodd yntau, " I chwi y mae 11
gwybod cyfrinachau teyrnas Dduw wedi ei roi, ond iddynt hwy
nis rhoddwyd. Oherwydd i'r hwn y mae ganddo y rhoir, a bydd 12
ganddo fwy na digon; ond oddi ar yr hwn nad oes ganddo y
dygir hyd yn oed hynny sydd ganddo. Am hynny yr wyf yn 13
siarad wrthynt ar ddamhegion; oherwydd er iddynt edrych
nid ydynt yn gweld, ac er iddynt wrando nid ydynt yn clywed
nac yn deall. A chyflawnir ynddynt hwy y broffwydoliaeth gan 14
Eseia sy'n dweud:

'Er gwrando a gwrando, ni ddeallwch ddim,
er edrych ac edrych, ni welwch ddim.
Canys brasawyd deall y bobl yma, 15
y mae eu clyw yn drwm,
a'u llygaid wedi cau ;
rhag iddynt weld â'u llygaid,
na chlywed â'u clustiau,
na deall â'u meddwl, a throi,
ac i mi eu hiacháu.'

Ond gwyn eu byd eich llygaid chwi am eu bod yn gweld, a'ch 16
clustiau chwi am eu bod yn clywed. Yn wir, 'rwy'n dweud 17
wrthych fod llawer o broffwydi a rhai cyfiawn wedi dyheu am
weld y pethau yr ydych chwi yn eu gweld, ac nis gwelsant, a
chlywed y pethau yr ydych chwi yn eu clywed, ac nis clywsant.

Egluro Dameg yr Heuwr
(Mc 4.13-20; Lc 8.11-15)

" Gwrandewch chwithau felly ar ddameg yr heuwr. Pan 18,19
fydd unrhyw un yn clywed gair y deyrnas heb ei ddeall, daw'r

comes and snatches away what was sown in them. 20 The seeds that
fell on rocky ground stand for those who receive the message gladly
as soon as they hear it. 21 But it does not sink deep into them,
and they don't last long. So when trouble or persecution comes
because of the message, they give up at once. 22 The seeds that fell
among thorn bushes stand for those who hear the message; but
the worries about this life and the love for riches choke the message,
and they don't bear fruit. 23 And the seeds sown in the good soil
stand for those who hear the message and understand it: they bear
fruit, some as much as a hundred, others sixty, and others thirty."

The Parable of the Weeds

24 Jesus told them another parable: "The Kingdom of heaven is
like this. A man sowed good seed in his field. 25 One night, when
everyone was asleep, an enemy came and sowed weeds among the
wheat and went away. 26 When the plants grew and the ears of corn
began to form, then the weeds showed up. 27 The man's servants
came to him and said, 'Sir, it was good seed you sowed in your
field; where did the weeds come from?' 28 'It was some enemy who
did this,' he answered. 'Do you want us to go and pull up the
weeds?' they asked him. 29 'No,' he answered, 'because as you gather
the weeds you might pull up some of the wheat along with them.
30 Let the wheat and the weeds both grow together until harvest. Then
I will tell the harvest workers to pull up the weeds first, tie them
in bundles and burn them, and then to gather in the wheat and
put it in my barn.'"

The Parable of the Mustard Seed

(Mark 4.30-32; Luke 13.18-19)

31 Jesus told them another parable: "The Kingdom of heaven is
like this. A man takes a mustard seed and sows it in his field. 32 It
is the smallest of all seeds, but when it grows up, it is the biggest of
all plants. It becomes a tree, so that birds come and make their nests
in its branches."

The Parable of the Yeast

(Luke 13.20-21)

33 Jesus told them still another parable: "The Kingdom of heaven is
like this. A woman takes some yeast and mixes it with forty litres of
flour until the whole batch of dough rises."

Un drwg a chipio'r hyn a heuwyd yn ei galon. Dyma'r un sy'n
derbyn yr had ar hyd y llwybr. A'r un sy'n derbyn yr had ar 20
leoedd creigiog, dyma'r un sy'n clywed y gair ac yn ei dderbyn
ar ei union yn llawen. Ond nid oes ganddo wreiddyn ynddo'i 21
hunan, a thros dro y mae'n para; pan ddaw gorthrymder neu
erlid o achos y gair, fe gwymp ar unwaith. Yr un sy'n derbyn 22
yr had ymhlith y drain, dyma'r un sy'n clywed y gair, ond y mae
gofal y byd hwn a hudoliaeth golud yn tagu'r gair, ac y mae'n
mynd yn ddiffrwyth. A'r un sy'n derbyn yr had ar dir da, 23
dyma'r un sy'n clywed y gair ac yn ei ddeall, ac yn dwyn
ffrwyth ac yn rhoi peth ganwaith cymaint, a pheth drigain, a
pheth ddeg ar hugain."

Dameg yr Efrau ymysg yr Ŷd

Cyflwynodd Iesu ddameg arall iddynt: "Y mae teyrnas 24
nefoedd yn debyg i ddyn a heuodd had da yn ei faes. Ond pan 25
oedd pawb yn cysgu, daeth ei elyn a hau efrau ymysg yr ŷd a
mynd ymaith. Pan eginodd y cnwd a dwyn ffrwyth, yna ym- 26
ddangosodd yr efrau hefyd. Daeth gweision gŵr y tŷ a dweud 27
wrtho, 'Syr, onid had da a heuaist yn dy faes? O ble felly y
daeth efrau iddo?' Atebodd yntau, 'Gelyn a wnaeth hyn.' 28
Meddai'r gweision wrtho, 'A wyt am i ni fynd allan a chasglu'r
efrau?' 'Na,' meddai ef, 'wrth gasglu'r efrau fe ellwch ddi- 29
wreiddio'r ŷd gyda hwy. Gadewch i'r ddau dyfu gyda'i 30
gilydd hyd y cynhaeaf, ac yn amser y cynhaeaf dywedaf wrth y
medelwyr, "Casglwch yr efrau yn gyntaf, a rhwymwch hwy'n
sypynnau i'w llosgi, ond crynhowch yr ŷd i'm hysgubor."'"

Damhegion yr Hedyn Mwstard a'r Lefain
(Mc 4.30-32; Lc 13.18-21)

A dyma ddameg arall a gyflwynodd iddynt: "Y mae teyrnas 31
nefoedd yn debyg i hedyn mwstard, a gymerodd dyn a'i hau yn
ei faes. Dyma'r lleiaf o'r holl hadau, ond wedi iddo dyfu, ef 32
yw'r mwyaf o'r holl lysiau, a daw yn goeden, fel bod adar yr
awyr yn dod ac yn nythu yn ei changhennau."

Llefarodd ddameg arall wrthynt: "Y mae teyrnas nefoedd 33
yn debyg i lefain; y mae gwraig yn ei gymryd, ac yn ei gymysgu
â thri mesur o flawd gwenith, nes lefeinio'r cwbl."

Jesus' Use of Parables

(Mark 4.33-34)

34 Jesus used parables to tell all these things to the crowds; he would
not say a thing to them without using a parable. 35 He did this to
make what the prophet had said come true,

"I will use parables when I speak to them;
I will tell them things unknown since the creation of the world."

Jesus Explains the Parable of the Weeds

36 When Jesus had left the crowd and gone indoors, his disciples came to him and said, "Tell us what the parable about the weeds in the field means."

37 Jesus answered, "The man who sowed the good seed is the
Son of Man; 38 the field is the world; the good seed is the people
who belong to the Kingdom; the weeds are the people who belong
to the Evil One; 39 and the enemy who sowed the weeds is the
Devil. The harvest is the end of the age, and the harvest workers
are angels. 40 Just as the weeds are gathered up and burnt in the
fire, so the same thing will happen at the end of the age: 41 the
Son of Man will send out his angels to gather up out of his Kingdom
all those who cause people to sin and all others who do evil things,
42 and they will throw them into the fiery furnace, where they will
cry and grind their teeth. 43 Then God's people will shine like the
sun in their Father's Kingdom. Listen, then, if you have ears!

The Parable of the Hidden Treasure

44 "The Kingdom of heaven is like this. A man happens to find a treasure hidden in a field. He covers it up again, and is so happy that he goes and sells everything he has, and then goes back and buys that field.

The Parable of the Pearl

45 "Also, the Kingdom of heaven is like this. A man is looking
for fine pearls, 46 and when he finds one that is unusually fine, he
goes and sells everything he has, and buys that pearl.

The Parable of the Net

47 "Also, the Kingdom of heaven is like this. Some fishermen
throw their net out in the lake and catch all kinds of fish. 48 When
the net is full, they pull it to shore and sit down to divide the
fish: the good ones go into their buckets, the worthless ones are
thrown away. 49 It will be like this at the end of the age: the angels
will go out and gather up the evil people from among the good
50 and will throw them into the fiery furnace, where they will cry
and grind their teeth.

Arfer Damhegion
(Mc 4.33-34)

Dywedodd Iesu'r holl bethau hyn ar ddamhegion i'r tyrfa- 34
oedd; heb ddameg ni fyddai'n llefaru dim wrthynt, fel y cyf- 35
lawnid y gair a lefarwyd trwy'r proffwyd:

" Agoraf fy ngenau ar ddamhegion,
traethaf bethau sy'n guddiedig er seiliad y byd."

Egluro Dameg yr Efrau

Yna, wedi gollwng y tyrfaoedd, daeth i'r tŷ. A daeth ei 36
ddisgyblion ato a dweud, " Eglura i ni ddameg yr efrau yn y
maes." Dywedodd yntau, " Yr un sy'n hau'r had da yw Mab 37
y Dyn. Y maes yw'r byd. Yr had da yw meibion y deyrnas; 38
yr efrau yw meibion yr un drwg, a'r gelyn a'u heuodd yw'r 39
diafol; y cynhaeaf yw diwedd y byd, a'r medelwyr yw'r
angylion. Yn union fel y cesglir yr efrau a'u llosgi yn y tân, 40
felly y bydd yn niwedd y byd. Bydd Mab y Dyn yn anfon ei 41
angylion, a byddant yn casglu allan o'i deyrnas ef bopeth sy'n
peri tramgwydd, a'r rhai sy'n gwneud anghyfraith, a byddant 42
yn eu taflu i'r ffwrnais danllyd; bydd yno wylo ac ysgyrnygu
dannedd. Yna bydd y rhai cyfiawn yn disgleirio fel yr haul yn 43
nheyrnas eu Tad. Yr hwn sydd ganddo glustiau, gwrandawed.

Tair Dameg

" Y mae teyrnas nefoedd yn debyg i drysor wedi ei guddio 44
mewn maes; pan ddaeth dyn o hyd iddo, fe'i cuddiodd, ac yn
ei lawenydd y mae'n mynd ac yn gwerthu'r cwbl sydd ganddo,
ac yn prynu'r maes hwnnw.

"Eto y mae teyrnas nefoedd yn debyg i fasnachwr sy'n chwilio 45
am berlau gwych. Wedi iddo ddarganfod un perl gwerthfawr, 46
aeth i ffwrdd a gwerthu'r cwbl oedd ganddo, a'i brynu.

" Eto y mae teyrnas nefoedd yn debyg i rwyd a fwriwyd i'r 47
môr ac a ddaliodd bysgod o bob math. Pan oedd yn llawn, 48
tynnodd dynion hi i'r lan ac eistedd i lawr a chasglu'r rhai da i
lestri a thaflu'r rhai gwael i ffwrdd. Felly y bydd yn niwedd y 49
byd; bydd yr angylion yn mynd allan ac yn gwahanu'r drwg o
blith y cyfiawn, ac yn eu taflu i'r ffwrnais danllyd; bydd yno 50
wylo ac ysgyrnygu dannedd.

New Truths and Old

51 "Do you understand these things?" Jesus asked them.
"Yes," they answered.
52 So he replied, "This means, then, that every teacher of the
Law who becomes a disciple in the Kingdom of heaven is like the
owner of a house who takes new and old things out of his storeroom."

Jesus is Rejected at Nazareth

(Mark 6.1-6; Luke 4.16-30)

53 When Jesus finished telling these parables, he left that place 54 and
went back to his home town. He taught in the synagogue, and those
who heard him were amazed. "Where did he get such wisdom?"
they asked. "And what about his miracles? 55 Isn't he the carpenter's
son? Isn't Mary his mother, and aren't James, Joseph, Simon, and
Judas his brothers? 56 Aren't all his sisters living here? Where did
he get all this?" 57 And so they rejected him.
Jesus said to them, "A prophet is respected everywhere except in
his home town and by his own family." 58 Because they did not
have faith, he did not perform many miracles there.

The Death of John the Baptist

(Mark 6.14-29; Luke 9.7-9)

14 At that time Herod, the ruler of Galilee, heard about Jesus.
2 "He is really John the Baptist, who has come back to life,"
he told his officials. "That is why he has this power to perform
miracles."
3 For Herod had earlier ordered John's arrest, and he had him
chained and put in prison. He had done this because of Herodias,
his brother Philip's wife. 4 For some time John the Baptist had told
Herod, "It isn't right for you to be married to Herodias!" 5 Herod
wanted to kill him, but he was afraid of the Jewish people, because
they considered John to be a prophet.
6 On Herod's birthday the daughter of Herodias danced in front
of the whole group. Herod was so pleased 7 that he promised her,
"I swear that I will give you anything you ask for!"
8 At her mother's suggestion she asked him, "Give me here and
now the head of John the Baptist on a dish!"
9 The king was sad, but because of the promise he had made
in front of all his guests he gave orders that her wish be granted.
10 So he had John beheaded in prison. 11 The head was brought in
on a dish and given to the girl, who took it to her mother. 12 John's
disciples came, carried away his body, and buried it; then they went
and told Jesus.

Trysorau Newydd a Hen

" A ydych wedi deall yr holl bethau hyn ?" Dywedasant 51
wrtho, " Do." " Am hynny," meddai ef wrthynt, " y mae pob 52
ysgrifennydd a ddaeth yn ddisgybl yn nheyrnas nefoedd yn
debyg i berchen tŷ sydd yn dwyn allan o'i drysorfa bethau
newydd a hen."

Gwrthod Iesu yn Nasareth
(Mc 6.1-6; Lc 4.16-30)

Pan orffennodd Iesu'r damhegion hyn, aeth oddi yno. 53
Ac wedi dod i fro ei febyd, yr oedd yn dysgu yn eu synagog 54
hwy, nes iddynt synnu a dweud, " O ble y cafodd hwn y
ddoethineb hon a'r gwyrthiau hyn ? Onid mab y saer yw hwn ? 55
Onid Mair yw enw ei fam ef, a Iago a Joseff a Simon a Jwdas
yn frodyr iddo ? Ac onid yw ei chwiorydd i gyd yma gyda ni ? 56
O ble felly y cafodd hwn yr holl bethau hyn ?" Yr oedd ef yn 57
peri tramgwydd iddynt. Dywedodd Iesu wrthynt, " Nid yw
proffwyd heb anrhydedd ond yn ei fro ei hun ac yn ei gartref."
Ac ni wnaeth lawer o wyrthiau yno o achos eu hanghredin- 58
iaeth.

Marwolaeth Ioan Fedyddiwr
(Mc 6.14-29; Lc 9.7-9)

Yr amser hwnnw clywodd y Tywysog Herod y sôn am Iesu, **14**
a dywedodd wrth ei weision, " Ioan Fedyddiwr yw hwn; y 2
mae ef wedi ei godi oddi wrth y meirw, a dyna pam y mae'r
grymusterau ar waith ynddo ef." Oherwydd yr oedd Herod 3
wedi dal Ioan a'i roi yn rhwym yng ngharchar o achos Herod-
ias, gwraig Philip ei frawd. Yr oedd Ioan wedi dweud wrtho, 4
" Nid yw'n gyfreithlon i ti ei chael hi." Ac er bod Herod yn 5
dymuno ei ladd, yr oedd arno ofn y bobl, am eu bod yn
ystyried Ioan yn broffwyd. Pan oedd Herod yn dathlu ei ben- 6
blwydd, dawnsiodd merch Herodias gerbron y cwmni a
phlesio Herod gymaint nes iddo addo ar ei lw roi iddi beth 7
bynnag a ofynnai. Ar gyfarwyddyd ei mam, dywedodd hi, 8
" Rho i mi, yma ar ddysgl, ben Ioan Fedyddiwr." Aeth y 9
brenin yn drist, ond oherwydd ei lw ac oherwydd ei westeion
gorchmynnodd ei roi iddi, ac anfonodd i dorri pen Ioan yn y 10
carchar. Daethpwyd â'i ben ef ar ddysgl a'i roi i'r eneth, ac 11
aeth hi ag ef i'w mam. Yna daeth ei ddisgyblion a mynd â'r 12
corff ymaith a'i gladdu, ac aethant ac adrodd yr hanes i Iesu.

Jesus Feeds Five Thousand Men
(Mark 6.30-44; Luke 9.10-17; John 6.1-14)

13 When Jesus heard the news about John, he left there in a boat
and went to a lonely place by himself. The people heard about
it, so they left their towns and followed him by land. 14 Jesus got
out of the boat, and when he saw the large crowd, his heart was
filled with pity for them, and he healed those who were ill.

15 That evening his disciples came to him and said, "It is already
very late, and this is a lonely place. Send the people away and
let them go to the villages to buy food for themselves."

16 "They don't have to leave," answered Jesus. "You yourselves give
them something to eat!"

17 "All we have here are five loaves and two fish," they replied.

18 "Then bring them here to me," Jesus said. 19 He ordered the
people to sit down on the grass; then he took the five loaves and
the two fish, looked up to heaven, and gave thanks to God. He
broke the loaves and gave them to the disciples, and the disciples
gave them to the people. 20 Everyone ate and had enough. Then
the disciples took up twelve baskets full of what was left over. 21 The
number of men who ate was about five thousand, not counting the
women and children.

Jesus Walks on the Water
(Mark 6.45-52; John 6.15-21)

22 Then Jesus made the disciples get into the boat and go on
ahead to the other side of the lake, while he sent the people away.
23 After sending the people away, he went up a hill by himself to
pray. When evening came, Jesus was there alone; 24 and by this
time the boat was far out in the lake, tossed about by the waves,
because the wind was blowing against it.

25 Between three and six o'clock in the morning Jesus came to
the disciples, walking on the water. 26 When they saw him walking
on the water, they were terrified. "It's a ghost!" they said, and screamed
with fear.

27 Jesus spoke to them at once. "Courage!" he said. "It is I. Don't be
afraid!"

28 Then Peter spoke up. "Lord, if it is really you, order me to
come out on the water to you."

29 "Come!" answered Jesus. So Peter got out of the boat and
started walking on the water to Jesus. 30 But when he noticed the
strong wind, he was afraid and started to sink down in the water.
"Save me, Lord!" he cried.

31 At once Jesus reached out and grabbed hold of him and said,

Porthi'r Pum Mil
(Mc 6.30-44; Lc 9.10-17; In 6.1-14)

Pan glywodd Iesu, aeth oddi yno mewn cwch i le unig o'r 13
neilltu. Ond clywodd y tyrfaoedd, a dilynasant ef dros y tir o'r
trefi. Pan laniodd Iesu, gwelodd dyrfa fawr, a thosturiodd 14
wrthynt ac iacháu eu cleifion hwy. Gyda'r nos daeth ei 15
ddisgyblion ato a dweud, " Y mae'r lle yma'n unig ac y mae hi
eisoes yn hwyr. Gollwng y tyrfaoedd, iddynt fynd i'r pentrefi
i brynu bwyd iddynt eu hunain." Meddai Iesu wrthynt, " Nid 16
oes raid iddynt fynd ymaith. Rhowch chwi rywbeth i'w fwyta
iddynt." Meddent hwy wrtho, " Nid oes gennym yma ond 17
pum torth a dau bysgodyn." Meddai yntau, " Dewch â hwy 18
yma i mi." Ac wedi gorchymyn i'r tyrfaoedd eistedd ar y glas- 19
wellt, cymerodd y pum torth a'r ddau bysgodyn, a chan edrych
i fyny i'r nef a bendithio, torrodd y torthau a rhoddodd hwy i'r
disgyblion, a'r disgyblion i'r tyrfaoedd. Bwytasant oll a chael 20
digon, a chodasant ddeuddeg basgedaid llawn o'r tameidiau
oedd dros ben. Ac yr oedd y rhai oedd yn bwyta tua phum mil 21
o wŷr, heblaw gwragedd a phlant.

Cerdded ar y Dŵr
(Mc 6.45-52; In 6.15-21)

Yna'n ddi-oed gwnaeth i'r disgyblion fynd i'r cwch a hwylio 22
o'i flaen i'r ochr draw, tra byddai ef yn gollwng y tyrfaoedd.
Wedi eu gollwng aeth i fyny i'r mynydd o'r neilltu i weddïo, a 23
phan aeth hi'n hwyr yr oedd yno ar ei ben ei hun. Yr oedd y 24
cwch eisoes gryn bellter oddi wrth y tir, ac mewn helbul gan y
tonnau, oherwydd yr oedd y gwynt yn ei erbyn. Rhwng tri a 25
chwech o'r gloch y bore daeth ef atynt dan gerdded ar y môr.
Pan welodd y disgyblion ef yn cerdded ar y môr, dychrynwyd 26
hwy nes dweud, "Drychiolaeth yw", a gweiddi gan ofn. Ond 27
ar unwaith siaradodd Iesu â hwy. " Codwch eich calon,"
meddai, " myfi yw; peidiwch ag ofni." Atebodd Pedr ef, 28
" Arglwydd, os tydi yw, gorchymyn i mi ddod atat ar y tonnau."
Meddai Iesu, " Tyrd." Disgynnodd Pedr o'r cwch a cherdd- 29
odd ar y tonnau, a daeth at Iesu. Ond pan welodd rym 30
y gwynt brawychodd, ac wrth ddechrau suddo gwaeddodd,
" Arglwydd, achub fi." Estynnodd Iesu ei law ar unwaith a 31
gafael ynddo gan ddweud, " Ti o ychydig ffydd, pam y petrus-

"How little faith you have! Why did you doubt?"
32 They both got into the boat, and the wind died down. 33 Then
the disciples in the boat worshipped Jesus. "Truly you are the Son
of God!" they exclaimed.

Jesus Heals the Sick in Gennesaret
(Mark 6.53-56)

34 They crossed the lake and came to land at Gennesaret, 35 where
the people recognized Jesus. So they sent for the sick people in
all the surrounding country and brought them to Jesus. 36 They begged
him to let those who were ill at least touch the edge of his cloak;
and all who touched it were made well.

The Teaching of the Ancestors
(Mark 7.1-13)

15 Then some Pharisees and teachers of the Law came from
Jerusalem to Jesus and asked him, 2 "Why is it that your
disciples disobey the teaching handed down by our ancestors? They
don't wash their hands in the proper way before they eat!"
3 Jesus answered, "And why do you disobey God's command and
follow your own teaching? 4 For God said, 'Respect your father
and your mother,' and 'Whoever curses his father or his mother
is to be put to death.' 5 But you teach that if a person has something
he could use to help his father or mother, but says, 'This belongs
to God,' 6 he does not need to honour his father.[l] In this way you
disregard God's command, in order to follow your own teaching.
7 You hypocrites! How right Isaiah was when he prophesied about
you!

8 'These people, says God, honour me with their words,
but their heart is really far away from me.
9 It is no use for them to worship me,
because they teach man-made rules as though they were my
laws!'"

The Things That Make a Person Unclean
(Mark 7.14-23)

10 Then Jesus called the crowd to him and said to them, "Listen
and understand! 11 It is not what goes into a person's mouth that
makes him ritually unclean; rather, what comes out of it makes
him unclean."
12 Then the disciples came to him and said, "Do you know that
the Pharisees had their feelings hurt by what you said?"
13 "Every plant which my Father in heaven did not plant will

---

[l]his father; *some manuscripts have* his father or mother.

aist ?" Ac wedi iddynt ddringo i'r cwch, gostegodd y gwynt. 32
Yna syrthiodd y rhai oedd yn y cwch ar eu gliniau o'i flaen, a 33
dweud, " Yn wir, Mab Duw wyt ti."

Iacháu'r Cleifion yng Ngenesaret
(Mc 6.53-56)

Wedi croesi'r môr daethant i dir yng Ngenesaret. Adnabu 34,35
dynion y lle hwnnw ef, ac anfonasant i'r holl gymdogaeth
honno, a daethant â'r cleifion i gyd ato, ac erfyn arno am 36
iddynt gael yn unig gyffwrdd ag ymyl ei fantell. A llwyr iach-
awyd pawb a gyffyrddodd ag ef.

Traddodiad yr Hynafiaid
(Mc 7.1-23)

Yna daeth Phariseaid ac ysgrifenyddion o Jerwsalem at Iesu **15**
a dweud, " Pam y mae dy ddisgyblion di yn troseddu traddod- 2
iad yr hynafiaid ? Oherwydd nid ydynt yn golchi eu dwylo
pan fyddant yn bwyta'u bwyd." Atebodd yntau hwy, " A 3
pham yr ydych chwithau yn troseddu gorchymyn Duw er
mwyn eich traddodiad ? Oherwydd dywedodd Duw, ' An- 4
rhydedda dy dad a'th fam', a ' Bydded farw'n gelain y dyn a
felltithia ei dad neu ei fam.' Ond yr ydych chwi'n dweud, 5
' Os dywed dyn wrth ei dad neu ei fam, " Offrwm i Dduw yw
beth bynnag y gallasit ei dderbyn yn gymorth gennyf fi", ni 6
chaiff anrhydeddu ei dad.'* Ac yr ydych wedi dirymu gair
Duw er mwyn eich traddodiad chwi. Ragrithwyr, da y pro- 7
ffwydodd Eseia amdanoch:

' Y mae'r bobl hyn yn fy anrhydeddu â'u gwefusau, 8
ond y mae eu calon yn bell oddi wrthyf ;
yn ofer y maent yn fy addoli, 9
gan ddysgu gorchmynion dynol fel athrawiaethau.' "

Galwodd y dyrfa ato a dywedodd wrthynt, " Gwrandewch a 10
deallwch. Nid yr hyn sy'n mynd i mewn i enau dyn sy'n ei 11
halogi, ond yr hyn sy'n dod allan o'i enau, dyna sy'n halogi
dyn." Yna daeth ei ddisgyblion a dweud wrtho, " A wyddost 12
fod y Phariseaid wedi eu tramgwyddo wrth glywed dy eiriau ?"
Atebodd yntau, " Pob planhigyn na phlannodd fy Nhad nefol, 13

---

*adn. 6: ychwanega rhai llawysgrifau: *neu ei fam.*

be pulled up," answered Jesus. 14 "Don't worry about them! They
are blind leaders of the blind; and when one blind man leads another,
both fall into a ditch."

15 Peter spoke up, "Explain this saying to us."

16 Jesus said to them, "You are still no more intelligent than
the others. 17 Don't you understand? Anything that goes into a per-
son's mouth goes into his stomach and then on out of his body.
18 But the things that come out of the mouth come from the heart,
and these are the things that make a person ritually unclean. 19 For
from his heart come the evil ideas which lead him to kill, commit
adultery, and do other immoral things; to rob, lie, and slander others.
20 These are the things that make a person unclean. But to eat without
washing your hands as they say you should—this doesn't make a
person unclean."

A Woman's Faith

(Mark 7.24-30)

21 Jesus left that place and went off to the territory near the cities of
Tyre and Sidon. 22 A Canaanite woman who lived in that region
came to him. "Son of David!" she cried out. "Have mercy on me!
My daughter has a demon and is in a terrible condition."

23 But Jesus did not say a word to her. His disciples came to
him and begged him, "Send her away! She is following us and making
all this noise!"

24 Then Jesus replied, "I have been sent only to those lost sheep, the
people of Israel."

25 At this the woman came and fell at his feet. "Help me, sir!"
she said.

26 Jesus answered, "It isn't right to take the children's food and
throw it to the dogs."

27 "That's true, sir," she answered; "but even the dogs eat the left-
overs that fall from their masters' table."

28 So Jesus answered her, "You are a woman of great faith! What
you want will be done for you." And at that very moment her
daughter was healed.

Jesus Heals Many People

29 Jesus left there and went along by Lake Galilee. He climbed
a hill and sat down. 30 Large crowds came to him, bringing with
them the lame, the blind, the crippled, the dumb, and many other
sick people, whom they placed at Jesus' feet; and he healed them.
31 The people were amazed as they saw the dumb speaking, the crippled
made whole, the lame walking, and the blind seeing; and they praised
the God of Israel.

fe'i diwreiddir. Gadewch iddynt ; arweinwyr dall ydynt. 14
Os bydd dyn dall yn arwain dyn dall, bydd y ddau yn syrthio i
bydew." Dywedodd Pedr wrtho, " Eglura'r ddameg inni." 15
Meddai Iesu, " A ydych chwithau'n dal mor ddi-ddeall ? 16
Oni welwch fod popeth sy'n mynd i mewn i'r genau yn mynd 17
i'r cylla ac yn cael ei yrru allan i'r geudy ? Ond y mae'r pethau 18
sy'n dod allan o'r genau yn dod o'r galon, a dyna'r pethau sy'n
halogi dyn. Oherwydd o'r galon y daw cynllunio drygionus, 19
llofruddio, godinebu, puteinio, lladrata, camdystiolaethu, a
chablu. Dyma'r pethau sy'n halogi dyn ; ond bwyta â dwylo 20
heb eu golchi, nid yw hynny'n halogi neb."

Ffydd y Gananëes
(Mc 7.24-30)

Aeth Iesu allan oddi yno ac ymadawodd i barthau Tyrus a 21
Sidon. A dyma wraig oedd yn Gananëes o'r cyffiniau hynny 22
yn dod ymlaen a gweiddi, " Syr, trugarha wrthyf, Fab Dafydd;
y mae fy merch wedi ei meddiannu gan gythraul ac yn dioddef
yn enbyd." Ond nid atebodd ef un gair iddi. A daeth ei 23
ddisgyblion ato a gofyn iddo, " Gyr hi i ffwrdd, oherwydd y
mae'n gweiddi ar ein hôl." Atebodd yntau, " Ni'm hanfonwyd 24
at neb ond at ddefaid colledig tŷ Israel." Ond daeth hithau ac 25
ymgrymu iddo gan ddweud, " Syr, helpa fi." Atebodd Iesu, 26
" Nid yw'n deg cymryd bara'r plant a'i daflu i'r cŵn." Dywed- 27
odd hithau, " Gwir, Syr, ond y mae hyd yn oed y cŵn yn bwyta
o'r briwsion sy'n syrthio oddi ar fwrdd eu meistri." Yna ateb- 28
odd Iesu hi, " O wraig, mawr yw dy ffydd ; boed iti fel y
mynni." Ac fe iachawyd ei merch o'r munud hwnnw.

Iacháu Llawer

Symudodd Iesu oddi yno ac aeth gerllaw Môr Galilea, ac i 29
fyny'r mynydd. Eisteddodd yno, a daeth tyrfaoedd mawr ato 30
yn dwyn gyda hwy y cloff a'r dall, yr anafus a'r mud, a llawer
eraill; gosodasant hwy wrth ei draed, ac iachaodd ef hwy, er 31
syndod i'r dyrfa wrth weld y mud yn llefaru, yr anafus yn holl-
iach, y cloff yn cerdded a'r dall yn gweld ; a rhoesant ogoniant
i Dduw Israel.

Jesus Feeds Four Thousand Men
(Mark 8.1-10)

32 Jesus called his disciples to him and said, "I feel sorry for these
people, because they have been with me for three days and now have
nothing to eat. I don't want to send them away without feeding them,
for they might faint on their way home."
33 The disciples asked him, "Where will we find enough food in
this desert to feed this crowd?"
34 "How much bread have you?" Jesus asked.
"Seven loaves," they answered, "and a few small fish."
35 So Jesus ordered the crowd to sit down on the ground. 36 Then he
took the seven loaves and the fish, gave thanks to God, broke them, and
gave them to the disciples; and the disciples gave them to the people.
37 They all ate and had enough. Then the disciples took up seven
baskets full of pieces left over. 38 The number of men who ate was
four thousand, not counting the women and children.
39 Then Jesus sent the people away, got into a boat, and went
to the territory of Magadan.

The Demand for a Miracle
(Mark 8.11-13; Luke 12.54-56)

16 Some Pharisees and Sadducees who came to Jesus wanted
to trap him, so they asked him to perform a miracle for
them, to show that God approved of him. 2 But Jesus answered,
"When the sun is setting, you say, 'We are going to have fine weather,
because the sky is red.' 3 And early in the morning you say, 'It
is going to rain, because the sky is red and dark.' You can predict
the weather by looking at the sky, but you cannot interpret the
signs concerning these times![m] 4 How evil and godless are the people
of this day! You ask me for a miracle? No! The only miracle
you will be given is the miracle of Jonah."
So he left them and went away.

The Yeast of the Pharisees and Sadducees
(Mark 8.14-21)

5 When the disciples crossed over to the other side of the lake,
they forgot to take any bread. 6 Jesus said to them, "Take care;
be on your guard against the yeast of the Pharisees and Sadducees."
7 They started discussing among themselves, "He says this because
we didn't bring any bread."

---

[m] *Some manuscripts do not have the words of Jesus in verses 2 and 3.*

Porthi'r Pedair Mil
(Mc 8.1-10)

Galwodd Iesu ei ddisgyblion ato, ac meddai, " Yr wyf yn 32
tosturio wrth y dyrfa, oherwydd y maent wedi bod gyda mi
dridiau erbyn hyn, ac nid oes ganddynt ddim i'w fwyta. Ac ni
fynnaf eu hanfon ymaith ar eu cythlwng, rhag iddynt lewygu
ar y ffordd." Dywedodd y disgyblion wrtho, " O ble, mewn lle 33
anial, y cawn ddigon o fara i fwydo tyrfa mor fawr ?" Gofyn- 34
nodd Iesu iddynt, " Pa sawl torth sy gennych ? " " Saith,"
meddent hwythau, " ac ychydig bysgod bychain." Gorchmyn- 35
nodd i'r dyrfa eistedd ar y ddaear. Yna cymerodd y saith torth 36
a'r pysgod, ac wedi diolch fe'u torrodd a'u rhoi i'r disgyblion,
a'r disgyblion i'r tyrfaoedd. Bwytasant oll a chael digon, a 37
chodasant saith basged lawn o'r tameidiau oedd dros ben. Yr 38
oedd y rhai oedd yn bwyta yn bedair mil o wŷr, heblaw gwrag-
edd a phlant. Wedi gollwng y tyrfaoedd aeth Iesu i mewn i'r 39
cwch a daeth i gyffiniau Magadan.

Ceisio Arwydd
(Mc 8.11-13 ; Lc 12.54-56)

Daeth y Phariseaid a'r Sadwceaid ato, ac i roi prawf arno **16**
gofynasant iddo ddangos iddynt arwydd o'r nef. Ond atebodd 2
ef hwy, " Gyda'r nos fe ddywedwch, ' Bydd yn dywydd teg,
oherwydd y mae'r wybren yn goch.' Ac yn y bore, ' Bydd yn 3
stormus heddiw, oherwydd y mae'r wybren yn goch ac yn
gymylog.' Gwyddoch sut i ddehongli golwg y ffurfafen, ond
ni allwch ddehongli arwyddion yr amserau.* Cenhedlaeth 4
ddrygionus ac annuwiol sy'n ceisio arwydd, eto ni roddir
arwydd iddi ond arwydd Jona." A gadawodd hwy a mynd
ymaith.

Surdoes y Phariseaid a'r Sadwceaid
(Mc 8.14-21)

Pan ddaeth y disgyblion i'r ochr draw yr oeddent wedi 5
anghofio dod â bara. Meddai Iesu wrthynt, " Gwyliwch a 6
gochelwch rhag surdoes y Phariseaid a'r Sadwceaid." Ac 7
yr oeddent hwy'n trafod ymhlith ei gilydd gan ddweud, " Ni

---

*adn. 2-3: y mae rhai llawysgrifau yn gadael allan *Gyda'r nos . . . amserau*.

8 Jesus knew what they were saying, so he asked them, "Why
are you discussing among yourselves about not having any bread?
How little faith you have! 9 Don't you understand yet? Don't you
remember when I broke the five loaves for the five thousand men?
How many baskets did you fill? 10 And what about the seven loaves
for the four thousand men? How many baskets did you fill? 11 How
is it that you don't understand that I was not talking to you about
bread? Guard yourselves from the yeast of the Pharisees and Saddu-
cees!"
12 Then the disciples understood that he was not warning them
to guard themselves from the yeast used in bread but from the teaching
of the Pharisees and Sadducees.

Peter's Declaration about Jesus

(Mark 8.27-30; Luke 9.18-21)

13 Jesus went to the territory near the town of Caesarea Philippi,
where he asked his disciples, "Who do people say the Son of Man
is?"
14 "Some say John the Baptist," they answered. "Others say Elijah,
while others say Jeremiah or some other prophet."
15 "What about you?" he asked them. "Who do you say I am?"
16 Simon Peter answered, "You are the Messiah, the Son of the
living God."
17 "Good for you, Simon son of John!" answered Jesus. "For
this truth did not come to you from any human being, but it was
given to you directly by my Father in heaven. 18 And so I tell you,
Peter: you are a rock, and on this rock foundation I will build
my church, and not even death will ever be able to overcome it.
19 I will give you the keys of the Kingdom of heaven; what you
prohibit on earth will be prohibited in heaven, and what you permit
on earth will be permitted in heaven."
20 Then Jesus ordered his disciples not to tell anyone that he
was the Messiah.

Jesus Speaks about His Suffering and Death

(Mark 8.31—9.1; Luke 9.22-27)

21 From that time on Jesus began to say plainly to his disciples, "I
must go to Jerusalem and suffer much from the elders, the chief
priests, and the teachers of the Law. I will be put to death, but
three days later I will be raised to life."
22 Peter took him aside and began to rebuke him. "God forbid
it, Lord!" he said. "That must never happen to you!"
23 Jesus turned around and said to Peter, "Get away from me,

ddaethom â bara." Deallodd Iesu a dywedodd, " Chwi o 8
ychydig ffydd, pam yr ydych yn trafod ymhlith eich gilydd nad
oes gennych fara ? A ydych eto heb weld ? Onid ydych yn 9
cofio'r pum torth i'r pum mil a pha sawl basgedaid a gymer-
asoch i fyny ? Nac ychwaith y saith torth i'r pedair mil a pha 10
sawl basgedaid a gymerasoch ? Sut na welwch nad ynglŷn â 11
bara y dywedais wrthych ? Gochelwch, meddaf, rhag surdoes
y Phariseaid a'r Sadwceaid." Yna y deallasant iddo lefaru nid 12
am ochel rhag surdoes y torthau, ond rhag yr hyn a ddysgai'r
Phariseaid a'r Sadwceaid.

Datganiad Pedr ynglŷn â Iesu
(Mc 8.27-30 ; Lc 9.18-21)

Daeth Iesu i barthau Cesarea Philipi, a holodd ei ddisgyblion: 13
" Pwy y mae dynion yn dweud yw Mab y Dyn ?"* Dywed- 14
asant hwythau, " Mae rhai'n dweud Ioan Fedyddiwr, ac eraill
Elias, ac eraill drachefn, Jeremeia neu un o'r proffwydi." " A 15
chwithau," meddai wrthynt, " pwy meddwch chwi ydwyf fi ?"
Atebodd Simon Pedr, " Ti yw'r Meseia, Mab y Duw byw." 16
Dywedodd Iesu wrtho, " Gwyn dy fyd, Simon fab Jona, 17
oherwydd nid cig a gwaed a ddatguddiodd hyn iti ond fy Nhad,
sydd yn y nefoedd. Ac 'rwyf fi'n dweud wrthyt mai ti yw Pedr, 18
ac ar y graig hon yr adeiladaf fy eglwys, ac ni chaiff holl bwerau
angau y trechaf arni. Rhoddaf iti allweddau teyrnas nefoedd, 19
a beth bynnag a waherddi ar y ddaear a waherddir yn y nefoedd,
a beth bynnag a ganiatei ar y ddaear a ganiateir yn y nefoedd."
Yna gorchmynnodd i'w ddisgyblion beidio â dweud wrth neb 20
mai ef oedd y Meseia.

Iesu'n Rhagfynegi Ei Farwolaeth a'i Atgyfodiad
(Mc 8.31-9.1 ; Lc 9.22-27)

O'r amser hwnnw y dechreuodd Iesu ddangos i'w ddisgybl- 21
ion fod yn rhaid iddo fynd i Jerwsalem, a dioddef llawer gan yr
henuriaid a'r prif offeiriaid a'r ysgrifenyddion, a'i ladd, a'r
trydydd dydd ei atgyfodi. A chymerodd Pedr ef a dechrau ei 22
geryddu gan ddweud, " Na ato Duw, Arglwydd. Ni chaiff hyn
ddigwydd i ti." Troes yntau, a dywedodd wrth Pedr, " Dos 23

*adn. 13: yn ôl darlleniad arall, *ydwyf fi, Mab y Dyn.*

Satan! You are an obstacle in my way, because these thoughts of
yours don't come from God, but from man."
24 Then Jesus said to his disciples, "If anyone wants to come
with me, he must forget self, carry his cross, and follow me. 25 For
whoever wants to save his own life will lose it; but whoever loses
his life for my sake will find it. 26 Will a person gain anything if
he wins the whole world but loses his life? Of course not! There
is nothing he can give to regain his life. 27 For the Son of Man
is about to come in the glory of his Father with his angels, and
then he will repay everyone according to his deeds. 28 I assure you
that there are some here who will not die until they have seen
the Son of Man come as King."

The Transfiguration

(Mark 9.2-13; Luke 9.28-36)

17 Six days later Jesus took with him Peter and the brothers
James and John and led them up a high mountain where
they were alone. 2 As they looked on, a change came over Jesus:
his face was shining like the sun, and his clothes were dazzling
white. 3 Then the three disciples saw Moses and Elijah talking with
Jesus. 4 So Peter spoke up and said to Jesus, "Lord, how good it
is that we are here! If you wish, I will make three tents here, one
for you, one for Moses, and one for Elijah."
5 While he was talking, a shining cloud came over them, and a
voice from the cloud said, "This is my own dear Son, with whom
I am pleased—listen to him!"
6 When the disciples heard the voice, they were so terrified that they
threw themselves face downwards on the ground. 7 Jesus came to them
and touched them. "Get up," he said. "Don't be afraid!" 8 So they
looked up and saw no one there but Jesus.
9 As they came down the mountain, Jesus ordered them, "Don't
tell anyone about this vision you have seen until the Son of Man
has been raised from death."
10 Then the disciples asked Jesus, "Why do the teachers of the
Law say that Elijah has to come first?"
11 "Elijah is indeed coming first," answered Jesus, "and he will get
everything ready. 12 But I tell you that Elijah has already come and
people did not recognize him, but treated him just as they pleased. In
the same way they will also ill-treat the Son of Man."
13 Then the disciples understood that he was talking to them about
John the Baptist.

ymaith o'm golwg, Satan ; rhwystr ydwyt imi, oherwydd nid
ar bethau Duw y mae dy fryd ond ar bethau dynion." Yna 24
dywedodd Iesu wrth ei ddisgyblion, " Os myn neb ddod ar
fy ôl i, rhaid iddo ymwadu ag ef ei hun a chodi ei groes a'm
canlyn i. Oherwydd pwy bynnag a fyn gadw ei fywyd, fe'i cyll, 25
ond pwy bynnag a gyll ei fywyd er fy mwyn i, fe'i caiff. Pa elw 26
a gaiff dyn os ennill yr holl fyd a fforffedu ei fywyd ? Neu beth
a rydd dyn yn gyfnewid am ei fywyd ? Oherwydd y mae Mab 27
y Dyn ar ddyfod yng ngogoniant ei Dad gyda'i angylion, ac yna
fe dâl i bob un yn ôl ei ymddygiad. Yn wir, 'rwy'n dweud 28
wrthych, y mae rhai o'r sawl sy'n sefyll yma na phrofant flas
marwolaeth nes iddynt weld Mab y Dyn yn dyfod yn ei
deyrnas."

Gweddnewidiad Iesu
(Mc 9.2-13 ; Lc 9.28-36)

Ymhen chwe diwrnod dyma Iesu'n cymryd Pedr ac Iago ac **17**
Ioan ei frawd a mynd â hwy i fynydd uchel o'r neilltu. A 2
gweddnewidiwyd ef yn eu gŵydd hwy, a disgleiriodd ei wyneb
fel yr haul, ac aeth ei ddillad yn wyn fel y goleuni. A dyma 3
Moses ac Elias yn ymddangos iddynt, yn ymddiddan ag ef. A 4
dywedodd Pedr wrth Iesu, " Arglwydd, y mae'n dda i ni fod
yma ; os mynni, gwnaf yma dair pabell, un i ti ac un i Moses
ac un i Elias." Tra oedd ef yn dal i siarad, dyma gwmwl golau 5
yn cysgodi drostynt, a llais o'r cwmwl yn dweud, " Hwn yw fy
Mab, yr Anwylyd ; ynddo ef yr wyf yn ymhyfrydu ; gwran-
dewch arno." A phan glywodd y disgyblion hyn syrthiasant 6
ar eu hwynebau a chydiodd ofn mawr ynddynt. Daeth Iesu 7
atynt a chyffwrdd â hwy gan ddweud, " Codwch, a pheidiwch
ag ofni." Ac wedi edrych i fyny ni welsant neb ond Iesu'n unig. 8

Wrth iddynt ddod i lawr o'r mynydd gorchmynnodd Iesu 9
iddynt, " Peidiwch â dweud wrth neb am y weledigaeth nes y
bydd Mab y Dyn wedi ei atgyfodi oddi wrth y meirw." Gofyn- 10
nodd y disgyblion iddo, " Pam y mae'r ysgrifenyddion yn
dweud fod yn rhaid i Elias ddod yn gyntaf ?" Atebodd yntau, 11
" Bydd Elias yn dod ac yn adfer pob peth. Ond 'rwy'n dweud 12
wrthych fod Elias eisoes wedi dod, ond iddynt fethu ei adnabod,
a gwneud iddo beth bynnag a fynnent ; felly hefyd y mae Mab
y Dyn yn mynd i ddioddef ar eu llaw." Yna deallodd y disgybl- 13
ion mai am Ioan Fedyddiwr y bu'n sôn wrthynt.

Jesus Heals a Boy with a Demon
(Mark 9.14-29; Luke 9.37-43a)

14 When they returned to the crowd, a man came to Jesus, knelt
before him, 15 and said, "Sir, have mercy on my son! He is an epileptic
and has such terrible fits that he often falls in the fire or into water. 16 I
brought him to your disciples, but they could not heal him."
17 Jesus answered, "How unbelieving and wrong you people are!
How long must I stay with you? How long do I have to put up
with you? Bring the boy here to me!" 18 Jesus gave a command
to the demon, and it went out of the boy, and at that very moment
he was healed.
19 Then the disciples came to Jesus in private and asked him,
"Why couldn't we drive the demon out?"
20 "It was because you haven't enough faith," answered Jesus.
"I assure you that if you have faith as big as a mustard seed, you
can say to this hill, 'Go from here to there!' and it will go. You
could do anything!"[n]

Jesus Speaks Again about His Death
(Mark 9.30-32; Luke 9.43b-45)

22 When the disciples all came together in Galilee, Jesus said to
them, "The Son of Man is about to be handed over to men 23 who
will kill him; but three days later he will be raised to life."
The disciples became very sad.

Payment of the Temple-Tax

24 When Jesus and his disciples came to Capernaum, the collectors
of the temple-tax came to Peter and asked, "Does your teacher pay
the temple-tax?"
25 "Of course," Peter answered.
When Peter went into the house, Jesus spoke up first, "Simon,
what is your opinion? Who pays duties or taxes to the kings of
this world? The citizens of the country or the foreigners?"
26 "The foreigners," answered Peter.
"Well, then," replied Jesus, "that means that the citizens don't have
to pay. 27 But we don't want to offend these people. So go to the lake
and drop in a line. Pull up the first fish you hook, and in its mouth
you will find a coin worth enough for my temple-tax and yours. Take
it and pay them our taxes."

---

[n] *Some manuscripts add verse 21:* But only prayer and fasting can drive this kind out; nothing else can *(see Mk 9.29).*

Iacháu Bachgen â Chythraul ynddo
(Mc 9.14–29; Lc 9.37–43a)

Pan ddaethant at y dyrfa, daeth dyn at Iesu gan benlinio o'i 14
flaen a dweud, " Syr, tosturia wrth fy mab, oherwydd y mae'n 15
lloerig ac yn dioddef yn enbyd, yn cwympo'n aml i'r tân ac yn
aml i'r dŵr. Deuthum ag ef at dy ddisgyblion di, ac ni allasant 16
hwy ei iacháu." Atebodd Iesu, " O genhedlaeth ddi-ffydd a 17
gwyrgam, pa hyd y byddaf gyda chwi ? Pa hyd y goddefaf
chwi ? Dewch ag ef yma i mi." Ceryddodd Iesu ef, ac aeth y 18
cythraul allan ohono, ac fe iachawyd y bachgen o'r munud
hwnnw. Yna daeth y disgyblion at Iesu o'r neilltu a dweud, 19
" Pam na allem ni ei fwrw ef allan ? " Meddai ef wrthynt, 20
" Am fod eich ffydd chwi mor wan. Yn wir, 'rwy'n dweud
wrthych, os bydd gennych ffydd gymaint â hedyn mwstard, fe
ddywedwch wrth y mynydd hwn, ' Symud oddi yma draw,' a
symud a wna. Ac ni fydd dim yn amhosibl i chwi."*

Iesu Eilwaith yn Rhagfynegi ei Farwolaeth a'i Atgyfodiad
(Mc 9.30-32 ; Lc 9.43b-45)

Pan oeddent gyda'i gilydd yng Ngalilea dywedodd Iesu 22
wrthynt, " Y mae Mab y Dyn i'w draddodi i ddwylo dynion,
ac fe'i lladdant ef, a'r trydydd dydd fe'i hatgyfodir." Ac 23
aethant yn drist iawn.

Talu Treth y Deml

Wedi iddynt ddod i Gapernaum, daeth y rhai oedd yn 24
casglu treth y deml at Pedr a gofyn, " Onid yw eich athro yn
talu treth y deml ? " " Ydyw," meddai Pedr. Pan aeth i'r tŷ, 25
achubodd Iesu'r blaen arno trwy ofyn, " Simon, beth yw dy
farn di ? Gan bwy y mae brenhinoedd y byd yn derbyn tollau
a threthi ? Ai gan eu dinasyddion eu hunain ynteu gan estron-
iaid ?" " Gan estroniaid," meddai Pedr. Dywedodd Iesu 26
wrtho, " Felly y mae'r dinasyddion yn rhydd o'r dreth. Ond 27
rhag i ni beri tramgwydd iddynt, dos at y môr a bwrw fachyn
iddo, a chymer y pysgodyn cyntaf a ddaw i fyny. Agor ei geg
ac fe gei ddarn o arian. Cymer hwnnw a rho ef iddynt drosof fi
a thithau."

---

*adn. 20: ychwanega rhai llawysgrifau adn. 21: *Nid â'r math hwn allan ond trwy weddi ac ympryd.*

Who Is the Greatest?

(Mark 9.33-37; Luke 9.46-48)

18 At that time the disciples came to Jesus, asking, "Who is
the greatest in the Kingdom of heaven?"
2 So Jesus called a child, made him stand in front of them, 3 and
said, "I assure you that unless you change and become like children,
you will never enter the Kingdom of heaven. 4 The greatest in the
Kingdom of heaven is the one who humbles himself and becomes
like this child. 5 And whoever welcomes in my name one such child
as this, welcomes me.

Temptations to Sin

(Mark 9.42-48; Luke 17.1-2)

6 "If anyone should cause one of these little ones to lose his faith in
me, it would be better for that person to have a large millstone tied
round his neck and be drowned in the deep sea. 7 How terrible for the
world that there are things that make people lose their faith! Such
things will always happen—but how terrible for the one who causes
them!
8 "If your hand or your foot makes you lose your faith, cut it
off and throw it away! It is better for you to enter life without
a hand or a foot than to keep both hands and both feet and be
thrown into the eternal fire. 9 And if your eye makes you lose your
faith, take it out and throw it away! It is better for you to enter
life with only one eye than to keep both eyes and be thrown into
the fire of hell.

The Parable of the Lost Sheep

(Luke 15.3-7)

10 "See that you don't despise any of these little ones. Their angels in
heaven, I tell you, are always in the presence of my Father in heaven.[o]
12 "What do you think a man does who has a hundred sheep
and one of them gets lost? He will leave the other ninety-nine
grazing on the hillside and go and look for the lost sheep. 13 When
he finds it, I tell you, he feels far happier over this one sheep than

---

[o] *Some manuscripts add verse 11:* For the Son of Man came to save the lost *(see Lk 19.10).*

Y Mwyaf yn y Deyrnas
(Mc 9.33-37 ; Lc 9.46-48)

Yr amser hwnnw daeth y disgyblion at Iesu a gofyn, " Pwy 18
sydd fwyaf yn nheyrnas nefoedd ? " Galwodd Iesu blentyn 2
ato, a'i osod yn eu canol hwy, a dywedodd, " Yn wir, 'rwy'n 3
dweud wrthych, heb gymryd eich troi a dod fel plant, nid ewch
fyth i mewn i deyrnas nefoedd. Pwy bynnag, felly, fydd yn ei 4
ddarostwng ei hun i fod fel y plentyn hwn, dyma'r un sydd
fwyaf yn nheyrnas nefoedd. A phwy bynnag sy'n derbyn un 5
plentyn fel hwn yn fy enw i, y mae'n fy nerbyn i.

Achosion Cwymp
(Mc 9.42-48 ; Lc 17.1-2)

" Ond pwy bynnag sy'n achos cwymp i un o'r rhai bychain 6
hyn sy'n credu ynof fi, byddai'n well iddo pe crogid maen
melin mawr am ei wddf a'i foddi yn eigion y môr. Gwae'r byd 7
oherwydd achosion cwymp ; y maent yn rhwym o ddod, ond
gwae'r dyn sy'n gyfrifol am achos cwymp. Os yw dy law neu 8
dy droed yn achos cwymp i ti, tor hi ymaith a'i thaflu oddi
wrthyt ; y mae'n well iti fynd i mewn i'r bywyd yn anafus
neu'n gloff, na chael dy daflu, â dwy law neu ddau droed
gennyt, i'r tân tragwyddol. Ac os yw dy lygad yn achos cwymp 9
i ti, tyn ef allan a'i daflu oddi wrthyt ; y mae'n well iti fynd i
mewn i'r bywyd yn unllygeidiog na chael dy daflu, â dau lygad
gennyt, i dân uffern.

Dameg y Ddafad Golledig
(Lc 15.3-7)

" Gwyliwch rhag i chwi ddirmygu un o'r rhai bychain hyn ; 10
oherwydd 'rwy'n dweud wrthych fod eu hangylion hwy yn y
nefoedd bob amser yn edrych ar wyneb fy Nhad sydd yn y
nefoedd.* Beth yw eich barn chwi ? Os bydd gan ryw ddyn 12
gant o ddefaid a bod un ohonynt yn mynd ar grwydr, oni fydd
yn gadael y naw deg a naw ar y mynyddoedd ac yn mynd i
chwilio am yr un sydd ar grwydr ? Ac os daw o hyd iddi, yn 13
wir, 'rwy'n dweud wrthych, y mae'n llawenhau mwy amdani

---

*adn. 10: ychwanega rhai llawysgrifau adnod 11: *Oherwydd daeth Mab y Dyn i achub y colledig.*

over the ninety-nine that did not get lost. 14 In just the same way
your[p] Father in heaven does not want any of these little ones to
be lost.

A Brother Who Sins

15 "If your brother sins against you,[q] go to him and show him
his fault. But do it privately, just between yourselves. If he listens to
you, you have won your brother back. 16 But if he will not listen to
you, take one or two other persons with you, so that 'every accusation
may be upheld by the testimony of two or more witnesses,' as the
scripture says. 17 And if he will not listen to them, then tell the
whole thing to the church. Finally, if he will not listen to the church,
treat him as though he were a pagan or a tax collector.

Prohibiting and Permitting

18 "And so I tell all of you: what you prohibit on earth will
be prohibited in heaven, and what you permit on earth will be per-
mitted in heaven.

19 "And I tell you more: whenever two of you on earth agree
about anything you pray for, it will be done for you by my Father
in heaven. 20 For where two or three come together in my name,
I am there with them."

The Parable of the Unforgiving Servant

21 Then Peter came to Jesus and asked, "Lord, if my brother
keeps on sinning against me, how many times do I have to forgive
him? Seven times?"

22 "No, not seven times," answered Jesus, "but seventy times seven,[r]
23 because the Kingdom of heaven is like this. Once there was a
king who decided to check on his servants' accounts. 24 He had just
begun to do so when one of them was brought in who owed him
millions of pounds. 25 The servant did not have enough to pay his
debt, so the king ordered him to be sold as a slave, with his wife
and his children and all that he had, in order to pay the debt. 26 The
servant fell on his knees before the king. 'Be patient with me,' he
begged, 'and I will pay you everything!' 27 The king felt sorry for
him, so he forgave him the debt and let him go.

28 "Then the man went out and met one of his fellow-servants
who owed him a few pounds. He grabbed him and started choking

---

[p] your; *some manuscripts have* my.

[q] *Some manuscripts do not have* against you.

[r] seventy times seven; *or* seventy-seven times.

nag am y naw deg a naw nad aethant ar grwydr. Felly nid 14
ewyllys eich Tad, yr hwn sydd yn y nefoedd, yw bod un o'r rhai
bychain hyn ar goll.

Brawd Sy'n Pechu
(Lc 17.3)

"Os pecha dy frawd yn dy erbyn, dos a dangos ei fai iddo, o'r 15
neilltu rhyngot ti ac ef. Os bydd yn gwrando arnat, fe enillaist
dy frawd. Ond os na fydd yn gwrando, cymer gyda thi un neu 16
ddau arall, er mwyn i bob peth sefyll yn gadarn ar air dau neu
dri o dystion. Os bydd yn gwrthod gwrando arnynt hwy, 17
dywed wrth yr eglwys ; ac os bydd yn gwrthod gwrando ar yr
eglwys, cyfrifa ef fel y pagan a'r casglwr trethi.

"Yn wir, 'rwy'n dweud wrthych, pa bethau bynnag a 18
waharddwch ar y ddaear, fe'u gwaherddir yn y nef, a pha
bethau bynnag a ganiatewch ar y ddaear, fe'u caniateir yn y
nef. A thrachefn 'rwy'n dweud wrthych, os bydd dau ohon- 19
och yn cytuno ar y ddaear i ofyn am unrhyw beth, fe'i rhoddir
iddynt gan fy Nhad, yr hwn sydd yn y nefoedd. Oherwydd lle 20
y mae dau neu dri wedi dod ynghyd yn fy enw i, yr wyf yno
yn eu canol."

Dameg y Gwas Anfaddeugar

Yna daeth Pedr a gofyn iddo, "Arglwydd, pa sawl gwaith y 21
mae fy mrawd i bechu yn fy erbyn a minnau i faddau iddo ?
Ai hyd seithwaith ?" Meddai Iesu wrtho, "Nid hyd seith- 22
waith a ddywedaf wrthyt, ond hyd saith deg seithwaith. Am 23
hynny y mae teyrnas nefoedd yn debyg i frenin a benderfynodd
adolygu cyfrifon ei weision. Dechreuodd ar y gwaith, a dygwyd 24
ato was oedd yn ei ddyled o filiynau o bunnau.* A chan na 25
allai dalu gorchmynnodd ei feistr iddo gael ei werthu, ynghyd
â'i wraig a'i blant a phopeth a feddai, er mwyn talu'r ddyled.
Syrthiodd y gwas ar ei liniau o flaen ei feistr a dweud, 'Bydd 26
yn amyneddgar wrthyf, ac fe dalaf y cwbl iti.' A thosturiodd 27
meistr y gwas hwnnw wrtho; gollyngodd ef yn rhydd a madd-
au'r ddyled iddo. Aeth y gwas hwnnw allan a daeth o hyd i un 28
o'i gydweision a oedd yn ei ddyled ef o ychydig bunnau;*

---

*adn. 24: neu, *o ddeng mil o dalentau.*

*adn. 28: neu, *o gan denarius.*

him. 'Pay back what you owe me!' he said. 29 His fellow-servant fell down and begged him, 'Be patient with me, and I will pay you back!' 30 But he refused; instead, he had him thrown into jail until he should pay the debt. 31 When the other servants saw what had happened, they were very upset and went to the king and told him everything. 32 So he called the servant in. 'You worthless slave!' he said. 'I forgave you the whole amount you owed me, just because you asked me to. 33 You should have had mercy on your fellow-servant, just as I had mercy on you.' 34 The king was very angry, and he sent the servant to jail to be punished until he should pay back the whole amount."

35 And Jesus concluded, "That is how my Father in heaven will treat every one of you unless you forgive your brother from your heart."

Jesus Teaches About Divorce

(Mark 10.1-12)

19 When Jesus finished saying these things, he left Galilee and went to the territory of Judaea on the other side of the River Jordan. 2 Large crowds followed him, and he healed them there.

3 Some Pharisees came to him and tried to trap him by asking, "Does our Law allow a man to divorce his wife for whatever reason he wishes?"

4 Jesus answered, "Haven't you read the scripture that says that in the beginning the Creator made people male and female? 5 And God said, 'For this reason a man will leave his father and mother and unite with his wife, and the two will become one.' 6 So they are no longer two, but one. Man must not separate, then, what God has joined together."

7 The Pharisees asked him, "Why, then, did Moses give the law for a man to hand his wife a divorce notice and send her away?"

8 Jesus answered, "Moses gave you permission to divorce your wives because you are so hard to teach. But it was not like that at the time of creation. 9 I tell you, then, that any man who divorces his wife, even though she has not been unfaithful, commits adultery if he marries some other woman."

10 His disciples said to him, "If this is how it is between a man and his wife, it is better not to marry."

11 Jesus answered, "This teaching does not apply to everyone, but only to those to whom God has given it. 12 For there are different reasons why men cannot marry: some, because they were born that way; others, because men made them that way; and others do not marry for the sake of the Kingdom of heaven. Let him who can accept this teaching do so."

ymaflodd ynddo gerfydd ei wddf gan ddweud, ' Tâl dy ddyled.'
Syrthiodd ei gydwas i lawr a chrefodd arno, ' Bydd yn amyn- 29
eddgar wrthyf, ac fe dalaf iti.' Ond gwrthododd; yn hytrach 30
fe aeth a'i fwrw i garchar hyd nes y talai'r ddyled. Pan welodd 31
ei gydweision beth oedd wedi digwydd, fe'u blinwyd yn fawr
iawn, ac aethant ac adrodd yr holl hanes i'w meistr. Yna galw- 32
odd ei feistr ef ato, ac meddai, ' Y gwas drwg, fe faddeuais i yr
holl ddyled honno i ti, am i ti grefu arnaf. Oni ddylit tithau 33
fod wedi trugarhau wrth dy gydwas, fel y gwneuthum i wrthyt
ti ?' Ac yn ei ddicter traddododd ei feistr ef i'r poenydwyr hyd 34
nes y talai'r ddyled yn llawn. Felly hefyd y gwna fy Nhad nefol 35
i chwithau os na faddeuwch bob un i'w frawd o'ch calon."

Dysgeidiaeth ar Ysgariad
(Mc 10.1-12)

Pan orffennodd Iesu lefaru'r geiriau hyn, ymadawodd â **19**
Galilea a daeth i diriogaeth Jwdea y tu hwnt i'r Iorddonen.
Dilynodd tyrfaoedd mawr ef, ac iachaodd hwy yno. 2
Daeth Phariseaid ato i roi prawf arno gan ofyn, " A yw'n 3
gyfreithlon i ddyn ysgaru ei wraig am unrhyw reswm a fyn ? "
Atebodd yntau gan ofyn, " Onid ydych wedi darllen mai yn 4
wryw a benyw y gwnaeth y Creawdwr hwy o'r dechreuad ? "
A dywedodd, " O achos hyn bydd dyn yn gadael ei dad a'i fam 5
ac ymlynu wrth ei wraig, a bydd y ddau yn un cnawd. Gan 6
hynny nid dau mohonynt mwyach, ond un cnawd. Felly, yr
hyn a gysylltodd Duw, ni ddylai dyn ei wahanu." Meddent 7
hwy wrtho, " Pam felly y gorchmynnodd Moses roi llythyr
ysgar iddi a'i hysgaru ?" Atebodd ef hwy, " Oherwydd eich 8
bod mor anhydrin y rhoddodd Moses ganiatâd ichwi i ysgaru
eich gwragedd, ond nid felly yr oedd o'r dechreuad. 'Rwy'n 9
dweud wrthych, pwy bynnag sy'n ysgaru ei wraig, ond am
buteindra, ac yn priodi un arall, y mae'n godinebu." Dywed- 10
odd ei ddisgyblion wrtho, " Os dyma'r sefyllfa rhwng dyn a'i
wraig, y mae'n well peidio â phriodi." Atebodd yntau, " Nid 11
peth i bawb yw derbyn y gair hwn, dim ond i'r rhai a ddoniwyd
felly. Y mae rhai eunuchiaid sydd felly o groth eu mam, eraill 12
sydd wedi eu gwneud yn eunuchiaid gan ddynion, ac eraill eto
sydd wedi eu gwneud eu hunain yn eunuchiaid er mwyn
teyrnas nefoedd. Boed i'r sawl sy'n gallu derbyn hyn ei
dderbyn."

Jesus Blesses Little Children
(Mark 10.13-16; Luke 18.15-17)

13 Some people brought children to Jesus for him to place his
hands on them and to pray for them, but the disciples scolded the
people. 14 Jesus said, "Let the children come to me and do not stop
them, because the Kingdom of heaven belongs to such as these."
15 He placed his hands on them and then went away.

The Rich Young Man
(Mark 10.17-31; Luke 18.18-30)

16 Once a man came to Jesus. "Teacher," he asked, "what good
thing must I do to receive eternal life?"
17 "Why do you ask me concerning what is good?" answered
Jesus. "There is only One who is good. Keep the commandments
if you want to enter life."
18 "What commandments?" he asked.
Jesus answered, "Do not commit murder; do not commit adultery;
do not steal; do not accuse anyone falsely; 19 respect your father and
your mother; and love your neighbour as you love yourself."
20 "I have obeyed all these commandments," the young man replied.
"What else do I need to do?"
21 Jesus said to him, "If you want to be perfect, go and sell all you
have and give the money to the poor, and you will have riches
in heaven; then come and follow me."
22 When the young man heard this, he went away sad, because
he was very rich.
23 Jesus then said to his disciples, "I assure you: it will be very hard
for rich people to enter the Kingdom of heaven. 24 I repeat: it is
much harder for a rich person to enter the Kingdom of God than for
a camel to go through the eye of a needle."
25 When the disciples heard this, they were completely amazed.
"Who, then, can be saved?" they asked.
26 Jesus looked straight at them and answered, "This is impossible
for man, but for God everything is possible."
27 Then Peter spoke up. "Look," he said, "we have left everything
and followed you. What will we have?"
28 Jesus said to them, "You can be sure that when the Son of
Man sits on his glorious throne in the New Age, then you twelve
followers of mine will also sit on thrones, to rule the twelve tribes
of Israel. 29 And everyone who has left houses or brothers or sisters
or father or mother or children or fields for my sake, will receive
a hundred times more and will be given eternal life. 30 But many
who now are first will be last, and many who now are last will
be first.

Bendithio Plant Bach
(Mc 10.13-16 ; Lc 18.15-17)

Yna daethant â phlant ato, iddo roi ei ddwylo arnynt a 13
gweddïo. Ceryddodd y disgyblion hwy, ond dywedodd Iesu, 14
" Gadewch i'r plant ddod ataf fi a pheidiwch â'u rhwystro,
oherwydd i rai fel hwy y mae teyrnas nefoedd yn perthyn."
Ac wedi rhoi ei ddwylo arnynt, aeth oddi yno. 15

Y Dyn Ifanc Cyfoethog
(Mc 10.17-31 ; Lc 18.18-30)

Dyma ddyn yn dod ato ac yn gofyn, " Athro, pa beth da a 16
wnaf i gael bywyd tragwyddol ?" A dywedodd Iesu wrtho, 17
" Pam yr wyt yn fy holi am yr hyn sydd dda ? Un yn unig sy'n
dda. Ond os mynni fynd i mewn i'r bywyd, cadw'r gorchmyn-
ion." Meddai yntau wrtho, " Pa rai ?" Atebodd Iesu, " 'Na 18
ladd, na odineba, na ladrata, na chamdystiolaetha, anrhydedda 19
dy dad a'th fam', a 'Câr dy gymydog fel ti dy hun.' " Dywed- 20
odd y dyn ifanc wrtho, " Yr wyf wedi cadw'r rhain i gyd.
Beth sy'n eisiau ynof eto ?" Meddai Iesu wrtho, " Os mynni 21
fod yn berffaith, dos, gwerth dy eiddo a dyro i'r tlodion, a chei
drysor yn y nefoedd ; a thyrd, canlyn fi." Ond pan glywodd y 22
dyn ifanc y gair hwn, aeth ymaith yn drist ; yr oedd yn berchen
meddiannau lawer.

Dywedodd Iesu wrth ei ddisgyblion, " Yn wir, 'rwy'n dweud 23
wrthych mai anodd fydd hi i'r dyn cyfoethog fynd i mewn i
deyrnas nefoedd. 'Rwy'n dweud wrthych eto, y mae'n haws i 24
gamel fynd trwy grau nodwydd nag i ddyn cyfoethog fynd i
mewn i deyrnas Dduw." Pan glywodd y disgyblion hyn, 25
synasant yn fawr ac meddent, " Pwy felly all gael ei achub ?"
Edrychodd Iesu arnynt a dywedodd wrthynt, " Gyda dynion y 26
mae hyn yn amhosibl, ond gyda Duw y mae pob peth yn
bosibl." Yna atebodd Pedr ef, " Dyma ni wedi gadael pob 27
peth a'th ganlyn di. Beth felly a gawn ni ?" Dywedodd Iesu 28
wrthynt, " Yn wir, 'rwy'n dweud wrthych, pan ddaw'r byd
newydd, pan fydd Mab y Dyn yn eistedd ar ei orsedd ogonedd-
us, byddwch chwi a'm canlynodd i hefyd yn eistedd ar ddeu-
ddeg gorsedd gan farnu deuddeg llwyth Israel. A phob un a 29
adawodd dai neu frodyr neu chwiorydd neu dad neu fam neu
blant neu diroedd er mwyn fy enw i, caiff dderbyn ganwaith
cymaint ac etifeddu bywyd tragwyddol. Ond bydd llawer o'r 30
rhai blaenaf yn olaf, ac o'r rhai olaf yn flaenaf.

The Workers in the Vineyard

20 "The Kingdom of heaven is like this. Once there was a man who went out early in the morning to hire some men to work in his vineyard. 2 He agreed to pay them the regular wage, a silver coin a day, and sent them to work in his vineyard. 3 He went out again to the market-place at nine o'clock and saw some men standing there doing nothing, 4 so he told them, 'You also go and work in the vineyard, and I will pay you a fair wage.' 5 So they went. Then at twelve o'clock and again at three o'clock he did the same thing. 6 It was nearly five o'clock when he went to the market-place and saw some other men still standing there. 'Why are you wasting the whole day here doing nothing?' he asked them. 7 'No one hired us,' they answered. 'Well, then, you also go and work in the vineyard,' he told them.

8 "When evening came, the owner told his foreman, 'Call the workers and pay them their wages, starting with those who were hired last and ending with those who were hired first.' 9 The men who had begun to work at five o'clock were paid a silver coin each. 10 So when the men who were the first to be hired came to be paid, they thought they would get more; but they too were given a silver coin each. 11 They took their money and started grumbling against the employer. 12 'These men who were hired last worked only one hour,' they said, 'while we put up with a whole day's work in the hot sun—yet you paid them the same as you paid us!'

13 "'Listen, friend,' the owner answered one of them, 'I have not cheated you. After all, you agreed to do a day's work for one silver coin. 14 Now take your pay and go home. I want to give this man who was hired last as much as I have given you. 15 Don't I have the right to do as I wish with my own money? Or are you jealous because I am generous?'"

16 And Jesus concluded, "So those who are last will be first, and those who are first will be last."

Jesus Speaks a Third Time about His Death

(Mark 10.32-34; Luke 18.31-34)

17 As Jesus was going up to Jerusalem, he took the twelve disciples aside and spoke to them privately, as they walked along. 18 "Listen," he told them, "we are going up to Jerusalem, where the Son of Man will be handed over to the chief priests and the teachers of the Law. They will condemn him to death 19 and then hand him over to the Gentiles, who will mock him, whip him, and crucify him; but three days later he will be raised to life."

Y Gweithwyr yn y Winllan

" Y mae teyrnas nefoedd yn debyg i berchen tŷ a aeth allan **20**
gyda'r bore bach i gyflogi gweithwyr i'w winllan. Cytunodd 2
â'r gweithwyr am dâl o ddeg ceiniog* y dydd ac anfonodd hwy
i'w winllan. Aeth allan eilwaith tua naw o'r gloch y bore, a 3
gwelodd eraill yn sefyll yn segur yn y farchnad. Dywedodd 4
wrthynt hwythau, ' Ewch chwi hefyd i'r winllan, ac fe dalaf i
chwi beth bynnag fydd yn deg '; ac aethant yno. Yna fe aeth 5
allan eto tua chanol dydd, a thua thri o'r gloch y prynhawn, a
gwneud fel o'r blaen. Tua phump o'r gloch aeth allan a dod o 6
hyd i eraill yn sefyll yno, ac meddai wrthynt, ' Pam yr ydych
yn sefyll yma drwy'r dydd yn segur ?' ' Am na chyflogodd neb 7
ni,' oedd eu hateb. ' Ewch chwi hefyd i'r winllan,' meddai ef.
Gyda'r nos dyma berchen y winllan yn dweud wrth ei oruch- 8
wyliwr, ' Galw'r gweithwyr, a thâl eu cyflog iddynt, gan
ddechrau gyda'r rhai diwethaf a dibennu gyda'r cyntaf.'
Daeth y rhai a gyflogwyd tua phump o'r gloch, a derbyniasant 9
ddeg ceiniog* yr un. A phan ddaeth y rhai a gyflogwyd gyntaf, 10
tybiasant y caent fwy, ond deg ceiniog* yr un a gawsant hwyth-
au hefyd. Ac wedi eu cael dechreusant rwgnach yn erbyn y 11
perchen tŷ gan ddweud, ' Dim ond un awr y gweithiodd y rhai 12
diwethaf yma, a gwnaethost hwy'n gyfartal â ni, sydd wedi
llafurio drwy'r dydd yn y gwres tanbaid.' Ond atebodd y 13
meistr: ' Gyfaill,' meddai wrth un ohonynt, ' nid wyf yn
gwneud cam â thi. Onid am ddeg ceiniog* y cytunaist â mi ?
Cymer yr hyn sydd gennyt a dos ymaith. 'Rwy'n dewis rhoi 14
i'r olaf yma fel i tithau. Onid yw'n gyfreithlon imi wneud fel 15
'rwy'n dewis â'm heiddo fy hun ? Neu ai cenfigen yw dy ym-
ateb i'm haelioni ? Felly bydd y rhai olaf yn flaenaf a'r rhai 16
blaenaf yn olaf.' "

Iesu y Drydedd Waith yn Rhagfynegi ei Farwolaeth a'i Atgyfodiad

(Mc 10.32-34 ; Lc 18.31-34)

Wrth fynd i fyny i Jerwsalem cymerodd Iesu'r deuddeg 17
disgybl ar wahân, ac ar y ffordd dywedodd wrthynt, " Dyma 18
ni'n mynd i fyny i Jerwsalem ; fe gaiff Mab y Dyn ei draddodi
i'r prif offeiriaid a'r ysgrifenyddion ; condemniant ef i farwol-
aeth, a'i drosglwyddo i'r estroniaid i'w watwar a'i fflangellu a'i 19
groeshoelio ; ac ar y trydydd dydd fe'i hatgyfodir."

---

*adn. 2: neu, *o ddenarius*. Felly hefyd yn adnodau 9, 10 a 13.

A Mother's Request
(Mark 10.35-45)

20 Then the wife of Zebedee came to Jesus with her two sons, bowed before him, and asked him a favour.

21 "What do you want?" Jesus asked her.

She answered, "Promise me that these two sons of mine will sit at your right and your left when you are King."

22 "You don't know what you are asking for," Jesus answered the sons. "Can you drink the cup of suffering that I am about to drink?"

"We can," they answered.

23 "You will indeed drink from my cup," Jesus told them, "but I do not have the right to choose who will sit at my right and my left. These places belong to those for whom my Father has prepared them."

24 When the other ten disciples heard about this, they became
angry with the two brothers. 25 So Jesus called them all together
and said, "You know that the rulers of the heathen have power
over them, and the leaders have complete authority. 26 This, however,
is not the way it shall be among you. If one of you wants to be
great, he must be the servant of the rest; 27 and if one of you wants
to be first, he must be your slave—28 like the Son of Man, who
did not come to be served, but to serve and to give his life to
redeem many people."

Jesus Heals Two Blind Men
(Mark 10.46-52; Luke 18.35-43)

29 As Jesus and his disciples were leaving Jericho, a large crowd was
following. 30 Two blind men who were sitting by the road heard that
Jesus was passing by, so they began to shout, "Son of David! Take
pity on us!"

31 The crowd scolded them and told them to be quiet. But they shouted even more loudly, "Son of David! Take pity on us!"

32 Jesus stopped and called them. "What do you want me to do for you?" he asked them.

33 "Sir," they answered, "we want you to give us our sight!"

34 Jesus had pity on them and touched their eyes; at once they were able to see, and they followed him.

The Triumphant Entry into Jerusalem
(Mark 11.1-11; Luke 19.28-40; John 12.12-19)

21 As Jesus and his disciples approached Jerusalem, they came
to Bethphage at the Mount of Olives. There Jesus sent two

Cais Iago ac Ioan
(Mc 10.35-45)

Yna daeth mam meibion Sebedeus ato gyda'i meibion, gan 20
ymgrymu a gofyn ffafr ganddo. Meddai ef wrthi, " Beth a 21
fynni ?" Atebodd, " Gorchymyn fod i'm dau fab hyn gael
eistedd, un ar dy law dde ac un ar dy law chwith yn dy deyrnas."
Atebodd Iesu, " Ni wyddoch beth yr ydych yn ei ofyn. A 22
allwch chwi yfed y cwpan yr wyf fi i'w yfed ?" " Gallwn,"
meddent. Dywedodd wrthynt, " Cewch yfed fy nghwpan i, 23
ond eistedd ar fy llaw dde ac ar fy llaw chwith, nid gennyf fi y
mae'r hawl i roi hynny; y mae'n perthyn i'r rhai y mae wedi ei
ddarparu ar eu cyfer gan fy Nhad." Pan glywodd y deg, aeth- 24
ant yn ddig wrth y ddau frawd. Galwodd Iesu hwy ato ac 25
meddai, " Gwyddoch fod llywodraethwyr y Cenhedloedd yn
arglwyddiaethu arnynt, a'u gwŷr mawr yn dangos eu hawdur-
dod drostynt. Ond nid felly y mae i fod yn eich plith chwi; 26
yn hytrach, pwy bynnag sydd am fod yn fawr yn eich plith,
rhaid iddo fod yn was i chwi, a phwy bynnag sydd am fod yn 27
flaenaf yn eich plith, rhaid iddo fod yn gaethwas i chwi, fel 28
Mab y Dyn, na ddaeth i gael ei wasanaethu ond i wasanaethu,
ac i roi ei einioes yn bridwerth dros lawer."

Iacháu Dau Ddyn Dall
(Mc 10.46-52; Lc 18.35-43)

Fel yr oeddent yn mynd allan o Jericho, dilynodd tyrfa fawr 29
ef. Yr oedd dau ddyn dall yn eistedd ar fin y ffordd, a phan 30
glywsant fod Iesu yn mynd heibio, gwaeddasant, " Syr, trugar-
ha wrthym, Fab Dafydd." Ceryddodd y dyrfa hwy a dweud 31
wrthynt am dewi, ond gweiddi'n fwy byth a wnaethant, " Syr,
trugarha wrthym, Fab Dafydd." Safodd Iesu, a'u galw a 32
dweud, " Beth yr ydych am i mi ei wneud i chwi ?" Meddent 33
hwy wrtho, " Syr, mae arnom eisiau i'n llygaid gael eu hagor."
Tosturiodd Iesu wrthynt a chyffyrddodd â'u llygaid, a chawsant 34
eu golwg yn ôl yn y fan, a chanlynasant ef.

Yr Ymdaith Fuddugoliaethus i mewn i Jerwsalem
(Mc 11.1-11 ; Lc 19.28-40 ; In 12.12-19)

Pan ddaethant yn agos i Jerwsalem a chyrraedd Bethffage a **21**
Mynydd yr Olewydd, yna anfonodd Iesu ddau ddisgybl gan 2

of the disciples on ahead [2]with these instructions: "Go to the village
there ahead of you, and at once you will find a donkey tied up
with her colt beside her. Untie them and bring them to me. [3]And
if anyone says anything, tell him, 'The Master[s] needs them'; and
then he will let them go at once."

4 This happened in order to make what the prophet had said come
true:

5 "Tell the city of Zion,
  Look, your king is coming to you!
He is humble and rides on a donkey
  and on a colt, the foal of a donkey."

6 So the disciples went and did what Jesus had told them to do:
[7]they brought the donkey and the colt, threw their cloaks over them,
and Jesus got on. [8]A large crowd of people spread their cloaks
on the road while others cut branches from the trees and spread
them on the road. [9]The crowds walking in front of Jesus and those
walking behind began to shout, "Praise to David's Son! God bless
him who comes in the name of the Lord! Praise God!"

10 When Jesus entered Jerusalem, the whole city was thrown into
an uproar. "Who is he?" the people asked.

11 "This is the prophet Jesus, from Nazareth in Galilee," the crowds
answered.

Jesus Goes to the Temple
(Mark 11.15-19; Luke 19.45-48; John 2.13-22)

12 Jesus went into the Temple and drove out all those who were
buying and selling there. He overturned the tables of the money-
changers and the stools of those who sold pigeons, [13]and said to
them, "It is written in the Scriptures that God said, 'My Temple
will be called a house of prayer.' But you are making it a hideout
for thieves!"

14 The blind and the crippled came to him in the Temple, and
he healed them. [15]The chief priests and the teachers of the Law
became angry when they saw the wonderful things he was doing
and the children shouting in the Temple, "Praise to David's Son!"
[16]So they asked Jesus, "Do you hear what they are saying?"

"Indeed I do," answered Jesus. "Haven't you ever read this scrip-
ture? 'You have trained children and babies to offer perfect praise.'"

17 Jesus left them and went out of the city to Bethany, where
he spent the night.

---

[s]The Master; *or* Their owner.

ddweud wrthynt, " Ewch i'r pentref sydd gyferbyn â chwi, ac
yn syth fe gewch asen wedi ei rhwymo, ac ebol gyda hi. Goll-
yngwch hi a dewch â hi ataf. Ac os dywed rhywun rywbeth 3
wrthych, dywedwch, ' Y mae ar y Meistr eu hangen ' ; a bydd
yn eu rhoi ar unwaith." Digwyddodd hyn fel y cyflawnid y 4
gair a lefarwyd trwy'r proffwyd :

" Dywedwch wrth ferch Seion, 5
' Dyma dy frenin yn dyfod atat,
yn addfwyn ac yn marchogaeth ar asen,
ac ar ebol, llwdn anifail gwaith.' "

Aeth y disgyblion a gwneud fel y gorchmynnodd Iesu iddynt ; 6
daethant â'r asen a'r ebol ato, a rhoesant eu mentyll ar eu cefn, 7
ac eisteddodd Iesu arnynt. Taenodd tyrfa fawr iawn eu mentyll 8
ar y ffordd, ac yr oedd eraill yn torri canghennau o'r coed ac yn
eu taenu ar y ffordd. Ac yr oedd y tyrfaoedd ar y blaen iddo 9
a'r rhai o'r tu ôl yn llefain :

" Hosanna i Fab Dafydd !
Bendith ar yr hwn sy'n dyfod yn enw'r Arglwydd.
Hosanna yn y goruchaf ! "

Pan ddaeth ef i mewn i Jerwsalem cynhyrfwyd y ddinas 10
drwyddi. Yr oedd pobl yn gofyn, " Pwy yw hwn ?" a'r tyrfa- 11
oedd yn ateb, " Y proffwyd Iesu yw hwn, o Nasareth yng
Ngalilea."

Glanhau'r Deml

(Mc 11.15-19 ; Lc 19.45-48 ; In 2.13-22)

Aeth Iesu i mewn i'r deml, a bwriodd allan bawb oedd yn 12
prynu a gwerthu yn y deml ; taflodd i lawr fyrddau'r cyfnewid-
wyr arian a chadeiriau'r rhai oedd yn gwerthu colomennod, a 13
dywedodd wrthynt, " Y mae'n ysgrifenedig :

' Tŷ gweddi y gelwir fy nhŷ i,
ond yr ydych chwi yn ei wneud yn ogof lladron.' "

A daeth deillion a chloffion ato yn y deml, ac iachaodd hwy. 14
Ond pan welodd y prif offeiriaid a'r ysgrifenyddion y rhyfedd- 15
odau a wnaeth, a'r plant yn gweiddi yn y deml, " Hosanna i
Fab Dafydd ! " aethant yn ddig, a dywedasant wrtho, " A wyt 16
yn clywed beth y mae'r rhain yn ei ddweud ?" Atebodd Iesu,
" Ydwyf. Onid ydych erioed wedi darllen: ' O enau plant
bychain a rhai'n sugno y darperaist fawl i ti dy hun ' ?" Yna 17
gadawodd Iesu hwy ac aeth allan o'r ddinas i Fethania, a
threuliodd y nos yno.

Jesus Curses the Fig-Tree
(Mark 11.12-14, 20-24)

18 On his way back to the city early next morning, Jesus was
hungry. 19 He saw a fig-tree by the side of the road and went to
it, but found nothing on it except leaves. So he said to the tree,
"You will never again bear fruit!" At once the fig-tree dried up.
20 The disciples saw this and were astounded. "How did the fig-tree
dry up so quickly?" they asked.
21 Jesus answered, "I assure you that if you believe and do not doubt,
you will be able to do what I have done to this fig-tree. And not
only this, but you will even be able to say to this hill, 'Get up and
throw yourself in the sea,' and it will. 22 If you believe, you will
receive whatever you ask for in prayer."

The Question about Jesus' Authority
(Mark 11.27-33; Luke 20.1-8)

23 Jesus came back to the Temple; and as he taught, the chief
priests and the elders came to him and asked, "What right have
you to do these things? Who gave you this right?"
24 Jesus answered them, "I will ask you just one question, and
if you give me an answer, I will tell you what right I have to
do these things. 25 Where did John's right to baptize come from:
was it from God or from man?"

They started to argue among themselves, "What shall we say?
If we answer, 'From God,' he will say to us, 'Why, then, did you
not believe John?' 26 But if we say, 'From man,' we are afraid of
what the people might do, because they are all convinced that John
was a prophet." 27 So they answered Jesus, "We don't know."

And he said to them, "Neither will I tell you, then, by what right I do these things.

The Parable of the Two Sons

28 "Now, what do you think? There was once a man who had
two sons. He went to the elder one and said, 'Son, go and work
in the vineyard today.' 29 'I don't want to,' he answered, but later
he changed his mind and went. 30 Then the father went to the other
son and said the same thing. 'Yes, sir,' he answered, but he did
not go. 31 Which one of the two did what his father wanted?"

"The elder one," they answered.

So Jesus said to them, "I tell you: the tax collectors and the

Melltithio'r Ffigysbren
(Mc 11.12-14, 20-24)

Yn y bore, wrth iddo ddychwelyd i'r ddinas, daeth chwant 18
bwyd arno. A phan welodd ffigysbren ar fin y ffordd aeth ato, 19
ond ni chafodd ddim arno ond dail yn unig. Dywedodd wrtho,
"Na ddeled ffrwyth arnat ti byth mwy." Ac ar unwaith crin-
odd y ffigysbren. Pan welodd y disgyblion hyn, fe ryfeddasant 20
a dweud, "Sut y crinodd y ffigysbren ar unwaith ?" Atebodd 21
Iesu hwy, "Yn wir, 'rwy'n dweud wrthych, os bydd gennych
ffydd, heb amau dim, nid yn unig fe wnewch yr hyn a wnaed
i'r ffigysbren, ond hyd yn oed os dywedwch wrth y mynydd
hwn, 'Coder di a bwrier di i'r môr', fe ddigwydd hynny. A 22
beth bynnag oll y gofynnwch amdano mewn gweddi, os ydych
yn credu, fe'i cewch."

Amau Awdurdod Iesu
(Mc 11.27-33 ; Lc 20.1-8)

Daeth Iesu i'r deml, a phan oedd yn dysgu yno daeth y prif 23
offeiriaid a henuriaid y bobl ato a gofyn, "Trwy ba awdurdod
yr wyt ti'n gwneud y pethau hyn ? Pwy roddodd i ti'r awdur-
dod hwn ?" Atebodd Iesu hwy, "Fe ofynnaf finnau un peth i 24
chwi, ac os atebwch hwnnw, fe ddywedaf finnau wrthych trwy
ba awdurdod yr wyf yn gwneud y pethau hyn. Bedydd Ioan, o 25
ble yr oedd ? Ai o'r nef ai o ddynion ?" Dechreusant ddadlau
â'i gilydd a dweud, "Os dywedwn, 'O'r nef', fe ddywed wrth-
ym, 'Pam, ynteu, na chredasoch ef ?' Ond os dywedwn, 'O 26
ddynion', y mae arnom ofn y dyrfa, oherwydd y mae pawb yn
dal fod Ioan yn broffwyd." Atebasant Iesu, "Ni wyddom ni 27
ddim." Ac meddai yntau wrthynt, "Ni ddywedaf finnau
chwaith wrthych chwi trwy ba awdurdod yr wyf yn gwneud y
pethau hyn.

Dameg y Ddau Fab

"Ond beth yw eich barn chwi ar hyn ? Yr oedd dyn â 28
chanddo ddau fab. Aeth at y cyntaf a dweud, 'Fy mab, dos
heddiw a gweithia yn y winllan.' Atebodd yntau, 'Na wnaf'; 29
ond yn ddiweddarach newidiodd ei feddwl a mynd. Yna fe 30
aeth y tad at y mab arall a gofyn yr un modd. Atebodd hwnnw,
'Fe af fi, syr'; ond nid aeth. Prun o'r ddau a gyflawnodd 31
ewyllys y tad ?" "Y cyntaf," meddent. Dywedodd Iesu

prostitutes are going into the Kingdom of God ahead of you. 32 For
John the Baptist came to you showing you the right path to take,
and you would not believe him; but the tax collectors and the pros-
titutes believed him. Even when you saw this, you did not later
change your minds and believe him.

The Parable of the Tenants in the Vineyard

(Mark 12.1-12; Luke 20.9-19)

33 "Listen to another parable," Jesus said. "There was once a land-
owner who planted a vineyard, put a fence around it, dug a hole
for the winepress, and built a watch-tower. Then he let out the
vineyard to tenants and went on a journey. 34 When the time came
to gather the grapes, he sent his slaves to the tenants to receive
his share of the harvest. 35 The tenants seized his slaves, beat one,
killed another, and stoned another. 36 Again the man sent other slaves,
more than the first time, and the tenants treated them the same
way. 36 Last of all he sent his son to them. 'Surely they will respect
my son,' he said. 38 But when the tenants saw the son, they said
to themselves, 'This is the owner's son. Come on, let's kill him,
and we will get his property!' 39 So they seized him, threw him
out of the vineyard, and killed him.

40 "Now, when the owner of the vineyard comes, what will he
do to those tenants?" Jesus asked.

41 "He will certainly kill those evil men," they answered, "and let
the vineyard out to other tenants, who will give him his share of the
harvest at the right time."

42 Jesus said to them, "Haven't you ever read what the Scriptures
say?

'The stone which the builders rejected as worthless
turned out to be the most important of all.
This was done by the Lord;
what a wonderful sight it is!'

43 "And so I tell you," added Jesus, "the Kingdom of God will
be taken away from you and given to a people who will produce
the proper fruits."[t]

45 The chief priests and the Pharisees heard Jesus' parables and
knew that he was talking about them, 46 so they tried to arrest him. But
they were afraid of the crowds, who considered Jesus to be a prophet.

---

[t] *Some manuscripts add verse 44:* Whoever falls on this stone will be cut to pieces; and if the stone falls on someone, it will crush him to dust *(see Lk 20.18).*

wrthynt, " Yn wir, 'rwy'n dweud wrthych fod y casglwyr trethi
a'r puteiniaid yn mynd i mewn i deyrnas Dduw o'ch blaen chwi.
Oherwydd daeth Ioan atoch yn dangos ffordd cyfiawnder, ac 32
ni chredasoch ef. Ond fe gredodd y casglwyr trethi a'r putein-
iaid ef. A chwithau, ar ôl i chwi weld hynny, ni newidiasoch
eich meddwl a dod i'w gredu.

Dameg y Winllan a'r Tenantiaid
(Mc 12.1-12 ; Lc 20.9-19)

" Gwrandewch ar ddameg arall. Yr oedd rhyw berchen tŷ a 33
blannodd winllan ; cododd glawdd o'i hamgylch, a chloddio
cafn i'r gwinwryf ynddi, ac adeiladu tŵr. Gosododd hi i
denantiaid, ac aeth oddi cartref. A phan ddaeth amser y 34
cynhaeaf yn agos, anfonodd ei weision at y tenantiaid i dderbyn
ei ffrwythau. Daliodd y tenantiaid ei weision ; curasant un, a 35
lladd un arall a llabyddio un arall. Anfonodd drachefn weision 36
eraill, mwy ohonynt na'r rhai cyntaf, a gwnaeth y tenantiaid yr
un modd â hwy. Yn y diwedd anfonodd atynt ei fab, gan 37
ddweud, ' Fe barchant fy mab.' Ond pan welodd y tenantiaid 38
y mab dywedasant wrth ei gilydd, ' Hwn yw'r etifedd ; dewch,
lladdwn ef, a meddiannwn ei etifeddiaeth.' A chymerasant ef, 39
a'i fwrw allan o'r winllan, a'i ladd. Felly pan ddaw perchen y 40
winllan, beth a wna i'r tenantiaid hynny ?" " Fe lwyr ddi- 41
fetha'r dyhirod," meddent wrtho, " a gosod y winllan i denant-
iaid eraill, rhai fydd yn rhoi'r ffrwythau iddo yn eu tymhorau."
Dywedodd Iesu wrthynt, " Onid ydych erioed wedi darllen yn 42
yr Ysgrythurau:

' Y maen a wrthododd yr adeiladwyr,
hwn a ddaeth yn faen y gongl;
gan yr Arglwydd y gwnaethpwyd hyn,
a rhyfeddol yw yn ein golwg ni '?

Am hynny 'rwy'n dweud wrthych y cymerir teyrnas Dduw 43
oddi wrthych chwi, ac fe'i rhoddir i genedl sy'n dwyn ei
ffrwythau hi. A'r sawl sy'n syrthio ar y maen hwn, fe'i dryllir; 44
pwy bynnag y syrth y maen arno, fe'i maluria."*

Pan glywodd y prif offeiriaid a'r Phariseaid ei ddamhegion, 45
gwyddent mai amdanynt hwy yr oedd yn sôn. Yr oeddent yn 46
ceisio ei ddal, ond yr oedd arnynt ofn y tyrfaoedd, am eu bod
hwy yn ei gyfrif ef yn broffwyd.

---

*adn. 44: y mae rhai llawysgrifau yn gadael allan *A'r sawl . . . maluria.*

The Parable of the Wedding Feast

(Luke 14.15-24)

22 Jesus again used parables in talking to the people. 2 "The Kingdom of heaven is like this. Once there was a king who prepared a wedding feast for his son. 3 He sent his servants to tell the invited guests to come to the feast, but they did not want to come. 4 So he sent other servants with this message for the guests: 'My feast is ready now; my bullocks and prize calves have been butchered, and everything is ready. Come to the wedding feast!' 5 But the invited guests paid no attention and went about their business: one went to his farm, another to his shop, 6 while others grabbed the servants, beat them, and killed them. 7 The king was very angry; so he sent his soldiers, who killed those murderers and burnt down their city. 8 Then he called his servants and said to them, 'My wedding feast is ready, but the people I invited did not deserve it. 9 Now go to the main streets and invite to the feast as many people as you find.' 10 So the servants went out into the streets and gathered all the people they could find, good and bad alike; and the wedding hall was filled with people.

11 "The king went in to look at the guests and saw a man who was not wearing wedding clothes. 12 'Friend, how did you get in here without wedding clothes?' the king asked him. But the man said nothing. 13 Then the king told the servants, 'Tie him up hand and foot, and throw him outside in the dark. There he will cry and grind his teeth.'"

14 And Jesus concluded, "Many are invited, but few are chosen."

The Question about Paying Taxes

(Mark 12.13-17; Luke 20.20-26)

15 The Pharisees went off and made a plan to trap Jesus with questions. 16 Then they sent to him some of their disciples and some members of Herod's party. "Teacher," they said, "we know that you tell the truth. You teach the truth about God's will for man, without worrying about what people think, because you pay no attention to a man's status. 17 Tell us, then, what do you think? Is it against our Law to pay taxes to the Roman Emperor, or not?"

18 Jesus, however, was aware of their evil plan, and so he said, "You hypocrites! Why are you trying to trap me? 19 Show me the coin for paying the tax!"

They brought him the coin, 20 and he asked them, "Whose face and name are these?"

21 "The Emperor's," they answered.

Dameg y Wledd Briodas
(Lc 14.15-24)

A llefarodd Iesu drachefn wrthynt ar ddamhegion. " Y mae 2 **22**
teyrnas nefoedd," meddai, " yn debyg i frenin, a drefnodd
wledd briodas i'w fab. Anfonodd ei weision i alw'r gwahodd- 3
edigion i'r neithior, ond nid oeddent am ddod. Anfonodd eil- 4
waith weision eraill gan ddweud, ' Dywedwch wrth y gwahodd-
edigion, " Dyma fi wedi paratoi fy ngwledd, y mae fy mustych
a'm llydnod pasgedig wedi eu lladd, a phopeth yn barod ;
dewch i'r neithior." ' Ond ni chymerodd y gwahoddedigion 5
sylw, ac aethant ymaith, un i'w faes, ac un arall i'w fasnach. A 6
gafaelodd y lleill yn ei weision a'u cam-drin yn warthus a'u
lladd. Digiodd y brenin, ac anfonodd ei filwyr i ddifetha'r 7
llofruddion hynny a llosgi eu tref. Yna meddai wrth ei weision, 8
' Y mae'r wledd briodas yn barod, ond nid oedd y gwahodd-
edigion yn deilwng. Ewch felly i bennau'r strydoedd, a gwa- 9
hoddwch bwy bynnag a gewch yno i'r wledd briodas.' Ac fe 10
aeth y gweision hynny allan i'r ffyrdd a chasglu ynghyd bawb a
gawsant yno, yn ddrwg a da. A llanwyd neuadd y wledd briodas
gan westeion. Aeth y brenin i mewn i gael golwg ar y gwesteion 11
a gwelodd yno ddyn nad oedd yn gwisgo gwisg briodas. Medd- 12
ai wrtho, ' Gyfaill, sut y daethost i mewn yma heb fod gwisg
briodas gennyt ?' Ni allodd y dyn ddweud dim. Yna dywed- 13
odd y brenin wrth ei wasanaethyddion, ' Rhwymwch ef draed
a dwylo a bwriwch ef i'r tywyllwch eithaf ; bydd yno wylo ac
ysgyrnygu dannedd.' Y mae llawer, yn wir, wedi eu gwahodd, 14
ond ychydig wedi eu hethol."

Talu Trethi i Gesar
(Mc 12.13-17 ; Lc 20.20-26)

Yna fe aeth y Phariseaid a chynllwynio sut i'w rwydo ar air. 15
A dyma hwy'n anfon eu disgyblion ato gyda'r Herodianiaid i 16
ddweud, " Athro, gwyddom dy fod yn ddiffuant, ac yn dysgu
ffordd Duw yn gwbl ddiffuant ; ni waeth gennyt am neb, ac
yr wyt yn ddi-dderbyn-wyneb. Dywed wrthym, felly, beth yw 17
dy farn: a yw'n gyfreithlon talu treth i Gesar, ai nid yw ?"
Deallodd Iesu eu dichell a dywedodd, " Pam yr ydych yn rhoi 18
prawf arnaf, ragrithwyr ? Dangoswch i mi ddarn arian y 19
dreth." Daethant â darn arian iddo, ac meddai ef wrthynt, 20
" Llun ac arysgrif pwy sydd yma ?" Dywedasant wrtho, 21

So Jesus said to them, "Well, then, pay the Emperor what belongs to the Emperor, and pay God what belongs to God."

22 When they heard this, they were amazed; and they left him and went away.

The Question about Rising from Death
(Mark 12.18-27; Luke 20.27-40)

23 That same day some Sadducees came to Jesus and claimed
that people will not rise from death. 24 "Teacher," they said, "Moses
said that if a man who has no children dies, his brother must marry
the widow so that they can have children who will be considered
the dead man's children. 25 Now, there were seven brothers who
used to live here. The eldest got married and died without having
children, so he left his widow to his brother. 26 The same thing hap-
pened to the second brother, to the third, and finally to all seven.
27 Last of all, the woman died. 28 Now, on the day when the dead
rise to life, whose wife will she be? All of them had married her."

29 Jesus answered them, "How wrong you are! It is because you
don't know the Scriptures or God's power. 30 For when the dead
rise to life, they will be like the angels in heaven and will not marry.
31 Now, as for the dead rising to life: haven't you ever read what
God has told you? He said, 32 'I am the God of Abraham, the
God of Isaac, and the God of Jacob.' He is the God of the living,
not of the dead."

33 When the crowds heard this, they were amazed at his teaching.

The Great Commandment
(Mark 12.28-34; Luke 10.25-28)

34 When the Pharisees heard that Jesus had silenced the Sadducees,
they came together, 35 and one of them, a teacher of the Law, tried to
trap him with a question. 36 "Teacher," he asked, "which is the greatest
commandment in the Law?"

37 Jesus answered, " 'Love the Lord your God with all your heart,
with all your soul, and with all your mind.' 38 This is the greatest and
the most important commandment. 39 The second most important
commandment is like it: 'Love your neighbour as you love yourself.'
40 The whole Law of Moses and the teachings of the prophets depend
on these two commandments."

The Question about the Messiah
(Mark 12.35-37; Luke 20.41-44)

41 When some Pharisees gathered together, Jesus asked them,
42 "What do you think about the Messiah? Whose descendant is
he?" "He is David's descendant," they answered.

43 "Why, then," Jesus asked, "did the Spirit inspire David to call him

" Cesar." Yna meddai ef wrthynt, " Talwch felly bethau
Cesar i Gesar, a phethau Duw i Dduw." Pan glywsant hyn 22
rhyfeddasant, a gadawsant ef a mynd ymaith.

Holi ynglŷn â'r Atgyfodiad
(Mc 12.18-27; Lc 20.27-40)

Yr un diwrnod daeth ato Sadwceaid yn dweud nad oes dim 23
atgyfodiad. Gofynasant iddo, " Athro, dywedodd Moses, 24
' Os bydd rhywun farw heb blant ganddo, y mae ei frawd i
briodi'r wraig ac i godi plant i'w frawd.' Yr oedd saith o frodyr 25
yn ein plith; priododd y cyntaf, a bu farw, a chan nad oedd
plant ganddo gadawodd ei wraig i'w frawd. A'r un modd yr ail 26
a'r trydydd, hyd at y seithfed. Yn olaf oll bu farw'r wraig. 27
Yn yr atgyfodiad, felly, gwraig prun o'r saith fydd hi ? Oher- 28
wydd cafodd pob un hi'n wraig." Atebodd Iesu hwy, " Yr 29
ydych yn cyfeiliorni am nad ydych yn deall na'r Ysgrythurau na
gallu Duw. Oherwydd yn yr atgyfodiad ni phriodant ac ni 30
phriodir hwy, eithr y maent fel yr angylion yn y nef. Ond 31
ynglŷn ag atgyfodiad y meirw, onid ydych wedi darllen y gair a
lefarwyd wrthych gan Dduw, ' Myfi, Duw Abraham a Duw 32
Isaac a Duw Jacob ydwyf '? Nid Duw'r meirw yw ef, ond y
rhai byw." A phan glywodd y tyrfaoedd yr oeddent yn synnu 33
at yr hyn yr oedd yn ei ddysgu.

Y Gorchymyn Mawr
(Mc 12.28-34; Lc 10.25-38)

Clywodd y Phariseaid iddo roi taw ar y Sadwceaid, a daeth- 34
ant at ei gilydd. Ac i roi prawf arno, gofynnodd un ohonynt, 35
ac yntau'n athro'r Gyfraith, " Athro, pa orchymyn yw'r mwyaf 36
yn y Gyfraith ?" Dywedodd Iesu wrtho, " ' Câr yr Arglwydd 37
dy Dduw â'th holl galon ac â'th holl enaid ac â'th holl feddwl.'
Dyma'r gorchymyn mwyaf a'r cyntaf. Ac y mae'r ail yn debyg 38,39
iddo, ' Câr dy gymydog fel ti dy hun.' Ar y ddau orchymyn 40
hyn y mae'r holl Gyfraith a'r proffwydi yn dibynnu."

Holi ynglŷn â Mab Dafydd
(Mc 12.35-37; Lc 20.41-44)

Yr oedd y Phariseaid wedi ymgynnull, a gofynnodd Iesu 41
iddynt, " Beth yw eich barn chwi ynglŷn â'r Meseia ? Mab 42
pwy ydyw ?" " Mab Dafydd," meddent wrtho. " Sut felly," 43

'Lord'? David said, 44 'The Lord said to my Lord:
Sit here on my right
until I put your enemies under your feet.'
45 If, then, David called him 'Lord,' how can the Messiah be David's
descendant?"
46 No one was able to give Jesus any answer, and from that day
on no one dared to ask him any more questions.

Jesus Warns against the Teachers of the Law and the Pharisees

(Mark 12.38–39; Luke 11.43, 46; 20.45–46)

23 Then Jesus spoke to the crowds and to his disciples. 2 "The
teachers of the Law and the Pharisees are the authorized
interpreters of Moses' Law. 3 So you must obey and follow everything
they tell you to do; do not, however, imitate their actions, because
they don't practise what they preach. 4 They tie on to people's backs
loads that are heavy and hard to carry, yet they aren't willing even
to lift a finger to help them carry those loads. 5 They do everything
so that people will see them. Look at the straps with scripture verses
on them which they wear on their foreheads and arms, and notice
how large they are! Notice also how long are the tassels on their
cloaks![u] 6 They love the best places at feasts and the reserved seats
in the synagogues; 7 they love to be greeted with respect in the
market-places and to be called 'Teacher.' You must not be called
'Teacher', because you are all brothers of one another and have
only one Teacher. 9 And you must not call anyone here on earth
'Father', because you have only the one Father in heaven. 10 Nor
should you be called 'Leader', because your one and only leader
is the Messiah. 11 The greatest one among you must be your servant.
12 Whoever makes himself great will be humbled, and whoever
humbles himself will be made great.

Jesus Condemns Their Hypocrisy

(Mark 12.40; Luke 11.39–42, 44, 52; 20.47)

13 "How terrible for you, teachers of the Law and Pharisees! You
hypocrites! You lock the door to the Kingdom of heaven in people's
faces, and you yourselves don't go in, nor do you allow in those
who are trying to enter![v]

---

[u] TASSELS ON THEIR CLOAKS: *These tassels were worn as a sign of devotion to God (see Num 15.37-41).*

[v] *Some manuscripts add verse 14:* How terrible for you, teachers of the Law and Pharisees! You hypocrites! You take advantage of widows and rob them of their homes, and then make a show of saying long prayers! Because of this your punishment will be all the worse! *(see Mk 12.40).*

gofynnodd Iesu, " y mae Dafydd trwy'r Ysbryd yn ei alw'n
Arglwydd, pan ddywed:
' Dywedodd yr Arglwydd wrth fy Arglwydd i, 44
"Eistedd ar fy neheulaw
hyd oni osodaf dy elynion o dan dy draed " ' ?
Os yw Dafydd felly yn ei alw'n Arglwydd, sut y mae'n fab 45
iddo ? " Ac nid oedd neb yn gallu ateb gair iddo, ac o'r 46
diwrnod hwnnw ni feiddiodd neb ei holi ddim mwy.

Cyhuddo'r Ysgrifenyddion a'r Phariseaid
(Mc 12.38-40; Lc 11.37-52, 20.45-47)

Yna llefarodd Iesu wrth y tyrfaoedd a'i ddisgyblion. **23**
Dywedodd: " Y mae'r ysgrifenyddion a'r Phariseaid yn 2
eistedd yng nghadair Moses. Felly gwnewch a chadwch 3
bopeth a ddywedant wrthych, ond peidiwch â dilyn eu hym-
ddygiad, oherwydd siarad y maent, heb weithredu. Y maent 4
yn rhwymo beichiau trymion a'u gosod ar ysgwyddau dynion,
ond nid ydynt hwy eu hunain yn fodlon codi bys i'w symud.
Cyflawnant eu holl weithredoedd er mwyn cael eu gweld gan 5
ddynion. Y maent yn gwneud eu phylacterau'n llydan ac
ymylon eu mentyll yn llaes, maent yn hoffi cael y seddau an- 6
rhydedd mewn gwleddoedd a'r prif gadeiriau yn y synagogau,
a chael cyfarchiadau yn y marchnadoedd a'u galw gan ddynion 7
yn ' Rabbi '. Ond peidiwch chwi â chymryd eich galw yn 8
'Rabbi', oherwydd un athro sydd gennych, a brodyr ydych chwi
i gyd. A pheidiwch â galw neb yn dad i chwi ar y ddaear, 9
oherwydd un tad sydd gennych chwi, sef eich Tad nefol. A 10
pheidiwch â chymryd eich galw'n arweinwyr chwaith, oher-
wydd un arweinydd sydd gennych, sef y Meseia. Rhaid i'r un 11
mwyaf ohonoch fod yn was i chwi. Darostyngir pwy bynnag 12
fydd yn ei ddyrchafu ei hun, a dyrchefir pwy bynnag fydd yn
ei ddarostwng ei hun.

" Gwae chwi, ysgrifenyddion a Phariseaid, ragrithwyr, 13
oherwydd yr ydych yn cau drws teyrnas nefoedd yn wyneb
dynion; nid ydych yn mynd i mewn eich hunain, nac yn
gadael i'r rhai sydd am fynd i mewn wneud hynny.*

---

*adn. 13: ychwanega rhai llawysgrifau adnod 14: *Gwae chwi, ysgrifenyddion a Phariseaid, ragrithwyr, oherwydd yr ydych yn difa cartrefi gwragedd gweddwon, ac mewn rhagrith yn gweddïo'n faith*; *am hynny fe dderbyniwch drymach dedfryd.*

15 "How terrible for you, teachers of the Law and Pharisees! You
hypocrites! You sail the seas and cross whole countries to win one
convert; and when you succeed, you make him twice as deserving
of going to hell as you yourselves are!

16 "How terrible for you, blind guides! You teach, 'If someone
swears by the Temple, he isn't bound by his vow; but if he swears
by the gold in the Temple, he is bound.' 17 Blind fools! Which is
more important, the gold or the Temple which makes the gold holy?
18 You also teach, 'If someone swears by the altar, he isn't bound
by his vow; but if he swears by the gift on the altar, he is bound.'
19 How blind you are! Which is the more important, the gift or
the altar which makes the gift holy? 20 So then, when a person
swears by the altar, he is swearing by it and by all the gifts on
it; 21 and when he swears by the Temple, he is swearing by it and
by God, who lives there; 22 and when someone swears by heaven,
he is swearing by God's throne and by him who sits on it.

23 "How terrible for you, teachers of the Law and Pharisees! You
hypocrites! You give to God a tenth even of the seasoning herbs,
such as mint, dill, and cumin, but you neglect to obey the really
important teachings of the Law, such as justice and mercy and honesty.
These you should practise, without neglecting the others. 24 Blind
guides! You strain a fly out of your drink, but swallow a camel!

25 "How terrible for you, teachers of the Law and Pharisees! You
hypocrites! You clean the outside of your cup and plate, while the
inside is full of what you have obtained by violence and selfishness.
26 Blind Pharisee! Clean what is inside the cup first, and then the out-
side will be clean too!

27 "How terrible for you, teachers of the Law and Pharisees! You
hypocrites! You are like whitewashed tombs, which look fine on
the outside but are full of bones and decaying corpses on the inside.
28 In the same way, on the outside you appear good to everybody,
but inside you are full of hypocrisy and sins.

Jesus Predicts Their Punishment

(Luke 11.47-51)

29 "How terrible for you, teachers of the Law and Pharisees! You
hypocrites! You make fine tombs for the prophets and decorate
the monuments of those who lived good lives; 30 and you claim
that if you had lived during the time of your ancestors, you would
not have done what they did and killed the prophets. 31 So you

" Gwae chwi, ysgrifenyddion a Phariseaid, ragrithwyr, 15
oherwydd yr ydych yn cwmpasu môr a thir i wneud un proselyt,
ac wedi ei gael fe'i gwnewch ef yn ddwywaith cymaint o blentyn
uffern ag yr ydych chwi.
" Gwae chwi, arweinwyr dall sy'n dweud, ' Os bydd dyn yn 16
tyngu llw i'r deml, nid yw hynny'n golygu dim; ond os bydd
yn tyngu i'r aur sydd yn y deml, y mae rhwymedigaeth arno.'
Ffyliaid a deillion, prun sydd fwyaf, yr aur ynteu'r deml, sy'n 17
gwneud yr aur yn gysegredig ? A thrachefn fe ddywedwch, 18
' Os bydd dyn yn tyngu llw i'r allor, nid yw hynny'n golygu
dim; ond os bydd yn tyngu i'r offrwm sydd ar yr allor, y mae
rhwymedigaeth arno.' Ddeillion, prun sydd fwyaf, yr offrwm 19
ynteu'r allor, sy'n gwneud yr offrwm yn gysegredig ? Felly y 20
mae'r sawl sy'n tyngu llw i'r allor yn tyngu iddi hi ac i bopeth
sydd arni, ac y mae'r sawl sy'n tyngu llw i'r deml yn tyngu iddi 21
hi ac i'r hwn sy'n preswylio ynddi. Ac y mae'r sawl sy'n tyngu 22
llw i'r nef yn tyngu i orsedd Duw ac i'r hwn sy'n eistedd arni.
" Gwae chwi, ysgrifenyddion a Phariseaid, ragrithwyr, 23
oherwydd yr ydych yn talu degwm o fintys ac anis a chwmin,
ond gadawsoch heibio bethau trymach y Gyfraith, cyfiawnder
a thrugaredd a ffyddlondeb, yr union bethau y dylasech ofalu
amdanynt, heb adael heibio'r lleill. Arweinwyr dall! Yr ydych 24
yn hidlo'r gwybedyn ac yn llyncu'r camel.
" Gwae chwi, ysgrifenyddion a Phariseaid, ragrithwyr, 25
oherwydd yr ydych yn glanhau'r tu allan i'r cwpan a'r ddysgl,
ond y tu mewn y maent yn llawn anrhaith ac anghymedroldeb.
Y Pharisead dall, glanha'n gyntaf y tu mewn i'r cwpan, fel y 26
bydd y tu allan iddo hefyd yn lân.
" Gwae chwi, ysgrifenyddion a Phariseaid, ragrithwyr, 27
oherwydd yr ydych yn debyg i feddau wedi eu gwyngalchu,
sydd o'r tu allan yn ymddangos yn hardd, ond y tu mewn y
maent yn llawn o esgyrn y meirw a phob aflendid. Felly hefyd 28
yn allanol yr ydych chwithau yn ymddangos i ddynion yn
gyfiawn, ond oddi mewn yr ydych yn llawn rhagrith ac ang-
hyfraith.
" Gwae chwi, ysgrifenyddion a Phariseaid, ragrithwyr, 29
oherwydd yr ydych yn adeiladu beddau'r proffwydi ac yn
addurno beddfeini'r rhai cyfiawn, ac yn dweud, ' Pe baem ni'n 30
byw yn nyddiau ein tadau, ni fyddem wedi ymuno gyda hwy i
ladd y proffwydi.' Felly yr ydych yn tystio yn eich erbyn eich 31

actually admit that you are the descendants of those who murdered
the prophets! 32 Go on, then, and finish what your ancestors started!
33 You snakes and sons of snakes! How do you expect to escape
from being condemned to hell? 34 And so I tell you that I will
send you prophets and wise men and teachers; you will kill some
of them, crucify others, and whip others in the synagogues and chase
them from town to town. 35 As a result, the punishment for the
murder of all innocent men will fall on you, from the murder of inno-
cent Abel to the murder of Zachariah son of Berachiah, whom you mur-
dered between the Temple and the altar. 36 I tell you indeed: the
punishment for all these murders will fall on the people of this day!

Jesus' Love for Jerusalem
(Luke 13.34-35)

37 "Jerusalem, Jerusalem! You kill the prophets and stone the
messengers God has sent you! How many times have I wanted to
put my arms round all your people, just as a hen gathers her chicks
under her wings, but you would not let me! 38 And so your Temple
will be abandoned and empty. 39 From now on, I tell you, you will
never see me again until you say, 'God bless him who comes in
the name of the Lord.' "

Jesus Speaks of the Destruction of the Temple
(Mark 13.1-2; Luke 21.5-6)

24 Jesus left and was going away from the Temple when his
disciples came to him to call his attention to its buildings.
2 "Yes," he said, "you may well look at all these. I tell you this:
not a single stone here will be left in its place; every one of them
will be thrown down."

Troubles and Persecutions
(Mark 13.3-13; Luke 21.7-19)

3 As Jesus sat on the Mount of Olives, the disciples came to him
in private. "Tell us when all this will be," they asked, "and what
will happen to show that it is the time for your coming and the
end of the age."

4 Jesus answered, "Be on your guard, and do not let anyone deceive
you. 5 Many men, claiming to speak for me, will come and say,
'I am the Messiah!' and they will deceive many people. 6 You are

hunain eich bod yn feibion i'r rhai a lofruddiodd y proffwydi.
Ewch chwithau ymlaen i orffen yr hyn a ddechreuodd eich 32
tadau. Chwi seirff ac epil gwiberod, sut y dihangwch rhag barn 33
uffern ? Am hynny dyma fi'n anfon atoch broffwydi a dynion 34
doeth a dynion dysgedig; byddwch yn lladd ac yn croeshoelio
rhai ohonynt, ac yn fflangellu eraill yn eich synagogau, a'u
herlid o un dref i'r llall. Felly, ar eich pen chwi y bydd yr holl 35
waed diniwed a dywalltwyd ar y ddaear, o waed Abel gyfiawn
hyd at waed Sachareias fab Baracheias, a lofruddiasoch rhwng
y cysegr a'r allor. Yn wir, 'rwy'n dweud wrthych, ar ben y 36
genhedlaeth hon y bydd yr holl bethau hyn.

Y Galarnad dros Jerwsalem
(Lc 13.34-35)

" Jerwsalem, Jerwsalem, tydi sy'n lladd y proffwydi ac yn 37
llabyddio'r rhai a anfonwyd atat, mor aml y dymunais gasglu
dy blant ynghyd, fel y mae iâr yn casglu ei chywion dan ei
hadenydd, ond gwrthod a wnaethoch. Wele, y mae eich tŷ yn 38
cael ei adael yn anghyfannedd. Oherwydd 'rwy'n dweud 39
wrthych, ni chewch fy ngweld o hyn allan hyd y dydd pan
ddywedwch, ' Bendigedig yw'r hwn sy'n dyfod yn enw'r
Arglwydd.' "

Rhagfynegi Dinistr y Deml
(Mc 13.1-2; Lc 21.5-6)

Aeth Iesu allan o'r deml, a phan oedd ar ei ffordd oddi yno **24**
daeth ei ddisgyblion ato i dynnu ei sylw at adeiladau'r deml.
Dywedodd yntau wrthynt, " Oni welwch yr holl bethau hyn ? 2
Yn wir, 'rwy'n dweud wrthych, ni adewir yma faen ar faen;
ni bydd yr un heb ei fwrw i lawr."

Dechrau'r Gwewyr
(Mc 13.3-13; Lc 21.7-19)

Fel yr oedd yn eistedd ar Fynydd yr Olewydd daeth y 3
disgyblion ato o'r neilltu a gofyn, " Dywed wrthym pa bryd y
bydd hyn, a beth fydd yr arwydd o'th ddyfodiad ac o ddiwedd
y byd?" Atebodd Iesu hwy, " Gwyliwch na fydd i neb eich 4
twyllo. Oherwydd fe ddaw llawer yn fy enw i gan ddweud, 5
' Myfi yw'r Meseia', ac fe dwyllant lawer. Byddwch yn clywed 6

going to hear the noise of battles close by and the news of battles
far away; but do not be troubled. Such things must happen, but
they do not mean that the end has come. 7 Countries will fight each
other, kingdoms will attack one another. There will be famines and
earthquakes everywhere. 8 All these things are like the first pains
of childbirth.

9 "Then you will be arrested and handed over to be punished
and be put to death. All mankind will hate you because of me.
10 Many will give up their faith at that time; they will betray one
another and hate one another. 11 Then many false prophets will appear
and deceive many people. 12 Such will be the spread of evil that
many people's love will grow cold. 13 But whoever holds out to the
end will be saved. 14 And this Good News about the Kingdom will
be preached through all the world for a witness to all mankind;
and then the end will come.

The Awful Horror

(Mark 13.14-23; Luke 21.20-24)

15 "You will see 'The Awful Horror' of which the prophet Daniel
spoke. It will be standing in the holy place." (Note to the reader: be
sure to understand what this means!) 16 "Then those who are in Judaea
must run away to the hills. 17 A man who is on the roof of his house
must not take the time to go down and get his belongings from the
house. 18 A man who is in the field must not go back to get his cloak.
19 How terrible it will be in those days for women who are pregnant and
for mothers with little babies! 20 Pray to God that you will not have
to run away during the winter or on a Sabbath! 21 For the trouble at
that time will be far more terrible than any there has ever been, from
the beginning of the world to this very day. Nor will there ever be
anything like it again. 22 But God has already reduced the number of
days; had he not done so, nobody would survive. For the sake of his
chosen people, however, God will reduce the days.

23 "Then, if anyone says to you, 'Look, here is the Messiah!'
or 'There he is!'—do not believe him. 24 For false Messiahs and
false prophets will appear; they will perform great miracles and
wonders in order to deceive even God's chosen people, if possible.
25 Listen! I have told you this before the time comes.

26 "Or, if people should tell you, 'Look, he is out in the desert!'—
don't go there; or if they say, 'Look, he is hiding here!'—don't
believe it. 27 For the Son of Man will come like the lightning which
flashes across the whole sky from the east to the west.

28 "Wherever there is a dead body, the vultures will gather.

am ryfeloedd a sôn am ryfeloedd; gofalwch beidio â chyffroi,
oherwydd rhaid i hyn ddigwydd, ond nid yw'r diwedd eto.
Oblegid cyfyd cenedl yn erbyn cenedl, a theyrnas yn erbyn 7
teyrnas, a bydd adegau o newyn a daeargrynfâu mewn mannau.
Ond dechrau'r gwewyr fydd hyn oll. Yna fe'ch traddodir i gael 8,9
eich cosbi a'ch lladd, a chas fyddwch gan bob cenedl o achos fy
enw i. A'r pryd hwnnw bydd llawer yn cwympo ymaith; 10
byddant yn bradychu ei gilydd a chasáu ei gilydd. Fe gyfyd 11
llawer o broffwydi gau a thwyllant lawer. Ac am fod drygioni 12
yn amlhau bydd cariad llawer iawn yn oeri. Ond y sawl sy'n 13
dyfalbarhau i'r diwedd a gaiff ei gadw. Ac fe gyhoeddir yr 14
Efengyl hon am y deyrnas drwy'r byd i gyd fel tystiolaeth i'r
holl genhedloedd, ac yna y daw'r diwedd.

Y Gorthrymder Mawr
(Mc 13.14-23; Lc 21.20-24)

" Felly, pan welwch ' y ffieiddbeth diffeithiol ', y soniodd y 15
proffwyd Daniel amdano, yn sefyll yn y lle sanctaidd (dealled y
darllenydd), yna ffoed y rhai sydd yn Jwdea i'r mynyddoedd. 16
Yr hwn sydd ar ben y tŷ, peidied â mynd i lawr i gipio'i bethau 17
o'i dŷ; a'r hwn sydd yn y cae, peidied â throi yn ei ôl i gymryd 18
ei fantell. Gwae'r gwragedd beichiog a'r rhai sy'n rhoi'r fron 19
yn y dyddiau hynny ! A gweddïwch na fyddwch yn gorfod ffoi 20
yn y gaeaf nac ar y Saboth, oblegid y pryd hwnnw bydd gorth- 21
rymder mawr na fu ei debyg o ddechrau'r byd hyd yn awr, ac
na fydd byth chwaith. Ac oni bai fod y dyddiau hynny wedi eu 22
byrhau, ni fuasai undyn byw wedi ei gadw; eithr er mwyn yr
etholedigion fe fyrheir y dyddiau hynny. Yna, os dywed 23
rhywun wrthych, ' Edrych, dyma'r Meseia ', neu ' Dacw ef ',
peidiwch â'i gredu. Oherwydd fe gyfyd gau-feseiâu a gau- 24
broffwydi, a rhoddant arwyddion mawr a rhyfeddodau nes
arwain ar gyfeiliorn hyd yn oed yr etholedigion, petai hynny'n
bosibl. Yn awr yr wyf wedi dweud wrthych ymlaen llaw. 25
Felly, os dywedant wrthych, ' Dyma ef yn yr anialwch ', 26
peidiwch â mynd allan; neu os dywedant, ' Dyma ef mewn
ystafelloedd o'r neilltu ', peidiwch â'u credu. Oherwydd fel y 27
mae'r fellten yn dod o'r dwyrain ac yn goleuo hyd at y gor-
llewin, felly y bydd dyfodiad Mab y Dyn. Lle bynnag y bydd 28
y gelain, yno yr heidia'r eryrod.

The Coming of the Son of Man
(Mark 13.24-27; Luke 21.25-28)

29 "Soon after the trouble of those days, the sun will grow dark, the
moon will no longer shine, the stars will fall from heaven, and the
powers in space will be driven from their courses. 30 Then the sign of
the Son of Man will appear in the sky; and all the peoples of
earth will weep as they see the Son of Man coming on the clouds
of heaven with power and great glory. 31 The great trumpet will
sound, and he will send out his angels to the four corners of the
earth, and they will gather his chosen people from one end of the
world to the other.

The Lesson of the Fig-Tree
(Mark 13.28-31; Luke 21.29-33)

32 "Let the fig-tree teach you a lesson. When its branches become
green and tender and it starts putting out leaves, you know that
summer is near. 33 In the same way, when you see all these things,
you will know that the time is near, ready to begin.[w] 34 Remember
that all these things will happen before the people now living have
all died. 35 Heaven and earth will pass away, but my words will
never pass away.

No One Knows the Day and Hour
(Mark 13.32-37; Luke 17.26-30, 34-36)

36 "No one knows, however, when that day and hour will come—
neither the angels in heaven nor the Son;[x] the Father alone knows.
37 The coming of the Son of Man will be like what happened in
the time of Noah. 38 In the days before the flood people ate and
drank, men and women married, up to the very day Noah went
into the boat; 39 yet they did not realize what was happening until
the flood came and swept them all away. That is how it will be
when the Son of Man comes. 40 At that time two men will be working
in a field: one will be taken away, the other will be left behind.
41 Two women will be at a mill grinding meal: one will be taken
away, the other will be left behind.

42 "Be on your guard, then, because you do not know what day
your Lord will come. 43 If the owner of a house knew the time
when the thief would come, you can be sure that he would stay
awake and not let the thief break into his house. 44 So then, you
also must always be ready, because the Son of Man will come at
an hour when you are not expecting him.

---

[w] the time is near, ready to begin; *or* he is near, ready to come.
[x] *Some manuscripts do not have* nor the Son.

Dyfodiad Mab y Dyn
(Mc 13.24-27; Lc 21.25-28)

" Yn union ar ôl gorthrymder y dyddiau hynny, 29
' Tywyllir yr haul,
ni rydd y lloer ei llewyrch,
syrth y sêr o'r nef,
ac ysgydwir nerthoedd y nefoedd.'
A'r pryd hwnnw ymddengys arwydd Mab y Dyn yn y nef ; y 30
pryd hwnnw bydd holl lwythau'r ddaear yn galaru, a gwelant
Fab y Dyn yn dyfod ar gymylau'r nef gyda nerth a gogoniant
mawr. Ac fe anfona ei angylion wrth sain utgorn mawr, a 31
byddant yn cynnull ei etholedigion o'r pedwar gwynt, o un
eithaf o'r nefoedd hyd at y llall.

Gwers y Ffigysbren
(Mc 13.28-31; Lc 21.29-33)

" Dysgwch wers oddi wrth y ffigysbren. Pan fydd ei gangen 32
yn ir ac yn dechrau deilio, gwyddoch fod yr haf yn agos. Felly 33
chwithau, pan welwch yr holl bethau hyn, byddwch yn gwybod
ei fod yn agos, wrth y drws. Yn wir, 'rwy'n dweud wrthych, 34
nid â'r genhedlaeth hon heibio nes i'r holl bethau hyn ddi-
gwydd. Y nef a'r ddaear, ânt heibio, ond fy ngeiriau i, nid ânt 35
heibio ddim.

Y Dydd a'r Awr Anhysbys
(Mc 13.32-37; Lc 17.26-30, 34-36)

" Ond am y dydd hwnnw a'r awr ni ŵyr neb, nac angylion y 36
nef, na'r Mab, neb ond y Tad yn unig. Fel y bu yn nyddiau 37
Noa, felly hefyd y bydd yn nyfodiad Mab y Dyn. Fel yr oedd 38
pobl yn y dyddiau cyn y dilyw yn bwyta ac yn yfed, yn cymryd
gwragedd ac yn cael gwŷr, hyd y dydd yr aeth Noa i mewn i'r
arch, ac ni wyddent ddim hyd nes y daeth y dilyw a'u hysgubo 39
ymaith i gyd; felly hefyd y bydd yn nyfodiad Mab y Dyn. Y 40
pryd hwnnw bydd dau yn y cae; cymerir un a gadewir y llall.
Bydd dwy wraig yn malu yn y felin; cymerir un a gadewir y 41
llall. Byddwch wyliadwrus gan hynny; oherwydd ni wyddoch 42
pa ddydd y daw eich Arglwydd. Ond gwybyddwch hyn: pe 43
buasai meistr y tŷ yn gwybod pa amser y byddai'r lleidr yn dod,
buasai ar ei wyliadwriaeth ac ni fuasai wedi caniatáu iddo dorri
i mewn i'w dŷ. Am hynny chwithau hefyd, byddwch barod, 44
oherwydd pryd na thybiwch y daw Mab y Dyn.

The Faithful or the Unfaithful Servant

(Luke 12.41-48)

45 "Who, then, is a faithful and wise servant? He is the one that his
master has placed in charge of the other servants to give them their food
at the proper time. 46 How happy that servant is if his master finds
him doing this when he comes home! 47 Indeed, I tell you, the master
will put that servant in charge of all his property. 48 But if he is
a bad servant, he will tell himself that his master will not come
back for a long time, 49 and he will begin to beat his fellow-servants and
to eat and drink with drunkards. 50 Then that servant's master will
come back one day when the servant does not expect him and at a
time he does not know. 51 The master will cut him in pieces[y] and make
him share the fate of the hypocrites. There he will cry and grind his
teeth.

The Parable of the Ten Girls

25 "At that time the Kingdom of heaven will be like this. Once
there were ten girls who took their oil lamps and went out
to meet the bridegroom. 2 Five of them were foolish, and the other
five were wise. 3 The foolish ones took their lamps but did not take
any extra oil with them, 4 while the wise ones took containers full
of oil for their lamps. 5 The bridegroom was late in coming, so the
girls began to nod and fall asleep.

6 "It was already midnight when the cry rang out, 'Here is the
bridegroom! Come and meet him!' 7 The ten girls woke up and
trimmed their lamps. 8 Then the foolish ones said to the wise ones,
'Let us have some of your oil, because our lamps are going out.'
9 'No, indeed,' the wise ones answered, 'there is not enough for you
and for us. Go to the shop and buy some for yourselves.' 10 So
the foolish girls went off to buy some oil; and while they were
gone, the bridegroom arrived. The five girls who were ready went
in with him to the wedding feast, and the door was closed.

11 "Later the other girls arrived. 'Sir, sir! Let us in!' they cried out.
12 'Certainly not! I don't know you,' the bridegroom answered."

13 And Jesus concluded, "Be on your guard, then, because you
do not know the day or the hour.

The Parable of the Three Servants

(Luke 19.11-27)

14 "At that time the Kingdom of heaven will be like this. Once
there was a man who was about to go on a journey; he called
his servants and put them in charge of his property. 15 He gave
to each one according to his ability: to one he gave five thousand

---

[y] cut him in pieces; *or* throw him out.

Y Gwas Ffyddlon neu Anffyddlon
(Lc 12.41-48)

"Pwy ynteu yw'r gwas ffyddlon a osodwyd gan ei feistr dros 45
weision y tŷ, i roi eu bwyd iddynt yn ei bryd? Gwyn ei fyd y 46
gwas hwnnw a geir yn gwneud felly gan ei feistr pan ddaw; yn 47
wir, 'rwy'n dweud wrthych y gesyd ef dros ei holl eiddo. Ond 48
os yw'r gwas hwnnw'n ddrwg, ac os dywed yn ei galon, 'Y
mae fy meistr yn oedi', a dechrau curo'i gydweision, a bwyta 49
ac yfed gyda'r meddwon, yna bydd meistr y gwas hwnnw yn 50
cyrraedd ar ddiwrnod annisgwyl iddo ef ac ar awr nas gŵyr;
ac fe'i cosba yn llym, a gosod ei le gyda'r rhagrithwyr; bydd 51
yno wylo ac ysgyrnygu dannedd.

Dameg y Deg Geneth

"Y pryd hwnnw bydd teyrnas nefoedd yn debyg i ddeg o **25**
enethod a gymerodd eu lampau a mynd allan i gyfarfod â'r
priodfab. Yr oedd pump ohonynt yn ffôl a phump yn gall. 2
Cymerodd y rhai ffôl eu lampau ond heb gymryd olew gyda 3
hwy, ond cymerodd y rhai call, gyda'u lampau, olew mewn 4
llestri. Gan fod y priodfab yn hwyr yn dod aethant i gyd i 5
hepian a chysgu. Ac ar ganol nos daeth gwaedd: 'Dyma'r 6
priodfab, ewch allan i'w gyfarfod.' Yna cododd y genethod 7
hynny i gyd a pharatoi eu lampau. Dywedodd y rhai ffôl wrth 8
y rhai call, 'Rhowch i ni beth o'ch olew, oherwydd y mae'n
lampau ni yn diffodd.' Atebodd y rhai call, 'Na yn wir, ni 9
fydd digon i ni ac i chwithau. Gwell i chwi fynd at y gwerthwyr
a phrynu peth i chwi eich hunain.' A thra oeddent yn mynd i 10
brynu'r olew, cyrhaeddodd y priodfab, ac aeth y rhai oedd yn
barod i mewn gydag ef i'r wledd briodas, a chlowyd y drws.
Yn ddiweddarach dyma'r genethod eraill yn dod ac yn dweud, 11
'Syr, syr, agor y drws i ni.' Atebodd yntau, 'Yn wir, 'rwy'n 12
dweud wrthych, nid wyf yn eich adnabod.' Byddwch wyliad- 13
wrus gan hynny, oherwydd ni wyddoch na'r dydd na'r awr.

Dameg y Codau o Arian
(Lc 19.11-27)

"Y mae fel dyn yn mynd oddi cartref ac a alwodd ei weision 14
a rhoi ei eiddo yn eu gofal. I un fe roddodd bum cod o arian, 15
i un arall ddwy, i un arall un, i bob un yn ôl ei allu, ac fe aeth

silver coins, to another he gave two thousand, and to another he gave one thousand. Then he left on his journey. 16 The servant who had received five thousand coins went at once and invested his money and earned another five thousand. 17 In the same way the servant who had received two thousand coins earned another two thousand. 18 But the servant who had received one thousand coins went off, dug a hole in the ground, and hid his master's money.

19 "After a long time the master of those servants came back and settled accounts with them. 20 The servant who had received five thousand coins came in and handed over the other five thousand. 'You gave me five thousand coins, sir,' he said. 'Look! Here are another five thousand that I have earned.' 21 'Well done, you good and faithful servant!' said his master. 'You have been faithful in managing small amounts, so I will put you in charge of large amounts. Come on in and share my happiness!'

22 "Then the servant who had been given two thousand coins came in and said, 'You gave me two thousand coins, sir. Look! Here are another two thousand that I have earned.' 23 'Well done, you good and faithful servant!' said his master. 'You have been faithful in managing small amounts, so I will put you in charge of large amounts. Come on in and share my happiness!'

24 "Then the servant who had received one thousand coins came in and said, 'Sir, I know you are a hard man; you reap harvests where you did not sow, and you gather crops where you did not scatter seed. 25 I was afraid, so I went off and hid your money in the ground. Look! Here is what belongs to you.'

26 " 'You bad and lazy servant!' his master said. 'You knew, did you, that I reap harvests where I did not sow, and gather crops where I did not scatter seed? 27 Well, then, you should have deposited my money in the bank, and I would have received it all back with interest when I returned. 28 Now, take the money away from him and give it back to the one who has ten thousand coins. 29 For to every person who has something, even more will be given, and he will have more than enough; but the person who has nothing, even the little that he has will be taken away from him. 30 As for this useless servant—throw him outside in the darkness; there he will cry and grind his teeth.'

The Final Judgement

31 "When the Son of Man comes as King and all the angels with him, he will sit on his royal throne, 32 and the people of all the nations will be gathered before him. Then he will divide them into two groups, just as a shepherd separates the sheep from the goats. 33 He will put the righteous people on his right and the others on

oddi cartref. Ar unwaith aeth yr un a dderbyniodd bum cod a 16
masnachu â hwy, ac fe enillodd atynt bump arall. Felly hefyd 17
enillodd yr un a gafodd ddwy god ddwy arall atynt. Ond y 18
sawl a dderbyniodd un god, aeth ef ymaith a chloddio twll yn y
ddaear a chuddio arian ei feistr. Ymhen cryn dipyn o amser 19
daeth meistr y gweision hynny yn ôl ac fe adolygodd eu cyfrifon
hwy. Daeth yr un a dderbyniodd bum cod a chyflwyno iddo 20
bump arall. 'Meistr,' meddai, 'rhoddaist bum cod o arian yn
fy ngofal; dyma bum cod arall a enillais i atynt.' 'Ardderchog, 21
fy ngwas da a ffyddlon,' meddai ei feistr wrtho, 'buost yn
ffyddlon wrth ofalu am ychydig, fe osodaf lawer yn dy ofal;
tyrd i ymuno yn llawenydd dy feistr.' Yna daeth y dyn â'r 22
ddwy god, a dywedodd, 'Meistr, rhoddaist ddwy god o arian
yn fy ngofal; dyma ddwy god arall a enillais i atynt.' Meddai 23
ei feistr wrtho, 'Ardderchog, fy ngwas da a ffyddlon; buost yn
ffyddlon wrth ofalu am ychydig, fe osodaf lawer yn dy ofal;
tyrd i ymuno yn llawenydd dy feistr.' Yna daeth y dyn oedd 24
wedi derbyn un god, a dywedodd, 'Meistr, gwyddwn dy fod
yn ddyn caled, yn medi lle heuodd eraill ac yn casglu lle
gwasgarodd eraill. Yn fy ofn euthum a chuddio dy god o arian 25
yn y ddaear. Dyma i ti dy eiddo yn ôl.' Atebodd ei feistr ef, 26
'Y gwas drwg a diog, yr oeddit yn gwybod, meddi, fy mod yn
medi lle heuodd eraill ac yn casglu lle gwasgarodd eraill. Dylit 27
felly fod wedi gosod fy arian yn y banc, a buasai fy eiddo wedi
ennill llog erbyn i mi ddod i'w hawlio. Felly cymerwch y god o 28
arian oddi arno a rhowch hi i'r un â chanddo ddeg cod. Oher- 29
wydd i bawb y mae ganddo y rhoddir, a bydd ar ben ei ddigon,
ond oddi ar yr hwn nad oes ganddo fe gymerir hyd yn oed hyn-
ny sydd ganddo. A bwriwch y gwas diwerth i'r tywyllwch 30
eithaf; bydd yno wylo ac ysgyrnygu dannedd.'

Barnu'r Cenhedloedd

"Pan ddaw Mab y Dyn yn ei ogoniant, a'r holl angylion 31
gydag ef, yna bydd yn eistedd ar orsedd ei ogoniant. Fe gesglir 32
yr holl genhedloedd ger ei fron, a bydd ef yn eu didoli oddi
wrth ei gilydd, fel y mae bugail yn didoli'r defaid oddi wrth y
geifr, ac fe esyd y defaid ar ei law dde a'r geifr ar y chwith. 33
Yna fe ddywed y Brenin wrth y rhai ar y dde iddo, 'Dewch, 34
chwi sydd dan fendith fy Nhad, i etifeddu'r deyrnas a barato-
wyd ichwi er seiliad y byd. Oherwydd bûm yn newynog a 35

his left. 34 Then the King will say to the people on his right, 'Come,
you that are blessed by my Father! Come and possess the kingdom
which has been prepared for you ever since the creation of the world.
35 I was hungry and you fed me, thirsty and you gave me a drink;
I was a stranger and you received me in your homes, 36 naked and
you clothed me; I was sick and you took care of me, in prison
and you visited me.'

37 "The righteous will then answer him, 'When, Lord, did we ever
see you hungry and feed you, or thirsty and give you a drink?
38 When did we ever see you a stranger and welcome you in our
homes, or naked and clothe you? 39 When did we ever see you
sick or in prison, and visit you?' 40 The King will reply, 'I tell
you, whenever you did this for one of the least important of these
brothers of mine, you did it for me!'

41 "Then he will say to those on his left, 'Away from me, you
that are under God's curse! Away to the eternal fire which has
been prepared for the Devil and his angels! 42 I was hungry but
you would not feed me, thirsty but you would not give me a drink;
43 I was a stranger but you would not welcome me in your homes,
naked but you would not clothe me; I was sick and in prison but
you would not take care of me.'

44 "Then they will answer him, 'When, Lord, did we ever see
you hungry or thirsty or a stranger or naked or sick or in prison,
and would not help you?' 45 The King will reply, 'I tell you, whenever
you refused to help one of these least important ones, you refused
to help me.' 46 These, then, will be sent off to eternal punishment,
but the righteous will go to eternal life."

The Plot against Jesus

(Mark 14.1-2; Luke 22.1-2; John 11.45-53)

26 When Jesus had finished teaching all these things, he said
to his disciples, 2 "In two days, as you know, it will be the
Passover Festival, and the Son of Man will be handed over to be
crucified."

3 Then the chief priests and the elders met together in the palace of
Caiaphas, the High Priest, 4 and made plans to arrest Jesus secretly and
put him to death. 5 "We must not do it during the festival," they
said, "or the people will riot."

Jesus Is Anointed at Bethany

(Mark 14.3-9; John 12.1-8)

6 Jesus was in Bethany at the house of Simon, a man who had
suffered from a dreaded skin-disease. 7 While Jesus was eating, a

rhoesoch fwyd imi, bûm yn sychedig a rhoesoch ddiod imi,
bûm yn ddieithr a chymerasoch fi i'ch cartref; bûm yn noeth a 36
rhoesoch ddillad amdanaf, bûm yn glaf ac ymwelsoch â mi,
bûm yng ngharchar a daethoch ataf.' Yna bydd y rhai cyfiawn 37
yn ei ateb: 'Arglwydd,' gofynnant, 'pryd y'th welsom di'n
newynog a'th borthi, neu'n sychedig a rhoi diod iti? A phryd 38
y'th welsom di'n ddieithr a'th gymryd i'n cartref, neu'n noeth
a rhoi dillad amdanat? Pryd y'th welsom di'n glaf neu yng 39
ngharchar ac ymweld â thi?' A bydd y Brenin yn eu hateb, 40
'Yn wir, 'rwy'n dweud wrthych, yn gymaint ag i chwi ei wneud
i un o'r lleiaf o'r rhain, fy mrodyr, i mi y gwnaethoch.'

"Yna fe ddywed wrth y rhai ar y chwith, 'Ewch oddi 41
wrthyf, chwi sydd dan felltith, i'r tân tragwyddol a baratowyd
i'r diafol a'i angylion. Bûm yn newynog ac ni roesoch fwyd imi, 42
bûm yn sychedig ac ni roesoch ddiod imi; bûm yn ddieithr ac 43
ni chymerasoch fi i'ch cartref, yn noeth ac ni roesoch ddillad
amdanaf, yn glaf ac yng ngharchar ac nid ymwelsoch â mi.'
Yna atebant hwythau: 'Arglwydd,' gofynnant, 'pryd y'th 44
welsom di'n newynog neu'n sychedig neu'n ddieithr neu'n
noeth neu'n glaf neu yng ngharchar heb weini arnat?' A bydd 45
ef yn eu hateb, 'Yn wir, 'rwy'n dweud wrthych, yn gymaint ag
i chwi beidio â'i wneud i un o'r rhai lleiaf hyn, nis gwnaethoch
i minnau chwaith.' Ac fe â'r rhain ymaith i gosb dragwyddol, 46
ond y rhai cyfiawn i fywyd tragwyddol."

Y Cynllwyn i Ladd Iesu
(Mc 14.1-2; Lc 22.1-2; In 11.45-53)

Pan orffennodd Iesu lefaru'r holl eiriau hyn, dywedodd wrth **26**
ei ddisgyblion, "Gwyddoch fod y Pasg yn dod ymhen deu- 2
ddydd, ac fe draddodir Mab y Dyn i'w groeshoelio." Yna 3
daeth y prif offeiriaid a henuriaid y bobl ynghyd yng nghyntedd
yr archoffeiriad, a elwid Caiaffas, a chynllwynio i ddal Iesu 4
trwy ddichell a'i ladd. Ond dweud yr oeddent, "Nid yn ystod 5
yr ŵyl, rhag digwydd cynnwrf ymhlith y bobl."

Yr Eneinio ym Methania
(Mc 14.3-9; In 12.1-8)

Pan oedd Iesu ym Methania yn nhŷ Simon y gwahanglwyfus, 6
daeth gwraig ato â chanddi ffiol alabaster o ennaint gwerthfawr, 7

woman came to him with an alabaster jar filled with an expensive
perfume, which she poured on his head. 8 The disciples saw this
and became angry. "Why all this waste?" they asked. 9 "This perfume
could have been sold for a large amount and the money given to
the poor!"
10 Jesus knew what they were saying, so he said to them, "Why
are you bothering this woman? It is a fine and beautiful thing that
she has done for me. 11 You will always have poor people with
you, but you will not always have me. 12 What she did was to pour
this perfume on my body to get me ready for burial. 13 Now, I
assure you that wherever this gospel is preached all over the world,
what she has done will be told in memory of her."

Judas Agrees to Betray Jesus

(Mark 14.10-11; Luke 22.3-6)

14 Then one of the twelve disciples—the one named Judas Iscariot—
went to the chief priests 15 and asked, "What will you give me if
I betray Jesus to you?" They counted out thirty silver coins and
gave them to him. 16 From then on Judas was looking for a good
chance to hand Jesus over to them.

Jesus Eats the Passover Meal with His Disciples

(Mark 14.12-21; Luke 22.7-14, 21-23; John 13.21-30)

17 On the first day of the Festival of Unleavened Bread the disciples
came to Jesus and asked him, "Where do you want us to get the
Passover meal ready for you?"
18 "Go to a certain man in the city," he said to them, "and tell him:
'The Teacher says, My hour has come; my disciples and I will
celebrate the Passover at your house.'"
19 The disciples did as Jesus had told them and prepared the Passover meal.
20 When it was evening, Jesus and the twelve disciples sat down
to eat. 21 During the meal Jesus said, "I tell you, one of you will
betray me."
22 The disciples were very upset and began to ask him, one after the
other, "Surely, Lord, you don't mean me?"
23 Jesus answered, "One who dips his bread in the dish with me
will betray me. 24 The Son of Man will die as the Scriptures say
he will, but how terrible for that man who betrays the Son of Man!
It would have been better for that man if he had never been born!"
25 Judas, the traitor, spoke up. "Surely, Teacher, you don't mean
me?" he asked.
Jesus answered, "So you say."

a thywalltodd yr ennaint ar ei ben tra oedd ef yn eistedd wrth
bryd bwyd. Pan welodd y disgyblion hyn, aethant yn ddig a 8
dweud, " I ba beth y bu'r gwastraff hwn ? Oherwydd gallesid 9
gwerthu'r ennaint hwn am lawer o arian a'i roi i'r tlodion."
Sylwodd Iesu ar hyn a dywedodd wrthynt, " Pam yr ydych yn 10
poeni'r wraig ? Oherwydd gweithred brydferth a wnaeth hi i 11
mi. Bydd y tlodion gyda chwi bob amser, ond ni fyddaf fi gyda
chwi bob amser. Wrth dywallt yr ennaint hwn ar fy nghorff, fy 12
mharatoi yr oedd hi ar gyfer fy nghladdu. Yn wir, 'rwy'n 13
dweud wrthych, pa le bynnag y pregethir yr Efengyl yma yn yr
holl fyd, adroddir hefyd yr hyn a wnaeth hon, er cof amdani."

Jwdas yn Cydsynio i Fradychu Iesu
(Mc 14.10-11; Lc 22.3-6)

Yna aeth un o'r Deuddeg, hwnnw a elwid Jwdas Iscariot, at 14
y prif offeiriaid a dweud, " Beth a rowch imi os bradychaf ef i 15
chwi ?" Talasant iddo ddeg ar hugain o ddarnau arian; ac o'r 16
pryd hwnnw dechreuodd geisio cyfle i'w fradychu ef.

Gwledd y Pasg gyda'r Disgyblion
(Mc 14.12-21; Lc 22.7-14, 21-23; In 13.21-30)

Ar ddydd cyntaf gŵyl y Bara Croyw daeth y disgyblion at 17
Iesu a gofyn, " Ble yr wyt ti am inni baratoi i ti fwyta gwledd
y Pasg ?" Dywedodd yntau, " Ewch i'r ddinas at ddyn arben- 18
nig a dywedwch wrtho, ' Y mae'r Athro'n dweud, " Y mae fy
amser i'n agos; yn dy dŷ di yr wyf am gadw'r Pasg gyda'm
disgyblion." ' " A gwnaeth y disgyblion fel y gorchmynnodd 19
Iesu iddynt, a pharatoesant wledd y Pasg. Gyda'r nos yr oedd 20
yn eistedd wrth y bwrdd gyda'r Deuddeg. Ac fel yr oeddent 21
yn bwyta, dywedodd Iesu, " Yn wir, 'rwy'n dweud wrthych y
bydd i un ohonoch fy mradychu i." A chan dristáu yn fawr 22
dechreusant ddweud wrtho, bob un ohonynt, " Nid myfi yw,
Arglwydd ? " Atebodd yntau, " Un a wlychodd ei law gyda 23
mi yn y ddysgl, hwnnw a'm bradycha i. Y mae Mab y Dyn yn 24
wir yn ymadael, fel y mae'n ysgrifenedig amdano, ond gwae'r
dyn hwnnw y bradychir Mab y Dyn ganddo! Da fuasai i'r dyn
hwnnw petai heb ei eni." Dywedodd Jwdas ei fradychwr, 25
" Nid myfi yw, Rabbi ? " Meddai Iesu wrtho, " Ti a ddywed-
odd hynny."*

---

*adn. 25: neu, *Fe ddywedaist y gwir.*

The Lord's Supper
(Mark 14.22-26; Luke 22.14-20; 1 Cor. 11.23-25)

26 While they were eating, Jesus took a piece of bread, gave a
prayer of thanks, broke it, and gave it to his disciples. "Take and
eat it," he said; "this is my body."

27 Then he took a cup, gave thanks to God, and gave it to them.
"Drink it, all of you," he said; 28 "this is my blood, which seals
God's covenant, my blood poured out for many for the forgiveness
of sins. 29 I tell you, I will never again drink this wine until the
day I drink the new wine with you in my Father's Kingdom."

30 Then they sang a hymn and went out to the Mount of Olives.

Jesus Predicts Peter's Denial
(Mark 14.27-31; Luke 22.31-34; John 13.36-38)

31 Then Jesus said to them, "This very night all of you will run away
and leave me, for the scripture says, 'God will kill the shepherd, and
the sheep of the flock will be scattered.' 32 But after I am raised to
life, I will go to Galilee ahead of you."

33 Peter spoke up and said to Jesus, "I will never leave you, even
though all the rest do!"

34 Jesus said to Peter, "I tell you that before the cock crows tonight,
you will say three times that you do not know me."

35 Peter answered, "I will never say that, even if I have to die
with you!"

And all the other disciples said the same thing.

Jesus Prays in Gethsemane
(Mark 14.32-42; Luke 22.39-46)

36 Then Jesus went with his disciples to a place called Gethsemane,
and he said to them, "Sit here while I go over there and pray."
37 He took with him Peter and the two sons of Zebedee. Grief and
anguish came over him, 38 and he said to them, "The sorrow in
my heart is so great that it almost crushes me. Stay here and keep
watch with me."

39 He went a little farther on, threw himself face downwards on the
ground, and prayed, "My Father, if it is possible, take this cup of
suffering from me! Yet not what I want, but what you want."

Sefydlu Swper yr Arglwydd
(Mc 14.22-26; Lc 22.15-20; I Cor 11.23-25)

Ac wrth iddynt fwyta, cymerodd Iesu fara, ac wedi bendithio 26
fe'i torrodd a'i roi i'r disgyblion a dywedodd, " Cymerwch,
bwytewch; hwn yw fy nghorff." A chymerodd gwpan, ac wedi 27
diolch fe'i rhoddodd iddynt gan ddweud, " Yfwch ohono,
bawb, oherwydd hwn yw fy ngwaed i, gwaed y cyfamod, a 28
dywelltir dros lawer er maddeuant pechodau. 'Rwy'n dweud 29
wrthych nad yfaf o hyn allan o hwn, ffrwyth y winwydden, hyd
y dydd hwnnw pan yfaf ef yn newydd gyda chwi yn nheyrnas
fy Nhad." Ac wedi iddynt ganu emyn aethant allan i Fynydd 30
yr Olewydd.

Rhagfynegi Gwadiad Pedr
(Mc 14.27-31; Lc 22.31-34; In 13.36-38)

Yna dywedodd Iesu wrthynt, " Fe ddaw cwymp i bob un 31
ohonoch chwi o'm hachos i heno, oherwydd y mae'n ysgrifen-
edig:

' Trawaf y bugail,
a gwasgerir defaid y praidd.'

Ond wedi i mi gyfodi af o'ch blaen chwi i Galilea." Atebodd 32,33
Pedr ef, " Er iddynt gwympo bob un o'th achos di, ni chwymp-
af fi byth." Meddai Iesu wrtho, " Yn wir, 'rwy'n dweud 34
wrthyt y bydd i ti heno, cyn i'r ceiliog ganu, fy ngwadu i deir-
gwaith." " Hyd yn oed petai'n rhaid imi farw gyda thi," 35
meddai Pedr wrtho, " ni'th wadaf byth ." Ac felly y dywedodd
y disgyblion i gyd.

Y Weddi yng Ngethsemane
(Mc 14.32-42; Lc 22.39-46)

Yna daeth Iesu gyda hwy i le a elwir Gethsemane, ac meddai 36
wrth y disgyblion, " Eisteddwch yma tra byddaf fi'n mynd fan
draw i weddïo." Ac fe gymerodd gydag ef Pedr a dau fab 37
Sebedeus; a dechreuodd deimlo tristwch a thrallod dwys.
Yna meddai wrthynt, " Y mae f'enaid yn drist iawn hyd at 38
farw. Arhoswch yma a gwyliwch gyda mi." Aeth ymlaen 39
ychydig, a syrthiodd ar ei wyneb gan weddïo, " Fy Nhad, os
yw'n bosibl, boed i'r cwpan hwn fynd heibio i mi; ond nid fel
y mynnaf fi, ond fel y mynni di." Daeth yn ôl at y disgyblion 40

40 Then he returned to the three disciples and found them asleep;
and he said to Peter, "How is it that you three were not able to
keep watch with me even for one hour? 41 Keep watch and pray
that you will not fall into temptation. The spirit is willing, but the
flesh is weak."

42 Once more Jesus went away and prayed, "My Father, if this
cup of suffering cannot be taken away unless I drink it, your will
be done." 43 He returned once more and found the disciples asleep;
they could not keep their eyes open.

44 Again Jesus left them, went away, and prayed the third time,
saying the same words. 45 Then he returned to the disciples and said,
"Are you still sleeping and resting? Look! The hour has come for
the Son of Man to be handed over to the power of sinful men.
46 Get up, let us go. Look, here is the man who is betraying me!"

The Arrest of Jesus

(Mark 14.43-50; Luke 22.47-53; John 18.3-12)

47 Jesus was still speaking when Judas, one of the twelve disciples,
arrived. With him was a large crowd armed with swords and clubs
and sent by the chief priests and the elders. 48 The traitor had given
the crowd a signal: "The man I kiss is the one you want. Arrest
him!"

49 Judas went straight to Jesus and said, "Peace be with you,
Teacher," and kissed him.

50 Jesus answered, "Be quick about it, friend!"[z]

Then they came up, arrested Jesus, and held him tight. 51 One
of those who were with Jesus drew his sword and struck at the
High Priest's slave, cutting off his ear. 52 "Put your sword back in
its place," Jesus said to him. "All who take the sword will die by
the sword. 53 Don't you know that I could call on my Father for
help, and at once he would send me more than twelve armies of
angels? 54 But in that case, how could the Scriptures come true
which say that this is what must happen?"

55 Then Jesus spoke to the crowd, "Did you have to come with
swords and clubs to capture me, as though I were an outlaw? Every
day I sat down and taught in the Temple, and you did not arrest
me. 56 But all this has happened in order to make what the prophets
wrote in the Scriptures come true."

Then all the disciples left him and ran away.

---

[z] Be quick about it, friend! *or* Why are you here, friend?

a'u cael hwy'n cysgu, ac meddai wrth Pedr, " Felly ! Oni allech
wylio am un awr gyda mi ? Gwyliwch, a gweddïwch na 41
ddewch i gael eich profi. Y mae'r ysbryd yn barod ond y cnawd
yn wan." Aeth ymaith drachefn yr ail waith a gweddïo, " Fy 42
Nhad, os nad yw'n bosibl i'r cwpan hwn fynd heibio heb i mi
ei yfed, gwneler dy ewyllys di." A phan ddaeth yn ôl fe'u 43
cafodd hwy'n cysgu eto, oherwydd yr oedd eu llygaid yn drwm.
Ac fe'u gadawodd eto a mynd ymaith i weddïo y drydedd waith, 44
gan lefaru'r un geiriau drachefn. Yna daeth at y disgyblion a 45
dweud wrthynt, "A ydych yn dal i gysgu a gorffwys ?* Dyma'r
awr yn agos, a Mab y Dyn yn cael ei fradychu i ddwylo
dynion pechadurus. Codwch ac awn. Dyma fy mradychwr 46
yn agosáu."

Bradychu a Dal Iesu
(Mc 14.43-50; Lc 22.47-53; In 18.3-12)

Yna, tra oedd yn dal i siarad, dyma Jwdas, un o'r Deuddeg, 47
yn dod, a chydag ef dyrfa fawr yn dwyn cleddyfau a phastynau,
wedi eu hanfon gan y prif offeiriaid a henuriaid y bobl. Rhodd- 48
odd ei fradychwr arwydd iddynt gan ddweud, " Yr un a gusan-
af yw'r dyn; daliwch ef." Ac yn union aeth at Iesu a dweud, 49
" Henffych well, Rabbi," a chusanodd ef. Dywedodd Iesu 50
wrtho, " Gyfaill, gwna'r hyn yr wyt yma i'w wneud."* Yna
daethant a rhoi eu dwylo ar Iesu a'i ddal. A dyma un o'r rhai 51
oedd gyda Iesu yn estyn ei law ac yn tynnu ei gleddyf a tharo
gwas yr archoffeiriad a thorri ei glust i ffwrdd. Yna dywedodd 52
Iesu wrtho, " Rho dy gleddyf yn ôl yn ei le, oherwydd bydd
pawb sy'n cymryd y cleddyf yn marw trwy'r cleddyf. A wyt yn 53
tybio na allwn ddeisyf ar fy Nhad, ac na roddai i mi yn awr fwy
na deuddeg lleng o angylion ? Ond sut felly y cyflawnid yr 54
Ysgrythurau sy'n dweud mai fel hyn y mae'n rhaid iddi ddi-
gwydd ?" A'r pryd hwnnw dywedodd Iesu wrth y dyrfa, " Ai 55
fel at leidr, â chleddyfau a phastynau, y daethoch allan i'm
dal i ? Yr oeddwn yn eistedd beunydd yn y deml yn dysgu,
ac ni ddaliasoch fi. Ond digwyddodd hyn oll fel y cyflawnid 56
yr hyn a ysgrifennodd y proffwydi." Yna gadawodd y dis-
gyblion ef bob un, a ffoi.

---

*adn. 45: neu, *Cysgwch bellach a gorffwyswch.*

*adn. 50: neu, *Gyfaill, beth yr wyt yma i'w wneud ?*

Jesus Before the Council
(Mark 14.53-65; Luke 22.54-55, 63-71; John 18.13-14, 19-24)

57 Those who had arrested Jesus took him to the house of Caiaphas,
the High Priest, where the teachers of the Law and the elders had
gathered together. 58 Peter followed from a distance, as far as the
courtyard of the High Priest's house. He went into the courtyard
and sat down with the guards to see how it would all come out.
59 The chief priests and the whole Council tried to find some false
evidence against Jesus to put him to death; 60 but they could not
find any, even though many people came forward and told lies about
him. Finally two men stepped up 61 and said, "This man said, 'I
am able to tear down God's Temple and three days later build it
up again.' "

62 The High Priest stood up and said to Jesus, "Have you no
answer to give to this accusation against you?" 63 But Jesus kept
quiet. Again the High Priest spoke to him, "In the name of the
living God I now put you on oath: tell us if you are the Messiah,
the Son of God."

64 Jesus answered him, "So you say. But I tell all of you: from
this time on you will see the Son of Man sitting on the right of
the Almighty and coming on the clouds of heaven!"

65 At this the High Priest tore his clothes and said, "Blasphemy! We
don't need any more witnesses! You have just heard his blasphemy!
66 What do you think?"

They answered, "He is guilty and must die."

67 Then they spat in his face and beat him; and those who slapped
him 68 said, "Prophesy for us, Messiah! Guess who hit you!"

Peter Denies Jesus
(Mark 14.66-72; Luke 22.56-62; John 18.15-18, 25-27)

69 Peter was sitting outside in the courtyard when one of the High
Priest's servant-girls came to him and said, "You, too, were with
Jesus of Galilee."

70 But he denied it in front of them all. "I don't know what you
are talking about," he answered, 71 and went on out to the entrance of
the courtyard. Another servant-girl saw him and said to the men there,
"He was with Jesus of Nazareth."

72 Again Peter denied it and answered, "I swear that I don't know
that man!"

73 After a little while the men standing there came to Peter. "Of

Iesu gerbron y Sanhedrin
(Mc 14.53-65; Lc 22.54-55, 63-71; In 18.12-14, 19-24)

Aeth y rhai oedd wedi dal Iesu ag ef ymaith i dŷ Caiaffas yr 57
archoffeiriad, lle'r oedd yr ysgrifenyddion a'r henuriaid wedi
dod ynghyd. Canlynodd Pedr ef o hirbell hyd at gyntedd yr 58
archoffeiriad, ac wedi mynd i mewn eisteddodd gyda'r gwasan-
aethwyr, i weld y diwedd. Yr oedd y prif offeiriaid a'r holl 59
Sanhedrin yn ceisio camdystiolaeth yn erbyn Iesu, er mwyn ei
roi i farwolaeth, ond ni chawsant ddim, er i lawer o dystion gau 60
ddod ymlaen. Yn y diwedd daeth dau ymlaen a dweud, 61
" Dywedodd hwn, ' Gallaf fwrw i lawr deml Duw, ac ymhen
tridiau ei hadeiladu.' " Yna cododd yr archoffeiriad ar ei draed 62
a dweud wrtho, " Onid atebi ddim ? Beth am dystiolaeth y
rhain yn dy erbyn ?" Parhaodd Iesu'n fud ; a dywedodd yr 63
archoffeiriad wrtho, " Yr wyf yn rhoi siars i ti dyngu yn enw'r
Duw byw a dweud wrthym ai ti yw'r Meseia, Mab Duw."
Dywedodd Iesu wrtho, " Ti a ddywedodd hynny;* ond 'rwy'n 64
dweud wrthych:

' O hyn allan fe welwch Fab y Dyn
yn eistedd ar ddeheulaw'r Gallu
ac yn dyfod ar gymylau'r nef.' "

Yna rhwygodd yr archoffeiriad ei ddillad a dweud, " Cabledd! 65
pa raid i ni wrth dystion bellach ? Yr ydych newydd glywed ei
gabledd. Sut y barnwch chwi ?" Atebasant, " Y mae'n haeddu 66
marwolaeth." Yna poerasant ar ei wyneb a'i gernodio; traw- 67
odd rhai ef a dweud, " Proffwyda i ni, O Feseia ! Pwy a'th 68
drawodd ?"

Pedr yn Gwadu Iesu
(Mc 14.66-72; Lc 22.56-62; In 18.15-18, 25-27)

Yr oedd Pedr yn eistedd y tu allan yn y cyntedd. A daeth un 69
o'r morynion ato a dweud, " Yr oeddit tithau hefyd gyda Iesu'r
Galilead." Ond gwadodd ef o flaen pawb a dweud, " Nid wyf 70
yn gwybod am beth yr wyt ti'n sôn." Ac wedi iddo fynd allan 71
i'r porth, gwelodd morwyn arall ef a dweud wrth y rhai oedd
yno, " Yr oedd hwn gyda Iesu'r Nasaread." Gwadodd yntau 72
drachefn gyda llw, " Nid wyf yn adnabod y dyn." Ymhen 73
ychydig, dyma'r rhai oedd yn sefyll yno yn dod at Pedr a dweud

---

*adn. 64: neu, *Fe ddywedaist y gwir*.

course you are one of them," they said. "After all, the way you
speak gives you away!"
74 Then Peter said, "I swear that I am telling the truth! May
God punish me if I am not! I do not know that man!"
Just then a cock crowed, 75 and Peter remembered what Jesus had
told him: "Before the cock crows, you will say three times that
you do not know me." He went out and wept bitterly.

Jesus Is Taken to Pilate
(Mark 15.1; Luke 23.1-2; John 18.28-32)

27 Early in the morning all the chief priests and the elders made
their plans against Jesus to put him to death. 2 They put him
in chains, led him off, and handed him over to Pilate, the Roman
governor.

The Death of Judas
(Acts 1.18-19)

3 When Judas, the traitor, learnt that Jesus had been condemned,
he repented and took back the thirty silver coins to the chief priests and
the elders. 4 "I have sinned by betraying an innocent man to death!"
he said.
"What do we care about that?" they answered. "That is your
business!"
5 Judas threw the coins down in the Temple and left; then he
went off and hanged himself.
6 The chief priests picked up the coins and said, "This is blood
money, and it is against our Law to put it in the temple treasury."
7 After reaching an agreement about it, they used the money to buy
Potter's Field, as a cemetery for foreigners. 8 That is why that field
is called "Field of Blood" to this very day.
9 Then what the prophet Jeremiah had said came true: "They
took the thirty silver coins, the amount the people of Israel had
agreed to pay for him, 10 and used the money to buy the potter's
field, as the Lord had commanded me."

Pilate Questions Jesus
(Mark 15.2-5; Luke 23.3-5; John 18.33-38)

11 Jesus stood before the Roman governor, who questioned him.
"Are you the king of the Jews?" he asked.
"So you say," answered Jesus. 12 But he said nothing in response to
the accusations of the chief priests and elders.
13 So Pilate said to him, "Don't you hear all these things they
accuse you of?"

wrtho, " Yn wir yr wyt ti hefyd yn un ohonynt, achos y mae dy
acen yn dy fradychu." Yna dechreuodd yntau regi a thyngu, 74
" Nid wyf yn adnabod y dyn." Ac ar unwaith fe ganodd y
ceiliog. Cofiodd Pedr y gair a lefarodd Iesu, " Cyn i'r ceiliog 75
ganu, fe'm gwedi i deirgwaith." Aeth allan ac wylo'n chwerw.

Dod â Iesu gerbron Pilat

(Mc 15.1; Lc 23.1-2; In 18.28-32)

Pan ddaeth yn ddydd, cynllwyniodd yr holl brif offeiriaid a **27**
henuriaid y bobl yn erbyn Iesu i'w roi i farwolaeth. Rhwym- 2
asant ef a mynd ag ef ymaith a'i drosglwyddo i Pilat, y rhaglaw.

Marwolaeth Jwdas

(Act 1.18-19)

Yna pan welodd Jwdas, ei fradychwr, fod Iesu wedi ei gon- 3
demnio, bu'n edifar ganddo ac aeth â'r deg darn arian ar
hugain yn ôl at y prif offeiriaid a'r henuriaid. Dywedodd, 4
" Pechais trwy fradychu dyn dieuog." " Beth yw hynny i ni ?"
meddent hwy, " rhyngot ti a hynny." A thaflodd Jwdas yr 5
arian i lawr yn y deml ac ymadael; aeth ymaith, ac fe'i crogodd
ei hun. Wedi iddynt dderbyn yr arian, dywedodd y prif 6
offeiriaid, " Nid yw'n gyfreithlon ei roi yn nhrysorfa'r deml,
gan mai pris gwaed ydyw." Ac wedi ymgynghori, prynasant 7
Faes y Crochenydd â'r arian, fel mynwent i ddieithriaid. Dyna 8
pam y gelwir y maes hwnnw hyd heddiw yn Faes y Gwaed.
Felly y cyflawnwyd y gair a lefarwyd trwy Jeremeia'r proffwyd: 9
" Cymerasant y deg darn arian ar hugain, pris y sawl y rhodd-
odd rhai o blant Israel bris arno, a'u gwario i brynu maes y 10
crochenydd, fel y gorchmynnodd yr Arglwydd i mi."

Pilat yn Holi Iesu

(Mc 15.2-5; Lc 23.3-5; In 18.33-38)

Safodd Iesu gerbron y rhaglaw; a holodd y rhaglaw ef: " Ai 11
ti yw Brenin yr Iddewon ?" Atebodd Iesu, " Ti sy'n dweud
hynny."* A phan gyhuddwyd ef gan y prif offeiriaid a'r hen- 12
uriaid, nid atebodd ddim. Yna meddai Pilat wrtho, " Onid 13

*adn. 11: neu, *Yr wyt yn dweud y gwir.*

14 But Jesus refused to answer a single word, with the result that the
Governor was greatly surprised.

Jesus Is Sentenced to Death

(Mark 15.6-15; Luke 23.13-25; John 18.39—19.16)

15 At every Passover Festival the Roman governor was in the
habit of setting free any one prisoner the crowd asked for. 16 At
that time there was a well-known prisoner named Jesus Barabbas.
17 So when the crowd gathered, Pilate asked them, "Which one do
you want me to set free for you? Jesus Barabbas or Jesus called
the Messiah?" 18 He knew very well that the Jewish authorities had
handed Jesus over to him because they were jealous.

19 While Pilate was sitting in the judgement hall, his wife sent him
a message: "Have nothing to do with that innocent man, because in
a dream last night I suffered much on account of him."

20 The chief priests and the elders persuaded the crowd to ask
Pilate to set Barabbas free and have Jesus put to death. 21 But Pilate
asked the crowd, "Which one of these two do you want me to
set free for you?"

"Barabbas!" they answered.

22 "What, then, shall I do with Jesus called the Messiah?" Pilate
asked them.

"Crucify him!" they all answered.

23 But Pilate asked, "What crime has he committed?"

Then they started shouting at the top of their voices: "Crucify
him!"

24 When Pilate saw that it was no use to go on, but that a riot
might break out, he took some water, washed his hands in front
of the crowd, and said, "I am not responsible for the death of this
man! This is your doing!"

25 The whole crowd answered, "Let the punishment for his death
fall on us and our children!"

26 Then Pilate set Barabbas free for them; and after he had Jesus
whipped, he handed him over to be crucified.

The Soldiers Mock Jesus

(Mark 15.16-20; John 19.2-3)

27 Then Pilate's soldiers took Jesus into the governor's palace, and
the whole company gathered round him. 28 They stripped off his clothes
and put a scarlet robe on him. 29 Then they made a crown out of
thorny branches and placed it on his head, and put a stick in his right
hand; then they knelt before him and mocked him. "Long live the King

wyt yn clywed faint o dystiolaeth y maent yn ei dwyn yn dy
erbyn ?" Ond nid atebodd ef i gymaint ag un gair, er syndod 14
mawr i'r rhaglaw.

Dedfrydu Iesu i Farwolaeth
(Mc 15.6-15; Lc 23.13-25; In 18.39-19.16)

Ar yr ŵyl yr oedd y rhaglaw yn arfer rhyddhau i'r dyrfa un 15
carcharor o'u dewis hwy. A'r pryd hwnnw yr oedd carcharor 16
adnabyddus yn y ddalfa, o'r enw Iesu* Barabbas. Felly, wedi 17
iddynt ymgynnull, gofynnodd Pilat iddynt, " Pwy a fynnwch i
mi ei ryddhau i chwi, Iesu* Barabbas neu Iesu a elwir y
Meseia ?" Oherwydd gwyddai mai o genfigen y traddodasant 18
ef. A thra oedd Pilat yn eistedd ar y brawdle anfonodd ei wraig 19
neges ato, yn dweud, " Paid ag ymyrryd â'r dyn cyfiawn yna,
oherwydd cefais lawer o ofid mewn breuddwyd neithiwr o'i
achos ef." Ond perswadiodd y prif offeiriaid a'r henuriaid y 20
tyrfaoedd i ofyn am ryddhau Barabbas a rhoi Iesu i farwolaeth.
Atebodd y rhaglaw gan ofyn iddynt, " Prun o'r ddau a fynnwch 21
i mi ei ryddhau i chwi ?" " Barabbas," meddent hwy. " Beth, 22
ynteu, a wnaf â Iesu a elwir y Meseia ?" gofynnodd Pilat iddynt.
Atebasant i gyd, " Croeshoelier ef." " Ond pa ddrwg a wnaeth 23
ef ?" meddai yntau. Gwaeddasant hwythau yn uwch byth,
" Croeshoelier ef." Pan welodd Pilat nad oedd dim yn tycio 24
ond yn hytrach bod cynnwrf yn codi, cymerodd ddŵr, a
golchodd ei ddwylo o flaen y dyrfa, a dweud, " Yr wyf fi'n ddi-
euog o waed y dyn hwn; chwi fydd yn gyfrifol." Ac atebodd 25
yr holl bobl, " Boed ei waed arnom ni ac ar ein plant." Yna 26
rhyddhaodd Pilat iddynt Barabbas, a thraddododd Iesu, ar ôl
ei fflangellu, i'w groeshoelio.

Y Milwyr yn Gwatwar Iesu
(Mc 15.16-20; In 19.2-3)

Yna cymerodd milwyr y rhaglaw Iesu i'r Praetoriwm a 27
chynnull yr holl fintai o'i gwmpas. Wedi diosg ei ddillad, 28
rhoesant glogyn ysgarlad amdano; plethasant goron o ddrain 29
a'i gosod ar ei ben, a gwialen yn ei law dde. Aethant ar eu
gliniau o'i flaen a'i watwar: " Henffych well, Frenin yr

---

*adn. 16 a 17: y mae rhai llawysgrifau yn gadael allan *Iesu* o flaen *Barabbas*.

of the Jews!" they said. [30]They spat on him, and took the stick and
hit him over the head. [31]When they had finished mocking him, they
took the robe off and put his own clothes back on him. Then they led
him out to crucify him.

Jesus Is Crucified

(Mark 15.21-32; Luke 23.26-43; John 19.17-27)

32 As they were going out, they met a man from Cyrene named
Simon, and the soldiers forced him to carry Jesus' cross. [33]They
came to a place called Golgotha, which means, "The Place of the
Skull." [34]There they offered Jesus wine mixed with a bitter substance;
but after tasting it, he would not drink it.

35 They crucified him and then divided his clothes among them
by throwing dice. [36]After that they sat there and watched him. [37]Above
his head they put the written notice of the accusation against him:
"This is Jesus, the King of the Jews." [38]Then they crucified two
bandits with Jesus, one on his right and the other on his left.

39 People passing by shook their heads and hurled insults at Jesus:
[40]"You were going to tear down the Temple and build it up again
in three days! Save yourself if you are God's Son! Come on down
from the cross!"

41 In the same way the chief priests and the teachers of the Law
and the elders jeered at him: [42]"He saved others, but he cannot
save himself! Isn't he the king of Israel? If he comes down off
the cross now, we will believe in him! [43]He trusts in God and
claims to be God's Son. Well, then, let us see if God wants to
save him now!"

44 Even the bandits who had been crucified with him insulted him in the same way.

The Death of Jesus

(Mark 15.33-41; Luke 23.44-49; John 19.28-30)

45 At noon the whole country was covered with darkness, which
lasted for three hours. [46]At about three o'clock Jesus cried out with
a loud shout, "*Eli, Eli, lema sabachthani?*" which means, "My God,
my God, why did you abandon me?"

47 Some of the people standing there heard him and said, "He
is calling for Elijah!" [48]One of them ran up at once, took a sponge,
soaked it in cheap wine, put it on the end of a stick, and tried
to make him drink it.

49 But the others said, "Wait, let us see if Elijah is coming to save him!"

50 Jesus again gave a loud cry and breathed his last.

Iddewon !" Poerasant arno, a chymryd y wialen a'i guro ar ei 30
ben. Ac wedi iddynt ei watwar, tynasant y clogyn oddi amdano 31
a'i wisgo ef â'i ddillad ei hun, a mynd ag ef ymaith i'w groes-
hoelio.

Croeshoelio Iesu

(Mc 15.21-32; Lc 23.26-43; In 19.17-27)

Wrth fynd allan daethant ar draws dyn o Gyrene o'r enw 32
Simon, a gorfodi hwnnw i gario ei groes ef. Daethant i le a elwir 33
Golgotha, hynny yw " Lle Penglog ", ac yno rhoesant iddo i'w 34
yfed win wedi ei gymysgu â bustl, ond ar ôl iddo ei brofi,
gwrthododd ei yfed. Croeshoeliasant ef, ac yna rhanasant ei 35
ddillad, gan fwrw coelbren, ac eisteddasant yno i'w wylio. 36
Uwch ei ben gosodwyd y cyhuddiad yn ei erbyn mewn ysgrif- 37
en: " Hwn yw Iesu, Brenin yr Iddewon." Yna croeshoeliwyd 38
gydag ef ddau leidr, un ar y dde ac un ar y chwith. Yr oedd y 39
rhai oedd yn mynd heibio yn ei gablu ef, yn ysgwyd eu pennau
a dweud, " Ti sydd am fwrw'r deml i lawr a'i hadeiladu mewn 40
tridiau, achub dy hun, os Mab Duw wyt ti, a disgyn oddi ar y
groes." A'r un modd yr oedd y prif offeiriaid hefyd, ynghyd 41
â'r ysgrifenyddion a'r henuriaid, yn ei watwar ac yn dweud,
" Fe achubodd eraill; ni all ei achub ei hun. Brenin Israel yn 42
wir ! Disgynned yn awr oddi ar y groes ac fe gredwn ynddo.
Ymddiriedodd yn Nuw; boed i Dduw ei waredu yn awr, os yw 43
â'i fryd arno, oherwydd dywedodd, ' Mab Duw ydwyf.' " Yr 44
un modd, yr oedd hyd yn oed y lladron a groeshoeliwyd gydag
ef yn ei wawdio.

Marwolaeth Iesu

(Mc 15.33-41; Lc 23.44-49; In 19.28-30)

O ganol dydd, daeth tywyllwch dros yr holl wlad hyd dri o'r 45
gloch y prynhawn. A thua thri o'r gloch gwaeddodd Iesu â 46
llef uchel, " Eli, Eli, lema sabachthani," hynny yw, " Fy Nuw,
fy Nuw, pam yr wyt wedi fy ngadael ?" O glywed hyn, meddai 47
rhai o'r sawl oedd yn sefyll yno, " Y mae hwn yn galw ar
Elias." Ac ar unwaith fe redodd un ohonynt a chymryd 48
ysbwng a'i lenwi â gwin sur a'i ddodi ar flaen gwialen a'i gynnig
iddo i'w yfed. Ond yr oedd y lleill yn dweud, " Gadewch inni 49
weld a ddaw Elias i'w achub." Gwaeddodd Iesu drachefn â 50
llef uchel, a bu farw. A dyma len y deml yn cael ei rhwygo yn 51

51 Then the curtain hanging in the Temple was torn in two from
top to bottom. The earth shook, the rocks split apart, 52 the graves
broke open, and many of God's people who had died were raised
to life. 53 They left the graves, and after Jesus rose from death, they
went into the Holy City, where many people saw them.
54 When the army officer and the soldiers with him who were
watching Jesus saw the earthquake and everything else that happened,
they were terrified and said, "He really was the Son of God!"
55 There were many women there, looking on from a distance,
who had followed Jesus from Galilee and helped him. 56 Among
them were Mary Magdalene, Mary the mother of James and Joseph,
and the wife of Zebedee.

The Burial of Jesus

(Mark 15.42-47; Luke 23.50-56; John 19.38-42)

57 When it was evening, a rich man from Arimathea arrived; his
name was Joseph, and he also was a disciple of Jesus. 58 He went
into the presence of Pilate and asked for the body of Jesus. Pilate
gave orders for the body to be given to Joseph. 59 So Joseph took
it, wrapped it in a new linen sheet, 60 and placed it in his own
tomb, which he had just recently dug out of solid rock. Then he
rolled a large stone across the entrance to the tomb and went away.
61 Mary Magdalene and the other Mary were sitting there, facing
the tomb.

The Guard at the Tomb

62 The next day, which was a Sabbath, the chief priests and the
Pharisees met with Pilate 63 and said, "Sir, we remember that while
that liar was still alive he said, 'I will be raised to life three days
later.' 64 Give orders, then, for his tomb to be carefully guarded until
the third day, so that his disciples will not be able to go and steal
the body, and then tell the people that he was raised from death.
This last lie would be even worse than the first one."
65 "Take a guard," Pilate told them; "go and make the tomb
as secure as you can."
66 So they left and made the tomb secure by putting a seal on
the stone and leaving the guard on watch.

ddwy o'r pen i'r gwaelod. Siglwyd y ddaear a holltwyd y
creigiau; agorwyd y beddau ac atgyfodwyd cyrff llawer o'r 52
saint oedd wedi huno. Ac ar ôl atgyfodiad Iesu, daethant allan 53
o'u beddau a mynd i mewn i'r ddinas sanctaidd, ac fe'u gwel-
wyd gan lawer. Ond pan welodd y canwriad, a'r rhai oedd 54
gydag ef yn gwylio Iesu, y daeargryn a'r cwbl oedd yn digwydd,
daeth ofn mawr arnynt a dywedasant, "Yn wir, Mab Duw*
oedd hwn." Yr oedd yno lawer o wragedd yn edrych o hirbell, 55
rhai oedd wedi canlyn Iesu o Galilea i weini arno; yn eu plith 56
yr oedd Mair Magdalen, Mair mam Iago a Joseff, a mam
meibion Sebedeus.

Claddu Iesu

(Mc 15.42-47; Lc 23.50-56; In 19.38-42)

Pan aeth yn hwyr, daeth dyn cyfoethog o Arimathea o'r enw 57
Joseff, a oedd yntau wedi dod yn ddisgybl i Iesu. Aeth hwn at 58
Pilat a gofyn am gorff Iesu; yna gorchmynnodd Pilat ei roi iddo.
Cymerodd Joseff y corff a'i amdói mewn lliain glân, a'i osod yn 59
ei fedd newydd ef ei hun, yr oedd wedi ei naddu yn y graig.
Yna treiglodd faen mawr wrth ddrws y bedd ac aeth ymaith. 60
Ac yr oedd Mair Magdalen a'r Fair arall yno yn eistedd gyf- 61
erbyn â'r bedd.

Y Gwarchodlu wrth y Bedd

Trannoeth, y dydd ar ôl y Paratoad, daeth y prif offeiriaid a'r 62
Phariseaid ynghyd at Pilat a dweud, "Syr, daeth i'n cof fod y 63
twyllwr yna, pan oedd eto'n fyw, wedi dweud, 'Ar ôl tridiau fe
atgyfodaf.' Felly dyro orchymyn i'r bedd gael ei warchod yn 64
ddiogel hyd y trydydd dydd, rhag i'w ddisgyblion ddod a'i
ladrata a dweud wrth y bobl, 'Y mae wedi cyfodi oddi wrth y
meirw', ac felly bod y twyll olaf yn waeth na'r cyntaf."
Dywedodd Pilat wrthynt, "Cymerwch warchodlu; ewch a 65
gwnewch y bedd mor ddiogel ag y gallwch." Aethant hwythau 66
a diogelu'r bedd trwy selio'r maen, a gosod y gwarchodlu wrth
law.

---

*adn. 54: neu, *mab i Dduw*.

The Resurrection
(Mark 16.1-10; Luke 24.1-12; John 20.1-10)

28 After the Sabbath, as Sunday morning was dawning, Mary
Magdalene and the other Mary went to look at the tomb.
2 Suddenly there was a violent earthquake; an angel of the Lord
came down from heaven, rolled the stone away, and sat on it. 3 His
appearance was like lightning, and his clothes were white as snow.
4 The guards were so afraid that they trembled and became like dead
men.

5 The angel spoke to the women. "You must not be afraid," he
said. "I know you are looking for Jesus, who was crucified. 6 He
is not here; he has been raised, just as he said. Come here and
see the place where he was lying. 7 Go quickly, now, and tell his
disciples, 'He has been raised from death, and now he is going to
Galilee ahead of you; there you will see him!' Remember what
I have told you."

8 So they left the tomb in a hurry, afraid and yet filled with joy, and
ran to tell his disciples.

9 Suddenly Jesus met them and said, "Peace be with you." They
came up to him, took hold of his feet, and worshipped him. 10 "Do
not be afraid," Jesus said to them. "Go and tell my brothers to
go to Galilee, and there they will see me."

The Report of the Guard

11 While the women went on their way, some of the soldiers guard-
ing the tomb went back to the city and told the chief priests everything
that had happened. 12 The chief priests met with the elders and made
their plan; they gave a large sum of money to the soldiers 13 and
said, "You are to say that his disciples came during the night and
stole his body while you were asleep. 14 And if the Governor should
hear of this, we will convince him that you are innocent, and you
will have nothing to worry about."

15 The guards took the money and did what they were told to
do. And so that is the report spread round by the Jews to this
very day.

Jesus Appears to His Disciples
(Mark 16.14-18; Luke 24.36-49; John 20.19-23; Acts 1.6-8)

16 The eleven disciples went to the hill in Galilee where Jesus
had told them to go. 17 When they saw him, they worshipped him,

Atgyfodiad Iesu
(Mc 16.1-8; Lc 24.1-12; In 20.1-10)

Ar ôl y Saboth, a dydd cyntaf yr wythnos ar wawrio, daeth **28**
Mair Magdalen a'r Fair arall i edrych ar y bedd. A bu daear- 2
gryn mawr; daeth angel yr Arglwydd i lawr o'r nef, ac aeth at y
maen a'i dreiglo i ffwrdd ac eistedd arno. Yr oedd ei wedd fel 3
mellten a'i wisg yn wyn fel eira. Yn eu dychryn o'i weld, 4
crynodd y gwarchodwyr, ac aethant fel dynion marw. Ond 5
llefarodd yr angel wrth y gwragedd: "Peidiwch chwi ag ofni,"
meddai. "Gwn mai ceisio Iesu, a groeshoeliwyd, yr ydych.
Nid yw ef yma, oherwydd y mae wedi cyfodi, fel y dywedodd y 6
buasai; dewch i weld y lle y bu'n gorwedd. Ac yna ewch ar 7
frys i ddweud wrth ei ddisgyblion, 'Y mae wedi cyfodi oddi
wrth y meirw, ac yn awr y mae'n mynd o'ch blaen chwi i
Galilea; yno y gwelwch ef.' Dyna fy neges i chwi." Aethant 8
ymaith ar frys oddi wrth y bedd, mewn ofn a llawenydd mawr,
a rhedeg i ddweud wrth ei ddisgyblion. A dyma Iesu'n 9
cyfarfod â hwy a dweud, "Henffych well!" Aethant ato a
gafael yn ei draed a'i addoli. Yna meddai Iesu wrthynt, 10
"Peidiwch ag ofni; ewch a dywedwch wrth fy mrodyr am
fynd i Galilea, ac yno fe'm gwelant i."

Adroddiad y Gwarchodlu

Tra oedd y gwragedd ar eu ffordd, dyma rai o'r gwarchodlu 11
yn mynd i'r ddinas ac yn dweud wrth y prif offeiriaid am yr
holl bethau a ddigwyddodd. Ac wedi iddynt ymgynnull gyda'r 12
henuriaid ac ymgynghori, rhoesant swm sylweddol o arian i'r
milwyr, gan ddweud wrthynt, "Dywedwch fod ei ddisgyblion 13
ef wedi dod yn y nos, a'i ladrata tra oeddech chwi'n cysgu. Ac 14
os daw hyn i glyw y rhaglaw, fe'i perswadiwn ni ef a sicrhau na
fydd raid i chwi bryderu." Cymerodd y milwyr yr arian a 15
gwneud fel y cawsant eu cyfarwyddo. Taenwyd y stori hon ar
led ymysg yr Iddewon hyd y dydd heddiw.

Rhoi Comisiwn i'r Disgyblion
(Mc 16.14-18; Lc 24.36-49; In 20.19-23; Act 1.9-11)

Aeth yr un disgybl ar ddeg i Galilea i'r mynydd lle y trefnodd 16
Iesu iddynt fod; a phan welsant ef addolasant ef, er bod rhai 17

even though some of them doubted. [18] Jesus drew near and said
to them, "I have been given all authority in heaven and on earth.
[19] Go, then, to all peoples everywhere and make them my disciples:
baptize them in the name of the Father, the Son, and the Holy
Spirit, [20] and teach them to obey everything I have commanded you.
And I will be with you always, to the end of the age."

yn amau. Daeth Iesu atynt a llefaru wrthynt: " Rhoddwyd i 18
mi," meddai, " bob awdurdod yn y nef ac ar y ddaear. Ewch, 19
gan hynny, a gwnewch ddisgyblion o'r holl genhedloedd, gan
eu bedyddio hwy yn enw'r Tad a'r Mab a'r Ysbryd Glân, a 20
dysgu iddynt gadw'r holl orchmynion a roddais i chwi. Ac yn
awr, yr wyf fi gyda chwi bob amser hyd ddiwedd y byd."

THE GOSPEL ACCORDING TO

MARK

The Preaching of John the Baptist

(Matt. 3.1-12; Luke 3.1-18; John 1.19-28)

1 This is the Good News about Jesus Christ, the Son of God.[a]
[2] It began as the prophet Isaiah had written:

"God said, 'I will send my messenger ahead of you
to clear the way for you.'
[3] Someone is shouting in the desert,
'Get the road ready for the Lord;
make a straight path for him to travel!'"

4 So John appeared in the desert, baptizing and preaching.[b] "Turn
away from your sins and be baptized," he told the people, "and
God will forgive your sins." [5] Many people from the province of
Judaea and the city of Jerusalem went out to hear John. They confessed
their sins, and he baptized them in the River Jordan.

6 John wore clothes made of camel's hair, with a leather belt round
his waist, and his food was locusts and wild honey. [7] He announced
to the people, "The man who will come after me is much greater
than I am. I am not good enough even to bend down and untie
his sandals. [8] I baptize you with water, but he will baptize you with
the Holy Spirit."

The Baptism and Temptation of Jesus

(Matt. 3.13—4.11; Luke 3.21-22; 4.1-13)

9 Not long afterwards Jesus came from Nazareth in the province
of Galilee, and was baptized by John in the Jordan. [10] As soon as
Jesus came up out of the water, he saw heaven opening and the
Spirit coming down on him like a dove. [11] And a voice came from
heaven, "You are my own dear Son. I am pleased with you."

12 At once the Spirit made him go into the desert, [13] where he

---

[a] *Some manuscripts do not have* the Son of God.

[b] John appeared in the desert, baptizing and preaching; *some manuscripts have* John the Baptist appeared in the desert, preaching.

YR EFENGYL YN ÔL

MARC

Pregethu Ioan Fedyddiwr

(Mth 3.1-12; Lc 3.1-9, 15-17; In 1.19-28)

Dechrau Efengyl Iesu Grist, Mab Duw.* 1
Fel y mae'n ysgrifenedig yn y proffwyd Eseia: 2
"Wele fi'n anfon fy nghennad o'th flaen
i baratoi dy ffordd.
Llais un yn llefain yn yr anialwch, 3
'Paratowch ffordd yr Arglwydd,
gwnewch lwybrau union iddo'"—
ymddangosodd Ioan yn bedyddio yn yr anialwch ac yn 4
cyhoeddi bedydd edifeirwch yn foddion maddeuant pechodau.
Ac yr oedd holl wlad Jwdea, a holl drigolion Jerwsalem, yn 5
mynd allan ato, ac yn cael eu bedyddio ganddo yn afon Iorddon-
en, gan gyffesu eu pechodau. Yr oedd Ioan wedi ei wisgo 6
mewn dillad o flew camel a gwregys o groen am ei ganol, a
locustiaid a mêl gwyllt oedd ei fwyd. A dyma'i genadwri: 7
"Y mae un cryfach na mi yn dod ar f'ôl i. Nid wyf fi'n deilwng
i blygu a datod carrai ei esgidiau ef. Â dŵr y bedyddiais i chwi, 8
ond â'r Ysbryd Glân y bydd ef yn eich bedyddio."

Bedydd Iesu

(Mth 3.13-17; Lc 3.21-22)

Yn y dyddiau hynny daeth Iesu o Nasareth Galilea, a 9
bedyddiwyd ef yn yr Iorddonen gan Ioan. Ac yna, wrth iddo 10
godi allan o'r dŵr, gwelodd y nefoedd yn rhwygo'n agored a'r
Ysbryd fel colomen yn disgyn arno. A daeth llais o'r nefoedd: 11
"Ti yw fy Mab, yr Anwylyd; ynot ti yr wyf yn ymhyfrydu."

Temtiad Iesu

(Mth 4.1-11; Lc 4.1-13)

Ac yna gyrrodd yr Ysbryd ef ymaith i'r anialwch, a bu yn yr 12,13
anialwch am ddeugain diwrnod yn cael ei demtio gan Satan.

---

*adn. 1: yn ôl darlleniad arall gadewir allan *Mab Duw*.

stayed forty days, being tempted by Satan. Wild animals were there
also, but angels came and helped him.

Jesus Calls Four Fishermen

(Matt. 4.12-22; Luke 4.14-15; 5.1-11)

14 After John had been put in prison, Jesus went to Galilee and
preached the Good News from God. 15 "The right time has come,"
he said, "and the Kingdom of God is near! Turn away from your
sins and believe the Good News!"

16 As Jesus walked along the shore of Lake Galilee, he saw two
fishermen, Simon and his brother Andrew, catching fish with a net.
17 Jesus said to them, "Come with me, and I will teach you to catch
men." 18 At once they left their nets and went with him.

19 He went a little farther on and saw two other brothers, James
and John, the sons of Zebedee. They were in their boat getting
their nets ready. 20 As soon as Jesus saw them, he called them;
they left their father Zebedee in the boat with the hired men and
went with Jesus.

A Man with an Evil Spirit

(Luke 4.31-37)

21 Jesus and his disciples came to the town of Capernaum, and
on the next Sabbath Jesus went to the synagogue and began to
teach. 22 The people who heard him were amazed at the way he
taught, for he wasn't like the teachers of the Law; instead, he taught
with authority.

23 Just then a man with an evil spirit in him came into the synagogue
and screamed, 24 "What do you want with us, Jesus of Nazareth?
Are you here to destroy us? I know who you are—you are God's
holy messenger!"

25 Jesus ordered the spirit, "Be quiet, and come out of the man!"

26 The evil spirit shook the man hard, gave a loud scream, and
came out of him. 27 The people were all so amazed that they started
saying to one another, "What is this? Is it some kind of new teaching?
This man has authority to give orders to the evil spirits, and they
obey him!"

28 And so the news about Jesus spread quickly everywhere in
the province of Galilee.

Yr oedd ynghanol yr anifeiliaid gwylltion, a'r angylion oedd yn
gweini arno.

Dechrau'r Weinidogaeth yng Ngalilea
(Mth 4.12-17; Lc 4.14-15)

Wedi i Ioan gael ei garcharu daeth Iesu i Galilea gan gy- 14
hoeddi Efengyl Duw a dweud: " Y mae'r amser wedi ei 15
gyflawni ac y mae teyrnas Dduw wedi dod yn agos. Edifar-
hewch a chredwch yr Efengyl."

Galw Pedwar Pysgotwr
(Mth 4.18-22; Lc 5.1-11)

Wrth gerdded ar lan Môr Galilea gwelodd Iesu Simon a'i 16
frawd Andreas yn bwrw rhwyd i'r môr; pysgotwyr oeddent.
Dywedodd Iesu wrthynt, " Dewch ar fy ôl i, ac fe'ch gwnaf yn 17
bysgotwyr dynion." A gadawsant eu rhwydau ar unwaith a'i 18
ganlyn ef. Wedi iddo fynd ymlaen ychydig gwelodd Iago fab 19
Sebedeus ac Ioan ei frawd; yr oeddent wrthi'n cyweirio'r
rhwydau yn y cwch. Galwodd hwythau ar unwaith, a chan 20
adael eu tad Sebedeus yn y cwch gyda'r gweision aethant
ymaith ar ei ôl ef.

Y Dyn ag Ysbryd Aflan ynddo
(Lc 4.31-37)

Daethant i Gapernaum, ac yna, ar y Saboth, aeth ef i mewn 21
i'r synagog a dechrau dysgu. Yr oedd y bobl yn synnu at yr hyn 22
yr oedd yn ei ddysgu, oherwydd yr oedd yn eu dysgu fel un ag
awdurdod ganddo, ac nid fel yr ysgrifenyddion. Yn eu 23
synagog yr oedd dyn ag ysbryd aflan ynddo. Gwaeddodd
hwnnw, gan ddweud, " Beth sydd a fynni di â ni, Iesu o 24
Nasareth ? A wyt ti wedi dod i'n difetha ni ? Mi wn pwy wyt
ti—Sanct Duw." Ceryddodd Iesu ef â'r geiriau: " Taw, a 25
dos allan ohono." A chan ei gynhyrfu ef a rhoi bloedd uchel, 26
aeth yr ysbryd aflan allan ohono. Syfrdanwyd pawb, nes troi a 27
holi ei gilydd, " Beth yw hyn ? Dyma ddysgeidiaeth newydd
ag iddi awdurdod ! Y mae hwn yn gorchymyn hyd yn oe
ysbrydion aflan, a hwythau'n ufuddhau iddo !" Ac aeth y
amdano ar led ar unwaith trwy holl gymdogaeth Galilea.

Jesus Heals Many People
(Matt. 8.14-17; Luke 4.38-41)

29 Jesus and his disciples, including James and John, left the synagogue and went straight to the home of Simon and Andrew. 30 Simon's mother-in-law was sick in bed with a fever, and as soon as Jesus arrived, he was told about her. 31 He went to her, took her by the hand, and helped her up. The fever left her, and she began to wait on them.

32 After the sun had set and evening had come, people brought to Jesus all the sick and those who had demons. 33 All the people of the town gathered in front of the house. 34 Jesus healed many who were sick with all kinds of diseases and drove out many demons. He would not let the demons say anything, because they knew who he was.

Jesus Preaches in Galilee
(Luke 4.42-44)

35 Very early the next morning, long before daylight, Jesus got up and left the house. He went out of the town to a lonely place, where he prayed. 36 But Simon and his companions went out searching for him, 37 and when they found him, they said, "Everyone is looking for you."

38 But Jesus answered, "We must go on to the other villages round here. I have to preach in them also, because that is why I came."

39 So he travelled all over Galilee, preaching in the synagogues and driving out demons.

Jesus Heals a Man
(Matt. 8.1-4; Luke 5.12-16)

40 A man suffering from a dreaded skin-disease came to Jesus, knelt down, and begged him for help. "If you want to," he said, "you can make me clean."[c]

41 Jesus was filled with pity,[d] and stretched out his hand and touched him. "I do want to," he answered. "Be clean!" 42 At once the disease left the man, and he was clean. 43 Then Jesus spoke sternly to him and sent him away at once, 44 after saying to him, "Listen, don't tell anyone about this. But go straight to the priest and let him examine you; then in order to prove to everyone that you are cured, offer the sacrifice that Moses ordered."

45 But the man went away and began to spread the news everywhere.

---

[c] MAKE ME CLEAN: *This disease was considered to make a person ritually unclean.*
[d] pity; *some manuscripts have* anger.

Iacháu Llawer
(Mth 8.14-17; Lc 4.38-41)

Ac yna, wedi dod allan o'r synagog, aethant i dŷ Simon ac 29
Andreas gydag Iago ac Ioan. Ac yr oedd mam-yng-nghyfraith 30
Simon yn gorwedd yn wael dan dwymyn. Dywedasant wrtho
amdani yn ddi-oed; aeth yntau ati a gafael yn ei llaw a'i chodi. 31
Gadawodd y dwymyn hi, a dechreuodd hithau weini arnynt.
Gyda'r nos, a'r haul wedi machlud, yr oeddent yn dwyn ato yr 32
holl gleifion a'r rhai oedd wedi eu meddiannu gan gythreuliaid.
Ac yr oedd yr holl dref wedi ymgynnull wrth y drws. Iachaodd 33,34
ef lawer oedd yn dioddef dan amrywiol afiechydon, a bwriodd
allan lawer o gythreuliaid, ac ni adawai i'r cythreuliaid ddweud
gair, oherwydd eu bod yn ei adnabod.

Taith Bregethu
(Lc 4.42-44)

Bore trannoeth yn gynnar iawn, cododd ef ac aeth allan. 35
Aeth ymaith i le unig, ac yno yr oedd yn gweddïo. Aeth 36
Simon a'i gymdeithion i chwilio amdano; ac wedi dod o hyd 37
iddo dywedasant wrtho, " Y mae pawb yn dy geisio di."
Dywedodd yntau wrthynt, " Awn ymlaen i'r trefi nesaf, imi 38
gael pregethu yno hefyd; oherwydd i hynny y deuthum allan."
Ac fe aeth drwy holl Galilea gan bregethu yn eu synagogau 39
hwy a bwrw allan gythreuliaid.

Glanhau Dyn Gwahanglwyfus
(Mth 8.1-4; Lc 5.12-16)

Daeth dyn gwahanglwyfus ato ac erfyn arno ar ei liniau a 40
dweud, " Os mynni, gelli fy nglanhau." A chan dosturio* 41
estynnodd ef ei law a chyffwrdd ag ef a dweud wrtho, " Yr wyf
yn mynnu, glanhaer di." Ymadawodd y gwahanglwyf ag ef ar 42
unwaith, a glanhawyd ef. Ac wedi ei rybuddio'n llym gyrrodd 43
Iesu ef ymaith ar ei union, ac meddai wrtho, " Gwylia na 44
ddywedi ddim wrth neb, ond dos a dangos dy hun i'r offeiriad,
ac offryma dros dy lanhad yr hyn a orchmynnodd Moses, yn
dystiolaeth i'r bobl." Ond aeth yntau allan a dechreuodd roi'r 45
hanes i gyd ar goedd a'i daenu ar led, fel na allai Iesu mwyach

---

*adn. 41: yn ôl darlleniad arall, *Ac mewn dicter*.

Indeed, he talked so much that Jesus could not go into a town publicly. Instead, he stayed out in lonely places, and people came to him from everywhere.

Jesus Heals a Paralysed Man

(Matt. 9.1-8; Luke 5.17-26)

2 A few days later Jesus went back to Capernaum, and the news spread that he was at home. 2 So many people came together that there was no room left, not even out in front of the door. Jesus was preaching the message to them 3 when four men arrived, carrying a paralysed man to Jesus. 4 Because of the crowd, however, they could not get the man to him. So they made a hole in the roof right above the place where Jesus was. When they had made an opening, they let the man down, lying on his mat. 5 Seeing how much faith they had, Jesus said to the paralysed man, "My son, your sins are forgiven."

6 Some teachers of the Law who were sitting there thought to themselves, 7 "How does he dare to talk like this? This is blasphemy! God is the only one who can forgive sins!"

8 At once Jesus knew what they were thinking, so he said to them, "Why do you think such things? 9 Is it easier to say to this paralysed man, 'Your sins are forgiven', or to say, 'Get up, pick up your mat, and walk'? 10 I will prove to you, then, that the Son of Man has authority on earth to forgive sins." So he said to the paralysed man, 11 "I tell you, get up, pick up your mat, and go home!"

12 While they all watched, the man got up, picked up his mat, and hurried away. They were all completely amazed and praised God, saying, "We have never seen anything like this!"

Jesus Calls Levi

(Matt. 9.9-13; Luke 5.27-32)

13 Jesus went back again to the shore of Lake Galilee. A crowd came to him, and he started teaching them. 14 As he walked along, he saw a tax collector, Levi son of Alphaeus, sitting in his office. Jesus said to him, "Follow me." Levi got up and followed him.

15 Later on Jesus was having a meal in Levi's house.[e] A large number of tax collectors and other outcasts was following Jesus, and many of them joined him and his disciples at the table. 16 Some teachers of the Law, who were Pharisees, saw that Jesus was eating

---

[e] in Levi's house; *or* in his (*that is,* Jesus') house.

fynd i mewn yn agored i unrhyw dref. Yr oedd yn aros y tu allan, mewn lleoedd unig, ac eto yr oedd pobl yn dod ato o bob cyfeiriad.

Iacháu Dyn wedi ei Barlysu
(Mth 9.1-8; Lc 5.17-26)

Pan ddychwelodd ymhen rhai dyddiau i Gapernaum, aeth y **2**
newydd ar led ei fod gartref. Daeth cynifer ynghyd fel nad 2
oedd mwyach le i neb hyd yn oed wrth y drws. Ac yr oedd yn
llefaru'r gair wrthynt. Daethant â dyn wedi ei barlysu ato, a 3
phedwar yn ei gario. A chan eu bod yn methu dod â'r claf ato 4
oherwydd y dyrfa, agorasant do'r tŷ lle'r oedd, ac wedi iddynt
dorri trwodd dyma hwy'n gollwng i lawr y fatras yr oedd y claf
yn gorwedd arni. Pan welodd Iesu eu ffydd hwy dywedodd 5
wrth y claf, " Fy mab, maddeuwyd dy bechodau." Ac yr oedd 6
rhai o'r ysgrifenyddion yn eistedd yno ac yn meddwl ynddynt
eu hunain, " Pam y mae hwn yn siarad fel hyn ? Y mae'n cablu. 7
Pwy ond Duw yn unig a all faddau pechodau ?" Deallodd Iesu 8
ar unwaith yn ei ysbryd eu bod yn meddwl felly ynddynt eu
hunain, ac meddai wrthynt, " Pam yr ydych yn meddwl pethau
fel hyn ynoch eich hunain ? Prun sydd hawsaf, ai dweud wrth 9
y claf, ' Maddeuwyd dy bechodau ', ai ynteu dweud, ' Cod, a
chymer dy fatras a cherdda ' ? Ond er mwyn i chwi wybod fod 10
gan Fab y Dyn hawl i faddau pechodau ar y ddaear "—
meddai wrth y claf, " Dyma fi'n dweud wrthyt, cod, a chymer 11
dy fatras a dos adref." A chododd y dyn, cymerodd ei fatras ar 12
ei union ac aeth allan yn eu gŵydd hwy oll, nes bod pawb yn
synnu a gogoneddu Duw gan ddweud, " Ni welsom erioed y
fath beth."

Galw Lefi
(Mth 9.9-13; Lc 5.27-32)

Aeth allan eto i lan y môr; ac yr oedd yr holl dyrfa'n dod ato, 13
ac yntau'n eu dysgu hwy. Ac wrth fynd heibio gwelodd Lefi 14
fab Alffeus yn eistedd wrth y dollfa, a dywedodd wrtho,
" Canlyn fi." Cododd yntau a chanlynodd ef. Ac yr oedd wrth 15
bryd bwyd yn ei dŷ, ac yr oedd llawer o gasglwyr trethi ac o
bechaduriaid yn cydfwyta gyda Iesu a'i ddisgyblion—oher-
wydd yr oedd llawer ohonynt. Ac yr oedd yr ysgrifenyddion 16
o blith y Phariseaid yn ei ganlyn ef, a phan welsant ei fod yn

with these outcasts and tax collectors, so they asked his disciples,
"Why does he eat with such people?"
17 Jesus heard them and answered, "People who are well do not
need a doctor, but only those who are sick. I have not come to
call respectable people, but outcasts."

The Question about Fasting
(Matt. 9.14-17; Luke 5.33-39)

18 On one occasion the followers of John the Baptist and the
Pharisees were fasting. Some people came to Jesus and asked him,
"Why is it that the disciples of John the Baptist and the disciples
of the Pharisees fast, but yours do not?"
19 Jesus answered, "Do you expect the guests at a wedding party to
go without food? Of course not! As long as the bridegroom is
with them, they will not do that. 20 But the day will come when
the bridegroom will be taken away from them, and then they will
fast.
21 "No one uses a piece of new cloth to patch up an old coat,
because the new patch will shrink and tear off some of the old
cloth, making an even bigger hole. 22 Nor does anyone pour new
wine into used wineskins, because the wine will burst the skins,
and both the wine and the skins will be ruined. Instead, new wine
must be poured into fresh wineskins."

The Question about the Sabbath
(Matt. 12.1-8; Luke 6.1-5)

23 Jesus was walking through some cornfields on the Sabbath.
As his disciples walked along with him, they began to pick the
ears of corn. 24 So the Pharisees said to Jesus, "Look, it is against
our Law for your disciples to do that on the Sabbath!"
25 Jesus answered, "Have you never read what David did that
time when he needed something to eat? He and his men were hungry,
26 so he went into the house of God and ate the bread offered to
God. This happened when Abiathar was the High Priest. According
to our Law only the priests may eat this bread—but David ate it
and even gave it to his men."
27 And Jesus concluded, "The Sabbath was made for the good
of man; man was not made for the Sabbath. 28 So the Son of Man
is Lord even of the Sabbath."

bwyta gyda'r pechaduriaid a'r casglwyr trethi, dywedasant
wrth ei ddisgyblion, " Pam y mae ef yn bwyta gyda chasglwyr
trethi a phechaduriaid ?" Clywodd Iesu, a dywedodd wrthynt, 17
" Nid ar y cryfion, ond ar y cleifion, y mae angen meddyg; i
alw pechaduriaid, nid rhai cyfiawn, yr wyf fi wedi dod."

Holi ynglŷn ag Ymprydio
(Mth 9.14-17; Lc 5.33-39)

Yr oedd disgyblion Ioan a'r Phariseaid yn ymprydio. A 18
daeth rhywrai ato a gofyn iddo, " Pam y mae disgyblion Ioan a
disgyblion y Phariseaid yn ymprydio, ond dy ddisgyblion di
ddim yn ymprydio ?" Dywedodd Iesu wrthynt, " A all 19
gwesteion priodas ymprydio tra bydd y priodfab gyda hwy ?
Cyhyd ag y mae ganddynt y priodfab gyda hwy, ni allant
ymprydio. Ond fe ddaw dyddiau pan ddygir y priodfab oddi 20
wrthynt, ac yna fe ymprydiant y diwrnod hwnnw. Ni fydd neb 21
yn gwnïo clwt o frethyn heb ei bannu ar hen ddilledyn; os
gwna, fe dynn y clwt wrth y dilledyn, y newydd wrth yr hen,
ac fe â'r rhwyg yn waeth. Ac ni fydd neb yn tywallt gwin 22
newydd i hen grwyn; os gwna, fe rwyga'r gwin y crwyn ac fe
gollir y gwin a'r crwyn hefyd. Ond y maent yn rhoi gwin
newydd mewn crwyn newydd."

Tynnu Tywysennau ar y Saboth
(Mth 12.1-8; Lc 6.1-5)

Un Saboth yr oedd yn mynd trwy'r caeau ŷd, a dechreuodd 23
ei ddisgyblion dynnu'r tywysennau wrth fynd. Ac meddai'r 24
Phariseaid wrtho, " Edrych, pam y maent yn gwneud peth sy'n
groes i'r Gyfraith ar y Saboth ?" Dywedodd yntau wrthynt, 25
" Onid ydych chwi erioed wedi darllen beth a wnaeth Dafydd,
pan oedd mewn angen, ac eisiau bwyd arno ef a'r rhai oedd
gydag ef ? Sut yr aeth i mewn i dŷ Duw, yn amser Abiathar 26
yr archoffeiriad, a bwyta'r torthau cysegredig nad yw'n
gyfreithlon i neb eu bwyta ond yr offeiriaid; ac fe'u rhoddodd
hefyd i'r rhai oedd gydag ef?" Dywedodd wrthynt hefyd, 27
" Y Saboth a wnaethpwyd er mwyn dyn, ac nid dyn er mwyn
y Saboth. Felly y mae Mab y Dyn yn arglwydd hyd yn oed ar 28
y Saboth."

The Man with a Paralysed Hand

(Matt. 12.9-14; Luke 6.6-11)

3 Then Jesus went back to the synagogue, where there was a
man who had a paralysed hand. 2 Some people were there who
wanted to accuse Jesus of doing wrong; so they watched him closely
to see whether he would heal the man on the Sabbath. 3 Jesus said
to the man, "Come up here to the front." 4 Then he asked the people,
"What does our Law allow us to do on the Sabbath? To help
or to harm? To save a man's life or to destroy it?"

But they did not say a thing. 5 Jesus was angry as he looked round at
them, but at the same time he felt sorry for them, because they
were so stubborn and wrong. Then he said to the man, "Stretch
out your hand." He stretched it out, and it became well again. 6 So
the Pharisees left the synagogue and met at once with some members
of Herod's party, and they made plans to kill Jesus.

A Crowd by the Lake

7 Jesus and his disciples went away to Lake Galilee, and a large
crowd followed him. They had come from Galilee, from Judaea,
8 from Jerusalem, from the territory of Idumea, from the territory
on the east side of the Jordan, and from the region round the cities
of Tyre and Sidon. All these people came to Jesus because they
had heard of the things he was doing. 9 The crowd was so large
that Jesus told his disciples to get a boat ready for him, so that
the people would not crush him. 10 He had healed many people,
and all those who were ill kept pushing their way to him in order
to touch him. 11 And whenever the people who had evil spirits in
them saw him, they would fall down before him and scream, "You
are the Son of God!"

12 Jesus sternly ordered the evil spirits not to tell anyone who
he was.

Jesus Chooses the Twelve Apostles

(Matt. 10.1-4; Luke 6.12-16)

13 Then Jesus went up a hill and called to himself the men he
wanted. They came to him, 14 and he chose twelve, whom he named
apostles. "I have chosen you to be with me," he told them. "I will
also send you out to preach, 15 and you will have authority to drive
out demons."

16 These are the twelve he chose: Simon (Jesus gave him the
name Peter); 17 James and his brother John, the sons of Zebedee
(Jesus gave them the name Boanerges, which means "Men of Thun-
der"); 18 Andrew, Philip, Bartholomew, Matthew, Thomas, James
son of Alphaeus, Thaddaeus, Simon the Patriot, 19 and Judas Iscariot,
who betrayed Jesus.

Y Dyn â'r Llaw Ddiffrwyth
(Mth 12.9-14; Lc 6.6-11)

Aeth i mewn eto i'r synagog, ac yno yr oedd dyn â chanddo 3
law wedi gwywo. Ac yr oeddent â'u llygaid arno i weld a 2
fyddai'n iacháu'r dyn ar y Saboth, er mwyn cael cyhuddiad i'w
ddwyn yn ei erbyn. A dywedodd wrth y dyn â'r llaw ddiffrwyth, 3
" Saf yn y canol." Yna dywedodd wrthynt, " A yw'n gyfreith- 4
lon gwneud da ar y Saboth, ynteu gwneud drwg, achub bywyd,
ynteu lladd ?" Yr oeddent yn fud. Yna edrychodd o gwmpas 5
arnynt mewn dicter, yn drist oherwydd dallineb eu meddwl, a
dywedodd wrth y dyn, " Estyn dy law." Estynnodd yntau hi,
a gwnaed ei law yn iach. Ac fe aeth y Phariseaid allan ar eu 6
hunion a chynllwynio â'r Herodianiaid yn ei erbyn, sut i'w ladd.

Tyrfa ar Lan y Môr

Aeth Iesu ymaith gyda'i ddisgyblion i lan y môr, ac fe ddilyn- 7
odd tyrfa fawr o Galilea. Ac o Jwdea a Jerwsalem, o Idwmea 8
a'r tu hwnt i'r Iorddonen a chylch Tyrus a Sidon, daeth tyrfa
fawr ato, wedi iddynt glywed y fath bethau mawr yr oedd ef yn
eu gwneud. A dywedodd wrth ei ddisgyblion am gael cwch yn 9
barod iddo rhag i'r dyrfa ei lethu. Oherwydd yr oedd wedi 10
iacháu llawer, ac felly yr oedd yr holl gleifion yn ymwthio ato i
gyffwrdd ag ef. Pan fyddai'r ysbrydion aflan yn ei weld, 11
byddent yn syrthio o'i flaen a gweiddi, " Ti yw Mab Duw."
A byddai yntau yn eu rhybuddio hwy yn bendant i beidio â'i
wneud yn hysbys.

Dewis y Deuddeg
(Mth 10.1-4; Lc 6.12-16)

Aeth i fyny i'r mynydd a galwodd ato y rhai a fynnai ef, ac 13
aethant ato. Penododd ddeuddeg* er mwyn iddynt fod gydag 14
ef, ac er mwyn eu hanfon hwy i bregethu ac i feddu awdurdod i 15
fwrw allan gythreuliaid. Felly y penododd y Deuddeg, ac ar 16
Simon rhoes yr enw Pedr; yna Iago fab Sebedeus, ac Ioan 17
brawd Iago, a rhoes arnynt hwy yr enw Boanerges, hynny yw
" Meibion y Daran "; ac Andreas a Philip a Bartholomeus a 18
Mathew a Thomas, ac Iago fab Alffeus, a Thadeus, a Simon y
Selot, a Jwdas Iscariot, yr un a'i bradychodd ef. 19

---

*adn. 14: ychwanega rhai llawysgrifau *a rhoi'r enw apostolion iddynt*.

Jesus and Beelzebul

(Matt. 12.22-32; Luke 11.14-23; 12.10)

20 Then Jesus went home. Again such a large crowd gathered
that Jesus and his disciples had no time to eat. 21 When his family
heard about it, they set out to take charge of him, because people
were saying, "He's gone mad!"
22 Some teachers of the Law who had come from Jerusalem were
saying, "He has Beelzebul in him! It is the chief of the demons
who gives him the power to drive them out."
23 So Jesus called them to him and spoke to them in parables:
"How can Satan drive out Satan? 24 If a country divides itself into
groups which fight each other, that country will fall apart. 25 If a
family divides itself into groups which fight each other, that family
will fall apart. 26 So if Satan's kingdom divides into groups, it cannot
last, but will fall apart and come to an end.
27 "No one can break into a strong man's house and take away
his belongings unless he first ties up the strong man; then he can
plunder his house.
28 "I assure you that people can be forgiven all their sins and
all the evil things they may say.[f] 29 But whoever says evil things
against the Holy Spirit will never be forgiven, because he has com-
mitted an eternal sin." 30 (Jesus said this because some people were
saying, "He has an evil spirit in him.")

Jesus' Mother and Brothers

(Matt. 12.46-50; Luke 8.19-21)

31 Then Jesus' mother and brothers arrived. They stood outside
the house and sent in a message, asking for him. 32 A crowd was
sitting round Jesus, and they said to him, "Look, your mother and
your brothers and sisters are outside, and they want you."
33 Jesus answered, "Who is my mother? Who are my brothers?"
34 He looked at the people sitting round him and said, "Look! Here
are my mother and my brothers! 35 Whoever does what God wants
him to do is my brother, my sister, my mother."

The Parable of the Sower

(Matt. 13.1-9; Luke 8.4-8)

4 Again Jesus began to teach beside Lake Galilee. The crowd
that gathered round him was so large that he got into a boat
and sat in it. The boat was out in the water, and the crowd stood
on the shore at the water's edge. 2 He used parables to teach them
many things, saying to them:

---

[f] evil things they may say; *or* evil things they may say against God.

Iesu a Beelsebwl
(Mth 12.22-32; Lc 11.14-23, 12.10)

Daeth i'r tŷ; a dyma dyrfa'n ymgasglu unwaith eto, nes eu 20
bod yn methu cymryd pryd o fwyd hyd yn oed. A phan 21
glywodd ei deulu, aethant allan i'w atal ef, oherwydd dweud
yr oeddent, " Y mae wedi colli arno'i hun." A'r ysgrifenydd- 22
ion hefyd, oedd wedi dod i lawr o Jerwsalem, yr oeddent
hwythau'n dweud, " Y mae Beelsebwl ynddo ", a, " Trwy
bennaeth y cythreuliaid y mae'n bwrw allan gythreuliaid."
Galwodd hwy ato ac meddai wrthynt ar ddamhegion: " Pa 23
fodd y gall Satan fwrw allan Satan ? Os bydd teyrnas yn 24
ymrannu yn ei herbyn ei hun, ni all y deyrnas honno sefyll. Ac 25
os bydd tŷ yn ymrannu yn ei erbyn ei hun, ni all y tŷ hwnnw
fyth sefyll. Ac os yw Satan wedi codi yn ei erbyn ei hun ac 26
ymrannu, ni all yntau sefyll; y mae ar ben arno. Eithr ni all 27
neb fynd i mewn i dŷ'r dyn cryf ac ysbeilio'i ddodrefn heb
iddo'n gyntaf rwymo'r dyn cryf; wedyn caiff ysbeilio'i dŷ ef.
Yn wir, 'rwy'n dweud wrthych, maddeuir popeth i feibion 28
dynion, eu pechodau a'u cableddau, beth bynnag fyddant;
eithr pwy bynnag a gabla yn erbyn yr Ysbryd Glân, ni chaiff 29
faddeuant byth; y mae'n euog o bechod oesol." Dywedodd 30
hyn oherwydd iddynt ddweud, " Y mae ysbryd aflan ynddo."

Mam a Brodyr Iesu
(Mth 12.46-50; Lc 8.19-21)

A daeth ei fam ef a'i frodyr, a chan sefyll y tu allan anfon- 31
asant ato i'w alw. Yr oedd tyrfa'n eistedd o'i amgylch, ac 32
meddent wrtho, " Dacw dy fam a'th frodyr y tu allan yn dy
geisio." Atebodd hwy, " Pwy yw fy mam i a'm brodyr ?" 33
A chan edrych ar y rhai oedd yn eistedd yn gylch o'i gwmpas, 34
dywedodd, " Dyma fy mam a'm brodyr i. Pwy bynnag sy'n 35
gwneud ewyllys Duw, y mae hwnnw'n frawd i mi, ac yn
chwaer, ac yn fam."

Dameg yr Heuwr
(Mth 13.1-9; Lc 8.4-8)

Dechreuodd ddysgu eto ar lan y môr. A daeth tyrfa mor **4**
fawr ynghyd ato nes iddo fynd ac eistedd mewn cwch ar y môr;
ac yr oedd yr holl dyrfa ar y tir wrth ymyl y môr. Yr oedd yn 2
dysgu llawer iddynt ar ddamhegion, ac wrth eu dysgu meddai:

3 "Listen! Once there was a man who went out to sow corn.
4 As he scattered the seed in the field, some of it fell along the
path, and the birds came and ate it up. 5 Some of it fell on rocky
ground, where there was little soil. The seeds soon sprouted, because
the soil wasn't deep. 6 Then, when the sun came up, it burnt the
young plants; and because the roots had not grown deep enough,
the plants soon dried up. 7 Some of the seed fell among thorn bushes,
which grew up and choked the plants, and they didn't produce any
corn. 8 But some seeds fell in good soil, and the plants sprouted,
grew, and produced corn: some had thirty grains, others sixty, and
others a hundred."

9 And Jesus concluded, "Listen, then, if you have ears!"

The Purpose of the Parables

(Matt. 13.10-17; Luke 8.9-10)

10 When Jesus was alone, some of those who had heard him came
to him with the twelve disciples and asked him to explain the parables.
11 "You have been given the secret of the Kingdom of God," Jesus
answered. "But the others, who are on the outside, hear all things
by means of parables, 12 so that,

'They may look and look,
  yet not see;
they may listen and listen,
  yet not understand.
For if they did, they would turn to God,
  and he would forgive them.'"

Jesus Explains the Parable of the Sower

(Matt. 13.18-23; Luke 8.11-15)

13 Then Jesus asked them, "Don't you understand this parable?
How, then, will you ever understand any parable? 14 The sower
sows God's message. 15 Some people are like the seeds that fall along
the path; as soon as they hear the message, Satan comes and takes
it away. 16 Other people are like the seeds that fall on rocky ground.
As soon as they hear the message, they receive it gladly. 17 But it
does not sink deep into them, and they don't last long. So when
trouble or persecution comes because of the message, they give up
at once. 18 Other people are like the seeds sown among the thorn
bushes. These are the ones who hear the message, 19 but the worries
about this life, the love for riches, and all other kinds of desires
crowd in and choke the message, and they don't bear fruit. 20 But
other people are like the seeds sown in good soil. They hear the
message, accept it, and bear fruit: some thirty, some sixty, and some
a hundred."

" Gwrandewch ! Aeth heuwr allan i hau. Ac wrth iddo hau, 3,4
syrthiodd peth had ar hyd y llwybr, a daeth yr adar a'i fwyta.
Syrthiodd peth arall ar dir creigiog, lle ni chafodd fawr o bridd, 5
a thyfodd yn gyflym am nad oedd iddo ddyfnder daear; a phan 6
gododd yr haul fe'i llosgwyd, ac am nad oedd iddo wreiddyn
fe wywodd. Syrthiodd peth arall ymhlith y drain, a thyfodd y 7
drain a'i dagu, ac ni roddodd ffrwyth. A syrthiodd hadau eraill 8
ar dir da, a chan dyfu a chynyddu yr oeddent yn ffrwytho a
chnydio hyd ddeg ar hugain a hyd drigain a hyd ganwaith
cymaint." Ac meddai, " Yr hwn sydd ganddo glustiau i 9
wrando, gwrandawed."

Pwrpas y Damhegion
(Mth 13.10-17; Lc 8.9-10)

Pan oedd wrtho'i hun, dechreuodd y rhai oedd o'i gwmpas 10
gyda'r Deuddeg ei holi am y damhegion. Ac meddai wrthynt, 11
" I chwi y mae cyfrinach teyrnas Dduw wedi ei rhoi; ond i'r
rheini sydd oddi allan y mae popeth ar ddamhegion, fel
' er edrych ac edrych, na welant, 12
ac er gwrando a gwrando, na ddeallant,
rhag iddynt droi a derbyn maddeuant.' "

Egluro Dameg yr Heuwr
(Mth 13.18-23; Lc 8.11-15)

Ac meddai wrthynt, " Nid ydych yn deall y ddameg hon ? 13
Sut ynteu yr ydych yn mynd i ddeall yr holl ddamhegion ? Y 14
mae'r heuwr yn hau y gair. Dyma'r rhai ar hyd y llwybr lle'r 15
heuir y gair: cyn gynted ag y clywant, daw Satan ar unwaith a
chipio'r gair sydd wedi ei hau ynddynt. A dyma'r rhai sy'n 16
derbyn yr had ar dir creigiog: pan glywant hwy'r gair, derbyn-
iant ef ar eu hunion yn llawen; ond nid oes ganddynt wreiddyn 17
ynddynt eu hunain, a thros dro y maent yn para. Yna pan ddaw
gorthrymder neu erlid o achos y gair, fe gwympant ar unwaith.
Ac y mae eraill sy'n derbyn yr had ymhlith y drain: dyma'r 18
rhai sydd wedi clywed y gair, ond y mae gofalon y byd hwn a 19
hudoliaeth golud a chwantau am bopeth o'r fath yn dod i mewn
ac yn tagu'r gair, ac y mae'n mynd yn ddiffrwyth. A dyma'r 20
rheini a dderbyniodd yr had ar dir da: y maent hwy'n clywed y
gair ac yn ei groesawu, ac yn dwyn ffrwyth hyd ddeg ar hugain
a hyd drigain a hyd ganwaith cymaint."

A Lamp under a Bowl
(Luke 8.16-18)

21 Jesus continued, "Does anyone ever bring in a lamp and put
it under a bowl or under the bed? Doesn't he put it on the lampstand?
22 Whatever is hidden away will be brought out into the open, and
whatever is covered up will be uncovered. 23 Listen, then, if you
have ears!"
24 He also said to them, "Pay attention to what you hear! The
same rules you use to judge others will be used by God to judge
you—but with even greater severity. 25 The person who has something
will be given more, and the person who has nothing will have taken
away from him even the little he has."

The Parable of the Growing Seed

26 Jesus went on to say, "The Kingdom of God is like this. A
man scatters seed in his field. 27 He sleeps at night, is up and about
during the day, and all the while the seeds are sprouting and growing.
Yet he does not know how it happens. 28 The soil itself makes the plants
grow and bear fruit; first the tender stalk appears, then the ear,
and finally the ear full of corn. 29 When the corn is ripe, the man
starts cutting it with his sickle, because harvest time has come.

The Parable of the Mustard Seed
(Matt. 13.31-32, 34; Luke 13.18-19)

30 "What shall we say the Kingdom of God is like?" asked Jesus.
"What parable shall we use to explain it? 31 It is like this. A man takes
a mustard seed, the smallest seed in the world, and plants it in
the ground. 32 After a while it grows up and becomes the biggest of
all plants. It puts out such large branches that the birds come and make
their nests in its shade."
33 Jesus preached his message to the people, using many other
parables like these; he told them as much as they could understand.
34 He would not speak to them without using parables, but when
he was alone with his disciples, he would explain everything to them.

Goleuni dan Lestr
(Lc 8.16-18)

Dywedodd wrthynt, " A oes rhywun yn dod â channwyll 21
i'w dodi dan lestr neu dan wely ? Onid yn hytrach i'w dodi ar
ganhwyllbren? Oherwydd nid oes dim yn guddiedig os nad 22
yw i gael ei amlygu, ac ni bu dim dan gêl os nad yw i ddod i'r
amlwg. Os oes gan rywun glustiau i wrando, gwrandawed." 23
Dywedodd wrthynt hefyd, " Ystyriwch yr hyn a glywch. 24
Â'r mesur y rhowch y rhoir i chwithau, a rhagor a roir ichwi.
Oherwydd i'r hwn y mae ganddo y rhoir, ac oddi ar yr hwn nad 25
oes ganddo y cymerir hyd yn oed hynny sydd ganddo."

Dameg yr Had yn Tyfu

Ac meddai, " Fel hyn y mae teyrnas Dduw; bydd dyn yn 26
bwrw yr had ar y ddaear ac yna'n cysgu'r nos a chodi'r dydd, 27
a'r had yn egino ac yn tyfu mewn modd nas gŵyr ef. Ohoni ei 28
hun y mae'r ddaear yn dwyn ffrwyth, eginyn yn gyntaf, yna
tywysen, yna ŷd llawn yn y dywysen. A phan fydd y cnwd wedi 29
aeddfedu, y mae'r dyn yn bwrw iddi ar unwaith â'r cryman,
gan fod y cynhaeaf wedi dod."

Dameg yr Hedyn Mwstard
(Mth 13.31-32; Lc 13.18-19)

Meddai eto, " Pa fodd y cyffelybwn deyrnas Dduw, neu ar 30
ba ddameg y cyflwynwn hi ? Y mae'n debyg i hedyn mwstard; 31
pan heuir ef ar y ddaear, hwn yw'r lleiaf o'r holl hadau sydd ar
y ddaear, ond wedi ei hau, y mae'n tyfu ac yn mynd yn fwy na'r 32
holl lysiau, ac yn dwyn canghennau mor fawr nes bod adar yr
awyr yn gallu nythu dan ei gysgod."

Arfer Damhegion
(Mth 13.34-35)

Ar lawer o'r fath ddamhegion yr oedd ef yn llefaru'r gair 33
wrthynt, yn ôl fel y gallent wrando; heb ddameg ni fyddai'n 34
llefaru dim wrthynt. Ond o'r neilltu byddai'n egluro popeth
i'w ddisgyblion ei hun.

Jesus Calms a Storm
(Matt. 8.23-27; Luke 8.22-25)

35 On the evening of that same day Jesus said to his disciples,
"Let us go across to the other side of the lake." 36 So they left
the crowd; the disciples got into the boat in which Jesus was already
sitting, and they took him with them. Other boats were there too.
37 Suddenly a strong wind blew up, and the waves began to spill
over into the boat, so that it was about to fill with water. 38 Jesus
was in the back of the boat, sleeping with his head on a pillow.
The disciples woke him up and said, "Teacher, don't you care that
we are about to die?"

39 Jesus stood up and commanded the wind, "Be quiet!" and he
said to the waves, "Be still!" The wind died down, and there was
a great calm. 40 Then Jesus said to his disciples, "Why are you
frightened? Have you still no faith?"

41 But they were terribly afraid and said to one another, "Who
is this man? Even the wind and the waves obey him!"

Jesus Heals a Man with Evil Spirits
(Matt. 8.28-34; Luke 8.26-39)

5 Jesus and his disciples arrived on the other side of Lake Galilee, in
the territory of Gerasa. 2 As soon as Jesus got out of the boat, he
was met by a man who came out of the burial caves there. This
man had an evil spirit in him 3 and lived among the tombs. Nobody
could keep him chained up any more; 4 many times his feet and
hands had been chained, but every time he broke the chains and
smashed the irons on his feet. He was too strong for anyone to
control him. 5 Day and night he wandered among the tombs and
through the hills, screaming and cutting himself with stones.

6 He was some distance away when he saw Jesus; so he ran,
fell on his knees before him, 7 and screamed in a loud voice, "Jesus,
Son of the Most High God! What do you want with me? For
God's sake, I beg you, don't punish me!" 8 (He said this because
Jesus was saying, "Evil spirit, come out of this man!")

9 So Jesus asked him, "What is your name?"

The man answered, "My name is 'Mob'—there are so many of
us!" 10 And he kept begging Jesus not to send the evil spirits out
of that region.

11 There was a large herd of pigs near by, feeding on a hillside. 12 So
the spirits begged Jesus, "Send us to the pigs, and let us go into
them." 13 He let them go, and the evil spirits went out of the man
and entered the pigs. The whole herd—about two thousand pigs
in all—rushed down the side of the cliff into the lake and was drowned.

Gostegu Storm
(Mth 8.23-27; Lc 8.22-25)

A'r diwrnod hwnnw, gyda'r nos, dywedodd wrthynt, " Awn 35
drosodd i'r ochr draw." A gadawsant y dyrfa, a mynd ag ef yn 36
y cwch fel yr oedd; yr oedd cychod eraill hefyd gydag ef.
Cododd tymestl fawr o wynt, ac yr oedd y tonnau'n ymdaflu 37
i'r cwch, nes ei fod erbyn hyn yn llenwi. Yr oedd ef yn starn y 38
cwch yn cysgu ar glustog. Deffroesant ef a dweud wrtho,
" Athro, a wyt ti heb hidio dim ei bod ar ben arnom ?" Ac fe 39
ddeffrôdd a cheryddodd y gwynt a dywedodd wrth y môr,
" Bydd ddistaw ! bydd dawel !" Gostegodd y gwynt, a bu
tawelwch mawr. A dywedodd wrthynt, " Pam y mae arnoch 40
ofn ? Sut yr ydych heb ffydd o hyd ?" Daeth ofn dirfawr 41
arnynt, ac meddent wrth ei gilydd, " Pwy ynteu yw hwn ? Y
mae hyd yn oed y gwynt a'r môr yn ufuddhau iddo."

Iacháu'r Dyn Gwallgo yng Ngerasa
(Mth 8.28-34; Lc 8.26-39)

Daethant i'r ochr draw i'r môr i wlad y Geraseniaid. A phan **5** 2
ddaeth allan o'r cwch, ar unwaith daeth i'w gyfarfod o blith y
beddau ddyn ag ysbryd aflan ynddo. Yr oedd hwn yn cartrefu 3
ymhlith y beddau, ac ni allai neb mwyach ei rwymo hyd yn oed
â chadwyn, oherwydd yr oedd wedi cael ei rwymo'n fynych â 4
llyffetheiriau ac â chadwynau, ond yr oedd y cadwynau wedi eu
rhwygo ganddo a'r llyffetheiriau wedi eu dryllio; ac ni fedrai
neb ei ddofi. Ac yn wastad, nos a dydd, ymhlith y beddau ac 5
ar y mynyddoedd, byddai'n gweiddi ac yn ei anafu ei hun â
cherrig. A phan welodd Iesu o bell, rhedodd ac ymgrymu iddo, 6
a gwaeddodd â llais uchel, " Beth sydd a fynni di â mi, Iesu, 7
Mab y Duw Goruchaf ? Yn enw Duw, paid â'm poenydio."
Oherwydd yr oedd Iesu wedi dweud wrtho, " Dos allan, ysbryd 8
aflan, o'r dyn." A gofynnodd iddo, " Beth yw dy enw ?" 9
Meddai yntau wrtho, " Lleng yw fy enw, oherwydd y mae
llawer ohonom." Ac yr oedd yn ymbil yn daer arno beidio â'u 10
gyrru allan o'r wlad.

Yr oedd yno ar lethr y mynydd genfaint fawr o foch yn pori. 11
Ac ymbiliodd yr ysbrydion aflan arno, " Anfon ni i'r moch; 12
gad i ni fynd i mewn iddynt hwy." Ac fe ganiataodd iddynt. 13
Aeth yr ysbrydion aflan allan o'r dyn ac i mewn i'r moch; a
rhuthrodd y genfaint dros y dibyn i'r môr, tua dwy fil ohonynt,

14 The men who had been taking care of the pigs ran away and
spread the news in the town and among the farms. People went
out to see what had happened, 15 and when they came to Jesus,
they saw the man who used to have the mob of demons in him.
He was sitting there, clothed and in his right mind; and they were
all afraid. 16 Those who had seen it told the people what had happened
to the man with the demons, and about the pigs.

17 So they asked Jesus to leave their territory.

18 As Jesus was getting into the boat, the man who had had the
demons begged him, "Let me go with you!"

19 But Jesus would not let him. Instead, he told him, "Go back
home to your family and tell them how much the Lord has done
for you and how kind he has been to you."

20 So the man left and went all through the Ten Towns, telling
what Jesus had done for him. And all who heard it were amazed.

Jairus' Daughter and the Woman Who Touched Jesus' Cloak

(Matt. 9.18-26; Luke 8.40-56)

21 Jesus went back across to the other side of the lake. There
at the lakeside a large crowd gathered round him. 22 Jairus, an official of
the local synagogue, arrived, and when he saw Jesus, he threw himself
down at his feet 23 and begged him earnestly, "My little daughter
is very ill. Please come and place your hands on her, so that she
will get well and live!"

24 Then Jesus started off with him. So many people were going
along with Jesus that they were crowding him from every side.

25 There was a woman who had suffered terribly from severe bleed-
ing for twelve years, 26 even though she had been treated by many
doctors. She had spent all her money, but instead of getting better
she got worse all the time. 27 She had heard about Jesus, so she
came in the crowd behind him, 28 saying to herself, "If I just touch
his clothes, I will get well."

29 She touched his cloak, and her bleeding stopped at once; and
she had the feeling inside herself that she was healed of her trouble.
30 At once Jesus knew that power had gone out of him, so he turned
round in the crowd and asked, "Who touched my clothes?"

31 His disciples answered, "You see how the people are crowding
you; why do you ask who touched you?"

32 But Jesus kept looking round to see who had done it. 33 The
woman realized what had happened to her, so she came, trembling

a boddi yn y môr. Ffôdd bugeiliaid y moch ac adrodd yr hanes 14
yn y dref ac yn y wlad, a daeth y bobl i weld beth oedd wedi
digwydd. Daethant at Iesu a gweld y dyn gwallgo, hwnnw yr 15
oedd y lleng wedi bod ynddo, yn eistedd â'i ddillad amdano ac
yn ei iawn bwyll; a daeth arnynt ofn. Adroddwyd wrthynt 16
gan y rhai oedd wedi gweld y peth sut yr oedd wedi bod ar y
dyn gwallgo, a'r hanes am y moch hefyd. A dechreusant erfyn 17
arno fynd ymaith o'u gororau. Ac wrth iddo fynd i mewn i'r 18
cwch, yr oedd y dyn oedd wedi bod ym meddiant y cythreuliaid
yn erfyn arno am gael bod gydag ef. Ni adawodd iddo, ond 19
meddai wrtho, " Dos adref at dy bobl dy hun a mynega iddynt
gymaint y mae'r Arglwydd wedi ei wneud drosot, a'r modd y
tosturiodd wrthyt." Aeth yntau ymaith a dechrau cyhoeddi yn 20
y Decapolis gymaint yr oedd Iesu wedi ei wneud drosto ; ac
yr oedd pawb yn rhyfeddu.

Merch Jairus, a'r Wraig a Gyffyrddodd â Mantell Iesu
(Mth 9.18-26; Lc 8.40-56)

Wedi i Iesu groesi'n ôl i'r ochr arall, daeth tyrfa fawr ynghyd 21
ato, ac yr oedd ar lan y môr. Daeth un o arweinwyr y synagog, 22
o'r enw Jairus, a phan welodd ef syrthiodd wrth ei draed ac 23
ymbil yn daer arno: " Y mae fy merch fach," meddai, " ar fin
marw. Tyrd a rho dy ddwylo arni, iddi gael ei gwella a byw."
Ac aeth Iesu ymaith gydag ef. 24

Yr oedd tyrfa fawr yn ei ganlyn ac yn gwasgu arno. Ac yr 25
oedd yno wraig ag arni waedlif ers deuddeng mlynedd. Yr 26
oedd wedi dioddef yn enbyd, dan driniaeth llawer o feddygon,
ac wedi gwario'r cwbl oedd ganddi, a heb gael dim lles ond yn
hytrach mynd yn waeth. Yr oedd hon wedi clywed am Iesu, a 27
daeth o'r tu ôl iddo yn y dyrfa a chyffwrdd â'i fantell, oherwydd 28
yr oedd hi wedi dweud, " Os cyffyrddaf hyd yn oed â'i ddillad
ef, fe gaf fy iacháu." A sychodd llif ei gwaed hi yn y fan, a 29
daeth hithau i wybod yn ei chorff ei bod wedi ei hiacháu o'i
chlwyf. Ac ar unwaith deallodd Iesu ynddo'i hun fod y nerth 30
oedd yn tarddu ynddo wedi mynd allan, a throes yng nghanol y
dyrfa, a gofyn, " Pwy gyffyrddodd â'm dillad ?" Meddai ei 31
ddisgyblion wrtho, " Yr wyt yn gweld y dyrfa'n gwasgu arnat
ac eto'n gofyn, ' Pwy gyffyrddodd â mi ? ' " Ond daliodd ef i 32
edrych o'i gwmpas i weld yr un oedd wedi gwneud hyn.
Daeth y wraig, dan grynu yn ei braw, yn gwybod beth oedd 33

with fear, knelt at his feet, and told him the whole truth. 34 Jesus
said to her, "My daughter, your faith has made you well. Go in
peace, and be healed of your trouble."
35 While Jesus was saying this, some messengers came from Jairus'
house and told him, "Your daughter has died. Why bother the Teacher
any longer?"
36 Jesus paid no attention to[g] what they said, but told him, "Don't be
afraid, only believe." 37 Then he did not let anyone else go on with
him except Peter and James and his brother John. 38 They arrived at
Jairus' house, where Jesus saw the confusion and heard all the loud cry-
ing and wailing. 39 He went in and said to them, "Why all this con-
fusion? Why are you crying? The child is not dead—she is only
sleeping!"
40 They laughed at him, so he put them all out, took the child's
father and mother and his three disciples, and went into the room
where the child was lying. 41 He took her by the hand and said
to her, "*Talitha, koum,*" which means, "Little girl, I tell you to
get up!"
42 She got up at once and started walking around. (She was twelve
years old.) When this happened, they were completely amazed. 43 But
Jesus gave them strict orders not to tell anyone, and he said, "Give her
something to eat."

Jesus Is Rejected at Nazareth

(Matt. 13.53-58; Luke 4.16-30)

6 Jesus left that place and went back to his home town, followed
by his disciples. 2 On the Sabbath he began to teach in the
synagogue. Many people were there; and when they heard him, they
were all amazed. "Where did he get all this?" they asked. "What
wisdom is this that has been given him? How does he perform
miracles? 3 Isn't he the carpenter, the son of Mary, and the brother
of James, Joseph, Judas, and Simon? Aren't his sisters living here?"
And so they rejected him.
4 Jesus said to them, "A prophet is respected everywhere except in
his own home town and by his relatives and his family."
5 He was not able to perform any miracles there, except that he
placed his hands on a few sick people and healed them. 6 He was
greatly surprised, because the people did not have faith.

---

[g] paid no attention to; *or* overheard.

wedi digwydd iddi, a syrthiodd o'i flaen ef a dywedodd wrtho'r
holl wir. Dywedodd yntau wrthi hi, " Ferch, dy ffydd sydd 34
wedi dy iacháu di. Dos mewn tangnefedd, a bydd iach o'th
glwyf."

Tra oedd ef yn llefaru, daeth rhywrai o dŷ arweinydd y 35
synagog a dweud, " Y mae dy ferch wedi marw; pam yr wyt
yn poeni'r Athro bellach ?" Ond anwybyddodd Iesu y neges, 36
a dywedodd wrth arweinydd y synagog, " Paid ag ofni, dim
ond credu." Ac ni adawodd i neb ganlyn gydag ef ond Pedr ac 37
Iago ac Ioan, brawd Iago. Daethant i dŷ arweinydd y synagog, 38
a gwelodd gynnwrf, a phobl yn wylo ac yn dolefain yn uchel.
Ac wedi mynd i mewn dywedodd wrthynt, " Pam yr ydych yn 39
llawn cynnwrf ac yn wylo ? Nid yw'r plentyn wedi marw,
cysgu y mae." Dechreusant chwerthin am ei ben. Gyrrodd 40
yntau bawb allan, a chymryd tad y plentyn a'i mam a'r rhai
oedd gydag ef, a mynd i mewn lle'r oedd y plentyn. Ac wedi 41
gafael yn llaw'r plentyn dyma fe'n dweud wrthi, " Talitha
cŵm ", hynny yw, wedi ei gyfieithu, " Fy ngeneth, 'rwy'n
dweud wrthyt, cod." Cododd yr eneth ar unwaith a dechrau 42
cerdded, oherwydd yr oedd yn ddeuddeng mlwydd oed. A
thrawyd hwy yn y fan â syndod mawr. A rhoddodd ef orch- 43
ymyn pendant iddynt nad oedd neb i gael gwybod hyn, a
dywedodd am roi iddi rywbeth i'w fwyta.

Gwrthod Iesu yn Nasareth
(Mth 13.53-58; Lc 4.16-30)

Aeth oddi yno a daeth i fro ei febyd, a'i ddisgyblion yn ei **6**
ganlyn. A phan ddaeth y Saboth dechreuodd ddysgu yn y 2
synagog. Yr oedd llawer yn synnu wrth wrando, ac meddent,
" O ble y cafodd hwn y pethau hyn ? A beth yw'r ddoethineb
a roed i hwn, bod gwyrthiau hyd yn oed yn cael eu gwneud
trwyddo ef ? Onid hwn yw'r saer, mab Mair a brawd Iago a 3
Joses a Jwdas a Simon ? Ac onid yw ei chwiorydd yma gyda
ni ? " Yr oedd ef yn peri tramgwydd iddynt. Meddai Iesu 4
wrthynt, " Nid yw proffwyd heb anrhydedd ond yn ei fro ei
hun ac ymhlith ei geraint ac yn ei gartref." Ac ni allai wneud 5
unrhyw wyrth yno, ond rhoi ei ddwylo ar ychydig gleifion
a'u hiacháu. Rhyfeddodd at eu hanghrediniaeth. 6

Jesus Sends out the Twelve Disciples
(Matt. 10.5-15; Luke 9.1-6)

Then Jesus went to the villages round there, teaching the people. 7 He
called the twelve disciples together and sent them out two by two.
He gave them authority over the evil spirits 8 and ordered them, "Don't
take anything with you on your journey except a stick—no bread, no
beggar's bag, no money in your pockets. 9 Wear sandals, but don't carry
an extra shirt." 10 He also said, "Wherever you are welcomed, stay
in the same house until you leave that place. 11 If you come to a
town where people do not welcome you or will not listen to you,
leave it and shake the dust off your feet. That will be a warning
to them!"

12 So they went out and preached that people should turn away
from their sins. 13 They drove out many demons, and rubbed olive-oil
on many sick people and healed them.

The Death of John the Baptist
(Matt. 14.1-12; Luke 9.7-9)

14 Now King Herod[h] heard about all this, because Jesus' reputation
had spread everywhere. Some people were saying, "John the Baptist
has come back to life! That is why he has this power to perform
miracles."

15 Others, however, said, "He is Elijah."

Others said, "He is a prophet, like one of the prophets of long ago."

16 When Herod heard it, he said, "He is John the Baptist! I had
his head cut off, but he has come back to life!" 17 Herod himself
had ordered John's arrest, and he had him chained and put in prison.
Herod did this because of Herodias, whom he had married, even
though she was the wife of his brother Philip. 18 John the Baptist
kept telling Herod, "It isn't right for you to be married to your
brother's wife!"

19 So Herodias held a grudge against John and wanted to kill
him, but she could not because of Herod. 20 Herod was afraid of
John because he knew that John was a good and holy man, and
so he kept him safe. He liked to listen to him, even though he
became greatly disturbed every time he heard him.

21 Finally Herodias got her chance. It was on Herod's birthday,
when he gave a feast for all the chief government officials, the military
commanders, and the leading citizens of Galilee. 22 The daughter of
Herodias[i] came in and danced, and pleased Herod and his guests. So

---

[h] KING HEROD: *Herod Antipas, ruler of Galilee.*

[i] The daughter of Herodias; *some manuscripts have* His daughter Herodias.

Cenhadaeth y Deuddeg
(Mth 10.1, 5-15; Lc 9.1-6)

Yr oedd yn mynd o amgylch y pentrefi dan ddysgu. A 7
galwodd y Deuddeg ato a dechrau eu hanfon allan bob yn ddau.
Rhoddodd iddynt awdurdod dros ysbrydion aflan, a gorch- 8
mynnodd iddynt beidio â chymryd dim ar gyfer y daith ond
ffon yn unig; dim bara, dim cod, dim pres yn eu gwregys;
sandalau am eu traed, ond heb wisgo ail got. Ac meddai wrth- 9,10
ynt, "Lle bynnag yr ewch i mewn i dŷ, arhoswch yno nes y
byddwch yn ymadael â'r ardal. Ac os bydd unrhyw le yn 11
gwrthod eich derbyn, a phobl yn gwrthod gwrando arnoch,
ewch allan oddi yno ac ysgydwch ymaith y llwch fydd dan eich
traed, yn rhybudd iddynt." Felly aethant allan a phregethu ar 12
i ddynion edifarhau; ac yr oeddent yn bwrw allan gythreuliaid 13
lawer, ac yn iro llawer o gleifion ag olew a'u hiacháu.

Marwolaeth Ioan Fedyddiwr
(Mth 14.1-12; Lc 9.7-9)

Clywodd y Brenin Herod am hyn, oherwydd yr oedd enw 14
Iesu wedi dod yn hysbys. Yr oedd pobl yn dweud, "Ioan
Fedyddiwr sydd wedi ei godi oddi wrth y meirw, a dyna pam y
mae'r grymusterau ar waith ynddo ef." Yr oedd eraill yn 15
dweud, "Elias ydyw"; ac eraill wedyn, "Proffwyd yw, fel un
o'r proffwydi gynt." Ond pan glywodd Herod, dywedodd, 16
"Ioan, yr un y torrais i ei ben, sydd wedi atgyfodi." Oherwydd 17
yr oedd Herod wedi anfon a dal Ioan, a'i roi yn rhwym yng
ngharchar o achos Herodias, gwraig Philip ei frawd, am ei fod
wedi ei phriodi. Yr oedd Ioan wedi dweud wrth Herod, 18
"Nid yw'n gyfreithlon iti gael gwraig dy frawd." Ac yr oedd 19
Herodias yn dal dig wrtho ac yn dymuno ei ladd, ond ni allai,
oherwydd yr oedd ar Herod ofn Ioan, am ei fod yn gwybod mai 20
gŵr cyfiawn a sanctaidd ydoedd. Yr oedd yn ei gadw dan
warchodaeth; ac wedi gwrando arno, byddai'n gwneud llawer
o bethau, a pharhau i wrando arno'n llawen.* Daeth cyfle un 21
diwrnod, pan wnaeth Herod wledd ar ei ben-blwydd i'w
bendefigion a'i gadfridogion a gwŷr blaenllaw Galilea. Daeth 22

---

*adn. 20: yn ôl darlleniad arall, *a byddai'n gwrando arno'n llawen, er ei fod, ar ôl gwrando, mewn penbleth fawr.*

the king said to the girl, "What would you like to have? I will give you anything you want." [23] With many vows he said to her, "I swear that I will give you anything you ask for, even as much as half my kingdom!"

24 So the girl went out and asked her mother, "What shall I ask for?"

"The head of John the Baptist," she answered.

25 The girl hurried back at once to the king and demanded, "I want you to give me here and now the head of John the Baptist on a dish!"

26 This made the king very sad, but he could not refuse her because of the vows he had made in front of all his guests. [27] So he sent off a guard at once with orders to bring John's head. The guard left, went to the prison, and cut John's head off; [28] then he brought it on a dish and gave it to the girl, who gave it to her mother. [29] When John's disciples heard about this, they came and took away his body, and buried it.

Jesus Feeds Five Thousand Men
(Matt. 14.13-21; Luke 9.10-17; John 6.1-14)

30 The apostles returned and met with Jesus, and told him all they had done and taught. [31] There were so many people coming and going that Jesus and his disciples didn't even have time to eat. So he said to them, "Let us go off by ourselves to some place where we will be alone and you can rest for a while." [32] So they started out in a boat by themselves for a lonely place.

33 Many people, however, saw them leave and knew at once who they were; so they went from all the towns and ran ahead by land and arrived at the place ahead of Jesus and his disciples. [34] When Jesus got out of the boat, he saw this large crowd, and his heart was filled with pity for them, because they were like sheep without a shepherd. So he began to teach them many things. [35] When it was getting late, his disciples came to him and said, "It is already very late, and this is a lonely place. [36] Send the people away, and let them go to the nearby farms and villages in order to buy themselves something to eat."

37 "You yourselves give them something to eat," Jesus answered.

They asked, "Do you want us to go and spend two hundred silver coins[j] on bread in order to feed them?"

38 So Jesus asked them, "How much bread have you got? Go and see." When they found out, they told him, "Five loaves and also two fish."

---

[j] SILVER COINS: *A silver coin was the daily wage of a rural worker (see Mt 20.2).*

merch Herodias* i mewn, a dawnsio a phlesio Herod a'i
westeion. Dywedodd y brenin wrth yr eneth, " Gofyn imi am
y peth a fynni, ac fe'i rhof iti." A gwnaeth lw difrifol iddi, 23
" Beth bynnag a ofynni gennyf, rhof ef iti, hyd at hanner fy
nheyrnas." Aeth allan a dywedodd wrth ei mam, " Am beth y 24
caf ofyn ?" Dywedodd hithau, " Pen Ioan Fedyddiwr." A 25
brysiodd yr eneth ar unwaith i mewn at y brenin a gofyn, " Yr
wyf am iti roi imi, y munud yma, ben Ioan Fedyddiwr ar
ddysgl." Aeth y brenin yn drist iawn, ond oherwydd ei lw ac 26
oherwydd y gwesteion penderfynodd beidio â thorri ei air iddi.
Ac yna anfonodd y brenin ddienyddiwr a gorchymyn iddo 27
ddod â phen Ioan. Fe aeth hwnnw, a thorrodd ei ben ef yn y
carchar, a dod ag ef ar ddysgl a'i roi i'r eneth; a rhoddodd yr 28
eneth ef i'w mam. A phan glywodd ei ddisgyblion, daethant, 29
a mynd â'i gorff ymaith a'i ddodi mewn bedd.

Porthi'r Pum Mil
(Mth 14.13-21; Lc 9.10-17; In 6.1-14)

Daeth yr apostolion ynghyd at Iesu a dweud wrtho am yr 30
holl bethau yr oeddent wedi eu gwneud a'u dysgu. A dywed- 31
odd wrthynt, " Dewch chwi eich hunain o'r neilltu i le unig a
gorffwyswch am dipyn." Oherwydd yr oedd llawer yn mynd a
dod ac nid oedd cyfle iddynt hyd yn oed i fwyta. Ac aethant 32
ymaith yn y cwch i le unig o'r neilltu. Gwelodd llawer hwy'n 33
mynd, a'u hadnabod, a rhedasant ynghyd i'r fan, dros y tir, o'r
holl drefi, a chyrraedd o'u blaen. Pan laniodd Iesu gwelodd 34
dyrfa fawr, a thosturiodd wrthynt am eu bod fel defaid heb
fugail; a dechreuodd ddysgu llawer iddynt. Pan oedd hi 35
eisoes wedi mynd yn hwyr ar y dydd daeth ei ddisgyblion ato a
dweud, " Y mae'r lle yma'n unig ac y mae hi eisoes yn hwyr.
Gollwng hwy, iddynt fynd i'r wlad a'r pentrefi o amgylch i 36
brynu tipyn o fwyd iddynt eu hunain." Atebodd yntau hwy, 37
" Rhowch chwi rywbeth i'w fwyta iddynt." Meddent wrtho,
" A ydym i fynd i brynu gwerth ugain punt* o fara a'i roi
iddynt i'w fwyta ?" Meddai yntau wrthynt, " Pa sawl torth sy 38
gennych ? Ewch i edrych." Ac wedi cael gwybod dywedasant,
" Pump, a dau bysgodyn." Gorchmynnodd iddynt beri i bawb 39

---

*adn. 22: yn ôl darlleniad arall, *ei ferch Herodias.*

*adn. 37: neu, *dau can denarius.*

39 Jesus then told his disciples to make all the people divide into
groups and sit down on the green grass. 40 So the people sat down
in rows, in groups of a hundred and groups of fifty. 41 Then Jesus
took the five loaves and the two fish, looked up to heaven, and
gave thanks to God. He broke the loaves and gave them to his
disciples to distribute to the people. He also divided the two fish
among them all. 42 Everyone ate and had enough. 43 Then the disciples
took up twelve baskets full of what was left of the bread and the
fish. 44 The number of men who were fed was five thousand.

Jesus Walks on the Water

(Matt. 14.22-33; John 6.15-21)

45 At once Jesus made his disciples get into the boat and go ahead of
him to Bethsaida, on the other side of the lake, while he sent the crowd
away. 46 After saying good-bye to the people he went away to a
hill to pray. 47 When evening came, the boat was in the middle of the
lake, while Jesus was alone on land. 48 He saw that his disciples were
straining at the oars, because they were rowing against the wind; so
some time between three and six o'clock in the morning he came
to them, walking on the water. He was going to pass them by,[k]
49 but they saw him walking on the water. "It's a ghost!" they thought,
and screamed. 50 They were all terrified when they saw him.

Jesus spoke to them at once, "Courage!" he said. "It is I. Don't be
afraid!" 51 Then he got into the boat with them, and the wind died
down. The disciples were completely amazed, 52 because they had
not understood the real meaning of the feeding of the five thousand;
their minds could not grasp it.

Jesus Heals the Sick in Gennesaret

(Matt. 14.34-36)

53 They crossed the lake and came to land at Gennesaret, where
they tied up the boat. 54 As they left the boat, people recognized
Jesus at once. 55 So they ran throughout the whole region; and
wherever they heard he was, they brought to him sick people lying
on their mats. 56 And everywhere Jesus went, to villages, towns, or
farms, people would take those who were ill to the market-places
and beg him to let them at least touch the edge of his cloak; and
all who touched it were made well.

---

[k] pass them by; *or* join them.

eistedd yn gwmnioedd ar y glaswellt. Ac eisteddasant yn rhesi, 40
bob yn gant a hanner cant. Yna cymerodd y pum torth a'r ddau 41
bysgodyn, a chan edrych i fyny i'r nef a bendithio, torrodd y
torthau a'u rhoi i'w ddisgyblion i'w gosod gerbron y bobl;
rhannodd hefyd y ddau bysgodyn rhwng pawb. Bwytasant oll 42
a chael digon. A chodasant ddeuddeg basgedaid o dameidiau 43
bara, a pheth o'r pysgod. Ac yr oedd y rhai oedd wedi bwyta'r 44
torthau yn bum mil o wŷr.

Cerdded ar y Dŵr
(Mth 14.22-33; In 6.15-21)

Yna'n ddi-oed gwnaeth i'w ddisgyblion fynd i'r cwch a 45
hwylio o'i flaen i'r ochr draw i Fethsaida, tra byddai ef yn
gollwng y dyrfa. Ac wedi canu'n iach iddynt aeth ymaith i'r 46
mynydd i weddïo. Pan aeth hi'n hwyr yr oedd y cwch ar ganol 47
y môr, ac yntau ar ei ben ei hun ar y tir. A gwelodd hwy mewn 48
helbul wrth rwyfo, oherwydd yr oedd y gwynt yn eu herbyn, a
rhywbryd rhwng tri a chwech o'r gloch y bore daeth ef atynt
dan gerdded ar y môr. Yr oedd am fynd heibio iddynt; ond 49
pan welsant ef yn cerdded ar y môr tybiasant mai drychiolaeth
ydoedd, a gwaeddasant, oherwydd gwelodd pawb ef, a dych- 50
rynwyd hwy. Siaradodd yntau â hwy ar unwaith ac meddai
wrthynt, "Codwch eich calon; myfi yw; peidiwch ag
ofni." Dringodd i'r cwch atynt, a gostegodd y gwynt. 51
Yr oedd eu syndod yn fawr dros ben, oblegid nid oeddent 52
wedi deall ynglŷn â'r torthau; yr oedd eu meddwl wedi ei
ddallu.

Iacháu'r Cleifion yng Ngenesaret
(Mth 14.34-36)

Wedi croesi at y tir daethant i Genesaret ac angori wrth y lan. 53
Pan ddaethant allan o'r cwch, adnabu'r bobl ef ar unwaith, 54
a dyma redeg o amgylch yr holl fro honno a dechrau cludo'r 55
cleifion ar fatresi i ble bynnag y clywent ei fod ef. A phle 56
bynnag y byddai'n mynd, i bentrefi neu i drefi neu i'r wlad, yr
oeddent yn gosod y rhai oedd yn wael yn y marchnadleoedd,
ac yn erfyn arno am iddynt gael dim ond cyffwrdd ag ymyl ei
fantell. A phawb a gyffyrddodd ag ef, iachawyd hwy.

The Teaching of the Ancestors
(Matt. 15.1-9)

7 Some Pharisees and teachers of the Law who had come from
Jerusalem gathered round Jesus. 2 They noticed that some of
his disciples were eating their food with hands that were ritually
unclean—that is, they had not washed them in the way the Pharisees
said people should.

3 (For the Pharisees, as well as the rest of the Jews, follow the teach-
ing they received from their ancestors: they do not eat unless they
wash their hands in the proper way; 4 nor do they eat anything that
comes from the market unless they wash it first.[l] And they follow many
other rules which they have received, such as the proper way to wash
cups, pots, copper bowls, and beds.[m])

5 So the Pharisees and the teachers of the Law asked Jesus, "Why
is it that your disciples do not follow the teaching handed down
by our ancestors, but instead eat with ritually unclean hands?"

6 Jesus answered them, "How right Isaiah was when he prophesied
about you! You are hypocrites, just as he wrote:

'These people, says God, honour me with their words,
but their heart is really far away from me.
7 It is no use for them to worship me,
because they teach man-made rules
as though they were God's laws!'

8 "You put aside God's command and obey the teachings of men."

9 And Jesus continued, "You have a clever way of rejecting God's
law in order to uphold your own teaching. 10 For Moses commanded,
'Respect your father and your mother,' and, 'Whoever curses his
father or his mother is to be put to death.' 11 But you teach that
if a person has something he could use to help his father or mother,
but says, 'This is Corban' (which means, it belongs to God), 12 he
is excused from helping his father or mother. 13 In this way the
teaching you pass on to others cancels out the word of God. And
there are many other things like this that you do."

The Things that Make a Person Unclean
(Matt. 15.10-20)

14 Then Jesus called the crowd to him once more and said to
them, "Listen to me, all of you, and understand. 15 There is nothing
that goes into a person from the outside which can make him ritually

---

[l] anything that comes from the market unless they wash it first; *or* anything after they come from the market unless they wash themselves first.

[m] *Some manuscripts do not have* and beds.

Traddodiad yr Hynafiaid
(Mth 15.1-20)

Ymgasglodd y Phariseaid ato, a rhai ysgrifenyddion oedd **7**
wedi dod o Jerwsalem. A gwelsant fod rhai o'i ddisgyblion ef 2
yn bwyta'u bwyd â dwylo halogedig, hynny yw, heb eu golchi.
(Oherwydd nid yw'r Phariseaid, na neb o'r Iddewon, yn bwyta 3
heb olchi eu dwylo hyd yr arddwrn,* gan lynu wrth draddodiad
yr hynafiaid; ac ni fyddant byth yn bwyta, ar ôl dod o'r 4
farchnad, heb ymolchi; ac y mae llawer o bethau eraill a eti-
feddwyd ganddynt i'w cadw, megis golchi cwpanau ac ystenau
a llestri pres.*) Gofynnodd y Phariseaid a'r ysgrifenyddion 5
iddo, " Pam nad yw dy ddisgyblion di'n dilyn traddodiad yr
hynafiaid, ond yn bwyta'u bwyd â dwylo halogedig ?" Dywed- 6
odd yntau wrthynt, " Da y proffwydodd Eseia amdanoch chwi
ragrithwyr, fel y mae'n ysgrifenedig:

' Y mae'r bobl hyn yn fy anrhydeddu â'u gwefusau,
ond y mae eu calon yn bell oddi wrthyf;
yn ofer y maent yn fy addoli, 7
gan ddysgu gorchmynion dynol fel athrawiaethau.'

Yr ydych yn anwybyddu gorchymyn Duw ac yn glynu wrth 8
draddodiad dynion." Meddai hefyd wrthynt, " Rhai da ydych 9
chwi am wrthod gorchymyn Duw er mwyn cadarnhau eich
traddodiad eich hunain. Oherwydd dywedodd Moses, ' An- 10
rhydedda dy dad a'th fam ', a, ' Bydded farw'n gelain y dyn a
felltithia ei dad neu ei fam.' Ond yr ydych chwi'n dweud, 11
' Os dywed dyn wrth ei dad neu ei fam, " Corban (hynny yw,
Offrwm i Dduw) yw beth bynnag y gallasit ei dderbyn yn
gymorth gennyf fi," ' ni adewch iddo mwyach wneud dim i'w 12
dad neu i'w fam. Yr ydych yn dirymu gair Duw trwy'r tradd- 13
odiad a drosglwyddir gennych. Ac yr ydych yn gwneud llawer
o bethau cyffelyb i hynny."

Galwodd y dyrfa ato drachefn ac meddai wrthynt, " Gwran- 14
dewch arnaf bawb, a deallwch. Nid oes dim sy'n mynd i mewn 15
i ddyn o'r tu allan iddo yn gallu ei halogi; ond y pethau sy'n
dod allan o ddyn, dyna sy'n halogi dyn."* Ac wedi iddo fynd 17

---

*adn. 3: yn llythrennol, *â'r dwrn.* Yr ystyr yn ansicr.

*adn. 4: ychwanega rhai llawysgrifau, *a gwelyau.*

*adn. 15: ychwanega rhai llawysgrifau adnod 16: *Os oes gan rywun glustiau i wrando, gwrandawed.*

unclean. Rather, it is what comes out of a person that makes him
unclean.”[n]

17 When he left the crowd and went into the house, his disciples
asked him to explain this saying. 18 “You are no more intelligent than
the others,” Jesus said to them. “Don’t you understand? Nothing that
goes into a person from the outside can really make him unclean, 19 be-
cause it does not go into his heart but into his stomach and then
goes on out of the body.” (In saying this, Jesus declared that all
foods are fit to be eaten.)

20 And he went on to say, “It is what comes out of a person
that makes him unclean. 21 For from the inside, from a person’s
heart, come the evil ideas which lead him to do immoral things,
to rob, kill, 22 commit adultery, be greedy, and do all sorts of evil
things; deceit, indecency, jealousy, slander, pride, and folly—23 all
these evil things come from inside a person and make him unclean.”

A Woman’s Faith

(Matt. 15.21-28)

24 Then Jesus left and went away to the territory near the city
of Tyre. He went into a house and did not want anyone to know
he was there, but he could not stay hidden. 25 A woman, whose
daughter had an evil spirit in her, heard about Jesus and came to
him at once and fell at his feet. 26 The woman was a Gentile, born
in the region of Phoenicia in Syria. She begged Jesus to drive the
demon out of her daughter. 27 But Jesus answered, “Let us first feed
the children. It isn’t right to take the children’s food and throw
it to the dogs.”

28 “Sir,” she answered, “even the dogs under the table eat the chil-
dren’s leftovers!”

29 So Jesus said to her, “Because of that answer, go back home,
where you will find that the demon has gone out of your daughter!”

30 She went home and found her child lying on the bed; the
demon had indeed gone out of her.

Jesus Heals a Deaf-Mute

31 Jesus then left the neighbourhood of Tyre and went on through
Sidon to Lake Galilee, going by way of the territory of the Ten
Towns. 32 Some people brought him a man who was deaf and could
hardly speak, and they begged Jesus to place his hands on him.
33 So Jesus took him off alone, away from the crowd, put his fingers
in the man’s ears, spat, and touched the man’s tongue. 34 Then Jesus
looked up to heaven, gave a deep groan, and said to the man,
“*Ephphatha*,” which means, “Open up!”

---

[n] *Some manuscripts add verse 16:* Listen, then, if you have ears! *(see 4.23).*

i'r tŷ oddi wrth y dyrfa, dechreuodd ei ddisgyblion ei holi am y
ddameg. Meddai yntau wrthynt, " A ydych chwithau hefyd 18
yr un mor ddi-ddeall ? Oni welwch na all dim sy'n mynd i
mewn i ddyn o'r tu allan ei halogi, oherwydd nid yw'n mynd 19
i'w galon ond i'w gylla, ac yna mae'n mynd allan i'r geudy ?"
Felly y cyhoeddodd ef yr holl fwydydd yn lân. Ac meddai, 20
" Yr hyn sy'n dod allan o ddyn, dyna sy'n halogi dyn. Oher- 21
wydd o'r tu mewn, o galon dynion, y daw allan gynllunio
drygionus, puteinio, lladrata, llofruddio, godinebu, trachwantu, 22
anfadwaith, twyll, anlladrwydd, cenfigen, cabledd, balchder,
ynfydrwydd; allan o'r tu mewn y mae'r holl ddrygau hyn yn 23
dod ac yn halogi dyn."

Ffydd y Wraig o Syrophenicia
(Mth 15.21-28)

Cychwynnodd oddi yno ac aeth ymaith i gyffiniau Tyrus. 24
Aeth i dŷ, ac ni fynnai i neb wybod; ond ni lwyddodd i ym-
guddio. Ar unwaith clywodd gwraig amdano, gwraig yr oedd 25
gan ei merch fach ysbryd aflan, a daeth a syrthiodd wrth ei
draed ef. Groeges oedd y wraig, Syropheniciad o genedl; ac 26
yr oedd yn gofyn iddo fwrw'r cythraul allan o'i merch. Meddai 27
yntau wrthi, " Gad i'r plant gael digon yn gyntaf; nid yw'n
deg cymryd bara'r plant a'i daflu i'r cŵn." Atebodd hithau ef, 28
" Syr, y mae hyd yn oed y cŵn o dan y bwrdd yn bwyta o
friwsion y plant." " Am iti ddweud hynyna," ebe yntau, " dos 29
adref, y mae'r cythraul wedi mynd allan o'th ferch." Aeth 30
hithau adref a chafodd y plentyn yn gorwedd ar y gwely, a'r
cythraul wedi mynd ymaith.

Iacháu Dyn Mud a Byddar

Dychwelodd drachefn o gyffiniau Tyrus, a daeth drwy Sidon 31
at Fôr Galilea trwy ganol bro'r Decapolis. Dygasant ato ddyn 32
byddar ac atal dweud arno, a cheisio ganddo roi ei law arno.
Cymerodd yntau ef o'r neilltu oddi wrth y dyrfa ar ei ben ei 33
hun; rhoes ei fysedd yn ei glustiau, poerodd, a chyffyrddodd
â'i dafod; a chan edrych i fyny i'r nef ochneidiodd a dweud 34
wrtho, "Ephphatha ", hynny yw, " Agorer di." Agorwyd ei 35
glustiau ar unwaith, a datodwyd rhwym ei dafod a dechreuodd
lefaru'n eglur. A gorchmynnodd iddynt beidio â dweud wrth 36

35 At once the man was able to hear, his speech impediment was
removed, and he began to talk without any trouble. 36 Then Jesus
ordered the people not to speak of it to anyone; but the more he
ordered them not to, the more they spoke. 37 And all who heard
were completely amazed. "How well he does everything!" they
exclaimed. "He even causes the deaf to hear and the dumb to speak!"

Jesus Feeds Four Thousand People

(Matt. 15.32-39)

8 Not long afterwards another large crowd came together. When
the people had nothing left to eat, Jesus called the disciples
to him and said, 2 "I feel sorry for these people, because they have
been with me for three days and now have nothing to eat. 3 If I
send them home without feeding them, they will faint as they go,
because some of them have come a long way."

4 His disciples asked him, "Where in this desert can anyone find
enough food to feed all these people?"

5 "How much bread have you got?" Jesus asked.

"Seven loaves," they answered.

6 He ordered the crowd to sit down on the ground. Then he took
the seven loaves, gave thanks to God, broke them, and gave them
to his disciples to distribute to the crowd; and the disciples did
so. 7 They also had a few small fish. Jesus gave thanks for these
and told the disciples to distribute them too. 8-9 Everybody ate and
had enough—there were about four thousand people. Then the dis-
ciples took up seven baskets full of pieces left over. Jesus sent the
people away 10 and at once got into a boat with his disciples and
went to the district of Dalmanutha.

The Pharisees Ask for a Miracle

(Matt. 16.1-4)

11 Some Pharisees came to Jesus and started to argue with him.
They wanted to trap him, so they asked him to perform a miracle
to show that God approved of him. 12 But Jesus gave a deep groan
and said, "Why do the people of this day ask for a miracle? No,
I tell you! No such proof will be given to these people!"

13 He left them, got back into the boat, and started across to
the other side of the lake.

The Yeast of the Pharisees and of Herod

(Matt. 16.5-12)

14 The disciples had forgotten to bring enough bread and had
only one loaf with them in the boat. 15 "Take care," Jesus warned

neb; ond po fwyaf yr oedd ef yn gorchymyn iddynt, mwyaf
yn y byd yr oeddent hwy'n cyhoeddi'r peth. Yr oeddent yn 37
synnu'n fawr dros ben, gan ddweud, " Da y gwnaeth ef bob
peth; y mae'n gwneud hyd yn oed i fyddariaid glywed ac i
fudion lefaru."

Porthi'r Pedair Mil
(Mth 15.32-39)

Yn y dyddiau hynny, a'r dyrfa unwaith eto'n fawr a heb **8**
ddim i'w fwyta, galwodd ei ddisgyblion ato, ac meddai wrth-
ynt, " Yr wyf yn tosturio wrth y dyrfa, oherwydd y maent wedi 2
bod gyda mi dridiau erbyn hyn, ac nid oes ganddynt ddim i'w
fwyta. Ac os anfonaf hwy adref ar eu cythlwng, llewygant ar y 3
ffordd; y mae rhai ohonynt wedi dod o bell." Atebodd ei 4
ddisgyblion ef, " Sut y gall neb gael digon o fara i fwydo'r rhain
i gyd mewn lle anial fel hyn ?" Gofynnodd iddynt, " Pa sawl 5
torth sy gennych ?" " Saith," meddent hwythau. Gorchmyn- 6
nodd i'r dyrfa eistedd ar y ddaear. Yna cymerodd y saith torth,
ac wedi diolch fe'u torrodd a'u rhoi i'w ddisgyblion i'w gosod
gerbron; ac fe'u gosodasant gerbron y dyrfa. Ac yr oedd 7
ganddynt ychydig o bysgod bychain; ac wedi eu bendithio,
dywedodd am osod y rhain hefyd ger eu bron. Bwytasant a 8
chael digon, a chodasant y tameidiau oedd yn weddill, saith
basgedaid. Yr oedd tua phedair mil ohonynt. Gollyngodd 9
hwy ymaith. Ac yna aeth i mewn i'r cwch gyda'i ddisgyblion, 10
a daeth i ardal Dalmanwtha.

Ceisio Arwydd
(Mth 16.1-4)

Daeth y Phariseaid allan a dechrau dadlau ag ef. Yr oeddent 11
yn ceisio ganddo arwydd o'r nef, i roi prawf arno. Ochneid- 12
iodd yn ddwys ynddo'i hun. " Pam," meddai, " y mae'r
genhedlaeth hon yn ceisio arwydd ? Yn wir, 'rwy'n dweud
wrthych, ni roddir arwydd i'r genhedlaeth hon." A gadawodd 13
hwy a mynd i'r cwch drachefn a hwylio ymaith i'r ochr draw.

Surdoes y Phariseaid a Herod
(Mth 16.5-12)

Yr oeddent wedi anghofio dod â bara, ac nid oedd ganddynt 14
ond un dorth gyda hwy yn y cwch. A dechreuodd eu siarsio, 15

them, "and be on your guard against the yeast of the Pharisees
and the yeast of Herod."

16 They started discussing among themselves: "He says this because
we haven't any bread."

17 Jesus knew what they were saying, so he asked them, "Why
are you discussing about not having any bread? Don't you know
or understand yet? Are your minds so dull? 18 You have eyes—can't
you see? You have ears—can't you hear? Don't you remember
19 when I broke the five loaves for the five thousand people? How
many baskets full of leftover pieces did you take up?"

"Twelve," they answered.

20 "And when I broke the seven loaves for the four thousand
people," asked Jesus, "how many baskets full of leftover pieces did
you take up?"

"Seven," they answered.

21 "And you still don't understand?" he asked them.

Jesus Heals a Blind Man at Bethsaida

22 They came to Bethsaida, where some people brought a blind
man to Jesus and begged him to touch him. 23 Jesus took the blind
man by the hand and led him out of the village. After spitting on
the man's eyes, Jesus placed his hands on him and asked him, "Can
you see anything?"

24 The man looked up and said, "Yes, I can see people, but they
look like trees walking about."

25 Jesus again placed his hands on the man's eyes. This time the
man looked intently, his eyesight returned, and he saw everything
clearly. 26 Jesus then sent him home with the order, "Don't go back
into the village."

Peter's Declaration about Jesus

(Matt. 16.13-20; Luke 9.18-21)

27 Then Jesus and his disciples went away to the villages near
Caesarea Philippi. On the way he asked them, "Tell me, who do
people say I am?"

28 "Some say that you are John the Baptist," they answered; "others
say that you are Elijah, while others say that you are one of the
prophets."

29 "What about you?" he asked them. "Who do you say I am?"

Peter answered, "You are the Messiah."

30 Then Jesus ordered them, "Do not tell anyone about me."

gan ddweud, " Gwyliwch, ymogelwch rhag surdoes y Phari-
seaid a surdoes Herod." Ac yr oeddent yn trafod ymhlith ei 16
gilydd gan ddweud, " Nid oes gennym fara." Deallodd yntau 17
hyn, ac meddai wrthynt, " Pam yr ydych yn trafod nad oes
gennych fara ? A ydych eto heb weld na deall ? A yw eich
meddwl wedi ei ddallu ? Â llygaid gennych, onid ydych yn 18
gweld, ac â chlustiau gennych, onid ydych yn clywed ? Onid
ydych yn cofio ? Pan dorrais y pum torth i'r pum mil, pa sawl 19
basgedaid lawn o dameidiau a godasoch ?" Meddent wrtho,
" Deuddeg." " Pan dorrais y saith i'r pedair mil, llond pa sawl 20
basged o dameidiau a godasoch ?" " Saith," meddent. Ac 21
meddai ef wrthynt, " Onid ydych eto'n deall ?"

Iacháu Dyn Dall ym Methsaida

Daethant i Fethsaida. A dyma hwy'n dod â dyn dall ato, ac 22
erfyn arno gyffwrdd ag ef. Gafaelodd yn llaw'r dyn dall a mynd 23
ag ef allan o'r pentref, ac wedi poeri ar ei lygaid rhoes ei ddwylo
arno a gofynnodd iddo, " A elli di weld rhywbeth ?" Edrych- 24
odd i fyny,* ac meddai, " Gallaf weld dynion, oherwydd yr wyf
yn gweld rhywbeth fel coed yn cerdded oddi amgylch." Yna 25
rhoes ei ddwylo drachefn ar ei lygaid ef. Craffodd yntau, ac
adferwyd ef; yr oedd yn gweld popeth yn eglur o bell. Anfon- 26
odd ef adref, gan ddweud, " Paid â mynd i mewn i'r pentref."*

Datganiad Pedr ynglŷn â Iesu
(Mth 16.13-20; Lc 9.18-21)

Aeth Iesu a'i ddisgyblion allan i bentrefi Cesarea Philipi, ac 27
ar y ffordd holodd ei ddisgyblion: " Pwy," meddai wrthynt,
" y mae dynion yn dweud ydwyf fi ?" Dywedasant hwythau 28
wrtho, " Mae rhai'n dweud Ioan Fedyddiwr, ac eraill Elias, ac
eraill drachefn, un o'r proffwydi." Gofynnodd ef iddynt, " A 29
chwithau, pwy meddwch chwi ydwyf fi ?" Atebodd Pedr ef,
" Ti yw'r Meseia." Rhybuddiodd hwy i beidio â dweud wrth 30
neb amdano.

---

*adn. 24: neu, *Dechreuodd gael ei olwg yn ôl.*

*adn. 26: yn ôl darlleniad arall, *Paid â dweud wrth neb yn y pentref.*

Jesus Speaks about His Suffering and Death

(Matt. 16.21-28; Luke 9.22-27)

31 Then Jesus began to teach his disciples: "The Son of Man
must suffer much and be rejected by the elders, the chief priests,
and the teachers of the Law. He will be put to death, but three
days later he will rise to life." 32 He made this very clear to them.
So Peter took him aside and began to rebuke him. 33 But Jesus turned
round, looked at his disciples, and rebuked Peter. "Get away from
me, Satan," he said. "Your thoughts don't come from God but from
man!"

34 Then Jesus called the crowd and his disciples to him. "If anyone
wants to come with me," he told them, "he must forget self, carry his
cross, and follow me. 35 For whoever wants to save his own life will
lose it; but whoever loses his life for me and for the gospel will save
it. 36 Does a person gain anything if he wins the whole world but
loses his life? Of course not! 37 There is nothing he can give to regain
his life. 38 If a person is ashamed of me and of my teaching in
this godless and wicked day, then the Son of Man will be ashamed of
him when he comes in the glory of his Father with the holy angels."

9 And he went on to say, "I tell you, there are some here who
will not die until they have seen the Kingdom of God come
with power."

The Transfiguration

(Matt. 17.1-13; Luke 9.28-36)

2 Six days later Jesus took with him Peter, James, and John, and
led them up a high mountain, where they were alone. As they looked
on, a change came over Jesus, 3 and his clothes became shining white—
whiter than anyone in the world could wash them. 4 Then the three
disciples saw Elijah and Moses talking with Jesus. 5 Peter spoke up
and said to Jesus, "Teacher, how good it is that we are here! We
will make three tents, one for you, one for Moses, and one for
Elijah." 6 He and the others were so frightened that he did not know
what to say.

7 Then a cloud appeared and covered them with its shadow, and
a voice came from the cloud, "This is my own dear Son—listen
to him!" 8 They took a quick look round but did not see anyone
else; only Jesus was with them.

Iesu'n Rhagfynegi Ei Farwolaeth a'i Atgyfodiad
(Mth 16.21-28; Lc 9.22-27)

Dechreuodd eu dysgu fod yn rhaid i Fab y Dyn ddioddef 31
llawer, a chael ei wrthod gan yr henuriaid a'r prif offeiriaid a'r
ysgrifenyddion, a'i ladd, ac ymhen tridiau atgyfodi. Yr oedd 32
yn llefaru'r gair hwn yn gwbl agored. A chymerodd Pedr ef ato
a dechrau ei geryddu. Troes yntau, ac wedi edrych ar ei 33
ddisgyblion ceryddodd Pedr. "Dos ymaith o'm golwg, Satan,"
meddai, "oherwydd nid ar bethau Duw y mae dy fryd ond ar
bethau dynion." Galwodd ato'r dyrfa ynghyd â'i ddisgyblion 34
a dywedodd wrthynt, "Os myn neb ddod ar fy ôl i, rhaid iddo
ymwadu ag ef ei hun a chodi ei groes a'm canlyn i. Oherwydd 35
pwy bynnag a fyn gadw ei fywyd, fe'i cyll, ond pwy bynnag a
gyll ei fywyd er fy mwyn i a'r Efengyl, fe'i ceidw. Pa elw a 36
gaiff dyn o ennill yr holl fyd a fforffedu ei fywyd ? Oherwydd 37
beth a all dyn ei roi'n gyfnewid am ei fywyd ? Pwy bynnag y 38
bydd arno gywilydd ohonof fi ac o'm geiriau yn y genhedlaeth
annuwiol a phechadurus hon, bydd ar Fab y Dyn hefyd gywil-
ydd ohono yntau, pan ddaw yng ngogoniant ei Dad gyda'r
angylion sanctaidd." Meddai hefyd wrthynt, "Yn wir, 'rwy'n **9**
dweud wrthych, y mae rhai o'r sawl sy'n sefyll yma na phrofant
flas marwolaeth nes iddynt weld teyrnas Dduw wedi dyfod
mewn nerth."

Gweddnewidiad Iesu
(Mth 17.1-13; Lc 9.28-36)

Ymhen chwe diwrnod dyma Iesu'n cymryd Pedr ac Iago ac 2
Ioan a mynd â hwy i fynydd uchel o'r neilltu ar eu pennau eu
hunain. A gweddnewidiwyd ef yn eu gŵydd hwy, ac aeth ei 3
ddillad i ddisgleirio'n glaer wyn, y modd na allai unrhyw
bannwr ar y ddaear eu gwynnu. Ymddangosodd Elias iddynt 4
ynghyd â Moses; ymddiddan yr oeddent â Iesu. A dywedodd 5
Pedr wrth Iesu, "Rabbi, y mae'n dda i ni fod yma; gwnawn
dair pabell, un i ti ac un i Moses ac un i Elias." Oherwydd ni 6
wyddai beth i'w ddweud; yr oeddent wedi dychryn. A daeth 7
cwmwl yn cysgodi drostynt; a dyma lais o'r cwmwl, "Hwn yw
fy Mab, yr Anwylyd; gwrandewch arno." Ac yn ddisymwth, 8
pan edrychasant o amgylch, ni welsant neb mwyach ond Iesu
yn unig gyda hwy.

9 As they came down the mountain, Jesus ordered them, "Don't
tell anyone what you have seen, until the Son of Man has risen
from death."
10 They obeyed his order, but among themselves they started discuss-
ing the matter, "What does this 'rising from death' mean?" 11 And
they asked Jesus, "Why do the teachers of the Law say that Elijah
has to come first?"
12 His answer was, "Elijah is indeed coming first in order to get
everything ready. Yet why do the Scriptures say that the Son of
Man will suffer much and be rejected? 13 I tell you, however, that
Elijah has already come and that people treated him just as they
pleased, as the Scriptures say about him."

Jesus Heals a Boy with an Evil Spirit

(Matt. 17.14-21; Luke 9.37-43a)

14 When they joined the rest of the disciples, they saw a large
crowd round them and some teachers of the Law arguing with them.
15 When the people saw Jesus, they were greatly surprised, and ran
to him and greeted him. 16 Jesus asked his disciples, "What are you
arguing with them about?"
17 A man in the crowd answered, "Teacher, I brought my son
to you, because he has an evil spirit in him and cannot talk. 18 When-
ever the spirit attacks him, it throws him to the ground, and he
foams at the mouth, grits his teeth, and becomes stiff all over. I
asked your disciples to drive the spirit out, but they could not."
19 Jesus said to them, "How unbelieving you people are! How
long must I stay with you? How long do I have to put up with
you? Bring the boy to me!" 20 They brought him to Jesus.
As soon as the spirit saw Jesus, it threw the boy into a fit, so
that he fell on the ground and rolled round, foaming at the mouth.
21 "How long has he been like this?" Jesus asked the father.
"Ever since he was a child," he replied. 22 "Many times the evil spirit
has tried to kill him by throwing him in the fire and into water. Have
pity on us and help us, if you possibly can!"
23 "Yes," said Jesus, "if you yourself can! Everything is possible for
the person who has faith."
24 The father at once cried out, "I do have faith, but not enough.
Help me to have more!"
25 Jesus noticed that the crowd was closing in on them, so he
gave a command to the evil spirit. "Deaf and dumb spirit," he said,
"I order you to come out of the boy and never go into him again!"
26 The spirit screamed, threw the boy into a bad fit, and came

Wrth iddynt ddod i lawr o'r mynydd rhoddodd orchymyn 9
iddynt i beidio â dweud wrth neb am y pethau a welsant, nes
y byddai Mab y Dyn wedi atgyfodi oddi wrth y meirw. Dalias- 10
ant ar y gair, gan holi yn eu plith eu hunain beth oedd ystyr
atgyfodi oddi wrth y meirw. A gofynasant iddo, "Pam y mae'r 11
ysgrifenyddion yn dweud fod yn rhaid i Elias ddod yn gyntaf?"
Meddai yntau wrthynt, "Y mae Elias yn dod yn gyntaf ac yn 12
adfer pob peth. Ond sut y mae'n ysgrifenedig am Fab y Dyn,
ei fod i ddioddef llawer a chael ei ddirmygu? Ond 'rwy'n 13
dweud wrthych fod Elias eisoes wedi dod, a gwnaethant iddo
beth bynnag a fynnent, fel y mae'n ysgrifenedig amdano."

Iacháu Bachgen ag Ysbryd Aflan ynddo
(Mth 17.14-20; Lc 9.37-43a)

Pan ddaethant at y disgyblion gwelsant dyrfa fawr o'u 14
cwmpas, ac ysgrifenyddion yn dadlau â hwy. Ac unwaith y 15
gwelodd yr holl dyrfa ef fe'u syfrdanwyd, a rhedasant ato a'i
gyfarch. Gofynnodd yntau iddynt, "Am beth yr ydych yn 16
dadlau â'ch gilydd?" Atebodd un o'r dyrfa ef, "Athro, mi 17
ddois i â'm mab atat; y mae wedi ei feddiannu gan ysbryd mud,
a pha bryd bynnag y mae hwnnw'n gafael ynddo y mae'n ei 18
fwrw ar lawr, ac y mae yntau'n malu ewyn ac yn rhincian ei
ddannedd ac yn mynd yn ddiymadferth. A dywedais wrth dy
ddisgyblion am ei fwrw allan, ac ni allasant." Atebodd Iesu 19
hwy: "O genhedlaeth ddi-ffydd, pa hyd y byddaf gyda chwi?
Pa hyd y goddefaf chwi? Dewch ag ef ataf fi." A daethant â'r 20
bachgen ato. Pan welodd ef Iesu, ar unwaith cynhyrfodd yr
ysbryd ef a syrthiodd ar y llawr a rholio o gwmpas dan falu
ewyn. Gofynnodd Iesu i'w dad, "Faint sydd er pan ddaeth 21
hyn arno?" Dywedodd yntau, "O'i blentyndod; llawer gwaith 22
fe'i taflodd i'r tân neu i'r dŵr, i geisio'i ladd. Os yw'n bosibl
iti wneud rhywbeth, tosturia wrthym a helpa ni." Dywedodd 23
Iesu wrtho, "Os yw'n bosibl! Y mae popeth yn bosibl i'r hwn
sydd â ffydd ganddo." Ar unwaith gwaeddodd tad y plentyn, 24
"Y mae gennyf fi ffydd; helpa di fy niffyg ffydd." A phan 25
welodd Iesu fod tyrfa'n rhedeg ynghyd, ceryddodd yr ysbryd
aflan. "Ysbryd mud a byddar," meddai wrtho, "yr wyf fi yn
gorchymyn iti, tyrd allan ohono a phaid â mynd i mewn iddo
eto." A chan weiddi a'i gynhyrfu'n enbyd, fe aeth yr ysbryd 26

out. The boy looked like a corpse, and everyone said, "He is dead!"
27 But Jesus took the boy by the hand and helped him to rise, and
he stood up.

28 After Jesus had gone indoors, his disciples asked him privately,
"Why couldn't we drive the spirit out?"

29 "Only prayer can drive this kind out," answered Jesus; "nothing
else can."

Jesus Speaks Again about His Death

(Matt. 17.22-23; Luke 9.43b-45)

30 Jesus and his disciples left that place and went on through
Galilee. Jesus did not want anyone to know where he was, 31 because
he was teaching his disciples: "The Son of Man will be handed
over to men who will kill him. Three days later, however, he will
rise to life."

32 But they did not understand what this teaching meant, and
they were afraid to ask him.

Who Is the Greatest?

(Matt. 18.1-5; Luke 9.46-48)

33 They came to Capernaum, and after going indoors Jesus asked
his disciples, "What were you arguing about on the road?"

34 But they would not answer him, because on the road they had
been arguing among themselves about who was the greatest. 35 Jesus
sat down, called the twelve disciples, and said to them, "Whoever
wants to be first must place himself last of all and be the servant
of all." 36 Then he took a child and made him stand in front of
them. He put his arms round him and said to them, 37 "Whoever
welcomes in my name one of these children, welcomes me; and
whoever welcomes me, welcomes not only me but also the one who
sent me."

Whoever Is Not against Us Is for Us

(Luke 9.49-50)

38 John said to him, "Teacher, we saw a man who was driving
out demons in your name, and we told him to stop, because he
doesn't belong to our group."

39 "Do not try to stop him," Jesus told them, "because no one
who performs a miracle in my name will be able soon afterwards
to say evil things about me. 40 For whoever is not against us is

allan. Aeth y bachgen fel corff, nes i lawer ddweud ei fod wedi
marw. Ond gafaelodd Iesu yn ei law ef a'i godi, a safodd ar ei 27
draed. Ac wedi iddo fynd i'r tŷ gofynnodd ei ddisgyblion iddo 28
o'r neilltu, " Pam na allem ni ei fwrw ef allan ?" Ac meddai 29
wrthynt, " Nid yw'n bosibl i'r math hwn fynd allan trwy ddim
ond trwy weddi."*

Iesu Eilwaith yn Rhagfynegi ei Farwolaeth a'i Atgyfodiad
(Mth 17.22-23; Lc 9.43b-45)

Wedi iddynt adael y lle hwnnw, yr oeddent yn teithio trwy 30
Galilea. Ni fynnai Iesu i neb wybod hynny, oherwydd yr oedd 31
yn dysgu ei ddisgyblion ac yn dweud wrthynt, " Y mae Mab y
Dyn yn cael ei draddodi i ddwylo dynion, ac fe'i lladdant ef,
ac wedi cael ei ladd, ymhen tri diwrnod fe atgyfoda." Ond nid 32
oeddent hwy'n deall ei eiriau, ac yr oedd arnynt ofn ei holi.

Pwy yw'r Mwyaf?
(Mth 18.1-5; Lc 9.46-48)

Daethant i Gapernaum, ac wedi cyrraedd y tŷ gofynnodd 33
iddynt, " Beth oeddech chwi'n ei drafod ar y ffordd ?" Ond 34
tewi a wnaethant, oherwydd ar y ffordd buont yn dadlau â'i
gilydd pwy oedd y mwyaf. Eisteddodd i lawr a galwodd y 35
Deuddeg, a dweud wrthynt, " Pwy bynnag sydd am fod yn
flaenaf, rhaid iddo fod yn olaf o bawb ac yn was i bawb." A 36
chymerodd blentyn, a'i osod yn eu canol hwy; cymerodd ef
i'w freichiau, a dywedodd wrthynt, " Pwy bynnag sy'n derbyn 37
un plentyn fel hwn yn fy enw i, y mae'n fy nerbyn i, a phwy
bynnag sy'n fy nerbyn i, nid myfi y mae'n ei dderbyn, ond yr
hwn a'm hanfonodd i."

Yr Hwn nid yw yn ein Herbyn, Drosom Ni y Mae
(Lc 9.49-50)

Meddai Ioan wrtho, " Athro, gwelsom un yn bwrw allan 38
gythreuliaid yn dy enw di, a buom yn ei wahardd, am nad oedd
yn ein dilyn ni." Ond dywedodd Iesu, " Peidiwch â'i wahardd, 39
oherwydd ni all neb sy'n gwneud gwyrth yn fy enw i roi drygair
imi yn fuan wedyn. Yr hwn nid yw yn ein herbyn, drosom ni 40
y mae. Oherwydd pwy bynnag a rydd gwpanaid o ddŵr i chwi 41

---

*adn. 29: ychwanega rhai llawysgrifau, *ac ympryd*.

for us. 41 I assure you that anyone who gives you a drink of water
because you belong to me will certainly receive his reward.

Temptations to Sin

(Matt. 18.6-9; Luke 17.1-2)

42 "If anyone should cause one of these little ones to lose his faith
in me, it would be better for that person to have a large millstone tied
round his neck and be thrown into the sea. 43 So if your hand makes
you lose your faith, cut it off! It is better for you to enter life
without a hand than to keep both hands and go off to hell, to
the fire that never goes out.[o] 45 And if your foot makes you lose
your faith, cut it off! It is better for you to enter life without a
foot than to keep both feet and be thrown into hell.[p] 47 And if
your eye makes you lose your faith, take it out! It is better for
you to enter the Kingdom of God with only one eye than to keep
both eyes and be thrown into hell. 48 There 'the worms that eat
them never die, and the fire that burns them is never put out.'

49 "Everyone will be purified by fire as a sacrifice is purified by
salt.

50 "Salt is good; but if it loses its saltiness, how can you make it
salty again?

"Have the salt of friendship among yourselves, and live in peace with
one another."

Jesus Teaches about Divorce

(Matt. 19.1-12; Luke 16.18)

10 Then Jesus left that place, went to the province of Judaea,
and crossed the River Jordan. Crowds came flocking to him
again, and he taught them, as he always did.

2 Some Pharisees came to him and tried to trap him. "Tell us,"
they asked, "does our Law allow a man to divorce his wife?"

3 Jesus answered with a question, "What law did Moses give you?"

4 Their answer was, "Moses gave permission for a man to write
a divorce notice and send his wife away."

5 Jesus said to them, "Moses wrote this law for you because you
are so hard to teach. 6 But in the beginning, at the time of creation,
'God made them male and female,' as the scripture says. 7 'And for
this reason a man will leave his father and mother and unite with
his wife,[q] 8 and the two will become one.' So they are no longer
two, but one. 9 Man must not separate, then, what God has joined
together."

---

[o] *Some manuscripts add verse 44:* There 'the worms that eat them never die, and the fire that burns them is never put out' *(see verse 48).*

[p] *Some manuscripts add verse 46:* There 'the worms that eat them never die, and the fire that burns them is never put out' *(see verse 48).*

[q] *Some manuscripts do not have* and unite with his wife.

i'w yfed o achos eich bod yn perthyn i'r Meseia, yn wir, 'rwy'n
dweud wrthych, ni chyll hwnnw mo'i wobr.

Achosion Cwymp
(Mth 18.6-9; Lc 17.1-2)

" A phwy bynnag sy'n achos cwymp i un o'r rhai bychain 42
hyn sy'n credu ynof fi, byddai'n well iddo fod wedi ei daflu i'r
môr â maen melin mawr ynghrog am ei wddf. Os bydd dy law 43
yn achos cwymp iti, tor hi ymaith; y mae'n well iti fynd i mewn
i'r bywyd yn anafus na mynd, â'r ddwy law gennyt, i uffern, i'r
tân anniffoddadwy.* Ac os bydd dy droed yn achos cwymp iti, 45
tor ef ymaith; y mae'n well iti fynd i mewn i'r bywyd yn gloff
na chael dy daflu, â'r ddau droed gennyt, i uffern.* Ac os bydd 47
dy lygad yn achos cwymp iti, tyn ef allan; y mae'n well iti fynd
i mewn i deyrnas Dduw yn unllygeidiog na chael dy daflu, â
dau lygad gennyt, i uffern, lle nid yw eu pryf yn marw na'r tân 48
yn diffodd. Oblegid fe helltir pob un â thân. Da yw'r halen, 49,50
ond os paid yr halen â bod yn hallt, â pha beth y rhowch flas
arno ? Bydded gennych halen ynoch eich hunain, a byddwch
heddychlon tuag at eich gilydd."

Dysgeidiaeth ar Ysgariad
(Mth 19.1-12)

Cychwynnodd oddi yno a daeth i diriogaeth Jwdea a'r tu **10**
hwnt i'r Iorddonen. Daeth tyrfaoedd ynghyd ato drachefn, a
thrachefn yn ôl ei arfer dechreuodd eu dysgu. A daeth 2
Phariseaid ato a gofyn iddo a oedd yn gyfreithlon i ddyn ysgaru
ei wraig; rhoi prawf arno yr oeddent. Atebodd yntau hwy gan 3
ofyn, " Beth a orchmynnodd Moses i chwi ?" Dywedasant 4
hwythau, " Rhoddodd Moses ganiatâd i ysgrifennu llythyr
ysgar a'i hysgaru." Ond meddai Iesu wrthynt, " Oherwydd 5
eich bod mor anhydrin yr ysgrifennodd ef y gorchymyn hwn
ichwi. Ond o ddechreuad y greadigaeth, yn wryw a benyw y 6
gwnaeth Duw hwy. O achos hyn bydd dyn yn gadael ei dad a'i 7
fam ac ymlynu wrth ei wraig, a bydd y ddau yn un cnawd. Gan 8
hynny nid dau mohonynt mwyach, ond un cnawd. Felly, yr 9
hyn a gysylltodd Duw, ni ddylai dyn ei wahanu." Wedi mynd 10

---

*adnodau 43, 45: ychwanega rhai llawysgrifau adnodau 44, 46, sy'n cyfateb yn union i adnod 48.

10 When they went back into the house, the disciples asked Jesus
about this matter. 11 He said to them, "A man who divorces his
wife and marries another woman commits adultery against his wife.
12 In the same way, a woman who divorces her husband and marries
another man commits adultery."

Jesus Blesses Little Children

(Matt. 19.13-15; Luke 18.15-17)

13 Some people brought children to Jesus for him to place his
hands on them, but the disciples scolded the people. 14 When Jesus
noticed this, he was angry and said to his disciples, "Let the children
come to me, and do not stop them, because the Kingdom of God
belongs to such as these. 15 I assure you that whoever does not receive
the Kingdom of God like a child will never enter it." 16 Then he
took the children in his arms, placed his hands on each of them,
and blessed them.

The Rich Man

(Matt. 19.16-30; Luke 18.18-30)

17 As Jesus was starting on his way again, a man ran up, knelt
before him, and asked him, "Good Teacher, what must I do to
receive eternal life?"

18 "Why do you call me good?" Jesus asked him. "No one is
good except God alone. 19 You know the commandments: 'Do not
commit murder; do not commit adultery; do not steal; do not accuse
anyone falsely; do not cheat; respect your father and your mother.'"

20 "Teacher," the man said, "ever since I was young, I have obeyed
all these commandments."

21 Jesus looked straight at him with love and said, "You need
only one thing. Go and sell all you have and give the money to
the poor, and you will have riches in heaven; then come and follow
me." 22 When the man heard this, gloom spread over his face, and
he went away sad, because he was very rich.

23 Jesus looked round at his disciples and said to them, "How
hard it will be for rich people to enter the Kingdom of God!"

24 The disciples were shocked at these words, but Jesus went on
to say, "My children, how hard it is to enter the Kingdom of God!
25 It is much harder for a rich person to enter the Kingdom of God
than for a camel to go through the eye of a needle."

yn ôl i'r tŷ, holodd ei ddisgyblion ef ynghylch hyn. Ac meddai 11
wrthynt, " Pwy bynnag sy'n ysgaru ei wraig ac yn priodi un
arall, y mae'n godinebu yn ei herbyn hi; ac os bydd iddi hithau 12
ysgaru ei gŵr a phriodi un arall, y mae hi'n godinebu."

Bendithio Plant Bach
(Mth 19.13-15; Lc 18.15-17)

Yr oeddent yn dod â phlant ato, iddo gyffwrdd â hwy, ond yr 13
oedd y disgyblion yn eu ceryddu. A phan welodd Iesu hyn 14
aeth yn ddig, a dywedodd wrthynt, " Gadewch i'r plant ddod
ataf fi; peidiwch â'u rhwystro, oherwydd i rai fel hwy y mae
teyrnas Dduw yn perthyn. Yn wir, 'rwy'n dweud wrthych, 15
pwy bynnag nad yw'n derbyn teyrnas Dduw yn null plentyn,
nid â byth i mewn iddi." A chymerodd hwy yn ei freichiau a'u 16
bendithio, gan roi ei ddwylo arnynt.

Y Dyn Cyfoethog
(Mth 19.16-30; Lc 18.18-30)

Wrth iddo fynd i'w daith, rhedodd rhyw ddyn ato a phen- 17
linio o'i flaen a gofyn iddo, " Athro da, beth a wnaf i etifeddu
bywyd tragwyddol ?" A dywedodd Iesu wrtho, " Pam yr wyt 18
yn fy ngalw i yn dda ? Nid oes neb da ond un, sef Duw.
Gwyddost y gorchmynion: ' Na ladd, na odineba, na ladrata, 19
na chamdystiolaetha, na chamgolleda, anrhydedda dy dad a'th
fam.' " Meddai yntau wrtho, " Athro, yr wyf wedi cadw'r 20
rhain i gyd o'm hieuenctid." Edrychodd Iesu arno ac fe'i 21
hoffodd, a dywedodd wrtho, " Un peth sy'n eisiau ynot; dos,
gwerth y cwbl sydd gennyt a dyro i'r tlodion, a chei drysor yn y
nef; a thyrd, canlyn fi." Cymylodd ei wedd ar y gair, ac aeth 22
ymaith yn drist; yr oedd yn berchen meddiannau lawer.

Edrychodd Iesu o'i gwmpas ac meddai wrth ei ddisgyblion, 23
" Mor anodd fydd hi i'r rhai goludog fynd i mewn i deyrnas
Dduw !" Syfrdanwyd y disgyblion gan ei eiriau, ond meddai 24
Iesu wrthynt drachefn, " Blant, mor anodd yw mynd* i mewn
i deyrnas Dduw ! Y mae'n haws i gamel fynd trwy grau nod- 25
wydd nag i ddyn cyfoethog fynd i mewn i deyrnas Dduw."

---

*adn. 24: yn ôl darlleniad arall, *mor anodd yw i'r rhai sy'n ymddiried mewn golud fynd.*

26 At this the disciples were completely amazed and asked one
another, "Who, then, can be saved?"

27 Jesus looked straight at them and answered, "This is impossible
for man, but not for God; everything is possible for God."

28 Then Peter spoke up, "Look, we have left everything and followed
you."

29 "Yes," Jesus said to them, "and I tell you that anyone who
leaves home or brothers or sisters or mother or father or children
or fields for me and for the gospel, 30 will receive much more in
this present age. He will receive a hundred times more houses,
brothers, sisters, mothers, children and fields—and persecutions as
well; and in the age to come he will receive eternal life. 31 But
many who now are first will be last, and many who now are last
will be first."

Jesus Speaks a Third Time about His Death

(Matt. 20.17-19; Luke 18.31-34)

32 Jesus and his disciples were now on the road going up to
Jerusalem. Jesus was going ahead of the disciples, who were filled
with alarm; the people who followed behind were afraid. Once again
Jesus took the twelve disciples aside and spoke of the things that
were going to happen to him. 33 "Listen," he told them, "we are
going up to Jerusalem where the Son of Man will be handed over
to the chief priests and the teachers of the Law. They will condemn
him to death and then hand him over to the Gentiles, 34 who will
mock him, spit on him, whip him, and kill him; but three days
later he will rise to life."

The Request of James and John

(Matt. 20.20-28)

35 Then James and John, the sons of Zebedee, came to Jesus.
"Teacher," they said, "there is something we want you to do for
us."

36 "What is it?" Jesus asked them.

37 They answered, "When you sit on your throne in your glorious
Kingdom, we want you to let us sit with you, one at your right
and one at your left."

38 Jesus said to them, "You don't know what you are asking for.
Can you drink the cup of suffering that I must drink? Can you
be baptized in the way I must be baptized?"

39 "We can," they answered.

Jesus said to them, "You will indeed drink the cup I must drink
and be baptized in the way I must be baptized. 40 But I do not
have the right to choose who will sit at my right and my left. It

Synasant yn fwy byth, ac meddent wrth ei gilydd, " Pwy ynteu 26
all gael ei achub ?" Edrychodd Iesu arnynt a dywedodd, 27
" Gyda dynion y mae'n amhosibl, ond nid gyda Duw. Y mae
pob peth yn bosibl gyda Duw." Dechreuodd Pedr ddweud 28
wrtho, " Dyma ni wedi gadael pob peth ac wedi dy ganlyn di."
Meddai Iesu, " Yn wir, 'rwy'n dweud wrthych, nid oes neb a 29
adawodd dŷ neu frodyr neu chwiorydd neu fam neu dad neu
blant neu diroedd er fy mwyn i ac er mwyn yr Efengyl, na 30
chaiff dderbyn ganwaith cymaint yn awr yn yr amser hwn, yn
dai a brodyr a chwiorydd a mamau a phlant a thiroedd, ynghyd
ag erledigaethau, ac yn yr oes sy'n dod fywyd tragwyddol. Ond 31
bydd llawer sy'n flaenaf yn olaf, a'r rhai olaf yn flaenaf."

Iesu y Drydedd Waith yn Rhagfynegi ei Farwolaeth a'i Atgyfodiad
(Mth 20.17-19; Lc 18.31-34)

Yr oeddent ar y ffordd yn mynd i fyny i Jerwsalem, ac Iesu'n 32
mynd o'u blaen. Yr oedd arswyd arnynt, ac ofn ar y rhai oedd
yn canlyn. Cymerodd y Deuddeg ato drachefn a dechreuodd
sôn wrthynt am yr hyn oedd i ddigwydd iddo: " Dyma ni'n 33
mynd i fyny i Jerwsalem; fe gaiff Mab y Dyn ei draddodi i'r
prif offeiriaid a'r ysgrifenyddion; condemniant ef i farwolaeth,
a'i drosglwyddo i'r estroniaid; a gwatwarant ef, a phoeri arno 34
a'i fflangellu a'i ladd, ac wedi tridiau fe atgyfoda."

Cais Iago ac Ioan
(Mth 20.20-28)

Daeth Iago ac Ioan, meibion Sebedeus, ato a dweud wrtho, 35
" Athro, yr ydym am iti wneud i ni y peth a ofynnwn gennyt."
Meddai yntau wrthynt, " Beth yr ydych am imi ei wneud i 36
chwi ?" A dywedasant wrtho, " Dyro i ni gael eistedd, un ar 37
dy law dde ac un ar dy law chwith yn dy ogoniant." Ac 38
meddai Iesu wrthynt, " Ni wyddoch beth yr ydych yn ei ofyn.
A allwch chwi yfed y cwpan yr wyf fi yn ei yfed, neu gael eich
bedyddio â'r bedydd y bedyddir fi ag ef ?" Dywedasant hwy- 39
thau wrtho, " Gallwn." Ac meddai Iesu wrthynt, " Cewch
yfed y cwpan yr wyf fi yn ei yfed, a bedyddir chwi â'r bedydd y
bedyddir fi ag ef, ond eistedd ar fy llaw dde neu ar fy llaw 40
chwith, nid gennyf fi y mae'r hawl i'w roi; y mae'n perthyn i'r
rhai y mae wedi ei ddarparu ar eu cyfer." Pan glywodd y deg, 41

is God who will give these places to those for whom he has prepared
them."
41 When the other ten disciples heard about it, they became angry
with James and John. 42 So Jesus called them all together to him
and said, "You know that the men who are considered rulers of
the heathen have power over them, and the leaders have complete
authority. 43 This, however, is not the way it is among you. If one
of you wants to be great, he must be the servant of the rest; 44 and
if one of you wants to be first, he must be the slave of all. 45 For
even the Son of Man did not come to be served; he came to serve
and to give his life to redeem many people."

Jesus Heals Blind Bartimaeus

(Matt. 20.29-34; Luke 18.35-43)

46 They came to Jericho, and as Jesus was leaving with his disciples
and a large crowd, a blind beggar named Bartimaeus son of Timaeus
was sitting by the road. 47 When he heard that it was Jesus of Nazareth,
he began to shout, "Jesus! Son of David! Take pity on me!"
48 Many of the people scolded him and told him to be quiet.
But he shouted even more loudly, "Son of David, take pity on me!"
49 Jesus stopped and said, "Call him."
So they called the blind man. "Cheer up!" they said. "Get up,
he is calling you."
50 He threw off his cloak, jumped up, and came to Jesus.
51 "What do you want me to do for you?" Jesus asked him.
"Teacher," the blind man answered, "I want to see again."
52 "Go," Jesus told him, "your faith has made you well."
At once he was able to see and followed Jesus on the road.

The Triumphant Entry into Jerusalem

(Matt. 21.1-11; Luke 19.28-40; John 12.12-19)

11 As they approached Jerusalem, near the towns of Bethphage
and Bethany, they came to the Mount of Olives. Jesus sent
two of his disciples on ahead 2 with these instructions: "Go to the
village there ahead of you. As soon as you get there, you will find
a colt tied up that has never been ridden. Untie it and bring it
here. 3 And if someone asks you why you are doing that, tell him
that the Master[r] needs it and will send it back at once."

---

[r] the Master; *or* its owner.

aethant yn ddig wrth Iago ac Ioan. Galwodd Iesu hwy ato ac 42
meddai wrthynt, "Gwyddoch fod y rhai a ystyrir yn llywod-
raethwyr ar y Cenhedloedd yn arglwyddiaethu arnynt, a'u
gwŷr mawr hwy yn dangos eu hawdurdod drostynt. Ond nid 43
felly y mae yn eich plith chwi; yn hytrach, pwy bynnag sydd
am fod yn fawr yn eich plith, rhaid iddo fod yn was i chwi, a 44
phwy bynnag sydd am fod yn flaenaf yn eich plith, rhaid iddo
fod yn gaethwas i bawb. Oherwydd Mab y Dyn yntau, ni 45
ddaeth i gael ei wasanaethu ond i wasanaethu, ac i roi ei einioes
yn bridwerth dros lawer."

Iacháu Bartimeus Ddall
(Mth 20.29-34; Lc 18.35-43)

Daethant i Jericho. Ac fel yr oedd yn mynd allan o Jericho 46
gyda'i ddisgyblion a chryn dyrfa, yr oedd mab Timeus,
Bartimeus, dyn dall, yn eistedd ar fin y ffordd yn cardota. A 47
phan glywodd mai Iesu o Nasareth ydoedd, dechreuodd weiddi
a dweud, "Iesu, Fab Dafydd, trugarha wrthyf." Ac yr oedd 48
llawer yn ei geryddu ac yn dweud wrtho am dewi; ond yr oedd
yntau'n gweiddi'n uwch fyth, "Fab Dafydd, trugarha wrthyf."
Safodd Iesu, a dywedodd, "Galwch arno." A dyma hwy'n 49
galw ar y dyn dall a dweud wrtho, "Cod dy galon a saf ar dy
draed; y mae'n galw arnat." Taflodd yntau ei fantell oddi 50
arno, llamodd ar ei draed a daeth at Iesu. Cyfarchodd Iesu ef a 51
dweud, "Beth yr wyt ti am i mi ei wneud iti?" Ac meddai'r
dyn dall wrtho, "Rabbwni, mae arnaf eisiau cael fy ngolwg yn
ôl." Dywedodd Iesu wrtho, "Dos, dy ffydd sydd wedi dy 52
iacháu di." A chafodd ei olwg yn ôl yn y fan, a dechreuodd ei
ganlyn ef ar hyd y ffordd.

Yr Ymdaith Fuddugoliaethus i mewn i Jerwsalem
(Mth 21.1-11; Lc 19.28-40; In 12.12-19)

Pan ddaethant yn agos i Jerwsalem, at Bethffage a Bethania, **11**
ger Mynydd yr Olewydd, anfonodd ddau o'i ddisgyblion, ac 2
meddai wrthynt, "Ewch i'r pentref sydd gyferbyn â chwi, ac
yn syth wrth i chwi fynd i mewn iddo, cewch ebol wedi ei
rwymo, un nad oes neb wedi bod ar ei gefn erioed. Gollyng-
wch ef a dewch ag ef yma. Ac os dywed rhywun wrthych, 3
'Pam yr ydych yn gwneud hyn?' dywedwch, 'Y mae ar y
Meistr ei angen, a bydd yn ei anfon yn ôl yma yn union deg.'"

4 So they went and found a colt out in the street, tied to the
door of a house. As they were untying it, 5 some of the bystanders
asked them, "What are you doing, untying that colt?"
6 They answered just as Jesus had told them, and the men let
them go. 7 They brought the colt to Jesus, threw their cloaks over
the animal, and Jesus got on. 8 Many people spread their cloaks
on the road, while others cut branches in the fields and spread them
on the road. 9 The people who were in front and those who followed
behind began to shout, "Praise God! God bless him who comes
in the name of the Lord! 10 God bless the coming kingdom of King
David, our father! Praise God!"
11 Jesus entered Jerusalem, went into the Temple, and looked round
at everything. But since it was already late in the day, he went
out to Bethany with the twelve disciples.

Jesus Curses the Fig-Tree
(Matt. 21.18-19)

12 The next day, as they were coming back from Bethany, Jesus
was hungry. 13 He saw in the distance a fig-tree covered with leaves,
so he went to see if he could find any figs on it. But when he
came to it, he found only leaves, because it was not the right time
for figs. 14 Jesus said to the fig-tree, "No one shall ever eat figs
from you again!"
And his disciples heard him.

Jesus Goes to the Temple
(Matt. 21.12-17; Luke 19.45-48; John 2.13-22)

15 When they arrived in Jerusalem, Jesus went to the Temple
and began to drive out all those who were buying and selling. He
overturned the tables of the money-changers and the stools of those
who sold pigeons, 16 and he would not let anyone carry anything
through the temple courtyards. 17 He then taught the people: "It
is written in the Scriptures that God said, 'My Temple will be called
a house of prayer for the people of all nations.' But you have turned
it into a hideout for thieves!"
18 The chief priests and the teachers of the Law heard of this,
so they began looking for some way to kill Jesus. They were afraid
of him, because the whole crowd was amazed at his teaching.
19 When evening came, Jesus and his disciples left the city.

Aethant ymaith a chawsant ebol wedi ei rwymo wrth ddrws y 4
tu allan ar yr heol, a gollyngasant ef. Ac meddai rhai o'r sawl 5
oedd yn sefyll yno wrthynt, "Beth ydych yn ei wneud, yn
gollwng yr ebol ?" Atebasant hwythau fel yr oedd Iesu wedi 6
dweud, a gadawyd iddynt fynd. Daethant â'r ebol at Iesu a 7
bwrw eu mentyll arno, ac eisteddodd yntau ar ei gefn. Taenodd 8
llawer eu mentyll ar y ffordd, ac eraill ganghennau deiliog yr
oeddent wedi eu torri o'r meysydd. Ac yr oedd y rhai ar y blaen 9
a'r rhai o'r tu ôl yn llefain :

"Hosanna !
Bendith ar yr hwn sy'n dyfod yn enw'r Arglwydd.
Bendith ar y deyrnas sy'n dyfod, teyrnas ein tad Dafydd; 10
Hosanna yn y goruchaf !"

Aeth i mewn i Jerwsalem ac i'r deml, ac wedi edrych o'i 11
gwmpas ar bopeth, gan ei bod eisoes yn hwyr, aeth allan i
Fethania gyda'r Deuddeg.

Melltithio'r Ffigysbren
(Mth 21.18-19)

Trannoeth, wedi iddynt ddod allan o Fethania, daeth chwant 12
bwyd arno. A phan welodd o bell ffigysbren ac arno ddail, aeth 13
i edrych tybed a gâi rywbeth arno. A phan ddaeth ato ni chaf-
odd ddim ond dail, oblegid nid oedd yn dymor ffigys. Dywed- 14
odd wrtho, "Na fwytaed neb ffrwyth ohonot ti byth mwy!"
Ac yr oedd ei ddisgyblion yn gwrando.

Glanhau'r Deml
(Mth 21.12-17; Lc 19.45-48; In 2.13-22)

Daethant i Jerwsalem. Aeth i mewn i'r deml a dechreuodd 15
fwrw allan y rhai oedd yn gwerthu a'r rhai oedd yn prynu yn y
deml; taflodd i lawr fyrddau'r cyfnewidwyr arian a chadeiriau'r
rhai oedd yn gwerthu colomennod, ac ni adawai i neb gludo 16
dim trwy'r deml. A dechreuodd eu dysgu a dweud wrthynt, 17
"Onid yw'n ysgrifenedig:

'Gelwir fy nhŷ i yn dŷ gweddi i'r holl genhedloedd.
Ond yr ydych chwi wedi ei wneud yn ogof lladron'?"

Clywodd y prif offeiriaid a'r ysgrifenyddion am hyn, ac yr 18
oeddent yn ceisio ffordd i'w ladd ef, achos yr oedd arnynt ei
ofn, gan fod yr holl dyrfa wedi ei syfrdanu gan ei ddysgeidiaeth.
A phan aeth hi'n hwyr aethant allan o'r ddinas. 19

The Lesson from the Fig-Tree
(Matt. 21.20-22)

20 Early next morning, as they walked along the road, they saw
the fig-tree. It was dead all the way down to its roots. 21 Peter remem-
bered what had happened and said to Jesus, "Look, Teacher, the
fig-tree you cursed has died!"
22 Jesus answered them, "Have faith in God. 23 I assure you that
whoever tells this hill to get up and throw itself in the sea and
does not doubt in his heart, but believes that what he says will
happen, it will be done for him. 24 For this reason I tell you: When
you pray and ask for something, believe that you have received
it, and you will be given whatever you ask for. 25 And when you
stand and pray, forgive anything you may have against anyone, so
that your Father in heaven will forgive the wrongs you have done."[s]

The Question about Jesus' Authority
(Matt. 21.23-27; Luke 20.1-8)

27 They arrived once again in Jerusalem. As Jesus was walking
in the Temple, the chief priests, the teachers of the Law, and the
elders came to him 28 and asked him, "What right have you to do
these things? Who gave you this right?"
29 Jesus answered them, "I will ask you just one question, and
if you give me an answer, I will tell you what right I have to
do these things. 30 Tell me, where did John's right to baptize come
from: was it from God or from man?"
31 They started to argue among themselves: "What shall we say?
If we answer, 'From God,' he will say, 'Why, then, did you not
believe John?' 32 But if we say, 'From man . . .'" (They were afraid
of the people, because everyone was convinced that John had been
a prophet.) 33 So their answer to Jesus was, "We don't know."
Jesus said to them, "Neither will I tell you, then, by what right I
do these things."

---

[s] *Some manuscripts add verse 26:* If you do not forgive others, your Father in heaven will not forgive the wrongs you have done *(see Mt 6.15).*

Gwers y Ffigysbren Crin
(Mth 21.20-22)

Yn y bore, wrth fynd heibio gwelsant y ffigysbren wedi crino 20
o'r gwraidd. Cofiodd Pedr, a dywedodd wrtho, " Rabbi, 21
edrych, y mae'r ffigysbren a felltithiaist wedi crino." Atebodd 22
Iesu hwy: " Os oes gennych ffydd yn Nuw, yn wir, 'rwy'n 23
dweud wrthych, pwy bynnag a ddywed wrth y mynydd hwn,
'Coder di a bwrier di i'r môr', heb amau yn ei galon, ond
credu y digwydd yr hyn a ddywed, fe'i rhoddir iddo. Gan 24
hynny 'rwy'n dweud wrthych, beth bynnag oll yr ydych yn
gweddïo ac yn gofyn amdano, credwch eich bod wedi ei
dderbyn, ac fe'i rhoddir i chwi. A phan fyddwch ar eich traed 25
yn gweddïo, os bydd gennych rywbeth yn erbyn unrhyw un,
maddeuwch iddo, er mwyn i'ch Tad sydd yn y nefoedd faddau
i chwithau eich camweddau."*

Amau Awdurdod Iesu
(Mth 21.23-27; Lc 20.1-8)

Daethant drachefn i Jerwsalem. Ac wrth ei fod yn rhodio 27
yn y deml, dyma'r prif offeiriaid a'r ysgrifenyddion a'r henur-
iaid yn dod ato, ac meddent wrtho, " Trwy ba awdurdod yr 28
wyt ti'n gwneud y pethau hyn ? Pwy roddodd i ti'r awdurdod
hon i wneud y pethau hyn ?" Dywedodd Iesu wrthynt, " Fe 29
ofynnaf un peth i chwi; atebwch fi, ac fe ddywedaf wrthych
trwy ba awdurdod yr wyf yn gwneud y pethau hyn. Bedydd 30
Ioan, ai o'r nef yr oedd, ai o ddynion ? Atebwch fi." Dechreu- 31
sant ddadlau â'i gilydd a dweud, " Os dywedwn, ' O'r nef ',
fe ddywed, ' Pam, ynteu, na chredasoch ef ? ' Eithr a ddywed- 32
wn, ' O ddynion '?"—yr oedd arnynt ofn y dyrfa, oherwydd yr
oedd pawb yn dal fod Ioan yn broffwyd mewn gwirionedd.
Atebasant Iesu, " Ni wyddom ni ddim." Ac meddai Iesu 33
wrthynt, " Ni ddywedaf finnau chwaith wrthych chwi trwy ba
awdurdod yr wyf yn gwneud y pethau hyn."

---

*adn. 25: ychwanega rhai llawysgrifau adnod 26: *Ond os na faddeuwch chwi, ni faddeua chwaith eich Tad sydd yn y nefoedd eich camweddau chwi.*

The Parable of the Tenants in the Vineyard

(Matt. 21.33-46; Luke 20.9-19)

12 Then Jesus spoke to them in parables: "Once there was a
man who planted a vineyard, put a fence round it, dug a
hole for the winepress, and built a watch-tower. Then he let out
the vineyard to tenants and left home on a journey. 2 When the
time came to gather the grapes, he sent a slave to the tenants to
receive from them his share of the harvest. 3 The tenants seized the
slave, beat him, and sent him back without a thing. 4 Then the owner
sent another slave; the tenants beat him over the head and treated
him shamefully. 5 The owner sent another slave, and they killed him;
and they treated many others the same way, beating some and killing
others. 6 The only one left to send was the man's own dear son.
Last of all, then, he sent his son to the tenants. 'I am sure they
will respect my son,' he said. 7 But those tenants said to one another,
'This is the owner's son. Come on, let's kill him, and his property will
be ours!' 8 So they seized the son and killed him and threw his body
out of the vineyard.

9 "What, then, will the owner of the vineyard do?" asked Jesus.
"He will come and kill those men and hand the vineyard over to
other tenants. 10 Surely you have read this scripture?

'The stone which the builders rejected as worthless
  turned out to be the most important of all.
11 This was done by the Lord;
  what a wonderful sight it is!'"

12 The Jewish leaders tried to arrest Jesus, because they knew
that he had told this parable against them. But they were afraid
of the crowd, so they left him and went away.

The Question about Paying Taxes

(Matt. 22.15-22; Luke 20.20-26)

13 Some Pharisees and some members of Herod's party were sent
to Jesus to trap him with questions. 14 They came to him and said,
"Teacher, we know that you tell the truth, without worrying about
what people think. You pay no attention to a man's status, but
teach the truth about God's will for man. Tell us, is it against our
Law to pay taxes to the Roman Emperor? Should we pay them
or not?"

15 But Jesus saw through their trick and answered, "Why are you
trying to trap me? Bring a silver coin, and let me see it."

16 They brought him one, and he asked, "Whose face and name
are these?"

"The Emperor's," they answered.

17 So Jesus said, "Well, then, pay the Emperor what belongs to

Dameg y Winllan a'r Tenantiaid
(Mth 21.33-46; Lc 20.9-19)

Dechreuodd lefaru wrthynt ar ddamhegion. " Fe blannodd **12**
dyn winllan, a chododd glawdd o'i hamgylch, a chloddio cafn
i'r gwinwryf, ac adeiladu tŵr. Gosododd hi i denantiaid, ac
aeth oddi cartref. Pan ddaeth yn amser, anfonodd was at y 2
tenantiaid i dderbyn ganddynt gyfran o ffrwyth y winllan.
Daliasant hwythau ef, a'i guro, a'i yrru i ffwrdd yn waglaw. 3
Anfonodd drachefn was arall atynt; trawsant hwnnw ar ei ben 4
a'i amharchu. Ac anfonodd un arall; lladdasant hwnnw. A 5
llawer eraill yr un fath; curo rhai a lladd y lleill. Yr oedd gan- 6
ddo un eto, mab annwyl; anfonodd ef atynt yn olaf, gan
ddweud, ' Fe barchant fy mab '. Ond dywedodd y tenantiaid 7
hynny wrth ei gilydd, ' Hwn yw'r etifedd; dewch, lladdwn ef,
a bydd yr etifeddiaeth yn eiddo i ni.' A chymerasant ef, a'i 8
ladd, a'i fwrw allan o'r winllan. Beth ynteu a wna perchen y 9
winllan ? Fe ddaw ac fe ddifetha'r tenantiaid, ac fe rydd y
winllan i eraill. Onid ydych wedi darllen yr Ysgrythur hon: 10

' Y maen a wrthododd yr adeiladwyr,
hwn a ddaeth yn faen y gongl;
gan yr Arglwydd y gwnaethpwyd hyn, 11
a rhyfeddol yw yn ein golwg ni ' ? "

Ceisiasant ei ddal ef, ond yr oedd arnynt ofn y dyrfa, oher- 12
wydd gwyddent mai yn eu herbyn hwy y dywedodd y ddameg.
A gadawsant ef a mynd ymaith.

Talu Trethi i Gesar
(Mth 22.15-22; Lc 20.20-26)

Anfonwyd ato rai o'r Phariseaid ac o'r Herodianiaid i'w faglu 13
ar air. Daethant, ac meddent wrtho, " Athro, gwyddom dy 14
fod yn ddiffuant, ac na waeth gennyt am neb; yr wyt yn ddi-
dderbyn-wyneb, ac yn dysgu ffordd Duw yn gwbl ddiffuant.
A yw'n gyfreithlon talu treth i Gesar, ai nid yw ? A ydym i
dalu, neu beidio â thalu ? " Deallodd yntau eu rhagrith, ac 15
meddai wrthynt, " Pam yr ydych yn rhoi prawf arnaf ? Dewch
â darn arian yma, imi gael golwg arno." A daethant ag un, ac 16
meddai ef wrthynt, " Llun ac arysgrif pwy sydd yma ? "
Dywedasant hwythau wrtho, " Cesar." A dywedodd Iesu 17

the Emperor, and pay God what belongs to God."
And they were amazed at Jesus.

The Question about Rising from Death
(Matt. 22.23-33; Luke 20.27-40)

18 Then some Sadducees, who say that people will not rise from
death, came to Jesus and said, 19 "Teacher, Moses wrote this law
for us: 'If a man dies and leaves a wife but no children, that man's
brother must marry the widow so that they can have children who
will be considered the dead man's children.' 20 Once there were seven
brothers; the eldest got married and died without having children.
21 Then the second one married the woman, and he also died without
having children. The same thing happened to the third brother, 22 and
then to the rest: all seven brothers married the woman and died
without having children. Last of all, the woman died. 23 Now, when
all the dead rise to life on the day of resurrection, whose wife will
she be? All seven of them had married her."

24 Jesus answered them, "How wrong you are! And do you know
why? It is because you don't know the Scriptures or God's power.
25 For when the dead rise to life, they will be like the angels in
heaven and will not marry. 26 Now, as for the dead being raised:
haven't you ever read in the Book of Moses the passage about the
burning bush? There it is written that God said to Moses, 'I am
the God of Abraham, the God of Isaac, and the God of Jacob.'
27 He is the God of the living, not of the dead. You are completely
wrong!"

The Great Commandment
(Matt. 22.34-40; Luke 10.25-28)

28 A teacher of the Law was there who heard the discussion. He
saw that Jesus had given the Sadducees a good answer, so he came
to him with a question: "Which commandment is the most important
of all?"

29 Jesus replied, "The most important one is this: 'Listen, Israel!
The Lord our God is the only Lord.[t] 30 Love the Lord your God
with all your heart, with all your soul, with all your mind, and
with all your strength.' 31 The second most important commandment
is this: 'Love your neighbour as you love yourself.' There is no
other commandment more important than these two."

32 The teacher of the Law said to Jesus, "Well done, Teacher!
It is true, as you say, that only the Lord is God and that there
is no other god but he. 33 And man must love God with all his
heart and with all his mind and with all his strength; and he must

---

[t] The Lord our God is the only Lord; *or* The Lord is our God, the Lord alone.

wrthynt, " Talwch bethau Cesar i Gesar, a phethau Duw i
Dduw." Ac yr oeddent yn rhyfeddu ato.

Holi ynglŷn â'r Atgyfodiad
(Mth 22.23-33; Lc 20.27-40)

Daeth ato Sadwceaid, y bobl sy'n dweud nad oes dim 18
atgyfodiad, a dechreusant ei holi. " Athro, " meddent, 19
" ysgrifennodd Moses ar ein cyfer, ' Os bydd rhywun farw, a
gadael gwraig, ond heb adael plentyn, y mae ei frawd i gymryd
y wraig ac i godi plant i'w frawd '. Yr oedd saith o frodyr. 20
Cymerodd y cyntaf wraig, a phan fu ef farw ni adawodd blant.
A chymerodd yr ail hi, a bu farw heb adael plant; a'r trydydd 21
yr un modd. Ac ni adawodd yr un o'r saith blant. Yn olaf oll 22
bu farw'r wraig hithau. Yn yr atgyfodiad, pan atgyfodant, 23
gwraig prun ohonynt fydd hi ? Oherwydd cafodd y saith hi'n
wraig." Meddai Iesu wrthynt, " Onid dyma achos eich cyfeil- 24
iorni, eich bod heb ddeall na'r Ysgrythurau na gallu Duw ?
Oherwydd pan atgyfodant oddi wrth y meirw, ni phriodant ac 25
ni phriodir hwy, eithr y maent fel yr angylion yn y nefoedd.
Ond ynglŷn â bod y meirw yn codi, onid ydych wedi darllen yn 26
llyfr Moses, yn hanes y Berth, sut y dywedodd Duw wrtho,
' Myfi, Duw Abraham a Duw Isaac a Duw Jacob ydwyf ' ?
Nid Duw'r meirw yw ef, ond y rhai byw. Yr ydych ymhell ar 27
gyfeiliorn."

Y Gorchymyn Mawr
(Mth 22.34-40; Lc 10.25-28)

Daeth un o'r ysgrifenyddion ato, wedi eu clywed yn dadlau, 28
ac yn gweld ei fod wedi eu hateb yn dda, a gofynnodd iddo,
" Prun yw'r gorchymyn cyntaf o'r cwbl ?" Atebodd Iesu, 29
" Y cyntaf yw, ' Clyw, Israel, yr Arglwydd ein Duw, un
Arglwydd ydyw, a châr yr Arglwydd dy Dduw â'th holl galon 30
ac â'th holl enaid ac â'th holl feddwl ac â'th holl nerth.' Yr ail 31
yw hwn, ' Câr dy gymydog fel ti dy hun.' Nid oes gorchymyn
arall mwy na'r rhain." Dywedodd yr ysgrifennydd wrtho, 32
" Da y dywedaist, Athro ; gwir mai un Duw ydyw, ac nad oes
arall ond efe. Ac y mae ei garu ef â'r holl galon ac â'r holl 33
ddeall ac â'r holl nerth, a charu dy gymydog fel ti dy hun, yn
rhagorach na'r holl boeth-offrymau a'r aberthau." A phan 34

love his neighbour as he loves himself. It is more important to obey
these two commandments than to offer animals and other sacrifices
to God."
34 Jesus noticed how wise his answer was, and so he told him,
"You are not far from the Kingdom of God."

After this nobody dared to ask Jesus any more questions.

The Question about the Messiah

(Matt. 22.41-46; Luke 20.41-44)

35 As Jesus was teaching in the Temple, he asked the question,
"How can the teachers of the Law say that the Messiah will be
the descendant of David? 36 The Holy Spirit inspired David to say:

'The Lord said to my Lord:
  Sit here on my right
  until I put your enemies under your feet.'

37 David himself called him 'Lord'; so how can the Messiah be David's
descendant?"

Jesus Warns against the Teachers of the Law

(Matt. 23.1-36; Luke 20.45-47)

A large crowd was listening to Jesus gladly. 38 As he taught them, he
said, "Watch out for the teachers of the Law, who like to walk
around in their long robes and be greeted with respect in the market-
place, 39 who choose the reserved seats in the synagogues and the
best places at feasts. 40 They take advantage of widows and rob them
of their homes, and then make a show of saying long prayers. Their
punishment will be all the worse!"

The Widow's Offering

(Luke 21.1-4)

41 As Jesus sat near the temple treasury, he watched the people
as they dropped in their money. Many rich men dropped in a lot
of money; 42 then a poor widow came along and dropped in two
little copper coins, worth about a penny. 43 He called his disciples
together and said to them, "I tell you that this poor widow put
more in the offering box than all the others. 44 For the others put
in what they had to spare of their riches; but she, poor as she
is, put in all she had—she gave all she had to live on."

Jesus Speaks of the Destruction of the Temple

(Matt. 24.1-2; Luke 21.5-6)

13 As Jesus was leaving the Temple, one of his disciples said,
"Look, Teacher! What wonderful stones and buildings!"

welodd Iesu ei fod wedi ateb yn feddylgar, dywedodd wrtho,
" Nid wyt ymhell oddi wrth deyrnas Dduw." Ac ni feiddiai
neb ei holi ddim mwy.

Holi ynglŷn â Mab Dafydd
(Mth 22.41-46; Lc 20.41-44)

Wrth ddysgu yn y deml dywedodd Iesu, " Sut y mae'r 35
ysgrifenyddion yn gallu dweud fod y Meseia yn Fab Dafydd ?
Dywedodd Dafydd ei hun, trwy'r Ysbryd Glân : 36
  ' Dywedodd yr Arglwydd wrth fy Arglwydd i,
   " Eistedd ar fy neheulaw
      hyd oni osodaf dy elynion o dan dy draed." '
Y mae Dafydd ei hun yn ei alw'n Arglwydd; sut felly y mae'n 37
fab iddo ?" Yr oedd y dyrfa fawr yn gwrando arno'n llawen.

Cyhuddo'r Ysgrifenyddion
(Mth 23.1-36; Lc 20.45-47)

Ac wrth eu dysgu meddai, " Ymogelwch rhag yr ysgrifen- 38
yddion sy'n hoffi rhodianna mewn gwisgoedd llaes, a chael
cyfarchiadau yn y marchnadoedd, a'r prif gadeiriau yn y 39
synagogau, a'r seddau anrhydedd mewn gwleddoedd. Dyma'r 40
rhai sy'n difa cartrefi gwragedd gweddwon, ac mewn rhagrith
yn gweddïo'n faith; fe dderbyn y rhain drymach dedfryd."

Offrwm y Weddw
(Lc 21.1-4)

Eisteddodd i lawr gyferbyn â chist y drysorfa, ac yr oedd yn 41
sylwi ar y modd yr oedd y dyrfa yn rhoi arian i mewn yn y gist.
Yr oedd llawer o bobl gyfoethog yn rhoi yn helaeth. A daeth 42
gweddw dlawd a rhoi dwy hatling, hynny yw ffyrling. Galwodd 43
ei ddisgyblion ato a dywedodd wrthynt, " Yn wir, 'rwy'n
dweud wrthych fod y weddw dlawd hon wedi rhoi mwy na
phawb arall sy'n rhoi i'r drysorfa. Oherwydd rhoi a wnaethant 44
hwy i gyd o'r mwy na digon sydd ganddynt, ond rhoddodd hon
o'i phrinder y cwbl oedd ganddi i fyw arno."

Rhagfynegi Dinistr y Deml
(Mth 24.1-2; Lc 21.5-6)

Wrth iddo fynd allan o'r deml, dyma un o'i ddisgyblion yn **13**
dweud wrtho, " Edrych, Athro; y fath feini enfawr a'r fath

2 Jesus answered, “You see these great buildings? Not a single
stone here will be left in its place; every one of them will be thrown
down.”

Troubles and Persecutions
(Matt. 24.3-14; Luke 21.7-19)

3 Jesus was sitting on the Mount of Olives, across from the Temple,
when Peter, James, John, and Andrew came to him in private. 4 “Tell us
when this will be,” they said, “and tell us what will happen to show
that the time has come for all these things to take place.”

5 Jesus said to them, “Be on guard, and don’t let anyone deceive you.
6 Many men, claiming to speak for me, will come and say, ‘I am he!’
and they will deceive many people. 7 And don’t be troubled when you
hear the noise of battles close by and news of battles far away. Such
things must happen, but they do not mean that the end has come.
8 Countries will fight each other; kingdoms will attack one another.
There will be earthquakes everywhere, and there will be famines.
These things are like the first pains of childbirth.

9 “You yourselves must be on guard. You will be arrested and
taken to court. You will be beaten in the synagogues; you will
stand before rulers and kings for my sake to tell them the Good
News. 10 But before the end comes, the gospel must be preached
to all peoples. 11 And when you are arrested and taken to court,
do not worry beforehand about what you are going to say; when
the time comes, say whatever is then given to you. For the words
you speak will not be yours; they will come from the Holy Spirit.
12 Men will hand over their own brothers to be put to death, and
fathers will do the same to their children. Children will turn against
their parents and have them put to death. 13 Everyone will hate you
because of me. But whoever holds out to the end will be saved.

The Awful Horror
(Matt. 24.15-28; Luke 21.20-24)

14 “You will see ‘The Awful Horror’ standing in the place where he
should not be.” (Note to the reader: be sure to understand what this
means!) “Then those who are in Judaea must run away to the hills. 15 A
man who is on the roof of his house must not lose time by going down
into the house to get anything to take with him. 16 A man who is
in the field must not go back to the house for his cloak. 17 How terrible
it will be in those days for women who are pregnant and for mothers
with little babies! 18 Pray to God that these things will not happen

adeiladau gwych !" A dywedodd Iesu wrtho, " A weli di'r 2
adeiladau mawr yma ? Ni adewir yma faen ar faen; ni bydd
yr un heb ei fwrw i lawr."

Dechrau'r Gwewyr
(Mth 24.3-14; Lc 21.7-19)

Fel yr oedd yn eistedd ar Fynydd yr Olewydd gyferbyn â'r 3
deml, gofynnodd Pedr ac Iago ac Ioan ac Andreas iddo, o'r
neilltu, " Dywed wrthym pa bryd y bydd hyn, a beth fydd yr 4
arwydd pan fydd hyn oll ar ddod i ben ?" A dechreuodd Iesu 5
ddweud wrthynt, " Gwyliwch na fydd i neb eich twyllo. Fe 6
ddaw llawer yn fy enw i gan ddweud, ' Myfi yw ', ac fe dwyllant
lawer. A phan glywch am ryfeloedd a sôn am ryfeloedd, 7
peidiwch â chyffroi. Rhaid i hyn ddigwydd, ond nid yw'r
diwedd eto. Oblegid cyfyd cenedl yn erbyn cenedl, a theyrnas 8
yn erbyn teyrnas. Bydd daeargrynfâu mewn mannau. Bydd
adegau o newyn. Dechrau'r gwewyr fydd hyn. A chwithau, 9
gwyliwch eich hunain; fe'ch traddodir chwi i lysoedd, a
chewch eich fflangellu mewn synagogau a'ch gosod i sefyll
gerbron llywodraethwyr a brenhinoedd o'm hachos i, i ddwyn
tystiolaeth yn eu gŵydd. Ond yn gyntaf rhaid i'r Efengyl gael 10
ei chyhoeddi i'r holl genhedloedd. A phan ânt â chwi i'ch 11
traddodi, peidiwch â phryderu ymlaen llaw beth i'w ddweud,
eithr pa beth bynnag a roddir i chwi y pryd hwnnw, dywedwch
hynny; oblegid nid chwi sydd yn llefaru, ond yr Ysbryd Glân.
Bradycha brawd ei frawd i farwolaeth, a thad ei blentyn, a 12
chyfyd plant yn erbyn eu rhieni a pheri eu lladd. A chas fydd- 13
wch gan bawb o achos fy enw i; ond y sawl sy'n dyfalbarhau
i'r diwedd a gaiff ei gadw.

Y Gorthrymder Mawr
(Mth 24.15-28; Lc 21.20-24)

" Ond pan welwch ' y ffieiddbeth diffeithiol ' yn sefyll lle na 14
ddylai fod (dealled y darllenydd), yna ffoed y rhai sydd yn
Jwdea i'r mynyddoedd. Yr hwn sydd ar ben y tŷ, peidied â 15
dod i lawr i fynd i mewn i gipio dim o'i dŷ; a'r hwn sydd yn y 16
cae, peidied â throi yn ei ôl i gymryd ei fantell. Gwae'r 17
gwragedd beichiog a'r rhai sy'n rhoi'r fron yn y dyddiau
hynny ! A gweddïwch na ddigwydd hyn yn y gaeaf, oblegid 18,19

in the winter! 19 For the trouble of those days will be far worse than any the world has ever known from the very beginning when God created the world until the present time. Nor will there ever be anything like it again. 20 But the Lord has reduced the number of those days; if he had not, nobody would survive. For the sake of his chosen people, however, he has reduced those days.

21 "Then, if anyone says to you, 'Look, here is the Messiah!' or, 'Look, there he is!'—do not believe him. 22 For false Messiahs and false prophets will appear. They will perform miracles and wonders in order to deceive even God's chosen people, if possible. 23 Be on your guard! I have told you everything before the time comes.

The Coming of the Son of Man
(Matt. 24.29-31; Luke 21.25-28)

24 "In the days after that time of trouble the sun will grow dark, the moon will no longer shine, 25 the stars will fall from heaven, and the powers in space will be driven from their courses. 26 Then the Son of Man will appear, coming in the clouds with great power and glory. 27 He will send the angels out to the four corners of the earth to gather God's chosen people from one end of the world to the other.

The Lesson of the Fig-Tree
(Matt. 24.32-35; Luke 21.29-33)

28 "Let the fig-tree teach you a lesson. When its branches become green and tender and it starts putting out leaves, you know that summer is near. 29 In the same way, when you see these things happening, you will know that the time is near, ready to begin.[u] 30 Remember that all these things will happen before the people now living have all died. 31 Heaven and earth will pass away, but my words will never pass away.

No One Knows the Day or Hour
(Matt. 24.36-44)

32 "No one knows, however, when that day or hour will come—neither the angels in heaven, nor the Son; only the Father knows. 33 Be on watch, be alert, for you do not know when the time will come. 34 It will be like a man who goes away from home on a journey and leaves his servants in charge, after giving to each one

---

[u] the time is near, ready to begin; *or* he is near, ready to come.

bydd y dyddiau hynny yn orthrymder na fu ei debyg o ddech-
rau'r greadigaeth a greodd Duw hyd yn awr, ac na fydd byth.
Ac oni bai fod yr Arglwydd wedi byrhau'r dyddiau ni fuasai 20
undyn byw wedi ei gadw; eithr er mwyn yr etholedigion a
etholodd, fe fyrhaodd y dyddiau. Ac yna, os dywed rhywun 21
wrthych, ' Edrych, dyma'r Meseia ', neu, ' Edrych, dacw ef ',
peidiwch â'i gredu. Oherwydd fe gyfyd gau-feseiâu a gau- 22
broffwydi, a rhoddant arwyddion a rhyfeddodau i arwain ar
gyfeiliorn yr etholedigion, petai hynny'n bosibl. Ond gwyliwch 23
chwi; yr wyf wedi dweud y cwbl wrthych ymlaen llaw.

Dyfodiad Mab y Dyn
(Mth 24.29-31; Lc 21.25-28)

" Eithr yn y dyddiau hynny, ar ôl y gorthrymder hwnnw, 24
' Tywyllir yr haul,
ni rydd y lloer ei llewyrch,
syrth y sêr o'r nef, 25
ac ysgydwir y nerthoedd sy'n y nefoedd.'
A'r pryd hwnnw gwelant Fab y Dyn yn dyfod yn y cymylau 26
gyda nerth mawr a gogoniant. Ac yna'r anfona ei angylion a 27
chynnull ei etholedigion o'r pedwar gwynt, o eithaf y ddaear
hyd at eithaf y nef.

Gwers y Ffigysbren
(Mth 24.32-35; Lc 21.29-33)

" Dysgwch wers oddi wrth y ffigysbren. Pan fydd ei gangen 28
yn ir ac yn dechrau deilio, gwyddoch fod yr haf yn agos. Felly 29
chwithau, pan welwch y pethau hyn yn digwydd, byddwch yn
gwybod ei fod yn agos, wrth y drws. Yn wir, 'rwy'n dweud 30
wrthych, nid â'r genhedlaeth hon heibio nes i'r holl bethau hyn
ddigwydd. Y nef a'r ddaear, ânt heibio, ond fy ngeiriau i, nid 31
ânt heibio ddim.

Y Dydd a'r Awr Anhysbys
(Mth 24.36-44)

" Ond am y dydd hwnnw neu'r awr ni ŵyr neb, na'r angylion 32
yn y nef, na'r Mab, neb ond y Tad. Gwyliwch, byddwch effro; 33
oherwydd ni wyddoch pa bryd y bydd yr amser. Y mae fel dyn 34
a aeth oddi cartref, gan adael ei dŷ a rhoi awdurdod i'w weision,

his own work to do and after telling the doorkeeper to keep watch. 35 Be on guard, then, because you do not know when the master of the house is coming—it might be in the evening or at midnight or before dawn or at sunrise. 36 If he comes suddenly, he must not find you asleep. 37 What I say to you, then, I say to all: Watch!"

The Plot against Jesus

(Matt. 26.1-5; Luke 22.1-2; John 11.45-53)

14 It was now two days before the Festival of Passover and Unleavened Bread. The chief priests and the teachers of the Law were looking for a way to arrest Jesus secretly and put him to death. 2 "We must not do it during the festival," they said, "or the people might riot."

Jesus Is Anointed at Bethany

(Matt. 26.6-13; John 12.1-8)

3 Jesus was in Bethany at the house of Simon, a man who had suffered from a dreaded skin-disease. While Jesus was eating, a woman came in with an alabaster jar full of a very expensive perfume made of pure nard. She broke the jar and poured the perfume on Jesus' head. 4 Some of the people there became angry and said to one another, "What was the use of wasting the perfume? 5 It could have been sold for more than three hundred silver coins[v] and the money given to the poor!" And they criticized her harshly.

6 But Jesus said, "Leave her alone! Why are you bothering her? She has done a fine and beautiful thing for me. 7 You will always have poor people with you, and any time you want to, you can help them. But you will not always have me. 8 She did what she could; she poured perfume on my body to prepare it ahead of time for burial. 9 Now, I assure you that wherever the gospel is preached all over the world, what she has done will be told in memory of her."

Judas Agrees to Betray Jesus

(Matt. 26.14-16; Luke 22.3-6)

10 Then Judas Iscariot, one of the twelve disciples, went off to the chief priests in order to betray Jesus to them. 11 They were pleased to hear what he had to say, and promised to give him money. So Judas started looking for a good chance to hand Jesus over to them.

[v] SILVER COINS: *See 6.37.*

i bob un ei waith, a gorchymyn i'r porthor wylio. Byddwch 35
wyliadwrus gan hynny—oherwydd ni wyddoch pa bryd y daw
meistr y tŷ, ai gyda'r hwyr, ai ar hanner nos, ai ar ganiad y
ceiliog, ai yn fore—rhag ofn iddo ddod yn ddisymwth a'ch cael 36
chwi'n cysgu. A'r hyn yr wyf yn ei ddweud wrthych chwi, yr 37
wyf yn ei ddweud wrth bawb: byddwch wyliadwrus."

Y Cynllwyn i Ladd Iesu
(Mth 26.1-5; Lc 22.1-2; In 11.45-53)

Yr oedd y Pasg a gŵyl y Bara Croyw ymhen deuddydd. **14**
Ac yr oedd y prif offeiriaid a'r ysgrifenyddion yn ceisio modd
i'w ddal trwy ddichell, a'i ladd. Oherwydd dweud yr oeddent, 2
" Nid yn ystod yr ŵyl, rhag bod cynnwrf ymhlith y bobl."

Yr Eneinio ym Methania
(Mth 26.6-13; In 12.1-8)

A phan oedd ef ym Methania yn nhŷ Simon y gwahan- 3
glwyfus, yn eistedd wrth bryd bwyd, daeth gwraig â chanddi
ffiol alabaster o ennaint drudfawr, nard pur; torrodd y ffiol a
thywalltodd yr ennaint ar ei ben ef. Ac yr oedd rhai yn ddig 4
ac yn dweud wrth ei gilydd, " I ba beth y bu'r gwastraff hwn
ar yr ennaint ? Oherwydd gallesid gwerthu'r ennaint hwn am 5
fwy na deg punt ar hugain* a'i roi i'r tlodion." Ac yr oeddent
yn ffromi wrthi. Ond dywedodd Iesu, " Gadewch iddi; pam 6
yr ydych yn ei phoeni ? Gweithred brydferth a wnaeth hi i mi.
Bydd y tlodion gyda chwi bob amser, a gallwch wneud cym- 7
wynas â hwy pa bryd bynnag y mynnwch; ond ni fyddaf fi
gyda chwi bob amser. A allodd hi, fe'i gwnaeth; achubodd y 8
blaen i eneinio fy nghorff erbyn y gladdedigaeth. Yn wir, 9
'rwy'n dweud wrthych, pa le bynnag y pregethir yr Efengyl yn
yr holl fyd, adroddir hefyd yr hyn a wnaeth hon, er cof amdani."

Jwdas yn Cydsynio i Fradychu Iesu
(Mth 26.14-16; Lc 22.3-6)

Yna aeth Jwdas Iscariot, hwnnw oedd yn un o'r Deuddeg, 10
at y prif offeiriaid i'w fradychu ef iddynt. Pan glywsant, yr 11
oeddent yn llawen ac addawsant roi arian iddo. A dechreuodd
geisio cyfle i'w fradychu ef.

---

*adn. 5: neu, *thri chan denarius*.

Jesus Eats the Passover Meal with His Disciples
(Matt. 26.17-25; Luke 22.7-14, 21-23; John 13.21-30)

12 On the first day of the Festival of Unleavened Bread, the day the
lambs for the Passover meal were killed, Jesus' disciples asked him,
"Where do you want us to go and get the Passover meal ready
for you?"
13 Then Jesus sent two of them with these instructions: "Go into the
city, and a man carrying a jar of water will meet you. Follow him 14 to
the house he enters, and say to the owner of the house: 'The Teacher
says, Where is the room where my disciples and I will eat the Passover
meal?' 15 Then he will show you a large upstairs room, prepared and
furnished, where you will get everything ready for us."
16 The disciples left, went to the city, and found everything just as
Jesus had told them; and they prepared the Passover meal.
17 When it was evening, Jesus came with the twelve disciples.
18 While they were at the table eating, Jesus said, "I tell you that
one of you will betray me—one who is eating with me."
19 The disciples were upset and began to ask him, one after the other,
"Surely you don't mean me, do you?"
20 Jesus answered, "It will be one of you twelve, one who dips
his bread in the dish with me. 21 The Son of Man will die as the
Scriptures say he will; but how terrible for that man who betrays
the Son of Man! It would have been better for that man if he
had never been born!"

The Lord's Supper
(Matt. 26.26-30; Luke 22.14-20; I Cor. 11.23-25)

22 While they were eating, Jesus took a piece of bread, gave a
prayer of thanks, broke it, and gave it to his disciples. "Take it,"
he said, "this is my body."
23 Then he took a cup, gave thanks to God, and handed it to
them; and they all drank from it. 24 Jesus said, "This is my blood
which is poured out for many, my blood which seals God's covenant.
25 I tell you, I will never again drink this wine until the day I drink
the new wine in the Kingdom of God."
26 Then they sang a hymn and went out to the Mount of Olives.

Jesus Predicts Peter's Denial
(Matt. 26.31-35; Luke 22.31-34; John 13.36-38)

27 Jesus said to them, "All of you will run away and leave me,
for the scripture says, 'God will kill the shepherd, and the sheep
will all be scattered.' 28 But after I am raised to life, I will go to
Galilee ahead of you."

Gwledd y Pasg gyda'r Disgyblion
(Mth 26.17-25; Lc 22.7-14, 21-23; In 13.21-30)

Ar ddydd cyntaf gŵyl y Bara Croyw, pan leddid oen y Pasg, 12
dywedodd ei ddisgyblion wrtho, " I ble yr wyt ti am inni fynd i
baratoi i ti i fwyta gwledd y Pasg?" Ac anfonodd ddau o'i 13
ddisgyblion, ac meddai wrthynt, " Ewch i'r ddinas, ac fe ddaw
dyn i'ch cyfarfod, yn cario stên o ddŵr. Dilynwch ef, a dywed- 14
wch wrth ŵr y tŷ lle'r â i mewn, ' Y mae'r Athro'n gofyn, " Ble
mae f'ystafell, lle yr wyf i fwyta gwledd y Pasg gyda'm disgybl-
ion?" ' Ac fe ddengys ef i chwi oruwchystafell fawr wedi ei 15
threfnu'n barod; yno paratowch i ni." Aeth y disgyblion 16
ymaith, a daethant i'r ddinas a chael fel yr oedd ef wedi dweud
wrthynt, a pharatoesant wledd y Pasg. Gyda'r nos daeth yno 17
gyda'r Deuddeg. Ac fel yr oeddent wrth y bwrdd yn bwyta, 18
dywedodd Iesu, " Yn wir, 'rwy'n dweud wrthych y bydd i un
ohonoch fy mradychu i, un sy'n bwyta gyda mi." Dechreusant 19
dristáu a dweud wrtho y naill ar ôl y llall, " Nid myfi ? "
Dywedodd yntau wrthynt, " Un o'r Deuddeg, un sy'n gwlychu 20
ei fara gyda mi yn y ddysgl. Y mae Mab y Dyn yn wir yn 21
ymadael, fel y mae'n ysgrifenedig amdano, ond gwae'r dyn
hwnnw y bradychir Mab y Dyn ganddo! Da fuasai i'r dyn
hwnnw petai heb ei eni."

Sefydlu Swper yr Arglwydd
(Mth 26.26-30; Lc 22.15-20; I Cor 11.23-25)

Ac wrth iddynt fwyta, cymerodd fara, ac wedi bendithio fe'i 22
torrodd a'i roi iddynt, a dywedodd, " Cymerwch; hwn yw fy
nghorff." A chymerodd gwpan, ac wedi diolch fe'i rhoddodd 23
iddynt, ac yfodd pawb ohono. A dywedodd wrthynt, " Hwn 24
yw fy ngwaed i, gwaed y cyfamod, sy'n cael ei dywallt er mwyn
llawer. Yn wir, 'rwy'n dweud wrthych nad yfaf byth mwy o 25
ffrwyth y winwydden hyd y dydd hwnnw pan yfaf ef yn
newydd yn nheyrnas Dduw." Ac wedi iddynt ganu emyn, 26
aethant allan i Fynydd yr Olewydd.

Rhagfynegi Gwadiad Pedr
(Mth 26.31-35; Lc 22.31-34; In 13.36-38)

A dywedodd Iesu wrthynt, " Fe ddaw cwymp i bob un 27
ohonoch. Oherwydd y mae'n ysgrifenedig :

' Trawaf y bugail,
a gwasgerir y defaid.'

29 Peter answered, "I will never leave you, even though all the
rest do!"
30 Jesus said to Peter, "I tell you that before the cock crows twice
tonight, you will say three times that you do not know me."
31 Peter answered even more strongly, "I will never say that, even if
I have to die with you!"
And all the other disciples said the same thing.

Jesus Prays in Gethsemane

(Matt. 26.36-46; Luke 22.39-46)

32 They came to a place called Gethsemane, and Jesus said to
his disciples, "Sit here while I pray." 33 He took Peter, James, and John
with him. Distress and anguish came over him, 34 and he said to them,
"The sorrow in my heart is so great that it almost crushes me. Stay
here and keep watch."
35 He went a little farther on, threw himself on the ground, and
prayed that, if possible, he might not have to go through that time of
suffering. 36 "Father," he prayed, "my Father! All things are possible
for you. Take this cup of suffering away from me. Yet not what
I want, but what you want."
37 Then he returned and found the three disciples asleep. He said to
Peter, "Simon, are you asleep? Weren't you able to stay awake
even for one hour?" 38 And he said to them, "Keep watch, and
pray that you will not fall into temptation. The spirit is willing,
but the flesh is weak."
39 He went away once more and prayed, saying the same words.
40 Then he came back to the disciples and found them asleep; they
could not keep their eyes open. And they did not know what to
say to him.
41 When he came back the third time, he said to them, "Are
you still sleeping and resting? Enough! The hour has come! Look,
the Son of Man is now being handed over to the power of sinful
men. 42 Get up, let us go. Look, here is the man who is betraying
me!"

The Arrest of Jesus

(Matt. 26.47-56; Luke 22.47-53; John 18.3-12)

43 Jesus was still speaking when Judas, one of the twelve disciples,
arrived. With him was a crowd armed with swords and clubs, and
sent by the chief priests, the teachers of the Law, and the elders.

Eithr wedi i mi gyfodi af o'ch blaen chwi i Galilea." 28
Meddai Pedr wrtho, " Er iddynt gwympo bob un, ni wnaf fi." 29
Ac meddai Iesu wrtho, " Yn wir, 'rwy'n dweud wrthyt y bydd 30
i ti heno nesaf, cyn i'r ceiliog ganu ddwywaith, fy ngwadu i
deirgwaith." Ond taerai yntau'n fwy byth, " Petai'n rhaid imi 31
farw gyda thi, ni'th wadaf byth." A'r un modd yr oeddent yn
dweud i gyd.

Y Weddi yng Ngethsemane
(Mth 26.36-46; Lc 22.39-46)

Daethant i le o'r enw Gethsemane, ac meddai ef wrth ei 32
ddisgyblion, " Eisteddwch yma tra byddaf yn gweddïo." Ac 33
fe gymerodd gydag ef Pedr ac Iago ac Ioan; a dechreuodd
deimlo arswyd a thrallod dwys, ac meddai wrthynt, " Y mae 34
f'enaid yn drist iawn hyd at farw. Arhoswch yma a gwyliwch."
Aeth ymlaen ychydig, a syrthiodd ar y ddaear a gweddïo ar i'r 35
awr, petai'n bosibl, fynd heibio iddo. " Abba ! Dad ! " 36
meddai, " y mae pob peth yn bosibl i ti. Cymer y cwpan hwn
oddi wrthyf. Eithr nid yr hyn a fynnaf fi, ond yr hyn a fynni
di." Daeth yn ôl a'u cael hwy'n cysgu, ac meddai wrth Pedr, 37
" Simon, ai cysgu yr wyt ti ? Oni ellaist wylio am un awr ?
Gwyliwch, a gweddïwch na ddewch i gael eich profi. Y mae'r 38
ysbryd yn barod ond y cnawd yn wan." Aeth ymaith drachefn 39
a gweddïo, gan lefaru'r un geiriau. A phan ddaeth yn ôl fe'u 40
cafodd hwy'n cysgu eto, oherwydd yr oedd eu llygaid yn drwm;
ac ni wyddent beth i'w ddweud wrtho. Daeth y drydedd waith, 41
a dweud wrthynt, " A ydych yn dal i gysgu a gorffwys ?* Dyna
ddigon.** Daeth yr awr; dyma Fab y Dyn yn cael ei fradychu
i ddwylo dynion pechadurus. Codwch ac awn. Dyma fy 42
mradychwr yn agosáu."

Bradychu a Dal Iesu
(Mth 26.47-56; Lc 22.47-53; In 18.2-12)

Ac yna, tra oedd yn dal i siarad, dyma Jwdas, un o'r Deu- 43
ddeg, yn cyrraedd, a chydag ef dyrfa yn dwyn cleddyfau a
phastynau, wedi eu hanfon gan y prif offeiriaid a'r ysgrifenydd-

---

*adn. 41: neu, *Cysgwch bellach a gorffwyswch.*

**adn. 41: yr ystyr yn ansicr. Yn ôl ystyr arall, *Fe gafodd ei dâl.* Yn ôl darlleniad arall, *A yw'r diwedd yn bell* ?

44 The traitor had given the crowd a signal: "The man I kiss is
the one you want. Arrest him and take him away under guard."
45 As soon as Judas arrived, he went up to Jesus and said,
"Teacher!" and kissed him. 46 So they arrested Jesus and held him
tight. 47 But one of those standing there drew his sword and struck
at the High Priest's slave, cutting off his ear. 48 Then Jesus spoke
up and said to them, "Did you have to come with swords and clubs
to capture me, as though I were an outlaw? 49 Day after day I
was with you teaching in the Temple, and you did not arrest me.
But the Scriptures must come true."
50 Then all the disciples left him and ran away.
51 A certain young man, dressed only in a linen cloth, was following
Jesus. They tried to arrest him, 52 but he ran away naked, leaving
the cloth behind.

Jesus before the Council

(Matt. 26.57-68; Luke 22.54-55, 63-71; John 18.13-14, 19-24)

53 Then Jesus was taken to the High Priest's house, where all
the chief priests, the elders, and the teachers of the Law were gathering.
54 Peter followed from a distance and went into the courtyard of the
High Priest's house. There he sat down with the guards, keeping him-
self warm by the fire. 55 The chief priests and the whole Council tried
to find some evidence against Jesus in order to put him to death, but
they could not find any. 56 Many witnesses told lies against Jesus, but
their stories did not agree.
57 Then some men stood up and told this lie against Jesus: 58 "We
heard him say, 'I will tear down this Temple which men have made,
and after three days I will build one that is not made by men.'"
59 Not even they, however, could make their stories agree.
60 The High Priest stood up in front of them all and questioned
Jesus, "Have you no answer to the accusation they bring against
you?"
61 But Jesus kept quiet and would not say a word. Again the
High Priest questioned him, "Are you the Messiah, the Son of the
Blessed God?"
62 "I am," answered Jesus, "and you will all see the Son of Man
seated on the right of the Almighty and coming with the clouds
of heaven!"

ion a'r henuriaid. Yr oedd ei fradychwr wedi rhoi arwydd 44
iddynt gan ddweud, " Yr un a gusanaf yw'r dyn; daliwch ef a
mynd ag ef ymaith yn ddiogel." Ac yn union wedi cyrraedd, 45
aeth ato ef a dweud, " Rabbi," a chusanodd ef. Rhoesant 46
hwythau eu dwylo arno a'i ddal. Tynnodd rhywun o blith y 47
rhai oedd yn sefyll gerllaw gleddyf, a thrawodd was yr arch-
offeiriad a thorri ei glust i ffwrdd. A dywedodd Iesu wrthynt, 48
" Ai fel at leidr, â chleddyfau a phastynau, y daethoch allan i'm
dal i ? Yr oeddwn gyda chwi beunydd, yn dysgu yn y deml, ac 49
ni ddaliasoch fi. Eithr cyflawner yr Ysgrythurau." A gadawodd 50
y disgyblion ef bob un, a ffoi.

Y Dyn Ifanc a Ffôdd

Ac yr oedd rhyw ddyn ifanc yn ei ganlyn ef, yn gwisgo darn o 51
liain dros ei gorff noeth. Cydiasant ynddo ef, ond dihangodd, 52
gan adael y lliain a ffoi'n noeth.

Iesu gerbron y Sanhedrin

(Mth 26.57-68; Lc 22.54-55, 63-71; In 18.12-14, 19-24)

Aethant â Iesu ymaith at yr archoffeiriad, a daeth y prif 53
offeiriaid oll a'r henuriaid a'r ysgrifenyddion ynghyd. Canlyn- 54
odd Pedr ef o hirbell, bob cam i mewn i gyntedd yr arch-
offeiriad, ac yr oedd yn eistedd gyda'r gwasanaethwyr, yn ym-
dwymo wrth y tân. Yr oedd y prif offeiriaid a'r holl Sanhedrin 55
yn ceisio tystiolaeth yn erbyn Iesu, i'w roi i farwolaeth, ond yn
methu cael dim. Oherwydd yr oedd llawer yn rhoi cam- 56
dystiolaeth yn ei erbyn, ond nid oedd eu tystiolaeth yn gyson.
Cododd rhai a cham-dystio yn ei erbyn, " Clywsom ni ef yn 57,58
dweud, ' Mi fwriaf i lawr y deml hon o waith llaw, ac mewn
tridiau mi adeiladaf un arall heb fod o waith llaw.' " Ond hyd 59
yn oed felly nid oedd eu tystiolaeth yn gyson. Yna cododd yr 60
archoffeiriad ar ei draed yn y canol, a holodd Iesu: " Onid
atebi ddim ? Beth am dystiolaeth y rhain yn dy erbyn ?"
Parhaodd yntau'n fud, heb ateb dim. Holodd yr archoffeiriad 61
ef drachefn, ac meddai wrtho, " Ai ti yw'r Meseia, Mab y
Bendigedig ? " Dywedodd Iesu, " Myfi yw, ac 62

' fe welwch Fab y Dyn
yn eistedd ar ddeheulaw'r Gallu
ac yn dyfod gyda chymylau'r nef.' "

63 The High Priest tore his robes and said, "We don't need any
more witnesses! 64 You heard his blasphemy. What is your decision?"
They all voted against him: he was guilty and should be put to
death.
65 Some of them began to spit on Jesus, and they blindfolded
him and hit him. "Guess who hit you!" they said. And the guards
took him and slapped him.

Peter Denies Jesus
(Matt. 26.69-75; Luke 22.56-62; John 18.15-18, 25-27)

66 Peter was still down in the courtyard when one of the High
Priest's servant-girls came by. 67 When she saw Peter warming himself,
she looked straight at him and said, "You, too, were with Jesus
of Nazareth."
68 But he denied it. "I don't know... I don't understand what you are
talking about," he answered, and went out into the passage. Just then
a cock crowed.[w]
69 The servant-girl saw him there and began to repeat to the
bystanders, "He is one of them!" 70 But Peter denied it again.
A little while later the bystanders accused Peter again, "You can't
deny that you are one of them, because you, too, are from Galilee."
71 Then Peter said, "I swear that I am telling the truth! May
God punish me if I am not! I do not know the man you are talking
about!"
72 Just then a cock crowed a second time, and Peter remembered
how Jesus had said to him, "Before the cock crows twice, you will
say three times that you do not know me." And he broke down
and cried.

Jesus Is Brought before Pilate
(Matt. 27.1-2, 11-14; Luke 23.1-5; John 18.28-38)

15 Early in the morning the chief priests met hurriedly with
the elders, the teachers of the Law, and the whole Council,
and made their plans. They put Jesus in chains, led him away, and
handed him over to Pilate. 2 Pilate questioned him, "Are you the
king of the Jews?"
Jesus answered, "So you say."
3 The chief priests were accusing Jesus of many things, 4 so Pilate
questioned him again, "Aren't you going to answer? Listen to all their
accusations!"
5 Again Jesus refused to say a word, and Pilate was amazed.

---

[w] *Some manuscripts do not have* Just then a cock crowed.

Yna rhwygodd yr archoffeiriad ei ddillad a dweud, " Pa raid i 63
ni wrth dystion bellach ? Clywsoch ei gabledd; sut y barnwch 64
chwi ?" A'u dedfryd gytûn arno oedd ei fod yn haeddu mar-
wolaeth. A dechreuodd rhai boeri arno a rhoi gorchudd ar ei 65
wyneb, a'i gernodio a dweud wrtho, " Proffwyda." Ac ymosod-
odd y gwasanaethwyr arno â dyrnodiau.

Pedr yn Gwadu Iesu

(Mth 26.69-75; Lc 22.56-62; In 18.15-18, 25-27)

Yr oedd Pedr islaw yn y cyntedd. Daeth un o forynion yr 66
archoffeiriad, a phan welodd Pedr yn ymdwymo edrychodd 67
arno ac meddai, " Yr oeddit tithau hefyd gyda'r Nasaread,
Iesu." Ond gwadodd ef a dweud, " Nid wyf yn gwybod nac 68
yn deall am beth yr wyt ti'n sôn." Ac aeth allan i'r porth.*
Gwelodd y forwyn ef, a dechreuodd ddweud wedyn wrth y 69
rhai oedd yn sefyll yn ymyl, " Y mae hwn yn un ohonynt."
Gwadodd yntau drachefn. Ymhen ychydig, dyma'r rhai oedd 70
yn sefyll yn ymyl yn dweud wrth Pedr, " Yr wyt yn wir yn un
ohonynt, achos Galilead wyt ti." Dechreuodd yntau regi a 71
thyngu: " Nid wyf yn adnabod y dyn hwn yr ydych yn sôn
amdano." Ac yna canodd y ceiliog yr ail waith. Cofiodd Pedr 72
ymadrodd Iesu wrtho, fel y dywedodd, " Cyn i'r ceiliog ganu
ddwywaith, fe'm gwedi i deirgwaith." A thorrodd i wylo.

Iesu gerbron Pilat

(Mth 27.1-2, 11-14; Lc 23.1-5; In 18.28-38)

Cyn gynted ag y daeth hi'n ddydd, yngynghorodd y prif **15**
offeiriaid â'r* henuriaid a'r ysgrifenyddion a'r holl Sanhedrin;
yna rhwymasant Iesu a mynd ag ef ymaith a'i drosglwyddo i
Pilat. Holodd Pilat ef: " Ai ti yw Brenin yr Iddewon ?" 2
Atebodd yntau ef: " Ti sy'n dweud hynny."* Ac yr oedd y 3
prif offeiriaid yn dwyn llawer o gyhuddiadau yn ei erbyn.
Holodd Pilat ef wedyn: " Onid atebi ddim ? Edrych faint o 4
gyhuddiadau y maent yn eu dwyn yn dy erbyn." Ond nid 5
atebodd Iesu ddim mwy, er syndod i Pilat.

---

*adn. 68: ychwanega rhai llawysgrifau, *A chanodd y ceiliog.*

*adn. 1: yn ôl darlleniad arall, *ffurfiodd y prif offeiriaid gynllwyn gyda'r.*

*adn. 2: neu, *Yr wyt yn dweud y gwir.*

Jesus Is Sentenced to Death
(Matt. 27.15-26; Luke 23.13-25; John 18.39—19.16)

6 At every Passover Festival Pilate was in the habit of setting free
any one prisoner the people asked for. 7 At that time a man named
Barabbas was in prison with the rebels who had committed murder
in the riot. 8 When the crowd gathered and began to ask Pilate for
the usual favour, 9 he asked them, "Do you want me to set free
for you the king of the Jews?" 10 He knew very well that the chief
priests had handed Jesus over to him because they were jealous.

11 But the chief priests stirred up the crowd to ask, instead, for Pilate
to set Barabbas free for them. 12 Pilate spoke again to the crowd,
"What, then, do you want me to do with the one you call the
king of the Jews?"

13 They shouted back, "Crucify him!"

14 "But what crime has he committed?" Pilate asked.

They shouted all the louder, "Crucify him!"

15 Pilate wanted to please the crowd, so he set Barabbas free for
them. Then he had Jesus whipped and handed him over to be crucified.

The Soldiers Mock Jesus
(Matt. 27.27-31; John 19.2-3)

16 The soldiers took Jesus inside to the courtyard of the governor's
palace and called together the rest of the company. 17 They put a purple
robe on Jesus, made a crown out of thorny branches, and put it on
his head. 18 Then they began to salute him: "Long live the King of
the Jews!" 19 They beat him over the head with a stick, spat on him,
fell on their knees, and bowed down to him. 20 When they had finished
mocking him, they took off the purple robe and put his own clothes
back on him. Then they led him out to crucify him.

Jesus Is Crucified
(Matt. 27.32-44; Luke 23.26-43; John 19.17-27)

21 On the way they met a man named Simon, who was coming
into the city from the country, and the soldiers forced him to carry
Jesus' cross. (Simon was from Cyrene and was the father of Alexander
and Rufus.) 22 They took Jesus to a place called Golgotha, which
means "The Place of the Skull." 23 There they tried to give him
wine mixed with a drug called myrrh, but Jesus would not drink
it. 24 Then they crucified him and divided his clothes among them-
selves, throwing dice to see who would get which piece of clothing.

Dedfrydu Iesu i Farwolaeth
(Mth 27.15-26; Lc 23.13-25; In 18.39-19.16)

Ar yr ŵyl yr oedd Pilat yn arfer rhyddhau iddynt un carchar- 6
or y gofynnent amdano. Ac yr oedd y dyn a elwid Barabbas 7
yn y carchar gyda'r gwrthryfelwyr hynny oedd wedi llofruddio
yn ystod y gwrthryfel. Daeth y dyrfa i fyny a dechrau gofyn i 8
Pilat wneud yn ôl ei arfer iddynt. Atebodd Pilat hwy: " A 9
fynnwch i mi ryddhau i chwi Frenin yr Iddewon ?" Oherwydd 10
gwyddai mai o genfigen yr oedd y prif offeiriaid wedi ei dradd-
odi ef. Ond cyffrôdd y prif offeiriaid y dyrfa i geisio ganddo yn 11
hytrach ryddhau Barabbas iddynt. Atebodd Pilat drachefn, ac 12
meddai wrthynt, " Beth, ynteu, a wnaf â hwn yr ydych yn ei
alw yn Frenin yr Iddewon ?" Gwaeddasant hwythau yn ôl, 13
" Croeshoelia ef." Meddai Pilat wrthynt, " Ond pa ddrwg a 14
wnaeth ef ?" Gwaeddasant hwythau yn uwch byth, " Croes-
hoelia ef." A chan ei fod yn awyddus i fodloni'r dyrfa, rhydd- 15
haodd Pilat Barabbas iddynt a thraddododd Iesu, ar ôl ei
fflangellu, i'w groeshoelio.

Y Milwyr yn Gwatwar Iesu
(Mth 27.27-31; In 19.2-3)

Aeth y milwyr ag ef ymaith i mewn i'r cyntedd, hynny yw, 16
i'r Praetoriwm, a galw ynghyd yr holl fintai. A gwisgasant ef â 17
phorffor, a phlethu coron ddrain a'i gosod am ei ben. A dech- 18
reusant ei gyfarch: " Henffych well, Frenin yr Iddewon !"
Curasant ei ben â gwialen, a phoeri arno, a phlygu eu gliniau 19
ac ymgrymu iddo. Ac wedi iddynt ei watwar, tynasant y porffor 20
oddi amdano a'i wisgo ef â'i ddillad ei hun. Yna aethant ag ef
allan i'w groeshoelio.

Croeshoelio Iesu
(Mth 27.32-44; Lc 23.26-43; In 19.17-27)

Gorfodasant un oedd yn mynd heibio ar ei ffordd o'r wlad, 21
Simon o Gyrene, tad Alexander a Rwffws, i gario ei groes ef.
Daethant ag ef i'r lle a elwir Golgotha, hynny yw, o'i gyfieithu, 22
" Lle Penglog." Cynigiasant iddo win â myrr ynddo, ond ni 23
chymerodd ef. A chroeshoeliasant ef, 24
a rhanasant ei ddillad,
gan fwrw coelbren arnynt i benderfynu beth a gâi pob un.

25 It was nine o'clock in the morning when they crucified him. 26 The
notice of the accusation against him said: "The King of the Jews."
27 They also crucified two bandits with Jesus, one on his right and
the other on his left.[x]

29 People passing by shook their heads and hurled insults at Jesus:
"Aha! You were going to tear down the Temple and build it up
again in three days! 30 Now come down from the cross and save
yourself!"

31 In the same way the chief priests and the teachers of the Law
jeered at Jesus, saying to each other, "He saved others, but he cannot
save himself! 32 Let us see the Messiah, the king of Israel, come
down from the cross now, and we will believe in him!"

And the two who were crucified with Jesus insulted him also.

The Death of Jesus

(Matt. 27.45-56; Luke 23.44-49; John 19.28-30)

33 At noon the whole country was covered with darkness, which
lasted for three hours. 34 At three o'clock Jesus cried out with a
loud shout, "*Eloi, Eloi, lema sabachthani?*" which means, "My God,
my God, why did you abandon me?"

35 Some of the people there heard him and said, "Listen, he is
calling for Elijah!" 36 One of them ran up with a sponge, soaked
it in cheap wine, and put it on the end of a stick. Then he held
it up to Jesus' lips and said, "Wait! Let us see if Elijah is coming
to bring him down from the cross!"

37 With a loud cry Jesus died.

38 The curtain hanging in the Temple was torn in two, from top
to bottom. 39 The army officer who was standing there in front of
the cross saw how Jesus had died.[y] "This man was really the Son
of God!" he said.

40 Some women were there, looking on from a distance. Among
them were Mary Magdalene, Mary the mother of the younger James
and of Joseph, and Salome. 41 They had followed Jesus while he
was in Galilee and had helped him. Many other women who had
come to Jerusalem with him were there also.

The Burial of Jesus

(Matt. 27.57-61; Luke 23.50-56; John 19.38-42)

42-43 It was towards evening when Joseph of Arimathea arrived. He
was a respected member of the Council, who was waiting for the

---

[x] *Some manuscripts add verse 28:* In this way the scripture came true which says, "He shared the fate of criminals" *(see Lk 22.37).*

[y] had died; *some manuscripts have* had cried out and died.

Naw o'r gloch y bore oedd hi pan groeshoeliasant ef. 25
Ac yr oedd arysgrif y cyhuddiad yn ei erbyn yn dweud: 26
"Brenin yr Iddewon." A chydag ef croeshoeliasant ddau leidr, 27
un ar y dde ac un ar y chwith iddo.* Yr oedd y rhai oedd yn 29
mynd heibio yn ei gablu ef, yn ysgwyd eu pennau a dweud,
"Oho, ti sydd am fwrw'r deml i lawr a'i hadeiladu mewn trid-
iau, disgyn oddi ar y groes ac achub dy hun." A'r un modd yr 30,31
oedd y prif offeiriaid hefyd, ynghyd â'r ysgrifenyddion, yn ei
watwar wrth ei gilydd, ac yn dweud, "Fe achubodd eraill; ni
all ei achub ei hun. Disgynned y Meseia, Brenin Israel, yn awr 32
oddi ar y groes, er mwyn inni weld a chredu." Yr oedd hyd yn
oed y rhai a groeshoeliwyd gydag ef yn ei wawdio.

Marwolaeth Iesu

(Mth 27.45-56; Lc 23.44-49; In 19.28-30)

A phan ddaeth yn hanner dydd, bu tywyllwch dros yr holl 33
wlad hyd dri o'r gloch y prynhawn. Ac am dri o'r gloch 34
gwaeddodd Iesu â llef uchel, "Eloï, Eloï, lema sabachtani,"
hynny yw, o'i gyfieithu, "Fy Nuw, fy Nuw, pam yr wyt wedi
fy ngadael?" O glywed hyn, meddai rhai o'r sawl oedd yn 35
sefyll gerllaw, "Clywch, y mae'n galw ar Elias." Rhedodd 36
rhywun a llenwi ysbwng â gwin sur a'i ddodi ar flaen gwialen
a'i gynnig iddo i'w yfed. "Gadewch inni weld," meddai, "a
ddaw Elias i'w dynnu ef i lawr." Ond rhoes Iesu lef uchel, a 37
bu farw. A rhwygwyd llen y deml yn ddwy o'r pen i'r gwaelod. 38
Pan welodd y canwriad, oedd yn sefyll gyferbyn ag ef, mai 39
gyda gwaedd felly y bu farw, dywedodd, "Yn wir, Mab Duw*
oedd y dyn hwn." Yr oedd gwragedd hefyd yn edrych o hirbell; 40
yn eu plith yr oedd Mair Magdalen, a Mair mam Iago Fychan a
Joses, a Salome, gwragedd a fu'n ei ganlyn a gweini arno pan 41
oedd yng Ngalilea, a llawer o wragedd eraill oedd wedi dod i
fyny gydag ef i Jerwsalem.

Claddu Iesu

(Mth 27.57-61; Lc 23.50-56; In 19.38-42)

Yr oedd hi eisoes yn hwyr, a chan ei bod yn ddydd Paratoad, 42
hynny yw, y dydd cyn y Saboth, daeth Joseff o Arimathea, 43

---

*adn. 27: ychwanega rhai llawysgrifau adnod 28: *A chyflawnwyd yr Ysgrythur sy'n dweud, "A chyfrifwyd ef gyda'r troseddwyr."*

*adn. 39: neu, *mab i Dduw.*

coming of the Kingdom of God. It was Preparation day (that is,
the day before the Sabbath), so Joseph went boldly into the presence
of Pilate and asked him for the body of Jesus. 44 Pilate was surprised to
hear that Jesus was already dead. He called the army officer and asked
him if Jesus had been dead a long time. 45 After hearing the officer's
report, Pilate told Joseph he could have the body. 46 Joseph bought
a linen sheet, took the body down, wrapped it in the sheet, and placed
it in a tomb which had been dug out of solid rock. Then he rolled a
large stone across the entrance to the tomb. 47 Mary Magdalene and
Mary the mother of Joseph were watching and saw where the body
of Jesus was placed.

The Resurrection

(Matt. 28.1-8; Luke 24.1-12; John 20.1-10)

16 After the Sabbath was over, Mary Magdalene, Mary the mother
of James, and Salome bought spices to go and anoint the
body of Jesus. 2 Very early on Sunday morning, at sunrise, they
went to the tomb. 3-4 On the way they said to one another, "Who
will roll away the stone for us from the entrance to the tomb?"
(It was a very large stone.) Then they looked up and saw that the
stone had already been rolled back. 5 So they entered the tomb, where
they saw a young man sitting on the right, wearing a white robe—and
they were alarmed.

6 "Don't be alarmed," he said. "I know you are looking for Jesus of
Nazareth, who was crucified. He is not here—he has been raised!
Look, here is the place where they put him. 7 Now go and give
this message to his disciples, including Peter: 'He is going to Galilee
ahead of you; there you will see him, just as he told you.'"

8 So they went out and ran from the tomb, distressed and terrified.
They said nothing to anyone, because they were afraid.

AN OLD ENDING TO THE GOSPEL[z]

Jesus Appears to Mary Magdalene

(Matt. 28.9-10; John 20.11-18)

[9 After Jesus rose from death early on Sunday, he appeared first to
Mary Magdalene, from whom he had driven out seven demons. 10 She
went and told his companions. They were mourning and crying;
11 and when they heard her say that Jesus was alive and that she
had seen him, they did not believe her.

---

[z] *Some manuscripts and ancient translations do not have this ending to the Gospel (verses 9-20).*

cynghorwr uchel ei barch oedd yntau'n disgwyl am deyrnas
Dduw, a mentrodd fynd i mewn at Pilat a gofyn am gorff Iesu.
Rhyfeddodd Pilat ei fod eisoes wedi marw, a galwodd y canwr- 44
iad ato a gofyn iddo a oedd wedi marw ers meitin. Ac wedi 45
cael gwybod gan y canwriad, rhoddodd y corff i Joseff. Pryn- 46
odd yntau liain, ac wedi ei dynnu ef i lawr, a'i amdói yn y lliain,
gosododd ef mewn bedd oedd wedi ei naddu o'r graig; a threig-
lodd faen at ddrws y bedd. Ac yr oedd Mair Magdalen, a Mair 47
mam Joses, yn edrych ym mhle y gosodwyd ef.

Atgyfodiad Iesu
(Mth 28.1-8; Lc 24.1-12; In 20.1-10)

Wedi i'r Saboth fynd heibio, prynodd Mair Magdalen, a **16**
Mair mam Iago, a Salome, beraroglau, er mwyn mynd i'w
eneinio ef. Ac yn fore iawn ar y dydd cyntaf o'r wythnos, a'r 2
haul newydd godi, dyma hwy'n dod at y bedd. Ac meddent 3
wrth ei gilydd, "Pwy a dreigla'r maen i ffwrdd i ni oddi wrth
ddrws y bedd?" Ond wedi edrych i fyny, gwelsant fod y maen 4
wedi ei dreiglo i ffwrdd; oherwydd yr oedd yn un mawr iawn.
Aethant i mewn i'r bedd, a gwelsant ddyn ifanc yn eistedd ar yr 5
ochr dde, â gwisg laes wen amdano, a daeth arswyd arnynt.
Meddai yntau wrthynt, "Peidiwch ag arswydo. Yr ydych yn 6
ceisio Iesu, y gŵr o Nasareth a groeshoeliwyd. Y mae wedi
cyfodi; nid yw yma; dyma'r man lle gosodasant ef. Ond ewch, 7
dywedwch wrth ei ddisgyblion ac wrth Pedr, 'Y mae'n mynd
o'ch blaen chwi i Galilea; yno y gwelwch ef, fel y dywedodd
wrthych.'" Daethant allan, a ffoi oddi wrth y bedd, oherwydd 8
yr oeddent yn crynu o arswyd. Ac ni ddywedasant ddim wrth
neb, oherwydd yr oedd ofn arnynt.*

---

* adn. 8: dyma ddiwedd Efengyl Marc yn ôl y llawysgrifau gorau, ond ychwanega llawysgrifau eraill adnodau 9–20 fel a ganlyn:

Ymddangos i Fair Magdalen
(Mth 28.9-10; In 20.11-18)

Ar ôl atgyfodi yn fore ar y dydd cyntaf o'r wythnos, ym- 9
ddangosodd yn gyntaf i Fair Magdalen, gwraig yr oedd wedi
bwrw saith gythraul ohoni. Aeth hi a dweud y newydd wrth ei 10
ganlynwyr yn eu galar a'u dagrau. A'r rheini, pan glywsant ei 11
fod yn fyw ac wedi ei weld ganddi hi, ni chredasant.

Jesus Appears to Two Disciples
(Luke 24.13-35)

12 After this, Jesus appeared in a different manner to two of them while they were on their way to the country. 13 They returned and told the others, but they would not believe it.

Jesus Appears to the Eleven
(Matt. 28.16-20; Luke 24.36-49; John 20.19-23; Acts 1.6-8)

14 Last of all, Jesus appeared to the eleven disciples as they were eating. He scolded them, because they did not have faith and because they were too stubborn to believe those who had seen him alive. 15 He said to them, "Go throughout the whole world and preach the gospel to all mankind. 16 Whoever believes and is baptized will be saved; whoever does not believe will be condemned. 17 Believers will be given the power to perform miracles: they will drive out demons in my name; they will speak in strange tongues; 18 if they pick up snakes or drink any poison, they will not be harmed; they will place their hands on sick people, who will get well."

Jesus Is Taken up to Heaven
(Luke 24.50-53; Acts 1.9-11)

19 After the Lord Jesus had talked with them, he was taken up to heaven and sat at the right side of God. 20 The disciples went and preached everywhere, and the Lord worked with them and proved that their preaching was true by the miracles that were performed.]

ANOTHER OLD ENDING[a]

[9 The women went to Peter and his friends and gave them a brief account of all they had been told. 10 After this, Jesus himself sent out through his disciples from the east to the west the sacred and ever-living message of eternal salvation.]

---

[a] *Some manuscripts and ancient translations have this shorter ending to the Gospel in addition to the longer ending (verses 9-20).*

Ymddangos i Ddau Ddisgybl
(Lc 24.13-35)

Ar ôl hynny, ymddangosodd mewn ffurf arall i ddau ohonynt 12
fel yr oeddent yn cerdded ar eu ffordd i'r wlad; ac aethant hwy 13
ymaith a dweud y newydd wrth y lleill. Ond ni chredodd y rheini
chwaith.

Rhoi Comisiwn i'r Disgyblion
(Mth 28.16-20; Lc 24.36-49; In 20.19-23; Act 1.6-8)

Yn ddiweddarach, ymddangosodd i'r un ar ddeg pan oeddent 14
wrth bryd bwyd, ac edliw iddynt eu hanghrediniaeth a'u dallineb
meddwl, am iddynt beidio â chredu y rhai oedd wedi ei weld ef ar
ôl ei gyfodi. A dywedodd wrthynt, "Ewch i'r holl fyd a phregeth- 15
wch yr Efengyl i'r greadigaeth i gyd. Yr hwn a gred ac a fedyddir, 16
fe gaiff ei achub, ond yr hwn ni chred, fe'i condemnir. A bydd yr 17
arwyddion hyn yn dilyn i'r sawl a gredodd: bwriant allan
gythreuliaid yn fy enw i, llefarant â thafodau newydd, gafaelant 18
mewn seirff, ac os yfant wenwyn marwol ni wna ddim niwed
iddynt; rhoddant eu dwylo ar gleifion, ac iach fyddant."

Esgyniad Iesu
(Lc 24.50-53; Act 1.9-11)

Felly, wedi iddo lefaru wrthynt, cymerwyd yr Arglwydd Iesu i 19
fyny i'r nef ac eisteddodd ar ddeheulaw Duw. Ac aethant hwy 20
allan a phregethu ym mhob man, a'r Arglwydd yn cydweithio â
hwy ac yn cadarnhau'r gair trwy'r arwyddion oedd yn dilyn.

Yn lle, neu'n ychwanegol at, yr adnodau 9-20 uchod, rhydd rhai llawysgrifau y diweddglo a ganlyn :

Adroddasant yn gryno y cwbl a orchmynnwyd iddynt wrth Pedr a'r rhai oedd gydag ef. Wedi hynny, anfonodd Iesu ei hunan allan trwyddynt hwy, o'r dwyrain hyd at y gorllewin, genadwri sanctaidd ac anllygradwy iachawdwriaeth dragwyddol. Amen.

THE GOSPEL ACCORDING TO

LUKE

1 Dear Theophilus:
Many people have done their best to write a report of the things
that have taken place among us. 2 They wrote what we have been
told by those who saw these things from the beginning and who
proclaimed the message. 3 And so, your Excellency, because I have
carefully studied all these matters from their beginning, I thought
it would be good to write an orderly account for you. 4 I do this
so that you will know the full truth about everything which you
have been taught.

The Birth of John the Baptist Is Announced

5 During the time when Herod was king of Judaea,[a] there was
a priest named Zechariah, who belonged to the priestly order of
Abijah. His wife's name was Elizabeth; she also belonged to a priestly
family. 6 They both lived good lives in God's sight and obeyed fully
all the Lord's laws and commands. 7 They had no children because
Elizabeth could not have any, and she and Zechariah were both
very old.

8 One day Zechariah was doing his work as a priest in the Temple,
taking his turn in the daily service. 9 According to the custom followed
by the priests, he was chosen by lot to burn incense on the altar.
So he went into the Temple of the Lord, 10 while the crowd of
people outside prayed during the hour when the incense was burnt.

11 An angel of the Lord appeared to him, standing on the right
of the altar where the incense was burnt. 12 When Zechariah saw
him, he was alarmed and felt afraid. 13 But the angel said to him,
"Don't be afraid, Zechariah! God has heard your prayer, and your
wife Elizabeth will bear you a son. You are to name him John.
14 How glad and happy you will be, and how happy many others
will be when he is born! 15 He will be a great man in the Lord's
sight. He must not drink any wine or strong drink. From his very
birth he will be filled with the Holy Spirit, 16 and he will bring
back many of the people of Israel to the Lord their God. 17 He
will go ahead of the Lord, strong and mighty like the prophet Elijah.
He will bring fathers and children together again; he will turn disobedi-
ent people back to the way of thinking of the righteous; he will
get the Lord's people ready for him."

---

[a] JUDAEA: *The term here refers to the whole land of Palestine.*

YR EFENGYL YN ÔL

LUC

Cyflwyniad i Theoffilus

Yn gymaint â bod llawer wedi ymgymryd ag ysgrifennu 1
hanes y pethau a gyflawnwyd yn ein plith, fel y traddodwyd 2
hwy inni gan y rhai a fu o'r dechreuad yn llygad-dystion ac yn
weision y gair, penderfynais innau, gan fy mod wedi ymchwil- 3
io yn fanwl i bopeth o'r dechreuad, eu hysgrifennu i ti yn eu
trefn, ardderchocaf Theoffilus, er mwyn iti gael sicrwydd am 4
y wybodaeth a dderbyniaist.

Rhagfynegi Genedigaeth Ioan Fedyddiwr

Yn nyddiau Herod, brenin Jwdea, yr oedd offeiriad o adran 5
Abia, o'r enw Sachareias, â chanddo wraig o blith merched
Aaron; ei henw hi oedd Elisabeth. Yr oeddent ill dau yn 6
gyfiawn gerbron Duw, yn ymddwyn yn ddi-fai yn ôl holl
orchmynion ac ordeiniadau'r Arglwydd. Nid oedd ganddynt 7
blant, oherwydd yr oedd Elisabeth yn ddiffrwyth, ac yr oeddent
ill dau wedi cyrraedd oedran mawr. Ond pan oedd Sachareias 8
a'i adran, yn eu tro, yn gweinyddu fel offeiriaid gerbron Duw,
yn ôl arferiad y swydd daeth i'w ran fynd i mewn i gysegr yr 9
Arglwydd ac offrymu'r arogldarth; ac ar awr yr offrymu yr 10
oedd holl dyrfa'r bobl y tu allan yn gweddïo. A dyma angel yr 11
Arglwydd yn ymddangos iddo, yn sefyll ar yr ochr dde i allor yr
arogldarth; a phan welodd Sachareias ef, fe'i cythryblwyd a 12
daeth ofn arno. Ond dywedodd yr angel wrtho, "Paid ag ofni, 13
Sachareias, oherwydd y mae dy ddeisyfiad wedi ei wrando;
bydd dy wraig Elisabeth yn esgor ar fab i ti, a gelwi ef Ioan.
Fe gei lawenydd a gorfoledd, a bydd llawer yn llawenychu o 14
achos ei enedigaeth ef; oherwydd mawr fydd ef gerbron yr 15
Arglwydd, ac nid yf win byth na diod gadarn; llenwir ef â'r
Ysbryd Glân, ie, yng nghroth ei fam, ac fe dry lawer o feibion 16
Israel yn ôl at yr Arglwydd eu Duw. Bydd yn cerdded o flaen 17
yr Arglwydd yn ysbryd a nerth Elias, i droi calonnau tadau at
eu plant, ac i droi'r anufudd i feddylfryd y cyfiawn, er mwyn
darparu i'r Arglwydd bobl wedi eu paratoi." Meddai Sacharei- 18

18 Zechariah said to the angel, "How shall I know if this is so?
I am an old man, and my wife is old also."
19 "I am Gabriel," the angel answered. "I stand in the presence of
God, who sent me to speak to you and tell you this good news.
20 But you have not believed my message, which will come true
at the right time. Because you have not believed, you will be unable
to speak; you will remain silent until the day my promise to you
comes true."
21 In the meantime the people were waiting for Zechariah and
wondering why he was spending such a long time in the Temple.
22 When he came out, he could not speak to them, and so they
knew that he had seen a vision in the Temple. Unable to say a
word, he made signs to them with his hands.
23 When his period of service in the Temple was over, Zechariah
went back home. 24 Some time later his wife Elizabeth became pregnant
and did not leave the house for five months. 25 "Now at last the
Lord has helped me," she said. "He has taken away my public dis-
grace!"

The Birth of Jesus Is Announced

26 In the sixth month of Elizabeth's pregnancy God sent the angel
Gabriel to a town in Galilee named Nazareth. 27 He had a message
for a girl promised in marriage to a man named Joseph, who was
a descendant of King David. The girl's name was Mary. 28 The angel
came to her and said, "Peace be with you! The Lord is with you
and has greatly blessed you!"
29 Mary was deeply troubled by the angel's message, and she wond-
ered what his words meant. 30 The angel said to her, "Don't be
afraid, Mary; God has been gracious to you. 31 You will become
pregnant and give birth to a son, and you will name him Jesus.
32 He will be great and will be called the Son of the Most High
God. The Lord God will make him a king, as his ancestor David
was, 33 and he will be the king of the descendants of Jacob for ever;
his kingdom will never end!"
34 Mary said to the angel, "I am a virgin. How, then, can this
be?"
35 The angel answered, "The Holy Spirit will come on you, and
God's power will rest upon you. For this reason the holy child
will be called the Son of God. 36 Remember your relative Elizabeth.
It is said that she cannot have children, but she herself is now six
months pregnant, even though she is very old. 37 For there is nothing
that God cannot do."
38 "I am the Lord's servant," said Mary; "may it happen to me
as you have said." And the angel left her.

as wrth yr angel, " Sut y caf sicrwydd o hyn ? Oherwydd yr
wyf fi yn hen, a'm gwraig wedi cyrraedd oedran mawr."
Atebodd yr angel ef, " Myfi yw Gabriel, sydd yn sefyll gerbron 19
Duw, ac anfonwyd fi i lefaru wrthyt ac i gyhoeddi iti y newydd
da hwn; ac wele, byddi yn fud a heb allu llefaru hyd y dydd y 20
digwydd hyn, am iti beidio â chredu fy ngeiriau, geiriau a
gyflawnir yn eu hamser priodol."

Yr oedd y bobl yn disgwyl am Sachareias, ac yn synnu ei fod 21
yn oedi yn y cysegr. A phan ddaeth allan, ni allai lefaru 22
wrthynt, a deallasant iddo gael gweledigaeth yn y cysegr; yr
oedd yntau yn amneidio arnynt ac yn parhau yn fud. Pan 23
ddaeth dyddiau ei wasanaeth i ben, dychwelodd adref. Ond 24
wedi'r dyddiau hynny beichiogodd Elisabeth ei wraig; ac fe'i
cuddiodd ei hun am bum mis, gan ddweud, " Fel hyn y 25
gwnaeth yr Arglwydd i mi yn y dyddiau yr edrychodd arnaf i
dynnu ymaith fy ngwarth ymhlith dynion."

Rhagfynegi Genedigaeth Iesu

Yn y chweched mis anfonwyd yr angel Gabriel gan Dduw i 26
dref yng Ngalilea o'r enw Nasareth, at wyryf oedd wedi ei 27
dyweddïo i ŵr o'r enw Joseff, o dŷ Dafydd; enw'r wyryf oedd
Mair. Aeth yr angel ati a dweud, " Henffych well, tydi, yr un y 28
rhoddodd Duw ei ffafr iddi ! Y mae'r Arglwydd gyda thi."
Ond cythryblwyd hi drwyddi gan ei eiriau, a cheisiodd ddirnad 29
pa fath gyfarchiad a allai hwn fod. Meddai'r angel wrthi, 30
" Paid ag ofni, Mair, oherwydd cefaist ffafr gyda Duw; ac wele, 31
byddi yn beichiogi yn dy groth ac yn esgor ar fab, a gelwi ef
Iesu. Bydd hwn yn fawr, a Mab y Goruchaf y gelwir ef; rhydd 32
yr Arglwydd Dduw iddo orsedd Dafydd ei dad, ac fe deyrnasa 33
ar dŷ Jacob yn dragywydd, ac ar ei deyrnas ni bydd diwedd."
Meddai Mair wrth yr angel, " Sut y digwydd hyn, gan nad wyf 34
yn adnabod gŵr ?" Atebodd yr angel hi, " Daw'r Ysbryd 35
Glân arnat, a bydd nerth y Goruchaf yn dy gysgodi; am hynny,
gelwir y plentyn a genhedlir yn sanctaidd, Mab Duw. Ac wele, 36
y mae Elisabeth dy berthynas hithau hefyd wedi beichiogi ar
fab yn ei henaint, a dyma'r chweched mis i'r hon a elwir yn
ddiffrwyth; oherwydd ni bydd dim yn amhosibl gyda Duw." 37
Dywedodd Mair, " Dyma gaethferch yr Arglwydd; bydded i 38
mi yn ôl dy air di." Ac aeth yr angel i ffwrdd oddi wrthi.

Mary Visits Elizabeth

39 Soon afterwards Mary got ready and hurried off to a town
in the hill-country of Judaea. 40 She went into Zechariah's house
and greeted Elizabeth. 41 When Elizabeth heard Mary's greeting, the
baby moved within her. Elizabeth was filled with the Holy Spirit
42 and said in a loud voice, "You are the most blessed of all women,
and blessed is the child you will bear! 43 Why should this great
thing happen to me, that my Lord's mother comes to visit me?
44 For as soon as I heard your greeting, the baby within me jumped
with gladness. 45 How happy you are to believe that the Lord's message
to you will come true!"

Mary's Song of Praise

46 Mary said,
"My heart praises the Lord;
47 my soul is glad because of God my Saviour,
48 for he has remembered me, his lowly servant!
From now on all people will call me happy,
49 because of the great things the Mighty God has done for me.
His name is holy;
50 from one generation to another
he shows mercy to those who honour him.
51 He has stretched out his mighty arm
and scattered the proud with all their plans.
52 He has brought down mighty kings from their thrones,
and lifted up the lowly.
53 He has filled the hungry with good things,
and sent the rich away with empty hands.
54 He has kept the promise he made to our ancestors,
and has come to the help of his servant Israel.
55 He has remembered to show mercy to Abraham
and to all his descendants for ever!"

56 Mary stayed about three months with Elizabeth and then went
back home.

The Birth of John the Baptist

57 The time came for Elizabeth to have her baby, and she gave
birth to a son. 58 Her neighbours and relatives heard how wonderfully
good the Lord had been to her, and they all rejoiced with her.

59 When the baby was a week old, they came to circumcise him,

Mair yn ymweld ag Elisabeth

Ar hynny cychwynnodd Mair ac aeth ar frys i'r mynydd-dir, 39
i un o drefi Jwda; aeth i dŷ Sachareias a chyfarch Elisabeth. 40
Pan glywodd hi gyfarchiad Mair, llamodd y plentyn yn ei 41
chroth a llanwyd Elisabeth â'r Ysbryd Glân; a llefodd â llais 42
uchel, "Bendigedig wyt ti ymhlith gwragedd, a bendigedig yw
ffrwyth dy groth. Sut y daeth i'm rhan i fod mam fy Arglwydd 43
yn dod ataf? Pan glywais dy lais yn fy nghyfarch, dyma'r 44
plentyn yn fy nghroth yn llamu o orfoledd. Gwyn ei byd yr 45
hon a gredodd y cyflawnid yr hyn a lefarwyd wrthi gan yr
Arglwydd."

Emyn Mawl Mair

Ac meddai Mair: 46
"Y mae fy enaid yn mawrygu yr Arglwydd,
a gorfoleddodd fy ysbryd yn Nuw, fy ngwaredwr, 47
am iddo ystyried distadledd ei gaethferch. 48
Oherwydd wele, o hyn allan fe'm gelwir yn wynfydedig gan yr holl genedlaethau,
oherwydd gwnaeth yr hwn sydd nerthol bethau mawr i mi, 49
a sanctaidd yw ei enw ef;
y mae ei drugaredd o genhedlaeth i genhedlaeth 50
i'r rhai sydd yn ei ofni ef.
Gwnaeth rymuster â'i fraich, 51
gwasgarodd ddynion balch eu calon;
tynnodd dywysogion oddi ar eu gorseddau, 52
a dyrchafodd y rhai distadl;
llwythodd y newynog â rhoddion, 53
ac anfonodd y cyfoethogion ymaith yn waglaw.
Cynorthwyodd ef Israel ei was, 54
gan ddwyn i'w gof ei drugaredd—
fel y llefarodd wrth ein tadau— 55
ei drugaredd wrth Abraham a'i had yn dragywydd."

Ac arhosodd Mair gyda hi tua thri mis, ac yna dychwelodd 56
adref.

Genedigaeth Ioan Fedyddiwr

Am Elisabeth, cyflawnwyd yr amser iddi esgor, a ganwyd 57
iddi fab. Clywodd ei chymdogion a'i pherthnasau am dru- 58
garedd fawr yr Arglwydd iddi, ac yr oeddent yn llawenychu
gyda hi. A'r wythfed dydd daethant i enwaedu ar y plentyn, 59

and they were going to name him Zechariah, after his father. 60 But
his mother said, "No! His name is to be John."

61 They said to her, "But you have no relatives with that name!"
62 Then they made signs to his father, asking him what name he
would like the boy to have.

63 Zechariah asked for a writing tablet and wrote, "His name is
John." How surprised they all were! 64 At that moment Zechariah
was able to speak again, and he started praising God. 65 The neighbours
were all filled with fear, and the news about these things spread
through all the hill-country of Judaea. 66 Everyone who heard of
it thought about it and asked, "What is this child going to be?"
For it was plain that the Lord's power was upon him.

Zechariah's Prophecy

67 John's father Zechariah was filled with the Holy Spirit, and
he spoke God's message:

68 "Let us praise the Lord, the God of Israel!
He has come to the help of his people and has set them free.
69 He has provided for us a mighty Saviour,
a descendant of his servant David.
70 He promised through his holy prophets long ago
71 that he would save us from our enemies,
from the power of all those who hate us.
72 He said he would show mercy to our ancestors
and remember his sacred covenant.
73-74 With a solemn oath to our ancestor Abraham
he promised to rescue us from our enemies
and allow us to serve him without fear,
75 so that we might be holy and righteous before him
all the days of our life.

76 "You, my child, will be called a prophet of the Most High God.
You will go ahead of the Lord
to prepare his road for him,
77 to tell his people that they will be saved
by having their sins forgiven.
78 Our God is merciful and tender.
He will cause the bright dawn of salvation to rise on us
79 and to shine from heaven on all those who live in the dark
shadow of death,
to guide our steps into the path of peace."

ac yr oeddent am ei enwi ar ôl ei dad, Sachareias. Ond atebodd 60
ei fam, " Nage, Ioan yw ei enw i fod." Meddent wrthi, " Nid 61
oes neb o'th deulu â'r enw hwnnw arno." Yna gofynasant drwy 62
arwyddion i'w dad sut y dymunai ef ei enwi. Galwodd yntau 63
am lechen fach ac ysgrifennodd, " Ioan yw ei enw." A synnodd
pawb. Ar unwaith rhyddhawyd ei enau a'i dafod, a dechreuodd 64
lefaru a bendithio Duw. Daeth ofn ar eu holl gymdogion, a bu 65
trafod ar yr holl ddigwyddiadau hyn trwy fynydd-dir Jwdea
i gyd; a chadwyd hwy ar gof gan bawb a glywodd amdanynt. 66
" Beth gan hynny fydd y plentyn hwn ?" meddent. Ac yn wir
yr oedd llaw'r Arglwydd gydag ef.

Proffwydoliaeth Sachareias

Llanwyd Sachareias ei dad ef â'r Ysbryd Glân, a phroffwyd- 67
odd fel hyn:

" Bendigedig fyddo Arglwydd Dduw Israel 68
am iddo ymweld â'i bobl a'u prynu i ryddid;
cyfododd waredigaeth gadarn i ni 69
yn nhŷ Dafydd ei was—
fel y llefarodd trwy enau ei broffwydi sanctaidd yn yr oesoedd a fu— 70
gwaredigaeth rhag ein gelynion ac o afael pawb sydd yn ein casáu; 71
fel hyn y cymerodd drugaredd ar ein tadau, 72
a chofio ei gyfamod sanctaidd,
y llw a dyngodd wrth Abraham ein tad, 73
y rhoddai inni gael ein hachub o afael gelynion, 74
a'i addoli yn ddi-ofn mewn sancteiddrwydd a chyfiawnder 75
ger ei fron ef holl ddyddiau ein bywyd.
A thithau, fy mhlentyn, gelwir di yn broffwyd y Goruchaf, 76
oherwydd byddi'n cerdded o flaen yr Arglwydd i baratoi ei lwybrau,
i roi i'w bobl wybodaeth am waredigaeth 77
trwy faddeuant eu pechodau.
Hyn yw trugaredd calon ein Duw— 78
fe ddaw â'r wawrddydd oddi uchod i'n plith,
i lewyrchu ar y rhai sy'n eistedd yn nhywyllwch cysgod angau, 79
a chyfeirio ein traed i ffordd tangnefedd."

80 The child grew and developed in body and spirit. He lived
in the desert until the day when he appeared publicly to the people
of Israel.

The Birth of Jesus

(Matt. 1.18-25)

2 At that time the Emperor Augustus ordered a census to be
taken throughout the Roman Empire. 2 When this first census
took place, Quirinius was the governor of Syria. 3 Everyone, then,
went to register himself, each to his own town.
4 Joseph went from the town of Nazareth in Galilee to the town
of Bethlehem in Judaea, the birthplace of King David. Joseph went
there because he was a descendant of David. 5 He went to register
with Mary, who was promised in marriage to him. She was pregnant,
6 and while they were in Bethlehem, the time came for her to have
her baby. 7 She gave birth to her first son, wrapped him in strips
of cloth and laid him in a manger—there was no room for them
to stay in the inn.

The Shepherds and the Angels

8 There were some shepherds in that part of the country who
were spending the night in the fields, taking care of their flocks.
9 An angel of the Lord appeared to them, and the glory of the Lord
shone over them. They were terribly afraid, 10 but the angel said
to them, "Don't be afraid! I am here with good news for you, which
will bring great joy to all the people. 11 This very day in David's
town your Saviour was born—Christ the Lord! 12 And this is what
will prove it to you: you will find a baby wrapped in strips of
cloth and lying in a manger."
13 Suddenly a great army of heaven's angels appeared with the
angel, singing praises to God:
14 "Glory to God in the highest heaven,
and peace on earth to those with whom he is pleased!"
15 When the angels went away from them back into heaven, the
shepherds said to one another, "Let's go to Bethlehem and see this
thing that has happened, which the Lord has told us."
16 So they hurried off and found Mary and Joseph and saw the

Yr oedd y plentyn yn tyfu ac yn cryfhau yn ei ysbryd; a bu 80
yn yr anialwch hyd y dydd y dangoswyd ef i Israel.

Genedigaeth Iesu
(Mth 1.18–25)

Yn y dyddiau hynny aeth gorchymyn allan oddi wrth Cesar **2**
Awgwstus i gofrestru'r holl Ymerodraeth. Digwyddodd y cof- 2
restru cyntaf hwn pan oedd Cyrenius yn llywodraethu ar Syria.
Fe aeth pawb felly i'w gofrestru, pob un i'w dref ei hun. 3
Oherwydd ei fod yn perthyn i dŷ a theulu Dafydd, aeth Joseff i 4
fyny o dref Nasareth yng Ngalilea i Jwdea, i dref Dafydd, a
elwir Bethlehem, i ymgofrestru ynghyd â Mair ei ddyweddi; 5
ac yr oedd hi'n feichiog. Pan oeddent yno, cyflawnwyd yr 6
amser iddi esgor, ac esgorodd ar ei mab cyntafanedig; a 7
rhwymodd ef mewn dillad baban a'i osod mewn preseb, am
nad oedd lle iddynt yn y gwesty.

Y Bugeiliaid a'r Angylion

Yn yr un ardal yr oedd bugeiliaid allan yn y wlad yn gwarch- 8
od eu praidd liw nos. A safodd angel yr Arglwydd yn eu hymyl 9
a disgleiriodd gogoniant yr Arglwydd o'u hamgylch; a daeth
arswyd arnynt. Yna dywedodd yr angel wrthynt, "Peidiwch 10
ag ofni, oherwydd wele, yr wyf yn cyhoeddi i chwi y newydd da
am lawenydd mawr a ddaw i'r holl bobl: ganwyd i chwi 11
heddiw yn nhref Dafydd waredwr, yr hwn yw'r Meseia, yr
Arglwydd; a dyma'r arwydd i chwi: cewch hyd i'r un bach 12
wedi ei rwymo mewn dillad baban ac yn gorwedd mewn
preseb." Yn sydyn ymddangosodd gyda'r angel dyrfa o'r llu 13
nefol, yn moli Duw gan ddweud:
"Gogoniant yn y goruchaf i Dduw, 14
ac ar y ddaear tangnefedd ymhlith dynion sydd wrth
ei fodd."*
Wedi i'r angylion fynd ymaith oddi wrthynt i'r nef, dechreu- 15
odd y bugeiliaid ddweud wrth ei gilydd, "Gadewch inni fynd
i Fethlehem a gweld yr hyn sydd wedi digwydd, y peth yr
hysbysodd yr Arglwydd ni amdano." Aethant ar frys, a 16
chawsant hyd i Mair a Joseff, a'r baban yn gorwedd yn y

---

*adn. 14: yn ôl darlleniad arall, *ac ar y ddaear tangnefedd; ymhlith dynion, ewyllys da.*

baby lying in the manger. 17 When the shepherds saw him, they told
them what the angel had said about the child. 18 All who heard
it were amazed at what the shepherds said. 19 Mary remembered
all these things and thought deeply about them. 20 The shepherds
went back, singing praises to God for all they had heard and seen;
it had been just as the angel had told them.

Jesus Is Named

21 A week later, when the time came for the baby to be circumcised,
he was named Jesus, the name which the angel had given him before
he had been conceived.

Jesus Is Presented in the Temple

22 The time came for Joseph and Mary to perform the ceremony
of purification, as the Law of Moses commanded. So they took the
child to Jerusalem to present him to the Lord, 23 as it is written
in the law of the Lord: "Every first-born male is to be dedicated
to the Lord." 24 They also went to offer a sacrifice of a pair of
doves or two young pigeons, as required by the law of the Lord.

25 At that time there was a man named Simeon living in Jerusalem.
He was a good, devout man and was waiting for Israel to be saved.
The Holy Spirit was with him 26 and had assured him that he would
not die before he had seen the Lord's promised Messiah. 27 Led by
the Spirit, Simeon went into the Temple. When the parents brought
the child Jesus into the Temple to do for him what the Law required,
28 Simeon took the child in his arms and gave thanks to God:

29 "Now, Lord, you have kept your promise,
  and you may let your servant go in peace.
30 With my own eyes I have seen your salvation,
31   which you have prepared in the presence of all peoples:
32 A light to reveal your will to the Gentiles
  and bring glory to your people Israel."

33 The child's father and mother were amazed at the things Simeon
said about him. 34 Simeon blessed them and said to Mary, his mother,
"This child is chosen by God for the destruction and the salvation
of many in Israel. He will be a sign from God which many people
will speak against 35 and so reveal their secret thoughts. And sorrow,
like a sharp sword, will break your own heart."

preseb; ac wedi ei weld mynegasant yr hyn oedd wedi ei lefaru 17
wrthynt am y plentyn hwn. Rhyfeddodd pawb a'u clywodd at 18
y pethau a ddywedodd y bugeiliaid wrthynt; ond yr oedd Mair 19
yn cadw'r holl bethau hyn yn ddiogel yn ei chalon ac yn
myfyrio arnynt. Dychwelodd y bugeiliaid gan ogoneddu a moli 20
Duw am yr holl bethau a glywsant ac a welsant, yn union fel y
llefarwyd wrthynt.

Pan ddaeth yr amser i enwaedu arno ymhen wyth diwrnod, 21
galwyd ef Iesu, yr enw a roddwyd iddo gan yr angel cyn i'w
fam feichiogi arno.

Cyflwyno Iesu yn y Deml

Pan ddaeth amser eu puredigaeth yn ôl Cyfraith Moses, 22
cymerodd ei rieni ef i fyny i Jerwsalem i'w gyflwyno i'r
Arglwydd, yn unol â'r hyn sydd wedi ei ysgrifennu yng Nghyf- 23
raith yr Arglwydd: "Pob gwryw cyntafanedig a elwir yn
sanctaidd i'r Arglwydd"; ac i roi offrwm yn unol â'r hyn sydd 24
wedi ei ddweud yng Nghyfraith yr Arglwydd: "Pâr o durturod
neu ddwy golomen ifanc."

Yn awr yr oedd dyn yn Jerwsalem o'r enw Simeon; dyn 25
cyfiawn a duwiol oedd hwn, yn disgwyl am ddiddanwch Israel;
ac yr oedd yr Ysbryd Glân arno. Yr oedd wedi cael datguddiad 26
gan yr Ysbryd Glân na welai farwolaeth cyn gweld Meseia'r
Arglwydd. Daeth i'r deml dan arweiniad yr Ysbryd; a phan 27
ddaeth y rhieni â'r plentyn Iesu i mewn, i wneud ynglŷn ag ef
yn unol ag arfer y Gyfraith, cymerodd Simeon ef i'w freichiau 28
a bendithiodd Dduw gan ddweud:

"Yn awr yr wyt yn gollwng dy was yn rhydd, O Arglwydd, 29
mewn tangnefedd yn unol â'th air;
oherwydd y mae fy llygaid wedi gweld dy iachawdwr- 30
iaeth,
a ddarperaist yng ngŵydd yr holl bobloedd: 31
goleuni i fod yn ddatguddiad i'r Cenhedloedd 32
ac yn ogoniant i'th bobl Israel."

Yr oedd ei dad a'i fam yn rhyfeddu at y pethau oedd yn cael eu 33
dweud amdano. Yna bendithiodd Simeon hwy, a dywedodd 34
wrth Mair ei fam, "Wele, gosodwyd hwn er cwymp a chyfod-
iad llawer yn Israel, ac i fod yn arwydd a wrthwynebir; a 35
thithau, trywenir dy enaid di gan gleddyf; felly y datguddir
meddyliau calonnau lawer."

36-37 There was a very old prophetess, a widow named Anna,
daughter of Phanuel of the tribe of Asher. She had been married
for only seven years and was now eighty-four years old.[b] She never
left the Temple; day and night she worshipped God, fasting and
praying. 38 That very same hour she arrived and gave thanks to God
and spoke about the child to all who were waiting for God to set
Jerusalem free.

The Return to Nazareth

39 When Joseph and Mary had finished doing all that was required
by the law of the Lord, they returned to their home town of Nazareth
in Galilee. 40 The child grew and became strong; he was full of
wisdom, and God's blessings were upon him.

The Boy Jesus in the Temple

41 Every year the parents of Jesus went to Jerusalem for the Passover
Festival. 42 When Jesus was twelve years old, they went to the festival
as usual. 43 When the festival was over, they started back home,
but the boy Jesus stayed in Jerusalem. His parents did not know
this; 44 they thought that he was with the group, so they travelled
a whole day and then started looking for him among their relatives
and friends. 45 They did not find him, so they went back to Jerusalem
looking for him. 46 On the third day they found him in the Temple,
sitting with the Jewish teachers, listening to them and asking questions.
47 All who heard him were amazed at his intelligent answers. 48 His
parents were astonished when they saw him, and his mother said
to him, "My son, why have you done this to us? Your father and
I have been terribly worried trying to find you."

49 He answered them, "Why did you have to look for me? Didn't
you know that I had to be in my Father's house?" 50 But they
did not understand his answer.

51 So Jesus went back with them to Nazareth, where he was obedient
to them. His mother treasured all these things in her heart. 52 Jesus grew
both in body and in wisdom, gaining favour with God and men.

The Preaching of John the Baptist

(Matt. 3.1-12; Mark 1.1-8; John 1.19-28)

3 It was the fifteenth year of the rule of the Emperor Tiberius;
Pontius Pilate was governor of Judaea, Herod was ruler of Gali-
lee, and his brother Philip was ruler of the territory of Iturea and

---

[b] was now eighty-four years old; *or* had been a widow eighty-four years.

Yr oedd proffwydes hefyd, Anna ferch Phanuel, o lwyth 36
Aser. Yr oedd hon yn oedrannus iawn, wedi byw saith mlynedd
gyda'i gŵr ar ôl priodi, ac wedi parhau'n weddw nes ei bod yn 37
awr yn wyth deg a phedair blwydd oed. Ni byddai byth yn
ymadael â'r deml, ond yn addoli gan ymprydio a gweddïo
ddydd a nos. A'r awr honno safodd hi gerllaw a moli Duw, a 38
llefaru am y plentyn wrth bawb oedd yn disgwyl rhyddhad
Jerwsalem.

Dychwelyd i Nasareth

Wedi iddynt gyflawni popeth yn unol â Chyfraith yr 39
Arglwydd, dychwelsant i Galilea, i Nasareth eu tref eu hun-
ain. Yr oedd y plentyn yn tyfu yn gryf ac yn llawn doethineb; 40
ac yr oedd ffafr Duw arno.

Y Bachgen Iesu yn y Deml

Byddai ei rieni yn teithio i Jerwsalem bob blwyddyn ar gyfer 41
gŵyl y Pasg. Pan oedd ef yn ddeuddeng mlwydd oed, aethant 42
i fyny yn unol â'r arfer ar yr ŵyl, a chadw ei dyddiau yn gyflawn. 43
Ond pan oeddent yn dychwelyd, arhosodd y bachgen Iesu yn
Jerwsalem yn ddiarwybod i'w rieni. Gan dybio ei fod gyda'u 44
cyd-deithwyr, gwnaethant daith diwrnod cyn dechrau chwilio
amdano ymhlith eu perthnasau a'u cydnabod. Wedi methu 45
cael hyd iddo, dychwelsant i Jerwsalem gan chwilio amdano.
Ymhen tridiau daethant o hyd iddo yn y deml, yn eistedd yng 46
nghanol yr athrawon, yn gwrando arnynt a'u holi; ac yr oedd 47
pawb a'i clywodd yn rhyfeddu mor ddeallus oedd ei atebion.
Pan welodd ei rieni ef, fe'u syfrdanwyd, ac meddai ei fam 48
wrtho, "Fy mhlentyn, pam y gwnaethost hyn inni? Dyma dy
dad a minnau yn llawn pryder wedi bod yn chwilio amdanat."
Meddai ef wrthynt, "Pam y buoch yn chwilio amdanaf? 49
Onid oeddech yn gwybod mai yn nhŷ fy Nhad y mae'n rhaid i
mi fod?" Ond ni ddeallasant hwy y peth a ddywedodd wrth- 50
ynt. Yna aeth ef i lawr gyda hwy yn ôl i Nasareth, a bu'n 51
ufudd iddynt. Cadwodd ei fam y cyfan yn ddiogel yn ei chalon.
Ac yr oedd Iesu yn cynyddu mewn doethineb a maintioli, a 52
ffafr gyda Duw a dynion.

Pregethu Ioan Fedyddiwr
(Mth 3.1-12; Mc 1.1-8; In 1.19-18)

Yn y bymthegfed flwyddyn o deyrnasiad Tiberius Cesar, **3**
pan oedd Pontius Pilat yn llywodraethu ar Jwdea, a Herod yn

Trachonitis; Lysanias was ruler of Abilene, 2 and Annas and Caiaphas
were high priests. At that time the word of God came to John
son of Zechariah in the desert. 3 So John went throughout the whole
territory of the River Jordan, preaching, "Turn away from your sins
and be baptized, and God will forgive your sins." 4 As it is written
in the book of the prophet Isaiah:

"Someone is shouting in the desert:
'Get the road ready for the Lord;
make a straight path for him to travel!
5 Every valley must be filled up,
every hill and mountain levelled off.
The winding roads must be made straight,
and the rough paths made smooth.
6 All mankind will see God's salvation!'"

7 Crowds of people came out to John to be baptized by him.
"You snakes!" he said to them. "Who told you that you could
escape from the punishment God is about to send? 8 Do those things
that will show that you have turned from your sins. And don't start
saying among yourselves that Abraham is your ancestor. I tell you
that God can take these stones and make descendants for Abraham!
9 The axe is ready to cut down the trees at the roots; every tree
that does not bear good fruit will be cut down and thrown in the
fire."

10 The people asked him, "What are we to do, then?"

11 He answered, "Whoever has two shirts must give one to the
man who has none, and whoever has food must share it."

12 Some tax collectors came to be baptized, and they asked him,
"Teacher, what are we to do?"

13 "Don't collect more than is legal," he told them.

14 Some soldiers also asked him, "What about us? What are we
to do?"

He said to them, "Don't take money from anyone by force or accuse anyone falsely. Be content with your pay."

15 People's hopes began to rise, and they began to wonder whether
John perhaps might be the Messiah. 16 So John said to all of them, "I
baptize you with water, but someone is coming who is much greater
than I am. I am not good enough even to untie his sandals. He
will baptize you with the Holy Spirit and fire. 17 He has his winnowing
shovel with him, to thresh out all the grain and gather the wheat
into his barn; but he will burn the chaff in a fire that never goes
out."

18 In many different ways John preached the Good News to the

dywysog Galilea, a phan oedd Philip ei frawd yn dywysog
tiriogaeth Itwrea a Trachonitis, a Lysanias yn dywysog
Abilene, ac yn amser archoffeiriadaeth Annas a Caiaphas, 2
daeth gair Duw at Ioan fab Sachareias yn yr anialwch. Aeth ef 3
drwy'r holl wlad oddi amgylch yr Iorddonen gan gyhoeddi
bedydd edifeirwch yn foddion maddeuant pechodau, fel y 4
mae'n ysgrifenedig yn llyfr geiriau'r proffwyd Eseia:

" Llais un yn llefain yn yr anialwch,
' Paratowch ffordd yr Arglwydd,
gwnewch lwybrau union iddo.
Llenwir pob ceulan, 5
lefelir pob mynydd a bryn;
daw'r llwybrau troellog yn union,
a'r ffyrdd garw yn llyfn;
a bydd pob dyn yn gweld iachawdwriaeth Duw.' " 6

Dywedai wrth y tyrfaoedd oedd yn dod allan i'w bedyddio 7
ganddo: " Chwi epil gwiberod, pwy a'ch rhybuddiodd i ffoi
rhag y digofaint sydd i ddod? Dygwch ffrwythau gan hynny a 8
fydd yn deilwng o'ch edifeirwch. Peidiwch â dechrau dweud
wrthych eich hunain, ' Y mae gennym Abraham yn dad ',
oherwydd 'rwy'n dweud wrthych y gall Duw godi plant i
Abraham o'r cerrig hyn. Ac y mae'r fwyell eisoes wrth wraidd 9
y coed; felly, y mae pob coeden nad yw'n dwyn ffrwyth da yn
cael ei thorri i lawr a'i bwrw i'r tân." Gofynnai'r tyrfaoedd 10
iddo, " Beth a wnawn ni felly ?" Atebai yntau, " Rhaid i ddyn 11
â chanddo ddau grys eu rhannu â dyn heb yr un crys, a rhaid i
ddyn â chanddo fwyd wneud yr un peth." Daeth casglwyr 12
trethi hefyd i'w bedyddio, ac meddent wrtho, " Athro, beth a
wnawn ?" Meddai yntau wrthynt, " Peidiwch â mynnu dim 13
mwy na'r swm a bennwyd i chwi." Byddai dynion ar wasan- 14
aeth milwrol hefyd yn gofyn iddo, " Beth a wnawn ninnau ?"
Meddai wrthynt, " Peidiwch ag ysbeilio neb trwy drais neu
gam-gyhuddiad, ond byddwch fodlon ar eich cyflog."

Gan fod y bobl yn disgwyl, a phawb yn ystyried yn ei galon 15
tybed ai Ioan oedd y Meseia, dywedodd ef wrth bawb: " Yr 16
wyf fi yn eich bedyddio â dŵr; ond y mae un cryfach na mi yn
dod. Nid wyf fi'n deilwng i ddatod carrai ei esgidiau ef.
Bydd ef yn eich bedyddio â'r Ysbryd Glân ac â thân. Y mae ei 17
wyntyll yn barod yn ei law, i nithio'n lân yr hyn a ddyrnwyd,
ac i gasglu'r gwenith i'w ysgubor. Ond am yr us, bydd yn llosgi

people and urged them to change their ways. 19 But John reprimanded
Herod, the governor, because he had married Herodias, his brother's
wife, and had done many other evil things. 20 Then Herod did an
even worse thing by putting John in prison.

The Baptism of Jesus

(Matt. 3.13-17; Mark 1.9-11)

21 After all the people had been baptized, Jesus also was baptized.
While he was praying, heaven was opened, 22 and the Holy Spirit
came down upon him in bodily form like a dove. And a voice came
from heaven, "You are my own dear Son. I am pleased with you."

The Ancestors of Jesus

(Matt. 1.1-17)

23 When Jesus began his work, he was about thirty years old.
He was the son, so people thought, of Joseph, who was the son
of Heli, 24 the son of Matthat, the son of Levi, the son of Melchi,
the son of Jannai, the son of Joseph, 25 the son of Mattathias, the
son of Amos, the son of Nahum, the son of Esli, the son of Naggai,
26 the son of Maath, the son of Mattathias, the son of Semein, the
son of Josech, the son of Joda, 27 the son of Joanan, the son of
Rhesa, the son of Zerubbabel, the son of Shealtiel, the son of Neri,
28 the son of Melchi, the son of Addi, the son of Cosam, the son
of Elmadam, the son of Er, 29 the son of Joshua, the son of Eliezer,
the son of Jorim, the son of Matthat, the son of Levi, 30 the son
of Simeon, the son of Judah, the son of Joseph, the son of Jonam,
the son of Eliakim, 31 the son of Melea, the son of Menna, the son
of Mattatha, the son of Nathan, the son of David, 32 the son of
Jesse, the son of Obed, the son of Boaz, the son of Salmon, the
son of Nahshon, 33 the son of Amminadab, the son of Admin, the
son of Arni, the son of Hezron, the son of Perez, the son of Judah,
34 the son of Jacob, the son of Isaac, the son of Abraham, the son
of Terah, the son of Nahor, 35 the son of Serug, the son of Reu,
the son of Peleg, the son of Eber, the son of Shelah, 36 the son
of Cainan, the son of Arphaxad, the son of Shem, the son of Noah,
the son of Lamech, 37 the son of Methuselah, the son of Enoch,
the son of Jared, the son of Mahalaleel, the son of Kenan, 38 the
son of Enosh, the son of Seth, the son of Adam, the son of God.

The Temptation of Jesus

(Matt. 4.1-11; Mark 1.12-13)

4 Jesus returned from the Jordan full of the Holy Spirit and was
led by the Spirit into the desert, 2 where he was tempted by

hwnnw â thân anniffoddadwy." Fel hyn, a chyda llawer 18
anogaeth arall hefyd, yr oedd yn cyhoeddi'r newydd da i'r bobl.
Ond gan ei fod yn ceryddu'r Tywysog Herod ynglŷn â 19
Herodias, gwraig ei frawd, ac ynglŷn â'i holl weithredoedd
drygionus, ychwanegodd Herod ddrygioni arall at y cwbl, a 20
chloi Ioan yng ngharchar.

Bedydd Iesu
(Mth 3.13-17; Mc 1.9-11)

Pan oedd yr holl bobl yn cael eu bedyddio, yr oedd Iesu, ar 21
ôl ei fedydd ef, yn gweddïo. Agorwyd y nef, a disgynnodd yr 22
Ysbryd Glân arno mewn ffurf gorfforol fel colomen; a daeth
llais o'r nef: " Ti yw fy Mab, yr Anwylyd; ynot ti yr wyf yn
ymhyfrydu."

Llinach Iesu
(Mth 1.1-17)

Tua deng mlwydd ar hugain oed oedd Iesu ar ddechrau ei 23
weinidogaeth. Yr oedd yn fab, yn ôl y dybiaeth gyffredin, i
Joseff fab Eli, fab Mathat, fab Lefi, fab Melchi, fab Jannai, 24
fab Joseff, fab Matathias, fab Amos, fab Nahum, fab Esli, fab 25
Nagai, fab Maath, fab Matathias, fab Semein, fab Josech, fab 26
Joda, fab Joanan, fab Rhesa, fab Sorobabel, fab Salathiel, fab 27
Neri, fab Melchi, fab Adi, fab Cosam, fab Elmadam, fab Er, fab 28,29
Iesu, fab Elieser, fab Jorim, fab Mathat, fab Lefi, fab Simeon, 30
fab Jwda, fab Joseff, fab Jonam, fab Eliacim, fab Melea, fab 31
Menna, fab Matatha, fab Nathan, fab Dafydd, fab Jesse, fab 32
Obed, fab Boas, fab Sala, fab Naason, fab Aminadab, fab 33
Admin, fab Arni, fab Hesrom, fab Phares, fab Jwda, fab Jacob, 34
fab Isaac, fab Abraham, fab Tera, fab Nachor, fab Serwch, 35
fab Ragau, fab Phalec, fab Eber, fab Sala, fab Cainan, fab 36
Arffaxad, fab Sem, fab Noa, fab Lamech, fab Mathwsala, fab 37
Enoch, fab Jaret, fab Maleleel, fab Cainan, fab Enos, fab Seth, 38
fab Adda, fab Duw.

Temtiad Iesu
(Mth 4.1-11; Mc 1.12-13)

Dychwelodd Iesu, yn llawn o'r Ysbryd Glân, o'r Iorddonen, **4**
ac arweiniwyd ef gan yr Ysbryd yn yr anialwch am ddeugain 2
diwrnod, a'r diafol yn ei demtio. Ni fwytaodd ddim yn ystod y

the Devil for forty days. In all that time he ate nothing, so that
he was hungry when it was over.
3 The Devil said to him, "If you are God's Son, order this stone
to turn into bread."
4 But Jesus answered, "The scripture says, 'Man cannot live on
bread alone.'"
5 Then the Devil took him up and showed him in a second all
the kingdoms of the world. 6 "I will give you all this power and
all this wealth," the Devil told him. "It has all been handed over
to me, and I can give it to anyone I choose. 7 All this will be yours,
then, if you worship me."
8 Jesus answered, "The scripture says, 'Worship the Lord your
God and serve only him!'"
9 Then the Devil took him to Jerusalem and set him on the highest
point of the Temple, and said to him, "If you are God's Son, throw
yourself down from here. 10 For the scripture says, 'God will order
his angels to take good care of you.' 11 It also says, 'They will hold
you up with their hands so that not even your feet will be hurt
on the stones.'"
12 But Jesus answered, "The scripture says, 'Do not put the Lord
your God to the test.'"
13 When the Devil finished tempting Jesus in every way, he left
him for a while.

Jesus Begins His Work in Galilee

(Matt. 4.12-17; Mark 1.14-15)

14 Then Jesus returned to Galilee, and the power of the Holy
Spirit was with him. The news about him spread throughout all
that territory. 15 He taught in the synagogues and was praised by
everyone.

Jesus Is Rejected at Nazareth

(Matt. 13.53-58; Mark 6.1-6)

16 Then Jesus went to Nazareth, where he had been brought up,
and on the Sabbath he went as usual to the synagogue. He stood
up to read the Scriptures 17 and was handed the book of the prophet
Isaiah. He unrolled the scroll and found the place where it is written,
18 "The Spirit of the Lord is upon me,
because he has chosen me to bring good news to the poor.

dyddiau hynny, ac ar eu diwedd daeth arno eisiau bwyd.
Meddai'r diafol wrtho, " Os Mab Duw wyt ti, dywed wrth y 3
garreg hon am droi'n fara." Atebodd Iesu ef, " Y mae'n 4
ysgrifenedig: ' Nid ar fara yn unig y bydd dyn fyw.' " Yna 5
aeth y diafol ag ef i fyny a dangos iddo ar amrantiad holl
deyrnasoedd y byd, a dywedodd wrtho, " I ti y rhof yr holl 6
arglwyddiaeth ar y rhain a'u gogoniant hwy; oherwydd i mi y
mae wedi ei thraddodi, ac yr wyf yn ei rhoi i bwy bynnag a
fynnaf. Felly, os addoli di fi, dy eiddo di fydd y cyfan." 7
Atebodd Iesu ef, " Y mae'n ysgrifenedig: 8

' Yr Arglwydd dy Dduw a addoli,
ac ef yn unig a wasanaethi.' "

Ond aeth y diafol ag ef i Jerwsalem, a'i osod ar dŵr uchaf y 9
deml, a dweud wrtho, " Os Mab Duw wyt ti, bwrw dy hun i
lawr oddi yma; oherwydd y mae'n ysgrifenedig: 10

' Rhydd orchymyn i'w angylion amdanat,
i'th warchod di rhag pob perygl ',

a hefyd: 11

' Fe'th gludant ar eu dwylo,
rhag iti daro dy droed yn erbyn carreg.' "

Yna atebodd Iesu ef, " Y mae'r Ysgrythur yn dweud: ' Paid â 12
gosod yr Arglwydd dy Dduw ar ei brawf.' " Ac ar ôl iddo ei 13
demtio ym mhob modd ymadawodd y diafol ag ef, gan aros ei
gyfle.

Dechrau'r Weinidogaeth yng Ngalilea
(Mth 4.12-17; Mc 1.14-15)

Dychwelodd Iesu yn nerth yr Ysbryd i Galilea. Aeth y sôn 14
amdano ar hyd a lled y gymdogaeth. Yr oedd yn dysgu yn eu 15
synagogau ac yn cael clod gan bawb.

Gwrthod Iesu yn Nasareth
(Mth 13.53-58; Mc 6.1-6)

Daeth i Nasareth, lle yr oedd wedi ei fagu. Yn ôl ei arfer 16
aeth i'r synagog ar y dydd Saboth, a chododd i ddarllen.
Rhoddwyd iddo lyfr y proffwyd Eseia, ac agorodd y sgrôl a 17
chael y man lle'r oedd yn ysgrifenedig:

" Y mae Ysbryd yr Arglwydd arnaf, 18
oherwydd iddo f'eneinio
i bregethu'r newydd da i dlodion.

He has sent me to proclaim liberty to the captives
and recovery of sight to the blind;
to set free the oppressed
19 and announce that the time has come
when the Lord will save his people."

20 Jesus rolled up the scroll, gave it back to the attendant, and sat
down. All the people in the synagogue had their eyes fixed on him, 21 as
he said to them, "This passage of scripture has come true today, as
you heard it being read."

22 They were all well impressed with him and marvelled at the
eloquent words that he spoke. They said, "Isn't he the son of Joseph?"

23 He said to them, "I am sure that you will quote this proverb
to me, 'Doctor, heal yourself.' You will also tell me to do here
in my home town the same things you heard were done in Capernaum.
24 I tell you this," Jesus added, "a prophet is never welcomed in
his home town.

25 "Listen to me: it is true that there were many widows in Israel
during the time of Elijah, when there was no rain for three and
a half years and a severe famine spread throughout the whole land.
26 Yet Elijah was not sent to anyone in Israel, but only to a widow
living in Zarephath in the territory of Sidon. 27 And there were many
people suffering from a dreaded skin-disease who lived in Israel during
the time of the prophet Elisha; yet not one of them was healed,
but only Naaman the Syrian."

28 When the people in the synagogue heard this, they were filled
with anger. 29 They rose up, dragged Jesus out of the town, and
took him to the top of the hill on which their town was built.
They meant to throw him over the cliff, 30 but he walked through
the middle of the crowd and went his way.

A Man with an Evil Spirit

(Mark 1.21-28)

31 Then Jesus went to Capernaum, a town in Galilee, where he
taught the people on the Sabbath. 32 They were all amazed at the
way he taught, because he spoke with authority. 33 In the synagogue
was a man who had the spirit of an evil demon in him; he screamed
out in a loud voice, 34 "Ah! What do you want with us, Jesus of
Nazareth? Are you here to destroy us? I know who you are: you
are God's holy messenger!"

35 Jesus ordered the spirit, "Be quiet and come out of the man!" The
demon threw the man down in front of them and went out of him
without doing him any harm.

36 The people were all amazed and said to one another, "What

Y mae wedi f'anfon i gyhoeddi rhyddhad i garcharorion,
ac adferiad golwg i ddeillion,
i beri i'r gorthrymedig gerdded yn rhydd,
i gyhoeddi blwyddyn ffafr yr Arglwydd." 19
Wedi cau'r sgrôl a'i rhoi yn ôl i'r swyddog, fe eisteddodd; ac 20
yr oedd llygaid pawb yn y synagog yn syllu arno. A'i eiriau 21
cyntaf wrthynt oedd: " Heddiw yn eich clyw chwi y mae'r
Ysgrythur hon wedi ei chyflawni." Yr oedd pawb yn ei 22
gymeradwyo ac yn rhyfeddu at y geiriau grasusol oedd yn dod
o'i enau ef, gan ddweud, " Onid mab Joseff yw hwn ?" Ac 23
meddai wrthynt, " Diau yr adroddwch wrthyf y ddihareb,
' Feddyg, iachâ dy hun ', a dweud, ' Yr holl bethau y clywsom
iddynt ddigwydd yng Nghapernaum, gwna hwy yma hefyd ym
mro dy febyd.' " Ond meddai, " Yn wir, 'rwy'n dweud wrth- 24
ych nad oes dim croeso i'r un proffwyd ym mro ei febyd. Ar 25
fy ngwir 'rwy'n dweud wrthych, yr oedd llawer o wragedd
gweddw yn Israel yn nyddiau Elias pan gaewyd y ffurfafen am
dair blynedd a chwe mis, ac y bu newyn mawr ar yr holl wlad.
Ond nid at un ohonynt hwy yr anfonwyd Elias, ond yn hytrach 26
at wraig weddw yn Sarepta yng ngwlad Sidon. Ac yr oedd 27
llawer o wahangleifion yn Israel yn amser y proffwyd Eliseus,
ac ni lanhawyd yr un ohonynt hwy, ond yn hytrach Naaman y
Syriad." Wrth glywed hyn llanwyd pawb yn y synagog â 28
dicter: codasant, a bwriasant ef allan o'r dref a mynd ag ef hyd 29
at ael y bryn yr oedd eu tref wedi ei hadeiladu arno, i'w luchio
o'r clogwyn. Ond aeth ef drwy eu canol hwy, ac ymaith ar ei 30
daith.

Y Dyn ag Ysbryd Aflan ynddo
(Mc 1.21-28)

Aeth i lawr i Gapernaum, tref yng Ngalilea, a bu'n dysgu'r 31
bobl ar y Saboth. Yr oeddent yn synnu at yr hyn yr oedd yn ei 32
ddysgu, oherwydd yr oedd ei air yn llawn awdurdod. Yn y 33
synagog yr oedd dyn â chanddo ysbryd cythraul aflan. Gwae-
ddodd hwnnw â llais uchel, " Och, beth sydd a fynni di â ni, 34
Iesu o Nasareth ? A wyt ti wedi dod i'n difetha ni ? Mi wn
pwy wyt ti—Sanct Duw." Ceryddodd Iesu ef â'r geiriau, 35
" Taw, a dos allan ohono." Lluchiodd y cythraul y dyn i'w
canol ac aeth allan ohono heb niweidio dim arno. Aeth pawb 36
yn syn a dechreusant siarad â'i gilydd, gan ddweud, " Pa air

kind of words are these? With authority and power this man gives
orders to the evil spirits, and they come out!" 37 And the report
about Jesus spread everywhere in that region.

Jesus Heals Many People
(Matt. 8.14-17; Mark 1.29-34)

38 Jesus left the synagogue and went to Simon's house. Simon's
mother-in-law was sick with a high fever, and they spoke to Jesus
about her. 39 He went and stood at her bedside and ordered the
fever to leave her. The fever left her, and she got up at once and
began to wait on them.

40 After sunset all who had friends who were sick with various
diseases brought them to Jesus; he placed his hands on every one
of them and healed them all. 41 Demons also went out from many
people, screaming, "You are the Son of God!"

Jesus gave the demons an order and would not let them speak,
because they knew that he was the Messiah.

Jesus Preaches in the Synagogues
(Mark 1.35-39)

42 At daybreak Jesus left the town and went off to a lonely place. The
people started looking for him, and when they found him, they tried to
keep him from leaving. 43 But he said to them, "I must preach the Good
News of the Kingdom of God in other towns also, because that
is what God sent me to do."

44 So he preached in the synagogues throughout the country.

Jesus Calls the First Disciples
(Matt. 4.18-22; Mark 1.16-20)

5 One day Jesus was standing on the shore of Lake Gennesaret
while the people pushed their way up to him to listen to the
word of God. 2 He saw two boats pulled up on the beach; the fishermen
had left them and were washing the nets. 3 Jesus got into one of
the boats—it belonged to Simon—and asked him to push off a little
from the shore. Jesus sat in the boat and taught the crowd.

4 When he finished speaking, he said to Simon, "Push the boat
out further to the deep water, and you and your partners let down
your nets for a catch."

5 "Master," Simon answered, "we worked hard all night long and

yw hwn? Y mae ef yn gorchymyn yr ysbrydion aflan ag
awdurdod ac â nerth, ac y maent yn mynd allan." Yr oedd sôn 37
amdano yn mynd ar hyd a lled y gymdogaeth.

Iacháu Llawer
(Mth 8.14-17; Mc 1.29-34)

Ymadawodd Iesu â'r synagog ac aeth i dŷ Simon. Yr oedd 38
mam-yng-nghyfraith Simon yn dioddef dan dwymyn lem, a
deisyfasant ar Iesu ar ei rhan. Safodd ef uwch ei phen a cher- 39
yddu'r dwymyn, a gadawodd y dwymyn hi; ac ar unwaith
cododd a dechrau gweini arnynt. Ac ar fachlud haul, pawb oedd 40
â chleifion yn dioddef dan amrywiol afiechydon, daethant â
hwy ato; a gosododd yntau ei ddwylo ar bob un ohonynt a'u
hiacháu. Yr oedd cythreuliaid yn ymadael â llawer o bobl gan 41
floeddio, "Mab Duw wyt ti." Ond eu ceryddu yr oedd ef, a
gwahardd iddynt ddweud gair, am eu bod yn gwybod mai'r
Meseia oedd ef.

Taith Bregethu
(Mc 1.35-39)

Pan ddaeth hi'n ddydd aeth allan a theithio i le unig. Yr oedd 42
y tyrfaoedd yn chwilio amdano, a daethant hyd ato a cheisio ei
rwystro rhag mynd ymaith oddi wrthynt. Ond dywedodd ef 43
wrthynt, "Y mae'n rhaid imi gyhoeddi'r newydd da am
deyrnas Dduw i'r trefi eraill yn ogystal, oherwydd i hynny y'm
hanfonwyd i." Ac yr oedd yn pregethu yn synagogau Jwdea. 44

Galw'r Disgyblion Cyntaf
(Mth 4.18-22; Mc 1.16-20)

Unwaith pan oedd y dyrfa'n gwasgu ato ac yn gwrando ar air **5**
Duw, ac ef ei hun yn sefyll ar lan Llyn Genesaret, gwelodd 2
ddau gwch yn sefyll wrth y lan. Yr oedd y pysgotwyr wedi dod
allan ohonynt, ac yr oeddent yn golchi eu rhwydau. Aeth ef i 3
mewn i un o'r cychod, eiddo Simon, a gofyn iddo wthio allan
ychydig o'r tir; yna eisteddodd, a dechrau dysgu'r tyrfaoedd
o'r cwch. Pan orffennodd lefaru dywedodd wrth Simon, "Dos 4
allan i'r dŵr dwfn, a gollyngwch eich rhwydau am ddalfa."
Atebodd Simon, "Meistr, drwy gydol y nos buom yn llafurio 5
heb ddal dim, ond ar dy air di mi ollyngaf y rhwydau."

caught nothing. But if you say so, I will let down the nets." 6 They
let them down and caught such a large number of fish that the
nets were about to break. 7 So they motioned to their partners in
the other boat to come and help them. They came and filled both
boats so full of fish that the boats were about to sink. 8 When Simon
Peter saw what had happened, he fell on his knees before Jesus
and said, "Go away from me, Lord! I am a sinful man!"

9 He and the others with him were all amazed at the large number
of fish they had caught. 10 The same was true of Simon's partners,
James and John, the sons of Zebedee. Jesus said to Simon, "Don't
be afraid; from now on you will be catching men."

11 They pulled the boats up on the beach, left everything, and
followed Jesus.

Jesus Heals a Man
(Matt. 8.1-4; Mark 1.40-45)

12 Once Jesus was in a town where there was a man who was
suffering from a dreaded skin-disease. When he saw Jesus, he threw
himself down and begged him, "Sir, if you want to, you can make
me clean!"[c]

13 Jesus stretched out his hand and touched him. "I do want to," he
answered. "Be clean!" At once the disease left the man. 14 Jesus
ordered him, "Don't tell anyone, but go straight to the priest and let
him examine you; then to prove to everyone that you are cured, offer
the sacrifice as Moses ordered."

15 But the news about Jesus spread all the more widely, and crowds
of people came to hear him and be healed from their diseases. 16 But he
would go away to lonely places, where he prayed.

Jesus Heals a Paralysed Man
(Matt. 9.1-8; Mark 2.1-12)

17 One day when Jesus was teaching, some Pharisees and teachers of
the Law were sitting there who had come from every town in Galilee
and Judaea and from Jerusalem. The power of the Lord was present
for Jesus to heal the sick. 18 Some men came carrying a paralysed
man on a bed, and they tried to take him into the house and put
him in front of Jesus. 19 Because of the crowd, however, they could
find no way to take him in. So they carried him up on the roof,
made an opening in the tiles, and let him down on his bed into
the middle of the group in front of Jesus. 20 When Jesus saw how
much faith they had, he said to the man, "Your sins are forgiven,
my friend."

---

[c] MAKE ME CLEAN: *This disease was considered to make a person ritually unclean.*

Gwnaethant hyn, a daliasant nifer enfawr o bysgod, nes bod eu 6
rhwydau bron â rhwygo. Amneidiasant ar eu partneriaid yn y 7
cwch arall i ddod i'w cynorthwyo. Daethant hwy, a llwythasant
y ddau gwch nes eu bod ar suddo. Pan welodd Simon Pedr hyn 8
syrthiodd wrth liniau Iesu gan ddweud, " Dos ymaith oddi
wrthyf, oherwydd dyn pechadurus wyf fi, Arglwydd." Yr oedd 9
ef, a phawb oedd gydag ef, wedi eu syfrdanu o weld y llwyth
pysgod yr oeddent wedi eu dal; a'r un modd Iago ac Ioan, 10
meibion Sebedeus, oedd yn bartneriaid i Simon. Ac meddai
Iesu wrth Simon, " Paid ag ofni; o hyn allan dal dynion y
byddi di." Yna daethant â'r cychod yn ôl i'r lan, a gadael 11
popeth, a'i ganlyn ef.

Glanhau Dyn Gwahanglwyfus
(Mth 8.1-4; Mc 1.40-45)

Pan oedd Iesu yn un o'r trefi, dyma ddyn yn llawn o'r 12
gwahanglwyf yn ei weld ac yn syrthio ar ei wyneb ac yn ymbil
arno, " Syr, os mynni, gelli fy nglanhau." Estynnodd Iesu ei 13
law a chyffwrdd ag ef gan ddweud, " Yr wyf yn mynnu,
glanhaer di." Ac ymadawodd y gwahanglwyf ag ef ar unwaith.
Gorchmynnodd Iesu iddo beidio â dweud wrth neb: " Dos 14
ymaith," meddai, " a dangos dy hun i'r offeiriad, ac offryma
dros dy lanhad fel y gorchmynnodd Moses, yn dystiolaeth i'r
bobl." Ond yr oedd y sôn amdano yn ymledu fwyfwy, ac yr 15
oedd tyrfaoedd lawer yn ymgynnull i wrando ac i gael eu hiach-
áu oddi wrth eu clefydau. Ond byddai ef yn encilio i'r mannau 16
unig ac yn gweddïo.

Iacháu Dyn wedi ei Barlysu
(Mth 9.1-8; Mc 2.1-12)

Un diwrnod yr oedd ef yn dysgu, ac yn eistedd yno yr oedd 17
Phariseaid ac athrawon y Gyfraith oedd wedi dod o bob pentref
yng Ngalilea ac o Jwdea ac o Jerwsalem; ac yr oedd nerth yr
Arglwydd gydag ef i iacháu. A dyma wŷr yn cario ar wely ddyn 18
wedi ei barlysu; ceisio yr oeddent ddod ag ef i mewn a'i osod o
flaen Iesu. Wedi methu cael ffordd i ddod ag ef i mewn oher- 19
wydd y dyrfa, dringasant ar y to a'i ollwng drwy'r priddlechi,
ynghyd â'i fatras, i'r canol o flaen Iesu. Wrth weld eu ffydd 20
hwy dywedodd ef, " Ddyn, y mae dy bechodau wedi eu maddau

21 The teachers of the Law and the Pharisees began to say to
themselves, "Who is this man who speaks such blasphemy! God
is the only one who can forgive sins!"
22 Jesus knew their thoughts and said to them, "Why do you
think such things? 23 Is it easier to say, 'Your sins are forgiven
you,' or to say, 'Get up and walk'? 24 I will prove to you, then,
that the Son of Man has authority on earth to forgive sins." So
he said to the paralysed man, "I tell you, get up, pick up your
bed, and go home!"
25 At once the man got up in front of them all, took the bed
he had been lying on, and went home, praising God. 26 They were
all completely amazed! Full of fear, they praised God, saying, "What
marvellous things we have seen today!"

Jesus Calls Levi

(Matt. 9.9-13; Mark 2.13-17)

27 After this, Jesus went out and saw a tax collector named Levi, sit-
ting in his office. Jesus said to him, "Follow me." 28 Levi got up,
left everything, and followed him.
29 Then Levi had a big feast in his house for Jesus, and among
the guests was a large number of tax collectors and other people.
30 Some Pharisees and some teachers of the Law who belonged to
their group complained to Jesus' disciples. "Why do you eat and
drink with tax collectors and other outcasts?" they asked.
31 Jesus answered them, "People who are well do not need a
doctor, but only those who are sick. 32 I have not come to call respect-
able people to repent, but outcasts."

The Question about Fasting

(Matt. 9.14-17; Mark 2.18-22)

33 Some people said to Jesus, "The disciples of John fast frequently
and offer prayers, and the disciples of the Pharisees do the same; but
your disciples eat and drink."
34 Jesus answered, "Do you think you can make the guests at
a wedding party go without food as long as the bridegroom is with
them? Of course not! 35 But the day will come when the bridegroom
will be taken away from them, and then they will fast."
36 Jesus also told them this parable: "No one tears a piece off
a new coat to patch up an old coat. If he does, he will have torn
the new coat, and the piece of new cloth will not match the old.

iti." A dechreuodd yr ysgrifenyddion a'r Phariseaid feddwl, 21
" Pwy yw hwn sy'n llefaru cabledd ? Pwy ond Duw yn unig a
all faddau pechodau ? " Ond synhwyrodd Iesu eu meddyliau, 22
ac meddai wrthynt, " Pam yr ydych yn dadlau ynoch eich
hunain ? Prun sydd hawsaf, ai dweud, ' Y mae dy bechodau 23
wedi eu maddau iti ', ai ynteu dweud, ' Cod a cherdda ' ? Ond 24
er mwyn i chwi wybod fod gan Fab y Dyn hawl ar y ddaear i
faddau pechodau "—meddai wrth y claf, " Dyma fi'n dweud
wrthyt, cod a chymer dy fatras a dos adref." Ac ar unwaith 25
cododd yntau yn eu gŵydd, cymerodd y fatras y bu'n gorwedd
arni, ac aeth adref gan ogoneddu Duw. Daeth syndod dros 26
bawb a dechreusant ogoneddu Duw; llanwyd hwy ag ofn, ac
meddent, " Yr ydym wedi gweld pethau anhygoel heddiw."

Galw Lefi
(Mth 9.9-13; Mc 2.13-17)

Wedi hyn aeth allan ac edrychodd ar gasglwr trethi o'r enw 27
Lefi, oedd yn eistedd wrth y dollfa, ac meddai wrtho, " Canlyn
fi." A chan adael popeth cododd yntau a'i ganlyn. Yna 28,29
gwnaeth Lefi wledd fawr iddo yn ei dŷ; ac yr oedd tyrfa
niferus o gasglwyr trethi ac eraill yn cydfwyta gyda hwy. Yr 30
oedd y Phariseaid a'u hysgrifenyddion yn grwgnach wrth ei
ddisgyblion gan ddweud, " Pam yr ydych yn bwyta ac yn yfed
gyda chasglwyr trethi a phechaduriaid ? " Atebodd Iesu hwy, 31
" Nid ar rai iach, ond ar y cleifion y mae angen meddyg; i alw 32
pechaduriaid i edifeirwch, nid rhai cyfiawn, yr wyf fi wedi dod."

Holi ynglŷn ag Ymprydio
(Mth 9.14-17; Mc 2.18-22)

Ond meddent hwythau wrtho, " Y mae disgyblion Ioan yn 33
ymprydio yn aml ac yn adrodd eu gweddïau, a rhai'r Phariseaid
yr un modd, ond bwyta ac yfed y mae dy ddisgyblion di."
Meddai Iesu wrthynt, " A allwch wneud i westeion priodas 34
ymprydio tra bydd y priodfab gyda hwy ? Ond fe ddaw dydd- 35
iau pan ddygir y priodfab oddi wrthynt; yna fe ymprydiant yn
y dyddiau hynny." Adroddodd hefyd ddameg wrthynt: " Ni 36
fydd neb yn rhwygo clwt allan o ddilledyn newydd a'i roi ar
hen ddilledyn; os gwna, nid yn unig fe fydd yn rhwygo'r
newydd, ond ni fydd y clwt o'r newydd yn gweddu i'r hen.

37 Nor does anyone pour new wine into used wineskins, because
the new wine will burst the skins, the wine will pour out, and the
skins will be ruined. 38 Instead, new wine must be poured into fresh
wineskins! 39 And no one wants new wine after drinking old wine.
'The old is better,' he says."

The Question about the Sabbath

(Matt. 12.1-8; Mark 2.23-28)

6 Jesus was walking through some cornfields on the Sabbath. His
disciples began to pick the ears of corn, rub them in their hands,
and eat the grain. 2 Some Pharisees asked, "Why are you doing what
our Law says you cannot do on the Sabbath?"
3 Jesus answered them, "Haven't you read what David did when
he and his men were hungry? 4 He went into the house of God,
took the bread offered to God, ate it, and gave it also to his men.
Yet it is against our Law for anyone except the priests to eat that
bread."
5 And Jesus concluded, "The Son of Man is Lord of the Sabbath."

The Man with a Paralysed Hand

(Matt. 12.9-14; Mark 3.1-6)

6 On another Sabbath Jesus went into a synagogue and taught.
A man was there whose right hand was paralysed. 7 Some teachers
of the Law and some Pharisees wanted a reason to accuse Jesus
of doing wrong, so they watched him closely to see if he would
heal on the Sabbath. 8 But Jesus knew their thoughts and said to
the man, "Stand up and come here to the front." The man got
up and stood there. 9 Then Jesus said to them, "I ask you: What
does our Law allow us to do on the Sabbath? To help or to harm?
To save a man's life or destroy it?" 10 He looked around at them
all; then he said[d] to the man, "Stretch out your hand." He did
so, and his hand became well again.
11 They were filled with rage and began to discuss among themselves
what they could do to Jesus.

Jesus Chooses the Twelve Apostles

(Matt. 10.1-4; Mark 3.13-19)

12 At that time Jesus went up a hill to pray and spent the whole
night there praying to God. 13 When day came, he called his disciples

---

[d] said; *some manuscripts have* said angrily.

Ac ni fydd neb yn tywallt gwin newydd i hen grwyn; os gwna, 37
bydd y gwin newydd yn rhwygo'r crwyn, a heblaw sarnu'r gwin
fe ddifethir y crwyn. I grwyn newydd y mae tywallt gwin 38
newydd. Ac ni fydd neb sydd wedi yfed hen win yn dymuno 39
gwin newydd; oherwydd y mae'n dweud, ' Yr hen sydd dda.' "

Tynnu Tywysennau ar y Saboth
(Mth 12.1-8; Mc 2.23-28)

Un Saboth yr oedd yn mynd trwy gaeau ŷd, ac yr oedd ei **6**
ddisgyblion yn tynnu tywysennau ac yn eu bwyta, gan eu
rhwbio yn eu dwylo. Ond dywedodd rhai o'r Phariseaid, 2
" Pam yr ydych yn gwneud peth sy'n groes i'r Gyfraith ar y
Saboth ?" Atebodd Iesu hwy, " Onid ydych wedi darllen am 3
y peth hwnnw a wnaeth Dafydd pan oedd eisiau bwyd arno ef
a'r rhai oedd gydag ef ? Sut yr aeth i mewn i dŷ Duw a 4
chymryd y torthau cysegredig a'u bwyta a'u rhoi i'r rhai oedd
gydag ef, torthau nad yw'n gyfreithlon i neb eu bwyta ond yr
offeiriaid yn unig ?" Ac meddai wrthynt, " Y mae Mab y Dyn 5
yn arglwydd ar y Saboth."

Y Dyn â'r Llaw Ddiffrwyth
(Mth 12.9-14; Mc 3.1-6)

Ar Saboth arall aeth i mewn i'r synagog a dysgu. Yr oedd 6
yno ddyn â'i law dde yn ddiffrwyth. Yr oedd yr ysgrifenyddion 7
a'r Phariseaid â'u llygaid arno i weld a oedd yn iacháu ar y
Saboth, er mwyn cael hyd i gyhuddiad yn ei erbyn. Ond yr 8
oedd ef yn deall eu meddyliau, ac meddai wrth y dyn â'r llaw
ddiffrwyth, " Cod a saf yn y canol"; a chododd yntau ar ei
draed. Meddai Iesu wrthynt, " Yr wyf yn gofyn i chwi, a yw'n 9
gyfreithlon gwneud da ar y Saboth, ynteu gwneud drwg, achub
bywyd, ynteu ei ddifetha ?" Yna edrychodd o gwmpas arnynt 10
oll; dywedodd wrth y dyn, " Estyn dy law." Estynnodd yntau
hi, a gwnaed ei law yn iach. Ond llanwyd hwy â gorffwylledd, 11
a dechreusant drafod â'i gilydd beth i'w wneud i Iesu.

Dewis y Deuddeg
(Mth 10.1-4; Mc 3.13-19)

Un o'r dyddiau hynny aeth allan i'r mynydd i weddïo, a bu 12
ar hyd y nos yn gweddïo ar Dduw. Pan ddaeth hi'n ddydd 13

to him and chose twelve of them, whom he named apostles: 14 Simon
(whom he named Peter) and his brother Andrew; James and John,
Philip and Bartholomew, 15 Matthew and Thomas, James son of
Alphaeus, and Simon (who was called the Patriot), 16 Judas son of
James, and Judas Iscariot, who became the traitor.

Jesus Teaches and Heals

(Matt. 4.23-25)

17 When Jesus had come down from the hill with the apostles,
he stood on a level place with a large number of his disciples. A
large crowd of people was there from all over Judaea and from
Jerusalem and from the coastal cities of Tyre and Sidon; 18 they
had come to hear him and to be healed of their diseases. Those
who were troubled by evil spirits also came and were healed. 19 All
the people tried to touch him, for power was going out from him
and healing them all.

Happiness and Sorrow

(Matt. 5.1-12)

20 Jesus looked at his disciples and said,
"Happy are you poor;
the Kingdom of God is yours!
21 "Happy are you who are hungry now;
you will be filled!
"Happy are you who weep now;
you will laugh!
22 "Happy are you when people hate you, reject you, insult you, and
say that you are evil, all because of the Son of Man! 23 Be glad when
that happens, and dance for joy, because a great reward is kept for
you in heaven. For their ancestors did the very same things to the pro-
phets.
24 "But how terrible for you who are rich now;
you have had your easy life!
25 "How terrible for you who are full now;
you will go hungry!
"How terrible for you who laugh now;
you will mourn and weep!
26 "How terrible when all people speak well of you; their ancestors
said the very same things about the false prophets.

galwodd ei ddisgyblion ato. Dewisodd o'u plith ddeuddeg, a
rhoi'r enw apostolion iddynt: Simon, a enwodd hefyd yn Pedr; 14
Andreas ei frawd; Iago, Ioan, Philip a Bartholomeus; Mathew, 15
Thomas, Iago fab Alffeus, a Simon, a elwid y Selot; Jwdas 16
fab Iago, a Jwdas Iscariot, a droes yn fradwr.

Gweinidogaethu i Dyrfa Fawr
(Mth 4.23-25)

Aeth i lawr gyda hwy a sefyll ar dir gwastad, gyda thyrfa 17
fawr o'i ddisgyblion, a llu niferus o bobl o Jwdea gyfan a
Jerwsalem ac o arfordir Tyrus a Sidon, oedd wedi dod i wrando 18
arno ac i'w hiacháu o'u clefydau; yr oedd y rhai a flinid gan
ysbrydion aflan hefyd yn cael eu gwella. Ac yr oedd yr holl 19
dyrfa'n ceisio cyffwrdd ag ef, oherwydd yr oedd nerth yn mynd
allan ohono ac yn iacháu pawb.

Gwynfydau a Gwaeau
(Mth 5.1-12)

Yna cododd ef ei lygaid ar ei ddisgyblion a dweud: 20

"Gwyn eich byd chwi'r tlodion,
oherwydd eiddoch chwi yw teyrnas Dduw.
Gwyn eich byd chwi sydd yn awr yn newynog, 21
oherwydd cewch eich digon.
Gwyn eich byd chwi sydd yn awr yn wylo,
oherwydd cewch chwerthin.

Gwyn eich byd pan fydd dynion yn eich casáu a'ch ysgymuno 22
a'ch gwaradwyddo, a dirmygu eich enw fel peth drwg, o achos
Mab y Dyn. Byddwch lawen y dydd hwnnw a llamwch o 23
orfoledd, oherwydd, ystyriwch, y mae eich gwobr yn fawr yn y
nef. Oherwydd felly'n union y gwnaeth eu tadau i'r proffwydi.

"Ond gwae chwi'r cyfoethogion, 24
oherwydd yr ydych wedi cael eich diddanwch.
Gwae chwi sydd yn awr wedi eich llenwi, 25
oherwydd daw arnoch newyn.
Gwae chwi sydd yn awr yn chwerthin,
oherwydd cewch ofid a dagrau.

Gwae chwi pan fydd pob dyn yn eich canmol, oherwydd felly'n 26
union y gwnaeth eu tadau i'r gau-broffwydi.

Love for Enemies
(Matt. 5.38-48; 7.12a)

27 "But I tell you who hear me: Love your enemies, do good
to those who hate you, [28]bless those who curse you, and pray for
those who ill-treat you. [29]If anyone hits you on one cheek, let him
hit the other one too; if someone takes your coat, let him have
your shirt as well. [30]Give to everyone who asks you for something,
and when someone takes what is yours, do not ask for it back.
[31]Do for others just what you want them to do for you.

32 "If you love only the people who love you, why should you
receive a blessing? Even sinners love those who love them! [33]And
if you do good only to those who do good to you, why should
you receive a blessing? Even sinners do that! [34]And if you lend
only to those from whom you hope to get it back, why should
you receive a blessing? Even sinners lend to sinners, to get back
the same amount! [35]No! Love your enemies and do good to them;
lend and expect nothing back. You will then have a great reward,
and you will be sons of the Most High God. For he is good to
the ungrateful and the wicked. [36]Be merciful just as your Father
is merciful.

Judging Others
(Matt. 7.1-5)

37 "Do not judge others, and God will not judge you; do not
condemn others, and God will not condemn you; forgive others,
and God will forgive you. [38]Give to others, and God will give to
you. Indeed, you will receive a full measure, a generous helping,
poured into your hands—all that you can hold. The measure you
use for others is the one that God will use for you."

39 And Jesus told them this parable: "One blind man cannot lead
another one; if he does, both will fall into a ditch. [40]No pupil
is greater than his teacher; but every pupil, when he has completed
his training, will be like his teacher.

41 "Why do you look at the speck in your brother's eye, but pay
no attention to the log in your own eye? [42]How can you say to

Caru Gelynion
(Mth 5.38-48; 7.12a)

" Ond wrthych chwi sy'n gwrando 'rwy'n dweud: carwch 27
eich gelynion, gwnewch ddaioni i'r rhai sy'n eich casáu, ben- 28
dithiwch y rhai sy'n eich melltithio, gweddïwch dros y rhai sy'n
eich cam-drin. Pan fydd dyn yn dy daro di ar dy foch, cynigia'r 29
llall iddo hefyd; pan fydd dyn yn cymryd dy fantell, paid â'i
rwystro rhag cymryd dy grys hefyd. Rho i bawb sy'n gofyn 30
gennyt, ac os bydd rhywun yn cymryd dy eiddo, paid â gofyn
amdano'n ôl. Fel y dymunwch i ddynion wneud i chwi, 31
gwnewch chwithau yr un fath iddynt hwy. Os ydych yn caru'r 32
rhai sy'n eich caru chwi, pa ddiolch fydd i chwi ? Y mae hyd
yn oed y pechaduriaid yn caru'r rhai sy'n eu caru hwy. Ac os 33
gwnewch ddaioni i'r rhai sy'n gwneud daioni i chwi, pa ddiolch
fydd i chwi ? Y mae hyd yn oed y pechaduriaid yn gwneud
cymaint â hynny. Os rhowch fenthyg i'r rhai yr ydych yn 34
disgwyl derbyn ganddynt, pa ddiolch fydd i chwi ? Y mae hyd
yn oed bechaduriaid yn rhoi benthyg i bechaduriaid dim ond
iddynt gael yr un faint yn ôl. Nage, carwch eich gelynion a 35
gwnewch ddaioni a rhowch fenthyg heb ddisgwyl dim yn ôl.*
Bydd eich gwobr yn fawr a byddwch yn feibion y Goruchaf,
oherwydd y mae ef yn garedig wrth yr anniolchgar a'r drygion-
us. Byddwch yn drugarog fel y mae eich Tad yn drugarog. 36

Barnu Eraill
(Mth 7.1-5)

" Peidiwch â barnu, ac ni chewch eich barnu. Peidiwch â 37
chondemnio, ac ni chewch eich condemnio. Maddeuwch, ac fe
faddeuir i chwi. Rhowch, ac fe roir i chwi; rhoir yn eich côl 38
fesur da, wedi ei wasgu i lawr a'i ysgwyd ynghyd nes gorlifo;
oherwydd â'r mesur y rhowch y rhoir i chwi yn ôl." Adrodd- 39
odd hefyd ddameg wrthynt: " A fedr dyn dall arwain dyn dall?
Onid syrthio i bydew a wna'r ddau ? Nid yw disgybl yn well 40
na'i athro: ond wedi ei lwyr gymhwyso bydd pob un fel ei
athro. Pam yr wyt yn edrych ar y brycheuyn sydd yn llygad 41
dy frawd, a thithau heb sylwi ar y trawst sydd yn dy lygad dy
hun ? Sut y gelli ddweud wrth dy frawd, ' Frawd, gad imi 42

---

*adn. 35: yn ôl darlleniad arall, *heb anobeithio am neb.*

your brother, 'Please, brother, let me take that speck out of your
eye,' yet cannot even see the log in your own eye? You hypocrite!
First take the log out of your own eye, and then you will be able
to see clearly to take the speck out of your brother's eye.

A Tree and Its Fruit

(Matt. 7.16-20; 12.33-35)

43 "A healthy tree does not bear bad fruit, nor does a poor tree bear
good fruit. 44 Every tree is known by the fruit it bears; you do not
pick figs from thorn bushes or gather grapes from bramble bushes. 45 A
good person brings good out of the treasure of good things in his
heart; a bad person brings bad out of his treasure of bad things. For
the mouth speaks what the heart is full of.

The Two House Builders

(Matt. 7.24-27)

46 "Why do you call me, 'Lord, Lord,' and yet don't do what
I tell you? 47 Anyone who comes to me and listens to my words
and obeys them—I will show you what he is like. 48 He is like a
man who, in building his house, dug deep and laid the foundation
on rock. The river overflowed and hit that house but could not
shake it, because it was well built. 49 But anyone who hears my
words and does not obey them is like a man who built his house
without laying a foundation; when the flood hit that house it fell
at once—and what a terrible crash that was!"

Jesus Heals a Roman Officer's Servant

(Matt. 8.5-13)

7 When Jesus had finished saying all these things to the people, he
went to Capernaum. 2 A Roman officer there had a servant who
was very dear to him; the man was sick and about to die. 3 When
the officer heard about Jesus, he sent some Jewish elders to ask
him to come and heal his servant. 4 They came to Jesus and begged
him earnestly, "This man really deserves your help. 5 He loves our
people and he himself built a synagogue for us."

6 So Jesus went with them. He was not far from the house when
the officer sent friends to tell him, "Sir, don't trouble yourself. I

dynnu allan y brycheuyn sydd yn dy lygad di ', a thi dy hun
heb weld y trawst sydd yn dy lygad di ? Ragrithiwr, yn gyntaf
tyn y trawst allan o'th lygad dy hun, ac yna fe weli yn ddigon
eglur i dynnu'r brycheuyn sydd yn llygad dy frawd.

Adnabod Coeden wrth ei Ffrwyth
(Mth 7.17-20; 12.34b-35)

" Oherwydd nid yw coeden dda yn dwyn ffrwyth gwael, ac 43
nid yw coeden wael chwaith yn dwyn ffrwyth da. Wrth ei 44
ffrwyth ei hun y mae pob coeden yn cael ei hadnabod; nid ar
ddrain y mae casglu ffigys, ac nid ar lwyni mieri y mae pigo
grawnwin. Y mae'r dyn da yn dwyn daioni o drysor daionus ei 45
galon, a'r dyn drwg yn dwyn drygioni o'i ddrygioni; oherwydd
yn ôl yr hyn sy'n llenwi ei galon y mae ei enau yn llefaru.

Y Ddwy Sylfaen
(Mth 7.24-27)

" Pam yr ydych yn galw ' Arglwydd, Arglwydd ' arnaf, a heb 46
wneud yr hyn yr wyf yn ei ofyn ? Pob un sy'n dod ataf ac yn 47
gwrando ar fy ngeiriau ac yn eu gwneud, dangosaf i chwi i bwy
y mae'n debyg: y mae'n debyg i ddyn yn adeiladu tŷ ac wedi 48
cloddio yn ddwfn a gosod sylfaen ar y graig; a phan ddaeth
llifogydd, ffrwydrodd yr afon yn erbyn y tŷ hwnnw, ond ni
allodd ei syflyd, gan iddo gael ei adeiladu yn gadarn. Ond y 49
mae'r dyn sy'n clywed ond heb wneud yn debyg i ddyn a adeil-
adodd dŷ ar bridd, heb sylfaen; ffrwydrodd yr afon yn ei erbyn
a chwalodd y tŷ hwnnw ar unwaith, a dirfawr fu ei gwymp."

Iacháu Gwas Canwriad
(Mth 8.5-13; In 4.43-54)

Wedi iddo orffen llefaru'r holl eiriau hyn wrth y bobl aeth i **7**
mewn i Gapernaum. Yr oedd canwriad ag iddo was, gwerth- 2
fawr yn ei olwg, oedd yn glaf ac ar fin marw. Pan glywodd y 3
canwriad am Iesu anfonodd ato henuriaid o Iddewon, i ofyn
iddo ddod ac achub bywyd ei was. Daethant hwy at Iesu ac 4
ymbil yn daer arno: " Y mae'n haeddu iti wneud hyn drosto,
oherwydd y mae'n caru ein cenedl, ac ef a adeiladodd ein 5
synagog i ni." Pan oedd Iesu ar ei ffordd gyda hwy ac eisoes 6
heb fod ymhell o'r tŷ, anfonodd y canwriad rai o'i gyfeillion i

do not deserve to have you come into my house, 7 neither do I
consider myself worthy to come to you in person. Just give the
order, and my servant will get well. 8 I, too, am a man placed under
the authority of superior officers, and I have soldiers under me.
I order this one, 'Go!' and he goes; I order that one, 'Come!' and
he comes; and I order my slave, 'Do this!' and he does it."

9 Jesus was surprised when he heard this; he turned round and
said to the crowd following him, "I tell you, I have never found
faith like this, not even in Israel!"

10 The messengers went back to the officer's house and found
his servant well.

Jesus Raises a Widow's Son

11 Soon afterwards[e] Jesus went to a town called Nain, accompanied
by his disciples and a large crowd. 12 Just as he arrived at the gate of
the town, a funeral procession was coming out. The dead man was
the only son of a woman who was a widow, and a large crowd
from the town was with her. 13 When the Lord saw her, his heart
was filled with pity for her, and he said to her, "Don't cry." 14 Then
he walked over and touched the coffin, and the men carrying it
stopped. Jesus said, "Young man! Get up, I tell you!" 15 The dead
man sat up and began to talk, and Jesus gave him back to his
mother.

16 They all were filled with fear and praised God. "A great prophet
has appeared among us!" they said; "God has come to save his
people!"

17 This news about Jesus went out through all the country and
the surrounding territory.

The Messengers from John the Baptist

(Matt. 11.2-19)

18 When John's disciples told him about all these things, he called
two of them 19 and sent them to the Lord to ask him, "Are you
the one John said was going to come, or should we expect someone
else?"

20 When they came to Jesus, they said, "John the Baptist sent
us to ask if you are the one he said was going to come, or if we
should expect someone else."

21 At that very time Jesus cured many people of their sicknesses,
diseases, and evil spirits, and gave sight to many blind people. 22 He
answered John's messengers, "Go back and tell John what you have

---

[e] Soon afterwards; *some manuscripts have* The next day.

ddweud wrtho, " Paid â thrafferthu, Syr, oherwydd nid wyf yn
deilwng i ti ddod dan fy nho. Am hynny bernais nad oeddwn 7
i fy hun yn deilwng i ddod atat; ond dywed air, a chaffed* fy
ngwas ei iacháu. Oherwydd dyn sy'n cael ei osod dan awdurdod 8
wyf finnau, â chennyf filwyr danaf; byddaf yn dweud wrth hwn,
' Dos ', ac fe â, ac wrth un arall, ' Tyrd ', ac fe ddaw, ac wrth
fy ngwas, ' Gwna hyn ', ac fe'i gwna." Pan glywodd Iesu hyn 9
fe ryfeddodd at y dyn, a chan droi at y dyrfa oedd yn ei ddilyn
meddai, "'Rwy'n dweud wrthych, ni chefais hyd yn oed yn
Israel ffydd mor fawr." Ac wedi i'r rhai a anfonwyd ddychwel- 10
yd i'r tŷ, cawsant y gwas yn holliach.

Cyfodi Mab y Weddw yn Nain

Yn fuan wedyn aeth Iesu i dref a elwir Nain. Gydag ef ar y 11
daith yr oedd ei ddisgyblion a thyrfa fawr. Pan gyrhaeddodd yn 12
agos at borth y dref, dyma gynhebrwng yn dod allan; unig fab
ei fam oedd y marw, a hithau'n wraig weddw. Yr oedd tyrfa
niferus o'r dref gyda hi. Pan welodd yr Arglwydd hi, tostur- 13
iodd wrthi a dweud, " Paid ag wylo." Yna aeth ymlaen a 14
chyffwrdd â'r elor. Safodd y cludwyr, ac meddai ef, " Fy
machgen, 'rwy'n dweud wrthyt, cod." Cododd y marw ar ei 15
eistedd a dechrau siarad, a rhoes Iesu ef i'w fam. Cydiodd 16
ofn ym mhawb a dechreusant ogoneddu Duw, gan ddweud,
" Y mae proffwyd mawr wedi codi yn ein plith ", ac, " Y mae
Duw wedi ymweld â'i bobl." Ac aeth yr hanes hwn amdano 17
drwy Jwdea gyfan a'r holl gymdogaeth.

Negesyddion Ioan Fedyddiwr
(Mth 11.2-19)

Rhoes disgyblion Ioan adroddiad iddo ynglŷn â hyn oll. 18
Galwodd yntau ddau o'i ddisgyblion ato a'u hanfon at yr 19
Arglwydd, gan ofyn, " Ai ti yw'r hwn sydd i ddod, ai am
rywun arall yr ydym i ddisgwyl ? " Daeth y dynion ato a 20
dweud, " Anfonodd Ioan Fedyddiwr ni atat, gan ofyn, ' Ai ti
yw'r hwn sydd i ddod, ai am rywun arall yr ydym i ddisgwyl?' "
Y pryd hwnnw iachaodd ef lawer o afael afiechydon a phlâu ac 21
ysbrydion drwg, a rhoes eu golwg i lawer o ddeillion. Ac ateb- 22
odd ef hwy, " Ewch a dywedwch wrth Ioan yr hyn yr ydych

*adn. 7: yn ôl darlleniad arall, *a chaiff*.

seen and heard: the blind can see, the lame can walk, those who
suffer from dreaded skin-diseases are made clean,[f] the deaf can hear,
the dead are raised to life, and the Good News is preached to the
poor. 23 How happy are those who have no doubts about me!"

24 After John's messengers had left, Jesus began to speak about
him to the crowds: "When you went out to John in the desert,
what did you expect to see? A blade of grass bending in the wind?
25 What did you go out to see? A man dressed up in fancy clothes?
People who dress like that and live in luxury are found in palaces!
26 Tell me, what did you go out to see? A prophet? Yes indeed,
but you saw much more than a prophet. 27 For John is the one
of whom the scripture says: 'God said, I will send my messenger
ahead of you to open the way for you.' 28 I tell you," Jesus added,
"John is greater than any man who has ever lived. But he who
is least in the Kingdom of God is greater than John."

29 All the people heard him; they and especially the tax collectors
were the ones who had obeyed God's righteous demands and had
been baptized by John. 30 But the Pharisees and the teachers of the
Law rejected God's purpose for themselves and refused to be baptized
by John.

31 Jesus continued, "Now to what can I compare the people of
this day? What are they like? 32 They are like children sitting in
the market-place. One group shouts to the other, 'We played wedding
music for you, but you wouldn't dance! We sang funeral songs,
but you wouldn't cry!' 33 John the Baptist came, and he fasted and
drank no wine, and you said, 'He has a demon in him!' 34 The
Son of Man came, and he ate and drank, and you said, 'Look at
this man! He is a glutton and a drinker, a friend of tax collectors
and other outcasts!' 35 God's wisdom, however, is shown to be true
by all who accept it."

Jesus at the Home of Simon the Pharisee

36 A Pharisee invited Jesus to have dinner with him, and Jesus
went to his house and sat down to eat. 37 In that town was a woman
who lived a sinful life. She heard that Jesus was eating in the Pharisee's
house, so she brought an alabaster jar full of perfume 38 and stood
behind Jesus, by his feet, crying and wetting his feet with her tears.
Then she dried his feet with her hair, kissed them, and poured the

---

[f] MADE CLEAN: *See 5.12.*

wedi ei weld ac wedi ei glywed. Y mae'r deillion yn cael eu
golwg yn ôl, y cloffion yn cerdded, y gwahangleifion yn cael eu
glanhau a'r byddariaid yn clywed, y meirw yn codi, y tlodion
yn cael clywed y newydd da. Gwyn ei fyd y sawl na ddaw 23
cwymp iddo o'm hachos i." Wedi i negesyddion Ioan ymadael, 24
dechreuodd Iesu sôn am Ioan wrth y tyrfaoedd. "Beth yr
aethoch allan i'r anialwch i edrych arno? Ai brwynen yn siglo
yn y gwynt? Beth yr aethoch allan i'w weld? Ai dyn wedi ei 25
wisgo mewn dillad esmwyth? Ym mhlasau brenhinoedd y
mae gweld dynion moethus mewn dillad ysblennydd. Beth yr 26
aethoch allan i'w weld? Ai proffwyd? Ie, meddaf wrthych,
a mwy na phroffwyd. Dyma'r un y mae'n ysgrifenedig amdano: 27

'Wele fi'n anfon fy nghennad o'th flaen,
i baratoi'r ffordd ar dy gyfer.'

'Rwy'n dweud wrthych, nid oes ymhlith meibion gwragedd 28
neb mwy na Ioan; ac eto y mae'r lleiaf yn nheyrnas Dduw yn
fwy nag ef." (A chydnabod cyfiawnder Duw a wnaeth yr holl 29
bobl a glywodd, a'r casglwyr trethi hefyd, oherwydd yr oedd-
ent wedi derbyn bedydd Ioan; ond troi heibio fwriad Duw ar 30
eu cyfer a wnaeth y Phariseaid ac athrawon y Gyfraith, oher-
wydd yr oeddent hwy wedi gwrthod cael eu bedyddio ganddo.)

"Â phwy gan hynny y cymharaf ddynion y genhedlaeth hon? 31
I bwy y maent yn debyg? Y maent yn debyg i'r plant sy'n 32
eistedd yn y farchnad ac yn galw ar ei gilydd:

'Canasom ffliwt i chwi, ac ni ddawnsiasoch;
canasom alarnad, ac nid wylasoch.'

Oherwydd y mae Ioan Fedyddiwr wedi dod, un nad yw'n 33
bwyta bara nac yn yfed gwin, ac yr ydych yn dweud, 'Y mae
cythraul ynddo.' Y mae Mab y Dyn wedi dod, un sy'n bwyta 34
ac yn yfed, ac yr ydych yn dweud, 'Dyma feddwyn glwth,
cyfaill i gasglwyr trethi a phechaduriaid.' Ac eto profir gan 35
bawb o'i phlant fod doethineb Duw yn iawn."

Maddau i Wraig Bechadurus

Gwahoddodd un o'r Phariseaid Iesu i bryd o fwyd gydag ef. 36
Aeth ef i dŷ'r Pharisead a chymryd ei le wrth y bwrdd. A dyma 37
wraig o'r dref oedd yn bechadures yn dod i wybod ei fod yn
cael bwyd yn nhŷ'r Pharisead. Daeth â ffiol alabaster o ennaint
a sefyll y tu ôl iddo wrth ei draed gan wylo. Yna dechreuodd 38
wlychu ei draed â'i dagrau a'u sychu â gwallt ei phen; ac yr

perfume on them. 39 When the Pharisee saw this, he said to himself, "If this man really were a prophet, he would know who this woman is who is touching him; he would know what kind of sinful life she lives!"

40 Jesus spoke up and said to him, "Simon, I have something to tell you."

"Yes, Teacher," he said, "tell me."

41 "There were two men who owed money to a money-lender," Jesus began. "One owed him five hundred silver coins, and the other
one fifty. 42 Neither of them could pay him back, so he cancelled the debts of both. Which one, then, will love him more?"

43 "I suppose," answered Simon, "that it would be the one who was forgiven more."

"You are right," said Jesus. 44 Then he turned to the woman and said to Simon, "Do you see this woman? I came into your home, and you gave me no water for my feet, but she has washed my feet
with her tears and dried them with her hair. 45 You did not welcome me with a kiss, but she has not stopped kissing my feet since I
came. 46 You provided no olive-oil for my head, but she has covered
my feet with perfume. 47 I tell you, then, the great love she has shown proves that her many sins have been forgiven. But whoever has been forgiven little shows only a little love."

48 Then Jesus said to the woman, "Your sins are forgiven."

49 The others sitting at the table began to say to themselves, "Who is this, who even forgives sins?"

50 But Jesus said to the woman, "Your faith has saved you; go in peace."

Women Who Accompanied Jesus

8 Some time later Jesus travelled through towns and villages, preaching the Good News about the Kingdom of God. The twelve disciples went with him, 2 and so did some women who had been healed of evil spirits and diseases: Mary (who was called
Magdalene), from whom seven demons had been driven out; 3 Joanna, whose husband Chuza was an officer in Herod's court; and Susanna, and many other women who used their own resources to help Jesus and his disciples.

The Parable of the Sower

(Matt. 13.1-9; Mark 4.1-9)

4 People kept coming to Jesus from one town after another; and when a great crowd gathered, Jesus told this parable:

oedd yn cusanu ei draed ac yn eu hiro â'r ennaint. Pan welodd 39
hyn dywedodd y Pharisead oedd wedi ei wahodd wrtho'i hun,
" Pe bai'r dyn yma'n broffwyd, byddai'n gwybod pwy yw'r
wraig sy'n cyffwrdd ag ef a sut un yw hi. Pechadures yw hi."
Atebodd Iesu ef, " Simon, y mae gennyf rywbeth i'w ddweud 40
wrthyt." Meddai yntau, " Dywed, Athro." " Yr oedd gan fen- 41
thyciwr arian ddau ddyledwr," meddai Iesu. "Hanner can punt
oedd dyled un, a phum punt oedd ar y llall. Gan nad oeddent 42
yn gallu talu'n ôl, diddymodd y benthyciwr eu dyled i'r ddau.
Prun ohonynt, gan hynny, fydd yn ei garu fwyaf ?" Atebodd 43
Simon, " Fe dybiwn i mai'r un y diddymwyd y ddyled fwyaf
iddo." " Bernaist yn gywir," meddai ef wrtho. A chan droi at 44
y wraig, meddai wrth Simon, " A weli di'r wraig hon ?
Deuthum i mewn i'th dŷ, ac ni roddaist ddŵr imi at fy nhraed;
ond hon, gwlychodd hi fy nhraed â'i dagrau a'u sychu â'i gwallt.
Ni roddaist gusan imi; ond nid yw hon wedi peidio â chusanu 45
fy nhraed byth er pan ddeuthum i mewn. Nid iraist fy mhen 46
ag olew; ond irodd hon fy nhraed ag ennaint. Am hynny, 47
'rwy'n dweud wrthyt, y mae ei phechodau, er cynifer ydynt,
wedi eu maddau; oherwydd y mae ei chariad yn fawr. Yr hwn
y mae ychydig wedi ei faddau iddo, ychydig yw ei gariad."
Ac wrth y wraig meddai, " Y mae dy bechodau wedi eu madd- 48
au." Yna dechreuodd y gwesteion eraill ddweud wrthynt eu 49
hunain, "Pwy yw hwn sydd hyd yn oed yn maddau pechodau?"
Ac meddai ef wrth y wraig, " Dy ffydd sydd wedi dy achub di; 50
dos mewn tangnefedd."

Gwragedd yn Cyd-deithio â Iesu

Wedi hynny bu ef yn teithio trwy dref a phentref gan **8**
bregethu a chyhoeddi'r newydd da am deyrnas Dduw. Yr oedd
y Deuddeg gydag ef, ynghyd â rhai gwragedd oedd wedi eu 2
hiacháu oddi wrth ysbrydion drwg ac afiechydon: Mair a elwid
Magdalen, yr un yr oedd saith cythraul wedi dod allan ohoni;
Joanna gwraig Chwsa, goruchwyliwr Herod; Swsanna, a llawer 3
eraill; yr oedd y rhain yn gweini arnynt o'u hadnoddau eu
hunain.

Dameg yr Heuwr
(Mth 13.1-9; Mc 4.1-9)

Yr oedd tyrfa fawr yn ymgynnull, a phobl o bob tref yn dod 4
ato. Dywedodd ef ar ddameg: " Aeth heuwr allan i hau ei had. 5

5 "Once there was a man who went out to sow corn. As he scattered
the seed in the field, some of it fell along the path, where it was
stepped on, and the birds ate it up. 6 Some of it fell on rocky ground,
and when the plants sprouted, they dried up because the soil had
no moisture. 7 Some of the seed fell among thorn bushes, which
grew up with the plants and choked them. 8 And some seeds fell
in good soil; the plants grew and produced corn, a hundred grains
each."

And Jesus concluded, "Listen, then, if you have ears!"

The Purpose of the Parables
(Matt. 13.10-17; Mark 4.10-12)

9 His disciples asked Jesus what this parable meant, 10 and he
answered, "The knowledge of the secrets of the Kingdom of God
has been given to you, but to the rest it comes by means of parables,
so that they may look but not see, and listen but not understand.

Jesus Explains the Parable of the Sower
(Matt. 13.18-23; Mark 4.13-20)

11 "This is what the parable means: the seed is the word of God.
12 The seeds that fell along the path stand for those who hear; but the
Devil comes and takes the message away from their hearts in order to
keep them from believing and being saved. 13 The seeds that fell on
rocky ground stand for those who hear the message and receive
it gladly. But it does not sink deep into them; they believe only
for a while but when the time of testing comes, they fall away.
14 The seeds that fell among thorn bushes stand for those who hear;
but the worries and riches and pleasures of this life crowd in and
choke them, and their fruit never ripens. 15 The seeds that fell in
good soil stand for those who hear the message and retain it in
a good and obedient heart, and they persist until they bear fruit.

A Lamp under a Bowl
(Mark 4.21-25)

16 "No one lights a lamp and covers it with a bowl or puts it under a bed. Instead, he puts it on the lampstand, so that people will see the light as they come in.

17 "Whatever is hidden away will be brought out into the open, and whatever is covered up will be found and brought to light.

18 "Be careful, then, how you listen; because whoever has something will be given more, but whoever has nothing will have taken away from him even the little he thinks he has."

Wrth iddo hau, syrthiodd peth had ar hyd y llwybr; sathrwyd
arno, a bwytaodd adar yr awyr ef. Syrthiodd peth arall ar y 6
graig; tyfodd, ond gwywodd am nad oedd iddo wlybaniaeth.
Syrthiodd peth arall i ganol y drain; tyfodd y drain gydag ef 7
a'i dagu. A syrthiodd peth arall ar dir da; tyfodd, a chnydiodd 8
hyd ganwaith cymaint." Wrth ddweud hyn fe waeddodd,
" Yr hwn sydd ganddo glustiau i wrando, gwrandawed."

Pwrpas y Damhegion
(Mth 13.10-17; Mc 4.10-12)

Gofynnodd ei ddisgyblion iddo beth oedd ystyr y ddameg 9
hon. Meddai ef, " I chwi y mae gwybod cyfrinachau teyrnas 10
Dduw wedi ei roi, ond i bawb arall y maent ar ddamhegion, fel

' er edrych, na welant,
ac er gwrando, na ddeallant '.

Egluro Dameg yr Heuwr
(Mth 13.18-23; Mc 4.13-20)

" Dyma ystyr y ddameg. Yr had yw gair Duw. Y rhai ar 11,12
hyd y llwybr yw'r sawl sy'n clywed, ac yna daw'r diafol a chip-
io'r gair o'u calonnau, rhag iddynt gredu a chael eu hachub. Y 13
rhai ar y graig yw'r sawl sydd, pan glywant, yn croesawu'r gair
yn llawen. Ond gan y rhain nid oes gwreiddyn; dros dro y
credant, ac mewn awr o brawf fe wrthgiliant. Yr hyn a syrth- 14
iodd ymhlith y drain, dyma'r sawl sy'n clywed, ond wrth iddynt
fynd ar eu hynt cânt eu tagu gan ofalon a golud a phleserau
bywyd, ac ni ddygant eu ffrwyth i aeddfedrwydd. Ond hwnnw 15
yn y tir da, dyna'r sawl sy'n clywed y gair â chalon dda rinwedd-
ol, ac yn dal eu gafael ynddo a dwyn ffrwyth trwy ddyfalbarhad.

Goleuni dan Lestr
(Mc 4.21-25)

" Ni bydd neb yn cynnau cannwyll a'i chuddio â llestr neu ei 16
dodi dan y gwely. Nage, ar ganhwyllbren y dodir hi, er mwyn
i'r rhai sy'n dod i mewn weld ei goleuni. Oherwydd nid oes 17
dim yn guddiedig na ddaw'n amlwg, na dim dan gêl na cheir ei
wybod ac na ddaw i'r amlwg. Ystyriwch gan hynny sut yr 18
ydych yn gwrando, oherwydd i bwy bynnag y mae ganddo y
rhoir, ac oddi ar yr hwn nad oes ganddo y cymerir hyd yn oed
hynny y mae ef yn tybio ei fod ganddo."

Jesus' Mother and Brothers
(Matt. 12.46-50; Mark 3.31-35)

19 Jesus' mother and brothers came to him, but were unable to
join him because of the crowd. 20 Someone said to Jesus, "Your
mother and brothers are standing outside and want to see you."
21 Jesus said to them all, "My mother and brothers are those
who hear the word of God and obey it."

Jesus Calms a Storm
(Matt. 8.23-27; Mark 4.35-41)

22 One day Jesus got into a boat with his disciples and said to them,
"Let us go across to the other side of the lake." So they started out.
23 As they were sailing, Jesus fell asleep. Suddenly a strong wind
blew down on the lake, and the boat began to fill with water, so that
they were all in great danger. 24 The disciples went to Jesus and
woke him up, saying, "Master, Master! We are about to die!"
Jesus got up and gave an order to the wind and the stormy water;
they died down, and there was a great calm. 25 Then he said to
the disciples, "Where is your faith?"
But they were amazed and afraid, and said to one another, "Who
is this man? He gives orders to the winds and waves, and they
obey him!"

Jesus Heals a Man with Demons
(Matt. 8.28-34; Mark 5.1-20)

26 Jesus and his disciples sailed on over to the territory of Gerasa,[g]
which is across the lake from Galilee. 27 As Jesus stepped ashore, he
was met by a man from the town who had demons in him. For
a long time this man had gone without clothes and would not stay
at home, but spent his time in the burial caves. 28 When he saw
Jesus, he gave a loud cry, threw himself down at his feet, and shouted,
"Jesus, Son of the Most High God! What do you want with me?
I beg you, don't punish me!" 29 He said this because Jesus had
ordered the evil spirit to go out of him. Many times it had seized
him, and even though he was kept a prisoner, his hands and feet
fastened with chains, he would break the chains and be driven by
the demon out into the desert.
30 Jesus asked him, "What is your name?"
"My name is 'Mob,'" he answered—because many demons had

---

[g] Gerasa; *some manuscripts have* Gadara (*see Mt 8.28*); *others have* Gergesa.

Mam a Brodyr Iesu
(Mth 12.46-50; Mc 3.31-35)

Daeth ei fam a'i frodyr i edrych amdano, ond ni allent 19
gyrraedd ato o achos y dyrfa. Hysbyswyd ef, " Y mae dy fam 20
a'th frodyr yn sefyll y tu allan ac yn dymuno dy weld." Ateb- 21
odd yntau hwy, " Fy mam a'm brodyr i yw'r rhain sy'n
gwrando ar air Duw ac yn ei weithredu."

Gostegu Storm
(Mth 8.23-27; Mc 4.35-41)

Un diwrnod, aeth ef i mewn i gwch, a'i ddisgyblion hefyd, 22
ac meddai wrthynt, " Awn drosodd i ochr draw'r llyn ", a
hwyliasant ymaith. Tra oeddent ar y dŵr, aeth Iesu i gysgu. 23
A disgynnodd tymestl o wynt ar y llyn; yr oedd y cwch yn
llenwi, a hwythau mewn perygl. Aethant ato a'i ddeffro, a 24
dweud, " Meistr, meistr, mae hi ar ben arnom !" Deffrôdd ef,
a cheryddodd y gwynt a'r dyfroedd tymhestlog; darfu'r
dymestl a bu tawelwch. Yna meddai wrthynt, " Ble mae eich 25
ffydd ?" Daeth ofn a syndod arnynt, ac meddent wrth ei
gilydd, " Pwy ynteu yw hwn ? Y mae'n gorchymyn hyd yn oed
y gwyntoedd a'r dyfroedd, a hwythau'n ufuddhau iddo."

Iacháu'r Dyn Gwallgo yng Ngergesa
(Mth 8.28-34; Mc 5.1-20)

Daethant i'r lan i wlad y Gergeseniaid,* sydd gyferbyn â 26
Galilea. Pan laniodd ef, daeth i'w gyfarfod ddyn o'r dref â 27
chythreuliaid ynddo. Ers amser maith nid oedd wedi gwisgo
dilledyn, ac nid mewn tŷ yr oedd yn byw ond ymhlith y beddau.
Pan welodd ef Iesu, rhoes floedd a syrthio o'i flaen, gan weiddi 28
â llais uchel, " Beth sydd a fynni di â mi, Iesu Fab y Duw
Goruchaf ? Yr wyf yn erfyn arnat, paid â'm poenydio."
Oherwydd yr oedd ef wedi gorchymyn i'r ysbryd aflan fynd 29
allan o'r dyn. Aml i dro yr oedd yr ysbryd wedi cydio ynddo,
ac er ei rwymo â chadwynau a llyffetheiriau a'i warchod, bydd-
ai'n dryllio'r rhwymau, a'r cythraul yn ei yrru i'r unigeddau.
Yna gofynnodd Iesu iddo, " Beth yw dy enw ?" " Lleng," 30
meddai yntau, oherwydd yr oedd llawer o gythreuliaid wedi

---

*adn. 26: yn ôl darlleniadau eraill, *Geraseniaid* neu *Gadareniaid*.

gone into him. 31 The demons begged Jesus not to send them into
the abyss.[h]

32 There was a large herd of pigs near by, feeding on a hillside. So
the demons begged Jesus to let them go into the pigs, and he let them.
33 They went out of the man and into the pigs. The whole herd rushed
down the side of the cliff into the lake and was drowned.

34 The men who had been taking care of the pigs saw what hap-
pened, so they ran off and spread the news in the town and among
the farms. 35 People went out to see what had happened, and when
they came to Jesus, they found the man from whom the demons
had gone out sitting at the feet of Jesus, clothed and in his right
mind; and they were all afraid. 36 Those who had seen it told the
people how the man had been cured. 37 Then all the people from
that territory asked Jesus to go away, because they were terribly
afraid. So Jesus got into the boat and left. 38 The man from whom
the demons had gone out begged Jesus, "Let me go with you."

But Jesus sent him away, saying, 39 "Go back home and tell what
God has done for you."

The man went through the town, telling what Jesus had done
for him.

Jairus' Daughter and the Woman Who Touched Jesus' Cloak
(Matt. 9.18-26; Mark 5.21-43)

40 When Jesus returned to the other side of the lake, the people wel-
comed him, because they had all been waiting for him. 41 Then a
man named Jairus arrived; he was an official in the local synagogue.
He threw himself down at Jesus' feet and begged him to go to
his home, 42 because his only daughter, who was twelve years old,
was dying.

As Jesus went along, the people were crowding him from every
side. 43 Among them was a woman who had suffered from severe
bleeding for twelve years; she had spent all she had on doctors,[i]
but no one had been able to cure her. 44 She came up in the crowd
behind Jesus and touched the edge of his cloak, and her bleeding
stopped at once. 45 Jesus asked, "Who touched me?"

Everyone denied it, and Peter said, "Master, the people are all
round you and crowding in on you."

---

[h] ABYSS: *It was thought that the demons were to be imprisoned in the depths of the earth until their final punishment.*

[i] *Some manuscripts do not have* she had spent all she had on doctors.

mynd i mewn iddo. Yr oeddent yn ymbil ar Iesu beidio â 31
gorchymyn iddynt fynd ymaith i'r pwll diwaelod.
Yr oedd yno genfaint fawr o foch yn pori ar y mynydd. 32
Ymbiliodd y cythreuliaid arno ganiatáu iddynt fynd i mewn i'r
moch; ac fe ganiataodd iddynt. Aeth y cythreuliaid allan o'r 33
dyn ac i mewn i'r moch, a rhuthrodd y genfaint dros y dibyn i'r
llyn a boddi. Pan welodd bugeiliaid y moch beth oedd wedi 34
digwydd fe ffoesant, ac adrodd yr hanes yn y dref ac yn y wlad.
Daeth pobl allan i weld beth oedd wedi digwydd. Daethant at 35
Iesu, a chael y dyn yr oedd y cythreuliaid wedi mynd allan
ohono yn eistedd wrth draed Iesu, â'i ddillad amdano ac yn ei
iawn bwyll; a daeth arnynt ofn. Adroddwyd yr hanes wrthynt 36
gan y rhai oedd wedi gweld sut yr iachawyd y dyn oedd wedi
bod ym meddiant y cythreuliaid. Yna gofynnodd holl boblog- 37
aeth gwlad y Gergeseniaid* iddo fynd ymaith oddi wrthynt,
am fod ofn mawr wedi cydio ynddynt; ac aeth ef i mewn i'r
cwch i ddychwelyd. Yr oedd y dyn yr oedd y cythreuliaid 38
wedi mynd allan ohono yn erfyn am gael bod gydag ef; ond
anfonodd Iesu ef yn ei ôl, gan ddweud, " Dychwel adref, ac 39
adrodd gymaint y mae Duw wedi ei wneud drosot." Ac aeth ef
ymaith trwy'r holl dref gan gyhoeddi gymaint yr oedd Iesu
wedi ei wneud drosto.

Merch Jairus, a'r Wraig a Gyffyrddodd â Mantell Iesu
(Mth 9.18-26; Mc 5.21-43)

Pan ddychwelodd Iesu croesawyd ef gan y dyrfa, oherwydd 40
yr oedd pawb yn disgwyl amdano. A dyma ddyn o'r enw Jairus 41
yn dod, ac yr oedd ef yn arweinydd yn y synagog; syrthiodd
hwn wrth draed Iesu ac ymbil arno ddod i'w gartref, am fod 42
ganddo unig ferch, ynghylch deuddeng mlwydd oed, a'i bod
hi yn marw.
Tra oedd ef ar ei ffordd yr oedd y tyrfaoedd yn ei lethu. Yr 43
oedd yno wraig ag arni waedlif ers deuddeng mlynedd. Er iddi
wario ar feddygon y cwbl oedd ganddi i fyw arno, nid oedd wedi
llwyddo i gael gwellhad gan neb. Daeth hon ato o'r tu ôl a 44
chyffwrdd ag ymyl ei fantell; ar unwaith peidiodd llif ei gwaed
hi. Ac meddai Iesu, " Pwy gyffyrddodd â mi ?" Gwadodd 45
pawb, ac meddai Pedr, " Meistr, y tyrfaoedd sy'n pwyso ac yn

*adn. 37: yn ôl darlleniadau eraill, *Geraseniaid* neu *Gadareniaid*.

46 But Jesus said, "Someone touched me, for I knew it when power went out of me." 47 The woman saw that she had been found out, so she came trembling and threw herself at Jesus' feet. There in front of everybody, she told him why she had touched him and how she had been healed at once. 48 Jesus said to her, "My daughter, your faith has made you well. Go in peace."

49 While Jesus was saying this, a messenger came from the official's house. "Your daughter has died," he told Jairus; "don't bother the Teacher any longer."

50 But Jesus heard it and said to Jairus, "Don't be afraid; only believe, and she will be well."

51 When he arrived at the house, he would not let anyone go in with him except Peter, John, and James, and the child's father and mother. 52 Everyone there was crying and mourning for the child. Jesus said, "Don't cry; the child is not dead—she is only sleeping!"

53 They all laughed at him, because they knew that she was dead. 54 But Jesus took her by the hand and called out, "Get up, my child!" 55 Her life returned, and she got up at once, and Jesus ordered them to give her something to eat. 56 Her parents were astounded, but Jesus commanded them not to tell anyone what had happened.

Jesus Sends Out the Twelve Disciples

(Matt. 10.5-15; Mark 6.7-13)

9 Jesus called the twelve disciples together and gave them power and authority to drive out all demons and to cure diseases. 2 Then he sent them out to preach the Kingdom of God and to heal the sick, 3 after saying to them, "Take nothing with you for the journey: no stick, no beggar's bag, no food, no money, not even an extra shirt. 4 Wherever you are welcomed, stay in the same house until you leave that town; 5 wherever people don't welcome you, leave that town and shake the dust off your feet as a warning to them."

6 The disciples left and travelled through all the villages, preaching the Good News and healing people everywhere.

Herod's Confusion

(Matt. 14.1-12; Mark 6.14-29)

7 When Herod, the ruler of Galilee, heard about all the things that were happening, he was very confused, because some people

gwasgu arnat." Ond meddai Iesu, " Fe gyffyrddodd rhywun 46
â mi, oherwydd fe synhwyrais i fod nerth wedi mynd allan
ohonof." Pan ganfu'r wraig nad oedd hi ddim wedi osgoi sylw, 47
daeth ymlaen dan grynu; syrthiodd wrth ei draed a mynegi
gerbron yr holl bobl pam yr oedd hi wedi cyffwrdd ag ef, a sut yr
oedd wedi gwella ar unwaith. Ac meddai ef wrthi, " Fy merch, 48
dy ffydd sydd wedi dy iacháu di; dos mewn tangnefedd."

Tra oedd ef yn llefaru, daeth rhywun o dŷ arweinydd y 49
synagog a dweud, " Y mae dy ferch wedi marw; paid â
phoeni'r Athro bellach." Ond clywodd Iesu, ac meddai wrtho, 50
" Paid ag ofni, dim ond credu, ac fe'i hachubir." Pan gyr- 51
haeddodd y tŷ, ni adawodd i neb fynd i mewn gydag ef ond
Pedr ac Ioan ac Iago, ynghyd â thad y ferch a'i mam. Yr oedd 52
pawb yn wylo ac yn galaru drosti. Ond meddai ef, " Peidiwch
ag wylo; nid yw hi wedi marw, cysgu y mae." Dechreusant 53
chwerthin am ei ben, am eu bod yn sicr ei bod wedi marw.
Gafaelodd ef yn ei llaw a dweud yn uchel, " Fy ngeneth, cod." 54
Yna dychwelodd ei hysbryd, a chododd ar unwaith. Gorch- 55
mynnodd ef roi iddi rywbeth i'w fwyta. Syfrdanwyd ei rhieni, 56
ond rhybuddiodd ef hwy i beidio â sôn gair wrth neb am yr hyn
oedd wedi digwydd.

Cenhadaeth y Deuddeg
(Mth 10.5-15; Mc 6.7-13)

Galwodd Iesu y Deuddeg ynghyd a rhoddodd iddynt nerth **9**
ac awdurdod i fwrw allan gythreuliaid o bob math ac i wella
clefydau. Yna anfonodd hwy allan i gyhoeddi teyrnas Dduw 2
ac i iacháu'r cleifion. Meddai wrthynt, " Peidiwch â chymryd 3
dim ar gyfer y daith, na ffon na chod na bara nac arian, na bod
â dwy got yr un. I ba dŷ bynnag yr ewch, arhoswch yno nes y 4
byddwch yn ymadael â'r ardal; a phwy bynnag fydd yn 5
gwrthod eich derbyn, ewch allan o'r dref honno ac ysgydwch
ymaith y llwch oddi ar eich traed, yn rhybudd iddynt." Aeth- 6
ant allan a theithio o bentref i bentref, gan gyhoeddi'r newydd
da ac iacháu ym mhob man.

Pryder Herod
(Mth 14.1-12; Mc 6.14-29)

Clywodd y Tywysog Herod am yr holl bethau oedd yn 7
digwydd. Yr oedd mewn cyfyng-gyngor am fod rhai yn dweud

were saying that John the Baptist had come back to life. 8 Others
were saying that Elijah had appeared, and still others that one of
the prophets of long ago had come back to life. 9 Herod said, "I
had John's head cut off; but who is this man I hear these things
about?" And he kept trying to see Jesus.

Jesus Feeds Five Thousand Men

(Matt. 14.13-21; Mark 6.30-44; John 6.1-14)

10 The apostles came back and told Jesus everything they had
done. He took them with him, and they went off by themselves
to a town called Bethsaida. 11 When the crowds heard about it, they
followed him. He welcomed them, spoke to them about the Kingdom
of God, and healed those who needed it.

12 When the sun was beginning to set, the twelve disciples came to
him and said, "Send the people away so that they can go to the
villages and farms round here and find food and lodging, because
this is a lonely place."

13 But Jesus said to them, "You yourselves give them something
to eat."

They answered, "All we have are five loaves and two fish. Do
you want us to go and buy food for this whole crowd?" 14 (There
were about five thousand men there.)

Jesus said to his disciples, "Make the people sit down in groups of
about fifty each."

15 After the disciples had done so, 16 Jesus took the five loaves and
two fish, looked up to heaven, thanked God for them, broke them, and
gave them to the disciples to distribute to the people. 17 They all
ate and had enough, and the disciples took up twelve baskets of what
was left over.

Peter's Declaration about Jesus

(Matt. 16.13-19; Mark 8.27-29)

18 One day when Jesus was praying alone, the disciples came to
him. "Who do the crowds say I am?" he asked them.

19 "Some say that you are John the Baptist," they answered. "Others
say that you are Elijah, while others say that one of the prophets
of long ago has come back to life."

20 "What about you?" he asked them. "Who do you say I am?"

Peter answered, "You are God's Messiah."

fod Ioan wedi ei godi oddi wrth y meirw, ac eraill fod Elias 8
wedi ymddangos, ac eraill wedyn fod un o'r hen broffwydi wedi
atgyfodi. Ond meddai Herod, "Fe dorrais i ben Ioan; ond 9
pwy yw hwn yr wyf yn clywed y fath bethau amdano ?" Ac yr
oedd yn ceisio cael ei weld ef.

Porthi'r Pum Mil
(Mth 14.13-21; Mc 6.30-44; In 6.1-14)

Dychwelodd yr apostolion a dywedasant wrth Iesu yr holl 10
bethau yr oeddent wedi eu gwneud. Cymerodd hwy gydag ef
ac encilio o'r neilltu i dref a elwir Bethsaida. Ond pan glywodd 11
y tyrfaoedd hyn aethant ar ei ôl. Croesawodd ef hwy, a dechrau
llefaru wrthynt am deyrnas Dduw ac iacháu'r rhai ag angen
gwellhad arnynt. Yn awr yr oedd y dydd yn dechrau dirwyn i 12
ben, a daeth y Deuddeg ato a dweud, "Gollwng y dyrfa, iddynt
fynd i'r pentrefi a'r wlad o amgylch a chael llety a bwyd, oher-
wydd yr ydym mewn lle unig yma." Meddai ef wrthynt, 13
"Rhowch chwi rywbeth i'w fwyta iddynt." Meddent hwy,
"Nid oes gennym ddim ond pum torth a dau bysgodyn, heb
inni fynd a phrynu bwyd i'r holl bobl hyn." Yr oeddent 14
ynghylch pum mil o wŷr. Ac meddai ef wrth ei ddisgyblion,
"Parwch iddynt eistedd yn gwmnïoedd o ryw hanner cant yr
un." Gwnaethant felly, a pheri i bawb eistedd. Cymerodd 15,16
yntau y pum torth a'r ddau bysgodyn, a chan edrych i fyny i'r
nef fe'u bendithiodd, a'u torri, a'u rhoi i'w ddisgyblion i'w
gosod gerbron y dyrfa. Bwytasant a chafodd pawb ddigon. A 17
chodwyd deuddeg basgedaid o dameidiau o'r hyn oedd dros
ben ganddynt.

Datganiad Pedr ynglŷn â Iesu
(Mth 16.13-19; Mc 8.27-29)

Pan oedd Iesu yn gweddïo o'r neilltu yng nghwmni'r disgybl- 18
ion, gofynnodd iddynt, "Pwy y mae'r tyrfaoedd yn dweud
ydwyf fi ?" Atebasant hwythau, "Mae rhai'n dweud Ioan 19
Fedyddiwr, ac eraill Elias, ac eraill drachefn fod un o'r hen
broffwydi wedi atgyfodi." "A chwithau," gofynnodd iddynt, 20
"pwy meddwch chwi ydwyf fi ?" Atebodd Pedr, "Meseia
Duw."

Jesus Speaks about His Suffering and Death

(Matt. 16.20-28; Mark 8.30—9.1)

21 Then Jesus gave them strict orders not to tell this to anyone. 22 He also said to them, "The Son of Man must suffer much and be rejected by the elders, the chief priests, and the teachers of the Law. He will be put to death, but three days later he will be raised to life."

23 And he said to them all, "If anyone wants to come with me, he must forget self, take up his cross every day, and follow me. 24 For whoever wants to save his own life will lose it, but whoever loses his life for my sake will save it. 25 Will a person gain anything if he wins the whole world but is himself lost or defeated? Of course not! 26 If a person is ashamed of me and of my teaching, then the Son of Man will be ashamed of him when he comes in his glory and in the glory of the Father and of the holy angels. 27 I assure you that there are some here who will not die until they have seen the Kingdom of God."

The Transfiguration

(Matt. 17.1-8; Mark 9.2-8)

28 About a week after he had said these things, Jesus took Peter, John, and James with him and went up a hill to pray. 29 While he was praying, his face changed its appearance, and his clothes became dazzling white. 30 Suddenly two men were there talking with him. They were Moses and Elijah, 31 who appeared in heavenly glory and talked with Jesus about the way in which he would soon fulfil God's purpose by dying in Jerusalem. 32 Peter and his companions were sound asleep, but they woke up and saw Jesus' glory and the two men who were standing with him. 33 As the men were leaving Jesus, Peter said to him, "Master, how good it is that we are here! We will make three tents, one for you, one for Moses, and one for Elijah." (He did not really know what he was saying.)

34 While he was still speaking, a cloud appeared and covered them with its shadow; and the disciples were afraid as the cloud came over them. 35 A voice said from the cloud, "This is my Son, whom I have chosen—listen to him!"

36 When the voice stopped, there was Jesus all alone. The disciples kept quiet about all this, and told no one at that time anything they had seen.

Iesu'n Rhagfynegi Ei Farwolaeth a'i Atgyfodiad

(Mth 16.20-28; Mc 8.30-9.1)

Rhybuddiodd ef hwy, a'u gwahardd rhag dweud hyn wrth 21
neb. "Y mae'n rhaid i Fab y Dyn," meddai, "ddioddef 22
llawer a chael ei wrthod gan yr henuriaid a'r prif offeiriaid a'r
ysgrifenyddion, a'i ladd, a'r trydydd dydd ei atgyfodi." A 23
dywedodd wrth bawb, "Os myn neb ddod ar fy ôl i, rhaid iddo
ymwadu ag ef ei hun a chodi ei groes bob dydd a'm canlyn i.
Oherwydd pwy bynnag a fyn gadw ei fywyd, fe'i cyll, ond pwy 24
bynnag a gyll ei fywyd er fy mwyn i, fe'i ceidw. Pa elw a 25
gaiff dyn o ennill yr holl fyd a'i ddifetha neu ei fforffedu ei hun?
Oherwydd pwy bynnag y bydd arno gywilydd ohonof fi ac o'm 26
geiriau, bydd ar Fab y Dyn gywilydd ohono yntau, pan ddaw
yn ei ogoniant ef a'i Dad a'r angylion sanctaidd. Yn wir, 'rwy'n 27
dweud wrthych, y mae rhai o'r sawl sy'n sefyll yma na phrofant
flas marwolaeth nes iddynt weld teyrnas Dduw."

Gweddnewidiad Iesu

(Mth 17.1-8; Mc 9.2-8)

Ynghylch wyth diwrnod wedi iddo ddweud hyn, cymerodd 28
Pedr ac Ioan ac Iago gydag ef a mynd i fyny'r mynydd i weddïo.
Tra oedd ef yn gweddïo, newidiodd gwedd ei wyneb a disgleir- 29
iodd ei ddillad yn llachar wyn. A dyma ddau ddyn yn ym- 30
ddiddan ag ef; Moses ac Elias oeddent, wedi ymddangos 31
mewn gogoniant ac yn siarad am ei ymadawiad, y weithred yr
oedd i'w chyflawni yn Jerwsalem. Yr oedd Pedr a'r rhai oedd 32
gydag ef wedi eu llethu gan gwsg; ond deffroesant a gweld ei
ogoniant ef, a'r ddau ddyn oedd yn sefyll gydag ef. Wrth i'r 33
rheini ymadael â Iesu, dywedodd Pedr wrtho, "Meistr, y
mae'n dda i ni fod yma; gwnawn dair pabell, un i ti ac un i
Moses ac un i Elias." Ni wyddai beth yr oedd yn ei ddweud.
Tra oedd yn dweud hyn, daeth cwmwl a chysgodi drostynt, a 34
chydiodd ofn ynddynt wrth iddynt fynd i mewn i'r cwmwl.
Yna daeth llais o'r cwmwl yn dweud, "Hwn yw fy Mab, yr 35
Etholedig; gwrandewch arno." Ac wedi i'r llais lefaru cafwyd 36
Iesu wrtho'i hun. A bu'r disgyblion yn ddistaw, heb ddweud
wrth neb y pryd hwnnw am yr hyn yr oeddent wedi ei weld.

Jesus Heals a Boy with an Evil Spirit
(Matt. 17.14-18; Mark 9.14-27)

37 The next day Jesus and the three disciples went down from
the hill, and a large crowd met Jesus. 38 A man shouted from the
crowd, "Teacher! I beg you, look at my son—my only son! 39 A
spirit attacks him with a sudden shout and throws him into a fit,
so that he foams at the mouth; it keeps on hurting him and will
hardly let him go! 40 I begged your disciples to drive it out, but
they couldn't."

41 Jesus answered, "How unbelieving and wrong you people are!
How long must I stay with you? How long do I have to put up
with you?" Then he said to the man, "Bring your son here."

42 As the boy was coming, the demon knocked him to the ground
and threw him into a fit. Jesus gave a command to the evil spirit,
healed the boy, and gave him back to his father. 43 All the people
were amazed at the mighty power of God.

Jesus Speaks Again about His Death
(Matt. 17.22-23; Mark 9.30-32)

The people were still marvelling at everything Jesus was doing, when
he said to his disciples, 44 "Don't forget what I am about to tell
you! The Son of Man is going to be handed over to the power
of men." 45 But the disciples did not know what this meant. It had
been hidden from them so that they could not understand it, and
they were afraid to ask him about the matter.

Who Is the Greatest?
(Matt. 18.1-5; Mark 9.33-37)

46 An argument broke out among the disciples as to which one
of them was the greatest. 47 Jesus knew what they were thinking,
so he took a child, stood him by his side, 48 and said to them, "Whoever
welcomes this child in my name, welcomes me; and whoever welcomes
me, also welcomes the one who sent me. For he who is least among
you all is the greatest."

Whoever Is Not against You Is for You
(Mark 9.38-40)

49 John spoke up, "Master, we saw a man driving out demons
in your name, and we told him to stop, because he doesn't belong
to our group."

50 "Do not try to stop him," Jesus said to him and to the other
disciples, "because whoever is not against you is for you."

Iacháu Bachgen ag Ysbryd Aflan ynddo
(Mth 17.14-18; Mc 9.14-27)

Trannoeth, wedi iddynt ddod i lawr o'r mynydd, daeth tyrfa 37
fawr i'w gyfarfod. A dyma ddyn yn gweiddi o'r dyrfa, " Athro, 38
'rwy'n erfyn arnat edrych ar fy mab, gan mai ef yw fy unig fab.
Y mae ysbryd yn gafael ynddo ac â bloedd sydyn yn ei gynhyrfu 39
nes ei fod yn malu ewyn; ac y mae'n dal i'w ddirdynnu yn
ddiollwng bron. Erfyniais ar dy ddisgyblion ei fwrw allan, ac 40
ni allasant." Atebodd Iesu, " O genhedlaeth ddi-ffydd a gwyr- 41
gam, pa hyd y byddaf gyda chwi a'ch goddef ? Tyrd â'th fab
yma." Wrth iddo ddod ymlaen bwriodd y cythraul ef ar lawr 42
a'i gynhyrfu; ond ceryddodd Iesu yr ysbryd aflan, ac iacháu'r
plentyn a'i roi yn ôl i'w dad. Ac yr oedd pawb yn rhyfeddu at 43
fawredd Duw.

Iesu Eilwaith yn Rhagfynegi ei Farwolaeth
(Mth 17.22-23; Mc 9.30-32)

A thra oedd pawb yn synnu at ei holl weithredoedd, meddai
ef wrth ei ddisgyblion, " Clywch, a chofiwch chwi y geiriau 44
hyn: y mae Mab y Dyn i'w draddodi i ddwylo dynion."
Ond nid oeddent yn deall yr ymadrodd hwn; yr oedd ei ystyr 45
wedi ei guddio oddi wrthynt, fel nad oeddent yn ei ganfod, ac
yr oedd arnynt ofn ei holi ynglŷn â'r ymadrodd hwn.

Pwy yw'r Mwyaf?
(Mth 18.1–5; Mc 9.33–37)

Cododd trafodaeth yn eu plith, prun ohonynt oedd y mwyaf? 46
Ond gwyddai Iesu am feddyliau eu calonnau. Cymerodd 47
blentyn, a'i osod wrth ei ochr, ac meddai wrthynt, " Pwy 48
bynnag sy'n derbyn y plentyn hwn yn fy enw i, y mae'n fy
nerbyn i; a phwy bynnag sy'n fy nerbyn i, y mae'n derbyn yr
hwn a'm hanfonodd i. Oherwydd y lleiaf yn eich plith chwi oll,
hwnnw sydd fawr."

Yr Hwn nid yw yn eich Erbyn, Drosoch Chwi y Mae
(Mc 9.38-40)

Atebodd Ioan, " Meistr, gwelsom un yn bwrw allan gyth- 49
reuliaid yn dy enw di, a buom yn ei wahardd am nad yw'n dy
ddilyn gyda ni." Ond meddai Iesu wrtho, " Peidiwch â 50
gwahardd, oherwydd yr hwn nid yw yn eich erbyn, drosoch
chwi y mae."

A Samaritan Village Refuses to Receive Jesus

51 As the time drew near when Jesus would be taken up to heaven,
he made up his mind and set out on his way to Jerusalem. 52 He
sent messengers ahead of him, who went into a village in Samaria
to get everything ready for him. 53 But the people there would not
receive him, because it was clear that he was on his way to Jerusalem.
54 When the disciples James and John saw this, they said, "Lord,
do you want us to call fire down from heaven to destroy them?"[j]
55 Jesus turned and rebuked them.[k] 56 Then Jesus and his disciples
went on to another village.

The Would-be Followers of Jesus
(Matt. 8.19-22)

57 As they went on their way, a man said to Jesus, "I will follow you
wherever you go."
58 Jesus said to him, "Foxes have holes, and birds have nests,
but the Son of Man has nowhere to lie down and rest."
59 He said to another man, "Follow me."
But that man said, "Sir, first let me go back and bury my father."
60 Jesus answered, "Let the dead bury their own dead. You go
and proclaim the Kingdom of God."
61 Another man said, "I will follow you, sir; but first let me
go and say good-bye to my family."
62 Jesus said to him, "Anyone who starts to plough and then
keeps looking back is of no use to the Kingdom of God."

Jesus Sends Out the Seventy-two

10 After this the Lord chose another seventy-two[l] men and sent
them out two by two, to go ahead of him to every town
and place where he himself was about to go. 2 He said to them,
"There is a large harvest, but few workers to gather it in. Pray
to the owner of the harvest that he will send out workers to gather
in his harvest. 3 Go! I am sending you like lambs among wolves.
4 Don't take a purse or a beggar's bag or shoes; don't stop to greet
anyone on the road. 5 Whenever you go into a house, first say, 'Peace

---

[j] *Some manuscripts add* as Elijah did.

[k] *Some manuscripts add* and said, "You don't know what kind of a Spirit you belong to; for the Son of Man did not come to destroy men's lives, but to save them."

[l] seventy-two; *some manuscripts have* seventy.

Pentref yn Samaria yn Gwrthod Derbyn Iesu

Pan oedd y dyddiau cyn ei gymryd i fyny yn dirwyn i ben, 51
troes ef ei wyneb i fynd i Jerwsalem, ac anfonodd allan neges- 52
yddion o'i flaen. Cychwynasant, a mynd i mewn i bentref yn
Samaria i baratoi ar ei gyfer. Ond gwrthododd y bobl ei 53
dderbyn am ei fod ar ei ffordd i Jerwsalem. Pan welodd ei 54
ddisgyblion, Iago ac Ioan, hyn, meddent, " Arglwydd, a fynni
di inni alw tân i lawr o'r nef a'u dinistrio ?"* Ond troes ef a'u 55
ceryddu.* Ac aethant i bentref arall. 56

Rhai yn Dymuno Canlyn Iesu
(Mth 8.19-22)

Pan oeddent ar y ffordd yn teithio, meddai rhywun wrtho, 57
" Canlynaf di lle bynnag yr ei." Meddai Iesu wrtho, " Y mae 58
gan y llwynogod ffeuau, ac adar yr awyr nythod, ond gan Fab y
Dyn nid oes le i roi ei ben i lawr." Ac meddai wrth un arall, 59
" Canlyn fi." Meddai yntau, " Arglwydd, caniatâ imi yn
gyntaf fynd a chladdu fy nhad." Ond meddai ef wrtho, " Gad 60
i'r meirw gladdu eu meirw eu hunain; dos di a chyhoedda
deyrnas Dduw." Ac meddai un arall, " Canlynaf di, Arglwydd; 61
ond yn gyntaf caniatâ imi ffarwelio â'm teulu." Ond meddai 62
Iesu, " Nid yw'r sawl a osododd ei law ar yr aradr, ac sy'n
edrych yn ôl, yn addas i deyrnas Dduw."

Cenhadaeth y Deuddeg a Thrigain

Wedi hynny penododd yr Arglwydd ddeuddeg* a thrigain **10**
arall, a'u hanfon allan o'i flaen, bob yn ddau, i bob tref a man
yr oedd ef ei hun am fynd iddynt. Dywedodd wrthynt, " Y 2
mae'r cynhaeaf yn fawr ond y gweithwyr yn brin; deisyfwch
felly ar arglwydd y cynhaeaf anfon gweithwyr i'w gynhaeaf.
Ewch; dyma fi'n eich anfon allan fel ŵyn i blith bleiddiaid. 3
Peidiwch â chario na phwrs na chod nac esgidiau, a pheidiwch 4
â chyfarch neb ar y ffordd. Pa dŷ bynnag yr ewch i mewn iddo, 5

---

*adn. 54: ychwanega rhai llawysgrifau, *fel y gwnaeth Elias.*

*adn. 55: ychwanega rhai llawysgrifau: "*Ni wyddoch,*" *meddai,* "*o ba ysbryd yr ydych. Oherwydd ni ddaeth Mab y Dyn i ddinistrio bywydau dynion ond i'w hachub.*"

*adn. 1: yn ôl darlleniad arall, *ddeg.*

be with this house.' 6 If a peace-loving man lives there, let your
greeting of peace remain on him; if not, take back your greeting
of peace. 7 Stay in that same house, eating and drinking whatever
they offer you, for a worker should be given his pay. Don't move
round from one house to another. 8 Whenever you go into a town
and are made welcome, eat what is set before you, 9 heal the sick
in that town, and say to the people there, 'The Kingdom of God has
come near you.' 10 But whenever you go into a town and are not wel-
comed, go out in the streets and say, 11 'Even the dust from your town
that sticks to our feet we wipe off against you. But remember that the
Kingdom of God has come near you!' 12 I assure you that on Judge-
ment Day God will show more mercy to Sodom than to that town!

The Unbelieving Towns

(Matt. 11.20-24)

13 "How terrible it will be for you, Chorazin! How terrible for
you too, Bethsaida! If the miracles which were performed in you
had been performed in Tyre and Sidon, the people there would long
ago have sat down, put on sackcloth, and sprinkled ashes on them-
selves, to show that they had turned from their sins! 14 God will
show more mercy on Judgement Day to Tyre and Sidon than to
you. 15 And as for you, Capernaum! Did you want to lift yourself
up to heaven? You will be thrown down to hell!"

16 Jesus said to his disciples, "Whoever listens to you listens to
me; whoever rejects you rejects me; and whoever rejects me rejects the
one who sent me."

The Return of the Seventy-two

17 The seventy-two[m] men came back in great joy. "Lord," they
said, "even the demons obeyed us when we gave them a command
in your name!"

18 Jesus answered them, "I saw Satan fall like lightning from heaven.
19 Listen! I have given you authority, so that you can walk on snakes
and scorpions and overcome all the power of the Enemy, and nothing
will hurt you. 20 But don't be glad because the evil spirits obey you;
rather be glad because your names are written in heaven."

---

[m] seventy-two; *some manuscripts have* seventy *(see verse 1).*

dywedwch yn gyntaf, ' Tangnefedd i'r teulu hwn.' Os bydd 6
yno fab tangnefedd, bydd eich tangnefedd yn gorffwys arno ef;
onid e, bydd yn dychwelyd atoch chwi. Arhoswch yn y tŷ 7
hwnnw, a bwyta ac yfed yr hyn a gewch ganddynt, oherwydd y
mae'r gweithiwr yn haeddu ei gyflog. Peidiwch â symud o dŷ
i dŷ. Ac i ba dref bynnag yr ewch, a chael derbyniad, bwytewch 8
yr hyn a osodir o'ch blaen. Iachewch y cleifion yno, a dywed- 9
wch wrthynt, ' Y mae teyrnas Dduw wedi dod yn agos atoch.'
Pa dref bynnag yr ewch iddi a chael eich gwrthod, ewch allan 10
i'w strydoedd a dywedwch, ' Yn eich erbyn chwi, yr ydym yn 11
sychu ymaith hyd yn oed y llwch o'ch tref a lynodd wrth ein
traed. Eto gwybyddwch hyn: y mae teyrnas Dduw wedi dod
yn agos.' 'Rwy'n dweud wrthych y caiff Sodom ar y Dydd 12
hwnnw lai i'w ddioddef na'r dref honno.

Gwae'r Trefi Di-edifar
(Mth 11.20-24)

" Gwae di, Chorasin ! gwae di, Bethsaida ! Oherwydd 13
petai'r gwyrthiau a wnaethpwyd ynoch chwi wedi eu gwneud
yn Tyrus a Sidon, buasent ers talm wedi edifarhau, gan
eistedd mewn sachlïain a lludw. Eto, caiff Tyrus a Sidon lai 14
i'w ddioddef yn y Farn na chwi. A thithau, Capernaum, 15

' A ddyrchefir di hyd nef ?
Fe'th ddymchwelir di hyd uffern.'

Y mae'r hwn sy'n gwrando arnoch chwi yn gwrando arnaf fi, 16
a'r hwn sy'n eich anwybyddu chwi yn f'anwybyddu i; ac y
mae'r hwn sy'n f'anwybyddu i yn anwybyddu'r hwn a'm
hanfonodd i."

Y Deuddeg a Thrigain yn Dychwelyd

Dychwelodd y deuddeg* a thrigain yn llawen, gan ddweud, 17
" Arglwydd, y mae hyd yn oed y cythreuliaid yn ymddarostwng
inni yn dy enw di." Meddai wrthynt, " Yr oeddwn yn gweld 18
Satan fel mellten yn syrthio o'r nef. Dyma fi wedi rhoi i chwi 19
yr awdurdod i sathru ar seirff ac ysgorpionau, ac i drechu holl
nerth y gelyn; ac ni'ch niweidir chwi gan ddim. Eto, peidiwch 20
â llawenhau yn hyn, fod yr ysbrydion yn ymddarostwng i chwi;
llawenhewch oherwydd fod eich enwau wedi eu hysgrifennu
yn y nefoedd."

---

*adn. 17: yn ôl darlleniad arall, *deg*.

Jesus Rejoices
(Matt. 11.25-27; 13.16-17)

21 At that time Jesus was filled with joy by the Holy Spirit[n]
and said, "Father, Lord of heaven and earth! I thank you because
you have shown to the unlearned what you have hidden from the
wise and learned. Yes, Father, this was how you wanted it to happen.
22 "My Father has given me all things. No one knows who the
Son is except the Father, and no one knows who the Father is
except the Son and those to whom the Son chooses to reveal him."
23 Then Jesus turned to the disciples and said to them privately,
"How fortunate you are to see the things you see! 24 I tell you
that many prophets and kings wanted to see what you see, but they
could not, and to hear what you hear, but they did not."

The Parable of the Good Samaritan

25 A teacher of the Law came up and tried to trap Jesus. "Teacher,"
he asked, "what must I do to receive eternal life?"
26 Jesus answered him, "What do the Scriptures say? How do
you interpret them?"
27 The man answered, "'Love the Lord your God with all your
heart, with all your soul, with all your strength, and with all your
mind'; and 'Love your neighbour as you love yourself.'"
28 "You are right," Jesus replied; "do this and you will live."
29 But the teacher of the Law wanted to justify himself, so he
asked Jesus, "Who is my neighbour?"
30 Jesus answered, "There was once a man who was going down
from Jerusalem to Jericho when robbers attacked him, stripped him,
and beat him up, leaving him half dead. 31 It so happened that a
priest was going down that road; but when he saw the man, he
walked on by, on the other side. 32 In the same way a Levite also
came along, went over and looked at the man, and then walked
on by, on the other side. 33 But a Samaritan who was travelling
that way came upon the man, and when he saw him, his heart
was filled with pity. 34 He went over to him, poured oil and wine
on his wounds and bandaged them; then he put the man on his
own animal and took him to an inn, where he took care of him.

---

[n] by the Holy Spirit; *some manuscripts have* by the Spirit; *others have* in his spirit.

Iesu'n Gorfoleddu
(Mth 11.25-27; 13.16-17)

Yr awr honno gorfoleddodd yn yr Ysbryd Glân, ac meddai, 21
" Yr wyf yn dy foliannu di, O Dad, Arglwydd nef a daear,
am iti guddio'r pethau hyn rhag y doethion a'r deallusion, a'u
datguddio i rai bychain; ie, O Dad, oherwydd felly y rhyngodd
dy fodd di. Traddodwyd i mi bob peth gan fy Nhad. Ni ŵyr 22
neb pwy yw'r Mab ond y Tad, na phwy yw'r Tad ond y Mab a
phwy bynnag y mae'r Mab yn dewis ei ddatguddio iddo."
Yna troes at ei ddisgyblion ac meddai wrthynt o'r neilltu, 23
" Gwyn eu byd y llygaid sy'n gweld y pethau yr ydych chwi
yn eu gweld. Oherwydd 'rwy'n dweud wrthych fod llawer o 24
broffwydi a brenhinoedd wedi dymuno gweld y pethau yr ydych
chwi yn eu gweld, ac nis gwelsant, a chlywed y pethau yr ydych
chwi yn eu clywed, ac nis clywsant."

Y Samariad Trugarog

Dyma un o athrawon y Gyfraith yn codi i roi prawf arno, 25
gan ddweud, " Athro, beth a wnaf i etifeddu bywyd tra-
gwyddol ? " Meddai ef wrtho, " Beth sy'n ysgrifenedig yn y 26
Gyfraith ? Beth a ddarlleni di yno ?" Atebodd yntau, " ' Câr 27
yr Arglwydd dy Dduw â'th holl galon ac â'th holl enaid ac â'th
holl nerth ac â'th holl feddwl, a châr dy gymydog fel ti dy hun.' "
Meddai ef wrtho, " Atebaist yn gywir; gwna hynny, a byw 28
fyddi." Ond yr oedd ef am ei gyfiawnhau ei hun, ac meddai 29
wrth Iesu, " A phwy yw fy nghymydog ? " Atebodd Iesu, 30
" Yr oedd dyn yn mynd i lawr o Jerwsalem i Jericho, a syrth-
iodd i blith lladron. Wedi tynnu ei ddillad oddi amdano a'i
guro, aethant ymaith, a'i adael yn hanner marw. Fel y digwydd- 31
odd, yr oedd offeiriad yn mynd i lawr ar hyd y ffordd honno;
pan welodd ef, aeth heibio o'r ochr arall. Yr un modd daeth 32
Lefiad hefyd at y man; gwelodd ef, ac aeth heibio o'r ochr arall.
Ond daeth teithiwr o Samariad ato; pan welodd hwn ef, 33
tosturiodd wrtho. Aeth ato a rhwymo ei glwyfau, gan arllwys 34
olew a gwin arnynt; gosododd ef ar ei anifail ei hun, a'i arwain
i lety, a'i ymgeleddu. Trannoeth tynnodd ugain ceiniog* allan 35

---

*adn. 35: neu, *ddau ddenarius.*

35 The next day he took out two silver coins and gave them to the inn-
keeper. 'Take care of him,' he told the innkeeper, 'and when I come
back this way, I will pay you whatever else you spend on him.' "
36 And Jesus concluded, "In your opinion, which one of these
three acted like a neighbour towards the man attacked by the robbers?"
37 The teacher of the Law answered, "The one who was kind
to him."
Jesus replied, "You go, then, and do the same."

Jesus Visits Martha and Mary

38 As Jesus and his disciples went on their way, he came to a
village where a woman named Martha welcomed him in her home.
39 She had a sister named Mary, who sat down at the feet of the
Lord and listened to his teaching. 40 Martha was upset over all the
work she had to do, so she came and said, "Lord, don't you care
that my sister has left me to do all the work by myself? Tell her
to come and help me!"
41 The Lord answered her, "Martha, Martha! You are worried
and troubled over so many things, 42 but just one is needed. Mary
has chosen the right thing, and it will not be taken away from her."

Jesus' Teaching on Prayer

(Matt. 6.9-13; 7.7-11)

11 One day Jesus was praying in a certain place. When he had
finished, one of his disciples said to him, "Lord, teach us
to pray, just as John taught his disciples."
2 Jesus said to them, "When you pray, say this:
'Father:
May your holy name be honoured;
may your Kingdom come.
3 Give us day by day the food we need.[o]
4 Forgive us our sins,
for we forgive everyone who does us wrong.
And do not bring us to hard testing.' "

---

[o] the food we need; *or* food for the next day.

a'u rhoi i'r gwesteiwr, gan ddweud, 'Gofala amdano. Os byddi
wedi gwario rhywbeth dros ben, fe dalaf fi yn ôl iti pan ddych-
welaf.' Prun o'r tri hyn, dybi di, fu'n gymydog i'r dyn a syrth- 36
iodd i blith lladron?" Meddai ef, "Yr un a gymerodd dru- 37
garedd arno." Ac meddai Iesu wrtho, "Dos, a gwna dithau
yr un modd."

Ymweld â Martha a Mair

Pan oeddent ar daith, aeth Iesu i mewn i bentref, a chroes- 38
awyd ef i'w chartref gan wraig o'r enw Martha. Yr oedd ganddi 39
hi chwaer a elwid Mair; eisteddodd hi wrth draed yr Ar-
glwydd a gwrando ar ei air. Ond yr oedd Martha mewn drys- 40
wch oherwydd yr holl waith gweini, a daeth ato a dweud, "Ar-
glwydd, a wyt ti heb hidio dim fod fy chwaer wedi fy ngadael i
weini ar fy mhen fy hun? Dywed wrthi, felly, am fy nghyn-
orthwyo." Atebodd yr Arglwydd hi, "Martha, Martha, yr wyt 41
yn pryderu ac yn trafferthu am lawer o bethau, ond un peth 42
sy'n angenrheidiol. Y mae Mair wedi dewis y rhan orau, ac nis
dygir oddi arni."

Dysgeidiaeth ar Weddi
(Mth 6.9-15; 7.7-11)

Yr oedd ef yn gweddïo mewn rhyw fan, ac wedi iddo orffen **11**
dywedodd un o'i ddisgyblion wrtho, "Arglwydd, dysg ni i
weddïo, fel y dysgodd Ioan yntau ei ddisgyblion ef." Ac medd- 2
ai wrthynt, "Pan weddïwch, dywedwch:

'Dad,* sancteiddier dy enw;
deled dy deyrnas;**
dyro inni o ddydd i ddydd ein bara beunyddiol; 3
a maddau inni ein pechodau, 4
oherwydd yr ydym ninnau yn maddau i bob un sy'n troseddu yn ein herbyn;
a phaid â'n dwyn i brawf.' "*

---

* adn. 2: yn ôl darlleniad arall, *Ein Tad yn y nefoedd.*

**adn. 2: ychwanega rhai llawysgrifau, *gwneler dy ewyllys, ar y ddaear fel yn y nef.*

*adn. 4: ychwanega rhai llawysgrifau *ond gwared ni rhag yr Un drwg.*

5 And Jesus said to his disciples, "Suppose one of you should
go to a friend's house at midnight and say to him, 'Friend, let me
borrow three loaves of bread. 6 A friend of mine who is on a journey
has just come to my house, and I haven't got any food for him!'
7 And suppose your friend should answer from inside, 'Don't bother
me! The door is already locked, and my children and I are in bed.
I can't get up and give you anything.' 8 Well, what then? I tell
you that even if he will not get up and give you the bread because
you are his friend, yet he will get up and give you everything you
need because you are not ashamed to keep on asking.

9 "And so I say to you: Ask, and you will receive; seek, and
you will find; knock, and the door will be opened to you. 10 For
everyone who asks will receive, and he who seeks will find, and
the door will be opened to anyone who knocks. 11 Would any of
you who are fathers give your son a snake when he asks for fish?
12 Or would you give him a scorpion when he asks for an egg?
13 Bad as you are, you know how to give good things to your children.
How much more, then, will the Father in heaven give the Holy
Spirit to those who ask him!"

Jesus and Beelzebul

(Matt. 12.22-30; Mark 3.20-27)

14 Jesus was driving out a demon that could not talk; and when
the demon went out, the man began to talk. The crowds were amazed,
15 but some of the people said, "It is Beelzebul, the chief of the
demons, who gives him the power to drive them out."

16 Others wanted to trap Jesus, so they asked him to perform
a miracle to show that God approved of him. 17 But Jesus knew
what they were thinking, so he said to them, "Any country that
divides itself into groups which fight each other will not last very
long; a family divided against itself falls apart. 18 So if Satan's kingdom
has groups fighting each other, how can it last? You say that I
drive out demons because Beelzebul gives me the power to do so.
19 If this is how I drive them out, how do your followers drive
them out? Your own followers prove that you are wrong! 20 No,
it is rather by means of God's power that I drive out demons, and
this proves that the Kingdom of God has already come to you.

21 "When a strong man, with all his weapons ready, guards his
own house, all his belongings are safe. 22 But when a stronger man

Yna meddai wrthynt, " Pe bai un ohonoch yn mynd at 5
gyfaill ganol nos a dweud wrtho, ' Gyfaill, rho fenthyg tair
torth imi, oherwydd y mae cyfaill imi wedi cyrraedd acw ar ôl 6
taith, ac nid oes gennyf ddim i'w osod o'i flaen '; a phe bai 7
yntau yn ateb o'r tu mewn, ' Paid â'm blino; y mae'r drws
erbyn hyn wedi ei folltio, a'm plant gyda mi yn y gwely; ni
allaf godi i roi dim iti.' 'Rwy'n dweud wrthych, hyd yn oed os 8
gwrthyd ef godi a rhoi rhywbeth iddo o achos eu cyfeillgarwch,
eto oherwydd ei daerni digywilydd fe fydd yn codi a rhoi iddo
gymaint ag sydd arno eisiau. Ac yr wyf fi yn dweud wrthych: 9
gofynnwch, ac fe roddir i chwi; chwiliwch, ac fe gewch;
curwch, ac fe agorir i chwi. Oherwydd y mae pawb sy'n gofyn 10
yn derbyn, a'r hwn sy'n chwilio yn cael, ac i'r hwn sy'n curo
agorir y drws. Os bydd mab un ohonoch yn gofyn i'w dad am 11
bysgodyn, a rydd ef iddo sarff yn lle pysgodyn ? Neu os bydd 12
yn gofyn am wy, a rydd ef iddo ysgorpion ? Am hynny, os 13
ydych chwi, sy'n ddynion drwg, yn medru rhoi rhoddion da
i'ch plant, gymaint mwy y rhydd y Tad nefol yr Ysbryd Glân
i'r rhai sy'n gofyn ganddo."

Iesu a Beelsebwl
(Mth 12.22-30; Mc 3.20-27)

Yr oedd yn bwrw allan gythraul, a hwnnw'n un mud. Ac 14
wedi i'r cythraul fynd allan, llefarodd y mudan. Synnodd y
tyrfaoedd, ond meddai rhai ohonynt, "Trwy Beelsebwl, 15
pennaeth y cythreuliaid, y mae'n bwrw allan gythreuliaid." Yr 16
oedd eraill am ei brofi, a gofynasant am arwydd ganddo o'r nef.
Ond yr oedd ef yn deall eu meddyliau hwy, ac meddai wrthynt, 17
"Caiff pob teyrnas a ymrannodd yn ei herbyn ei hun ei difrodi,
a'r tai yn cwympo ar ben ei gilydd. Ac os yw Satan yntau wedi 18
ymrannu yn ei erbyn ei hun, sut y saif ei deyrnas ?—gan eich
bod chwi'n dweud mai trwy Beelsebwl yr wyf yn bwrw allan
gythreuliaid. Ac os trwy Beelsebwl yr wyf fi'n bwrw allan 19
gythreuliaid, trwy bwy y mae eich disgyblion chwi yn eu bwrw
allan ? Am hynny hwy fydd yn eich barnu. Ond os trwy fys 20
Duw yr wyf yn bwrw allan gythreuliaid, yna y mae teyrnas
Dduw wedi cyrraedd atoch. Pan fydd dyn cryf yn ei arfwisg 21
yn gwarchod ei blasty ei hun, bydd ei eiddo yn cael llonydd;
ond pan fydd un cryfach nag ef yn ymosod arno ac yn ei drechu, 22

attacks him and defeats him, he carries away all the weapons the
owner was depending on and divides up what he stole.
23 "Anyone who is not for me is really against me; anyone who
does not help me gather is really scattering.

The Return of the Evil Spirit
(Matt. 12.43-45)

24 "When an evil spirit goes out of a person, it travels over dry
country looking for a place to rest. If it can't find one, it says to itself,
'I will go back to my house.' 25 So it goes back and finds the house
clean and tidy. 26 Then it goes out and brings seven other spirits
even worse than itself, and they come and live there. So when it
is all over, that person is in a worse state than he was at the beginning."

True Happiness

27 When Jesus had said this, a woman spoke up from the crowd
and said to him, "How happy is the woman who bore you and
nursed you!"
28 But Jesus answered, "Rather, how happy are those who hear
the word of God and obey it!"

The Demand for a Miracle
(Matt. 12.38-42)

29 As the people crowded round Jesus, he went on to say, "How
evil are the people of this day! They ask for a miracle, but none
will be given them except the miracle of Jonah. 30 In the same way
that the prophet Jonah was a sign for the people of Nineveh, so
the Son of Man will be a sign for the people of this day. 31 On
Judgement Day the Queen of Sheba will stand up and accuse the
people of today, because she travelled all the way from her country
to listen to King Solomon's wise teaching; and I tell you there
is something here greater than Solomon. 32 On Judgement Day the
people of Nineveh will stand up and accuse you, because they turned
from their sins when they heard Jonah preach; and I assure you
that there is something here greater than Jonah!

The Light of the Body
(Matt. 5.15; 6.22-23)

33 "No one lights a lamp and then hides it or puts it under a
bowl;[p] instead, he puts it on the lampstand, so that people may

---

[p] *Some manuscripts do not have* or puts it under a bowl.

bydd hwnnw'n cymryd yr arfwisg yr oedd ef wedi ymddiried
ynddi, ac yn rhannu'r ysbail. Os nad yw dyn gyda mi, yn fy 23
erbyn i y mae, ac os nad yw'n casglu gyda mi, gwasgaru y mae.

Yr Ysbryd Aflan yn Dychwelyd
(Mth 12.43-45)

" Pan fydd ysbryd aflan yn mynd allan o ddyn, bydd yn 24
rhodio trwy fannau sychion gan geisio gorffwysfa. Ac wedi
methu ei gael y mae'n dweud, ' Mi ddychwelaf i'm cartref, y
lle y deuthum ohono.' Wedi cyrraedd, y mae'n ei gael wedi ei 25
ysgubo a'i osod mewn trefn. Yna y mae'n mynd ac yn cymryd 26
ato saith ysbryd arall mwy drygionus nag ef ei hun; y maent
yn mynd i mewn ac yn ymgartrefu yno; ac y mae cyflwr olaf y
dyn hwnnw yn waeth na'r cyntaf."

Gwynfyd Gwirioneddol

Wrth iddo ddweud hyn, cododd gwraig o'r dyrfa ei llais ac 27
meddai wrtho, " Gwyn ei byd y groth a'th gariodd di a'r
bronnau a sugnaist." " Nage," meddai ef, " gwyn eu byd y 28
rhai sy'n clywed gair Duw ac yn ei gadw."

Ceisio Arwydd
(Mth 12.38-42; Mc 8.12)

Wrth i'r tyrfaoedd gynyddu, dechreuodd lefaru: " Y mae'r 29
genhedlaeth hon yn genhedlaeth ddrygionus; y mae'n ceisio
arwydd. Eto ni roddir arwydd iddi ond arwydd Jona. Oher- 30
wydd fel y bu Jona yn arwydd i bobl Ninefe, felly y bydd Mab
y Dyn yntau i'r genhedlaeth hon. Bydd Brenhines y De yn 31
codi yn y Farn gyda gwŷr y genhedlaeth hon, ac yn eu con-
demnio hwy; oherwydd daeth hi o eithafoedd y ddaear i glyw-
ed doethineb Solomon, ac yr ydych chwi'n gweld yma beth
mwy na Solomon. Bydd gwŷr Ninefe yn codi yn y Farn gyda'r 32
genhedlaeth hon, ac yn ei chondemnio hi; oherwydd edifar-
hasant hwy dan genadwri Jona, ac yr ydych chwi'n gweld yma
beth mwy na Jona.

Goleuni'r Corff
(Mth 5.15; 6.22-23)

" Ni bydd neb yn cynnau cannwyll a'i rhoi mewn man cudd 33
neu dan lestr, ond ar ganhwyllbren, er mwyn i'r rhai sy'n dod i

see the light as they come in. 34 Your eyes are like a lamp for the
body. When your eyes are sound, your whole body is full of light;
but when your eyes are no good, your whole body will be in darkness.
35 Make certain, then, that the light in you is not darkness. 36 If
your whole body is full of light, with no part of it in darkness,
it will be bright all over, as when a lamp shines on you with its
brightness."

Jesus Accuses the Pharisees and the Teachers of the Law
(Matt. 23.1-36; Mark 12.38-40)

37 When Jesus finished speaking, a Pharisee invited him to eat with
him; so he went in and sat down to eat. 38 The Pharisee was surprised
when he noticed that Jesus had not washed before eating. 39 So the Lord
said to him, "Now then, you Pharisees clean the outside of your cup
and plate, but inside you are full of violence and evil. 40 Fools! Did
not God, who made the outside, also make the inside? 41 But give what
is in your cups and plates to the poor, and everything will be ritually
clean for you.

42 "How terrible for you Pharisees! You give God a tenth of
the seasoning herbs, such as mint and rue and all the other herbs,
but you neglect justice and love for God. These you should practise,
without neglecting the others.

43 "How terrible for you Pharisees! You love the reserved seats in
the synagogues and to be greeted with respect in the market-places.
44 How terrible for you! You are like unmarked graves which people
walk on without knowing it."

45 One of the teachers of the Law said to him, "Teacher, when
you say this, you insult us too!"

46 Jesus answered, "How terrible also for you teachers of the Law!
You put loads on people's backs which are hard to carry, but you
yourselves will not stretch out a finger to help them carry those
loads. 47 How terrible for you! You make fine tombs for the prophets—
the very prophets your ancestors murdered. 48 You yourselves admit,
then, that you approve of what your ancestors did; they murdered
the prophets, and you build their tombs. 49 For this reason the Wisdom
of God said, 'I will send them prophets and messengers; they will
kill some of them and persecute others.' 50 So the people of this
time will be punished for the murder of all the prophets killed since
the creation of the world, 51 from the murder of Abel to the murder
of Zechariah, who was killed between the altar and the Holy Place.

mewn weld ei goleuni. Dy lygad yw cannwyll dy gorff. Pan 34
fydd dy lygad yn iach, y mae dy gorff hefyd yn llawn goleuni;
ond pan fydd yn sâl, y mae dy gorff hefyd yn llawn tywyllwch.
Ystyria gan hynny ai tywyllwch yw'r goleuni sydd ynot ti. 35
Felly, os yw dy gorff yn llawn goleuni, heb unrhyw ran ohono 36
mewn tywyllwch, bydd yn llawn goleuni, fel pan fydd cannwyll
yn dy oleuo â'i llewyrch."

Cyhuddo'r Phariseaid ac Athrawon y Gyfraith
(Mth 23.1-36; Mc 12.38-40; Lc 20.45-47)

Pan orffennodd lefaru, gwahoddodd Pharisead ef i bryd o 37
fwyd yn ei dŷ. Aeth i mewn a chymryd ei le wrth y bwrdd.
Pan welodd y Pharisead nad oedd wedi ymolchi yn gyntaf cyn 38
bwyta, fe synnodd. Ond meddai'r Arglwydd wrtho, " Yr ydych 39
chwi'r Phariseaid yn wir yn glanhau tu allan y cwpan a'r ddysgl,
ond o'ch mewn yr ydych yn llawn o anrhaith a drygioni.
Ynfydion, onid yr hwn a wnaeth y tu allan a wnaeth y tu mewn 40
hefyd ? Ond rhowch yn elusen y pethau sydd y tu mewn i'r 41
cwpan, a dyna bopeth yn lân i chwi. Ond gwae chwi'r Phari- 42
seaid, oherwydd yr ydych yn talu degwm o fintys a rhyw a
phob llysieuyn, ond yn diystyru cyfiawnder a chariad Duw,
yr union bethau y dylasech ofalu amdanynt, ond heb esgeul-
uso'r lleill. Gwae chwi'r Phariseaid, oherwydd yr ydych yn 43
caru'r prif gadeiriau yn y synagogau a'r cyfarchiadau yn y
marchnadoedd. Gwae chwi, oherwydd yr ydych fel beddau 44
heb eu nodi, a dynion yn cerdded drostynt yn ddiarwybod."

Atebodd un o athrawon y Gyfraith ef, " Athro, wrth ddweud 45
hyn yr wyt yn ein sarhau ninnau." Meddai ef, " Gwae chwi- 46
thau athrawon y Gyfraith, oherwydd yr ydych yn beichio
dynion â beichiau anodd eu dwyn, beichiau nad yw un o'ch
bysedd chwi byth yn cyffwrdd â hwy. Gwae chwi, oherwydd 47
yr ydych yn codi beddfeini i'r proffwydi, ond eich tadau chwi
a'u lladdodd. Gan hynny, yn ôl eich tystiolaeth eich hunain, 48
yr ydych yn cymeradwyo gweithredoedd eich tadau, oherwydd
hwy a'u lladdodd, a chwi sy'n codi'r beddfeini. Am hynny 49
hefyd y dywedodd Doethineb Duw, ' Anfonaf atynt broffwydi
ac apostolion, a byddant yn lladd ac yn erlid rhai ohonynt ';
ac felly gelwir y genhedlaeth hon i gyfrif am waed yr holl 50
broffwydi a dywalltwyd er seiliad y byd, o waed Abel hyd at 51
waed Sachareias, a drengodd rhwng yr allor a'r cysegr. Ie,

Yes, I tell you, the people of this time will be punished for them
all!
52 "How terrible for you teachers of the Law! You have kept
the key that opens the door to the house of knowledge; you yourselves
will not go in, and you stop those who are trying to go in!"
53 When Jesus left that place, the teachers of the Law and the
Pharisees began to criticize him bitterly and ask him questions about
many things, 54 trying to lay traps for him and catch him saying
something wrong.

A Warning against Hypocrisy
(Matt. 10.26-27)

12 As thousands of people crowded together, so that they were
stepping on each other, Jesus said first to his disciples, "Be
on guard against the yeast of the Pharisees—I mean their hypocrisy.
2 Whatever is covered up will be uncovered, and every secret will
be made known. 3 So then, whatever you have said in the dark will
be heard in broad daylight, and whatever you have whispered in
private in a closed room will be shouted from the housetops.

Whom to Fear
(Matt. 10.28-31)

4 "I tell you, my friends, do not be afraid of those who kill the body
but cannot afterwards do anything worse. 5 I will show you whom to
fear: fear God, who, after killing, has the authority to throw into hell.
Believe me, he is the one you must fear!
6 "Aren't five sparrows sold for two pennies? Yet not one sparrow is
forgotten by God. 7 Even the hairs of your head have all been counted.
So do not be afraid; you are worth much more than many sparrows!

Confessing and Rejecting Christ
(Matt. 10.32-33; 12.32; 10.19-20)

8 "I assure you that whoever declares publicly that he belongs to
me, the Son of Man will do the same for him before the angels
of God. 9 But whoever rejects me publicly, the Son of Man will
also reject him before the angels of God.
10 "Anyone who says a word against the Son of Man can be
forgiven; but whoever says evil things against the Holy Spirit will
not be forgiven.
11 "When they bring you to be tried in the synagogues or before

'rwy'n dweud wrthych, fe elwir y genhedlaeth hon i gyfrif am-
dano. Gwae chwi athrawon y Gyfraith, oherwydd i chwi 52
gymryd ymaith allwedd gwybodaeth; nid aethoch i mewn eich
hunain, a'r rhai oedd am fynd i mewn, eu rhwystro a wnaeth-
och." Wedi iddo fynd allan oddi yno dechreuodd yr ysgrifen- 53
yddion a'r Phariseaid fagu dig tuag ato, a'i holi yn fanwl yng-
hylch llawer o bethau, gan aros fel helwyr i'w faglu ar ryw air 54
o'i enau.

Rhybudd rhag Rhagrith

Yn y cyfamser yr oedd y dyrfa wedi ymgynnull yn ei miloedd, **12**
nes eu bod yn sathru ei gilydd dan draed. Dechreuodd ef
ddweud wrth ei ddisgyblion yn gyntaf, " Gochelwch rhag
surdoes y Phariseaid, hynny yw, eu rhagrith. Nid oes dim wedi 2
ei guddio na ddatguddir, na dim yn guddiedig na cheir ei
wybod. Am hyn, popeth y buoch yn ei ddweud yn y tywyllwch, 3
fe'i clywir yng ngolau dydd; a'r hyn y buoch yn ei sibrwd yn y
glust mewn ystafelloedd o'r neilltu, fe'i cyhoeddir ar bennau'r
tai.

Pwy i'w Ofni
(Mth 10.28-31)

" 'Rwy'n dweud wrthych chwi fy nghyfeillion, peidiwch ag 4
ofni'r rhai sy'n lladd y corff, ac sydd wedi hynny heb allu i
wneud dim pellach. Ond dangosaf i chwi pwy i'w ofni: ofnwch 5
yr hwn sydd ag awdurdod ganddo i fwrw i uffern wedi'r lladd;
ie, 'rwy'n dweud wrthych, ofnwch hwnnw. Oni werthir pump 6
aderyn y to am ddwy geiniog ? Eto nid yw un ohonynt yn angof
gan Dduw. Yn wir, y mae hyd yn oed pob blewyn o wallt eich 7
pen wedi ei rifo. Peidiwch ag ofni; yr ydych yn werth mwy na
llawer o adar y to.

Cyffesu Crist gerbron Dynion
(Mth 10.32-23; 12.32; 10.19-20)

" 'Rwy'n dweud wrthych, pwy bynnag a'm harddel i gerbron 8
dynion, bydd Mab y Dyn hefyd yn ei arddel yntau gerbron
angylion Duw; ond yr hwn sydd yn fy ngwadu i gerbron 9
dynion, fe'i gwedir ef gerbron angylion Duw. A phwy bynnag 10
a ddywed air yn erbyn Mab y Dyn, maddeuir iddo; ond ni
faddeuir i'r hwn sy'n cablu yn erbyn yr Ysbryd Glân. Pan 11
ddygant chwi gerbron y synagogau a'r ynadon a'r awdurdodau,

governors or rulers, do not be worried about how you will defend
yourself or what you will say. 12 For the Holy Spirit will teach you
at that time what you should say."

The Parable of the Rich Fool

13 A man in the crowd said to Jesus, "Teacher, tell my brother
to divide with me the property our father left us."

14 Jesus answered him, "My friend, who gave me the right to
judge or to divide the property between you two?" 15 And he went
on to say to them all, "Watch out and guard yourselves from every
kind of greed; because a person's true life is not made up of the
things he owns, no matter how rich he may be."

16 Then Jesus told them this parable: "There was once a rich
man who had land which bore good crops. 17 He began to think
to himself, 'I haven't anywhere to keep all my crops. What can
I do? 18 This is what I will do,' he told himself; 'I will tear down
my barns and build bigger ones, where I will store my corn and
all my other goods. 19 Then I will say to myself, Lucky man! You
have all the good things you need for many years. Take life easy,
eat, drink, and enjoy yourself!' 20 But God said to him, 'You fool!
This very night you will have to give up your life; then who will
get all these things you have kept for yourself?'"

21 And Jesus concluded, "This is how it is with those who pile
up riches for themselves but are not rich in God's sight."

Trust in God

(Matt. 6.25-34)

22 Then Jesus said to the disciples, "And so I tell you not to
worry about the food you need to stay alive or about the clothes
you need for your body. 23 Life is much more important than food,
and the body much more important than clothes. 24 Look at the
crows: they don't sow seeds or gather a harvest; they don't have
store-rooms or barns; God feeds them! You are worth so much
more than birds! 25 Can any of you live a bit longer[q] by worrying
about it? 26 If you can't manage even such a small thing, why worry
about the other things? 27 Look how the wild flowers grow: they
don't work or make clothes for themselves. But I tell you that not
even King Solomon with all his wealth had clothes as beautiful
as one of these flowers. 28 It is God who clothes the wild grass—grass
that is here today and gone tomorrow, burnt up in the oven. Won't
he be all the more sure to clothe you? How little faith you have!

---

[q] live a bit longer; *or* grow a bit taller.

peidiwch â phryderu am ddull nac am gynnwys eich amddi-
ffyniad, nac am eich ymadrodd; oherwydd bydd yr Ysbryd 12
Glân yn eich dysgu chwi ar y pryd beth fydd yn rhaid ei
ddweud."

Dameg yr Ynfytyn Cyfoethog

Meddai rhywun o'r dyrfa wrtho, " Athro, dywed wrth fy 13
mrawd am roi i mi fy nghyfran o'n hetifeddiaeth." Ond medd- 14
ai ef wrtho, " Ddyn, pwy a'm penododd i yn farnwr neu yn
gymrodeddwr rhyngoch ?" A dywedodd wrthynt, " Gofalwch 15
ymgadw rhag trachwant o bob math, oherwydd, er cymaint ei
gyfoeth, nid yw bywyd neb yn dibynnu ar ei feddiannau." Ac 16
adroddodd ddameg wrthynt: " Yr oedd tir rhyw ŵr cyfoethog
wedi dwyn cnwd da. A dechreuodd feddwl a dweud wrtho'i 17
hun, ' Beth a wnaf fi, oherwydd nid oes gennyf unman i gasglu fy
nghnydau iddo ?' Ac meddai, ' Dyma beth a wnaf fi: tynnaf 18
f'ysguboriau i lawr ac adeiladu rhai mwy, a chasglaf yno fy holl
wenith a'm heiddo. Yna dywedaf wrthyf fy hun, " Ddyn, y 19
mae gennyt stôr o lawer o bethau ar gyfer blynyddoedd lawer;
gorffwys, bwyta, yf, bydd lawen." ' Ond meddai Duw wrtho, 20
' Yr ynfytyn, heno y mynnir dy einioes yn ôl gennyt, a phwy
gaiff y pethau a baratoaist ?' Felly y bydd hi ar yr hwn sy'n 21
casglu trysor iddo'i hun a heb fod yn gyfoethog ym mhethau
Duw."

Gofal a Phryder
(Mth 6.25-34, 19-21)

Meddai wrth y disgyblion, " Am hynny 'rwy'n dweud wrth- 22
ych, peidiwch â phryderu am eich einioes nac am eich corff,
beth i'w fwyta na beth i'w wisgo. Oherwydd y mae rhagor i 23
einioes dyn na lluniaeth, a rhagor i'w gorff na dillad. Ystyriwch 24
y brain: nid ydynt yn hau nac yn medi, nid oes ganddynt
ystordy nac ysgubor, ac eto y mae Duw yn eu bwydo. Gymaint
mwy gwerthfawr ydych chwi na'r adar ! A phrun ohonoch a 25
all ychwanegu modfedd at ei daldra* trwy bryderu ? Felly os 26
yw hyd yn oed y peth lleiaf y tu hwnt i'ch gallu, pam yr ydych
yn pryderu am y gweddill ? Ystyriwch y lili, pa fodd y mae'n 27
tyfu: nid yw'n llafurio nac yn nyddu; ond 'rwy'n dweud
wrthych, nid oedd gan hyd yn oed Solomon yn ei holl ogoniant

---

*adn. 25: neu, *awr at hyd ei oes.*

29 "So don't be all upset, always concerned about what you will eat
and drink. 30 (For the pagans of this world are always concerned about
all these things.) Your Father knows that you need these things. 31 In-
stead, be concerned with his Kingdom, and he will provide you with
these things.

Riches in Heaven
(Matt. 6.19-21)

32 "Do not be afraid, little flock, for your Father is pleased to give
you the Kingdom. 33 Sell all your belongings and give the money to
the poor. Provide for yourselves purses that don't wear out, and save
your riches in heaven, where they will never decrease, because no
thief can get to them, and no moth can destroy them. 34 For your heart
will always be where your riches are.

Watchful Servants

35 "Be ready for whatever comes, dressed for action and with your
lamps lit, 36 like servants who are waiting for their master to come back
from a wedding feast. When he comes and knocks, they will open the
door for him at once. 37 How happy are those servants whose master
finds them awake and ready when he returns! I tell you, he will
take off his coat, ask them to sit down, and will wait on them.
38 How happy they are if he finds them ready, even if he should
come at midnight or even later! 39 And you can be sure that if
the owner of a house knew the time when the thief would come,
he would not let the thief break into his house. 40 And you, too,
must be ready, because the Son of Man will come at an hour when
you are not expecting him."

The Faithful or the Unfaithful Servant
(Matt. 24.45-51)

41 Peter said, "Lord, does this parable apply to us, or do you
mean it for everyone?"

42 The Lord answered, "Who, then, is the faithful and wise servant?
He is the one that his master will put in charge, to run the household
and give the other servants their share of the food at the proper
time. 43 How happy that servant is if his master finds him doing
this when he comes home! 44 Indeed, I tell you, the master will
put that servant in charge of all his property. 45 But if that servant
says to himself that his master is taking a long time to come back
and if he begins to beat the other servants, both the men and the
women, and eats and drinks and gets drunk, 46 then the master will
come back one day when the servant does not expect him and at

wisg i'w chymharu ag un o'r rhain. Os yw Duw yn dilladu felly 28
y glaswellt sydd heddiw yn y meysydd ac yfory yn cael ei daflu
i'r ffwrn, gymaint mwy y dillada chwi, chwi o ychydig ffydd!
A chwithau, peidiwch â rhoi eich bryd ar beth i'w fwyta a beth 29
i'w yfed, a pheidiwch â byw mewn pryder; oherwydd dyna'r 30
holl bethau y mae cenhedloedd y byd yn eu ceisio, ond y mae
gennych chwi Dad sy'n gwybod fod arnoch eu hangen. Ceis- 31
iwch yn hytrach ei deyrnas ef, a rhoir y pethau hyn yn ychwan-
eg i chwi. Peidiwch ag ofni, fy mhraidd bychan, oherwydd 32
gwelodd eich Tad yn dda roi i chwi'r deyrnas. Gwerthwch eich 33
eiddo a rhowch ef yn elusen; gwnewch i chwi eich hunain
byrsau nad ydynt yn treulio, trysor dihysbydd yn y nefoedd,
lle nad yw lleidr yn dod ar y cyfyl, na gwyfyn yn difa. Oher- 34
wydd lle mae eich trysor, yno hefyd y bydd eich calon.

Gweision Gwyliadwrus
(Mth 24.45-51)

"Bydded eich gwisg wedi ei thorchi a'ch canhwyllau 35
ynghynn. Byddwch chwithau fel dynion yn disgwyl dychwel- 36
iad eu meistr o briodas, i agor iddo cyn gynted ag y daw a churo.
Gwyn eu byd y gweision hynny a geir ar ddihun gan eu meistr 37
pan ddaw; yn wir, 'rwy'n dweud wrthych y bydd ef yn torchi
ei wisg, ac yn eu gosod wrth y bwrdd, ac yn dod ac yn gweini
arnynt. Ac os daw ef ar hanner nos neu yn yr oriau mân, a'u 38
cael felly, gwyn eu byd. A gwybyddwch hyn: pe buasai meistr 39
y tŷ yn gwybod pa bryd y byddai'r lleidr yn dod, ni fuasai wedi
gadael iddo dorri i mewn i'w dŷ. Chwithau hefyd, byddwch 40
barod, oherwydd pryd na thybiwch y daw Mab y Dyn."

Meddai Pedr, "Arglwydd, ai i ni yr wyt yn adrodd y 41
ddameg hon, ai i bawb yn ogystal?" Dywedodd yr Arglwydd, 42
"Pwy ynteu yw'r goruchwyliwr ffyddlon a chall a osodir gan ei
feistr dros ei weision, i roi eu dogn bwyd iddynt yn ei bryd?
Gwyn ei fyd y gwas hwnnw a geir yn gwneud felly gan ei 43
feistr pan ddaw; yn wir, 'rwy'n dweud wrthych y gesyd ef dros 44
ei holl eiddo. Ond os dywed y gwas hwnnw yn ei galon, 'Y 45
mae fy meistr yn oedi dod', a dechrau curo'r gweision a'r
morynion, a bwyta ac yfed a meddwi, yna bydd meistr y gwas 46
hwnnw yn cyrraedd ar ddiwrnod annisgwyl iddo ef ac ar awr
nas gŵyr; ac fe'i cosba yn llym, a gosod ei le gyda'r anffyddlon-
iaid. Bydd y gwas hwnnw sy'n gwybod ewyllys ei feistr, ac eto 47

a time he does not know. The master will cut him in pieces[r] and make him share the fate of the disobedient.

47 "The servant who knows what his master wants him to do, but does not get himself ready and do it, will be punished with a heavy whipping. 48 But the servant who does not know what his master wants, and yet does something for which he deserves a whipping, will be punished with a light whipping. Much is required from the person to whom much is given; much more is required from the person to whom much more is given.

Jesus the Cause of Division
(Matt. 10.34-36)

49 "I came to set the earth on fire, and how I wish it were already kindled! 50 I have a baptism to receive, and how distressed I am until it is over! 51 Do you suppose that I came to bring peace to the world? No, not peace, but division. 52 From now on a family of five will be divided, three against two and two against three. 53 Fathers will be against their sons, and sons against their fathers; mothers will be against their daughters, and daughters against their mothers; mothers-in-law will be against their daughters-in-law, and daughters-in-law against their mothers-in-law."

Understanding the Time
(Matt. 16.2-3)

54 Jesus said also to the people, "When you see a cloud coming up in the west, at once you say that it is going to rain—and it does. 55 And when you feel the south wind blowing, you say that it is going to get hot—and it does. 56 Hypocrites! You can look at the earth and the sky and predict the weather; why, then, don't you know the meaning of this present time?

Settle with Your Opponent
(Matt. 5.25-26)

57 "Why do you not judge for yourselves the right thing to do? 58 If someone brings a lawsuit against you and takes you to court, do your best to settle the dispute with him before you get to court. If you don't, he will drag you before the judge, who will hand you over to the police, and you will be put in jail. 59 There you will stay, I tell you, until you pay the last penny of your fine."

---

[r] cut him in pieces; *or* throw him out.

heb ddarparu na gwneud dim yn ôl ei ewyllys, yn cael curfa
dost; ond bydd y gwas nad yw'n gwybod, ond sydd wedi 48
haeddu curfa, yn cael un ysgafn. A phob un y mae llawer wedi
ei roi iddo, llawer a geisir ganddo; a'r hwn y mae llawer wedi
ei ymddiried iddo, mwy fyth a ofynnir ganddo.

Iesu'n Achos Ymraniad
(Mth 10.34-36)

" Yr wyf fi wedi dod i fwrw tân ar y ddaear, ac O na fyddai 49
eisoes wedi ei gynnau! Y mae bedydd y mae'n rhaid fy 50
medyddio ag ef, a chymaint yw fy nghyfyngder hyd nes y
cyflawnir ef! A ydych chwi'n tybio mai i roi heddwch i'r 51
ddaear yr wyf fi wedi dod? Nage, meddaf wrthych, ond ym-
raniad. Oherwydd o hyn allan bydd un teulu o bump wedi 52
ymrannu, tri yn erbyn dau a dau yn erbyn tri:
'Ymranna'r tad yn erbyn y mab, 53
a'r mab yn erbyn y tad,
y fam yn erbyn ei merch
a'r ferch yn erbyn ei mam,
y fam-yng-nghyfraith yn erbyn y ferch-yng-nghyfraith,
a'r ferch-yng-nghyfraith yn erbyn ei mam-yng-nghyf-
raith.' "

Dehongli'r Amser
(Mth 16.2-3)

Dywedodd wrth y tyrfaoedd hefyd, " Pan welwch gwmwl 54
yn codi yn y gorllewin, yr ydych yn dweud ar unwaith, 'Daw
yn law', ac felly y bydd; a phan welwch wynt y de yn chwythu, 55
yr ydych yn dweud, 'Daw yn wres', a hynny fydd. Chwi 56
ragrithwyr, medrwch ddehongli'r olwg ar y ddaear a'r ffurfafen,
ond sut na fedrwch ddehongli'r amser hwn?

Cymodi â'th Wrthwynebwr
(Mth 5.25-26)

" A pham nad ydych ohonoch eich hunain yn barnu beth 57
sydd yn iawn? Pan wyt yn mynd gyda'th wrthwynebwr at yr 58
ynad, gwna dy orau ar y ffordd yno i gymodi ag ef, rhag iddo dy
lusgo gerbron y barnwr, ac i'r barnwr dy draddodi i'r cwnstabl,
ac i'r cwnstabl dy fwrw i garchar. 'Rwy'n dweud wrthyt, ni 59
ddeui di byth allan oddi yno cyn talu'n ôl yr hatling olaf."

Turn from Your Sins or Die

13 At that time some people were there who told Jesus about
the Galileans whom Pilate had killed while they were offering
sacrifices to God. 2 Jesus answered them, "Because those Galileans
were killed in that way, do you think it proves that they were worse
sinners than all the other Galileans? 3 No indeed! And I tell you
that if you do not turn from your sins, you will all die as they
did. 4 What about those eighteen people in Siloam who were killed
when the tower fell on them? Do you suppose this proves that
they were worse than all the other people living in Jerusalem? 5 No
indeed! And I tell you that if you do not turn from your sins,
you will all die as they did."

The Parable of the Unfruitful Fig-Tree

6 Then Jesus told them this parable: "There was once a man
who had a fig-tree growing in his vineyard. He went looking for
figs on it but found none. 7 So he said to his gardener, 'Look, for
three years I have been coming here looking for figs on this fig-tree,
and I haven't found any. Cut it down! Why should it go on using
up the soil?' 8 But the gardener answered, 'Leave it alone, sir, just
one more year; I will dig round it and put in some manure. 9 Then
if the tree bears figs next year, so much the better; if not, then
you can have it cut down.'"

Jesus Heals a Crippled Woman on the Sabbath

10 One Sabbath Jesus was teaching in a synagogue. 11 A woman
there had an evil spirit that had made her ill for eighteen years;
she was bent over and could not straighten up at all. 12 When Jesus
saw her, he called out to her, "Woman, you are free from your
illness!" 13 He placed his hands on her, and at once she straightened
herself up and praised God.

14 The official of the synagogue was angry that Jesus had healed
on the Sabbath, so he spoke up and said to the people, "There
are six days in which we should work; so come during those days
and be healed, but not on the Sabbath!"

15 The Lord answered him, "You hypocrites! Any one of you
would untie his ox or his donkey from the stall and take it out
to give it water on the Sabbath. 16 Now here is this descendant of
Abraham whom Satan has kept bound up for eighteen years; should
she not be released on the Sabbath?" 17 His answer made his enemies
ashamed of themselves, while the people rejoiced over all the wonder-
ful things that he did.

Edifarhau neu Ddarfod Amdanoch

Yr un adeg, daeth rhywrai a mynegi iddo am y Galileaid y **13**
cymysgodd Pilat eu gwaed â'u hebyrth. Atebodd ef hwy, "A 2
ydych chwi'n tybio fod y rhain yn waeth pechaduriaid na'r holl
Galileaid eraill, am iddynt ddioddef hyn? Nac oeddent, 3
meddaf wrthych; eto, os nad edifarhewch, fe dderfydd am-
danoch oll yn yr un modd. Neu'r deunaw hynny y syrthiodd y 4
tŵr arnynt yn Siloam a'u lladd, a ydych chwi'n tybio fod y
rhain yn waeth troseddwyr na holl drigolion eraill Jerwsalem?
Nac oeddent, meddaf wrthych; eto, os nad edifarhewch, fe 5
dderfydd amdanoch oll yn yr un modd."

Dameg y Ffigysbren Diffrwyth

Adroddodd y ddameg hon: "Yr oedd gan ddyn ffigysbren 6
wedi ei blannu yn ei winllan. Daeth i chwilio am ffrwyth arno,
ac ni chafodd ddim. Ac meddai wrth y gwinllannydd, 'Ers 7
tair blynedd bellach yr wyf wedi bod yn dod i geisio ffrwyth ar
y ffigysbren hwn, a heb gael dim. Am hynny tor ef i lawr; pam
y caiff dynnu maeth o'r pridd?' Ond atebodd ef, 'Meistr, gad 8
iddo eleni eto, imi balu o'i gwmpas a'i wrteithio. Ac os daw â 9
ffrwyth y flwyddyn nesaf, popeth yn iawn; onid e, cei ei dorri
i lawr.'"

Iacháu Gwraig Wargrwm ar y Saboth

Yr oedd yn dysgu yn un o'r synagogau ar y Saboth. Yr oedd 10,11
yno wraig oedd ers deunaw mlynedd yng ngafael ysbryd oedd
wedi bod yn ei gwanychu nes ei bod yn wargrwm ac yn hollol
analluog i sefyll yn syth. Pan welodd Iesu hi galwodd arni, 12
"Wraig, yr wyt wedi dy waredu o'th wendid." Yna dododd ei 13
ddwylo arni, ac ar unwaith ymunionodd drachefn, a dechrau
gogoneddu Duw. Ond yr oedd arweinydd y synagog yn ddig 14
fod Iesu wedi iacháu ar y Saboth, ac meddai wrth y dyrfa, "Y
mae chwe diwrnod gwaith; dewch i'ch iacháu ar y dyddiau
hynny, ac nid ar y dydd Saboth." Atebodd yr Arglwydd ef, 15
"Chwi ragrithwyr, onid yw pob un ohonoch ar y Saboth yn
gollwng ei ych neu ei asyn o'r preseb ac yn mynd ag ef allan i'r
dŵr? Ond dyma un o ferched Abraham, a fu yn rhwymau 16
Satan ers deunaw mlynedd; a ddywedwch na ddylasid ei
rhyddhau hi o'r rhwymyn hwn ar y dydd Saboth?" Wrth 17
iddo ddweud hyn, codwyd cywilydd ar ei holl wrthwynebwyr,
a llawenychodd y dyrfa i gyd oherwydd ei holl weithredoedd
gogoneddus.

The Parable of the Mustard Seed
(Matt. 13.31-32; Mark 4.30-32)

18 Jesus asked, "What is the Kingdom of God like? What shall
I compare it with? 19 It is like this. A man takes a mustard seed
and sows it in his field. The plant grows and becomes a tree, and
the birds make their nests in its branches."

The Parable of the Yeast
(Matt. 13.33)

20 Again Jesus asked, "What shall I compare the Kingdom of
God with? 21 It is like this. A woman takes some yeast and mixes
it with forty litres of flour until the whole batch of dough rises."

The Narrow Door
(Matt. 7.13-14, 21-23)

22 Jesus went through towns and villages, teaching the people and
making his way towards Jerusalem. 23 Someone asked him, "Sir, will
just a few people be saved?"
Jesus answered them, 24 "Do your best to go in through the narrow
door; because many people will surely try to go in but will not
be able. 25 The master of the house will get up and close the door;
then when you stand outside and begin to knock on the door and
say, 'Open the door for us, sir!' he will answer you, 'I don't know
where you come from!' 26 Then you will answer, 'We ate and drank
with you; you taught in our town!' 27 But he will say again, 'I
don't know where you come from. Get away from me, all you wicked
people!' 28 How you will cry and grind your teeth when you see
Abraham, Isaac, and Jacob, and all the prophets in the Kingdom
of God, while you are thrown out! 29 People will come from the
east and the west, from the north and the south, and sit down at
the feast in the Kingdom of God. 30 Then those who are now last
will be first, and those who are now first will be last."

Jesus' Love for Jerusalem
(Matt. 23.37-39)

31 At that same time some Pharisees came to Jesus and said to
him, "You must get out of here and go somewhere else, because
Herod wants to kill you."
32 Jesus answered them, "Go and tell that fox: 'I am driving out
demons and performing cures today and tomorrow, and on the third
day I shall finish my work.' 33 Yet I must be on my way today,

Damhegion yr Hedyn Mwstard a'r Lefain
(Mth 13.31-33; Mc 4.30-32)

Meddai gan hynny, " I beth y mae teyrnas Dduw yn debyg, 18
ac i beth y cyffelybaf hi ? Y mae'n debyg i hedyn mwstard; y 19
mae dyn yn ei gymryd a'i fwrw i'w ardd, ac y mae'n tyfu ac yn
dod yn goeden, ac y mae adar yr awyr yn nythu yn ei chang-
hennau."

Ac meddai eto, " I beth y cyffelybaf deyrnas Dduw ? 20
Y mae'n debyg i lefain; y mae gwraig yn ei gymryd, ac yn ei 21
gymysgu â thri mesur o flawd gwenith, nes lefeinio'r cwbl."

Y Drws Cul
(Mth 7.13-14; 21-23)

Yr oedd yn mynd trwy'r trefi a'r pentrefi gan ddysgu, ar ei 22
ffordd i Jerwsalem. Meddai rhywun wrtho, " Arglwydd, ai 23
ychydig yw'r rhai sy'n cael eu hachub ?" Ac meddai ef wrth-
ynt, " Ymegnïwch i fynd i mewn trwy'r drws cul, oherwydd 24
'rwy'n dweud wrthych y bydd llawer yn ceisio mynd i mewn ac
yn methu. Unwaith y bydd meistr y tŷ wedi codi a chau'r 25
drws, gallwch chwithau sefyll y tu allan a churo ar y drws, gan
ddweud, 'Arglwydd, agor inni'; ond bydd ef yn eich ateb,
'Ni wn o ble'r ydych.' Yna dechreuwch ddweud, 'Buom yn 26
bwyta ac yn yfed gyda thi, a buost ti yn dysgu yn ein strydoedd
ni.' A dywed ef wrthych, 'Ni wn o ble'r ydych. Ewch ymaith 27
oddi wrthyf, chwi ddrwgweithredwyr oll.' Bydd yno wylo ac 28
ysgyrnygu dannedd, pan welwch Abraham ac Isaac a Jacob a'r
holl broffwydi yn nheyrnas Dduw, a chwithau'n cael eich bwrw
allan. A daw dynion o'r dwyrain a'r gorllewin ac o'r gogledd a'r 29
de, a chymryd eu lle yn y wledd yn nheyrnas Dduw. Ac yn wir, 30
bydd rhai sy'n olaf yn flaenaf, a rhai sy'n flaenaf yn olaf."

Y Galarnad dros Jerwsalem
(Mth 23.37–39)

Y pryd hwnnw, daeth rhai Phariseaid ato a dweud wrtho, 31
" Dos i ffwrdd oddi yma, oherwydd y mae Herod â'i fryd ar dy
ladd di." Meddai ef wrthynt, " Ewch a dywedwch wrth y 32
cadno hwnnw, 'Heddiw ac yfory byddaf yn bwrw allan
gythreuliaid ac yn iacháu, a'r trydydd dydd cyrhaeddaf gyflawn-
iad fy ngwaith.' Eto, heddiw ac yfory a threnydd y mae'n 33

tomorrow, and the next day; it is not right for a prophet to be
killed anywhere except in Jerusalem.
34 "Jerusalem, Jerusalem! You kill the prophets, you stone the
messengers God has sent you! How many times have I wanted to
put my arms round all your people, just as a hen gathers her chicks
under her wings, but you would not let me! 35 And so your Temple
will be abandoned. I assure you that you will not see me until
the time comes when you say, 'God bless him who comes in the
name of the Lord.'"

Jesus Heals a Sick Man

14 One Sabbath Jesus went to eat a meal at the home of one
of the leading Pharisees; and people were watching Jesus
closely. 2 A man whose legs and arms were swollen came to Jesus,
3 and Jesus asked the teachers of the Law and the Pharisees, "Does
our Law allow healing on the Sabbath or not?"
4 But they would not say anything. Jesus took the man, healed
him, and sent him away. 5 Then he said to them, "If any one of
you had a son or an ox that happened to fall in a well on a Sabbath,
would you not pull him out at once on the Sabbath itself?"
6 But they were not able to answer him about this.

Humility and Hospitality

7 Jesus noticed how some of the guests were choosing the best
places, so he told this parable to all of them: 8 "When someone
invites you to a wedding feast, do not sit down in the best place.
It could happen that someone more important than you has been
invited, 9 and your host, who invited both of you, would have to
come and say to you, 'Let him have this place.' Then you would
be embarrassed and have to sit in the lowest place. 10 Instead, when
you are invited, go and sit in the lowest place, so that your host
will come to you and say, 'Come on up, my friend, to a better
place.' This will bring you honour in the presence of all the other
guests. 11 For everyone who makes himself great will be humbled,
and everyone who humbles himself will be made great."
12 Then Jesus said to his host, "When you give a lunch or a
dinner, do not invite your friends or your brothers or your relatives
or your rich neighbours—for they will invite you back, and in this

rhaid imi fynd ar fy nhaith, oherwydd ni ddichon i broffwyd
farw y tu allan i Jerwsalem. Jerwsalem, Jerwsalem, tydi sy'n 34
lladd y proffwydi ac yn llabyddio'r rhai a anfonwyd atat, mor aml
y dymunais gasglu dy blant ynghyd, fel y mae iâr yn casglu ei
chywion dan ei hadenydd, ond gwrthod a wnaethoch. Wele, 35
y mae eich tŷ yn cael ei adael yn amddifad. Ac 'rwy'n dweud
wrthych, ni chewch fy ngweld hyd y dydd pan ddywedwch,
'Bendigedig yw'r hwn sy'n dyfod yn enw'r Arglwydd.'"

Iacháu'r Dyn â Dropsi arno

Aeth i mewn i dŷ un o arweinwyr y Phariseaid ar y Saboth **14**
am bryd o fwyd; ac yr oeddent hwy â'u llygaid arno. Ac yno 2
ger ei fron yr oedd dyn â'r dropsi arno. A llefarodd Iesu wrth 3
athrawon y Gyfraith a'r Phariseaid, gan ddweud, "A yw'n
gyfreithlon iacháu ar y Saboth, ai nid yw?" Ond ni ddywed- 4
asant hwy ddim. Yna cymerodd y claf a'i iacháu a'i anfon
ymaith. Ac meddai wrthynt, "Pe bai mab* neu ych unrhyw un 5
ohonoch yn syrthio i bydew, oni fyddech yn ei dynnu allan ar
unwaith, hyd yn oed ar y dydd Saboth?" Ni allent gynnig 6
unrhyw ateb i hyn.

Gwers i'r Gwesteion ac i Wahoddwr

Yna adroddodd ddameg wrth y gwesteion, wrth iddo sylwi 7
sut yr oeddent yn dewis y seddau anrhydedd: "Pan wahoddir 8
di gan rywun i wledd briodas, paid â chymryd y sedd an-
rhydedd, rhag ofn ei fod wedi gwahodd rhywun amlycach na
thi; oherwydd os felly, daw'r hwn a'ch gwahoddodd chwi'ch 9
dau a dweud wrthyt, 'Rho dy le i hwn', ac yna byddi dithau
mewn cywilydd yn cymryd y lle isaf. Yn hytrach, pan wa- 10
hoddir di, dos a chymer y lle isaf, fel pan ddaw'r gwahoddwr y
dywed wrthyt, 'Gyfaill, tyrd yn uwch'; yna dangosir parch
iti yng ngŵydd dy holl gyd-westeion. Oherwydd darostyngir 11
pob un sy'n ei ddyrchafu ei hun, a dyrchefir pob un sy'n ei
ddarostwng ei hun." Meddai hefyd wrth ei wahoddwr, "Pan 12
fyddi yn trefnu cinio neu swper, paid â gwahodd dy gyfeillion
na'th frodyr na'th berthnasau na'th gymdogion cyfoethog,
rhag ofn iddynt hwythau yn eu tro dy wahodd di, ac iti gael

---

*adn. 5: yn ôl darlleniad arall, *asyn*.

way you will be paid for what you did. 13 When you give a feast,
invite the poor, the crippled, the lame, and the blind; 14 and you
will be blessed, because they are not able to pay you back. God
will repay you on the day the good people rise from death."

The Parable of the Great Feast
(Matt. 22.1-10)

15 When one of the men sitting at table heard this, he said to
Jesus, "How happy are those who will sit down at the feast in
the Kingdom of God!"
16 Jesus said to him, "There was once a man who was giving
a great feast to which he invited many people. 17 When it was time
for the feast, he sent his servant to tell his guests, 'Come, everything
is ready!' 18 But they all began, one after another, to make excuses. The
first one told the servant, 'I have bought a field and must go and look
at it; please accept my apologies.' 19 Another one said, 'I have bought
five pairs of oxen and am on my way to try them out; please accept my
apologies.' 20 Another one said, 'I have just got married, and for that
reason I cannot come.'
21 "The servant went back and told all this to his master. The
master was furious and said to his servant, 'Hurry out to the streets
and alleys of the town, and bring back the poor, the crippled, the
blind, and the lame.' 22 Soon the servant said, 'Your order has been
carried out, sir, but there is room for more.' 23 So the master said
to the servant, 'Go out to the country roads and lanes and make
people come in, so that my house will be full. 24 I tell you all that
none of those men who were invited will taste my dinner!'"

The Cost of Being a Disciple
(Matt. 10.37-38)

25 Once when large crowds of people were going along with Jesus,
he turned and said to them, 26 "Whoever comes to me cannot be
my disciple unless he loves me more than he loves his father and
his mother, his wife and his children, his brothers and his sisters,
and himself as well. 27 Whoever does not carry his own cross and
come after me cannot be my disciple.
28 "If one of you is planning to build a tower, he sits down first and
works out what it will cost, to see if he has enough money to finish the
job. 29 If he doesn't, he will not be able to finish the tower after
laying the foundation; and all who see what happened will laugh at

dy wobr felly. Pan fyddi yn trefnu gwledd, gwahodd yn 13
hytrach y tlodion, yr anafusion, y cloffion, a'r deillion; a gwyn 14
fydd dy fyd, am nad oes ganddynt fodd i dalu'n ôl iti; cei dy
dalu'n ôl yn atgyfodiad y cyfiawn."

Dameg y Wledd Fawr
(Mth 22.1-10)

Clywodd un o'i gyd-westeion hyn ac meddai wrtho, " Gwyn 15
ei fyd yr hwn a gaiff gyfran yn y wledd yn nheyrnas Dduw."
Ond meddai ef wrtho, " Yr oedd dyn yn trefnu gwledd fawr. 16
Gwahoddodd lawer o bobl, ac anfonodd ei was ar awr y wledd 17
i ddweud wrth y gwahoddedigion, ' Dewch, y mae popeth yn
barod yn awr.' Ond dechreuodd pawb ymesgusodi yn unfryd. 18
Meddai'r cyntaf wrtho, ' 'Rwyf wedi prynu cae, ac y mae'n
rhaid imi fynd allan i gael golwg arno; a wnei di fy esgusodi, os
gweli di'n dda ?' Meddai un arall, ' 'Rwyf wedi prynu pum 19
pâr o ychen, ac 'rwyf ar fy ffordd i roi prawf arnynt; a wnei di
fy esgusodi, os gweli di'n dda ?' Ac meddai un arall, ' 'Rwyf 20
newydd briodi, ac am hynny ni allaf ddod.' Aeth y gwas at ei 21
feistr a rhoi gwybod iddo. Yna digiodd meistr y tŷ, ac meddai
wrth ei was, ' Dos allan ar unwaith i strydoedd a heolydd y dref,
a thyrd â'r tlodion a'r anafusion a'r deillion a'r cloffion i mewn
yma.' Pan ddywedodd y gwas, ' Meistr, y mae dy orchymyn 22
wedi ei gyflawni, ond y mae lle o hyd', meddai ei feistr wrtho, 23
' Dos allan i'r ffyrdd ac i'r cloddiau, a myn ganddynt hwy ddod
i mewn, fel y llenwir fy nhŷ; oherwydd 'rwy'n dweud wrthych 24
na chaiff dim un o'r dynion hynny oedd wedi eu gwahodd
brofi fy ngwledd.' "

Cost Bod yn Ddisgybl

Yr oedd tyrfaoedd niferus yn teithio gydag ef, a throes a 25
dweud wrthynt, " Os daw rhywun ataf fi heb gasáu ei dad ei 26
hun, a'i fam a'i wraig a'i blant a'i frodyr a'i chwiorydd, a hyd
yn oed ei fywyd ei hun, ni all fod yn ddisgybl imi. Pwy 27
bynnag nad yw'n cario ei groes ei hun ac yn dod ar fy ôl i, ni all
fod yn ddisgybl imi. Oherwydd os bydd un ohonoch chwi yn 28
dymuno adeiladu tŵr, oni fydd yn gyntaf yn eistedd i lawr i
gyfrif y gost, er mwyn gweld a oes ganddo ddigon i gwblhau'r
gwaith ? Onid e, fe all ddigwydd iddo osod y sylfaen ac wedyn 29
fethu gorffen, nes bod pawb sy'n gwylio yn mynd ati i'w wat-

him. 30 'This man began to build but can't finish the job!' they will
say.
31 "If a king goes out with ten thousand men to fight another
king who comes against him with twenty thousand men, he will
sit down first and decide if he is strong enough to face that other
king. 32 If he isn't, he will send messengers to meet the other king,
to ask for terms of peace while he is still a long way off. 33 In
the same way," concluded Jesus, "none of you can be my disciple
unless he gives up everything he has.

Worthless Salt
(Matt. 5.13; Mark 9.50)

34 "Salt is good, but if it loses its saltiness, there is no way to
make it salty again. 35 It is no good for the soil or for the manure heap;
it is thrown away. Listen, then, if you have ears!"

The Lost Sheep
(Matt. 18.12-14)

15 One day when many tax collectors and other outcasts came
to listen to Jesus, 2 the Pharisees and the teachers of the Law
started grumbling, "This man welcomes outcasts and even eats with
them!" 3 So Jesus told them this parable:
4 "Suppose one of you has a hundred sheep and loses one of
them—what does he do? He leaves the other ninety-nine sheep in
the pasture and goes looking for the one that got lost until he finds
it. 5 When he finds it, he is so happy that he puts it on his shoulders
6 and carries it back home. Then he calls his friends and neighbours
together and says to them, 'I am so happy I found my lost sheep.
Let us celebrate!' 7 In the same way, I tell you, there will be more
joy in heaven over one sinner who repents than over ninety-nine
respectable people who do not need to repent.

The Lost Coin

8 "Or suppose a woman who has ten silver coins loses one of
them—what does she do? She lights a lamp, sweeps her house,
and looks carefully everywhere until she finds it. 9 When she finds
it, she calls her friends and neighbours together, and says to them,

war gan ddweud, ' Dyma ddyn a ddechreuodd adeiladu ac a 30
fethodd orffen.' Neu os bydd brenin ar ei ffordd i ryfela yn 31
erbyn brenin arall, oni fydd yn gyntaf yn eistedd i lawr i
ystyried a all ef, â deng mil o filwyr, wrthsefyll un sy'n ymosod
arno ag ugain mil ? Os na all, bydd yn anfon llysgenhadon i 32
geisio telerau heddwch tra mae'r llall o hyd yn bell i ffwrdd.
Yr un modd, gan hynny, ni all neb ohonoch nad yw'n ymwrth- 33
od â'i holl feddiannau fod yn ddisgybl i mi.

Halen Di-flas
(Mth 5.13; Mc 9.50)

" Peth da yw halen. Ond os cyll yr halen ei hun ei flas, â 34
pha beth y rhoddir blas arno ? Nid yw'n dda i'r pridd nac i'r 35
domen; lluchir ef allan. Yr hwn sydd ganddo glustiau i
wrando, gwrandawed."

Dameg y Ddafad Golledig
(Mth 18.12-14)

Yr oedd yr holl gasglwyr trethi a'r pechaduriaid yn nesáu **15**
ato i wrando arno. Ond yr oedd y Phariseaid a'r ysgrifenyddion 2
yn grwgnach ymhlith ei gilydd, gan ddweud, " Y mae'r dyn
yma yn croesawu pechaduriaid ac yn cydfwyta â hwy." A 3
dywedodd ef y ddameg hon wrthynt: " Bwriwch fod gan un 4
ohonoch chwi gant o ddefaid, a digwydd iddo golli un ohonynt;
onid yw'n gadael y naw deg a naw ar eu porfa ac yn mynd ar ôl
y ddafad golledig nes dod o hyd iddi ? Wedi dod o hyd iddi y 5
mae'n ei gosod ar ei ysgwyddau yn llawen, yn mynd adref, ac 6
yn gwahodd ei gyfeillion a'i gymdogion ynghyd, gan ddweud
wrthynt, ' Llawenhewch gyda mi, oherwydd yr wyf wedi cael
hyd i'm dafad golledig.' 'Rwy'n dweud wrthych, yr un modd 7
bydd mwy o lawenydd yn y nef am un pechadur sy'n edifarhau
nag am naw deg a naw o ddynion cyfiawn nad oes arnynt angen
edifeirwch.

Dameg y Darn Arian Colledig

" Neu bwriwch fod gan wraig ddeg darn arian, a digwydd 8
iddi golli un darn; onid yw hi'n cynnau cannwyll ac yn
ysgubo'r tŷ ac yn chwilio'n ddyfal nes dod o hyd iddo ? Ac 9
wedi dod o hyd iddo, y mae'n gwahodd ei chyfeillesau a'i
chymdogion ynghyd, gan ddweud, ' Llawenhewch gyda mi,

'I am so happy I found the coin I lost. Let us celebrate!' 10 In
the same way, I tell you, the angels of God rejoice over one sinner
who repents."

The Lost Son

11 Jesus went on to say, "There was once a man who had two
sons. 12 The younger one said to him, 'Father, give me my share
of the property now.' So the man divided his property between his
two sons. 13 After a few days the younger son sold his part of the
property and left home with the money. He went to a country far
away, where he wasted his money in reckless living. 14 He spent
everything he had. Then a severe famine spread over that country,
and he was left without a thing. 15 So he went to work for one
of the citizens of that country, who sent him out to his farm to
take care of the pigs. 16 He wished he could fill himself with the
bean pods the pigs ate, but no one gave him anything to eat. 17 At
last he came to his senses and said, 'All my father's hired workers have
more than they can eat, and here I am about to starve! 18 I will get
up and go to my father and say, Father, I have sinned against God and
against you. 19 I am no longer fit to be called your son; treat me
as one of your hired workers.' 20 So he got up and started back
to his father.

"He was still a long way from home when his father saw him;
his heart was filled with pity, and he ran, threw his arms round
his son, and kissed him. 21 'Father,' the son said, 'I have sinned
against God and against you. I am no longer fit to be called your
son.' 22 But the father called his servants. 'Hurry!' he said. 'Bring
the best robe and put it on him. Put a ring on his finger and shoes
on his feet. 23 Then go and get the prize calf and kill it, and let
us celebrate with a feast! 24 For this son of mine was dead, but
now he is alive; he was lost, but now he has been found.' And
so the feasting began.

25 "In the meantime the elder son was out in the field. On his
way back, when he came close to the house, he heard the music
and dancing. 26 So he called one of the servants and asked him,
'What's going on?' 27 'Your brother has come back home,' the servant
answered, 'and your father has killed the prize calf, because he got
him back safe and sound.'

28 The elder brother was so angry that he would not go into
the house; so his father came out and begged him to come in. 29 But
he answered his father, 'Look, all these years I have worked for

oherwydd yr wyf wedi cael hyd i'r darn arian a gollais.' Yr un 10
modd, 'rwy'n dweud wrthych, y mae llawenydd ymhlith angyl-
ion Duw am un pechadur sy'n edifarhau."

Dameg y Mab Colledig

Ac meddai, " Yr oedd dyn â chanddo ddau fab. Dywedodd 11,12
yr ieuengaf ohonynt wrth ei dad, ' Fy nhad, dyro imi'r gyfran
o'th ystad sydd i ddod imi.' A rhannodd yntau ei eiddo rhyng-
ddynt. Ychydig ddyddiau yn ddiweddarach, wedi newid y 13
cwbl am arian, ymfudodd y mab ieuengaf i wlad bell, ac yno
gwastraffodd ei eiddo ar fyw'n afradlon. Pan oedd wedi 14
gwario'r cyfan, daeth newyn enbyd ar y wlad honno, a dechreu-
odd yntau fod mewn eisiau. Aeth yn weithiwr cyflog i un o 15
ddinasyddion y wlad, ac anfonodd hwnnw ef i'w gaeau i ofalu
am y moch. Buasai'n falch o wneud pryd o'r plisg yr oedd y 16
moch yn eu bwyta; ond nid oedd neb yn cynnig dim iddo.
Yna daeth ato'i hun a dweud, ' Faint o weision cyflog sydd gan 17
fy nhad, a phob un ohonynt yn cael mwy na digon o fara, a
minnau yma yn marw o newyn ? Fe godaf, ac fe af at fy nhad a 18
dweud wrtho, " Fy nhad, pechais yn erbyn y nef ac yn dy
erbyn di. Nid wyf mwyach yn haeddu fy ngalw'n fab iti; 19
cymer fi fel un o'th weision cyflog." ' Yna cododd a mynd at 20
ei dad. A phan oedd eto ymhell i ffwrdd, gwelodd ei dad ef.
Tosturiodd wrtho, rhedodd ato, a rhoes ei freichiau am ei wddf
a'i gusanu. Ac meddai ei fab wrtho, ' Fy nhad, pechais yn 21
erbyn y nef ac yn dy erbyn di. Nid wyf mwyach yn haeddu fy
ngalw'n fab iti.' Ond meddai ei dad wrth ei weision, ' Brys- 22
iwch ! Dewch â gwisg allan, yr orau, a'i gosod amdano.
Rhowch fodrwy ar ei fys ac esgidiau ar ei draed. Dewch â'r llo 23
pasgedig a lladdwch ef. Gadewch inni wledda a llawenhau,
oherwydd yr oedd hwn, fy mab, wedi marw, a daeth yn fyw eto; 24
yr oedd ar goll, a chafwyd hyd iddo.' Yna dechreusant wledda
yn llawen.

" Yr oedd ei fab hynaf yn y caeau. Pan nesaodd at y tŷ ar ei 25
ffordd adref, clywodd sŵn cerddoriaeth a dawnsio. Galwodd 26
un o'r gweision ato a gofyn beth oedd ystyr hyn. ' Dy frawd 27
sydd wedi dychwelyd,' meddai ef wrtho, ' ac am iddo ei gael
yn ôl yn holliach, y mae dy dad wedi lladd y llo pasgedig.'
Digiodd ef, a gwrthod mynd i mewn. Daeth ei dad allan a'i 28
gymell yn daer i'r tŷ, ond atebodd ef, ' Yr holl flynyddoedd hyn 29

you like a slave, and I have never disobeyed your orders. What
have you given me? Not even a goat for me to have a feast with
my friends! 30 But this son of yours wasted all your property on
prostitutes, and when he comes back home, you kill the prize calf
for him!' 31 'My son,' the father answered, 'you are always here
with me, and everything I have is yours. 32 But we had to celebrate
and be happy, because your brother was dead, but now he is alive;
he was lost, but now he has been found.'"

The Shrewd Manager

16 Jesus said to his disciples, "There was once a rich man who
had a servant who managed his property. The rich man was
told that the manager was wasting his master's money, 2 so he called
him in and said, 'What is this I hear about you? Hand in a complete
account of your handling of my property, because you cannot be
my manager any longer.' 3 The servant said to himself, 'My Master
is going to dismiss me from my job. What shall I do? I am not
strong enough to dig ditches, and I am ashamed to beg. 4 Now I
know what I will do! Then when my job is gone, I shall have
friends who will welcome me in their homes.'

5 "So he called in all the people who were in debt to his master. He
asked the first one, 'How much do you owe my master?' 6 'One
hundred barrels of olive-oil,' he answered. 'Here is your account,'
the manager told him; 'sit down and write fifty.' 7 Then he asked
another one, 'And you—how much do you owe?' 'A thousand sacks
of wheat,' he answered. 'Here is your account,' the manager told
him; 'write eight hundred.'

8 "As a result the master of this dishonest manager praised him for
doing such a shrewd thing; because the people of this world are much
more shrewd in handling their affairs than the people who belong to
the light."

9 And Jesus went on to say, "And so I tell you: make friends
for yourselves with worldly wealth, so that when it gives out, you
will be welcomed in the eternal home. 10 Whoever is faithful in small
matters will be faithful in large ones; whoever is dishonest in small
matters will be dishonest in large ones. 11 If, then, you have not
been faithful in handling worldly wealth, how can you be trusted
with true wealth? 12 And if you have not been faithful with what
belongs to someone else, who will give you what belongs to you?

13 "No servant can be the slave of two masters; he will hate

bûm yn was bach iti, heb anufuddhau erioed i'th orchymyn.
Ni roddaist erioed i mi gymaint â myn gafr, imi gael gwledda
gyda'm cyfeillion. Ond pan ddychwelodd hwn, dy fab sydd 30
wedi traflyncu dy eiddo gyda phuteiniaid, lleddaist y llo pasg-
edig iddo ef.' 'Fy mhlentyn,' meddai'r tad wrtho, 'yr wyt ti 31
bob amser gyda mi, ac y mae'r cwbl sydd gennyf yn eiddo i ti.
Yr oedd yn rhaid gwledda a llawenhau, oherwydd yr oedd hwn, 32
dy frawd, wedi marw, a daeth yn fyw; yr oedd ar goll, a chafwyd
hyd iddo.' "

Dameg y Goruchwyliwr Anonest

Dywedodd wrth ei ddisgyblion hefyd, "Yr oedd dyn **16**
cyfoethog â chanddo oruchwyliwr. Achwynwyd wrth ei feistr
fod hwn yn gwastraffu ei eiddo ef. Galwodd ef ato a dweud 2
wrtho, 'Beth yw'r hanes hwn amdanat? Dyro imi gyfrifon dy
oruchwyliaeth, oherwydd ni elli gadw dy swydd bellach.' Yna 3
meddai'r goruchwyliwr wrtho'i hun, 'Beth a wnaf fi? Y mae
fy meistr yn cymryd fy swydd oddi arnaf. Nid oes gennyf
mo'r nerth i labro, ac y mae arnaf gywilydd cardota. Fe wn i 4
beth a wnaf i gael croeso i gartrefi pobl pan ddiswyddir fi.'
Galwodd ato bob un o ddyledwyr ei feistr, ac meddai wrth y 5
cyntaf, 'Faint sydd arnat i'm meistr?' Atebodd yntau, 'Mil 6
o alwyni o olew olewydd.' 'Cymer dy gyfrif,' meddai ef,
'eistedd i lawr, ac ysgrifenna ar unwaith "bum cant."' Yna 7
meddai wrth un arall, 'A thithau, faint sydd arnat ti?'
Atebodd yntau, 'Mil o fwsieli o wenith.' 'Cymer dy gyfrif,'
meddai ef, 'ac ysgrifenna "wyth gant."' Cymeradwyodd y 8
meistr y goruchwyliwr anonest am iddo weithredu yn gall;
oherwydd y mae meibion y byd hwn yn gallach na meibion y
goleuni yn eu hymwneud â'u tebyg. Ac 'rwyf fi'n dweud wrth- 9
ych, gwnewch gyfeillion i chwi eich hunain ag arian, sy'n gyn-
nyrch anonestrwydd, er mwyn i chwi gael croeso i'r tragwyddol
bebyll pan ddaw dydd arian i ben. Y mae dyn sy'n gywir yn y 10
pethau lleiaf yn gywir yn y pethau mawr hefyd, a'r dyn sy'n
anonest yn y pethau lleiaf yn anonest yn y pethau mawr hefyd.
Gan hynny, os na fuoch yn gywir wrth drin arian, cynnyrch 11
anonestrwydd, pwy a ymddirieda i chwi y gwir olud? Ac os 12
na fuoch yn gywir wrth drin eiddo pobl eraill, pwy a rydd i
chwi eich eiddo eich hunain? Ni all unrhyw was wasanaethu 13
dau feistr; oherwydd bydd un ai'n casáu'r naill ac yn caru'r

one and love the other; he will be loyal to one and despise the other. You cannot serve both God and money."

Some Sayings of Jesus

(Matt. 11.12-13; 5.31-32; Mark 10.11-12)

14 When the Pharisees heard all this, they sneered at Jesus, because they loved money. 15 Jesus said to them, "You are the ones who make yourselves look right in other people's sight, but God knows your hearts. For the things that are considered of great value by man are worth nothing in God's sight.

16 "The Law of Moses and the writings of the prophets were in effect up to the time of John the Baptist; since then the Good News about the Kingdom of God is being told, and everyone forces his way in. 17 But it is easier for heaven and earth to disappear than for the smallest detail of the Law to be done away with.

18 "Any man who divorces his wife and marries another woman commits adultery; and the man who marries a divorced woman commits adultery.

The Rich Man and Lazarus

19 "There was once a rich man who dressed in the most expensive clothes and lived in great luxury every day. 20 There was also a poor man named Lazarus, covered with sores, who used to be brought to the rich man's door, 21 hoping to eat the bits of food that fell from the rich man's table. Even the dogs would come and lick his sores.

22 "The poor man died and was carried by the angels to sit beside Abraham at the feast in heaven. The rich man died and was buried, 23 and in Hades,[s] where he was in great pain, he looked up and saw Abraham, far away, with Lazarus at his side. 24 So he called out, 'Father Abraham! Take pity on me, and send Lazarus to dip his finger in some water and cool my tongue, because I am in great pain in this fire!'

25 "But Abraham said, 'Remember, my son, that in your lifetime you were given all the good things, while Lazarus got all the bad things. But now he is enjoying himself here, while you are in pain. 26 Besides all that, there is a deep pit lying between us, so that those who want to cross over from here to you cannot do so, nor can anyone cross over to us from where you are.' 27 The rich man said, 'Then I beg you, father Abraham, send Lazarus to my father's house, 28 where I have five brothers. Let him go and warn them so that they, at least, will not come to this place of pain.'

llall, neu'n deyrngar i'r naill ac yn dirmygu'r llall. Ni allwch wasanaethu Duw ac Arian."

Y Gyfraith a Theyrnas Dduw

Yr oedd y Phariseaid, sy'n ddynion ariangar, yn gwrando ar 14
hyn oll ac yn ei watwar. Ac meddai wrthynt, "Chwi yw'r rhai 15
sy'n ceisio eu cyfiawnhau eu hunain yng ngolwg dynion, ond y
mae Duw yn adnabod eich calonnau; oherwydd yr hyn sydd
aruchel ymhlith dynion, ffieiddbeth yw yng ngolwg Duw. Y 16
Gyfraith a'r proffwydi oedd mewn grym hyd at Ioan; oddi ar
hynny, y mae'r newydd da am deyrnas Dduw yn cael ei gy-
hoeddi, a phawb yn ceisio mynediad iddi trwy drais. Ond 17
byddai'n haws i'r nef a'r ddaear ddarfod nag i fanylyn lleiaf y
Gyfraith golli ei rym. Y mae pob un sy'n ysgaru ei wraig ac yn 18
priodi un arall yn godinebu, ac y mae'r dyn sy'n priodi gwraig
a ysgarwyd gan ei gŵr yn godinebu.

Y Dyn Cyfoethog a Lasarus

"Yr oedd dyn cyfoethog oedd yn arfer gwisgo porffor a lliain 19
main, ac yn gwledda'n wych bob dydd. Wrth ei ddrws gor- 20
weddai dyn tlawd, o'r enw Lasarus, yn llawn cornwydydd, ac 21
yn dyheu am wneud pryd o'r hyn a syrthiai oddi ar fwrdd y dyn
cyfoethog; ac yn wir byddai'r cŵn yn dod i lyfu ei gornwyd-
ydd. Bu farw'r dyn tlawd, a dygwyd ef ymaith gan yr angylion 22
i wledda wrth ochr Abraham. Bu farw'r dyn cyfoethog yntau,
a chladdwyd ef. Yn Nhrigfan y Meirw, ac yntau mewn poen 23
arteithiol, cododd ei lygaid a gwelodd Abraham o bell, a
Lasarus wrth ei ochr. A galwodd, 'Abraham, fy nhad, trugarha 24
wrthyf; anfon Lasarus i wlychu blaen ei fys mewn dŵr ac i oeri
fy nhafod, oherwydd yr wyf mewn ingoedd yn y tân hwn.'
'Fy mhlentyn,' meddai Abraham, 'cofia iti dderbyn dy wyn- 25
fyd yn ystod dy fywyd, a Lasarus yr un modd ei adfyd; yn awr
y mae ef yma yn cael ei ddiddanu, a thithau yn dioddef mewn
ingoedd. Heblaw hyn oll, rhyngom ni a chwi y mae agendor 26
llydan wedi ei osod, rhag i neb a ddymunai hynny groesi oddi
yma atoch chwi, neu gyrraedd oddi yna atom ni.' Atebodd ef, 27
'Os felly, fy nhad, 'rwy'n erfyn arnat ei anfon ef i dŷ fy nhad,
at y pum brawd sydd gennyf, i dystiolaethu wrthynt am y 28
cyfan, rhag iddynt hwythau ddod i'w harteithio yn y lle hwn.'

29 "Abraham said, 'Your brothers have Moses and the prophets
to warn them; your brothers should listen to what they say.' 30 The
rich man answered, 'That is not enough, father Abraham! But if
someone were to rise from death and go to them, then they would
turn from their sins.' 31 But Abraham said, 'If they will not listen
to Moses and the prophets, they will not be convinced even if someone
were to rise from death.'"

Sin

(Matt. 18.6-7, 21-22; Mark 9.42)

17 Jesus said to his disciples, "Things that make people fall into sin
are bound to happen, but how terrible for the one who makes
them happen! 2 It would be better for him if a large millstone were
tied round his neck and he were thrown into the sea than for him
to cause one of these little ones to sin. 3 So watch what you do!

"If your brother sins, rebuke him, and if he repents, forgive him. 4 If
he sins against you seven times in one day, and each time he comes to
you saying, 'I repent,' you must forgive him."

Faith

5 The apostles said to the Lord, "Make our faith greater."

6 The Lord answered, "If you had faith as big as a mustard seed, you
could say to this mulberry tree, 'Pull yourself up by the roots and
plant yourself in the sea!' and it would obey you.

A Servant's Duty

7 "Suppose one of you has a servant who is ploughing or looking
after the sheep. When he comes in from the field, do you tell him
to hurry and eat his meal? 8 Of course not! Instead, you say to
him, 'Get my supper ready, then put on your apron and wait on
me while I eat and drink; after that you may have your meal.'
9 The servant does not deserve thanks for obeying orders, does he?
10 It is the same with you; when you have done all you have been
told to do, say, 'We are ordinary servants; we have only done our
duty.'"

Jesus Heals Ten Men

11 As Jesus made his way to Jerusalem, he went along the border
between Samaria and Galilee. 12 He was going into a village when
he was met by ten men suffering from a dreaded skin-disease. They
stood at a distance 13 and shouted, "Jesus! Master! Take pity on
us!"

14 Jesus saw them and said to them, "Go and let the priests examine
you."

Ond dywedodd Abraham, 'Y mae Moses a'r proffwydi gan- 29
ddynt; dylent wrando arnynt hwy.' 'Nage, Abraham, fy 30
nhad,' atebodd ef, 'ond os â rhywun atynt oddi wrth y meirw,
fe edifarhânt.' Ond meddai ef wrtho, 'Os nad ydynt yn 31
gwrando ar Moses a'r proffwydi, yna ni chânt eu hargyhoeddi
hyd yn oed os cyfyd rhywun o blith y meirw.' "

Rhai o Ddywediadau Iesu
(Mth 18.6-7, 21-22; Mc 9.42)

Dywedodd wrth ei ddisgyblion, "Y mae achosion cwymp **17**
yn rhwym o ddod, ond gwae'r hwn sy'n gyfrifol amdanynt;
byddai'n well iddo fod wedi ei daflu i'r môr â maen melin 2
ynghrog am ei wddf, nag iddo fod yn achos cwymp i un o'r rhai
bychain hyn. Cymerwch ofal. Os pecha dy frawd, cerydda ef; 3
os edifarha, maddau iddo; os pecha yn dy erbyn saith gwaith 4
mewn diwrnod, ac eto troi'n ôl atat saith gwaith gan ddweud,
'Y mae'n edifar gennyf', maddau iddo."

Meddai'r apostolion wrth yr Arglwydd, "Dyro i ni ffydd." 5
Ac meddai'r Arglwydd, "Pe bai gennych ffydd gymaint â 6
hedyn mwstard, fe allech ddweud wrth y forwydden hon,
'Coder dy wreiddiau a phlanner di yn y môr', a byddai'n
ufuddhau i chwi.

"Os oes gan un ohonoch was sy'n aredig neu'n bugeilio, a 7
fydd yn dweud wrtho pan ddaw i mewn o'r caeau, 'Tyrd yma
ar unwaith a chymer dy le wrth y bwrdd'? Na, yr hyn a 8
ddywed fydd, 'Paratoa swper imi; torcha dy wisg a gweina
arnaf nes imi orffen bwyta ac yfed; ac wedyn cei fwyta ac yfed
dy hun.' A yw'n diolch i'w was am gyflawni'r gorchmynion a 9
gafodd? Felly chwithau; pan fyddwch wedi cyflawni'r holl 10
orchmynion a gawsoch, dywedwch, 'Gweision ydym, heb
unrhyw deilyngdod; cyflawni ein dyletswydd a wnaethom.' "

Glanhau Deg o Ddynion Gwahanglwyfus

Yr oedd ef, ar ei ffordd i Jerwsalem, yn mynd trwy'r wlad 11
rhwng Samaria a Galilea, ac yn mynd i mewn i ryw bentref, 12
pan ddaeth deg o ddynion gwahanglwyfus i gyfarfod ag ef.
Safasant bellter oddi wrtho a chodi eu lleisiau arno: "Iesu, 13
feistr, trugarha wrthym." Gwelodd ef hwy ac meddai wrthynt, 14
"Ewch i'ch dangos eich hunain i'r offeiriaid." Ac ar eu ffordd

On the way they were made clean.[t] 15 When one of them saw
that he was healed, he came back, praising God in a loud voice.
16 He threw himself to the ground at Jesus' feet and thanked him.
The man was a Samaritan. 17 Jesus said, "There were ten men who
were healed; where are the other nine? 18 Why is this foreigner
the only one who came back to give thanks to God?" 19 And Jesus
said to him, "Get up and go; your faith has made you well."

The Coming of the Kingdom

(Matt. 24.23-28, 37-41)

20 Some Pharisees asked Jesus when the Kingdom of God would
come. His answer was, "The Kingdom of God does not come in
such a way as to be seen. 21 No one will say, 'Look, here it is!'
or, 'There it is!'; because the Kingdom of God is within you."[u]

22 Then he said to the disciples, "The time will come when you
will wish you could see one of the days of the Son of Man, but
you will not see it. 23 There will be those who will say to you,
'Look, over there!' or, 'Look, over here!' But don't go out looking
for it. 24 As the lightning flashes across the sky and lights it up
from one side to the other, so will the Son of Man be in his day.
25 But first he must suffer much and be rejected by the people of
this day. 26 As it was in the time of Noah so shall it be in the
days of the Son of Man. 27 Everybody kept on eating and drinking,
and men and women married, up to the very day Noah went into
the boat and the flood came and killed them all. 28 It will be as
it was in the time of Lot. Everybody kept on eating and drinking,
buying and selling, planting and building. 29 On the day Lot left
Sodom, fire and sulphur rained down from heaven and killed them
all. 30 That is how it will be on the day the Son of Man is revealed.

31 "On that day the man who is on the roof of his house must
not go down into the house to get his belongings; in the same
way the man who is out in the field must not go back to the house.
32 Remember Lot's wife! 33 Whoever tries to save his own life will
lose it; whoever loses his life will save it. 34 On that night, I tell
you, there will be two people sleeping in the same bed: one will
be taken away, the other will be left behind. 35 Two women will
be grinding corn together: one will be taken away, the other will
be left behind."[v]

---

[t] MADE CLEAN: *See 5.12.*

[u] within you; *or* among you, *or* will suddenly appear among you.

[v] *Some manuscripts add verse* 36: Two men will be working in a field: one will be taken away, the other will be left behind *(see Mt 24.40).*

yno, fe'u glanhawyd hwy. Ac un ohonynt, pan welodd ei fod 15
wedi ei iacháu, dychwelodd gan ogoneddu Duw â llais uchel.
Syrthiodd ar ei wyneb wrth draed Iesu gan ddiolch iddo; a 16
Samariad oedd ef. Atebodd Iesu, " Oni lanhawyd y deg ? 17
Ble mae'r naw ? Ai'r estron hwn yn unig a gafwyd i ddychwel- 18
yd ac i roi gogoniant i Dduw ?" Yna meddai wrtho, " Cod, a 19
dos ar dy hynt; dy ffydd sydd wedi dy iacháu di."

Dyfodiad y Deyrnas
(Mth 24.23-28, 37-41)

Gofynnwyd iddo gan y Phariseaid pryd y deuai teyrnas 20
Dduw. Atebodd hwy, " Nid rhywbeth i wylio amdano yw
dyfodiad teyrnas Dduw. Ni bydd dynion yn dweud, ' Dyma 21
hi ', neu ' Dacw hi '; edrychwch, y mae teyrnas Dduw yn eich
plith* chwi." Ac meddai wrth ei ddisgyblion, " Daw dyddiau 22
pan fyddwch yn dyheu am gael gweld un o ddyddiau Mab y
Dyn, ac ni welwch mohono. Dywedant wrthych, ' Dacw ef ', 23
neu ' Dyma ef '; peidiwch â mynd, peidiwch â rhedeg ar eu hôl.
Oherwydd fel y fellten sy'n fflachio o'r naill gwr o'r nef hyd y 24
llall, felly y bydd Mab y Dyn yn ei ddydd ef. Ond yn gyntaf y 25
mae'n rhaid iddo ddioddef llawer, a chael ei wrthod gan y
genhedlaeth hon. Ac fel y bu hi yn nyddiau Noa, felly hefyd 26
y bydd hi yn nyddiau Mab y Dyn: yr oedd pobl yn bwyta, yn 27
yfed, yn cymryd gwragedd, yn cael gwŷr, hyd y dydd yr aeth
Noa i mewn i'r arch ac y daeth y dilyw a difa pawb. Fel y bu hi 28
yn nyddiau Lot: yr oedd dynion yn bwyta, yn yfed, yn prynu,
yn gwerthu, yn plannu, yn adeiladu; ond y dydd yr aeth Lot 29
allan o Sodom, fe lawiodd dân a brwmstan o'r nef a difa pawb.
Yn union felly y bydd hi y dydd y datguddir Mab y Dyn. Y 30,31
dydd hwnnw, os bydd rhywun ar y to, a'i bethau yn y tŷ, peid-
ied â mynd i lawr i'w cipio; a'r un modd peidied neb fydd yn
y cae â throi yn ei ôl. Cofiwch wraig Lot. Pwy bynnag a gais 32,33
gadw ei fywyd ei hun, fe'i cyll, a phwy bynnag a'i cyll, fe'i
ceidw yn fyw. 'Rwy'n dweud wrthych, y nos honno bydd dau 34
mewn un gwely; cymerir y naill a gadewir y llall. Bydd dwy 35
wraig yn malu yn yr un lle; cymerir y naill a gadewir y llall."*

---

*adn. 21: neu, *o'ch mewn.*

*adn. 35: ychwanega rhai llawysgrifau adn. 36: *Bydd dau yn y cae; cymerir y naill a gadewir y llall.*

37 The disciples asked him, "Where, Lord?"
Jesus answered, "Wherever there is a dead body, the vultures will
gather."

The Parable of the Widow and the Judge

18 Then Jesus told his disciples a parable to teach them that
they should always pray and never become discouraged. 2 "In
a certain town there was a judge who neither feared God nor respected
man. 3 And there was a widow in that same town who kept coming
to him and pleading for her rights, saying, 'Help me against my
opponent!' 4 For a long time the judge refused to act, but at last
he said to himself, 'Even though I don't fear God or respect man,
5 yet because of all the trouble this widow is giving me, I will see
to it that she gets her rights. If I don't, she will keep on coming
and finally wear me out!'"
6 And the Lord continued, "Listen to what that corrupt judge
said. 7 Now, will God not judge in favour of his own people who
cry to him day and night for help? Will he be slow to help them?
8 I tell you, he will judge in their favour and do it quickly. But
will the Son of Man find faith on earth when he comes?"

The Parable of the Pharisee and the Tax Collector

9 Jesus also told this parable to people who were sure of their
own goodness and despised everybody else. 10 "Once there were two
men who went up to the Temple to pray: one was a Pharisee,
the other a tax collector.
11 "The Pharisee stood apart by himself and prayed,[w] 'I thank you,
God, that I am not greedy, dishonest, or an adulterer, like everybody
else. I thank you that I am not like that tax collector over there. 12 I
fast two days a week, and I give you a tenth of all my income.'
13 "But the tax collector stood at a distance and would not even raise
his face to heaven, but beat on his breast and said, 'God, have pity
on me, a sinner!' 14 I tell you," said Jesus, "the tax collector, and
not the Pharisee, was in the right with God when he went home.
For everyone who makes himself great will be humbled, and everyone
who humbles himself will be made great."

Jesus Blesses Little Children

(Matt. 19.13-15; Mark 10.13-16)

15 Some people brought their babies to Jesus for him to place
his hands on them. The disciples saw them and scolded them for

---

[w] stood apart by himself and prayed; *some manuscripts have* stood up and prayed to himself.

Ac atebasant hwythau ef, " Ble, Arglwydd ?" Meddai ef 37
wrthynt, " Lle bydd y gelain, yno yr heidia'r eryrod."

Dameg y Weddw a'r Barnwr

Dywedodd ddameg wrthynt i ddangos fod yn rhaid iddynt **18**
weddïo bob amser yn ddiflino: " Mewn rhyw dref yr oedd 2
barnwr. Nid oedd yn ofni Duw nac yn parchu dynion.
Yn y dref honno yr oedd hefyd wraig weddw a fyddai'n mynd 3
ger ei fron ac yn dweud, ' Dyro imi ddedfryd gyfiawn yn erbyn
fy ngwrthwynebwr.' Am hir amser daliodd i'w gwrthod, ond 4
yn y diwedd meddai wrtho'i hun, ' Er nad wyf yn ofni Duw
nac yn parchu dynion, eto, am fod y wraig weddw yma yn fy 5
mhoeni o hyd, fe roddaf iddi'r ddedfryd, rhag iddi ddal i ddod
a'm plagio i farwolaeth.' " Ac meddai'r Arglwydd, " Clywch 6
eiriau'r barnwr anghyfiawn. A fydd Duw yn gwrthod cyfiawn- 7
der i'w etholedigion, sy'n galw'n daer arno ddydd a nos ? A
fydd ef yn oedi yn eu hachos hwy ? 'Rwy'n dweud wrthych y 8
rhydd ef gyfiawnder iddynt yn ebrwydd. Ond eto, pan ddaw
Mab y Dyn, a gaiff ef ffydd ar y ddaear ? "

Dameg y Pharisead a'r Casglwr Trethi

Dywedodd hefyd y ddameg hon wrth rai oedd yn sicr eu bod 9
hwy eu hunain yn gyfiawn, ac yn dirmygu pawb arall: " Aeth 10
dau ddyn i fyny i'r deml i weddïo, y naill yn Pharisead a'r llall
yn gasglwr trethi. Safodd y Pharisead wrtho'i hun a gweddï- 11
odd fel hyn: ' O Dduw, yr wyf yn diolch iti am nad wyf fi fel
pawb arall, yn rheibus, yn anghyfiawn, yn odinebus, na chwaith
fel y casglwr trethi yma. Yr wyf yn ymprydio ddwywaith yr 12
wythnos, ac yn talu degwm ar bopeth a gaf.' Ond yr oedd y 13
casglwr trethi yn sefyll ymhell i ffwrdd, heb geisio cymaint â
chodi ei lygaid tua'r nef; yr oedd yn curo ei fron gan ddweud,
' O Dduw, bydd drugarog wrthyf fi, bechadur.' 'Rwy'n dweud 14
wrthych, dyma'r dyn a aeth adref wedi ei gyfiawnhau, nid y
llall; oherwydd darostyngir pob un sy'n ei ddyrchafu ei hun,
a dyrchefir pob un sy'n ei ddarostwng ei hun."

Bendithio Plant Bach
(Mth 19.13-15; Mc 10.13-16)

Yr oeddent yn dod â'u babanod hefyd ato, iddo gyffwrdd â 15
hwy, ond wrth weld hyn dechreuodd y disgyblion eu ceryddu.

doing so, [16]but Jesus called the children to him and said, "Let the
children come to me and do not stop them, because the Kingdom
of God belongs to such as these. [17]Remember this! Whoever does
not receive the Kingdom of God like a child will never enter it."

The Rich Man

(Matt. 19.16-30; Mark 10.17-31)

18 A Jewish leader asked Jesus, "Good Teacher, what must I do
to receive eternal life?"

19 "Why do you call me good?" Jesus asked him. "No one is
good except God alone. [20]You know the commandments: 'Do not
commit adultery; do not commit murder; do not steal; do not accuse
anyone falsely; respect your father and your mother.'"

21 The man replied, "Ever since I was young, I have obeyed all
these commandments."

22 When Jesus heard this, he said to him, "There is still one more
thing you need to do. Sell all you have and give the money to
the poor, and you will have riches in heaven; then come and follow
me." [23]But when the man heard this, he became very sad, because
he was very rich.

24 Jesus saw that he was sad and said, "How hard it is for rich
people to enter the Kingdom of God! [25]It is much harder for a
rich person to enter the Kingdom of God than for a camel to go
through the eye of a needle."

26 The people who heard him asked, "Who, then, can be saved?"

27 Jesus answered, "What is impossible for man is possible for
God."

28 Then Peter said, "Look! We have left our homes to follow
you."

29 "Yes," Jesus said to them, "and I assure you that anyone who
leaves home or wife or brothers or parents or children for the sake of
the Kingdom of God [30]will receive much more in this present age and
eternal life in the age to come."

Jesus Speaks a Third Time about His Death

(Matt. 20.17-19; Mark 10.32-34)

31 Jesus took the twelve disciples aside and said to them, "Listen!
We are going to Jerusalem where everything the prophets wrote
about the Son of Man will come true. [32]He will be handed over
to the Gentiles, who will mock him, insult him, and spit on him.
[33]They will whip him and kill him, but three days later he will
rise to life."

34 But the disciples did not understand any of these things; the mean-

Ond galwodd Iesu'r plant ato gan ddweud, " Gadewch i'r plant 16
ddod ataf fi a pheidiwch â'u rhwystro, oherwydd i rai fel hwy
y mae teyrnas Dduw yn perthyn. Yn wir, 'rwy'n dweud 17
wrthych, pwy bynnag nad yw'n derbyn teyrnas Dduw yn null
plentyn, nid â byth i mewn iddi."

Y Llywodraethwr Ifanc Cyfoethog
(Mth 19.16-30; Mc 10.17-31)

Gofynnodd aelod o'r Cyngor iddo, " Athro da, beth a wnaf i 18
etifeddu bywyd tragwyddol ?" Dywedodd Iesu wrtho, " Pam 19
yr wyt yn fy ngalw i yn dda ? Nid oes neb da ond un, sef Duw.
Gwyddost y gorchmynion: ' Na odineba, na ladd, na ladrata, 20
na chamdystiolaetha, anrhydedda dy dad a'th fam.' " Meddai 21
yntau, " Yr wyf wedi cadw'r rhain i gyd o'm hieuenctid." Pan 22
glywodd Iesu hyn, dywedodd wrtho, " Un peth sydd ar ôl i ti
ei wneud: gwerth y cwbl sydd gennyt, a rhanna ef ymhlith y
tlodion, a chei drysor yn y nefoedd; a thyrd, canlyn fi." Ond 23
pan glywodd ef hyn, aeth yn drist iawn, oherwydd yr oedd yn
gyfoethog dros ben.

Pan welodd Iesu ef wedi tristáu, meddai, " Mor anodd yw hi 24
i'r rhai goludog fynd i mewn i deyrnas Dduw ! Oherwydd y 25
mae'n haws i gamel fynd trwy grau nodwydd nag i ddyn
cyfoethog fynd i mewn i deyrnas Dduw." Ac meddai'r gwran- 26
dawyr, " Pwy ynteu all gael ei achub ?" Atebodd yntau, " Y 27
mae'r hyn sy'n amhosibl gyda dynion yn bosibl gyda Duw."
Yna dywedodd Pedr, " Dyma ni wedi gadael ein heiddo a'th 28
ganlyn di." Ond meddai ef wrthynt, " Yn wir, 'rwy'n dweud 29
wrthych nad oes neb a adawodd dŷ neu wraig neu frodyr neu
rieni neu blant, er mwyn teyrnas Dduw, na chaiff dderbyn 30
yn ôl lawer gwaith cymaint yn yr amser hwn, ac yn yr oes
sy'n dod fywyd tragwyddol."

Iesu Unwaith Eto yn Rhagfynegi ei Farwolaeth a'i Atgyfodiad
(Mth 20.17-19; Mc 10.32-34)

Cymerodd y Deuddeg gydag ef a dweud wrthynt, " Dyma 31
ni'n mynd i fyny i Jerwsalem, a chyflawnir ar Fab y Dyn bob
peth sydd wedi ei ysgrifennu trwy'r proffwydi; oherwydd 32
caiff ei drosglwyddo i'r estroniaid, a'i watwar a'i gam-drin, a
phoeri arno; ac wedi ei fflangellu lladdant ef, a'r trydydd dydd 33
fe atgyfoda." Nid oeddent hwy yn deall dim o hyn; yr oedd y 34

ing of the words was hidden from them, and they did not know
what Jesus was talking about.

Jesus Heals a Blind Beggar

(Matt. 20.29-34; Mark 10.46-52)

35 As Jesus was coming near Jericho, there was a blind man sitting
by the road, begging. 36 When he heard the crowd passing by, he
asked, "What is this?"

37 "Jesus of Nazareth is passing by," they told him.

38 He cried out, "Jesus! Son of David! Take pity on me!"

39 The people in front scolded him and told him to be quiet.
But he shouted even more loudly, "Son of David! Take pity on
me!"

40 So Jesus stopped and ordered the blind man to be brought
to him. When he came near, Jesus asked him, 41 "What do you
want me to do for you?"

"Sir," he answered, "I want to see again."

42 Jesus said to him, "Then see! Your faith has made you well."

43 At once he was able to see, and he followed Jesus, giving thanks to
God. When the crowd saw it, they all praised God.

Jesus and Zacchaeus

19 Jesus went on into Jericho and was passing through. 2 There
was a chief tax collector there named Zacchaeus, who was
rich. 3 He was trying to see who Jesus was, but he was a little
man and could not see Jesus because of the crowd. 4 So he ran
ahead of the crowd and climbed a sycomore tree to see Jesus, who
was going to pass that way. 5 When Jesus came to that place, he
looked up and said to Zacchaeus, "Hurry down, Zacchaeus, because
I must stay in your house today."

6 Zacchaeus hurried down and welcomed him with great joy. 7 All
the people who saw it started grumbling, "This man has gone as
a guest to the home of a sinner!"

8 Zacchaeus stood up and said to the Lord, "Listen, sir! I will
give half my belongings to the poor, and if I have cheated anyone,
I will pay him back four times as much."

9 Jesus said to him, "Salvation has come to this house today,
for this man, also, is a descendant of Abraham. 10 The Son of Man
came to seek and to save the lost."

peth hwn wedi ei guddio rhagddynt, a'i eiriau y tu hwnt i'w hamgyffred.

Iacháu Cardotyn Dall ger Jericho
(Mth 20.29-34; Mc 10.46-52)

Wrth iddo nesáu at Jericho, yr oedd dyn dall yn eistedd ar 35
fin y ffordd yn cardota. Pan glywodd y dyrfa yn dod gofynnodd 36
beth oedd hynny, a mynegwyd iddo fod Iesu o Nasareth yn 37
mynd heibio. Bloeddiodd yntau, " Iesu, Fab Dafydd, trugarha 38
wrthyf." Yr oedd y rhai ar y blaen yn ei geryddu ac yn dweud 39
wrtho am dewi; ond yr oedd ef yn gweiddi'n uwch fyth, " Fab
Dafydd, trugarha wrthyf." Safodd Iesu, a gorchymyn dod 40
ag ef ato. Wedi i'r dyn nesáu gofynnodd Iesu iddo, " Beth yr 41
wyt ti am i mi ei wneud iti ?" Meddai ef, " Syr, mae arnaf
eisiau cael fy ngolwg yn ôl." Dywedodd Iesu wrtho, " Derbyn 42
dy olwg yn ôl; dy ffydd sydd wedi dy iacháu di." Cafodd ei 43
olwg yn ôl ar unwaith, a dechreuodd ei ganlyn ef gan ogoneddu
Duw. Ac o weld hyn rhoddodd yr holl bobl foliant i Dduw.

Iesu a Sacheus

Yr oedd wedi dod i mewn i Jericho, ac yn mynd trwy'r dref. **19**
Dyma ddyn o'r enw Sacheus, un oedd yn brif gasglwr trethi ac 2
yn ŵr cyfoethog, yn ceisio gweld prun oedd Iesu; ond yr oedd 3
yno ormod o dyrfa, ac yntau'n ddyn byr. Rhedodd ymlaen a 4
dringo sycamorwydden er mwyn gweld Iesu, oherwydd yr oedd
ar fynd heibio y ffordd honno. Pan ddaeth Iesu at y fan, 5
edrychodd i fyny a dweud wrtho, " Sacheus, tyrd i lawr ar dy
union; y mae'n rhaid imi aros yn dy dŷ di heddiw." Daeth ef i 6
lawr ar ei union a'i groesawu yn llawen. Pan welsant hyn, 7
dechreuodd pawb rwgnach ymhlith ei gilydd gan ddweud,
" Y mae wedi mynd i letya at ddyn pechadurus." Ond safodd 8
Sacheus yno, ac meddai wrth yr Arglwydd, " Dyma hanner fy
eiddo, Syr, yn rhodd i'r tlodion; os mynnais arian ar gam gan
neb, fe'i talaf yn ôl bedair gwaith." " Heddiw," meddai Iesu 9
wrtho, " daeth iachawdwriaeth i'r tŷ hwn, oherwydd mab i
Abraham yw'r gŵr hwn yntau. Daeth Mab y Dyn i geisio ac i 10
achub y colledig "

The Parable of the Gold Coins
(Matt. 25.14-30)

11 While the people were listening to this, Jesus continued and told
them a parable. He was now almost at Jerusalem, and they supposed
that the Kingdom of God was just about to appear. 12 So he said,
"There was once a man of high rank who was going to a country
far away to be made king, after which he planned to come back
home. 13 Before he left, he called his ten servants and gave them
each a gold coin and told them, 'See what you can earn with this
while I am gone.' 14 Now, his countrymen hated him, and so they
sent messengers after him to say, 'We don't want this man to be
our king.'

15 "The man was made king and came back. At once he ordered
his servants to appear before him, in order to find out how much
they had earned. 16 The first one came and said, 'Sir, I have earned
ten gold coins with the one you gave me.' 17 'Well done,' he said;
'you are a good servant! Since you were faithful in small matters,
I will put you in charge of ten cities.' 18 The second servant came
and said, 'Sir, I have earned five gold coins with the one you gave
me.' 19 To this one he said, 'You will be in charge of five cities.'

20 "Another servant came and said, 'Sir, here is your gold coin; I
kept it hidden in a handkerchief. 21 I was afraid of you, because you
are a hard man. You take what is not yours and reap what you
did not sow.' 22 He said to him, 'You bad servant! I will use your
own words to condemn you! You know that I am a hard man,
taking what is not mine and reaping what I have not sown. 23 Well,
then, why didn't you put my money in the bank? Then I would
have received it back with interest when I returned.'

24 "Then he said to those who were standing there, 'Take the
gold coin away from him and give it to the servant who has ten
coins.' 25 But they said to him, 'Sir, he already has ten coins!' 26 'I
tell you,' he replied, 'that to every person who has something, even
more will be given; but the person who has nothing, even the little
that he has will be taken away from him. 27 Now, as for those enemies
of mine who did not want me to be their king, bring them here
and kill them in my presence!' "

The Triumphant Approach to Jerusalem
(Matt. 21.1-11; Mark 11.1-11; John 12.12-19)

28 Jesus said this and then went on to Jerusalem ahead of them.

Dameg y Deg Darn Aur
(Mth 25.14-30)

Tra oeddent yn gwrando ar hyn, fe aeth ymlaen i ddweud 11
dameg, am ei fod yn agos i Jerwsalem a hwythau'n tybied fod
teyrnas Dduw i ymddangos ar unwaith. Meddai gan hynny, 12
" Aeth dyn o uchel dras i wlad bell i gael ei wneud yn frenin,
ac yna dychwelyd i'w deyrnas. Galwodd ato ddeg o'i weision 13
a rhoi darn aur bob un iddynt, gan ddweud wrthynt, ' Ewch i
fasnachu nes imi ddychwelyd.' Ond yr oedd ei ddeiliaid yn ei 14
gasáu, ac anfonasant lysgenhadon ar ei ôl i ddatgan: ' Ni
fynnwn hwn yn frenin arnom.' Ond dychwelodd ef wedi ei 15
wneud yn frenin, a gorchmynnodd alw ato y gweision hynny yr
oedd wedi rhoi'r arian iddynt, i gael gwybod pa lwyddiant yr
oeddent wedi ei gael. Daeth y cyntaf ato gan ddweud, ' Meistr, 16
y mae dy ddarn aur wedi ennill ato ddeg darn arall.' ' Ar- 17
dderchog, fy ngwas da,' meddai yntau wrtho, ' am iti fod yn
ffyddlon yn y pethau lleiaf, yr wyf yn dy benodi yn llywodraeth-
wr ar ddeg tref.' Daeth yr ail gan ddweud, ' Y mae dy ddarn 18
aur, Meistr, wedi gwneud pum darn.' 'Tithau hefyd,' meddai 19
wrth hwn yn ei dro, ' bydd yn bennaeth ar bum tref.' Yna 20
daeth y trydydd gan ddweud, ' Meistr, dyma dy ddarn aur.
Fe'i cedwais yn ddiogel mewn cadach. Yr oedd arnaf dy ofn di. 21
Yr wyt yn ddyn caled, yn cymryd yr hyn a ystoriodd eraill ac
yn medi'r hyn a heuodd eraill.' ' Â'th eiriau dy hun,' atebodd 22
ef, ' yr wyf yn dy gondemnio, y gwas drwg. Yr oeddit yn
gwybod, meddi, fy mod yn ddyn caled, yn cymryd yr hyn a
ystoriodd eraill ac yn medi'r hyn a heuodd eraill. Pam felly na 23
roddaist fy arian mewn banc ? Buasai wedi ennill llog erbyn
imi ddod i'w godi.' Yna meddai wrth y rhai oedd yno, ' Cymer- 24
wch y darn aur oddi arno a rhowch ef i'r un â chanddo ddeg
darn.' ' Meistr,' meddent hwy wrtho, ' y mae ganddo ddeg 25
darn yn barod.' 'Rwy'n dweud wrthych, i bawb y mae ganddo 26
y rhoddir, ond oddi ar yr hwn nad oes ganddo fe gymerir hyd
yn oed hynny sydd ganddo. A'm gelynion, y rheini na fynnent 27
fi yn frenin arnynt, dewch â hwy yma a lladdwch hwy yn fy
ngŵydd."

Yr Ymdaith Fuddugoliaethus i mewn i Jerwsalem
(Mth 21.1-11; Mc 11.1-11; In 12.12-19)

Wedi dweud hyn aeth rhagddo ar ei ffordd i fyny i Jerwsalem, 28

29 As he came near Bethphage and Bethany at the Mount of Olives,
he sent two disciples ahead 30 with these instructions: "Go to the
village there ahead of you; as you go in, you will find a colt tied
up that has never been ridden. Untie it and bring it here. 31 If someone
asks you why you are untying it, tell him that the Master[x] needs
it."

32 They went on their way and found everything just as Jesus
had told them. 33 As they were untying the colt, its owners said
to them, "Why are you untying it?"

34 "The Master needs it," they answered, 35 and they took the colt to
Jesus. Then they threw their cloaks over the animal and helped
Jesus get on. 36 As he rode on, people spread their cloaks on the
road.

37 When he came near Jerusalem, at the place where the road
went down the Mount of Olives, the large crowd of his disciples
began to thank God and praise him in loud voices for all the great
things that they had seen: 38 "God bless the king who comes in
the name of the Lord! Peace in heaven and glory to God!"

39 Then some of the Pharisees in the crowd spoke to Jesus.
"Teacher," they said, "command your disciples to be quiet!"

40 Jesus answered, "I tell you that if they keep quiet, the stones themselves will start shouting."

Jesus Weeps over Jerusalem

41 He came closer to the city, and when he saw it, he wept over
it, 42 saying, "If you only knew today what is needed for peace!
But now you cannot see it! 43 The time will come when your enemies
will surround you with barricades, blockade you, and close in on
you from every side. 44 They will completely destroy you and the
people within your walls; not a single stone will they leave in its
place, because you did not recognize the time when God came to
save you!"

Jesus Goes to the Temple

(Matt. 21.12-17; Mark 11.15-19; John 2.13-22)

45 Then Jesus went into the Temple and began to drive out the
merchants, 46 saying to them, "It is written in the Scriptures that
God said, 'My Temple will be called a house of prayer.' But you
have turned it into a hideout for thieves!"

---

[x] the Master; *or* its owner.

gan gerdded ar y blaen. Pan gyrhaeddodd yn agos i Bethffage 29
a Bethania, ger y mynydd a elwir Olewydd, anfonodd ddau o'i
ddisgyblion gan ddweud, "Ewch i'r pentref gyferbyn. Wrth 30
ichwi ddod i mewn iddo cewch yno ebol wedi ei rwymo, un nad
oes neb wedi bod ar ei gefn erioed. Gollyngwch ef a dewch ag
ef yma. Ac os bydd rhywun yn gofyn i chwi, 'Pam yr ydych 31
yn ei ollwng?' dywedwch fel hyn: 'Y mae ar y Meistr ei
angen.'" Aeth y rhai a anfonwyd, a chael yr ebol, fel yr oedd 32
ef wedi dweud wrthynt. Pan oeddent yn gollwng yr ebol, 33
meddai ei berchenogion wrthynt, "Pam yr ydych yn gollwng
yr ebol?" Atebasant hwythau, "Y mae ar y Meistr ei angen", 34
a daethant ag ef at Iesu. Yna taflasant eu mentyll ar yr ebol, a 35
gosod Iesu ar ei gefn. Wrth iddo fynd yn ei flaen, yr oedd pobl 36
yn taenu eu mentyll ar y ffordd.

Pan oedd yn nesáu at y ffordd sy'n disgyn o Fynydd yr 37
Olewydd, dechreuodd holl dyrfa ei ddisgyblion yn eu llawen-
ydd foli Duw â llais uchel am yr holl wyrthiau yr oeddent wedi
eu gweld, gan ddweud: 38

"Bendith ar yr hwn sy'n dyfod
yn frenin yn enw'r Arglwydd;
yn y nef, tangnefedd,
a gogoniant yn y goruchaf."

Ac meddai rhai o'r Phariseaid wrtho o'r dyrfa, "Athro, 39
cerydda dy ddisgyblion." Atebodd yntau, "'Rwy'n dweud 40
wrthych, os bydd y rhain yn tewi, bydd y cerrig yn gweiddi."

Pan ddaeth yn agos a gweld y ddinas, wylodd drosti gan 41
ddweud, "Pe bait tithau, y dydd hwn, wedi adnabod ffordd 42
tangnefedd—ond na, fe'i cuddiwyd rhag dy lygaid. Oherwydd 43
daw arnat ddyddiau pan fydd dy elynion yn codi clawdd yn dy
erbyn, a'th amgylchynu a gwasgu arnat o bob tu. Fe'th ddym- 44
chwelant hyd dy seiliau, ti a'th blant o'th fewn; ni adawant
faen ar faen ynot ti, oherwydd dy fod heb adnabod yr amser
pan ymwelwyd â thi."

Glanhau'r Deml

(Mth 21.12-17; Mc 11.15-19; In 2.13-22)

Aeth i mewn i'r deml a dechreuodd fwrw allan y rhai oedd 45
yn gwerthu, gan ddweud wrthynt, "Y mae'n ysgrifenedig: 46

'A bydd fy nhŷ i yn dŷ gweddi,
ond gwnaethoch chwi ef yn ogof lladron.'"

47 Every day Jesus taught in the Temple. The chief priests, the
teachers of the Law, and the leaders of the people wanted to kill
him, 48 but they could not find a way to do it, because all the people
kept listening to him, not wanting to miss a single word.

The Question about Jesus' Authority
(Matt. 21.23-27; Mark 11.27-33)

20 One day when Jesus was in the Temple teaching the people
and preaching the Good News, the chief priests and the
teachers of the Law, together with the elders, came 2 and said to
him, "Tell us, what right have you to do these things? Who gave
you this right?"
3 Jesus answered them, "Now let me ask you a question. Tell
me, 4 did John's right to baptize come from God or from man?"
5 They started to argue among themselves, "What shall we say?
If we say, 'From God,' he will say, 'Why, then, did you not believe
John?' 6 But if we say 'From man,' this whole crowd here will stone
us, because they are convinced that John was a prophet." 7 So they
answered, "We don't know where it came from."
8 And Jesus said to them, "Neither will I tell you, then, by what
right I do these things."

The Parable of the Tenants in the Vineyard
(Matt. 21.33-46; Mark 12.1-12)

9 Then Jesus told the people this parable: "There was once a
man who planted a vineyard, let it out to tenants, and then left
home for a long time. 10 When the time came to gather the grapes,
he sent a slave to the tenants to receive from them his share of
the harvest. But the tenants beat the slave and sent him back without
a thing. 11 So he sent another slave; but the tenants beat him also,
treated him shamefully, and sent him back without a thing. 12 Then
he sent a third slave; the tenants wounded him, too, and threw
him out. 13 Then the owner of the vineyard said, 'What shall I do?
I will send my own dear son; surely they will respect him!' 14 But
when the tenants saw him, they said to one another, 'This is the
owner's son. Let's kill him, and his property will be ours!' 15 So
they threw him out of the vineyard and killed him.
"What, then, will the owner of the vineyard do to the tenants?" Jesus
asked. 16 "He will come and kill those men, and hand the vineyard over
to other tenants."
When the people heard this, they said, "Surely not!"

Yr oedd yn dysgu o ddydd i ddydd yn y deml. Yr oedd y prif 47
offeiriaid a'r ysgrifenyddion, ynghyd â gwŷr blaenaf y bobl, yn
ceisio modd i'w ladd, ond heb daro ar ffordd i wneud hynny, 48
oherwydd fod yr holl bobl yn gwrando arno ac yn dal ar ei
eiriau.

Amau Awdurdod Iesu
(Mth 21.23-27; Mc 11.27-33)

Un o'r dyddiau pan oedd ef yn dysgu'r bobl yn y deml ac yn **20**
cyhoeddi'r newydd da, daeth y prif offeiriaid a'r ysgrifenyddion,
ynghyd â'r henuriaid, ato, ac meddent wrtho, " Dywed 2
wrthym trwy ba awdurdod yr wyt ti'n gwneud y pethau hyn,
neu pwy roddodd i ti'r awdurdod hon." Atebodd ef hwy, " Fe 3
ofynnaf finnau rywbeth i chwi. Dywedwch wrthyf: bedydd 4
Ioan, ai o'r nef yr oedd, ai o ddynion ? " Dadleusant â'i gilydd 5
gan ddweud, " Os dywedwn, ' O'r nef ', fe ddywed, ' Pam na
chredasoch ef ?' Ond os dywedwn, ' O ddynion ', bydd yr 6
holl bobl yn ein llabyddio, oherwydd y maent yn argyhoedd-
edig fod Ioan yn broffwyd." Ac atebasant nad oeddent yn 7
gwybod o ble'r oedd. Meddai Iesu wrthynt, " Ni ddywedaf 8
finnau chwaith wrthych chwi trwy ba awdurdod yr wyf yn
gwneud y pethau hyn."

Dameg y Winllan a'r Tenantiaid
(Mth 21.33-46; Mc 12.1-12)

Dechreuodd ddweud y ddameg hon wrth y bobl: " Fe 9
blannodd dyn winllan, ac wedi iddo ei gosod hi i denantiaid,
aeth oddi cartref am amser hir. Pan ddaeth yn amser, anfonodd 10
was at y tenantiaid iddynt roi iddo gyfran o ffrwyth y winllan.
Ond ei guro a wnaeth y tenantiaid, a'i yrru i ffwrdd yn waglaw.
Anfonodd ef was arall, ond curasant hwn hefyd a'i amharchu, 11
a'i yrru i ffwrdd yn waglaw. Anfonodd ef drachefn drydydd, 12
ond clwyfasant hwn hefyd a'i fwrw allan. Yna meddai perchen 13
y winllan, ' Beth a wnaf fi ? Fe anfonaf fy mab, yr anwylyd;
efallai y parchant ef.' Ond pan welodd y tenantiaid hwn, 14
dechreusant drafod ymhlith ei gilydd gan ddweud, ' Hwn yw'r
etifedd; lladdwn ef, er mwyn i'r etifeddiaeth ddod yn eiddo i
ni.' A bwriasant ef allan o'r winllan a'i ladd. Beth ynteu a wna 15
perchen y winllan iddynt ? Fe ddaw ac fe ddifetha'r tenantiaid 16
hynny, ac fe rydd y winllan i eraill." Pan glywsant hyn medd-

17 Jesus looked at them and asked, "What, then, does this scripture
mean?

'The stone which the builders rejected as worthless
turned out to be the most important of all.'

18 Everyone who falls on that stone will be cut to pieces; and if
that stone falls on someone, it will crush him to dust."

The Question about Paying Taxes
(Matt. 22.15-22; Mark 12.13-17)

19 The teachers of the Law and the chief priests tried to arrest
Jesus on the spot, because they knew that he had told this parable
against them; but they were afraid of the people. 20 So they looked
for an opportunity. They bribed some men to pretend they were
sincere, and they sent them to trap Jesus with questions, so that
they could hand him over to the authority and power of the Roman
Governor. 21 These spies said to Jesus, "Teacher, we know that what
you say and teach is right. We know that you pay no attention
to a man's status, but teach the truth about God's will for man.
22 Tell us, is it against our Law for us to pay taxes to the Roman
Emperor, or not?"

23 But Jesus saw through their trick and said to them, 24 "Show
me a silver coin. Whose face and name are these on it?"

"The Emperor's," they answered.

25 So Jesus said, "Well, then, pay the Emperor what belongs to
the Emperor, and pay God what belongs to God."

26 There before the people they could not catch him out in anything,
so they kept quiet, amazed at his answer.

The Question about Rising from Death
(Matt. 22.23-33; Mark 12.18-27)

27 Then some Sadducees, who say that people will not rise from
death, came to Jesus and said, 28 "Teacher, Moses wrote this law
for us: 'If a man dies and leaves a wife but no children, that man's
brother must marry the widow so that they can have children who will
be considered the dead man's children.' 29 Once there were seven
brothers; the eldest got married and died without having children.
30 Then the second one married the woman, 31 and then the third.
The same thing happened to all seven—they died without having
children. 32 Last of all, the woman died. 33 Now, on the day when
the dead rise to life, whose wife will she be? All seven of them
had married her."

34 Jesus answered them, "The men and women of this age marry,
35 but the men and women who are worthy to rise from death and
live in the age to come will not then marry. 36 They will be like

ent, "Na ato Duw!" Edrychodd ef arnynt a dweud, " Beth 17
felly yw ystyr yr Ysgrythur hon:

'Y maen a wrthododd yr adeiladwyr,
hwn a ddaeth yn faen y gongl '?

Pawb sy'n syrthio ar y maen hwn, fe'i dryllir; pwy bynnag y 18
syrth y maen arno, fe'i maluria." Ceisiodd yr ysgrifenyddion 19
a'r prif offeiriaid osod dwylo arno y pryd hwnnw, ond yr oedd
arnynt ofn y bobl, oherwydd gwyddent mai yn eu herbyn hwy
y dywedodd y ddameg hon.

Talu Trethi i Gesar
(Mth 22.15-22; Mc 12.13-17)

Gwyliasant eu cyfle ac anfon ysbïwyr, yn rhith dynion gonest, 20
i'w ddal ef ar air, er mwyn ei draddodi i awdurdod brawdlys y
llywodraethwr. Gofynasant iddo, " Athro, gwyddom fod dy 21
eiriau a'th ddysgeidiaeth yn gywir; yr wyt yn ddi-dderbyn-
wyneb, ac yn dysgu ffordd Duw yn gwbl ddiffuant. A yw'n 22
gyfreithlon inni dalu treth i Gesar, ai nid yw?" Ond deallodd 23
ef eu hystryw, ac meddai wrthynt, " Dangoswch imi ddarn 24
arian. Llun ac arysgrif pwy sydd arno ?" " Cesar," meddent 25
hwy. Dywedodd ef wrthynt, " Gan hynny, talwch bethau
Cesar i Gesar, a phethau Duw i Dduw." Yr oeddent wedi 26
methu ei ddal ar air o flaen y bobl, a chan ryfeddu at ei ateb
aethant yn fud.

Holi ynglŷn â'r Atgyfodiad
(Mth 22.23-33; Mc 12.18-27)

Daeth ato rai o'r Sadwceaid, y bobl sy'n dal nad oes dim 27
atgyfodiad. Gofynasant iddo, " Athro, ysgrifennodd Moses ar 28
ein cyfer, os bydd rhywun farw yn ŵr priod, ond yn ddi-blant,
fod ei frawd i gymryd y wraig ac i godi plant i'w frawd. Yn 29
awr, yr oedd saith o frodyr. Cymerodd y cyntaf wraig, a
bu farw'n ddi-blant. Cymerodd yr ail a'r trydydd hi, ac yn yr 30,31
un modd bu'r saith farw heb adael plant. Yn ddiweddarach 32
bu farw'r wraig hithau. Beth am y wraig felly ? Yn yr atgyfod- 33
iad, gwraig prun ohonynt fydd hi ? Oherwydd cafodd y saith
hi'n wraig." Meddai Iesu wrthynt, " Y mae plant y byd hwn 34
yn priodi ac yn cael eu priodi; ond y rhai a gafwyd yn deilwng 35
o'r byd hwnnw ac o'r atgyfodiad oddi wrth y meirw, ni phriod-
ant ac ni phriodir hwy. Ni allant farw mwyach, oherwydd y 36

angels and cannot die. They are the sons of God, because they have
risen from death. 37 And Moses clearly proves that the dead are
raised to life. In the passage about the burning bush he speaks of
the Lord as 'the God of Abraham, the God of Isaac, and the God
of Jacob.' 38 He is the God of the living, not of the dead, for to
him all are alive."

39 Some of the teachers of the Law spoke up, "A good answer,
Teacher!" 40 For they did not dare ask him any more questions.

The Question about the Messiah

(Matt. 22.41-46; Mark 12.35-37)

41 Jesus asked them, "How can it be said that the Messiah will
be the descendant of David? 42 For David himself says in the book
of Psalms,

'The Lord said to my Lord:
Sit here on my right
43 until I put your enemies as a footstool under your feet.'
44 David called him 'Lord'; how, then, can the Messiah be David's
descendant?"

Jesus Warns against the Teachers of the Law

(Matt. 23.1-36; Mark 12.38-40)

45 As all the people listened to him, Jesus said to his disciples, 46 "Be
on your guard against the teachers of the Law, who like to walk about
in their long robes and love to be greeted with respect in the market-
place; who choose the reserved seats in the synagogues and the
best places at feasts; 47 who take advantage of widows and rob them
of their homes, and then make a show of saying long prayers! Their
punishment will be all the worse!"

The Widow's Offering

(Mark 12.41-44)

21 Jesus looked round and saw rich men dropping their gifts
in the temple treasury, 2 and he also saw a very poor widow
dropping in two little copper coins. 3 He said, "I tell you that this
poor widow put in more than all the others. 4 For the others offered
their gifts from what they had to spare of their riches; but she,
poor as she is, gave all she had to live on."

maent fel angylion. Plant Duw ydynt, am eu bod yn blant yr
atgyfodiad. Ond bod y meirw yn codi, y mae Moses yntau wedi 37
dangos hynny yn hanes y Berth, pan ddywed, ‘ Arglwydd
Dduw Abraham a Duw Isaac a Duw Jacob ’. Nid Duw’r 38
meirw yw ef, ond y rhai byw, oherwydd y mae pawb yn fyw
iddo ef.” Atebodd rhai o’r ysgrifenyddion, “ Athro, da y 39
dywedaist ”, oherwydd ni feiddient mwyach ei holi am ddim. 40

Holi ynglŷn â Mab Dafydd
(Mth 22.41-46; Mc 12.35-37)

A dywedodd wrthynt, “ Sut y mae pobl yn gallu dweud fod 41
y Meseia yn Fab Dafydd ? Oherwydd y mae Dafydd ei hun yn 42
dweud yn llyfr y Salmau:

‘ Dywedodd yr Arglwydd wrth fy Arglwydd i,
“ Eistedd ar fy neheulaw
hyd oni osodaf dy elynion yn droedfainc i’th draed.” ’ 43

Yn awr, y mae Dafydd yn ei alw’n Arglwydd; sut felly y mae’n 44
fab iddo ?”

Cyhuddo’r Ysgrifenyddion
(Mth 23.1-36; Mc 12.38-40; Lc 11.37–54)

A’r holl bobl yn gwrando, meddai wrth ei ddisgyblion, 45
“ Gochelwch rhag yr ysgrifenyddion sy’n hoffi rhodianna mewn 46
gwisgoedd llaes, sy’n caru cael cyfarchiadau yn y marchnad-
oedd, a’r prif gadeiriau yn y synagogau, a’r seddau anrhydedd
mewn gwleddoedd, ac sy’n difa cartrefi gwragedd gweddwon, 47
ac mewn rhagrith yn gweddïo’n faith; fe dderbyn y rhain
drymach dedfryd.”

Offrwm y Weddw
(Mc 12.41-44)

Cododd ei lygaid a gwelodd bobl gyfoethog yn rhoi eu rhodd- **21**
ion i mewn yng nghist y drysorfa. Yna gwelodd wraig weddw 2
dlawd yn rhoi dwy hatling ynddi, ac meddai, “ Yn wir, ’rwy’n 3
dweud wrthych fod y weddw dlawd hon wedi rhoi mwy na
phawb. Oherwydd rhoddodd y rhain i gyd roddion o’r mwy 4
na digon sydd ganddynt, ond rhoddodd hon o’i phrinder y
cwbl oedd ganddi i fyw arno.”

Jesus Speaks of the Destruction of the Temple
(Matt. 24.1-2; Mark 13.1-2)

5 Some of the disciples were talking about the Temple, how beautiful
it looked with its fine stones and the gifts offered to God. Jesus
said, [6]"All this you see—the time will come when not a single stone
here will be left in its place; every one will be thrown down."

Troubles and Persecutions
(Matt. 24.3-14; Mark 13.3-13)

7 "Teacher," they asked, "when will this be? And what will happen
in order to show that the time has come for it to take place?"
8 Jesus said, "Be on guard; don't be deceived. Many men, claiming
to speak for me, will come and say, 'I am he!' and, 'The time
has come!' But don't follow them. [9]Don't be afraid when you hear
of wars and revolutions; such things must happen first, but they
do not mean that the end is near."
10 He went on to say, "Countries will fight each other; kingdoms
will attack one another. [11]There will be terrible earthquakes, famines,
and plagues everywhere; there will be strange and terrifying things
coming from the sky. [12]Before all these things take place, however, you
will be arrested and persecuted; you will be handed over to be
tried in synagogues and be put in prison; you will be brought before
kings and rulers for my sake. [13]This will be your chance to tell
the Good News. [14]Make up your minds beforehand not to worry
about how you will defend yourselves, [15]because I will give you
such words and wisdom that none of your enemies will be able
to refute or contradict what you say. [16]You will be handed over
by your parents, your brothers, your relatives, and your friends;
and some of you will be put to death. [17]Everyone will hate you
because of me. [18]But not a single hair from your heads will be
lost. [19]Stand firm, and you will save yourselves.

Jesus Speaks of the Destruction of Jerusalem
(Matt. 24.15-21; Mark 13.14-19)

20 "When you see Jerusalem surrounded by armies, then you will
know that she will soon be destroyed. [21]Then those who are in
Judaea must run away to the hills; those who are in the city must
leave, and those who are out in the country must not go into the
city. [22]For those will be 'The Days of Punishment,' to make all

Rhagfynegi Dinistr y Deml
(Mth 24.1-2; Mc 13.1-2)

Wrth i rywrai sôn am y deml, ei bod wedi ei haddurno â 5
meini gwych a rhoddion cysegredig, meddai ef, " Am y pethau 6
hyn yr ydych yn syllu arnynt, fe ddaw dyddiau pryd ni adewir
maen ar faen; ni bydd yr un heb ei fwrw i lawr."

Arwyddion ac Erledigaethau
(Mth 24.3-14; Mc 13.3-13)

Gofynasant iddo, " Athro, pa bryd y bydd hyn ? Beth fydd 7
yr arwydd pan fydd hyn ar ddigwydd ?" Meddai yntau, 8
" Gwyliwch na chewch eich twyllo. Oherwydd fe ddaw llawer
yn fy enw i gan ddweud, ' Myfi yw ', ac, ' Y mae'r amser wedi
dod yn agos '. Peidiwch â mynd i'w canlyn. A phan glywch am 9
ryfeloedd a gwrthryfeloedd, peidiwch â chymryd eich dychrynu.
Rhaid i hyn ddigwydd yn gyntaf, ond nid yw'r diwedd i fod ar
unwaith." Y pryd hwnnw dywedodd wrthynt, " Cyfyd cenedl 10
yn erbyn cenedl, a theyrnas yn erbyn teyrnas. Bydd daear- 11
grynfâu dirfawr, a newyn a phlâu mewn mannau. Bydd argoel-
ion arswydus ac arwyddion enfawr o'r nef. Ond cyn hyn oll 12
byddant yn gosod dwylo arnoch ac yn eich erlid. Fe'ch
traddodir i'r synagogau ac i garchar, fe'ch dygir gerbron
brenhinoedd a llywodraethwyr o achos fy enw i; hyn fydd eich 13
cyfle i dystiolaethu. Penderfynwch beidio â phryderu ymlaen 14
llaw ynglŷn â'ch amddiffyniad; fe roddaf fi i chwi huodledd a 15
doethineb na all eich holl wrthwynebwyr ei wrthsefyll na'i
wrth-ddweud. Fe'ch bradychir gan eich rhieni a'ch brodyr a'ch 16
perthnasau a'ch cyfeillion, a pharant ladd rhai ohonoch. A 17
chas fyddwch gan bawb o achos fy enw i. Ond ni chollir yr un 18
blewyn o wallt eich pen. Trwy eich dyfalbarhad meddiannwch 19
fywyd i chwi eich hunain.

Rhagfynegi Dinistr Jerwsalem
(Mth 24.15-21; Mc 13.14-19)

" Ond pan welwch Jerwsalem wedi ei hamgylchynu gan 20
fyddinoedd, yna byddwch yn gwybod fod awr ei diffeithio wedi
dod yn agos. Y pryd hwnnw, ffoed y rhai sydd yn Jwdea i'r 21
mynyddoedd. Pob un sydd yng nghanol y ddinas, aed allan
ohoni; a phob un sydd yn y wlad, peidied â mynd i mewn iddi.
Oherwydd dyddiau dial fydd y rhain, pan fydd pob peth sy'n 22

that the Scriptures say come true. 23 How terrible it will be in those
days for women who are pregnant and for mothers with little babies!
Terrible distress will come upon this land, and God's punishment
will fall on this people. 24 Some will be killed by the sword, and
others will be taken as prisoners to all countries; and the heathen
will trample over Jerusalem until their time is up.

The Coming of the Son of Man

(Matt. 24.29-31; Mark 13.24-27)

25 "There will be strange things happening to the sun, the moon, and
the stars. On earth whole countries will be in despair, afraid of the
roar of the sea and the raging tides. 26 People will faint from fear
as they wait for what is coming over the whole earth, for the powers in
space will be driven from their courses. 27 Then the Son of Man
will appear, coming in a cloud with great power and glory. 28 When
these things begin to happen, stand up and raise your heads, because
your salvation is near."

The Lesson of the Fig-Tree

(Matt. 24.32-35; Mark 13.28-31)

29 Then Jesus told them this parable: "Think of the fig-tree and all
the other trees. 30 When you see their leaves beginning to appear, you
know that summer is near. 31 In the same way, when you see these
things happening, you will know that the Kingdom of God is about
to come.

32 "Remember that all these things will take place before the people
now living have all died. 33 Heaven and earth will pass away, but
my words will never pass away.

The Need to Watch

34 "Be on your guard! Don't let yourselves become occupied with
too much feasting and drinking and with the worries of this life,
or that Day may suddenly catch you 35 like a trap. For it will come
upon all people everywhere on earth. 36 Be on the alert and pray
always that you will have the strength to go safely through all those
things that will happen and to stand before the Son of Man."

37 Jesus spent those days teaching in the Temple, and when evening
came, he would go out and spend the night on the Mount of Olives.
38 Early each morning all the people went to the Temple to listen
to him.

ysgrifenedig yn cael ei gyflawni. Gwae'r gwragedd beichiog a'r 23
rhai sy'n rhoi'r fron yn y dyddiau hynny! Daw cyfyngder
dirfawr ar y wlad, a digofaint ar y bobl hon. Byddant yn 24
cwympo dan fin y cleddyf, ac fe'u dygir yn garcharorion i'r holl
genhedloedd. Caiff Jerwsalem ei mathru dan draed estroniaid
nes cyflawni eu hamserau hwy.

Dyfodiad Mab y Dyn
(Mth 24.29-31; Mc 13.24-27)

"Bydd arwyddion yn yr haul a'r lloer a'r sêr. Ar y ddaear 25
bydd cenhedloedd mewn cyfyngder yn eu pryder rhag trymru
ac ymchwydd y môr. Bydd dynion yn llewygu gan ofn wrth 26
ddisgwyl y pethau sy'n dod ar y byd; oherwydd ysgydwir
nerthoedd y nefoedd. A'r pryd hwnnw gwelant Fab y Dyn yn 27
dyfod mewn cwmwl gyda nerth a gogoniant mawr. Pan 28
ddechreua'r pethau hyn ddigwydd, ymunionwch a chodwch
eich pennau, oherwydd y mae eich rhyddhad yn agosáu."

Gwers y Ffigysbren
(Mth 24.32-35; Mc 13.28-31)

Adroddodd ddameg wrthynt: "Edrychwch ar y ffigysbren 29
a'r holl goed. Pan fyddant yn dechrau deilio, fe wyddoch eich 30
hunain o'u gweld fod yr haf bellach yn agos. Felly chwithau, 31
pan welwch y pethau hyn yn digwydd, byddwch yn gwybod
fod teyrnas Dduw yn agos. Yn wir, 'rwy'n dweud wrthych, 32
nid â'r genhedlaeth hon heibio nes i'r cwbl ddigwydd. Y nef 33
a'r ddaear, ânt heibio, ond fy ngeiriau i, nid ânt heibio ddim.

Anogaeth i Fod yn Effro

"Cymerwch ofal, rhag i'ch meddyliau gael eu pylu gan 34
ddiota a meddwi a gofalon bydol, ac i'r dydd hwnnw ddod
arnoch yn ddisymwth. Fel magl y daw ar bawb sy'n trigo ar 35
wyneb y ddaear gyfan. Byddwch effro bob amser, gan ddeisyf 36
am nerth i ddianc rhag yr holl bethau hyn sydd ar ddigwydd,
ac i sefyll yng ngŵydd Mab y Dyn."

Yn ystod y dydd byddai'n dysgu yn y deml, ond byddai'n 37
mynd allan ac yn treulio'r nos ar y mynydd a elwir Olewydd.
Yn y bore bach deuai'r holl bobl ato yn y deml i wrando arno.* 38

---

*adn. 38: yma ychwanega rhai llawysgrifau yr adran a welir yn In 7. 53-8. 11.

The Plot against Jesus
(Matt. 26.1-5; Mark 14.1-2; John 11.45-53)

22 The time was near for the Festival of Unleavened Bread,
which is called the Passover. 2 The chief priests and the teachers
of the Law were afraid of the people, and so they were trying to
find a way of putting Jesus to death secretly.

Judas Agrees to Betray Jesus
(Matt. 26.14-16; Mark 14.10-11)

3 Then Satan entered Judas, called Iscariot, who was one of the
twelve disciples. 4 So Judas went off and spoke with the chief priests
and the officers of the temple guard about how he could betray
Jesus to them. 5 They were pleased and offered to pay him money.
6 Judas agreed to it and started looking for a good chance to hand
Jesus over to them without the people knowing about it.

Jesus Prepares to Eat the Passover Meal
(Matt. 26.17-25; Mark 14.12-21; John 13.21-30)

7 The day came during the Festival of Unleavened Bread when
the lambs for the Passover meal were to be killed. 8 Jesus sent off
Peter and John with these instructions: "Go and get the Passover
meal ready for us to eat."

9 "Where do you want us to get it ready?" they asked him.

10 He answered, "As you go into the city, a man carrying a jar
of water will meet you. Follow him into the house that he enters,
11 and say to the owner of the house: 'The Teacher says to you,
Where is the room where my disciples and I will eat the Passover
meal?' 12 He will show you a large furnished room upstairs, where
you will get everything ready."

13 They went off and found everything just as Jesus had told them,
and they prepared the Passover meal.

The Lord's Supper
(Matt. 26.26-30; Mark 14.22-26; 1 Cor. 11.23-25)

14 When the hour came, Jesus took his place at the table with
the apostles. 15 He said to them, "I have wanted so much to eat
this Passover meal with you before I suffer! 16 For I tell you, I
will never eat it until it is given its full meaning in the Kingdom
of God."

17 Then Jesus took a cup, gave thanks to God, and said, "Take
this and share it among yourselves. 18 I tell you that from now on
I will not drink this wine until the Kingdom of God comes."

19 Then he took a piece of bread, gave thanks to God, broke
it, and gave it to them, saying, "This is my body, which is given
for you. Do this in memory of me." 20 In the same way, he gave

Y Cynllwyn i Ladd Iesu
(Mth 26.1-5, 14-16; Mc 14.1-2, 10-11; In 11.45-53)

Yr oedd gŵyl y Bara Croyw, y Pasg fel y'i gelwir, yn agosáu. **22**
Yr oedd y prif offeiriaid a'r ysgrifenyddion yn ceisio modd i'w 2
ladd, oherwydd yr oedd arnynt ofn y bobl. Ac aeth Satan i 3
mewn i Jwdas, a elwid Iscariot, hwnnw oedd yn un o'r Deu-
ddeg. Aeth ef a thrafod gyda'r prif offeiriaid a swyddogion 4
gwarchodlu'r deml sut i fradychu Iesu iddynt. Cytunasant yn 5
llawen iawn i dalu arian iddo. Cydsyniodd yntau, a dechreuodd 6
geisio cyfle i'w fradychu ef iddynt heb i'r dyrfa wybod.

Paratoi Gwledd y Pasg
(Mth 26.17-25; Mc 14.12-21; In 13.21-30)

Daeth dydd gŵyl y Bara Croyw, pryd yr oedd yn rhaid lladd 7
oen y Pasg. Anfonodd ef Pedr ac Ioan gan ddweud, " Ewch a 8
pharatowch inni gael bwyta gwledd y Pasg." Meddent hwy 9
wrtho, " Ble yr wyt ti am inni ei baratoi ?" Atebodd hwy, 10
" Wedi i chwi fynd i mewn i'r ddinas fe ddaw dyn i'ch cyfarfod,
yn cario stên o ddŵr. Dilynwch ef i'r tŷ yr â i mewn iddo, a 11
dywedwch wrth ŵr y tŷ, ' Y mae'r Athro yn gofyn i ti, " Ble
mae f'ystafell, lle yr wyf i fwyta gwledd y Pasg gyda'm disgybl-
ion ?" ' Ac fe ddengys ef i chwi oruwchystafell fawr wedi ei 12
threfnu; yno paratowch." Aethant ymaith, a chael fel yr oedd 13
ef wedi dweud wrthynt, a pharatoesant wledd y Pasg.

Sefydlu Swper yr Arglwydd
(Mth 26.26-30; Mc 14.22-26; 1 Cor 11.23-25)

Pan ddaeth yr awr, cymerodd ei le wrth y bwrdd, a'r apostol- 14
ion gydag ef. Meddai wrthynt, " Mor daer y bûm yn dyheu 15
am gael bwyta gwledd y Pasg hwn gyda chwi cyn imi ddioddef!
Oherwydd 'rwy'n dweud wrthych na fwytâf hi byth hyd nes y 16
cyflawnir hi yn nheyrnas Dduw." Derbyniodd gwpan, ac wedi 17
diolch meddai, " Cymerwch hwn a rhannwch ef ymhlith eich
gilydd. Oherwydd 'rwy'n dweud wrthych nad yfaf o hyn allan 18
o ffrwyth y winwydden hyd nes y daw teyrnas Dduw." Cymer- 19
odd fara, ac wedi diolch fe'i torrodd a'i roi iddynt gan ddweud,
" Hwn yw fy nghorff, sy'n cael ei roi er eich mwyn chwi;
gwnewch hyn er cof amdanaf." Yr un modd hefyd fe gymer- 20
odd y cwpan ar ôl swper gan ddweud, " Y cwpan hwn yw'r

them the cup after the supper, saying, "This cup is God's new covenant sealed with my blood, which is poured out for you.[y]

21 "But, look! The one who betrays me is here at the table with me!
22 The Son of Man will die as God has decided, but how terrible for that man who betrays him!"

23 Then they began to ask among themselves which one of them it could be who was going to do this.

The Argument about Greatness

24 An argument broke out among the disciples as to which one
of them should be thought of as the greatest. 25 Jesus said to them,
"The kings of the pagans have power over their people, and the
rulers are called 'Friends of the People.' 26 But this is not the way
it is with you; rather, the greatest one among you must be like
the youngest, and the leader must be like the servant. 27 Who is
greater, the one who sits down to eat or the one who serves him? The one who sits down, of course. But I am among you as one who serves.

28 "You have stayed with me all through my trials; 29 and just
as my Father has given me the right to rule, so I will give you
the same right. 30 You will eat and drink at my table in my Kingdom, and you will sit on thrones to rule over the twelve tribes of Israel.

Jesus Predicts Peter's Denial

(Matt. 26.31-35; Mark 14.27-31; John 13.36-38)

31 "Simon, Simon! Listen! Satan has received permission to test all
of you, to separate the good from the bad, as a farmer separates the
wheat from the chaff. 32 But I have prayed for you, Simon, that your faith will not fail. And when you turn back to me, you must strengthen your brothers."

33 Peter answered, "Lord, I am ready to go to prison with you and to die with you!"

34 "I tell you, Peter," Jesus said, "the cock will not crow tonight until you have said three times that you do not know me."

Purse, Bag, and Sword

35 Then Jesus asked his disciples, "When I sent you out that time without purse, bag, or shoes, did you lack anything?"

"Not a thing," they answered.

---

[y] *Some manuscripts do not have the words of Jesus after* This is my body *in verse 19, and all of verse 20.*

cyfamod newydd yn fy ngwaed i, sy'n cael ei dywallt er eich
mwyn chwi.* Ond dyma law fy mradychwr gyda'm llaw i ar 21
y bwrdd. Oherwydd y mae Mab y Dyn yn wir yn mynd ymaith, 22
yn ôl yr hyn sydd wedi ei bennu, ond gwae'r dyn hwnnw y
bradychir ef ganddo!" A dechreusant ofyn ymhlith ei gilydd 23
prun ohonynt oedd yr un oedd am wneud hynny.

Y Ddadl ynglŷn â Mawredd

Cododd cweryl hefyd yn eu plith: prun ohonynt oedd i'w 24
gyfrif y mwyaf? Meddai ef wrthynt, "Y mae brenhinoedd y 25
Cenhedloedd yn arglwyddiaethu arnynt, a'r rhai sydd ag
awdurdod drostynt yn cael eu galw yn gymwynaswyr. Ond 26
peidiwch chwi â gwneud felly. Yn hytrach, bydded y mwyaf
yn eich plith fel yr ieuengaf, a'r arweinydd fel un sy'n gweini.
Pwy sydd fwyaf, yr hwn sy'n eistedd wrth y bwrdd neu'r hwn 27
sy'n gweini? Onid yr hwn sy'n eistedd? Ond yr wyf fi yn eich
plith fel un sy'n gweini. Chwi yw'r rhai sydd wedi dal gyda mi 28
trwy gydol fy nhreialon. Ac fel y cyflwynodd fy Nhad deyrnas 29
i mi, yr wyf finnau yn cyflwyno un i chwi; cewch fwyta ac yfed 30
wrth fy mwrdd i yn fy nheyrnas i, ac eistedd ar orseddau gan
farnu deuddeg llwyth Israel.

Rhagfynegi Gwadiad Pedr
(Mth 26.31-35; Mc 14.27-31; In 13.36-38)

"Simon, Simon, dyma Satan wedi eich hawlio chwi, i'ch 31
gogrwn fel gwenith; ond yr wyf fi wedi deisyf drosot ti na fydd 32
dy ffydd yn pallu. A thithau, pan fyddi wedi dychwelyd ataf,
cadarnha dy frodyr." Meddai ef wrtho, "Arglwydd, gyda thi 33
'rwy'n barod i fynd i garchar ac i farwolaeth." "'Rwy'n dweud 34
wrthyt, Pedr," atebodd ef, "ni chân y ceiliog heddiw cyn y
byddi wedi gwadu deirgwaith dy fod yn fy adnabod i."

Pwrs, Cod a Chleddyf

Dywedodd wrthynt, "Pan anfonais chwi allan heb bwrs na 35
chod nac esgidiau, a fuoch yn brin o ddim?" "Naddo,"

---

*adn. 19-20: y mae rhai llawysgrifau yn gadael allan *sy'n cael ei roi . . . ei dywallt er eich mwyn chwi.* Yn adn. 20 gellir cyfieithu: *Y cwpan hwn, sy'n cael ei dywallt er eich mwyn chwi, yw'r cyfamod newydd yn fy ngwaed i.*

36 "But now," Jesus said, "whoever has a purse or a bag must
take it; and whoever has no sword must sell his coat and buy one.
37 For I tell you that the scripture which says, 'He shared the fate
of criminals,' must come true about me, because what was written
about me is coming true."
38 The disciples said, "Look! Here are two swords, Lord!"
"That is enough!"[z] he replied.

Jesus Prays on the Mount of Olives

(Matt. 26.36-46; Mark 14.32-42)

39 Jesus left the city and went, as he usually did, to the Mount
of Olives; and the disciples went with him. 40 When he arrived at
the place, he said to them, "Pray that you will not fall into temptation."
41 Then he went off from them about the distance of a stone's
throw and knelt down and prayed. 42 "Father," he said, "if you will,
take this cup of suffering away from me. Not my will, however,
but your will be done." 43 An angel from heaven appeared to him
and strengthened him. 44 In great anguish he prayed even more fer-
vently; his sweat was like drops of blood falling to the ground.[a]
45 Rising from his prayer, he went back to the disciples and found
them asleep, worn out by their grief. 46 He said to them, "Why are you
sleeping? Get up and pray that you will not fall into temptation."

The Arrest of Jesus

(Matt. 26.47-56; Mark 14.43-50; John 18.3-11)

47 Jesus was still speaking when a crowd arrived, led by Judas,
one of the twelve disciples. He came up to Jesus to kiss him. 48 But
Jesus said, "Judas, is it with a kiss that you betray the Son of Man?"
49 When the disciples who were with Jesus saw what was going
to happen, they asked, "Shall we use our swords, Lord?" 50 And
one of them struck the High Priest's slave and cut off his right
ear.
51 But Jesus said, "Enough of this!" He touched the man's ear
and healed him.
52 Then Jesus said to the chief priests and the officers of the
temple guard and the elders who had come there to get him, "Did

[z] That is enough; *or* Enough of this.

[a] *Some manuscripts do not have verses 43-44.*

atebasant. Meddai yntau, " Ond yn awr, bydded i'r hwn sydd 36
â phwrs ganddo fynd ag ef i'w ganlyn, a'i god yr un modd; a'r
hwn nid oes ganddo gleddyf, bydded iddo werthu ei fantell a
phrynu un. 'Rwy'n dweud wrthych fod yn rhaid cyflawni ynof 37
fi yr Ysgrythur sy'n dweud: 'A chyfrifwyd ef gyda throsedd-
wyr.' Oherwydd y mae'r hyn a ragddywedwyd amdanaf fi yn
dod i ben." " Arglwydd," atebasant hwy, " dyma ddau 38
gleddyf." Meddai yntau wrthynt, " Dyna ddigon."

Y Weddi ar Fynydd yr Olewydd
(Mth 26.36-46; Mc 14.32-42)

Yna aeth allan, a cherdded yn ôl ei arfer i Fynydd yr 39
Olewydd, a'i ddisgyblion hefyd yn ei ddilyn. Pan gyrhaeddodd 40
y fan, meddai wrthynt, " Gweddïwch na ddewch i gael eich
profi." Yna ymneilltuodd Iesu oddi wrthynt tuag ergyd carreg, 41
a chan benlinio dechreuodd weddïo gan ddweud, " Fy Nhad, 42
os wyt ti'n fodlon, cymer y cwpan hwn oddi wrthyf. Ond
gwneler dy ewyllys di, nid fy ewyllys i." Ac ymddangosodd 43
angel o'r nef iddo, a'i gyfnerthu. Gan gymaint ei ing yr oedd 44
yn gweddïo'n ddwysach, ac yr oedd ei chwŷs fel dafnau o waed
yn diferu ar y ddaear.* Cododd o'i weddi a mynd at ei 45
ddisgyblion a'u cael yn cysgu o achos eu gofid. Meddai wrth- 46
ynt, " Pam yr ydych yn cysgu ? Codwch, a gweddïwch na
ddewch i gael eich profi."

Bradychu a Dal Iesu
(Mth 26.47-56; Mc 14.43-50; In 18.3-11)

Tra oedd yn dal i siarad, fe ymddangosodd tyrfa, a Jwdas, 47
fel y'i gelwid, un o'r Deuddeg, ar ei blaen. Nesaodd ef at Iesu
i'w gusanu. Meddai Iesu wrtho, " Jwdas, ai â chusan yr wyt 48
yn bradychu Mab y Dyn ?" Pan welodd ei ddilynwyr beth 49
oedd ar ddigwydd, meddent, " Arglwydd, a gawn ni daro â'n
cleddyfau ?" Trawodd un ohonynt was yr archoffeiriad a 50
thorri ei glust dde i ffwrdd. Atebodd Iesu, " Peidiwch ! Dyna 51
ddigon !" Cyffyrddodd â'r glust a'i hadfer. Yna meddai Iesu 52
wrth y rhai oedd wedi dod yn ei erbyn, y prif offeiriaid a
swyddogion gwarchodlu'r deml a'r henuriaid, " Ai fel at leidr,

---

*adn. 43-4: y mae rhai llawysgrifau yn gadael allan *Ac ymddangosodd . . . ar y ddaear*.

you have to come with swords and clubs, as though I were an outlaw?
53 I was with you in the Temple every day, and you did not try
to arrest me. But this is your hour to act, when the power of darkness
rules."

Peter Denies Jesus

(Matt. 26.57-58, 69-75; Mark 14.53-54, 66-72; John 18.12-18, 25-27)

54 They arrested Jesus and took him away into the house of the
High Priest; and Peter followed at a distance. 55 A fire had been
lit in the centre of the courtyard, and Peter joined those who were
sitting round it. 56 When one of the servant-girls saw him sitting
there at the fire, she looked straight at him and said, "This man
too was with Jesus!"

57 But Peter denied it, "Woman, I don't even know him!"

58 After a little while a man noticed Peter and said, "You are
one of them, too!"

But Peter answered, "Man, I am not!"

59 And about an hour later another man insisted strongly, "There
isn't any doubt that this man was with Jesus, because he also is
a Galilean!"

60 But Peter answered, "Man, I don't know what you are talking
about!"

At once, while he was still speaking, a cock crowed. 61 The Lord
turned round and looked straight at Peter, and Peter remembered
that the Lord had said to him, "Before the cock crows tonight,
you will say three times that you do not know me." 62 Peter went
out and wept bitterly.

Jesus Is Mocked and Beaten

(Matt. 26.67-68; Mark 14.65)

63 The men who were guarding Jesus mocked him and beat him.
64 They blindfolded him and asked him, "Who hit you? Guess!"
65 And they said many other insulting things to him.

Jesus Is Brought Before the Council

(Matt. 26.59-66; Mark 14.55-64; John 18.19-24)

66 When day came, the elders, the chief priests, and the teachers of
the Law met together, and Jesus was brought before the Council.
67 "Tell us," they said, "are you the Messiah?"

He answered, "If I tell you, you will not believe me; 68 and if I
ask you a question, you will not answer. 69 But from now on the Son
of Man will be seated on the right of Almighty God."

â chleddyfau a phastynau, y daethoch allan ? Er fy mod gyda 53
chwi beunydd yn y deml, ni wnaethoch ddim i'm dal. Ond
eich awr chwi yw hon, a'r tywyllwch biau'r awdurdod."

Pedr yn Gwadu Iesu
(Mth 26.57-58, 69-75; Mc 14.53-54, 66-72; In 18.12-18, 25-27)

Daliasant ef, a mynd ag ef ymaith i mewn i dŷ'r arch- 54
offeiriad. Yr oedd Pedr yn canlyn o hirbell. Cynnodd rhai 55
dân yng nghanol y cyntedd, ac eistedd gyda'i gilydd. Eistedd-
odd Pedr yn eu plith. Gwelodd morwyn ef yn eistedd wrth y 56
tân, ac wedi syllu arno meddai, " Yr oedd hwn hefyd gydag ef."
Ond gwadodd ef a dweud, " Nid wyf fi'n ei adnabod, ferch." 57
Yn fuan wedi hynny gwelodd un arall ef, ac meddai, " Yr wyt 58
tithau yn un ohonynt." Ond meddai Pedr, " Nac ydwyf,
ddyn." Ymhen rhyw awr, dechreuodd un arall daeru, " Yn wir 59
yr oedd hwn hefyd gydag ef, oherwydd Galilead ydyw."
Meddai Pedr, " Ddyn, nid wyf yn gwybod am beth yr wyt ti'n 60
sôn." Ac ar unwaith, tra oedd yn dal i siarad, canodd y ceiliog.
Troes yr Arglwydd ac edrych ar Pedr, a chofiodd ef air yr 61
Arglwydd wrtho, " Cyn i'r ceiliog ganu heddiw, fe'm gwedi i
deirgwaith." Aeth allan ac wylo'n chwerw.* 62

Gwatwar a Churo Iesu
(Mth 26.67-68; Mc 14.65)

Yr oedd gwarcheidwaid Iesu yn ei watwar a'i guro. Rhoesant 63,64
orchudd amdano, a dechrau ei holi gan ddweud, " Proffwyda !
Pwy a'th drawodd ?" A dywedasant lawer o bethau cableddus 65
eraill wrtho.

Iesu gerbron y Sanhedrin
(Mth 26.59-66; Mc 14.55-64; In 18.19-24)

Pan ddaeth yn ddydd, cyfarfu Cyngor henuriaid y bobl, y 66
prif offeiriaid a'r ysgrifenyddion. Daethant ag ef gerbron eu
brawdlys gan ddweud, " Os ti yw'r Meseia, dywed hynny 67
wrthym." Meddai yntau wrthynt, " Os dywedaf hynny wrth-
ych, fe wrthodwch gredu; ac os holaf chwi, fe wrthodwch ateb. 68
O hyn allan bydd Mab y Dyn yn eistedd ar ddeheulaw Gallu 69

---

*adn. 62: y mae rhai llawysgrifau yn gadael allan *Aeth allan . . . chwerw*.

70 They all said, "Are you, then, the Son of God?"
He answered them, "You say that I am."
71 And they said, "We don't need any witnesses! We ourselves
have heard what he said!"

Jesus Is Brought Before Pilate

(Matt. 27.1-2, 11-14; Mark 15.1-5; John 18.28-38)

23 The whole group rose up and took Jesus before Pilate, 2 where
they began to accuse him: "We caught this man misleading
our people, telling them not to pay taxes to the Emperor and claiming
that he himself is the Messiah, a king."
3 Pilate asked him, "Are you the king of the Jews?"
"So you say," answered Jesus.
4 Then Pilate said to the chief priests and the crowds, "I find
no reason to condemn this man."
5 But they insisted even more strongly, "With his teaching he is start-
ing a riot among the people all through Judaea. He began in Galilee
and now has come here."

Jesus Is Sent to Herod

6 When Pilate heard this, he asked, "Is this man a Galilean?"
7 When he learnt that Jesus was from the region ruled by Herod,
he sent him to Herod, who was also in Jerusalem at that time.
8 Herod was very pleased when he saw Jesus, because he had heard
about him and had been wanting to see him for a long time. He
was hoping to see Jesus perform some miracle. 9 So Herod asked
Jesus many questions, but Jesus made no answer. 10 The chief priests
and the teachers of the Law stepped forward and made strong accusa-
tions against Jesus. 11 Herod and his soldiers mocked Jesus and treated
him with contempt; then they put a fine robe on him and sent
him back to Pilate. 12 On that very day Herod and Pilate became
friends; before this they had been enemies.

Jesus Is Sentenced to Death

(Matt. 27.15-26; Mark 15.6-15; John 18.39—19.16)

13 Pilate called together the chief priests, the leaders, and the people,
14 and said to them, "You brought this man to me and said that he

Duw." Meddent oll, " Ti felly yw Mab Duw ?" Atebodd 70
hwy, " Chwi sy'n dweud mai myfi yw."* Yna meddent, " Pa 71
raid inni wrth dystiolaeth bellach ? Oherwydd clywsom ein
hunain y geiriau o'i enau ef."

Dod â Iesu gerbron Pilat
(Mth 27.1-2, 11-14; Mc 15.1-5; In 18.28-38)

Codasant oll yn dyrfa a dod ag ef gerbron Pilat. Dechreusant **23** 2
ei gyhuddo gan ddweud, " Cawsom y dyn hwn yn arwain ein
cenedl ar gyfeiliorn, yn gwahardd talu trethi i Gesar, ac yn
dweud ei fod ef yn Feseia, yn frenin." Holodd Pilat ef: " Ai 3
ti yw Brenin yr Iddewon ?" Atebodd yntau ef, " Ti sy'n dweud
hynny."* Ac meddai Pilat wrth y prif offeiriaid a'r tyrfaoedd, 4
" Nid wyf yn cael dim trosedd yn achos y dyn hwn." Ond dal 5
i daeru yr oeddent: " Y mae'n cyffroi'r bobl â'i ddysgeidiaeth,
trwy Jwdea gyfan. Dechreuodd yng Ngalilea, ac y mae wedi
cyrraedd hyd yma."

Iesu gerbron Herod

Pan glywodd Pilat hyn, gofynnodd ai Galilead oedd y dyn; 6
ac wedi deall ei fod dan awdurdod Herod, cyfeiriodd yr achos 7
ato, gan fod Herod yntau yn Jerwsalem y dyddiau hynny. Pan 8
welodd Herod Iesu, mawr oedd ei lawenydd; bu'n awyddus
ers amser hir i'w weld, gan iddo glywed amdano, ac yr oedd yn
gobeithio ei weld yn cyflawni rhyw wyrth. Bu'n ei holi'n faith, 9
ond nid atebodd Iesu iddo yr un gair. Yr oedd y prif offeiriaid 10
a'r ysgrifenyddion yno, yn ei gyhuddo yn ffyrnig. A'i drin yn 11
sarhaus a wnaeth Herod hefyd, ynghyd â'i filwyr. Fe'i gwat-
warodd, a gosododd wisg ysblennydd amdano, cyn cyfeirio'r
achos yn ôl at Pilat. Daeth Herod a Philat yn gyfeillion i'w 12
gilydd y dydd hwnnw; cyn hynny yr oedd gelyniaeth rhyng-
ddynt.

Dedfrydu Iesu i Farwolaeth
(Mth 27.15–26; Mc 15.6–15; In 18.39–19.16)

Galwodd Pilat y prif offeiriaid ac aelodau'r Cyngor a'r bobl 13
ynghyd, ac meddai wrthynt, " Daethoch â'r dyn hwn ger fy 14

---

*adn. 70: neu, *Yr ydych yn dweud y gwir; myfi yw.*
*adn. 3: neu, *Yr wyt yn dweud y gwir.*

was misleading the people. Now, I have examined him here in your pre-
sence, and I have not found him guilty of any of the crimes you
accuse him of. 15 Nor did Herod find him guilty, for he sent him
back to us. There is nothing this man has done to deserve death.
16 So I will have him whipped and let him go." [b]

18 The whole crowd cried out, "Kill him! Set Barabbas free for
us!" 19 (Barabbas had been put in prison for a riot that had taken
place in the city, and for murder.)

20 Pilate wanted to set Jesus free, so he appealed to the crowd
again. 21 But they shouted back, "Crucify him! Crucify him!"

22 Pilate said to them the third time, "But what crime has he
committed? I cannot find he has done anything to deserve death!
I will have him whipped and set him free."

23 But they kept on shouting at the top of their voices that Jesus
should be crucified, and finally their shouting succeeded. 24 So Pilate
passed the sentence on Jesus that they were asking for. 25 He set
free the man they wanted, the one who had been put in prison
for riot and murder, and he handed Jesus over for them to do as
they wished.

Jesus Is Crucified

(Matt. 27.32-44; Mark 15.21-32; John 19.17-27)

26 The soldiers led Jesus away, and as they were going, they met a
man from Cyrene named Simon who was coming into the city from
the country. They seized him, put the cross on him, and made him
carry it behind Jesus.

27 A large crowd of people followed him; among them were some
women who were weeping and wailing for him. 28 Jesus turned to
them and said, "Women of Jerusalem! Don't cry for me, but for
yourselves and your children. 29 For the days are coming when people
will say, 'How lucky are the women who never had children, who
never bore babies, who never nursed them!' 30 That will be the time
when people will say to the mountains, 'Fall on us!' and to the

[b] *Some manuscripts add verse 17:* At every Passover Festival Pilate had to set free one prisoner for them *(see Mk 15.6).*

mron fel un sy'n arwain y bobl ar gyfeiliorn. Yn awr, yr wyf fi
wedi holi'r dyn hwn yn eich gŵydd chwi, a heb gael ei fod yn
euog o unrhyw un o'ch cyhuddiadau yn ei erbyn; ac ni chafodd 15
Herod chwaith, oherwydd cyfeiriodd ef ei achos yn ôl atom ni.
Fe welwch nad yw wedi gwneud dim sy'n haeddu marwolaeth.
Gan hynny, mi ddysgaf wers iddo â'r chwip a'i ollwng yn 16
rhydd."* Ond gwaeddasant ag un llais, "Ymaith â hwn, 18
rhyddha Barabbas inni." Dyn oedd hwnnw wedi ei fwrw i 19
garchar o achos gwrthryfel a llofruddiaeth oedd wedi digwydd
yn y ddinas. Drachefn anerchodd Pilat hwy, yn ei awydd i 20
ryddhau Iesu, ond bloeddiasant hwy, "Croeshoelia ef, 21
croeshoelia ef." Y drydedd waith meddai wrthynt, "Ond pa 22
ddrwg a wnaeth ef? Ni chefais unrhyw achos i'w ddedfrydu i
farwolaeth. Gan hynny, mi ddysgaf wers iddo â'r chwip a'i
ollwng yn rhydd." Ond yr oeddent yn pwyso arno â'u croch- 23
lefain byddarol, gan fynnu ei groeshoelio ef, ac yr oedd eu bon-
llefau yn ennill y dydd. Yna penderfynodd Pilat ganiatáu eu 24
cais; rhyddhaodd yr hwn yr oeddent yn gofyn amdano, y dyn 25
oedd wedi ei fwrw i garchar am wrthryfela a llofruddio, a thra-
ddododd Iesu i'w hewyllys hwy.

Croeshoelio Iesu
(Mth 27.32-44; Mc 15.21-32; In 19.17-27)

Wedi mynd ag ef ymaith gafaelsant yn Simon, dyn o 26
Gyrene, oedd ar ei ffordd o'r wlad, a gosod y groes ar ei gefn,
iddo ei chario y tu ôl i Iesu. Yr oedd tyrfa fawr o'r bobl yn ei 27
ddilyn, ac yn eu plith wragedd yn galaru ac yn wylofain drosto.
Troes Iesu atynt a dweud, "Ferched Jerwsalem, peidiwch ag 28
wylo amdanaf fi; wylwch yn hytrach amdanoch eich hunain
ac am eich plant. Oherwydd dyma ddyddiau yn dod pan fydd 29
pobl yn dweud, 'Gwyn eu byd y gwragedd anffrwythlon, a'r
crothau nad esgorasant a'r bronnau na roesant sugn.' Y pryd 30
hwnnw bydd dynion yn dechrau

'Dweud wrth y mynyddoedd,
"Syrthiwch arnom",
ac wrth y bryniau,
"Gorchuddiwch ni."'

---

*adn. 16: ychwanega rhai llawysgrifau adn. 17: *Yr oedd yn rhaid iddo ryddhau un carcharor iddynt ar y Pasg.*

hills, 'Hide us!' 31 For if such things as these are done when the
wood is green, what will happen when it is dry?"
32 Two other men, both of them criminals, were also led out to
be put to death with Jesus. 33 When they came to the place called
"The Skull," they crucified Jesus there, and the two criminals, one
on his right and the other on his left. 34 Jesus said, "Forgive them,
Father! They don't know what they are doing."[c]
They divided his clothes among themselves by throwing dice. 35 The
people stood there watching while the Jewish leaders jeered at him:
"He saved others; let him save himself if he is the Messiah whom
God has chosen!"
36 The soldiers also mocked him: they came up to him and offered
him cheap wine, 37 and said, "Save yourself if you are the king of the
Jews!"
38 Above him were written these words: "This is the King of
the Jews."
39 One of the criminals hanging there hurled insults at him: "Aren't
you the Messiah? Save yourself and us!"
40 The other one, however, rebuked him, saying "Don't you fear
God? You received the same sentence he did. 41 Ours, however,
is only right, because we are getting what we deserve for what we
did; but he has done no wrong." 42 And he said to Jesus, "Remember
me, Jesus, when you come as King!"
43 Jesus said to him, "I promise you that today you will be in
Paradise with me."

The Death of Jesus

(Matt. 27.45-56; Mark 15.33-41; John 19.28-30)

44 It was about twelve o'clock when the sun stopped shining and
darkness covered the whole country until three o'clock; 45 and the
curtain hanging in the Temple was torn in two. 46 Jesus cried out
in a loud voice, "Father! In your hands I place my spirit!" He
said this and died.
47 The army officer saw what had happened, and he praised God,
saying, "Certainly he was a good man!"
48 When the people who had gathered there to watch the spectacle
saw what happened, they all went back home, beating their breasts
in sorrow. 49 All those who knew Jesus personally, including the
women who had followed him from Galilee, stood at a distance
to watch.

---

[c] *Some manuscripts do not have* Jesus said, "Forgive them, Father! They don't know what they are doing."

Oherwydd os gwneir hyn i'r pren glas, pa beth a ddigwydd i'r 31
pren crin ? "

Daethpwyd ag eraill hefyd, dau droseddwr, i'w dienyddio 32
gydag ef. Pan ddaethant i'r lle a elwir Y Benglog, yno croes- 33
hoeliwyd ef a'r troseddwyr, y naill ar y dde a'r llall ar y chwith
iddo. Ac meddai Iesu, " Fy Nhad, maddau iddynt, oherwydd 34
ni wyddant beth y maent yn ei wneud."* A bwriasant goelbren
i rannu ei ddillad. Yr oedd y bobl yn sefyll yno, yn gwylio. Yr 35
oedd aelodau'r Cyngor hwythau yn ei wawdio gan ddweud,
" Fe achubodd eraill; achubed ei hun, os ef yw Meseia Duw,
yr Etholedig." Daeth y milwyr hefyd ato a'i watwar, gan 36
gynnig gwin sur iddo, a chan ddweud, " Os ti yw Brenin yr 37
Iddewon, achub dy hun." Yr oedd hefyd arysgrif uwch ei ben: 38
" Hwn yw Brenin yr Iddewon."

Yr oedd un o'r troseddwyr ar ei groes yn ei gablu gan 39
ddweud, " Onid ti yw'r Meseia ? Achub dy hun a ninnau."
Ond atebodd y llall, a'i geryddu: " Onid oes arnat ofn Duw, a 40
thithau dan yr un ddedfryd ? I ni, y mae hynny'n gyfiawn, 41
oherwydd haeddiant ein gweithredoedd sy'n dod inni. Ond ni
wnaeth hwn ddim o'i le." Yna dywedodd, " Iesu, cofia fi pan 42
ddoi i deyrnasu." Atebodd yntau, " Yn wir, 'rwy'n dweud 43
wrthyt, heddiw byddi gyda mi ym Mharadwys."

Marwolaeth Iesu

(Mth 27.45-56; Mc 15.33-41; In 19.28-30)

Erbyn hyn yr oedd hi tua hanner dydd. Daeth tywyllwch 44
dros yr holl wlad hyd dri o'r gloch y prynhawn, a'r haul wedi 45
diffodd. Rhwygwyd llen y deml yn ei chanol. Llefodd Iesu â 46
llef uchel, " Fy Nhad, i'th ddwylo di yr wyf yn cyflwyno fy
ysbryd." A chan ddweud hyn bu farw. Pan welodd y canwriad 47
yr hyn oedd wedi digwydd, dechreuodd ogoneddu Duw gan
ddweud, " Yn wir, dyn cyfiawn oedd hwn." Ac wedi gweld yr 48
hyn a ddigwyddodd, troes yr holl dyrfaoedd, oedd wedi ym-
gynnull i wylio'r olygfa, tuag adref gan guro eu bronnau. Yr 49
oedd ei holl gyfeillion, ynghyd â'r gwragedd oedd wedi ei
ddilyn ef o Galilea, yn sefyll yn y pellter ac yn gweld y pethau
hyn.

---

*adn. 34: y mae rhai llawysgrifau yn gadael allan *Ac meddai . . . yn ei wneud.*

The Burial of Jesus

(Matt. 27.57-61; Mark 15.42-47; John 19.38-42)

50-51 There was a man named Joseph from Arimathea, a town
in Judaea. He was a good and honourable man, who was waiting
for the coming of the Kingdom of God. Although he was a member
of the Council, he had not agreed with their decision and action.
52 He went into the presence of Pilate and asked for the body of
Jesus. 53 Then he took the body down, wrapped it in a linen sheet,
and placed it in a tomb which had been dug out of solid rock
and which had never been used. 54 It was Friday, and the Sabbath
was about to begin.

55 The women who had followed Jesus from Galilee went with
Joseph and saw the tomb and how Jesus' body was placed in it.
56 Then they went back home and prepared the spices and perfumes
for the body.

On the Sabbath they rested, as the Law commanded.

The Resurrection

(Matt. 28.1-10; Mark 16.1-8; John 20.1-10)

24 Very early on Sunday morning the women went to the tomb,
carrying the spices they had prepared. 2 They found the stone
rolled away from the entrance to the tomb, 3 so they went in; but
they did not find the body of the Lord Jesus. 4 They stood there
puzzled about this, when suddenly two men in bright shining clothes
stood by them. 5 Full of fear, the women bowed down to the ground,
as the men said to them, "Why are you looking among the dead
for one who is alive? 6 He is not here; he has been raised. Remember
what he said to you while he was in Galilee: 7 'The Son of Man
must be handed over to sinful men, be crucified, and three days
later rise to life.' "

8 Then the women remembered his words, 9 returned from the tomb,
and told all these things to the eleven disciples and all the rest. 10 The
women were Mary Magdalene, Joanna, and Mary the mother of
James; they and the other women with them told these things to
the apostles. 11 But the apostles thought that what the women said
was nonsense, and they did not believe them. 12 But Peter got up

Claddu Iesu
(Mth 27.57-61; Mc 15.42-47; In 19.38-42)

Yr oedd dyn o'r enw Joseff, aelod o'r Cyngor a dyn da a 50
chyfiawn, nad oedd wedi cydsynio â'u penderfyniad a'u gweith- 51
red hwy. Yr oedd yn hanu o Arimathea, un o drefi'r Iddewon,
ac yn disgwyl am deyrnas Dduw. Aeth hwn at Pilat a gofyn am 52
gorff Iesu. Wedi ei dynnu ef i lawr a'i amdói mewn lliain, 53
gosododd ef mewn bedd wedi ei naddu, lle nad oedd neb hyd
hynny wedi gorwedd. Dydd y Paratoad oedd hi, ac yr oedd y 54
Saboth ar ddechrau. Fe'i dilynodd y gwragedd oedd wedi dod 55
gyda Iesu o Galilea, a gwelsant y bedd a'r modd y gosodwyd
ei gorff. Yna aethant yn eu holau i baratoi peraroglau ac 56
eneiniau.

Atgyfodiad Iesu
(Mth 28.1-10; Mc 16.1-8; In 20.1-10)

Ar y Saboth buont yn gorffwys yn ôl y gorchymyn.
Ar y dydd cyntaf o'r wythnos, ar doriad gwawr, daethant at y **24**
bedd gan ddwyn y peraroglau yr oeddent wedi eu paratoi.
Cawsant y maen wedi ei dreiglo i ffwrdd oddi wrth y bedd, 2
ond pan aethant i mewn ni chawsant gorff yr Arglwydd Iesu.* 3
Yna, a hwythau mewn penbleth ynglŷn â hyn, dyma ddau ddyn 4
yn ymddangos iddynt mewn gwisgoedd llachar. Daeth ofn 5
arnynt, a phlygasant eu hwynebau tua'r ddaear. Meddai'r
dynion wrthynt, " Pam yr ydych yn ceisio ymhlith y meirw yr
hwn sy'n fyw ? Nid yw ef yma; y mae wedi cyfodi.* Cofiwch 6
fel y llefarodd wrthych tra oedd eto yng Ngalilea, gan ddweud 7
ei bod yn rhaid i Fab y Dyn gael ei draddodi i ddwylo dynion
pechadurus, a'i groeshoelio, a'r trydydd dydd atgyfodi." A 8
daeth ei eiriau ef i'w cof. Dychwelsant o'r bedd, ac adrodd yr 9
holl bethau hyn wrth yr un ar ddeg ac wrth y lleill i gyd. Mair 10
Magdalen a Joanna a Mair mam Iago oedd y gwragedd hyn;
a'r un pethau a ddywedodd y gwragedd eraill hefyd, oedd gyda
hwy, wrth yr apostolion. Ond i'w tyb hwy, lol oedd yr hanesion 11
hyn a gwrthodasant gredu'r gwragedd. Ond cododd Pedr a 12

---

*adn. 3: yn ôl darlleniad arall, *y corff*.

*adn. 6: y mae rhai llawysgrifau yn gadael allan *Nid yw ef yma; y mae wedi cyfodi*.

and ran to the tomb; he bent down and saw the linen wrappings
but nothing else. Then he went back home amazed at what had
happened.[d]

The Walk to Emmaus
(Mark 16.12-13)

13 On that same day two of Jesus' followers were going to a village
named Emmaus, about eleven kilometres from Jerusalem, 14 and they
were talking to each other about all the things that had happened.
15 As they talked and discussed, Jesus himself drew near and walked
along with them; 16 they saw him, but somehow did not recognize
him. 17 Jesus said to them, "What are you talking about to each
other, as you walk along?"

They stood still, with sad faces. 18 One of them, named Cleopas,
asked him, "Are you the only visitor in Jerusalem who doesn't know
the things that have been happening there these last few days?"

19 "What things?" he asked.

"The things that happened to Jesus of Nazareth," they answered.
"This man was a prophet and was considered by God and by all
the people to be powerful in everything he said and did. 20 Our
chief priests and rulers handed him over to be sentenced to death,
and he was crucified. 21 And we had hoped that he would be the
one who was going to set Israel free! Besides all that, this is now
the third day since it happened. 22 Some of the women of our group
surprised us; they went at dawn to the tomb, 23 but could not find
his body. They came back saying they had seen a vision of angels
who told them that he is alive. 24 Some of our group went to the
tomb and found it exactly as the women had said, but they did
not see him."

25 Then Jesus said to them, "How foolish you are, how slow you
are to believe everything the prophets said! 26 Was it not necessary for
the Messiah to suffer these things and then to enter his glory?" 27 And
Jesus explained to them what was said about himself in all the Scrip-
tures, beginning with the books of Moses and the writings of all
the prophets.

28 As they came near the village to which they were going, Jesus
acted as if he were going farther; 29 but they held him back, saying,
"Stay with us; the day is almost over and it is getting dark." So

---

[d] *Some manuscripts do not have verse 12.*

rhedeg at y bedd; plygodd i edrych, ac ni welodd ddim ond y llieiniau. Ac aeth ymaith, gan ryfeddu wrtho'i hun at yr hyn oedd wedi digwydd.*

Cerdded i Emaus
(Mc 16.12–13)

Yn awr, yr un dydd, yr oedd dau ohonynt ar eu ffordd i 13
bentref, saith milltir a hanner o Jerwsalem, o'r enw Emaus.
Yr oeddent yn ymddiddan â'i gilydd am yr holl ddigwyddiadau 14
hyn. Yn ystod yr ymddiddan a'r trafod, nesaodd Iesu ei hun 15
atynt a dechrau cerdded gyda hwy, ond rhwystrwyd eu llygaid 16
rhag ei adnabod ef. Meddai wrthynt, "Beth yw'r sylwadau 17
hyn yr ydych yn eu cyfnewid wrth gerdded?" Safasant hwy,
a'u digalondid yn eu hwyneb. Atebodd yr un o'r enw Cleopas, 18
"Rhaid mai ti yw'r unig un o drigolion Jerwsalem nad yw'n
gwybod am y pethau sydd wedi digwydd yno y dyddiau
diwethaf hyn." "Pa bethau?" meddai wrthynt. Atebasant 19
hwythau, "Y pethau sydd wedi digwydd i Iesu o Nasareth,
dyn oedd yn broffwyd nerthol ei weithredoedd a'i eiriau yng
ngŵydd Duw a'r holl bobl. Traddododd ein prif offeiriaid ac 20
aelodau ein Cyngor ef i'w ddedfrydu i farwolaeth, ac fe'i croes-
hoeliasant. Ein gobaith ni oedd mai ef oedd yr un oedd yn 21
mynd i brynu Israel i ryddid, ond at hyn oll, heddiw yw'r
trydydd dydd er pan ddigwyddodd y pethau hyn. Er hynny, 22
fe'n syfrdanwyd gan rai gwragedd o'n plith; aethant yn y bore
bach at y bedd, a methasant gael ei gorff, ond dychwelsant gan 23
daeru eu bod wedi gweld angylion yn ymddangos, a bod y
rheini yn dweud ei fod ef yn fyw. Aeth rhai o'n cwmni allan at 24
y bedd, a'i gael yn union fel y dywedodd y gwragedd, ond ni
welsant mohono ef." Meddai Iesu wrthynt, "Mor ddiddeall 25
ydych, a mor araf yw eich calonnau i gredu'r cwbl a lefarodd y
proffwydi! Onid oedd yn rhaid i'r Meseia ddioddef y pethau 26
hyn, a mynd i mewn i'w ogoniant?" A chan ddechrau gyda 27
Moses a'r holl broffwydi, dehonglodd iddynt y pethau a ysgrif-
ennwyd amdano ef ei hun yn yr holl Ysgrythurau.

Wedi iddynt nesáu at y pentref yr oeddent ar eu ffordd iddo, 28
cymerodd ef arno ei fod yn mynd ymhellach. Ond meddent 29
wrtho, gan bwyso arno, "Aros gyda ni, oherwydd y mae hi'n
nosi, a'r dydd yn dirwyn i ben." Yna aeth i mewn i aros gyda

*adn. 12: y mae rhai llawysgrifau yn gadael allan yr adnod hon.

he went in to stay with them. 30 He sat down to eat with them, took the bread, and said the blessing; then he broke the bread and gave it to them. 31 Then their eyes were opened and they recognized him, but he disappeared from their sight. 32 They said to each other, "Wasn't it like a fire burning in us when he talked to us on the road and explained the Scriptures to us?"

33 They got up at once and went back to Jerusalem, where they found the eleven disciples gathered together with the others 34 and saying, "The Lord is risen indeed! He has appeared to Simon!"

35 The two then explained to them what had happened on the road, and how they had recognized the Lord when he broke the bread.

Jesus Appears to His Disciples

(Matt. 28.16-20; Mark 16.14-18; John 20.19-23; Acts 1.6-8)

36 While the two were telling them this, suddenly the Lord himself stood among them and said to them, "Peace be with you."[e]

37 They were terrified, thinking that they were seeing a ghost. 38 But he said to them, "Why are you alarmed? Why are these doubts coming up in your minds? 39 Look at my hands and my feet, and see that it is I myself. Feel me, and you will know, for a ghost doesn't have flesh and bones, as you can see I have."

40 He said this and showed them his hands and his feet.[f] 41 They still could not believe, they were so full of joy and wonder; so he asked them, "Have you anything here to eat?" 42 They gave him a piece of cooked fish, 43 which he took and ate in their presence.

44 Then he said to them, "These are the very things I told you about while I was still with you: everything written about me in the Law of Moses, the writings of the prophets, and the Psalms had to come true."

45 Then he opened their minds to understand the Scriptures, 46 and said to them, "This is what is written: the Messiah must suffer and must rise from death three days later, 47 and in his name the message about repentance and the forgiveness of sins must be preached to all nations, beginning in Jerusalem. 48 You are witnesses of these things. 49 And I myself will send upon you what my Father has promised. But you must wait in the city until the power from above comes down upon you."

---

[e] *Some manuscripts do not have* and said to them, "Peace be with you."

[f] *Some manuscripts do not have verse 40.*

hwy. Wedi eistedd wrth y bwrdd gyda hwy, cymerodd y bara 30
a bendithio, a'i dorri a'i roi iddynt. Agorwyd eu llygaid hwy, 31
ac adnabuasant ef. A diflannodd ef o'u golwg. Meddent wrth 32
ei gilydd, "Onid oedd ein calonnau ar dân ynom wrth iddo
siarad â ni ar y ffordd, pan oedd yn egluro'r Ysgrythurau inni?"
Codasant ar unwaith a dychwelyd i Jerwsalem. Cawsant yr un 33
ar ddeg a'u dilynwyr wedi ymgynnull ynghyd ac yn dweud 34
fod yr Arglwydd yn wir wedi cyfodi, ac wedi ymddangos i
Simon. Adroddasant hwythau yr hanes am eu taith, ac fel yr 35
oeddent wedi ei adnabod ef ar doriad y bara.

Ymddangos i'r Disgyblion

(Mth 28.16-20; Mc 16.14-18; In 20.19-23; Act. 1.6-8)

Wrth iddynt ddweud hyn, ymddangosodd ef yn eu plith, ac 36
meddai wrthynt, "Tangnefedd i chwi."* O achos eu dychryn 37
a'u hofn, yr oeddent yn tybied eu bod yn gweld ysbryd.
Gofynnodd iddynt, "Pam yr ydych wedi cynhyrfu? Pam y 38
mae amheuon yn codi yn eich meddyliau? Gwelwch fy nwylo 39
a'm traed; myfi yw, myfi fy hun. Cyffyrddwch â mi a gwel-
wch, oherwydd nid oes gan ysbryd gnawd ac esgyrn fel y can-
fyddwch fod gennyf fi." Wrth ddweud hyn dangosodd iddynt 40
ei ddwylo a'i draed.* A chan eu bod yn eu llawenydd yn dal i 41
wrthod credu ac yn rhyfeddu, meddai wrthynt, "A oes gen-
nych rywbeth i'w fwyta yma?" Rhoesant iddo ddarn o bysgod- 42
yn wedi ei rostio. Cymerodd ef, a bwyta yn eu gŵydd. 43

Dywedodd wrthynt, "Dyma ystyr fy ngeiriau a leferais 44
wrthych pan oeddwn eto gyda chwi: ei bod yn rhaid i bob peth
gael ei gyflawni sy'n ysgrifenedig amdanaf yng Nghyfraith
Moses a'r proffwydi a'r salmau." Yna agorodd eu meddyliau, 45
iddynt ddeall yr Ysgrythurau. Meddai wrthynt, "Fel hyn y 46
mae'n ysgrifenedig: fod y Meseia i ddioddef, ac i atgyfodi oddi
wrth y meirw ar y trydydd dydd, a bod edifeirwch a maddeuant 47
pechodau i'w cyhoeddi yn ei enw ef i'r holl genhedloedd, gan
ddechrau yn Jerwsalem. Chwi yw'r tystion i'r pethau hyn. 48
Ac yn awr yr wyf fi'n anfon arnoch yr hyn a addawodd fy Nhad; 49
chwithau, arhoswch yn y ddinas nes eich gwisgo chwi oddi
uchod â nerth."

---

*adn. 36: y mae rhai llawysgrifau yn gadael allan *ac meddai . . . i chwi*.

*adn. 40: y mae rhai llawysgrifau yn gadael allan yr adnod hon.

Jesus Is Taken up to Heaven
(Mark 16.19-20; Acts 1.9-11)

50 Then he led them out of the city as far as Bethany, where
he raised his hands and blessed them. 51 As he was blessing them,
he departed from them and was taken up into heaven.[g] 52 They wor-
shipped him and went back into Jerusalem, filled with great joy,
53 and spent all their time in the Temple giving thanks to God.

---

[g] *Some manuscripts do not have* and was taken up into heaven.

Esgyniad Iesu
(Mc 16.19-20; Act 1.9-11)

Aeth â hwy allan i gyffiniau Bethania. Yna cododd ei ddwylo 50
a'u bendithio. Wrth iddo eu bendithio, fe ymadawodd â hwy 51
ac fe'i dygwyd i fyny i'r nef.* Wedi iddynt ei addoli ar eu 52
gliniau,* dychwelsant yn llawen iawn i Jerwsalem. Ac yr 53
oeddent yn y deml yn ddi-baid, yn bendithio Duw.

---

*adn. 51: y mae rhai llawysgrifau yn gadael allan *ac fe'i . . . i'r nef.*

*adn. 52: y mae rhai llawysgrifau yn gadael allan *Wedi iddynt ei addoli ar eu gliniau.*

THE GOSPEL ACCORDING TO

JOHN

The Word of Life

1 Before the world was created, the Word already existed; he was with God, and he was the same as God. 2 From the very beginning the Word was with God. 3 Through him God made all things; not one thing in all creation was made without him. 4 The Word was the source of life,[a] and this life brought light to mankind. 5 The light shines in the darkness, and the darkness has never put it out.

6 God sent his messenger, a man named John, 7 who came to tell people about the light, so that all should hear the message and believe. 8 He himself was not the light; he came to tell about the light. 9 This was the real light—the light that comes into the world and shines on all mankind.

10 The Word was in the world, and though God made the world through him, yet the world did not recognize him. 11 He came to his own country, but his own people did not receive him. 12 Some, however, did receive him and believed in him; so he gave them the right to become God's children. 13 They did not become God's children by natural means, that is, by being born as the children of a human father; God himself was their Father.

14 The Word became a human being and, full of grace and truth, lived among us. We saw his glory, the glory which he received as the Father's only Son.

15 John spoke about him. He cried out, "This is the one I was talking about when I said, 'He comes after me, but he is greater than I am, because he existed before I was born.' "

16 Out of the fullness of his grace he has blessed us all, giving us one blessing after another. 17 God gave the Law through Moses, but grace and truth came through Jesus Christ. 18 No one has ever seen God. The only Son, who is the same as God and is at the Father's side, he has made him known.

---

[a] The Word was the source of life; *or* What was made had life in union with the Word.

YR EFENGYL YN ÔL

IOAN

Daeth y Gair yn Gnawd

Yn y dechreuad yr oedd y Gair; yr oedd y Gair gyda Duw, 1
a Duw oedd y Gair. Yr oedd ef yn y dechreuad gyda Duw. 2
Daeth pob peth i fod trwyddo ef; hebddo ef ni ddaeth un dim 3
i fod.* Yr hyn a ddaeth i fod, ynddo ef bywyd ydoedd,* a'r 4
bywyd, goleuni dynion ydoedd. Y mae'r goleuni yn llewyrchu 5
yn y tywyllwch, ac nid yw'r tywyllwch wedi ei drechu ef.

Daeth dyn wedi ei anfon oddi wrth Dduw, a'i enw Ioan. 6
Daeth hwn yn dyst, i dystiolaethu am y goleuni, er mwyn i 7
bawb ddod i gredu trwyddo. Nid ef oedd y goleuni, ond daeth 8
i dystiolaethu am y goleuni. Yr oedd y gwir oleuni, sy'n goleuo 9
pob dyn, eisoes yn dod i'r byd.* Yr oedd yn y byd, a daeth y 10
byd i fod trwyddo, ac nid adnabu'r byd mohono. Daeth i'w 11
gartref ei hun, ac ni dderbyniodd ei bobl ei hun mohono. Ond 12
cynifer ag a'i derbyniodd, rhoes iddynt hwy, y rhai sy'n credu
yn ei enw, hawl i ddod yn blant Duw, plant wedi eu geni nid o 13
waed nac o ewyllys cnawd nac o ewyllys gŵr, ond o Dduw.

A daeth y Gair yn gnawd a phreswylio yn ein plith, yn llawn 14
gras a gwirionedd; gwelsom ei ogoniant ef, ei ogoniant fel unig
Fab yn dod oddi wrth y Tad.*. Y mae Ioan yn tystio amdano 15
ac yn cyhoeddi: "Hwn oedd yr un y dywedais amdano, 'Y
mae'r hwn sy'n dod ar f'ôl i wedi fy mlaenori i, oherwydd yr
oedd yn bod o'm blaen i.'" O'i gyflawnder ef yr ydym ni oll 16
wedi derbyn gras ar ôl gras. Oherwydd trwy Moses y rhodd- 17
wyd y Gyfraith, ond gras a gwirionedd, trwy Iesu Grist y
daethant. Nid oes neb wedi gweld Duw erioed; yr uniganedig, 18
ac yntau'n Dduw,* yr hwn sydd ym mynwes y Tad, hwnnw
a'i gwnaeth yn hysbys.

---

*adnodau 3-4: neu, *ni ddaeth un dim sydd mewn bod. Ynddo ef yr oedd bywyd.*

*adn. 9: neu, *Ef oedd y gwir oleuni, sy'n goleuo pob dyn sy'n dod i'r byd.*

*adn. 14: neu, *yn ein plith; gwelsom ... y Tad, yn llawn gras a gwirionedd.*

*adn. 18: yn ôl darlleniad arall, *yr unig Fab.*

John the Baptist's Message

(Matt. 3.1-12; Mark 1.1-8; Luke 3.1-18)

19 The Jewish authorities in Jerusalem sent some priests and Levites to John, to ask him, "Who are you?"

20 John did not refuse to answer, but spoke out openly and clearly, saying: "I am not the Messiah."

21 "Who are you, then?" they asked. "Are you Elijah?"

"No, I am not," John answered.

"Are you the Prophet?" [b] they asked.

"No," he replied.

22 "Then tell us who you are," they said. "We have to take an answer back to those who sent us. What do you say about yourself?"

23 John answered by quoting the prophet Isaiah:

"'I am the voice of someone shouting in the desert:
Make a straight path for the Lord to travel!'"

24 The messengers, who had been sent by the Pharisees, 25 then [c]
asked John, "If you are not the Messiah nor Elijah nor the Prophet, why do you baptize?"

26 John answered, "I baptize with water, but among you stands
the one you do not know. 27 He is coming after me, but I am not
good enough even to untie his sandals."

28 All this happened in Bethany on the east side of the River Jordan, where John was baptizing.

The Lamb of God

29 The next day John saw Jesus coming to him, and said, "There
is the Lamb of God, who takes away the sin of the world! 30 This
is the one I was talking about when I said, 'A man is coming after
me, but he is greater than I am, because he existed before I was
born.' 31 I did not know who he would be, but I came baptizing
with water in order to make him known to the people of Israel."

32 And John gave this testimony: "I saw the Spirit come down
like a dove from heaven and stay on him. 33 I still did not know
that he was the one, but God, who sent me to baptize with water,
had said to me, 'You will see the Spirit come down and stay on
a man; he is the one who baptizes with the Holy Spirit.' 34 I have
seen it," said John, "and I tell you that he is the Son of God."

---

[b] THE PROPHET: *The one who was expected to appear and announce the coming of the Messiah.*

[c] The messengers, who had been sent by the Pharisees, then; *or* Those who had been sent were Pharisees; they.

Tystiolaeth Ioan Fedyddiwr
(Mth 3.1-12; Mc 1.7-8; Lc 3.15-17)

Dyma dystiolaeth Ioan, pan anfonodd yr Iddewon o 19
Jerwsalem offeiriaid a Lefiaid ato i ofyn iddo, " Pwy wyt ti ?"
Addefodd ac ni wadodd, a dyma a addefodd: " Nid myfi yw'r 20
Meseia." Yna gofynasant iddo: " Beth wyt ti, ynteu ? Ai 21
Elias wyt ti ?" " Nage," meddai. " Ai ti yw'r Proffwyd ?"
" Nage," atebodd eto. Ar hynny dywedasant wrtho, " Pwy 22
wyt ti ? Rhaid i ni roi ateb i'r rhai a'n hanfonodd ni. Beth
sydd gennyt i'w ddweud amdanat dy hun ? " " Myfi," meddai, 23
" yw

' Llais un yn llefain yn yr anialwch :
" Unionwch ffordd yr Arglwydd " '—

fel y dywedodd y proffwyd Eseia." Yr oeddent wedi eu hanfon 24
gan y Phariseaid, a holasant ef a gofyn iddo, " Pam ynteu yr 25
wyt yn bedyddio os nad wyt ti na'r Meseia nac Elias na'r
Proffwyd ? " Atebodd Ioan hwy: " Yr wyf fi'n bedyddio â 26
dŵr, ond y mae yn sefyll yn eich plith un nad ydych chwi'n ei
adnabod, yr un sy'n dod ar f'ôl i, nad wyf fi'n deilwng i ddatod 27
carrai ei esgid." Digwyddodd hyn ym Methania,* y tu hwnt i'r 28
Iorddonen, lle'r oedd Ioan yn bedyddio.

Dyma Oen Duw

Trannoeth gwelodd Iesu'n dod tuag ato, a dywedodd, 29
" Dyma Oen Duw sy'n cymryd ymaith bechod y byd. Hwn 30
yw'r un y dywedais i amdano, ' Ar f'ôl i y mae gŵr yn dod sydd
wedi fy mlaenori i, oherwydd yr oedd yn bod o'm blaen i.'
Nid oeddwn innau'n ei adnabod, ond deuthum i yn bedyddio 31
â dŵr er mwyn hyn, iddo ef gael ei amlygu i Israel." A thyst- 32
iodd Ioan fel hyn: " Gwelais yr Ysbryd yn disgyn o'r nef fel
colomen, ac fe arhosodd arno ef. Nid oeddwn innau'n ei 33
adnabod, ond yr un a'm hanfonodd i fedyddio â dŵr, dywedodd
ef wrthyf, ' Pwy bynnag y gweli di'r Ysbryd yn disgyn ac yn
aros arno, hwn yw'r un sy'n bedyddio â'r Ysbryd Glân.' Yr 34
wyf finnau wedi gweld ac wedi dwyn tystiolaeth mai Mab*
Duw yw hwn."

---

*adn. 28: yn ôl darlleniad arall, *ym Methabara*.

*adn. 34: yn ôl darlleniad arall, *Etholedig*.

The First Disciples of Jesus

35 The next day John was standing there again with two of his
disciples, [36]when he saw Jesus walking by. "There is the Lamb of
God!" he said.
37 The two disciples heard him say this and went with Jesus. [38]Jesus
turned, saw them following him, and asked, "What are you looking
for?"
They answered, "Where do you live, Rabbi?" (This word means
"Teacher.")
39 "Come and see," he answered. (It was then about four o'clock
in the afternoon.) So they went with him and saw where he lived,
and spent the rest of that day with him.
40 One of them was Andrew, Simon Peter's brother. [41]At once
he found his brother Simon and told him, "We have found the Mess-
iah." (This word means "Christ.") [42]Then he took Simon to Jesus.
Jesus looked at him and said, "Your name is Simon son of John,
but you will be called Cephas." (This is the same as Peter and
means "a rock.")

Jesus Calls Philip and Nathanael

43 The next day Jesus decided to go to Galilee. He found Philip
and said to him, "Come with me!" [44](Philip was from Bethsaida,
the town where Andrew and Peter lived.) [45]Philip found Nathanael
and told him, "We have found the one whom Moses wrote about
in the book of the Law and whom the prophets also wrote about.
He is Jesus son of Joseph, from Nazareth."
46 "Can anything good come from Nazareth?" Nathanael asked.
"Come and see," answered Philip.
47 When Jesus saw Nathanael coming to him, he said about him,
"Here is a real Israelite; there is nothing false in him!"
48 Nathanael asked him, "How do you know me?"
Jesus answered, "I saw you when you were under the fig-tree
before Philip called you."
49 "Teacher," answered Nathanael, "you are the Son of God! You
are the King of Israel!"
50 Jesus said, "Do you believe just because I told you I saw you
when you were under the fig-tree? You will see much greater things
than this!" [51]And he said to them, "I am telling you the truth:
you will see heaven open and God's angels going up and coming
down on the Son of Man."

The Wedding in Cana

2 Two days later there was a wedding in the town of Cana in
Galilee. Jesus' mother was there, [2]and Jesus and his disciples

Y Disgyblion Cyntaf

Trannoeth yr oedd Ioan yn sefyll eto gyda dau o'i ddisgybl- 35
ion, ac wrth wylio Iesu'n cerdded heibio meddai, " Dyma Oen 36
Duw." Clywodd ei ddau ddisgybl ef yn dweud hyn, ac aethant 37
i ganlyn Iesu. Troes Iesu, ac wrth eu gweld yn canlyn, dywed- 38
odd wrthynt, " Beth yr ydych yn ei geisio ?" Dywedasant
wrtho, " Rabbi," (ystyr hyn, o'i gyfieithu, yw Athro) " lle'r
wyt ti'n aros ?" Dywedodd wrthynt, " Dewch i weld." Felly 39
aethant a gweld lle'r oedd yn aros; a'r diwrnod hwnnw aros-
asant gydag ef. Yr oedd hi tua phedwar o'r gloch y prynhawn.
Andreas, brawd Simon Pedr, oedd un o'r ddau a aeth i ganlyn 40
Iesu ar ôl gwrando ar Ioan. Y peth cyntaf a wnaeth hwn oedd 41
cael hyd i'w frawd, Simon, a dweud wrtho, " Yr ydym wedi
darganfod y Meseia " (hynny yw, o'i gyfieithu, Crist). Daeth 42
ag ef at Iesu. Edrychodd Iesu arno a dywedodd, " Ti yw
Simon fab Ioan; dy enw fydd Ceffas " (enw a gyfieithir Pedr).

Galw Philip a Nathanael

Trannoeth, penderfynodd Iesu ymadael a mynd i Galilea. 43
Cafodd hyd i Philip, ac meddai wrtho, " Canlyn fi." Gŵr o 44
Fethsaida, tref Andreas a Pedr, oedd Philip. Cafodd Philip 45
hyd i Nathanael a dweud wrtho, " Yr ydym wedi darganfod y
gŵr yr ysgrifennodd Moses yn y Gyfraith amdano, a'r pro-
ffwydi hefyd, Iesu, mab Joseff o Nasareth." Dywedodd 46
Nathanael wrtho, " A all dim da ddod o Nasareth ?" " Tyrd i
weld," ebe Philip wrtho. Gwelodd Iesu Nathanael yn dod tuag 47
ato, ac meddai amdano, " Dyma Israeliad gwerth yr enw, heb
ddim twyll ynddo." Gofynnodd Nathanael iddo, " Sut yr wyt 48
yn f'adnabod i ? " Atebodd Iesu ef: " Gwelais di cyn i Philip
alw arnat, pan oeddit dan y ffigysbren." " Rabbi," meddai 49
Nathanael wrtho, " ti yw Mab Duw, ti yw Brenin Israel."
Atebodd Iesu ef: " A wyt yn credu oherwydd i mi ddweud 50
wrthyt fy mod wedi dy weld o dan y ffigysbren ? Cei weld
pethau mwy na hyn." Ac meddai wrtho, " Yn wir, yn wir, 51
'rwy'n dweud wrthych, cewch weld y nef wedi agor, ac angylion
Duw yn esgyn ac yn disgyn ar Fab y Dyn."

Y Briodas yng Nghana

Y trydydd dydd yr oedd priodas yng Nghana Galilea, ac yr **2**
oedd mam Iesu yno. Gwahoddwyd Iesu hefyd, a'i ddisgyblion, 2

had also been invited to the wedding. 3 When the wine had given
out, Jesus' mother said to him, "They have no wine left."
4 "You must not tell me what to do," Jesus replied. "My time
has not yet come."
5 Jesus' mother then told the servants, "Do whatever he tells you."
6 The Jews have rules about ritual washing, and for this purpose
six stone water jars were there, each one large enough to hold about
a hundred litres. 7 Jesus said to the servants, "Fill these jars with
water." They filled them to the brim, 8 and then he told them, "Now
draw some water out and take it to the man in charge of the feast."
They took him the water, 9 which now had turned into wine, and
he tasted it. He did not know where this wine had come from (but,
of course, the servants who had drawn out the water knew); so
he called the bridegroom 10 and said to him, "Everyone else serves
the best wine first, and after the guests have had plenty to drink,
he serves the ordinary wine. But you have kept the best wine until
now!"
11 Jesus performed this first miracle in Cana in Galilee; there
he revealed his glory, and his disciples believed in him.
12 After this, Jesus and his mother, brothers, and disciples went to
Capernaum and stayed there a few days.

Jesus Goes to the Temple

(Matt. 21.12-13; Mark 11.15-17; Luke 19.45-46)

13 It was almost time for the Passover Festival, so Jesus went
to Jerusalem. 14 There in the Temple he found men selling cattle,
sheep, and pigeons, and also the money-changers sitting at their tables.
15 So he made a whip from cords and drove all the animals out
of the Temple, both the sheep and the cattle; he overturned the
tables of the money-changers and scattered their coins; 16 and he
ordered the men who sold the pigeons, "Take them out of here!
Stop making my Father's house a market-place!" 17 His disciples
remembered that the scripture says, "My devotion to your house,
O God, burns in me like a fire."
18 The Jewish authorities replied with a question, "What miracle
can you perform to show us that you have the right to do this?"
19 Jesus answered, "Tear down this Temple, and in three days
I will build it again."
20 "Are you going to build it again in three days?" they asked
him. "It has taken forty-six years to build this Temple!"

i'r briodas. Pallodd y gwin, ac meddai mam Iesu wrtho ef, 3
" Nid oes ganddynt win." Dywedodd Iesu wrthi hi, " Wraig, 4
pam yr wyt ti yn ymyrryd â mi ? Nid yw f'awr i wedi dod eto."
Dywedodd ei fam wrth y gwasanaethyddion, " Gwnewch beth 5
bynnag a ddywed wrthych." Yr oedd yno chwech o lestri 6
carreg i ddal dŵr, wedi eu gosod ar gyfer defod glanhad yr
Iddewon, a phob un yn dal ugain neu ddeg ar hugain o alwyni.
Dywedodd Iesu wrthynt, "Llanwch y llestri â dŵr", a llan- 7
wasant hwy hyd yr ymyl. Yna meddai wrthynt, " Yn awr 8
tynnwch beth allan ac ewch ag ef i lywydd y wledd." A
gwnaethant felly. Profodd llywydd y wledd y dŵr, a oedd 9
bellach yn win, heb wybod o ble'r oedd wedi dod, er bod y
gwasanaethyddion a fu'n tynnu'r dŵr yn gwybod. Yna galwodd
llywydd y wledd ar y priodfab ac meddai wrtho, " Bydd pawb 10
yn rhoi'r gwin da yn gyntaf, ac yna, pan fydd pobl wedi
meddwi, y gwin salach; ond yr wyt ti wedi cadw'r gwin da hyd
yn awr." Gwnaeth Iesu hyn, y cyntaf o'i arwyddion, yng 11
Nghana Galilea; amlygodd felly ei ogoniant, a chredodd ei
ddisgyblion ynddo.

Wedi hyn aeth ef a'i fam a'i frodyr a'i ddisgyblion i lawr i 12
Gapernaum, ac aros yno am ychydig ddyddiau.

Glanhau'r Deml
(Mth 21.12-13; Mc 11.15-18; Lc 19.45-46)

Yr oedd Pasg yr Iddewon yn ymyl, ac aeth Iesu i fyny i 13
Jerwsalem. A chafodd yn y deml y rhai oedd yn gwerthu ychen 14
a defaid a cholomennod, a'r cyfnewidwyr arian wrth eu byrdd-
au. Gwnaeth chwip o gordenni, a gyrrodd hwy oll allan o'r 15
deml, y defaid a'r ychen hefyd. Taflodd arian mân y cyfnewid-
wyr ar chwâl, a bwrw eu byrddau wyneb i waered. Ac meddai 16
wrth y rhai oedd yn gwerthu colomennod, " Ewch â'r rhain
oddi yma. Peidiwch â gwneud tŷ fy Nhad i yn dŷ masnach."
Cofiodd ei ddisgyblion eiriau'r Ysgrythur: " Sêl dros dy dŷ 17
di a'm difetha i." Yna heriodd yr Iddewon ef a gofyn, " Pa 18
arwydd sydd gennyt i'w ddangos i ni, yn awdurdod dros wneud
y pethau hyn ?" Atebodd Iesu hwy: " Dinistriwch y deml 19
hon, ac mewn tridiau fe'i codaf hi." Dywedodd yr Iddewon, 20
" Chwe blynedd a deugain y bu'r deml hon yn cael ei hadeil-
adu, ac a wyt ti'n mynd i'w chodi mewn tridiau ? " Ond sôn yr 21

21 But the temple Jesus was speaking about was his body. 22 So
when he was raised from death, his disciples remembered that he
had said this, and they believed the scripture and what Jesus had
said.

Jesus' Knowledge of Human Nature

23 While Jesus was in Jerusalem during the Passover Festival,
many believed in him as they saw the miracles he performed. 24 But
Jesus did not trust himself to them, because he knew them all. 25 There
was no need for anyone to tell him about them, because he himself
knew what was in their hearts.

Jesus and Nicodemus

3 There was a Jewish leader named Nicodemus, who belonged
to the party of the Pharisees. 2 One night he went to Jesus and
said to him, "Rabbi, we know that you are a teacher sent by God.
No one could perform the miracles you are doing unless God were
with him."

3 Jesus answered, "I am telling you the truth: no one can see
the Kingdom of God unless he is born again." [d]

4 "How can a grown man be born again?" Nicodemus asked.
"He certainly cannot enter his mother's womb and be born a second
time!"

5 "I am telling you the truth," replied Jesus. "No one can enter the
Kingdom of God unless he is born of water and the Spirit. 6 A
person is born physically of human parents, but he is born spiritually
of the Spirit. 7 Do not be surprised because I tell you that you must all
be born again. [e] 8 The wind blows wherever it wishes; you hear the
sound it makes, but you do not know where it comes from or where
it is going. It is like that with everyone who is born of the Spirit."

9 "How can this be?" asked Nicodemus.

10 Jesus answered, "You are a great teacher in Israel, and you
don't know this? 11 I am telling you the truth: we speak of what
we know and report what we have seen, yet none of you is willing
to accept our message. 12 You do not believe me when I tell you
about the things of this world; how will you ever believe me, then,

---

[d] again; *or* from above.

[e] again; *or* from above.

oedd ef am deml ei gorff. Felly, wedi iddo atgyfodi oddi wrth y 22
meirw, cofiodd ei ddisgyblion iddo ddweud hyn, a chredasant
yr Ysgrythur, a'r gair yr oedd Iesu wedi ei lefaru.

Iesu'n Adnabod Pob Dyn

Tra oedd yn Jerwsalem yn dathlu gŵyl y Pasg, credodd 23
llawer yn ei enw ef wrth weld yr arwyddion yr oedd yn eu
gwneud. Ond nid oedd Iesu yn ei ymddiried ei hun iddynt, 24
oherwydd yr oedd yn adnabod pob dyn. Nid oedd arno angen 25
tystiolaeth neb ynglŷn â dyn; yr oedd ef ei hun yn gwybod
beth oedd mewn dyn.

Iesu a Nicodemus

Yr oedd dyn o blith y Phariseaid, o'r enw Nicodemus, aelod **3**
o Gyngor yr Iddewon. Daeth hwn at Iesu liw nos a dweud 2
wrtho, "Rabbi, fe wyddom iti ddod atom yn athro oddi wrth
Dduw; ni allai neb wneud yr arwyddion hyn yr wyt ti'n eu
gwneud oni bai fod Duw gydag ef." Atebodd Iesu ef: "Yn 3
wir, yn wir, 'rwy'n dweud wrthyt, oni chaiff dyn ei eni o'r
newydd* ni all weld teyrnas Dduw." Meddai Nicodemus 4
wrtho, "Sut y gall dyn gael ei eni ac yntau'n hynafgwr?
A yw'n bosibl, tybed, iddo fynd i mewn eilwaith i groth ei fam
a chael ei eni?" Atebodd Iesu: "Yn wir, yn wir, 'rwy'n dweud 5
wrthyt, oni chaiff dyn ei eni o ddŵr a'r Ysbryd ni all fynd i
mewn i deyrnas Dduw. Yr hyn sydd wedi ei eni o'r cnawd, 6
cnawd yw, a'r hyn sydd wedi ei eni o'r Ysbryd, ysbryd yw.
Paid â rhyfeddu imi ddweud wrthyt, 'Y mae'n rhaid eich geni 7
chwi o'r newydd.'* Y mae'r gwynt* yn chwythu lle y myn, ac 8
yr wyt yn clywed ei sŵn, ond ni wyddost o ble y mae'n dod nac
i ble y mae'n mynd. Felly y mae gyda phob un sydd wedi ei
eni o'r Ysbryd."* Dywedodd Nicodemus wrtho, "Sut y gall 9
hyn fod?" Atebodd Iesu ef: "Ti yw athro Israel; a wyt heb 10
ddeall y pethau hyn? Yn wir, yn wir, 'rwy'n dweud wrthyt 11
mai am yr hyn a wyddom yr ydym yn siarad ac am yr hyn a
welsom yr ydym yn tystiolaethu; ac eto nid ydych yn derbyn
ein tystiolaeth. Os nad ydych yn credu ar ôl imi lefaru wrthych 12

---

*adn. 3 ac adn. 7: y mae'r Groeg yma yn golygu hefyd *oddi uchod*.

*adn. 8: yr un gair Groeg sydd wedi ei gyfieithu *gwynt* ar ddechrau'r adnod ac *Ysbryd* ar ei diwedd. Perthyn y ddau ystyr i'r gair.

when I tell you about the things of heaven? 13 And no one has
ever gone up to heaven except the Son of Man, who came down
from heaven."

14 As Moses lifted up the bronze snake on a pole in the desert,
in the same way the Son of Man must be lifted up, 15 so that everyone
who believes in him may have eternal life. 16 For God loved the
world so much that he gave his only Son, so that everyone who
believes in him may not die but have eternal life. 17 For God did
not send his Son into the world to be its judge, but to be its saviour.

18 Whoever believes in the Son is not judged; but whoever does
not believe has already been judged, because he has not believed
in God's only Son. 19 This is how the judgement works: the light
has come into the world, but people love the darkness rather than
the light, because their deeds are evil. 20 Anyone who does evil things
hates the light and will not come to the light, because he does not
want his evil deeds to be shown up. 21 But whoever does what is
true comes to the light in order that the light may show that what
he did was in obedience to God.

Jesus and John

22 After this, Jesus and his disciples went to the province of Judaea,
where he spent some time with them and baptized. 23 John also was
baptizing in Aenon, not far from Salim, because there was plenty
of water in that place. People were going to him, and he was baptizing
them. 24 (This was before John had been put in prison.)

25 Some of John's disciples began arguing with a Jew[f] about the
matter of ritual washing. 26 So they went to John and said, "Teacher,
you remember the man who was with you on the east side of the
Jordan, the one you spoke about? Well, he is baptizing now, and
everyone is going to him!"

27 John answered, "No one can have anything unless God gives
it to him. 28 You yourselves are my witnesses that I said, 'I am
not the Messiah, but I have been sent ahead of him.' 29 The bridegroom
is the one to whom the bride belongs; but the bridegroom's friend,
who stands by and listens, is glad when he hears the bridegroom's

---

[f] a Jew; *some manuscripts have* some Jews.

am bethau'r ddaear, sut y credwch os llefaraf wrthych am
bethau'r nefoedd? Nid oes neb wedi esgyn i'r nef ond yr un a 13
ddisgynnodd o'r nef, Mab y Dyn.* Ac fel y dyrchafodd Moses 14
y sarff yn yr anialwch, felly y mae'n rhaid i Fab y Dyn gael ei
ddyrchafu, er mwyn i bob un sy'n credu gael bywyd tra- 15
gwyddol ynddo ef."

Do, carodd Duw y byd gymaint nes iddo roi ei unig Fab, er 16
mwyn i bob un sy'n credu ynddo ef beidio â mynd i ddistryw
ond cael bywyd tragwyddol. Oherwydd nid i gondemnio'r byd 17
yr anfonodd Duw ei Fab i'r byd, ond er mwyn i'r byd gael ei
achub trwyddo ef. Nid yw neb sy'n credu ynddo ef yn cael ei 18
gondemnio, ond y mae'r hwn nad yw'n credu wedi ei gon-
demnio eisoes, oherwydd ei fod heb gredu yn enw unig Fab
Duw. A dyma'r condemniad, i'r goleuni ddod i'r byd ond i 19
ddynion garu'r tywyllwch yn hytrach na'r goleuni, am fod eu
gweithredoedd yn ddrwg. Oherwydd y mae pob un sy'n 20
gwneud drwg yn casáu'r goleuni, ac nid yw'n dod at y goleuni
rhag ofn i'w weithredoedd gael eu dadlennu. Ond y mae'r hwn 21
sy'n gwneud y gwirionedd yn dod at y goleuni, fel yr amlyger
mai yn Nuw y mae ei weithredoedd ef wedi eu cyflawni.

Rhaid iddo Ef Gynyddu ac i Minnau Leihau

Ar ôl hyn aeth Iesu a'i ddisgyblion i wlad Jwdea, a bu'n aros 22
yno gyda hwy ac yn bedyddio. Yr oedd Ioan yntau yn bedyddio 23
yn Ainon, yn agos i Salim, am fod digonedd o ddŵr yno ; ac
yr oedd pobl yn dod yno ac yn cael eu bedyddio. Nid oedd 24
Ioan eto wedi ei garcharu. Yna cododd dadl rhwng rhai o 25
ddisgyblion Ioan a rhyw Iddew* ynghylch defod glanhad.
Daethant at Ioan a dweud wrtho, " Rabbi, y dyn hwnnw oedd 26
gyda thi y tu hwnt i'r Iorddonen, yr un yr wyt ti wedi dwyn
tystiolaeth iddo, edrych, y mae ef yn bedyddio a phawb yn dod
ato ef." Atebodd Ioan: " Ni all dyn dderbyn un dim os nad 27
yw wedi ei roi iddo o'r nef. Yr ydych chwi eich hunain yn 28
dystion i mi, imi ddweud, ' Nid myfi yw'r Meseia; un wedi ei
anfon o'i flaen ef wyf fi.' Y priodfab yw'r hwn y mae'r briod- 29
ferch ganddo; y mae cyfaill y priodfab, sydd wrth ei ochr ac
yn gwrando arno, yn fawr ei lawenydd wrth glywed llais y

---

*adn. 13: ychwanega rhai llawysgrifau, *yr hwn sydd yn y nef.*

*adn. 25: yn ôl darlleniad arall, *Iddewon.*

voice. This is how my own happiness is made complete. 30 He must
become more important while I become less important."

He Who Comes from Heaven

31 He who comes from above is greater than all. He who is from
the earth belongs to the earth and speaks about earthly matters,
but he who comes from heaven is above all. 32 He tells what he
has seen and heard, yet no one accepts his message. 33 But whoever
accepts his message confirms by this that God is truthful. 34 The
one whom God has sent speaks God's words, because God gives
him the fullness of his Spirit. 35 The Father loves his Son and has
put everything in his power. 36 Whoever believes in the Son has
eternal life; whoever disobeys the Son will not have life, but will
remain under God's punishment.

Jesus and the Samaritan Woman

4 The Pharisees heard that Jesus was winning and baptizing more
disciples than John. 2 (Actually, Jesus himself did not baptize
anyone; only his disciples did.) 3 So when Jesus heard what was
being said, he left Judaea and went back to Galilee; 4 on his way
there he had to go through Samaria.

5 In Samaria he came to a town named Sychar, which was not
far from the field that Jacob had given to his son Joseph. 6 Jacob's
well was there, and Jesus, tired out by the journey, sat down by
the well. It was about noon.

7 A Samaritan woman came to draw some water, and Jesus said
to her, "Give me a drink of water." 8 (His disciples had gone into
town to buy food.)

9 The woman answered, "You are a Jew, and I am a Samaritan—so
how can you ask me for a drink?" (Jews will not use the same
cups and bowls that Samaritans use.)[g]

10 Jesus answered, "If only you knew what God gives and who
it is that is asking you for a drink, you would ask him, and he
would give you life-giving water."

11 "Sir," the woman said, "you haven't got a bucket, and the well is
deep. Where would you get that life-giving water? 12 It was our
ancestor Jacob who gave us this well; he and his sons and his flocks

---

[g] Jews will not use the same cups and bowls that Samaritans use; *or* Jews will have nothing to do with Samaritans.

priodfab. Dyma'r llawenydd, ynteu, sy'n eiddo i mi yn ei
gyflawnder. Y mae'n rhaid iddo ef gynyddu ac i minnau leihau." 30

Yr Hwn sy'n Dod o'r Nef

Y mae'r hwn sy'n dod oddi uchod goruwch pawb; y mae'r 31
hwn sydd o'r ddaear yn ddaearol ei anian ac yn ddaearol ei iaith.
Y mae'r hwn sy'n dod o'r nef goruwch pawb; y mae'n tyst- 32
iolaethu am yr hyn a welodd ac a glywodd, ond nid yw neb yn
derbyn ei dystiolaeth. Y mae'r hwn sydd yn derbyn ei dyst- 33
iolaeth yn rhoi ei sêl ar fod Duw yn eirwir. Oherwydd y mae'r 34
hwn a anfonodd Duw yn llefaru geiriau Duw; nid wrth fesur y
bydd Duw yn rhoi'r Ysbryd. Y mae'r Tad yn caru'r Mab, ac 35
y mae wedi rhoi pob peth yn ei ddwylo ef. Yr hwn sy'n credu 36
yn y Mab, y mae bywyd tragwyddol ganddo; yr hwn sy'n an-
ufudd i'r Mab, ni wêl fywyd, ond y mae digofaint Duw yn aros
arno ef.

Iesu a'r Wraig o Samaria

Pan ddeallodd Iesu fod y Phariseaid wedi clywed ei fod ef **4**
yn ennill ac yn bedyddio mwy o ddisgyblion na Ioan (er nad 2
Iesu ei hun, ond ei ddisgyblion, fyddai'n bedyddio), gadawodd 3
Jwdea ac aeth yn ôl i Galilea. Ac yr oedd yn rhaid iddo fynd 4
trwy Samaria. Felly daeth i dref yn Samaria o'r enw Sychar, 5
yn agos i'r darn tir a roddodd Jacob i'w fab Joseff. Yno yr oedd 6
ffynnon Jacob, a chan fod Iesu wedi blino ar ôl ei daith eistedd-
odd i lawr wrth y ffynnon. Yr oedd hi tua hanner dydd.

Dyma wraig o Samaria yn dod yno i dynnu dŵr. Meddai 7
Iesu wrthi, " Rho i mi beth i'w yfed." Yr oedd ei ddisgyblion 8
wedi mynd i'r dref i brynu bwyd. A dyma'r wraig o Samaria 9
yn dweud wrtho, " Sut yr wyt ti, a thi yn Iddew, yn gofyn am
rywbeth i'w yfed gennyf fi, a minnau'n wraig o Samaria ? "
(Wrth gwrs, ni bydd yr Iddewon yn rhannu'r un llestri* â'r
Samariaid). Atebodd Iesu hi, " Pe bait yn gwybod beth yw 10
rhodd Duw, a phwy sy'n gofyn i ti, ' Rho i mi beth i'w yfed ',
ti fyddai wedi gofyn iddo ef a byddai ef wedi rhoi i ti ddŵr
bywiol." " Syr," meddai'r wraig wrtho, " nid oes gennyt ddim 11
i dynnu dŵr, ac y mae'r pydew'n ddwfn. O ble, felly, y mae
gennyt y ' dŵr bywiol ' yma ? A wyt ti'n fwy na Jacob, ein tad 12

---

*adn. 9: neu, *yn cyfeillachu.*

all drank from it. You don't claim to be greater than Jacob, do
you?"
13 Jesus answered, "Whoever drinks this water will be thirsty again,
14 but whoever drinks the water that I will give him will never be thirsty
again. The water that I will give him will become in him a spring which
will provide him with life-giving water and give him eternal life."
15 "Sir," the woman said, "give me that water! Then I will never be
thirsty again, nor will I have to come here to draw water."
16 "Go and call your husband," Jesus told her, "and come back."
17 "I haven't got a husband," she answered.
Jesus replied, "You are right when you say you haven't got a
husband. 18 You have been married to five men, and the man you
live with now is not really your husband. You have told me the
truth."
19 "I see you are a prophet, sir," the woman said. 20 "My Samaritan
ancestors worshipped God on this mountain, but you Jews say that
Jerusalem is the place where we should worship God."
21 Jesus said to her, "Believe me, woman, the time will come
when people will not worship the Father either on this mountain
or in Jerusalem. 22 You Samaritans do not really know whom you
worship; but we Jews know whom we worship, because it is from
the Jews that salvation comes. 23 But the time is coming and is already
here, when by the power of God's Spirit people will worship the
Father as he really is, offering him the true worship that he wants.
24 God is Spirit, and only by the power of his Spirit can people
worship him as he really is."
25 The woman said to him, "I know that the Messiah will come,
and when he comes, he will tell us everything."
26 Jesus answered, "I am he, I who am talking with you."
27 At that moment Jesus' disciples returned, and they were greatly
surprised to find him talking with a woman. But none of them said
to her, "What do you want?" or asked him, "Why are you talking
with her?"
28 Then the woman left her water jar, went back to the town,
and said to the people there, 29 "Come and see the man who told
me everything I have ever done. Could he be the Messiah?" 30 So
they left the town and went to Jesus.
31 In the meantime the disciples were begging Jesus, "Teacher,
have something to eat!"
32 But he answered, "I have food to eat that you know nothing
about."

ni, a roddodd y pydew inni, ac a yfodd ohono, yntau a'i feibion
a'i anifeiliaid ?" Atebodd Iesu hi, " Bydd pawb sy'n yfed o'r 13
dŵr hwn yn profi syched eto; ond pwy bynnag sy'n yfed o'r 14
dŵr a roddaf fi iddo, ni bydd arno syched byth. Bydd y dŵr a
roddaf iddo yn troi yn ffynnon o ddŵr o'i fewn, yn ffrydio i
fywyd tragwyddol." " Syr," meddai'r wraig wrtho, " rho'r 15
dŵr hwn i mi, i'm cadw rhag sychedu a dal i ddod yma i dynnu
dŵr."

Dywedodd Iesu wrthi, " Dos adref, galw dy ŵr a thyrd yn 16
ôl yma." " Nid oes gennyf ŵr," atebodd y wraig. Meddai 17
Iesu wrthi, " Dywedaist y gwir wrth ddweud, ' Nid oes gennyf
ŵr.' Oherwydd fe gefaist bump o wŷr, ac nid gŵr i ti yw'r dyn 18
sydd gennyt yn awr. Yr wyt wedi dweud y gwir am hyn."
" Syr," meddai'r wraig wrtho, " 'rwy'n gweld dy fod ti'n 19
broffwyd. Yr oedd ein tadau yn addoli ar y mynydd hwn. 20
Ond yr ydych chwi'r Iddewon yn dweud mai yn Jerwsalem y
mae'r man lle dylid addoli." " Cred fi, wraig," meddai Iesu 21
wrthi, " y mae amser yn dod pan na fyddwch yn addoli'r Tad
nac ar y mynydd hwn nac yn Jerwsalem. Yr ydych chwi'r 22
Samariaid yn addoli heb wybod beth yr ydych yn ei addoli. Yr
ydym ni'n gwybod beth yr ydym yn ei addoli, oherwydd oddi
wrth yr Iddewon y mae iachawdwriaeth yn dod. Ond y mae 23
amser yn dod, yn wir y mae yma eisoes, pan fydd y gwir addol-
wyr yn addoli'r Tad mewn ysbryd a gwirionedd, oherwydd
rhai felly y mae'r Tad yn eu ceisio i fod yn addolwyr iddo.
Ysbryd yw Duw, a rhaid i'w addolwyr ef addoli mewn ysbryd a 24
gwirionedd." Meddai'r wraig wrtho, " Mi wn fod y Meseia " 25
(ystyr hyn yw Crist) " yn dod. Pan ddaw ef, bydd yn dweud
pob peth wrthym." Dywedodd Iesu wrthi, " Myfi yw, sef yr 26
un sy'n siarad â thi."

Ar hyn daeth ei ddisgyblion yn ôl. Yr oeddent yn synnu ei 27
fod yn siarad â gwraig, ac eto ni ofynnodd neb, " Beth wyt ti'n
ei geisio ? " neu " Pam yr wyt yn siarad â hi ? " Gadawodd y 28
wraig ei hystên ac aeth i ffwrdd i'r dref, ac meddai wrth y bobl
yno, " Dewch i weld dyn a ddywedodd wrthyf bopeth yr wyf 29
wedi ei wneud. A yw'n bosibl mai hwn yw'r Meseia ? "
Daethant allan o'r dref a chychwyn tuag ato ef. 30

Yn y cyfamser yr oedd y disgyblion yn ei gymell, gan 31
ddweud, " Rabbi, cymer fwyd." Dywedodd ef wrthynt, " Y 32
mae gennyf fi fwyd i'w fwyta na wyddoch chwi ddim amdano."

33 So the disciples started asking among themselves, "Could some-
body have brought him food?"
34 "My food," Jesus said to them, "is to obey the will of the
one who sent me and to finish the work he gave me to do. 35 You
have a saying, 'Four more months and then the harvest.' But I tell
you, take a good look at the fields; the crops are now ripe and
ready to be harvested! 36 The man who reaps the harvest is being
paid and gathers the crops for eternal life; so the man who sows
and the man who reaps will be glad together. 37 The saying is true,
'One man sows, another man reaps.' 38 I have sent you to reap a
harvest in a field where you did not work; others worked there,
and you profit from their work."
39 Many of the Samaritans in that town believed in Jesus because the
woman had said, "He told me everything I have ever done." 40 So when
the Samaritans came to him, they begged him to stay with them,
and Jesus stayed there two days.
41 Many more believed because of his message, 42 and they said
to the woman, "We believe now, not because of what you said,
but because we ourselves have heard him, and we know that he
really is the Saviour of the world."

Jesus Heals an Official's Son

43 After spending two days there, Jesus left and went to Galilee.
44 For he himself had said, "A prophet is not respected in his own coun-
try." 45 When he arrived in Galilee, the people there welcomed him,
because they had gone to the Passover Festival in Jerusalem and
had seen everything that he had done during the festival.
46 Then Jesus went back to Cana in Galilee, where he had turned
the water into wine. A government official was there whose son
was ill in Capernaum. 47 When he heard that Jesus had come from
Judaea to Galilee, he went to him and asked him to go to Capernaum
and heal his son, who was about to die. 48 Jesus said to him, "None
of you will ever believe unless you see miracles and wonders."
49 "Sir," replied the official, "come with me before my child dies."
50 Jesus said to him, "Go, your son will live!"
The man believed Jesus' words and went. 51 On his way home
his servants met him with the news, "Your boy is going to live!"

Ar hynny, dechreuodd y disgyblion ofyn i'w gilydd, " A oes 33
rhywun, tybed, wedi dod â bwyd iddo ?" Meddai Iesu wrthynt, 34
" Fy mwyd i yw gwneud ewyllys yr hwn a'm hanfonodd, a
gorffen y gwaith a osododd ef arnaf. Oni fyddwch chwi'n 35
dweud, ' Pedwar mis eto, ac yna daw'r cynhaeaf '? Ond dyma
fi'n dweud wrthych, codwch eich llygaid ac edrychwch ar y
meysydd, oherwydd y maent yn wyn ac yn barod i'w cynaeafu.
Eisoes y mae'r medelwr yn derbyn ei dâl ac yn casglu ffrwyth 36
i fywyd tragwyddol, ac felly bydd yr heuwr a'r medelwr yn
cydlawenhau. Yn hyn o beth y mae'r dywediad yn wir: ' Y 37
mae un yn hau ac un arall yn medi.' Anfonais chwi i fedi 38
cynhaeaf nad ydych wedi llafurio amdano. Eraill sydd wedi
llafurio, a chwithau wedi cerdded i mewn i'w llafur."

Daeth llawer o'r Samariaid o'r dref honno i gredu yn Iesu 39
drwy air y wraig a dystiodd: " Dywedodd wrthyf bopeth yr
wyf wedi ei wneud." Felly pan ddaeth y Samariaid hyn ato ef 40
gofynasant iddo aros gyda hwy; ac fe arhosodd yno am ddau
ddiwrnod. A daeth llawer mwy i gredu ynddo trwy ei air ei 41
hun. Meddent wrth y wraig, " Nid trwy'r hyn a ddywedaist ti 42
yr ydym yn credu mwyach, oherwydd yr ydym wedi ei glywed
drosom ein hunain, ac fe wyddom mai hwn yn wir yw Gwared-
wr y byd."

Iacháu Mab y Swyddog
(Mth 8.5-13; Lc 7.1-10)

Ymhen y ddau ddiwrnod ymadawodd Iesu a mynd oddi yno 43
i Galilea. Oherwydd Iesu ei hun a dystiodd nad oes i broffwyd 44
anrhydedd yn ei wlad ei hun. Pan gyrhaeddodd Galilea croes- 45
awodd y Galileaid ef, oherwydd yr oeddent hwythau wedi bod
yn yr ŵyl ac wedi gweld y cwbl a wnaeth ef yn Jerwsalem yn
ystod yr ŵyl.

Daeth Iesu unwaith eto i Gana Galilea, lle'r oedd wedi troi'r 46
dŵr yn win. Yr oedd rhyw swyddog i'r brenin â mab ganddo
yn glaf yng Nghapernaum. Pan glywodd hwn fod Iesu wedi 47
dod i Galilea o Jwdea, aeth ato a gofyn iddo ddod i lawr i iacháu
ei fab, oherwydd ei fod ar fin marw. Dywedodd Iesu wrtho, 48
" Heb ichwi weld arwyddion a rhyfeddodau, ni chredwch chwi
byth." Meddai'r swyddog wrtho, " Tyrd i lawr, Syr, cyn i'm 49
plentyn farw." " Dos adref," meddai Iesu wrtho, " y mae dy 50
fab yn fyw." Credodd y dyn y gair a ddywedodd Iesu wrtho, a
chychwynnodd ar ei daith. Pan oedd ar ei ffordd i lawr, daeth 51

52 He asked them what time it was when his son got better, and
they answered, "It was one o'clock yesterday afternoon when the
fever left him." 53 Then the father remembered that it was at that
very hour when Jesus had told him, "Your son will live." So he
and all his family believed.
54 This was the second miracle that Jesus performed after coming
from Judaea to Galilee.

The Healing at the Pool

5 After this, Jesus went to Jerusalem for a religious festival. 2 Near
the Sheep Gate in Jerusalem there is a pool[h] with five porches; in
Hebrew it is called Bethzatha.[i] 3 A large crowd of sick people were
lying in the porches—the blind, the lame, and the paralysed.[j] 5 A man
was there who had been ill for thirty-eight years. 6 Jesus saw him lying
there, and he knew that the man had been ill for such a long time; so
he asked him, "Do you want to get well?"
7 The sick man answered, "Sir, I have no one here to put me
in the pool when the water is stirred up; while I am trying to
get in, somebody else gets there first."
8 Jesus said to him, "Get up, pick up your mat, and walk." 9 Immedi-
ately the man got well; he picked up his mat and started walking.
The day this happened was a Sabbath, 10 so the Jewish authorities
told the man who had been healed, "This is a Sabbath, and it is
against our Law for you to carry your mat."
11 He answered, "The man who made me well told me to pick
up my mat and walk."
12 They asked him, "Who is the man who told you to do this?"
13 But the man who had been healed did not know who Jesus
was, for there was a crowd in that place, and Jesus had slipped
away.
14 Afterwards, Jesus found him in the Temple and said, "Listen,
you are well now; so stop sinning or something worse may happen
to you."

---

[h] Near the Sheep Gate...a pool; *or* Near the Sheep Pool...a place.

[i] Bethzatha; *some manuscripts have* Bethesda.

[j] *Some manuscripts add verses 3b–4:* They were waiting for the water to move,
4 because every now and then an angel of the Lord went down into the pool and
stirred up the water. The first sick person to go into the pool after the water was
stirred up was healed from whatever disease he had.

ei weision i'w gyfarfod a dweud bod ei fachgen yn fyw. Holodd 52
hwy felly am yr amser pan fu i'r bachgen ddechrau gwella, ac
atebasant ef, " Am un o'r gloch brynhawn ddoe y gadawodd y
dwymyn ef." Yna sylweddolodd y tad mai dyna'r union awr y 53
dywedodd Iesu wrtho, " Y mae dy fab yn fyw." Ac fe gredodd,
ef a'i deulu i gyd. Hwn felly oedd yr ail arwydd i Iesu ei wneud, 54
wedi iddo ddod o Jwdea i Galilea.

Iacháu wrth y Pwll

Ar ôl hyn aeth Iesu i fyny i Jerwsalem i ddathlu un o wyliau'r **5**
Iddewon. Y mae yn Jerwsalem, wrth Borth y Defaid, bwll a 2
elwir Bethesda* yn iaith yr Iddewon, a phum cyntedd colofnog
yn arwain iddo. Yn y cynteddau hyn byddai tyrfa o gleifion yn 3
gorwedd, yn ddeillion a chloffion a phobl wedi eu parlysu.*
Yn eu plith yr oedd dyn a fu'n wael ers deunaw mlynedd ar 5
hugain. Pan welodd Iesu ef yn gorwedd yno, a deall ei fod fel 6
hyn ers amser maith, dywedodd wrtho, " A wyt ti'n dymuno
cael dy wella ?" Atebodd y claf ef, " Syr, nid oes gennyf neb 7
i'm gosod yn y pwll pan ddaw cynnwrf i'r dŵr, a thra byddaf
fi ar fy ffordd bydd rhywun arall yn mynd i mewn o'm blaen i."
Meddai Iesu wrtho, " Cod, cymer dy fatras a cherdda." Ac ar 8,9
unwaith yr oedd y dyn wedi gwella, a chymerodd ei fatras a
dechrau cerdded.

Yr oedd yn Saboth y dydd hwnnw. Dywedodd yr Iddewon 10
felly wrth y dyn oedd wedi ei iacháu, " Y Saboth yw hi; nid
yw'n gyfreithlon i ti gario dy fatras." Atebodd yntau hwy, 11
" Y dyn hwnnw a'm gwellodd a ddywedodd wrthyf, ' Cymer
dy fatras a cherdda.' " Gofynasant iddo, " Pwy yw'r dyn a 12
ddywedodd wrthyt, ' Cymer dy fatras a cherdda ' ?" Ond nid 13
oedd y dyn a iachawyd yn gwybod pwy oedd ef, oherwydd yr
oedd Iesu wedi troi oddi yno, am fod tyrfa yn y lle. Maes o law 14
daeth Iesu o hyd i'r dyn yn y deml, ac meddai wrtho, " Dyma
ti wedi gwella. Paid â phechu mwyach, rhag i rywbeth gwaeth

---

*adn. 2: yn ôl darlleniad arall, *Bethsatha*. Yn ôl un arall, *Bethsaida*.

*adn. 3: ychwanega rhai llawysgrifau adnodau 3b-4: *yn disgwyl cynnwrf yn y dŵr, oherwydd byddai angel yr Arglwydd o bryd i'w gilydd yn dod i lawr i'r pwll ac yn cynhyrfu'r dŵr, ac yna byddai'r cyntaf i fynd i mewn i'r pwll ar ôl i'r dŵr gael ei gynhyrfu yn dod yn iach o'r afiechyd, beth bynnag ydoedd, yr oedd yn dioddef oddi wrtho.*

15 Then the man left and told the Jewish authorities that it was
Jesus who had healed him. 16 So they began to persecute Jesus, because
he had done this healing on a Sabbath. 17 Jesus answered them, "My
Father is always working, and I too must work."
18 This saying made the Jewish authorities all the more determined
to kill him; not only had he broken the Sabbath law, but he had
said that God was his own Father and in this way had made himself
equal with God.

The Authority of the Son

19 So Jesus answered them, "I am telling you the truth: the Son can
do nothing on his own; he does only what he sees his Father doing.
What the Father does, the Son also does. 20 For the Father loves
the Son and shows him all that he himself is doing. He will show
him even greater things to do than this, and you will all be amazed.
21 Just as the Father raises the dead and gives them life, in the same
way the Son gives life to those he wants to. 22 Nor does the Father
himself judge anyone. He has given his Son the full right to judge,
23 so that all will honour the Son in the same way as they honour
the Father. Whoever does not honour the Son does not honour
the Father who sent him.
24 "I am telling you the truth: whoever hears my words and believes
in him who sent me has eternal life. He will not be judged, but
has already passed from death to life. 25 I am telling you the truth:
the time is coming—the time has already come—when the dead will
hear the voice of the Son of God, and those who hear it will come
to life. 26 Just as the Father is himself the source of life, in the
same way he has made his Son to be the source of life. 27 And
he has given the Son the right to judge, because he is the Son
of Man. 28 Do not be surprised at this; the time is coming when
all the dead will hear his voice 29 and come out of their graves:
those who have done good will rise and live, and those who have
done evil will rise and be condemned.

Witnesses to Jesus

30 "I can do nothing on my own authority; I judge only as God

ddigwydd iti." Aeth y dyn i ffwrdd a dywedodd wrth yr 15
Iddewon mai Iesu oedd y dyn a'i gwellodd. A dyna pam y 16
dechreuodd yr Iddewon erlid Iesu, am ei fod yn gwneud y
pethau hyn ar y Saboth. Ond atebodd Iesu hwy, " Y mae fy 17
Nhad yn dal i weithio hyd y foment hon, ac yr wyf finnau'n
gweithio hefyd." Parodd hyn i'r Iddewon geisio'n fwy byth 18
ei ladd ef, oherwydd nid yn unig yr oedd yn torri'r Saboth, ond
yr oedd hefyd yn galw Duw yn dad iddo ef ei hun, ac yn ei
wneud ei hun felly yn gydradd â Duw.

Awdurdod y Mab

Felly atebodd Iesu hwy, " Yn wir, yn wir, 'rwy'n dweud 19
wrthych, nid yw'r Mab yn gallu gwneud dim ohono ei hun,
dim ond yr hyn y mae'n gweld y Tad yn ei wneud. Beth
bynnag y mae'r Tad yn ei wneud, hyn y mae'r Mab yntau yn ei
wneud yr un modd. Oherwydd y mae'r Tad yn caru'r Mab ac 20
yn dangos iddo'r holl bethau y mae ef ei hun yn eu gwneud.
Ac fe ddengys iddo weithredoedd mwy na'r rhain, i beri i chwi
ryfeddu. Oherwydd fel y mae'r Tad yn codi'r meirw ac yn rhoi 21
bywyd iddynt, felly hefyd y mae'r Mab yntau yn rhoi bywyd
i'r sawl a fyn. Nid yw'r Tad chwaith yn barnu neb, ond y mae 22
wedi rhoi pob hawl i farnu i'r Mab, er mwyn i bawb roi i'r Mab 23
yr un parch ag a rônt i'r Tad. O beidio â pharchu'r Mab,
y mae dyn yn peidio â pharchu'r Tad a'i hanfonodd ef. Yn wir, 24
yn wir, 'rwy'n dweud wrthych fod y sawl sy'n gwrando ar fy
ngair i ac yn credu'r hwn a'm hanfonodd i yn meddu ar fywyd
tragwyddol. Nid yw'n dod dan gondemniad; i'r gwrthwyneb,
y mae wedi croesi o farwolaeth i fywyd. Yn wir, yn wir, 'rwy'n 25
dweud wrthych fod amser yn dod, yn wir y mae yma eisoes,
pan fydd y meirw yn clywed llais Mab Duw, a'r rhai sy'n
clywed yn cael bywyd. Oherwydd fel y mae gan y Tad fywyd 26
ynddo ef ei hun, felly hefyd rhoddodd i'r Mab gael bywyd
ynddo ef ei hun. Rhoddodd iddo hefyd awdurdod i weinyddu 27
barn, am mai Mab y Dyn yw ef. Peidiwch â rhyfeddu at hyn, 28
oherwydd y mae amser yn dod pan fydd pawb sydd yn eu
beddau yn clywed ei lais ef ac yn dod allan; bydd y rhai a 29
wnaeth ddaioni yn codi i fywyd, a'r rhai a wnaeth ddrygioni yn
yn codi i farn.

Tystion i Iesu

" Nid wyf fi'n gallu gwneud dim ohonof fy hun. Fel yr wyf 30

tells me, so my judgement is right, because I am not trying to do
what I want, but only what he who sent me wants.

31 "If I testify on my own behalf, what I say is not to be accepted as
real proof. 32 But there is someone else who testifies on my behalf, and
I know that what he says about me is true. 33 John is the one to whom
you sent your messengers, and he spoke on behalf of the truth. 34 It
is not that I must have a man's witness; I say this only in order that
you may be saved. 35 John was like a lamp, burning and shining, and
you were willing for a while to enjoy his light. 36 But I have a
witness on my behalf which is even greater than the witness that John
gave: what I do, that is, the deeds my Father gave me to do, these speak
on my behalf and show that the Father has sent me. 37 And the Father,
who sent me, also testifies on my behalf. You have never heard his
voice or seen his face, 38 and you do not keep his message in your hearts,
for you do not believe in the one whom he sent. 39 You study the
Scriptures, because you think that in them you will find eternal life.
And these very Scriptures speak about me! 40 Yet you are not willing
to come to me in order to have life.

41 "I am not looking for human praise. 42 But I know what kind
of people you are, and I know that you have no love for God
in your hearts. 43 I have come with my Father's authority, but you
have not received me; when, however, someone comes with his own
authority, you will receive him. 44 You like to receive praise from
one another, but you do not try to win praise from the one who
alone is God; how, then, can you believe me? 45 Do not think,
however, that I am the one who will accuse you to my Father.
Moses, in whom you have put your hope, is the very one who
will accuse you. 46 If you had really believed Moses, you would
have believed me, because he wrote about me. 47 But since you do
not believe what he wrote, how can you believe what I say?"

Jesus Feeds Five Thousand Men

(Matt. 14.13-21; Mark 6.30-44; Luke 9.10-17)

6 After this, Jesus went across Lake Galilee (or, Lake Tiberias,
as it is also called). 2 A large crowd followed him, because they

yn clywed, felly yr wyf yn barnu, ac y mae fy marn i yn gyfiawn,
oherwydd nid fy ewyllys i fy hun yr wyf yn ei cheisio, ond
ewyllys yr hwn a'm hanfonodd i. Os wyf fi'n tystiolaethu am- 31
danaf fy hun, nid yw fy nhystiolaeth yn wir. Y mae un arall 32
sydd yn tystiolaethu amdanaf fi, ac mi wn mai gwir yw'r
dystiolaeth y mae ef yn ei thystio amdanaf. Yr ydych chwi wedi 33
anfon at Ioan, ac y mae gennych dystiolaeth ganddo ef i'r gwir-
ionedd. Nid oddi wrth ddyn, yn wir, y mae'r dystiolaeth sydd 34
i mi, ond 'rwy'n dweud hyn er mwyn i chwi gael eich achub.
Cannwyll oedd Ioan, yn llosgi ac yn llewyrchu, a buoch chwi'n 35
fodlon gorfoleddu dros dro yn ei oleuni ef. Ond y mae gennyf 36
fi dystiolaeth fwy na'r eiddo Ioan, oherwydd y gweithredoedd a
roes y Tad i mi i'w cyflawni, yr union weithredoedd yr wyf yn
eu gwneud, y rhain sy'n tystiolaethu amdanaf fi mai'r Tad
sydd wedi fy anfon. A'r Tad a'm hanfonodd i, y mae ef ei hun 37
wedi tystiolaethu amdanaf fi. Nid ydych chwi erioed wedi
clywed ei lais na gweld ei wedd, ac nid oes gennych mo'i air ef 38
yn aros ynoch, oherwydd nid ydych chwi'n credu'r hwn a
anfonodd ef. Yr ydych yn chwilio'r Ysgrythurau oherwydd 39
tybio yr ydych fod i chwi fywyd tragwyddol ynddynt hwy. Ond
tystiolaethu amdanaf fi y mae'r rhain; eto ni fynnwch ddod 40
ataf fi i gael bywyd.

"Nid oddi wrth ddynion y mae'r clod sydd i mi. Ond mi 41,42
wn i amdanoch chwi, nad oes gennych ddim cariad tuag at
Dduw ynoch eich hunain. Yr wyf fi wedi dod yn enw fy Nhad 43
ac nid ydych yn fy nerbyn i; os daw rhywun arall yn ei enw ei
hun, fe dderbyniwch hwnnw. Sut y gallwch gredu, a chwithau 44
yn derbyn clod gan eich gilydd a heb geisio'r clod sy gan yr unig
Dduw i'w roi? Peidiwch â meddwl mai myfi fydd yn dwyn 45
cyhuddiad yn eich erbyn gerbron y Tad. Moses yw'r un sydd
yn eich cyhuddo, hwnnw yr ydych chwi wedi rhoi eich gobaith
arno. Pe baech yn credu Moses byddech yn fy nghredu i, 46
oherwydd amdanaf fi yr ysgrifennodd ef. Ond os nad ydych 47
yn credu'r hyn a ysgrifennodd ef, sut yr ydych i gredu'r hyn yr
wyf fi'n ei ddweud?"

Porthi'r Pum Mil

(Mth 14.13-21; Mc 6.30-44; Lc 9.10-17)

Ar ôl hyn aeth Iesu ymaith ar draws Môr Galilea (hynny yw, **6**
Môr Tiberias). Ac ar oedd tyrfa fawr yn ei ganlyn, oherwydd 2

had seen his miracles of healing those who were ill. 3 Jesus went
up a hill and sat down with his disciples. 4 The time for the Passover
Festival was near. 5 Jesus looked round and saw that a large crowd
was coming to him, so he asked Philip, "Where can we buy enough
food to feed all these people?" 6 (He said this to test Philip; actually
he already knew what he would do.)

7 Philip answered, "For everyone to have even a little, it would
take more than two hundred silver coins[k] to buy enough bread."

8 Another of his disciples, Andrew, who was Simon Peter's brother,
said, 9 "There is a boy here who has five loaves of barley bread
and two fish. But they will certainly not be enough for all these
people."

10 "Make the people sit down," Jesus told them. (There was a
lot of grass there.) So all the people sat down; there were about
five thousand men. 11 Jesus took the bread, gave thanks to God,
and distributed it to the people who were sitting there. He did the
same with the fish, and they all had as much as they wanted. 12 When
they were all full, he said to his disciples, "Gather the pieces left
over; let us not waste any." 13 So they gathered them all up and
filled twelve baskets with the pieces left over from the five barley
loaves which the people had eaten.

14 Seeing this miracle that Jesus had performed, the people there
said, "Surely this is the Prophet[l] who was to come into the world!"
15 Jesus knew that they were about to come and seize him in order
to make him king by force; so he went off again to the hills by
himself.

Jesus Walks on the Water

(Matt. 14.22-33; Mark 6.45-52)

16 When evening came, Jesus' disciples went down to the lake,
17 got into a boat, and went back across the lake towards Capernaum.
Night came on, and Jesus still had not come to them. 18 By then
a strong wind was blowing and stirring up the water. 19 The disciples
had rowed about five or six kilometres when they saw Jesus walking
on the water, coming near the boat, and they were terrified. 20 "Don't
be afraid," Jesus told them, "it is I!" 21 Then they willingly took
him into the boat, and immediately the boat reached land at the
place they were heading for.

---

[k] SILVER COINS: *A silver coin was the daily wage of a rural worker (see Mt 20.2).*

[l] THE PROPHET: *See 1.21.*

yr oeddent wedi gweld yr arwyddion yr oedd wedi eu gwneud
ar y cleifion. Aeth Iesu i fyny'r mynydd ac eistedd yno gyda'i 3
ddisgyblion. Yr oedd y Pasg, gŵyl yr Iddewon, yn ymyl. 4
Yna cododd Iesu ei lygaid a gwelodd fod tyrfa fawr yn dod tuag 5
ato, ac meddai wrth Philip, "Lle y gallwn brynu bara i'r rhain
gael bwyta?" Dweud hyn yr oedd i roi prawf arno, oherwydd 6
gwyddai ef ei hun beth yr oedd yn mynd i'w wneud. Atebodd 7
Philip ef, "Ni byddai gwerth ugain punt* o fara yn ddigon i
roi tamaid bach i bob un ohonynt." A dyma un o'i ddisgyblion, 8
Andreas, brawd Simon Pedr, yn dweud wrtho, "Y mae 9
bachgen yma â phum torth haidd a dau bysgodyn ganddo, ond
beth yw hynny rhwng cynifer?" Dywedodd Iesu, "Gwnewch 10
i'r bobl eistedd i lawr." Yr oedd llawer o laswellt yn y lle, ac
eisteddodd y dynion i lawr, rhyw bum mil ohonynt. Yna 11
cymerodd Iesu y torthau, ac wedi diolch fe'u rhannodd i'r rhai
oedd yn eistedd. Gwnaeth yr un peth hefyd â'r pysgod, gan
roi i bob un faint a fynnai. A phan oeddent wedi cael digon, 12
meddai wrth ei ddisgyblion, "Casglwch y tameidiau sy'n
weddill, rhag i ddim fynd yn wastraff." Fe'u casglasant, felly, 13
a llenwi deuddeg basged â'r tameidiau yr oedd y bwytawyr wedi
eu gadael yn weddill o'r pum torth haidd. Pan welodd y bobl 14
yr arwydd hwn yr oedd Iesu wedi ei wneud, dywedasant,
"Hwn yn wir yw'r Proffwyd sy'n dod i'r byd." Yna synhwyr- 15
odd Iesu eu bod am ddod a'i gipio ymaith i'w wneud yn frenin,
a chiliodd i'r mynydd eto ar ei ben ei hun.

Cerdded ar y Dŵr
(Mth 14.22-27; Mc 6.45-52)

Pan aeth hi'n hwyr, aeth ei ddisgyblion i lawr at y môr ac i 16,17
mewn i gwch, a dechrau croesi'r môr i Gapernaum. Yr oedd hi
eisoes yn dywyll, ac nid oedd Iesu wedi dod atynt hyd yn hyn.
Yr oedd gwynt cryf yn chwythu a'r môr yn arw. Yna, wedi 18,19
iddynt rwyfo am ryw dair neu bedair milltir, dyma hwy'n
gweld Iesu yn cerdded ar y môr ac yn nesu at y cwch, a daeth
ofn arnynt. Ond meddai ef wrthynt, "Myfi yw; peidiwch ag 20
ofni." Yr oeddent am ei gymryd ef i'r cwch, ond ar unwaith 21
cyrhaeddodd y cwch i'r lan yr oeddent yn hwylio ati.

---

*adn. 7: neu: *dau can denarius*.

The People Seek Jesus

22 Next day the crowd which had stayed on the other side of
the lake realized that there had been only one boat there. They
knew that Jesus had not gone in it with his disciples, but that they
had left without him. 23 Other boats, which were from Tiberias, came
to shore near the place where the crowd had eaten the bread after
the Lord had given thanks. 24 When the crowd saw that Jesus was
not there, nor his disciples, they got into those boats and went to
Capernaum, looking for him.

Jesus the Bread of Life

25 When the people found Jesus on the other side of the lake,
they said to him, "Teacher, when did you get here?"

26 Jesus answered, "I am telling you the truth: you are looking for
me because you ate the bread and had all you wanted, not because you
understood my miracles. 27 Do not work for food that goes bad;
instead, work for the food that lasts for eternal life. This is the food
which the Son of Man will give you, because God, the Father, has put
his mark of approval on him."

28 So they asked him, "What can we do in order to do what
God wants us to do?"

29 Jesus answered, "What God wants you to do is to believe in
the one he sent."

30 They replied, "What miracle will you perform so that we may
see it and believe you? What will you do? 31 Our ancestors ate
manna in the desert, just as the scripture says, 'He gave them bread
from heaven to eat.'"

32 "I am telling you the truth," Jesus said. "What Moses gave
you was not[m] the bread from heaven; it is my Father who gives
you the real bread from heaven. 33 For the bread that God gives
is he who comes down from heaven and gives life to the world."

34 "Sir," they asked him, "give us this bread always."

35 "I am the bread of life," Jesus told them. "He who comes
to me will never be hungry; he who believes in me will never be
thirsty. 36 Now, I told you that you have seen me but will not believe.
37 Everyone whom my Father gives me will come to me. I will never
turn away anyone who comes to me, 38 because I have come down
from heaven to do not my own will but the will of him who sent
me. 39 And it is the will of him who sent me that I should not
lose any of all those he has given me, but that I should raise them
all to life on the last day. 40 For what my Father wants is that

---

[m] What Moses gave you was not; *or* It was not Moses who gave you.

Iesu, Bara'r Bywyd

Trannoeth, sylwodd y dyrfa oedd wedi aros ar yr ochr arall 22
i'r môr na fu ond un cwch yno. Gwyddent nad oedd Iesu wedi
mynd i'r cwch gyda'i ddisgyblion, ond eu bod wedi hwylio
ymaith ar eu pen eu hunain. Ond yr oedd cychod eraill o 23
Diberias wedi dod yn agos i'r fan lle'r oeddent wedi bwyta'r
bara ar ôl i'r Arglwydd roi diolch. Felly pan welodd y dyrfa 24
nad oedd Iesu yno, na'i ddisgyblion chwaith, aethant hwythau
i'r cychod hyn a hwylio i Gapernaum i chwilio am Iesu. Fe'i 25
cawsant ef yr ochr draw i'r môr, ac meddent wrtho, " Rabbi,
pryd y daethost ti yma ?" Atebodd Iesu hwy, " Yn wir, yn wir, 26
'rwy'n dweud wrthych, yr ydych yn fy ngheisio i, nid am i chwi
weld arwyddion, ond am i chwi fwyta'r bara a chael digon.
Gweithiwch, nid am y bwyd sy'n darfod, ond am y bwyd sy'n 27
para i fywyd tragwyddol. Mab y Dyn a rydd hwn i chwi,
oherwydd arno ef y mae Duw, y Tad, wedi gosod sêl ei awdur-
dod." Yna gofynasant iddo, " Beth sydd raid inni ei wneud i 28
gyflawni'r gweithredoedd a fyn Duw ?" Atebodd Iesu, 29
" Dyma'r gwaith a fyn Duw: eich bod yn credu yn yr un y mae
ef wedi ei anfon." " Os felly," meddent wrtho, " pa arwydd a 30
wnei di, i ni gael gweld a chredu ynot ? Beth fedri di ei wneud?
Cafodd ein tadau fanna i'w fwyta yn yr anialwch, fel y mae'n 31
ysgrifenedig, ' Rhoddodd iddynt fara o'r nef i'w fwyta.' " Yna 32
dywedodd Iesu wrthynt, " Yn wir, yn wir, 'rwy'n dweud
wrthych, nid Moses sydd wedi rhoi'r bara o'r nef i chwi, ond fy
Nhad sydd yn rhoi i chwi y gwir fara o'r nef. Oherwydd y bara 33
y mae Duw yn ei roi yw'r hwn sy'n disgyn o'r nef ac yn rhoi
bywyd i'r byd."

Dywedasant wrtho ef, " Syr, rho'r bara hwn inni bob amser." 34
Meddai Iesu wrthynt, " Myfi yw bara'r bywyd. Ni bydd 35
eisiau bwyd byth ar y sawl sy'n dod ataf fi, ac ni bydd syched
byth ar y sawl sy'n credu ynof fi. Ond fel y dywedais wrthych, 36
yr ydych chwi wedi fy ngweld, ac eto nid ydych yn credu.
Bydd pob un y mae'r Tad yn ei roi i mi yn dod ataf fi, ac ni 37
fwriaf allan byth mo'r sawl sy'n dod ataf fi. Oherwydd yr wyf 38
wedi disgyn o'r nef nid i wneud fy ewyllys fy hun ond ewyllys
yr hwn a'm hanfonodd i. Ac ewyllys yr hwn a'm hanfonodd i 39
yw hyn: nad wyf i golli neb o'r rhai y mae ef wedi eu rhoi i mi,
ond fy mod i'w hatgyfodi yn y dydd olaf. Oherwydd ewyllys 40
fy Nhad yw hyn: fod pob un sy'n gweld y Mab ac yn credu

all who see the Son and believe in him should have eternal life.
And I will raise them to life on the last day."
41 The people started grumbling about him, because he said, "I
am the bread that came down from heaven." 42 So they said, "This
man is Jesus son of Joseph, isn't he? We know his father and mother.
How, then, does he now say he came down from heaven?"
43 Jesus answered, "Stop grumbling among yourselves. 44 No one
can come to me unless the Father who sent me draws him to me;
and I will raise him to life on the last day. 45 The prophets wrote,
'Everyone will be taught by God.' Anyone who hears the Father
and learns from him comes to me. 46 This does not mean that anyone
has seen the Father; he who is from God is the only one who
has seen the Father. 47 I am telling you the truth: he who believes
has eternal life. 48 I am the bread of life. 49 Your ancestors ate manna
in the desert, but they died. 50 But the bread that comes down from
heaven is of such a kind that whoever eats it will not die. 51 I am
the living bread that came down from heaven. If anyone eats this
bread, he will live for ever. The bread that I will give him is my
flesh, which I give so that the world may live."
52 This started an angry argument among them. "How can this
man give us his flesh to eat?" they asked.
53 Jesus said to them, "I am telling you the truth: if you do
not eat the flesh of the Son of Man and drink his blood, you will
not have life in yourselves. 54 Whoever eats my flesh and drinks
my blood has eternal life, and I will raise him to life on the last
day. 55 For my flesh is the real food; my blood is the real drink.
56 Whoever eats my flesh and drinks my blood lives in me, and
I live in him. 57 The living Father sent me, and because of him
I live also. In the same way whoever eats me will live because
of me. 58 This, then, is the bread that came down from heaven;
it is not like the bread that your ancestors ate, but then later died.
The one who eats this bread will live for ever."
59 Jesus said this as he taught in the synagogue in Capernaum.

The Words of Eternal Life

60 Many of his followers heard this and said, "This teaching is too
hard. Who can listen to it?"

ynddo i gael bywyd tragwyddol. A byddaf fi'n ei atgyfodi ef
yn y dydd olaf."
Yna dechreuodd yr Iddewon rwgnach amdano oherwydd 41
iddo ddweud, "Myfi yw'r bara a ddisgynnodd o'r nef."
"Onid hwn," meddent, "yw Iesu, mab Joseff ? Yr ydym ni'n 42
adnabod ei dad a'i fam. Sut y gall ef ddweud yn awr, 'Yr wyf
wedi disgyn o'r nef' ?" Atebodd Iesu hwy, "Peidiwch â 43
grwgnach ymhlith eich gilydd. Ni all neb ddod ataf fi heb i'r 44
Tad a'm hanfonodd i ei dynnu ef; a byddaf fi'n ei atgyfodi ef
yn y dydd olaf. Y mae'n ysgrifenedig yn y proffwydi: 'Fe 45
gânt oll eu dysgu gan Dduw.' Y mae pob un a wrandawodd
ar y Tad ac a ddysgodd ganddo yn dod ataf fi. Nid bod neb 46
wedi gweld y Tad, ac eithrio'r hwn sydd oddi wrth Dduw; y
mae hwnnw wedi gweld y Tad. Yn wir, yn wir, 'rwy'n dweud 47
wrthych, y mae gan yr hwn sy'n credu fywyd tragwyddol yn ei
feddiant. Myfi yw bara'r bywyd. Bwytaodd ein tadau y 48,49
manna yn yr anialwch, ac eto buont farw. Ond dyma'r bara 50
sy'n disgyn o'r nef, er mwyn i ddyn gael bwyta ohono a pheidio
â marw. Myfi yw'r bara bywiol hwn a ddisgynnodd o'r nef. 51
Caiff pwy bynnag sy'n bwyta o'r bara hwn fyw am byth.
A'r bara sydd gennyf fi i'w roi yw fy nghnawd; a'i roi a wnaf
dros fywyd y byd."
Yna dechreuodd yr Iddewon ddadlau'n daer â'i gilydd, gan 52
ddweud, "Sut y gall hwn roi ei gnawd i ni i'w fwyta ?" Felly 53
dywedodd Iesu wrthynt, "Yn wir, yn wir, 'rwy'n dweud
wrthych, oni fwytewch gnawd Mab y Dyn ac yfed ei waed, ni
bydd gennych fywyd ynoch. Y mae gan yr hwn sy'n bwyta fy 54
nghnawd i ac yn yfed fy ngwaed i fywyd tragwyddol yn ei
feddiant, a byddaf fi'n ei atgyfodi ef yn y dydd olaf. Oherwydd 55
fy nghnawd i yw'r gwir fwyd, a'm gwaed i yw'r wir ddiod. Y 56
mae'r hwn sy'n bwyta fy nghnawd i ac yn yfed fy ngwaed i yn
aros ynof fi, a minnau ynddo yntau. Y Tad byw a'm hanfonodd 57
i, ac yr wyf fi'n byw oherwydd y Tad; felly'n union bydd
hwnnw sy'n fy mwyta i yn byw o'm herwydd innau. Dyma'r 58
bara a ddisgynnodd o'r nef. Nid yw hwn fel y bara a fwytaodd
y tadau; buont hwy farw. Caiff yr hwn sy'n bwyta'r bara hwn
fyw am byth." Dywedodd Iesu y pethau hyn wrth ddysgu yn 59
y synagog yng Nghapernaum.

Geiriau Bywyd Tragwyddol

Wedi iddynt ei glywed, meddai llawer o'i ddisgyblion, 60

61 Without being told, Jesus knew that they were grumbling about
this, so he said to them, "Does this make you want to give up?
62 Suppose, then, that you should see the Son of Man go back up
to the place where he was before? 63 What gives life is God's Spirit;
man's power is of no use at all. The words I have spoken to you
bring God's life-giving Spirit. 64 Yet some of you do not believe."
(Jesus knew from the very beginning who were the ones that would
not believe and which one would betray him.) 65 And he added,
"This is the very reason I told you that no one can come to me
unless the Father makes it possible for him to do so."

66 Because of this, many of Jesus' followers turned back and would
not go with him any more. 67 So he asked the twelve disciples, "And
you—would you also like to leave?"

68 Simon Peter answered him, "Lord, to whom would we go?
You have the words that give eternal life. 69 And now we believe
and know that you are the Holy One who has come from God."

70 Jesus replied, "I chose the twelve of you, didn't I? Yet one
of you is a devil!" 71 He was talking about Judas, the son of Simon
Iscariot. For Judas, even though he was one of the twelve disciples,
was going to betray him.

Jesus and His Brothers

7 After this, Jesus travelled in Galilee; he did not want to travel in
Judaea, because the Jewish authorities there were wanting to
kill him. 2 The time for the Festival of Shelters was near, 3 so Jesus' bro-
thers said to him, "Leave this place and go to Judaea, so that your
followers will see the things that you are doing. 4 No one hides
what he is doing if he wants to be well known. Since you are doing
these things, let the whole world know about you!" 5 (Not even
his brothers believed in him.)

6 Jesus said to them, "The right time for me has not yet come.
Any time is right for you. 7 The world cannot hate you, but it hates
me, because I keep telling it that its ways are bad. 8 You go on
to the festival. I am not going[n] to this festival, because the right
time has not come for me." 9 He said this, and then stayed on in
Galilee.

---

[n] I am not going; *some manuscripts have* I am not yet going.

"Geiriau caled yw'r rhain. Pwy all wrando arnynt?" Gwyddai 61
Iesu ynddo'i hun fod ei ddisgyblion yn grwgnach am ei eiriau,
ac meddai wrthynt, "A yw hyn yn peri tramgwydd i chwi?
Beth ynteu os gwelwch Fab y Dyn yn esgyn i'r lle'r oedd o'r 62
blaen? Yr Ysbryd sy'n rhoi bywyd; nid yw'r cnawd yn tycio 63
dim. Y mae'r geiriau yr wyf fi wedi eu llefaru wrthych yn
ysbryd ac yn fywyd. Ac eto y mae rhai ohonoch sydd heb 64
gredu." Yr oedd Iesu, yn wir, yn gwybod o'r cychwyn pwy
oedd y rhai oedd heb gredu, a phwy oedd yr un a'i bradychai.
"Dyna pam," meddai, "y dywedais wrthych na allai neb ddod 65
ataf fi heb i'r Tad beri iddo wneud hynny."

O'r amser hwn, felly, trodd llawer o'i ddisgyblion yn eu holau 66
a pheidio mwyach â mynd o gwmpas gydag ef. Yna gofynnodd 67
Iesu i'r Deuddeg, "A ydych chwithau hefyd, efallai, am fy
ngadael?" Atebodd Simon Pedr ef, "Arglwydd, at bwy yr 68
awn ni? Mae geiriau bywyd tragwyddol gennyt ti, ac yr ydym 69
ni wedi dod i gredu a gwybod mai ti yw Sanct Duw." Atebodd 70
Iesu hwy, "Onid myfi a'ch dewisodd chwi'r Deuddeg? Ac
eto, onid diafol yw un ohonoch?" Yr oedd yn siarad am Jwdas, 71
mab Simon Iscariot, oherwydd yr oedd hwn, er ei fod yn un o'r
Deuddeg, yn mynd i'w fradychu ef.

Anghrediniaeth Brodyr Iesu

Ar ôl hyn bu Iesu'n teithio o amgylch yng Ngalilea. Ni **7**
fynnai fynd o amgylch yn Jwdea, oherwydd yr oedd yr Iddewon
yn chwilio amdano i'w ladd. Yr oedd gŵyl yr Iddewon, Gŵyl 2
y Pebyll, yn ymyl, ac felly dywedodd ei frodyr wrtho, "Dylit 3
adael y lle hwn a mynd i Jwdea, er mwyn i'th ddisgyblion hefyd
weld y gweithredoedd yr wyt yn eu gwneud. Oherwydd nid 4
yw neb sy'n ceisio bod yn yr amlwg yn gwneud dim yn y
dirgel. Os wyt yn gwneud y pethau hyn, dangos dy hun i'r
byd." Nid oedd hyd yn oed ei frodyr yn credu ynddo. Felly 5,6
dyma Iesu'n dweud wrthynt, "Nid yw'r amser yn aeddfed i
mi eto, ond i chwi y mae unrhyw amser yn addas. Ni all y byd 7
eich casáu chwi, ond y mae'n fy nghasáu i am fy mod i'n tystio
amdano fod ei weithredoedd yn ddrwg. Ewch chwi i fyny i'r 8
ŵyl. Nid wyf fi'n mynd* i fyny i'r ŵyl hon, oherwydd nid yw
fy amser i wedi dod i'w gyflawniad eto." Wedi dweud hyn fe 9
arhosodd ef yng Ngalilea.

---

*adn. 8: yn ôl darlleniad arall, *Nid wyf fi eto'n mynd.*

Jesus at the Festival of Shelters

10 After his brothers had gone to the festival, Jesus also went; how-
ever, he did not go openly, but secretly. 11 The Jewish authorities were
looking for him at the festival. "Where is he?" they asked.

12 There was much whispering about him in the crowd. "He is
a good man," some people said. "No," others said, "he is misleading
the people." 13 But no one talked about him openly, because they
were afraid of the Jewish authorities.

14 The festival was nearly half over when Jesus went to the Temple
and began teaching. 15 The Jewish authorities were greatly surprised
and said, "How does this man know so much when he has never
had any training?"

16 Jesus answered, "What I teach is not my own teaching, but
it comes from God, who sent me. 17 Whoever is willing to do what
God wants will know whether what I teach comes from God or
whether I speak on my own authority. 18 A person who speaks on
his own authority is trying to gain glory for himself. But he who
wants glory for the one who sent him is honest, and there is nothing
false in him. 19 Moses gave you the Law, didn't he? But not one
of you obeys the Law. Why are you trying to kill me?"

20 "You have a demon in you!" the crowd answered. "Who is
trying to kill you?"

21 Jesus answered, "I performed one miracle, and you were all
surprised. 22 Moses ordered you to circumcise your sons (although
it was not Moses but your ancestors who started it), and so you
circumcise a boy on the Sabbath. 23 If a boy is circumcised on the
Sabbath so that Moses' Law is not broken, why are you angry with
me because I made a man completely well on the Sabbath? 24 Stop
judging by external standards, and judge by true standards."

Is He the Messiah?

25 Some of the people of Jerusalem said, "Isn't this the man the
authorities are trying to kill? 26 Look! He is talking in public, and
they say nothing against him! Can it be that they really know that he
is the Messiah? 27 But when the Messiah comes, no one will know
where he is from. And we all know where this man comes from."

28 As Jesus taught in the Temple, he said in a loud voice, "Do
you really know me and know where I am from? I have not come
on my own authority. He who sent me, however, is truthful. You

Iesu yng Ngŵyl y Pebyll

Ond pan oedd ei frodyr wedi mynd i fyny i'r ŵyl, yna fe aeth 10
yntau hefyd i fyny, nid yn agored ond yn ddirgel. Yr oedd yr 11
Iddewon yn chwilio amdano yn yr ŵyl ac yn dweud, " Lle mae
ef ?" Yr oedd llawer o sibrwd amdano ymhlith y dyrfa: rhai 12
yn dweud, " Dyn da yw ef ", ond " Na," meddai eraill,
"twyllo'r bobl y mae." Er hynny, nid oedd neb yn siarad yn 13
agored amdano, rhag ofn yr Iddewon.

Pan oedd yr ŵyl eisoes ar ei hanner, aeth Iesu i fyny i'r deml a 14
dechrau dysgu. Yr oedd yr Iddewon yn rhyfeddu ac yn gofyn, 15
" Sut y mae gan hwn y fath ddysg, ac yntau heb gael hyfforddiant ?" Atebodd Iesu hwy, " Nid eiddof fi yw'r hyn yr wyf yn 16
ei ddysgu, ond eiddo'r hwn a'm hanfonodd i. Pwy bynnag sy'n 17
ewyllysio gwneud ei ewyllys ef, caiff hwnnw wybod a yw'r hyn
yr wyf yn ei ddysgu yn dod oddi wrth Dduw, ai ynteu siarad
ohonof fy hunan yr wyf. Y mae'r dyn sy'n siarad ohono'i hun 18
yn ceisio anrhydedd iddo'i hun; ond y dyn sy'n ceisio anrhydedd i'r hwn a'i hanfonodd, y mae hwn yn ddiffuant, heb ddim
dichell ynddo. Onid yw Moses wedi rhoi'r Gyfraith i chwi ? 19
Ac eto nid oes neb ohonoch yn cadw'r Gyfraith. Pam yr ydych
yn ceisio fy lladd i ?" Atebodd y dyrfa, " Y mae cythraul ynot. 20
Pwy sy'n ceisio dy ladd di ?" Meddai Iesu wrthynt, " Un 21
weithred a wneuthum ar y Saboth, ac yr ydych oll yn rhyfeddu
o'r herwydd. Rhoddodd Moses i chwi ddefod enwaediad— 22
er nad gyda Moses y cychwynnodd ond gyda'r patriarchiaid—
ac yr ydych yn enwaedu ar ddyn ar y Saboth. Os enwaedir ar 23
ddyn ar y Saboth rhag torri Cyfraith Moses, a ydych yn ddig
wrthyf fi am imi iacháu holl gorff dyn ar y Saboth ? Peidiwch 24
â barnu yn ôl yr olwg, ond yn ôl safonau barn gyfiawn."

Ai Hwn yw'r Meseia ?

Yna dechreuodd rhai o drigolion Jerwsalem ddweud, " Onid 25
hwn yw'r dyn y maent yn ceisio ei ladd ? A dyma fe'n siarad 26
yn agored heb i neb ddweud dim yn ei erbyn. Tybed a yw'r
llywodraethwyr wedi dod i wybod i sicrwydd mai hwn yw'r
Meseia ? Ac eto, fe wyddom ni o ble y mae'r dyn yma'n dod ; 27
ond pan ddaw'r Meseia, ni fydd neb yn gwybod o ble y mae'n
dod." Ar hynny, gwaeddodd Iesu, wrth ddysgu yn y deml, 28
" Yr ydych yn f'adnabod i ac yn gwybod o ble 'rwy'n dod. Ond
nid wyf wedi dod ohonof fy hun. Y mae'r hwn a'm hanfonodd

do not know him, 29 but I know him, because I come from him and he sent me."

30 Then they tried to seize him, but no one laid a hand on him, because his hour had not yet come. 31 But many in the crowd believed in him and said, "When the Messiah comes, will he perform more miracles than this man has?"

Guards Are Sent to Arrest Jesus

32 The Pharisees heard the crowd whispering these things about Jesus, so they and the chief priests sent some guards to arrest him. 33 Jesus said, "I shall be with you a little while longer, and then I shall go away to him who sent me. 34 You will look for me, but you will not find me, because you cannot go where I will be."

35 The Jewish authorities said among themselves, "Where is he about to go so that we shall not find him? Will he go to the Greek cities where our people live, and teach the Greeks? 36 He says that we will look for him but will not find him, and that we cannot go where he will be. What does he mean?"

Streams of Life-Giving Water

37 On the last and most important day of the festival Jesus stood up and said in a loud voice, "Whoever is thirsty should come to me and drink. 38 As the scripture says, 'Whoever believes in me, streams of life-giving water will pour out from his heart.'"[o] 39 Jesus said this about the Spirit, which those who believed in him were going to receive. At that time the Spirit had not yet been given, because Jesus had not been raised to glory.

Division among the People

40 Some of the people in the crowd heard him say this and said, "This man is really the Prophet!"[p]

41 Others said, "He is the Messiah!"

But others said, "The Messiah will not come from Galilee! 42 The scripture says that the Messiah will be a descendant of King David and will be born in Bethlehem, the town where David lived." 43 So there was a division in the crowd because of Jesus. 44 Some wanted to seize him, but no one laid a hand on him.

---

[o] *Jesus' words in verses 37-38 may be translated:* "Whoever is thirsty should come to me, and whoever believes in me should drink. 38 As the scripture says, 'Streams of life-giving water will pour out from his heart.' "

[p] THE PROPHET: *See 1.21.*

i â'i hanfod yn y gwirionedd, ond nid ydych chwi'n ei adnabod
ef. Yr wyf fi'n ei adnabod ef, oherwydd oddi wrtho ef y 29
deuthum, ac ef a'm hanfonodd." Am hynny ceisiasant ei ddal, 30
ond ni osododd neb law arno, oherwydd nid oedd ei awr ef wedi
dod eto. Credodd llawer o blith y dyrfa ynddo, ac meddent, 31
" A fydd y Meseia, pan ddaw, yn gwneud mwy o arwyddion
nag a wnaeth y dyn hwn ? "

Anfon Swyddogion i Ddal Iesu

Clywodd y Phariseaid y dyrfa'n sibrwd y pethau hyn amdano. 32
Ac fe anfonodd y prif offeiriaid a'r Phariseaid swyddogion i'w
ddal ef. Felly dywedodd Iesu, " Am ychydig amser eto y bydd- 33
af gyda chwi, ac yna af at yr hwn a'm hanfonodd i. Fe chwil- 34
iwch amdanaf fi, ond ni chewch hyd imi; lle yr wyf fi ni allwch
chwi ddod." Meddai'r Iddewon wrth ei gilydd, " I ble mae 35
hwn ar fynd, fel na bydd i ni gael hyd iddo ? A yw ar fynd,
tybed, at y rhai sydd ar wasgar ymhlith y Groegiaid, a dysgu'r
Groegiaid ? Beth yw ystyr y gair hwn a ddywedodd, ' Fe 36
chwiliwch amdanaf fi, ond ni chewch hyd i mi; lle yr wyf fi,
ni allwch chwi ddod '?"

Ffrydiau o Ddŵr Bywiol

Ar ddydd olaf yr ŵyl, y dydd mawr, safodd Iesu a chy- 37
hoeddi'n uchel: " Pwy bynnag sy'n sychedig, deued ataf fi ac
yfed. Y dyn sy'n credu ynof fi, allan ohono ef,* fel y dywedodd 38
yr Ysgrythur, y bydd ffrydiau o ddŵr bywiol yn llifo." Sôn yr 39
oedd am yr Ysbryd yr oedd y rhai a gredodd ynddo ef yn mynd
i'w dderbyn. Oherwydd nid oedd yr Ysbryd yno eto, am nad
oedd Iesu wedi cael ei ogoneddu eto.

Ymraniad ymhlith y Dyrfa

Ar ôl ei glywed yn dweud hyn, meddai rhai o blith y dyrfa, 40
" Hwn yn wir yw'r Proffwyd." Meddai eraill, " Hwn yw'r 41
Meseia." Ond meddai rhai, " 'Does bosibl mai o Galilea y
mae'r Meseia yn dod ? Onid yw'r Ysgrythur yn dweud mai o 42
linach Dafydd, ac o Fethlehem, y pentref lle'r oedd Dafydd yn
byw, y daw'r Meseia ?" Felly bu ymraniad ymhlith y dyrfa o'i 43

---

*adn. 37-38: neu, *deued ataf fi, ac yfed y dyn sy'n credu ynof fi. Allan ohono ef.*

The Unbelief of the Jewish Authorities

45 When the guards went back, the chief priests and Pharisees
asked them, "Why did you not bring him?"
46 The guards answered, "Nobody has ever talked like this man!"
47 "Did he fool you, too?" the Pharisees asked them. 48 "Have you
ever known one of the authorities or one Pharisee to believe in him?
49 This crowd does not know the Law of Moses, so they are under God's
curse!"
50 One of the Pharisees there was Nicodemus, the man who had
gone to see Jesus before. He said to the others, 51 "According to
our Law we cannot condemn a man before hearing him and finding
out what he has done."
52 "Well," they answered, "are you also from Galilee? Study the
Scriptures and you will learn that no prophet ever comes[q] from
Galilee."

The Woman Caught in Adultery

8 [Then everyone went home, but Jesus went to the Mount of
Olives. 2 Early the next morning he went back to the Temple.
All the people gathered round him, and he sat down and began
to teach them. 3 The teachers of the Law and the Pharisees brought
in a woman who had been caught committing adultery, and they
made her stand before them all. 4 "Teacher," they said to Jesus,
"this woman was caught in the very act of committing adultery.
5 In our Law Moses commanded that such a woman must be stoned to
death. Now, what do you say?" 6 They said this to trap Jesus, so that
they could accuse him. But he bent over and wrote on the ground with
his finger.
7 As they stood there asking him questions, he straightened himself
up and said to them, "Whichever one of you has committed no
sin may throw the first stone at her." 8 Then he bent over again
and wrote on the ground. 9 When they heard this, they all left, one
by one, the older ones first. Jesus was left alone, with the woman
still standing there. 10 He straightened himself up and said to her,
"Where are they? Is there no one left to condemn you?"
11 "No one, sir," she answered.
"Well, then," Jesus said, "I do not condemn you either. Go, but do
not sin again."][r]

---

[q] no prophet ever comes; *one manuscript has* the Prophet will not come.

[r] *Many manuscripts and early translations do not have this passage (8.1-11); others have it after Jn 21.24; others have it after Lk 21.38; one manuscript has it after Jn 7.36.*

achos ef. Yr oedd rhai ohonynt yn awyddus i'w ddal, ond ni 44
osododd neb ddwylo arno.

Anghrediniaeth y Llywodraethwyr

Daeth y swyddogion yn ôl at y prif offeiriaid a'r Phariseaid, 45
a gofynnodd y rheini iddynt, "Pam na ddaethoch ag ef yma ?"
Atebodd y swyddogion, "Ni lefarodd dyn erioed fel hyn." 46
Yna dywedodd y Phariseaid, "A ydych chwithau hefyd wedi 47
eich twyllo ? A oes unrhyw un o'r llywodraethwyr wedi credu 48
ynddo, neu o'r Phariseaid ? Ond y dyrfa yma nad yw'n gwybod 49
dim am y Gyfraith, dan felltith y maent." Yr oedd Nicodemus, 50
y dyn oedd wedi dod ato o'r blaen, yn un ohonynt; meddai ef
wrthynt, "A yw ein Cyfraith ni yn barnu dyn heb roi gwran- 51
dawiad iddo yn gyntaf, a chael gwybod beth y mae'n ei wneud?"
Atebasant ef, "A wyt tithau hefyd yn dod o Galilea ? Chwilia'r 52
Ysgrythurau, a chei weld nad yw proffwyd byth yn codi o
Galilea."*

---

*adn. 52: ychwanega rhai llawysgrifau adnodau 7.53–8.11 fel a ganlyn:

Y Wraig oedd wedi ei Dal mewn Godineb

Ac aethant adref bob un. 53
Ond aeth Iesu i Fynydd yr Olewydd. Yn y bore bach daeth eto 2 **8**
i'r deml, ac yr oedd y bobl i gyd yn dod ato. Wedi iddo eistedd a
dechrau eu dysgu, dyma'r ysgrifenyddion a'r Phariseaid yn dod â 3
gwraig ato oedd wedi ei dal mewn godineb, a'i rhoi i sefyll yn y
canol. "Athro," meddent wrtho, "y mae'r wraig hon wedi ei dal 4
yn y weithred o odinebu. Gorchmynnodd Moses yn y Gyfraith i 5
ni labyddio gwragedd o'r fath. Beth sydd gennyt ti i'w ddweud ?"
Dweud hyn yr oeddent er mwyn rhoi prawf arno, a chael cyhudd- 6
iad i'w ddwyn yn ei erbyn. Plygodd Iesu i lawr ac ysgrifennu ar y
llawr â'i fys. Ond gan eu bod yn dal ati i ofyn y cwestiwn iddo, 7
ymsythodd ac meddai wrthynt, "Pwy bynnag ohonoch sy'n ddi-
bechod, gadewch i hwnnw fod yn gyntaf i daflu carreg ati." Yna 8
plygodd eto ac ysgrifennu ar y llawr. A dechreuodd y rhai oedd 9
wedi clywed fynd allan, un ar ôl y llall, y rhai hynaf yn gyntaf,
nes i Iesu gael ei adael ar ei ben ei hun, a'r wraig yno yn y canol.
Ymsythodd Iesu a gofyn iddi, "Wraig, lle maent ? Onid oes neb 10
wedi dy gondemnio ?" Meddai hithau, "Neb, Syr." Ac 11
meddai Iesu, "Nid wyf finnau'n dy gondemnio chwaith. Dos,
ac o hyn allan paid â phechu mwyach."

Jesus the Light of the World

12 Jesus spoke to the Pharisees again. "I am the light of the world,"
he said. "Whoever follows me will have the light of life and will
never walk in darkness."
13 The Pharisees said to him, "Now you are testifying on your
own behalf; what you say proves nothing."
14 "No," Jesus answered, "even though I do testify on my own
behalf, what I say is true, because I know where I came from and
where I am going. You do not know where I came from or where
I am going. 15 You make judgements in a purely human way; I
pass judgement on no one. 16 But if I were to do so, my judgement
would be true, because I am not alone in this; the Father who
sent me is with me. 17 It is written in your Law that when two
witnesses agree, what they say is true. 18 I testify on my own behalf,
and the Father who sent me also testifies on my behalf."
19 "Where is your father?" they asked him.
"You know neither me nor my Father," Jesus answered. "If you
knew me, you would know my Father also."
20 Jesus said all this as he taught in the Temple, in the room
where the offering boxes were placed. And no one arrested him,
because his hour had not come.

You Cannot Go Where I Am Going

21 Again Jesus said to them, "I will go away; you will look for
me, but you will die in your sins. You cannot go where I am going."
22 So the Jewish authorities said, "He says that we cannot go
where he is going. Does this mean that he will kill himself?"
23 Jesus answered, "You belong to this world here below, but
I come from above. You are from this world, but I am not from
this world. 24 That is why I told you that you will die in your sins.
And you will die in your sins if you do not believe that 'I Am
Who I Am'."
25 "Who are you?" they asked him.
Jesus answered, "What I have told you from the very beginning.[s] 26 I
have much to say about you, much to condemn you for. The one
who sent me, however, is truthful, and I tell the world only what
I have heard from him."

---

[s] What I have told you from the very beginning; *or* Why should I speak to you at all?

Iesu, Goleuni'r Byd

Yna llefarodd Iesu wrthynt eto. " Myfi yw goleuni'r byd," **8** 12
meddai. " Ni bydd neb sy'n fy nghanlyn i byth yn rhodio yn y
tywyllwch, ond bydd ganddo oleuni'r bywyd." Meddai'r 13
Phariseaid wrtho, " Tystiolaethu amdanat dy hun yr wyt ti;
nid yw dy dystiolaeth yn wir." Atebodd Iesu hwy, " Er mai 14
myfi sydd yn tystiolaethu amdanaf fy hun, y mae fy nhystiol-
aeth yn wir am fy mod yn gwybod o ble y deuthum ac i ble'r
wyf yn mynd. Ond ni wyddoch chwi o ble'r wyf yn dod nac i
ble'r wyf yn mynd. Yr ydych chwi'n barnu yn ôl safonau 15
dynion. Minnau, nid wyf yn barnu neb, ac os byddaf yn barnu 16
y mae'r farn a roddaf yn ddilys, oherwydd nid myfi yn unig
sy'n barnu, ond myfi a'r Tad a'm hanfonodd i. Y mae'n ysgrif- 17
enedig yn eich Cyfraith chwi fod tystiolaeth dau ddyn yn wir.
Myfi yw'r un sydd yn tystiolaethu amdanaf fy hun, ac y mae'r 18
Tad a'm hanfonodd i hefyd yn tystiolaethu amdanaf." Yna 19
meddent wrtho, " Lle mae dy Dad di ?" Atebodd Iesu, " Nid
ydych yn fy adnabod i na'm Tad; pe baech yn fy adnabod i,
byddech yn adnabod fy Nhad hefyd." Llefarodd y geiriau hyn 20
yn y trysordy, wrth ddysgu yn y deml. Ond ni afaelodd neb
ynddo, oherwydd nid oedd ei awr wedi dod eto.

Lle'r Wyf Fi'n Mynd, Ni Allwch Chwi Ddod

Dywedodd wrthynt wedyn, " Yr wyf fi'n ymadael â chwi. 21
Fe chwiliwch amdanaf fi, ond byddwch farw yn eich pechod.
Lle'r wyf fi'n mynd, ni allwch chwi ddod." Meddai'r Iddewon 22
felly, " A yw'n mynd i'w ladd ei hun, gan ei fod yn dweud,
' Lle'r wyf fi'n mynd, ni allwch chwi ddod ' ?" Meddai Iesu 23
wrthynt, " Yr ydych chwi oddi isod, yr wyf fi oddi uchod. Yr
ydych chwi o'r byd hwn, nid wyf fi o'r byd hwn. Dyna pam y 24
dywedais wrthych y byddwch farw yn eich pechodau; oher-
wydd marw yn eich pechodau a wnewch, os na chredwch mai
myfi yw." Gofynasant iddo felly, " Pwy wyt ti ?" Atebodd 25
Iesu hwy, " Yr wyf o'r dechrau yr hyn yr wyf yn ei ddweud
wrthych.* Gallwn ddweud llawer amdanoch, a hynny mewn 26
barn. Ond y mae'r hwn a'm hanfonodd i yn eirwir, a'r hyn a
glywais ganddo ef yw'r hyn yr wyf yn ei gyhoeddi i'r byd."

---

*adn. 25: neu, " *Pam yr wyf yn siarad o gwbl â chwi ?*"

27 They did not understand that Jesus was talking to them about
the Father. 28 So he said to them, "When you lift up the Son of
Man, you will know that 'I Am Who I Am'; then you will know
that I do nothing on my own authority, but I say only what the
Father has instructed me to say. 29 And he who sent me is with
me; he has not left me alone, because I always do what pleases
him."

30 Many who heard Jesus say these things believed in him.

Free Men and Slaves

31 So Jesus said to those who believed in him, "If you obey my
teaching, you are really my disciples; 32 you will know the truth,
and the truth will set you free."

33 "We are the descendants of Abraham," they answered, "and
we have never been anybody's slaves. What do you mean, then,
by saying, 'You will be free'?"

34 Jesus said to them, "I am telling you the truth: everyone who sins
is a slave of sin. 35 A slave does not belong to a family permanently, but
a son belongs there for ever. 36 If the Son sets you free, then you
will be really free. 37 I know you are Abraham's descendants. Yet
you are trying to kill me, because you will not accept my teaching. 38 I
talk about what my Father has shown me, but you do what your
father has told you."

39 They answered him, "Our father is Abraham."

"If you really were Abraham's children," Jesus replied, "you would
do[t] the same things that he did. 40 All I have ever done is to tell
you the truth I heard from God, yet you are trying to kill me. Abraham
did nothing like this! 41 You are doing what your father did."

"God himself is the only Father we have," they answered, "and
we are his true sons."

42 Jesus said to them, "If God really were your Father, you would
love me, because I came from God and now I am here. I did not
come on my own authority, but he sent me. 43 Why do you not

---

[t] If you really were...you would do; *some manuscripts have* If you are...do.

Nid oeddent hwy'n deall mai am y Tad yr oedd yn llefaru 27
wrthynt. Felly dywedodd Iesu wrthynt, " Pan fyddwch wedi 28
dyrchafu Mab y Dyn byddwch yn gwybod mai myfi yw, ac nad
wyf yn gwneud dim ohonof fy hun, ond fy mod yn dweud yr
union bethau y mae'r Tad wedi eu dysgu imi. Ac y mae'r hwn 29
a'm hanfonodd i gyda mi; nid yw wedi fy ngadael ar fy mhen
fy hun, oherwydd yr wyf bob amser yn gwneud y pethau sydd
wrth ei fodd ef." Wrth iddo ddweud hyn, daeth llawer i gredu 30
ynddo.

Bydd y Gwirionedd yn eich Rhyddhau

Yna dywedodd Iesu wrth yr Iddewon oedd wedi credu 31
ynddo, " Os arhoswch chwi yn fy ngair i, yr ydych mewn
gwirionedd yn ddisgyblion i mi. Cewch wybod y gwirionedd, 32
a bydd y gwirionedd yn eich rhyddhau." Atebasant ef, "Plant 33
Abraham ydym ni, ac ni buom erioed yn gaethweision i neb.
Sut y gelli di ddweud, ' Fe'ch gwneir yn ddynion rhydd '?"
Atebodd Iesu hwy, " Yn wir, yn wir, 'rwy'n dweud wrthych 34
fod pob un sy'n cyflawni pechod yn gaethwas i bechod. Ac nid 35
oes gan y caethwas le arhosol yn y tŷ, ond y mae'r mab yn aros
am byth. Felly os yw'r mab yn eich rhyddhau chwi, byddwch 36
yn rhydd mewn gwirionedd. 'Rwy'n gwybod mai plant 37
Abraham ydych. Ond yr ydych yn ceisio fy lladd i am nad yw
fy ngair i yn cael lle ynoch. Yr wyf fi'n siarad am y pethau yr 38
wyf wedi eu gweld gyda'm Tad, ac yr ydych chwi'n gwneud y
pethau a glywsoch gan eich tad."

Eich Tad y Diafol

Atebasant ef, " Abraham yw ein tad ni." Meddai Iesu 39
wrthynt, " Pe baech yn blant i Abraham, byddech yn gwneud*
yr un gweithredoedd ag Abraham. Ond dyma chwi yn awr yn 40
ceisio fy lladd i, dyn sydd wedi llefaru i chwi y gwirionedd a
glywais gan Dduw. Ni wnaeth Abraham mo hynny. Gwneud 41
gweithredoedd eich tad eich hunain yr ydych chwi." " Nid
plant gordderch mohonom," meddent wrtho. " Un Tad sydd
gennym, sef Duw." Meddai Iesu wrthynt, " Petai Duw yn dad 42
i chwi, byddech yn fy ngharu i, oherwydd oddi wrth Dduw y
deuthum allan a dod yma. Nid wyf wedi dod ohonof fy hun,

---

*adn. 39: yn ôl darlleniad arall, *Os ydych yn blant i Abraham, gwnewch.*

understand what I say? It is because you cannot bear to listen to
my message. 44 You are the children of your father, the Devil, and
you want to follow your father's desires. From the very beginning
he was a murderer and has never been on the side of truth, because
there is no truth in him. When he tells a lie, he is only doing
what is natural to him, because he is a liar and the father of all
lies. 45 But I tell the truth, and that is why you do not believe me.
46 Which one of you can prove that I am guilty of sin? If I tell
the truth, then why do you not believe me? 47 He who comes from
God listens to God's words. You, however, are not from God, and
that is why you will not listen."

Jesus and Abraham

48 They asked Jesus, "Were we not right in saying that you are
a Samaritan and have a demon in you?"

49 "I have no demon," Jesus answered. "I honour my Father,
but you dishonour me. 50 I am not seeking honour for myself. But
there is one who is seeking it and who judges in my favour. 51 I
am telling you the truth: whoever obeys my teaching will never
die."

52 They said to him, "Now we are certain that you have a demon!
Abraham died, and the prophets died, yet you say that whoever
obeys your teaching will never die. 53 Our father Abraham died;
you do not claim to be greater than Abraham, do you? And the
prophets also died. Who do you think you are?"

54 Jesus answered, "If I were to honour myself, that honour would
be worth nothing. The one who honours me is my Father—the very
one you say is your God. 55 You have never known him, but I
know him. If I were to say that I do not know him, I would be
a liar like you. But I do know him, and I obey his word. 56 Your
father Abraham rejoiced that he was to see the time of my coming;
he saw it and was glad."

57 They said to him, "You are not even fifty years old—and you
have seen Abraham?"[u]

58 "I am telling you the truth," Jesus replied. "Before Abraham was
born, 'I Am'."

59 Then they picked up stones to throw at him, but Jesus hid
himself and left the Temple.

---

[u] you have seen Abraham?; *some manuscripts have* has Abraham seen you?

ond ef a'm hanfonodd. Pam nad ydych yn deall yr hyn yr wyf 43
yn ei ddweud ? Am nad ydych yn gallu gwrando ar fy ngair i.
Plant ydych chwi i'ch tad, y diafol, ac yr ydych â'ch bryd ar 44
gyflawni dymuniadau eich tad. Lladdwr dynion oedd ef o'r
cychwyn; nid yw'n sefyll yn y gwirionedd, oherwydd nid oes
dim gwirionedd ynddo. Pan fydd yn dweud celwydd, datgudd-
io'i natur ei hun y mae, oherwydd un celwyddog yw ef, a thad
pob celwydd. Ond yr wyf fi'n dweud y gwirionedd, ac am 45
hynny nid ydych yn fy nghredu. Pwy ohonoch chwi sydd am 46
brofi fy mod i'n euog o bechod ? Os wyf yn dweud y gwir, pam
nad ydych chwi yn fy nghredu ? Y mae'r hwn sydd o Dduw yn 47
gwrando geiriau Duw. Nid ydych chwi o Dduw, a dyna pam
nad ydych yn gwrando."

Cyn Geni Abraham, yr Wyf Fi

Atebodd yr Iddewon ef, "Onid ydym ni'n iawn wrth 48
ddweud, 'Samariad wyt ti, ac y mae cythraul ynot'?" Ateb- 49
odd Iesu, "Nid oes cythraul ynof; parchu fy Nhad yr wyf fi,
a chwithau'n fy amharchu i. Nid wyf fi'n ceisio fy ngogoniant 50
fy hun, ond y mae un sydd yn ei geisio, ac ef sy'n barnu. Yn 51
wir, yn wir, 'rwy'n dweud wrthych, os bydd dyn yn cadw fy
ngair i, ni wêl hwnnw farwolaeth byth." Meddai'r Iddewon 52
wrtho, "Yr ydym yn gwybod yn awr fod cythraul ynot. Bu
Abraham farw, a'r proffwydi hefyd, a dyma ti'n dweud, 'Os
bydd dyn yn cadw fy ngair i, ni chaiff hwnnw brofi blas
marwolaeth byth.' A wyt ti'n fwy na'n tad ni, Abraham ? Bu 53
ef farw, a bu'r proffwydi farw. Pwy yr wyt ti'n dy gyfrif dy
hun ?" Atebodd Iesu, "Os fy ngogoneddu fy hun yr wyf fi, 54
nid yw fy ngogoniant yn ddim. Fy Nhad sydd yn fy ngogon-
eddu, yr un yr ydych chwi'n dweud amdano, 'Ef yw ein Duw
ni.' Nid ydych yn ei adnabod, ond yr wyf fi'n ei adnabod. Pe 55
bawn yn dweud nad wyf yn ei adnabod, byddwn yn gelwyddog
fel chwithau. Ond yr wyf yn ei adnabod, ac yr wyf yn cadw ei
air ef. Gorfoleddu a wnaeth eich tad Abraham o weld fy nydd i; 56
fe'i gwelodd, a llawenhau." Yna meddai'r Iddewon wrtho, 57
"Nid wyt ti'n hanner cant oed eto. A wyt ti wedi gweld
Abraham ?" Dywedodd Iesu wrthynt, "Yn wir, yn wir, 58
'rwy'n dweud wrthych, cyn geni Abraham, yr wyf fi." Yna 59
codasant gerrig i'w taflu ato. Ond aeth Iesu o'u golwg, ac allan
o'r deml.

Jesus Heals a Man Born Blind

9 As Jesus was walking along, he saw a man who had been born
blind. 2 His disciples asked him, "Teacher, whose sin caused
him to be born blind? Was it his own or his parents' sin?"
3 Jesus answered, "His blindness has nothing to do with his sins or
his parents' sins. He is blind so that God's power might be seen
at work in him. 4 As long as it is day, we must keep on doing
the work of him who sent me; night is coming when no one can
work. 5 While I am in the world, I am the light for the world."
6 After he said this, Jesus spat on the ground and made some
mud with the spittle; he rubbed the mud on the man's eyes 7 and
said, "Go and wash your face in the Pool of Siloam." (This name
means "Sent.") So the man went, washed his face, and came back
seeing.
8 His neighbours, then, and the people who had seen him begging
before this, asked, "Isn't this the man who used to sit and beg?"
9 Some said, "He is the one," but others said, "No he isn't; he
just looks like him."
So the man himself said, "I am the man."
10 "How is it that you can now see?" they asked him.
11 He answered, "The man called Jesus made some mud, rubbed
it on my eyes, and told me to go to Siloam and wash my face.
So I went, and as soon as I washed, I could see."
12 "Where is he?" they asked.
"I don't know," he answered.

The Pharisees Investigate the Healing

13 Then they took to the Pharisees the man who had been blind.
14 The day that Jesus made the mud and cured him of his blindness
was a Sabbath. 15 The Pharisees, then, asked the man again how
he had received his sight. He told them, "He put some mud on
my eyes; I washed my face, and now I can see."
16 Some of the Pharisees said, "The man who did this cannot
be from God, for he does not obey the Sabbath law."
Others, however, said, "How could a man who is a sinner perform
such miracles as these?" And there was a division among them.
17 So the Pharisees asked the man once more, "You say he cured
you of your blindness—well, what do you say about him?"
"He is a prophet," the man answered.
18 The Jewish authorities, however, were not willing to believe
that he had been blind and could now see, until they called his
parents 19 and asked them, "Is this your son? You say that he was

Iacháu Dyn Dall o'i Enedigaeth

Wrth fynd ar ei daith, gwelodd Iesu ddyn dall o'i enedig- 9
aeth. Gofynnodd ei ddisgyblion iddo, " Rabbi, pwy a bechodd, 2
ai hwn ynteu ei rieni, i beri iddo gael ei eni'n ddall ?" Atebodd 3
Iesu, " Ni phechodd hwn na'i rieni chwaith, ond ynddo ef yr
amlygir gweithredoedd Duw. Y mae'n rhaid i ni* gyflawni 4
gweithredoedd yr hwn a'm hanfonodd i tra mae hi'n ddydd.
Y mae'r nos yn dod, pan na all neb weithio. Tra byddaf yn y 5
byd, goleuni'r byd ydwyf." Wedi dweud hyn poerodd ar y 6
llawr a gwneud clai o'r poeryn; yna irodd lygaid y dyn â'r clai,
ac meddai wrtho, " Dos i ymolchi ym mhwll Siloam " (enw a 7
gyfieithir Anfonedig). Aeth y dyn yno ac ymolchi, a phan
ddaeth yn ôl yr oedd yn gweld. Dyma'i gymdogion, felly, a'r 8
bobl oedd wedi arfer o'r blaen ei weld fel cardotyn, yn dweud,
" Onid hwn yw'r dyn fyddai'n eistedd i gardota ?" Meddai 9
rhai, " Hwn yw ef." " Na," meddai eraill, " ond y mae'n
debyg iddo." Ac meddai'r dyn ei hun, " Myfi yw ef." Gofyn- 10
asant iddo felly, " Sut yr agorwyd dy lygaid di ?" Atebodd 11
yntau, " Y dyn a elwir Iesu a wnaeth glai ac iro fy llygaid a
dweud wrthyf, ' Dos i Siloam i ymolchi.' Ac wedi imi fynd yno
ac ymolchi, cefais fy ngolwg." Gofynasant iddo, " Lle mae ef?" 12
" Ni wn i," meddai yntau.

Y Phariseaid yn Archwilio'r Iachâd

Aethant â'r dyn oedd wedi bod gynt yn ddall at y Phariseaid. 13
Yr oedd yn Saboth y dydd hwnnw pan wnaeth Iesu glai ac agor 14
llygaid y dyn. A dyma'r Phariseaid yn gofyn iddo eto sut yr 15
oedd wedi cael ei olwg. Ac meddai wrthynt, " Rhoddodd glai
ar fy llygaid ac ymolchais, a dyma fi'n gweld." Felly dywedodd 16
rhai o'r Phariseaid, " Nid yw'r dyn hwn o Dduw; nid yw'n
cadw'r Saboth." Ond meddai eraill, " Sut y gall dyn sy'n
bechadur wneud y fath arwyddion ?" Ac yr oedd ymraniad yn
eu plith, a dyma hwy'n gofyn eto i'r dyn dall, " Beth sydd 17
gennyt ti i'w ddweud amdano ef, gan iddo agor dy lygaid di ?"
Atebodd yntau, " Proffwyd yw ef."

Gwrthododd yr Iddewon gredu amdano iddo fod yn ddall a 18
derbyn ei olwg, nes iddynt alw rhieni'r dyn a'u holi hwy: " Ai 19

---

*adn. 4: yn ôl darlleniad arall, *mi*.

born blind; how is it, then, that he can now see?"
20 His parents answered, "We know that he is our son, and we
know that he was born blind. 21 But we do not know how it is
that he is now able to see, nor do we know who cured him of
his blindness. Ask him; he is old enough, and he can answer for
himself!" 22 His parents said this because they were afraid of the
Jewish authorities, who had already agreed that anyone who said
he believed that Jesus was the Messiah would be expelled from
the synagogue. 23 That is why his parents said, "He is old enough;
ask him!"
24 A second time they called back the man who had been born
blind, and said to him, "Promise before God that you will tell the
truth! We know that this man who cured you is a sinner."
25 "I do not know if he is a sinner or not," the man replied.
"One thing I do know: I was blind, and now I see."
26 "What did he do to you?" they asked. "How did he cure you
of your blindness?"
27 "I have already told you," he answered, "and you would not
listen. Why do you want to hear it again? Maybe you, too, would
like to be his disciples?"
28 They cursed him and said, "You are that fellow's disciple; but we
are Moses' disciples. 29 We know that God spoke to Moses; as for that
fellow, however, we do not even know where he comes from!"
30 The man answered, "What a strange thing that is! You do
not know where he comes from, but he cured me of my blindness!
31 We know that God does not listen to sinners; he does listen to
people who respect him and do what he wants them to do. 32 Since
the beginning of the world nobody has ever heard of anyone giving
sight to a blind person. 33 Unless this man came from God, he would
not be able to do a thing."
34 They answered, "You were born and brought up in sin—and
you are trying to teach us?" And they expelled him from the syna-
gogue.

Spiritual Blindness

35 When Jesus heard what had happened, he found the man and
asked him, "Do you believe in the Son of Man?"
36 The man answered, "Tell me who he is, sir, so that I can
believe in him!"
37 Jesus said to him, "You have already seen him, and he is the
one who is talking with you now."
38 "I believe, Lord!" the man said, and knelt down before Jesus.

hwn yw eich mab chwi ? A ydych chwi'n dweud ei fod wedi ei
eni'n ddall ? Sut felly y mae'n gweld yn awr ?" Atebodd ei 20
rieni, " Fe wyddom mai hwn yw ein mab a'i fod wedi ei eni'n
ddall. Ond ni wyddom sut y mae'n gweld yn awr, ac ni wyddom 21
pwy a agorodd ei lygaid. Gofynnwch iddo ef. Y mae'n ddigon
hen. Caiff ateb drosto'i hun." Atebodd ei rieni fel hyn am fod 22
arnynt ofn yr Iddewon, oherwydd yr oedd yr Iddewon eisoes
wedi cytuno fod unrhyw un a fyddai'n cyffesu Iesu fel Meseia
i gael ei dorri allan o'r synagog. Dyna pam y dywedodd ei 23
rieni, " Y mae'n ddigon hen. Gofynnwch iddo ef."

Yna galwasant atynt am yr ail waith y dyn a fu'n ddall, ac 24
meddent wrtho, " Dywed y gwir gerbron Duw. Fe wyddom
ni mai pechadur yw'r dyn hwn." Atebodd yntau, " Ni wn i a 25
yw'n bechadur ai peidio. Un peth a wn i: 'roeddwn i'n ddall,
ac yn awr 'rwyf yn gweld." Meddent wrtho, " Beth wnaeth ef 26
i ti ? Sut yr agorodd ef dy lygaid di ?" Atebodd hwy, " 'Rwyf 27
wedi dweud wrthych eisoes, ond nid ydych wedi gwrando.
Pam yr ydych mor awyddus i glywed y peth eto ? 'Does bosibl
eich bod chwi hefyd yn awyddus i fod yn ddisgyblion iddo ?"
Ar hyn, dyma hwy'n ei ddifrïo a dweud wrtho, " Ti sy'n 28
ddisgybl i'r dyn. Disgyblion Moses ydym ni. Fe wyddom fod 29
Duw wedi llefaru wrth Moses, ond am y dyn hwn, ni wyddom
o ble y mae wedi dod." Atebodd y dyn hwy, " Y peth rhyfedd 30
yw hyn, na wyddoch chwi o ble y mae wedi dod, ac eto fe
agorodd ef fy llygaid i. Fe wyddom nad yw Duw yn gwrando 31
ar bechaduriaid, ond ei fod yn gwrando ar unrhyw ddyn sy'n
dduwiol ac yn gwneud ei ewyllys ef. Ni chlywyd erioed fod neb 32
wedi agor llygaid dyn oedd wedi ei eni'n ddall. Oni bai fod y 33
dyn hwn o Dduw, ni allai wneud dim." Atebodd y Phariseaid 34
ef, " Fe'th aned di yn gyfan gwbl mewn pechod, ac a wyt ti yn
ein dysgu ni ?" Yna taflasant ef allan.

Dallineb Ysbrydol

Clywodd Iesu eu bod wedi ei daflu allan, a phan gafodd hyd 35
iddo gofynnodd iddo, " A wyt ti'n credu ym Mab y Dyn ?"*
Atebodd yntau, " Pwy yw ef, Syr, er mwyn imi gredu ynddo." 36
Meddai Iesu wrtho, " Yr wyt wedi ei weld ef. Yr un sy'n 37
siarad â thi, hwnnw yw ef." " Yr wyf yn credu, Arglwydd," 38

---

*adn. 35: yn ôl darlleniad arall, *Mab Duw.*

39 Jesus said, "I came to this world to judge, so that the blind should see and those who see should become blind."

40 Some Pharisees who were there with him heard him say this and asked him, "Surely you don't mean that we are blind, too?"

41 Jesus answered, "If you were blind, then you would not be guilty; but since you claim that you can see, this means that you are still guilty."

The Parable of the Shepherd

10 Jesus said, "I am telling you the truth: the man who does
not enter the sheepfold by the gate, but climbs in some other
way, is a thief and a robber. 2 The man who goes in through the
gate is the shepherd of the sheep. 3 The gatekeeper opens the gate
for him; the sheep hear his voice as he calls his own sheep by
name, and he leads them out. 4 When he has brought them out,
he goes ahead of them, and the sheep follow him, because they
know his voice. 5 They will not follow someone else; instead, they
will run away from such a person, because they do not know his
voice."

6 Jesus told them this parable, but they did not understand what he meant.

Jesus the Good Shepherd

7 So Jesus said again, "I am telling you the truth: I am the gate
for the sheep. 8 All others who came before me are thieves and robbers,
but the sheep did not listen to them. 9 I am the gate. Whoever comes in
by me will be saved; he will come in and go out and find pasture. 10 The
thief comes only in order to steal, kill, and destroy. I have come
in order that you might have life—life in all its fullness.

11 "I am the good shepherd, who is willing to die for the sheep.
12 When the hired man, who is not a shepherd and does not own
the sheep, sees a wolf coming, he leaves the sheep and runs away;
so the wolf snatches the sheep and scatters them. 13 The hired man
runs away because he is only a hired man and does not care about
the sheep. 14-15 I am the good shepherd. As the Father knows me
and I know the Father, in the same way I know my sheep and

meddai'r dyn, gan ymgrymu o'i flaen. A dywedodd Iesu, "I 39
farnu y deuthum i i'r byd hwn, er mwyn i'r rhai nad ydynt yn
gweld gael gweld, ac i'r rhai sydd yn gweld fynd yn ddall."
Clywodd rhai o'r Phariseaid oedd yno gydag ef hyn, ac 40
meddent wrtho, "A ydym ni hefyd yn ddall ?" Atebodd Iesu 41
hwy: "Pe baech yn ddall, ni byddai gennych bechod. Ond
am eich bod yn awr yn dweud, 'Yr ydym yn gweld', y mae
eich pechod yn aros.

Dameg Corlan y Defaid

"Yn wir, yn wir, 'rwy'n dweud wrthych, lleidr ac ysbeiliwr **10**
yw'r dyn hwnnw nad yw'n mynd i mewn trwy'r drws i gorlan y
defaid, ond sy'n dringo i mewn rywle arall. Y dyn sy'n mynd i 2
mewn trwy'r drws yw bugail y defaid. Y mae ceidwad y drws 3
yn agor i hwn, ac y mae'r defaid yn clywed ei lais, ac yntau'n
galw ei ddefaid ei hun wrth eu henwau ac yn eu harwain hwy
allan. Pan fydd wedi dod â'i ddefaid ei hun i gyd allan, bydd 4
yn cerdded o'u blaen, a'r defaid yn ei ganlyn oherwydd eu bod
yn adnabod ei lais ef. Ni chanlynant neb dieithr byth, ond ffoi 5
oddi wrtho, oherwydd nid ydynt yn adnabod llais dieithriaid."
Dywedodd Iesu hyn wrthynt ar ddameg, ond nid oeddent 6
hwy'n deall ystyr yr hyn yr oedd yn ei lefaru wrthynt.

Iesu, y Bugail Da

Felly dywedodd Iesu eto, "Yn wir, yn wir, 'rwy'n dweud 7
wrthych, myfi yw drws y defaid. Lladron ac ysbeilwyr oedd 8
pawb a ddaeth o'm blaen i; ond ni wrandawodd y defaid
arnynt hwy. Myfi yw'r drws; os daw rhywun i mewn trwof fi, 9
caiff ei gadw'n ddiogel, caiff fynd i mewn ac allan, a dod o hyd i
borfa. Ni ddaw'r lleidr ond i ladrata ac i ladd ac i ddinistrio. 10
Yr wyf fi wedi dod er mwyn i ddynion gael bywyd, a'i gael yn ei
holl gyflawnder. Myfi yw'r bugail da. Y mae'r bugail da yn 11
rhoi ei einioes dros y defaid. Y mae'r gwas cyflog, nad yw'n 12
fugail nac yn berchen y defaid, yn gweld y blaidd yn dod ac yn
gadael y defaid ac yn ffoi; ac y mae'r blaidd yn eu hysglyfio ac
yn eu gyrru ar chwâl. Y mae'n ffoi am mai gwas cyflog yw, ac 13
am nad oes ofal arno am y defaid. Myfi yw'r bugail da; 14
yr wyf yn adnabod fy nefaid, a'm defaid yn f'adnabod i, yn 15
union fel y mae'r Tad yn f'adnabod i, a minnau'n adnabod y

they know me. And I am willing to die for them. 16 There are other
sheep which belong to me that are not in this sheepfold. I must
bring them, too; they will listen to my voice, and they will become[v]
one flock with one shepherd.
17 "The Father loves me because I am willing to give up my
life, in order that I may receive it back again. 18 No one takes my
life away from me. I give it up of my own free will. I have the
right to give it up, and I have the right to take it back. This is
what my Father has commanded me to do."
19 Again there was a division among the people because of these
words. 20 Many of them were saying, "He has a demon! He is mad!
Why do you listen to him?"
21 But others were saying, "A man with a demon could not talk
like this! How could a demon give sight to blind people?"

Jesus Is Rejected

22 It was winter, and the Festival of the Dedication of the Temple
was being celebrated in Jerusalem. 23 Jesus was walking in Solomon's
Porch in the Temple, 24 when the people gathered round him and
asked, "How long are you going to keep us in suspense? Tell us
the plain truth: are you the Messiah?"
25 Jesus answered, "I have already told you, but you would not
believe me. The things I do by my Father's authority speak on
my behalf; 26 but you will not believe, for you are not my sheep.
27 My sheep listen to my voice; I know them, and they follow me.
28 I give them eternal life, and they shall never die. No one can
snatch them away from me. 29 What my Father has given me is
greater[w] than everything, and no one can snatch them away from
the Father's care. 30 The Father and I are one."
31 Then the people again picked up stones to throw at him. 32 Jesus
said to them, "I have done many good deeds in your presence which
the Father gave me to do; for which one of these do you want
to stone me?"
33 They replied, "We do not want to stone you because of any
good deeds, but because of your blasphemy! You are only a man,
but you are trying to make yourself God!"
34 Jesus answered, "It is written in your own Law that God said,

---

[v] they will become; *some manuscripts have* there will be.

[w] What my Father has given me is greater; *some manuscripts have* My Father, who gave them to me, is greater.

Tad. Ac yr wyf yn rhoi fy einioes dros y defaid. Y mae gennyf 16
ddefaid eraill hefyd, nad ydynt yn perthyn i'r gorlan hon.
Rhaid imi ddod â'r rheini i mewn, ac fe wrandawant ar fy llais.
Yna bydd un praidd ac un bugail. Y mae'r Tad yn fy ngharu i 17
oherwydd fy mod yn rhoi fy einioes, i'w derbyn eilwaith. Nid 18
yw neb yn ei dwyn oddi arnaf, ond myfi ohonof fy hun sy'n ei
rhoi. Y mae gennyf hawl i'w rhoi, ac y mae gennyf hawl i'w
derbyn eilwaith. Hyn a gefais yn orchymyn gan fy Nhad."

Bu ymraniad eto ymhlith yr Iddewon o achos y geiriau hyn. 19
Yr oedd llawer ohonynt yn dweud, " Y mae cythraul ynddo, y 20
mae'n wallgof. Pam yr ydych yn gwrando arno ?" Ond yr 21
oedd eraill yn dweud, " Nid geiriau dyn â chythraul ynddo
yw'r rhain. A yw cythraul yn gallu agor llygaid y deillion ?"

Yr Iddewon yn Gwrthod Iesu

Yna daeth amser dathlu Gŵyl y Cysegru yn Jerwsalem. 22
Yr oedd yn aeaf, ac yr oedd Iesu'n cerdded yn y deml, yng 23
Nghloestr Solomon. Daeth yr Iddewon o'i amgylch a gofyn 24
iddo, " Am ba hyd yr wyt ti am ein cadw ni mewn ansicrwydd ?
Os tydi yw'r Meseia, dywed hynny wrthym yn blaen." Ateb- 25
odd Iesu hwy, " Yr wyf wedi dweud wrthych, ond nid ydych
yn credu. Y mae'r gweithredoedd hyn yr wyf fi yn eu gwneud
yn enw fy Nhad yn tystiolaethu amdanaf fi. Ond nid ydych 26
chwi'n credu, am nad ydych yn perthyn i'm defaid i. Y mae fy 27
nefaid i yn gwrando ar fy llais i, ac yr wyf fi'n eu hadnabod, a
hwythau'n fy nghanlyn i. Yr wyf fi'n rhoi bywyd tragwyddol 28
iddynt; nid ânt byth i ddistryw, ac ni chaiff neb eu cipio hwy
allan o'm llaw i. Hwy yw rhodd fy Nhad i mi, rhodd sy'n fwy 29
na'r cwbl,* ac ni all neb eu cipio allan o law fy Nhad. Myfi a'r 30
Tad, un ydym."

Unwaith eto casglodd yr Iddewon gerrig i'w labyddio ef. 31
Dywedodd Iesu wrthynt, " Yr wyf wedi dangos i chwi lawer o 32
weithredoedd da trwy rym y Tad. O achos prun ohonynt yr
ydych am fy llabyddio ?" Atebodd yr Iddewon ef, " Nid am 33
weithred dda yr ydym yn dy labyddio, ond am gabledd,
oherwydd dy fod ti, a thithau'n ddyn, yn dy wneud dy hun yn
Dduw." Atebodd Iesu hwythau, " Onid yw'n ysgrifenedig yn 34

---

*adn. 29: yn ôl darlleniad arall, *Y mae fy Nhad, a'u rhoddodd hwy i mi, yn fwy na phawb.*

'You are gods.' 35 We know that what the scripture says is true
for ever; and God called those people gods, the people to whom
his message was given. 36 As for me, the Father chose me and sent
me into the world. How, then, can you say that I blaspheme because
I said that I am the Son of God? 37 Do not believe me, then, if
I am not doing the things my Father wants me to do. 38 But if
I do them, even though you do not believe me, you should at least
believe my deeds, in order that you may know once and for all
that the Father is in me and that I am in the Father."

39 Once more they tried to seize Jesus, but he slipped out of
their hands.

40 Jesus then went back again across the River Jordan to the
place where John had been baptizing, and he stayed there. 41 Many
people came to him. "John performed no miracles," they said, "but
everything he said about this man was true." 42 And many people
there believed in him.

The Death of Lazarus

11 A man named Lazarus, who lived in Bethany, was ill. Bethany
was the town where Mary and her sister Martha lived. 2 (This
Mary was the one who poured the perfume on the Lord's feet and
wiped them with her hair; it was her brother Lazarus who was
ill.) 3 The sisters sent Jesus a message: "Lord, your dear friend is
ill."

4 When Jesus heard it, he said, "The final result of this illness will
not be the death of Lazarus; this has happened in order to bring glory
to God, and it will be the means by which the Son of God will
receive glory."

5 Jesus loved Martha and her sister and Lazarus. 6 Yet when he
received the news that Lazarus was ill, he stayed where he was
for two more days. 7 Then he said to the disciples, "Let us go back
to Judaea."

8 "Teacher," the disciples answered, "just a short time ago the
people there wanted to stone you; and are you planning to go back?"

9 Jesus said, "A day has twelve hours, hasn't it? So whoever walks in
broad daylight does not stumble, for he sees the light of this world.
10 But if he walks during the night he stumbles, because he has no
light." 11 Jesus said this and then added, "Our friend Lazarus has fallen
asleep, but I will go and wake him up."

12 The disciples answered, "If he is asleep, Lord, he will get well."

13 Jesus meant that Lazarus had died, but they thought he meant

eich Cyfraith chwi, 'Yr wyf fi wedi dweud: "Duwiau ydych."'
Os galwodd ef y rhai hynny y daeth gair Duw atynt yn dduwiau 35
—ac ni ellir diddymu'r Ysgrythur—sut yr ydych chwi yn 36
dweud, 'Yr wyt yn cablu', oherwydd fy mod i, yr un y mae
Duw wedi ei gysegru a'i anfon i'r byd, wedi dweud, 'Mab Duw
ydwyf'? Os nad wyf yn gwneud gweithredoedd fy Nhad, 37
peidiwch â'm credu. Ond os wyf yn eu gwneud, credwch y 38
gweithredoedd, hyd yn oed os na chredwch fi, er mwyn ichwi
ganfod a gwybod bod y Tad ynof fi, a minnau yn y Tad."
Gwnaethant gais eto i'w ddal ef, ond llithrodd trwy eu dwylo 39
hwy.

Aeth Iesu i ffwrdd eto dros yr Iorddonen i'r lle yr oedd Ioan 40
yn gynt wedi bod yn bedyddio, ac arhosodd yno. Daeth llawer 41
ato yno, ac yr oeddent yn dweud, "Ni wnaeth Ioan unrhyw
arwydd, ond yr oedd popeth a ddywedodd Ioan am y dyn hwn
yn wir." A daeth llawer i gredu ynddo yn y lle hwnnw. 42

Marwolaeth Lasarus

Yr oedd rhyw ddyn o'r enw Lasarus yn wael. Yr oedd yn **11**
byw ym Methania, pentref Mair a'i chwaer Martha. Mair oedd 2
y ferch a eneiniodd yr Arglwydd ag ennaint, a sychu ei draed
â'i gwallt; a'i brawd hi, Lasarus, oedd yn wael. Anfonodd y 3
chwiorydd, felly, neges at Iesu: "Y mae dy gyfaill, Syr,
yma'n wael." Pan glywodd Iesu, meddai, "Nid yw'r gwaeledd 4
hwn i fod yn angau i Lasarus, ond yn ogoniant i Dduw; bydd
yn gyfrwng i Fab Duw gael ei ogoneddu drwyddo." Yn awr 5
yr oedd Iesu'n caru Martha a'i chwaer a Lasarus. Ac wedi 6
clywed ei fod ef yn wael, arhosodd am ddau ddiwrnod yn y fan
lle'r oedd. Ac wedyn, dywedodd wrth ei ddisgyblion, "Gad- 7
ewch inni fynd yn ôl i Jwdea." "Rabbi," meddai'r disgyblion 8
wrtho, "gynnau yr oedd yr Iddewon yn ceisio dy labyddio.
Sut y gelli fynd yn ôl yno?" Atebodd Iesu: "Onid oes deu- 9
ddeg awr mewn diwrnod? Os yw dyn yn cerdded yng ngolau
dydd, nid yw'n baglu, oherwydd y mae'n gweld golau'r byd
hwn. Ond os yw dyn yn cerdded yn y nos, y mae'n baglu, am 10
nad oes golau ganddo." Ar ôl dweud hyn meddai wrthynt, "Y 11
mae ein cyfaill Lasarus yn huno, ond yr wyf yn mynd yno i'w
ddeffro." Dywedodd y disgyblion wrtho, "Arglwydd, os yw'n 12
huno fe gaiff ei wella." Ond at ei farwolaeth ef yr oedd Iesu 13

natural sleep. 14 So Jesus told them plainly, "Lazarus is dead, 15 but
for your sake I am glad that I was not with him, so that you will
believe. Let us go to him."
16 Thomas (called the Twin) said to his fellow-disciples, "Let us all
go with the Teacher, so that we may die with him!"

Jesus the Resurrection and the Life

17 When Jesus arrived, he found that Lazarus had been buried
four days before. 18 Bethany was less than three kilometres from
Jerusalem, 19 and many Judaeans had come to see Martha and Mary
to comfort them over their brother's death.
20 When Martha heard that Jesus was coming, she went out to
meet him, but Mary stayed in the house. 21 Martha said to Jesus,
"If you had been here, Lord, my brother would not have died!
22 But I know that even now God will give you whatever you ask
him for."
23 "Your brother will rise to life," Jesus told her.
24 "I know," she replied, "that he will rise to life on the last day."
25 Jesus said to her, "I am the resurrection and the life. Whoever
believes in me will live, even though he dies; 26 and whoever lives and
believes in me will never die. Do you believe this?"
27 "Yes, Lord!" she answered. "I do believe that you are the
Messiah, the Son of God, who was to come into the world."

Jesus Weeps

28 After Martha said this, she went back and called her sister
Mary privately. "The Teacher is here," she told her, "and is asking for
you." 29 When Mary heard this, she got up and hurried out to meet him.
30 (Jesus had not yet arrived in the village, but was still in the place
where Martha had met him.) 31 The people who were in the house with
Mary, comforting her, followed her when they saw her get up and hurry
out. They thought that she was going to the grave to weep there.
32 Mary arrived where Jesus was, and as soon as she saw him,
she fell at his feet. "Lord," she said, "if you had been here, my
brother would not have died!"
33 Jesus saw her weeping, and he saw how the people who were
with her were weeping also; his heart was touched, and he was
deeply moved. 34 "Where have you buried him?" he asked them.
"Come and see, Lord," they answered.

wedi cyfeirio, a hwythau'n meddwl mai siarad am hun cwsg yr
oedd. Felly dywedodd Iesu wrthynt yn blaen, "Y mae 14
Lasarus wedi marw. Ac er eich mwyn chwi yr wyf yn falch nad 15
oeddwn yno, er mwyn i chwi gredu. Ond gadewch inni fynd
ato." Ac meddai Thomas, a elwir Didymus, wrth ei gyd- 16
ddisgyblion, "Gadewch i ninnau fynd hefyd, i farw gydag ef."

Iesu, yr Atgyfodiad a'r Bywyd

Pan gyrhaeddodd yno, cafodd Iesu fod Lasarus eisoes yn ei 17
fedd ers pedwar diwrnod. Yr oedd Bethania yn ymyl Jerwsalem, 18
ryw ddwy filltir oddi yno. Ac yr oedd llawer o'r Iddewon wedi 19
dod at Martha a Mair i'w cysuro ar golli eu brawd. Pan glyw- 20
odd Martha fod Iesu yn dod, aeth i'w gyfarfod; ond eisteddodd
Mair yn y tŷ. Dywedodd Martha wrth Iesu, "Pe buasit ti 21
yma, Syr, ni buasai fy mrawd wedi marw. A hyd yn oed yn awr, 22
mi wn y rhydd Duw i ti beth bynnag a ofynni ganddo."
Dywedodd Iesu wrthi, "Fe atgyfoda dy frawd." "Mi wn," 23,24
meddai Martha wrtho, "y bydd yn atgyfodi yn yr atgyfodiad
ar y dydd olaf." Dywedodd Iesu wrthi, "Myfi yw'r atgyfodiad 25
a'r bywyd. Pwy bynnag sy'n credu ynof fi, er iddo farw, fe
fydd byw; a phob un sy'n byw ac yn credu ynof fi, ni bydd 26
marw byth. A wyt ti'n credu hyn?" "Ydwyf, Arglwydd," 27
atebodd hithau, "yr wyf fi'n credu mai tydi yw'r Meseia, Mab
Duw, yr Un sy'n dod i'r byd."

Iesu'n Wylo

Wedi iddi ddweud hyn, aeth ymaith a galw ei chwaer Mair 28
a dweud wrthi o'r neilltu, "Y mae'r Athro wedi cyrraedd, ac y
mae am dy weld." Pan glywodd Mair hyn, cododd ar frys a 29
mynd ato ef. Nid oedd Iesu wedi dod i mewn i'r pentref eto, 30
ond yr oedd yn dal yn y fan lle'r oedd Martha wedi ei gyfarfod.
Pan welodd yr Iddewon, a oedd gyda hi yn y tŷ yn ei chysuro, 31
fod Mair wedi codi ar frys a mynd allan, aethant ar ei hôl gan
dybio ei bod hi'n mynd at y bedd, i wylo yno. A phan ddaeth 32
Mair i'r fan lle'r oedd Iesu, a'i weld, syrthiodd wrth ei draed ac
meddai wrtho, "Pe buasit ti yma, Syr, ni buasai fy mrawd wedi
marw." Wrth ei gweld hi'n wylo, a'r Iddewon oedd wedi dod 33
gyda hi hwythau'n wylo, cynhyrfwyd ysbryd Iesu gan deimlad
dwys. "Lle'r ydych wedi ei roi i orwedd?" gofynnodd. 34

35 Jesus wept. 36 "See how much he loved him!" the people said.
37 But some of them said, "He gave sight to the blind man, didn't
he? Could he not have kept Lazarus from dying?"

Lazarus Is Brought to Life

38 Deeply moved once more, Jesus went to the tomb, which was
a cave with a stone placed at the entrance. 39 "Take the stone away!"
Jesus ordered.

Martha, the dead man's sister, answered, "There will be a bad
smell, Lord. He has been buried four days!"

40 Jesus said to her, "Didn't I tell you that you would see God's glory
if you believed?" 41 They took the stone away. Jesus looked up and
said, "I thank you, Father, that you listen to me. 42 I know that you
always listen to me, but I say this for the sake of the people here, so
that they will believe that you sent me." 43 After he had said this, he
called out in a loud voice, "Lazarus, come out!" 44 He came out, his
hands and feet wrapped in grave clothes, and with a cloth round
his face. "Untie him," Jesus told them, "and let him go."

The Plot against Jesus

(Matt. 26.1-5; Mark 14.1-2; Luke 22.1-2)

45 Many of the people who had come to visit Mary saw what
Jesus did, and they believed in him. 46 But some of them returned
to the Pharisees and told them what Jesus had done. 47 So the Pharisees
and the chief priests met with the Council and said, "What shall
we do? Look at all the miracles this man is performing! 48 If we
let him go on in this way, everyone will believe in him, and the
Roman authorities will take action and destroy our Temple and
our nation!"

49 One of them, named Caiaphas, who was High Priest that year,
said, "What fools you are! 50 Don't you realize that it is better for
you to let one man die for the people, instead of having the whole
nation destroyed?" 51 Actually, he did not say this of his own accord;
rather, as he was High Priest that year, he was prophesying that

"Tyrd i weld, Syr," meddant wrtho. Torrodd Iesu i wylo. 35
Yna dywedodd yr Iddewon, " Gwelwch gymaint yr oedd yn ei 36
garu ef." Ond dywedodd rhai ohonynt, " Oni allai hwn, a 37
agorodd lygaid y dall, gadw'r dyn yma hefyd rhag marw ? "

Galw Lasarus o'r Bedd

Dan deimlad dwys drachefn, daeth Iesu at y bedd. Ogof 38
ydoedd, a maen yn gorwedd ar ei thraws. "Symudwch y maen," 39
meddai Iesu. A dyma Martha, chwaer y dyn oedd wedi marw,
yn dweud wrtho, " Erbyn hyn, Syr, y mae'n drewi; y mae yma
ers pedwar diwrnod." " Oni ddywedais wrthyt," meddai Iesu 40
wrthi, " y cait weld gogoniant Duw, dim ond i ti gredu ? "
Felly symudasant y maen. A chododd Iesu ei lygaid i fyny a 41
dweud, " O Dad, 'rwy'n diolch i ti am wrando arnaf. 'Roedd- 42
wn i'n gwybod dy fod bob amser yn gwrando arnaf, ond
dywedais hyn o achos y dyrfa sy'n sefyll o gwmpas, er mwyn
iddynt gredu mai tydi a'm hanfonodd." Ac wedi dweud hyn, 43
gwaeddodd â llais uchel, " Lasarus, tyrd allan." Daeth y dyn a 44
fu farw allan, â'i draed a'i ddwylo wedi eu rhwymo â llieiniau,
a chadach am ei wyneb. Dywedodd Iesu wrthynt, " Datodwch
ei rwymau, a gadewch iddo fynd."

Y Cynllwyn i Ladd Iesu
(Mth 26.1-5; Mc 14.1-2; Lc 22.1-2)

Felly daeth llawer o'r Iddewon, y rhai oedd wedi dod at Mair 45
a gweld beth yr oedd Iesu wedi ei wneud, i gredu ynddo. Ond 46
aeth rhai ohonynt i ffwrdd at y Phariseaid a dweud wrthynt beth
yr oedd Iesu wedi ei wneud. Am hynny galwodd y prif offeiriaid 47
a'r Phariseaid gyfarfod o'r Sanhedrin, a dywedasant: " Beth
yr ydym am ei wneud ? Y mae'r dyn yma'n gwneud llawer o
arwyddion. Os gadawn iddo barhau fel hyn, bydd pawb yn 48
credu ynddo, ac fe ddaw'r Rhufeiniaid a chymryd oddi wrthym
ein teml a'n cenedl hefyd." Ond dyma un ohonynt, Caiaffas, a 49
oedd yn archoffeiriad y flwyddyn honno, yn dweud wrthynt:
" Nid ydych chwi'n deall dim. Nid ydych yn sylweddoli mai 50
mantais i chwi fydd i un dyn farw dros y bobl, yn hytrach na
bod y genedl gyfan yn cael ei difodi." Nid ohono'i hun y 51
dywedodd hyn, ond proffwydo yr oedd, ac yntau'n arch-
offeiriad y flwyddyn honno, fod Iesu'n mynd i farw dros y

Jesus was going to die for the Jewish people, [52]and not only for
them, but also to bring together into one body all the scattered
people of God.
53 From that day on the Jewish authorities made plans to kill
Jesus. [54]So Jesus did not travel openly in Judaea, but left and went
to a place near the desert, to a town named Ephraim, where he
stayed with the disciples.
55 The time for the Passover Festival was near, and many people
went up from the country to Jerusalem to perform the ritual of
purification before the festival. [56]They were looking for Jesus, and
as they gathered in the Temple, they asked one another, "What
do you think? Surely he will not come to the festival, will he?"
[57]The chief priests and the Pharisees had given orders that if anyone
knew where Jesus was, he must report it, so that they could arrest
him.

Jesus Is Anointed at Bethany
(Matt. 26.6-13; Mark 14.3-9)

12 Six days before the Passover, Jesus went to Bethany, the home
of Lazarus, the man he had raised from death. [2]They prepared
a dinner for him there, which Martha helped to serve; Lazarus was
one of those who were sitting at the table with Jesus. [3]Then Mary
took half a litre of a very expensive perfume made of pure nard,
poured it on Jesus' feet, and wiped them with her hair. The sweet
smell of the perfume filled the whole house. [4]One of Jesus' disciples,
Judas Iscariot—the one who was going to betray him—said, [5]"Why
wasn't this perfume sold for three hundred silver coins[x] and the
money given to the poor?" [6]He said this, not because he cared
about the poor, but because he was a thief. He carried the money
bag and would help himself from it.
7 But Jesus said, "Leave her alone! Let her keep what she has
for the day of my burial. [8]You will always have poor people with
you, but you will not always have me."

The Plot against Lazarus

9 A large number of people heard that Jesus was in Bethany, so
they went there, not only because of Jesus but also to see Lazarus,
whom Jesus had raised from death. [10]So the chief priests made plans

---

[x]SILVER COINS: *See 6.7.*

genedl, ac nid dros y genedl yn unig ond hefyd er mwyn casglu 52
plant Duw oedd ar wasgar, a'u gwneud yn un. O'r diwrnod 53
hwnnw, felly, gwnaethant gynllwyn i'w ladd ef.

Am hynny, peidiodd Iesu mwyach â mynd oddi amgylch yn 54
agored ymhlith yr Iddewon. Aeth i ffwrdd oddi yno i'r wlad
sydd yn ymyl yr anialwch, i dref a elwir Effraim, ac arhosodd
yno gyda'i ddisgyblion.

Yn awr yr oedd Pasg yr Iddewon yn ymyl, ac aeth llawer i 55
fyny i Jerwsalem o'r wlad cyn y Pasg, ar gyfer defod eu puredig-
aeth. Ac yr oeddent yn chwilio am Iesu, ac yn sefyll yn y deml 56
a dweud wrth ei gilydd, " Beth dybiwch chwi ? Nad yw ef
ddim yn dod i'r ŵyl ?" Ac er mwyn iddynt ei ddal, yr oedd y 57
prif offeiriaid a'r Phariseaid wedi rhoi gorchymyn, os oedd
rhywun yn gwybod lle'r oedd ef, ei fod i'w hysbysu hwy.

Yr Eneinio ym Methania
(Mth 26.6-13; Mc 14.3-9)

Chwe diwrnod cyn y Pasg, daeth Iesu i Fethania, lle'r oedd **12**
Lasarus yn byw, y dyn yr oedd wedi ei godi oddi wrth y meirw.
Yno gwnaethpwyd iddo swper; yr oedd Martha yn gweini, a 2
Lasarus yn un o'r rhai oedd yn eistedd gydag ef wrth y bwrdd.
A chymerodd Mair bwys o ennaint costfawr, nard pur, ac 3
eneiniodd draed Iesu a'u sychu â'i gwallt. A llanwyd y tŷ gan
bersawr yr ennaint. A dyma Jwdas Iscariot, un o'i ddisgyblion, 4
yr un oedd yn mynd i'w fradychu, yn dweud, " Pam na 5
werthwyd yr ennaint hwn am ddeg punt ar hugain* a'i roi i'r
tlodion ?" Ond fe ddywedodd hyn, nid am fod pryder arno am 6
y tlodion, ond am mai lleidr ydoedd, yn cymryd o'r cyfraniadau
yn y god arian oedd yn ei ofal. " Gad lonydd iddi," meddai 7
Iesu, " er mwyn iddi gadw'r ddefod ar gyfer dydd fy nghladd-
edigaeth. Y mae'r tlodion gyda chwi bob amser, ond nid wyf 8
fi gyda chwi bob amser."

Y Cynllwyn yn erbyn Lasarus

Daeth tyrfa fawr o'r Iddewon i wybod ei fod yno, a daethant 9
ato, nid o achos Iesu yn unig, ond er mwyn gweld Lasarus
hefyd, y dyn yr oedd ef wedi ei godi oddi wrth y meirw. Ond 10
gwnaeth y prif offeiriaid gynllwyn i ladd Lasarus hefyd, gan 11

---

*adn. 5: neu, *dri chan denarius*.

to kill Lazarus too, 11 because on his account many Jews were rejecting
them and believing in Jesus.

The Triumphant Entry into Jerusalem
(Matt. 21.1-11; Mark 11.1-11; Luke 19.28-40)

12 The next day the large crowd that had come to the Passover
Festival heard that Jesus was coming to Jerusalem. 13 So they took
branches of palm-trees and went out to meet him, shouting, "Praise
God! God bless him who comes in the name of the Lord! God
bless the King of Israel!"

14 Jesus found a donkey and rode on it, just as the scripture says,
15 "Do not be afraid, city of Zion!
Here comes your king,
riding on a young donkey."

16 His disciples did not understand this at the time; but when
Jesus had been raised to glory, they remembered that the scripture
said this about him and that they had done this for him.

17 The people who had been with Jesus when he called Lazarus
out of the grave and raised him from death had reported what had
happened. 18 That was why the crowd met him—because they heard
that he had performed this miracle. 19 The Pharisees then said to
one another, "You see, we are not succeeding at all! Look, the
whole world is following him!"

Some Greeks Seek Jesus

20 Some Greeks were among those who had gone to Jerusalem
to worship during the festival. 21 They went to Philip (he was from
Bethsaida in Galilee) and said, "Sir, we want to see Jesus."

22 Philip went and told Andrew, and the two of them went and
told Jesus. 23 Jesus answered them, "The hour has now come for
the Son of Man to receive great glory. 24 I am telling you the truth:
a grain of wheat remains no more than a single grain unless it
is dropped into the ground and dies. If it does die, then it produces
many grains. 25 Whoever loves his own life will lose it; whoever
hates his own life in this world will keep it for life eternal. 26 Whoever
wants to serve me must follow me, so that my servant will be with
me where I am. And my Father will honour anyone who serves
me.

fod llawer o'r Iddewon, o'i achos ef, yn gwrthgilio ac yn credu
yn Iesu.

Yr Ymdaith Fuddugoliaethus i mewn i Jerwsalem
(Mth 21.1-11; Mc 11.1-11; Lc 19.28-40)

Trannoeth, clywodd y dyrfa fawr, oedd wedi dod i'r ŵyl, fod 12
Iesu'n dod i Jerwsalem. Cymerasant ganghennau o'r palmwydd 13
ac aethant allan i'w gyfarfod, gan weiddi,

"Hosanna!
Bendith ar yr hwn sy'n dyfod yn enw'r Arglwydd,
Bendith ar Frenin Israel."

Cafodd Iesu hyd i asyn ac eistedd arno, fel y mae'n ysgrifenedig: 14

"Paid ag ofni, ferch Seion; 15
dyma dy frenin yn dyfod,
yn eistedd ar ebol asyn."

Ar y cyntaf ni ddeallodd y disgyblion ystyr y pethau hyn, ond 16
wedi i Iesu gael ei ogoneddu, yna cofiasant fod y pethau hyn yn
ysgrifenedig amdano, ac iddynt eu gwneud iddo. Yr oedd y 17
dyrfa, a oedd gydag ef pan alwodd Lasarus o'r bedd a'i godi o
blith y meirw, yn tystiolaethu am hynny. Dyna pam yr aeth 18
tyrfa'r ŵyl i'w gyfarfod—yr oeddent wedi clywed am yr arwydd
yma yr oedd wedi ei wneud. Gan hynny dywedodd y Phari- 19
seaid wrth ei gilydd, "Edrychwch, nid ydych yn llwyddo o
gwbl. Aeth y byd i gyd ar ei ôl ef."

Groegiaid yn Ceisio Iesu

Ymhlith y bobl oedd yn dod i fyny i addoli ar yr ŵyl, yr oedd 20
rhyw Roegiaid. Daeth y rhain at Philip, a oedd o Fethsaida yng 21
Ngalilea, a gofyn iddo, "Syr, fe hoffem weld Iesu." Aeth 22
Philip i ddweud wrth Andreas; ac aeth Andreas a Philip i
ddweud wrth Iesu. A dyma Iesu'n eu hateb. "Y mae'r awr 23
wedi dod," meddai, "i Fab y Dyn gael ei ogoneddu. Yn wir, 24
yn wir, 'rwy'n dweud wrthych, os nad yw'r gronyn gwenith yn
syrthio i'r ddaear ac yn marw, y mae'n aros ar ei ben ei hun;
ond os yw'n marw, y mae'n dwyn llawer o ffrwyth. Y mae'r 25
sawl sy'n caru ei fywyd yn ei golli; a'r sawl sy'n casáu ei fywyd
yn y byd hwn, bydd yn ei gadw i fywyd tragwyddol. Os yw 26
dyn am fy ngwasanaethu i, rhaid iddo fy nghanlyn i; lle bynnag
yr wyf fi, yno hefyd y bydd fy ngwasanaethwr. Os yw dyn yn
fy ngwasanaethu i, fe gaiff ei anrhydeddu gan y Tad.

Jesus Speaks about His Death

27 "Now my heart is troubled—and what shall I say? Shall I
say, 'Father, do not let this hour come upon me'? But that is why
I came—so that I might go through this hour of suffering. 28 Father,
bring glory to your name!"

Then a voice spoke from heaven, "I have brought glory to it,
and I will do so again."

29 The crowd standing there heard the voice, and some of them
said it was thunder, while others said, "An angel spoke to him!"

30 But Jesus said to them, "It was not for my sake that this voice
spoke, but for yours. 31 Now is the time for this world to be judged; now
the ruler of this world will be overthrown. 32 When I am lifted up
from the earth, I will draw everyone to me." 33 (In saying this he
indicated the kind of death he was going to suffer.)

34 The crowd answered, "Our Law tells us that the Messiah will
live for ever. How, then, can you say that the Son of Man must
be lifted up? Who is this Son of Man?"

35 Jesus answered, "The light will be among you a little longer. Con-
tinue on your way while you have the light, so that the darkness will
not come upon you; for the one who walks in the dark does not
know where he is going. 36 Believe in the light, then, while you
have it, so that you will be the people of the light."

The Unbelief of the People

After Jesus said this, he went off and hid himself from them.
37 Even though he had performed all these miracles in their presence,
they did not believe in him, 38 so that what the prophet Isaiah had
said might come true:

"Lord, who believed the message we told?
To whom did the Lord reveal his power?"

39 And so they were not able to believe, because Isaiah also said,

40 "God has blinded their eyes
and closed their minds,
so that their eyes would not see,
and their minds would not understand,
and they would not turn to me, says God,
for me to heal them."

41 Isaiah said this because he saw Jesus' glory and spoke about
him.

42 Even then, many of the Jewish authorities believed in Jesus;
but because of the Pharisees they did not talk about it openly, so

Rhaid i Fab y Dyn gael Ei Ddyrchafu

" Yn awr y mae fy enaid mewn cynnwrf. Beth a ddywedaf ? 27
' O Dad, gwared fi rhag yr awr hon ' ? Na, i'r diben hwn y
deuthum i'r awr hon. O Dad, gogonedda dy enw." Yna daeth 28
llais o'r nef: " Yr wyf wedi ei ogoneddu, ac fe'i gogoneddaf
eto." Pan glywodd y dyrfa oedd yn sefyll gerllaw, dechreusant 29
ddweud mai taran oedd; dywedodd eraill, " Angel sydd wedi
llefaru wrtho." Atebodd Iesu, " Nid er fy mwyn i, ond er eich 30
mwyn chwi, y daeth y llais hwn. Dyma awr barnu'r byd hwn; 31
yn awr y mae Tywysog y byd hwn i gael ei fwrw allan. A 32
minnau, os caf fy nyrchafu oddi ar y ddaear, fe dynnaf bawb
ataf fy hun." Dywedodd hyn i ddangos beth fyddai dull y 33
farwolaeth oedd yn ei aros. Yna atebodd y dyrfa ef: " Yr 34
ydym ni wedi dysgu o'r Gyfraith fod y Meseia i aros am byth.
Sut yr wyt ti'n dweud, felly, bod yn rhaid i Fab y Dyn gael ei
ddyrchafu ? Pwy yw'r Mab y Dyn yma ?" Dywedodd Iesu 35
wrthynt, " Am ychydig amser eto y bydd y goleuni yn eich
plith. Rhodiwch tra mae'r goleuni gennych, rhag i'r tywyllwch
eich goddiweddyd. Nid yw'r dyn sy'n rhodio yn y tywyllwch
yn gwybod lle y mae'n mynd. Tra mae'r goleuni gennych, 36
credwch yn y goleuni, ac felly meibion y goleuni fyddwch."

Anghrediniaeth yr Iddewon

Wedi iddo lefaru'r geiriau hyn, aeth Iesu i ffwrdd ac ym-
guddio rhagddynt. Er iddo wneud cynifer o arwyddion yng 37
ngŵydd y bobl, nid oeddent yn credu ynddo. Cyflawnwyd 38
felly y gair a ddywedodd y proffwyd Eseia :

" Arglwydd, pwy a gredodd yr hyn a glywsant gennym ?
I bwy y datguddiwyd braich yr Arglwydd ? "

O achos hyn ni allent gredu, oherwydd dywedodd Eseia beth 39
arall :

" Y mae ef wedi dallu eu llygaid, 40
ac wedi tywyllu eu deall,
rhag iddynt weld â'u llygaid,
a deall â'u meddwl, a throi'n ôl,
i mi eu hiacháu."

Dywedodd Eseia hyn am iddo weld gogoniant Iesu; amdano ef 41
yr oedd yn llefaru. Eto i gyd fe gredodd llawer hyd yn oed o'r 42
llywodraethwyr ynddo ef; ond o achos y Phariseaid ni fynnent

as not to be expelled from the synagogue. 43 They loved the approval
of men rather than the approval of God.

Judgement by Jesus' Words

44 Jesus said in a loud voice, "Whoever believes in me believes not
only in me but also in him who sent me. 45 Whoever sees me sees also
him who sent me. 46 I have come into the world as light, so that every-
one who believes in me should not remain in the darkness. 47 If anyone
hears my message and does not obey it, I will not judge him. I
came, not to judge the world, but to save it. 48 Whoever rejects me
and does not accept my message has one who will judge him. The
words I have spoken will be his judge on the last day! 49 This is
true, because I have not spoken on my own authority, but the Father
who sent me has commanded me what I must say and speak. 50 And
I know that his command brings eternal life. What I say, then, is
what the Father has told me to say."

Jesus Washes His Disciples' Feet

13 It was now the day before the Passover Festival. Jesus knew
that the hour had come for him to leave this world and go
to the Father. He had always loved those in the world who were
his own, and he loved them to the very end.

2 Jesus and his disciples were at supper. The Devil had already
put the thought of betraying Jesus into the heart of Judas, the son
of Simon Iscariot.[y] 3 Jesus knew that the Father had given him com-
plete power; he knew that he had come from God and was going
to God. 4 So he rose from the table, took off his outer garment,
and tied a towel round his waist. 5 Then he poured some water
into a basin and began to wash the disciples' feet and dry them
with the towel round his waist. 6 He came to Simon Peter, who
said to him, "Are you going to wash my feet, Lord?"

7 Jesus answered him, "You do not understand now what I am
doing, but you will understand later."

8 Peter declared, "Never at any time will you wash my feet!"

"If I do not wash your feet," Jesus answered, "you will no longer be
my disciple."

9 Simon Peter answered, "Lord, do not wash only my feet, then!
Wash my hands and head, too!"

10 Jesus said, "Anyone who has had a bath is completely clean

---

[y] The Devil...Simon Iscariot; *or* The Devil had already decided that Judas, the son of Simon Iscariot, would betray Jesus.

ei arddel, rhag iddynt gael eu torri allan o'r synagog. Dewisach 43
oedd ganddynt glod gan ddynion na chlod gan Dduw.

Gair Iesu yn Barnu

Cododd Iesu ei leferydd a chyhoeddi: " Y mae'r sawl sy'n 44
credu ynof fi yn credu nid ynof fi ond yn yr un a'm hanfonodd i.
Ac y mae'r sawl sy'n fy ngweld i yn gweld yr un a'm hanfonodd 45
i. Yr wyf fi wedi dod i'r byd yn oleuni, ac felly nid yw neb sy'n 46
credu ynof fi yn aros yn y tywyllwch. Os yw dyn yn clywed fy 47
ngeiriau i ac yn gwrthod eu cadw, nid myfi sy'n ei farnu,
oherwydd ni ddeuthum i farnu'r byd ond i achub y byd. Y mae 48
gan y dyn sy'n fy ngwrthod i, ac yn peidio â derbyn fy ngeiriau,
un sydd yn ei farnu. Bydd y gair hwnnw a leferais i yn ei farnu
ef yn y dydd olaf. Oherwydd nid ohonof fy hunan y lleferais, 49
ond y Tad ei hun, hwnnw a'm hanfonodd i, sydd wedi rhoi
gorchymyn i mi beth a ddywedaf a beth a lefaraf. A gwn fod ei 50
orchymyn ef yn fywyd tragwyddol. Yr hyn yr wyf fi'n ei lefaru,
felly, 'rwy'n ei lefaru yn union fel y mae'r Tad wedi dweud
wrthyf."

Golchi Traed y Disgyblion

Ar drothwy Gŵyl y Pasg, yr oedd Iesu'n gwybod fod ei awr **13**
wedi dod, iddo ymadael â'r byd hwn a mynd at y Tad. Yr oedd
wedi caru'r rhai oedd yn eiddo iddo yn y byd, ac fe'u carodd
hyd yr eithaf. Yn ystod swper, pan oedd y diafol eisoes wedi 2
gosod yng nghalon Jwdas, mab Simon Iscariot, y bwriad i'w
fradychu ef, dyma Iesu, ac yntau'n gwybod fod y Tad wedi 3
rhoi pob peth yn ei ddwylo ef, a'i fod wedi dod oddi wrth Dduw
a'i fod yn mynd at Dduw, yn codi o'r swper ac yn rhoi ei ddillad 4
o'r neilltu, a chymryd tywel a'i glymu am ei ganol. Yna 5
tywalltodd ddŵr i'r badell, a dechreuodd olchi traed y disgybl-
ion, a'u sychu â'r tywel oedd am ei ganol. Daeth at Simon 6
Pedr yn ei dro, ac meddai ef wrtho, " Arglwydd, a wyt ti am
olchi fy nhraed i ?" Atebodd Iesu ef: " Ni wyddost ti ar hyn 7
o bryd beth yr wyf fi am ei wneud, ond fe ddoi i wybod ar ôl
hyn." Meddai Pedr wrtho, " Ni chei di olchi fy nhraed i byth." 8
Atebodd Iesu ef, " Os na chaf dy olchi di, nid oes lle i ti gyda
mi." " Arglwydd," meddai Simon Pedr wrtho, " nid fy nhraed 9
yn unig, ond golch fy nwylo a'm pen hefyd." Dywedodd Iesu 10
wrtho, " Y mae'r dyn sydd wedi ymolchi drosto yn lân i gyd,

and does not have to wash himself, except for his feet.[z] All of you
are clean—all except one." 11 (Jesus already knew who was going
to betray him; that is why he said, "All of you, except one, are
clean.")

12 After Jesus had washed their feet, he put his outer garment
back on and returned to his place at the table. "Do you understand
what I have just done to you?" he asked. 13 "You call me Teacher
and Lord, and it is right that you do so, because that is what I
am. 14 I, your Lord and Teacher, have just washed your feet. You,
then, should wash one another's feet. 15 I have set an example for
you, so that you will do just what I have done for you. 16 I am
telling you the truth: no slave is greater than his master, and no
messenger is greater than the one who sent him. 17 Now that you
know this truth, how happy you will be if you put it into practice!

18 "I am not talking about all of you; I know those I have chosen.
But the scripture must come true that says, 'The man who shared
my food turned against me.' 19 I tell you this now before it happens,
so that when it does happen, you will believe that 'I Am Who
I Am.' 20 I am telling you the truth: whoever receives anyone I
send receives me also; and whoever receives me receives him who
sent me."

Jesus Predicts His Betrayal

(Matt. 26.20-25; Mark 14.17-21; Luke 22.21-23)

21 After Jesus had said this, he was deeply troubled and declared
openly, "I am telling you the truth: one of you is going to betray me."

22 The disciples looked at one another, completely puzzled about
whom he meant. 23 One of the disciples, the one whom Jesus loved,
was sitting next to Jesus. 24 Simon Peter motioned to him and said,
"Ask him whom he is talking about."

25 So that disciple moved closer to Jesus' side and asked, "Who
is it, Lord?"

26 Jesus answered, "I will dip some bread in the sauce and give
it to him; he is the man." So he took a piece of bread, dipped
it, and gave it to Judas, the son of Simon Iscariot. 27 As soon as
Judas took the bread, Satan entered him. Jesus said to him, "Be

---

[z] *Some manuscripts do not have* except for his feet.

ac nid oes arno angen golchi dim ond ei draed.* Ac yr ydych
chwi yn lân, ond nid pawb ohonoch." Oherwydd gwyddai pwy 11
oedd am ei fradychu. Dyna pam y dywedodd, " Nid yw pawb
ohonoch yn lân."

Wedi iddo olchi eu traed, ac ymwisgo a chymryd ei le un- 12
waith eto, gofynnodd iddynt, " A ydych yn deall beth yr wyf
wedi ei wneud i chwi ? Yr ydych chwi'n fy ngalw i yn 'Athro' 13
ac yn 'Arglwydd', a hynny'n gwbl briodol, oherwydd dyna
wyf fi. Os wyf fi, felly, a minnau'n Arglwydd ac yn Athro, wedi 14
golchi eich traed chwi, fe ddylech chwithau hefyd olchi traed
eich gilydd. Yr wyf wedi rhoi esiampl i chwi; yr ydych chwi- 15
thau i wneud yn union fel yr wyf fi wedi gwneud i chwi. Yn 16
wir, yn wir, 'rwy'n dweud wrthych, nid yw gwas yn fwy na'i
feistr, ac nid yw'r hwn a anfonwyd yn fwy na'r hwn a'i hanfon-
odd. Os gwyddoch y pethau hyn, gwyn eich byd os gweithred- 17
wch arnynt. Nid wyf yn siarad amdanoch i gyd. Yr wyf fi'n 18
gwybod pwy a ddewisais. Ond y mae'n rhaid i'r Ysgrythur
gael ei chyflawni: 'Y mae'r dyn sy'n bwyta fy mara i yn barod
i roi ergyd i mi.' Yr wyf fi'n dweud wrthych yn awr, cyn i'r 19
peth ddigwydd, er mwyn i chwi gredu, pan ddigwydd, mai
myfi yw. Yn wir, yn wir, 'rwy'n dweud wrthych, y mae'r sawl 20
sy'n derbyn unrhyw un a anfonaf fi yn fy nerbyn i, ac y mae'r
sawl sy'n fy nerbyn i yn derbyn yr hwn a'm hanfonodd i."

Iesu'n Rhagfynegi ei Fradychu
(Mth 26.20-25; Mc 14.17-21; Lc 22.21-23)

Wedi iddo ddweud hyn, cynhyrfwyd ysbryd Iesu a thystiodd 21
fel hyn: " Yn wir, yn wir, 'rwy'n dweud wrthych fod un ohon-
och yn mynd i'm bradychu i." Dechreuodd y disgyblion edrych 22
ar ei gilydd, yn methu dyfalu am bwy yr oedd yn sôn. Yr oedd 23
un o'i ddisgyblion, yr un yr oedd Iesu'n ei garu, yn gorwedd
nesaf ato ef wrth y bwrdd. A dyma Simon Pedr yn rhoi arwydd 24
i hwn i holi Iesu am bwy yr oedd yn sôn. A dyma'r disgybl 25
hwnnw yn pwyso'n ôl ar fynwes Iesu ac yn gofyn iddo, " Pwy
yw ef, Arglwydd ?" Atebodd Iesu, " Yr un y gwlychaf y 26
tamaid yma o fara a'i roi iddo, hwnnw yw ef." Yna gwlychodd
y tamaid a'i roi i Jwdas, mab Simon Iscariot. Ac yn dilyn ar 27
hyn, aeth Satan i mewn i hwnnw. Meddai Iesu wrtho, " Yr

*adn. 10: yn ôl darlleniad arall, *angen ymolchi eto.*

quick about what you are doing!" 28 None of the others at the table
understood why Jesus said this to him. 29 Since Judas was in charge
of the money bag, some of the disciples thought that Jesus had
told him to go and buy what they needed for the festival, or to
give something to the poor.
30 Judas accepted the bread and went out at once. It was night.

The New Commandment

31 After Judas had left, Jesus said, "Now the Son of Man's glory is
revealed; now God's glory is revealed through him. 32 And if God's
glory is revealed through him, then God will reveal the glory of
the Son of Man in himself, and he will do so at once. 33 My children, I
shall not be with you very much longer. You will look for me;
but I tell you now what I told the Jewish authorities, 'You cannot
go where I am going.' 34 And now I give you a new commandment:
love one another. As I have loved you, so you must love one another.
35 If you have love for one another, then everyone will know that
you are my disciples."

Jesus Predicts Peter's Denial

(Matt. 26.31-35; Mark 14.27-31; Luke 22.31-34)

36 "Where are you going, Lord?" Simon Peter asked him.
"You cannot follow me now where I am going," answered Jesus;
"but later you will follow me."
37 "Lord, why can't I follow you now?" asked Peter. "I am ready to
die for you!"
38 Jesus answered, "Are you really ready to die for me? I am
telling you the truth: before the cock crows you will say three times
that you do not know me.

Jesus the Way to the Father

14 "Do not be worried and upset," Jesus told them. "Believe[a]
in God and believe also in me. 2 There are many rooms in
my Father's house, and I am going to prepare a place for you.
I would not tell you this if it were not so.[b] 3 And after I go and
prepare a place for you, I will come back and take you to myself,

---

[a] Believe; *or* You believe.

[b] There are...were not so; *or* There are many rooms in my Father's house; if it were not so, would I tell you that I am going to prepare a place for you?

hyn yr wyt yn ei wneud, brysia i'w gyflawni." Nid oedd neb 28
o'r cwmni wrth y bwrdd yn deall pam y dywedodd hynny wrtho.
Gan mai yng ngofal Jwdas yr oedd y god arian, tybiodd rhai 29
fod Iesu wedi dweud wrtho, " Pryn y pethau y mae arnom eu
heisiau at yr ŵyl ", neu am roi rhodd i'r tlodion. Yn union wedi 30
cymryd y tamaid bara aeth Jwdas allan. Yr oedd hi'n nos.

Y Gorchymyn Newydd

Ar ôl i Jwdas fynd allan dywedodd Iesu, " Yn awr y mae 31
Mab y Dyn wedi ei ogoneddu, a Duw wedi ei ogoneddu ynddo
ef. Ac os yw Duw wedi ei ogoneddu ynddo ef, bydd Duw 32
yntau yn ei ogoneddu ef ynddo'i hun, ac yn ei ogoneddu ar
unwaith. Fy mhlant, am ychydig amser eto y byddaf gyda chwi; 33
fe chwiliwch amdanaf, a'r hyn a ddywedais wrth yr Iddewon,
yr wyf yn awr yn ei ddweud wrthych chwi hefyd, ' Ni allwch
chwi ddod lle'r wyf fi'n mynd.' Yr wyf yn rhoi i chwi orch- 34
ymyn newydd: carwch eich gilydd. Fel y cerais i chwi, felly
yr ydych chwithau i garu'ch gilydd. Os bydd gennych gariad 35
tuag at eich gilydd, wrth hynny bydd pawb yn gwybod mai
disgyblion i mi ydych."

Rhagfynegi Gwadiad Pedr
(Mth 26.31-35; Mc 14.27-31; Lc 22.31-34)

Meddai Simon Pedr wrtho, "Arglwydd, lle'r wyt ti'n mynd?" 36
Atebodd Iesu ef, " Lle'r wyf fi'n mynd, ni elli di ar hyn o
bryd fy nghanlyn, ond fe fyddi'n fy nghanlyn maes o law."
" Arglwydd," gofynnodd Pedr iddo, " pam na allaf dy ganlyn 37
yn awr ? Fe roddaf fy einioes drosot." Atebodd Iesu, " A 38
roddi dy einioes drosof ? Yn wir, yn wir, 'rwy'n dweud wrthyt,
ni chân y ceiliog cyn iti fy ngwadu i dair gwaith.

Iesu, y Ffordd at y Tad

" Peidiwch â gadael i ddim gynhyrfu'ch calon. Credwch yn **14**
Nuw, a chredwch ynof finnau. Yn nhŷ fy Nhad y mae llawer o 2
drigfannau; pe na byddai felly, a fyddwn i wedi dweud wrth-
ych fy mod yn mynd i baratoi lle i chwi ?* Ac os af a pharatoi 3
le i chwi, fe ddof yn ôl, a'ch cymryd chwi ataf fy hun, er mwyn

---

*adn. 2: neu, *byddwn wedi dweud wrthych. Oherwydd yr wyf yn mynd i baratoi lle i chwi.*

so that you will be where I am. 4 You know the way that leads
to the place where I am going."
5 Thomas said to him, "Lord, we do not know where you are
going; so how can we know the way to get there?"
6 Jesus answered him, "I am the way, the truth, and the life;
no one goes to the Father except by me. 7 Now that you have known
me," he said to them, "you will know[c] my Father also, and from
now on you do know him and you have seen him."
8 Philip said to him, "Lord, show us the Father; that is all we
need."
9 Jesus answered, "For a long time I have been with you all;
yet you do not know me, Philip? Whoever has seen me has seen
the Father. Why, then, do you say, 'Show us the Father'? 10 Do
you not believe, Philip, that I am in the Father and the Father
is in me? The words that I have spoken to you," Jesus said to
his disciples, "do not come from me. The Father, who remains in
me, does his own work. 11 Believe me when I say that I am in
the Father and the Father is in me. If not, believe because of the
things I do. 12 I am telling you the truth: whoever believes in me
will do what I do—yes, he will do even greater things, because
I am going to the Father. 13 And I will do whatever you ask for
in my name, so that the Father's glory will be shown through the Son.
14 If you ask me[d] for anything in my name, I will do it.

The Promise of the Holy Spirit

15 "If you love me, you will obey my commandments. 16 I will
ask the Father, and he will give you another Helper, who will stay
with you for ever. 17 He is the Spirit who reveals the truth about
God. The world cannot receive him, because it cannot see him or
know him. But you know him, because he remains with you and
is[e] in you.
18 "When I go, you will not be left all alone; I will come back
to you. 19 In a little while the world will see me no more, but you
will see me; and because I live, you also will live. 20 When that
day comes, you will know that I am in my Father and that you
are in me, just as I am in you.

---

[c] Now that you have known me...you will know; *some manuscripts have* If you had known me...you would know.

[d] *Some manuscripts do not have* me.

[e] is; *some manuscripts have* will be

i chwithau fod lle'r wyf fi. Fe wyddoch y ffordd i'r lle'r wyf 4
fi'n mynd."* Meddai Thomas wrtho, "Arglwydd, ni 5
wyddom i ble'r wyt yn mynd. Sut y gallwn wybod y ffordd?"
Dywedodd Iesu wrtho, "Myfi yw'r ffordd a'r gwirionedd a'r 6
bywyd. Nid yw neb yn dod at y Tad ond trwof fi. Os ydych 7
wedi f'adnabod i, byddwch* yn adnabod y Tad hefyd. Yn wir,
yr ydych bellach yn ei adnabod ef ac wedi ei weld ef." Meddai 8
Philip wrtho, "Arglwydd, dangos i ni y Tad, a bydd hynny'n
ddigon inni." Atebodd Iesu ef, "A wyf wedi bod gyda chwi 9
cyhyd heb i ti fy adnabod, Philip? Y mae'r sawl sydd wedi fy
ngweld i wedi gweld y Tad. Sut y medri di ddweud, 'Dangos
i ni y Tad'? Onid wyt yn credu fy mod i yn y Tad, a'r Tad 10
ynof fi? Y geiriau yr wyf fi'n eu llefaru wrthych, nid ohonof fy
hun yr wyf yn eu llefaru; y Tad sy'n aros ynof fi sydd yn
gwneud ei waith ei hun. Credwch fi pan ddywedaf fy mod i yn 11
y Tad, a'r Tad ynof fi; neu ynteu credwch ar sail y gweithred-
oedd eu hunain. Yn wir, yn wir, 'rwy'n dweud wrthych, bydd 12
yr hwn sy'n credu ynof fi yntau hefyd yn gwneud y gweithred-
oedd yr wyf fi'n eu gwneud; yn wir, bydd yn gwneud rhai mwy
na'r rheini, oherwydd fy mod i'n mynd at y Tad. Beth bynnag 13
a ofynnwch yn fy enw i, fe'i gwnaf, er mwyn i'r Tad gael ei
ogoneddu yn y Mab. Os gofynnwch unrhyw beth i mi* yn fy 14
enw i, fe'i gwnaf.

Addo'r Ysbryd

"Os ydych yn fy ngharu i, fe gadwch fy ngorchmynion i. 15
Ac fe ofynnaf finnau i'm Tad, ac fe rydd ef i chwi Eiriolwr arall 16
i fod gyda chwi am byth, Ysbryd y Gwirionedd. Ni all y byd ei 17
dderbyn ef, am nad yw'r byd yn ei weld nac yn ei adnabod ef;
yr ydych chwi yn ei adnabod, oherwydd gyda chwi y mae'n
aros ac ynoch chwi y mae. Ni adawaf chwi'n amddifad; fe 18
ddof yn ôl atoch chwi. Ymhen ychydig amser, ni bydd y byd 19
yn fy ngweld i ddim mwy, ond byddwch chwi'n fy ngweld, fy
mod yn fyw; a byw fyddwch chwithau hefyd. Yn y dydd 20
hwnnw byddwch chwi'n gwybod fy mod i yn y Tad, a'ch bod

---

*adn. 4: yn ôl darlleniad arall, *Fe wyddoch lle'r wyf fi'n mynd, ac fe wyddoch y ffordd yno.*

*adn. 7: yn ôl darlleniad arall, *Pe byddech yn f'adnabod i, byddech.*

*adn. 14: y mae rhai llawysgrifau yn gadael allan *i mi.*

21 "Whoever accepts my commandments and obeys them is the
one who loves me. My Father will love whoever loves me; I too
will love him and reveal myself to him."

22 Judas (not Judas Iscariot) said, "Lord, how can it be that you will
reveal yourself to us and not to the world?"

23 Jesus answered him, "Whoever loves me will obey my teaching.
My Father will love him, and my Father and I will come to him
and live with him. 24 Whoever does not love me does not obey my
teaching. And the teaching you have heard is not mine, but comes
from the Father, who sent me.

25 "I have told you this while I am still with you. 26 The Helper, the
Holy Spirit, whom the Father will send in my name, will teach
you everything and make you remember all that I have told you.

27 "Peace is what I leave with you; it is my own peace that
I give you. I do not give it as the world does. Do not be worried
and upset; do not be afraid. 28 You heard me say to you, 'I am
leaving, but I will come back to you.' If you loved me, you would
be glad that I am going to the Father; for he is greater than I.
29 I have told you this now before it all happens, so that when it
does happen, you will believe. 30 I cannot talk with you much longer,
because the ruler of this world is coming. He has no power over
me, 31 but the world must know that I love the Father; that is why
I do everything as he commands me.

"Come, let us go from this place.

Jesus the Real Vine

15 "I am the real vine, and my Father is the gardener. 2 He
breaks off every branch in me that does not bear fruit, and
he prunes every branch that does bear fruit, so that it will be clean
and bear more fruit. 3 You have been made clean already by the
teaching I have given you. 4 Remain united to me, and I will remain
united to you. A branch cannot bear fruit by itself; it can do so
only if it remains in the vine. In the same way you cannot bear
fruit unless you remain in me.

5 "I am the vine, and you are the branches. Whoever remains
in me, and I in him, will bear much fruit; for you can do nothing

chwi ynof fi, a minnau ynoch chwithau. Yr un y mae fy 21
ngorchmynion i ganddo ac sy'n eu cadw hwy, hwnnw yw'r un
sy'n fy ngharu i. A'r un sy'n fy ngharu i, fe'i cerir gan fy Nhad,
ac fe'i caraf finnau ef, a'm hamlygu fy hun iddo." Meddai 22
Jwdas wrtho (nid Jwdas Iscariot), " Arglwydd, beth sydd wedi
digwydd i beri dy fod yn mynd i'th amlygu dy hun i ni, ac nid
i'r byd ?" Atebodd Iesu ef: " Os yw dyn yn fy ngharu, bydd 23
yn cadw fy ngair i, a bydd fy Nhad yn ei garu ef, ac fe ddown
ato ef a gwneud ein trigfa gydag ef. Nid yw'r dyn nad yw'n fy 24
ngharu i yn cadw fy ngeiriau i. A'r gair hwn yr ydych chwi yn
ei glywed, nid fy ngair i ydyw, ond gair y Tad a'm hanfonodd i.
" Yr wyf wedi dweud hyn wrthych tra wyf yn aros gyda 25
chwi. Ond bydd yr Eiriolwr, yr Ysbryd Glân, a anfona'r Tad 26
yn fy enw i, yn dysgu popeth ichwi, ac yn dwyn ar gof i chwi
y cwbl a ddywedais i wrthych. Yr wyf yn gadael i chwi dang- 27
nefedd; yr wyf yn rhoi i chwi fy nhangnefedd i fy hun. Nid fel
y mae'r byd yn rhoi yr wyf fi'n rhoi i chwi. Peidiwch â gadael i
ddim gynhyrfu'ch calon, a pheidiwch ag ofni. Clywsoch beth 28
a ddywedais i wrthych, 'Yr wyf fi yn ymadael â chwi, ac fe
ddof atoch chwi.' Pe baech yn fy ngharu i, byddech yn
llawenhau fy mod yn mynd at y Tad, oherwydd y mae'r Tad
yn fwy na mi. Yr wyf fi wedi dweud wrthych yn awr, cyn i'r 29
peth ddigwydd, er mwyn i chwi gredu pan ddigwydd. Ni 30
byddaf yn siarad llawer gyda chwi eto, oherwydd y mae
Tywysog y byd hwn yn dod. Nid oes ganddo ddim gafael arnaf
fi, ond rhaid i'r byd wybod fy mod i'n caru'r Tad ac yn 31
gwneud yn union fel y mae'r Tad wedi gorchymyn imi.
Codwch, ac awn oddi yma.

Iesu, y Wir Winwydden

" Myfi yw'r wir winwydden, a'm Tad yw'r gwinllannwr. **15**
Y mae ef yn torri i ffwrdd bob cangen ynof fi nad yw'n dwyn 2
ffrwyth, ac yn glanhau pob un sydd yn dwyn ffrwyth, er mwyn
iddi ddwyn mwy o ffrwyth. Yr ydych chwi eisoes yn lân trwy'r 3
gair yr wyf wedi ei lefaru wrthych. Arhoswch ynof fi, a minnau 4
ynoch chwi. Ni all y gangen ddwyn ffrwyth ohoni ei hun, heb
iddi aros yn y winwydden; ac felly'n union ni allwch chwithau
heb i chwi aros ynof fi. Myfi yw'r winwydden; chwi yw'r cang- 5
hennau. Y mae'r hwn sydd yn aros ynof fi, a minnau ynddo ef,
yn dwyn llawer o ffrwyth, oherwydd ar wahân i mi ni allwch

without me. 6 Whoever does not remain in me is thrown out like
a branch and dries up; such branches are gathered up and thrown
into the fire, where they are burnt. 7 If you remain in me and my
words remain in you, then you will ask for anything you wish, and
you shall have it. 8 My Father's glory is shown by your bearing
much fruit; and in this way you become my disciples. 9 I love you
just as the Father loves me; remain in my love. 10 If you obey my
commands, you will remain in my love, just as I have obeyed my
Father's commands and remain in his love.

11 "I have told you this so that my joy may be in you and that
your joy may be complete. 12 My commandment is this: love one
another, just as I love you. 13 The greatest love a person can have
for his friends is to give his life for them. 14 And you are my friends
if you do what I command you. 15 I do not call you servants any
longer, because a servant does not know what his master is doing.
Instead, I call you friends, because I have told you everything I
have heard from my Father. 16 You did not choose me; I chose
you and appointed you to go and bear much fruit, the kind of fruit
that endures. And so the Father will give you whatever you ask
of him in my name. 17 This, then, is what I command you: love
one another.

The World's Hatred

18 "If the world hates you, just remember that it has hated me first.
19 If you belonged to the world, then the world would love you as
its own. But I chose you from this world, and you do not belong
to it; that is why the world hates you. 20 Remember what I told
you: 'No slave is greater than his master.' If they persecuted me,
they will persecute you too; if they obeyed my teaching, they will
obey yours too. 21 But they will do all this to you because you
are mine; for they do not know the one who sent me. 22 They would
not have been guilty of sin if I had not come and spoken to them;
as it is, they no longer have any excuse for their sin. 23 Whoever
hates me hates my Father also. 24 They would not have been guilty
of sin if I had not done among them the things that no one else
ever did; as it is, they have seen what I did, and they hate both

wneud dim. Os na fydd dyn yn aros ynof fi, caiff ei daflu i 6
ffwrdd fel y gangen ddiffrwyth, ac fe wywa; dyma'r canghen-
nau a gesglir, i'w taflu i'r tân a'u llosgi. Os arhoswch ynof fi, 7
ac os erys fy ngeiriau ynoch chwi, gofynnwch am beth a fyn-
nwch, ac fe'i rhoddir i chwi. Dyma sut y gogoneddir fy Nhad: 8
trwy i chwi ddwyn llawer o ffrwyth a bod yn ddisgyblion i mi.
Fel y mae'r Tad wedi fy ngharu i, yr wyf finnau wedi eich caru 9
chwi. Arhoswch yn fy nghariad i. Os cadwch fy ngorchmynion 10
fe arhoswch yn fy nghariad, yn union fel yr wyf fi wedi cadw
gorchmynion fy Nhad, ac yr wyf yn aros yn ei gariad ef.
" Yr wyf wedi dweud hyn wrthych er mwyn i'm llawenydd i 11
fod ynoch, ac i'ch llawenydd chwi fod yn gyflawn. Dyma fy 12
ngorchymyn i: carwch eich gilydd fel y cerais i chwi. Nid oes 13
gan neb gariad mwy na hyn, sef bod dyn yn rhoi ei einioes dros
ei gyfeillion. Yr ydych chwi'n gyfeillion i mi os gwnewch yr 14
hyn yr wyf fi'n ei orchymyn i chwi. Nid wyf mwyach yn eich 15
galw yn weision, oherwydd nid yw'r gwas yn gwybod beth y
mae ei feistr yn ei wneud. Yr wyf wedi eich galw yn gyfeillion,
oherwydd yr wyf wedi gwneud yn hysbys i chwi bob peth a
glywais gan fy Nhad. Nid chwi a'm dewisodd i, ond myfi a'ch 16
dewisodd chwi, a'ch penodi i fynd allan a dwyn ffrwyth,
ffrwyth sy'n aros. Ac yna, fe rydd y Tad i chwi beth bynnag a
ofynnwch ganddo yn fy enw i. Dyma'r gorchymyn yr wyf yn 17
ei roi i chwi: carwch eich gilydd.

Casineb y Byd

" Os yw'r byd yn eich casáu chwi, fe wyddoch ei fod wedi fy 18
nghasáu i o'ch blaen chwi. Pe baech yn perthyn i'r byd, 19
byddai'r byd yn caru'r eiddo'i hun. Ond gan nad ydych yn
perthyn i'r byd, oherwydd i mi eich dewis chwi allan o'r byd,
y mae'r byd yn eich casáu chwi. Cofiwch y gair a ddywedais i 20
wrthych: ' Nid yw gwas yn fwy na'i feistr.' Os erlidiasant fi,
fe'ch erlidiant chwithau; os cadwasant fy ngair i, fe gadwant
yr eiddoch chwithau. Fe wnânt hyn oll i chwi o achos fy enw i, 21
am nad ydynt yn adnabod yr hwn a'm hanfonodd i. Pe 22
buaswn i heb ddod a llefaru wrthynt, ni buasai ganddynt
bechod. Ond yn awr nid oes ganddynt esgus am eu pechod.
Y mae'r hwn sy'n fy nghasáu i yn casáu fy Nhad hefyd. Pe 23,24
buaswn i heb wneud gweithredoedd yn eu plith na wnaeth neb
arall, ni buasai ganddynt bechod. Ond yn awr y maent wedi

me and my Father. 25 This, however, was bound to happen so that
what is written in their Law may come true: 'They hated me for
no reason at all.'
26 "The Helper will come—the Spirit, who reveals the truth about
God and who comes from the Father. I will send him to you from
the Father, and he will speak about me. 27 And you, too, will speak
about me, because you have been with me from the very beginning.

16 "I have told you this, so that you will not give up your
faith. 2 You will be expelled from the synagogues, and the
time will come when anyone who kills you will think that by doing
this he is serving God. 3 People will do these things to you because
they have not known either the Father or me. 4 But I have told
you this, so that when the time comes for them to do these things,
you will remember that I told you.

The Work of the Holy Spirit

"I did not tell you these things at the beginning, for I was with you.
5 But now I am going to him who sent me, yet none of you asks
me where I am going. 6 And now that I have told you, your hearts
are full of sadness. 7 But I am telling you the truth: it is better
for you that I go away, because if I do not go, the Helper will
not come to you. But if I do go away, then I will send him to
you. 8 And when he comes, he will prove to the people of the world
that they are wrong about sin and about what is right and about
God's judgement. 9 They are wrong about sin, because they do not
believe in me; 10 they are wrong about what is right, because I am
going to the Father and you will not see me any more; 11 and they
are wrong about judgement, because the ruler of this world has
already been judged.
12 "I have much more to tell you, but now it would be too much
for you to bear. 13 When, however, the Spirit comes, who reveals
the truth about God, he will lead you into all the truth. He will
not speak on his own authority, but he will speak of what he hears,
and will tell you of things to come. 14 He will give me glory, because
he will take what I say and tell it to you. 15 All that my Father
has is mine; that is why I said that the Spirit will take what I
give him and tell it to you.

gweld, ac wedi casáu fy Nhad a minnau. Ond rhaid oedd 25
cyflawni'r gair sy'n ysgrifenedig yn eu Cyfraith hwy: 'Y maent
wedi fy nghasáu yn ddiachos.'
" Pan ddaw'r Eiriolwr a anfonaf fi atoch oddi wrth y Tad, 26
sef Ysbryd y Gwirionedd, sy'n dod oddi wrth y Tad, bydd ef
yn tystiolaethu amdanaf fi. Ac yr ydych chwi hefyd yn tyst- 27
iolaethu, am eich bod gyda mi o'r dechrau.
" Yr wyf wedi dweud y pethau hyn wrthych i'ch cadw rhag **16**
cwympo. Fe'ch torrant chwi allan o'r synagogau; yn wir y 2
mae'r amser yn dod pan fydd pawb fydd yn eich lladd chwi yn
meddwl ei fod yn offrymu gwasanaeth i Dduw. Fe wnânt hyn 3
am nad ydynt wedi adnabod na'r Tad na myfi. Ond yr wyf wedi 4
dweud y pethau hyn wrthych er mwyn ichwi gofio, pan ddaw'r
amser iddynt ddigwydd, fy mod i wedi eu dweud wrthych.

Gwaith yr Ysbryd

" Ni ddywedais hyn wrthych o'r dechrau, oherwydd yr
oeddwn i gyda chwi. Ond yn awr, yr wyf yn mynd at yr hwn 5
a'm hanfonodd i, ac eto nid yw neb ohonoch yn gofyn i mi,
'Lle'r wyt ti'n mynd ?' Ond am fy mod wedi dweud hyn 6
wrthych, daeth tristwch i lenwi eich calon. Yr wyf fi'n dweud 7
y gwir wrthych: y mae'n fuddiol i chwi fy mod i'n mynd
ymaith. Oherwydd os nad af, ni ddaw'r Eiriolwr atoch chwi.
Ond os af, fe'i hanfonaf ef atoch. A phan ddaw, fe argyhoedda 8
ef y byd ynglŷn â phechod, a chyfiawnder, a barn; ynglŷn â 9
phechod am nad ydynt yn credu ynof fi; ynglŷn â chyfiawnder 10
oherwydd fy mod i'n mynd at y Tad, ac na chewch fy ngweld
ddim mwy; ynglŷn â barn am fod Tywysog y byd hwn wedi 11
cael ei farnu.
" Y mae gennyf lawer eto i'w ddweud wrthych, ond ni 12
allwch ddal y baich ar hyn o bryd. Ond pan ddaw ef, Ysbryd y 13
Gwirionedd, fe'ch arwain chwi yn* yr holl wirionedd. Oher-
wydd nid ohono'i hun y bydd yn llefaru; ond yr hyn a glyw y
bydd yn ei lefaru, a'r hyn sy'n dod y bydd yn ei fynegi i chwi.
Bydd ef yn fy ngogoneddu i, oherwydd bydd yn cymryd o'r 14
hyn sy'n eiddo i mi ac yn ei fynegi i chwi. Y mae pob peth sydd 15
gan y Tad yn eiddo i mi. Dyna pam y dywedais ei fod yn
cymryd o'r hyn sy'n eiddo i mi ac yn ei fynegi i chwi.

---

*adn. 13: yn ôl darlleniad arall, *at*.

Sadness and Gladness

16 "In a little while you will not see me any more, and then
a little while later you will see me."
17 Some of his disciples asked among themselves, "What does this
mean? He tells us that in a little while we will not see him, and
then a little while later we will see him; and he also says, 'It is
because I am going to the Father.' 18 What does this 'a little while'
mean? We don't know what he is talking about!"
19 Jesus knew that they wanted to question him, so he said to
them, "I said, 'In a little while you will not see me, and then a
little while later you will see me.' Is this what you are asking about
among yourselves? 20 I am telling you the truth: you will cry and
weep, but the world will be glad; you will be sad, but your sadness
will turn into gladness. 21 When a woman is about to give birth,
she is sad because her hour of suffering has come; but when the
baby is born, she forgets her suffering, because she is happy that
a baby has been born into the world. 22 That is how it is with you:
now you are sad, but I will see you again, and your hearts will
be filled with gladness, the kind of gladness that no one can take
away from you.
23 "When that day comes, you will not ask me for anything. I
am telling you the truth: the Father will give you whatever you
ask him for in my name.[f] 24 Until now you have not asked for
anything in my name; ask and you will receive, so that your happiness
may be complete.

Victory over the World

25 "I have used figures of speech to tell you these things. But
the time will come when I will not use figures of speech, but will
speak to you plainly about the Father. 26 When that day comes,
you will ask him in my name; and I do not say that I will ask
him on your behalf, 27 for the Father himself loves you. He loves
you because you love me and have believed that I came from God.
28 I did come from the Father, and I came into the world; and
now I am leaving the world and going to the Father."

---

[f] the Father will give you whatever you ask him for in my name; *some manuscripts have* if you ask the Father for anything, he will give it to you in my name.

Troi Tristwch yn Llawenydd

" Ymhen ychydig amser, ni byddwch yn fy ngweld i ddim 16
mwy, ac ymhen ychydig wedyn, fe fyddwch yn fy ngweld."
Yna meddai rhai o'i ddisgyblion wrth ei gilydd, " Beth yw hyn 17
y mae'n ei ddweud wrthym, ' Ymhen ychydig amser, ni bydd-
wch yn fy ngweld i, ac ymhen ychydig amser wedyn, fe fyddwch
yn fy ngweld', ac 'Oherwydd fy mod i'n mynd at y Tad'?
Beth," meddent, " yw'r ' ychydig amser ' yma y mae'n sôn 18
amdano? Nid ydym yn deall am beth y mae'n siarad."
Sylweddolodd Iesu eu bod yn awyddus i'w holi, ac meddai 19
wrthynt, " Ai dyma'r hyn yr ydych yn ei drafod gyda'ch
gilydd, fy mod i wedi dweud, ' Ymhen ychydig amser, ni
fyddwch yn fy ngweld i, ac ymhen ychydig amser wedyn, fe
fyddwch yn fy ngweld'? Yn wir, yn wir, 'rwy'n dweud wrth- 20
ych y byddwch chwi'n wylo a galaru, ac y bydd y byd yn
llawenhau. Byddwch chwi'n drist, ond fe droir eich tristwch
yn llawenydd. Y mae gwraig wrth esgor mewn poen, gan fod ei 21
hamser wedi dod. Ond pan fydd y plentyn wedi ei eni, nid yw
hi'n cofio'r gwewyr ddim mwy gan gymaint ei llawenydd fod
dyn wedi ei eni i'r byd. Felly chwithau, yr ydych yn awr mewn 22
tristwch. Ond fe'ch gwelaf chwi eto, ac fe lawenha eich calon,
ac ni chaiff neb ddwyn eich llawenydd oddi arnoch. Y dydd 23
hwnnw ni byddwch yn holi dim arnaf. Yn wir, yn wir, 'rwy'n
dweud wrthych, beth bynnag a ofynnwch gan y Tad yn fy enw
i, bydd ef yn ei roi i chwi. Hyd yn hyn nid ydych wedi gofyn 24
dim yn fy enw i. Gofynnwch, ac fe gewch, ac felly bydd eich
llawenydd yn gyflawn.

Yr Wyf Fi wedi Gorchfygu'r Byd

" Yr wyf wedi dweud y pethau hyn wrthych ar ddamhegion. 25
Y mae amser yn dod pan na fyddaf yn siarad wrthych ar
ddamhegion ddim mwy, ond yn llefaru wrthych yn gwbl eglur
am y Tad. Yn y dydd hwnnw, byddwch yn gofyn yn fy enw i; 26
nid wyf yn dweud wrthych y byddaf fi'n gweddïo ar y Tad
drosoch chwi. Oherwydd y mae'r Tad ei hun yn eich caru 27
chwi, am i chwi fy ngharu i a chredu fy mod i wedi dod oddi
wrth Dduw. Deuthum oddi wrth y Tad, ac yr wyf wedi dod i'r 28
byd; bellach yr wyf yn gadael y byd eto ac yn mynd at y Tad."

29 Then his disciples said to him, "Now you are speaking plainly,
without using figures of speech. 30 We know now that you know
everything; you do not need someone to ask you questions. This
makes us believe that you came from God."
31 Jesus answered them, "Do you believe now? 32 The time is
coming, and is already here, when all of you will be scattered, each
one to his own home, and I will be left all alone. But I am not
really alone, because the Father is with me. 33 I have told you this
so that you will have peace by being united to me. The world will
make you suffer. But be brave! I have defeated the world!"

Jesus Prays for His Disciples

17 After Jesus finished saying this, he looked up to heaven and
said, "Father, the hour has come. Give glory to your Son,
so that the Son may give glory to you. 2 For you gave him authority
over all mankind, so that he might give eternal life to all those
you gave him. 3 And eternal life means knowing you, the only true
God, and knowing Jesus Christ, whom you sent. 4 I have shown
your glory on earth; I have finished the work you gave me to do.
5 Father! Give me glory in your presence now, the same glory I
had with you before the world was made.
6 "I have made you known to those you gave me out of the world.
They belonged to you, and you gave them to me. They have obeyed
your word, 7 and now they know that everything you gave me comes
from you. 8 I gave them the message that you gave me, and they
received it; they know that it is true that I came from you, and
they believe that you sent me.
9 "I pray for them. I do not pray for the world but for those
you gave me, for they belong to you. 10 All I have is yours, and
all you have is mine; and my glory is shown through them. 11 And
now I am coming to you; I am no longer in the world, but they
are in the world. Holy Father! Keep them safe by the power of
your name, the name you gave me,[g] so that they may be one just
as you and I are one. 12 While I was with them, I kept them safe
by the power of your name, the name you gave me.[h] I protected
them, and not one of them was lost, except the man who was bound

---

[g] Keep them safe by the power of your name, the name you gave me; *some manuscripts have* By the power of your name keep safe those you have given me.

[h] I kept them safe by the power of your name, the name you gave me; *some manuscripts have* By the power of your name I kept safe those you have given me.

Meddai ei ddisgyblion ef, " Dyma ti yn awr yn siarad yn gwbl 29
eglur; nid ar ddameg yr wyt yn llefaru mwyach. Yn awr fe 30
wyddom dy fod yn gwybod pob peth, ac nad oes arnat angen i
neb dy holi. Dyna pam yr ydym yn credu dy fod wedi dod
oddi wrth Dduw." Atebodd Iesu hwy, " A ydych yn credu yn 31
awr ? Edrychwch, y mae amser yn dod, yn wir y mae wedi dod, 32
pan gewch eich gwasgaru bob un i'w le ei hun, a'm gadael i ar
fy mhen fy hun. Ac eto, nid wyf ar fy mhen fy hun, oherwydd
y mae'r Tad gyda mi. Yr wyf wedi dweud hyn wrthych er 33
mwyn i chwi, ynof fi, gael tangnefedd. Yn y byd fe gewch
orthrymder, ond codwch eich calon, yr wyf fi wedi gorchfygu'r
byd."

Gweddi Iesu

Wedi iddo lefaru'r geiriau hyn, cododd Iesu ei lygaid i'r nef **17**
a dywedodd: " O Dad, y mae'r awr wedi dod. Gogonedda dy
Fab, er mwyn i'r Mab dy ogoneddu di. Oherwydd rhoddaist 2
iddo ef awdurdod ar bob dyn, awdurdod i roi bywyd tra-
gwyddol i bawb yr wyt ti wedi eu rhoi iddo ef. A hyn yw 3
bywyd tragwyddol: dy adnabod Di, yr unig wir Dduw, a'r
hwn a anfonaist ti, Iesu Grist. Yr wyf fi wedi dy ogoneddu ar y 4
ddaear trwy orffen y gwaith a roddaist i mi i'w wneud. Yn awr, 5
O Dad, gogonedda di fyfi ger dy fron dy hun â'r gogoniant
oedd i mi ger dy fron cyn bod y byd.

" Yr wyf wedi amlygu dy enw i'r dynion a roddaist imi allan 6
o'r byd. Eiddot ti oeddent, ac fe'u rhoddaist i mi. Y maent
wedi cadw dy air di. Y maent yn gwybod yn awr mai oddi 7
wrthyt ti y mae popeth a roddaist i mi. Oherwydd yr wyf wedi 8
rhoi iddynt hwy y geiriau a roddaist ti i mi, a hwythau wedi eu
derbyn, a chanfod mewn gwirionedd mai oddi wrthyt ti y
deuthum, a chredu mai ti a'm hanfonodd i. Drostynt hwy yr 9
wyf fi'n gweddïo. Nid dros y byd yr wyf yn gweddïo, ond dros
y rhai a roddaist imi, oherwydd eiddot ti ydynt. Y mae popeth 10
sy'n eiddof fi yn eiddot ti, a'r eiddot ti yn eiddof fi. Ac yr wyf
fi wedi fy ngogoneddu ynddynt hwy. Nid wyf fi mwyach yn y 11
byd, ond y maent hwy yn y byd. Yr wyf fi'n dod atat ti. O Dad
sanctaidd, cadw hwy'n ddiogel trwy dy enw, yr enw a roddaist*
i mi, er mwyn iddynt fod yn un fel yr ydym ni yn un. Pan 12
oeddwn gyda hwy, yr oeddwn i'n eu cadw'n ddiogel trwy dy
enw, yr enw a roddaist* i mi. Gwyliais drostynt, ac ni chollwyd

*adn. 11 a 12: yn ôl darlleniad arall, *y rhai a roddaist*.

to be lost—so that the scripture might come true. 13 And now I
am coming to you, and I say these things in the world so that they
might have my joy in their hearts in all its fullness. 14 I gave them
your message, and the world hated them, because they do not belong to
the world, just as I do not belong to the world. 15 I do not ask you
to take them out of the world, but I do ask you to keep them
safe from the Evil One. 16 Just as I do not belong to the world,
they do not belong to the world. 17 Dedicate them to yourself by
means of the truth; your word is truth. 18 I sent them into the world,
just as you sent me into the world. 19 And for their sake I dedicate
myself to you, in order that they, too, may be truly dedicated to
you.

20 "I pray not only for them, but also for those who believe in me
because of their message. 21 I pray that they may all be one. Father!
May they be in us, just as you are in me and I am in you. May
they be one, so that the world will believe that you sent me. 22 I
gave them the same glory you gave me, so that they may be one,
just as you and I are one: 23 I in them and you in me, so that
they may be completely one, in order that the world may know
that you sent me and that you love them as you love me.

24 "Father! You have given them to me, and I want them to
be with me where I am, so that they may see my glory, the glory
you gave me; for you loved me before the world was made.
25 Righteous Father! The world does not know you, but I know
you, and these know that you sent me. 26 I made you known to
them, and I will continue to do so, in order that the love you have
for me may be in them, and so that I also may be in them."

The Arrest of Jesus

(Matt. 26.47-56; Mark 14.43-50; Luke 22.47-53)

18 After Jesus had said this prayer, he left with his disciples
and went across the brook called Kidron. There was a garden
in that place, and Jesus and his disciples went in. 2 Judas, the traitor,
knew where it was, because many times Jesus had met there with
his disciples. 3 So Judas went to the garden, taking with him a group
of Roman soldiers, and some temple guards sent by the chief priests
and the Pharisees; they were armed and carried lanterns and torches.

yr un ohonynt, ar wahân i fab colledigaeth, i'r Ysgrythur gael ei
chyflawni. Ond yn awr yr wyf yn dod atat ti, ac yr wyf yn 13
llefaru'r geiriau hyn yn y byd er mwyn i'm llawenydd i fod
ganddynt yn gyflawn ynddynt hwy eu hunain. Yr wyf fi wedi 14
rhoi iddynt dy air di, ac y mae'r byd wedi eu casáu hwy, am
nad ydynt yn perthyn i'r byd, fel nad wyf finnau'n perthyn i'r
byd. Nid wyf yn gweddïo ar i ti eu cymryd allan o'r byd, ond 15
ar i ti eu cadw'n ddiogel rhag yr un drwg. Nid ydynt yn 16
perthyn i'r byd, fel nad wyf finnau'n perthyn i'r byd. Cysegra 17
hwy yn y gwirionedd. Dy air di yw'r gwirionedd. Fel yr anfon- 18
aist ti fi i'r byd, yr wyf fi'n eu hanfon hwy i'r byd. Ac er eu 19
mwyn hwy yr wyf fi'n fy nghysegru fy hun, er mwyn iddynt
hwythau fod wedi eu cysegru yn y gwirionedd.

" Ond nid dros y rhain yn unig yr wyf yn gweddïo, ond 20
hefyd dros y rhai fydd yn credu ynof fi trwy eu gair hwy.
'Rwy'n gweddïo ar iddynt oll fod yn un, ie, fel yr wyt ti, O Dad, 21
ynof fi a minnau ynot ti, iddynt hwy hefyd fod ynom ni, er
mwyn i'r byd gredu mai tydi a'm hanfonodd i. Yr wyf fi wedi 22
rhoi iddynt hwy y gogoniant a roddaist ti i mi, er mwyn iddynt
fod yn un fel yr ydym ni yn un: myfi ynddynt hwy, a thydi 23
ynof fi, a hwythau felly wedi eu dwyn i undod perffaith, er
mwyn i'r byd wybod mai tydi a'm hanfonodd i, ac i ti eu caru
hwy fel y ceraist fi. O Dad, am y rhai yr wyt ti wedi eu rhoi i 24
mi, fy nymuniad yw iddynt hwy fod gyda mi lle'r wyf fi, er
mwyn iddynt weld fy ngogoniant, y gogoniant a roddaist i mi
oherwydd i ti fy ngharu cyn seilio'r byd. O Dad cyfiawn, nid 25
yw'r byd yn dy adnabod, ond yr wyf fi'n dy adnabod, ac y
mae'r rhain yn gwybod mai tydi a'm hanfonodd i. Yr wyf wedi 26
gwneud dy enw di yn hysbys iddynt, ac fe wnaf hynny eto, er
mwyn i'r cariad â'r hwn yr wyt wedi fy ngharu i fod ynddynt
hwy, ac i minnau fod ynddynt hwy."

Bradychu a Dal Iesu

(Mth 26.47-56; Mc 14.43-50; Lc 22.47-53)

Wedi iddo ddweud hyn, aeth Iesu allan gyda'i ddisgyblion a **18**
chroesi nant Cedron. Yr oedd gardd yno, ac iddi hi yr aeth ef
a'i ddisgyblion. Yr oedd Jwdas hefyd, ei fradychwr, yn gwybod 2
am y lle, oherwydd yr oedd Iesu lawer gwaith wedi cyfarfod â'i
ddisgyblion yno. Cymerodd Jwdas felly fintai o filwyr, a 3
swyddogion oddi wrth y prif offeiriaid a'r Phariseaid, ac aeth

4 Jesus knew everything that was going to happen to him, so he
stepped forward and asked them, "Who is it you are looking for?"
5 "Jesus of Nazareth," they answered.
"I am he," he said.
Judas, the traitor, was standing there with them. 6 When Jesus
said to them, "I am he," they moved back and fell to the ground.
7 Again Jesus asked them, "Who is it you are looking for?"
"Jesus of Nazareth," they said.
8 "I have already told you that I am he," Jesus said. "If, then, you
are looking for me, let these others go." 9 (He said this so that what
he had said might come true: "Father, I have not lost even one of
those you gave me.")
10 Simon Peter, who had a sword, drew it and struck the High
Priest's slave, cutting off his right ear. The name of the slave was
Malchus. 11 Jesus said to Peter, "Put your sword back in its place!
Do you think that I will not drink the cup of suffering which my
Father has given me?"

Jesus before Annas

12 Then the Roman soldiers with their commanding officer and
the Jewish guards arrested Jesus, bound him, 13 and took him first
to Annas. He was the father-in-law of Caiaphas, who was High
Priest that year. 14 It was Caiaphas who had advised the Jewish
authorities that it was better that one man should die for all the
people.

Peter Denies Jesus

(Matt. 26.69-70; Mark 14.66-68; Luke 22.55-57)

15 Simon Peter and another disciple followed Jesus. That other
disciple was well known to the High Priest, so he went with Jesus
into the courtyard of the High Priest's house, 16 while Peter stayed
outside by the gate. Then the other disciple went back out, spoke
to the girl at the gate, and brought Peter inside. 17 The girl at the
gate said to Peter, "Aren't you also one of the disciples of that
man?"
"No, I am not," answered Peter.
18 It was cold, so the servants and guards had built a charcoal
fire and were standing round it, warming themselves. So Peter went
over and stood with them, warming himself.

yno gyda llusernau a ffaglau ac arfau. Gan fod Iesu'n gwybod 4
pob peth oedd ar fin digwydd iddo, aeth allan atynt a gofyn,
"Pwy yr ydych yn ei geisio?" Atebasant ef, "Iesu o Nasareth." 5
" Myfi yw," meddai yntau wrthynt. Ac yr oedd Jwdas, ei
fradychwr, yn sefyll yno gyda hwy. Pan ddywedodd Iesu 6
wrthynt, " Myfi yw", ciliasant yn ôl a syrthio i'r llawr. Felly 7
gofynnodd iddynt eilwaith, " Pwy yr ydych yn ei geisio ?"
" Iesu o Nasareth," meddent hwythau. Atebodd Iesu, 8
" Dywedais wrthych mai myfi yw. Os myfi yr ydych yn ei
geisio, gadewch i'r rhain fynd." Felly cyflawnwyd y gair yr 9
oedd wedi ei lefaru: " Ni chollais yr un o'r rhai a roddaist imi."
Yna tynnodd Simon Pedr y cleddyf oedd ganddo, a tharo gwas 10
yr archoffeiriad a thorri ei glust dde i ffwrdd. Enw'r gwas oedd
Malchus. Ac meddai Iesu wrth Pedr, " Rho dy gleddyf yn ôl 11
yn y wain. Onid wyf am yfed y cwpan y mae'r Tad wedi ei roi
imi ?"

Iesu gerbron yr Archoffeiriad
(Mth 26. 57-58; Mc 14.53-54; Lc 22.54)

Yna cymerodd y fintai a'i chapten, a swyddogion yr Iddewon, 12
afael yn Iesu a'i rwymo. Aethant ag ef at Annas yn gyntaf. Ef 13
oedd tad-yng-nghyfraith Caiaffas, a oedd yn archoffeiriad y
flwyddyn honno. Caiaffas oedd y dyn a gynghorodd yr Iddew- 14
on mai mantais fyddai i un dyn farw dros y bobl.

Pedr yn Gwadu Iesu
(Mth 26.69-70; Mc 14.66-68; Lc 22.55-57)

Yr oedd Simon Pedr yn canlyn Iesu, a disgybl arall hefyd. 15
Yr oedd y disgybl hwn yn adnabyddus i'r archoffeiriad, ac fe
aeth i mewn gyda Iesu i gyntedd yr archoffeiriad, ond safodd 16
Pedr wrth y drws y tu allan. Felly aeth y disgybl arall, yr un
oedd yn adnabyddus i'r archoffeiriad, allan a siarad â'r forwyn
oedd yn cadw'r drws, a daeth â Pedr i mewn. A dyma'r 17
forwyn oedd yn cadw'r drws yn dweud wrth Pedr, " Tybed a
wyt tithau'n un o ddisgyblion y dyn yma ?" " Nac ydwyf,"
atebodd yntau. A chan ei bod yn oer, yr oedd y gweision a'r 18
swyddogion wedi gwneud tân golosg, ac yr oeddent yn sefyll
yn ymdwymo wrtho. Ac yr oedd Pedr yntau yn sefyll gyda
hwy yn ymdwymo.

The High Priest Questions Jesus
(Matt. 26.59-66; Mark 14.55-64; Luke 22.66-71)

19 The High Priest questioned Jesus about his disciples and about
his teaching. 20 Jesus answered, "I have always spoken publicly to
everyone; all my teaching was done in the synagogues and in the
Temple, where all the people come together. I have never said anything
in secret. 21 Why, then, do you question me? Question the people
who heard me. Ask them what I told them—they know what I
said."

22 When Jesus said this, one of the guards there slapped him and
said, "How dare you talk like that to the High Priest!"

23 Jesus answered him, "If I have said anything wrong, tell everyone
here what it was. But if I am right in what I have said, why do
you hit me?"

24 Then Annas sent him, still bound, to Caiaphas the High Priest.

Peter Denies Jesus Again
(Matt. 26.71-75; Mark 14.69-72; Luke 22.58-62)

25 Peter was still standing there keeping himself warm. So the others
said to him, "Aren't you also one of the disciples of that man?"

But Peter denied it. "No, I am not," he said.

26 One of the High Priest's slaves, a relative of the man whose
ear Peter had cut off, spoke up. "Didn't I see you with him in
the garden?" he asked.

27 Again Peter said "No"—and at once a cock crowed.

Jesus is Brought Before Pilate
(Matt. 27.1-2, 11-14; Mark 15.1-5; Luke 23.1-5)

28 Early in the morning Jesus was taken from Caiaphas' house
to the governor's palace. The Jewish authorities did not go inside
the palace, for they wanted to keep themselves ritually clean, in
order to be able to eat the Passover meal. 29 So Pilate went outside
to them and asked, "What do you accuse this man of?"

30 Their answer was, "We would not have brought him to you
if he had not committed a crime."

31 Pilate said to them, "Then you yourselves take him and try
him according to your own law."

They replied, "We are not allowed to put anyone to death." 32 (This
happened in order to make the words of Jesus come true, the words
he used when he indicated the kind of death he would die.)

33 Pilate went back into the palace and called Jesus. "Are you

Yr Archoffeiriad yn Holi Iesu
(Mth 26.59-66; Mc 14.55-64; Lc 22.66-71)

Yna holodd yr archoffeiriad Iesu am ei ddisgyblion ac am ei 19
ddysgeidiaeth. Atebodd Iesu ef: " Yr wyf fi wedi siarad yn 20
agored wrth y byd. Yr oeddwn i bob amser yn dysgu yn y
synagog ac yn y deml, lle bydd yr Iddewon i gyd yn ymgynnull;
nid wyf wedi siarad dim yn y dirgel. Pam yr wyt yn fy holi i ? 21
Hola'r rhai sydd wedi clywed yr hyn a leferais wrthynt. Dyma'r
sawl sy'n gwybod beth a ddywedais i." Pan ddywedodd hyn, 22
rhoddodd un o'r swyddogion oedd yn sefyll yn ei ymyl gernod i
Iesu, gan ddweud, " Ai felly yr wyt yn ateb yr archoffeiriad?"
Atebodd Iesu, " Os dywedais rywbeth o'i le, rho dystiolaeth 23
ynglŷn â hynny. Ond os oeddwn yn fy lle, pam yr wyt yn fy
nharo ? " Yna anfonodd Annas ef, wedi ei rwymo, at Caiaffas, 24
yr archoffeiriad.

Pedr yn Gwadu Iesu Eto
(Mth 26.71-75; Mc 14.69-72; Lc 22.58-62)

Yr oedd Simon Pedr yn sefyll yno yn ymdwymo. Meddent 25
wrtho felly, " Tybed a wyt tithau'n un o'i ddisgyblion ?"
Gwadodd yntau: " Nac ydwyf," meddai. Dyma un o weision 26
yr archoffeiriad, perthynas i'r un y torrodd Pedr ei glust i
ffwrdd, yn gofyn iddo, " Oni welais i di yn yr ardd gydag ef ?"
Yna gwadodd Pedr eto. Ac ar hynny, canodd y ceiliog. 27

Iesu gerbron Pilat
(Mth 27.1-2, 11-14; Mc 15.1-5; Lc 23.1-5)

Aethant â Iesu oddi wrth Caiaffas i'r Praetoriwm. Yr oedd 28
yn fore. Nid aeth yr Iddewon eu hunain i mewn i'r Praetoriwm,
rhag iddynt gael eu halogi, er mwyn gallu bwyta gwledd y Pasg.
Am hynny, daeth Pilat allan atynt hwy, ac meddai, " Beth yw'r 29
cyhuddiad yr ydych yn ei ddwyn yn erbyn y dyn hwn ?"
Atebasant ef, " Oni bai fod hwn yn droseddwr, ni buasem wedi 30
ei drosglwyddo i ti." Yna dywedodd Pilat wrthynt, " Cymer- 31
wch chwi ef, a barnwch ef yn ôl eich Cyfraith eich hunain."
Meddai'r Iddewon wrtho, " Nid yw'n gyfreithlon i ni roi neb i
farwolaeth." Felly cyflawnwyd y gair yr oedd Iesu wedi ei 32
lefaru i ddangos beth fyddai dull y farwolaeth oedd yn ei aros.
Yna, aeth Pilat i mewn i'r Praetoriwm eto. Galwodd Iesu, ac 33

the King of the Jews?" he asked him.

34 Jesus answered, "Does this question come from you or have others told you about me?"

35 Pilate replied, "Do you think I am a Jew? It was your own people and the chief priests who handed you over to me. What have you done?"

36 Jesus said, "My kingdom does not belong to this world; if my kingdom belonged to this world, my followers would fight to keep me from being handed over to the Jewish authorities. No, my kingdom does not belong here!"

37 So Pilate asked him, "Are you a king, then?"

Jesus answered, "You say that I am a king. I was born and came into the world for this one purpose, to speak about the truth. Whoever belongs to the truth listens to me."

38 "And what is truth?" Pilate asked.

Jesus Is Sentenced to Death

(Matt. 27.15-31; Mark 15.6-20; Luke 23.13-25)

Then Pilate went back outside to the people and said to them, "I cannot find any reason to condemn him. 39 But according to the custom you have, I always set free a prisoner for you during the Passover. Do you want me to set free for you the King of the Jews?"

40 They answered him with a shout, "No, not him! We want Barabbas!" (Barabbas was a bandit.)

19 Then Pilate took Jesus and had him whipped. 2 The soldiers made a crown out of thorny branches and put it on his head; then they put a purple robe on him 3 and came to him and said, "Long live the King of the Jews!" And they went up and slapped him.

4 Pilate went out once more and said to the crowd, "Look, I will bring him out here to you to let you see that I cannot find any reason to condemn him." 5 So Jesus came out, wearing the crown of thorns and the purple robe. Pilate said to them, "Look! Here is the man!"

6 When the chief priests and the temple guards saw him, they shouted, "Crucify him! Crucify him!"

Pilate said to them, "You take him, then, and crucify him. I find no reason to condemn him."

7 The crowd answered back, "We have a law that says he ought to die, because he claimed to be the Son of God."

8 When Pilate heard this, he was even more afraid. 9 He went back into the palace and asked Jesus, "Where do you come from?"

meddai wrtho, “ Ai ti yw Brenin yr Iddewon ?” Atebodd Iesu, 34
“ Ai ohonot dy hun yr wyt ti’n dweud hyn, ai ynteu eraill a
ddywedodd hyn wrthyt amdanaf fi ?” Atebodd Pilat, “ Ai 35
Iddew wyf fi ? Dy genedl dy hun a’i phrif offeiriaid sydd wedi
dy drosglwyddo di i mi. Beth wnaethost ti ?” Atebodd Iesu, 36
“ Nid yw fy nheyrnas i o’r byd hwn. Pe bai fy nheyrnas i o’r
byd hwn, byddai fy ngwasanaethwyr i yn ymladd, rhag imi gael
fy nhrosglwyddo i’r Iddewon. Ond y gwir yw, nid dyma dardd-
le fy nheyrnas i.” Yna meddai Pilat wrtho, “ Yr wyt ti yn 37
frenin, ynteu ?” “ Ti sy’n dweud fy mod yn frenin,” atebodd
Iesu. “ Er mwyn hyn yr wyf fi wedi cael fy ngeni, ac er mwyn
hyn y deuthum i’r byd, i dystiolaethu i’r gwirionedd. Y mae
pawb sy’n perthyn i’r gwirionedd yn gwrando ar fy llais i.”
Meddai Pilat wrtho, “ Beth yw gwirionedd ? ” 38

Dedfrydu Iesu i Farwolaeth

(Mth 27.15-31; Mc 15.6-20; Lc 23.13-25)

Wedi iddo ddweud hyn, daeth allan eto at yr Iddewon ac
meddai wrthynt, “ Nid wyf fi’n cael unrhyw achos yn ei erbyn.
Ond y mae’n arfer gennych i mi ryddhau un carcharor i chwi ar 39
y Pasg. A ydych yn dymuno, felly, imi ryddhau i chwi Frenin
yr Iddewon ?” Yna gwaeddasant yn ôl, “ Na, nid hwnnw, 40
ond Barabbas.” Lleidr oedd Barabbas.

Yna cymerodd Pilat Iesu, a’i fflangellu. A phlethodd y 2 **19**
milwyr goron o ddrain a’i gosod ar ei ben ef, a rhoi mantell
borffor amdano. Ac yr oeddent yn dod ato ac yn dweud, 3
“ Henffych well, Frenin yr Iddewon !” ac yn ei gernodio.
Daeth Pilat allan eto, ac meddai wrthynt, “ Edrychwch, ’rwy’n 4
dod ag ef allan atoch, er mwyn ichwi wybod nad wyf yn cael
unrhyw achos yn ei erbyn.” Daeth Iesu allan, felly, yn gwisgo’r 5
goron ddrain a’r fantell borffor. A dywedodd Pilat wrthynt,
“ Dyma’r dyn.” Pan welodd y prif offeiriaid a’r swyddogion ef, 6
gwaeddasant, “ Croeshoelia, croeshoelia.” “ Cymerwch ef eich
hunain a chroeshoeliwch,” meddai Pilat wrthynt, “ oherwydd
nid wyf fi’n cael achos yn ei erbyn.” Atebodd yr Iddewon ef, 7
“ Y mae gennym ni Gyfraith, ac yn ôl y Gyfraith honno fe
ddylai farw, oherwydd fe’i gwnaeth ei hun yn Fab Duw.”

Pan glywodd Pilat y gair hwn, ofnodd yn fwy byth. Aeth yn 8,9
ei ôl i mewn i’r Praetorium, a gofynnodd i Iesu, “ O ble’r wyt

But Jesus did not answer. 10 Pilate said to him, "You will not
speak to me? Remember, I have the authority to set you free and
also to have you crucified."
11 Jesus answered, "You have authority over me only because
it was given to you by God. So the man who handed me over
to you is guilty of a worse sin."
12 When Pilate heard this, he tried to find a way to set Jesus
free. But the crowd shouted back, "If you set him free, that means
that you are not the Emperor's friend! Anyone who claims to be
a king is a rebel against the Emperor!"
13 When Pilate heard these words, he took Jesus outside and sat
down on the judge's seat in the place called "The Stone Pavement."
(In Hebrew the name is "Gabbatha.") 14 It was then almost noon
of the day before the Passover. Pilate said to the people, "Here
is your king!"
15 They shouted back, "Kill him! Kill him! Crucify him!"
Pilate asked them, "Do you want me to crucify your king?"
The chief priests answered, "The only king we have is the Emperor!"
16 Then Pilate handed Jesus over to them to be crucified.

Jesus Is Crucified

(Matt. 27.32-44; Mark 15.21-32; Luke 23.26-43)

So they took charge of Jesus. 17 He went out, carrying his cross, and
came to "The Place of the Skull," as it is called. (In Hebrew it is
called "Golgotha.") 18 There they crucified him; and they also crucified
two other men, one on each side, with Jesus between them. 19 Pilate
wrote a notice and had it put on the cross. "Jesus of Nazareth, the
King of the Jews," is what he wrote. 20 Many people read it, because the
place where Jesus was crucified was not far from the city. The notice
was written in Hebrew, Latin, and Greek. 21 The chief priests said
to Pilate, "Do not write 'The King of the Jews,' but rather, 'This
man said, I am the King of the Jews.'"
22 Pilate answered, "What I have written stays written."
23 After the soldiers had crucified Jesus, they took his clothes and
divided them into four parts, one part for each soldier. They also
took the robe, which was made of one piece of woven cloth without any
seams in it. 24 The soldiers said to one another, "Let's not tear it;

ti'n dod ?" Ond ni roddodd Iesu ateb iddo. Dyma Pilat felly 10
yn gofyn iddo, " Onid wyt ti am siarad â mi ? Oni wyddost fod
gennyf awdurdod i'th ryddhau di, a bod gennyf awdurdod
hefyd i'th groeshoelio di ?" Atebodd Iesu ef, " Ni fyddai 11
gennyt ddim awdurdod arnaf fi oni bai ei fod wedi ei roi i ti
oddi uchod. Gan hynny, y mae'r hwn a'm trosglwyddodd i ti
yn euog o bechod mwy." O hyn allan, ceisiodd Pilat ei ryddhau 12
ef. Ond yr oedd yr Iddewon yn dal i weiddi: " Os wyt yn
rhyddhau'r dyn hwn, nid cyfaill i Gesar mohonot. Y mae pob
un sy'n ei wneud ei hun yn frenin yn gwrthryfela yn erbyn
Cesar."

Pan glywodd Pilat y geiriau hyn, daeth â Iesu allan, ac 13
eisteddodd ar y brawdle yn y lle a elwir Y Palmant (yn Hebraeg,
Gabbatha). Dydd Paratoad y Pasg oedd hi, tua hanner dydd. 14
A dywedodd Pilat wrth yr Iddewon, " Dyma eich brenin."
Gwaeddasant hwythau, " Ymaith ag ef, ymaith ag ef, croes- 15
hoelia ef." Meddai Pilat wrthynt, " A wyf i groeshoelio eich
brenin chwi ?" Atebodd y prif offeiriaid, " Nid oes gennym
frenin ond Cesar." Yna traddododd Pilat Iesu iddynt i'w 16
groeshoelio.

Croeshoelio Iesu
(Mth 27.32-44; Mc 15.21-32; Lc 23.26-43)

Felly cymerasant Iesu. Ac aeth allan, gan gario'i groes ei 17
hun, i'r fan a elwir Lle'r Benglog (yn Hebraeg fe'i gelwir Gol-
gotha). Yno croeshoeliasant ef, a dau arall gydag ef, un ar bob 18
ochr a Iesu yn y canol. Ysgrifennodd Pilat deitl, a'i osod ar y 19
groes; dyma'r hyn a ysgrifennwyd: " Iesu o Nasareth, Brenin
yr Iddewon." Darllenodd llawer o'r Iddewon y teitl hwn, 20
oherwydd yr oedd y fan lle croeshoeliwyd Iesu yn agos i'r
ddinas. Yr oedd y teitl wedi ei ysgrifennu mewn Hebraeg,
Lladin a Groeg. Yna meddai prif offeiriaid yr Iddewon wrth 21
Pilat, " Paid ag ysgrifennu, ' Brenin yr Iddewon ', ond yn
hytrach, ' Dywedodd ef, " Brenin yr Iddewon wyf fi." ' "
Atebodd Pilat, " Yr hyn a ysgrifennais a ysgrifennais." 22

Wedi iddynt groeshoelio Iesu, cymerodd y milwyr ei ddillad 23
ef a'u rhannu'n bedair rhan, un i bob milwr. Cymerasant ei
fantell hefyd; yr oedd hon yn ddiwnïad, wedi ei gweu o'r pen
yn un darn. " Peidiwn â'i rhwygo hi," meddai'r milwyr wrth ei 24
gilydd, " gadewch inni fwrw coelbren amdani, i benderfynu

let's throw dice to see who will get it." This happened in order to
make the scripture come true:

"They divided my clothes among themselves
and gambled for my robe."

And this is what the soldiers did.
25 Standing close to Jesus' cross were his mother, his mother's
sister, Mary the wife of Clopas, and Mary Magdalene. 26 Jesus saw
his mother and the disciple he loved standing there; so he said
to his mother, "He is your son."
27 Then he said to the disciple, "She is your mother." From that time
the disciple took her to live in his home.

The Death of Jesus

(Matt. 27.45-56; Mark 15.33-41; Luke 23.44-49)

28 Jesus knew that by now everything had been completed; and
in order to make the scripture come true, he said, "I am thirsty."
29 A bowl was there, full of cheap wine; so a sponge was soaked
in the wine, put on a stalk of hyssop, and lifted up to his lips.
30 Jesus drank the wine and said, "It is finished!"
Then he bowed his head and died.

Jesus' Side Is Pierced

31 Then the Jewish authorities asked Pilate to allow them to break
the legs of the men who had been crucified, and to take the bodies
down from the crosses. They requested this because it was Friday,
and they did not want the bodies to stay on the crosses on the
Sabbath, since the coming Sabbath was especially holy. 32 So the
soldiers went and broke the legs of the first man and then of the
other man who had been crucified with Jesus. 33 But when they
came to Jesus, they saw that he was already dead, so they did not
break his legs. 34 One of the soldiers, however, plunged his spear
into Jesus' side, and at once blood and water poured out. 35 (The
one who saw this happen has spoken of it, so that you also may
believe.[i] What he said is true, and he knows that he speaks the
truth.) 36 This was done to make the scripture come true: "Not one
of his bones will be broken." 37 And there is another scripture that
says, "People will look at him whom they pierced."

The Burial of Jesus

(Matt. 27.57-61; Mark 15.42-47; Luke 23.50-56)

38 After this, Joseph, who was from the town of Arimathea, asked
Pilate if he could take Jesus' body. (Joseph was a follower of Jesus,

---

[i] believe; *some manuscripts have* continue to believe.

pwy caiff hi." Felly cyflawnwyd yr Ysgrythur sy'n dweud:
" Rhanasant fy nillad yn eu plith eu hunain,
a bwrw coelbren ar fy ngwisg."
Felly y gwnaeth y milwyr. Ond yn ymyl croes Iesu yr oedd ei 25
fam ef yn sefyll gyda'i chwaer, Mair gwraig Clopas, a Mair
Magdalen. Pan welodd Iesu ei fam, felly, a'r disgybl yr oedd 26
yn ei garu yn sefyll yn ei hymyl, meddai wrth ei fam, " Wraig,
dyma dy fab di." Yna dywedodd wrth y disgybl, " Dyma dy 27
fam di." Ac o'r awr honno, cymerodd y disgybl hi i mewn i'w
gartref.

Marwolaeth Iesu

(Mth 27.45-56; Mc 15.33-41; Lc 23.44-49)

Ar ôl hyn yr oedd Iesu'n gwybod fod pob peth bellach wedi 28
ei orffen, ac er mwyn i'r Ysgrythur gael ei chyflawni dywedodd,
" Y mae arnaf syched." Yr oedd llestr ar lawr yno, yn llawn o 29
win sur, a dyma hwy'n dodi ysbwng, wedi ei lenwi â'r gwin
yma, ar ddarn o hysop, a'i godi at ei wefusau. Yna, wedi iddo 30
gymryd y gwin, dywedodd Iesu, " Gorffennwyd." Gwyrodd
ei ben, a rhoi i fyny ei ysbryd.

Trywanu Ystlys Iesu

Yna, gan ei bod yn ddydd Paratoad, gofynnodd yr Iddewon 31
i Pilat am gael torri coesau'r rhai a groeshoeliwyd, a chymryd y
cyrff i lawr, rhag iddynt ddal i fod ar y groes ar y Saboth,
oherwydd yr oedd y Saboth hwnnw'n uchel-ŵyl. Felly daeth y 32
milwyr, a thorri coesau'r naill a'r llall, a groeshoeliwyd gyda
Iesu. Ond pan ddaethant at Iesu a gweld ei fod ef eisoes yn 33
farw, ni thorasant ei goesau. Ond fe drywanodd un o'r milwyr 34
ei ystlys ef â phicell, ac ar unwaith, dyma waed a dŵr yn llifo
allan. Y mae'r un a welodd y peth wedi dwyn tystiolaeth i hyn, 35
ac y mae ei dystiolaeth ef yn wir. Y mae hwnnw'n gwybod ei
fod yn dweud y gwir, a gallwch chwithau felly gredu. Digwydd- 36
odd hyn er mwyn i'r Ysgrythur gael ei chyflawni: " Ni thorrir
yr un o'i esgyrn ". Ac y mae'r Ysgrythur hefyd yn dweud, 37
mewn lle arall: " Edrychant ar yr hwn a drywanwyd ganddynt."

Claddu Iesu

(Mth 27.57-61; Mc 15.42-47; Lc 23.50-56)

Ar ôl hyn, gofynnodd Joseff o Arimathea ganiatâd gan Pilat i 38
gymryd corff Iesu i lawr. Yr oedd Joseff yn ddisgybl i Iesu,

but in secret, because he was afraid of the Jewish authorities.) Pilate
told him he could have the body, so Joseph went and took it away.
[39]Nicodemus, who at first had gone to see Jesus at night, went
with Joseph, taking with him about thirty kilogrammes of spices,
a mixture of myrrh and aloes. [40]The two men took Jesus' body
and wrapped it in linen with the spices according to the Jewish
custom of preparing a body for burial. [41]There was a garden in
the place where Jesus had been put to death, and in it there was
a new tomb where no one had ever been buried. [42]Since it was
the day before the Sabbath and because the tomb was close by,
they placed Jesus' body there.

The Empty Tomb

(Matt. 28.1-8; Mark 16.1-8; Luke 24.1-12)

20 Early on Sunday morning, while it was still dark, Mary
Magdalene went to the tomb and saw that the stone had
been taken away from the entrance. [2]She went running to Simon
Peter and the other disciple, whom Jesus loved, and told them, "They
have taken the Lord from the tomb, and we don't know where they
have put him!"

3 Then Peter and the other disciple went to the tomb. [4]The two
of them were running, but the other disciple ran faster than Peter
and reached the tomb first. [5]He bent over and saw the linen wrappings,
but he did not go in. [6]Behind him came Simon Peter, and he went
straight into the tomb. He saw the linen wrappings lying there [7]and
the cloth which had been round Jesus' head. It was not lying with
the linen wrappings but was rolled up by itself. [8]Then the other
disciple, who had reached the tomb first, also went in; he saw and
believed. [9](They still did not understand the scripture which said
that he must rise from death.) [10]Then the disciples went back home.

Jesus Appears to Mary Magdalene

(Matt. 28.9-10; Mark 16.9-11)

11 Mary stood crying outside the tomb. While she was still crying,
she bent over and looked in the tomb [12]and saw two angels there
dressed in white, sitting where the body of Jesus had been, one
at the head and the other at the feet. [13]"Woman, why are you crying?"
they asked her.

ond yn ddisgybl cudd, gan fod ofn yr Iddewon arno. Rhodd-
odd Pilat ganiatâd, ac felly aeth Joseff i gymryd y corff i lawr.
Aeth Nicodemus hefyd, y dyn oedd wedi dod at Iesu y tro 39
cyntaf liw nos, a daeth ef â thua chan pwys o fyrr ac aloes yn
gymysg. Cymerasant gorff Iesu, a'i rwymo, ynghyd â'r 40
peraroglau, mewn llieiniau, yn unol ag arferion claddu'r Iddew-
on. Yn y fan lle croeshoeliwyd ef yr oedd gardd, ac yn yr ardd 41
yr oedd bedd newydd, nad oedd neb erioed wedi ei roi i orwedd
ynddo. Felly, gan ei bod yn ddydd Paratoad i'r Iddewon, a 42
chan fod y bedd hwn yn ymyl, rhoesant Iesu i orwedd ynddo.

Atgyfodiad Iesu
(Mth 28.1-10; Mc 16.1-8; Lc 24.1-12)

Ar y dydd cyntaf o'r wythnos, yn fore, tra oedd hi eto'n **20**
dywyll, dyma Mair Magdalen yn dod at y bedd, ac yn gweld
bod y maen wedi ei dynnu oddi wrth y bedd. Rhedodd, felly, 2
nes dod at Simon Pedr a'r disgybl arall, yr un yr oedd Iesu'n ei
garu. Ac meddai wrthynt, "Y maent wedi cymryd yr Ar-
glwydd allan o'r bedd, ac ni wyddom lle y maent wedi ei roi i
orwedd." Yna cychwynnodd Pedr a'r disgybl arall allan, a mynd 3
at y bedd. Yr oedd y ddau'n cydredeg, ond rhedodd y disgybl 4
arall ymlaen yn gynt na Pedr, a chyrraedd y bedd yn gyntaf.
Plygodd i edrych, a gwelodd y llieiniau yn gorwedd yno, ond 5
nid aeth i mewn. Yna daeth Simon Pedr ar ei ôl, a mynd i 6
mewn i'r bedd. Gwelodd y llieiniau yn gorwedd yno, a hefyd y 7
cadach oedd wedi bod am ei ben ef; nid oedd hwn yn gorwedd
gyda'r llieiniau, ond ar wahân, wedi ei blygu ynghyd. Yna aeth 8
y disgybl arall, y cyntaf i ddod at y bedd, yntau i mewn. Gwel-
odd, ac fe gredodd. Oherwydd nid oeddent eto wedi deall yr 9
hyn a ddywed yr Ysgrythur, fod yn rhaid iddo atgyfodi oddi
wrth y meirw. Yna aeth y disgyblion adref yn eu holau. 10

Iesu'n Ymddangos i Fair Magdalen
(Mc 16.9-11)

Ond yr oedd Mair yn dal i sefyll y tu allan i'r bedd, yn wylo. 11
Wrth iddi wylo felly, plygodd i edrych i mewn i'r bedd, a 12
gwelodd ddau angel mewn dillad gwyn yn eistedd lle'r oedd
corff Iesu wedi bod yn gorwedd, un wrth y pen a'r llall wrth y
traed. Ac meddai'r rhain wrthi, "Wraig, pam yr wyt ti'n 13

She answered, "They have taken my Lord away, and I do not
know where they have put him!"
14 Then she turned round and saw Jesus standing there; but she
did not know that it was Jesus. 15 "Woman, why are you crying?"
Jesus asked her. "Who is it that you are looking for?"
She thought he was the gardener, so she said to him, "If you
took him away, sir, tell me where you have put him, and I will
go and get him."
16 Jesus said to her, "Mary!"
She turned towards him and said in Hebrew, "Rabboni!" (This
means "Teacher.")
17 "Do not hold on to me," Jesus told her, "because I have not yet
gone back up to the Father. But go to my brothers and tell them
that I am returning to him who is my Father and their Father,
my God and their God."
18 So Mary Magdalene went and told the disciples that she had
seen the Lord and related to them what he had told her.

Jesus Appears to His Disciples

(Matt. 28.16-20; Mark 16.14-18; Luke 24.36-49)

19 It was late that Sunday evening, and the disciples were gathered
together behind locked doors, because they were afraid of the Jewish
authorities. Then Jesus came and stood among them. "Peace be with
you," he said. 20 After saying this, he showed them his hands and
his side. The disciples were filled with joy at seeing the Lord. 21 Jesus
said to them again, "Peace be with you. As the Father sent me,
so I send you." 22 Then he breathed on them and said, "Receive
the Holy Spirit. 23 If you forgive people's sins, they are forgiven;
if you do not forgive them, they are not forgiven."

Jesus and Thomas

24 One of the twelve disciples, Thomas (called the Twin), was
not with them when Jesus came. 25 So the other disciples told him,
"We have seen the Lord!"
Thomas said to them, "Unless I see the scars of the nails in his hands
and put my finger on those scars and my hand in his side, I will not
believe."
26 A week later the disciples were together again indoors, and
Thomas was with them. The doors were locked, but Jesus came

wylo ?" Atebodd hwy, " Y maent wedi cymryd fy Arglwydd i
ffwrdd, ac ni wn i lle y maent wedi ei roi i orwedd." Wedi iddi 14
ddweud hyn, troes yn ei hôl, a gwelodd Iesu yn sefyll yno, ond
heb sylweddoli mai Iesu ydoedd. " Wraig," meddai Iesu wrthi, 15
" pam yr wyt ti'n wylo ? Pwy yr wyt yn ei geisio ?" Gan
feddwl mai'r garddwr ydoedd, dywedodd hithau wrtho, " Os
mai ti, Syr, a'i cymerodd ef, dywed wrthyf lle y rhoddaist ef i
orwedd, ac fe'i cymeraf fi ef i'm gofal." Meddai Iesu wrthi, 16
" Mair." Troes hithau, ac meddai wrtho mewn Hebraeg,
" Rabbwni " (hynny yw, Athro). Meddai Iesu wrthi, " Paid â 17
glynu wrthyf, oherwydd nid wyf eto wedi esgyn at y Tad. Ond
dos at fy mrodyr, a dywed wrthynt, 'Yr wyf yn esgyn at fy
Nhad i a'ch Tad chwi, fy Nuw i a'ch Duw chwi.' " Ac aeth 18
Mair Magdalen i gyhoeddi'r newydd i'r disgyblion. " Yr wyf
wedi gweld yr Arglwydd," meddai, ac eglurodd ei fod wedi
dweud y geiriau hyn wrthi.

Iesu'n Ymddangos i'r Disgyblion
(Mth 28.16-20; Mc 16.14-18; Lc 24.36-49)

Gyda'r nos ar y dydd cyntaf hwnnw o'r wythnos, yr oedd y 19
drysau wedi eu cloi lle'r oedd y disgyblion, oherwydd eu bod
yn ofni'r Iddewon. A dyma Iesu'n dod ac yn sefyll yn eu canol,
ac yn dweud wrthynt, " Tangnefedd i chwi!" Wedi dweud hyn, 20
dangosodd ei ddwylo a'i ystlys iddynt. Pan welsant yr Ar-
glwydd, llawenychodd y disgyblion. Meddai ef wrthynt 21
eilwaith, " Tangnefedd i chwi! Fel y mae'r Tad wedi fy anfon i,
yr wyf fi hefyd yn eich anfon chwi." Ac wedi dweud hyn, 22
anadlodd arnynt a dweud: " Derbyniwch yr Ysbryd Glân.
Os maddeuwch bechodau rhywun, y maent wedi eu maddau 23
iddo; os peidiwch â'u maddau, y maent heb eu maddau."

Anghrediniaeth Thomas

Nid oedd Thomas, a elwir Didymus, un o'r Deuddeg, gyda 24
hwy pan ddaeth Iesu atynt. Ac felly dywedodd y disgyblion 25
eraill wrtho, " Yr ydym wedi gweld yr Arglwydd." Ond medd-
ai ef wrthynt, " Os na welaf ôl yr hoelion yn ei ddwylo, a rhoi
fy mys yn ôl yr hoelion, a'm llaw yn ei ystlys, ni chredaf fi byth."
Ac ymhen wythnos, yr oedd y disgyblion unwaith eto yn y tŷ, 26
a Thomas gyda hwy. A dyma Iesu'n dod, er fod y drysau wedi

and stood among them and said, "Peace be with you." 27 Then he
said to Thomas, "Put your finger here, and look at my hands; then
stretch out your hand and put it in my side. Stop your doubting,
and believe!"
28 Thomas answered him, "My Lord and my God!"
29 Jesus said to him, "Do you believe because you see me? How
happy are those who believe without seeing me!"

The Purpose of This Book

30 In his disciples' presence Jesus performed many other miracles
which are not written down in this book. 31 But these have been
written in order that you may believe[j] that Jesus is the Messiah,
the Son of God, and that through your faith in him you may have
life.

Jesus Appears to Seven Disciples

21 After this, Jesus appeared once more to his disciples at Lake
Tiberias. This is how it happened. 2 Simon Peter, Thomas
(called the Twin), Nathanael (the one from Cana in Galilee), the
sons of Zebedee, and two other disciples of Jesus were all together.
3 Simon Peter said to the others, "I am going fishing."
"We will come with you," they told him. So they went out in
a boat, but all that night they did not catch a thing. 4 As the sun
was rising, Jesus stood at the water's edge, but the disciples did
not know that it was Jesus. 5 Then he asked them, "Young men,
haven't you caught anything?"
"Not a thing," they answered.
6 He said to them, "Throw your net out on the right side of
the boat, and you will catch some." So they threw the net out and
could not pull it back in, because they had caught so many fish.
7 The disciple whom Jesus loved said to Peter, "It is the Lord!"
When Peter heard that it was the Lord, he wrapped his outer garment
round him (for he had taken his clothes off) and jumped into the
water. 8 The other disciples came to shore in the boat, pulling the
net full of fish. They were not very far from land, about a hundred
metres away. 9 When they stepped ashore, they saw a charcoal fire
there with fish on it and some bread. 10 Then Jesus said to them,
"Bring some of the fish you have just caught."

---

[j] believe; *some manuscripts have* continue to believe.

eu cloi, ac yn sefyll yn y canol a dweud, " Tangnefedd i chwi!"
Yna meddai wrth Thomas, " Estyn dy fys yma. Edrych ar fy 27
nwylo. Estyn dy law a'i rhoi yn fy ystlys. A phaid â bod yn
anghredadun, bydd yn gredadun." Atebodd Thomas ef, " Fy 28
Arglwydd a'm Duw!" Dywedodd Iesu wrtho, " Ai am i ti fy 29
ngweld i yr wyt ti wedi credu ? Gwyn eu byd y rhai a gredodd
heb iddynt weld."

Amcan y Llyfr

Yr oedd llawer o arwyddion eraill, yn wir, a wnaeth Iesu yng 30
ngŵydd ei ddisgyblion, nad ydynt wedi eu cofnodi yn y llyfr
hwn. Ond y mae'r rhain wedi eu cofnodi er mwyn i chwi gredu 31
mai Iesu yw'r Meseia, Mab Duw, ac er mwyn i chwi trwy
gredu gael bywyd yn ei enw ef.

Iesu'n Ymddangos i'r Saith Disgybl

Ar ôl hyn, amlygodd Iesu ei hun unwaith eto i'w ddisgyblion, **21**
ar lan Môr Tiberias. A dyma sut y gwnaeth hynny. Yr oedd 2
Simon Pedr, a Thomas, a elwir Didymus, a Nathanael o Gana
Galilea, a meibion Sebedeus, a dau arall o'i ddisgyblion, i gyd
gyda'i gilydd. A dyma Simon Pedr yn dweud wrth y lleill, 3
" 'Rwy'n mynd i bysgota." Atebasant ef, " 'Rydym ninnau
yn dod gyda thi." Aethant allan, a mynd i mewn i'r cwch.
Ond ni ddaliasant ddim y noson honno. Pan ddaeth y bore, 4
safodd Iesu ar y traeth, ond nid oedd y disgyblion yn gwybod
mai Iesu ydoedd. Dyma Iesu felly'n gofyn iddynt, " 'Does 5
gennych ddim pysgod, fechgyn ?" " Nac oes ", atebasant ef.
Meddai yntau wrthynt, " Bwriwch y rhwyd i'r ochr dde i'r 6
llong, ac fe gewch helfa." Gwnaethant felly, ac ni allent
dynnu'r rhwyd i mewn gan gymaint y pysgod oedd ynddi. A 7
dyma'r disgybl hwnnw yr oedd Iesu'n ei garu yn dweud wrth
Pedr, " Yr Arglwydd yw." Yna, pan glywodd Simon Pedr
mai'r Arglwydd ydoedd, clymodd ei wisg uchaf amdano (oher-
wydd yr oedd wedi tynnu ei ddillad), a neidiodd i mewn i'r môr.
Daeth y disgyblion eraill yn y cwch, gan lusgo'r rhwyd yn llawn 8
o bysgod; nid oeddent yn bell o'r lan, dim ond rhyw gan llath.
Wedi iddynt lanio, gwelsant dân golosg wedi ei wneud, a 9
physgod arno, a bara. Meddai Iesu wrthynt, " Dewch â rhai 10
o'r pysgod yr ydych newydd eu dal." Dringodd Simon Pedr 11

11 Simon Peter went aboard and dragged the net ashore full of
big fish, a hundred and fifty-three in all; even though there were
so many, still the net did not tear. 12 Jesus said to them, "Come
and eat." None of the disciples dared ask him, "Who are you?"
because they knew it was the Lord. 13 So Jesus went over, took
the bread, and gave it to them; he did the same with the fish.

14 This, then, was the third time Jesus appeared to the disciples after
he was raised from death.

Jesus and Peter

15 After they had eaten, Jesus said to Simon Peter, "Simon son
of John, do you love me more than these others do?"

"Yes, Lord," he answered, "you know that I love you."

Jesus said to him, "Take care of my lambs." 16 A second time
Jesus said to him, "Simon son of John, do you love me?"

"Yes, Lord," he answered, "you know that I love you."

Jesus said to him, "Take care of my sheep." 17 A third time Jesus said,
"Simon son of John, do you love me?"

Peter was sad because Jesus asked him the third time, "Do you
love me?" so he said to him, "Lord, you know everything; you
know that I love you!"

Jesus said to him, "Take care of my sheep. 18 I am telling you
the truth: when you were young, you used to get ready and go
anywhere you wanted to; but when you are old, you will stretch
out your hands and someone else will bind you and take you where
you don't want to go." 19 (In saying this, Jesus was indicating the
way in which Peter would die and bring glory to God.) Then Jesus
said to him, "Follow me!"

Jesus and the Other Disciple

20 Peter turned round and saw behind him that other disciple,
whom Jesus loved—the one who had leaned close to Jesus at the
meal and had asked, "Lord, who is going to betray you?" 21 When
Peter saw him, he asked Jesus, "Lord, what about this man?"

i'r cwch, a thynnu'r rhwyd i'r lan yn llawn o bysgod braf, cant
pum deg a thri ohonynt. Ac er fod cymaint ohonynt, ni thor-
rodd y rhwyd. " Dewch," meddai Iesu wrthynt, " cymerwch 12
frecwast." Ond nid oedd neb o'r disgyblion yn beiddio gofyn
iddo, " Pwy wyt ti ?" Yr oeddent yn gwybod mai yr Arglwydd
ydoedd. Daeth Iesu atynt, a chymerodd y bara a'i roi iddynt, 13
a'r pysgod yr un modd. Dyma, yn awr, y drydedd waith i Iesu 14
ymddangos i'w ddisgyblion ar ôl iddo gyfodi oddi wrth y meirw.

Portha Fy Nefaid

Yna, wedi iddynt gael brecwast, gofynnodd Iesu i Simon 15
Pedr, " Simon fab Ioan, a wyt ti'n fy ngharu i yn fwy na'r
rhain ?" Atebodd ef, " Ydwyf, Arglwydd, fe wyddost ti fy mod
yn dy garu di."* Meddai Iesu wrtho, " Portha fy ŵyn." Wedyn 16
gofynnodd iddo yr ail waith, " Simon fab Ioan, a wyt ti'n fy
ngharu i ?" " Ydwyf Arglwydd," meddai Pedr wrtho, " fe
wyddost ti fy mod yn dy garu di."* Meddai Iesu wrtho,
" Bugeilia fy nefaid." Gofynnodd iddo y drydedd waith, 17
" Simon fab Ioan, a wyt ti'n fy ngharu i ?"** Aeth Pedr yn
drist am ei fod wedi gofyn iddo y drydedd waith, " A wyt ti'n
fy ngharu i ?"** Ac meddai wrtho, " Arglwydd, fe wyddost
ti bob peth, ac 'rwyt yn gwybod fy mod yn dy garu di."*
Dywedodd Iesu wrtho, " Portha fy nefaid. Yn wir, yn wir, 18
'rwy'n dweud wrthyt, pan oeddit yn ifanc, yr oeddit yn dy
wregysu dy hunan, ac yn mynd lle bynnag y mynnit. Ond pan
fyddi'n hen, byddi'n estyn dy ddwylo i rywun arall dy wregysu,
a mynd â thi lle nad wyt yn mynnu." Dywedodd hyn i 19
ddangos beth fyddai dull y farwolaeth yr oedd Pedr i ogoneddu
Duw trwyddi. Ac wedi iddo ddweud hyn, meddai wrth Pedr,
" Canlyn fi."

Y Disgybl Annwyl

Trodd Pedr, a gwelodd y disgybl yr oedd Iesu'n ei garu yn 20
eu canlyn—yr un oedd wedi pwyso'n ôl ar fynwes Iesu yn ystod
y swper, ac wedi gofyn iddo, " Arglwydd, pwy yw'r un sy'n
mynd i'th fradychu di ?" Pan welodd Pedr hwn, felly, gofyn- 21

---

*adnodau 15, 16, 17: neu, *yn gyfaill i ti.*

**adn. 17: neu, *A wyt ti'n gyfaill i mi?*

22 Jesus answered him, "If I want him to live until I come, what is that to you? Follow me!"

23 So a report spread among the followers of Jesus that this disciple would not die. But Jesus did not say that he would not die; he said, "If I want him to live until I come, what is that to you?"

24 He is the disciple who spoke of these things, the one who also wrote them down; and we know that what he said is true.

Conclusion

25 Now, there are many other things that Jesus did. If they were all written down one by one, I suppose that the whole world could not hold the books that would be written.

nodd i Iesu, " Arglwydd, beth am hwn ?" Atebodd Iesu ef, 22
" Os byddaf yn dymuno iddo ef aros hyd nes y dof fi, beth yw
hynny i ti ? Canlyn di fi." Aeth y gair yma ar led ymhlith y 23
brodyr, a thybiwyd nad oedd y disgybl hwnnw i farw. Ond ni
ddywedodd Iesu wrtho nad oedd i farw, ond, " Os byddaf yn
dymuno iddo aros hyd nes y dof fi, beth yw hynny i ti ? "

Hwn yw'r disgybl sydd yn tystiolaethu am y pethau hyn, ac 24
sydd wedi ysgrifennu'r pethau hyn. Ac fe wyddom ni fod ei
dystiolaeth ef yn wir.*

Y mae hefyd lawer o bethau eraill a wnaeth Iesu. Petai pob 25
un o'r rhain yn cael ei gofnodi, ni byddai'r byd, i'm tyb i, yn
ddigon mawr i ddal y llyfrau fyddai'n cael eu hysgrifennu.

*adn. 24: yma ychwanega rhai llawysgrifau yr adran a welir yn In 7. 53 - 8. 11.

THE ACTS

OF THE APOSTLES

1 Dear Theophilus:
In my first book I wrote about all the things that Jesus did
and taught from the time he began his work 2 until the day he was
taken up to heaven. Before he was taken up, he gave instructions
by the power of the Holy Spirit to the men he had chosen as his
apostles. 3 For forty days after his death he appeared to them many
times in ways that proved beyond doubt that he was alive. They
saw him, and he talked with them about the Kingdom of God. 4 And
when they came together,[a] he gave them this order: "Do not leave
Jerusalem, but wait for the gift I told you about, the gift my Father
promised. 5 John baptized with water, but in a few days you will
be baptized with the Holy Spirit."

Jesus Is Taken up to Heaven

6 When the apostles met together with Jesus, they asked him, "Lord,
will you at this time give the Kingdom back to Israel?"
7 Jesus said to them, "The times and occasions are set by my
Father's own authority, and it is not for you to know when they
will be. 8 But when the Holy Spirit comes upon you, you will be
filled with power, and you will be witnesses for me in Jerusalem,
in all Judaea and Samaria, and to the ends of the earth." 9 After
saying this, he was taken up to heaven as they watched him, and
a cloud hid him from their sight.
10 They still had their eyes fixed on the sky as he went away,
when two men dressed in white suddenly stood beside them 11 and
said, "Galileans, why are you standing there looking up at the sky?
This Jesus, who was taken from you into heaven, will come back
in the same way that you saw him go to heaven."

Judas' Successor

12 Then the apostles went back to Jerusalem from the Mount of
Olives, which is about a kilometre away from the city. 13 They entered
the city and went up to the room where they were staying: Peter,

---

[a] when they came together; *or* while he was staying with them; *or* while he was eating with them.

ACTAU'R APOSTOLION

Addo'r Ysbryd Glân

Ysgrifennais y llyfr cyntaf, Theoffilus, am yr holl bethau y 1
dechreuodd Iesu eu gwneud a'u dysgu* hyd y dydd y cymerwyd 2
ef i fyny, wedi iddo roi gorchmynion trwy'r Ysbryd Glân i'r
apostolion yr oedd wedi eu dewis. Dangosodd ei hun hefyd 3
iddynt yn fyw, wedi ei ddioddefaint, drwy lawer o arwyddion,
gan fod yn weledig iddynt yn ystod deugain diwrnod a llefaru
am deyrnas Dduw. Ac wrth fod gyda hwy, gorchmynnodd 4
iddynt beidio ag ymadael o Jerwsalem, ond disgwyl am yr hyn
a addawodd y Tad. "Fe glywsoch am hyn," meddai, "gennyf
fi. Oherwydd â dŵr y bedyddiodd Ioan, ond fe'ch bedyddir 5
chwi â'r Ysbryd Glân ymhen ychydig ddyddiau."

Esgyniad Iesu

Felly wedi iddynt ddod ynghyd, fe ofynasant iddo, "Ar- 6
glwydd, ai dyma'r adeg yr wyt ti am adfer y deyrnas i Israel?"
Dywedodd yntau wrthynt, "Nid chwi sydd i wybod amseroedd 7
neu brydiau; y mae'r Tad wedi gosod y rhain o fewn ei awdur-
dod ef ei hun. Ond fe dderbyniwch nerth wedi i'r Ysbryd 8
Glân ddod arnoch, a byddwch yn dystion i mi yn Jerwsalem,
ac yn holl Jwdea a Samaria, a hyd eithaf y ddaear." Wedi iddo 9
ddweud hyn, a hwythau'n edrych, fe'i dyrchafwyd, a chipiodd
cwmwl ef o'u golwg. Fel yr oeddent yn syllu tua'r nef, ac 10
yntau'n mynd, dyma ddau ŵr yn sefyll yn eu hymyl mewn
dillad gwyn, ac meddai'r rhain, "Wŷr Galilea, pam yr ydych 11
yn sefyll yn edrych tua'r nef? Yr Iesu hwn, sydd wedi ei
gymryd i fyny oddi wrthych i'r nef, bydd yn dod yn yr un modd
ag y gwelsoch ef yn mynd i'r nef."

Dewis Olynydd Jwdas

Yna dychwelsant i Jerwsalem o'r mynydd a elwir Olewydd, 12
sydd yn agos i Jerwsalem, daith Saboth oddi yno. Wedi 13
cyrraedd, aethant i fyny i'r oruwchystafell, lle'r oeddent yn

---

*adn. 1: neu, *a wnaeth ac a ddysgodd Iesu o'r dechrau.*

John, James and Andrew, Philip and Thomas, Bartholomew and
Matthew, James son of Alphaeus, Simon the Patriot, and Judas son
of James. 14 They gathered frequently to pray as a group, together
with the women and with Mary the mother of Jesus and with his
brothers.
15 A few days later there was a meeting of the believers, about
a hundred and twenty in all, and Peter stood up to speak. 16 "My
brothers," he said, "the scripture had to come true in which the
Holy Spirit, speaking through David, made a prediction about Judas,
who was the guide for those who arrested Jesus. 17 Judas was a
member of our group, for he had been chosen to have a part in
our work."
18 (With the money that Judas got for his evil act he bought
a field, where he fell to his death; he burst open and all his bowels
spilt out. 19 All the people living in Jerusalem heard about it, and
so in their own language they call that field Akeldama, which means
"Field of Blood.")
20 "For it is written in the book of Psalms,
'May his house become empty;
may no one live in it.'
It is also written,
'May someone else take his place of service.'
21-22 "So then, someone must join us as a witness to the resurrection
of the Lord Jesus. He must be one of the men who were in our
group during the whole time that the Lord Jesus travelled about
with us, beginning from the time John preached his message of bap-
tism[b] until the day Jesus was taken up from us to heaven."
23 So they proposed two men: Joseph, who was called Barsabbas
(also known as Justus), and Matthias. 24 Then they prayed, "Lord,
you know the thoughts of everyone, so show us which of these
two you have chosen 25 to serve as an apostle in the place of Judas,
who left to go to the place where he belongs." 26 Then they drew
lots to choose between the two men, and the one chosen was Matthias,
who was added to the group of eleven apostles.

The Coming of the Holy Spirit

2 When the day of Pentecost came, all the believers were gathered
together in one place. 2 Suddenly there was a noise from the
sky which sounded like a strong wind blowing, and it filled the
whole house where they were sitting. 3 Then they saw what looked
like tongues of fire which spread out and touched each person there.
4 They were all filled with the Holy Spirit and began to talk in

---

[b] John preached his message of baptism; *or* John baptized him.

aros: Pedr ac Ioan ac Iago ac An... a Thomas,
Bartholomeus a Mathew, Iago fab Alf... y Selot a
Jwdas fab Iago. Yr oedd y rhain oll yn dy... unfryd
mewn gweddi, ynghyd â rhai gwragedd a Ma... Iesu, a 14
chyda'i frodyr.
Un o'r dyddiau hynny cododd Pedr ymysg y b...
oedd tyrfa o bobl yn yr un lle, rhyw gant ac ugain oho... yr 15
ac meddai, "Frodyr, rhaid oedd cyflawni'r Ysgrythur a l...
ddywedodd yr Ysbryd Glân trwy enau Dafydd am Jwdas, y... 16
un a ddangosodd y ffordd i'r rhai a ddaliodd Iesu; oherwydd 17
fe'i cyfrifid yn un ohonom ni, a chafodd ei ran yn y weinidog-
aeth hon." (Fe brynodd hwn faes â'r tâl am ei ddrygwaith, ac 18
wedi syrthio ar ei wyneb byrstiodd yn ei ganol, a llifodd ei holl
ymysgaroedd allan. A daeth hyn yn hysbys i holl drigolion 19
Jerwsalem, ac felly galwyd y maes hwnnw yn eu hiaith hwy yn
Aceldama, hynny yw, Maes y Gwaed.) "Oherwydd y mae'n 20
ysgrifenedig yn Llyfr y Salmau :

'Aed ei gartrefle yn anghyfannedd
ac na foed i neb drigo ynddo',

a hefyd :

'Cymered un arall ei oruchwyliaeth.'

Felly, o'r gwŷr a fu yn ein cwmni ni yr holl amser y bu'r 21
Arglwydd Iesu yn mynd i mewn ac allan yn ein plith ni, o 22
fedydd Ioan hyd y dydd y cymerwyd ef i fyny oddi wrthym,
rhaid i un o'r rhain ddod yn dyst gyda ni o'i atgyfodiad ef."
Ystyriwyd dau: Joseff, a elwid Barsabas ac a gyfenwid Jwstus, 23
a Mathias. Yna aethant i weddi: "Adwaenost ti, Arglwydd, 24
galonnau pawb. Amlyga prun o'r ddau hyn a ddewisaist i 25
gymryd ei le yn y weinidogaeth a'r apostolaeth hon, y gwrth-
giliodd Jwdas ohoni i fynd i'w le ei hun." Bwriasant goelbren- 26
nau arnynt, a syrthiodd y coelbren ar Mathias, a chafodd ef ei
restru gyda'r un apostol ar ddeg.

Dyfodiad yr Ysbryd Glân

Ar ddydd cyflawni cyfnod y Pentecost yr oeddent oll ynghyd **2**
yn yr un lle, ac yn sydyn fe ddaeth o'r nef sŵn fel gwynt 2
grymus yn rhuthro, ac fe lanwodd yr holl dŷ lle'r oeddent yn
eistedd. Ymddangosodd iddynt dafodau o dân yn ymrannu 3
ac yn eistedd un ar bob un ohonynt; a llanwyd hwy oll â'r 4
Ysbryd Glân, a dechreusant lefaru â thafodau dieithr, fel yr

other langua ... spirit enabled them to speak.
5 There ... s living in Jerusalem, religious men who had
come fro ... ountry in the world. 6 When they heard this noise,
a large ... gathered. They were all excited, because each one
of the ... the believers speaking in his own language. 7 In amaze-
men ... wonder they exclaimed, "These people who are talking
li ... are Galileans! 8 How is it, then, that all of us hear them
...king in our own native languages? 9 We are from Parthia, Media,
... Elam; from Mesopotamia, Judaea, and Cappadocia; from Pontus
and Asia, 10 from Phrygia and Pamphylia, from Egypt and the regions
of Libya near Cyrene. Some of us are from Rome, 11 both Jews
and Gentiles converted to Judaism, and some of us are from Crete
and Arabia—yet all of us hear them speaking in our own languages
about the great things that God has done!" 12 Amazed and confused,
they kept asking each other, "What does this mean?"
13 But others made fun of the believers, saying, "These people
are drunk!"

Peter's Message

14 Then Peter stood up with the other eleven apostles and in a
loud voice began to speak to the crowd: "Fellow-Jews and all of
you who live in Jerusalem, listen to me and let me tell you what
this means. 15 These people are not drunk, as you suppose; it is
only nine o'clock in the morning. 16 Instead, this is what the prophet
Joel spoke about:

17 'This is what I will do in the last days, God says:
  I will pour out my Spirit on everyone.
Your sons and daughters will proclaim my message;
  your young men will see visions,
  and your old men will have dreams.
18 Yes, even on my servants, both men and women,
  I will pour out my Spirit in those days,
  and they will proclaim my message.
19 I will perform miracles in the sky above
  and wonders on the earth below.
There will be blood, fire, and thick smoke;
20 the sun will be darkened,
  and the moon will turn red as blood,
  before the great and glorious Day of the Lord comes.
21 And then, whoever calls out to the Lord for help will be saved.'

oedd yr Ysbryd yn rhoi lleferydd iddynt.
Yr oedd yn trigo yn Jerwsalem Iddewon, gwŷr duwiol o 5
bob cenedl dan y nef; ac wrth glywed y sŵn hwn fe ymgynull- 6
odd y dyrfa, ac yr oeddent wedi drysu'n lân am fod pob un
ohonynt yn eu clywed hwy yn siarad yn ei iaith ei hun. Yr 7
oeddent yn synnu a rhyfeddu, ac meddent, "Onid Galileaid
yw'r rhain oll sy'n llefaru ? A sut yr ydym ni yn eu clywed bob 8
un ohonom yn ei iaith ei hun, iaith ei fam ? Parthiaid a Mediaid 9
ac Elamitiaid, a thrigolion Mesopotamia, Jwdea a Chapadocia,
Pontus ac Asia, Phrygia a Pamffylia, yr Aifft a pharthau Libya 10
tua Chyrene, a'r ymwelwyr o Rufain, yn Iddewon a phroselyt- 11
iaid, Cretiaid ac Arabiaid, yr ydym yn eu clywed hwy yn llefaru
yn ein hieithoedd ni am fawrion weithredoedd Duw." Yr oedd 12
pawb yn synnu mewn penbleth, gan ddweud y naill wrth y llall,
"Beth yw ystyr hyn ?" Ond yr oedd eraill yn dweud yn 13
wawdlyd, "Wedi meddwi y maent."

Araith Pedr ar y Pentecost

Safodd Pedr ynghyd â'r un ar ddeg, a chododd ei lais a'u 14
hannerch: "Wŷr o Iddewon a thrigolion Jerwsalem oll,
bydded hyn yn hysbys i chwi; gwrandewch ar fy ngeiriau.
Nid yw'r rhain wedi meddwi, fel yr ydych chwi'n tybio, 15
oherwydd dim ond naw o'r gloch y bore yw hi. Eithr dyma'r 16
hyn a ddywedwyd drwy'r proffwyd Joel :

'A hyn a fydd yn y dyddiau olaf, medd Duw : 17
tywalltaf o'm Hysbryd ar bob dyn;
a bydd eich meibion a'ch merched yn proffwydo;
bydd eich gwŷr ifainc yn gweld gweledigaethau,
a'ch hynafgwyr yn breuddwydio breuddwydion ;
ac ar fy nghaethweision hefyd a'm caethforynion, 18
yn y dyddiau hynny, fe dywalltaf o'm Hysbryd,
ac fe broffwydant.
A rhoddaf ryfeddodau yn y nef uchod 19
ac arwyddion ar y ddaear isod,
gwaed a thân a tharth mwg;
troir yr haul yn dywyllwch, 20
a'r lloer yn waed,
cyn i ddydd yr Arglwydd, y dydd mawr a disglair, ddod;
a bydd pawb sy'n galw ar enw yr Arglwydd yn cael ei 21
achub.'

22 "Listen to these words, fellow-Israelites! Jesus of Nazareth was a
man whose divine authority was clearly proven to you by all the
miracles and wonders which God performed through him. You your-
selves know this, for it happened here among you. 23 In accordance
with his own plan God had already decided that Jesus would be
handed over to you; and you killed him by letting sinful men crucify
him. 24 But God raised him from death, setting him free from its
power, because it was impossible that death should hold him prisoner.
25 For David said about him,
'I saw the Lord before me at all times;
he is near me, and I will not be troubled.
26 And so I am filled with gladness,
and my words are full of joy.
And I, mortal though I am,
will rest assured in hope,
27 because you will not abandon me in the world of the dead;[c]
you will not allow your faithful servant to rot in the grave.
28 You have shown me the paths that lead to life,
and your presence will fill me with joy.'
29 "My brothers, I must speak to you plainly about our famous
ancestor King David. He died and was buried, and his grave is
here with us to this very day. 30 He was a prophet, and he knew
what God had promised him: God had made a vow that he would
make one of David's descendants a king, just as David was. 31 David
saw what God was going to do in the future, and so he spoke
about the resurrection of the Messiah when he said,
'He was not abandoned in the world of the dead;
his body did not rot in the grave.'
32 God has raised this very Jesus from death, and we are all witnesses to
this fact. 33 He has been raised to the right-hand side of God, his Father,
and has received from him the Holy Spirit, as he had promised. What
you now see and hear is his gift that he has poured out on us.
34 For it was not David who went up into heaven; rather he said,
'The Lord said to my Lord:
Sit here at my right
35 until I put your enemies as a footstool under your feet.'
36 "All the people of Israel, then, are to know for sure that this Jesus,
whom you crucified, is the one that God has made Lord and Messiah!"

---

[c] WORLD OF THE DEAD: *It was thought that the dead continued to exist in a dark world under the ground.*

"Wŷr Israel, clywch hyn: sôn yr wyf am Iesu o Nasareth, 22
gŵr y mae ei benodi gan Dduw wedi ei amlygu i chwi trwy
wyrthiau a rhyfeddodau ac arwyddion a gyflawnodd Duw
trwyddo ef yn eich mysg chwi, fel y gwyddoch chwi eich hunain.
Yr oedd hwn wedi ei draddodi trwy fwriad penodedig a rhag- 23
wybodaeth Duw, ac fe groeshoeliasoch chwi ef drwy law
estroniaid, a'i ladd. Ond cyfododd Duw ef, gan ei ryddhau o 24
wewyr angau, oherwydd nid oedd dichon i angau ei ddal yn ei
afael. Oherwydd y mae Dafydd yn dweud amdano: 25

'Yr oeddwn yn gweld yr Arglwydd ger fy mron yn wastad,
canys ar fy neheulaw y mae, fel na'm hysgydwer.
Am hynny y llawenychodd fy nghalon ac y gorfoleddodd fy nhafod, 26
ie, a bydd fy nghnawd hefyd yn ymgartrefu mewn gobaith;
am na adewi fy enaid yn Nhrigfan y Meirw, 27
na gadael i'th Sanct weld llygredigaeth.
Hysbysaist imi ffyrdd bywyd; 28
yr wyt yn fy llenwi â llawenydd yn dy wyddfod.'

"Frodyr, gallaf siarad yn hy wrthych am y patriarch Dafydd, 29
iddo farw a chael ei gladdu, ac y mae ei fedd gyda ni hyd y
dydd hwn. Felly, ac yntau'n broffwyd ac yn gwybod i Dduw 30
dyngu iddo ar lw y gosodai un o'i linach ar ei orsedd, rhagweld 31
atgyfodiad y Meseia yr oedd pan ddywedodd:*

'Ni adawyd ef yn Nhrigfan y Meirw,
ac ni welodd ei gnawd lygredigaeth.'

Yr Iesu hwn, fe gyfododd Duw ef, peth yr ydym ni oll yn 32
dystion ohono. Felly, wedi iddo gael ei ddyrchafu trwy* 33
ddeheulaw Duw a derbyn gan y Tad ei addewid am yr Ysbryd
Glân, fe dywalltodd y peth hwn yr ydych chwi yn ei weld a'i
glywed. Canys nid Dafydd a esgynnodd i'r nefoedd; y mae 34
ef ei hun yn dweud:

'Dywedodd yr Arglwydd wrth fy Arglwydd i,
"Eistedd ar fy neheulaw,
hyd oni osodaf dy elynion yn droedfainc i'th draed."' 35

Felly gwybydded holl dŷ Israel yn sicr fod Duw wedi ei wneud 36
ef yn Arglwydd ac yn Feseia, yr Iesu hwn a groeshoeliasoch
chwi."

---

*adn. 31: neu, *rhagweld yr oedd atgyfodiad y Meseia wrth lefaru, oherwydd.*
*adn. 33: neu, *at.*

37 When the people heard this, they were deeply troubled and
said to Peter and the other apostles, "What shall we do, brothers?"
38 Peter said to them, "Each one of you must turn away from
his sins and be baptized in the name of Jesus Christ, so that your
sins will be forgiven; and you will receive God's gift, the Holy
Spirit. 39 For God's promise was made to you and your children,
and to all who are far away—all whom the Lord our God calls
to himself."
40 Peter made his appeal to them and with many other words
he urged them, saying, "Save yourselves from the punishment coming
on this wicked people!" 41 Many of them believed his message and
were baptized, and about three thousand people were added to the
group that day. 42 They spent their time in learning from the apostles,
taking part in the fellowship, and sharing in the fellowship meals
and the prayers.

Life among the Believers

43 Many miracles and wonders were being done through the
apostles, and everyone was filled with awe. 44 All the believers con-
tinued together in close fellowship and shared their belongings with
one another. 45 They would sell their property and possessions, and
distribute the money among all, according to what each one needed.
46 Day after day they met as a group in the Temple, and they had
their meals together in their homes, eating with glad and humble
hearts, 47 praising God, and enjoying the good will of all the people.
And every day the Lord added to their group those who were being
saved.

A Lame Man Is Healed

3 One day Peter and John went to the Temple at three o'clock
in the afternoon, the hour for prayer. 2 There at the Beautiful
Gate, as it was called, was a man who had been lame all his life.
Every day he was carried to the gate to beg for money from the
people who were going into the Temple. 3 When he saw Peter and
John going in, he begged them to give him something. 4 They looked
straight at him, and Peter said, "Look at us!" 5 So he looked at
them, expecting to get something from them. 6 But Peter said to
him, "I have no money at all, but I give you what I have: in the
name of Jesus Christ of Nazareth I order you to get up and walk!"
7 Then he took him by his right hand and helped him up. At once
the man's feet and ankles became strong; 8 he jumped up, stood
on his feet, and started walking around. Then he went into the Temple
with them, walking and jumping and praising God. 9 The people

Pan glywsant hyn, fe'u dwysbigwyd yn eu calon, a dywed- 37
asant wrth Pedr a'r apostolion eraill, " Beth a wnawn ni,
frodyr ?" Meddai Pedr wrthynt, " Edifarhewch, a bedyddier 38
pob un ohonoch yn enw Iesu Grist er maddeuant eich pechod-
au, ac fe dderbyniwch yr Ysbryd Glân yn rhodd. Oherwydd i 39
chwi y mae'r addewid, ac i'ch plant ac i bawb sydd ymhell, pob
un y bydd i'r Arglwydd ein Duw ni ei alw ato." Ac â geiriau 40
eraill lawer y pwysodd arnynt, a'u hannog, " Dihangwch rhag
y genhedlaeth wyrgam hon." Felly bedyddiwyd y rhai a dder- 41
byniodd ei air, ac ychwanegwyd atynt y diwrnod hwnnw tua
thair mil o bersonau. Yr oeddent yn dyfalbarhau yn nysgeid- 42
iaeth yr apostolion ac yn y gymdeithas, yn y torri bara ac yn y
gweddïau.

Bywyd y Credinwyr

Yr oedd ofn ar bob enaid; yr oedd rhyfeddodau ac arwydd- 43
ion lawer yn cael eu gwneud drwy'r apostolion. Yr oedd yr holl 44
gredinwyr ynghyd yn dal pob peth yn gyffredin. Byddent yn 45
gwerthu eu heiddo a'u meddiannau, a'u rhannu rhwng pawb
yn ôl fel y byddai angen pob un. A chan ddyfalbarhau beunydd 46
yn unfryd yn y deml, a thorri bara yn eu tai, yr oeddent yn cyd-
gyfranogi o'r lluniaeth mewn llawenydd a symledd calon, dan 47
foli Duw a chael ewyllys da'r holl bobl. Ac yr oedd yr Arglwydd
yn ychwanegu beunydd at y gynulleidfa y rhai oedd yn cael eu
hachub.

Iacháu'r Dyn Cloff wrth Borth y Deml

Yr oedd Pedr ac Ioan yn mynd i fyny i'r deml erbyn yr awr **3**
weddi, sef tri o'r gloch y prynhawn. Ac yr oedd rhywrai'n dod 2
â dyn oedd yn gloff o'i enedigaeth, ac yn ei osod beunydd wrth
borth y deml, yr un a elwid Y Porth Prydferth, i erfyn am
gardod gan y rhai a fyddai'n mynd i mewn i'r deml. Pan welodd 3
hwn Pedr ac Ioan ar fynd i mewn i'r deml, gofynnodd am
gardod. A syllodd Pedr arno, ac Ioan yntau, a dywedodd, 4
" Edrych arnom." Gwyliodd yntau hwy, gan ddisgwyl cael 5
rhywbeth ganddynt. Dywedodd Pedr, " Arian ac aur nid oes 6
gennyf; ond yr hyn sydd gennyf, hynny yr wyf yn ei roi iti;
yn enw Iesu Grist o Nasareth, cerdda." A gafaelodd ynddo 7
gerfydd ei law ddeau, a chododd ef. Ac yn y fan cryfhaodd ei
draed a'i fferau; neidiodd i fyny, safodd, a dechreuodd gerdded, 8
ac aeth i mewn gyda hwy i'r deml dan gerdded a neidio a moli
Duw. Gwelodd yr holl bobl ef yn cerdded ac yn moli Duw. 9

there saw him walking and praising God, 10 and when they recognized
him as the beggar who had sat at the Beautiful Gate, they were
all surprised and amazed at what had happened to him.

Peter's Message in the Temple

11 As the man held on to Peter and John in Solomon's Porch,
as it was called, the people were amazed and ran to them. 12 When
Peter saw the people, he said to them, "Fellow-Israelites, why are
you surprised at this, and why do you stare at us? Do you think
that it was by means of our own power or godliness that we made
this man walk? 13 The God of Abraham, Isaac, and Jacob, the God
of our ancestors, has given divine glory to his Servant Jesus. But
you handed him over to the authorities, and you rejected him in
Pilate's presence, even after Pilate had decided to set him free. 14 He
was holy and good, but you rejected him, and instead you asked
Pilate to do you the favour of turning loose a murderer. 15 You
killed the one who leads to life, but God raised him from death—and
we are witnesses to this. 16 It was the power of his name that gave
strength to this lame man. What you see and know was done by
faith in his name; it was faith in Jesus that has made him well,
as you can all see.

17 "And now, my brothers, I know that what you and your leaders
did to Jesus was due to your ignorance. 18 God announced long
ago through all the prophets that his Messiah had to suffer; and
he made it come true in this way. 19 Repent, then, and turn to God,
so that he will forgive your sins. If you do, 20 times of spiritual
strength will come from the Lord, and he will send Jesus, who is
the Messiah he has already chosen for you. 21 He must remain in
heaven until the time comes for all things to be made new, as God
announced through his holy prophets who lived long ago. 22 For
Moses said, 'The Lord your God will send you a prophet, just as
he sent me,[d] and he will be one of your own people. You are
to obey everything that he tells you to do. 23 Anyone who does
not obey that prophet shall be separated from God's people and
destroyed.' 24 And all the prophets who had a message, including
Samuel and those who came after him, also announced what has
been happening these days. 25 The promises of God through his pro-
phets are for you, and you share in the covenant which God made
with your ancestors. As he said to Abraham, 'Through your descend-
ants I will bless all the people on earth.' 26 And so God chose his
Servant and sent him first to you, to bless you by making every
one of you turn away from his wicked ways."

---

[d] just as he sent me; *or* like me.

Yr oeddent yn sylweddoli mai hwn oedd y dyn a fyddai'n 10
eistedd i gardota wrth Borth Prydferth y deml, a llanwyd hwy
â braw a syndod am yr hyn oedd wedi digwydd iddo.

Araith Pedr yng Nghloestr Solomon

Tra oedd ef yn gafael yn Pedr ac Ioan, rhedodd yr holl bobl 11
ynghyd atynt i'r fan a elwir yn Gloestr Solomon, wedi eu
syfrdanu. A phan welodd Pedr hyn, fe anerchodd y bobl: 12
" Wŷr Israel, pam yr ydych yn rhyfeddu at hyn? Pam yr ydych
yn syllu arnom ni, fel petaem wedi peri iddo gerdded trwy ein
nerth neu ein duwioldeb ni ein hunain ? Duw Abraham ac 13
Isaac a Jacob, Duw ein tadau ni, sydd wedi gogoneddu ei Was
Iesu, yr hwn a draddodasoch chwi a'i wadu gerbron Pilat, wedi
i hwnnw benderfynu ei ryddhau. Eithr chwi, gwadasoch yr Un 14
sanctaidd a chyfiawn, a deisyf, fel ffafr i chwi, ryddhau llofrudd.
Lladdasoch Awdur bywyd, ond cyfododd Duw ef oddi wrth y 15
meirw. O hyn yr ydym ni'n dystion. Ar sail ffydd yn ei enw ef 16
y cyfnerthwyd y dyn yma yr ydych yn ei weld a'i adnabod, a'r
ffydd sydd drwyddo ef a roddodd iddo'r llwyr wellhad hwn yn
eich gŵydd chwi i gyd. Yn awr, frodyr, gwn mai gweithredu 17
mewn anwybodaeth a wnaethoch, fel eich llywodraethwyr
hwythau. Ond fel hyn y cyflawnodd Duw yr hyn a ragfynegodd 18
drwy enau'r holl broffwydi, sef dioddefaint ei Feseia. Edifar- 19
hewch, ynteu, a throwch at Dduw, er mwyn dileu eich pechod-
au. Felly y daw oddi wrth yr Arglwydd dymhorau adnewydd- 20
iad, ac yr anfona ef y Meseia a benodwyd i chwi, sef Iesu, yr 21
hwn y mae'n rhaid i'r nef ei dderbyn hyd amseroedd cyflawni
pob peth a lefarodd Duw trwy enau ei broffwydi sanctaidd
erioed. Dywedodd Moses, ' Fe gyfyd yr Arglwydd eich Duw 22
broffwyd i chwi o blith eich brodyr, megis y cododd fi.* Yr
ydych i wrando arno ef ym mhob peth a lefara wrthych. A 23
phob enaid na wrendy ar y proffwyd hwnnw, fe'i llwyr ddi-
fethir o blith y bobl.' A'r holl broffwydi o Samuel a'i olynwyr, 24
cynifer ag a lefarodd, cyhoeddasant hwythau y dyddiau hyn.
Chwi yw meibion y proffwydi, a phlant y cyfamod a wnaeth 25
Duw â'ch tadau pan ddywedodd wrth Abraham, ' Yn dy had
di y bendithir holl dylwythau'r ddaear.' Wedi i Dduw gyfodi 26
ei Was, anfonodd ef atoch chwi yn gyntaf, i'ch bendithio chwi
trwy eich troi bob un oddi wrth eich drygioni."

---

*adn. 22: neu, *megis myfi*.

Peter and John before the Council

4 Peter and John were still speaking to the people when some
priests,[e] the officer in charge of the temple guards, and some
Sadducees arrived. 2 They were annoyed because the two apostles
were teaching the people that Jesus had risen from death, which
proved that the dead will rise to life. 3 So they arrested them and
put them in jail until the next day, since it was already late. 4 But
many who heard the message believed; and the number of men
grew to about five thousand.

5 The next day the Jewish leaders, the elders, and the teachers
of the Law gathered in Jerusalem. 6 They met with the High Priest
Annas and with Caiaphas, John, Alexander, and the others who
belonged to the High Priest's family. 7 They made the apostles stand
before them and asked them, "How did you do this? What power
have you got or whose name did you use?"

8 Peter, full of the Holy Spirit, answered them, "Leaders of the
people and elders: 9 if we are being questioned today about the good
deed done to the lame man and how he was healed, 10 then you
should all know, and all the people of Israel should know, that
this man stands here before you completely well through the power
of the name of Jesus Christ of Nazareth—whom you crucified and
whom God raised from death. 11 Jesus is the one of whom the scripture
says,

'The stone that you the builders despised
turned out to be the most important of all.'

12 Salvation is to be found through him alone; in all the world there is
no one else whom God has given who can save us."

13 The members of the Council were amazed to see how bold
Peter and John were and to learn that they were ordinary men
of no education. They realized then that they had been companions
of Jesus. 14 But there was nothing that they could say, because they
saw the man who had been healed standing there with Peter and
John. 15 So they told them to leave the Council room, and then
they started discussing among themselves. 16 "What shall we do with
these men?" they asked. "Everyone in Jerusalem knows that this
extraordinary miracle has been performed by them, and we cannot
deny it. 17 But to keep this matter from spreading any further among
the people, let us warn these men never again to speak to anyone
in the name of Jesus."

18 So they called them back in and told them that on no condition
were they to speak or to teach in the name of Jesus. 19 But Peter
and John answered them, "You yourselves judge which is right in

---

[e] priests; *some manuscripts have* chief priests.

Pedr ac Ioan gerbron y Cyngor

Tra oeddent yn llefaru wrth y bobl, daeth yr offeiriaid a phrif 4
swyddog gwarchodlu'r deml a'r Sadwceaid ar eu gwarthaf, yn 2
flin am eu bod hwy'n dysgu'r bobl ac yn cyhoeddi ynglŷn â
Iesu yr atgyfodiad oddi wrth y meirw. Cymerasant afael 3
arnynt a'u rhoi mewn dalfa hyd drannoeth, oherwydd yr oedd
hi'n hwyr eisoes. Ond daeth llawer o'r rhai oedd wedi clywed 4
y gair yn gredinwyr, ac aeth y nifer i gyd yn rhyw bum mil.

Trannoeth bu cyfarfod o lywodraethwyr a henuriaid ac ysgrif- 5
enyddion yr Iddewon yn Jerwsalem. Yr oedd Annas yr arch- 6
offeiriad yno, a Caiaffas ac Ioan ac Alexander a phawb oedd o
deulu archoffeiriadol. Rhoesant y carcharorion i sefyll gerbron, 7
a dechrau eu holi, " Trwy ba nerth neu drwy ba enw y gwnaeth-
och chwi hyn ?" Yna, wedi ei lenwi â'r Ysbryd Glân, dywed- 8
odd Pedr wrthynt: " Lywodraethwyr y bobl, a henuriaid, os 9
ydym ni heddiw yn cael ein croesholi am gymwynas i ddyn claf,
a sut y mae wedi cael ei iacháu, bydded hysbys i chwi i gyd ac i 10
holl bobl Israel mai trwy enw Iesu Grist o Nasareth, a groes-
hoeliasoch chwi ac a gyfododd Duw oddi wrth y meirw, trwy
hwnnw y mae hwn yn sefyll ger eich bron yn iach. Iesu yw 11
'Y maen a ddiystyrwyd gennych chwi yr adeiladwyr,
ac a ddaeth yn faen y gongl.'
Ac nid oes iachawdwriaeth yn neb arall, oblegid nid oes enw 12
arall dan y nef, wedi ei roi i ddynion, y mae i ni gael ein hachub
drwyddo." Wrth weld hyder Pedr ac Ioan, a sylweddoli mai 13
lleygwyr annysgedig oeddent, yr oeddent yn rhyfeddu. Yr
oeddent yn sylweddoli hefyd eu bod hwy wedi bod gyda Iesu.
Ac wrth weld y dyn oedd wedi ei iacháu yn sefyll gyda hwy, 14
nid oedd ganddynt ddim ateb. Ac wedi gorchymyn iddynt 15
fynd allan o'r llys, dechreusant ymgynghori â'i gilydd. " Beth 16
a wnawn," meddent, " â'r dynion hyn ? Oherwydd y mae'n
amlwg i bawb sy'n preswylio yn Jerwsalem fod gwyrth hynod
wedi digwydd trwyddynt hwy, ac ni allwn ni wadu hynny.
Ond rhag taenu'r peth ymhellach ymhlith y bobl, gadewch inni 17
eu rhybuddio nad ydynt i lefaru mwyach yn yr enw hwn wrth
neb o gwbl." Galwasant hwy i mewn, a gorchymyn nad oedd- 18
ent i siarad na dysgu o gwbl yn enw Iesu. Ond atebodd Pedr 19
ac Ioan hwy: " A yw'n iawn yng ngolwg Duw wrando arnoch
chwi yn hytrach nag ar Dduw ? Barnwch chwi. Ni allwn ni 20
dewi â sôn am y pethau yr ydym wedi eu gweld a'u clywed."

God's sight—to obey you or to obey God. 20 For we cannot stop
speaking of what we ourselves have seen and heard." 21 So the Council
warned them even more strongly and then set them free. They saw
that it was impossible to punish them, because the people were all
praising God for what had happened. 22 The man on whom this
miracle of healing had been performed was over forty years old.

The Believers Pray for Boldness

23 As soon as Peter and John were set free, they returned to their
group and told them what the chief priests and the elders had said.
24 When the believers heard it, they all joined together in prayer
to God: "Master and Creator of heaven, earth, and sea, and all
that is in them! 25 By means of the Holy Spirit you spoke through
our ancestor David, your servant, when he said,

'Why were the Gentiles furious;
why did people make their useless plots?
26 The kings of the earth prepared themselves,
and the rulers met together
against the Lord and his Messiah.'

27 For indeed Herod and Pontius Pilate met together in this city
with the Gentiles and the people of Israel against Jesus, your holy
Servant, whom you made Messiah. 28 They gathered to do everything
that you by your power and will had already decided would happen.
29 And now, Lord, take notice of the threats they have made, and
allow us, your servants, to speak your message with all boldness.
30 Stretch out your hand to heal, and grant that wonders and miracles
may be performed through the name of your holy Servant Jesus."

31 When they finished praying, the place where they were meeting
was shaken. They were all filled with the Holy Spirit and began
to proclaim God's message with boldness.

The Believers Share Their Possessions

32 The group of believers was one in mind and heart. No one
said that any of his belongings was his own, but they all shared
with one another everything they had. 33 With great power the apostles
gave witness to the resurrection of the Lord Jesus, and God poured
rich blessings on them all. 34 There was no one in the group who
was in need. Those who owned fields or houses would sell them,
bring the money received from the sale, 35 and hand it over to the
apostles; and the money was distributed to each one according to
his need.

36 And so it was that Joseph, a Levite born in Cyprus, whom
the apostles called Barnabas (which means "One who Encourages"),

Ar ôl eu rhybuddio ymhellach gollyngodd y llys hwy'n rhydd, 21
heb gael dim modd i'w cosbi, oherwydd y bobl; oblegid yr oedd
pawb yn gogoneddu Duw am yr hyn oedd wedi digwydd. Yr 22
oedd y dyn y gwnaethpwyd y wyrth iachaol hon arno dros
ddeugain mlwydd oed.

Y Credinwyr yn Gweddïo am Hyder

Wedi eu gollwng, aethant at eu pobl eu hunain ac adrodd y 23
cyfan yr oedd y prif offeiriaid a'r henuriaid wedi ei ddweud
wrthynt. Wedi clywed, codasant hwythau eu llef yn unfryd at 24
Dduw: " O Benllywydd, tydi a wnaeth y nef a'r ddaear a'r môr
a phob peth sydd ynddynt, ac a ddywedodd drwy'r Ysbryd 25
Glân yng ngenau Dafydd dy was, ein tad ni:

' Pam y terfysgodd y Cenhedloedd
ac y cynlluniodd y bobloedd bethau ofer ?
Safodd brenhinoedd y ddaear, 26
ac ymgasglodd y llywodraethwyr ynghyd
yn erbyn yr Arglwydd ac yn erbyn ei Feseia ef.'

Canys ymgasglodd yn wir yn y ddinas hon yn erbyn dy Was 27
sanctaidd, Iesu, yr hwn a eneiniaist, Herod a Pontius Pilat
ynghyd â'r Cenhedloedd a phobloedd Israel, i wneud yr holl 28
bethau y rhagluniodd dy law a'th gyngor di iddynt ddod. Ac 29
yn awr, Arglwydd, edrych ar eu bygythion, a dyro i'th weis-
ion lefaru dy air â phob hyder, a thithau yn estyn dy law i 30
beri iachâd ac arwyddion a rhyfeddodau drwy enw dy Was
sanctaidd, Iesu." Ac wedi iddynt weddïo, ysgydwyd y lle yr 31
oeddent wedi ymgynnull ynddo, a llanwyd hwy oll â'r Ysbryd
Glân, a llefarasant air Duw yn hy.

Popeth yn Gyffredin

Yr oedd y lliaws credinwyr o un galon ac enaid, ac ni fyddai 32
neb yn dweud am ddim o'i feddiannau mai ei eiddo ef ei hun
ydoedd, ond yr oedd ganddynt bopeth yn gyffredin. Â nerth 33
mawr yr oedd yr apostolion yn rhoi eu tystiolaeth am atgyfod-
iad yr Arglwydd Iesu, a gras mawr oedd arnynt oll. Yn wir, 34
nid oedd neb anghenus yn eu plith, oherwydd byddai pawb
oedd yn berchenogion tiroedd neu dai yn eu gwerthu, a dod â'r
tâl am y pethau a werthid, a'i roi wrth draed yr apostolion; a 35
rhennid i bawb yn ôl fel y byddai angen pob un. Yr oedd 36
Joseff, a gyfenwid Barnabas gan yr apostolion (sef, o'i gyf-
ieithu, Mab Anogaeth), Lefiad, Cypriad o enedigaeth, yn 37

37 sold a field he owned, brought the money, and handed it over
to the apostles.

Ananias and Sapphira

5 But there was a man named Ananias, who with his wife Sapphira
sold some property that belonged to them. 2 But with his wife's
agreement he kept part of the money for himself and handed the
rest over to the apostles. 3 Peter said to him, "Ananias, why did
you let Satan take control of you and make you lie to the Holy
Spirit by keeping part of the money you received for the property?
4 Before you sold the property, it belonged to you; and after you
sold it, the money was yours. Why, then, did you decide to do
such a thing? You have not lied to men—you have lied to God!"
5 As soon as Ananias heard this, he fell down dead; and all who
heard about it were terrified. 6 The young men came in, wrapped
up his body, carried him out, and buried him.

7 About three hours later his wife, not knowing what had happened,
came in. 8 Peter asked her, "Tell me, was this the full amount you
and your husband received for your property?"

"Yes," she answered, "the full amount."

9 So Peter said to her, "Why did you and your husband decide
to put the Lord's Spirit to the test? The men who buried your
husband are now at the door, and they will carry you out too!"
10 At once she fell down at his feet and died. The young men came
in and saw that she was dead, so they carried her out and buried
her beside her husband. 11 The whole church and all the others who
heard of this were terrified.

Miracles and Wonders

12 Many miracles and wonders were being performed among the
people by the apostles. All the believers met together in Solomon's
Porch. 13 Nobody outside the group dared to join them, even though
the people spoke highly of them. 14 But more and more people were
added to the group—a crowd of men and women who believed in
the Lord. 15 As a result of what the apostles were doing, sick people
were carried out into the streets and placed on beds and mats so
that at least Peter's shadow might fall on some of them as he passed
by. 16 And crowds of people came in from the towns around Jerusalem,
bringing those who were ill or who had evil spirits in them; and
they were all healed.

berchen darn o dir, a gwerthodd ef, a daeth â'r arian a'i roi
wrth draed yr apostolion.

Ananias a Saffeira

Ond yr oedd rhyw ddyn o'r enw Ananias, ynghyd â'i wraig **5**
Saffeira, wedi gwerthu eiddo. Cadwodd ef beth o'r tâl yn ôl, 2
a'i wraig hithau'n gwybod, a daeth â rhyw gyfran a'i osod wrth
draed yr apostolion. Ond meddai Pedr, " Ananias, sut y bu i 3
Satan lenwi dy galon i ddweud celwydd wrth yr Ysbryd Glân,
a chadw'n ôl beth o'r tâl am y tir ? Tra oedd yn aros heb ei 4
werthu, onid yn dy feddiant di yr oedd yn aros ? Ac wedi ei
werthu, onid gennyt ti yr oedd yr hawl ar yr arian ? Sut y
rhoddaist le yn dy feddwl i'r fath weithred ? Nid wrth ddyn-
ion y dywedaist gelwydd, ond wrth Dduw." Wrth glywed y 5
geiriau hyn syrthiodd Ananias yn farw, a daeth ofn mawr ar
bawb a glywodd. A chododd y dynion ifainc, a rhoi amdo 6
amdano a mynd ag ef allan, a'i gladdu.

Aeth rhyw deirawr heibio, a daeth ei wraig i mewn, heb 7
wybod beth oedd wedi digwydd. Dywedodd Pedr wrthi, 8
" Dywed i mi, ai am hyn a hyn y gwerthasoch y tir ?" " Ie,"
meddai hithau, " am hyn a hyn." Ac meddai Pedr wrthi, " Sut 9
y bu ichwi gytuno i roi prawf ar Ysbryd yr Arglwydd ? Dyma
wrth y drws sŵn traed y rhai a fu'n claddu dy ŵr, ac fe ânt â
thithau allan hefyd." A syrthiodd hithau yn y fan wrth ei draed, 10
a bu farw. Daeth y dynion ifainc i mewn a'i chael hi'n gorff,
ac aethant â hi allan, a'i chladdu gyda'i gŵr. Daeth ofn mawr 11
ar yr holl eglwys ac ar bawb a glywodd am hyn.

Gwneud Arwyddion a Rhyfeddodau Lawer

Trwy ddwylo'r apostolion gwnaed arwyddion a rhyfeddodau 12
lawer ymhlith y bobl. Yr oeddent bawb yn arfer dod ynghyd
yng Nghloestr Solomon. Nid oedd neb arall yn meiddio ym- 13
lynu wrthynt, ond yr oedd y bobl yn eu mawrygu, ac yr oedd 14
credinwyr yn cael eu chwanegu fwyfwy at yr Arglwydd, luoedd
o wŷr a gwragedd. Yn wir, yr oeddent hyd yn oed yn dod â'r 15
cleifion allan i'r heolydd, a'u gosod ar welyau a matresi, fel pan
fyddai Pedr yn mynd heibio y câi ei gysgod o leiaf ddisgyn ar
ambell un ohonynt. Byddai'r dyrfa'n ymgynnull hefyd o'r 16
trefi o amgylch Jerwsalem, gan ddod â chleifion a rhai oedd yn
cael eu blino gan ysbrydion aflan; ac yr oeddent yn cael eu
hiacháu bob un.

The Apostles Are Persecuted

17 Then the High Priest and all his companions, members of the
local party of the Sadducees, became extremely jealous of the apostles;
so they decided to take action. 18 They arrested the apostles and
put them in the public jail. 19 But that night an angel of the Lord
opened the prison gates, led the apostles out, and said to them,
20 "Go and stand in the Temple, and tell the people all about this
new life." 21 The apostles obeyed, and at dawn they entered the Temple
and started teaching.

The High Priest and his companions called together all the Jewish
elders for a full meeting of the Council; then they sent orders to the
prison to have the apostles brought before them. 22 But when the offi-
cials arrived, they did not find the apostles in prison, so they returned
to the Council and reported, 23 "When we arrived at the jail, we
found it locked up tight and all the guards on watch at the gates;
but when we opened the gates, we found no one inside!" 24 When the
chief priests and the officer in charge of the temple guards heard this,
they wondered what had happened to the apostles. 25 Then a man came
in and said to them, "Listen! The men you put in prison are in the
Temple teaching the people!" 26 So the officer went off with his
men and brought the apostles back. They did not use force, however,
because they were afraid that the people might stone them.

27 They brought the apostles in, made them stand before the Coun-
cil, and the High Priest questioned them. 28 "We gave you strict
orders not to teach in the name of this man," he said; "but see
what you have done! You have spread your teaching all over
Jerusalem, and you want to make us responsible for his death!"

29 Peter and the other apostles replied, "We must obey God, not
men. 30 The God of our ancestors raised Jesus from death, after
you had killed him by nailing him to a cross. 31 God raised him
to his right-hand side as Leader and Saviour, to give the people
of Israel the opportunity to repent and have their sins forgiven.
32 We are witnesses to these things—we and the Holy Spirit, who
is God's gift to those who obey him."

33 When the members of the Council heard this, they were so
furious that they wanted to have the apostles put to death. 34 But
one of them, a Pharisee named Gamaliel, who was a teacher of
the Law and was highly respected by all the people, stood up in
the Council. He ordered the apostles to be taken out, 35 and then
he said to the Council, "Fellow-Israelites, be careful what you do
to these men. 36 You remember that Theudas appeared some time
ago, claiming to be somebody great, and about four hundred men

Erlid yr Apostolion

Ond llanwyd yr archoffeiriad ag eiddigedd, a'r holl rai hynny 17
oedd gydag ef, sef plaid y Sadwceaid. Cymerasant afael yn yr 18
apostolion, a'u rhoi mewn dalfa gyhoeddus. Ond yn ystod y 19
nos agorodd angel yr Arglwydd ddrysau'r carchar a dod â hwy
allan; a dywedodd, "Ewch, safwch yn y deml a llefarwch wrth 20
y bobl bob peth ynglŷn â'r Bywyd hwn." Wedi iddynt glywed 21
hyn, aethant ar doriad dydd i mewn i'r deml, a dechreusant
ddysgu. Wedi i'r archoffeiriad a'r rhai oedd gydag ef gyrraedd,
galwasant ynghyd y Sanhedrin, sef senedd gyflawn cenedl
Israel, ac anfonasant i'r carchar i gyrchu'r apostolion. Ond ni 22
chafodd y swyddogion a ddaeth yno hyd iddynt yn y carchar.
Daethant yn eu holau, ac adrodd, "Cawsom y carchar wedi ei 23
gloi yn gwbl ddiogel a'r gwylwyr yn sefyll wrth y drysau, ond
wedi agor ni chawsom neb oddi mewn." A phan glywodd prif 24
swyddog gwarchodlu'r deml, a'r prif offeiriaid, y geiriau hyn,
yr oeddent mewn penbleth yn eu cylch, beth a allai hyn ei
olygu. Ond daeth rhywun a dweud wrthynt, "Y mae'r dynion 25
a roesoch yn y carchar yn sefyll yn y deml ac yn dysgu'r bobl."
Yna aeth y swyddog gyda'i filwyr i'w nôl, ond heb drais, am eu 26
bod yn ofni cael eu llabyddio gan y bobl.

Wedi dod â hwy yno, gwnaethant iddynt sefyll gerbron y 27
Sanhedrin. Holodd yr archoffeiriad hwy, a dweud, "Rhoesom 28
orchymyn pendant i chwi beidio â dysgu yn yr enw hwn, a
dyma chwi wedi llenwi Jerwsalem â'ch dysgeidiaeth, a'ch
bwriad yw rhoi'r bai arnom ni am farwolaeth y dyn hwn."
Atebodd Pedr a'r apostolion, "Rhaid ufuddhau i Dduw yn 29
hytrach nag i ddynion. Y mae Duw ein tadau ni wedi cyfodi 30
Iesu, yr hwn yr oeddech chwi wedi ei lofruddio trwy ei grogi ar
groesbren. Hwn a ddyrchafodd Duw â'i* law ddeau yn Ben- 31
tywysog a Gwaredwr, i roi edifeirwch i Israel a maddeuant
pechodau. Ac yr ydym ni'n dystion o'r pethau hyn, ni a'r 32
Ysbryd Glân a roddodd Duw i'r rhai sy'n ufuddhau iddo."

Pan glywsant hwy hyn, aethant yn ffyrnig a chynllwynio i'w 33
lladd. Ond fe gododd yn y Sanhedrin ryw Pharisead o'r enw 34
Gamaliel, athro'r Gyfraith, gŵr parchus gan yr holl bobl, ac
archodd anfon y dynion allan am ychydig. "Wŷr Israel," 35
meddai, "cymerwch ofal beth yr ydych am ei wneud â'r dyn-

---

*adn. 31: neu, *at ei.*

joined him. But he was killed, all his followers were scattered, and
his movement died out. 37 After that, Judas the Galilean appeared
during the time of the census; he drew a crowd after him, but he
also was killed, and all his followers were scattered. 38 And so in
this case, I tell you, do not take any action against these men. Leave
them alone! If what they have planned and done is of human origin,
it will disappear, 39 but if it comes from God, you cannot possibly
defeat them. You could find yourselves fighting against God!"

The Council followed Gamaliel's advice. 40 They called the apostles
in, had them whipped, and ordered them never again to speak in
the name of Jesus; and then they set them free. 41 As the apostles
left the Council, they were happy, because God had considered them
worthy to suffer disgrace for the sake of Jesus. 42 And every day
in the Temple and in people's homes they continued to teach and
preach the Good News about Jesus the Messiah.

The Seven Helpers

6 Some time later, as the number of disciples kept growing, there
was a quarrel between the Greek-speaking Jews and the native
Jews. The Greek-speaking Jews claimed that their widows were being
neglected in the daily distribution of funds. 2 So the twelve apostles
called the whole group of believers together and said, "It is not
right for us to neglect the preaching of God's word in order to
handle finances. 3 So then, brothers, choose seven men among you
who are known to be full of the Holy Spirit and wisdom, and we
will put them in charge of this matter. 4 We ourselves, then, will
give our full time to prayer and the work of preaching."

5 The whole group was pleased with the apostles' proposal, so
they chose Stephen, a man full of faith and the Holy Spirit, and
Philip, Prochorus, Nicanor, Timon, Parmenas, and Nicolaus, a Gentile
from Antioch who had earlier been converted to Judaism. 6 The group
presented them to the apostles, who prayed and placed their hands
on them.

7 And so the word of God continued to spread. The number of
disciples in Jerusalem grew larger and larger, and a great number
of priests accepted the faith.

The Arrest of Stephen

8 Stephen, a man richly blessed by God and full of power, performed
great miracles and wonders among the people. 9 But he was opposed
by some men who were members of the synagogue of the Freedmen[f]

---

[f] FREEDMEN: *These were Jews who had been slaves, but had bought or been given their freedom.*

ion hyn. Oherwydd dro'n ôl cododd Theudas, gan honni ei 36
fod yn rhywun, ac ymunodd nifer o ddynion ag ef, ynghylch
pedwar cant. Lladdwyd ef, a chwalwyd pawb oedd yn ei
ganlyn, ac aethant yn ddim. Ar ôl hwn, cododd Jwdas y 37
Galilead yn nyddiau'r cofrestru, a thynnodd bobl i'w ganlyn.
Ond darfu amdano yntau hefyd, a gwasgarwyd pawb o'i
ganlynwyr. Ac yn yr achos hwn, 'rwy'n dweud wrthych, 38
ymogelwch rhag y dynion hyn; gadewch lonydd iddynt.
Oherwydd os o ddynion y mae'r bwriad hwn neu'r weithred
hon, fe'i dymchwelir; ond os o Dduw y mae, ni fyddwch yn 39
abl i'w ddymchwelyd. Fe all y'ch ceir chwi yn ymladd yn
erbyn Duw." Ac fe'u perswadiwyd ganddo. Galwasant yr 40
apostolion atynt, ac wedi eu fflangellu a gorchymyn iddynt
beidio â llefaru yn enw Iesu, gollyngasant hwy'n rhydd. Aeth- 41
ant hwythau ar eu taith o ŵydd y Sanhedrin, yn llawen am
iddynt gael eu cyfrif yn deilwng i dderbyn amarch er mwyn yr
Enw. A phob dydd, yn y deml ac yn eu tai, nid oeddent yn 42
peidio â dysgu a chyhoeddi'r newydd da am y Meseia, Iesu.

Ethol y Saith

Yn y dyddiau hynny, pan oedd y disgyblion yn amlhau, bu **6**
grwgnach gan yr Helenistiaid yn erbyn yr Hebreaid, am fod eu
gweddwon hwy yn cael eu hesgeuluso yn y ddarpariaeth feun-
yddiol. Galwodd y Deuddeg gynulleidfa'r disgyblion atynt, a 2
dweud, " Nid yw'n addas ein bod ni'n gadael Gair Duw i weini
wrth fyrddau. Dewiswch, frodyr, saith o wŷr o'ch plith ag 3
iddynt air da, yn llawn o'r Ysbryd ac o ddoethineb, ac fe'u
gosodwn hwy ar hyn o orchwyl. Fe barhawn ni yn ddyfal yn y 4
gweddïo ac yng ngwasanaeth y Gair." A bu eu geiriau yn 5
gymeradwy gan yr holl gynulleidfa, ac etholasant Steffan, gŵr
llawn o ffydd ac o'r Ysbryd Glân, a Philip a Prochorus a
Nicanor a Timon a Parmenas a Nicolaus, proselyt o Antiochia.
Gosodasant y rhain gerbron yr apostolion, ac wedi gweddïo 6
rhoesant hwythau eu dwylo arnynt.

Yr oedd Gair Duw'n mynd ar gynnydd. Yr oedd nifer y 7
disgyblion yn Jerwsalem yn lluosogi'n ddirfawr, a thyrfa fawr
o'r offeiriaid hefyd yn ufuddhau i'r ffydd.

Dal Steffan

Yr oedd Steffan, yn llawn gras a nerth, yn gwneud rhyfedd- 8

(as it was called), which included Jews from Cyrene and Alexandria.
They and other Jews from the provinces of Cilicia and Asia started
arguing with Stephen. 10 But the Spirit gave Stephen such wisdom
that when he spoke, they could not refute him. 11 So they bribed
some men to say, "We heard him speaking against Moses and against
God!" 12 In this way they stirred up the people, the elders, and
the teachers of the Law. They seized Stephen and took him before
the Council. 13 Then they brought in some men to tell lies about
him. "This man," they said, "is always talking against our sacred
Temple and the Law of Moses. 14 We heard him say that this Jesus
of Nazareth will tear down the Temple and change all the customs
which have come down to us from Moses!" 15 All those sitting in
the Council fixed their eyes on Stephen and saw that his face looked
like the face of an angel.

Stephen's Speech

7 The High Priest asked Stephen, "Is this true?"
2 Stephen answered, "Brothers and fathers, listen to me! Before
our ancestor Abraham had gone to live in Haran, the God of glory
appeared to him in Mesopotamia 3 and said to him, 'Leave your
family and country and go to the land that I will show you.' 4 And
so he left his country and went to live in Haran. After Abraham's
father died, God made him move to this land where you now live.
5 God did not then give Abraham any part of it as his own, not
even a square metre of ground, but God promised to give it to
him, and that it would belong to him and to his descendants. At
the time God made this promise, Abraham had no children. 6 This
is what God said to him: 'Your descendants will live in a foreign
country, where they will be slaves and will be badly treated for
four hundred years. 7 But I will pass judgement on the people that they
will serve, and afterwards they will come out of that country and will
worship me in this place.' 8 Then God gave Abraham the ceremony of
circumcision as a sign of the covenant. So Abraham circumcised
Isaac a week after he was born; Isaac circumcised his son Jacob,
and Jacob circumcised his twelve sons, the famous ancestors of our
race.

9 "Jacob's sons became jealous of their brother Joseph and sold
him to be a slave in Egypt. But God was with him 10 and brought
him safely through all his troubles. When Joseph appeared before
the king of Egypt, God gave him a pleasing manner and wisdom,
and the king made Joseph governor over the country and the royal
household. 11 Then there was a famine all over Egypt and Canaan,
which caused much suffering. Our ancestors could not find any food.

odau ac arwyddion mawr ymhlith y bobl. Ond daeth rhai o 9
aelodau'r synagog a elwid yn Synagog y Libertiniaid a'r
Cyreniaid a'r Alexandriaid, a rhai o wŷr Cilicia ac Asia, a
dadlau â Steffan, ond ni allent wrthsefyll y ddoethineb a'r 10
Ysbryd yr oedd yn llefaru drwyddynt. Yna annos dynion a 11
wnaethant i ddweud, "Clywsom ef yn llefaru pethau cableddus
yn erbyn Moses a Duw." A chynyrfasant y bobl a'r henuriaid 12
a'r ysgrifenyddion, ac ymosod arno a'i gipio a dod ag ef gerbron
y Sanhedrin, a gosod gau-dystion i ddweud, "Y mae'r dyn yma 13
byth a hefyd yn llefaru pethau yn erbyn y lle sanctaidd hwn a'r
Gyfraith; oherwydd clywsom ef yn dweud y bydd Iesu'r 14
Nasaread yma yn distrywio'r lle hwn, ac yn newid y defodau a
draddododd Moses i ni." A syllodd pawb oedd yn eistedd yn y 15
Sanhedrin arno, a gwelsant ei wyneb ef fel wyneb angel.

Araith Steffan

Gofynnodd yr archoffeiriad: "Ai felly y mae?" Meddai **7** 2
yntau: "Frodyr a thadau, clywch. Ymddangosodd Duw'r
gogoniant i'n tad ni, Abraham, ac yntau ym Mesopotamia cyn
iddo ymsefydlu yn Charan, a dywedodd wrtho, 'Dos allan o'th 3
wlad ac oddi wrth dy berthnasau, a thyrd i'r wlad a ddangosaf
iti.' Yna fe aeth allan o wlad y Chaldeaid, ac ymsefydlodd yn 4
Charan. Oddi yno, wedi i'w dad farw, fe symudodd Duw ef
i'r wlad hon, lle'r ydych chwi'n preswylio yn awr. Eto ni roes 5
iddo etifeddiaeth ynddi, naddo, ddim troedfedd. Addo a
wnaeth ei rhoi iddo ef i'w meddiannu, ac i'w ddisgynyddion ar
ei ôl, ac yntau heb blentyn. Llefarodd Duw fel hyn: 'Bydd ei 6
ddisgynyddion yn alltudion mewn gwlad ddieithr, a chânt eu
caethiwo a'u cam-drin am bedwar can mlynedd. Ac mi rof 7
farn ar y genedl y byddant hwy yn gaethion iddi,' meddai Duw,
'ac wedi hynny dônt allan, ac addolant fi yn y lle hwn.' A 8
rhoddodd iddo gyfamod enwaediad. Felly wedi geni iddo Isaac
enwaedodd arno yr wythfed dydd. Ac i Isaac fe aned Jacob, ac
i Jacob y deuddeg patriarch.

"Cenfigennodd y patriarchiaid wrth Joseff a'i werthu i'r 9
Aifft. Ond yr oedd Duw gydag ef, ac achubodd ef o'i holl 10
gyfyngderau, a rhoddodd iddo ffafr a doethineb yng ngolwg
Pharo, brenin yr Aifft, a gosododd yntau ef yn llywodraethwr
dros yr Aifft a thros ei holl dŷ. Daeth newyn ar yr Aifft i gyd ac 11
ar Ganaan; yr oedd yn gyfyngder mawr, ac ni allai ein tadau

[12]and when Jacob heard that there was corn in Egypt, he sent his
sons, our ancestors, on their first visit there. [13]On the second visit
Joseph made himself known to his brothers, and the king of Egypt
came to know about Joseph's family. [14]So Joseph sent a message
to his father Jacob, telling him and the whole family, seventy-five
people in all, to come to Egypt. [15]Then Jacob went to Egypt, where
he and his sons died. [16]Their bodies were taken to Shechem, where
they were buried in the grave which Abraham had bought from
the clan of Hamor for a sum of money.

17 "When the time drew near for God to keep the promise he
had made to Abraham, the number of our people in Egypt had
grown much larger. [18]At last a king who did not know about Joseph
began to rule in Egypt. [19]He tricked our ancestors and was cruel
to them, forcing them to put their babies out of their homes, so
that they would die. [20]It was at this time that Moses was born,
a very beautiful child. He was cared for at home for three months,
[21]and when he was put out of his home, the king's daughter adopted
him and brought him up as her own son. [22]He was taught all the
wisdom of the Egyptians and became a great man in words and
deeds.

23 "When Moses was forty years old, he decided to find out how
his fellow-Israelites were being treated. [24]He saw one of them being ill-
treated by an Egyptian, so he went to his help and took revenge on
the Egyptian by killing him. [25](He thought that his own people would
understand that God was going to use him to set them free, but they
did not understand.) [26]The next day he saw two Israelites fighting, and
he tried to make peace between them. 'Listen, men,' he said, 'you are
fellow-Israelites; why are you fighting like this?' [27]But the one who
was ill-treating the other pushed Moses aside. 'Who made you ruler
and judge over us?' he asked. [28]'Do you want to kill me, just as
you killed that Egyptian yesterday?' [29]When Moses heard this, he fled
from Egypt and went to live in the land of Midian. There he had two
sons.

30 "After forty years had passed, an angel appeared to Moses in
the flames of a burning bush in the desert near Mount Sinai. [31]Moses
was amazed by what he saw, and went near the bush to get a better
look. But he heard the Lord's voice: [32]'I am the God of your ancestors,
the God of Abraham, Isaac, and Jacob.' Moses trembled with fear
and dared not look. [33]The Lord said to him, 'Take your sandals
off, for the place where you are standing is holy ground. [34]I have

gael lluniaeth. Ond clywodd Jacob fod bwyd yn yr Aifft, ac 12
anfonodd ein tadau yno y tro cyntaf. Yr ail dro fe adnabuwyd 13
Joseff gan ei frodyr, a daeth tylwyth Joseff yn hysbys i Pharo.
Anfonodd Joseff, a galw Jacob ei dad ato, a'i holl berthnasau, 14
yn bymtheg a thrigain o bersonau. Ac aeth Jacob i lawr i'r Aifft. 15
Bu farw, ef a'n tadau, a throsglwyddwyd hwy i Sichem, a'u 16
claddu yn y bedd yr oedd Abraham wedi ei brynu am arian
gan feibion Emor yn Sichem.

"Fel yr oedd yr amser yn agosáu i gyflawni'r addewid yr 17
oedd Duw wedi ei rhoi i Abraham, cynyddodd y bobl a lluosogi
yn yr Aifft, nes i frenin gwahanol godi ar yr Aifft, un na wyddai 18
ddim am Joseff. Bu hwn yn ddichellgar wrth ein cenedl ni, gan 19
gam-drin ein tadau, a pheri bwrw eu babanod allan fel na ched-
wid mohonynt yn fyw. Y pryd hwnnw y ganed Moses, ac yr 20
oedd yn blentyn hoff yng ngolwg Duw. Magwyd ef am dri mis
yn nhŷ ei dad, a phan fwriwyd ef allan, cymerodd merch Pharo 21
ef ati, a'i fagu yn fab iddi hi ei hun. Hyfforddwyd Moses yn holl 22
ddoethineb yr Eifftwyr, ac yr oedd yn nerthol yn ei eiriau a'i
weithredoedd.

"Yn ystod ei ddeugeinfed flwyddyn, clywodd ar ei galon 23
ymweld â'i frodyr, meibion Israel. Pan welodd un ohonynt yn 24
cael cam, fe'i hamddiffynnodd, a dialodd gam yr hwn oedd
dan orthrwm trwy daro'r Eifftiwr. Yr oedd yn tybio y byddai 25
ei frodyr yn deall fod Duw trwyddo ef yn rhoi gwaredigaeth
iddynt. Ond nid oeddent yn deall. Trannoeth daeth ar eu 26
traws pan oeddent yn ymladd, a cheisiodd eu cymodi a chael
heddwch, gan ddweud, 'Ddynion, brodyr ydych; pam y
gwnewch gam â'ch gilydd?' Ond dyma'r un oedd yn gwneud 27
cam â'i gymydog yn ei wthio i ffwrdd, gan ddweud, 'Pwy a'th
osododd di yn llywodraethwr ac yn farnwr arnom ni? A wyt 28
ti am fy lladd i fel y lleddaist yr Eifftiwr ddoe?' A ffôdd Moses 29
ar y gair hwn, ac aeth yn alltud yn nhir Midian, lle y ganed iddo
ddau fab.

"Ymhen deugain mlynedd, fe ymddangosodd iddo yn anial- 30
wch mynydd Sinai angel mewn fflam dân mewn perth. Pan 31
welodd Moses ef, bu ryfedd ganddo'r olygfa. Wrth iddo nesu i
edrych yn fanwl, daeth llais yr Arglwydd: 'Myfi yw Duw dy 32
dadau, Duw Abraham ac Isaac a Jacob.' Cafodd Moses fraw,
ac ni feiddiodd edrych. Meddai'r Arglwydd wrtho, 'Datod dy 33
esgidiau oddi am dy draed, canys y mae'r lle'r wyt yn sefyll

seen the cruel suffering of my people in Egypt. I have heard their
groans, and I have come down to set them free. Come now; I will
send you to Egypt.'
35 "Moses is the one who was rejected by the people of Israel.
'Who made you ruler and judge over us?' they asked. He is the
one whom God sent to rule the people and set them free with the
help of the angel who appeared to him in the burning bush. 36 He
led the people out of Egypt, performing miracles and wonders in
Egypt and at the Red Sea and for forty years in the desert. 37 Moses
is the one who said to the people of Israel, 'God will send you
a prophet, just as he sent me,[g] and he will be one of your own
people.' 38 He is the one who was with the people of Israel assembled
in the desert; he was there with our ancestors and with the angel
who spoke to him on Mount Sinai, and he received God's living
messages to pass on to us.
39 "But our ancestors refused to obey him; they pushed him aside
and wished that they could go back to Egypt. 40 So they said to
Aaron, 'Make us some gods who will lead us. We do not know
what has happened to that man Moses, who brought us out of Egypt.'
41 It was then that they made an idol in the shape of a bull, offered
sacrifice to it, and had a feast in honour of what they themselves
had made. 42 So God turned away from them and gave them over
to worship the stars of heaven, as it is written in the book of the
prophets: 'People of Israel! It was not to me
that you slaughtered and sacrificed animals
for forty years in the desert.
43 It was the tent of the god Molech that you carried,
and the image of Rephan, your star god;
they were idols that you had made to worship.
And so I will send you into exile beyond Babylon.'
44 "Our ancestors had the Tent of God's presence with them in
the desert. It had been made as God had told Moses to make it,
according to the pattern that Moses had been shown. 45 Later on,
our ancestors who received the tent from their fathers carried it
with them when they went with Joshua and took over the land
from the nations that God drove out as they advanced. And it stayed
there until the time of David. 46 He won God's favour and asked
God to allow him to provide a dwelling place for the God of Jacob.[h]
47 But it was Solomon who built him a house.
48 "But the Most High God does not live in houses built by men;
as the prophet says,

---

[g] just as he sent me; *or* like me.

[h] the God of Jacob; *some manuscripts have* the people of Israel.

arno yn dir sanctaidd. Gwelais, do, gwelais sut y mae fy mhobl 34
sydd yn yr Aifft yn cael eu cam-drin, a chlywais eu griddfan, a
disgynnais i'w gwaredu. Yn awr tyrd, imi gael dy anfon di i'r
Aifft.' Y Moses hwn, y gŵr a wrthodasant gan ddweud, ' Pwy 35
a'th osododd di yn llywodraethwr ac yn farnwr ?'—hwnnw a
anfonodd Duw yn llywodraethwr ac yn rhyddhawr, trwy law'r
angel a ymddangosodd iddo yn y berth. Hwn a'u harweiniodd 36
hwy allan, gan wneud rhyfeddodau ac arwyddion yng ngwlad
yr Aifft ac yn y Môr Coch, ac am ddeugain mlynedd yn yr
anialwch. Hwn yw'r Moses a ddywedodd wrth feibion Israel, 37
' Fe gyfyd Duw broffwyd i chwi o blith eich brodyr, megis y
cododd fi.'* Hwn a fu yn y gynulleidfa yn yr anialwch gyda'r 38
angel a lefarodd wrtho ar fynydd Sinai a chyda'n tadau ni.
Derbyniodd ef oraclau byw i'w rhoi i chwi. Eithr ni fynnodd 39
ein tadau ymddarostwng iddo, ond ei wthio o'r ffordd a
wnaethant, a throi'n ôl yn eu calonnau at yr Aifft, gan ddweud 40
wrth Aaron, ' Gwna i ni dduwiau i fynd o'n blaen; oblegid y
Moses yma, a ddaeth â ni allan o wlad yr Aifft, ni wyddom ni
beth sydd wedi dod ohono.' Gwnaethant lo y pryd hwnnw, 41
ac offrymu aberth i'r eilun, ac ymlawenhau yng nghynnyrch eu
dwylo eu hunain. A throes Duw ymaith, a'u rhoi i fyny i addoli 42
sêr y nef, fel y mae'n ysgrifenedig yn llyfr y proffwydi:

'A offrymasoch i mi laddedigion ac aberthau
am ddeugain mlynedd yn yr anialwch, chwi dŷ Israel ?
Na yn wir, dyrchafasoch babell Moloch, 43
a seren y duw Raiffan,
y delwau a wnaethoch i ymgrymu iddynt.
Alltudiaf chwi y tu hwnt i Fabilon.'

" Yr oedd pabell y dystiolaeth gan ein tadau yn yr anialwch, 44
fel y gorchmynnodd yr hwn a lefarodd wrth Moses ei fod i'w
gwneud yn ôl y patrwm yr oedd wedi ei weld. Daeth ein tadau 45
yn eu tro â hi yma gyda Josua, wrth iddynt oresgyn y cenhedl-
oedd a yrrodd Duw allan o'u blaenau. Ac felly y bu hyd ddydd-
iau Dafydd. Cafodd ef ffafr gerbron Duw, a deisyfodd am gael 46
tabernacl i dŷ* Jacob. Eithr Solomon oedd yr un a adeiladodd 47
dŷ iddo. Ond nid yw'r Goruchaf yn trigo mewn tai o waith 48
llaw; fel y mae'r proffwyd yn dweud:

---

*adn 37: neu, *megis myfi.*

*adn. 46: yn ôl darlleniad arall, *i Dduw.*

49 'Heaven is my throne, says the Lord,
and the earth is my footstool.
What kind of house would you build for me?
Where is the place for me to live in?
50 Did not I myself make all these things?'

51 "How stubborn you are!" Stephen went on to say. "How heathen
your hearts, how deaf you are to God's message! You are just like
your ancestors: you too have always resisted the Holy Spirit! 52 Was
there any prophet that your ancestors did not persecute? They killed
God's messengers, who long ago announced the coming of his
righteous Servant. And now you have betrayed and murdered him.
53 You are the ones who received God's law, that was handed down
by angels—yet you have not obeyed it!"

The Stoning of Stephen

54 As the members of the Council listened to Stephen, they became
furious and ground their teeth at him in anger. 55 But Stephen, full of
the Holy Spirit, looked up to heaven and saw God's glory and Jesus
standing at the right-hand side of God. 56 "Look!" he said. "I see
heaven opened and the Son of Man standing at the right-hand side
of God!"

57 With a loud cry the members of the Council covered their
ears with their hands. Then they all rushed at him at once, 58 threw
him out of the city, and stoned him. The witnesses left their cloaks
in the care of a young man named Saul. 59 They kept on stoning
Stephen as he called out to the Lord, "Lord Jesus, receive my spirit!"
60 He knelt down and cried out in a loud voice, "Lord! Do not
remember this sin against them!" He said this and died.

8 And Saul approved of his murder.

Saul Persecutes the Church

That very day the church in Jerusalem began to suffer cruel persecu-
tion. All the believers, except the apostles, were scattered throughout
the provinces of Judaea and Samaria. 2 Some devout men buried
Stephen, mourning for him with loud cries.

3 But Saul tried to destroy the church; going from house to house, he
dragged out the believers, both men and women, and threw them
into jail.

The Gospel Is Preached in Samaria

4 The believers who were scattered went everywhere, preaching
the message. 5 Philip went to the principal city[i] in Samaria and

---

[i] the principal city; *some manuscripts have* a city.

'Y nef sy'n orsedd imi, 49
a'r ddaear yw troedfainc fy nhraed.
Pa fath dŷ a adeiladwch imi, medd yr Arglwydd;
pa le fydd fy ngorffwysfa ?
Onid fy llaw i a wnaeth y pethau hyn oll ?' 50

" Chwi rai gwargaled a dienwaededig o galon a chlust, yr 51
ydych chwi yn wastad yn gwrthwynebu'r Ysbryd Glân; fel
eich tadau, felly chwithau. Prun o'r proffwydi na fu'ch tadau 52
yn ei erlid ? Ie, lladdasant y rhai a ragfynegodd ddyfodiad yr
Un Cyfiawn. A chwithau yn awr, bradwyr a llofruddion fuoch
iddo ef, chwi y rhai a dderbyniodd y Gyfraith yn ôl cyfarwydd- 53
yd angylion, ac eto ni chadwasoch mohoni."

Llabyddio Steffan

Wrth glywed y pethau hyn aethant yn ffyrnig yn eu calonnau, 54
ac ysgyrnygu eu dannedd arno. Yn llawn o'r Ysbryd Glân, 55
syllodd Steffan tua'r nef a gwelodd ogoniant Duw, ac Iesu'n
sefyll ar ddeheulaw Duw, a dywedodd, " Edrychwch, 'rwy'n 56
gweld y nefoedd yn agored, a Mab y Dyn yn sefyll ar ddeheulaw
Duw." Rhoesant hwythau waedd uchel, a chau eu clustiau, a 57
rhuthro'n unfryd arno, a'i fwrw allan o'r ddinas, a mynd ati i'w 58
labyddio. Dododd y tystion eu dillad wrth draed dyn ifanc o'r
enw Saul. Ac wrth iddynt ei labyddio, yr oedd Steffan yn galw, 59
" Arglwydd Iesu, derbyn fy ysbryd." Yna penliniodd, a 60
gwaeddodd â llais uchel, " Arglwydd, paid â dal y pechod hwn
yn eu herbyn." Ac wedi dweud hynny, fe hunodd. Yr oedd **8**
Saul yn cydsynio â'i lofruddio.

Saul yn Erlid yr Eglwys

Y diwrnod hwnnw dechreuodd erlid mawr ar yr eglwys yn
Jerwsalem. Gwasgarwyd hwy oll, oddieithr yr apostolion,
trwy barthau Jwdea a Samaria. Claddwyd Steffan gan wŷr 2
duwiol, ac yr oeddent yn galarnadu'n uchel amdano. Ond 3
anrheithio'r eglwys yr oedd Saul: mynd i mewn i dŷ ar ôl tŷ, a
llusgo allan wŷr a gwragedd, a'u traddodi i garchar.

Pregethu'r Efengyl yn Samaria

Am y rhai a wasgarwyd, teithiasant gan bregethu'r Gair. 4
Aeth Philip i lawr i'r ddinas* yn Samaria, a dechreuodd gy- 5

*adn. 5: yn ôl darlleniad arall, *i ddinas*.

preached the Messiah to the people there. 6 The crowds paid close
attention to what Philip said, as they listened to him and saw the
miracles that he performed. 7 Evil spirits came out from many people
with a loud cry, and many paralysed and lame people were healed.
8 So there was great joy in that city.

9 A man named Simon lived there, who for some time had astounded
the Samaritans with his magic. He claimed that he was someone
great, 10 and everyone in the city, from all classes of society, paid
close attention to him. "He is that power of God known as 'The
Great Power'," they said. 11 They paid this attention to him because
for such a long time he had astonished them with his magic. 12 But
when they believed Philip's message about the good news of the
Kingdom of God and about Jesus Christ, they were baptized, both
men and women. 13 Simon himself also believed; and after being
baptized, he stayed close to Philip and was astounded when he saw
the great wonders and miracles that were being performed.

14 The apostles in Jerusalem heard that the people of Samaria
had received the word of God, so they sent Peter and John to them.
15 When they arrived, they prayed for the believers that they might
receive the Holy Spirit. 16 For the Holy Spirit had not yet come
down on any of them; they had only been baptized in the name
of the Lord Jesus. 17 Then Peter and John placed their hands on
them, and they received the Holy Spirit.

18 Simon saw that the Spirit had been given to the believers when the
apostles placed their hands on them. So he offered money to Peter and
John, 19 and said, "Give this power to me too, so that anyone I
place my hands on will receive the Holy Spirit."

20 But Peter answered him, "May you and your money go to
hell, for thinking that you can buy God's gift with money! 21 You
have no part or share in our work, because your heart is not right
in God's sight. 22 Repent, then, of this evil plan of yours, and pray
to the Lord that he will forgive you for thinking such a thing as
this. 23 For I see that you are full of bitter envy and are a prisoner
of sin."

24 Simon said to Peter and John, "Please pray to the Lord for
me, so that none of these things you spoke of will happen to me."

25 After they had given their testimony and proclaimed the Lord's
message, Peter and John went back to Jerusalem. On their way
they preached the Good News in many villages of Samaria.

hoeddi'r Meseia iddynt. Yr oedd y tyrfaoedd yn dal yn unfryd 6
ar eiriau Philip, wrth glywed a gweld yr arwyddion yr oedd yn
eu gwneud; oherwydd yr oedd ysbrydion aflan yn dod allan o 7
lawer oedd wedi eu meddiannu ganddynt, gan weiddi â llais
uchel, ac iachawyd llawer o rai wedi eu parlysu ac o rai cloff.
A bu llawenydd mawr yn y ddinas honno. 8

Yr oedd rhyw ŵr o'r enw Simon eisoes yn y ddinas, yn 9
dewinio ac yn synnu cenedl Samaria. Yr oedd yn dweud ei fod
yn rhywun mawr, ac yr oedd pawb, o fawr i fân, yn dal sylw 10
arno ac yn dweud, " Hwn yw'r gallu dwyfol a elwir Y Gallu
Mawr." Yr oeddent yn dal sylw arno am ei fod ers talwm yn 11
eu synnu â'i ddewiniaeth. Ond wedi iddynt gredu Philip a'i 12
newydd da am deyrnas Dduw ac enw Iesu Grist, dechreuwyd
eu bedyddio hwy, yn wŷr a gwragedd. Credodd Simon ei hun 13
hefyd, ac wedi ei fedyddio yr oedd yn glynu'n ddyfal wrth
Philip; wrth weld arwyddion a grymusterau mawr yn cael eu
cyflawni, yr oedd yn synnu.

Pan glywodd yr apostolion yn Jerwsalem fod Samaria wedi 14
derbyn Gair Duw, anfonasant atynt Pedr ac Ioan, ac wedi 15
iddynt hwy ddod i lawr yno, gweddïasant drostynt ar iddynt
dderbyn yr Ysbryd Glân, oherwydd nid oedd eto wedi disgyn 16
ar neb ohonynt, dim ond eu bod wedi eu bedyddio i enw yr
Arglwydd Iesu. Yna rhoes Pedr ac Ioan eu dwylo arnynt, a 17
derbyniasant yr Ysbryd Glân. Pan welodd Simon mai trwy 18
arddodiad dwylo'r apostolion y rhoddid yr Ysbryd, daeth ag
arian iddynt, a dywedodd, " Rhowch y gallu yma i minnau, fel 19
y bydd i bwy bynnag y rhof fy nwylo arno dderbyn yr Ysbryd
Glân." Ond dywedodd Pedr wrtho, " Melltith arnat ti a'th 20
arian, am iti feddwl meddiannu rhodd Duw trwy dalu amdani!
Nid oes iti ran na chyfran yn hyn o beth, oblegid nid yw dy 21
galon yn uniawn yng ngolwg Duw. Felly edifarha am y 22
drygioni hwn o'r eiddot, ac erfyn ar yr Arglwydd, i weld a
faddeuir i ti feddylfryd dy galon, oherwydd 'rwy'n gweld dy 23
fod yn llawn chwerwder ac yn gaeth i anwiredd." Atebodd 24
Simon, " Gweddïwch chwi drosof fi ar yr Arglwydd, fel na
ddaw arnaf ddim o'r pethau a ddywedsoch."

Hwythau, wedi iddynt dystiolaethu a llefaru gair yr 25
Arglwydd, cychwynasant yn ôl i Jerwsalem, a chyhoeddi'r
newydd da i lawer o bentrefi'r Samariaid.

Philip and the Ethiopian Official

26 An angel of the Lord said to Philip, "Get ready and go south[j] to
the road that goes from Jerusalem to Gaza." (This road is not used now-
adays.)[k] 27-28 So Philip got ready and went. Now an Ethiopian eunuch,
who was an important official in charge of the treasury of the queen
of Ethiopia, was on his way home. He had been to Jerusalem to
worship God and was going back home in his carriage. As he rode
along, he was reading from the book of the prophet Isaiah. 29 The Holy
Spirit said to Philip, "Go over to that carriage and stay close to
it." 30 Philip ran over and heard him reading from the book of the
prophet Isaiah. He asked him, "Do you understand what you are read-
ing?"

31 The official replied, "How can I understand unless someone
explains it to me?" And he invited Philip to climb up and sit in
the carriage with him. 32 The passage of scripture which he was
reading was this:

"Like a sheep that is taken to be slaughtered,
  like a lamb that makes no sound when its wool is cut off,
  he did not say a word.
33 He was humiliated, and justice was denied him.
  No one will be able to tell about his descendants,
  because his life on earth has come to an end."

34 The official asked Philip, "Tell me, of whom is the prophet
saying this? Of himself or of someone else?" 35 Then Philip began
to speak; starting from this passage of scripture, he told him the
Good News about Jesus. 36 As they travelled down the road, they
came to a place where there was some water, and the official said,
"Here is some water. What is to keep me from being baptized?"[l]

38 The official ordered the carriage to stop, and both Philip and
the official went down into the water, and Philip baptized him. 39 When
they came up out of the water, the Spirit of the Lord took Philip
away. The official did not see him again, but continued on his way,
full of joy. 40 Philip found himself in Ashdod; he went on to Caesarea,
and on the way he preached the Good News in every town.

---

[j] south; *or* at midday.

[k] This road is not used nowadays; *or* This is the desert road.

[l] *Some manuscripts add verse 37:* Philip said to him, "You may be baptized if you believe with all your heart." "I do," he answered; "I believe that Jesus Christ is the Son of God."

Philip a'r Eunuch o Ethiopia

Llefarodd angel yr Arglwydd wrth Philip: " Cod," meddai, 26
" a chymer daith tua'r de, i'r ffordd sy'n mynd i lawr o Jerwsa-
lem i Gasa." Ffordd anial yw hon. Cododd yntau ac aeth. A 27
dyma ŵr o Ethiop, eunuch, swyddog uchel i Candace, brenhines
yr Ethiopiaid, ac yn ben ar ei holl drysor hi; yr oedd hwn
wedi dod i Jerwsalem i addoli, ac yr oedd yn dychwelyd ac yn 28
eistedd yn ei gerbyd, yn darllen y proffwyd Eseia. Dywedodd 29
yr Ysbryd wrth Philip, " Dos a glŷn wrth y cerbyd yna."
Rhedodd Philip ato a chlywodd ef yn darllen y proffwyd Eseia, 30
ac meddai, " A wyt ti'n deall, tybed, beth yr wyt yn ei
ddarllen ?" Meddai yntau, " Wel, sut y gallwn i, heb i rywun 31
fy nghyfarwyddo ?" Gwahoddodd Philip i ddod i fyny ac
eistedd gydag ef. A hon oedd yr adran o'r Ysgrythur yr oedd 32
yn ei darllen :

" Aethpwyd ag ef fel dafad i'r lladdfa,
ac fel y mae oen yn fud gerbron ei gneifiwr,
felly nid yw'n agor ei enau.
Yn ei ddarostyngiad gomeddwyd iddo farn. 33
Pwy a draetha ei genhedlaeth ?
Canys cipir ei fywyd oddi ar y ddaear."

Meddai'r eunuch wrth Philip, " Dywed i mi, am bwy y 34
mae'r proffwyd yn dweud hyn ? Ai amdano'i hun, ai am rywun
arall ?" Yna agorodd Philip ei enau, a chan ddechrau o'r rhan 35
hon o'r Ysgrythur traethodd y newydd da am Iesu iddo. Fel 36
yr oeddent yn mynd rhagddynt ar eu ffordd, daethant at ryw
ddŵr, ac ebe'r eunuch, " Dyma ddŵr; beth sy'n rhwystro imi
gael fy medyddio ?"* A gorchmynnodd i'r cerbyd sefyll, ac 38
aethant i lawr ill dau i'r dŵr, Philip a'r eunuch, ac fe'i bedydd-
iodd ef. Pan ddaethant i fyny o'r dŵr, cipiwyd Philip ymaith 39
gan Ysbryd yr Arglwydd, ac ni welodd yr eunuch mohono
mwyach; aeth hwnnw ymlaen ar ei ffordd yn llawen. Cafodd 40
Philip ei hun yn Asotus, ac aeth o gwmpas dan gyhoeddi'r
newydd da yn yr holl ddinasoedd nes iddo ddod i Gesarea.

---

*adn. 36: ychwanega rhai llawysgrifau adn. 37: *Dywedodd Philip,* "*Os wyt yn credu â'th holl galon, fe elli.*" *Atebodd yntau,* "*Yr wyf yn credu mai Mab Duw yw Iesu Grist.*"

The Conversion of Saul
(Acts 22.6-16; 26.12-18)

9 In the meantime Saul kept up his violent threats of murder
against the followers of the Lord. He went to the High Priest
2 and asked for letters of introduction to the synagogues in Damascus,
so that if he should find there any followers of the Way of the
Lord, he would be able to arrest them, both men and women, and
bring them back to Jerusalem.
3 As Saul was coming near the city of Damascus, suddenly a light
from the sky flashed round him. 4 He fell to the ground and heard
a voice saying to him, "Saul, Saul! Why do you persecute me?"
5 "Who are you, Lord?" he asked.
"I am Jesus, whom you persecute," the voice said. 6 "But get up and
go into the city, where you will be told what you must do."
7 The men who were travelling with Saul had stopped, not saying
a word; they heard the voice but could not see anyone. 8 Saul got
up from the ground and opened his eyes, but could not see a thing.
So they took him by the hand and led him into Damascus. 9 For
three days he was not able to see, and during that time he did
not eat or drink anything.
10 There was a Christian in Damascus named Ananias. He had
a vision, in which the Lord said to him, "Ananias!"
"Here I am, Lord," he answered.
11 The Lord said to him, "Get ready and go to Straight Street,
and at the house of Judas ask for a man from Tarsus named Saul.
He is praying, 12 and in a vision he has seen a man named Ananias
come in and place his hands on him so that he might see again."
13 Ananias answered, "Lord, many people have told me about
this man and about all the terrible things he has done to your people
in Jerusalem. 14 And he has come to Damascus with authority from
the chief priests to arrest all who worship you."
15 The Lord said to him, "Go, because I have chosen him to
serve me, to make my name known to Gentiles and kings and to
the people of Israel. 16 And I myself will show him all that he must
suffer for my sake."
17 So Ananias went, entered the house where Saul was, and placed
his hands on him. "Brother Saul," he said, "the Lord has sent me—
Jesus himself, who appeared to you on the road as you were coming
here. He sent me so that you might see again and be filled with
the Holy Spirit." 18 At once something like fish scales fell from Saul's
eyes, and he was able to see again. He stood up and was baptized;
19 and after he had eaten, his strength came back.

Tröedigaeth Saul
(Act 22.6-16; 26.12-18)

Yr oedd Saul yn dal i chwythu bygythion angheuol yn erbyn 9
disgyblion yr Arglwydd, ac fe aeth at yr archoffeiriad a gofyn 2
iddo am lythyrau at y synagogau yn Namascus, fel os byddai'n
cael hyd i rywrai o bobl y Ffordd, yn wŷr neu'n wragedd, y
gallai eu dal a dod â hwy i Jerwsalem. Pan oedd ar ei daith ac 3
yn agosáu at Ddamascus, yn sydyn fflachiodd o'i amgylch
oleuni o'r nef. Syrthiodd ar lawr, a chlywodd lais yn dweud 4
wrtho, "Saul, Saul, pam yr wyt yn fy erlid i?" Dywedodd 5
yntau, "Pwy wyt ti, Arglwydd?" Ac ebe'r llais, "Iesu wyf fi,
yr hwn yr wyt ti yn ei erlid. Ond cod, a dos i mewn i'r ddinas, 6
ac fe ddywedir wrthyt beth sy raid iti ei wneud." Yr oedd y 7
dynion oedd yn cyd-deithio ag ef yn sefyll yn fud, yn clywed y
llais ond heb weld neb. Cododd Saul oddi ar lawr, ond er bod 8
ei lygaid yn agored ni allai weld dim. Arweiniasant ef gerfydd
ei law i mewn i Ddamascus. Bu am dridiau heb weld, ac ni 9
chymerodd na bwyd na diod.

Yr oedd rhyw ddisgybl yn Namascus o'r enw Ananias, a dy- 10
wedodd yr Arglwydd wrtho ef mewn gweledigaeth, "Ananias."
Dywedodd yntau, "Dyma fi, Arglwydd." Ac meddai'r Ar- 11
glwydd wrtho, "Cod, a dos i'r stryd a elwir Y Stryd Union,
a gofyn yn nhŷ Jwdas am ddyn o Darsus o'r enw Saul; cei
hyd iddo yno, yn gweddïo; ac y mae wedi gweld mewn 12
gweledigaeth ddyn o'r enw Ananias yn dod i mewn ac yn rhoi
ei ddwylo arno i roi ei olwg yn ôl iddo." Atebodd Ananias, 13
"Arglwydd, yr wyf wedi clywed gan lawer am y dyn hwn, faint
o ddrwg y mae wedi ei wneud i'th saint di yn Jerwsalem. Yma 14
hefyd y mae ganddo awdurdod oddi wrth y prif offeiriaid i ddal
pawb sy'n galw ar dy enw di." Ond dywedodd yr Arglwydd 15
wrtho, "Dos di; llestr dewis i mi yw hwn, i ddwyn fy enw
gerbron y Cenhedloedd a'u brenhinoedd, a gerbron meibion
Israel. Dangosaf fi iddo faint sy raid iddo'i ddioddef dros fy 16
enw i." Aeth Ananias ymaith ac i mewn i'r tŷ, a rhoddodd ei 17
ddwylo arno a dweud, "Y brawd Saul, yr Arglwydd sydd wedi
fy anfon—sef Iesu, yr un a ymddangosodd iti ar dy ffordd yma
—er mwyn iti gael dy olwg yn ôl, a'th lenwi â'r Ysbryd
Glân." Yn y fan syrthiodd rhywbeth fel cen oddi ar ei lygaid, 18
a chafodd ei olwg yn ôl. Cododd, ac fe'i bedyddiwyd, a 19
chymerodd luniaeth ac ymgryfhaodd.

Saul Preaches in Damascus

Saul stayed for a few days with the believers in Damascus. 20 He went
straight to the synagogues and began to preach that Jesus was the
Son of God.

21 All who heard him were amazed and asked, "Isn't he the one
who in Jerusalem was killing those who worship that man Jesus?
And didn't he come here for the very purpose of arresting those
people and taking them back to the chief priests?"

22 But Saul's preaching became even more powerful, and his proofs
that Jesus was the Messiah were so convincing that the Jews who
lived in Damascus could not answer him.

23 After many days had gone by, the Jews met together and made
plans to kill Saul, 24 but he was told of their plan. Day and night
they watched the city gates in order to kill him. 25 But one night
Saul's followers took him and let him down through an opening
in the wall, lowering him in a basket.

Saul in Jerusalem

26 Saul went to Jerusalem and tried to join the disciples. But they
would not believe that he was a disciple, and they were all afraid of
him. 27 Then Barnabas came to his help and took him to the apostles.
He explained to them how Saul had seen the Lord on the road
and that the Lord had spoken to him. He also told them how boldly
Saul had preached in the name of Jesus in Damascus. 28 And so
Saul stayed with them and went all over Jerusalem, preaching boldly
in the name of the Lord. 29 He also talked and disputed with the
Greek-speaking Jews, but they tried to kill him. 30 When the believers
found out about this, they took Saul to Caesarea and sent him away
to Tarsus.

31 And so it was that the church throughout Judaea, Galilee, and
Samaria had a time of peace. Through the help of the Holy Spirit
it was strengthened and grew in numbers, as it lived in reverence
for the Lord.

Peter in Lydda and Joppa

32 Peter travelled everywhere, and on one occasion he went to
visit God's people who lived in Lydda. 33 There he met a man named
Aeneas, who was paralysed and had not been able to get out of

Saul yn Pregethu yn Namascus

Bu gyda'r disgyblion oedd yn Namascus am rai dyddiau, ac 20
ar unwaith dechreuodd bregethu Iesu yn y synagogau, a
chyhoeddi mai Mab Duw oedd ef. Yr oedd pawb oedd yn ei 21
glywed yn rhyfeddu. " Onid dyma'r dyn," meddent, " a
wnaeth ddifrod yn Jerwsalem ar y rhai sy'n galw ar yr enw hwn?
Ac onid i hyn yr oedd wedi dod yma, sef i fynd â hwy yn rhwym
at y prif offeiriaid ?" Ond yr oedd Saul yn ymrymuso fwyfwy, 22
ac yn drysu'r Iddewon oedd yn byw yn Namascus wrth brofi
mai Iesu oedd y Meseia.

Saul yn Dianc rhag yr Iddewon

Fel yr oedd dyddiau lawer yn mynd heibio, cynllwyniodd yr 23
Iddewon i'w ladd. Ond daeth eu cynllwyn yn hysbys i Saul. 24
Yr oeddent hefyd yn gwylio'r pyrth ddydd a nos er mwyn ei
ladd ef. Ond cymerodd ei ddisgyblion ef yn y nos a'i ollwng i 25
lawr y mur, gan ei ostwng mewn basged.

Saul yn Jerwsalem

Wedi iddo gyrraedd Jerwsalem ceisiodd ymuno â'r disgybl- 26
ion; ond yr oedd ar bawb ei ofn, gan nad oeddent yn credu ei
fod yn ddisgybl. Ond cymerodd Barnabas ef a mynd ag ef at 27
yr apostolion, ac adroddodd wrthynt fel yr oedd wedi gweld yr
Arglwydd ar y ffordd, ac iddo siarad ag ef, ac fel yr oedd wedi
llefaru yn hy yn Namascus yn enw Iesu. Bu gyda hwy, yn 28
mynd i mewn ac allan yn Jerwsalem, gan lefaru'n hy yn enw yr
Arglwydd; byddai'n siarad ac yn dadlau gyda'r Helenistiaid, 29
ond yr oeddent hwy'n ceisio'i ladd ef. Pan ddaeth y brodyr i 30
wybod, aethant ag ef i lawr i Gesarea, a'i anfon ymaith i
Darsus.

Yr oedd yr eglwys yn awr, drwy holl Jwdea a Galilea a 31
Samaria, yn cael heddwch. Yr oedd yn ymgyfnerthu, a thrwy
rodio yn ofn yr Arglwydd ac yn niddanwch yr Ysbryd Glân yn
mynd ar gynnydd.

Iacháu Aeneas

Pan oedd Pedr yn mynd ar daith ac yn galw heibio i bawb, fe 32
ddaeth i lawr at y saint oedd yn trigo yn Lyda. Yno cafodd ryw 33
ddyn o'r enw Aeneas, a oedd yn gorwedd ers wyth mlynedd ar

bed for eight years. 34 "Aeneas," Peter said to him, "Jesus Christ
makes you well. Get up and make your bed." At once Aeneas got
up. 35 All the people living in Lydda and Sharon saw him, and they
turned to the Lord.

36 In Joppa there was a woman named Tabitha, who was a believer.
(Her name in Greek is Dorcas, meaning "a deer.") She spent all
her time doing good and helping the poor. 37 At that time she became
ill and died. Her body was washed and laid in a room upstairs.
38 Joppa was not very far from Lydda, and when the believers in
Joppa heard that Peter was in Lydda, they sent two men to him
with the message, "Please hurry and come to us." 39 So Peter got
ready and went with them. When he arrived, he was taken to the
room upstairs, where all the widows crowded round him, crying
and showing him all the shirts and coats that Dorcas had made
while she was alive. 40 Peter put them all out of the room, and
knelt down and prayed; then he turned to the body and said, "Tabitha,
get up!" She opened her eyes, and when she saw Peter, she sat
up. 41 Peter reached over and helped her get up. Then he called all
the believers, including the widows, and presented her alive to them.
42 The news about this spread all over Joppa, and many people believed
in the Lord. 43 Peter stayed on in Joppa for many days with a leather-
worker named Simon.

Peter and Cornelius

10 There was a man in Caesarea named Cornelius, who was
a captain in the Roman regiment called "The Italian Regi-
ment." 2 He was a religious man; he and his whole family worshipped
God. He also did much to help the Jewish poor people and was
constantly praying to God. 3 It was about three o'clock one afternoon
when he had a vision, in which he clearly saw an angel of God
come in and say to him, "Cornelius!"

4 He stared at the angel in fear and said, "What is it, sir?"

The angel answered, "God is pleased with your prayers and works
of charity, and is ready to answer you. 5 And now send some men
to Joppa for a certain man whose full name is Simon Peter. 6 He
is a guest in the home of a leather-worker named Simon, who lives

ei wely, wedi ei barlysu. Dywedodd Pedr wrtho, "Aeneas, y 34
mae Iesu Grist yn dy iacháu di; cod, a chyweiria dy wely."
Ac yn y fan fe gododd. Gwelodd holl drigolion Lyda a Saron 35
ef, a throesant at yr Arglwydd.

Adfer Bywyd Dorcas

Yr oedd yn Jopa ryw ddisgybl o'r enw Tabitha; ystyr hyn, 36
o'i gyfieithu, yw Dorcas.* Yr oedd hon yn llawn o weithred-
oedd da ac o elusennau. Yr adeg honno fe glafychodd, a bu 37
farw. Golchasant ei chorff a'i roi i orwedd mewn ystafell ar y
llofft. A chan fod Lyda yn agos i Jopa, pan glywodd y disgybl- 38
ion fod Pedr yno, anfonasant ddau ddyn ato i ddeisyf arno,
"Tyrd drosodd atom heb oedi." Cododd Pedr ac aeth gyda 39
hwy. Wedi iddo gyrraedd, aethant ag ef i fyny i'r ystafell, a
safodd yr holl wragedd gweddwon yn ei ymyl dan wylo a
dangos y crysau a'r holl ddillad yr oedd Dorcas wedi eu gwneud
pan oedd gyda hwy. Ond trodd Pedr bawb allan, a phenliniodd 40
a gweddïo, a chan droi at y corff meddai, "Tabitha, cod."
Agorodd hithau ei llygaid, a phan welodd Pedr, cododd ar ei
heistedd. Rhoddodd yntau ei law iddi a'i chodi, a galwodd y 41
saint a'r gwragedd gweddwon, a'i chyflwyno iddynt yn fyw.
Aeth y peth yn hysbys drwy Jopa i gyd, a daeth llawer i gredu 42
yn yr Arglwydd. Arhosodd Pedr am beth amser yn Jopa gyda 43
rhyw farcer o'r enw Simon.

Pedr a Cornelius

Yr oedd rhyw ŵr yng Nghesarea o'r enw Cornelius, canwriad **10**
o'r fintai Italaidd, fel y gelwid hi; gŵr defosiynol ydoedd, yn 2
ofni Duw, ef a'i holl deulu. Byddai'n rhoi elusennau lawer i'r
bobl Iddewig, ac yn gweddïo ar Dduw yn gyson. Tua thri o'r 3
gloch y prynhawn, gwelodd yn eglur mewn gweledigaeth angel
Duw yn dod i mewn ato ac yn dweud wrtho, "Cornelius."
Syllodd yntau arno a brawychodd, ac meddai, "Beth sydd, 4
f'Arglwydd?" Dywedodd yr angel wrtho, "Y mae dy weddïau
a'th elusennau wedi esgyn yn offrwm coffa gerbron Duw. Ac 5
yn awr anfon ddynion i Jopa i gyrchu dyn o'r enw Simon, a
gyfenwir Pedr. Y mae hwn yn lletya gyda rhyw farcer o'r enw 6

*adn. 36: enw Groeg yn golygu *Gafrewig*.

by the sea." [7]Then the angel went away, and Cornelius called two
of his house servants and a soldier, a religious man who was one
of his personal attendants. [8]He told them what had happened and
sent them off to Joppa.

9 The next day, as they were on their way and coming near Joppa,
Peter went up on the roof of the house about noon in order to
pray. [10]He became hungry and wanted something to eat; while the
food was being prepared, he had a vision. [11]He saw heaven opened
and something coming down that looked like a large sheet being
lowered by its four corners to the earth. [12]In it were all kinds of
animals, reptiles, and wild birds. [13]A voice said to him, "Get up,
Peter; kill and eat!"

14 But Peter said, "Certainly not, Lord! I have never eaten anything
ritually unclean or defiled."

15 The voice spoke to him again, "Do not consider anything unclean
that God has declared clean." [16]This happened three times, and then
the thing was taken back up into heaven.

17 While Peter was wondering about the meaning of this vision,
the men sent by Cornelius had learnt where Simon's house was,
and they were now standing in front of the gate. [18]They called out
and asked, "Is there a guest here by the name of Simon Peter?"

19 Peter was still trying to understand what the vision meant, when
the Spirit said, "Listen! Three[m] men are here looking for you. [20]So get
ready and go down, and do not hesitate to go with them, for I
have sent them." [21]So Peter went down and said to the men, "I
am the man you are looking for. Why have you come?"

22 "Captain Cornelius sent us," they answered. "He is a good
man who worships God and is highly respected by all the Jewish
people. An angel of God told him to invite you to his house, so
that he could hear what you have to say." [23]Peter invited the men
in and persuaded them to spend the night there.

The next day he got ready and went with them; and some of
the believers from Joppa went along with him. [24]The following day
he arrived in Caesarea, where Cornelius was waiting for him, together
with relatives and close friends that he had invited. [25]As Peter was
about to go in, Cornelius met him, fell at his feet, and bowed down
before him. [26]But Peter made him rise. "Stand up," he said; "I
myself am only a man." [27]Peter kept on talking to Cornelius as
he went into the house, where he found many people gathered. [28]He
said to them, "You yourselves know very well that a Jew is not

---

[m]Three; *some manuscripts have* Some; *one manuscript has* Two.

Simon, sydd â'i dŷ wrth y môr." Wedi i'r angel oedd yn llefaru 7
wrtho ymadael, galwodd ddau o'r gweision tŷ a milwr defos-
iynol, un o'i weision agos, ac adroddodd y cwbl wrthynt a'u 8
hanfon i Jopa.

Trannoeth, pan oedd y rhain ar eu taith ac yn agosáu at y 9
ddinas, aeth Pedr i fyny ar y to i weddïo, tua chanol dydd.
Daeth chwant bwyd arno ac eisiau cael pryd; a thra oeddent 10
yn ei baratoi, llewygodd. Gwelodd y nef yn agored, a rhyw- 11
beth fel hwyl fawr yn disgyn ac yn cael ei ollwng wrth bedair
congl tua'r ddaear. O'i fewn yr oedd holl bedwarcarnolion ac 12
ymlusgiaid y ddaear ac ehediaid y nef. A daeth llais ato, " Cod, 13
Pedr, lladd a bwyta ". Dywedodd Pedr, " Na, na, Arglwydd; 14
nid wyf fi erioed wedi bwyta dim halogedig nac aflan." A 15
thrachefn eilwaith meddai'r llais wrtho, " Yr hyn y mae Duw
wedi ei lanhau, paid ti â'i alw'n halogedig." Digwyddodd hyn 16
deirgwaith; yna yn sydyn cymerwyd y peth i fyny i'r nef.

Tra oedd Pedr yn amau ynddo'i hun beth allai ystyr y wele- 17
digaeth fod, dyma'r dynion oedd wedi eu hanfon gan Cornelius,
wedi iddynt holi am dŷ Simon, yn dod a sefyll wrth y drws.
Galwasant a gofyn, " A yw Simon, a gyfenwir Pedr, yn lletya 18
yma ?" Tra oedd Pedr yn synfyfyrio ynghylch y weledigaeth, 19
dywedodd yr Ysbryd, " Y mae yma ddau ddyn yn chwilio
amdanat. Cod, dos i lawr, a dos gyda hwy heb amau dim, 20
oherwydd myfi sydd wedi eu hanfon." Aeth Pedr i lawr at y 21
dynion, ac meddai, " Dyma fi, y dyn yr ydych yn chwilio am-
dano. Pam y daethoch yma?" Meddent hwythau, " Y canwr- 22
iad Cornelius, gŵr cyfiawn sy'n ofni Duw ac sydd â gair da
iddo gan holl genedl yr Iddewon, a rybuddiwyd gan angel
sanctaidd i anfon amdanat i'w dŷ, ac i glywed y pethau sydd
gennyt i'w dweud." Felly gwahoddodd hwy i mewn a rhoi 23
llety iddynt.

Trannoeth, cododd ac aeth ymaith gyda hwy, ac aeth rhai o'r
brodyr oedd yn Jopa gydag ef. A thrannoeth, cyrhaeddodd 24
Gesarea. Yr oedd Cornelius yn eu disgwyl, ac wedi galw
ynghyd ei berthnasau a'i gyfeillion agos. Wedi i Pedr ddod i 25
mewn, aeth Cornelius i'w gyfarfod, a syrthiodd wrth ei draed
ac ymgrymu iddo. Ond cododd Pedr ef ar ei draed, gan 26
ddweud, " Cod ; dyn wyf finnau hefyd." A than ymddiddan 27
ag ef aeth i mewn, a chael llawer wedi ymgynnull, ac meddai 28
wrthynt, " Fe wyddoch chwi ei bod yn anghyfreithlon i ŵr o

allowed by his religion to visit or associate with Gentiles. But God
has shown me that I must not consider any person ritually unclean
or defiled. 29 And so when you sent for me, I came without any
objection. I ask you, then, why did you send for me?"

30 Cornelius said, "It was about this time three days ago that
I was praying[n] in my house at three o'clock in the afternoon. Suddenly
a man dressed in shining clothes stood in front of me 31 and said:
'Cornelius! God has heard your prayer and has taken notice of your
works of charity. 32 Send someone to Joppa for a man whose full
name is Simon Peter. He is a guest in the home of Simon the
leather-worker, who lives by the sea.' 33 And so I sent for you at
once, and you have been good enough to come. Now we are all
here in the presence of God, waiting to hear anything that the Lord
has instructed you to say."

Peter's Speech

34 Peter began to speak: "I now realize that it is true that God treats
everyone on the same basis. 35 Whoever worships him and does what
is right is acceptable to him, no matter what race he belongs to.
36 You know the message he sent to the people of Israel, proclaiming
the Good News of peace through Jesus Christ, who is Lord of all.
37 You know of the great event that took place throughout the land
of Israel, beginning in Galilee after John preached his message of
baptism. 38 You know about Jesus of Nazareth and how God poured
out on him the Holy Spirit and power. He went everywhere, doing
good and healing all who were under the power of the Devil, for
God was with him. 39 We are witnesses of everything that he did
in the land of Israel and in Jerusalem. Then they put him to death
by nailing him to a cross. 40 But God raised him from death three
days later and caused him to appear, 41 not to everyone, but only
to the witnesses that God had already chosen, that is, to us who
ate and drank with him after he rose from death. 42 And he commanded
us to preach the gospel to the people and to testify that he is the
one whom God has appointed judge of the living and the dead. 43 All
the prophets spoke about him, saying that everyone who believes in
him will have his sins forgiven through the power of his name."

The Gentiles Receive the Holy Spirit

44 While Peter was still speaking, the Holy Spirit came down on
all those who were listening to his message. 45 The Jewish believers who

[n] praying; *some manuscripts have* praying and fasting.

Iddew gadw cwmni gydag estron neu ymweld ag ef; eto
dangosodd Duw i mi na ddylwn alw'r un dyn yn halogedig
neu'n aflan. Dyna pam y deuthum, heb wrthwynebu o gwbl, 29
pan anfonwyd amdanaf. 'Rwy'n gofyn, felly, pam yr anfon-
asoch amdanaf." Ac ebe Cornelius, " Pedwar diwrnod i'r awr 30
hon, yr oeddwn ar weddi am dri o'r gloch y prynhawn yn fy
nhŷ, a dyma ŵr yn sefyll o'm blaen mewn gwisg ddisglair, ac 31
meddai, ' Cornelius, y mae Duw wedi clywed dy weddi di ac
wedi cofio am dy elusennau. Anfon, felly, i Jopa a gwahodd 32
atat Simon, a gyfenwir Pedr; y mae hwn yn lletya yn nhŷ
Simon y barcer, wrth y môr.' Anfonais atat, felly, ar unwaith, 33
a gwelaist tithau yn dda ddod. Yn awr, ynteu, yr ydym ni bawb
yma gerbron Duw i glywed popeth a orchmynnwyd i ti gan yr
Arglwydd."

Araith Pedr yn Nhŷ Cornelius

A dechreuodd Pedr lefaru: " Ar fy ngwir," meddai, " 'rwy'n 34
deall nad yw Duw yn dangos ffafraeth, ond bod y sawl ym 35
mhob cenedl sy'n ei ofni ac yn gweithredu cyfiawnder yn
dderbyniol ganddo ef. Y gair hwn a anfonodd i feibion Israel, 36
gan gyhoeddi Efengyl tangnefedd drwy Iesu Grist; hwn yw
Arglwydd pawb. Gwyddoch chwi'r peth a fu drwy holl Jwdea, 37
gan ddechrau yng Ngalilea wedi'r bedydd a gyhoeddodd Ioan—
Iesu o Nasareth, y modd yr eneiniodd Duw ef â'r Ysbryd Glân 38
ac â nerth. Aeth ef oddi amgylch gan wneud daioni ac iacháu
pawb oedd dan ormes y diafol, am fod Duw gydag ef. Ac yr 39
ydym ni'n dystion o'r holl bethau a wnaeth yng ngwlad yr
Iddewon ac yn Jerwsalem. A lladdasant ef, gan ei grogi ar
groesbren. Ond cyfododd Duw ef ar y trydydd dydd, a pheri 40
iddo ddod yn weledig, nid i'r holl bobl, ond i dystion oedd 41
wedi eu rhagethol gan Dduw, sef i ni, y rhai a fu'n cydfwyta
ac yn cydyfed ag ef wedi iddo atgyfodi oddi wrth y meirw.
Gorchmynnodd i ni bregethu i'r bobl, a thystiolaethu mai hwn 42
yw'r un a benodwyd gan Dduw yn farnwr y byw a'r meirw.
I hwn y mae'r holl broffwydi'n tystio, y bydd pawb sy'n credu 43
ynddo ef yn derbyn maddeuant pechodau trwy ei enw."

Y Cenhedloedd yn Derbyn yr Ysbryd Glân

Tra oedd Pedr yn dal i lefaru'r pethau hyn, syrthiodd yr 44
Ysbryd Glân ar bawb oedd yn gwrando'r gair. Synnodd y 45

had come from Joppa with Peter were amazed that God had poured
out his gift of the Holy Spirit on the Gentiles also. 46 For they
heard them speaking in strange tongues and praising God's greatness.
Peter spoke up: 47 "These people have received the Holy Spirit, just
as we also did. Can anyone, then, stop them from being baptized
with water?" 48 So he ordered them to be baptized in the name
of Jesus Christ. Then they asked him to stay with them for a few
days.

Peter's Report to the Church at Jerusalem

11 The apostles and the other believers throughout Judaea heard
that the Gentiles also had received the word of God. 2 When
Peter went to Jerusalem, those who were in favour of circumcising
Gentiles criticized him, saying, 3 "You were a guest in the home
of uncircumcised Gentiles, and you even ate with them!" 4 So Peter
gave them a complete account of what had happened from the very
beginning:

5 "While I was praying in the city of Joppa, I had a vision. I
saw something coming down that looked like a large sheet being
lowered by its four corners from heaven, and it stopped next to
me. 6 I looked closely inside and saw domesticated and wild animals,
reptiles, and wild birds. 7 Then I heard a voice saying to me, 'Get
up, Peter; kill and eat!' 8 But I said, 'Certainly not, Lord! No ritually
unclean or defiled food has ever entered my mouth.' 9 The voice
spoke again from heaven, 'Do not consider anything unclean that
God has declared clean.' 10 This happened three times, and finally
the whole thing was drawn back up into heaven. 11 At that very
moment three men who had been sent to me from Caesarea arrived
at the house where I was[o] staying. 12 The Spirit told me to go with
them without hesitation. These six fellow-believers from Joppa accom-
panied me to Caesarea, and we all went into the house of Cornelius.
13 He told us how he had seen an angel standing in his house, who
said to him, 'Send someone to Joppa for a man whose full name
is Simon Peter. 14 He will speak words to you by which you and
all your family will be saved.' 15 And when I began to speak, the
Holy Spirit came down on them just as on us at the beginning. 16 Then
I remembered what the Lord had said: 'John baptized with water, but
you will be baptized with the Holy Spirit.' 17 It is clear that God
gave those Gentiles the same gift that he gave us when we believed in
the Lord Jesus Christ; who was I, then, to try to stop God!"

18 When they heard this, they stopped their criticism and praised

---

[o] I was; *some manuscripts have* we were.

credinwyr Iddewig, cynifer ag oedd wedi dod gyda Pedr, am
fod dawn yr Ysbryd Glân wedi ei dywallt hyd yn oed ar y
Cenhedloedd; oherwydd yr oeddent yn eu clywed yn llefaru â 46
thafodau ac yn mawrygu Duw. Yna dywedodd Pedr, "A all 47
unrhyw un wrthod y dŵr i fedyddio'r rhain, a hwythau wedi
derbyn yr Ysbryd Glân fel ninnau ?" A gorchmynnodd eu 48
bedyddio hwy yn enw Iesu Grist. Yna gofynasant iddo aros
am rai dyddiau.

Adroddiad Pedr i'r Eglwys yn Jerwsalem

Clywodd yr apostolion a'r brodyr oedd yn Jwdea fod y **11**
Cenhedloedd hefyd wedi derbyn Gair Duw. Pan ddaeth Pedr i 2
fyny i Jerwsalem, dechreuodd plaid yr enwaediad ddadlau ag ef,
a dweud, "Buost yn ymweld â dynion dienwaededig, ac yn 3
cydfwyta â hwy." Dechreuodd Pedr adrodd yr hanes wrthynt 4
yn ei drefn. "Yr oeddwn i," meddai, "yn nhref Jopa yn 5
gweddïo, a gwelais mewn llewyg weledigaeth; yr oedd rhyw-
beth fel hwyl fawr yn disgyn ac yn cael ei gollwng o'r nef wrth
bedair congl, a daeth hyd ataf. Syllais arni a cheisio amgyffred; 6
gwelais bedwarcarnolion y ddaear a'r bwystfilod a'r ymlusgiaid
ac ehediaid y nef. A chlywais lais yn dweud wrthyf, 'Cod, 7
Pedr, lladd a bwyta.' Ond dywedais, 'Na, na, Arglwydd; nid 8
aeth dim halogedig neu aflan erioed i'm genau.' Atebodd llais 9
o'r nef eilwaith, 'Yr hyn y mae Duw wedi ei lanhau, paid ti â'i
alw'n halogedig.' Digwyddodd hyn deirgwaith, ac yna tynnwyd 10
y cyfan i fyny yn ôl i'r nef. Ac yn union dyma dri dyn yn dod a 11
sefyll wrth y tŷ lle'r oeddwn, wedi eu hanfon ataf o Gesarea. A 12
dywedodd yr Ysbryd wrthyf am fynd gyda hwy heb amau dim.
Daeth y chwe brawd hyn gyda mi, ac aethom i mewn i dŷ'r dyn
hwnnw. Mynegodd yntau i ni fel yr oedd wedi gweld yr angel 13
yn sefyll yn ei dŷ ac yn dweud, 'Anfon i Jopa i gyrchu Simon,
a gyfenwir Pedr; fe lefara ef eiriau wrthyt, a thrwyddynt hwy 14
achubir di a'th holl deulu.' Ac nid cynt y dechreuais lefaru nag 15
y syrthiodd yr Ysbryd Glân arnynt hwy fel yr oedd wedi syrthio
arnom ninnau ar y cyntaf. Cofiais air yr Arglwydd, fel yr oedd 16
wedi dweud, 'A dŵr y bedyddiodd Ioan, ond fe'ch bedyddir
chwi â'r Ysbryd Glân.' Os rhoddodd Duw, ynteu, yr un rhodd 17
iddynt hwy ag i ninnau pan gredasom yn yr Arglwydd Iesu
Grist, pwy oeddwn i i allu lluddias Duw ?" Ac wedi iddynt 18
glywed hyn, fe dawsant, a gogoneddu Duw gan ddweud,

God, saying, "Then God has given to the Gentiles also the opportunity
to repent and live!"

The Church at Antioch

19 Some of the believers who were scattered by the persecution
which took place when Stephen was killed went as far as Phoenicia,
Cyprus, and Antioch, telling the message to Jews only. 20 But other
believers, men from Cyprus and Cyrene, went to Antioch and pro-
claimed the message to Gentiles[p] also, telling them the Good News
about the Lord Jesus. 21 The Lord's power was with them, and a
great number of people believed and turned to the Lord.

22 The news about this reached the church in Jerusalem, so they
sent Barnabas to Antioch. 23 When he arrived and saw how God
had blessed the people, he was glad and urged them all to be faithful
and true to the Lord with all their hearts. 24 Barnabas was a good
man, full of the Holy Spirit and faith, and many people were brought
to the Lord.

25 Then Barnabas went to Tarsus to look for Saul. 26 When he
found him, he took him to Antioch, and for a whole year the two
met with the people of the church and taught a large group. It
was at Antioch that the believers were first called Christians.

27 About that time some prophets went from Jerusalem to Antioch.
28 One of them, named Agabus, stood up and by the power of the
Spirit predicted that a severe famine was about to come over all
the earth. (It came when Claudius was emperor.) 29 The disciples
decided that each of them would send as much as he could to help
their fellow-believers who lived in Judaea. 30 They did this, then,
and sent the money to the church elders by Barnabas and Saul.

More Persecution

12 About this time King Herod[q] began to persecute some mem-
bers of the church. 2 He had James, the brother of John,
put to death by the sword. 3 When he saw that this pleased the
Jews, he went on to arrest Peter. (This happened during the time
of the Festival of Unleavened Bread.) 4 After his arrest Peter was
put in jail, where he was handed over to be guarded by four groups
of four soldiers each. Herod planned to put him on trial in public
after Passover. 5 So Peter was kept in jail, but the people of the
church were praying earnestly to God for him.

---

[p] Gentiles; *some manuscripts have* Greek-speaking Jews *or* Greek-speaking people.
[q] KING HEROD: *Herod Agrippa I, ruler of all Palestine.*

" Felly rhoddodd Duw i'r Cenhedloedd hefyd yr edifeirwch a rydd fywyd."

Yr Eglwys yn Antiochia

Yn awr yr oedd y rhai a wasgarwyd oherwydd yr erlid a 19
gododd o achos Steffan wedi teithio cyn belled â Phenice a
Chyprus ac Antiochia, heb lefaru'r Gair wrth neb ond Iddewon
yn unig. Ond yr oedd rhai ohonynt yn wŷr o Gyprus a Chyrene 20
a dechreusant hwy, wedi iddynt ddod i Antiochia, lefaru wrth
y Groegiaid* hefyd, gan gyhoeddi'r newydd da am yr Arglwydd
Iesu. Yr oedd llaw'r Arglwydd gyda hwy, a mawr oedd y nifer 21
a ddaeth i gredu a throi at yr Arglwydd. Daeth yr hanes am- 22
danynt i glustiau'r eglwys oedd yn Jerwsalem, ac anfonasant
Barnabas allan i Antiochia. Wedi iddo gyrraedd, a gweld gras 23
Duw, yr oedd yn llawen, a bu'n annog pawb i lynu wrth yr
Arglwydd o wir fwriad calon; achos yr oedd yn ddyn da, yn 24
llawn o'r Ysbryd Glân ac o ffydd. A chwanegwyd cryn dyrfa
i'r Arglwydd. Yna fe aeth ymaith i Darsus i geisio Saul, 25
ac wedi ei gael daeth ag ef i Antiochia. Am flwyddyn gyfan 26
cawsant gydymgynnull gyda'r eglwys a dysgu cryn dyrfa; ac
yn Antiochia y cafodd y disgyblion yr enw Cristionogion gyntaf.

Yn y dyddiau hynny daeth proffwydi i lawr o Jerwsalem i 27
Antiochia, a chododd un ohonynt, o'r enw Agabus, a rhoi 28
arwydd trwy'r Ysbryd fod newyn mawr ar ddod dros yr holl
fyd; ac felly y bu yn amser Claudius. Penderfynodd y disgybl- 29
ion, bob un ohonynt, gyfrannu, yn ôl fel y gallai fforddio, at
gynhaliaeth y brodyr oedd yn trigo yn Jwdea. Gwnaethant 30
hynny, ac anfon eu cyfraniad at yr henuriaid trwy law Barnabas
a Saul.

Lladd Iago a Charcharu Pedr

Tua'r amser hwnnw, fe gymerodd y Brenin Herod afael ar **12**
rai o aelodau'r eglwys i'w drygu. Fe laddodd Iago, brawd Ioan, 2
â'r cleddyf. Pan welodd fod hyn yn gymeradwy gan yr Iddew- 3
on, aeth ymlaen i ddal Pedr hefyd. Yn ystod dyddiau Gŵyl y
Bara Croyw y bu hyn. Wedi dal Pedr, fe'i rhoddodd yng 4
ngharchar, a'i draddodi i bedwar pedwariad o filwyr i'w warch-
od, gan fwriadu dod ag ef gerbron, ar ôl y Pasg, yng ngŵydd y
bobl. Felly yr oedd Pedr dan warchodaeth yn y carchar. Ond 5
yr oedd yr eglwys yn gweddïo'n daer ar Dduw ar ei ran.

---

*adn. 20: yn ôl darlleniad arall, *yr Helenistiaid*.

Peter Is Set Free from Prison

6 The night before Herod was going to bring him out to the people,
Peter was sleeping between two guards. He was tied with two chains,
and there were guards on duty at the prison gate. 7 Suddenly an
angel of the Lord stood there, and a light shone in the cell. The
angel shook Peter by the shoulder, woke him up, and said, "Hurry!
Get up!" At once the chains fell off Peter's hands. 8 Then the angel
said, "Fasten your belt and put on your sandals." Peter did so, and
the angel said, "Put your cloak round you and come with me."
9 Peter followed him out of the prison, not knowing, however, if
what the angel was doing was real; he thought he was seeing a
vision. 10 They passed by the first guard post and then the second,
and came at last to the iron gate leading into the city. The gate
opened for them by itself, and they went out. They walked down
a street, and suddenly the angel left Peter.

11 Then Peter realized what had happened to him, and said, "Now
I know that it is really true! The Lord sent his angel to rescue
me from Herod's power and from everything the Jewish people
expected to happen."

12 Aware of his situation, he went to the home of Mary, the mother
of John Mark, where many people had gathered and were praying.
13 Peter knocked at the outside door, and a servant-girl named Rhoda
came to answer it. 14 She recognized Peter's voice and was so happy
that she ran back in without opening the door, and announced that
Peter was standing outside. 15 "You are mad!" they told her. But
she insisted that it was true. So they answered, "It is his angel."

16 Meanwhile Peter kept on knocking. At last they opened the
door, and when they saw him, they were amazed. 17 He motioned
with his hand for them to be quiet, and he explained to them how
the Lord had brought him out of prison. "Tell this to James and
the rest of the believers," he said; then he left and went somewhere
else.

18 When morning came, there was a tremendous confusion among
the guards—what had happened to Peter? 19 Herod gave orders to
search for him, but they could not find him. So he had the guards
questioned and ordered them to be put to death.

After this, Herod left Judaea and spent some time in Caesarea.

The Death of Herod

20 Herod was very angry with the people of Tyre and Sidon, so
they went in a group to see him. First they convinced Blastus, the

Rhyddhau Pedr o'r Carchar

Pan oedd Herod ar fin ei ddwyn gerbron, y nos honno yr 6
oedd Pedr yn cysgu rhwng dau filwr, wedi ei rwymo â dwy
gadwyn, a gwylwyr o flaen y drws yn gwarchod y carchar. A 7
dyma angel yr Arglwydd yn sefyll yno, a goleuni yn disgleirio
yn y gell. Trawodd Bedr ar ei ystlys, a'i ddeffro a dweud, "Cod
ar unwaith." A syrthiodd ei gadwynau oddi ar ei ddwylo.
Meddai'r angel wrtho, "Rho dy wregys a gwisg dy sandalau." 8
Ac felly y gwnaeth. Meddai wrtho wedyn, "Rho dy fantell
amdanat, a chanlyn fi." Ac fe'i canlynodd oddi yno. Ni 9
wyddai fod yr hyn oedd yn cael ei gyflawni drwy'r angel yn
digwydd mewn gwirionedd, ond yr oedd yn tybio mai gweld
gweledigaeth yr oedd. Aethant heibio i'r wyliadwriaeth gyntaf 10
a'r ail, a daethant at y porth haearn oedd yn arwain i'r ddinas;
agorodd hwn iddynt ohono'i hun, ac aethant allan a mynd
rhagddynt hyd un heol. Yna'n ebrwydd ymadawodd yr angel
ag ef. Wedi i Pedr ddod ato'i hun, fe ddywedodd, "Yn awr mi 11
wn yn wir i'r Arglwydd anfon ei angel a'm gwared i o law Herod
a rhag popeth yr oedd yr Iddewon yn ei ddisgwyl." Wedi iddo 12
sylweddoli hyn, aeth i dŷ Mair, mam Ioan a gyfenwid Marc,
lle'r oedd cryn nifer wedi ymgasglu ac yn gweddïo. Curodd 13
wrth ddrws y cyntedd, a daeth morwyn, o'r enw Rhoda, i'w
ateb. Pan adnabu hi lais Pedr nid agorodd y drws gan lawenydd, 14
ond rhedodd i mewn a mynegodd fod Pedr yn sefyll wrth ddrws
y cyntedd. Dywedasant wrthi, "'Rwyt ti'n wallgof." Ond 15
taerodd hithau mai felly yr oedd. Meddent hwythau, "Ei
angel ydyw." Yr oedd Pedr yn dal i guro, ac wedi iddynt agor 16
a'i weld, fe'u syfrdanwyd. Amneidiodd yntau arnynt â'i law i 17
fod yn ddistaw, ac adroddodd wrthynt sut yr oedd yr Ar-
glwydd wedi dod ag ef allan o'r carchar. Dywedodd hefyd,
"Mynegwch hyn i Iago a'r brodyr." Yna ymadawodd, ac
aeth ymaith i le arall.

Wedi iddi ddyddio, yr oedd cynnwrf nid bychan ymhlith y 18
milwyr: beth allai fod wedi digwydd i Pedr? Wedi i Herod 19
chwilio amdano a methu ei gael, holodd y gwylwyr a gorch-
mynnodd eu dienyddio. Yna aeth i lawr o Jwdea i Gesarea,
ac aros yno.

Marwolaeth Herod

Yr oedd Herod yn gynddeiriog yn erbyn gwŷr Tyrus a Sidon. 20
Ond daethant hwy yn unfryd ato, ac wedi ennill Blastus,

man in charge of the palace, that he should help them. Then they
went to Herod and asked him for peace, because their country got
its food supplies from the king's country.

21 On a chosen day Herod put on his royal robes, sat on his
throne, and made a speech to the people. 22 "It isn't a man speaking,
but a god!" they shouted. 23 At once the angel of the Lord struck
Herod down, because he did not give honour to God. He was eaten
by worms and died.

24 Meanwhile the word of God continued to spread and grow.

25 Barnabas and Saul finished their mission and returned from[r]
Jerusalem, taking John Mark with them.

Barnabas and Saul Are Chosen and Sent

13 In the church at Antioch there were some prophets and
teachers: Barnabas, Simeon (called the Black), Lucius (from
Cyrene), Manaen (who had been brought up with Herod[s] the gover-
nor), and Saul. 2 While they were serving the Lord and fasting, the
Holy Spirit said to them, "Set apart for me Barnabas and Saul,
to do the work to which I have called them."

3 They fasted and prayed, placed their hands on them, and sent
them off.

In Cyprus

4 Having been sent by the Holy Spirit, Barnabas and Saul went
to Seleucia and sailed from there to the island of Cyprus. 5 When
they arrived at Salamis, they preached the word of God in the syna-
gogues. They had John Mark with them to help in the work.

6 They went all the way across the island to Paphos, where they
met a certain magician named Bar-Jesus, a Jew who claimed to
be a prophet. 7 He was a friend of the governor of the island, Sergius
Paulus, who was an intelligent man. The governor called Barnabas
and Saul before him because he wanted to hear the word of God.
8 But they were opposed by the magician Elymas (that is his name
in Greek), who tried to turn the governor away from the faith. 9 Then
Saul—also known as Paul—was filled with the Holy Spirit; he looked
straight at the magician 10 and said, "You son of the Devil! You
are the enemy of everything that is good. You are full of all kinds
of evil tricks, and you always keep trying to turn the Lord's truths
into lies! 11 The Lord's hand will come down on you now; you
will be blind and will not see the light of day for a time."

At once Elymas felt a dark mist cover his eyes, and he walked

---

[r] from; *some manuscripts have* to.

[s] HEROD: *Herod Antipas, ruler of Galilee (see Lk 3.2).*

siambrlen y brenin, o'u plaid, deisyfasant heddwch, am fod eu
gwlad hwy yn cael ei chynhaliaeth o wlad y brenin. Ar ddi- 21
wrnod penodedig, a'i wisg frenhinol amdano, eisteddodd Herod
ar ei orsedd a dechrau gwneud araith iddynt; a bloeddiodd y 22
bobl, " Llais Duw ydyw, nid llais dyn !" Yn y fan trawodd 23
angel yr Arglwydd ef, am nad oedd wedi rhoi'r gogoniant i
Dduw; ac fe'i hyswyd gan bryfed, a threngodd.

Yr oedd Gair yr Arglwydd yn cynyddu ac yn mynd ar led. 24
Dychwelodd Barnabas a Saul o* Jerwsalem wedi iddynt 25
gyflawni eu gwaith, a chymryd gyda hwy Ioan, a gyfenwid
Marc.

Rhoi Comisiwn i Barnabas a Saul

Yr oedd yn yr eglwys oedd yn Antiochia broffwydi ac **13**
athrawon—Barnabas a Simeon, a elwid Niger, a Lwcius o
Gyrene a Manaen, un o wŷr llys y Tywysog Herod, a Saul.
Tra oeddent hwy'n offrymu addoliad i'r Arglwydd ac yn ym- 2
prydio, dywedodd yr Ysbryd Glân, " Neilltuwch yn awr i mi
Barnabas a Saul, i'r gwaith yr wyf wedi eu galw iddo." Yna 3
wedi ymprydio a gweddïo a rhoi eu dwylo arnynt, gollyngasant
hwy.

Yr Apostolion yn Pregethu yng Nghyprus

Felly, wedi eu hanfon allan gan yr Ysbryd Glân, daeth y 4
rhain i lawr i Seleucia, ac oddi yno hwylio i Gyprus. Wedi 5
cyrraedd Salamis, cyhoeddasant air Duw yn synagogau'r
Iddewon. Yr oedd ganddynt Ioan hefyd yn gynorthwywr.
Aethant drwy'r holl ynys hyd Paffos, a chael yno ryw ddewin, 6
gau-broffwyd o Iddew, o'r enw Bar-Iesu; yr oedd hwn gyda'r 7
rhaglaw, Sergius Paulus, gŵr deallus. Galwodd hwnnw
Barnabas a Saul ato, a cheisio cael clywed gair Duw. Ond yr 8
oedd Elymas y dewin (felly y cyfieithir ei enw) yn eu gwrth-
wynebu, a cheisio gŵyrdroi'r rhaglaw oddi wrth y ffydd. Ond 9
dyma Saul (a elwir hefyd yn Paul), wedi ei lenwi â'r Ysbryd
Glân, yn syllu arno a dweud, " Ti, sy'n llawn o bob twyll a 10
phob dichell, fab diafol, gelyn pob cyfiawnder, oni pheidi di â
gŵyrdroi union ffyrdd yr Arglwydd ? Yn awr dyma law'r 11
Arglwydd arnat, ac fe fyddi'n ddall, heb weld yr haul, am beth
amser." Ac yn y fan syrthiodd arno niwl a thywyllwch, a dyna

---

*adn. 25: yn ôl darlleniad arall, *i*.

about trying to find someone to lead him by the hand. 12 When
the governor saw what had happened, he believed; for he was greatly
amazed at the teaching about the Lord.

In Antioch in Pisidia

13 Paul and his companions sailed from Paphos and came to Perga, a
city in Pamphylia, where John Mark left them and went back to
Jerusalem. 14 They went on from Perga and arrived in Antioch in
Pisidia, and on the Sabbath they went into the synagogue and sat
down. 15 After the reading from the Law of Moses and from the
writings of the prophets, the officials of the synagogue sent them
a message: "Brothers, we want you to speak to the people if you
have a message of encouragement for them." 16 Paul stood up,
motioned with his hand, and began to speak:

"Fellow-Israelites and all Gentiles here who worship God: hear
me! 17 The God of the people of Israel chose our ancestors and
made the people a great nation during the time they lived as foreigners
in Egypt. God brought them out of Egypt by his great power, 18 and
for forty years he endured[t] them in the desert. 19 He destroyed seven
nations in the land of Canaan and made his people the owners
of the land. 20 All this took about four hundred and fifty years.

"After this[u] he gave them judges until the time of the prophet
Samuel. 21 And when they asked for a king, God gave them Saul
son of Kish from the tribe of Benjamin, to be their king for forty
years. 22 After removing him, God made David their king. This is
what God said about him: 'I have found that David son of Jesse
is the kind of man I like, a man who will do all I want him to
do.' 23 It was Jesus, a descendant of David, whom God made the
Saviour of the people of Israel, as he had promised. 24 Before Jesus
began his work, John preached to all the people of Israel that they
should turn from their sins and be baptized. 25 And as John was
about to finish his mission, he said to the people, 'Who do you
think I am? I am not the one you are waiting for. But listen! He
is coming after me, and I am not good enough to take his sandals off
his feet.'

26 "My fellow-Israelites, descendants of Abraham, and all Gentiles
here who worship God: it is to us that this message of salvation
has been sent! 27 For the people who live in Jerusalem and their
leaders did not know that he is the Saviour, nor did they understand
the words of the prophets that are read every Sabbath. Yet they

---

[t] he endured; *some manuscripts have* he took care of.

[u] All this took about four hundred and fifty years. After this; *or* Some four hundred and fifty years later.

lle'r oedd yn ymbalfalu am rywun i estyn llaw iddo. Yna pan 12
welodd y rhaglaw beth oedd wedi digwydd, daeth i gredu, wedi
ei synnu'n fawr gan y ddysgeidiaeth am yr Arglwydd.

Paul a Barnabas yn Antiochia Pisidia

Wedi hwylio o Paffos, daeth Paul a'i gymdeithion i Perga yn 13
Pamffylia. Ond cefnodd Ioan arnynt, a dychwelyd i Jerwsalem.
Aethant hwythau yn eu blaenau o Perga a chyrraedd Antiochia 14
Pisidia, ac aethant i'r synagog ar y dydd Saboth, ac eistedd yno.
Ar ôl y darllen o'r Gyfraith a'r proffwydi, anfonodd arweinwyr 15
y synagog atynt a gofyn: " Frodyr, os oes gennych air o anog-
aeth i'r bobl, traethwch." Cododd Paul, ac wedi amneidio â'i 16
law dywedodd:

" Wŷr Israel, a chwi sy'n ofni Duw, gwrandewch. Duw'r 17
bobl hyn, Israel, fe ddewisodd hwn ein tadau ni, a dyrchafodd
y bobl pan oeddent yn estroniaid yng ngwlad yr Aifft, ac â
braich estynedig fe ddaeth â hwy allan oddi yno. Am ryw 18
ddeugain mlynedd bu'n cydymddwyn â hwy* yn yr anialwch.
Yna dinistriodd saith cenedl yng ngwlad Canaan, a rhoi eu tir 19
hwy yn etifeddiaeth iddynt am ryw bedwar can mlynedd a 20
hanner. Ac wedi hynny rhoddodd iddynt farnwyr hyd at y
proffwyd Samuel. Ar ôl hyn gofynasant am gael brenin, a 21
rhoddodd Duw iddynt Saul, mab Cis, gŵr o lwyth Benjamin,
am ddeugain mlynedd. Yna fe'i diorseddodd ef, a chodi 22
Dafydd yn frenin iddynt, a thystiolaethu iddo gan ddweud,
' Cefais Ddafydd fab Jesse yn ŵr wrth fodd fy nghalon, un sy'n
gwneud popeth yr wyf yn ei ddymuno.' O blith disgynyddion 23
hwn y daeth Duw, yn ôl ei addewid, â Gwaredwr i Israel, sef
Iesu. Yr oedd Ioan eisoes, cyn iddo ef ddod, wedi cyhoeddi 24
bedydd edifeirwch i holl bobl Israel. Ac wrth ei fod yn cwbl- 25
hau ei yrfa, dywedodd Ioan, ' Beth yr ydych chwi'n tybio fy
mod ? Nid hynny wyf fi. Na, dyma un yn dod ar f'ôl i nad wyf
fi'n deilwng i ddatod yr esgidiau am ei draed.'

" Frodyr, meibion cenedl Abraham a'r rhai yn eich plith 26
sy'n ofni Duw, i ni yr anfonwyd gair yr iachawdwriaeth hon.
Oherwydd nid adnabu trigolion Jerwsalem a'u llywodraethwyr 27
mo hwn; ni ddeallasant chwaith eiriau'r proffwydi a ddarllenir
bob Saboth, ond eu cyflawni trwy ei gondemnio ef. Er na 28

---

*adn. 18: yn ôl darlleniad arall, *bu'n eu meithrin.*

made the prophets' words come true by condemning Jesus. 28 And
even though they could find no reason to pass the death sentence
on him, they asked Pilate to have him put to death. 29 And after
they had done everything that the Scriptures say about him, they
took him down from the cross and placed him in a tomb. 30 But
God raised him from death, 31 and for many days he appeared to
those who had travelled with him from Galilee to Jerusalem. They
are now witnesses for him to the people of Israel. 32-33 And we
are here to bring the Good News to you: what God promised our
ancestors he would do, he has now done for us, who are their descend-
ants, by raising Jesus to life. As it is written in the second Psalm,

'You are my Son;
today I have become your Father.'

34 And this is what God said about raising him from death, never
to rot away in the grave:

'I will give you the sacred and sure blessings
that I promised to David.'

35 As indeed he says in another passage,

'You will not allow your devoted servant to rot in the grave.'

36 For David served God's purposes in his own time, and then he
died, was buried with his ancestors, and his body rotted in the grave.
37 But this did not happen to the one whom God raised from death.
38-39 We want you to know, my fellow-Israelites, that it is through
Jesus that the message about forgiveness of sins is preached to you;
and that everyone who believes in him is set free from all the sins
from which the Law of Moses could not set you free. 40 Take care,
then, so that what the prophets said may not happen to you:[v]

41 'Look, you scoffers! Be astonished and die!
For what I am doing today
is something that you will not believe,
even when someone explains it to you!'"

42 As Paul and Barnabas were leaving the synagogue, the people
invited them to come back the next Sabbath and tell them more
about these things. 43 After the people had left the meeting, Paul
and Barnabas were followed by many Jews and by many Gentiles
who had been converted to Judaism. The apostles spoke to them
and encouraged them to keep on living in the grace of God.

44 The next Sabbath nearly everyone in the town came to hear

---

[v] *Some manuscripts do not have* to you.

chawsant ddim rheswm dros ei roi i farwolaeth, ceisiasant gan
Pilat ei ladd; ac wedi iddynt ddwyn i ben bopeth oedd wedi ei 29
ysgrifennu amdano, tynasant ef i lawr oddi ar y croesbren a'i
roi mewn bedd. Ond cyfododd Duw ef oddi wrth y meirw; 30
ac fe ymddangosodd dros ddyddiau lawer i'r rhai oedd wedi 31
dod i fyny gydag ef o Galilea i Jerwsalem, ac y mae'r rhain yn
awr yn dystion iddo i'r bobl. Yr ydym ninnau yn cyhoeddi i 32
chwi newydd da am yr addewid a wnaed i'r tadau, fod Duw 33
wedi ei llwyr gyflawni hi i ni eu plant* trwy atgyfodi Iesu, fel y
mae'n ysgrifenedig hefyd yn yr ail Salm:

'Fy mab wyt ti;
myfi heddiw a'th genhedlodd di.'

Ac ynglŷn â'i fod wedi ei atgyfodi ef oddi wrth y meirw, byth i 34
ddychwelyd mwy i lygredigaeth, y mae wedi dweud fel hyn:

'Rhoddaf i chwi y pethau sanctaidd sy'n perthyn i
Ddafydd, y pethau sicr.'

Oherwydd mewn lle arall eto y mae'n dweud: 35

'Ni adewi i'th Sanct weld llygredigaeth.'

Canys Dafydd, wedi iddo yn ei genhedlaeth ei hun wasanaethu 36
ewyllys Duw, fe hunodd ef, ac fe'i rhoddwyd i orffwys gyda'i
dadau, a gwelodd lygredigaeth; ond yr hwn a gyfododd Duw, 37
ni welodd hwnnw lygredigaeth. Felly bydded hysbys i chwi, 38
frodyr, mai trwy hwn y cyhoeddir i chwi faddeuant pechodau,
a thrwy hwn y rhyddheir pawb sy'n credu oddi wrth yr holl 39
bethau nad oedd modd eich rhyddhau oddi wrthynt trwy
Gyfraith Moses. Gwyliwch, ynteu, na ddaw arnoch yr hyn a 40
ddywedwyd yn y proffwydi:

'Gwelwch, chwi ddirmygwyr, 41
a rhyfeddwch, a diflannwch,
canys yr wyf fi'n cyflawni gweithred yn eich dyddiau chwi,
gweithred na chredwch ynddi byth, er ei hadrodd yn
llawn i chwi.' "

Wrth iddynt fynd allan, yr oedd y bobl yn deisyf arnynt 42
lefaru'r pethau hyn wrthynt y Saboth wedyn. Wedi i'r gynull- 43
eidfa gael ei gollwng, aeth llawer o'r Iddewon, ac o'r proselyt-
iaid oedd yn addolwyr Duw, ar ôl Paul a Barnabas, a buont
hwythau yn llefaru wrthynt a'u hannog i lynu wrth ras Duw.

Y Saboth dilynol, daeth yr holl ddinas bron ynghyd i glywed 44

---

*adn. 33: yn ôl darlleniad arall, *i'n plant*.

the word of the Lord. 45 When the Jews saw the crowds, they were
filled with jealousy; they disputed what Paul was saying and insulted
him. 46 But Paul and Barnabas spoke out even more boldly: "It
was necessary that the word of God should be spoken first to you.
But since you reject it and do not consider yourselves worthy of
eternal life, we will leave you and go to the Gentiles. 47 For this
is the commandment that the Lord has given us:
'I have made you a light for the Gentiles,
so that all the world may be saved.'"

48 When the Gentiles heard this, they were glad and praised the
Lord's message; and those who had been chosen for eternal life
became believers.

49 The word of the Lord spread everywhere in that region. 50 But the
Jews stirred up the leading men of the city and the Gentile women of
high social standing who worshipped God. They started a persecution
against Paul and Barnabas and threw them out of their region. 51 The
apostles shook the dust off their feet in protest against them and
went on to Iconium. 52 The believers in Antioch were full of joy
and the Holy Spirit.

In Iconium

14 The same thing happened in Iconium: Paul and Barnabas
went to the synagogue and spoke in such a way that a great
number of Jews and Gentiles became believers. 2 But the Jews who
would not believe stirred up the Gentiles and turned them against
the believers. 3 The apostles stayed there for a long time, speaking
boldly about the Lord, who proved that their message about his
grace was true by giving them the power to perform miracles and
wonders. 4 The people of the city were divided: some were for the
Jews, others for the apostles.

5 Then some Gentiles and Jews, together with their leaders, decided
to ill-treat the apostles and stone them. 6 When the apostles learnt
about it, they fled to the cities of Lystra and Derbe in Lycaonia
and to the surrounding territory. 7 There they preached the Good
News.

In Lystra and Derbe

8 In Lystra there was a man who had been lame from birth and
had never been able to walk. 9 He sat there and listened to Paul's

gair yr Arglwydd. Pan welodd yr Iddewon y tyrfaoedd fe'u 45
llanwyd â chenfigen, ac yr oeddent yn gwrthddweud y pethau
yr oedd Paul yn eu llefaru, gan ei ddifenwi. Yna llefarodd Paul 46
a Barnabas yn hy: "I chwi," meddent, "yr oedd yn rhaid
llefaru gair Duw yn gyntaf. Ond gan eich bod yn ei wrthod, ac
yn eich dyfarnu eich hunain yn annheilwng o'r bywyd tra-
gwyddol, dyma ni'n troi at y Cenhedloedd. Oblegid hyn yw 47
gorchymyn yr Arglwydd i ni:

'Gosodais di yn oleuni'r Cenhedloedd
er mwyn iti fod yn gyfrwng iachawdwriaeth hyd eithaf
y ddaear.'"

Wrth glywed hyn, yr oedd y Cenhedloedd yn llawenychu a 48
gogoneddu gair yr Arglwydd, a chredodd cynifer ag oedd wedi
eu penodi i fywyd tragwyddol. Yr oedd gair yr Arglwydd yn 49
ymdaenu drwy'r holl fro. Ond fe gyffrôdd yr Iddewon y 50
gwragedd bonheddig oedd yn addolwyr Duw, a phrif wŷr y
ddinas, a chodasant erlid yn erbyn Paul a Barnabas, a'u bwrw
allan o'u hardal. Ysgydwasant hwythau'r llwch oddi ar eu 51
traed yn eu herbyn, a daethant i Iconium. A llanwyd y disgybl- 52
ion â llawenydd ac â'r Ysbryd Glân.

Paul a Barnabas yn Iconium

Yn Iconium eto, aethant* i mewn i synagog yr Iddewon a **14**
llefaru yn y fath fodd nes i liaws mawr o Iddewon a Groegiaid
gredu. Ond dyma'r Iddewon a wrthododd gredu yn cyffroi 2
meddyliau'r Cenhedloedd, a'u gŵyrdroi yn erbyn y brodyr.
Treuliasant, felly, gryn amser yn llefaru'n hy yn yr Ar- 3
glwydd, a thystiodd yntau i air ei ras trwy beri gwneud ar-
wyddion a rhyfeddodau trwy eu llaw. Rhannwyd pobl y ddinas; 4
yr oedd rhai gyda'r Iddewon, a rhai gyda'r apostolion. Pan 5
wnaed cynnig gan y Cenhedloedd a'r Iddewon, ynghyd â'u
harweinwyr, i'w cam-drin a'u llabyddio, wedi cael achlust o'r 6
peth ffoesant i Lystra a Derbe, dinasoedd Lycaonia, ac i'r wlad
o amgylch, ac yno yr oeddent yn cyhoeddi'r newydd da. 7

Paul a Barnabas yn Lystra

Ac yn Lystra yr oedd yn eistedd ryw ddyn â'i draed yn ddi- 8
ffrwyth, un cloff o'i enedigaeth, nad oedd erioed wedi cerdded.

*adn. 1: neu, *aethant ynghyd.*

words. Paul saw that he believed and could be healed, so he looked
straight at him [10]and said in a loud voice, "Stand up straight on
your feet!" The man jumped up and started walking around. [11]When
the crowds saw what Paul had done, they started shouting in their
own Lycaonian language, "The gods have become like men and
have come down to us!" [12]They gave Barnabas the name Zeus,
and Paul the name Hermes, because he was the chief speaker. [13]The
priest of the god Zeus, whose temple stood just outside the town,
brought bulls and flowers to the gate, for he and the crowds wanted
to offer sacrifice to the apostles.

14 When Barnabas and Paul heard what they were about to do,
they tore their clothes and ran into the middle of the crowd, shouting,
[15]"Why are you doing this? We ourselves are only human beings
like you! We are here to announce the Good News, to turn you
away from these worthless things to the living God, who made heaven,
earth, sea, and all that is in them. [16]In the past he allowed all
people to go their own way. [17]But he has always given evidence
of his existence by the good things he does: he gives you rain from
heaven and crops at the right times; he gives you food and fills
your hearts with happiness." [18]Even with these words the apostles
could hardly keep the crowd from offering a sacrifice to them.

19 Some Jews came from Antioch in Pisidia and from Iconium;
they won the crowd over to their side, stoned Paul and dragged
him out of the town, thinking that he was dead. [20]But when the
believers gathered round him, he got up and went back into the
town. The next day he and Barnabas went to Derbe.

The Return to Antioch in Syria

21 Paul and Barnabas preached the Good News in Derbe and
won many disciples. Then they went back to Lystra, to Iconium,
and on to Antioch in Pisidia. [22]They strengthened the believers and
encouraged them to remain true to the faith. "We must pass through
many troubles to enter the Kingdom of God," they taught. [23]In
each church they appointed elders, and with prayers and fasting
they commended them to the Lord, in whom they had put their
trust.

24 After going through the territory of Pisidia, they came to
Pamphylia. [25]There they preached the message in Perga and then
went to Attalia, [26]and from there they sailed back to Antioch, the
place where they had been commended to the care of God's grace
for the work they had now completed.

Yr oedd hwn yn gwrando ar Paul yn llefaru. Syllodd yntau 9
arno, a gwelodd fod ganddo ffydd i gael ei iacháu, a dywedodd 10
â llais uchel, " Saf yn unionsyth ar dy draed." Neidiodd yntau
i fyny a dechrau cerdded. Pan welodd y tyrfaoedd yr hyn yr 11
oedd Paul wedi ei wneud, gwaeddasant yn iaith Lycaonia:
" Y duwiau a ddaeth i lawr atom ar lun dynion "; a galwasant 12
Barnabas yn Zeus, a Paul yn Hermes, gan mai ef oedd y siarad-
wr blaenaf. Yr oedd teml Zeus y tu allan i'r ddinas, a daeth yr 13
offeiriad â theirw a thorchau at y pyrth gan fwriadu offrymu
aberth gyda'r tyrfaoedd. Pan glywodd yr apostolion, Barnabas 14
a Paul, am hyn, rhwygasant eu dillad, a neidio allan i blith y
dyrfa dan weiddi, " Ddynion, pam yr ydych yn gwneud hyn ? 15
Bodau dynol ydym ninnau, o'r un anian â chwi. Cyhoeddi
newydd da i chwi yr ydym, i'ch troi oddi wrth y pethau ofer
hyn at y Duw byw a wnaeth y nef a'r ddaear a'r môr a phopeth
sydd ynddynt. Yn yr oesoedd a fu, goddefodd ef i'r holl gen- 16
hedloedd rodio yn eu ffyrdd eu hunain. Ac eto ni adawodd ei 17
hun heb dyst, gan iddo gyfrannu bendithion: rhoi glaw i chwi
o'r nef, a thymhorau ffrwythlon, a chyflawnder calon o luniaeth
a llawenydd." Ond er dweud hyn, o'r braidd yr ataliasant y 18
tyrfaoedd rhag offrymu aberth iddynt.

Daeth Iddewon yno o Antiochia ac Iconium; ac wedi iddynt 19
berswadio'r tyrfaoedd, lluchiasant gerrig at Paul, a'i lusgo allan
o'r ddinas, gan dybio ei fod wedi marw. Ond ffurfiodd y 20
disgyblion gylch o'i gwmpas, a chododd yntau ac aeth i mewn
i'r ddinas. Trannoeth, aeth ymaith gyda Barnabas i Dderbe.

Dychwelyd i Antiochia yn Syria

Buont yn cyhoeddi'r newydd da i'r ddinas honno, ac wedi 21
gwneud disgyblion lawer, dychwelsant i Lystra ac i Iconium
ac i Antiochia, a chadarnhau eneidiau'r disgyblion a'u hannog i 22
lynu wrth y ffydd, gan ddweud, " Trwy lawer o gyfyngderau
yr ydym i fynd i mewn i deyrnas Dduw." Penodasant iddynt 23
henuriaid ymhob eglwys, a'u cyflwyno, ar ôl gweddïo ac ym-
prydio, i'r Arglwydd, yr hwn yr oeddent wedi credu ynddo.
Wedi iddynt deithio drwy Pisidia, daethant i Pamffylia; ac 24,25
wedi llefaru'r gair yn Perga, aethant i lawr i Atalia, ac oddi 26
yno hwyliasant i Antiochia, i'r fan lle'r oeddent wedi eu
cyflwyno i ras Duw at y gwaith yr oeddent wedi ei gyflawni.

27 When they arrived in Antioch, they gathered the people of the
church together and told them about all that God had done with
them and how he had opened the way for the Gentiles to believe.
28 And they stayed a long time there with the believers.

The Meeting at Jerusalem

15 Some men came from Judaea to Antioch and started teaching
the believers, "You cannot be saved unless you are circumcised
as the Law of Moses requires." 2 Paul and Barnabas got into a fierce
argument with them about this, so it was decided that Paul and
Barnabas and some of the others in Antioch should go to Jerusalem
and see the apostles and elders about this matter.

3 They were sent on their way by the church; and as they went
through Phoenicia and Samaria, they reported how the Gentiles had
turned to God; this news brought great joy to all the believers.
4 When they arrived in Jerusalem, they were welcomed by the church,
the apostles, and the elders, to whom they told all that God had
done through them. 5 But some of the believers who belonged to
the party of the Pharisees stood up and said, "The Gentiles must
be circumcised and told to obey the Law of Moses."

6 The apostles and the elders met together to consider this question.
7 After a long debate Peter stood up and said, "My brothers, you
know that a long time ago God chose me from among you to preach
the Good News to the Gentiles, so that they could hear and believe.
8 And God, who knows the thoughts of everyone, showed his approval
of the Gentiles by giving the Holy Spirit to them, just as he had
to us. 9 He made no difference between us and them; he forgave
their sins because they believed. 10 So then, why do you now want
to put God to the test by laying a load on the backs of the believers
which neither our ancestors nor we ourselves were able to carry?
11 No! We believe and are saved by the grace of the Lord Jesus,
just as they are."

12 The whole group was silent as they heard Barnabas and Paul
report all the miracles and wonders that God had performed through
them among the Gentiles. 13 When they had finished speaking, James
spoke up: "Listen to me, my brothers! 14 Simon has just explained
how God first showed his care for the Gentiles by taking from among
them a people to belong to him. 15 The words of the prophets agree
completely with this. As the scripture says,

Wedi iddynt gyrraedd, cynullasant yr eglwys ynghyd ac adrodd 27
gymaint yr oedd Duw wedi ei wneud gyda hwy, ac fel yr oedd
wedi agor drws ffydd i'r Cenhedloedd. A threuliasant gryn 28
dipyn o amser gyda'r disgyblion.

Y Cyngor yn Jerwsalem

Yna daeth rhai i lawr o Jwdea a dysgu'r brodyr: "Os nad **15**
enwaedir arnoch yn ôl defod Moses, ni ellir eich achub." A 2
chododd ymryson ac ymddadlau nid bychan rhyngddynt a
Paul a Barnabas, a threfnwyd bod Paul a Barnabas, a rhai eraill
o'u plith, yn mynd i fyny at yr apostolion a'r henuriaid yn
Jerwsalem ynglŷn â'r cwestiwn yma. Felly anfonwyd hwy gan 3
yr eglwys, ac ar eu taith trwy Phenice a Samaria buont yn
adrodd yr hanes am dröedigaeth y Cenhedloedd, a pharasant
lawenydd mawr i'r holl frodyr. Wedi iddynt gyrraedd Jerwsa- 4
lem, fe'u derbyniwyd gan yr eglwys a'r apostolion a'r henuriaid,
a mynegasant gymaint yr oedd Duw wedi ei wneud. Ond 5
cododd rhai credinwyr oedd o sect y Phariseaid, a dweud, "Y
mae'n rhaid enwaedu arnynt, a'u gorchymyn i gadw Cyfraith
Moses."

Ymgynullodd yr apostolion a'r henuriaid i ystyried y mater 6
yma. Ar ôl llawer o ddadlau, cododd Pedr a dywedodd wrth- 7
ynt: "Frodyr, gwyddoch chwi fod Duw yn y dyddiau cynnar
yn eich plith wedi dewis bod y Cenhedloedd, trwy fy ngenau i,
yn cael clywed gair yr Efengyl, a chredu. Ac y mae Duw, sy'n 8
adnabod calonnau, wedi dwyn tystiolaeth iddynt trwy roi
iddynt hwy yr Ysbryd Glân yr un fath ag i ninnau; ac ni 9
wnaeth ddim gwahaniaeth rhyngom ni a hwythau, gan iddo
lanhau eu calonnau hwy drwy ffydd. Yn awr, ynteu, pam yr 10
ydych yn rhoi prawf ar Dduw trwy osod ar war y disgyblion iau
na allodd ein tadau na ninnau mo'i dwyn? Ond yr ydym ni'n 11
credu mai trwy ras yr Arglwydd Iesu yr achubir ni, a hwythau
yr un modd."

Tawodd yr holl gynulliad, a gwrando ar Barnabas a Paul yn 12
adrodd am yr holl arwyddion a rhyfeddodau yr oedd Duw wedi
eu gwneud ymhlith y Cenhedloedd drwyddynt hwy. Wedi 13
iddynt dewi, dywedodd Iago, "Frodyr, gwrandewch arnaf fi.
Y mae Simeon wedi dweud sut y gofalodd Duw gyntaf am gael 14
o blith y Cenhedloedd bobl yn dwyn ei enw. Ac y mae geiriau'r 15
proffwydi yn cytuno â hyn, fel y mae'n ysgrifenedig:

16 'After this I will return, says the Lord,
and restore the kingdom of David.
I will rebuild its ruins
and make it strong again.
17 And so all the rest of mankind will come to me,
all the Gentiles whom I have called to be my own.
18 So says the Lord, who made this known long ago.'
19 "It is my opinion," James went on, "that we should not trouble
the Gentiles who are turning to God. 20 Instead, we should write a
letter telling them not to eat any food that is ritually unclean because it has been offered to idols; to keep themselves from sexual immorality; and not to eat any animal that has been strangled, or
any blood. 21 For the Law of Moses has been read for a very long
time in the synagogues every Sabbath, and his words are preached in every town."

The Letter to the Gentile Believers

22 Then the apostles and the elders, together with the whole church, decided to choose some men from the group and send them to Antioch with Paul and Barnabas. They chose two men who were highly respected by the believers, Judas, called Barsabbas, and Silas, 23 and
they sent the following letter by them:

"We, the apostles and the elders, your brothers, send greetings to all our brothers of Gentile birth who live in Antioch, Syria,
and Cilicia. 24 We have heard that some men who went from
our group have troubled and upset you by what they said; they
had not, however, received any instruction from us. 25 And so
we have met together and have all agreed to choose some messengers and send them to you. They will go with our dear friends
Barnabas and Paul, 26 who have risked their lives in the service
of our Lord Jesus Christ. 27 We send you, then, Judas and Silas,
who will tell you in person the same things we are writing. 28 The
Holy Spirit and we have agreed not to put any other burden
on you besides these necessary rules: 29 eat no food that has
been offered to idols; eat no blood; eat no animal that has been strangled; and keep yourselves from sexual immorality.

'" Ar ôl hyn dychwelaf, 16
ac adeiladaf drachefn babell syrthiedig Dafydd,
adeiladaf ei hadfeilion drachefn,
a'i hatgyweirio,
fel y ceisier yr Arglwydd gan y gweddill o ddynion, 17
a chan yr holl Genhedloedd a alwyd wrth fy enw i,"
medd yr Arglwydd, sy'n gwneud y pethau hyn yn 18
hysbys erioed.'

Felly fy marn i yw na ddylem boeni'r rhai o blith y Cenhedl- 19
oedd sy'n troi at Dduw, ond ysgrifennu atynt am iddynt ym- 20
gadw rhag bwyta pethau sydd wedi eu halogi gan eilunod, a
rhag anlladrwydd,* a rhag bwyta na'r hyn sydd wedi ei dagu,
na gwaed.** Oherwydd y mae gan Moses, er yr oesau cyntaf, 21
rai sy'n ei bregethu ym mhob tref, ac fe'i darllenir yn y synagog-
au bob Saboth."

Y Cyngor yn Ateb

Yna penderfynodd yr apostolion a'r henuriaid, ynghyd â'r 22
holl eglwys, ethol gwŷr o'u plith a'u hanfon i Antiochia gyda
Paul a Barnabas, sef Jwdas, a elwid Barsabas, a Silas, gwŷr
blaenllaw ymhlith y brodyr. Rhoesant y llythyr hwn iddynt i 23
fynd yno: " Y brodyr, yn apostolion a henuriaid, at y brodyr
sydd o blith y Cenhedloedd yn Antiochia a Syria a Chilicia,
cyfarchion. Oherwydd inni glywed fod rhai ohonom ni wedi'ch 24
tarfu â'u geiriau, ac ansefydlu eich meddyliau, heb i ni eu
gorchymyn, yr ydym wedi penderfynu'n unfryd ddewis gwŷr 25
i'w hanfon atoch gyda'n cyfeillion annwyl, Barnabas a Paul,
dynion sydd wedi cysegru eu bywydau dros enw ein Harglwydd 26
Iesu Grist. Felly yr ydym yn anfon Jwdas a Silas, a byddant 27
hwy'n mynegi yr un neges ar lafar. Penderfynwyd gan yr 28
Ysbryd Glân a chennym ninnau beidio â gosod arnoch ddim
mwy o faich na'r pethau angenrheidiol hyn: ymgadw rhag 29
bwyta yr hyn sydd wedi ei aberthu i eilunod, neu waed, neu'r

---

*adn. 20: y mae rhai llawysgrifau yn gadael allan *a rhag anlladrwydd.*

**adn. 20: yn ôl darlleniad arall, *rhag bwyta pethau sydd wedi eu halogi gan eilunod, a rhag anlladrwydd, a rhag gwaed, ac i beidio â gwneud i eraill yr hyn na hoffent iddo ddigwydd iddynt eu hunain.*

You will do well if you take care not to do these things. With
our best wishes."

30 The messengers were sent off and went to Antioch, where they
gathered the whole group of believers and gave them the letter. 31 When
the people read it, they were filled with joy by the message of
encouragement. 32 Judas and Silas, who were themselves prophets,
spoke a long time with them, giving them courage and strength.
33 After spending some time there, they were sent off in peace by
the believers and went back to those who had sent them.[w]

35 Paul and Barnabas spent some time in Antioch, and together
with many others they taught and preached the word of the Lord.

Paul and Barnabas Separate

36 Some time later Paul said to Barnabas, "Let us go back and
visit our brothers in every town where we preached the word of
the Lord, and let us find out how they are getting on." 37 Barnabas
wanted to take John Mark with them, 38 but Paul did not think
it was right to take him, because he had not stayed with them to
the end of their mission, but had turned back and left them in
Pamphylia. 39 There was a sharp argument, and they separated:
Barnabas took Mark and sailed off for Cyprus, 40 while Paul chose
Silas and left, commended by the believers to the care of the Lord's
grace. 41 He went through Syria and Cilicia, strengthening the churches.

Timothy Goes with Paul and Silas

16 Paul travelled on to Derbe and Lystra, where a Christian
named Timothy lived. His mother, who was also a Christian,
was Jewish, but his father was a Greek. 2 All the believers in Lystra
and Iconium spoke well of Timothy. 3 Paul wanted to take Timothy
along with him, so he circumcised him. He did so because all the
Jews who lived in those places knew that Timothy's father was Greek.

---

[w] *Some manuscripts add verse 34:* But Silas decided to stay there.

hyn sydd wedi ei dagu, a rhag anlladrwydd.* Os cadwch rhag
y pethau hyn, fe wnewch yn dda. Ffarwel."
Anfonwyd hwy, felly, a daethant i lawr i Antiochia, ac wedi 30
galw'r gynulleidfa ynghyd, cyflwynwyd y llythyr. Wedi ei 31
ddarllen, yr oeddent yn llawen ar gyfrif yr anogaeth yr oedd yn
ei rhoi. Gan fod Jwdas a Silas hwythau'n broffwydi, dywedasant 32
lawer i annog y brodyr a'u cadarnhau. Wedi iddynt dreulio 33
peth amser fe'u hanfonwyd mewn tangnefedd oddi wrth y
brodyr yn ôl at y rhai a'u hanfonodd.* Arhosodd Paul a 35
Barnabas yn Antiochia, gan ddysgu a phregethu gair yr
Arglwydd, ynghyd â llawer eraill.

Paul a Barnabas yn Ymwahanu

Wedi rhai dyddiau, dywedodd Paul wrth Barnabas, " Gad- 36
ewch inni ddychwelyd, yn awr, ac ymweld â'r brodyr ym mhob
un o'r dinasoedd y buom yn cyhoeddi gair yr Arglwydd yn-
ddynt, i weld sut y mae hi arnynt." Yr oedd Barnabas yn 37
dymuno cymryd Ioan, a elwid Marc, gyda hwy; ond yr oedd 38
Paul yn barnu na ddylent gymryd yn gydymaith un oedd wedi
cefnu arnynt yn Pamffylia, a heb gydweithio â hwy. Bu 39
cymaint cynnen rhyngddynt nes iddynt ymwahanu. Cymerodd
Barnabas Marc, a hwylio i Gyprus; ond dewisodd Paul Silas, 40
ac aeth i ffwrdd, wedi ei gyflwyno gan y brodyr i ras yr Ar-
glwydd. A bu'n teithio drwy Syria a Chilicia, gan gadarnhau'r 41
eglwysi.

Timotheus yn Mynd gyda Paul a Silas

Cyrhaeddodd Dderbe a Lystra. Yno yr oedd disgybl o'r **16**
enw Timotheus, mab i wraig grediniol o Iddewes, a'i dad yn
Roegwr. Yr oedd gair da iddo gan y brodyr yn Lystra ac 2
Iconium. Yr oedd Paul am i hwn fynd ymaith gydag ef, a 3
chymerodd ef ac enwaedu arno, o achos yr Iddewon oedd yn y
lleoedd hynny, oherwydd yr oeddent i gyd yn gwybod mai

---

*adn. 29: y mae rhai llawysgrifau yn gadael allan *a rhag anlladrwydd.* Yn ôl darlleniad arall, *rhag bwyta yr hyn sydd wedi ei aberthu i eilunod, a rhag gwaed, a rhag anlladrwydd, ac i beidio â gwneud i eraill yr hyn na hoffech iddo ddigwydd i chwi eich hunain.*

*adn. 33: ychwanega rhai llawysgrifau adn. 34: *Ond penderfynodd Silas aros yno.*

4 As they went through the towns, they delivered to the believers
the rules decided upon by the apostles and elders in Jerusalem, and
told them to obey those rules. 5 So the churches were made stronger
in the faith and grew in numbers every day.

In Troas: Paul's Vision

6 They travelled through the region of Phrygia and Galatia because
the Holy Spirit did not let them preach the message in the province of
Asia. 7 When they reached the border of Mysia, they tried to go
into the province of Bithynia, but the Spirit of Jesus did not allow
them. 8 So they travelled right on through[x] Mysia and went to Troas.
9 That night Paul had a vision in which he saw a Macedonian standing
and begging him, "Come over to Macedonia and help us!" 10 As
soon as Paul had this vision, we got ready to leave for Macedonia,
because we decided that God had called us to preach the Good
News to the people there.

In Philippi: the Conversion of Lydia

11 We left by ship from Troas and sailed straight across to
Samothrace, and the next day to Neapolis. 12 From there we went
inland to Philippi, a city of the first district of Macedonia;[y] it is
also a Roman colony. We spent several days there. 13 On the Sabbath
we went out of the city to the river-side, where we thought there
would be a place where Jews gathered for prayer. We sat down
and talked to the women who gathered there. 14 One of those who
heard us was Lydia from Thyatira, who was a dealer in purple cloth.
She was a woman who worshipped God, and the Lord opened her
mind to pay attention to what Paul was saying. 15 After she and
the people of her house had been baptized, she invited us, "Come
and stay in my house if you have decided that I am a true believer in
the Lord." And she persuaded us to go.

In Prison at Philippi

16 One day as we were going to the place of prayer, we were
met by a slave-girl who had an evil spirit that enabled her to predict
the future. She earned a lot of money for her owners by telling
fortunes. 17 She followed Paul and us, shouting, "These men are ser-
vants of the Most High God! They announce to you how you can

---

[x] travelled right on through; *or* passed by.

[y] a city of the first district of Macedonia; *some manuscripts have* a leading city of the district of Macedonia, *or* a leading city of that district in Macedonia.

Groegwr oedd ei dad. Fel yr oeddent yn teithio drwy'r dinas- 4
oedd, yr oeddent yn traddodi iddynt, er mwyn iddynt eu cadw,
y gorchmynion a ddyfarnwyd gan yr apostolion a'r henuriaid
oedd yn Jerwsalem. Felly yr oedd yr eglwysi yn ymgadarnhau 5
yn y ffydd, ac yn amlhau mewn rhif beunydd.

Y Gŵr o Facedonia yn ymddangos i Paul

Aethant trwy ranbarth Phrygia a Galatia, ar ôl i'r Ysbryd 6
Glân eu rhwystro rhag llefaru'r gair yn Asia. Wedi iddynt 7
ddod hyd at Mysia, yr oeddent yn ceisio mynd i Bithynia, ond
ni chaniataodd ysbryd Iesu iddynt. Ac aethant heibio i Mysia, 8
a dod i lawr i Troas. Ymddangosodd gweledigaeth i Paul un 9
noson—gŵr o Facedonia yn sefyll ac yn ymbil arno a dweud,
" Tyrd drosodd i Facedonia, a chymorth ni." Pan gafodd ef y 10
weledigaeth, rhoesom gynnig ar fynd i Facedonia ar ein hunion,
gan gasglu mai Duw oedd wedi ein galw i gyhoeddi'r newydd
da iddynt hwy.

Tröedigaeth Lydia

Ac wedi hwylio o Troas, aethom ar union hynt i Samothrace, 11
a thrannoeth i Neapolis, ac oddi yno i Philipi; dinas yw hon yn 12
rhanbarth gyntaf Macedonia,*ac y mae'n drefedigaeth Rufeinig.
Buom yn treulio rhai dyddiau yn y ddinas hon. Ar y dydd 13
Saboth aethom y tu allan i'r porth at lan afon gan dybio fod yno
le gweddi. Wedi eistedd, dechreusom lefaru wrth y gwragedd
oedd wedi dod ynghyd. Ac yn gwrando yr oedd gwraig o'r 14
enw Lydia, un oedd yn gwerthu porffor, o ddinas Thyatira, ac
un oedd yn addoli Duw. Agorodd yr Arglwydd ei chalon hi i
ddal ar y pethau yr oedd Paul yn eu dweud. Fe'i bedyddiwyd 15
hi a'i theulu, ac yna deisyfodd arnom, gan ddweud, " Os ydych
yn barnu fy mod yn credu yn yr Arglwydd, dewch i mewn ac
arhoswch yn fy nhŷ." A mynnodd ein cael yno.

I'r Carchar yn Philipi

Rhyw dro pan oeddem ar ein ffordd i'r lle gweddi, daeth 16
rhyw eneth â chanddi ysbryd dewiniaeth i'n cyfarfod, un
oedd yn dwyn elw mawr i'w meistri trwy ragfynegi pethau.
Dilynodd hon Paul a ninnau, a gweiddi: " Gweision y Duw 17

---

*adn. 12: yn ôl darlleniad arall, *hon yw prif ddinas rhanbarth Macedonia.*

be saved!" 18 She did this for many days, until Paul became so upset
that he turned round and said to the spirit, "In the name of Jesus
Christ I order you to come out of her!" The spirit went out of
her that very moment.

19 When her owners realized that their chance of making money
was gone, they seized Paul and Silas and dragged them to the authori-
ties in the public square. 20 They brought them before the Roman
officials and said, "These men are Jews, and they are causing trouble
in our city. 21 They are teaching customs that are against our law;
we are Roman citizens, and we cannot accept these customs or practise
them." 22 And the crowd joined in the attack against Paul and Silas.

Then the officials tore the clothes off Paul and Silas and ordered
them to be whipped. 23 After a severe beating, they were thrown
into jail, and the jailer was ordered to lock them up tight. 24 Upon
receiving this order, the jailer threw them into the inner cell and
fastened their feet between heavy blocks of wood.

25 About midnight Paul and Silas were praying and singing hymns to
God, and the other prisoners were listening to them. 26 Suddenly there
was a violent earthquake, which shook the prison to its foundations. At
once all the doors opened, and the chains fell off all the prisoners.
27 The jailer woke up, and when he saw the prison doors open,
he thought that the prisoners had escaped; so he pulled out his
sword and was about to kill himself. 28 But Paul shouted at the
top of his voice, "Don't harm yourself! We are all here!"

29 The jailer called for a light, rushed in, and fell trembling at the
feet of Paul and Silas. 30 Then he led them out and asked, "Sirs, what
must I do to be saved?"

31 They answered, "Believe in the Lord Jesus, and you will be
saved—you and your family." 32 Then they preached the word of
the Lord to him and to all the others in his house. 33 At that very
hour of the night the jailer took them and washed their wounds;
and he and all his family were baptized at once. 34 Then he took
Paul and Silas up into his house and gave them some food to eat.
He and his family were filled with joy, because they now believed
in God.

35 The next morning the Roman authorities sent police officers
with the order, "Let those men go."

36 So the jailer told Paul, "The officials have sent an order for you
and Silas to be released. You may leave, then, and go in peace."

37 But Paul said to the police officers, "We were not found guilty of
any crime, yet they whipped us in public—and we are Roman citizens!

Goruchaf yw'r dynion hyn, ac y maent yn cyhoeddi i chwi
ffordd iachawdwriaeth." Gwnaeth hyn am ddyddiau lawer. 18
Blinodd Paul arni, a throes ar yr ysbryd a dweud: " 'Rwy'n
gorchymyn i ti, yn enw Iesu Grist, ddod allan ohoni." Ac allan
y daeth, y munud hwnnw. Pan welodd ei meistri hi fod eu 19
gobaith am elw wedi diflannu, daliasant Paul a Silas, a'u llusgo
i'r farchnadfa o flaen yr awdurdodau, ac wedi dod â hwy ger- 20
bron yr ynadon, meddent: " Y mae'r dynion yma'n cythryblu
ein dinas ni; Iddewon ydynt, ac y maent yn cyhoeddi defodau 21
nad yw gyfreithlon i ni, sy'n Rhufeinwyr, eu derbyn na'u
harfer." Yna ymunodd y dyrfa yn yr ymosod arnynt. Rhwyg- 22
odd yr ynadon eu dillad oddi amdanynt, a gorchymyn eu curo
â gwialennod. Ac wedi rhoi curfa dost iddynt bwriasant hwy i 23
garchar, gan rybuddio ceidwad y carchar i'w cadw yn ddiogel.
Gan iddo gael y fath rybudd, bwriodd yntau hwy i'r carchar 24
mewnol, a rhwymo'u traed yn y cyffion.

Tua hanner nos, yr oedd Paul a Silas yn gweddïo ac yn canu 25
mawl i Dduw, a'r carcharorion yn gwrando arnynt. Ac yn 26
sydyn bu daeargryn mawr, nes siglo seiliau'r carchar. Agor-
wyd yr holl ddrysau yn y fan, a datodwyd rhwymau pawb.
Deffrôdd ceidwad y carchar, a phan welodd ddrysau'r carchar 27
yn agored, tynnodd ei gleddyf ac yr oedd ar fin ei ladd ei hun,
gan dybio fod ei garcharorion wedi dianc, pan waeddodd Paul 28
yn uchel, " Paid â gwneud dim niwed i ti dy hun; yr ydym yma
i gyd." Galwodd ef am oleuadau, a rhuthrodd i mewn; daeth 29
cryndod arno, a syrthiodd o flaen Paul a Silas. Yna daeth â 30
hwy allan a dweud, " Foneddigion, beth sy raid imi ei wneud
i gael fy achub?" Dywedasant hwythau, " Cred yn yr 31
Arglwydd Iesu, ac fe gei dy achub, ti a'th deulu." A thraeth- 32
asant air yr Arglwydd wrtho ef ac wrth bawb oedd yn ei dŷ.
Er ei bod yn hwyr y nos, aeth ef â hwy a golchi eu briwiau; ac 33
yn union wedyn fe'i bedyddiwyd ef a phawb o'i deulu. Yna, 34
wedi dod â hwy i'w dŷ, gosododd bryd o fwyd o'u blaen, a
gorfoleddodd gyda'i holl deulu am ei fod wedi credu yn Nuw.

Pan ddaeth yn ddydd, anfonodd yr ynadon y rhingylliaid â'r 35
neges: " Gollwng y dynion hynny yn rhydd." Adroddodd 36
ceidwad y carchar y neges wrth Paul: " Y mae'r ynadon wedi
anfon gair i'ch gollwng yn rhydd. Felly, dewch allan yn awr,
ac ewch mewn tangnefedd." Ond atebodd Paul hwy, " Cyn 37
ein bwrw ni i garchar, fflangellasant ni ar goedd, heb farnu ein

Then they threw us in prison. And now they want to send us away
secretly. Not likely! The Roman officials themselves must come here
and let us out."

38 The police officers reported these words to the Roman officials;
and when they heard that Paul and Silas were Roman citizens, they
were afraid. 39 So they went and apologized to them; then they led
them out of the prison and asked them to leave the city. 40 Paul
and Silas left the prison and went to Lydia's house. There they
met the believers, spoke words of encouragement to them, and left.

In Thessalonica

17 Paul and Silas travelled on through Amphipolis and Apollonia
and came to Thessalonica, where there was a synagogue.
2 According to his usual habit Paul went to the synagogue. There
during three Sabbaths he held discussions with the people, quoting
3 and explaining the Scriptures and proving from them that the Messiah
had to suffer and rise from death. "This Jesus whom I announce
to you," Paul said, "is the Messiah." 4 Some of them were convinced
and joined Paul and Silas; so did many of the leading women and
a large group of Greeks who worshipped God.

5 But the Jews were jealous and gathered some of the worthless
loafers from the streets and formed a mob. They set the whole city
in an uproar and attacked the home of a man called Jason, in an
attempt to find Paul and Silas and bring them out to the people.
6 But when they did not find them, they dragged Jason and some
other believers before the city authorities and shouted, "These men
have caused trouble everywhere! Now they have come to our city,
7 and Jason has kept them in his house. They are all breaking the
laws of the Emperor, saying that there is another king, whose name
is Jesus." 8 With these words they threw the crowd and the city
authorities into an uproar. 9 The authorities made Jason and the
others pay the required amount of money to be released, and then let
them go.

In Berea

10 As soon as night came, the believers sent Paul and Silas to
Berea. When they arrived, they went to the synagogue. 11 The people
there were more open-minded than the people in Thessalonica. They
listened to the message with great eagerness, and every day they
studied the Scriptures to see if what Paul said was really true. 12 Many
of them believed; and many Greek women of high social standing

hachos, er ein bod yn ddinasyddion Rhufain. A ydynt yn awr
am gael ein bwrw ni allan yn ddirgel? Nac ydynt, yn wir!
Gadewch iddynt ddod eu hunain a'n tywys ni allan." Adrodd- 38
odd y rhingylliaid y neges hon wrth yr ynadon, a chawsant hwy
fraw pan glywsant mai Rhufeinwyr oedd Paul a Silas. Aethant 39
i ymddiheuro iddynt, ac wedi eu tywys hwy allan, gofynasant
iddynt fynd i ffwrdd o'r ddinas. Wedi dod allan o'r carchar, 40
aethant i dŷ Lydia, a gwelsant y brodyr, a'u calonogi. Yna
aethant ymaith.

Y Cyffro yn Thesalonica

Aethant ar hyd y ffordd trwy Amffipolis ac Apolonia, a chyr- **17**
raedd Thesalonica, lle yr oedd synagog gan yr Iddewon. Ac yn 2
ôl ei arfer aeth Paul i mewn atynt, ac am dri Saboth bu'n
ymresymu â hwy ar sail yr Ysgrythurau, gan esbonio a phrofi 3
fod yn rhaid i'r Meseia ddioddef a chyfodi oddi wrth y meirw.
Byddai'n dweud, "Hwn yw'r Meseia—Iesu, yr hwn yr wyf
fi'n ei gyhoeddi i chwi." Credodd rhai ohonynt, ac ymuno â 4
Paul a Silas; ac felly hefyd y gwnaeth lliaws mawr o'r Groeg-
iaid oedd yn addoli Duw, ac nid ychydig o'r gwragedd blaenaf.
Ond cenfigennodd yr Iddewon, ac wedi cael gafael ar rai dihirod 5
o blith segurwyr y sgwâr, a'u casglu'n dorf, dechreusant greu
terfysg yn y ddinas. Ymosodasant ar dŷ Jason, a cheisio dod â
Paul a Silas allan gerbron y dinasyddion. Ond wedi methu dod 6
o hyd iddynt hwy, llusgasant Jason a rhai brodyr o flaen
llywodraethwyr y ddinas, gan weiddi, "Y mae aflonyddwyr yr
Ymerodraeth wedi dod yma hefyd, ac y mae Jason wedi rhoi 7
croeso iddynt; y mae'r bobl hyn i gyd yn troseddu yn erbyn
ordeiniadau Cesar trwy ddweud fod ymerawdwr arall, sef Iesu."
Cyffrowyd y dyrfa a'r llywodraethwyr pan glywsant hyn, 8
ond ar ôl cael gwystl gan Jason a'r lleill, gollyngasant hwy'n 9
rhydd.

Yr Apostolion yn Berea

Ar unwaith, anfonodd y brodyr Paul a Silas yn ystod y nos i 10
Berea, ac wedi iddynt gyrraedd aethant i synagog yr Iddewon.
Yr oedd y rhain yn fwy eangfrydig na'r rhai yn Thesalonica, 11
gan iddynt dderbyn y gair gyda phob eiddgarwch, gan chwilio'r
Ysgrythurau beunydd i weld a oedd pethau fel yr oeddent hwy
yn dweud. Gan hynny, credodd llawer ohonynt, ac nid ychydig 12

and many Greek men also believed. 13 But when the Jews in
Thessalonica heard that Paul had preached the word of God in Berea
also, they came there and started exciting and stirring up the mob.
14 At once the believers sent Paul away to the coast; but both Silas
and Timothy stayed in Berea. 15 The men who were taking Paul
went with him as far as Athens and then returned to Berea with
instructions from Paul that Silas and Timothy should join him as
soon as possible.

In Athens

16 While Paul was waiting in Athens for Silas and Timothy, he
was greatly upset when he noticed how full of idols the city was.
17 So he held discussions in the synagogue with the Jews and with
the Gentiles who worshipped God, and also in the public square
every day with the people who happened to pass by. 18 Certain
Epicurean and Stoic teachers also debated with him. Some of them
asked, "What is this ignorant show-off trying to say?"

Others answered, "He seems to be talking about foreign gods."
They said this because Paul was preaching about Jesus and the resurrec-
tion.[z] 19 So they took Paul, brought him before the city council,
the Areopagus, and said, "We would like to know what this new
teaching is that you are talking about. 20 Some of the things we
hear you say sound strange to us, and we would like to know what
they mean." 21 (For all the citizens of Athens and the foreigners
who lived there liked to spend all their time telling and hearing
the latest new thing.)

22 Paul stood up in front of the city council and said, "I see
that in every way you Athenians are very religious. 23 For as I walked
through your city and looked at the places where you worship, I
found an altar on which is written, 'To an Unknown God'. That
which you worship, then, even though you do not know it, is what
I now proclaim to you. 24 God, who made the world and everything
in it, is Lord of heaven and earth and does not live in man-made
temples. 25 Nor does he need anything that we can supply by working
for him, since it is he himself who gives life and breath and everything
else to everyone. 26 From one man he created all races of mankind
and made them live throughout the whole earth. He himself fixed

---

[z] JESUS AND THE RESURRECTION: *In Greek, the feminine noun "resurrection" could be understood to be the name of a goddess.*

o'r Groegiaid, yn wragedd bonheddig ac yn wŷr. Ond pan 13
ddaeth Iddewon Thesalonica i wybod fod gair Duw wedi ei
gyhoeddi gan Paul yn Berea hefyd, daethant i godi terfysg a
chythryblu'r tyrfaoedd yno hefyd. Yna anfonodd y brodyr 14
Paul ymaith yn ddi-oed i fynd hyd at y môr, ond arhosodd
Silas a Timotheus yno. Daeth hebryngwyr Paul ag ef i Athen, 15
ac aethant oddi yno gyda gorchymyn i Silas a Timotheus ddod
ato cyn gynted ag y gallent.

Paul yn Athen

Tra oedd Paul yn eu disgwyl yn Athen, cythruddid ei ysbryd 16
ynddo wrth weld y ddinas yn llawn eilunod. Gan hynny, 17
ymresymodd yn y synagog â'r Iddewon ac â'r rhai oedd yn
addoli Duw, ac yn y sgwâr bob dydd â phwy bynnag oedd yno.
Yr oedd rhai o'r athronwyr, yn Epicwriaid a Stoiciaid, yn 18
dadlau ag ef hefyd, a rhai'n dweud, "Beth yn y byd y mae'r
clebryn yma yn mynnu ei ddweud?" Meddai eraill, "Y mae'n
ymddangos ei fod yn cyhoeddi duwiau dieithr." Oherwydd
cyhoeddi'r newydd da am Iesu a'r atgyfodiad yr oedd. Cymer- 19
asant afael ynddo, a mynd ag ef at yr Areopagus, gan ddweud,
"A gawn ni wybod beth yw'r ddysgeidiaeth newydd yma a
draethir gennyt ti? Oherwydd yr wyt yn dwyn i'n clyw ni ryw 20
bethau dieithr. Yr ydym yn dymuno cael gwybod, felly, beth
yw ystyr y pethau hyn." Nid oedd gan neb o'r Atheniaid, na'r 21
dieithriaid oedd ar ymweliad â'r lle, hamdden i ddim arall ond i
adrodd neu glywed y peth diweddaraf.

Safodd Paul yng nghanol yr Areopagus, ac meddai: "Wŷr 22
Athen, yr wyf yn gweld ar bob llaw eich bod yn dra chrefydd-
gar. Oherwydd wrth fynd o gwmpas ac edrych ar eich pethau 23
cysegredig, cefais yn eu plith allor ag arni'n ysgrifenedig, 'I
Dduw nid adwaenir.' Yr hyn, ynteu, yr ydych chwi'n ei addoli
heb ei adnabod, dyna'r hyn yr wyf fi'n ei gyhoeddi i chwi. Y 24
Duw a wnaeth y byd a phopeth sydd ynddo, nid yw ef, ac
yntau'n Arglwydd nef a daear, yn preswylio mewn temlau o
waith llaw. Ni wasanaethir ef chwaith â dwylo dynol, fel pe bai 25
arno angen rhywbeth, gan mai ef ei hun sy'n rhoi i bawb fywyd
ac anadl a'r cwbl oll. Gwnaeth ef hefyd o un dyn* bob cenedl o 26
ddynion, i breswylio ar holl wyneb y ddaear, gan bennu cyfnod-

*adn. 26: neu, *o un cyff*. Yn ôl darlleniad arall, *o un gwaed*.

beforehand the exact times and the limits of the places where they
would live. 27 He did this so that they would look for him, and
perhaps find him as they felt about for him. Yet God is actually
not far from any one of us; 28 as someone has said,

'In him we live and move and exist.'

It is as some of your poets have said,

'We too are his children.'

29 Since we are God's children, we should not suppose that his nature is
anything like an image of gold or silver or stone, shaped by the art
and skill of man. 30 God has overlooked the times when people did not
know him, but now he commands all of them everywhere to turn
away from their evil ways. 31 For he has fixed a day in which he
will judge the whole world with justice by means of a man he has
chosen. He has given proof of this to everyone by raising that man
from death!"

32 When they heard Paul speak about a raising from death, some
of them made fun of him, but others said, "We want to hear you
speak about this again." 33 And so Paul left the meeting. 34 Some
men joined him and believed, among whom was Dionysius, a member
of the council; there was also a woman named Damaris, and some
other people.

In Corinth

18 After this, Paul left Athens and went on to Corinth. 2 There
he met a Jew named Aquila, born in Pontus, who had recently
come from Italy with his wife Priscilla, for the Emperor Claudius
had ordered all the Jews to leave Rome. Paul went to see them,
3 and stayed and worked with them, because he earned his living
by making tents, just as they did. 4 He held discussions in the synagogue
every Sabbath, trying to convince both Jews and Greeks.

5 When Silas and Timothy arrived from Macedonia, Paul gave
his whole time to preaching the message, testifying to the Jews that
Jesus is the Messiah. 6 When they opposed him and said evil things
about him, he protested by shaking the dust from his clothes and
saying to them, "If you are lost, you yourselves must take the blame
for it! I am not responsible. From now on I will go to the Gentiles."
7 So he left them and went to live in the house of a Gentile named
Titius Justus, who worshipped God; his house was next to the syna-
gogue. 8 Crispus, who was the leader of the synagogue, believed in
the Lord, together with all his family; and many other people in
Corinth heard the message, believed, and were baptized.

au ordeiniedig a therfynau eu preswylfod. Yr oeddent i geisio 27
Duw, yn y gobaith y gallent rywfodd ymbalfalu amdano a'i
ddarganfod; ac eto nid yw ef nepell oddi wrth yr un ohonom.
'Oherwydd ynddo ef yr ydym yn byw ac yn symud ac yn bod,' 28
fel, yn wir, y dywedodd rhai o'ch beirdd chwi:
' Canys ei hiliogaeth ef hefyd ydym ni.'
Os ydym ni, felly, yn hiliogaeth Duw, ni ddylem dybio fod y 29
Duwdod yn debyg i aur neu arian neu faen, gwaith nadd
celfyddyd a dychymyg dyn. Edrychodd Duw heibio, yn wir, i 30
amserau anwybodaeth; ond yn awr y mae'n gorchymyn i
ddynion fod pawb ym mhob man i edifarhau, oblegid gosododd 31
ddiwrnod pryd y bydd yn barnu'r byd mewn cyfiawnder, trwy
ŵr a benododd, ac fe roes sicrwydd o hyn i bawb trwy ei
atgyfodi ef oddi wrth y meirw."

Pan glywsant am atgyfodiad y meirw, dechreuodd rhai 32
wawdio, ond dywedodd eraill, " Cawn dy wrando ar y pwnc
hwn rywdro eto." Felly aeth Paul allan o'u mysg. Ond ymlyn- 33,34
odd rhai gwŷr wrtho, a chredu, ac yn eu plith Dionysius, aelod
o lys yr Areopagus, a gwraig o'r enw Damaris, ac eraill gyda
hwy.

Paul yng Nghorinth

Wedi hynny fe ymadawodd ag Athen, a dod i Gorinth. **18**
A daeth o hyd i Iddew o'r enw Acwila, brodor o Pontus, gŵr 2
oedd newydd ddod o'r Eidal gyda'i wraig, Priscila, o achos
gorchymyn Claudius i'r holl Iddewon ymadael â Rhufain.
Aeth atynt, ac am ei fod o'r un grefft, arhosodd gyda hwy, a 3
gweithio; gwneuthurwyr pebyll oeddent wrth eu crefft.
Byddai'n ymresymu yn y synagog bob Saboth, a cheisio ar- 4
gyhoeddi Iddewon a Groegiaid.

Pan ddaeth Silas a Timotheus i lawr o Facedonia, dechreu- 5
odd Paul ymroi yn llwyr i bregethu'r Gair, gan dystiolaethu
wrth yr Iddewon mai Iesu oedd y Meseia. Ond yr oeddent 6
hwy'n dal i'w wrthwynebu a'i ddifenwi, ac felly fe ysgydwodd
ei ddillad a dweud wrthynt, " Ar eich pen chwi y bo'ch gwaed !
Nid oes bai arnaf fi; o hyn allan mi af at y Cenhedloedd."
Symudodd oddi yno ac aeth i dŷ dyn o'r enw Titius Jwstus, un 7
oedd yn addoli Duw; yr oedd ei dŷ y drws nesaf i'r synagog.
Credodd Crispus, arweinydd y synagog, yn yr Arglwydd, 8
ynghyd â'i holl deulu. Ac wrth glywed, credodd llawer o'r

9 One night Paul had a vision in which the Lord said to him,
"Do not be afraid, but keep on speaking and do not give up, 10 for
I am with you. No one will be able to harm you, for many in
this city are my people." 11 So Paul stayed there for a year and
a half, teaching the people the word of God.
12 When Gallio was made the Roman governor of Achaia, the
Jews got together, seized Paul, and took him into court. 13 "This
man," they said, "is trying to persuade people to worship God in
a way that is against the law!"
14 Paul was about to speak when Gallio said to the Jews, "If
this were a matter of some evil crime or wrong that has been com-
mitted, it would be reasonable for me to be patient with you Jews.
15 But since it is an argument about words and names and your
own law, you yourselves must settle it. I will not be the judge of
such things!" 16 And he drove them out of the court. 17 They all
seized Sosthenes, the leader of the synagogue, and beat him in front
of the court. But that did not bother Gallio a bit.

The Return to Antioch

18 Paul stayed on with the believers in Corinth for many days,
then left them and sailed off with Priscilla and Aquila for Syria.
Before sailing from Cenchreae he had his head shaved because of
a vow he had taken.[a] 19 They arrived in Ephesus, where Paul left
Priscilla and Aquila. He went into the synagogue and held discussions
with the Jews. 20 The people asked him to stay longer, but he would
not consent. 21 Instead, he told them as he left, "If it is the will
of God, I will come back to you." And so he sailed from Ephesus.
22 When he arrived at Caesarea, he went to Jerusalem and greeted
the church, and then went to Antioch. 23 After spending some time
there, he left and went through the region of Galatia and Phrygia,
strengthening all the believers.

Apollos in Ephesus and Corinth

24 At that time a Jew named Apollos, who had been born in
Alexandria, came to Ephesus. He was an eloquent speaker and had
a thorough knowledge of the Scriptures. 25 He had been instructed
in the Way of the Lord, and with great enthusiasm he proclaimed
and taught correctly the facts about Jesus. However, he knew only
the baptism of John. 26 He began to speak boldly in the synagogue

---

[a] A VOW HE HAD TAKEN: *This refers to the Jewish custom of shaving the head as a sign that a vow has been kept.*

Corinthiaid a chael eu bedyddio. Dywedodd yr Arglwydd 9
wrth Paul un noson, trwy weledigaeth, " Paid ag ofni, ond dal
ati i lefaru, a phaid â thewi; oherwydd yr wyf fi gyda thi, ac ni 10
fydd i neb ymosod arnat ti i wneud niwed iti, oblegid y mae
gennyf lawer o bobl yn y ddinas hon." Ac fe arhosodd flwydd- 11
yn a chwe mis, gan ddysgu gair Duw yn eu plith.
Pan oedd Galio yn rhaglaw Achaia, cododd yr Iddewon yn 12
unfryd yn erbyn Paul, a dod ag ef gerbron y llys barn, gan 13
ddweud, " Y mae hwn yn annog dynion i addoli Duw yn groes
i'r Gyfraith." Pan oedd Paul ar agor ei enau, dywedodd Galio 14
wrth yr Iddewon, " Pe bai yn fater o drosedd neu gamwedd
ysgeler, byddwn wrth reswm yn rhoi gwrandawiad i chwi,
Iddewon; ond gan mai dadleuon yw'r rhain ynghylch geiriau 15
ac enwau a'ch Cyfraith arbennig chwi, cymerwch y cyfrifoldeb
eich hunain. Nid oes arnaf fi eisiau bod yn farnwr ar y pethau
hyn." A gyrrodd hwy allan o'r llys. Yna gafaelodd pawb 16,17
ohonynt yn Sosthenes, arweinydd y synagog, a'i guro yng
ngŵydd y llys. Ond nid oedd Galio yn poeni dim am hynny.

Paul yn Dychwelyd i Antiochia

Arhosodd Paul yno eto gryn ddyddiau, ac wedi ffarwelio â'r 18
brodyr fe hwyliodd ymaith i Syria, a Priscila ac Acwila gydag
ef. Eilliodd ei ben yn Cenchreae, am fod adduned arno. Pan 19
gyraeddasant Effesus, gadawodd hwy yno, a mynd ei hun i
mewn i'r synagog ac ymresymu â'r Iddewon. A phan ofynasant 20
iddo aros am amser hwy, ni chydsyniodd. Ond wedi ffarwelio 21
gan ddweud, " Dychwelaf atoch eto, os Duw a'i myn ", hwyl-
iodd o Effesus. Wedi glanio yng Nghesarea, aeth i fyny a 22
chyfarchodd yr eglwys. Yna aeth i lawr i Antiochia, ac wedi 23
treulio peth amser yno, aeth ymaith, a theithio o le i le trwy
wlad Galatia a Phrygia, gan gadarnhau'r holl ddisgyblion.

Apolos yn Pregethu yn Effesus

Daeth rhyw Iddew o'r enw Apolos i Effesus. Brodor o Alex- 24
andria ydoedd, a gŵr huawdl, cadarn yn yr Ysgrythurau. Yr 25
oedd hwn wedi ei addysgu yn Ffordd yr Arglwydd, ac yn frwd
ei ysbryd yr oedd yn llefaru ac yn dysgu yn fanwl y ffeithiau
am Iesu, er mai am fedydd Ioan yn unig y gwyddai. Dechreu- 26
odd hwn hefyd lefaru'n hy yn y synagog, a phan glywodd

When Priscilla and Aquila heard him, they took him home with
them and explained to him more correctly the Way of God. 27 Apollos
then decided to go to Achaia, so the believers in Ephesus helped
him by writing to the believers in Achaia, urging them to welcome
him. When he arrived, he was a great help to those who through
God's grace had become believers. 28 For with his strong arguments he
defeated the Jews in public debates by proving from the Scriptures that
Jesus is the Messiah.

Paul in Ephesus

19 While Apollos was in Corinth, Paul travelled through the
interior of the province and arrived in Ephesus. There he
found some disciples 2 and asked them, "Did you receive the Holy
Spirit when you became believers?"

"We have not even heard that there is a Holy Spirit," they answered.

3 "Well, then, what kind of baptism did you receive?" Paul asked.

"The baptism of John," they answered.

4 Paul said, "The baptism of John was for those who turned from
their sins; and he told the people of Israel to believe in the one
who was coming after him—that is, in Jesus."

5 When they heard this, they were baptized in the name of the
Lord Jesus. 6 Paul placed his hands on them, and the Holy Spirit
came upon them; they spoke in strange tongues and also proclaimed
God's message. 7 They were about twelve men in all.

8 Paul went into the synagogue and during three months spoke
boldly with the people, holding discussions with them and trying
to convince them about the Kingdom of God. 9 But some of them
were stubborn and would not believe, and before the whole group
they said evil things about the Way of the Lord. So Paul left them
and took the believers with him, and every day[b] he held discussions
in the lecture hall of Tyrannus. 10 This went on for two years, so
that all the people who lived in the province of Asia, both Jews
and Gentiles, heard the word of the Lord.

The Sons of Sceva

11 God was performing unusual miracles through Paul. 12 Even
handkerchiefs and aprons he had used were taken to those who
were ill, and their diseases were driven away, and the evil spirits
would go out of them. 13 Some Jews who travelled round and drove
out evil spirits also tried to use the name of the Lord Jesus to

---

[b] *Some manuscripts add* from 11a.m. until 4p.m.

Priscila ac Acwila ef, cymerasant ef atynt, ac esbonio iddo
Ffordd Duw yn fanylach. A chan ei fod yn dymuno mynd 27
drosodd i Achaia, cefnogodd y brodyr ef, ac ysgrifennu at y
disgyblion, ar iddynt ei groesawu. Ac wedi iddo gyrraedd, bu'n
gynhorthwy mawr i'r rhai oedd trwy ras wedi credu, oherwydd 28
yr oedd yn ymegnïo i ddymchwelyd dadleuon yr Iddewon yn
llwyr, gan brofi ar goedd trwy'r Ysgrythurau mai Iesu oedd y
Meseia.

Paul yn Effesus

Tra oedd Apolos yng Nghorinth, teithiodd Paul drwy'r **19**
parthau uchaf, a daeth i Effesus. Yno daeth o hyd i rai disgybl-
ion, a gofynnodd iddynt, " A dderbyniasoch yr Ysbryd Glân, 2
pan gredasoch ?" Meddent hwythau wrtho, " Naddo; ni
chlywsom hyd yn oed fod yna Ysbryd Glân." Dywedodd 3
yntau, " Â pha fedydd, ynteu, y bedyddiwyd chwi ?" Ateb-
asant hwythau, " Â bedydd Ioan." Ac meddai Paul, " Bedydd 4
edifeirwch oedd bedydd Ioan, ac fe ddywedodd wrth y bobl am
gredu yn yr hwn oedd yn dod ar ei ôl ef, hynny yw, yn Iesu."
Pan glywsant hyn, fe'u bedyddiwyd hwy i enw'r Arglwydd Iesu, 5
a phan roddodd Paul ei ddwylo arnynt daeth yr Ysbryd Glân 6
arnynt, a dechreusant lefaru â thafodau a phroffwydo. Tua 7
deuddeg gŵr oeddent i gyd.

Aeth i mewn i'r synagog, ac am dri mis bu'n llefaru'n hy yno, 8
gan ymresymu a cheisio eu hargyhoeddi ynghylch teyrnas
Dduw. Ond gan fod rhai yn ymgaledu ac yn gwrthod credu, 9
ac yn difenwi'r Ffordd yng ngŵydd y gynulleidfa, ymneill-
tuodd oddi wrthynt gan gymryd ei ddisgyblion oddi yno, a
pharhau i ymresymu bob dydd yn neuadd Tyranus. Parhaodd 10
hyn am ddwy flynedd, nes i holl drigolion Asia, yn Iddewon
a Groegiaid, glywed gair yr Arglwydd.

Meibion Scefa

Gan mor rhyfeddol oedd y gwyrthiau yr oedd Duw'n eu 11
gwneud trwy ddwylo Paul, byddai pobl yn dod â chadachau a 12
llieiniau oedd wedi cyffwrdd â'i groen ef, ac yn eu gosod ar y
cleifion, a byddai eu clefydau yn eu gadael, a'r ysbrydion drwg
yn mynd allan ohonynt. A dyma rai o'r Iddewon a fyddai'n 13
mynd o amgylch gan fwrw allan gythreuliaid, hwythau'n ceisio
enwi enw'r Arglwydd Iesu uwch ben y rhai oedd ag ysbrydion

do this. They said to the evil spirits, "I command you in the name
of Jesus, whom Paul preaches." 14 Seven brothers, who were the
sons of a Jewish High Priest named Sceva, were doing this.
15 But the evil spirit said to them, "I know Jesus, and I know
about Paul; but you—who are you?"
16 The man who had the evil spirit in him attacked them with
such violence that he overpowered them all. They ran away from
his house, wounded and with their clothes torn off. 17 All the Jews
and Gentiles who lived in Ephesus heard about this; they were all
filled with fear, and the name of the Lord Jesus was given greater
honour. 18 Many of the believers came, publicly admitting and reveal-
ing what they had done. 19 Many of those who had practised magic
brought their books together and burnt them in public. They added
up the price of the books, and the total came to fifty thousand
silver coins.[c] 20 In this powerful way the word of the Lord[d] kept
spreading and growing stronger.

The Riot in Ephesus

21 After these things had happened, Paul made up his mind[e] to
travel through Macedonia and Achaia and go on to Jerusalem. "After
I go there," he said, "I must also see Rome." 22 So he sent Timothy
and Erastus, two of his helpers, to Macedonia, while he spent more
time in the province of Asia.
23 It was at this time that there was serious trouble in Ephesus
because of the Way of the Lord. 24 A certain silversmith named
Demetrius made silver models of the temple of the goddess Artemis,
and his business brought a great deal of profit to the workers. 25 So
he called them all together with others whose work was like theirs
and said to them, "Men, you know that our prosperity comes from
this work. 26 Now, you can see and hear for yourselves what this
fellow Paul is doing. He says that man-made gods are not gods
at all, and he has succeeded in convincing many people, both here
in Ephesus and in nearly the whole province of Asia. 27 There is
the danger, then, that this business of ours will get a bad name.
Not only that, but there is also the danger that the temple of the
great goddess Artemis will come to mean nothing and that her great-
ness will be destroyed—the goddess worshipped by everyone in Asia
and in all the world!"
28 As the crowd heard these words, they became furious and started

---

[c] SILVER COINS: *A silver coin was the daily wage of a rural worker (see Mt 20.2).*
[d] In this...Lord; *or* And so, by the power of the Lord, the message.
[e] Paul made up his mind; *or* Paul, led by the Spirit, decided.

drwg ganddynt, gan ddweud, "Yn enw Iesu, yr un y mae
Paul yn ei bregethu." Ac yr oedd gan ryw Scefa, prif offeiriad 14
Iddewig, saith mab oedd yn gwneud hyn. Ond atebodd yr 15
ysbryd drwg hwy, "Iesu, yr wyf yn ei adnabod ef; a Paul, gwn
amdano yntau; ond chwi, pwy ydych?" Yna llamodd y dyn â 16
chanddo'r ysbryd drwg arnynt, a'u trechu i gyd, a'u maeddu
nes iddynt ffoi o'r tŷ yn noeth a chlwyfedig. Daeth hyn yn 17
hysbys i'r holl Iddewon a Groegiaid oedd yn trigo yn Effesus,
a dychrynodd pawb; a chafodd enw'r Arglwydd Iesu ei fawr-
ygu. Daeth llawer o'r rhai oedd bellach yn gredinwyr, a 18
chyffesu eu dewiniaeth ar goedd. Casglodd llawer o'r rhai a fu'n 19
ymarfer â swynion eu llyfrau ynghyd, a'u llosgi yng ngŵydd
pawb; cyfrifwyd gwerth y rhain, a'i gael yn hanner can mil o
ddarnau arian. Felly, yn ôl nerth yr Arglwydd, yr oedd y 20
Gair* yn cynyddu a chryfhau.

Y Cynnwrf yn Effesus

Wedi i'r pethau hyn gael eu cwblhau, rhoddodd Paul ei fryd 21
ar* deithio trwy Facedonia ac Achaia, ac yna mynd i Jerwsalem.
"Wedi i mi fod yno," meddai, "rhaid imi weld Rhufain hefyd."
Anfonodd i Facedonia ddau o'r rhai oedd yn gweini arno, 22
Timotheus ac Erastus, ond arhosodd ef ei hun am amser yn
Asia.

Yn ystod y cyfnod hwnnw, bu cynnwrf nid bychan ynglŷn 23
â'r Ffordd. Yr oedd gof arian, o'r enw Demetrius, un oedd yn 24
gwneud cysegrau arian i Artemis,* ac felly yn cael llawer o
waith i'w grefftwyr. Casglodd y rhain ynghyd, gyda'r gweith- 25
wyr o grefftau cyffelyb, a dywedodd: "Ddynion, fe wyddoch
mai o'r fasnach hon y daw ein ffyniant ni. Yr ydych hefyd yn 26
gweld ac yn clywed fod y Paul yma wedi argyhoeddi tyrfa fawr,
nid yn Effesus yn unig ond drwy Asia gyfan bron, a'u cam-
arwain drwy ddweud nad duwiau mo'r duwiau o waith llaw.
Yn awr, y mae perygl nid yn unig y daw anfri ar ein crefft, ond 27
hefyd y cyfrifir teml y dduwies fawr Artemis* yn ddiddim, a
hyd yn oed y bydd hi, y dduwies y mae Asia gyfan a'r byd yn ei
haddoli, yn cael ei hamddifadu o'i mawrhydi."

Pan glywsant hyn, llanwyd hwy â dicter, a dechreusant 28

*adn. 20: neu, *mor gadarn yr oedd gair yr Arglwydd.*
*adn. 21: neu, *penderfynodd Paul dan arweiniad yr Ysbryd.*
*adnodau 24, 27: neu, *Diana.*

shouting, "Great is Artemis of Ephesus!" 29 The uproar spread throughout the whole city. The mob seized Gaius and Aristarchus, two Macedonians who were travelling with Paul, and rushed with them to the theatre. 30 Paul himself wanted to go before the crowd, but the believers would not let him. 31 Some of the provincial authorities, who were his friends, also sent him a message begging him not to show himself in the theatre. 32 Meanwhile the whole meeting was in an uproar: some people were shouting one thing, others were shouting something else, because most of them did not even know why they had come together. 33 Some of the people concluded that Alexander was responsible, since the Jews made him go up to the front. Then Alexander motioned with his hand for the people to be silent, and he tried to make a speech of defence. 34 But when they recognized that he was a Jew, they all shouted together the same thing for two hours: "Great is Artemis of Ephesus!"

35 At last the town clerk was able to calm the crowd. "Fellow-Ephesians!" he said. "Everyone knows that the city of Ephesus is the keeper of the temple of the great Artemis and of the sacred stone that fell down from heaven. 36 Nobody can deny these things. So then, you must calm down and not do anything reckless. 37 You have brought these men here even though they have not robbed temples or said evil things about our goddess. 38 If Demetrius and his workers have an accusation against anyone, we have the authorities and the regular days for court; charges can be made there. 39 But if there is something more that you want, it will have to be settled in a legal meeting of citizens. 40 For after what has happened today, there is the danger that we will be accused of a riot. There is no excuse for all this uproar, and we would not be able to give a good reason for it." 41 After saying this, he dismissed the meeting.

To Macedonia and Achaia

20 After the uproar died down, Paul called together the believers and with words of encouragement said goodbye to them. Then he left and went on to Macedonia. 2 He went through those regions and encouraged the people with many messages. Then he came to Achaia, 3 where he stayed three months. He was getting ready to

weiddi, " Mawr yw Artemis* yr Effesiaid." Llanwyd y ddinas 29
â'u cynnwrf, a rhuthrasant yn unfryd i'r theatr, gan lusgo gyda
hwy Gaius ac Aristarchus, Macedoniaid, a chyd-deithwyr Paul.
Yr oedd Paul yn dymuno cael mynd gerbron y dinasyddion, 30
ond ni adawai'r disgyblion iddo; a hefyd anfonodd rhai o'r 31
Asiarchiaid, oedd yn gyfeillgar ag ef, neges ato i erfyn arno
beidio â mentro i'r theatr. Yn y cyfamser, yr oedd rhai yn 32
gweiddi un peth ac eraill beth arall, oherwydd yr oedd y
cyfarfod mewn cynnwrf, ac ni wyddai'r rhan fwyaf i beth yr
oeddent wedi dod ynghyd. Ond tybiodd rhai o'r dyrfa mai 33
Alexander oedd yr achos,* gan i'r Iddewon ei wthio ef i'r blaen.
Gwnaeth yntau arwydd â'i law, gan ddymuno ei amddiffyn ei
hun wrth y dinasyddion. Ond pan ddeallwyd mai Iddew yd- 34
oedd, cododd un llef oddi wrthynt oll, a buont yn gweiddi am
tua dwy awr, " Mawr yw Artemis* yr Effesiaid." Ond tawel- 35
odd clerc y ddinas y dyrfa, a dweud, " Wŷr Effesus, pa ddyn
nad yw'n gwybod fod dinas yr Effesiaid yn geidwad teml
Artemis* fawr, a'r maen a syrthiodd o'r nef ? Felly, gan na all 36
neb wadu hyn, rhaid i chwithau fod yn dawel a pheidio â
gwneud dim yn fyrbwyll. Yr ydych wedi dod â'r dynion hyn 37
gerbron, er nad ydynt yn ysbeilwyr temlau nac yn cablu ein
duwies ni. Gan hynny, os oes gan Demetrius a'i gyd-grefftwyr 38
achos yn erbyn rhywun, y mae'r llysoedd barn yn cael eu
cynnal ac y mae rhaglawiaid yno; gadewch i'r ddwy ochr
gyhuddo ei gilydd yn ffurfiol. Ond os ydych am fynd â'r peth 39
ymhellach, mewn cyfarfod rheolaidd o'r dinasyddion y mae i
gael ei benderfynu. Yn wir, y mae perygl y cyhuddir ninnau o 40
derfysg ynglŷn â'r cyfarfod heddiw, gan nad oes dim achos
amdano, ac am hynny ni allwn roi cyfrif am y cynnwrf yma."
Ac â'r geiriau hyn daeth â'r cyfarfod i ben. 41

Taith Paul i Facedonia a Gwlad Groeg

Pan beidiodd y cynnwrf, anfonodd Paul am y disgyblion, ac **20**
wedi eu hannog, ffarweliodd â hwy ac aeth ymaith ar ei ffordd i
Facedonia. Wedi teithio trwy'r parthau hynny ac annog llawer 2
ar y disgyblion yno, daeth i wlad Groeg. Treuliodd dri mis 3

---

*adnodau 28, 34, 35: neu, *Diana*.

*adn. 33: neu, *Ond eglurodd rhai o'r dyrfa y mater i Alexander*.

go to Syria when he discovered that the Jews were plotting against
him; so he decided to go back through Macedonia. 4 Sopater son
of Pyrrhus, from Berea, went with him; so did Aristarchus and
Secundus, from Thessalonica; Gaius, from Derbe; Tychicus and
Trophimus, from the province of Asia; and Timothy. 5 They went
ahead and waited for us in Troas. 6 We sailed from Philippi after
the Festival of Unleavened Bread, and five days later we joined
them in Troas, where we spent a week.

Paul's Last Visit to Troas

7 On Saturday[f] evening we gathered together for the fellowship
meal. Paul spoke to the people and kept on speaking until midnight,
since he was going to leave the next day. 8 Many lamps were burning in
the upstairs room where we were meeting. 9 A young man named
Eutychus was sitting in the window, and as Paul kept on talking,
Eutychus got sleepier and sleepier, until he finally went sound asleep
and fell from the third storey to the ground. When they picked
him up, he was dead. 10 But Paul went down and threw himself
on him and hugged him. "Don't worry," he said, "he is still alive!"
11 Then he went back upstairs, broke bread, and ate. After talking
with them for a long time, even until sunrise, Paul left. 12 They
took the young man home alive and were greatly comforted.

From Troas to Miletus

13 We went on ahead to the ship and sailed off to Assos, where
we were going to take Paul aboard. He had told us to do this,
because he was going there by land. 14 When he met us in Assos,
we took him aboard and went on to Mitylene. 15 We sailed from
there and arrived off Chios the next day. A day later we came
to Samos, and the following day we reached Miletus. 16 Paul had
decided to sail on past Ephesus, so as not to lose any time in the
province of Asia. He was in a hurry to arrive in Jerusalem by the
day of Pentecost, if at all possible.

---

[f] Saturday; *or* Sunday.

yno, a phan oedd ar hwylio i Syria, gwnaeth yr Iddewon
gynllwyn yn ei erbyn, a phenderfynodd ddychwelyd trwy
Facedonia. Ei gyd-deithwyr oedd Sopater o Berea, mab 4
Pyrrhus, y Thesaloniaid Aristarchus a Secwndus, Gaius o
Dderbe,* a Timotheus, a'r Asiaid Tychicus a Troffimus. Yr 5
oedd y rhain wedi mynd o'n blaen, ac yn aros amdanom yn
Troas. Hwyliasom ninnau, wedi dyddiau'r Bara Croyw, o 6
Philipi, a chyrraedd atynt yn Troas ymhen pum diwrnod; ac
yno y buom am saith diwrnod.

Ymweliad Olaf Paul â Troas

Ar ddydd cyntaf yr wythnos, daethom ynghyd i dorri bara. 7
Dechreuodd Paul, a oedd i fynd ymaith drannoeth, eu hannerch,
a daliodd i draethu hyd hanner nos. Yr oedd llawer o lampau 8
yn yr oruwchystafell lle'r oeddem wedi ymgynnull, ac yr oedd 9
dyn ifanc, o'r enw Eutychus, yn eistedd wrth y ffenestr. Yr
oedd hwn yn mynd yn fwy a mwy cysglyd, wrth i Paul ddal i
ymhelaethu. Pan drechwyd ef yn llwyr gan gwsg, syrthiodd o'r
trydydd llawr, a chodwyd ef fel pe wedi marw. Ond aeth Paul i 10
lawr; syrthiodd arno a'i gofleidio, a dywedodd, " Peidiwch â
chynhyrfu; y mae bywyd ynddo." Yna aeth i fyny, a thorri'r 11
bara a bwyta. Yna, wedi ymddiddan am amser hir hyd doriad
dydd, aeth ymaith. Ond aethant â'r llanc adref yn fyw, ac fe'u 12
calonogwyd yn anghyffredin.

Y Fordaith o Troas i Miletus

Ninnau, aethom o flaen Paul i'r llong, a hwylio i gyfeiriad 13
Asos, gan fwriadu ei gymryd i'r llong yno; oblegid dyma'r
cyfarwyddyd a roddodd ef, gan fwriadu mynd ei hun dros y tir.
Pan gyfarfu â ni yn Asos, cymerasom ef i'r llong a mynd 14
ymlaen i Mitylene. Wedi hwylio oddi yno drannoeth, cyraedd- 15
asom gyferbyn â Chios, a'r ail ddiwrnod croesi i Samos, a'r
dydd* wedyn dod i Miletus. Oherwydd yr oedd Paul wedi 16
penderfynu hwylio heibio i Effesus, rhag iddo orfod colli amser
yn Asia, gan ei fod yn brysio er mwyn bod yn Jerwsalem, pe
bai modd, erbyn dydd y Pentecost.

---

*adn. 4: neu, *o Ddoberius*.

*adn. 15: yn ôl darlleniad arall, *ac ar ôl aros yn Trogylium, y dydd*.

Paul's Farewell Speech to the Elders of Ephesus

17 From Miletus Paul sent a message to Ephesus, asking the elders of
the church to meet him. 18 When they arrived, he said to them,
"You know how I spent the whole time I was with you, from the
first day I arrived in the province of Asia. 19 With all humility and
many tears I did my work as the Lord's servant during the hard
times that came to me because of the plots of the Jews. 20 You
know that I did not hold back anything that would be of help to
you as I preached and taught in public and in your homes. 21 To
Jews and Gentiles alike I gave solemn warning that they should
turn from their sins to God and believe in our Lord Jesus. 22 And
now, in obedience to the Holy Spirit I am going to Jerusalem, not
knowing what will happen to me there. 23 I only know that in every
city the Holy Spirit has warned me that prison and troubles wait
for me. 24 But I reckon my own life to be worth nothing to me;
I only want to complete my mission and finish the work that the Lord
Jesus gave me to do, which is to declare the Good News about
the grace of God.

25 "I have gone about among all of you, preaching the Kingdom
of God. And now I know that none of you will ever see me again.
26 So I solemnly declare to you this very day: if any of you should
be lost, I am not responsible. 27 For I have not held back from
announcing to you the whole purpose of God. 28 So keep watch
over yourselves and over all the flock which the Holy Spirit has
placed in your care. Be shepherds of the church of God,[g] which
he made his own through the death of his Son.[h] 29 I know that
after I leave, fierce wolves will come among you, and they will
not spare the flock. 30 The time will come when some men from
your own group will tell lies to lead the believers away after them.
31 Watch, then, and remember that with many tears, day and night,
I taught every one of you for three years.

32 "And now I commend you to the care of God and to the
message of his grace, which is able to build you up and give you
the blessings God has for all his people. 33 I have not wanted anyone's
silver or gold or clothing. 34 You yourselves know that I have worked
with these hands of mine to provide everything that my companions
and I have needed. 35 I have shown you in all things that by working
hard in this way we must help the weak, remembering the words

---

[g] God; *some manuscripts have* the Lord.

[h] the death of his Son; *or* his own death.

Araith Paul i Henuriaid Effesus

Anfonodd o Miletus i Effesus a galw ato henuriaid yr eglwys. 17
Pan gyraeddasant ato, dywedodd wrthynt, " Fe wyddoch fel y 18
bûm i gyda chwi yr holl amser, er y diwrnod cyntaf y rhois fy
nhroed yn Asia, yn gwasanaethu'r Arglwydd â phob gostyng- 19
eiddrwydd, ac â dagrau a threialon a ddaeth i'm rhan trwy
gynllwynion yr Iddewon. Gwyddoch nad ymateliais rhag 20
cyhoeddi i chwi ddim o'r hyn sydd fuddiol, na rhag eich dysgu
chwi yn gyhoeddus ac yn eich cartrefi, gan dystiolaethu i 21
Iddewon a Groegiaid am edifeirwch tuag at Dduw a ffydd yn
ein Harglwydd Iesu. Ac yn awr dyma fi, dan orfodaeth yr 22
Ysbryd, ar fy ffordd i Jerwsalem, heb wybod beth a ddigwydd
imi yno, ond bod yr Ysbryd Glân o dref i dref yn tystiolaethu 23
imi fod rhwymau a gorthrymderau yn fy aros. Ond yr wyf yn 24
cyfrif nad yw fy mywyd o unrhyw werth i mi, dim ond imi allu
cwblhau fy ngyrfa, a'r weinidogaeth a gefais gan yr Arglwydd
Iesu, i dystiolaethu i Efengyl gras Duw.

" Ac yn awr, 'rwy'n gwybod na chewch weld fy wyneb 25
mwyach, chwi oll y bûm i'n teithio yn eich plith gan gyhoeddi'r
Deyrnas. Gan hynny, yr wyf yn tystio i chwi y dydd hwn fy 26
mod yn ddieuog o waed neb; oblegid nid ymateliais rhag cy- 27
hoeddi holl arfaeth Duw i chwi. Gofalwch amdanoch eich 28
hunain ac am yr holl braidd, y gosododd yr Ysbryd Glân chwi
yn esgobion* drosto, i fugeilio eglwys Duw,** yr hon a enillodd
ef â gwaed ei briod un.*** Mi wn i y daw i'ch plith, wedi fy 29
ymadawiad i, fleiddiaid mileinig nad arbedant y praidd, ac y 30
cyfyd o'ch plith chwi eich hunain ddynion yn llefaru pethau
llygredig, i ddenu'r disgyblion ymaith ar eu hôl. Gan hynny 31
byddwch yn wyliadwrus, gan gofio na pheidiais i, na nos na
dydd dros dair blynedd, â rhybuddio pob un ohonoch â dagrau.
Ac yn awr yr wyf yn eich cyflwyno i Dduw ac i air ei ras, sydd 32
â'r gallu ganddo i'ch adeiladu, ac i roi i chwi eich etifeddiaeth
ymhlith yr holl rai a sancteiddiwyd. Ni chwenychais arian nac 33
aur na gwisgoedd neb. Fe wyddoch eich hunain mai'r dwylo 34
hyn a fu'n gweini i'm hanghenion i ac eiddo'r rhai oedd gyda mi.
Ym mhopeth, dangosais i chwi mai wrth lafurio felly y mae'n 35

---

*adn. 28: neu, *arolygwyr*.

**adn. 28: yn ôl darlleniad arall, *yr Arglwydd*.

***adn. 28: neu, *â'i waed ei hun*.

that the Lord Jesus himself said, 'There is more happiness in giving
than in receiving.' "
36 When Paul finished, he knelt down with them and prayed. 37 They
were all crying as they hugged him and kissed him good-bye. 38 They
were especially sad because he had said that they would never see
him again. And so they went with him to the ship.

Paul Goes to Jerusalem

21 We said good-bye to them and left. After sailing straight across,
we came to Cos; the next day we reached Rhodes, and from
there we went on to Patara. 2 There we found a ship that was going
to Phoenicia, so we went aboard and sailed away. 3 We came to
where we could see Cyprus, and then sailed south of it on to Syria.
We went ashore at Tyre, where the ship was going to unload its
cargo. 4 There we found some believers and stayed with them a week.
By the power of the Spirit they told Paul not to go to Jerusalem.
5 But when our time with them was over, we left and went on our
way. All of them, together with their wives and children, went with
us out of the city to the beach, where we all knelt and prayed. 6 Then
we said good-bye to one another, and we went on board the ship while
they went back home.
7 We continued our voyage, sailing from Tyre to Ptolemais, where
we greeted the believers and stayed with them for a day. 8 On the
following day we left and arrived in Caesarea. There we stayed at
the house of Philip the evangelist, one of the seven men who had
been chosen as helpers in Jerusalem. 9 He had four unmarried
daughters who proclaimed God's message. 10 We had been there for
several days when a prophet named Agabus arrived from Judaea.
11 He came to us, took Paul's belt, tied up his own feet and hands
with it, and said, "This is what the Holy Spirit says: The owner
of this belt will be tied up in this way by the Jews in Jerusalem,
and they will hand him over to the Gentiles."
12 When we heard this, we and the others there begged Paul not
to go to Jerusalem. 13 But he answered, "What are you doing, crying
like this and breaking my heart? I am ready not only to be tied
up in Jerusalem but even to die there for the sake of the Lord
Jesus."
14 We could not convince him, so we gave up and said, "May
the Lord's will be done."

rhaid cynorthwyo'r rhai gwan, a dwyn ar gof y geiriau a lefarodd
yr Arglwydd Iesu ei hun: ' Dedwyddach yw rhoi na derbyn.' "
Wedi dweud hyn, fe benliniodd gyda hwy oll a gweddïo. 36
Torrodd pawb i wylo'n hidl, a syrthio ar wddf Paul a'i gusanu, 37
gan ofidio yn bennaf am iddo ddweud nad oeddent mwyach i 38
weld ei wyneb. Yna aethant i'w hebrwng ef i'r llong.

Taith Paul i Jerwsalem

Wedi i ni ymadael â hwy a chodi angor, daethom ar union **21**
hynt i Cos, a thrannoeth i Rhodos, ac oddi yno i Patara. Caw- 2
som long yn croesi i Phenice, ac aethom arni a hwylio ymaith.
Wedi dod i olwg Cyprus, a'i gadael ar y chwith, hwyliasom 3
ymlaen i Syria, a glanio yn Tyrus, oherwydd yno yr oedd y
llong yn dadlwytho. Daethom o hyd i'r disgyblion, ac aros yno 4
saith diwrnod; a dywedodd y rhain wrth Paul trwy'r Ysbryd
am beidio â mynd ymlaen i Jerwsalem. Ond pan ddaeth ein 5
dyddiau yno i ben, ymadawsom ar ein taith, a phawb ohonynt,
ynghyd â'u gwragedd a'u plant, yn ein hebrwng i'r tu allan i'r
ddinas. Aethom ar ein gliniau ar y traeth, a gweddïo, a ffarwelio 6
â'n gilydd. Yna aethom ar fwrdd y llong, a dychwelsant
hwythau adref.
Daeth ein mordaith o Tyrus i ben wrth inni gyrraedd 7
Ptolemais. Cyfarchasom y brodyr yno ac aros un diwrnod gyda
hwy. Trannoeth, aethom ymaith a dod i Gesarea; ac aethom i 8
mewn i dŷ Philip yr efengylwr, un o'r Saith, ac aros gydag ef.
Yr oedd gan hwn bedair merch ddibriod, a dawn proffwydo 9
ganddynt. Yn ystod y dyddiau lawer y buom gydag ef, daeth 10
dyn i lawr o Jwdea, proffwyd o'r enw Agabus. Daeth atom, a 11
chymryd gwregys Paul, a rhwymo'i draed a'i ddwylo ei hun, a
dywedodd, " Dyma eiriau'r Ysbryd Glân: ' Y gŵr biau'r
gwregys hwn, fel hyn y rhwyma'r Iddewon ef yn Jerwsalem,
a'i draddodi i ddwylo'r Cenhedloedd.' " Pan glywsom hyn, 12
dechreusom ni a phobl y lle erfyn arno beidio â mynd i fyny i
Jerwsalem. Yna atebodd Paul, " Beth yr ydych yn ei wneud, 13
yn wylo ac yn torri fy nghalon ? Oherwydd yr wyf fi'n barod,
nid yn unig i gael fy rhwymo, ond hyd yn oed i farw, yn
Jerwsalem er mwyn enw'r Arglwydd Iesu." A chan nad oedd 14
perswâd arno, tawsom gan ddweud, " Gwneler ewyllys yr
Arglwydd."

15 After spending some time there, we got our things ready and
left for Jerusalem. 16 Some of the disciples from Caesarea also went
with us and took us to the house of the man we were going to
stay with[i] —Mnason, from Cyprus, who had been a believer since
the early days.

Paul Visits James

17 When we arrived in Jerusalem, the believers welcomed us
warmly. 18 The next day Paul went with us to see James; and all
the church elders were present. 19 Paul greeted them and gave a
complete report of everything that God had done among the Gentiles
through his work. 20 After hearing him, they all praised God. Then
they said, "Brother Paul, you can see how many thousands of Jews
have become believers, and how devoted they all are to the Law.
21 They have been told that you have been teaching all the Jews
who live in Gentile countries to abandon the Law of Moses, telling
them not to circumcise their children or follow the Jewish customs.
22 They are sure to hear that you have arrived. What should be
done, then? 23 This is what we want you to do. There are four
men here who have taken a vow. 24 Go along with them and join
them in the ceremony of purification and pay their expenses; then
they will be able to shave their heads.[j] In this way everyone will
know that there is no truth in any of the things that they have
been told about you, but that you yourself live in accordance with
the Law of Moses. 25 But as for the Gentiles who have become
believers, we have sent them a letter telling them we decided that
they must not eat any food that has been offered to idols, or any
blood, or any animal that has been strangled, and that they must
keep themselves from sexual immorality."

26 So Paul took the men and the next day performed the ceremony
of purification with them. Then he went into the Temple and gave
notice of how many days it would be until the end of the period
of purification, when a sacrifice would be offered for each one of
them.

Paul Is Arrested in the Temple

27 But just when the seven days were about to come to an end,
some Jews from the province of Asia saw Paul in the Temple. They
stirred up the whole crowd and seized Paul. 28 "Men of Israel!"

---

[i] and took us to the house of the man we were going to stay with; *or* bringing with them the man at whose house we were going to stay.

[j] SHAVE THEIR HEADS: *See 18.18.*

Wedi'r dyddiau hyn, gwnaethom ein paratoadau a chychwyn 15
i fyny i Jerwsalem; ac fe ddaeth rhai o'r disgyblion o Gesarea 16
gyda ni, gan ddod â'r gŵr* yr oeddem i letya gydag ef, Mnason
o Gyprus, un oedd wedi bod yn ddisgybl o'r dechrau.

Paul yn Ymweld â Iago

Wedi inni gyrraedd Jerwsalem, cawsom groeso llawen gan y 17
brodyr. A thrannoeth, aeth Paul gyda ni at Iago, ac yr oedd yr 18
henuriaid i gyd yno. Ar ôl eu cyfarch, adroddodd yn fanwl y 19
pethau yr oedd Duw wedi eu gwneud ymhlith y Cenhedloedd
trwy ei weinidogaeth. O glywed hyn, dechreuodd y brodyr 20
ogoneddu Duw, a dywedasant wrtho, "Yr wyt yn gweld,
frawd, fod credinwyr dirifedi ymhlith yr Iddewon, ac y maent i
gyd yn selog dros y Gyfraith; a chawsant wybodaeth amdanat 21
ti, dy fod yn dysgu'r holl Iddewon sydd ymysg y Cenhedloedd
i wrthgilio oddi wrth Moses, gan ddweud wrthynt am beidio ag
enwaedu ar eu plant na byw yn ôl ein defodau. Beth sydd i'w 22
wneud, felly? Y maent yn siŵr o glywed dy fod wedi dod.
Felly, gwna'r hyn a ddywedwn wrthyt. Y mae gennym bedwar 23
dyn sydd o dan lw. Cymer y rhain, a dos di gyda hwy trwy 24
ddefod y pureiddio, a thâl y gost drostynt, iddynt gael eillio
eu pennau; yna fe wêl pawb nad oes dim yn y wybodaeth a
gawsant amdanat, ond dy fod dithau hefyd yn dilyn ac yn
cadw'r Gyfraith. Ond am y credinwyr o blith y Cenhedloedd, 25
yr ydym ni wedi ysgrifennu atynt a rhoi ein dyfarniad, eu bod i
ymgadw rhag bwyta yr hyn a aberthwyd i eilunod, neu waed,
neu'r hyn a dagwyd, a rhag anlladrwydd."* Yna fe gymerodd 26
Paul y gwŷr, a thrannoeth aeth trwy ddefod y pureiddio gyda
hwy, ac aeth i mewn i'r deml, i roi rhybudd pa bryd y cyflawnid
dyddiau'r pureiddio ac yr offrymid yr offrwm dros bob un
ohonynt.

Dal Paul yn y Deml

Ond pan oedd y saith diwrnod bron ar ben, gwelodd yr 27
Iddewon o Asia ef yn y deml. Codasant gynnwrf yn yr holl
dyrfa, a chymryd gafael ynddo, gan weiddi, "Wŷr Israel, help! 28

---

*adn. 16: neu, *ddod â ni i dŷ'r gŵr.*

*adn. 25: yn ôl darlleniad arall, *rhag bwyta yr hyn a aberthwyd i eilunod, a rhag gwaed, a rhag anlladrwydd.*

they shouted. "Help! This is the man who goes everywhere teaching
everyone against the people of Israel, the Law of Moses, and this
Temple. And now he has even brought some Gentiles into the Temple
and defiled this holy place!" 29 (They said this because they had
seen Trophimus from Ephesus with Paul in the city, and they thought
that Paul had taken him into the Temple.)

30 Confusion spread through the whole city, and the people all
ran together, seized Paul, and dragged him out of the Temple. At
once the Temple doors were closed. 31 The mob was trying to kill
Paul, when a report was sent up to the commander of the Roman
troops that all Jerusalem was rioting. 32 At once the commander
took some officers and soldiers and rushed down to the crowd. When
the people saw him with the soldiers, they stopped beating Paul.
33 The commander went over to Paul, arrested him, and ordered
him to be bound with two chains. Then he asked, "Who is this
man, and what has he done?" 34 Some in the crowd shouted one
thing, others something else. There was such confusion that the com-
mander could not find out exactly what had happened, so he ordered
his men to take Paul up into the fort. 35 They got as far as the
steps with him, and then the soldiers had to carry him because the
mob was so wild. 36 They were all coming after him and screaming,
"Kill him!"

Paul Defends Himself

37 As the soldiers were about to take Paul into the fort, he spoke to
the commander: "May I say something to you?"

"You speak Greek, do you?" the commander asked. 38 "Then you
are not that Egyptian fellow who some time ago started a revolution
and led four thousand armed terrorists out into the desert?"

39 Paul answered, "I am a Jew, born in Tarsus in Cilicia, a citizen of
an important city. Please let me speak to the people."

40 The commander gave him permission, so Paul stood on the
steps and motioned with his hand for the people to be silent. When
they were quiet, Paul spoke to them in Hebrew:

22 "Brothers and fathers, listen to me as I make my defence
before you!" 2 When they heard him speaking to them in
Hebrew, they became even quieter; and Paul went on:

3 "I am a Jew, born in Tarsus in Cilicia, but brought up here
in Jerusalem as a student of Gamaliel. I received strict instruction
in the Law of our ancestors and was just as dedicated to God as

Hwn yw'r dyn sy'n dysgu pawb ym mhob man yn erbyn ein
pobl a'r Gyfraith a'r lle hwn, ac sydd hefyd wedi dod â Groeg-
iaid i mewn i'r deml, a halogi'r lle sanctaidd hwn." Oherwydd 29
yr oeddent cyn hynny wedi gweld Troffimus yr Effesiad yn y
ddinas gydag ef, ac yr oeddent yn meddwl fod Paul wedi dod ag
ef i mewn i'r deml. Cyffrowyd yr holl ddinas, a rhuthrodd y 30
bobl ynghyd. Cymerasant afael yn Paul, a'i lusgo allan o'r
deml, a chaewyd y drysau ar unwaith. Fel yr oeddent yn 31
ceisio'i ladd ef, aeth neges i fyny at gapten y fintai fod
Jerwsalem i gyd mewn cynnwrf. Cymerodd yntau ar unwaith 32
filwyr a chanwriaid, a rhedeg i lawr atynt; a phan welsant hwy'r
capten a'r milwyr, rhoesant y gorau i guro Paul. Yna daeth y 33
capten atynt, a chymryd gafael yn Paul, a gorchymyn ei rwymo
â dwy gadwyn. Dechreuodd holi pwy oedd, a beth yr oedd wedi
ei wneud. Yr oedd rhai yn y dyrfa yn bloeddio un peth, ac 34
eraill beth arall. A chan na allai ddod o hyd i'r gwir oherwydd
y dwndwr, gorchmynnodd ei ddwyn i'r pencadlys. A phan 35
ddaeth at y grisiau, bu raid i'r milwyr ei gario oherwydd ffyrnig-
rwydd y dyrfa, oblegid yr oedd tyrfa o bobl yn canlyn dan 36
weiddi, "Ymaith ag ef!"

Paul yn ei Amddiffyn ei Hun

Pan oedd ar fin cael ei ddwyn i mewn i'r pencadlys, dyma 37
Paul yn dweud wrth y capten, "A gaf fi ddweud gair wrthyt?"
Meddai yntau, "A wyt ti yn medru Groeg? Nid tydi felly yw'r 38
Eifftiwr, a gododd derfysg beth amser yn ôl, ac a arweiniodd
allan i'r anialwch y pedair mil o derfysgwyr arfog?" Dywed- 39
odd Paul, "Iddew wyf fi, o Darsus yng Nghilicia, dinesydd o
ddinas nid dinod; ac 'rwy'n erfyn arnat, caniatâ imi lefaru
wrth y bobl." Ac wedi iddo gael caniatâd, safodd Paul ar y 40
grisiau, a gwnaeth arwydd â'i law ar y bobl, ac ar ôl cael
distawrwydd llwyr anerchodd hwy yn iaith yr Iddewon, gan
ddweud:

"Frodyr a thadau, gwrandewch ar f'amddiffyniad ger eich **22**
bron yn awr." Pan glywsant mai yn iaith yr Iddewon yr oedd 2
yn eu hannerch, rhoesant wrandawiad mwy tawel iddo. Ac
meddai, "Iddew wyf fi, wedi fy ngeni yn Nharsus yng 3
Nghilicia, ac wedi fy nghodi yn y ddinas hon. Cefais fy addysg
wrth draed Gamaliel yn ôl llythyren Cyfraith ein tadau, ac yr

are all of you who are here today. 4 I persecuted to the death the
people who followed this Way. I arrested men and women and threw
them into prison. 5 The High Priest and the whole Council can prove
that I am telling the truth. I received from them letters written
to fellow-Jews in Damascus, so I went there to arrest these people
and bring them back in chains to Jerusalem to be punished.

Paul Tells of His Conversion

(Acts 9.1-19; 26.12-18)

6 "As I was travelling and coming near Damascus, about midday
a bright light from the sky flashed suddenly round me. 7 I fell to
the ground and heard a voice saying to me, 'Saul, Saul! Why do
you persecute me?' 8 'Who are you, Lord?' I asked. 'I am Jesus
of Nazareth, whom you persecute,' he said to me. 9 The men with
me saw the light, but did not hear the voice of the one who was
speaking to me. 10 I asked, 'What shall I do, Lord?' and the Lord
said to me, 'Get up and go into Damascus, and there you will be
told everything that God has determined for you to do.' 11 I was
blind because of the bright light, and so my companions took me
by the hand and led me into Damascus.

12 "In that city was a man named Ananias, a religious man who
obeyed our Law and was highly respected by all the Jews living
there. 13 He came to me, stood by me, and said, 'Brother Saul, see
again!' At that very moment I saw again and looked at him. 14 He
said, 'The God of our ancestors has chosen you to know his will,
to see his righteous Servant, and to hear him speaking with his
own voice. 15 For you will be a witness for him to tell everyone
what you have seen and heard. 16 And now, why wait any longer?
Get up and be baptized and have your sins washed away by praying
to him.'

Paul's Call to Preach to the Gentiles

17 "I went back to Jerusalem, and while I was praying in the
Temple, I had a vision, 18 in which I saw the Lord, as he said to
me, 'Hurry and leave Jerusalem quickly, because the people here
will not accept your witness about me.' 19 'Lord,' I answered, 'they
know very well that I went to the synagogues and arrested and

wyf yn selog dros Dduw, fel yr ydych chwithau oll heddiw.
Erlidiais y Ffordd hon hyd at ladd, gan rwymo a rhoi yng 4
ngharchar wŷr a gwragedd, fel y mae'r archoffeiriad a holl 5
Gyngor yr henuriaid yn dystion i mi; oddi wrthynt hwy yn wir
y derbyniais lythyrau at y brodyr yn Namascus, a chychwyn ar
daith i ddod â'r rhai oedd yno hefyd yn rhwym i Jerwsalem i'w
cosbi.

Paul yn Sôn am ei Dröedigaeth
(Act 9.1-19; 26.12-18)

" Ond pan oeddwn ar fy nhaith ac yn agosáu at Ddamascus, 6
yn sydyn tua chanol dydd fe fflachiodd goleuni mawr o'r nef
o'm hamgylch. Syrthiais ar y ddaear, a chlywais lais yn dweud 7
wrthyf, ' Saul, Saul, pam yr wyt yn fy erlid i ? ' Atebais innau, 8
' Pwy wyt ti, Arglwydd?' A dywedodd wrthyf, ' Iesu o Nasareth
wyf fi, yr hwn yr wyt ti yn ei erlid.' Gwelodd y rhai oedd 9
gyda mi y goleuni, ond ni chlywsant lais y sawl oedd yn llefaru
wrthyf. A dywedais, ' Beth a wnaf, Arglwydd ?' Dywedodd 10
yr Arglwydd wrthyf, ' Cod a dos i Ddamascus, ac yno fe
ddywedir wrthyt bopeth yr ordeiniwyd iti ei wneud.' Gan nad 11
oeddwn yn gweld dim oherwydd disgleirdeb y goleuni hwnnw,
fe'm harweiniwyd gerfydd fy llaw gan y rhai oedd gyda mi, a
deuthum i Ddamascus.

"Daeth rhyw Ananias ataf, gŵr duwiol yn ôl y Gyfraith, â 12
gair da iddo gan yr holl Iddewon oedd yn byw yno. Safodd 13
hwn yn f'ymyl a dywedodd wrthyf, ' Y brawd Saul, derbyn dy
olwg yn ôl.' Edrychais innau arno a derbyn fy ngolwg yn ôl y
munud hwnnw. A dywedodd yntau: ' Y mae Duw ein tadau 14
wedi dy benodi di i wybod ei ewyllys, ac i weld yr Un Cyfiawn
a chlywed llais o'i enau ef; oherwydd fe fyddi di'n dyst iddo 15
wrth bob dyn o'r hyn yr wyt wedi ei weld a'i glywed. Ac yn 16
awr, pam yr wyt yn oedi ? Tyrd i gael dy fedyddio a chael
golchi ymaith dy bechodau, gan alw ar ei enw ef.'

Anfon Paul at y Cenhedloedd

" Wedi imi ddychwelyd i Jerwsalem, dyma a ddigwyddodd 17
pan oeddwn yn gweddïo yn y deml: euthum i lesmair, a'i weld 18
ef yn dweud wrthyf, ' Brysia ar unwaith allan o Jerwsalem,
oherwydd ni dderbyniant dy dystiolaeth amdanaf fi.' Dywedais 19
innau, ' Arglwydd, y maent hwy'n gwybod i mi fod o synagog i

beat those who believe in you. 20 And when your witness Stephen
was put to death, I myself was there, approving of his murder and
taking care of the cloaks of his murderers.' 21 'Go,' the Lord said
to me, 'for I will send you far away to the Gentiles.' "

22 The people listened to Paul until he said this; but then they
started shouting at the top of their voices, "Away with him! Kill
him! He's not fit to live!" 23 They were screaming, waving their
clothes, and throwing dust up in the air. 24 The Roman commander
ordered his men to take Paul into the fort, and he told them to
whip him in order to find out why the Jews were screaming like
this against him. 25 But when they had tied him up to be whipped,
Paul said to the officer standing there, "Is it lawful for you to whip
a Roman citizen who hasn't even been tried for any crime?"

26 When the officer heard this, he went to the commander and
asked him, "What are you doing? That man is a Roman citizen!"

27 So the commander went to Paul and asked him, "Tell me,
are you a Roman citizen?"

"Yes," answered Paul.

28 The commander said, "I became one by paying a large amount
of money."

"But I am one by birth," Paul answered.

29 At once the men who were going to question Paul drew back
from him; and the commander was frightened when he realized that
Paul was a Roman citizen and that he had put him in chains.

Paul before the Council

30 The commander wanted to find out for certain what the Jews
were accusing Paul of; so the next day he had Paul's chains taken
off and ordered the chief priests and the whole Council to meet.
Then he took Paul and made him stand before them.

23 Paul looked straight at the Council and said, "My fellow-
Israelites! My conscience is perfectly clear about the way
in which I have lived before God to this very day." 2 The High
Priest Ananias ordered those who were standing close to Paul to
strike him on the mouth. 3 Paul said to him, "God will certainly
strike you—you whitewashed wall! You sit there to judge me accord-
ing to the Law, yet you break the Law by ordering them to strike
me!"

4 The men close to Paul said to him, "You are insulting God's
High Priest!"

synagog yn carcharu ac yn fflangellu'r rhai oedd yn credu ynot
ti. A phan oedd gwaed Steffan, dy dyst, yn cael ei dywallt, yr 20
oeddwn innau hefyd yn sefyll yn ymyl, ac yn cydsynio, ac yn
gwarchod dillad y rhai oedd yn ei ladd.' A dywedodd wrthyf, 21
' Dos, oherwydd yr wyf fi am dy anfon di ymhell at y Cenhedl-
oedd.' "

Paul a'r Capten Rhufeinig

Yr oeddent wedi gwrando arno hyd at y gair hwn, ond yna 22
dechreusant weiddi, " Ymaith ag ef oddi ar y ddaear ! Y mae'n
warth fod y fath ddyn yn cael byw." Fel yr oeddent yn gweiddi 23
ac yn ysgwyd eu dillad ac yn taflu llwch i'r awyr, gorchmyn- 24
nodd y capten ei ddwyn ef i mewn i'r pencadlys, a'i holi trwy ei
chwipio, er mwyn cael gwybod pam yr oeddent yn bloeddio
felly yn ei erbyn. Ond pan glymwyd ef i'w fflangellu, dywed- 25
odd Paul wrth y canwriad oedd yn sefyll gerllaw, " A oes gen-
nych hawl i fflangellu dinesydd Rhufeinig, a hynny heb farnu
ei achos ?" Pan glywodd y canwriad hyn, aeth at y capten, a 26
rhoi adroddiad iddo, gan ddweud, " Beth yr wyt ti am ei
wneud ? Y mae'r dyn yma yn ddinesydd Rhufeinig." Daeth y 27
capten ato, ac meddai, " Dywed i mi, a wyt ti'n ddinesydd
Rhufeinig ?" " Ydwyf," meddai yntau. Atebodd y capten, 28
" Mi delais i swm mawr i gael y ddinasyddiaeth hon." Ond
dywedodd Paul, " Cefais i fy ngeni iddi." Ar hyn, ciliodd y 29
rhai oedd ar fin ei holi oddi wrtho. Daeth ofn ar y capten hefyd
pan ddeallodd mai dinesydd Rhufeinig ydoedd, a'i fod wedi ei
rwymo ef.

Paul gerbron y Cyngor

Trannoeth, gan fod y capten am wybod yn sicr beth oedd 30
cyhuddiad yr Iddewon, fe ollyngodd Paul, a gorchymyn i'r prif
offeiriaid a'r holl Sanhedrin ymgynnull. Yna daeth ag ef i lawr,
a'i osod ger eu bron. Syllodd Paul ar y Sanhedrin, ac meddai, **23**
" Frodyr, yr wyf fi wedi byw â chydwybod lân gerbron Duw
hyd y dydd hwn." Ond gorchmynnodd Ananias yr arch- 2
offeiriad i'r rhai oedd yn sefyll yn ei ymyl ei daro ar ei geg. Yna 3
dywedodd Paul wrtho, " Y mae Duw yn mynd i'th daro di,
tydi bared gwyngalchog. A wyt ti'n beiddio eistedd i'm barnu i
yn ôl y Gyfraith, a thorri'r Gyfraith trwy orchymyn fy nharo ?"
Ond dywedodd y rhai oedd yn sefyll yn ei ymyl, " A wyt ti'n 4
beiddio sarhau archoffeiriad Duw ? " Ac meddai Paul, " Ni 5

5 Paul answered, "My fellow-Israelites, I did not know that he
was the High Priest. The scripture says, 'You must not speak evil
of the ruler of your people.' "
6 When Paul saw that some of the group were Sadducees and
the others were Pharisees, he called out in the Council, "Fellow-
Israelites! I am a Pharisee, the son of Pharisees. I am on trial here
because of the hope I have that the dead will rise to life!"
7 As soon as he said this, the Pharisees and Sadducees started
to quarrel, and the group was divided. 8 (For the Sadducees say that
people will not rise from death and that there are no angels or
spirits; but the Pharisees believe in all three.) 9 The shouting became
louder, and some of the teachers of the Law who belonged to the
party of the Pharisees stood up and protested strongly: "We cannot
find anything wrong with this man! Perhaps a spirit or an angel
really did speak to him!"
10 The argument became so violent that the commander was afraid
that Paul would be torn to pieces. So he ordered his soldiers to
go down into the group, get Paul away from them, and take him
into the fort.
11 That night the Lord stood by Paul and said, "Don't be afraid!
You have given your witness for me here in Jerusalem, and you
must also do the same in Rome."

The Plot against Paul's Life

12 The next morning some Jews met together and made a plan.
They took a vow that they would not eat or drink anything until
they had killed Paul. 13 There were more than forty who planned
this together. 14 Then they went to the chief priests and elders and
said, "We have taken a solemn vow together not to eat a thing
until we have killed Paul. 15 Now then, you and the Council send
word to the Roman commander to bring Paul down to you, pretending
that you want to get more accurate information about him. But
we will be ready to kill him before he ever gets here."
16 But the son of Paul's sister heard about the plot; so he went
to the fort and told Paul. 17 Then Paul called one of the officers
and said to him, "Take this young man to the commander; he has
something to tell him." 18 The officer took him, led him to the com-
mander, and said, "The prisoner Paul called me and asked me to
bring this young man to you, because he has something to say to
you."

wyddwn, frodyr, mai'r archoffeiriad ydoedd; oherwydd y
mae'n ysgrifenedig, ' Paid â dweud yn ddrwg am bennaeth dy
bobl.' "

Sylweddolodd Paul fod y naill ran yn Sadwceaid, a'r llall yn 6
Phariseaid, a dechreuodd lefaru'n uchel yn y Sanhedrin:
" Frodyr, Pharisead wyf fi, a mab i Phariseaid. Ynglŷn â
gobaith am atgyfodiad y meirw yr wyf ar fy mhrawf." Wrth 7
iddo ddweud hyn, aeth yn ddadl rhwng y Phariseaid a'r
Sadwceaid, a rhannwyd y cynulliad. Oherwydd y mae'r 8
Sadwceaid yn dweud nad oes nac atgyfodiad nac angel nac
ysbryd, ond y mae'r Phariseaid yn eu cydnabod i gyd. Bu 9
gweiddi mawr, a chododd rhai o'r ysgrifenyddion oedd yn
perthyn i blaid y Phariseaid, a dadlau'n daer, gan ddweud,
" Nid ydym yn cael dim drwg yn y dyn hwn; a beth os llef-
arodd ysbryd wrtho, neu angel ?" Ac wrth i'r ddadl boethi, 10
daeth ofn ar y capten rhag i Paul gael ei dynnu'n ddarnau
ganddynt, a gorchmynnodd i'r milwyr ddod i lawr i'w gipio ef
o'u plith hwy, a mynd ag ef i'r pencadlys.

Y noson honno, safodd yr Arglwydd yn ei ymyl, a dywedodd, 11
" Cod dy galon ! Oherwydd fel y tystiolaethaist amdanaf fi yn
Jerwsalem, felly y mae'n rhaid i ti dystiolaethu yn Rhufain
hefyd."

Y Cynllwyn i Ladd Paul

Pan ddaeth yn ddydd, gwnaeth yr Iddewon gynllwyn: 12
aethant ar eu llw i beidio â bwyta nac yfed dim hyd nes y
byddent wedi lladd Paul. Yr oedd mwy na deugain wedi 13
gwneud y cydfwriad hwn. Aethant at y prif offeiriaid a'r 14
henuriaid, a dweud, " Yr ydym wedi mynd ar ein llw mwyaf
difrifol i beidio â phrofi dim bwyd hyd nes y byddwn wedi
lladd Paul. Rhowch chwi, felly, ynghyd â'r Sanhedrin, rybudd 15
yn awr i'r capten, iddo ddod ag ef i lawr atoch, ar yr esgus eich
bod am ymchwilio yn fanylach i'w achos. Ac yr ydym ninnau
yn barod i'w ladd ef cyn iddo gyrraedd." Ond fe glywodd mab 16
i chwaer Paul am y cynllwyn, ac aeth i'r pencadlys, a mynd i
mewn ac adrodd yr hanes wrth Paul. Galwodd Paul un o'r 17
canwriaid ato, ac meddai, " Dos â'r llanc yma at y capten; y
mae ganddo rywbeth i'w ddweud wrtho." Felly cymerodd y 18
canwriad ef, a mynd ag ef at y capten, ac meddai, " Galwodd y
carcharor Paul fi, a gofyn imi ddod â'r llanc hwn atat ti, am fod

19 The commander took him by the hand, led him off by himself,
and asked him, "What have you got to tell me?"
20 He said, "The Jewish authorities have agreed to ask you
tomorrow to take Paul down to the Council, pretending that the
Council wants to get more accurate information about him. 21 But
don't listen to them, because there are more than forty men who
will be hiding and waiting for him. They have taken a vow not
to eat or drink until they have killed him. They are now ready
to do it and are waiting for your decision."
22 The commander said, "Don't tell anyone that you have reported
this to me." And he sent the young man away.

Paul Is Sent to Governor Felix

23 Then the commander called two of his officers and said, "Get two
hundred soldiers ready to go to Caesarea, together with seventy horse-
men and two hundred spearmen, and be ready to leave by nine
o'clock tonight. 24 Provide some horses for Paul to ride and get him
safely through to the governor Felix." 25 Then the commander wrote
a letter that went like this:

> 26 "Claudius Lysias to His Excellency, the governor Felix:
> Greetings. 27 The Jews seized this man and were about to kill
> him. I learnt that he was a Roman citizen, so I went with my
> soldiers and rescued him. 28 I wanted to know what they were
> accusing him of, so I took him down to their Council. 29 I found
> out that he had not done anything for which he deserved to
> die or be put in prison; the accusation against him had to do
> with questions about their own law. 30 And when I was informed
> that there was a plot against him, at once I decided to send him
> to you. I have told his accusers to make their charges against
> him before you."

31 The soldiers carried out their orders. They got Paul and took
him that night as far as Antipatris. 32 The next day the foot-soldiers
returned to the fort and left the horsemen to go on with him. 33 They
took him to Caesarea, delivered the letter to the governor, and handed
Paul over to him. 34 The governor read the letter and asked Paul
what province he was from. When he found out that he was from

ganddo rywbeth i'w ddweud wrthyt." Cymerodd y capten 19
afael yn ei law, a mynd ag ef o'r neilltu a holi, " Beth yw'r hyn
sydd gennyt i'w ddweud wrthyf ?" Meddai yntau, " Cytunodd 20
yr Iddewon i ofyn i ti fynd â Paul i lawr yfory i'r Sanhedrin, ar
yr esgus fod y rheini am holi yn fanylach yn ei gylch. Yn awr, 21
paid â gwrando arnynt, oherwydd y mae mwy na deugain o'u
dynion yn aros i ymosod arno; y maent wedi mynd ar eu llw i
beidio â bwyta nac yfed hyd nes y byddant wedi ei ladd ef, ac y
maent yn barod yn awr, yn disgwyl am dy ganiatâd di." Yna 22
anfonodd y capten y llanc ymaith, ar ôl gorchymyn iddo, "Paid
â dweud wrth neb dy fod wedi rhoi gwybod imi am hyn."

Anfon Paul at Ffelix, y Rhaglaw

Yna galwodd ato ddau ganwriad arbennig, a dweud wrthynt, 23
" Paratowch ddau gant o filwyr, i fynd i Gesarea, a saith deg o
wŷr meirch a dau gan picellwr, erbyn naw o'r gloch y nos.
Darparwch hefyd anifeiliaid, iddynt osod Paul arnynt a mynd 24
ag ef yn ddiogel at Ffelix, y rhaglaw." Ac ysgrifennodd lythyr 25
i'r perwyl hwn: " Claudius Lysias at yr Ardderchocaf Raglaw 26
Ffelix, cyfarchion. Daliwyd y dyn hwn gan yr Iddewon, ac yr 27
oedd ar fin cael ei ladd ganddynt, ond deuthum ar eu gwarthaf
gyda'm milwyr ac achubais ef, wedi imi ddeall ei fod yn
ddinesydd Rhufeinig. Gan fy mod yn awyddus i gael gwybod 28
pam yr oeddent yn ei gyhuddo, euthum ag ef i lawr gerbron eu
Sanhedrin. Cefais ei fod yn cael ei gyhuddo ynglŷn â materion 29
dadleuol yn eu Cyfraith hwy, ond nad oedd yn wynebu cyhudd-
iad oedd yn haeddu marwolaeth neu garchar. A chan imi gael 30
ar ddeall y byddai cynllwyn ganddynt yn erbyn y dyn, yr wyf
fi* yn ei anfon atat ti, wedi gorchymyn i'w gyhuddwyr hefyd
gyflwyno ger dy fron di eu hachos yn ei erbyn ef."**

Felly cymerodd y milwyr Paul, yn ôl y gorchymyn a gawsant, 31
a mynd ag ef yn ystod y nos i Antipatris. Trannoeth, dychwel- 32
sant i'r pencadlys, gan adael i'r gwŷr meirch fynd ymlaen
gydag ef. Wedi i'r rhain fynd i mewn i Gesarea, rhoesant y 33
llythyr i'r rhaglaw, a throsglwyddo Paul iddo hefyd. Darllen- 34
odd yntau'r llythyr, a holi o ba dalaith yr oedd yn dod. Pan

---

*adn. 30: yn ôl darlleniad arall, *cynllwyn yn erbyn y dyn, yr wyf fi ar unwaith.*

**adn. 30: y mae rhai llawysgrifau yn ychwanegu *Ffarwel.*

Cilicia, 35 he said, "I will hear you when your accusers arrive." Then
he gave orders for Paul to be kept under guard in the governor's
headquarters.

Paul Is Accused by the Jews

24 Five days later the High Priest Ananias went to Caesarea
with some elders and a lawyer named Tertullus. They appeared
before Felix and made their charges against Paul. 2 Then Paul was
called in, and Tertullus began to make his accusation, as follows:
"Your Excellency! Your wise leadership has brought us a long
period of peace, and many necessary reforms are being made for
the good of our country. 3 We welcome this everywhere and at all
times, and we are deeply grateful to you. 4 I do not want to take
up too much of your time, however, so I beg you to be kind and
listen to our brief account. 5 We found this man to be a dangerous
nuisance; he starts riots among the Jews all over the world and
is a leader of the party of the Nazarenes. 6 He also tried to defile
the Temple, and we arrested him.[k] 8 If you question this man, you
yourself will be able to learn from him all the things that we are
accusing him of." 9 The Jews joined in the accusation and said that
all this was true.

Paul's Defence before Felix

10 The governor then motioned to Paul to speak, and Paul said,
"I know that you have been a judge over this nation for many
years, and so I am happy to defend myself before you. 11 As you
can find out for yourself, it was no more than twelve days ago
that I went to Jerusalem to worship. 12 The Jews did not find me
arguing with anyone in the Temple, nor did they find me stirring
up the people, either in the synagogues or anywhere else in the
city. 13 Nor can they give you proof of the accusations they now
bring against me. 14 I do admit this to you: I worship the God
of our ancestors by following that Way which they say is false.
But I also believe in everything written in the Law of Moses and
the books of the prophets. 15 I have the same hope in God that
these themselves have, namely, that all people, both the good and

---

[k] *Some manuscripts add verses 6b–8a:* We planned to judge him according to our
own Law, 7 but Lysias the commander came, and with great violence took him
from us. 8 Then Lysias gave orders that his accusers should come before you.

ddeallodd ei fod o Gilicia, dywedodd, " Gwrandawaf dy achos 35
pan fydd dy gyhuddwyr hefyd wedi cyrraedd." A gorchmyn-
nodd ei gadw dan warchodaeth ym Mhraetoriwm Herod.

Yr Achos yn erbyn Paul

Pum diwrnod yn ddiweddarach, daeth Ananias yr arch- **24**
offeiriad i lawr gyda rhai henuriaid, a dadleuydd o'r enw
Tertulus, a gosodasant gerbron y rhaglaw eu hachos yn erbyn
Paul. Galwyd yntau gerbron, a dechreuodd Tertulus ei erlyn- 2
iad, gan ddweud: " Trwot ti yr ydym yn mwynhau cyflawnder
o heddwch, a thrwy dy ddarbodaeth y mae gwelliannau yn dod
i ran y genedl hon ym mhob modd ac ym mhob man. Yr ydym 3
yn eu derbyn, ardderchocaf Ffelix, gyda phob diolchgarwch.
Ond rhag i mi dy gadw di yn rhy hir, yr wyf yn deisyf arnat 4
wrando ar ychydig eiriau gennym, os byddi mor garedig. Caw- 5
som y dyn yma yn bla, yn codi ymrafaelion ymhlith yr holl
Iddewon trwy'r byd, ac yn arweinydd yn sect y Nasareaid.
Gwnaeth gynnig ar halogi'r deml hyd yn oed, ond daliasom 6
ef.* Ac os holi di ef dy hun, gelli gael sicrwydd am bob dim 8
yr ydym yn ei gyhuddo ohono." Ymunodd yr Iddewon hefyd 9
yn y cyhuddo, gan daeru mai felly yr oedd hi.

Paul yn ei Amddiffyn ei Hun gerbron Ffelix

Yna atebodd Paul, wedi i'r rhaglaw amneidio arno i lefaru: 10
" Mi wn dy fod di ers llawer blwyddyn yn farnwr i'r genedl
hon, ac am hynny yr wyf yn amddiffyn fy achos yn galonnog.
Oherwydd gelli gael sicrwydd nad oes dim mwy na deuddeg 11
diwrnod er pan euthum i fyny i addoli yn Jerwsalem. Ni 12
chawsant mohonof yn dadlau â neb nac yn casglu tyrfa, yn y
deml nac yn y synagogau nac yn y ddinas, ac ni allant brofi i ti 13
wirionedd y cyhuddiadau y maent yn eu dwyn yn awr yn fy
erbyn i. Ond yr wyf yn cyfaddef hyn i ti, mai yn null y Ffordd, 14
a alwant hwy yn sect, felly yr wyf yn addoli Duw ein tadau. Yr
wyf yn credu pob peth sydd yn ôl y Gyfraith ac sy'n ysgrifenedig
yn y proffwydi, ac yn gobeithio yn Nuw—ac y maent hwy eu 15

---

*adn. 6: ychwanega rhai llawysgrifau adnodau 6b-8a: *ac yr oeddem yn bwriadu ei farnu yn ôl ein Cyfraith ni. Ond daeth Lysias y capten a'i gymryd ef trwy drais mawr allan o'n dwylo ni, a gorchymyn i'w gyhuddwyr ddod ger dy fron di.*

the bad, will rise from death. 16 And so I do my best always to
have a clear conscience before God and man.

17 "After being away from Jerusalem for several years, I went
there to take some money to my own people and to offer sacrifices.
18 It was while I was doing this that they found me in the Temple
after I had completed the ceremony of purification. There was no
crowd with me and no disorder. 19 But some Jews from the province
of Asia were there; they themselves ought to come before you and
make their accusations if they have anything against me. 20 Or let
these men here tell what crime they found me guilty of when I
stood before the Council—21 except for the one thing I called out
when I stood before them: 'I am being tried by you today for believing
that the dead will rise to life.'"

22 Then Felix, who was well informed about the Way, brought
the hearing to a close. "When Lysias the commander arrives," he
told them, "I will decide your case." 23 He ordered the officer in
charge of Paul to keep him under guard, but to give him some
freedom and allow his friends to provide for his needs.

Paul before Felix and Drusilla

24 After some days Felix came with his wife Drusilla, who was
Jewish. He sent for Paul and listened to him as he talked about
faith in Christ Jesus. 25 But as Paul went on discussing about goodness,
self-control, and the coming Day of Judgement, Felix was afraid
and said, "You may leave now. I will call you again when I get
the chance." 26 At the same time he was hoping that Paul would
give him some money; and for this reason he would often send
for him and talk with him.

27 After two years had passed, Porcius Festus succeeded Felix
as governor. Felix wanted to gain favour with the Jews so he left
Paul in prison.

Paul Appeals to the Emperor

25 Three days after Festus arrived in the province, he went from
Caesarea to Jerusalem, 2 where the chief priests and the Jewish
leaders brought their charges against Paul. They begged Festus 3 to
do them the favour of bringing Paul to Jerusalem, for they had
made a plot to kill him on the way. 4 Festus answered, "Paul is
being kept a prisoner in Caesarea, and I myself will be going back

hunain yn derbyn y gobaith hwn, y bydd atgyfodiad i'r cyfiawn
ac i'r anghyfiawn. Oherwydd hyn, yr wyf finnau hefyd yn 16
ymroi i gadw cydwybod ddianaf gerbron Duw a dynion yn
wastad. Ac ar ôl amryw flynyddoedd, deuthum i wneud elusen- 17
nau i'm cenedl ac i offrymu aberthau, ac wrthi'n gwneud hyn y 18
cawsant fi, wedi fy mhureiddio, yn y deml. Nid oedd yno na
thyrfa na therfysg. Ond yr oedd yno ryw Iddewon o Asia, a 19
hwy a ddylai fod yma ger dy fron di i'm cyhuddo i, a chaniatáu
fod ganddynt rywbeth yn fy erbyn; neu dyweded y rhain yma 20
pa gamwedd a gawsant ynof pan sefais gerbron y Sanhedrin,
heblaw'r un ymadrodd hwnnw a waeddais pan oeddwn yn sefyll 21
yn eu plith: ' Ynghylch atgyfodiad y meirw yr wyf ar fy mhrawf
heddiw ger eich bron.' "

Yr oedd gan Ffelix wybodaeth led fanwl am y Ffordd, a 22
gohiriodd yr achos, gan ddweud, " Pan ddaw Lysias y capten i
lawr, rhoddaf ddyfarniad yn eich achos." Gorchmynnodd i'r 23
canwriad fod Paul i'w gadw dan warchodaeth, ac i gael peth
rhyddid, ac nad oeddent i rwystro i neb o'i gyfeillion weini arno.

Dal Paul yn Garcharor

Rhai dyddiau wedi hynny, daeth Ffelix yno gyda'i wraig 24
Drwsila, a oedd yn Iddewes. Fe anfonodd am Paul, a gwran-
dawodd ar ei eiriau ynghylch ffydd yng Nghrist Iesu. Ond 25
wrth iddo drafod cyfiawnder a hunan-ddisgyblaeth a'r Farn
oedd i ddod, daeth ofn ar Ffelix a dywedodd, " Dyna ddigon
am y tro; anfonaf amdanat eto pan gaf gyfle." Yr un pryd, yr 26
oedd yn gobeithio cael cil-dwrn gan Paul, ac oherwydd hynny
byddai'n anfon amdano yn lled fynych, ac yn sgwrsio ag ef.

Aeth dwy flynedd heibio, a dilynwyd Ffelix gan Porcius 27
Ffestus; a chan ei fod yn awyddus i ennill ffafr yr Iddewon,
gadawodd Ffelix Paul yn garcharor.

Paul yn Apelio i Gesar

Felly, dridiau wedi i Ffestus gyrraedd ei dalaith, aeth i fyny i **25**
Jerwsalem o Gesarea, a gosododd y prif offeiriaid a gwŷr 2
blaenaf yr Iddewon eu hachos yn erbyn Paul ger ei fron. Yr 3
oeddent yn ceisio gan Ffestus eu ffafrio hwy yn ei erbyn ef, yn
deisyf am iddo anfon amdano i Jerwsalem, ac ar yr un pryd yn
gwneud cynllwyn i'w ladd ar y ffordd. Atebodd Ffestus, fodd 4
bynnag, fod Paul dan warchodaeth yng Nghesarea, a'i fod ef ei

there soon. 5 Let your leaders go to Caesarea with me and accuse
the man if he has done anything wrong."
6 Festus spent another eight or ten days with them and then went
to Caesarea. On the next day he sat down in the court of judgement
and ordered Paul to be brought in. 7 When Paul arrived, the Jews
who had come from Jerusalem stood round him and started making
many serious charges against him, which they were not able to prove.
8 But Paul defended himself: "I have done nothing wrong against
the Law of the Jews or against the Temple or against the Roman
Emperor."
9 But Festus wanted to gain favour with the Jews, so he asked
Paul, "Would you be willing to go to Jerusalem and be tried on
these charges before me there?"
10 Paul said, "I am standing before the Emperor's own court of
judgement, where I should be tried. I have done no wrong to the
Jews, as you yourself well know. 11 If I have broken the law and
done something for which I deserve the death penalty, I do not
ask to escape it. But if there is no truth in the charges they bring
against me, no one can hand me over to them. I appeal to the
Emperor."
12 Then Festus, after conferring with his advisers, answered, "You
have appealed to the Emperor, so to the Emperor you will go."

Paul before Agrippa and Bernice

13 Some time later King Agrippa and Bernice came to Caesarea
to pay a visit of welcome to Festus. 14 After they had been there
several days, Festus explained Paul's situation to the king: "There
is a man here who was left a prisoner by Felix; 15 and when I
went to Jerusalem, the Jewish chief priests and elders brought charges
against him and asked me to condemn him. 16 But I told them that
we Romans are not in the habit of handing over any man accused
of a crime before he has met his accusers face to face and has
had the chance of defending himself against the accusation. 17 When
they came here, then, I lost no time, but on the very next day
I sat in the court and ordered the man to be brought in. 18 His
opponents stood up, but they did not accuse him of any of the
evil crimes that I thought they would. 19 All they had were some

hun yn bwriadu cychwyn i ffwrdd yn fuan. "Felly," meddai, 5
"gadewch i'r gwŷr sydd ag awdurdod yn eich plith ddod i lawr
gyda mi a'i gyhuddo ef, os yw'r dyn wedi gwneud rhywbeth
o'i le."
Arhosodd Ffestus gyda hwy am wyth neu ddeg diwrnod ar y 6
mwyaf. Yna aeth i lawr i Gesarea, a thrannoeth cymerodd ei
le yn y llys a gorchymyn dod â Paul gerbron. Pan ymddangos- 7
odd Paul, safodd yr Iddewon oedd wedi dod i lawr o Jerwsalem
o'i amgylch, gan ddwyn llawer o gyhuddiadau difrifol yn ei
erbyn. Ond ni allent eu profi yn wyneb amddiffyniad Paul: 8
"Nid wyf fi wedi troseddu o gwbl, nac yn erbyn Cyfraith yr
Iddewon, nac yn erbyn y deml, nac yn erbyn Cesar." Ond gan 9
fod Ffestus yn awyddus i ennill ffafr yr Iddewon, gofynnodd i
Paul: "A wyt yn dewis mynd i fyny i Jerwsalem a chael dy
farnu yno ger fy mron i am y pethau hyn?" Dywedodd Paul: 10
"Yr wyf fi'n sefyll gerbron llys Cesar, lle y dylid fy marnu.
Ni throseddais o gwbl yn erbyn yr Iddewon, fel y gwyddost ti
yn eithaf da. Fodd bynnag, os wyf yn droseddwr, ac os wyf 11
wedi gwneud rhywbeth sy'n haeddu marwolaeth, nid wyf yn
ceisio osgoi'r ddedfryd i farw. Ond os yw cyhuddiadau'r bobl
hyn yn fy erbyn yn ddi-sail, ni all neb fy nhrosglwyddo iddynt
fel ffafr. Yr wyf yn apelio i Gesar." Yna, wedi iddo drafod y 12
mater â'i gynghorwyr, atebodd Ffestus: "I Gesar yr wyt wedi
apelio; at Gesar y cei fynd."

Dod â Paul gerbron Agripa a Bernice

Ymhen rhai dyddiau daeth y Brenin Agripa a Bernice i lawr 13
i Gesarea i groesawu Ffestus. A chan eu bod yn treulio dyddiau 14
lawer yno, cyflwynodd Ffestus achos Paul i sylw'r brenin. "Y
mae yma ddyn," meddai, "wedi ei adael gan Ffelix yn garchar-
or, a phan oeddwn yn Jerwsalem gosododd y prif offeiriaid a 15
henuriaid yr Iddewon ei achos ef ger fy mron, a gofyn am ei
gondemnio. Atebais hwy nad oedd yn arfer gan Rufeinwyr 16
drosglwyddo unrhyw ddyn fel ffafr cyn bod y cyhuddedig yn
dod wyneb yn wyneb â'i gyhuddwyr, ac yn cael cyfle i'w am-
ddiffyn ei hun yn erbyn y cyhuddiad. Felly, pan ddaethant 17
ynghyd yma, heb oedi dim cymerais fy lle drannoeth yn y llys,
a gorchymyn dod â'r dyn gerbron. Pan gododd ei gyhuddwyr 18
i'w erlyn, nid oeddent yn ei gyhuddo o'r un o'r troseddau a
ddisgwyliwn i. Ond rhyw ddadleuon oedd ganddynt ag ef 19

arguments with him about their own religion and about a man named
Jesus, who has died; but Paul claims that he is alive. 20 I was undecided
about how I could get information on these matters, so I asked
Paul if he would be willing to go to Jerusalem and be tried there on
these charges. 21 But Paul appealed; he asked to be kept under guard
and to let the Emperor decide his case. So I gave orders for him
to be kept under guard until I could send him to the Emperor."

22 Agrippa said to Festus, "I would like to hear this man myself."

"You will hear him tomorrow," Festus answered.

23 The next day Agrippa and Bernice came with great pomp and
ceremony and entered the audience hall with the military chiefs and
the leading men of the city. Festus gave the order, and Paul was
brought in. 24 Festus said, "King Agrippa and all who are here with
us: You see this man against whom all the Jewish people, both
here and in Jerusalem, have brought complaints to me. They scream
that he should not live any longer. 25 But I could not find that he
had done anything for which he deserved the death sentence. And
since he himself made an appeal to the Emperor, I have decided
to send him. 26 But I have nothing definite about him to write to
the Emperor. So I have brought him here before you—and especially
before you, King Agrippa!—so that, after investigating his case, I
may have something to write. 27 For it seems unreasonable to me
to send a prisoner without clearly indicating the charges against him."

Paul Defends Himself before Agrippa

26 Agrippa said to Paul, "You have permission to speak on
your own behalf." Paul stretched out his hand and defended
himself as follows:

2 "King Agrippa! I consider myself fortunate that today I am
to defend myself before you from all the things the Jews accuse
me of, 3 particularly since you know so well all the Jewish customs
and disputes. I ask you, then, to listen to me with patience.

4 "All the Jews know how I have lived ever since I was young.
They know how I have spent my whole life, at first in my own
country and then in Jerusalem. 5 They have always known, if they
are willing to testify, that from the very first I have lived as a member
of the strictest party of our religion, the Pharisees. 6 And now I
stand here to be tried because of the hope I have in the promise
that God made to our ancestors—7 the very thing that the twelve

ynghylch eu crefydd eu hunain, ac ynghylch rhyw Iesu oedd
wedi marw, ond y mynnai Paul ei fod yn fyw. A chan fy mod 20
mewn penbleth ynglŷn â'r ddadl ar y pethau hyn, gofynnais
iddo a oedd yn dymuno mynd i Jerwsalem, a chael ei farnu
amdanynt yno. Ond gan i Paul apelio am gael ei gadw dan 21
warchodaeth, i gael dyfarniad gan yr Ymerawdwr, gorchmyn-
nais ei gadw felly nes imi ei anfon at Gesar." Meddai Agripa 22
wrth Ffestus, " Mi hoffwn innau glywed y dyn." Meddai
yntau, " Fe gei ei glywed yfory."

Trannoeth, felly, daeth Agripa a Bernice, yn fawr eu rhwysg, 23
a mynd i mewn i'r llys ynghyd â chapteiniaid a gwŷr amlwg y
ddinas; ac ar orchymyn Ffestus, daethpwyd â Paul gerbron.
Ac meddai Ffestus, " Y Brenin Agripa, a chwi wŷr oll sydd 24
yma gyda ni, yr ydych yn gweld y dyn hwn, y gwnaeth holl
liaws yr Iddewon gais gennyf yn ei gylch, yn Jerwsalem ac yma,
gan weiddi na ddylai gael byw ddim mwy. Ond gwelais i nad 25
oedd wedi gwneud dim yn haeddu marwolaeth; a chan i'r dyn
ei hun apelio at yr Ymerawdwr, penderfynais ei anfon ato. Ond 26
nid oes gennyf ddim byd pendant i'w ysgrifennu amdano at ein
Harglwydd. Gan hynny, yr wyf wedi dod ag ef ymlaen ger eich
bron chwi, ac yn enwedig ger dy fron di, y Brenin Agripa, er
mwyn gwneud archwiliad, a chael rhywbeth i'w ysgrifennu.
Oherwydd yn fy marn i peth afresymol yw anfon carcharor 27
ymlaen heb hyd yn oed egluro'r cyhuddiadau yn ei erbyn."

Paul yn ei Amddiffyn ei Hun gerbron Agripa

Meddai Agripa wrth Paul, " Y mae caniatâd i ti siarad drosot **26**
dy hun." Yna fe estynnodd Paul ei law, a dechrau ei amddiffyn-
iad: " Yr wyf yn f'ystyried fy hun yn ffodus, y Brenin Agripa, 2
mai ger dy fron di yr wyf i'm hamddiffyn fy hun heddiw ynglŷn
â'r holl gyhuddiadau y mae'r Iddewon yn eu dwyn yn fy erbyn,
yn enwedig gan dy fod yn hyddysg yn yr holl arferion a dadl- 3
euon a geir ymhlith yr Iddewon. Gan hynny, 'rwy'n erfyn
arnat fy ngwrando yn amyneddgar. Y mae fy muchedd i o'm 4
mebyd, y modd y bûm yn byw o'r dechrau ymhlith fy nghenedl,
a hefyd yn Jerwsalem, yn hysbys i bob Iddew. Y maent yn 5
gwybod ers amser maith, os dymunant dystiolaethu, mai yn ôl
sect fwyaf caeth ein crefydd y bûm i'n byw, yn Pharisead. Yn 6
awr yr wyf yn sefyll fy mhrawf ar gyfrif gobaith sydd wedi ei
seilio ar yr addewid a wnaed gan Dduw i'n tadau ni, addewid y 7

tribes of our people hope to receive, as they worship God day and night. And it is because of this hope, Your Majesty, that I am being accused by the Jews! 8 Why do you who are here find it impossible to believe that God raises the dead?

9 "I myself thought that I should do everything I could against the cause of Jesus of Nazareth. 10 That is what I did in Jerusalem. I received authority from the chief priests and put many of God's people in prison; and when they were sentenced to death, I also voted against them. 11 Many times I had them punished in the synagogues and tried to make them deny their faith. I was so furious with them that I even went to foreign cities to persecute them.

Paul Tells of His Conversion

(Acts 9.1-19; 22.6-16)

12 "It was for this purpose that I went to Damascus with authority and orders from the chief priests. 13 It was on the road at midday, Your Majesty, that I saw a light much brighter than the sun, coming from the sky and shining round me and the men travelling with me. 14 All of us fell to the ground, and I heard a voice say to me in Hebrew, 'Saul, Saul! Why are you persecuting me? You are hurting yourself by hitting back, like an ox kicking against its owner's stick.' 15 'Who are you, Lord?' I asked. And the Lord answered, 'I am Jesus, whom you persecute. 16 But get up and stand on your feet. I have appeared to you to appoint you as my servant. You are to tell others what you have seen of me[l] today and what I will show you in the future. 17 I will rescue you from the people of Israel and from the Gentiles to whom I will send you. 18 You are to open their eyes and turn them from the darkness to the light and from the power of Satan to God, so that through their faith in me they will have their sins forgiven and receive their place among God's chosen people.'

Paul Tells of His Work

19 "And so, King Agrippa, I did not disobey the vision I had from heaven. 20 First in Damascus and in Jerusalem and then in all Judaea and among the Gentiles, I preached that they must repent of their sins and turn to God and do the things that would show they had repented. 21 It was for this reason that the Jews seized me while I was in the Temple, and they tried to kill me. 22 But

---

[l] *Some manuscripts do not have* of me.

mae ein deuddeg llwyth ni, trwy ddwys addoli nos a dydd, yn
gobeithio ei sylweddoli; ac am y gobaith hwn yr wyf yn cael fy
nghyhuddo, O Frenin, gan Iddewon! Pam y bernir yn ang- 8
hredadwy gennych chwi fod Duw yn codi'r meirw ? Eto, yr 9
oeddwn i fy hun yn tybio unwaith y dylwn weithio'n ddygn yn
erbyn enw Iesu o Nasareth; a gwneuthum hynny yn Jerwsalem. 10
Ar awdurdod y prif offeiriaid, caeais lawer o'r saint mewn
carcharau, a phan fyddent yn cael eu lladd, rhoddais fy mhleid-
lais yn eu herbyn; a thrwy'r holl synagogau mi geisiais lawer 11
gwaith, trwy gosb, eu gorfodi i gablu. Yr oeddwn yn enbyd o
ffyrnig yn eu herbyn, ac yn eu herlid hyd ddinasoedd estron
hyd yn oed.

Paul yn Sôn am ei Dröedigaeth
(Act 9.1-19; 22.6-16)

" Pan oeddwn yn teithio i Ddamascus ar y perwyl hwn gydag 12
awdurdod a chennad y prif offeiriaid, gwelais ar y ffordd ganol 13
dydd, O Frenin, oleuni mwy llachar na'r haul yn llewyrchu o'r
nef o'm hamgylch i a'r rhai oedd yn teithio gyda mi. Syrthiodd 14
pob un ohonom ar y ddaear, a chlywais lais yn dweud wrthyf
yn iaith yr Iddewon, ' Saul, Saul, pam yr wyt yn fy erlid i ? Y
mae'n galed iti wingo yn erbyn y symbylau.' Dywedais innau, 15
' Pwy wyt ti, Arglwydd ?' A dywedodd yr Arglwydd, ' Iesu
wyf fi, yr hwn yr wyt ti yn ei erlid. Ond cod a saf ar dy draed; 16
oherwydd i hyn yr wyf wedi ymddangos i ti, sef i'th benodi di
yn was imi, ac yn dyst o'r hyn yr wyt wedi ei weld, ac a weli eto,
ohonof fi. Gwaredaf di oddi wrth y bobl hyn ac oddi wrth y 17
Cenhedloedd yr wyf yn dy anfon atynt, i agor eu llygaid a'u 18
troi o dywyllwch i oleuni, o awdurdod Satan at Dduw, er mwyn
iddynt gael maddeuant pechodau a chyfran ymhlith y rhai a
sancteiddiwyd trwy ffydd ynof fi.'

Paul yn Dyst i'r Iddewon a'r Cenhedloedd

" O achos hyn, y Brenin Agripa, ni fûm anufudd i'r weledig- 19
aeth nefol, ond bûm yn cyhoeddi i drigolion Damascus yn 20
gyntaf, ac yn Jerwsalem, a thrwy holl wlad Jwdea, ac i'r Cen-
hedloedd, eu bod i edifarhau a throi at Dduw, a gweithredu yn
deilwng o'u hedifeirwch. Oherwydd hyn y daliodd yr Iddewon 21
fi yn y deml, a cheisio fy llofruddio. Ond mi gefais gymorth 22

to this very day I have been helped by God, and so I stand here
giving my witness to all, to small and great alike. What I say is
the very same thing which the prophets and Moses said was going
to happen: 23 that the Messiah must suffer and be the first one to
rise from death, to announce the light of salvation to the Jews and
to the Gentiles."

24 As Paul defended himself in this way, Festus shouted at him,
"You are mad, Paul! Your great learning is driving you mad!"

25 Paul answered, "I am not mad, Your Excellency! I am speaking
the sober truth. 26 King Agrippa! I can speak to you with all boldness,
because you know about these things. I am sure that you have taken
notice of every one of them, for this thing has not happened hidden
away in a corner. 27 King Agrippa, do you believe the prophets?
I know that you do!"

28 Agrippa said to Paul, "In this short time do you think you
will make me a Christian?"

29 "Whether a short time or a long time," Paul answered, "my
prayer to God is that you and all the rest of you who are listening
to me today might become what I am—except, of course, for these
chains!"

30 Then the king, the governor, Bernice, and all the others got
up, 31 and after leaving they said to each other, "This man has not
done anything for which he should die or be put in prison." 32 And
Agrippa said to Festus, "This man could have been released if he
had not appealed to the Emperor."

Paul Sails for Rome

27 When it was decided that we should sail to Italy, they handed
Paul and some other prisoners over to Julius, an officer in
the Roman regiment called "The Emperor's Regiment." 2 We went
aboard a ship from Adramyttium, which was ready to leave for
the seaports of the province of Asia, and we sailed away. Aristarchus,
a Macedonian from Thessalonica, was with us. 3 The next day we
arrived at Sidon. Julius was kind to Paul and allowed him to go
and see his friends, to be given what he needed. 4 We went on from
there, and because the winds were blowing against us, we sailed
on the sheltered side of the island of Cyprus. 5 We crossed over
the sea off Cilicia and Pamphylia and came to Myra in Lycia. 6 There
the officer found a ship from Alexandria that was going to sail for Italy,
so he put us aboard.

gan Dduw hyd heddiw, ac yr wyf yn sefyll gan dystiolaethu i
fawr a mân, heb ddweud dim ond y pethau y dywedodd y
proffwydi, a Moses hefyd, eu bod i ddigwydd, sef fod yn rhaid 23
i'r Meseia ddioddef, a'i fod ef, y cyntaf i atgyfodi oddi wrth y
meirw, i gyhoeddi goleuni i bobl Israel ac i'r Cenhedloedd."

Paul yn Apelio ar i Agripa Gredu

Ar ganol yr amddiffyniad hwn, dyma Ffestus yn gweiddi, 24
" Yr wyt yn wallgof, Paul; y mae dy fawr ddysg yn dy yrru di'n
wallgof." Meddai Paul, " Na, nid wyf yn wallgof, ardderchocaf 25
Ffestus; llefaru geiriau gwirionedd a phwyll yr wyf. Oherwydd 26
fe ŵyr y brenin am y pethau hyn, ac yr wyf yn llefaru yn hy
wrtho. Ni allaf gredu fod dim un o'r pethau hyn yn anhysbys
iddo, oherwydd nid mewn rhyw gongl y gwnaed hyn. A wyt ti, 27
y Brenin Agripa, yn credu'r proffwydi ? Mi wn i dy fod yn
credu." Ac meddai Agripa wrth Paul, " Yr wyt am fy mher- 28
swadio, mewn byr amser, i ymddwyn fel Cristion." Atebodd 29
Paul, " Byr neu hir, mi allwn i weddïo ar Dduw, nid am i ti yn
unig, ond am i bawb sy'n fy ngwrando heddiw fod yr un fath
ag yr wyf fi, ar wahân i'r rhwymau yma."

Yna cododd y brenin a'r rhaglaw, a Bernice a'r rhai oedd yn 30
eistedd gyda hwy, ac wedi iddynt ymneilltuo, buont yn ym- 31
ddiddan â'i gilydd gan ddweud, " Nid yw'r dyn yma yn
gwneud dim oll sy'n haeddu marwolaeth na charchar." Ac 32
meddai Agripa wrth Ffestus, " Gallasai'r dyn yma fod wedi
cael ei ollwng yn rhydd, onibai ei fod wedi apelio i Gesar."

Paul yn Hwylio tua Rhufain

Pan benderfynwyd ein bod i hwylio i'r Eidal, trosglwyddwyd **27**
Paul a rhai carcharorion eraill i ofal canwriad o'r enw Jwlius,
o'r fintai Ymerodrol. Aethom ar fwrdd llong o Adramytium 2
oedd ar hwylio i'r porthladdoedd ar hyd glannau Asia, a chodi
angor. Yr oedd Aristarchus, Macedoniad o Thesalonica, gyda
ni. Trannoeth, cyraeddasom Sidon. Bu Jwlius yn garedig wrth 3
Paul, a rhoi caniatâd iddo fynd at ei gyfeillion, iddynt ofalu
amdano. Oddi yno, wedi codi angor, hwyliasom yng nghysgod 4
Cyprus, am fod y gwyntoedd yn ein herbyn; ac wedi i ni 5
groesi'r môr sydd gyda glannau Cilicia a Pamffylia, cyraedd-
asom Myra yn Lycia. Yno cafodd y canwriad long o Alexandria 6

7 We sailed slowly for several days and with great difficulty finally
arrived off the town of Cnidus. The wind would not let us go any
further in that direction, so we sailed down the sheltered side of
the island of Crete, passing by Cape Salmone. 8 We kept close to
the coast and with great difficulty came to a place called Safe Harbours,
not far from the town of Lasea.

9 We spent a long time there, until it became dangerous to continue
the voyage, for by now the Day of Atonement[m] was already past.
So Paul gave them this advice: 10 "Men, I see that our voyage from
here on will be dangerous; there will be great damage to the cargo
and to the ship, and loss of life as well." 11 But the army officer
was convinced by what the captain and the owner of the ship said,
and not by what Paul said. 12 The harbour was not a good one
to spend the winter in; so most of the men were in favour of putting
out to sea and trying to reach Phoenix, if possible, in order to spend
the winter there. Phoenix is a harbour in Crete that faces south-west
and north-west.[n]

The Storm at Sea

13 A soft wind from the south began to blow, and the men thought
that they could carry out their plan, so they pulled up the anchor
and sailed as close as possible along the coast of Crete. 14 But soon
a very strong wind—the one called "North-easter"—blew down from
the island. 15 It hit the ship, and since it was impossible to keep
the ship headed into the wind, we gave up trying and let it be
carried along by the wind. 16 We got some shelter when we passed
to the south of the little island of Cauda. There, with some difficulty,
we managed to make the ship's boat secure. 17 They pulled it aboard
and then fastened some ropes tight round the ship. They were afraid
that they might run into the sandbanks off the coast of Libya, so
they lowered the sail and let the ship be carried by the wind. 18 The
violent storm continued, so on the next day they began to throw
some of the ship's cargo overboard, 19 and on the following day
they threw part of the ship's equipment overboard. 20 For many days
we could not see the sun or the stars, and the wind kept on blowing
very hard. We finally gave up all hope of being saved.

21 After the men had gone a long time without food, Paul stood
before them and said, "Men, you should have listened to me and
not have sailed from Crete; then we would have avoided all this

---

[m] DAY OF ATONEMENT: *This was celebrated towards the end of September or beginning of October, at which time bad weather made sailing dangerous.*

[n] south-west and north-west; *or* north-east and south-east.

oedd yn hwylio i'r Eidal, a gosododd ni arni. Buom am ddydd- 7
iau lawer yn hwylio'n araf, a chael trafferth i gyrraedd i ymyl
Cnidus. Gan fod y gwynt yn dal i'n rhwystro, hwyliasom i
gysgod Creta gyferbyn â Salmone, a thrwy gadw gyda'r tir, 8
daethom gyda chryn drafferth i le a elwid Porthladdoedd Teg,
nepell o dref Lasaia.

Gan fod cryn amser wedi mynd heibio, a bod morio bellach 9
yn beryglus, oherwydd yr oedd hyd yn oed Gŵyl yr Ympryd
drosodd eisoes, rhoes Paul y cyngor hwn iddynt: "Ddynion, 10
'rwy'n gweld y bydd mynd ymlaen â'r fordaith yma yn sicr o
beri difrod a cholled enbyd, nid yn unig i'r llwyth ac i'r llong,
ond i'n bywydau ni hefyd." Ond yr oedd y canwriad yn rhoi 11
mwy o goel ar y peilot a'r capten nag ar eiriau Paul. A chan fod 12
y porthladd yn anghymwys i fwrw'r gaeaf ynddo, yr oedd y
rhan fwyaf o blaid hwylio oddi yno, yn y gobaith y gallent ryw-
fodd gyrraedd Phenix, porthladd yng Nghreta yn wynebu'r
de-orllewin a'r gogledd-orllewin, a bwrw'r gaeaf yno.

Y Storm ar y Môr

Pan gododd gwynt ysgafn o'r de, tybiasant fod eu bwriad o 13
fewn eu cyrraedd. Codasant angor, a dechrau hwylio gyda
glannau Creta, yn agos i'r tir. Ond cyn hir, rhuthrodd gwynt 14
tymhestlog, Euraculon fel y'i gelwir, i lawr o'r tir. Cipiwyd y 15
llong ymaith, a chan na ellid dal ei thrwyn i'r gwynt, bu raid
ildio, a chymryd ein gyrru o'i flaen. Wedi rhedeg dan gysgod 16
rhyw ynys fechan a elwir Cauda, llwyddasom, trwy ymdrech, i
gael y bad dan reolaeth. Codasant ef o'r dŵr, a mynd ati gyda 17
chyfarpar i amwregysu'r llong; a chan fod arnynt ofn cael eu
bwrw ar y Syrtis, tynasant y gêr hwylio i lawr, a mynd felly
gyda'r lli. Trannoeth, gan ei bod hi'n dal yn storm enbyd 18
arnom, dyma ddechrau taflu'r llwyth i'r môr; a'r trydydd dydd, 19
lluchio gêr y llong i ffwrdd â'u dwylo eu hunain. Ond heb na 20
haul na sêr i'w gweld am ddyddiau lawer, a'r storm fawr yn dal
i'n llethu, yr oedd pob gobaith am gael ein hachub bellach yn
diflannu.

Yna, wedi iddynt fod heb fwyd am amser hir, cododd Paul 21
yn eu canol hwy a dweud: "Ddynion, dylasech fod wedi
gwrando arnaf fi, a pheidio â hwylio o Greta, ac arbed y difrod
hwn a'r golled. Ond yn awr yr wyf yn eich cynghori i godi'ch 22

damage and loss. [22]But now I beg you, take heart! Not one of you will lose his life; only the ship will be lost. [23]For last night an angel of the God to whom I belong and whom I worship came to me [24]and said, 'Don't be afraid, Paul! You must stand before the Emperor. And God in his goodness to you has spared the lives of all those who are sailing with you.' [25]So take heart, men! For I trust in God that it will be just as I was told. [26]But we will be driven ashore on some island."

27 It was the fourteenth night, and we were being driven about in the Mediterranean by the storm. About midnight the sailors suspected that we were getting close to land. [28]So they dropped a line with a weight tied to it and found that the water was forty metres deep; a little later they did the same and found that it was thirty metres deep. [29]They were afraid that the ship would go on the rocks, so they lowered four anchors from the back of the ship and prayed for daylight. [30]Then the sailors tried to escape from the ship; they lowered the boat into the water and pretended that they were going to put out some anchors from the front of the ship. [31]But Paul said to the army officer and soldiers, "If the sailors don't stay on board, you have no hope of being saved." [32]So the soldiers cut the ropes that held the boat and let it go.

33 Just before dawn, Paul begged them all to eat some food: "You have been waiting for fourteen days now, and all this time you have not eaten anything. [34]I beg you, then, eat some food; you need it in order to survive. Not even a hair of your heads will be lost." [35]After saying this, Paul took some bread, gave thanks to God before them all, broke it, and began to eat. [36]They took heart, and every one of them also ate some food. [37]There was a total of 276[p] of us on board. [38]After everyone had eaten enough, they lightened the ship by throwing all the wheat into the sea.

The Shipwreck

39 When day came, the sailors did not recognize the coast, but they noticed a bay with a beach and decided that, if possible, they would run the ship aground there. [40]So they cut off the anchors and let them sink in the sea, and at the same time they untied the ropes that held the steering oars. Then they raised the sail at the front of the ship so that the wind would blow the ship forward,

---

[p]276; *some manuscripts have* 275; *others have* about 76.

calon; oherwydd ni bydd dim colli bywyd yn eich plith chwi,
dim ond colli'r llong. Oherwydd neithiwr safodd yn fy ymyl 23
angel y Duw a'm piau, yr hwn yr wyf yn ei addoli, a dweud, 24
' Paid ag ofni, Paul; y mae'n rhaid i ti sefyll gerbron Cesar, a
dyma Dduw o'i ras wedi rhoi i ti fywydau pawb o'r rhai sy'n
morio gyda thi.' Felly codwch eich calonnau, ddynion, oher- 25
wydd yr wyf yn credu Duw, mai felly y bydd, fel y dywedwyd
wrthyf. Ond y mae'n rhaid i ni gael ein bwrw ar ryw ynys." 26

Daeth y bedwaredd nos ar ddeg, a ninnau'n dal i fynd gyda'r 27
lli ar draws môr Adria. Tua chanol nos, dechreuodd y morwyr
dybio fod tir yn agosáu. Wedi plymio, cawsant ddyfnder o 28
ugain gwryd, ac ymhen ychydig, plymio eilwaith a chael
pymtheg gwryd. Gan fod arnynt ofn i ni efallai gael ein bwrw 29
ar leoedd creigiog, taflasant bedair angor o'r starn, a deisyf am
iddi ddyddio. Dechreuodd y morwyr geisio dianc o'r llong, a 30
gollwng y bad i'r dŵr, dan esgus mynd i osod angorion o'r pen
blaen. Ond dywedodd Paul wrth y canwriad a'r milwyr, " Os 31
na fydd y rhain yn aros yn y llong, ni allwch chwi gael eich
achub." Yna fe dorrodd y milwyr raffau'r bad, a gadael iddo 32
gwympo ymaith.

Pan oedd hi ar ddyddio, dechreuodd Paul annog pawb i 33
gymryd bwyd, gan ddweud, " Heddiw yw'r pedwerydd dydd
ar ddeg i chwi fod yn disgwyl yn bryderus, ac yn dal heb
gymryd tamaid o ddim i'w fwyta. Felly yr wyf yn eich annog i 34
gymryd bwyd, oherwydd bydd hynny'n ei gwneud yn haws
ichwi gael eich achub; oherwydd ni chollir blewyn oddi ar ben
yr un ohonoch." Wedi iddo ddweud hyn, cymerodd fara, a 35
diolchodd i Dduw yng ngŵydd pawb, a'i dorri a dechrau bwyta.
Cododd pawb eu calon, a chymryd bwyd, hwythau hefyd. 36
Rhwng pawb yr oedd dau gant saith deg a chwech ohonom yn 37
y llong. Wedi iddynt gael digon o fwyd, dechreusant ysgafn- 38
hau'r llong trwy daflu'r ŷd allan i'r môr.

Y Llongddrylliad

Pan ddaeth hi'n ddydd, nid oeddent yn adnabod y tir, ond 39
gwelsant gilfach ag iddi draeth, a phenderfynwyd gyrru'r llong
i'r lan yno, os oedd modd. Torasant yr angorion i ffwrdd, a'u 40
gadael yn y môr. Yr un pryd, datodwyd cyplau'r llywiau, a

and we headed for shore. 41 But the ship hit a sandbank and went
aground; the front part of the ship got stuck and could not move,
while the back part was being broken to pieces by the violence
of the waves.

42 The soldiers made a plan to kill all the prisoners, in order
to keep them from swimming ashore and escaping. 43 But the army
officer wanted to save Paul, so he stopped them from doing this.
Instead, he ordered all the men who could swim to jump overboard
first and swim ashore; 44 the rest were to follow, holding on to the
planks or to some broken pieces of the ship. And this was how
we all got safely ashore.

In Malta

28 When we were safely ashore, we learnt that the island was
called Malta. 2 The natives there were very friendly to us.
It had started to rain and was cold, so they lit a fire and made
us all welcome. 3 Paul gathered up a bundle of sticks and was putting
them on the fire when a snake came out on account of the heat
and fastened itself to his hand. 4 The natives saw the snake hanging
on Paul's hand and said to one another, "This man must be a murderer,
but Fate will not let him live, even though he escaped from the
sea." 5 But Paul shook the snake off into the fire without being
harmed at all. 6 They were waiting for him to swell up or suddenly
fall down dead. But after waiting for a long time and not seeing
anything unusual happening to him, they changed their minds and
said, "He is a god!"

7 Not far from that place were some fields that belonged to Publius,
the chief official of the island. He welcomed us kindly and for three
days we were his guests. 8 Publius' father was in bed, sick with fever and
dysentery. Paul went into his room, prayed, placed his hands on him,
and healed him. 9 When this happened, all the other sick people on
the island came and were healed. 10 They gave us many gifts, and when
we sailed, they put on board what we needed for the voyage.

From Malta to Rome

11 After three months we sailed away on a ship from Alexandria,

chodi'r hwyl flaen i'r awel, a chyfeirio tua'r traeth. Ond dal- 41
iwyd hwy gan ddeufor-gyfarfod, a gyrasant y llong i dir.
Glynodd y pen blaen, a sefyll yn ddiysgog, ond dechreuodd y
starn ymddatod dan rym y tonnau. Penderfynodd y milwyr 42
ladd y carcharorion, rhag i neb ohonynt nofio i ffwrdd a dianc.
Ond gan fod y canwriad yn awyddus i achub Paul, rhwyst- 43
rodd hwy rhag cyflawni eu bwriad, a gorchmynnodd i'r rhai
a fedrai nofio neidio yn gyntaf oddi ar y llong, a chyrraedd y
tir, ac yna'r lleill, rhai ar ystyllod ac eraill ar ddarnau o'r 44
llong. Ac felly y bu i bawb ddod yn ddiogel i dir.

Paul ar Ynys Melita

Wedi inni ddod i ddiogelwch, cawsom wybod mai Melita y **28**
gelwid yr ynys. Dangosodd y brodorion garedigrwydd ang- 2
hyffredin inni. Cyneuasant goelcerth, a'n croesawu ni bawb at
y tân, oherwydd yr oedd yn dechrau glawio, ac yn oer. Casgl- 3
odd Paul beth wmbredd o danwydd, ac wedi iddo'u rhoi ar y
tân, daeth gwiber allan o'r gwres, a glynu wrth ei law. Pan 4
welodd y brodorion y neidr ynghrog wrth ei law, meddent wrth
ei gilydd, " Llofrudd, yn sicr, yw'r dyn yma, ac er ei fod wedi
dianc yn ddiogel o'r môr nid yw'r dduwies Cyfiawnder wedi
gadael iddo fyw." Yna, ysgydwodd ef y neidr ymaith i'r tân, 5
heb gael dim niwed; yr oeddent hwy'n disgwyl iddo ddechrau 6
chwyddo, neu syrthio'n farw yn sydyn. Ar ôl iddynt ddisgwyl
yn hir, a gweld nad oedd dim anghyffredin yn digwydd iddo,
newidiasant eu meddwl a dechrau dweud mai duw ydoedd.
Yng nghyffiniau'r lle hwnnw, yr oedd tiroedd gan ŵr blaenaf yr 7
ynys, un o'r enw Poplius. Derbyniodd hwn ni, a'n lletya yn
gyfeillgar am dridiau. Yr oedd tad Poplius yn digwydd bod yn 8
gorwedd yn glaf, yn dioddef gan byliau o dwymyn a chan ddi-
sentri. Aeth Paul i mewn ato, a chan weddïo a rhoi ei ddwylo
arno, fe'i hiachaodd. Wedi i hyn ddigwydd, daeth y lleill yn yr 9
ynys oedd dan afiechyd ato hefyd, a chael eu hiacháu. Rhodd- 10
odd y bobl hyn anrhydeddau lawer inni, ac wrth inni gych-
wyn ymaith, ein llwytho â phopeth y byddai arnom ei angen.

Paul yn Cyrraedd Rhufain

Tri mis yn ddiweddarach, hwyliasom i ffwrdd mewn llong o 11

called "The Twin Gods," which had spent the winter in the island.
12 We arrived in the city of Syracuse and stayed there for three days.
13 From there we sailed on and arrived in the city of Rhegium.
The next day a wind began to blow from the south, and in two
days we came to the town of Puteoli. 14 We found some believers
there who asked us to stay with them a week. And so we came
to Rome. 15 The believers in Rome heard about us and came as
far as the towns of Market of Appius and Three Inns to meet us.
When Paul saw them, he thanked God and was greatly encouraged.

In Rome

16 When we arrived in Rome, Paul was allowed to live by himself
with a soldier guarding him.

17 After three days Paul called the local Jewish leaders to a meeting.
When they had gathered, he said to them, "My fellow-Israelites,
even though I did nothing against our people or the customs that
we received from our ancestors, I was made a prisoner in Jerusalem
and handed over to the Romans. 18 After questioning me, the Romans
wanted to release me, because they found that I had done nothing
for which I deserved to die. 19 But when the Jews opposed this,
I was forced to appeal to the Emperor, even though I had no accusation
to make against my own people. 20 That is why I asked to see you
and talk with you. As a matter of fact, I am bound in chains like
this for the sake of him for whom the people of Israel hope."

21 They said to him, "We have not received any letters from Judaea
about you, nor have any of our people come from there with any
news or anything bad to say about you. 22 But we would like to
hear your ideas, because we know that everywhere people speak
against this party to which you belong."

23 So they fixed a date with Paul, and a large number of them
came that day to the place where Paul was staying. From morning
till night he explained to them his message about the Kingdom of
God, and he tried to convince them about Jesus by quoting from
the Law of Moses and the writings of the prophets. 24 Some of them
were convinced by his words, but others would not believe. 25 So
they left, disagreeing among themselves, after Paul had said this one
thing: "How well the Holy Spirit spoke through the prophet Isaiah
to your ancestors! 26 For he said,

Alexandria oedd wedi bwrw'r gaeaf yn yr ynys, a'r Efeilliaid
Nefol yn arwydd arni. Wedi cyrraedd Syracwsa, ac aros yno 12
dridiau, hwyliasom oddi yno a dod i Rhegium. Ar ôl diwrnod, 13
cododd gwynt o'r de, a'r ail ddydd, daethom i Potioli. Yno 14
cawsom frodyr yn y Ffydd, a gwahoddwyd ni i aros gyda hwy
am saith diwrnod. A dyna sut y daethom i Rufain. Pan glyw- 15
odd y brodyr amdanom, daethant allan cyn belled â Marchnad
Apius a'r Tair Tafarn i'n cyfarfod. Pan welodd Paul hwy, fe
ddiolchodd i Dduw, ac ymwrolodd.

Pan aethom i mewn i Rufain fe ganiatawyd i Paul letya ar ei 16
ben ei hun, gyda'r milwr oedd yn ei warchod.

Paul yn Pregethu yn Rhufain

Ymhen tridiau, galwodd Paul ynghyd y prif ddynion ymysg 17
yr Iddewon. Wedi iddynt ddod at ei gilydd, dywedodd wrth-
ynt, "Er nad wyf fi, frodyr, wedi gwneud dim yn erbyn fy
mhobl na defodau'r tadau, cefais fy nhraddodi yn garcharor o
Jerwsalem i ddwylo'r Rhufeiniaid. Yr oeddent hwy, wedi 18
iddynt fy holi, yn dymuno fy ngollwng yn rhydd, am nad oedd
dim rheswm dros fy rhoi i farwolaeth. Ond oherwydd gwrth- 19
wynebiad yr Iddewon, cefais fy ngorfodi i apelio i Gesar; nid
bod gennyf unrhyw gyhuddiad yn erbyn fy nghenedl. Dyna'r 20
rheswm, ynteu, fy mod wedi gofyn am eich gweld a chael ym-
ddiddan â chwi; oherwydd o achos gobaith Israel y mae
gennyf y gadwyn hon amdanaf." Dywedasant hwythau wrtho, 21
"Nid ydym wedi derbyn unrhyw lythyrau amdanat ti o Jwdea,
ac ni ddaeth neb o'r brodyr yma chwaith i adrodd na llefaru
dim drwg amdanat ti. Ond fe garem glywed gennyt ti beth yw 22
dy ddaliadau; oherwydd fe wyddom ni am y sect hon, ei bod
yn cael ei gwrthwynebu ym mhobman."

Penasant ddiwrnod iddo, a daethant ato i'w lety yn dyrfa. 23
O fore tan nos, bu yntau yn esbonio iddynt, gan dystiolaethu
am deyrnas Dduw, a cheisio eu hargyhoeddi ynghylch Iesu ar
sail Cyfraith Moses a'r proffwydi. Yr oedd rhai yn credu ei 24
eiriau, ac eraill ddim yn credu; ac yr oeddent yn dechrau ym- 25
wahanu, mewn anghytundeb â'i gilydd, pan ddywedodd Paul
un gair ymhellach: "Da y llefarodd yr Ysbryd Glân, trwy'r
proffwyd Eseia, wrth eich tadau chwi, gan ddweud: 26

'Go and say to this people:
You will listen and listen, but not understand;
you will look and look, but not see,
27 because this people's minds are dull,
and they have stopped up their ears
and closed their eyes.
Otherwise, their eyes would see,
their ears would hear,
their minds would understand,
and they would turn to me, says God,
and I would heal them.'"

28 And Paul concluded: "You are to know, then, that God's message
of salvation has been sent to the Gentiles. They will listen!"[q]

30 For two years Paul lived in a place he rented for himself, and there
he welcomed all who came to see him. 31 He preached about the King-
dom of God and taught about the Lord Jesus Christ, speaking with all
boldness and freedom.

---

[q] *Some manuscripts add verse 29:* After Paul said this, the Jews left, arguing violently among themselves.

‘ Dos at y bobl yma a dywed,
“ Er gwrando a gwrando, ni ddeallwch ddim,
er edrych ac edrych, ni welwch ddim.”
Canys brasawyd deall y bobl yma, 27
y mae eu clyw yn drwm,
a’u llygaid wedi cau;
rhag iddynt weld â’u llygaid,
a chlywed â’u clustiau,
a deall â’u meddwl a throi,
ac i mi eu hiacháu.’

Bydded hysbys, felly, i chwi fod yr iachawdwriaeth hon, sydd 28
oddi wrth Dduw, wedi ei hanfon at y Cenhedloedd; fe wran-
dawant hwy.”*

Arhosodd Paul ddwy flynedd gyfan yno ar ei gost ei hun, a 30
byddai’n derbyn pawb a ddôi i mewn ato, gan gyhoeddi teyrnas 31
Dduw a dysgu am yr Arglwydd Iesu Grist, gyda phob hyder,
heb neb yn ei wahardd.

---

*adn. 28: ychwanega rhai llawysgrifau adn. 29: *Ac wedi iddo ddweud hyn, ymadawodd yr Iddewon, gan ddadlau’n frwd â’i gilydd.*

PAUL'S LETTER TO THE

ROMANS

1 From Paul, a servant of Christ Jesus and an apostle chosen
and called by God to preach his Good News.
2 The Good News was promised long ago by God through his
prophets, as written in the Holy Scriptures. 3 It is about his Son,
our Lord Jesus Christ: as to his humanity, he was born a descendant
of David; 4 as to his divine holiness, he was shown with great power
to be the Son of God by being raised from death. 5 Through him
God gave me the privilege of being an apostle for the sake of Christ,
in order to lead people of all nations to believe and obey. 6 This
also includes you who are in Rome, whom God has called to belong
to Jesus Christ.
7 And so I write to all of you in Rome whom God loves and
has called to be his own people:
May God our Father and the Lord Jesus Christ give you grace
and peace.

Prayer of Thanksgiving

8 First, I thank my God through Jesus Christ for all of you, because
the whole world is hearing about your faith. 9 God is my witness
that what I say is true—the God whom I serve with all my heart
by preaching the Good News about his Son. God knows that I
remember you 10 every time I pray. I ask that God in his good
will may at last make it possible for me to visit you now. 11 For
I want very much to see you, in order to share a spiritual blessing
with you to make you strong. 12 What I mean is that both you
and I will be helped at the same time, you by my faith and I by
yours.
13 You must remember, my brothers, that many times I have
planned to visit you, but something has always kept me from doing
so. I want to win converts among you also, as I have among other
Gentiles. 14 For I have an obligation to all peoples, to the civilized

LLYTHYR PAUL AT Y

RHUFEINIAID

Cyfarch

Paul, gwas Crist Iesu, apostol trwy alwad Duw, ac wedi ei 1
neilltuo i wasanaeth Efengyl Duw, sy'n ysgrifennu. Addawodd 2
Duw yr Efengyl hon ymlaen llaw trwy ei broffwydi yn yr Ys-
grythurau sanctaidd, Efengyl am ei Fab: yn nhrefn y cnawd, 3
ganwyd ef yn llinach Dafydd; ond yn nhrefn sanctaidd yr 4
Ysbryd, cyhoeddwyd ef yn Fab Duw, â mawr allu, trwy
atgyfodiad o farwolaeth. Dyma Iesu Grist ein Harglwydd.
Trwyddo ef derbyniasom ras a swydd apostol, i ennill, ar ei ran, 5
ffydd ac ufudd-dod ymhlith yr holl Genhedloedd. Ymhlith y 6
rhain yr ydych chwithau, yn rhai wedi eich galw ac yn eiddo i
Iesu Grist. Yr wyf yn cyfarch pawb yn Rhufain* sydd yn 7
annwyl gan Dduw, a thrwy ei alwad ef yn saint. Gras a
thangnefedd i chwi oddi wrth Dduw ein Tad a'r Arglwydd
Iesu Grist.

Paul yn Dymuno Ymweld â Rhufain

Yn gyntaf oll, yr wyf yn diolch i'm Duw, trwy Iesu Grist, 8
amdanoch chwi oll, oherwydd y mae'r sôn am eich ffydd yn
cerdded trwy'r holl fyd. Y mae Duw yn dyst imi, y Duw y mae 9
fy ysbryd yn ei wasanaethu yn Efengyl ei Fab, mor ddi-baid y
byddaf bob amser yn eich galw i gof yn fy ngweddïau wrth 10
ofyn ganddo, os dyna'i ewyllys, a gaf fi yn awr o'r diwedd,
rywsut neu'i gilydd, rwydd hynt i ddod atoch. Oherwydd y 11
mae hiraeth arnaf am eich gweld, er mwyn eich cynysgaeddu â
rhyw ddawn ysbrydol i'ch cadarnhau; neu'n hytrach, os caf 12
esbonio, i mi, yn eich cymdeithas, gael fy nghalonogi ynghyd â
chwi trwy'r ffydd sy'n gyffredin i'r naill a'r llall ohonom. Yr 13
wyf am i chwi wybod, fy mrodyr, imi fwriadu lawer gwaith
ddod atoch, er mwyn cael peth ffrwyth yn eich plith chwi fel y
cefais ymhlith y rhelyw o'r Cenhedloedd, ond hyd yma yr wyf
wedi fy rhwystro. Groegiaid a barbariaid, doethion ac annoeth- 14

---

*adn. 7: y mae rhai llawysgrifau yn gadael allan *yn Rhufain.*

and to the savage, to the educated and to the ignorant. 15 So then, I am eager to preach the Good News to you also who live in Rome.

The Power of the Gospel

16 I have complete confidence in the gospel; it is God's power to save all who believe, first the Jews and also the Gentiles. 17 For the gospel reveals how God puts people right with himself: it is through faith from beginning to end. As the scripture says, "The person who is put right with God through faith shall live."[a]

The Guilt of Mankind

18 God's anger is revealed from heaven against all the sin and evil of the people whose evil ways prevent the truth from being known. 19 God punishes them, because what can be known about God is plain to them, for God himself made it plain. 20 Ever since God created the world, his invisible qualities, both his eternal power and his divine nature, have been clearly seen; they are perceived in the things that God has made. So those people have no excuse at all! 21 They know God, but they do not give him the honour that belongs to him, nor do they thank him. Instead, their thoughts have become complete nonsense, and their empty minds are filled with darkness. 22 They say they are wise, but they are fools; 23 instead of worshipping the immortal God, they worship images made to look like mortal man or birds or animals or reptiles.

24 And so God has given those people over to do the filthy things their hearts desire, and they do shameful things with each other. 25 They exchange the truth about God for a lie; they worship and serve what God has created instead of the Creator himself, who is to be praised for ever! Amen.

26 Because they do this, God has given them over to shameful passions. Even the women pervert the natural use of their sex by unnatural acts. 27 In the same way the men give up natural sexual relations with women and burn with passion for each other. Men do shameful things with each other, and as a result they bring upon themselves the punishment they deserve for their wrongdoing.

---

[a] put right with God through faith shall live; *or* put right with God shall live through faith.

ion—yr wyf dan rwymedigaeth iddynt oll. A dyma'r rheswm 15
fy mod i mor eiddgar i bregethu'r Efengyl i chwithau sydd yn
Rhufain.*

Gallu'r Efengyl

Nid oes arnaf gywilydd o'r Efengyl, oherwydd gallu Duw yw 16
hi ar waith er iachawdwriaeth i bob un sy'n credu, yr Iddew yn
gyntaf a hefyd y Groegwr. Ynddi hi y datguddir cyfiawnder 17
Duw, a hynny trwy ffydd o'r dechrau i'r diwedd, fel y mae'n
ysgrifenedig: "Y sawl sydd trwy ffydd yn gyfiawn a gaiff fyw."

Euogrwydd y Ddynolryw

Y mae digofaint Duw yn cael ei ddatguddio o'r nef yn erbyn 18
holl annuwioldeb ac anghyfiawnder y dynion sydd, trwy eu
hanghyfiawnder, yn atal y gwirionedd. Oherwydd y mae'r hyn 19
y gellir ei wybod am Dduw yn amlwg iddynt, a Duw sydd wedi
ei amlygu iddynt. Yn wir, er pan greodd Duw y byd, y mae ei 20
briodoleddau anweledig ef, ei dragwyddol allu a'i dduwdod,
i'w gweld yn eglur gan y deall yn y pethau a greodd. Am hynny,
y maent yn ddiesgus. Oherwydd, er iddynt wybod am Dduw, 21
nid ydynt wedi rhoi gogoniant na diolch iddo fel Duw, ond, yn
hytrach, troi eu meddyliau at bethau cwbl ofer; ac y mae wedi
mynd yn dywyllwch arnynt yn eu calon ddiddeall. Er honni 22
eu bod yn ddoeth, y maent wedi eu gwneud eu hunain yn
ffyliaid. Y maent wedi ffeirio gogoniant yr anfarwol Dduw am 23
ddelw ar lun dyn marwol, neu adar neu anifeiliaid neu seirff.

Am hynny, y mae Duw wedi eu traddodi, trwy chwantau eu 24
calonnau, i gaethiwed aflendid, i'w cyrff gael eu hamharchu
ganddynt hwy eu hunain.* Dyma'u tynged, gan iddynt ffeirio 25
gwirionedd Duw am anwiredd, ac addoli a gwasanaethu'r hyn a
grewyd yn lle'r Creawdwr. Bendigedig yw ef yn dragywydd!
Amen. Felly y mae Duw wedi eu traddodi i gaethiwed nwydau 26
gwarthus. Y mae eu merched wedi cefnu ar arfer naturiol eu
rhyw, a throi at arferion annaturiol; a'r meibion yr un modd, y 27
maent wedi gadael heibio gyfathrach naturiol â merch, gan losgi
yn eu blys am ei gilydd, meibion yn cyflawni bryntni ar feibion,
ac yn derbyn ynddynt eu hunain y tâl anochel am eu camwedd.

---

*adn. 15: y mae rhai llawysgrifau yn gadael allan *sydd yn Rhufain.*

*adn. 24: neu, *nes eu bod yn amharchu eu cyrff yn eu plith eu hunain.*

28 Because those people refuse to keep in mind the true knowledge about God, he has given them over to corrupted minds, so that they do the things that they should not do. 29 They are filled with all kinds of wickedness, evil, greed, and vice; they are full of jealousy, murder, fighting, deceit, and malice. They gossip 30 and speak evil of one another; they are hateful to God, insolent,[b] proud, and boastful; they think of more ways to do evil; they disobey their parents; 31 they have no conscience; they do not keep their promises, and they show no kindness or pity for others. 32 They know that God's law says that people who live in this way deserve death. Yet, not only do they continue to do these very things, but they even approve of others who do them.

God's Judgement

2 Do you, my friend, pass judgement on others? You have no excuse at all, whoever you are. For when you judge others and then do the same things which they do, you condemn yourself. 2 We know that God is right when he judges the people who do such things as these. 3 But you, my friend, do those very things for which you pass judgement on others! Do you think you will escape God's judgement? 4 Or perhaps you despise his great kindness, tolerance, and patience. Surely you know that God is kind, because he is trying to lead you to repent. 5 But you have a hard and stubborn heart, and so you are making your own punishment even greater on the Day when God's anger and righteous judgements will be revealed. 6 For God will reward every person according to what he has done. 7 Some people keep on doing good, and seek glory, honour, and immortal life; to them God will give eternal life. 8 Other people are selfish and reject what is right, in order to follow what is wrong; on them God will pour out his anger and fury. 9 There will be suffering and pain for all those who do what is evil, for the Jews first and also for the Gentiles. 10 But God will give glory, honour, and peace to all who do what is good, to the Jews first and also to the Gentiles. 11 For God judges everyone by the same standard.

12 The Gentiles do not have the Law of Moses; they sin and are lost apart from the Law. The Jews have the Law; they sin and are judged by the Law. 13 For it is not by hearing the Law that people are put right with God, but by doing what the Law commands. 14 The Gentiles do not have the Law; but whenever they

---

[b] are hateful to God, insolent; *or* hate God, and are insolent.

Am iddynt wrthod cydnabod Duw, y mae Duw wedi eu 28
traddodi i gaethiwed meddwl llygredig, ac am hynny y mae eu
gweithredoedd yn wrthun, a hwythau yn gyforiog o bob math o 29
anghyfiawnder a drygioni a thrachwant ac anfadwaith. Y maent
yn llawn cenfigen, llofruddiaeth, cynnen, cynllwyn a malais.
Clepgwn ydynt, a difenwyr, casddynion Duw, dynion rhyfygus 30
a thrahaus ac ymffrostgar, dyfeiswyr drygioni, heb barch i'w
rhieni, heb ddeall, heb deyrngarwch, heb serch, heb dosturi. 31
Yr oedd gorchymyn cyfiawn Duw, fod y sawl sy'n cyflawni'r 32
fath droseddau yn teilyngu marwolaeth, yn gwbl hysbys i'r
dynion hyn; ond y maent, nid yn unig yn dal i'w gwneud, ond
hefyd yn cymeradwyo'r sawl sydd yn eu cyflawni.

Barn Gyfiawn Duw

Yn wyneb hyn, yr wyt ti, y dyn, pwy bynnag wyt, sy'n eistedd **2**
mewn barn, yn ddiesgus. Oherwydd, wrth farnu dy gyd-ddyn,
yr wyt yn dy gollfarnu dy hun, gan dy fod ti, y barnwr, yn
cyflawni'r un troseddau. Fe wyddom fod barn Duw ar y sawl 2
sy'n cyflawni'r fath droseddau yn gwbl gywir. Ond a wyt ti, y 3
dyn sy'n eistedd mewn barn ar y rhai sy'n cyflawni'r fath dros-
eddau, ac yn eu gwneud dy hun, a wyt ti'n tybied y cei di ddianc
rhag barn Duw ? Neu, ai dibris gennyt yw cyfoeth ei diriondeb 4
a'i ymatal a'i amynedd ? A fynni di beidio â gweld mai amcan
tiriondeb Duw yw dy ddwyn i edifeirwch ? Wrth ddilyn 5
ystyfnigrwydd dy galon ddiedifar, yr wyt yn casglu i ti dy hun-
an stôr o ddigofaint yn Nydd digofaint, Dydd datguddio barn
gyfiawn Duw. Bydd ef yn talu i bob un yn ôl ei weithredoedd: 6
bywyd tragwyddol i'r rhai sy'n dal ati i wneud daioni, gan 7
geisio gogoniant, anrhydedd ac anfarwoldeb; ond digofaint a 8
dicter i'r rheini a ysgogir gan gymhellion hunanol i fod yn
ufudd, nid i'r gwirionedd, ond i anghyfiawnder. Gorthrymder 9
ac ing fydd i bob un dyn sy'n gwneud drygioni, i'r Iddew yn
gyntaf a hefyd i'r Groegwr; ond gogoniant ac anrhydedd a 10
thangnefedd fydd i bob un sy'n gwneud daioni, i'r Iddew yn
gyntaf a hefyd i'r Groegwr. Nid oes ffafriaeth gerbron Duw. 11
Caiff pawb a bechodd heb y Gyfraith drengi hefyd heb y 12
Gyfraith, a chaiff pawb a bechodd â'r Gyfraith ganddo ei farnu
trwy'r Gyfraith. Nid gwrandawyr y Gyfraith a geir yn gyfiawn 13
gerbron Duw. Na, gwneuthurwyr y Gyfraith a ddyfernir yn
gyfiawn ganddo ef. Pan yw Cenhedloedd sydd heb y Gyfraith 14

do by instinct what the Law commands, they are their own law,
even though they do not have the Law. 15 Their conduct shows that
what the Law commands is written in their hearts. Their consciences
also show that this is true, since their thoughts sometimes accuse
them and sometimes defend them. 16 And so, according to the Good
News I preach, this is how it will be on that Day when God through
Jesus Christ will judge the secret thoughts of all.

The Jews and the Law

17 What about you? You call yourself a Jew; you depend on
the Law and boast about God; 18 you know what God wants you
to do, and you have learnt from the Law to choose what is right;
19 you are sure that you are a guide for the blind, a light for those
who are in darkness, 20 an instructor for the foolish, and a teacher
for the ignorant. You are certain that in the Law you have the
full content of knowledge and of truth. 21 You teach others—why
don't you teach yourself? You preach, "Do not steal"—but do you
yourself steal? 22 You say, "Do not commit adultery"—but do you
commit adultery? You detest idols—but do you rob temples? 23 You
boast about having God's law—but do you bring shame on God
by breaking his law? 24 The scripture says, "Because of you Jews,
the Gentiles speak evil of God."

25 If you obey the Law, your circumcision is of value; but if
you disobey the Law, you might as well never have been circumcised.
26 If the Gentile, who is not circumcised, obeys the commands of
the Law, will God not regard him as though he were circumcised?
27 And so you Jews will be condemned by the Gentiles because you
break the Law, even though you have it written down and are cir-
cumcised; but they obey the Law, even though they are not physically
circumcised. 28 After all, who is a real Jew, truly circumcised? It
is not the man who is a Jew on the outside, whose circumcision
is a physical thing. 29 Rather, the real Jew is the person who is
a Jew on the inside, that is, whose heart has been circumcised, and
this is the work of God's Spirit, not of the written Law. Such a
person receives his praise from God, not from man.

3 Have the Jews then any advantage over the Gentiles? Or is
there any value in being circumcised? 2 Much, indeed, in every
way! In the first place, God trusted his message to the Jews. 3 But

yn cadw gofynion y Gyfraith wrth reddf, y maent, gan eu bod
heb y Gyfraith, yn gyfraith iddynt eu hunain. Y maent yn 15
dangos bod yr hyn a ofynnir gan y Gyfraith wedi ei ysgrifennu
yn eu calonnau, gan fod eu cydwybod yn cyd-dystiolaethu â'r
Gyfraith, a'u meddyliau weithiau'n cyhuddo ac weithiau,
hefyd, yn amddiffyn. Felly, yn ôl yr Efengyl yr wyf fi'n ei 16
phregethu, y bydd yn y Dydd pan fydd Duw yn barnu meddyl-
iau cuddiedig dynion trwy Iesu Grist.

Yr Iddewon a'r Gyfraith

Amdanat ti, fe ddichon dy fod yn cario'r enw "Iddew", yn 17
pwyso ar y Gyfraith, yn ymffrostio yn Nuw, yn gwybod ei 18
ewyllys, ac oherwydd dy hyfforddi yn y Gyfraith, yn gallu
canfod yr hyn sy'n rhagori. Fe ddichon dy fod yn argyhoedd- 19
edig dy fod yn arweinydd i'r dall, yn oleuni i'r rhai sydd mewn
tywyllwch, yn ddisgyblwr y ffôl, yn athro i'r ifanc, a hynny am 20
fod gennyt yn y Gyfraith holl gynnwys gwybodaeth a gwir-
ionedd. Os felly, ti sy'n dysgu dy gyd-ddyn, onid wyt ti'n dy 21
ddysgu dy hun ? A wyt ti, sy'n pregethu yn erbyn lladrata, yn
lleidr ? A wyt ti, sy'n llefaru yn erbyn godinebu, yn odinebwr? 22
A wyt ti, sy'n ffieiddio eilunod, yn ysbeilio temlau ? A wyt ti, 23
sy'n ymffrostio yn y Gyfraith, yn dwyn gwarth ar Dduw trwy
dorri ei Gyfraith ? Fel y mae'r Ysgrythur yn dweud, "O'ch 24
achos chwi, ceblir enw Duw ymhlith y Cenhedloedd." Yn 25
ddiau y mae gwerth i enwaediad, os wyt yn cadw'r Gyfraith.
Ond os torri'r Gyfraith yr wyt ti, y mae dy enwaediad wedi
mynd yn ddienwaediad. Os yw'r sawl nad enwaedwyd arno 26
yn cadw gorchmynion y Gyfraith, oni fydd Duw yn cyfrif ei
ddienwaediad yn enwaediad ? Bydd y dienwaededig ei gorff, 27
os yw'n cyflawni'r Gyfraith, yn farnwr arnat ti, sydd yn dros-
eddwr y Gyfraith er fod gennyt holl freintiau cyfraith ysgrif-
enedig a'r enwaediad. Nid Iddew mo'r Iddew sydd yn y golwg. 28
Nid enwaediad chwaith mo'r enwaediad sydd yn y golwg yn y
cnawd. Y gwir Iddew yw'r Iddew cuddiedig, a'r gwir enwaed- 29
iad yw enwaediad y galon, peth ysbrydol, nid llythrennol.
Dyma'r dyn sy'n cael ei glod, nid gan ddynion, ond gan Dduw.

Yn wyneb hyn, pa ragorfraint sydd i'r Iddew ? Pa werth **3**
sydd i'r enwaediad ? Y mae llawer, ym mhob modd. Yn y lle 2
cyntaf, i'r Iddewon yr ymddiriedwyd oraclau Duw. Ond beth 3

what if some of them were not faithful? Does this mean that God
will not be faithful? 4 Certainly not! God must be true, even though
every man is a liar. As the scripture says,

"You must be shown to be right when you speak;
you must win your case when you are being tried."

5 But what if our doing wrong serves to show up more clearly
God's doing right? Can we say that God does wrong when he punishes
us? (This would be the natural question to ask.) 6 By no means!
If God is not just, how can he judge the world?

7 But what if my untruth serves God's glory by making his truth
stand out more clearly? Why should I still be condemned as a
sinner? 8 Why not say, then, "Let us do evil so that good may
come"? Some people, indeed, have insulted me by accusing me of
saying this very thing! They will be condemned, as they should
be.

No One Is Righteous

9 Well then, are we Jews in any better condition than the Gentiles?
Not at all![c] I have already shown that Jews and Gentiles alike
are all under the power of sin. 10 As the Scriptures say:

"There is no one who is righteous,
11 no one who is wise
or who worships God.
12 All have turned away from God;
they have all gone wrong;
no one does what is right, not even one.
13 Their words are full of deadly deceit;
wicked lies roll off their tongues,
and dangerous threats, like snake's poison, from their lips;
14 their speech is filled with bitter curses.
15 They are quick to hurt and kill;
16 they leave ruin and destruction wherever they go.
17 They have not known the path of peace,
18 nor have they learnt to fear God."

---

[c] any better condition than the Gentiles? Not at all!; *or* any worse condition than the Gentiles? Not altogether.

os bu rhai yn anffyddlon ? A all eu hanffyddlondeb hwy ddileu
ffyddlondeb Duw ? Ddim ar unrhyw gyfrif ! Rhaid bod Duw 4
yn eirwir, er i bob dyn fod yn gelwyddog. Fel y mae'n ysgrif-
enedig:

"Er mwyn dy gael yn gywir yn dy eiriau,
ac i ti orchfygu wrth sefyll dy brawf."

Ond os yw'n hanghyfiawnder ni yn dwyn i'r golau gyfiawnder 5
Duw, beth a ddywedwn ? Mai anghyfiawn yw'r Duw sy'n
bwrw ei ddigofaint arnom ? (Siarad fel dyn yr wyf). Ddim ar 6
unrhyw gyfrif ! Os nad yw Duw yn gyfiawn, sut y gall farnu'r
byd ? Ie, ond* os yw fy anwiredd i yn foddion i ddangos hel- 7
aethrwydd gwirionedd Duw, a dwyn gogoniant iddo, pam yr
wyf fi o hyd dan farn fel pechadur ? "Gadewch i ni wneud 8
drygioni er mwyn i ddaioni ddilyn"—ai dyna yr ydym yn ei
ddweud, fel y mae rhai o'n henllibwyr yn mynnu ? Y mae'r
rheini'n llawn haeddu'r gosb a gânt.

Nid oes Neb Cyfiawn

Wel, ynteu, a ydym ni'r Iddewon yn rhagori ? Ddim o 9
gwbl !* Yr ydym eisoes wedi cyhuddo Iddewon a Groegiaid,
fel ei gilydd, o fod dan lywodraeth pechod. Fel y mae'n ysgrif- 10
enedig:

"Nid oes neb cyfiawn, nid oes un,
neb sydd yn deall, 11
neb yn ceisio Duw.
Y mae pawb wedi gwyro, yn ddi-fudd ynghyd; 12
nid oes neb yn gwneud daioni,
nac oes un.
Bedd agored yw eu llwnc, 13
a'u tafodau'n traethu twyll;
gwenwyn nadredd dan eu gwefusau,
a'u genau'n llawn melltithion sur. 14
Cyflym eu traed i dywallt gwaed, 15
distryw a thrallod sydd ar eu ffyrdd; 16
ffordd tangnefedd, nid ydynt yn ei hadnabod; 17
ofn Duw, nid ydynt yn meddwl amdano." 18

---

*adn. 7: yn ôl darlleniad arall, *Oherwydd*.

*adn. 9: neu, *yn waeth ein cyflwr*? *Ddim yn hollol.*

19 Now we know that everything in the Law applies to those
who live under the Law, in order to stop all human excuses and
bring the whole world under God's judgement. 20 For no one is put
right in God's sight by doing what the Law requires; what the Law
does is to make man know that he has sinned.

How God Puts Us Right with Him

21 But now God's way of putting people right with himself has
been revealed. It has nothing to do with law, even though the Law
of Moses and the prophets gave their witness to it. 22 God puts
people right through their faith in Jesus Christ. God does this to
all who believe in Christ, because there is no difference at all: 23 every-
one has sinned and is far away from God's saving presence. 24 But
by the free gift of God's grace all are put right with him through
Christ Jesus, who sets them free. 25-26 God offered him, so that by
his death he should become the means by which people's sins are
forgiven through their faith in him. God did this in order to demon-
strate that he is righteous. In the past he was patient and overlooked
people's sins; but in the present time he deals with their sins, in
order to demonstrate his righteousness. In this way God shows that
he himself is righteous and that he puts right everyone who believes
in Jesus.
27 What, then, can we boast about? Nothing! And what is the
reason for this? Is it that we obey the Law? No, but that we
believe. 28 For we conclude that a person is put right with God
only through faith, and not by doing what the Law commands. 29 Or
is God the God of the Jews only? Is he not the God of the Gentiles
also? Of course he is. 30 God is one, and he will put the Jews
right with himself on the basis of their faith, and will put the Gentiles
right through their faith. 31 Does this mean that by this faith we
do away with the Law? No, not at all; instead, we uphold the
Law.

The Example of Abraham

4 What shall we say, then, of Abraham, the father of our race?
What was his experience? 2 If he was put right with God by
the things he did, he would have something to boast about—but
not in God's sight. 3 The scripture says, "Abraham believed God,
and because of his faith God accepted him as righteous." 4 A person

Fe wyddom mai wrth bobl y Gyfraith y mae'r Gyfraith yn 19
llefaru pob dim a ddywed. Felly dyna daw ar bob ceg, a'r byd i
gyd wedi ei osod dan farn Duw. Oherwydd, yng ngeiriau'r 20
Ysgrythur, "gerbron Duw ni chyfiawnheir undyn meidrol"
trwy gadw gofynion cyfraith. Y cwbl a geir trwy'r Gyfraith yw
ymwybyddiaeth o bechod.

Cyfiawnder Trwy Ffydd

Ond yn awr, yn annibynnol ar gyfraith, y mae cyfiawnder 21
Duw wedi ei amlygu. Y mae'r Gyfraith a'r proffwydi, yn wir, 22
yn dwyn tystiolaeth iddo, ond cyfiawnder Duw ydyw, sy'n
gweithredu trwy ffydd yn Iesu Grist er mwyn pawb sy'n credu.
Ie, pawb yn ddiwahaniaeth, oherwydd y maent oll wedi pechu, 23
ac yn amddifad o ogoniant Duw. Gan ras Duw, ac am ddim, y 24
maent yn cael eu cyfiawnhau, trwy'r prynedigaeth sydd yng
Nghrist Iesu, yr hwn a osododd Duw gerbron y byd, yn ei farw 25
aberthol, yn foddion puredigaeth trwy ffydd. Gwnaeth Duw
hyn i ddangos ei gyfiawnder yn ddiymwad, yn wyneb yr an-
wybyddu a fu ar bechodau'r gorffennol yn amser ymatal Duw; 26
ie, i ddangos ei gyfiawnder yn ddiymwad yn yr amser presennol
hwn, sef, ei fod ef ei hun yn gyfiawn a hefyd yn cyfiawnhau'r
sawl sy'n pwyso ar ffydd yn Iesu.

A oes lle, felly, i'n hymffrost ? Na, y mae wedi ei gau allan. 27
Ar ba egwyddor ? Egwyddor cadw gofynion cyfraith ? Nage'n
wir, ond ar egwyddor ffydd. Ein dadl yw y cyfiawnheir dyn 28
trwy gyfrwng ffydd heb iddo gadw gofynion cyfraith. Ai Duw'r 29
Iddewon yn unig yw Duw ? Onid yw'n Dduw Cenedl-ddynion
hefyd ? Wrth gwrs ei fod, oherwydd un yw Duw, a bydd yn 30
cyfiawnhau'r enwaededig ar sail ffydd, a'r dienwaededig trwy
ffydd. A ydym, ynteu, yn dileu'r Gyfraith â'n ffydd ? Nac 31
ydym, ddim o gwbl ! Cadarnhau'r Gyfraith yr ydym.

Abraham yn Esiampl

Beth, gan hynny, a ddywedwn am Abraham, hendad ein **4**
llinach ? Beth a ddarganfu ef ? Oherwydd os cafodd Abraham 2
ei gyfiawnhau ar gyfrif cadw gofynion cyfraith, y mae ganddo
rywbeth i ymffrostio o'i herwydd. Ond na, gerbron Duw nid
oes ganddo ddim. Oherwydd beth y mae'r Ysgrythur yn ei 3
ddweud? "Rhoes Abraham ei ffydd yn Nuw, ac fe'i cyfrifwyd

who works is paid his wages, but they are not regarded as a gift;
they are something that he has earned. 5 But the person who depends
on his faith, not on his deeds, and who believes in the God who
declares the guilty to be innocent, it is his faith that God takes
into account in order to put him right with himself. 6 This is what
David meant when he spoke of the happiness of the person whom
God accepts as righteous, apart from anything that person does:

7 "Happy are those whose wrongs are forgiven,
whose sins are pardoned!
8 Happy is the person whose sins the Lord will not keep account
of!"

9 Does this happiness that David spoke of belong only to those
who are circumcised? No indeed! It belongs also to those who
are not circumcised. For we have quoted the scripture, "Abraham
believed God, and because of his faith God accepted him as righteous."
10 When did this take place? Was it before or after Abraham was
circumcised? It was before, not after. 11 He was circumcised later,
and his circumcision was a sign to show that because of his faith
God had accepted him as righteous before he had been circumcised.
And so Abraham is the spiritual father of all who believe in God
and are accepted as righteous by him, even though they are not
circumcised. 12 He is also the father of those who are circumcised,
that is, of those who, in addition to being circumcised, also live
the same life of faith that our father Abraham lived before he was
circumcised.

God's Promise Is Received through Faith

13 When God promised Abraham and his descendants that the
world would belong to him, he did so, not because Abraham obeyed
the Law, but because he believed and was accepted as righteous
by God. 14 For if what God promises is to be given to those who
obey the Law, then man's faith means nothing and God's promise
is worthless. 15 The Law brings down God's anger; but where there
is no law, there is no disobeying of the law.

16 And so the promise was based on faith, in order that the promise
should be guaranteed as God's free gift to all of Abraham's descend-
ants—not just to those who obey the Law, but also to those who
believe as Abraham did. For Abraham is the spiritual father of us
all; 17 as the scripture says, "I have made you father of many nations."
So the promise is good in the sight of God, in whom Abraham
believed—the God who brings the dead to life and whose command
brings into being what did not exist. 18 Abraham believed and hoped,
even when there was no reason for hoping, and so became "the
father of many nations." Just as the scripture says, "Your descendants

iddo yn gyfiawnder." Pan fydd dyn yn cyflawni gofynion ei 4
waith, nid fel rhodd y cyfrifir ei dâl iddo, ond fel peth sy'n
ddyledus. Pan na fydd dyn yn cyflawni gofynion ei waith, ond 5
yn rhoi ei ffydd yn yr hwn sy'n cyfiawnhau'r annuwiol, cyfrifir
ei ffydd iddo ef yn gyfiawnder. Dyna ystyr yr hyn y mae 6
Dafydd yn ei ddweud am wynfyd y gŵr y mae Duw yn cyfrif
cyfiawnder iddo, heb iddo gadw gofynion cyfraith:

" Gwyn eu byd y rhai y maddeuwyd eu troseddau, 7
ac y cuddiwyd eu pechodau;
gwyn ei fyd y gŵr na fydd yr Arglwydd yn cyfrif ei 8
bechod yn ei erbyn."

Y gwynfyd hwn, ai braint yn dilyn ar enwaediad yw ? Oni cheir 9
ef heb enwaediad hefyd ? Ceir yn wir, oherwydd ein hym-
adrodd yw, " cyfrifwyd ei ffydd i Abraham yn gyfiawnder."
Ond sut y bu'r cyfrif ? Ai ar ôl enwaedu arno, ynteu cyn 10
hynny ? Cyn yr enwaedu, nid ar ei ôl. Ac wedyn, derbyniodd 11
arwydd yr enwaediad, yn sêl o'r cyfiawnder oedd eisoes yn eiddo
iddo trwy ffydd, heb enwaediad. O achos hyn, y mae yn dad i
bawb y mae cyfiawnder yn cael ei gyfrif iddynt am fod ganddynt
ffydd, heb enwaediad. Y mae yn dad hefyd i'r rhai enwaededig 12
sydd, nid yn unig yn enwaededig, ond hefyd yn dilyn camre'r
ffydd oedd yn eiddo i Abraham ein tad cyn enwaedu arno.

Cyflawni'r Addewid Trwy Ffydd

Y mae'r addewid i Abraham, neu i'w had, y byddai yn etifedd 13
y byd, wedi ei rhoi nid trwy'r Gyfraith, ond trwy'r cyfiawnder
a geir trwy ffydd. Oherwydd, os y rhai sy'n pwyso ar y Gyfraith 14
yw'r etifeddion, yna gwagedd yw ffydd, a diddim yw'r addewid.
Digofaint yw cynnyrch y Gyfraith, ond lle nad oes gyfraith, 15
nid oes drosedd yn ei herbyn chwaith. Am hynny, y mae trefn 16
Duw yn gofyn am ffydd, er mwyn gweithredu trwy ras a sicrhau
bod yr addewid yn dal i bawb o had Abraham, nid yn unig i'r
rhai sy'n pwyso ar y Gyfraith, ond hefyd i'r rhai sy'n pwyso ar
ffydd Abraham. Y mae Abraham yn dad i ni i gyd; fel y mae'n 17
ysgrifenedig: " Yr wyf yn dy benodi yn dad cenhedloedd
lawer." Dyma drefn y Duw y credodd Abraham ynddo, y Duw
sy'n gwneud y meirw'n fyw, ac yn galw i fod yr hyn nad yw'n
bod. A'r credu hwn, â gobaith y tu hwnt i obaith, a'i gwnaeth 18
yn dad cenhedloedd lawer, yn ôl yr hyn a lefarwyd: " Felly y
bydd dy had." Er ei fod tua chant oed, ni wanychodd yn ei 19

will be as many as the stars." 19 He was then almost one hundred years old; but his faith did not weaken when he thought of his body, which was already practically dead, or of the fact that Sarah could not have children. 20 His faith did not leave him, and he did not doubt God's promise; his faith filled him with power, and he gave praise to God. 21 He was absolutely sure that God would be able to do what he had promised. 22 That is why Abraham, through faith, "was accepted as righteous by God." 23 The words "he was accepted as righteous" were not written for him alone. 24 They were written also for us who are to be accepted as righteous, who believe in him who raised Jesus our Lord from death. 25 Because of our sins he was handed over to die, and he was raised to life in order to put us right with God.

Right with God

5 Now that we have been put right with God through faith, we have[d] peace with God through our Lord Jesus Christ. 2 He has brought us by faith into this experience of God's grace, in which we now live. And so we boast[e] of the hope we have of sharing God's glory! 3 We also boast[f] of our troubles, because we know that trouble produces endurance, 4 endurance brings God's approval, and his approval creates hope. 5 This hope does not disappoint us, for God has poured out his love into our hearts by means of the Holy Spirit, who is God's gift to us.

6 For when we were still helpless, Christ died for the wicked at the time that God chose. 7 It is a difficult thing for someone to die for a righteous person. It may even be that someone might dare to die for a good person. 8 But God has shown us how much he loves us—it was while we were still sinners that Christ died for us! 9 By his death we are now put right with God; how much more, then, will we be saved by him from God's anger! 10 We were God's enemies, but he made us his friends through the death of his Son. Now that we are God's friends, how much more will we be saved by Christ's life! 11 But that is not all; we rejoice because of what

---

[d] we have; *some manuscripts have* let us have.

[e] we boast; *or* let us boast.

[f] We also boast; *or* Let us also boast.

ffydd, wrth ystyried cyflwr marw ei gorff ei hun a marweidd-
dra croth Sara. Nid amheuodd ddim ynglŷn ag addewid Duw, 20
na diffygio mewn ffydd, ond yn hytrach grymusodd yn ei ffydd
a rhoi gogoniant i Dduw, yn llawn hyder fod Duw yn abl i 21
gyflawni'r hyn yr oedd wedi ei addo. Dyma pam y cyfrifwyd 22
ei ffydd iddo yn gyfiawnder. Ond ysgrifennwyd y geiriau, 23
" fe'i cyfrifwyd iddo ", nid ar gyfer Abraham yn unig, ond ar
ein cyfer ni hefyd. Y mae cyfiawnder i'w gyfrif i ni, sydd â 24
ffydd gennym yn yr hwn a gyfododd Iesu ein Harglwydd oddi
wrth y meirw. Cafodd Iesu ei draddodi i farwolaeth am ein 25
camweddau, a'i gyfodi i'n cyfiawnhau ni.

Canlyniadau Cyfiawnhad

Am hynny, oherwydd ein bod wedi ein cyfiawnhau trwy **5**
ffydd, y mae gennym feddiant* ar heddwch â Duw trwy ein
Harglwydd Iesu Grist. Trwyddo ef, yn wir, cawsom ffordd, 2
trwy ffydd, i ddod i'r gras hwn yr ydym yn sefyll ynddo. Yr
ydym hefyd yn gorfoleddu* yn y gobaith y cawn gyfranogi yng
ngogoniant Duw. Heblaw hynny, yr ydym hyd yn oed yn 3
gorfoleddu* yn ein gorthrymderau, oherwydd fe wyddom mai
o orthrymder y daw'r gallu i ymddál, ac o'r gallu i ymddál y 4
daw rhuddin cymeriad, ac o gymeriad y daw gobaith. A dyma 5
obaith na chawn ein siomi ganddo, oherwydd y mae cariad Duw
eisoes wedi ei dywallt yn ein calonnau trwy'r Ysbryd Glân y
mae ef wedi ei roi i ni. Y mae hyn cyn sicred â bod* Crist 6
eisoes, yn yr amser priodol, a ninnau'n ddiymadferth, wedi
marw dros yr annuwiol. Go brin y bydd neb yn marw dros 7
ddyn cyfiawn. Efallai y ceir rhywun yn ddigon dewr i farw dros
ddyn da. Ond prawf Duw o'r cariad sydd ganddo tuag atom ni 8
yw bod Crist wedi marw drosom pan oeddem yn dal yn becha-
duriaid. A ninnau yn awr wedi ein cyfiawnhau trwy ei farw 9
aberthol ef, y mae'n sicrach fyth y cawn ein hachub trwyddo ef
rhag y digofaint. Oherwydd os cymodwyd ni, pan oeddem yn 10
elynion, â Duw trwy farwolaeth ei Fab, y mae'n sicrach fyth y
cawn, ar ôl ein cymodi, ein hachub trwy ei fywyd. Ond heblaw 11

---

*adn. 1: yn ôl darlleniad arall, *gadewch inni ddal ein meddiant.*

*adn. 2: neu *Gadewch inni orfoleddu hefyd.*

*adn. 3: neu, *gadewch inni hyd yn oed orfoleddu.*

*adn. 6: yn ôl darlleniad arall, *Oherwydd y mae.*

God has done through our Lord Jesus Christ, who has now made
us God's friends.

Adam and Christ

12 Sin came into the world through one man, and his sin brought
death with it. As a result, death has spread to the whole human
race because everyone has sinned. 13 There was sin in the world
before the Law was given; but where there is no law, no account
is kept of sins. 14 But from the time of Adam to the time of Moses
death ruled over all mankind, even over those who did not sin in
the same way that Adam did when he disobeyed God's command.

Adam was a figure of the one who was to come. 15 But the two
are not the same, because God's free gift is not like Adam's sin.
It is true that many people died because of the sin of that one
man. But God's grace is much greater, and so is his free gift to
so many people through the grace of the one man, Jesus Christ.
16 And there is a difference between God's gift and the sin of one
man. After the one sin, came the judgement of "Guilty"; but after
so many sins, comes the undeserved gift of "Not guilty!" 17 It is
true that through the sin of one man death began to rule because
of that one man. But how much greater is the result of what was
done by the one man, Jesus Christ! All who receive God's abundant
grace and are freely put right with him will rule in life through
Christ.

18 So then, as the one sin condemned all mankind, in the same
way the one righteous act sets all mankind free and gives them
life. 19 And just as all people were made sinners as the result of
the disobedience of one man, in the same way they will all be put
right with God as the result of the obedience of the one man.

20 Law was introduced in order to increase wrongdoing; but where
sin increased, God's grace increased much more. 21 So then, just
as sin ruled by means of death, so also God's grace rules by means
of righteousness, leading us to eternal life through Jesus Christ our
Lord.

Dead to Sin but Alive in Union with Christ

6 What shall we say, then? Should we continue to live in sin
so that God's grace will increase? 2 Certainly not! We have

hynny, yr ydym hefyd yn gorfoleddu yn Nuw trwy ein Harglwydd Iesu Grist; trwyddo ef yr ydym yn awr wedi ein derbyn i'r cymod.

Adda a Christ

Ein dadl yw hyn. Daeth pechod i'r byd trwy un dyn, a 12
thrwy bechod farwolaeth, ac yn y modd hwn ymledodd marwol-
aeth i'r ddynolryw i gyd, yn gymaint ag i bawb bechu. Y mae'n 13
wir fod pechod yn y byd cyn bod y Gyfraith, ond yn niffyg
cyfraith, nid yw pechod yn cael ei gyfrif. Serch hynny, teyrnas- 14
odd marwolaeth o Adda hyd Moses, hyd yn oed ar y rhai oedd
heb bechu ar batrwm trosedd Adda; ac y mae Adda yn rhaglun
o'r Dyn oedd i ddod.

Ond nid yw'r weithred sy'n drosedd yn cyfateb yn hollol i'r 15
weithred sy'n ras. Y mae'n wir i drosedd un dyn ddwyn y
rhelyw o ddynion i farwolaeth; ond gymaint mwy sydd ar yr
ochr arall: helaethrwydd gras Duw a'i rodd raslon o'r un dyn,
Iesu Grist, i'r rhelyw o ddynion. Ac ni ellir cymharu canlyniad 16
pechod un dyn â chanlyniad rhodd Duw. Ar y naill law, yn
dilyn ar un weithred o drosedd, y mae dedfryd gyfreithiol sy'n
collfarnu; ar y llaw arall, yn dilyn ar droseddau lawer, y mae
gweithred o ras sy'n diheuro. Y mae'n wir i farwolaeth, trwy 17
drosedd un dyn, deyrnasu trwy'r un dyn hwnnw; ond gymaint
mwy sydd ar yr ochr arall: dynion sy'n derbyn helaethrwydd
gras Duw, a'i gyfiawnder yn rhodd, yn cael byw a theyrnasu
trwy un dyn, Iesu Grist. Dyma'r gymhariaeth gan hynny: fel 18
y daeth collfarn, trwy un weithred o drosedd, ar y ddynolryw i
gyd, felly hefyd y daeth cyfiawnhad a bywyd, trwy un weithred
o gyfiawnder, i'r ddynolryw i gyd; fel y gwnaethpwyd y 19
rhelyw yn bechaduriaid trwy anufudd-dod un dyn, felly hefyd
y gwneir y rhelyw yn gyfiawn trwy ufudd-dod un dyn. Ond 20
daeth y Gyfraith i mewn fel atodiad, er mwyn i drosedd amlhau;
ond lle'r amlhaodd pechod, daeth gorlif helaethach o ras; ac 21
felly, fel y teyrnasodd pechod trwy farwolaeth, y mae gras i
deyrnasu trwy gyfiawnder, gan ddwyn dynion i fywyd tra-
gwyddol trwy Iesu Grist ein Harglwydd.

Yn Farw i Bechod, ond yn Fyw yng Nghrist

Beth, ynteu, sydd i'w ddweud? A ydym i barhau mewn **6**
pechod, er mwyn i ras amlhau? Ddim ar unrhyw gyfrif! Pobl 2

died to sin—how then can we go on living in it? 3 For surely you
know that when we were baptized into union with Christ Jesus,
we were baptized into union with his death. 4 By our baptism, then,
we were buried with him and shared his death, in order that, just
as Christ was raised from death by the glorious power of the Father,
so also we might live a new life.

5 For since we have become one with him in dying as he did,
in the same way we shall be one with him by being raised to life
as he was. 6 And we know that our old being has been put to death
with Christ on his cross, in order that the power of the sinful self
might be destroyed, so that we should no longer be the slaves of
sin. 7 For when a person dies, he is set free from the power of
sin. 8 Since we have died with Christ, we believe that we will also
live with him. 9 For we know that Christ has been raised from death
and will never die again—death will no longer rule over him. 10 And
so, because he died, sin has no power over him; and now he lives
his life in fellowship with God. 11 In the same way you are to think
of yourselves as dead, so far as sin is concerned, but living in fellowship
with God through Christ Jesus.

12 Sin must no longer rule in your mortal bodies, so that you
obey the desires of your natural self. 13 Nor must you surrender
any part of yourselves to sin to be used for wicked purposes. Instead,
give yourselves to God, as those who have been brought from death
to life, and surrender your whole being to him to be used for righteous
purposes. 14 Sin must not be your master; for you do not live under
law but under God's grace.

Slaves of Righteousness

15 What, then? Shall we sin, because we are not under law but
under God's grace? By no means! 16 Surely you know that when
you surrender yourselves as slaves to obey someone, you are in
fact the slaves of the master you obey—either of sin, which results
in death, or of obedience, which results in being put right with
God. 17 But thanks be to God! For though at one time you were
slaves to sin, you have obeyed with all your heart the truths found
in the teaching you received. 18 You were set free from sin and became
the slaves of righteousness. 19 (I use everyday language because of

ydym a fu farw i bechod; sut y gallwn ni, mwyach, fyw ynddo?
A ydych heb ddeall fod pawb ohonom a fedyddiwyd i Grist 3
Iesu wedi ein bedyddio i'w farwolaeth ? Trwy'r bedydd hwn i 4
farwolaeth, fe'n claddwyd gydag ef, fel, megis yr atgyfodwyd
Crist oddi wrth y meirw mewn amlygiad o ogoniant y Tad, y
byddai i ninnau gael byw ar wastad bywyd newydd. Oherwydd 5
os daethom ni yn un ag ef trwy farwolaeth ar lun ei farwolaeth
ef, fe'n ceir hefyd yn un ag ef trwy atgyfodiad ar lun ei atgyfod-
iad ef. Fe wyddom fod yr hen ddyn oedd ynom wedi ei groes- 6
hoelio gydag ef, er mwyn dirymu ein natur ddynol bechadurus,
ac i'n cadw rhag bod, mwyach, yn gaethweision i bechod.
Oherwydd y mae'r dyn sydd wedi marw wedi ei ryddhau oddi 7
wrth bechod. Ac os buom ni farw gyda Christ, yr ydym yn 8
credu y cawn fyw gydag ef hefyd, oherwydd y mae'n sicr na 9
fydd marw mwyach i'r Crist sydd wedi ei gyfodi oddi wrth y
meirw. Collodd marwolaeth ei harglwyddiaeth arno ef. Yn 10
gymaint ag iddo farw, i bechod y bu farw, un waith am byth;
yn gymaint â'i fod yn fyw, i Dduw y mae'n byw. Felly, yr 11
ydych chwithau i'ch cyfrif eich hunain fel rhai sy'n farw i
bechod, ond sy'n fyw i Dduw, yng Nghrist Iesu.

Felly, nid yw pechod i deyrnasu yn eich corff marwol a'ch 12
gorfodi i ufuddhau i'w chwantau. Peidiwch ag ildio eich cyn- 13
eddfau i bechod, i'w defnyddio i amcanion drwg. Yn hytrach,
ildiwch eich hunain i Dduw, yn rhai byw o blith y meirw, ac
ildiwch eich cyneddfau iddo, i'w defnyddio i amcanion da.
Nid yw pechod i arglwyddiaethu arnoch, oherwydd nid ydych 14
mwyach dan deyrnasiad cyfraith, ond dan deyrnasiad gras.

Caethweision Cyfiawnder

Ond beth sy'n dilyn ? A ydym i ymroi i bechu, am nad ydym 15
dan deyrnasiad cyfraith, ond dan deyrnasiad gras ? Ddim ar
unrhyw gyfrif ! Fe ddylech wybod, os ydych yn eich ildio 16
eich hunain ag ufudd-dod caethwas i rywun, mai caethweision
ydych i hwnnw sy'n cael eich ufudd-dod; a'ch dewis yw, naill
ai bod yn gaethweision i bechod, a marwolaeth yn dilyn, neu
bod yn gaethweision i ufudd-dod, a chyfiawnder yn dilyn.
Ond, diolch i Dduw, yr ydych chwi, a fu'n gaethweision pechod, 17
yn awr wedi rhoi ufudd-dod calon i'r patrwm hwnnw o athraw-
iaeth y traddodwyd chwi iddo. Cawsoch eich rhyddid oddi 18
wrth bechod, ac aethoch yn gaethweision cyfiawnder. Yr wyf 19

the weakness of your natural selves.) At one time you surrendered
yourselves entirely as slaves to impurity and wickedness for wicked
purposes. In the same way you must now surrender yourselves entirely
as slaves of righteousness for holy purposes.

20 When you were the slaves of sin, you were free from righteous-
ness. 21 What did you gain from doing the things that you are now
ashamed of? The result of those things is death! 22 But now you
have been set free from sin and are the slaves of God. Your gain
is a life fully dedicated to him, and the result is eternal life. 23 For
sin pays its wage—death; but God's free gift is eternal life in union
with Christ Jesus our Lord.

An Illustration from Marriage

7 Certainly you will understand what I am about to say, my
brothers, because all of you know about law. The law rules
over people only as long as they live. 2 A married woman, for example,
is bound by the law to her husband as long as he lives; but if
he dies, then she is free from the law that bound her to him. 3 So
then, if she lives with another man while her husband is alive, she
will be called an adulteress; but if her husband dies, she is legally
a free woman and does not commit adultery if she marries another
man. 4 That is how it is with you, my brothers. As far as the Law
is concerned, you also have died because you are part of the body
of Christ; and now you belong to him who was raised from death
in order that we might be useful in the service of God. 5 For when
we lived according to our human nature, the sinful desires stirred
up by the Law were at work in our bodies, and we were useful
in the service of death. 6 Now, however, we are free from the Law,
because we died to that which once held us prisoners. No longer do
we serve in the old way of a written law, but in the new way
of the Spirit.

Law and Sin

7 Shall we say, then, that the Law itself is sinful? Of course not! But
it was the Law that made me know what sin is. If the Law had

yn arfer ymadroddion cyfarwydd, o achos eich cyfyngiadau
dynol chwi. Fel yr ildiasoch eich cyneddfau gynt i fod yn
gaethweision aflendid ac anghyfraith, a phenrhyddid yn dilyn,
felly ildiwch eich cyneddfau yn awr i fod yn gaethweision
cyfiawnder, i gael bywyd sanctaidd i ddilyn. Pan oeddech yn 20
gaeth i bechod, yr oeddech yn rhydd oddi wrth gyfiawnder.
Ond beth oedd ffrwyth y cyfnod hwnnw ? Onid pethau sy'n 21
codi cywilydd arnoch yn awr ? Oherwydd diwedd y pethau
hyn yw marwolaeth. Ond, yn awr, yr ydych wedi eich rhydd- 22
hau oddi wrth bechod, a'ch gwneud yn gaethweision Duw, ac y
mae ffrwyth hyn yn eich meddiant, sef bywyd sanctaidd, a'r
diwedd fydd bywyd tragwyddol. Y mae pechod yn talu cyflog, 23
sef marwolaeth; ond rhoi yn rhad y mae Duw, rhoi bywyd
tragwyddol yng Nghrist Iesu ein Harglwydd.

Priodas yn Enghraifft

A ydych heb wybod, frodyr,—ac yr wyf yn siarad â rhai sy'n **7**
gwybod y Gyfraith—fod gan gyfraith awdurdod dros ddyn
cyhyd ag y bydd yn fyw ? Er enghraifft, y mae gwraig briod 2
wedi ei rhwymo gan y gyfraith wrth ei gŵr tra bydd ef yn fyw.
Ond os bydd y gŵr farw, y mae hi wedi ei rhyddhau o'i rhwym-
au cyfreithiol wrtho. Felly, os bydd iddi, yn ystod bywyd ei 3
gŵr, ei rhoi ei hun i ddyn arall, godinebwraig fydd yr enw arni.
Ond os bydd y gŵr farw, y mae hi'n rhydd o'r gyfraith hon, ac
ni bydd yn odinebwraig wrth ei rhoi ei hun i ddyn arall. Ac 4
felly, fy mrodyr, yr ydych chwi hefyd, trwy gorff Crist, wedi
eich gwneud yn farw mewn perthynas â'r Gyfraith, ac wedi
eich rhoi eich hunain i rywun arall, sef yr un a gyfodwyd oddi
wrth y meirw, er mwyn i ni ddwyn ffrwyth i Dduw. Pan oedd- 5
em yn byw ym myd y cnawd, yr oedd y nwydau pechadurus, a
ysgogir gan y Gyfraith, ar waith yn ein cyneddfau, yn peri i ni
ddwyn ffrwyth i farwolaeth. Ond yn awr, gan ein bod wedi 6
marw i'r Gyfraith oedd yn ein dal yn gaeth, fe'n rhyddhawyd
o'i rhwymau, a gallwn roi ein gwasanaeth i'n Meistr yn ffordd
newydd yr Ysbryd, ac nid yn hen ffordd cyfraith ysgrifenedig.

Problem y Pechod sy'n Cartrefu Ynom

Beth, ynteu, sydd i'w ddweud ? Mai pechod yw'r Gyfraith ? 7
Ddim ar unrhyw gyfrif ! Er hynny, trwy'r Gyfraith yn unig y

not said, "Do not desire what belongs to someone else," I would
not have known such a desire. [8]But by means of that commandment
sin found its chance to stir up all kinds of selfish desires in me.
Apart from law, sin is a dead thing. [9]I myself was once alive apart
from law; but when the commandment came, sin sprang to life,
[10]and I died. And the commandment which was meant to bring
life, in my case brought death. [11]Sin found its chance, and by means
of the commandment it deceived me and killed me.

12 So then, the Law itself is holy, and the commandment is holy,
right, and good. [13]But does this mean that what is good caused
my death? By no means! It was sin that did it; by using what
is good, sin brought death to me, in order that its true nature as
sin might be revealed. And so, by means of the commandment sin
is shown to be even more terribly sinful.

The Conflict in Man

14 We know that the Law is spiritual; but I am a mortal man,
sold as a slave to sin. [15]I do not understand what I do; for I don't
do what I would like to do, but instead I do what I hate. [16]Since
what I do is what I don't want to do, this shows that I agree that
the Law is right. [17]So I am not really the one who does this thing;
rather it is the sin that lives in me. [18]I know that good does not
live in me—that is, in my human nature. For even though the desire
to do good is in me, I am not able to do it. [19]I don't do the good
I want to do; instead, I do the evil that I do not want to do.
[20]If I do what I don't want to do, this means that I am no longer
the one who does it; instead, it is the sin that lives in me.

21 So I find that this law is at work: when I want to do what
is good, what is evil is the only choice I have. [22]My inner being
delights in the law of God. [23]But I see a different law at work
in my body—a law that fights against the law which my mind approves
of. It makes me a prisoner to the law of sin which is at work
in my body. [24]What an unhappy man I am! Who will rescue me
from this body that is taking me to death? [25]Thanks be to God,
who does this through our Lord Jesus Christ!

deuthum i wybod am bechod, ac ni buaswn yn gwybod beth
yw chwant, onibai fod y Gyfraith yn dweud, " Paid â chwantu."
A thrwy'r gorchymyn hwn cafodd pechod ei gyfle, a chyffroi 8
ynof bob math o chwantau drwg. Oherwydd, heb gyfraith,
peth marw yw pechod. Yr oeddwn i'n fyw, un adeg, heb 9
gyfraith; yna daeth y gorchymyn, a daeth pechod yn fyw, a 10
bûm innau farw. Y canlyniad i mi oedd i'r union orchymyn a
fwriadwyd yn gyfrwng bywyd droi yn gyfrwng marwolaeth.
Oherwydd trwy'r gorchymyn cafodd pechod ei gyfle, twyllodd 11
fi, a thrwy'r gorchymyn fe'm lladdodd. Gan hynny, y mae'r 12
Gyfraith yn sanctaidd, a'r gorchymyn yn sanctaidd a chyfiawn
a da.
Os felly, a drôdd y peth da hwn yn farwolaeth i mi ? Naddo, 13
ddim o gwbl ! Yn hytrach, y mae pechod yn defnyddio'r peth
da hwn, ac yn dwyn marwolaeth i mi, er mwyn i wir natur
pechod ddod i'r golwg. Mewn gair, swydd y gorchymyn yw
dwyn pechod i anterth ei bechadurusrwydd. Gwyddom, yn 14
wir, fod y Gyfraith yn perthyn i fyd yr Ysbryd. Ond perthyn i
fyd y cnawd yr wyf fi, un sydd wedi ei werthu yn gaethwas i
bechod. Ni allaf ddeall fy ngweithredoedd, oherwydd yr wyf 15
yn gwneud, nid y peth yr wyf yn ei ewyllysio, ond y peth yr wyf
yn ei gasáu. Ac os wyf yn gwneud yr union beth sy'n groes i'm 16
hewyllys, yna yr wyf yn cytuno â'r Gyfraith, ac yn cydnabod ei
bod yn dda. Ond y gwir yw, nid myfi sy'n gweithredu mwyach, 17
ond y pechod sy'n cartrefu ynof fi, oherwydd mi wn nad oes 18
dim da yn cartrefu ynof fi, hynny yw, yn fy nghnawd. Y mae'r
ewyllys i wneud daioni gennyf; y peth nad yw gennyf yw'r
gweithredu. Yr wyf yn cyflawni, nid y daioni yr wyf yn ei 19
ewyllysio, ond yr union ddrygioni sy'n groes i'm hewyllys.
Ond os wyf yn gwneud yr union beth sy'n groes i'm hewyllys, 20
yna nid myfi sy'n gweithredu mwyach, ond y pechod sy'n
cartrefu ynof fi. Yr wyf yn cael y ddeddf hon ar waith: pan wyf 21
yn ewyllysio gwneud daioni, drygioni sy'n ei gynnig ei hun imi.
Y mae'r gwir ddyn sydd ynof yn ymhyfrydu yng nghyfraith 22
Duw. Ond yr wyf yn canfod cyfraith arall yn fy nghyneddfau 23
corfforol, yn brwydro yn erbyn y gyfraith y mae fy neall yn ei
chydnabod, ac yn fy ngwneud yn garcharor i'r gyfraith sydd yn
fy nghyneddfau, sef cyfraith pechod. Y dyn truenus ag ydwyf ! 24
Pwy a'm gwared i o'r corff hwn a'i farwolaeth ? Duw, diolch 25
iddo, trwy Iesu Grist ein Harglwydd ! Dyma, felly, sut y mae

This, then, is my condition: on my own I can serve God's law only with my mind, while my human nature serves the law of sin.

Life in the Spirit

8 There is no condemnation now for those who live in union with Christ Jesus. 2 For the law of the Spirit, which brings us life in union with Christ Jesus, has set me[g] free from the law of sin and death. 3 What the Law could not do, because human nature was weak, God did. He condemned sin in human nature by sending his own Son, who came with a nature like man's sinful nature, to do away with sin. 4 God did this so that the righteous demands of the Law might be fully satisfied in us who live according to the Spirit, and not according to human nature. 5 Those who live as their human nature tells them to, have their minds controlled by what human nature wants. Those who live as the Spirit tells them to, have their minds controlled by what the Spirit wants. 6 To be controlled by human nature results in death; to be controlled by the Spirit results in life and peace. 7 And so a person becomes an enemy of God when he is controlled by his human nature; for he does not obey God's law, and in fact he cannot obey it. 8 Those who obey their human nature cannot please God.

9 But you do not live as your human nature tells you to; instead, you live as the Spirit tells you to—if, in fact, God's Spirit lives in you. Whoever does not have the Spirit of Christ does not belong to him. 10 But if Christ lives in you, the Spirit is life for you[h] because you have been put right with God, even though your bodies are going to die because of sin. 11 If the Spirit of God, who raised Jesus from death, lives in you, then he who raised Christ from death will also give life to your mortal bodies by the presence of his Spirit in you.

12 So then, my brothers, we have an obligation, but it is not to live as our human nature wants us to. 13 For if you live according to your human nature, you are going to die; but if by the Spirit you put to death your sinful actions, you will live. 14 Those who are led by God's Spirit are God's sons. 15 For the Spirit that God has given you does not make you slaves and cause you to be afraid;

---

[g] me; *some manuscripts have* you; *others have* us.

[h] the Spirit is life for you; *or* your spirit is alive.

hi arnaf: yr wyf fi, y gwir fi, â'm deall yn gwasanaethu cyfraith Duw, ond â'm cnawd yr wyf yn gwasanaethu cyfraith pechod.

Bywyd yn yr Ysbryd

Yn awr, felly, nid yw'r rhai sydd yng Nghrist Iesu dan goll- **8**
farn o unrhyw fath. Yng Nghrist Iesu, y mae cyfraith yr 2
Ysbryd, sy'n rhoi bywyd, wedi fy rhyddhau o afael cyfraith
pechod a marwolaeth. Yr hyn oedd y tu hwnt i allu'r Gyfraith, 3
yn ei gwendid dan gyfyngiadau'r cnawd, y mae Duw wedi ei
gyflawni. Wrth anfon ei Fab ei hun, mewn ffurf debyg i'n
cnawd pechadurus ni, i ddelio â phechod,* y mae wedi coll-
farnu pechod yn y cnawd. Gwnaeth hyn er mwyn i ofynion 4
cyfiawn y Gyfraith gael eu cyflawni ynom ni, sy'n byw, nid ar
wastad y cnawd, ond ar wastad yr Ysbryd. Oherwydd y sawl 5
sydd â'u bodolaeth ar wastad y cnawd, ar bethau'r cnawd y mae
eu bryd; ond y sawl sydd ar wastad yr Ysbryd, ar bethau'r
Ysbryd y mae eu bryd. Yn wir, y mae bod â'n bryd ar y cnawd 6
yn farwolaeth, ond y mae bod â'n bryd ar yr Ysbryd yn fywyd a
heddwch. Oherwydd y mae bod â'n bryd ar y cnawd yn elyn- 7
iaeth tuag at Dduw, gan nad yw, a chan na all fod, yn ddaros-
tyngiad i Gyfraith Duw. Ni all y sawl sy'n byw ym myd y 8
cnawd foddhau Duw. Ond nid ym myd y cnawd yr ydych chwi, 9
ond yn yr Ysbryd, gan fod Ysbryd Duw yn cartrefu ynoch chwi.
Pwy bynnag sydd heb Ysbryd Crist, nid eiddo Crist mo hwnnw.
Ond os yw Crist ynoch chwi, y mae'r corff yn beth marw o 10
achos pechod, ond y mae'r ysbryd yn beth byw o achos
cyfiawnder achubol Duw. Os yw Ysbryd yr hwn a gyfododd 11
Iesu oddi wrth y meirw yn cartrefu ynoch, bydd yr hwn a
gyfododd Grist oddi wrth y meirw yn rhoi bywyd newydd hyd
yn oed i'ch cyrff marwol chwi, trwy ei Ysbryd, sy'n ymgartrefu
ynoch chwi.

Am hynny, frodyr, yr ydym dan rwymedigaeth, ond nid i'r 12
cnawd, nac i fyw ar wastad y cnawd. Oherwydd, os ar wastad 13
y cnawd yr ydych yn byw, yr ydych yn sicr o farw; ond os
ydych, trwy'r Ysbryd, yn rhoi arferion drwg y corff i farwol-
aeth, byw fyddwch. Y mae pawb sy'n cael eu harwain gan 14
Ysbryd Duw yn feibion Duw. Oherwydd nid yw'r Ysbryd a 15
dderbyniasoch yn eich gwneud unwaith eto yn gaethweision

---

*adn. 3: neu, *i fod yn aberth tros bechod.*

instead, the Spirit makes you God's children, and by the Spirit's
power we cry out to God, "Father! my Father!" [16]God's Spirit
joins himself to our spirits to declare that we are God's children.
[17]Since we are his children, we will possess the blessings he keeps
for his people, and we will also possess with Christ what God has
kept for him; for if we share Christ's suffering, we will also share
his glory.

The Future Glory

18 I consider that what we suffer at this present time cannot be com-
pared at all with the glory that is going to be revealed to us. [19]All
of creation waits with eager longing for God to reveal his sons.
[20]For creation was condemned to lose its purpose, not of its own
will, but because God willed it to be so. Yet there was the hope [21]that
creation itself would one day be set free from its slavery to decay
and would share the glorious freedom of the children of God. [22]For
we know that up to the present time all of creation groans with pain,
like the pain of childbirth. [23]But it is not just creation alone which
groans; we who have the Spirit as the first of God's gifts also groan
within ourselves, as we wait for God to make us his sons and[i] set
our whole being free. [24]For it was by hope that we were saved; but
if we see what we hope for, then it is not really hope. For who
hopes for something he sees? [25]But if we hope for what we do
not see, we wait for it with patience.

26 In the same way the Spirit also comes to help us, weak as
we are. For we do not know how we ought to pray; the Spirit
himself pleads with God for us in groans that words cannot express.
[27]And God, who sees into our hearts, knows what the thought of
the Spirit is; because the Spirit pleads with God on behalf of his
people and in accordance with his will.

28 We know that in all things God works for good with those
who love him,[j] those whom he has called according to his purpose.
[29]Those whom God had already chosen he also set apart to become
like his Son, so that the Son would be the first among many brothers.
[30]And so those whom God set apart, he called; and those he called,
he put right with himself, and he shared his glory with them.

---

[i] *Some manuscripts do not have* make us his sons and.

[j] in all things God works for good with those who love him; *some manuscripts have* all things work for good for those who love God.

ofn; yn hytrach, eich gwneud yn feibion y mae, trwy fabwys-
iad, ac yn yr Ysbryd yr ydym yn llefain, "Abba! Dad!" Y 16
mae'r Ysbryd ei hun yn cyd-dystiolaethu â'n hysbryd ni, ein
bod yn blant i Dduw. Ac os plant, etifeddion hefyd, etifedd- 17
ion Duw a chydetifeddion â Christ, oherwydd yr ydym yn
cyfranogi o'i ddioddefaint ef er mwyn cyfranogi o'i ogoniant
hefyd.

Y Gogoniant sydd i Ddod

Yr wyf fi'n cyfrif nad yw dioddefiadau'r presennol i'w 18
cymharu â'r gogoniant y mae'r dyfodol i'w ddatguddio i ni.
Yn wir, y mae'r greadigaeth yn disgwyl yn daer am i feibion 19
Duw gael eu datguddio. Oherwydd darostyngwyd y greadig- 20
aeth i oferedd, nid o'i dewis ei hun, ond trwy'r hwn a'i daros-
tyngodd, yn y gobaith y câi'r greadigaeth hithau ei rhyddhau o 21
gaethiwed a llygredigaeth, a'i dwyn i ryddid a gogoniant plant
Duw. Oherwydd fe wyddom fod yr holl greadigaeth yn 22
ochneidio, ac mewn gwewyr drwyddi, hyd heddiw. Ac nid y 23
greadigaeth yn unig, ond nyni sydd â blaenffrwyth yr Ysbryd
gennym, yr ydym ninnau'n ochneidio ynom ein hunain wrth
ddisgwyl ein mabwysiad yn feibion Duw, a rhyddhad ein corff
o gaethiwed. Oherwydd yn y gobaith hwn y cawsom ein 24
hachub. Ond nid gobaith mo'r gobaith sy'n gweld. Pwy sy'n
gobeithio* am yr hyn y mae'n ei weld? Yr hyn nad ydym yn ei 25
weld yw gwrthrych gobaith, ac felly yr ydym yn dal i aros
amdano mewn amynedd.

Yn yr un modd, y mae'r Ysbryd yn ein cynorthwyo yn ein 26
gwendid. Oherwydd ni wyddom ni sut y dylem weddïo, ond y
mae'r Ysbryd ei hun yn ymbil trosom ag ocheneidiau y tu hwnt
i eiriau, ac y mae Duw, sy'n chwilio calonnau dynion, yn deall 27
bwriad yr Ysbryd, mai ymbil y mae tros saint Duw i amcanion
Duw. Gwyddom fod Duw, ym mhob peth, yn gweithio er 28
daioni gyda'r* rhai sy'n ei garu,** y rhai sydd wedi eu galw yn
ôl ei fwriad. Oherwydd, cyn eu bod hwy, fe'u hadnabu, a'u 29
rhagordeinio i fod yn unffurf ac unwedd â'i Fab, fel mai cyntaf-
anedig fyddai ef ymhlith brodyr lawer. A'r rhai a ragordein- 30
iodd, fe'u galwodd hefyd; a'r rhai a alwodd, fe'u cyfiawnhaodd
hefyd; a'r rhai a gyfiawnhaodd, fe'u gogoneddodd hefyd.

---

*adn. 24: yn ôl darlleniad arall, *sy'n dal i aros.*
*adn. 28: neu, *o blaid y.*
**adn. 28: neu, *fod pob peth yn cydweithio er daioni i'r rhai sy'n caru Duw.*

God's Love in Christ Jesus

31 In view of all this, what can we say? If God is for us, who can be against us? 32 Certainly not God, who did not even keep back his own Son, but offered him for us all! He gave us his Son—will he not also freely give us all things? 33 Who will accuse God's chosen people? God himself declares them not guilty! 34 Who, then, will condemn them? Not Christ Jesus, who died, or rather, who was raised to life and is at the right-hand side of God, pleading with him for us! 35 Who, then, can separate us from the love of Christ? Can trouble do it, or hardship or persecution or hunger or poverty or danger or death? 36 As the scripture says,

"For your sake we are in danger of death at all times;
we are treated like sheep that are going to be slaughtered."

37 No, in all these things we have complete victory through him who loved us! 38 For I am certain that nothing can separate us from his love: neither death nor life, neither angels nor other heavenly rulers or powers, neither the present nor the future, 39 neither the world above nor the world below—there is nothing in all creation that will ever be able to separate us from the love of God which is ours through Christ Jesus our Lord.

God and His People

9 I am speaking the truth; I belong to Christ and I do not lie. My conscience, ruled by the Holy Spirit, also assures me that I am not lying 2 when I say how great is my sorrow, how endless the pain in my heart 3 for my people, my own flesh and blood! For their sake I could wish that I myself were under God's curse and separated from Christ. 4 They are God's people; he made them his sons and revealed his glory to them; he made his covenants[k] with them and gave them the Law; they have the true worship; they have received God's promises; 5 they are descended from the famous Hebrew ancestors; and Christ, as a human being, belongs to their race. May God, who rules over all, be praised for ever![l] Amen.

---

[k] covenants; *some manuscripts have* covenant.

[l] May God, who rules over all, be praised for ever!; *or* And may he, who is God ruling over all, be praised for ever!

Cariad Duw

O ystyried hyn oll, beth a ddywedwn ? Os yw Duw trosom, 31
pwy sydd i'n herbyn ? Nid arbedodd Duw ei Fab ei hun, ond 32
ei draddodi i farwolaeth trosom ni oll. Ac os rhoddodd ei Fab,
sut y gall beidio â rhoi pob peth i ni gydag ef ? Pwy sydd i 33
ddwyn cyhuddiad yn erbyn etholedigion Duw ? Ai Duw, ac
yntau'r un sy'n eu dyfarnu yn ddieuog ?* Pwy sydd yn ein 34
collfarnu ? Ai Crist Iesu, ac yntau'r un a fu farw, yn hytrach, a
gyfodwyd, yr un sydd ar ddeheulaw Duw, yr un sydd yn ymbil
trosom ?* Pwy a'n gwahana ni oddi wrth gariad Crist ? Ai 35
gorthrymder, neu ing, neu erlid, neu newyn, neu noethni, neu
berygl, neu gleddyf ? Hyn yn wir yw ein rhan, fel y mae'n 36
ysgrifenedig:

> " Er dy fwyn di, fe'n rhoddir i farwolaeth ar hyd y dydd,
> fe'n cyfrifir fel defaid i'w lladd."

Ond yn y pethau hyn i gyd yr ydym yn ennill buddugoliaeth 37
lwyr trwy'r hwn a'n carodd ni. Yr wyf yn gwbl sicr na all nac 38
angau nac einioes, nac angylion na thywysogaethau, na'r
presennol na'r dyfodol, na grymusterau nac uchelderau na 39
dyfnderau, na dim arall a grewyd, ein gwahanu ni oddi wrth
gariad Duw yng Nghrist Iesu ein Harglwydd.

Ethol Israel gan Dduw

Ar fy ngwir yng Nghrist, heb ddim anwiredd—ac y mae fy **9**
nghydwybod, dan arweiniad yr Ysbryd Glân, yn fy ategu—y 2
mae fy ngofid yn fawr, ac y mae gennyf loes ddi-baid yn fy
nghalon. Gallwn ddymuno i mi fy hunan fod dan felltith, ac yn 3
ysgymun oddi wrth Grist, pe bai hynny o les iddynt hwy, fy
mrodyr i, fy mhobl i o ran cenedl. Israeliaid ydynt; hwy a 4
dderbyniwyd gan Dduw yn feibion iddo, hwy a gafodd weld ei
ogoniant, ac a gafodd ganddo'r cyfamodau,* a'r Gyfraith, a'r
addoliad, a'r addewidion. Iddynt hwy y mae'r tadau yn 5
perthyn, ac oddi wrthynt hwy, yn ôl ei linach naturiol, y daeth
y Meseia. I'r Duw sy'n llywodraethu'r cwbl boed bendith*
yn oes oesoedd. Amen.

---

*adn. 33: neu, *Duw yw'r un sy'n eu dyfarnu yn ddieuog.*
*adn. 34: neu, *Crist Iesu yw'r un a fu farw . . . ymbil trosom.*
*adn. 4: yn ôl darlleniad arall, *cyfamod.*
*adn. 5: neu, *y Meseia, sy'n llywodraethu'r cwbl, yn Dduw bendigedig.*

6 I am not saying that the promise of God has failed; for not
all the people of Israel are the people of God. 7 Nor are all Abraham's
descendants the children of God. God said to Abraham, "It is through
Isaac that you will have the descendants I promised you." 8 This
means that the children born in the usual way[m] are not the children
of God; instead, the children born as a result of God's promise
are regarded as the true descendants. 9 For God's promise was made
in these words: "At the right time[n] I will come back, and Sarah
will have a son."

10 And this is not all. For Rebecca's two sons had the same father,
our ancestor Isaac. 11-12 But in order that the choice of one son might
be completely the result of God's own purpose, God said to her, "The
elder will serve the younger." He said this before they were born,
before they had done anything either good or bad; so God's choice was
based on his call, and not on anything they had done. 13 As the scripture
says, "I loved Jacob, but I hated Esau."

14 Shall we say, then, that God is unjust? Not at all. 15 For he said
to Moses, "I will have mercy on anyone I wish; I will take pity on
anyone I wish." 16 So then, everything depends, not on what man wants
or does, but only on God's mercy. 17 For the scripture says to the
king of Egypt, "I made you king in order to use you to show my
power and to spread my fame over the whole world." 18 So then,
God has mercy on anyone he wishes, and he makes stubborn anyone
he wishes.

God's Anger and Mercy

19 But one of you will say to me, "If this is so, how can God
find fault with anyone? Who can resist God's will?" 20 But who
are you, my friend, to answer God back? A clay pot does not
ask the man who made it, "Why did you make me like this?"
21 After all, the man who makes the pots has the right to use the
clay as he wishes, and to make two pots from the same lump of
clay, one for special occasions and the other for ordinary use.

22 And the same is true of what God has done. He wanted to
show his anger and to make his power known. But he was very
patient in enduring those who were the objects of his anger, who
were doomed to destruction. 23 And he also wanted to reveal his

---

[m] CHILDREN BORN IN THE USUAL WAY: *This refers to the descendants Abraham had through Ishmael, his son by Hagar (see Gal 3.22-23).*

[n] At the right time; *or* At this time next year.

Ond ni ellir dweud fod gair Duw wedi methu. Oherwydd 6
nid yw pawb sydd o linach Israel yn wir Israel. Ac ni ellir 7
dweud eu bod, bawb ohonynt, yn had Abraham ac yn blant
iddo. Yn hytrach, yng ngeiriau'r Ysgrythur, " Dy ddisgyn-
yddion trwy Isaac a elwir yn had i ti." Hynny yw, nid y plant o 8
linach naturiol Abraham, nid y rheini sy'n blant i Dduw. Yn
hytrach, plant yr addewid sy'n cael eu cyfrif yn " had ".
Oherwydd dyma air yr addewid: "Mi ddof yn yr amser hwnnw, 9
a bydd i Sara fab." Ond y mae enghraifft arall hefyd. Beich- 10
iogodd Rebecca o gyfathrach ag un dyn, ein tad Isaac. Eto i 11
gyd, er mwyn i fwriad Duw, sy'n gweithredu trwy etholedig-
aeth, ddal mewn grym, yn cael ei lywio nid gan weithredoedd 12
dynion ond gan yr hwn sy'n galw, dywedodd Duw wrthi, cyn
geni'r plant a chyn iddynt wneud dim, na da na drwg, " Bydd y
mwyaf yn was i'r lleiaf." Fel y mae'n ysgrifenedig: 13

" Jacob a gerais,
ond Esau, yr oedd ef yn gas gennyf."

Beth, ynteu, a atebwn i hyn ? Bod Duw yn coleddu ang- 14
hyfiawnder ? Ddim ar unrhyw gyfrif ! Y mae'n dweud wrth 15
Moses:

" Trugarhaf wrth bwy bynnag y trugarhaf wrtho,
a thosturiaf wrth bwy bynnag y tosturiaf wrtho."

Felly, nid mater o ewyllys neu o ymdrech dyn ydyw, ond o 16
drugaredd Duw. Fel y dywedir wrth Pharo yn yr Ysgrythur, 17
" Fy unig amcan wrth dy godi di oedd dangos fy ngallu trwot
ti, a thaenu fy enw tros yr holl ddaear." Gwelir, felly, fod Duw 18
yn trugarhau wrth unrhyw un a fyn, a'i fod yn gwneud unrhyw
un a fyn yn wargaled.

Digofaint Duw, a'i Drugaredd

Ond fe ddywedi wrthyf, " Os felly, pam y mae Duw yn dal i 19
feio dyn ? Pwy a all wrthsefyll ei ewyllys ?" Ie, gyfaill, ond 20
pwy wyt ti i ateb Duw yn ôl ? A yw hi'n debyg y dywed y clai
wrth ei luniwr, " Pam y lluniaist fi fel hyn ?" Onid yw'r 21
crochenydd yn feistr ar y clai ? Onid oes hawl ganddo i wneud,
o'r un telpyn, un llestr i gael parch a'r llall amarch ? Ond beth 22
os yw Duw, yn ei awydd i ddangos ei ddigofaint ac i amlygu ei
nerth, wedi dioddef â hir amynedd y llestri hynny sy'n wrth-
rychau digofaint ac yn barod i'w dinistrio ? Ei amcan yn hyn 23

abundant glory, which was poured out on us who are the objects
of his mercy, those of us whom he has prepared to receive his glory.
24 For we are the people he called, not only from among the Jews
but also from among the Gentiles. 25 This is what he says in the
book of Hosea:

"The people who were not mine
I will call 'My People.'
The nation that I did not love
I will call 'My Beloved.'
26 And in the very place where they were told, 'You are not my
people,'
there they will be called the sons of the living God."

27 And Isaiah exclaims about Israel: "Even if the people of Israel are
as many as the grains of sand by the sea, yet only a few of them will
be saved; 28 for the Lord will quickly settle his full account with
the world." 29 It is as Isaiah had said before, "If the Lord Almighty
had not left us some descendants, we would have become like Sodom,
we would have been like Gomorrah."

Paul's Prayer for Israel

30 So we say that the Gentiles, who were not trying to put themselves
right with God, were put right with him through faith; 31 while God's
people, who were seeking a law that would put them right with
God, did not find it. 32 And why not? Because they did not depend
on faith but on what they did. And so they stumbled over the
"stumbling stone" 33 that the scripture speaks of:

"Look, I place in Zion a stone
that will make people stumble,
a rock that will make them fall.
But whoever believes in him will not be disappointed."

10 My brothers, how I wish with all my heart that my own
people might be saved! How I pray to God for them! 2 I
can assure you that they are deeply devoted to God; but their devotion
is not based on true knowledge. 3 They have not known the way
in which God puts people right with himself, and instead, they have
tried to set up their own way; and so they did not submit themselves
to God's way of putting people right. 4 For Christ has brought the
Law to an end, so that everyone who believes is put right with
God.

fyddai dwyn i'r golau y cyfoeth o ogoniant oedd ganddo ar
gyfer y llestri sy'n wrthrychau trugaredd, y rheini yr oedd ef
wedi eu paratoi ymlaen llaw i ogoniant. A ni yw'r rhain, ni 24
sydd wedi ein galw, nid yn unig o blith yr Iddewon, ond hefyd
o blith y Cenhedloedd. Fel y mae'n dweud yn llyfr Hosea 25
hefyd:

" Galwaf yn bobl i mi rai nad ydynt yn bobl i mi,
a galwaf yn anwylyd un nad yw yn anwylyd ;
ac yn y lle y dywedwyd wrthynt, ' Nid pobl i mi mo- 26
honoch chwi ',
yno, fe'u gelwir yn feibion y Duw byw."

Ac y mae Eseia yn datgan am Israel: " Er i bobl Israel fod mor 27
niferus â thywod y môr, gweddill ohonynt yn unig a gaiff eu
hachub, oherwydd llwyr a llym fydd dedfryd yr Arglwydd ar y 28
ddaear." A'r un yw neges gair blaenorol Eseia: 29

" Oni bai i Arglwydd y lluoedd adael ychydig o had i ni,
buasem fel Sodom,
a thebyg i Gomorra."

Israel a'r Efengyl

Beth, ynteu, a ddywedwn ? Hyn, fod Cenhedloedd, nad 30
oeddent yn ceisio am gyfiawnder, wedi dod o hyd iddo, sef y
cyfiawnder sydd trwy ffydd; ond bod Israel, er iddi geisio am 31
gyfraith a fyddai'n dod â chyfiawnder, heb ei gael. Am ba 32
reswm ? Am iddynt weithredu, nid trwy ffydd, ond ar y dyb-
iaeth mai cadw gofynion cyfraith oedd y ffordd. Syrthiasant ar
" y maen i syrthio drosto", y mae'r Ysgrythur yn sôn amdano: 33

" Wele, yr wyf yn gosod yn Seion faen i syrthio drosto, a
chraig i faglu arni,
a'r hwn sydd yn credu ynddo, ni chywilyddir mohono."

Fy mrodyr, ewyllys fy nghalon, a'm gweddi ar Dduw tros fy **10**
mhobl, yw iddynt gael eu dwyn i iachawdwriaeth. Gallaf dystio 2
o'u plaid fod ganddynt sêl tros Dduw. Ond sêl heb ddeall
ydyw. Oherwydd, wrth iddynt anwybyddu'r cyfiawnder sy'n 3
eiddo Duw, a cheisio sefydlu eu cyfiawnder eu hunain, y maent
wedi gwrthod ymostwng i gyfiawnder Duw. Oherwydd y mae 4
Crist yn ddiwedd ar y Gyfraith, ac felly, i bob un sy'n credu y
daw cyfiawnder Duw.

Salvation Is for All

5 Moses wrote this about being put right with God by obeying
the Law: "Whoever obeys the commands of the Law will live."
6 But what the scripture says about being put right with God through
faith is this: "You are not to ask yourself, Who will go up into
heaven?" (that is, to bring Christ down). 7 "Nor are you to ask,
Who will go down into the world below?" (that is, to bring Christ
up from death). 8 What it says is this: "God's message is near you,
on your lips and in your heart"—that is, the message of faith that
we preach. 9 If you confess that Jesus is Lord and believe that God
raised him from death, you will be saved. 10 For it is by our faith
that we are put right with God; it is by our confession that we
are saved. 11 The scripture says, "Whoever believes in him will not
be disappointed." 12 This includes everyone, because there is no dif-
ference between Jews and Gentiles; God is the same Lord of all
and richly blesses all who call to him. 13 As the scripture says, "Every-
one who calls out to the Lord for help will be saved."

14 But how can they call to him for help if they have not believed?
And how can they believe if they have not heard the message?
And how can they hear if the message is not proclaimed? 15 And
how can the message be proclaimed if the messengers are not sent
out? As the scripture says, "How wonderful is the coming of messen-
gers who bring good news!" 16 But not all have accepted the Good
News. Isaiah himself said, "Lord, who believed our message?" 17 So
then, faith comes from hearing the message, and the message comes
through preaching Christ.

18 But I ask: Is it true that they did not hear the message? Of
course they did—for as the scripture says:

"The sound of their voice went out to all the world;
their words reached the ends of the earth."

19 Again I ask: Did the people of Israel not understand? Moses
himself is the first one to answer:

"I will use a so-called nation
to make my people jealous;
and by means of a nation of fools
I will make my people angry."

Iachawdwriaeth i Bawb

Ysgrifennodd Moses am y cyfiawnder sy'n seiliedig ar y 5
Gyfraith: " Y dyn a'i cyflawnodd a gaiff fyw drwyddo." Ond 6
fel hyn y dywed y cyfiawnder sy'n seiliedig ar ffydd: " Paid â
dweud yn dy galon, ' Pwy a esgyn i'r nef ?' "—hynny yw, i
ddwyn Crist i lawr—" neu, ' Pwy a ddisgyn i Drigfan y 7
Meirw ? ' "—hynny yw, i ddwyn Crist i fyny oddi wrth y
meirw. Na, nid dyna iaith cyfiawnder, ond yn hytrach: 8

" Mae'r gair yn agos atat,
yn dy enau ac yn dy galon."

A dyma'r gair yr ydym ni yn ei bregethu, gair ffydd, sef: " Os 9
cyffesi Iesu yn Arglwydd â'th enau, ac os credi yn dy galon fod
Duw wedi ei gyfodi ef oddi wrth y meirw, cei dy achub."
Oherwydd credu â'r galon sy'n ein dwyn i gyfiawnder, a 10
chyffesu â'r genau sy'n ein dwyn i iachawdwriaeth. Y mae'r 11
Ysgrythur yn dweud: " Pob un sy'n credu ynddo, ni chywil-
yddir mohono." Nid oes dim gwahaniaeth rhwng Iddew a 12
Groegwr. Yr un Arglwydd sydd i bawb, a chyfoeth ei ras i
bawb sy'n galw arno. Oherwydd, yng ngeiriau'r Ysgrythur, 13
" bydd pawb sy'n galw ar enw yr Arglwydd yn cael ei achub,
pwy bynnag yw."

Ond sut y mae dynion i alw ar rywun nad ydynt wedi credu 14
ynddo ? Sut y maent i gredu yn rhywun nad ydynt wedi ei
glywed ? Sut y maent i glywed, heb fod rhywun yn pregethu ?
Sut y maent i bregethu, heb gael eu hanfon ? Ond y mae'r 15
Ysgrythur yn dweud hyn: " Mor hyfryd yw sŵn traed y rhai
sy'n cyhoeddi newyddion da." Eto nid pawb a ufuddhaodd i'r 16
newydd da. Oherwydd y mae Eseia'n dweud, " Arglwydd,
pwy a gredodd yr hyn a glywsant gennym ?" Felly, o'r hyn a 17
glywir y daw ffydd, a daw'r clywed trwy air Crist. Ond y mae'n 18
rhaid gofyn, "A oedd dichon iddynt fethu clywed ?" Nac oedd,
yn wir, oherwydd:

" Ymledodd eu lleferydd i'r holl ddaear,
cyrhaeddodd eu geiriau derfynau'r byd."

Ond i ofyn peth arall, " A oedd dichon i Israel fethu deall ?" 19
Ceir yr ateb yn gyntaf gan Moses:

" Cyffroaf chwi i eiddigedd wrth genedl nad yw'n genedl,
a deffroaf chwi i ddig wrth genedl ddiddeall."

20 And Isaiah is even bolder when he says,
"I was found by those who were not looking for me;
I appeared to those who were not asking for me."
21 But concerning Israel he says, "All day long I held out my hands to
welcome a disobedient and rebellious people."

God's Mercy on Israel

11 I ask, then: Did God reject his own people? Certainly not!
I myself am an Israelite, a descendant of Abraham, a member
of the tribe of Benjamin. 2 God has not rejected his people, whom
he chose from the beginning. You know what the scripture says
in the passage where Elijah pleads with God against Israel: 3 "Lord,
they have killed your prophets and torn down your altars; I am
the only one left, and they are trying to kill me." 4 What answer
did God give him? "I have kept for myself seven thousand men
who have not worshipped the false god Baal." 5 It is the same way
now: there is a small number left of those whom God has chosen
because of his grace. 6 His choice is based on his grace, not on
what they have done. For if God's choice were based on what people
do, then his grace would not be real grace.

7 What then? The people of Israel did not find what they were
looking for. It was only the small group that God chose who found
it; the rest grew deaf to God's call. 8 As the scripture says, "God
made their minds and hearts dull; to this very day they cannot
see or hear." 9 And David says,
"May they be caught and trapped at their feasts;
may they fall, may they be punished!
10 May their eyes be blinded so that they cannot see;
and make them bend under their troubles at all times."

11 I ask, then: When the Jews stumbled, did they fall to their
ruin? By no means! Because they sinned, salvation has come to
the Gentiles, to make the Jews jealous of them. 12 The sin of the
Jews brought rich blessings to the world, and their spiritual poverty

Ac yna, y mae Eseia'n beiddio dweud: 20
" Cafwyd fi gan rai nad oeddent yn fy ngheisio;
gwelwyd fi gan rai nad oeddent yn holi amdanaf."
Ond am Israel y mae'n dweud: " Ar hyd y dydd yr wyf wedi 21
estyn fy nwylo at bobl anufudd a gwrthnysig."

Gweddill Israel

Yr wyf yn gofyn, felly, a yw'n bosibl fod Duw wedi gwrthod **11**
ei bobl ei hun ? Nac ydyw, ddim o gwbl ! Oherwydd yr wyf
fi yn Israeliad, o had Abraham, o lwyth Benjamin. Nid yw 2
Duw wedi gwrthod ei bobl, y bobl a adnabu cyn eu bod.
Gwyddoch beth y mae'r Ysgrythur yn ei ddweud wrth adrodd
hanes Elias yn galw ar Dduw yn erbyn Israel: " Arglwydd, y 3
maent wedi lladd dy broffwydi a dinistrio dy allorau. Myfi yn
unig sy wedi fy ngadael, ac y maent yn ceisio fy einioes innau."
Ond yr atebiad dwyfol iddo oedd: " Yr wyf wedi cadw i mi fy 4
hun bum mil o wŷr sydd heb blygu glin i Baal." Felly hefyd yn 5
yr amser presennol hwn, y mae gweddill ar gael, gweddill sydd
wedi ei ethol gan ras Duw. Ond os trwy ras y bu hyn, ni all fod 6
yn tarddu o gadw gofynion cyfraith; petai felly, byddai gras yn
peidio â bod yn ras. Mewn gair, y peth y mae Israel yn ei 7
geisio, nid Israel a'i cafodd, ond yr ychydig a etholodd Duw;
dallineb a gafodd y lleill, fel y mae'n ysgrifenedig: 8
" Rhoddodd Duw iddynt ysbryd swrth,
llygaid i beidio â gweld,
a chlustiau i beidio â chlywed,
hyd y dydd heddiw."
Ac y mae Dafydd yn dweud: 9
" Bydded eu bwrdd yn fagl i'w rhwydo,
ac yn groglath i'w cosbi;
aed eu llygaid yn dywyll, iddynt beidio â gweld, 10
a gwna hwy'n wargrwm tros byth."

Iachawdwriaeth y Cenhedloedd

Yr wyf yn gofyn, felly, a yw eu llithriad yn gwymp i ddinistr ? 11
Nac ydyw, ddim o gwbl ! I'r gwrthwyneb, am iddynt hwy
droseddu y mae iachawdwriaeth wedi dod i'r Cenhedloedd, i
gyffroi'r Iddewon i eiddigedd. Ond os yw eu trosedd yn 12
gyfrwng i gyfoethogi'r byd, a'u diffyg yn gyfrwng i gyfoethogi'r

brought rich blessings to the Gentiles. Then, how much greater the
blessings will be when the complete number of Jews is included!

The Salvation of the Gentiles

13 I am speaking now to you Gentiles: As long as I am an apostle to
the Gentiles, I will take pride in my work. 14 Perhaps I can make the
people of my own race jealous, and so be able to save some of
them. 15 For when they were rejected, mankind was changed from
God's enemies into his friends. What will it be, then, when they
are accepted? It will be life for the dead!

16 If the first piece of bread is given to God, then the whole
loaf is his also; and if the roots of a tree are offered to God, the
branches are his also. 17 Some of the branches of the cultivated olive-
tree have been broken off, and a branch of a wild olive-tree has
been joined to it. You Gentiles are like that wild olive-tree, and
now you share the strong spiritual life of the Jews. 18 So then, you
must not despise those who were broken off like branches. How
can you be proud? You are just a branch; you don't support the
roots—the roots support you.

19 But you will say, "Yes, but the branches were broken off to
make room for me." 20 That is true. They were broken off because
they did not believe, while you remain in place because you do
believe. But do not be proud of it; instead, be afraid. 21 God did
not spare the Jews, who are like natural branches; do you think
he will spare you? 22 Here we see how kind and how severe God
is. He is severe towards those who have fallen, but kind to you—if
you continue in his kindness. But if you do not, you too will be
broken off. 23 And if the Jews abandon their unbelief, they will be
put back in the place where they were; for God is able to do that.
24 You Gentiles are like the branch of a wild olive-tree that is broken
off and then, contrary to nature, is joined to a cultivated olive-tree.
The Jews are like this cultivated tree; and it will be much easier
for God to join these broken-off branches to their own tree again.

God's Mercy on All

25 There is a secret truth, my brothers, which I want you to know, for
it will keep you from thinking how wise you are. It is that the stubborn-
ness of the people of Israel is not permanent, but will last only
until the complete number of Gentiles comes to God. 26 And this
is how all Israel will be saved. As the scripture says,

Cenhedloedd, pa faint mwy fydd y cyfoethogi pan ddônt yn
eu cyflawn rif?
Ond i droi atoch chwi y Cenhedloedd. Yr wyf fi'n apostol y 13
Cenhedloedd, ac fel y cyfryw rhoi bri ar fy swydd yr wyf wrth 14
geisio cyffroi fy mhobl i eiddigedd, ac achub rhai ohonynt.
Oherwydd os bu eu bwrw hwy allan yn gymod i'r byd, bydd eu 15
derbyn i mewn, yn sicr, yn fywyd o blith y meirw. Os yw'r 16
tamaid toes a offrymir yn sanctaidd, yna y mae'r toes i gyd yn
sanctaidd. Os yw'r gwreiddyn yn sanctaidd, y mae'r canghen-
nau hefyd yn sanctaidd.
Os torrwyd rhai canghennau i ffwrdd, a'th impio di yn eu 17
plith, er mai olewydden wyllt oeddit, ac os daethost felly i gael
rhan o faeth gwreiddyn yr olewydden, paid ag ymffrostio ar 18
draul y canghennau a dorrwyd. Os wyt am ymffrostio, cofia
nad tydi sy'n cynnal y gwreiddyn, ond y gwreiddyn sy'n dy
gynnal di. Ond fe ddywedi, "Ie, ond torrwyd y canghennau i 19
ffwrdd er mwyn i mi gael fy impio i mewn." Eithaf gwir; fe'u 20
torrwyd hwy ar gyfrif eu diffyg ffydd, ac fe gefaist ti dy le trwy
ffydd. Rho'r gorau i feddyliau mawreddog, a meithrin ofn Duw
yn eu lle. Oherwydd os nad arbedodd Duw y canghennau 21
naturiol, nid arbeda dithau chwaith. Am hynny, ystyria'r modd 22
y mae Duw yn dangos ei diriondeb a'i erwinder: ei erwinder
i'r rhai a gwympodd i fai, ond ei diriondeb i ti, cyhyd ag y
cedwi dy hun o fewn cylch ei diriondeb. Os na wnei, cei
dithau dy dorri allan o'r cyff. Ond amdanynt hwy, os na fyn- 23
nant aros yn eu hanghrediniaeth, cânt eu himpio i mewn i'r
cyff, oherwydd y mae Duw yn abl i'w himpio'n ôl. Oherwydd, 24
os cest ti dy dorri o olewydden oedd yn wyllt wrth natur, a'th
impio i mewn, yn groes i natur, i olewydden gardd, gymaint
tebycach yw y cânt hwy, sydd wrth natur yn ganghennau
olewydden gardd, eu himpio i mewn i'w holewydden hwy eu
hunain!

Adfer Israel

Oherwydd yr wyf am i chwi wybod, frodyr, am y dirgelwch 25
hwn (bydd hynny'n eich cadw rhag bod yn ddoeth yn eich tyb
eich hunain), fod dallineb rhannol wedi syrthio ar Israel, hyd
nes y daw'r Cenhedloedd i mewn yn eu cyflawn rif. Pan 26
ddigwydd hynny, caiff Israel i gyd ei hachub. Fel y mae'n
ysgrifenedig:

"The Saviour will come from Zion
and remove all wickedness from the descendants of Jacob.
27 I will make this covenant with them
when I take away their sins."
28 Because they reject the Good News, the Jews are God's enemies
for the sake of you Gentiles. But because of God's choice, they
are his friends because of their ancestors. 29 For God does not change
his mind about whom he chooses and blesses. 30 As for you Gentiles,
you disobeyed God in the past; but now you have received God's
mercy because the Jews were disobedient. 31 In the same way, because
of the mercy that you have received, the Jews now disobey God,
in order that they also may now[o] receive God's mercy. 32 For God
has made all people prisoners of disobedience, so that he might
show mercy to them all.

Praise to God

33 How great are God's riches! How deep are his wisdom and
knowledge! Who can explain his decisions? Who can understand his
ways? 34 As the scripture says,
"Who knows the mind of the Lord?
Who is able to give him advice?
35 Who has ever given him anything,
so that he had to pay it back?"
36 For all things were created by him, and all things exist through him
and for him. To God be the glory for ever! Amen.

Life in God's Service

12 So then, my brothers, because of God's great mercy to us
I appeal to you: Offer yourselves as a living sacrifice to God,
dedicated to his service and pleasing to him. This is the true worship
that you should offer. 2 Do not conform yourselves to the standards
of this world, but let God transform you inwardly by a complete
change of your mind. Then you will be able to know the will of
God—what is good and is pleasing to him and is perfect.

3 And because of God's gracious gift to me I say to every one
of you: Do not think of yourself more highly than you should.
Instead, be modest in your thinking, and judge yourself according
to the amount of faith that God has given you. 4 We have many

---

[o] *Some manuscripts do not have* now.

"Daw'r Gwaredydd o Seion,
a throi pob annuwioldeb oddi wrth Jacob;
a dyma'r cyfamod a wnaf fi â hwy, 27
pan gymeraf ymaith eu pechodau."
O safbwynt yr Efengyl, gelynion Duw ydynt, ond y mae 28
hynny'n fantais i chwi. O safbwynt eu hethol gan Dduw, y
maent yn annwyl ganddo, ond y maent felly o achos y tadau.
Oherwydd nid oes tynnu'n ôl ar roddion graslon Duw, a'i 29
alwad ef. Buoch chwi unwaith yn anufudd i Dduw, ond yn 30
awr, yn ateb i'w hanufudd-dod hwy, yr ydych wedi cael tru-
garedd. Yn yr un modd, yn ateb i'r trugaredd a gawsoch chwi, 31
y maent hwy hefyd wedi anufuddhau yn awr, fel mai derbyn
trugaredd a wnânt hwythau yn awr. Y mae Duw wedi cloi 32
pawb yng ngharchar anufudd-dod, er mwyn gwneud pawb yn
wrthrychau ei drugaredd.

O ddyfnder cyfoeth Duw, a'i ddoethineb a'i wybodaeth! 33
Mor anchwiliadwy ei farnedigaethau, mor anolrheiniadwy ei
ffyrdd! Oherwydd, 34
"Pwy a adnabu feddwl yr Arglwydd,
pwy a fu gynghorwr iddo ef?
Pwy a achubodd y blaen arno â rhodd, 35
i gael rhodd yn ôl ganddo?"
Oherwydd efe yw ffynhonnell, cyfrwng a diben pob peth. 36
Iddo ef y bo'r gogoniant yn oes oesoedd! Amen.

Y Bywyd Newydd yng Nghrist

Am hynny, yr wyf yn ymbil arnoch, frodyr, ar sail tostur- **12**
iaethau Duw, i'ch offrymu eich hunain yn aberth byw, sanc-
taidd a derbyniol gan Dduw. Felly y rhowch iddo addoliad
ysbrydol.* A pheidiwch â chydymffurfio â'r byd hwn, ond 2
gadewch i Dduw eich trawsffurfio trwy adnewyddu eich
meddwl, a'ch galluogi i ganfod beth yw ei ewyllys, beth sy'n
dda a derbyniol a pherffaith yn ei olwg ef.

Oherwydd, yn rhinwedd y gras y mae Duw wedi ei roi i mi, 3
yr wyf yn dweud wrth bob un yn eich plith am beidio â'i gyfrif
ei hun yn well nag y dylid ei gyfrif, ond bod yn gyfrifol yn ei
gyfrif, ac yn gyson â'r mesur o ffydd y mae Duw wedi ei roi i
bob un. Yn union fel y mae gennym aelodau lawer mewn un 4

*adn. 1: neu, *addoliad bodau rhesymol.*

parts in the one body, and all these parts have different functions.
5 In the same way, though we are many, we are one body in union
with Christ, and we are all joined to each other as different parts
of one body. 6 So we are to use our different gifts in accordance
with the grace that God has given us. If our gift is to speak God's
message, we should do it according to the faith that we have; 7 if
it is to serve, we should serve; if it is to teach, we should teach;
8 if it is to encourage others, we should do so. Whoever shares with
others should do it generously; whoever has authority should work
hard; whoever shows kindness to others should do it cheerfully.

9 Love must be completely sincere. Hate what is evil, hold on
to what is good. 10 Love one another warmly as Christian brothers,
and be eager to show respect for one another. 11 Work hard and
do not be lazy. Serve the Lord with a heart full of devotion. 12 Let
your hope keep you joyful, be patient in your troubles, and pray
at all times. 13 Share your belongings with your needy fellow-
Christians, and open your homes to strangers.

14 Ask God to bless those who persecute you—yes, ask him to
bless, not to curse. 15 Be happy with those who are happy, weep
with those who weep. 16 Have the same concern for everyone. Do
not be proud, but accept humble duties.[p] Do not think of yourselves
as wise.

17 If someone has done you wrong, do not repay him with a
wrong. Try to do what everyone considers to be good. 18 Do everything
possible on your part to live in peace with everybody. 19 Never take
revenge, my friends, but instead let God's anger do it. For the scripture
says, "I will take revenge, I will pay back, says the Lord." 20 Instead, as
the scripture says: "If your enemy is hungry, feed him; if he is thirsty,
give him a drink; for by doing this you will make him burn with
shame." 21 Do not let evil defeat you; instead, conquer evil with
good.

Duties towards the State Authorities

13 Everyone must obey the state authorities, because no authority
exists without God's permission, and the existing authorities
have been put there by God. 2 Whoever opposes the existing authority

---

[p] accept humble duties; *or* make friends with humble people.

corff, ond nad oes gan yr holl aelodau yr un gwaith, felly hefyd 5
yr ydym ni, sy'n llawer, yn un corff yng Nghrist, ac yn aelodau
bob un i'w gilydd. A chan fod gennym ddoniau sy'n amrywio 6
yn ôl y gras a roddwyd i ni, dylem eu harfer yn gyson â hynny.
Os proffwydoliaeth yw dy ddawn, arfer hi yn gymesur â'th
ffydd. Os dawn gweini ydyw, arfer hi i weini. Os athro ydwyt, 7
arfer dy ddawn i addysgu, ac os pregethwr wyt, i bregethu. Os 8
wyt yn rhannu ag eraill, gwna hynny gyda haelioni; os wyt yn
arweinydd, gwna'r gwaith gydag ymroddiad; os wyt yn dangos
tosturi, gwna hynny gyda llawenydd.

Rheolau'r Bywyd Cristionogol

Bydded eich cariad yn ddiragrith. Casewch ddrygioni. 9
Glynwch wrth ddaioni. Byddwch wresog yn eich serch at eich 10
gilydd fel brawdoliaeth. Rhowch y blaen i'ch gilydd mewn
parch. Yn ddiorffwys eich ymroddiad, yn frwd eich ysbryd, 11
gwasanaethwch yr Arglwydd. Llawenhewch mewn gobaith. 12
Safwch yn gadarn dan orthrymder. Daliwch ati i weddïo.
Cyfrannwch at reidiau'r saint, a byddwch barod eich lletygar- 13
wch. Bendithiwch y rhai sy'n eich erlid, bendithiwch heb 14
felltithio byth. Llawenhewch gyda'r rhai sy'n llawenhau, ac 15
wylwch gyda'r rhai sy'n wylo. Byddwch yn gytûn ymhlith eich 16
gilydd. Gochelwch feddyliau mawreddog; yn hytrach, rhodi-
wch gyda'r distadl. Peidiwch â'ch cyfrif eich hunain yn ddoeth.
Peidiwch â thalu drwg am ddrwg i neb. Rhowch eich bryd ar 17
bethau fydd yn ennyn edmygedd pob dyn. Os yw'n bosibl, ac 18
os yw'n dibynnu arnoch chwi, daliwch mewn heddwch â phob
dyn. Peidiwch â mynnu dial, gyfeillion annwyl, ond rhowch ei 19
gyfle i'r digofaint dwyfol, fel y mae'n ysgrifenedig: " 'Myfi
piau dial, myfi a dalaf yn ôl,' medd yr Arglwydd." Yn hytrach, 20
os bydd dy elyn yn newynu, rho fwyd iddo; os bydd yn
sychedu, rho iddo beth i'w yfed. Os gwnei hyn, byddi'n bwrw
marwor poeth ar ei ben. Paid â goddef dy drechu gan ddrygioni. 21
Trecha di ddrygioni â daioni.

Ufuddhau i Lywodraethwyr

Y mae'n rhaid i bob dyn ymostwng i'r awdurdodau sy'n ben. **13**
Oherwydd nid oes awdurdod heb i Dduw ei sefydlu, ac y mae'r
awdurdodau sydd ohoni wedi eu sefydlu gan Dduw. Am 2

opposes what God has ordered; and anyone who does so will bring
judgement on himself. [3]For rulers are not to be feared by those
who do good, but by those who do evil. Would you like to be
unafraid of the man in authority? Then do what is good, and he
will praise you, [4]because he is God's servant working for your own
good. But if you do evil, then be afraid of him, because his power
to punish is real. He is God's servant and carries out God's punishment
on those who do evil. [5]For this reason you must obey the authorities—
not just because of God's punishment, but also as a matter of con-
science.

6 That is also why you pay taxes, because the authorities are working
for God when they fulfil their duties. [7]Pay, then, what you owe
them; pay them your personal and property taxes, and show respect
and honour for them all.

Duties towards One Another

8 Be under obligation to no one—the only obligation you have
is to love one another. Whoever does this has obeyed the Law.
[9]The commandments, "Do not commit adultery; do not commit
murder; do not steal; do not desire what belongs to someone else"—all
these, and any others besides, are summed up in the one command,
"Love your neighbour as you love yourself." [10]If you love someone,
you will never do him wrong; to love, then, is to obey the whole
Law.

11 You must do this, because you know that the time has come
for you to wake up from your sleep. For the moment when we
will be saved is closer now than it was when we first believed.
[12]The night is nearly over, day is almost here. Let us stop doing
the things that belong to the dark, and let us take up weapons for
fighting in the light. [13]Let us conduct ourselves properly, as people
who live in the light of day—no orgies or drunkenness, no immorality
or indecency, no fighting or jealousy. [14]But take up the weapons
of the Lord Jesus Christ, and stop paying attention to your sinful
nature and satisfying its desires.

Do Not Judge Your Brother

14 Welcome the person who is weak in faith, but do not argue
with him about his personal opinions. [2]One person's faith

hynny, y mae'r sawl sy'n gwrthsefyll y fath awdurdod yn
gwrthwynebu sefydliad sydd o Dduw. Ac y mae'r cyfryw yn
sicr o dynnu barn arnynt eu hunain. Y mae'r llywodraethwyr 3
yn ddychryn, nid i'r sawl sy'n gwneud daioni, ond i'r sawl sy'n
gwneud drygioni. A wyt ti am fyw heb ofni'r awdurdod?
Gwna ddaioni, a chei glod ganddo. Oherwydd gwas Duw 4
ydyw, yn gweini arnat ti er dy les. Ond os drygioni a wnei,
dylit ofni, oherwydd nid i ddim byd y mae'n gwisgo'r cleddyf.
Gwas Duw ydyw, ie, dialydd i ddwyn digofaint dwyfol ar y
drwgweithredwr. Y mae rheidrwydd arnom, felly, i ymostwng, 5
nid yn unig o achos y digofaint, ond hefyd o achos cydwybod.
Dyma pam hefyd yr ydych yn talu trethi, oherwydd gwasan- 6
aethu Duw y mae'r awdurdodau wrth fod yn ddyfal yn y
gwaith hwn. Talwch i bob un ohonynt beth bynnag sy'n 7
ddyledus iddo, boed dreth, boed doll, boed barch, boed
anrhydedd.

Cariad Brawdol

Peidiwch â bod mewn dyled i neb, ar wahân i'r ddyled o garu 8
eich gilydd. Y mae'r hwn sy'n caru ei gyd-ddyn wedi cyflawni
holl ofynion y Gyfraith. Oherwydd y mae'r gorchmynion, 9
"Na odineba, na lofruddia, na ladrata, na chwennych", a
phob gorchymyn arall, wedi eu crynhoi yn y gorchymyn hwn:
"Câr dy gymydog fel ti dy hun." Ni all cariad wneud cam â 10
chymydog. Y mae cariad, felly, yn gyflawniad o holl ofynion y
Gyfraith.

Dydd Crist yn Agosáu

Ie, gwnewch hyn oll fel rhai sy'n ymwybodol o'r amser, mai 11
dyma'r awr i chwi ddeffro o gwsg. Erbyn hyn, y mae'r waredig-
aeth yn nes atom nag oedd pan ddaethom i gredu. Mae'r nos 12
ar ddod i ben, a'r dydd ar wawrio. Gadewch inni, felly, roi
heibio gweithredoedd y tywyllwch, a gwisgo arfau'r goleuni.
Gadewch inni fyw yn weddus, fel yng ngolau dydd, heb roi dim 13
lle i loddest a meddw-dod, i anniweirdeb ac anlladrwydd, i
gynnen ac eiddigedd. Gwisgwch yr Arglwydd Iesu Grist am- 14
danoch; a diystyrwch y cnawd a galwad ei chwantau ef.

Paid â Barnu Dy Frawd

Derbyniwch i'ch plith y dyn sy'n wan ei ffydd, ond nid er **14**
mwyn codi dadleuon. Y mae gan ambell ddyn ddigon o ffydd 2

allows him to eat anything, but the person who is weak in the faith
eats only vegetables. [3]The person who will eat anything is not to
despise the one who doesn't; while the one who eats only vegetables
is not to pass judgement on the one who will eat anything; for
God has accepted him. [4]Who are you to judge the servant of someone
else? It is his own Master who will decide whether he succeeds
or fails. And he will succeed, because the Lord is able to make
him succeed.

5 One person thinks that a certain day is more important than
other days, while someone else thinks that all days are the same.
Each one should firmly make up his own mind. [6]Whoever thinks
highly of a certain day does so in honour of the Lord; whoever
will eat anything does so in honour of the Lord, because he gives
thanks to God for the food. Whoever refuses to eat certain things
does so in honour of the Lord, and he gives thanks to God. [7]None
of us lives for himself only, none of us dies for himself only. [8]If
we live, it is for the Lord that we live, and if we die, it is for
the Lord that we die. So whether we live or die, we belong to
the Lord. [9]For Christ died and rose to life in order to be the Lord
of the living and of the dead. [10]You then, who eat only vegetables—
why do you pass judgement on your brother? And you who eat
anything—why do you despise your brother? All of us will stand
before God to be judged by him. [11]For the scripture says,

"As surely as I am the living God, says the Lord,
everyone will kneel before me,
and everyone will confess that I am God."

[12]Every one of us, then, will have to give an account of himself to
God.

Do Not Make Your Brother Fall

13 So then, let us stop judging one another. Instead, you should
decide never to do anything that would make your brother stumble
or fall into sin. [14]My union with the Lord Jesus makes me certain
that no food is of itself ritually unclean; but if a person believes that
some food is unclean, then it becomes unclean for him. [15]If you
hurt your brother because of something you eat, then you are no longer
acting from love. Do not let the food that you eat ruin the person for

i fwyta pob peth, ond y mae dyn arall, gan fod ei ffydd mor
wan, yn bwyta llysiau yn unig. Rhaid i'r dyn sy'n bwyta pob 3
peth beidio â bychanu'r dyn sy'n ymwrthod, a rhaid i'r dyn
sy'n ymwrthod beidio â barnu'r dyn sy'n bwyta, oherwydd y
mae Duw wedi ei dderbyn. Pwy wyt ti, i fod yn farnwr ar was 4
rhywun arall ? Gan ei Feistr y mae'r hawl i benderfynu a yw ef
yn sefyll neu'n syrthio. A sefyll a wna, oherwydd y mae'r
Meistr yn abl i beri iddo sefyll. Y mae ambell ddyn yn ystyried 5
un dydd yn well na'r llall, a dyn arall yn eu hystyried i gyd yn
gyfartal. Rhaid i'r naill a'r llall fod yn gwbl argyhoeddedig yn
ei feddwl ei hun. Y mae'r sawl sy'n cadw'r dydd yn ei gadw 6
er gogoniant yr Arglwydd; a'r sawl sy'n bwyta pob peth yn
gwneud hynny er gogoniant yr Arglwydd, oherwydd y mae'n
rhoi diolch i Dduw. Ac y mae'r hwn sy'n ymwrthod yn
ymwrthod er gogoniant yr Arglwydd; y mae yntau yn rhoi
diolch i Dduw. Oherwydd nid oes neb ohonom yn byw iddo'i 7
hun, na neb yn marw iddo'i hun. Os byw yr ydym, i'r Arglwydd
yr ydym yn byw, ac os marw, i'r Arglwydd yr ydym yn marw. 8
Prun bynnag ai byw ai marw yr ydym, eiddo'r Arglwydd ydym.
Oherwydd pwrpas Crist wrth farw a dod yn fyw oedd bod yn 9
Arglwydd ar y meirw a'r byw. Pam yr wyt ti yn barnu dy 10
frawd ? A thithau, pam yr wyt yn bychanu dy frawd ? Oher-
wydd bydd rhaid inni bob un sefyll gerbron brawdle Duw.
Fel y mae'n ysgrifenedig: 11

"Cyn sicred â'm bod i yn fyw, medd yr Arglwydd, fe blyga
pob glin i mi,
a bydd pob tafod yn moliannu* Duw."

Am hynny, bydd rhaid i bob un ohonom roi cyfrif amdano ef ei 12
hun i Dduw.

Paid â Bod yn Achos Cwymp i'th Frawd

Felly, peidiwn mwyach â barnu ein gilydd. Yn hytrach, dyf- 13
arnwch nad oes neb i roi achlysur i frawd gwympo neu faglu.
Mi wn i sicrwydd, yn yr Arglwydd Iesu, nad oes dim yn aflan 14
ohono'i hun. Yr unig beth yw, os bydd dyn yn ystyried rhyw-
beth yn aflan, i hwnnw y mae yn aflan. Ac felly, os yw'r math o 15
fwyd yr wyt ti'n ei fwyta yn achos gofid i'th frawd, nid wyt ti
mwyach yn ymddwyn yn ôl gofynion cariad. Paid â dwyn i

---

*adn. 11: neu, *cyffesu*.

whom Christ died! 16 Do not let what you regard as good get a
bad name. 17 For God's Kingdom is not a matter of eating and drinking,
but of the righteousness, peace, and joy which the Holy Spirit gives.
18 And when someone serves Christ in this way, he pleases God
and is approved by others.
19 So then, we must always aim[q] at those things that bring peace and
that help to strengthen one another. 20 Do not, because of food, destroy
what God has done. All foods may be eaten, but it is wrong to eat
anything that will cause someone else to fall into sin. 21 The right
thing to do is to keep from eating meat, drinking wine, or doing any-
thing else that will make your brother fall. 22 Keep what you believe
about this matter, then, between yourself and God. Happy is the
person who does not feel guilty when he does something he judges
is right! 23 But if he has doubts about what he eats, God condemns
him when he eats it, because his action is not based on faith. And
anything that is not based on faith is sin.

Please Others, Not Yourselves

15 We who are strong in the faith ought to help the weak to
carry their burdens. We should not please ourselves. 2 Instead,
we should all please our brothers for their own good, in order to
build them up in the faith. 3 For Christ did not please himself. Instead,
as the scripture says, "The insults which are hurled at you have
fallen on me." 4 Everything written in the Scriptures was written
to teach us, in order that we might have hope through the patience
and encouragement which the Scriptures give us. 5 And may God,
the source of patience and encouragement, enable you to have the
same point of view among yourselves by following the example of
Christ Jesus, 6 so that all of you together may praise with one voice
the God and Father of our Lord Jesus Christ.

Good News for the Gentiles

7 Accept one another, then, for the glory of God, as Christ has
accepted you. 8 For I tell you that Christ's life of service was on
behalf of the Jews, to show that God is faithful, to make his promises

---

[q] we must always aim; *some manuscripts have* we always aim.

ddistryw, â'th fwyd, frawd y bu Crist farw drosto. Peidiwch â 16
gadael i'r peth sy'n dda yn eich golwg gael gair drwg. Nid 17
bwyta ac yfed yw teyrnas Dduw, ond cyfiawnder a heddwch a
llawenydd yn yr Ysbryd Glân. Y mae'r sawl sy'n gwasanaethu 18
Crist yn y modd hwn yn dderbyniol gan Dduw ac yn gymer-
adwy gan ddynion. Gadewch inni, felly, geisio'r pethau sy'n 19
arwain i heddwch, ac yn adeiladu perthynas gadarn â'n gilydd.
Peidiwch â thynnu i lawr, o achos bwyd, yr hyn a wnaeth Duw. 20
Y mae pob bwyd yn lân, ond y mae'n beth drwg i ddyn fwyta a
thrwy hynny beri cwymp i rywun. Y peth iawn yw peidio â 21
bwyta cig nac yfed gwin, na gwneud dim a all beri i'th frawd
gwympo. Cadw dy ffydd, yn hyn o beth, rhyngot ti a Duw. 22
Dedwydd yw'r dyn nad yw'n amau'r hyn y mae'n ei gymerad-
wyo. Ond os, ar waethaf ei amheuon, y bydd dyn yn bwyta 23
pob peth, y mae wedi ei gollfarnu. Oherwydd nid o ffydd y
bydd yn gweithredu. Ac y mae popeth nad yw'n tarddu o ffydd
yn bechod.*

Plesio Dy Gymydog, Nid dy Blesio dy Hun

Y mae'n ddyletswydd arnom ni, y rhai cryf, i oddef gwendid- **15**
au'r rhai sy'n eiddil eu cydwybod, a pheidio â'n plesio ein
hunain. Y mae pob un ohonom i blesio ei gymydog, gan anelu 2
at yr hyn sydd dda er adeiladu ein gilydd. Oherwydd nid ei 3
blesio ei hun a wnaeth Crist. I'r gwrthwyneb, fel y mae'n
ysgrifenedig: "Y mae sarhad y rhai oedd yn dy sarhau di wedi
syrthio arnaf fi." Ac fe ysgrifennwyd yr Ysgrythurau gynt er 4
mwyn ein dysgu ni, er mwyn i ni, trwy ddyfalbarhad a thrwy
eu hanogaeth hwy, ddal ein gafael yn ein gobaith. A rhodded 5
Duw, ffynhonnell pob dyfalbarhad ac anogaeth, i chwi fod yn
gytûn eich meddwl ymhlith eich gilydd, yn ôl ewyllys Crist
Iesu, er mwyn i chwi, yn unfryd ac yn unllais, ogoneddu Duw a 6
Thad ein Harglwydd Iesu Grist.

Yr Efengyl i'r Iddewon a'r Cenhedloedd Fel ei Gilydd

Am hynny, derbyniwch eich gilydd, fel y derbyniodd Crist 7
chwi, er gogoniant Duw. Oherwydd yr wyf yn dweud bod 8
Crist wedi dod yn was i'r Iddewon er mwyn dangos geirwiredd

---

*adn. 23: ychwanega rhai llawysgrifau yma yr adran a welir yn 16.25-27.

to their ancestors come true, 9 and to enable even the Gentiles to
praise God for his mercy. As the scripture says,

"And so I will praise you among the Gentiles;
I will sing praises to you."

10 Again it says,

"Rejoice, Gentiles, with God's people!"

11 And again,

"Praise the Lord, all Gentiles;
praise him, all peoples!"

12 And again, Isaiah says,

"A descendant of Jesse will appear;
he will come to rule the Gentiles,
and they will put their hope in him."

13 May God, the source of hope, fill you with all joy and peace
by means of your faith in him, so that your hope will continue
to grow by the power of the Holy Spirit.

Paul's Reason for Writing So Boldly

14 My brothers: I myself feel sure that you are full of goodness, that
you have all knowledge, and that you are able to teach one another.
15 But in this letter I have been quite bold about certain subjects of
which I have reminded you. I have been bold because of the privilege
God has given me 16 of being a servant of Christ Jesus to work
for the Gentiles. I serve like a priest in preaching the Good News
from God, in order that the Gentiles may be an offering acceptable
to God, dedicated to him by the Holy Spirit. 17 In union with Christ
Jesus, then, I can be proud of my service for God. 18 I will be
bold and speak only about what Christ has done through me to
lead the Gentiles to obey God. He has done this by means of words
and deeds, 19 by the power of miracles and wonders, and by the
power of the Spirit of God. And so, in travelling all the way from
Jerusalem to Illyricum, I have proclaimed fully the Good News
about Christ. 20 My ambition has always been to proclaim the Good
News in places where Christ has not been heard of, so as not to
build on a foundation laid by someone else. 21 As the scripture says,

"Those who were not told about him will see,
and those who have not heard will understand."

Duw, sef ei fod yn cadarnhau'r addewidion i'r tadau, a hefyd 9
er mwyn i'r Cenhedloedd ogoneddu Duw am ei drugaredd.
Fel y mae'n ysgrifenedig:
"O achos hyn y moliannaf di ymhlith y Cenhedloedd,
ac y canaf i'th enw di."
Ac y mae'n dweud eilwaith: 10
"Llawenhewch, Genhedloedd, ynghyd â'i bobl ef."
Ac eto: 11
"Molwch yr Arglwydd, yr holl Genhedloedd,
a'r holl bobloedd yn dyblu'r mawl."
Y mae Eseia hefyd yn dweud: 12
"Fe ddaw gwreiddyn Jesse,
y gŵr sy'n codi i lywodraethu'r Cenhedloedd;
arno ef y bydd y Cenhedloedd yn seilio'u gobaith."
A bydded i Dduw, ffynhonnell gobaith, eich llenwi â phob 13
llawenydd a thangnefedd wrth ichwi arfer eich ffydd, nes eich
bod, trwy nerth yr Ysbryd Glân, yn gorlifo â gobaith.

Comisiwn Cenhadol Paul

Yr wyf fi, o'm rhan fy hun, yn gwbl sicr, fy mrodyr, eich bod 14
chwithau yn llawn daioni, yn gyforiog o bob gwybodaeth, ac yn
alluog i hyfforddi eich gilydd. Bûm braidd yn hy arnoch, 15
mewn mannau yn fy llythyr, wrth geisio deffro eich cof. Ond
gwneuthum hyn ar bwys y gorchwyl a roddodd Duw i mi o'i
ras, i fod yn weinidog Crist Iesu i'r Cenhedloedd, yn gweini fel 16
offeiriad ar Efengyl Duw, er mwyn cyflwyno'r Cenhedloedd
iddo yn offrwm cymeradwy, offrwm wedi ei gysegru gan yr
Ysbryd Glân. Yng Nghrist Iesu, felly, y mae gennyf le i 17
ymffrostio yn fy ngwasanaeth i Dduw, oherwydd nid wyf am 18
feiddio sôn am ddim ond yr hyn a gyflawnodd Crist trwof fi,
yn y dasg o ennill y Cenhedloedd i ufuddhau iddo, mewn gair a
gweithred, trwy rym arwyddion a rhyfeddodau, trwy nerth yr 19
Ysbryd. Ac felly, yr wyf fi wedi cwblhau cyhoeddi Efengyl
Crist mewn cylch eang, o Jerwsalem cyn belled ag Ilyricum.
Yn hyn oll fe'i cedwais yn nod i bregethu'r Efengyl yn y 20
mannau hynny yn unig oedd heb glywed sôn am enw Crist,
rhag i mi fod yn adeiladu ar sylfaen rhywun arall; fel y mae'n 21
ysgrifenedig:
"Caiff pobl ei weld, na chyhoeddwyd dim wrthynt amdano,
a phobl ei ddeall, na chlywsant ddim amdano."

Paul's Plan to Visit Rome

22 And so I have been prevented many times from coming to
you. 23 But now that I have finished my work in these regions and
since I have been wanting for so many years to come to see you,
24 I hope to do so now. I would like to see you on my way to
Spain, and be helped by you to go there, after I have enjoyed visiting
you for a while. 25 Just now, however, I am going to Jerusalem
in the service of God's people there. 26 For the churches in Macedonia
and Achaia have freely decided to give an offering to help the poor
among God's people in Jerusalem. 27 That decision was their own;
but, as a matter of fact, they have an obligation to help them. Since
the Jews shared their spiritual blessings with the Gentiles, the Gentiles
ought to use their material blessings to help the Jews. 28 When I
have finished this task and have handed over to them all the money
that has been raised for them, I shall leave for Spain and visit you
on my way there. 29 When I come to you, I know that I shall come
with a full measure of the blessing of Christ.

30 I urge you, brothers, by our Lord Jesus Christ and by the
love that the Spirit gives: join me in praying fervently to God for
me. 31 Pray that I may be kept safe from the unbelievers in Judaea
and that my service in Jerusalem may be acceptable to God's people
there. 32 And so I will come to you full of joy, if it is God's will,
and enjoy a refreshing visit to you. 33 May God, our source of peace,
be with all of you. Amen.

Personal Greetings

16 I recommend to you our sister Phoebe, who serves the church
at Cenchreae. 2 Receive her in the Lord's name, as God's
people should, and give her any help she may need from you; for
she herself has been a good friend to many people and also to me.

3 I send greetings to Priscilla and Aquila, my fellow-workers in
the service of Christ Jesus; 4 they risked their lives for me. I am
grateful to them—not only I, but all the Gentile churches as well.
5 Greetings also to the church that meets in their house.

Greetings to my dear friend Epaenetus, who was the first man

Bwriad Paul i Ymweld â Rhufain

Hwn oedd y rhwystr a'm cadwodd cyhyd o amser rhag dod 22
atoch chwi. Ond yn awr, a minnau heb faes cenhadol mwyach 23
yn yr ardaloedd hyn, a'r awydd arnaf ers blynyddoedd lawer i
ddod atoch chwi pryd bynnag y byddaf ar fy ffordd i Sbaen, 24
yr wyf yn gobeithio ymweld â chwi wrth fynd trwodd, a chael
fy hebrwng gennych ar fy nhaith yno, ar ôl mwynhau eich
cwmni am ychydig. Ond ar hyn o bryd, yr wyf ar fy ffordd i 25
Jerwsalem, i fynd â chymorth i'r saint yno. Oherwydd y mae 26
Macedonia ac Achaia wedi gweld yn dda gyfrannu i gronfa ar
ran y tlodion ymhlith y saint yn Jerwsalem. Gwelsant yn dda, 27
do, ond yr oeddent hefyd yn ddyledwyr iddynt. Oherwydd os
cafodd y Cenhedloedd gyfran o'u trysor ysbrydol hwy, y mae'n
ddyled ar y Cenhedloedd weini arnynt mewn pethau tymhorol.
Felly, pan fyddaf wedi cyflawni'r gorchwyl hwn, a gosod y 28
casgliad yn ddiogel yn eu dwylo, caf gychwyn ar y daith i Sbaen
a galw heibio i chwi. Gwn y bydd fy ymweliad â chwi dan 29
fendith gyflawn Crist.

Yr wyf yn ymbil arnoch, frodyr, trwy ein Harglwydd Iesu 30
Grist, a thrwy'r cariad sy'n ffrwyth yr Ysbryd: ymunwch â mi
yn fy ymdrech, a gweddïo ar Dduw trosof, ar i mi gael fy arbed 31
rhag yr anghredinwyr yn Jwdea, ac i'r cymorth sydd gennyf
i Jerwsalem fod yn dderbyniol gan y saint; ac felly i mi gael y 32
llawenydd o ddod atoch, trwy ewyllys Duw, a'm hatgyfnerthu
yn eich cwmni. A Duw yr heddwch fyddo gyda chwi oll! 33
Amen.*

Cyfarchion Personol

Yr wyf yn cyflwyno i chwi Phebe, ein chwaer, sydd yn **16**
gwasanaethu'r eglwys yn Cenchreae. Derbyniwch hi yn enw'r 2
Arglwydd, mewn modd teilwng o'r saint, a byddwch yn gefn
iddi ym mhob peth y gall fod arni angen eich cymorth, oher-
wydd y mae hithau wedi bod yn gefn i lawer, ac i mi yn bersonol.

Rhowch fy nghyfarchion i Prisca ac Acwila, fy nghydweith- 3
wyr yng Nghrist Iesu, deuddyn a fentrodd eu heinioes i arbed 4
fy mywyd i. Nid myfi yn unig sydd yn diolch iddynt, ond holl
eglwysi'r Cenhedloedd. Fy nghyfarchion hefyd i'r eglwys sy'n 5
ymgynnull yn eu tŷ. Cyflwynwch fy nghyfarchion i'm cyfaill

---

*adn. 33: y mae un llawysgrif yn gadael allan *Amen,* ac yn ychwanegu yma yr adran a welir yn 16.25-27.

in the province of Asia to believe in Christ. 6 Greetings to Mary,
who has worked so hard for you. 7 Greetings also to Andronicus
and Junias,[r] fellow-Jews who were in prison with me; they are well
known among the apostles, and they became Christians before I
did.

8 My greetings to Ampliatus, my dear friend in the fellowship
of the Lord. 9 Greetings also to Urbanus, our fellow-worker in Christ's
service, and to Stachys, my dear friend. 10 Greetings to Apelles, whose
loyalty to Christ has been proved. Greetings to those who belong
to the family of Aristobulus. 11 Greetings to Herodion, a fellow-Jew,
and to the Christian brothers in the family of Narcissus.

12 My greetings to Tryphaena and Tryphosa, who work in the
Lord's service, and to my dear friend Persis, who has done so much
work for the Lord. 13 I send greetings to Rufus, that outstanding
worker in the Lord's service, and to his mother, who has always
treated me like a son. 14 My greetings to Asyncritus, Phlegon, Hermes,
Patrobas, Hermas, and all the other Christian brothers with them.
15 Greetings to Philologus and Julia, to Nereus and his sister, to
Olympas and to all of God's people who are with them.

16 Greet one another with a brotherly kiss. All the churches of
Christ send you their greetings.

Final Instructions

17 I urge you, my brothers: watch out for those who cause divisions
and upset people's faith and go against the teaching which you have
received. Keep away from them! 18 For those who do such things
are not serving Christ our Lord, but their own appetites. By their
fine words and flattering speech they deceive innocent people. 19 Every-
one has heard of your loyalty to the gospel, and for this reason
I am happy about you. I want you to be wise about what is good,
but innocent in what is evil. 20 And God, our source of peace, will
soon crush Satan under your feet.

The grace of our Lord Jesus be with you.[s]

21 Timothy, my fellow-worker, sends you his greetings; and so
do Lucius, Jason, and Sosipater, fellow-Jews.

22 I, Tertius, the writer of this letter, send you Christian greetings.

23 My host Gaius, in whose house the church meets, sends you
his greetings; Erastus, the city treasurer, and our brother Quartus
send you their greetings.[t]

---

[r] Junias; *or* June; *some manuscripts have* Julia.

[s] *Some manuscripts omit this sentence.*

[t] *Some manuscripts add verse 24:* The grace of our Lord Jesus Christ be with you all. Amen; *others add this after verse 27.*

annwyl, Epainetus, y cyntaf yn Asia i ddod at Grist. Cyfarch- 6
ion i Fair, a fu'n ddiflin ei llafur ar eich rhan. Cyfarchion i 7
Andronicus a Jwnias, sydd o'r un genedl â mi, ac a fu'n gyd-
garcharorion â mi, gwŷr amlwg ymhlith yr apostolion, a oedd
yn Gristionogion o'm blaen i. Cyfarchion i Amplias, fy 8
nghyfaill annwyl yn yr Arglwydd. Cyfarchion i Wrbanus, ein 9
cydweithiwr yng Nghrist, a'n cyfaill annwyl, Stachus. Cyfarch- 10
wch Apeles, sy'n Gristion profedig. Cyfarchwch y rhai sydd o
dŷ Aristobwlus. Cyfarchwch Herodion, sydd o'r un genedl â 11
mi. Cyfarchwch y Cristionogion sydd o dŷ Narcisus. Cyfarch- 12
wch Tryffena a Tryffosa, chwiorydd sy'n llafurio yng ngwas-
anaeth yr Arglwydd. Cyfarchwch Persis, chwaer annwyl sydd
wedi llafurio gymaint yn ei wasanaeth. Cyfarchwch Rwffus, 13
sy'n Gristion dethol, a'i fam, sy'n fam i minnau. Cyfarchwch 14
Asyncritus, Phlegon, Hermes, Patrobas, Hermas, a'r brodyr
sydd gyda hwy. Cyfarchwch Philologus a Jwlia, Nereus a'i 15
chwaer Olympas, a'r holl saint sydd gyda hwy. Cyfarchwch 16
eich gilydd â chusan sanctaidd. Y mae holl eglwysi Crist yn
eich cyfarch.

Yr wyf yn ymbil arnoch, frodyr, gwyliwch y rhai sydd yn peri 17
rhwyg ac yn codi rhwystrau, yn groes i'r athrawiaeth a ddysg-
asoch chwi. Gochelwch rhagddynt, oherwydd nid gwasan- 18
aethu Crist ein Harglwydd y mae rhai fel hyn, ond eu chwantau
eu hunain; dynion ydynt sydd, trwy eiriau teg a gweniaith, yn
hudo meddyliau'r diniwed ar gyfeiliorn. Ond y mae eich ufudd- 19
dod chwi yn hysbys i bawb. Dyna pam yr wyf yn llawenhau
o'ch plegid; ac eto yr wyf am i chwi barhau i fod yn ddoeth
mewn daioni ond yn ddiniwed mewn drygioni. Ac felly, buan 20
y bydd Duw yr heddwch yn malu Satan dan eich traed. Gras
ein Harglwydd Iesu fyddo gyda chwi!*

Y mae Timotheus, fy nghydweithiwr, yn eich cyfarch, a 21
hefyd Lwcius a Jason a Sosipater, gwŷr o'r un genedl â mi.
(Ac yr wyf finnau, Tertius, sydd wedi ysgrifennu'r llythyr hwn, 22
yn eich cyfarch yn yr Arglwydd.) Y mae Gaius, a roes ei 23
gartref yn llety i mi ac i'r holl eglwys, yn eich cyfarch. Y mae
Erastus, trysorydd y ddinas, yn eich cyfarch, a hefyd y brawd
Cwartus.*

---

*adn. 20: y mae rhai llawysgrifau yn gadael allan *Gras . . . gyda chwi*!

*adn. 23: ychwanega rhai llawysgrifau adnod 24: *Gras ein Harglwydd Iesu Grist fyddo gyda chwi oll*! *Amen.*

Concluding Prayer of Praise

25 Let us give glory to God! He is able to make you stand firm
in your faith, according to the Good News I preach about Jesus
Christ and according to the revelation of the secret truth which
was hidden for long ages in the past. 26 Now, however, that truth
has been brought out into the open through the writings of the
prophets; and by the command of the eternal God it is made known
to all nations, so that all may believe and obey.

27 To the only God, who alone is all-wise, be glory through Jesus
Christ for ever! Amen.[u]

[u] *Some manuscripts have verses 25-27 here and after 14.23; others have them only after 14.23; one has them after 15.33.*

Mawlwers

Iddo ef sy'n abl i'ch gwneud yn gadarn, yn ôl yr Efengyl yr 25
wyf fi'n ei phregethu, a'r genadwri am Iesu Grist, yn ôl y dat-
guddiad o'r dirgelwch a fu'n guddiedig ers oesoedd amser,
ond sydd yn awr wedi ei amlygu trwy'r ysgrythurau proffwydol, 26
ac wedi ei hysbysu ar orchymyn y Duw tragwyddol i'r holl
Genhedloedd, i'w hennill i ffydd ac ufudd-dod; i Dduw, yr 27
unig un doeth, y bo'r gogoniant, trwy Iesu Grist—iddo ef y
bo'r gogoniant yn oes oesoedd ! Amen.*

*adn. 27: y mae rhai llawysgrifau yn gadael allan adnodau 25-27 yma (gweler y nodiadau ar 14.23 a 15.33).

PAUL'S FIRST LETTER TO THE

CORINTHIANS

1 From Paul, who was called by the will of God to be an apostle
of Christ Jesus, and from our brother Sosthenes—
2 To the church of God which is in Corinth, to all who are called
to be God's holy people, who belong to him in union with Christ
Jesus, together with all people everywhere who worship our Lord
Jesus Christ, their Lord and ours:
3 May God our Father and the Lord Jesus Christ give you grace
and peace.

Blessings in Christ

4 I always give thanks to my God for you because of the grace
he has given you through Christ Jesus. 5 For in union with Christ
you have become rich in all things, including all speech and all
knowledge. 6 The message about Christ has become so firmly estab-
lished in you 7 that you have not failed to receive a single blessing,
as you wait for our Lord Jesus Christ to be revealed. 8 He will
also keep you firm to the end, so that you will be faultless on
the Day of our Lord Jesus Christ. 9 God is to be trusted, the God
who called you to have fellowship with his Son Jesus Christ, our
Lord.

Divisions in the Church

10 By the authority of our Lord Jesus Christ I appeal to all of
you, my brothers, to agree in what you say, so that there will be
no divisions among you. Be completely united, with only one thought
and one purpose. 11 For some people from Chloe's family have told
me quite plainly, my brothers, that there are quarrels among you.
12 Let me put it this way: each one of you says something different.
One says, "I follow Paul"; another, "I follow Apollos"; another,
"I follow Peter"; and another, "I follow Christ." 13 Christ has been
divided[a] into groups! Was it Paul who died on the cross for you?
Were you baptized as Paul's disciples?
14 I thank God that I did not baptize any of you except Crispus
and Gaius. 15 No one can say, then, that you were baptized as my

---

[a] Christ has been divided; *some manuscripts have* Christ cannot be divided.

LLYTHYR CYNTAF PAUL AT Y

CORINTHIAID

Cyfarch a Diolch

Paul, apostol Crist Iesu trwy alwad a thrwy ewyllys Duw, 1
a'r brawd Sosthenes, at eglwys Duw sydd yng Nghorinth, at y 2
rhai a sancteiddiwyd yng Nghrist Iesu, ac sydd trwy alwad
Duw yn saint, ynghyd â phawb ym mhob man sydd yn galw ar
enw ein Harglwydd Iesu Grist, eu Harglwydd hwy a ninnau.
Gras a thangnefedd i chwi oddi wrth Dduw ein Tad a'r 3
Arglwydd Iesu Grist.

Yr wyf yn diolch i'm Duw bob amser amdanoch chwi, ar 4
gyfrif y gras dwyfol a roddwyd i chwi yng Nghrist Iesu, am 5
eich cyfoethogi trwyddo ef ym mhob peth, ym mhob ymadrodd
a phob gwybodaeth, fel y cadarnhawyd y dystiolaeth am Grist 6
yn eich plith. Oherwydd hyn, nid ydych yn ddiffygiol mewn 7
unrhyw ddawn, wrth ichwi ddisgwyl am ddatguddiad ein
Harglwydd Iesu Grist. Bydd ef yn eich cadw'n gadarn hyd y 8
diwedd, fel na bydd cyhuddiad yn eich erbyn yn Nydd ein
Harglwydd Iesu Grist. Y mae Duw'n ffyddlon, a thrwyddo ef 9
y galwyd chwi i gymdeithas ei Fab ef, Iesu Grist ein Har-
glwydd ni.

Ymraniadau yn yr Eglwys

Yr wyf yn deisyf arnoch, frodyr, yn enw ein Harglwydd Iesu 10
Grist, ar i chwi oll fod yn gytûn; na foed ymraniadau yn eich
plith, ond byddwch wedi eich cyfannu yn yr un meddwl a'r un
farn. Oherwydd hysbyswyd fi amdanoch, fy mrodyr, gan rai o 11
dŷ Chlöe, fod cynhennau yn eich plith. Yr hyn a olygaf yw fod 12
pob un ohonoch yn dweud, "Yr wyf fi'n perthyn i blaid Paul",
neu, "Minnau, i blaid Apolos", neu, "Minnau, i blaid Ceffas",
neu, "Minnau, i blaid Crist." A aeth Crist yn gyfran plaid? 13
Ai Paul a groeshoeliwyd drosoch chwi? Neu, a fedyddiwyd
chwi i enw Paul? Yr wyf yn ddiolchgar* na fedyddiais i neb 14
ohonoch ond Crispus a Gaius; peidied neb â dweud i chwi gael 15

---

*adn. 14: yn ôl darlleniad arall, *yn diolch i Dduw.*

disciples. [16](Oh yes, I also baptized Stephanas and his family; but
I can't remember whether I baptized anyone else.) [17]Christ did not
send me to baptize. He sent me to tell the Good News, and to
tell it without using the language of human wisdom, in order to
make sure that Christ's death on the cross is not robbed of its power.

Christ the Power and the Wisdom of God

18 For the message about Christ's death on the cross is nonsense to
those who are being lost; but for us who are being saved it is
God's power. [19]The scripture says,

"I will destroy the wisdom of the wise
and set aside the understanding of the scholars."

[20]So then, where does that leave the wise? or the scholars? or
the skilful debaters of this world? God has shown that this world's
wisdom is foolishness!

21 For God in his wisdom made it impossible for people to know
him by means of their own wisdom. Instead, by means of the so-called
"foolish" message we preach, God decided to save those who believe.
[22]Jews want miracles for proof, and Greeks look for wisdom. [23]As
for us, we proclaim the crucified Christ, a message that is offensive
to the Jews and nonsense to the Gentiles; [24]but for those whom
God has called, both Jews and Gentiles, this message is Christ, who
is the power of God and the wisdom of God. [25]For what seems
to be God's foolishness is wiser than human wisdom, and what seems
to be God's weakness is stronger than human strength.

26 Now remember what you were, my brothers, when God called
you. From the human point of view few of you were wise or powerful
or of high social standing. [27]God purposely chose what the world
considers nonsense in order to shame the wise, and he chose what
the world considers weak in order to shame the powerful. [28]He
chose what the world looks down on and despises, and thinks is
nothing, in order to destroy what the world thinks is important.
[29]This means that no one can boast in God's presence. [30]But God
has brought you into union with Christ Jesus, and God has made
Christ to be our wisdom. By him we are put right with God; we
become God's holy people and are set free. [31]So then, as the scripture
says, "Whoever wants to boast must boast of what the Lord has
done."

The Message about the Crucified Christ

2 When I came to you, my brothers, to preach God's secret truth,[b] I
did not use big words and great learning. [2]For while I was

---

[b]God's secret truth; *some manuscripts have* the testimony about God.

eich bedyddio i'm henw i. O do, mi fedyddiais deulu Steffanas 16
hefyd. Heblaw hynny, ni wn a fedyddiais neb arall. Nid i 17
fedyddio yr anfonodd Crist fi, ond i bregethu'r Efengyl, a
hynny nid â doethineb geiriau, rhag i groes Crist golli ei grym.

Crist, Gallu a Doethineb Duw

Oblegid y gair am y groes, ffolineb yw i'r rhai sydd ar lwybr 18
colledigaeth, ond i ni sydd ar lwybr iachawdwriaeth, gallu Duw
ydyw. Y mae'n ysgrifenedig: 19

"Dinistriaf ddoethineb y doethion,
A dileaf ddeall y deallus."

Pa le y mae'r gŵr doeth? Pa le y mae'r gŵr dysgedig ? Pa le y 20
mae ymresymydd yr oes bresennol ? Oni wnaeth Duw ddoeth-
ineb y byd yn ffolineb ? Oherwydd gan fod y byd, yn noeth- 21
ineb Duw, wedi methu adnabod Duw trwy ei ddoethineb ei
hun, gwelodd Duw yn dda trwy ffolineb yr hyn yr ydym ni yn
ei bregethu achub y rhai sydd yn credu. Y mae'r Iddewon yn 22
gofyn am arwyddion, a'r Groegiaid hwythau yn chwilio am
ddoethineb. Eithr nyni, pregethu yr ydym Grist wedi ei groes- 23
hoelio, yn dramgwydd i'r Iddewon ac yn ffolineb i'r Cenhedl-
oedd; ond i'r rhai a alwyd, yn Iddewon a Groegiaid, y mae'n 24
Grist, gallu Duw a doethineb Duw. Oherwydd y mae ffolineb 25
Duw yn ddoethach na dynion, a gwendid Duw yn gryfach na
dynion.

Ystyriwch sut rai ydych chwi a alwyd, frodyr: nid oes rhyw 26
lawer ohonoch yn ddoeth yn ôl safon y byd, nid oes rhyw lawer
yn wŷr o awdurdod, nid oes rhyw lawer o dras uchel. Ond 27
pethau ffôl y byd a ddewisodd Duw er mwyn cywilyddio'r
doeth, a phethau gwan y byd a ddewisodd Duw i gywilyddio'r
pethau cedyrn, a phethau distadl y byd, a phethau dirmygedig, 28
a ddewisodd Duw, y pethau nid ydynt, i ddiddymu'r pethau
sydd. Ac felly, ni all unrhyw ddyn ymffrostio gerbron Duw. 29
Ond trwy ei waith ef yr ydych chwi yng Nghrist Iesu, yr hwn a 30
wnaed yn ddoethineb i ni oddi wrth Dduw, yn gyfiawnder a
sancteiddhad a phrynedigaeth. Felly, fel y mae'n ysgrifenedig, 31
"Y sawl sy'n ymffrostio, ymffrostied yn yr Arglwydd."

Pregethu Crist Croeshoeliedig

A minnau, pan ddeuthum atoch, frodyr, ni ddeuthum fel un **2**
yn rhagori mewn huodledd neu ddoethineb, wrth gyhoeddi i

with you, I made up my mind to forget everything except Jesus
Christ and especially his death on the cross. [3]So when I came to
you, I was weak and trembled all over with fear, [4]and my teaching
and message were not delivered with skilful words of human wisdom,
but with convincing proof of the power of God's Spirit. [5]Your faith,
then, does not rest on human wisdom but on God's power.

God's Wisdom

6 Yet I do proclaim a message of wisdom to those who are spiritually
mature. But it is not the wisdom that belongs to this world or to
the powers that rule this world—powers that are losing their power.
[7]The wisdom I proclaim is God's secret wisdom, which is hidden
from mankind, but which he had already chosen for our glory even
before the world was made. [8]None of the rulers of this world knew
this wisdom. If they had known it, they would not have crucified
the Lord of glory. [9]However, as the scripture says,

"What no one ever saw or heard,
what no one ever thought could happen,
is the very thing God prepared for those who love him."

[10]But[c] it was to us that God made known his secret by means
of his Spirit. The Spirit searches everything, even the hidden depths
of God's purposes. [11]It is only a person's own spirit within him
that knows all about him; in the same way, only God's Spirit knows
all about God. [12]We have not received this world's spirit; instead,
we have received the Spirit sent by God, so that we may know
all that God has given us.

13 So then, we do not speak in words taught by human wisdom,
but in words taught by the Spirit, as we explain spiritual truths
to those who have the Spirit.[d] [14]Whoever does not have the Spirit
cannot receive the gifts that come from God's Spirit. Such a person
really does not understand them; they are nonsense to him, because
their value can be judged only on a spiritual basis. [15]Whoever has
the Spirit, however, is able to judge the value of everything, but

---

[c]But; *some manuscripts have* For.

[d]to those who have the Spirit; *or* with words given by the Spirit.

chwi ddirgelwch* Duw. Oherwydd dewisais beidio â gwybod 2
dim yn eich plith ond Iesu Grist, ac yntau wedi ei groeshoelio.
Mewn gwendid ac ofn a chryndod mawr y bûm i yn eich plith; 3
a'm hymadrodd i a'm pregeth, nid geiriau deniadol* doethineb 4
oeddent, ond eglur brawf yr Ysbryd a'i nerth, er mwyn i'ch 5
ffydd fod yn seiliedig, nid ar ddoethineb dynion, ond ar allu
Duw.

Datguddiad Trwy Ysbryd Duw

Eto yr ydym ni yn llefaru doethineb ymhlith y rhai aeddfed, 6
ond nid doethineb yr oes bresennol, nac eiddo llywodraethwyr
yr oes bresennol, sydd ar ddarfod amdanynt. Ond yr ydym 7
ni'n llefaru doethineb Duw a'i dirgelwch, doethineb guddiedig,
a ragordeiniodd Duw cyn yr oesoedd i'n dwyn i'n gogoniant.
Nid adnabu neb o lywodraethwyr yr oes bresennol mo'r 8
ddoethineb hon; oherwydd pe buasent wedi ei hadnabod, ni
fuasent wedi croeshoelio Arglwydd y gogoniant. Ond fel y 9
mae'n ysgrifenedig:

"Pethau na welodd llygad, ac na chlywodd clust,
ac na ddaeth i feddwl dyn,
y cwbl a ddarparodd Duw ar gyfer y rhai sy'n ei garu."

Eithr datguddiodd Duw hwy i ni trwy'r Ysbryd. Oblegid y 10
mae'r Ysbryd yn plymio pob peth, hyd yn oed ddyfnderoedd
Duw. Oherwydd pa ddyn sy'n gwybod natur dyn, ond ysbryd 11
y dyn, yr hwn sydd ynddo? Yr un modd nid oes neb yn
gwybod natur Duw, ond Ysbryd Duw. Ond nyni, nid ysbryd 12
y byd a dderbyniasom, ond yr Ysbryd sydd oddi wrth Dduw,
er mwyn inni wybod y pethau a roddodd Duw o'i ras i ni. Yr 13
ydym yn mynegi'r doniau hyn mewn geiriau a ddysgwyd i ni,
nid gan ddoethineb ddynol, ond gan yr Ysbryd, gan esbonio
pethau ysbrydol i'r rhai sydd yn meddu'r Ysbryd.* Nid yw'r 14
dyn anianol yn derbyn pethau Ysbryd Duw, oherwydd ffolineb
ydynt iddo ef, ac ni all eu hamgyffred, gan mai mewn modd
ysbrydol y maent yn cael eu barnu. Y mae'r dyn ysbrydol yn 15

---

*adn. 1: yn ôl darlleniad arall, *dystiolaeth*.

*adn. 4: yn ôl darlleniad arall, *nid perswâd*.

*adn. 13: neu, *gan roddi iaith ysbrydol i bethau ysbrydol*; neu, *gan gymharu pethau ysbrydol â phethau ysbrydol*.

no one is able to judge him. 16 As the scripture says,
"Who knows the mind of the Lord?
Who is able to give him advice?"
We, however, have the mind of Christ.

Servants of God

3 As a matter of fact, my brothers, I could not talk to you as
I talk to people who have the Spirit; I had to talk to you
as though you belonged to this world, as children in the Christian
faith. 2 I had to feed you with milk, not solid food, because you
were not ready for it. And even now you are not ready for it, 3 because
you still live as the people of this world live. When there is jealousy
among you and you quarrel with one another, doesn't this prove
that you belong to this world, living by its standards? 4 When one
of you says, "I follow Paul," and another, "I follow Apollos"—aren't
you acting like worldly people?

5 After all, who is Apollos? And who is Paul? We are simply
God's servants, by whom you were led to believe. Each one of us
does the work which the Lord gave him to do: 6 I sowed the seed,
Apollos watered the plant, but it was God who made the plant
grow. 7 The one who sows and the one who waters really do not
matter. It is God who matters, because he makes the plant grow.
8 There is no difference between the man who sows and the man
who waters; God will reward each one according to the work he
has done. 9 For we are partners working together for God, and you are
God's field.

You are also God's building. 10 Using the gift that God gave me, I
did the work of an expert builder and laid the foundation, and another
man is building on it. But each one must be careful how he builds.
11 For God has already placed Jesus Christ as the one and only
foundation, and no other foundation can be laid. 12 Some will use
gold or silver or precious stones in building on the foundation; others
will use wood or grass or straw. 13 And the quality of each person's
work will be seen when the Day of Christ exposes it. For on that
Day fire will reveal everyone's work; the fire will test it and show
its real quality. 14 If what was built on the foundation survives the
fire, the builder will receive a reward. 15 But if anyone's work is
burnt up, then he will lose it; but he himself will be saved, as
if he had escaped through the fire.

16 Surely you know that you are God's temple and that God's
Spirit lives in you! 17 So if anyone destroys God's temple, God will
destroy him. For God's temple is holy, and you yourselves are his
temple.

barnu pob peth, ond nid yw ef yn cael ei farnu gan neb. Yng 16
ngeiriau'r Ysgrythur:

" Pwy sy'n adnabod meddwl yr Arglwydd,
i'w gyfarwyddo ? "

Ond y mae meddwl Crist gennym ni.

Cydweithwyr dros Dduw

Minnau, frodyr, ni ellais lefaru wrthych fel wrth rai **3**
ysbrydol, ond fel wrth rai cnawdol, fel babanod yng Nghrist.
Llaeth a roddais i chwi'n ymborth, ac nid bwyd, oherwydd 2
nid oeddech eto'n barod. Ac nid ydych yn barod yn awr
chwaith, oherwydd cnawdol ydych o hyd. Oherwydd, tra mae 3
cenfigen a chynnen yn eich plith, onid cnawdol ydych, ac yn
ymddwyn yn ôl safonau dyn ? Canys pan mae un yn dweud, 4
" Yr wyf fi'n perthyn i blaid Paul ", ac un arall, " Minnau, i
blaid Apolos ", onid dynol ydych ? Beth ynteu yw Apolos ? 5
Neu beth yw Paul ? Dim ond gweision y daethoch chwi i gredu
drwyddynt, a phob un yn cyflawni'r gorchwyl a gafodd gan yr
Arglwydd. Myfi a blannodd, Apolos a ddyfrhaodd, ond Duw 6
oedd yn rhoi'r tyfiant. Felly, nid yw'r plannwr yn ddim, na'r 7
dyfrhawr, ond Duw, rhoddwr y tyfiant. Y plannwr a'r dyfr- 8
hawr, un ydynt, ac fe dderbyn y naill a'r llall ei dâl ei hun, yn
ôl ei lafur ei hun. Canys eiddo Duw ydym ni, fel cydweithwyr; 9
gardd Duw, adeiladwaith Duw, ydych chwi.

Yn ôl y gorchwyl a roddodd Duw i mi o'i ras, mi osodais 10
sylfaen, fel prifadeiladydd celfydd, ac y mae rhywun arall yn
adeiladu arni. Gwylied pob un pa fodd y mae'n adeiladu arni.
Ni all neb osod sylfaen arall yn lle'r un sydd wedi ei gosod, ac 11
Iesu Grist yw honno. Os bydd i neb adeiladu ar y sylfaen ag 12
aur, arian, a meini gwerthfawr, neu â choed, gwair, a gwellt,
daw gwaith pob un i'r amlwg, oherwydd y Dydd a'i dengys. 13
Canys â thân y datguddir y Dydd hwnnw, a bydd y tân yn profi
ansawdd gwaith pob un. Os bydd y gwaith a adeiladodd dyn 14
ar y sylfaen yn aros, caiff dâl. Os llosgir gwaith dyn, caiff 15
ddwyn y golled, ond fe'i hachubir ef ei hun, ond dim ond megis
trwy dân. Oni wyddoch mai teml Duw ydych, a bod Ysbryd 16
Duw yn trigo ynoch ? Os bydd rhywun yn dinistrio teml Duw, 17
bydd Duw'n ei ddinystrio yntau, oherwydd y mae teml Duw
yn sanctaidd, a chwi yw'r deml honno.

18 No one should fool himself. If anyone among you thinks that
he is wise by this world's standards, he should become a fool, in
order to be really wise. 19 For what this world considers to be wisdom
is nonsense in God's sight. As the scripture says, "God traps the
wise in their cleverness"; 20 and another scripture says, "The Lord
knows that the thoughts of the wise are worthless." 21 No one, then,
should boast about what men can do. Actually everything belongs
to you: 22 Paul, Apollos, and Peter; this world, life and death, the pres-
ent and the future—all these are yours, 23 and you belong to Christ,
and Christ belongs to God.

Apostles of Christ

4 You should think of us as Christ's servants, who have been
put in charge of God's secret truths. 2 The one thing required
of such a servant is that he be faithful to his master. 3 Now, I am
not at all concerned about being judged by you or by any human
standard; I don't even pass judgement on myself. 4 My conscience
is clear, but that does not prove that I am really innocent. The
Lord is the one who passes judgement on me. 5 So you should not
pass judgement on anyone before the right time comes. Final judge-
ment must wait until the Lord comes; he will bring to light the
dark secrets and expose the hidden purposes of people's minds. And
then everyone will receive from God the praise he deserves.

6 For your sake, my brothers, I have applied all this to Apollos
and me, using the two of us as an example, so that you may learn
what the saying means, "Observe the proper rules." None of you
should be proud of one person and despise another. 7 Who made
you superior to others? Didn't God give you everything you have?
Well, then, how can you boast, as if what you have were not a
gift?

8 Do you already have everything you need? Are you already
rich? Have you become kings, even though we are not? Well, I
wish you really were kings, so that we could be kings together with
you. 9 For it seems to me that God has given the very last place
to us apostles, like men condemned to die in public as a spectacle
for the whole world of angels and of mankind. 10 For Christ's sake
we are fools; but you are wise in union with Christ! We are weak,
but you are strong! We are despised, but you are honoured! 11 To

Peidied neb â'i dwyllo'i hunan; os oes rhywun yn eich plith 18
yn tybio ei fod yn ddoeth ym mhethau'r oes hon, bydded ffôl,
er mwyn dod yn ddoeth. Oherwydd y mae doethineb y byd 19
hwn yn ffolineb yng ngolwg Duw. Y mae'n ysgrifenedig:

"Y mae ef yn dal y doethion yn eu cyfrwystra",

ac eto: 20

"Y mae'r Arglwydd yn gwybod bod meddyliau'r doethion yn ofer."

Felly peidied neb ag ymffrostio mewn dynion. Canys y mae 21
pob peth yn eiddo i chwi—Paul, Apolos, Cephas, y byd, bywyd, 22
angau, y presennol, y dyfodol—pob peth yn eiddo i chwi, a 23
chwithau yn eiddo Crist, a Christ yn eiddo Duw.

Gweinidogaeth yr Apostolion

Bydded i bob dyn ein cyfrif ni fel gweision Crist a goruchwyl- **4**
wyr dirgelion Duw. Yn awr, yr hyn a ddisgwylir mewn gor- 2
uchwylwyr yw eu cael yn ffyddlon. O'm rhan fy hun, peth bach 3
iawn yw cael fy ngosod ar brawf gennych chwi, neu gan unrhyw
lys dynol. Yn wir, nid wyf yn eistedd mewn barn arnaf fy hun.
Nid oes gennyf ddim ar fy nghydwybod, ond nid wyf drwy 4
hynny wedi fy nghael yn ddieuog. Yr Arglwydd yw fy marnwr
i. Felly peidiwch â barnu dim cyn yr amser, nes i'r Arglwydd 5
ddod; bydd ef yn goleuo pethau cudd y tywyllwch a gwneud
bwriadau'r galon yn amlwg. Ac yna caiff pob dyn ei glod gan
Dduw.

Yr wyf wedi cymhwyso'r pethau hyn, frodyr, ataf fi fy hun 6
ac at Apolos er eich mwyn chwi, i chwi ddysgu, drwom ni,
"gadw o fewn yr hyn a ysgrifennwyd", rhag i neb ohonoch
ymchwyddo wrth bleidio un a gwrthod y llall. Pwy sy'n rhoi 7
rhagoriaeth i ti? Beth sydd gennyt, nad wyt wedi ei dderbyn?
Ac os ei dderbyn a wnaethost, pam yr wyt yn ymffrostio fel pe
bait heb dderbyn? Dyma chwi eisoes wedi cael eich gwala; 8
eisoes wedi dod yn gyfoethog; wedi etifeddu'ch teyrnas, a
ninnau y tu allan! Gwyn fyd na fyddech wedi etifeddu'ch
teyrnas mewn gwirionedd, er mwyn i ninnau hefyd gael teyrn-
asu gyda chwi! Oherwydd yr wyf yn tybio bod Duw wedi rhoi 9
i ni'r apostolion y lle olaf, fel rhai wedi eu condemnio i farw yn
yr arena, gan ein bod wedi dod yn sioe i'r cyfanfyd, i angylion
ac i ddynion. Ni yn ffyliaid er mwyn Crist, chwithau'n rhai call 10
yng Nghrist! Ni yn wan, chwithau'n gryf! Chwi'n llawn

this very moment we go hungry and thirsty; we are clothed in rags;
we are beaten; we wander from place to place; 12 we wear ourselves
out with hard work. When we are cursed, we bless; when we are
persecuted, we endure; 13 when we are insulted, we answer with
kind words. We are no more than this world's refuse; we are the scum
of the earth to this very moment!

14 I write this to you, not because I want to make you feel ashamed,
but to instruct you as my own dear children. 15 For even if you
have ten thousand guardians in your Christian life, you have only
one father. For in your life in union with Christ Jesus I have become
your father by bringing the Good News to you. 16 I beg you, then,
to follow my example. 17 For this purpose I am sending to you
Timothy, who is my own dear and faithful son in the Christian
life. He will remind you of the principles which I follow in the
new life in union with Christ Jesus and which I teach in all the
churches everywhere.

18 Some of you have become proud because you have thought
that I would not be coming to visit you. 19 If the Lord is willing,
however, I will come to you soon, and then I will find out for
myself the power which these proud people have, and not just what
they say. 20 For the Kingdom of God is not a matter of words but
of power. 21 Which do you prefer? Shall I come to you with a
whip, or in a spirit of love and gentleness?

Immorality in the Church

5 Now, it is actually being said that there is sexual immorality
among you so terrible that not even the heathen would be guilty
of it. I am told that a man is sleeping with his stepmother! 2 How,
then, can you be proud? On the contrary, you should be filled
with sadness, and the man who has done such a thing should be
expelled from your fellowship. 3-4 And even though I am far away
from you in body, still I am there with you in spirit; and as though
I were there with you, I have in the name of our Lord Jesus already
passed judgement on the man who has done this terrible thing. As
you meet together, and I meet with you in my spirit, by the power
of our Lord Jesus present with us, 5 you are to hand this man over
to Satan for his body to be destroyed, so that his spirit may be
saved in the Day of the Lord.

6 It is not right for you to be proud! You know the saying, "A
little bit of yeast makes the whole batch of dough rise." 7 You must
remove the old yeast of sin so that you will be entirely pure. Then
you will be like a new batch of dough without any yeast, as indeed
I know you actually are. For our Passover Festival is ready, now
that Christ, our Passover lamb, has been sacrificed. 8 Let us celebrate

anrhydedd, ninnau heb ddim parch! Hyd yr awr hon y mae 11
arnom newyn a syched, yr ydym yn noeth, yn cael ein cernodio,
yn ddigartref, yn blino gan lafur ein dwylo ein hunain. Ein 12
hateb i'r difenwi sydd arnom yw bendithio; i'r erlid, goddef;
i'r enllib, geiriau caredig. Fe'n gwnaethpwyd yn garthion y 13
byd, yn olchion pawb, hyd yn awr.

Nid i godi cywilydd arnoch yr wyf yn ysgrifennu hyn, ond 14
i'ch rhybuddio, fel plant annwyl i mi. Pe byddai gennych 15
ddeng mil o hyfforddwyr yng Nghrist, eto ni fyddai gennych
fwy nag un tad, oherwydd yng Nghrist Iesu myfi a ddeuthum
yn dad i chwi drwy'r Efengyl. Am hynny yr wyf yn erfyn 16
arnoch, byddwch efelychwyr ohonof fi. Dyna pam yr anfonais 17
Timotheus atoch; y mae ef yn fab annwyl i mi, ac yn ffyddlon
yn yr Arglwydd, a bydd yn dwyn ar gof i chwi fy ffyrdd i yng
Nghrist Iesu, fel y byddaf yn eu dysgu ym mhobman, ym mhob
eglwys. Y mae rhai wedi ymchwyddo, fel pe na bawn i am ddod 18
atoch. Ond yr wyf am ddod atoch ar fyrder, os caniatâ'r 19
Arglwydd, a chaf wybod, nid am siarad y rhai sydd wedi ym-
chwyddo, ond am eu gallu. Oherwydd nid mewn siarad y mae 20
teyrnas Dduw, ond mewn gallu. Beth yw eich dewis? Ai â 21
gwialen yr wyf i ddod atoch, ynteu â chariad, ac ysbryd
addfwynder?

Barn ar Anfoesoldeb

Adroddir fel ffaith fod yna odineb yn eich plith, a hwnnw'r **5**
fath odineb na cheir mohono hyd yn oed ymhlith y paganiaid,
bod rhyw ddyn yn gorwedd gyda gwraig ei dad. A dyma chwi, 2
yn llawn ymffrost! Onid eich lle chwi oedd galaru, a bwrw
allan o'ch plith yr un a wnaeth y fath beth? Oherwydd dyma 3
fi, yn absennol yn y corff, ond yn bresennol yn yr ysbryd,
eisoes wedi rhoi dyfarniad, fel un sy'n bresennol, ar y dyn a
wnaeth y fath weithred: bod i chwi, a'm hysbryd innau, wedi 4
ymgynnull yn enw ein Harglwydd Iesu, a gallu ein Harglwydd
Iesu gyda ni, draddodi'r fath ddyn i Satan er mwyn dinistrio'r 5
cnawd, a thrwy hynny achub ei ysbryd yn Nydd yr Arglwydd.
Nid yw eich ymffrost yn weddus. Oni wyddoch fod ychydig 6
lefain yn suro'r holl does? Glanhewch yr hen lefain allan, i 7
chwi fod yn does newydd, croyw, fel yr ydych mewn gwir-
ionedd. Oherwydd y mae Crist, ein Pasg ni, wedi ei aberthu.
Am hynny cadwn yr ŵyl, nid â'r hen lefain, nac ychwaith â 8

our Passover, then, not with bread having the old yeast of sin and
wickedness, but with the bread that has no yeast, the bread of purity
and truth.

9 In the letter that I wrote you I told you not to associate with
immoral people. 10 Now I did not mean pagans who are immoral
or greedy or are thieves or who worship idols. To avoid them you
would have to get out of the world completely. 11 What I meant
was that you should not associate with a person who calls himself
a brother but is immoral or greedy or worships idols or is a slanderer
or a drunkard or a thief. Don't even sit down to eat with such
a person.

12-13 After all, it is none of my business to judge outsiders. God
will judge them. But should you not judge the members of your
own fellowship? As the scripture says, "Remove the evil man from
your group."

Lawsuits against Fellow-Christians

6 If one of you has a dispute with a fellow-Christian, how dare
he go before heathen judges instead of letting God's people
settle the matter? 2 Don't you know that God's people will judge
the world? Well, then, if you are to judge the world, aren't you
capable of judging small matters? 3 Do you not know that we shall
judge the angels? How much more, then, the things of this life!
4 If such matters come up, are you going to take them to be settled
by people who have no standing in the church? 5 Shame on you!
Surely there is at least one wise person in your fellowship who
can settle a dispute between fellow-Christians. 6 Instead, one Christian
goes to court against another and lets unbelievers judge the case!

7 The very fact that you have legal disputes among yourselves
shows that you have failed completely. Would it not be better for
you to be wronged? Would it not be better for you to be robbed?
8 Instead, you yourselves wrong one another and rob one another,
even your own brothers! 9 Surely you know that the wicked will
not possess God's Kingdom. Do not fool yourselves; people who
are immoral or who worship idols or are adulterers or homosexual
perverts 10 or who steal or are greedy or are drunkards or who slander
others or are thieves—none of these will possess God's Kingdom.
11 Some of you were like that. But you have been purified from

lefain drygioni a llygredd, ond â bara croyw purdeb a gwir-
ionedd.
Ysgrifennais atoch yn fy llythyr, i ddweud wrthych am beidio 9
â chymysgu â phobl odinebus. Ond nid am odinebwyr y byd 10
hwn yr oeddwn yn meddwl o gwbl, na chwaith am y trachwant-
us, y cribddeilwyr, neu'r eilunaddolwyr; onid e, byddai'n rhaid
i chwi fynd allan o'r byd. Ond yn awr, ysgrifennu a wneuthum* 11
i ddweud wrthych am beidio â chymysgu â neb a elwir yn frawd
os yw'n buteiniwr neu'n drachwantus, yn eilunaddolwr, yn
ddifenwr, yn feddwyn, neu'n gribddeiliwr; peidiwch hyd yn
oed â bwyta gydag un felly. Oherwydd beth sydd a wnelwyf fi 12
â barnu'r rhai sydd oddi allan ? Onid y rhai sydd oddi mewn yr
ydych chwi yn eu barnu ? Duw fydd yn barnu'r rhai sydd oddi 13
allan. Taflwch y dihiryn hwnnw allan o'ch plith.

Mynd i Gyfraith gerbron Anghredinwyr

Os oes gan un ohonoch gŵyn yn erbyn un arall, a yw'n **6**
beiddio mynd â'i achos gerbron yr annuwiol, yn hytrach na
gerbron y saint ? Oni wyddoch mai'r saint sydd i farnu'r byd ? 2
Ac os yw'r byd yn cael ei farnu gennych chwi, a ydych yn ang-
hymwys i farnu'r achosion lleiaf ? Oni wyddoch y byddwn yn 3
barnu angylion, heb sôn am bethau'r bywyd hwn ? Felly, os 4
bydd gennych achosion fel hyn, a ydych yn gosod yn farnwyr
y rhai sydd isaf eu parch yng ngolwg yr eglwys ? I godi cywil- 5
ydd arnoch yr wyf yn dweud hyn. A yw wedi dod i hyn, nad
oes un dyn doeth yn eich plith fydd yn gallu barnu rhwng
brawd a brawd ? A yw brawd yn mynd i gyfraith yn erbyn ei 6
frawd, a hynny gerbron anghredinwyr ? Yn gymaint â'ch bod 7
yn ymgyfreithio o gwbl â'ch gilydd, yr ydych eisoes, yn wir,
wedi colli'r dydd. Pam, yn hytrach, na oddefwch gam ? Pam,
yn hytrach, na oddefwch golled ? Ond gwneud cam yr ydych 8
chwi, peri colled yr ydych, a hynny i frodyr. Oni wyddoch na 9
chaiff yr anghyfiawn etifeddu teyrnas Dduw ? Peidiwch â
chymryd eich camarwain; ni chaiff puteinwyr, nac eilun-
addolwyr, na godinebwyr, na rhai sy'n ymlygru â'u rhyw eu
hunain, na lladron, na rhai trachwantus, na meddwon, na 10
difenwyr, na chribddeilwyr, etifeddu teyrnas Dduw. A dyna 11

---

*adn. 11: neu, *Ond yn awr yr wyf yn ysgrifennu.*

sin; you have been dedicated to God; you have been put right
with God by the Lord Jesus Christ and by the Spirit of our God.

Use Your Bodies for God's Glory

12 Someone will say, "I am allowed to do anything." Yes; but
not everything is good for you. I could say that I am allowed to
do anything, but I am not going to let anything make me its slave.
13 Someone else will say, "Food is for the stomach, and the stomach
is for food." Yes; but God will put an end to both. The body
is not to be used for sexual immorality, but to serve the Lord;
and the Lord provides for the body. 14 God raised the Lord from
death, and he will also raise us by his power.

15 You know that your bodies are parts of the body of Christ.
Shall I take a part of Christ's body and make it part of the body
of a prostitute? Impossible! 16 Or perhaps you don't know that the
man who joins his body to a prostitute becomes physically one with
her? The scripture says quite plainly, "The two will become one
body." 17 But he who joins himself to the Lord becomes spiritually
one with him.

18 Avoid immorality. Any other sin a man commits does not affect
his body; but the man who is guilty of sexual immorality sins against
his own body. 19 Don't you know that your body is the temple of
the Holy Spirit, who lives in you and who was given to you by
God? You do not belong to yourselves but to God; 20 he bought
you for a price. So use your bodies for God's glory.

Questions about Marriage

7 Now, to deal with the matters you wrote about.
A man does well not to marry.[e] 2 But because there is so
much immorality, every man should have his own wife, and every
woman should have her own husband. 3 A man should fulfil his
duty as a husband, and a woman should fulfil her duty as a wife,
and each should satisfy the other's needs. 4 A wife is not the master
of her own body, but her husband is; in the same way a husband
is not the master of his own body, but his wife is. 5 Do not deny
yourselves to each other, unless you first agree to do so for a while
in order to spend your time in prayer; but then resume normal
marital relations. In this way you will be kept from giving in to
Satan's temptation because of your lack of self-control.

6 I tell you this not as an order, but simply as a concession. 7 Actually
I would prefer that all of you were as I am; but each one has
a special gift from God, one person this gift, another one that gift.

---

[e] A man does well not to marry; *or* You say that a man does well not to marry.

oedd rhai ohonoch chwi; ond yr ydych wedi ymolchi, a'ch
sancteiddio, a'ch cyfiawnhau trwy enw yr Arglwydd Iesu Grist,
a thrwy Ysbryd ein Duw ni.

Gogoneddwch Dduw yn eich Corff

"Y mae popeth yn gyfreithlon i mi," meddwch; ond nid yw 12
popeth er lles. "Y mae popeth yn gyfreithlon i mi," meddwch;
ond ni chaiff dim fy nghaethiwo i. "Y bwydydd i'r bol a'r bol 13
i'r bwydydd," meddwch; ac fe ddifetha Duw y naill a'r llall.
Eto, nid i odineb y mae'r corff, ond i'r Arglwydd, a'r Arglwydd
i'r corff. Cyfododd Duw yr Arglwydd, ac fe'n cyfyd ninnau 14
hefyd drwy ei allu. Oni wyddoch mai aelodau Crist yw eich 15
cyrff chwi ? A gymeraf fi, felly, aelodau Crist a'u gwneud yn
aelodau putain ? Dim byth ! Neu oni wyddoch fod dyn sy'n 16
ymlynu wrth butain yn un corff â hi ? Oherwydd y mae'r
Ysgrythur yn dweud, "Bydd y ddau yn un cnawd." Ond y 17
dyn sy'n ymlynu wrth yr Arglwydd, y mae'n un ysbryd ag ef.
Ffowch oddi wrth odineb; pob pechod arall a wna dyn, beth 18
bynnag ydyw, y tu allan i'r corff y mae, ond y mae'r sawl sydd
yn godinebu yn pechu yn erbyn ei gorff ei hun. Neu, oni 19
wyddoch fod eich corff yn deml i'r Ysbryd Glân sydd ynoch,
yr hwn sydd gennych oddi wrth Dduw, ac nad yr eiddoch eich
hunain mohonoch ? Oherwydd prynwyd chwi am bris. Felly 20
gogoneddwch Dduw yn eich corff.

Problemau ynglŷn â Phriodas

Yn awr, ynglŷn â'r pethau yn eich llythyr. Peth da yw i ddyn **7**
beidio â chyffwrdd â gwraig. Ond oherwydd y godinebu sy'n 2
bod, bydded gan bob dyn ei wraig ei hun, a chan bob gwraig ei
gŵr ei hun. Dylai'r gŵr roi i'r wraig yr hyn sy'n ddyledus iddi, 3
a'r un modd y wraig i'r gŵr. Nid y wraig biau'r hawl ar ei chorff 4
ei hun, ond y gŵr. A'r un modd, nid y gŵr biau'r hawl ar ei
gorff ei hun, ond y wraig. Peidiwch â gwrthod eich gilydd, 5
oddieithr, efallai, i chwi gytuno ar hyn dros dro er mwyn ymroi
i weddi, ac yna dod ynghyd eto, rhag i Satan eich temtio
oherwydd eich diffyg ymatal. Ond fel goddefiad yr wyf yn 6
dweud hyn, nid fel gorchymyn. Carwn pe bai pob dyn fel yr 7
wyf fi fy hunan; ond y mae gan bob un ei ddawn ei hun oddi
wrth Dduw, y naill fel hyn a'r llall fel arall.

8 Now, to the unmarried and to the widows I say that it would
be better for you to continue to live alone as I do. [9]But if you
cannot restrain your desires, go ahead and marry—it is better to
marry than to burn with passion.

10 For married people I have a command which is not my own
but the Lord's: a wife must not leave her husband; [11]but if she
does, she must remain single or else be reconciled to her husband;
and a husband must not divorce his wife.

12 To the others I say (I, myself, not the Lord): if a Christian
man has a wife who is an unbeliever and she agrees to go on living
with him, he must not divorce her. [13]And if a Christian woman
is married to a man who is an unbeliever and he agrees to go on
living with her, she must not divorce him. [14]For the unbelieving
husband is made acceptable to God by being united to his wife,
and the unbelieving wife is made acceptable to God by being united
to her Christian husband. If this were not so, their children would
be like pagan children; but as it is, they are acceptable to God.
[15]However, if the one who is not a believer wishes to leave the
Christian partner, let it be so. In such cases the Christian partner,
whether husband or wife, is free to act. God has called you to live
in peace. [16]How can you be sure, Christian wife, that you will not
save[f] your husband? Or how can you be sure, Christian husband,
that you will not save[f] your wife?

Live as God Called You

17 Each one should go on living according to the Lord's gift to
him, and as he was when God called him. This is the rule I teach
in all the churches. [18]If a circumcised man has accepted God's call,
he should not try to remove the marks of circumcision; if an uncircum-
cised man has accepted God's call, he should not get circumcised.
[19]For whether or not a man is circumcised means nothing; what
matters is to obey God's commandments. [20]Everyone should remain
as he was when he accepted God's call. [21]Were you a slave when
God called you? Well, never mind; but if you have a chance to
become a free man, use it.[g] [22]For a slave who has been called
by the Lord is the Lord's free man; in the same way a free man
who has been called by Christ is his slave. [23]God bought you for
a price; so do not become slaves of men. [24]My brothers, each one

---

[f]How can you be sure...that you will not save; *or* How do you know...that you will save.

[g]but if you have a chance to become a free man, use it; *or* but even if you have a chance to become a free man, choose rather to make the best of your condition as a slave.

Yr wyf yn dweud wrth y rhai dibriod, a'r gwragedd gweddw- 8
on, mai peth da fyddai iddynt aros felly, fel finnau. Ond os na 9
allant ymatal, dylent briodi, oherwydd gwell priodi nag ym-
losgi. I'r rhai sydd wedi priodi yr wyf fi'n gorchymyn—na, nid 10
fi, ond yr Arglwydd—nad yw'r wraig i ymadael â'i gŵr; ond os 11
bydd iddi ymadael, dylai aros yn ddibriod, neu gymodi â'i gŵr.
A pheidied y gŵr ag ysgaru ei wraig. Wrth y lleill yr wyf fi, nid 12
yr Arglwydd, yn dweud: os bydd gan Gristion wraig anghred-
adun, a hithau'n cytuno i fyw gydag ef, ni ddylai ei hysgaru.
Ac os bydd gan wraig ŵr anghredadun, ac yntau'n cytuno i 13
fyw gyda hi, ni ddylai ysgaru ei gŵr. Oherwydd y mae'r gŵr 14
anghredadun wedi ei gysegru trwy ei wraig, a'r wraig anghred-
adun wedi ei chysegru trwy ei gŵr o Gristion. Onid e, byddai
eich plant yn halogedig. Ond fel y mae, y maent yn sanctaidd.
Ond os yw'r anghredadun am ymadael, gadewch iddo fynd. 15
Nid yw'r gŵr na'r wraig o Gristion, mewn achos felly, yn gaeth;
i heddwch y mae Duw wedi eich galw. Oherwydd sut y 16
gwyddost, wraig, a achubi di dy ŵr ? Neu sut y gwyddost, ŵr,
a achubi di dy wraig ?

Bywyd yn ôl Galwad Duw

Beth bynnag am hynny, dalied pob dyn i fyw yn ôl y gyfran 17
a gafodd gan yr Arglwydd, pob un yn ôl yr alwad a dderbyniodd
gan Dduw. Yr wyf yn gwneud hyn yn rheol yn yr holl eglwysi.
A gafodd rhywun ei alw ac yntau'n enwaededig ? Peidied â 18
chuddio ei gyflwr. A gafodd rhywun ei alw ac yntau'n ddi-
enwaededig ? Peidied â cheisio enwaediad. Nid enwaediad 19
sy'n cyfrif, ac nid dienwaediad sy'n cyfrif, ond cadw gorchmyn-
ion Duw. Dylai pob dyn aros yn y cyflwr yr oedd ynddo pan 20
gafodd ei alw. Ai caethwas oeddit pan gefaist dy alw ? Paid â 21
phoeni; ond os gelli ennill dy ryddid, cymer dy gyfle, yn
hytrach na pheidio.* Oherwydd y sawl oedd yn gaethwas pan 22
alwyd ef i fod yn yr Arglwydd, dyn rhydd yr Arglwydd ydyw.
Yr un modd, y sawl oedd yn rhydd pan alwyd ef, caethwas
Crist ydyw. Am bris y'ch prynwyd chwi. Peidiwch â mynd yn 23
gaethweision dynion. Arhosed pob un gerbron Duw, frodyr, 24
yn y cyflwr hwnnw yr oedd ynddo pan gafodd ei alw.

---

*adn. 21: neu, *a hyd yn oed os gelli ennill dy ryddid, manteisia, yn hytrach, ar gyfle dy gaethiwed.*

should remain in fellowship with God in the same condition as he
was when he was called.

Questions about the Unmarried and the Widows

25 Now, concerning what you wrote about unmarried people: I
do not have a command from the Lord, but I give my opinion
as one who by the Lord's mercy is worthy of trust.

26 Considering the present distress, I think it is better for a man to
stay as he is. 27 Have you got a wife? Then don't try to get rid of
her. Are you unmarried? Then don't look for a wife. 28 But if you do
marry, you haven't committed a sin; and if an unmarried woman
marries, she hasn't committed a sin. But I would rather spare you
the everyday troubles that married people will have.

29 What I mean, my brothers, is this: there is not much time
left, and from now on married men should live as though they were
not married; 30 those who weep, as though they were not sad; those
who laugh, as though they were not happy; those who buy, as though
they did not own what they bought; 31 those who deal in material
goods, as though they were not fully occupied with them. For this
world, as it is now, will not last much longer.

32 I would like you to be free from worry. An unmarried man
concerns himself with the Lord's work, because he is trying to please
the Lord. 33 But a married man concerns himself with worldly matters,
because he wants to please his wife; 34 and so he is pulled in two
directions. An unmarried woman or a virgin concerns herself with
the Lord's work, because she wants to be dedicated both in body
and spirit; but a married woman concerns herself with worldly matters,
because she wants to please her husband.

35 I am saying this because I want to help you. I am not trying
to put restrictions on you. Instead, I want you to do what is right
and proper, and to give yourselves completely to the Lord's service
without any reservation.

36 In the case of an engaged couple who have decided not to
marry: if the man feels that he is not acting properly towards the
girl and if his passions are too strong and he feels that they ought
to marry, then they should get married, as he wants to.[h] There
is no sin in this. 37 But if a man, without being forced to do so,
has firmly made up his mind not to marry,[i] and if he has his will
under complete control and has already decided in his own mind

---

[h] an engaged couple...as he wants to; *or* a man and his unmarried daughter: if he feels that he is not acting properly towards her, and if she is at the right age to marry, then he should do as he wishes and let her get married.

[i] not to marry; *or* not to let his daughter get married.

Y Rhai Dibriod a'r Gweddwon

Ynglŷn â'r gwyryfon, nid oes gennyf orchymyn gan yr 25
Arglwydd, ond yr wyf yn rhoi fy marn fel un y gellir, trwy
drugaredd yr Arglwydd, ddibynnu arno. Yn fy meddwl i, peth 26
da, yn wyneb yr argyfwng sydd yn pwyso arnom, yw i ddyn
aros fel y mae. A wyt yn rhwym wrth wraig? Paid â cheisio 27
dy ryddhau. A wyt yn rhydd oddi wrth wraig? Paid â cheisio
gwraig. Ond os priodi a wnei, ni fyddi wedi pechu. Ac os 28
prioda gwyryf, ni fydd wedi pechu. Ond fe gaiff rhai felly
flinder i'r cnawd, ac am eich arbed yr wyf fi. Hyn yr wyf yn ei 29
ddweud, frodyr, y mae'r amser wedi mynd yn brin. Am yr hyn
sydd ar ôl ohono, bydded i'r rhai sydd â gwragedd ganddynt
fod fel pe baent heb wragedd, a'r rhai sy'n wylo fel pe na baent 30
yn wylo, a'r rhai sy'n llawenhau fel pe na baent yn llawenhau,
a'r rhai sy'n prynu fel rhai heb feddu dim, a'r rhai sy'n ym- 31
wneud â'r byd fel pe na baent yn ymwneud ag ef. Oherwydd
mynd heibio y mae holl drefn y byd hwn. Carwn i chwi fod yn 32
ddibryder. Y mae'r dyn dibriod yn pryderu am bethau'r
Arglwydd, sut i foddhau'r Arglwydd. Ond y mae'r gŵr priod 33
yn pryderu am bethau'r byd, sut i foddhau ei wraig, ac y mae 34
rhwng dau feddwl. A'r ferch ddibriod a'r wyryf, pryderu y
maent* am bethau'r Arglwydd, er mwyn bod yn sanctaidd
mewn corff ac ysbryd. Ond y mae'r wraig briod yn pryderu am
bethau'r byd, sut i foddhau ei gŵr. Yr wyf yn dweud hyn er 35
eich lles chwi eich hunain; nid er mwyn eich dal yn ôl, ond er
mwyn gwedduster, ac ymroddiad diwyro i'r Arglwydd.

Os oes unrhyw un yn teimlo ei fod yn ymddwyn yn anwedd- 36
aidd tuag at ei gymar mewn gwyryfdod,* os yw ei nwydau'n
rhy gryf** ac felly y peth yn anorfod, gwnaed yn ôl ei ddy-
muniad; nid yw'n pechu; bydded iddynt briodi. Ond y sawl 37
sydd yn aros yn gadarn ei feddwl, heb fod dan orfod, ond yn
cadw ei ddymuniad dan reolaeth, ac yn penderfynu yn ei feddwl
gadw ei gymar* yn wyryf, bydd yn gwneud yn dda. Felly bydd 38

---

*adn. 34: yn ôl darlleniad arall, *sut i foddhau ei wraig. Ac y mae gwahaniaeth rhwng y wraig a'r wyryf. Y mae'r ferch ddibriod yn pryderu.*

*adn. 36: neu, *ei ddyweddi.*

**adn. 36: neu, *tuag at ei ferch sy'n wyryf, os yw hi wedi hen gyrraedd oed priodi.*

*adn. 37: neu, *ei ddyweddi*; neu, *ei ferch.*

what to do—then he does well not to marry the girl.[j] 38 So the
man who marries[k] does well, but the one who doesn't marry[l] does
even better.
39 A married woman is not free as long as her husband lives;
but if her husband dies, then she is free to be married to any man
she wishes, but only if he is a Christian. 40 She will be happier,
however, if she stays as she is. That is my opinion, and I think
that I too have God's Spirit.

The Question about Food Offered to Idols

8 Now, concerning what you wrote about food offered to idols.
It is true, of course, that "all of us have knowledge," as they say.
Such knowledge, however, puffs a person up with pride; but love
builds up. 2 Whoever thinks he knows something really doesn't know as
he ought to know. 3 But the person who loves God is known by
him.
4 So then, about eating the food offered to idols: we know that
an idol stands for something that does not really exist; we know
that there is only the one God. 5 Even if there are so-called "gods,"
whether in heaven or on earth, and even though there are many
of these "gods" and "lords," 6 yet there is for us only one God,
the Father, who is the Creator of all things and for whom we live;
and there is only one Lord, Jesus Christ, through whom all things
were created and through whom we live.
7 But not everyone knows this truth. Some people have been so
used to idols that to this day when they eat such food they still
think of it as food that belongs to an idol; their conscience is weak,
and they feel they are defiled by the food. 8 Food, however, will
not improve our relations with God; we shall not lose anything
if we do not eat, nor shall we gain anything if we do eat.
9 Be careful, however, not to let your freedom of action make
those who are weak in the faith fall into sin. 10 Suppose a person
whose conscience is weak in this matter sees you, who have so-called
"knowledge," eating in the temple of an idol; will not this encourage
him to eat food offered to idols? 11 And so this weak person, your
brother for whom Christ died, will perish because of your "know-
ledge"! 12 And in this way you will be sinning against Christ by
sinning against your Christian brothers and wounding their weak

---

[j] marry the girl; *or* let her get married.

[k] marries; *or* lets his daughter get married.

[l] doesn't marry; *or* doesn't let her get married.

yr hwn sydd yn priodi ei gymar* yn gwneud yn dda, ond bydd
y dyn nad yw'n priodi** yn gwneud yn well.
Y mae gwraig yn rhwym i'w gŵr cyhyd ag y mae ef yn fyw. 39
Ond os bydd ei gŵr farw, y mae'n rhydd i briodi pwy bynnag a
fyn, dim ond iddi wneud hynny yn yr Arglwydd. Ond bydd yn 40
ddedwyddach o aros fel y mae, yn ôl fy marn i. Ac yr wyf yn
meddwl fod Ysbryd Duw gennyf fi hefyd.

Bwyd wedi ei Aberthu i Eilunod

Ynglŷn â bwyd sydd wedi ei aberthu i eilunod, y mae'n wir, **8**
fel y dywedwch, "fod gennym i gyd wybodaeth." Y mae
"gwybodaeth" yn peri i ddyn ymchwyddo, ond y mae cariad
yn adeiladu. Os oes rhywun yn tybio iddo ddod i wybod 2
rhywbeth, nid yw eto'n gwybod fel y dylai wybod. Os oes 3
rhywun yn caru Duw,* y mae wedi ei adnabod gan Dduw.
Felly, ynglŷn â bwyta'r hyn sydd wedi ei aberthu i eilunod, 4
gwyddom nad oes "dim eilun yn y cyfanfyd", ac nad oes "dim
duw ond un." Oherwydd hyd yn oed os oes rhai a elwir yn 5
dduwiau, naill ai yn y nef neu ar y ddaear—fel yn wir y mae
"duwiau" lawer ac "arglwyddi" lawer—eto, i ni, un Duw 6
sydd—y Tad, ffynhonnell pob peth, a diben ein bod; ac un
Arglwydd Iesu Grist—cyfrwng pob peth, a chyfrwng ein
bywyd ni.
Ond nid yw'r wybodaeth hon gan bawb. Y mae rhai, oher- 7
wydd eu bod hyd yma wedi arfer ag eilunod, yn dal i fwyta'r
bwyd fel peth wedi ei aberthu i eilunod; ac y mae eu cyd-
wybod, gan ei bod yn wan, yn cael ei llygru. Nid bwyd sy'n 8
mynd i'n cymeradwyo ni i Dduw. Nid ydym ar ein colled o
beidio â bwyta, nac ar ein hennill o fwyta. Ond gwyliwch rhag 9
i'r hawl yma sydd gennych fod yn achos cwymp mewn unrhyw
fodd i'r rhai gwan. Oherwydd os bydd i rywun dy weld di, sy'n 10
meddu ar "wybodaeth", yn bwyta mewn teml eilunod, oni
chadarnheir ei gydwybod, ac yntau'n wan, i fwyta pethau wedi
eu haberthu i eilunod? Felly, trwy dy "wybodaeth" di, fe 11
ddinistrir yr un gwan, dy frawd, y bu Crist farw drosto. Wrth 12
bechu fel hyn yn erbyn eich brodyr, a chlwyfo eu cydwybod,

*adn. 38: neu, *yn priodi ei ddyweddi*; neu, *yn rhoi ei ferch i'w phriodi.*
**adn. 38: neu, *ei rhoi i'w phriodi.*
*adn. 3: yn ôl darlleniad arall, *Os oes rhywun yn caru.*

conscience. 13 So then, if food makes my brother sin, I will never
eat meat again, so as not to make my brother fall into sin.

Rights and Duties of an Apostle

9 Am I not a free man? Am I not an apostle? Haven't I seen
Jesus our Lord? And aren't you the result of my work for
the Lord? 2 Even if others do not accept me as an apostle, surely
you do! Because of your life in union with the Lord you yourselves
are proof of the fact that I am an apostle.
3 When people criticize me, this is how I defend myself: 4 Haven't I
the right to be given food and drink for my work? 5 Haven't I
the right to follow the example of the other apostles and the Lord's
brothers and Peter, by taking a Christian wife with me on my travels?
6 Or are Barnabas and I the only ones who have to work for our
living? 7 What soldier ever has to pay his own expenses in the army?
What farmer does not eat the grapes from his own vineyard? What
shepherd does not use the milk from his own sheep?
8 I don't have to limit myself to these everyday examples, because the
Law says the same thing. 9 We read in the Law of Moses, "Do
not muzzle an ox when you are using it to thresh corn." Now,
is God concerned about oxen? 10 Didn't he really mean us when
he said that? Of course that was written for us. The man who
ploughs and the man who reaps should do their work in the hope
of getting a share of the crop. 11 We have sown spiritual seed among
you. Is it too much if we reap material benefits from you? 12 If
others have the right to expect this from you, haven't we an even
greater right?
But we haven't made use of this right. Instead, we have endured
everything in order not to put any obstacle in the way of the Good
News about Christ. 13 Surely you know that the men who work
in the Temple get their food from the Temple and that those who
offer the sacrifices on the altar get a share of the sacrifices. 14 In
the same way, the Lord has ordered that those who preach the
gospel should get their living from it.
15 But I haven't made use of any of these rights, nor am I writing this
now in order to claim such rights for myself. I would rather die first!
Nobody is going to turn my rightful boast into empty words! 16 I
have no right to boast just because I preach the gospel. After all,

a hithau'n wan, yr ydych yn pechu yn erbyn Crist. Am hynny, 13
os yw bwyd yn achos cwymp i'm brawd, ni fwytâf fi gig byth,
rhag i mi achosi cwymp i'm brawd.

Hawliau Apostol

Onid wyf fi'n rhydd ? Onid wyf yn apostol ? Onid wyf wedi **9**
gweld Iesu, ein Harglwydd ? Onid fy ngwaith i ydych chwi
yn yr Arglwydd ? Os nad wyf yn apostol i eraill, o leiaf yr 2
wyf felly i chwi; oherwydd chwi yw sêl fy apostolaeth, yn yr
Arglwydd.

Fy ateb i'r rhai sy'n eistedd mewn barn arnaf yw hyn: onid 3,4
oes gennym hawl i fwyta ac yfed ? Onid oes gennym hawl i 5
fynd â gwraig sy'n Gristion o gwmpas gyda ni, fel y gwna'r
apostolion eraill, a brodyr yr Arglwydd, a Ceffas ? Neu ai 6
myfi a Barnabas yn unig sydd heb yr hawl i beidio ag ennill ein
bywoliaeth ? Pwy yn y byd sy'n rhoi gwasanaeth milwr ar ei 7
draul ei hun ? Pwy sy'n plannu gwinllan heb fwyta o'r ffrwyth?
Pwy sy'n bugeilio praidd heb yfed o'r llaeth ? Ai ar awdurdod 8
dyn yr wyf yn dweud hyn ? Onid yw'r Gyfraith hefyd yn ei
ddweud ? Oherwydd yng Nghyfraith Moses y mae'n ysgrifen- 9
edig: " Paid â chau safn yr ych sydd yn dyrnu'r ŷd." Ai am
ychen y mae gofal Duw ? Onid yw'n eglur mai er ein mwyn ni 10
y mae'n ei ddweud ? Ie, er ein mwyn ni yr ysgrifennwyd ef,
oherwydd dylai'r arddwr aredig, a'r dyrnwr ddyrnu, mewn
gobaith am gael cyfran o'r cnwd. Os ydym ni wedi hau had 11
ysbrydol er eich lles chwi, a yw'n ormod i ni fedi cnwd materol
ar eich traul chwi ? Os oes gan eraill ran yn yr hawl hon arnoch, 12
oni ddylem ni gael mwy ?

Ond nid ydym wedi arfer yr hawl hon; yn hytrach, yr ydym
yn goddef pob peth, rhag inni osod unrhyw rwystr ar ffordd
Efengyl Crist. Oni wyddoch fod y sawl sy'n cyflawni gwasan- 13
aethau'r deml yn cael eu bwyd o'r deml, a bod y rhai sy'n gweini
wrth yr allor yn cael eu cyfran o aberthau'r allor ? Yn yr un 14
modd hefyd, rhoddodd yr Arglwydd orchymyn i'r rhai sy'n
cyhoeddi'r Efengyl, eu bod i fyw ar draul yr Efengyl. Ond nid 15
wyf fi wedi manteisio ar ddim o'r hawliau hyn. Ac nid er mwyn
cael dim o'r fath i mi fy hun yr wyf yn ysgrifennu hyn. Bydd-
ai'n well gennyf farw na hynny. Ni chaiff neb droi fy ymffrost
yn wagedd. Oherwydd os wyf yn pregethu'r Efengyl, nid yw 16
hynny'n achos ymffrost i mi, gan fod rheidrwydd wedi ei osod

I am under orders to do so. And how terrible it would be for me if
I did not preach the gospel! 17 If I did my work as a matter of free
choice, then I could expect to be paid; but I do it as a matter of
duty, because God has entrusted me with this task. 18 What pay do
I get, then? It is the privilege of preaching the Good News without
charging for it, without claiming my rights in my work for the gospel.

19 I am a free man, nobody's slave; but I make myself everybody's
slave in order to win as many people as possible. 20 While working with
the Jews, I live like a Jew in order to win them; and even though I
myself am not subject to the Law of Moses, I live as though I
were when working with those who are, in order to win them. 21 In
the same way, when working with Gentiles, I live like a Gentile,
outside the Jewish Law, in order to win Gentiles. This does not
mean that I don't obey God's law; I am really under Christ's law.
22 Among the weak in faith I become weak like one of them, in
order to win them. So I become all things to all men, that I may
save some of them by whatever means are possible.

23 All this I do for the gospel's sake, in order to share in its
blessings. 24 Surely you know that many runners take part in a race,
but only one of them wins the prize. Run, then, in such a way
as to win the prize. 25 Every athlete in training submits to strict
discipline, in order to be crowned with a wreath that will not last;
but we do it for one that will last for ever. 26 That is why I run
straight for the finishing-line; that is why I am like a boxer who
does not waste his punches. 27 I harden my body with blows and
bring it under complete control, to keep myself from being disqualified
after having called others to the contest.

Warnings against Idols

10 I want you to remember, my brothers, what happened to
our ancestors who followed Moses. They were all under the
protection of the cloud, and all passed safely through the Red Sea.
2 In the cloud and in the sea they were all baptized as followers
of Moses. 3 All ate the same spiritual bread 4 and drank the same
spiritual drink. They drank from the spiritual rock that went with
them; and that rock was Christ himself. 5 But even then God was
not pleased with most of them, and so their dead bodies were scattered
over the desert.

6 Now, all this is an example for us, to warn us not to desire
evil things, as they did, 7 nor to worship idols, as some of them

arnaf. Gwae fi os na phregethaf yr Efengyl ! Os o'm gwirfodd 17
yr wyf yn gwneud hyn, y mae imi dâl; ond os o'm hanfodd,
gorchwyl sydd wedi ei ymddiried i mi. Beth, felly, yw fy nhâl? 18
Hyn ydyw: fy mod, wrth bregethu, yn cyflwyno'r Efengyl am
ddim, heb fanteisio o gwbl ar fy hawl yn yr Efengyl.

Oherwydd, er fy mod yn rhydd oddi wrth bawb, yr wyf wedi 19
fy ngwneud fy hun yn gaethwas i bawb, er mwyn ennill rhagor
ohonynt. I'r Iddewon, euthum fel Iddew, er mwyn ennill 20
Iddewon. I'r rhai sydd dan y Gyfraith, fel un ohonynt hwy—er
nad wyf fy hunan dan y Gyfraith—er mwyn ennill y rhai sydd
dan y Gyfraith. I'r rhai sydd y tu allan i'r Gyfraith, fel un 21
ohonynt hwythau—er nad wyf y tu allan i Gyfraith Duw, gan fy
mod dan Gyfraith Crist—er mwyn ennill y rhai sydd y tu allan
i'r Gyfraith. I'r gweiniaid, euthum yn wan, er mwyn ennill y 22
gweiniaid. Yr wyf wedi mynd yn bob peth i bawb, er mwyn i
mi, mewn rhyw fodd neu'i gilydd, achub rhai. Dros yr Efengyl 23
yr wyf yn gwneud pob peth, er mwyn i mi gael fy nghyfran
ynddi.

Oni wyddoch am y rhai sy'n rhedeg mewn ras, eu bod i gyd 24
yn rhedeg, ond mai un sy'n derbyn y wobr ? Fel hwythau,
rhedwch i ennill. Y mae pob mabolgampwr yn arfer hunan- 25
reolaeth ym mhopeth; y maent hwy, yn wir, yn gwneud hynny
er mwyn ennill torch lygradwy, ond y mae gennym ni un an-
llygradwy. Yr wyf fi, gan hynny, yn rhedeg fel un sydd â'r nod 26
yn sicr o'i flaen. Yr wyf yn cwffio, nid fel un sy'n curo'r awyr
â'i ddyrnau. Yr wyf yn cernodio fy nghorff, ac yn ei gaethiwo, 27
rhag i mi, sydd wedi pregethu i eraill, fy nghael fy hun yn
wrthodedig.

Rhybudd Rhag Eilunaddoliaeth

Yr wyf am i chwi wybod, fy mrodyr, i'n tadau i gyd fod dan **10**
y cwmwl, iddynt i gyd fynd drwy'r môr, iddynt i gyd gymryd 2
eu bedyddio i Moses yn y cwmwl ac yn y môr, iddynt i gyd 3
fwyta'r un bwyd ysbrydol ac yfed yr un ddiod ysbrydol; 4
oherwydd yr oeddent yn yfed o'r graig ysbrydol oedd yn eu
dilyn. A Christ oedd y graig honno. Eto nid oedd y rhan 5
fwyaf ohonynt wrth fodd Duw; oherwydd fe'u gwasgarwyd
hwy'n gyrff yn yr anialwch. Digwyddodd y pethau hyn yn 6
esiamplau i ni, i'n rhybuddio rhag chwenychu pethau drwg, fel
y gwnaethant hwy. Peidiwch â bod yn eilunaddolwyr, fel rhai 7

did. As the scripture says, "The people sat down to a feast which turned into an orgy of drinking and sex." 8 We must not be guilty of sexual immorality, as some of them were—and in one day twenty-three thousand of them fell dead. 9 We must not put the Lord[m] to the test, as some of them did—and they were killed by snakes. 10 We must not complain, as some of them did—and they were destroyed by the Angel of Death.

11 All these things happened to them as examples for others, and they were written down as a warning for us. For we live at a time when the end is about to come.

12 Whoever thinks he is standing firm had better be careful that he does not fall. 13 Every test that you have experienced is the kind that normally comes to people. But God keeps his promise, and he will not allow you to be tested beyond your power to remain firm; at the time you are put to the test, he will give you the strength to endure it, and so provide you with a way out.

14 So then, my dear friends, keep away from the worship of idols. 15 I speak to you as sensible people; judge for yourselves what I say. 16 The cup we use in the Lord's Supper and for which we give thanks to God: when we drink from it, we are sharing in the blood of Christ. And the bread we break: when we eat it, we are sharing in the body of Christ. 17 Because there is the one loaf of bread, all of us, though many, are one body, for we all share the same loaf.

18 Consider the people of Israel; those who eat what is offered in sacrifice share in the altar's service to God. 19 Do I imply, then, that an idol or the food offered to it really amounts to anything? 20 No! What I am saying is that what is sacrificed on pagan altars is offered to demons, not to God. And I do not want you to be partners with demons. 21 You cannot drink from the Lord's cup and also from the cup of demons; you cannot eat at the Lord's table and also at the table of demons. 22 Or do we want to make the Lord jealous? Do we think that we are stronger than he?

23 "We are allowed to do anything," so they say. That is true, but not everything is good. "We are allowed to do anything"—but not everything is helpful. 24 No one should be looking to his own interests, but to the interests of others.

---

[m] the Lord; *some manuscripts have* Christ.

ohonynt hwy; fel y mae'n ysgrifenedig, "Eisteddodd y bobl i
fwyta ac yfed, a chodasant i ddawnsio." Peidiwn chwaith â 8
godinebu, fel y gwnaeth rhai ohonynt hwy—a syrthiodd tair
mil ar hugain mewn un diwrnod. Peidiwn â gosod yr Arglwydd 9
ar ei brawf, fel y gwnaeth rhai ohonynt hwy—ac fe'u difethwyd
gan seirff. Peidiwch â grwgnach, fel y gwnaeth rhai ohonynt 10
hwy—ac fe'u difethwyd gan y Dinistrydd. Yn awr, digwydd- 11
odd y pethau hyn iddynt hwy fel esiamplau, ac fe'u hysgrifen-
nwyd fel rhybudd i ni, rhai y daeth terfyn yr oesoedd arnom.
Felly, bydded i'r sawl sy'n tybio ei fod yn sefyll, wylio rhag iddo 12
syrthio. Nid oes un prawf wedi dod ar eich gwarthaf nad yw'n 13
gyffredin i ddynion. Gallwch ymddiried yn Nuw, ac nid yw ef
am adael i chwi gael eich profi y tu hwnt i'ch gallu; yn wir,
gyda'r prawf, fe rydd ef ddihangfa hefyd, a'ch galluogi i ym-
gynnal dano.

Felly, fy nghyfeillion annwyl, ffowch oddi wrth eilun- 14
addoliaeth. Yr wyf yn siarad â chwi fel dynion synhwyrol; 15
barnwch chwi'r hyn yr wyf yn ei ddweud. Cwpan y fendith yr 16
ydym yn ei fendithio, onid cydgyfranogiad o waed Crist ydyw ?
A'r bara yr ydym yn ei dorri, onid cydgyfranogiad o gorff Crist
ydyw ? Gan mai un yw'r bara, yr ydym ni, a ninnau'n llawer, 17
yn un corff, oherwydd yr ydym i gyd yn cyfranogi o'r un bara.
Edrychwch ar yr Israel hanesyddol. Onid yw'r rhai sy'n bwyta'r 18
ebyrth yn gydgyfranogion o'r allor ? Beth, felly, yr wyf yn ei 19
ddweud? Fod bwyd sydd wedi ei aberthu i eilunod yn rhyw-
beth ? Neu fod eilun yn rhywbeth? Nage, ond mai i gythreul- 20
iaid, ac nid i Dduw, y mae'r paganiaid yn aberthu eu hebyrth,
ac na fynnwn i chwi fod yn gydgyfranogion o gythreuliaid.*
Ni allwch yfed cwpan yr Arglwydd a chwpan cythreuliaid; ni 21
allwch gyfranogi o fwrdd yr Arglwydd ac o fwrdd cythreuliaid.
A ydym yn mynnu cyffroi eiddigedd yr Arglwydd ? A ydym yn 22
gryfach nag ef ?

Gwnewch Bopeth er Gogoniant Duw

"Y mae popeth yn gyfreithlon," meddwch; ond nid yw 23
popeth er lles. "Y mae popeth yn gyfreithlon," meddwch;
ond nid yw popeth yn adeiladu. Peidied neb â cheisio'i les ei 24
hun, ond lles ei gymydog. Bwytewch bopeth a werthir yn y 25

*adn. 20: neu, *yn gydgyfrannog â chythreuliaid.*

25 You are free to eat anything sold in the meat-market, without ask-
ing any questions because of your conscience. 26 For, as the scripture
says, "The earth and everything in it belong to the Lord."
27 If an unbeliever invites you to a meal and you decide to go, eat
what is set before you, without asking any questions because of
your conscience. 28 But if someone says to you, "This food was offered
to idols," then do not eat that food, for the sake of the one who
told you and for conscience' sake—29 that is, not your own conscience,
but the other person's conscience.
"Well, then," someone asks, "why should my freedom to act be
limited by another person's conscience? 30 If I thank God for my
food, why should anyone criticize me about food for which I give
thanks?"
31 Well, whatever you do, whether you eat or drink, do it all
for God's glory. 32 Live in such a way as to cause no trouble either
to Jews or Gentiles or to the church of God. 33 Just do as I do;
I try to please everyone in all that I do, not thinking of my own
good, but of the good of all, so that they might be saved.

11 Imitate me, then, just as I imitate Christ.

Covering the Head in Worship

2 I praise you because you always remember me and follow the
teachings that I have handed on to you. 3 But I want you to understand
that Christ is supreme over every man, the husband is supreme over
his wife, and God is supreme over Christ. 4 So a man who prays
or proclaims God's message in public worship with his head covered
disgraces Christ. 5 And any woman who prays or proclaims God's
message in public worship with nothing on her head disgraces her
husband; there is no difference between her and a woman whose
head has been shaved. 6 If the woman does not cover her head,
she might as well cut her hair. And since it is a shameful thing
for a woman to shave her head or cut her hair, she should cover
her head. 7 A man has no need to cover his head, because he reflects the
image and glory of God. But woman reflects the glory of man;
8 for man was not created from woman, but woman from man. 9 Nor
was man created for woman's sake, but woman was created for man's
sake. 10 On account of the angels, then, a woman should have a
covering over her head to show that she is under her husband's

farchnad gig, heb holi'n fanwl yn ei gylch ar dir cydwybod.
Oherwydd eiddo'r Arglwydd yw'r ddaear a'i chyflawnder. 26
Os cewch wahoddiad gan anghredadun, ac os oes awydd ar- 27
noch fynd, bwytewch bopeth a osodir ger eich bron, heb holi'n
fanwl yn ei gylch ar dir cydwybod. Ond os dywed rhywun 28
wrthych, "Peth wedi ei offrymu yn aberth yw hwn", peidiwch
â'i fwyta, er mwyn y dyn a alwodd eich sylw at y peth, ac er
mwyn cydwybod; nid eich cydwybod chwi yr wyf yn ei olygu, 29
ond ei gydwybod ef. Pam, yn wir, y mae fy rhyddid i yn cael ei
farnu gan gydwybod rhywun arall? Os wyf fi'n cymryd fy 30
mwyd gyda diolch, pam y ceir bai arnaf ar gyfrif bwyd yr wyf
yn diolch i Dduw amdano? Felly, beth bynnag a wnewch, 31
prun ai bwyta, neu yfed, neu unrhyw beth arall, gwnewch
bopeth er gogoniant Duw. Peidiwch â bod yn achos tram- 32
gwydd i'r Iddewon na'r Groegiaid, nac i eglwys Duw.
Byddwch yn debyg i minnau; yr wyf fi'n ceisio boddhau pawb 33
ym mhob peth, heb geisio fy lles fy hun, ond lles y lliaws,
iddynt gael eu hachub. Byddwch yn efelychwyr ohonof fi, fel **11**
yr wyf finnau o Grist.

Gorchuddio Pennau Gwragedd

Yr wyf yn eich canmol chwi am eich bod yn fy nghofio ym 2
mhob peth, ac yn cadw'r traddodiadau fel y traddodais hwy i
chwi. Ond yr wyf am i chwi wybod mai pen pob gŵr yw Crist, 3
ac mai pen y wraig yw'r gŵr, ac mai pen Crist yw Duw. Y 4
mae pob gŵr sy'n gweddïo neu'n proffwydo â rhywbeth am ei
ben yn gwaradwyddo'i ben. Ond y mae pob gwraig sy'n 5
gweddïo neu'n proffwydo heb orchudd ar ei phen yn gwara-
dwyddo'i phen; y mae hi'n union fel merch sydd wedi ei
heillio. Oherwydd os yw gwraig heb orchuddio'i phen, yna fe 6
ddylai hi dorri ei gwallt yn llwyr. Ond os yw'n waradwydd i
wraig dorri ei gwallt neu eillio ei phen, fe ddylai hi wisgo
gorchudd. Ni ddylai gŵr orchuddio'i ben, ac yntau ar ddelw 7
Duw ac yn ddrych o'i ogoniant ef. Ond drych o ogoniant y
gŵr yw'r wraig. Oherwydd nid y gŵr a ddaeth o'r wraig, ond 8
y wraig o'r gŵr. Ac ni chrewyd y gŵr er mwyn y wraig, ond y 9
wraig er mwyn y gŵr. Am hynny, dylai'r wraig gael arwydd 10
awdurdod* ar ei phen, o achos yr angylion. Beth bynnag am 11

---

*adn. 10: yn ôl darlleniad arall, *gorchudd*.

authority. 11 In our life in the Lord, however, woman is not independent of man, nor is man independent of woman. 12 For as woman was made from man, in the same way man is born of woman; and it is God who brings everything into existence.

13 Judge for yourselves whether it is proper for a woman to pray to God in public worship with nothing on her head. 14 Why, nature itself teaches you that long hair on a man is a disgrace, 15 but on a woman it is a thing of beauty. Her long hair has been given her to serve as a covering. 16 But if anyone wants to argue about it, all I have to say is that neither we nor the churches of God have any other custom in worship.

The Lord's Supper

(Matt. 26.26–29; Mark 14.22–25; Luke 22.14–20)

17 In the following instructions, however, I do not praise you, because your meetings for worship actually do more harm than good. 18 In the first place, I have been told that there are opposing groups in your meetings; and this I believe is partly true. 19 (No doubt there must be divisions among you so that the ones who are in the right may be clearly seen.) 20 When you meet together as a group, it is not the Lord's Supper that you eat. 21 For as you eat, each one goes ahead with his own meal, so that some are hungry while others get drunk. 22 Haven't you got your own homes in which to eat and drink? Or would you rather despise the church of God and put to shame the people who are in need? What do you expect me to say to you about this? Shall I praise you? Of course I don't!

23 For I received from the Lord the teaching that I passed on to you: that the Lord Jesus, on the night he was betrayed, took a piece of bread, 24 gave thanks to God, broke it, and said, "This is my body, which is for you. Do this in memory of me." 25 In the same way, after the supper he took the cup and said, "This cup is God's new covenant, sealed with my blood. Whenever you drink it, do so in memory of me."

26 This means that every time you eat this bread and drink from

hynny, yn yr Arglwydd nid yw'r wraig yn ddim heb y gŵr, na'r
gŵr yn ddim heb y wraig. Canys fel y daeth y wraig o'r gŵr, 12
felly hefyd y daw'r gŵr drwy'r wraig. A daw'r cwbl o Dduw.
Barnwch drosoch eich hunain: a yw'n weddus i wraig weddïo 13
ar Dduw heb orchudd ar ei phen? Onid yw natur ei hun yn 14
eich dysgu mai anfri yw i ddyn dyfu ei wallt yn hir, ond mai 15
gogoniant gwraig yw tyfu ei gwallt hi'n hir? Canys rhoddwyd
ei gwallt iddi hi i fod yn fantell iddi. Ond os myn neb fod yn 16
gecrus, nid oes gennym ni unrhyw arfer o'r fath, na chan
eglwysi Duw chwaith.

Difrïo Swper yr Arglwydd

Ond wrth eich cyfarwyddo, dyma rywbeth nad wyf yn ei 17
ganmol ynoch, eich bod yn ymgynnull, nid er gwell, ond er
gwaeth. Yn gyntaf, pan fyddwch yn ymgynnull fel eglwys, yr 18
wyf yn clywed bod ymraniadau yn eich plith, ac 'rwy'n credu
fod peth gwir yn hyn. Oherwydd y mae pleidiau yn eich plith 19
yn anghenraid, er mwyn i'r rhai dilys yn eich mysg ddod i'r
golwg. Felly, pan fyddwch yn ymgynnull, nid i fwyta swper yr 20
Arglwydd y byddwch yn gwneud hynny, oherwydd yn y bwyta 21
y mae pob un yn rhuthro i gymryd ei swper ei hun, ac y mae
eisiau bwyd ar un, ac un arall yn feddw. Onid oes gennych dai 22
i fwyta ac yfed ynddynt? Neu a ydych yn mynnu dirmygu
eglwys Duw, a pheri cywilydd i'r rhai sydd heb ddim? Beth a
ddywedaf wrthych? A wyf i'ch canmol? Yn hyn o beth, nid
wyf yn eich canmol.

Sefydlu Swper yr Arglwydd

(Math 26.26-29; Mc 14.22-25; Lc 22.14-20)

Oherwydd fe dderbyniais i oddi wrth yr Arglwydd, yr hyn 23
hefyd a draddodais i chwi: i'r Arglwydd Iesu, y nos y bradych-
wyd ef, gymryd bara; ac wedi iddo ddiolch, fe'i torrodd, a 24
dywedodd, "Hwn yw fy nghorff, sydd* er eich mwyn chwi.
Gwnewch hyn er cof amdanaf." Yr un modd hefyd fe gymer- 25
odd y cwpan, ar ôl swper, gan ddweud, "Y cwpan hwn yw'r
cyfamod newydd, yn fy ngwaed i. Gwnewch hyn, bob tro yr
yfwch ef, er cof amdanaf." Oherwydd bob tro y byddwch yn 26

*adn. 24: yn ôl darlleniad arall, *sydd yn cael ei dorri*.

this cup you proclaim the Lord's death until he comes. 27 It follows
that if anyone eats the Lord's bread or drinks from his cup in a
way that dishonours him, he is guilty of sin against the Lord's body
and blood. 28 So then, everyone should examine himself first, and
then eat the bread and drink from the cup. 29 For if he does not
recognize the meaning of the Lord's body when he eats the bread
and drinks from the cup, he brings judgement on himself as he
eats and drinks. 30 That is why many of you are weak and ill, and
several have died. 31 If we would examine ourselves first, we would
not come under God's judgement. 32 But we are judged and punished
by the Lord, so that we shall not be condemned together with the
world.

33 So then, my brothers, when you gather together to eat the Lord's
Supper, wait for one another. 34 And if anyone is hungry, he should eat
at home, so that you will not come under God's judgement as you meet
together. As for the other matters, I will settle them when I come.

Gifts from the Holy Spirit

12 Now, concerning what you wrote about the gifts from the
Holy Spirit.

I want you to know the truth about them, my brothers. 2 You
know that while you were still heathen, you were led astray in many
ways to the worship of lifeless idols. 3 I want you to know that
no one who is led by God's Spirit can say "A curse on Jesus!"
and no one can confess "Jesus is Lord," unless he is guided by
the Holy Spirit.

4 There are different kinds of spiritual gifts, but the same Spirit gives
them. 5 There are different ways of serving, but the same Lord is
served. 6 There are different abilities to perform service, but the same
God gives ability to everyone for their particular service. 7 The Spirit's
presence is shown in some way in each person for the good of
all. 8 The Spirit gives one person a message full of wisdom, while
to another person the same Spirit gives a message full of knowledge.
9 One and the same Spirit gives faith to one person, while to another
person he gives the power to heal. 10 The Spirit gives one person the
power to work miracles; to another, the gift of speaking God's mess-
age; and to yet another, the ability to tell the difference between
gifts that come from the Spirit and those that do not. To one person
he gives the ability to speak in strange tongues, and to another
he gives the ability to explain what is said. 11 But it is one and
the same Spirit who does all this; as he wishes, he gives a different
gift to each person.

bwyta'r bara hwn ac yn yfed y cwpan hwn, yr ydych yn
cyhoeddi marwolaeth yr Arglwydd, hyd nes y daw.

Cyfranogi o'r Swper yn Annheilwng

Felly, pwy bynnag fydd yn bwyta'r bara neu'n yfed cwpan 27
yr Arglwydd yn annheilwng, bydd yn euog o halogi corff a
gwaed yr Arglwydd. Bydded i ddyn ei holi ei hunan, ac felly 28
bwyta o'r bara ac yfed o'r cwpan. Oherwydd y mae'r sawl sydd 29
yn bwyta ac yn yfed, os nad yw'n dirnad y corff, yn bwyta ac yn
yfed barn arno'i hun. Dyna pam y mae llawer yn eich plith yn 30
wan ac yn glaf, a chryn nifer wedi marw. Ond pe baem yn ein 31
barnu ein hunain yn iawn, ni fyddem yn dod dan farn. Ond 32
pan fernir ni gan yr Arglwydd, cael ein disgyblu yr ydym, rhag
i ni gael ein condemnio gyda'r byd. Felly, fy mrodyr, pan 33
fyddwch yn ymgynnull i fwyta, arhoswch am eich gilydd. Os 34
bydd ar rywun eisiau bwyd, bydded iddo fwyta gartref, rhag
i'ch ymgynulliad arwain i farn arnoch. Ond am y pethau eraill,
caf roi trefn arnynt pan ddof atoch.

Doniau Ysbrydol

Ynglŷn â doniau ysbrydol, frodyr, nid wyf am i chwi fod **12**
heb wybod amdanynt. Fe wyddoch sut y byddech yn cael eich 2
ysgubo i ffwrdd at eilunod mud, pan oeddech yn baganiaid.
Am hynny, yr wyf yn eich hysbysu nad yw neb sydd yn llefaru 3
trwy Ysbryd Duw yn dweud, "Melltith ar Iesu!" Ac ni all
neb ddweud, "Iesu yw'r Arglwydd!" ond trwy yr Ysbryd Glân.
Y mae amrywiaeth doniau, ond yr un Ysbryd sy'n eu rhoi; 4
ac y mae amrywiaeth gweinidogaethau, ond yr un Arglwydd 5
sy'n eu rhoi; ac y mae amrywiaeth gweithrediadau, ond yr un 6
Duw sydd yn gweithredu pob peth ym mhawb. Rhoddir 7
amlygiad o'r Ysbryd i bob un, er lles pawb. Oherwydd fe 8
roddir i un, trwy'r Ysbryd, lefaru doethineb; i un arall, lefaru
gwybodaeth, yn ôl yr un Ysbryd; i un arall rhoddir ffydd, 9
trwy'r un Ysbryd; i un arall ddoniau iacháu, yn yr un Ysbryd;
i un arall gyflawni gwyrthiau, i un arall broffwydo, i un arall 10
wahaniaethu rhwng ysbrydoedd, i un arall lefaru â thafodau,
i un arall ddehongli tafodau. A'r holl bethau hyn, yr un a'r 11
unrhyw Ysbryd sydd yn eu gweithredu, gan rannu, yn ôl ei
ewyllys, i bob un ar wahân.

One Body with Many Parts

12 Christ is like a single body, which has many parts; it is still one
body, even though it is made up of different parts. 13 In the same way,
all of us, whether Jews or Gentiles, whether slaves or free, have been
baptized into the one body by the same Spirit, and we have all been
given the one Spirit to drink.

14 For the body itself is not made up of only one part, but of
many parts. 15 If the foot were to say, "Because I am not a hand,
I don't belong to the body," that would not keep it from being
a part of the body. 16 And if the ear were to say, "Because I am
not an eye, I don't belong to the body," that would not keep it
from being a part of the body. 17 If the whole body were just an
eye, how could it hear? And if it were only an ear, how could
it smell? 18 As it is, however, God put every different part in the
body just as he wanted it to be. 19 There would not be a body if
it were all only one part! 20 As it is, there are many parts but one
body.

21 So then, the eye cannot say to the hand, "I don't need you!" Nor
can the head say to the feet, "Well, I don't need you!" 22 On the
contrary, we cannot do without the parts of the body that seem to
be weaker; 23 and those parts that we think aren't worth very much are
the ones which we treat with greater care; while the parts of the body
which don't look very nice are treated with special modesty, 24 which
the more beautiful parts do not need. God himself has put the body
together in such a way as to give greater honour to those parts
that need it. 25 And so there is no division in the body, but all
its different parts have the same concern for one another. 26 If one
part of the body suffers, all the other parts suffer with it; if one
part is praised, all the other parts share its happiness.

27 All of you are Christ's body, and each one is a part of it.
28 In the church God has put all in place: in the first place apostles,
in the second place prophets, and in the third place teachers; then
those who perform miracles, followed by those who are given the
power to heal or to help others or to direct them or to speak in
strange tongues. 29 They are not all apostles or prophets or teachers.
Not everyone has the power to work miracles 30 or to heal diseases
or to speak in strange tongues or to explain what is said. 31 Set
your hearts, then, on the more important gifts.

Best of all, however, is the following way.

Llawer o Aelodau mewn Un Corff

Oherwydd fel y mae'r corff yn un, â chanddo lawer o aelodau, 12
a'r rheini oll, er eu bod yn llawer, yn un corff, fel hyn y mae
Crist hefyd. Canys mewn un Ysbryd y cawsom i gyd ein 13
bedyddio i un corff, boed yn Iddewon neu yn Roegiaid, yn
gaethweision neu yn rhyddion, a rhoddwyd i bawb ohonom un
Ysbryd i'w yfed. Oherwydd nid un aelod yw'r corff, ond 14
llawer. Os dywed y troed, " Gan nad wyf yn llaw, nid wyf yn 15
rhan o'r corff", nid yw am hynny heb fod yn rhan o'r corff.
Ac os dywed y glust, " Gan nad wyf yn llygad, nid wyf yn rhan 16
o'r corff", nid yw am hynny heb fod yn rhan o'r corff. Petai'r 17
holl gorff yn llygad, lle byddai'r clyw ? Petai'r cwbl yn glyw,
lle byddai'r arogli ? Ond fel y mae, gosododd Duw yr aelodau, 18
bob un ohonynt, yn y corff fel y gwelodd ef yn dda. Pe baent 19
i gyd yn un aelod, lle byddai'r corff ? Ond fel y mae, llawer 20
yw'r aelodau, ond un yw'r corff. Ni all y llygad ddweud wrth y 21
llaw, "Nid oes arnaf dy angen di", na'r pen chwaith wrth y
traed, " Nid oes arnaf eich angen chwi." I'r gwrthwyneb yn 22
hollol, y mae'r aelodau hynny o'r corff sy'n ymddangos yn
wannaf yn angenrheidiol; a'r rhai sydd leiaf eu parch yn ein 23
tyb ni, yr ydym yn amgylchu'r rheini â pharch neilltuol; ac y
mae ein haelodau anweddaidd yn cael gwedduster neilltuol.
Ond nid oes ar ein haelodau gweddus angen hynny. Gosododd 24
Duw y corff wrth ei gilydd, gan roi parchusrwydd neilltuol i'r
aelod oedd heb ddim parch, rhag bod ymraniad yn y corff, ac er 25
mwyn i'r holl aelodau gymryd yr un gofal dros ei gilydd. Os 26
bydd un aelod yn dioddef, y mae pob aelod yn dioddef gydag
ef; neu os bydd un aelod yn cael ei anrhydeddu, y mae pob
aelod yn llawenhau gydag ef.

Yn awr, chwi yw corff Crist, ac y mae i bob un ohonoch ei le 27
fel aelod. Ymhlith y rhain y mae Duw wedi gosod yn yr eglwys, 28
yn gyntaf apostolion, yn ail broffwydi, yn drydydd athrawon,
yna cyflawni gwyrthiau, yna doniau iacháu, cynorthwyo,
cyfarwyddo, llefaru â thafodau. A yw pawb yn apostol ? A yw 29
pawb yn broffwyd ? A yw pawb yn athro ? A yw pawb yn
gyflawnwr gwyrthiau ? A oes gan bawb ddoniau iacháu ? 30
A yw pawb yn llefaru â thafodau ? A yw pawb yn dehongli ?
Ond rhowch eich bryd ar y doniau gorau. 31

Love

13 I may be able to speak the languages of men and even of
angels, but if I have no love, my speech is no more than
a noisy gong or a clanging bell. 2 I may have the gift of inspired
preaching; I may have all knowledge and understand all secrets;
I may have all the faith needed to move mountains—but if I have
no love, I am nothing. 3 I may give away everything I have, and
even give up my body to be burnt[n] —but if I have no love, this
does me no good.

4 Love is patient and kind; it is not jealous or conceited or proud;
5 love is not ill-mannered or selfish or irritable; love does not keep a
record of wrongs; 6 love is not happy with evil, but is happy with the
truth. 7 Love never gives up; and its faith, hope, and patience never fail.

8 Love is eternal. There are inspired messages, but they are
temporary; there are gifts of speaking in strange tongues, but they
will cease; there is knowledge, but it will pass. 9 For our gifts of
knowledge and of inspired messages are only partial; 10 but when
what is perfect comes, then what is partial will disappear.

11 When I was a child, my speech, feelings, and thinking were
all those of a child; now that I am a man, I have no more use
for childish ways. 12 What we see now is like a dim image in a
mirror; then we shall see face to face. What I know now is only
partial; then it will be complete—as complete as God's knowledge
of me.

13 Meanwhile these three remain: faith, hope, and love; and the
greatest of these is love.

More about Gifts from the Spirit

14 It is love, then, that you should strive for. Set your hearts
on spiritual gifts, especially the gift of proclaiming God's mess-
age. 2 The one who speaks in strange tongues does not speak to

---

[n] to be burnt; *some manuscripts have* in order to boast.

Cariad

Ac yr wyf am ddangos i chwi ffordd ragorach fyth. Os llef- **13**
araf â thafodau dynion ac angylion, a heb fod gennyf gariad,
efydd swnllyd ydwyf, neu symbal aflafar. Ac os oes gennyf 2
ddawn proffwydo, ac os wyf yn gwybod y dirgelion i gyd, a
phob gwybodaeth, ac os oes gennyf gymaint o ffydd nes gallu
symud mynyddoedd, a heb fod gennyf gariad, nid wyf ddim.
Ac os rhof fy holl feddiannau i borthi eraill, ac os rhof fy 3
nghorff yn aberth, a hynny er mwyn ymffrostio,* a heb fod
gennyf gariad, ni wna hyn ddim lles imi.

Y mae cariad yn hirymarhous; y mae cariad yn gymwynas- 4
gar; nid yw'n cenfigennu, nid yw'n ymffrostio, nid yw'n ym-
chwyddo. Nid yw'n gwneud dim sy'n anweddus, nid yw'n 5
ceisio ei ddibenion ei hun, nid yw'n gwylltio, nid yw'n cadw
cyfrif o gam; nid yw'n cael llawenydd mewn anghyfiawnder, 6
ond y mae'n cydlawenhau â'r gwirionedd. Y mae'n goddef i'r 7
eithaf, yn credu i'r eithaf, yn gobeithio i'r eithaf, yn dal ati i'r
eithaf.

Nid yw cariad yn darfod byth. Ond proffwydoliaethau, fe'u 8
diddymir hwy; a thafodau, bydd taw arnynt hwy; a gwybod-
aeth, fe'i diddymir hithau. Oherwydd amherffaith yw ein 9
gwybod, ac amherffaith ein proffwydo. Ond pan ddaw'r hyn 10
sydd berffaith, fe ddiddymir yr hyn sydd amherffaith. Pan 11
oeddwn yn blentyn, fel plentyn yr oeddwn yn llefaru, fel
plentyn yr oeddwn yn meddwl, fel plentyn yr oeddwn yn
rhesymu. Ond wedi dod yn ddyn, yr wyf wedi rhoi heibio
pethau'r plentyn. Yn awr, gweld mewn drych yr ydym, a 12
hynny'n aneglur; ond yna cawn weld wyneb yn wyneb. Yn
awr, amherffaith yw fy ngwybod; ond yna, caf adnabod fel y
cefais innau fy adnabod. Mewn gair, y mae ffydd, gobaith, 13
cariad, y tri hyn, yn aros. A'r mwyaf o'r rhain yw cariad.

Dawn Tafodau a Dawn Proffwydo

Dilynwch gariad yn daer, a rhowch eich bryd ar y doniau **14**
ysbrydol, yn enwedig dawn proffwydo. Oherwydd y mae'r 2
sawl sydd yn llefaru â thafodau yn llefaru, nid wrth ddynion,

*adn. 3: yn ôl darlleniad arall, *fy nghorff i'w losgi.*

others but to God, because no one understands him. He is speaking
secret truths by the power of the Spirit. 3 But the one who proclaims
God's message speaks to people and gives them help, encouragement,
and comfort. 4 The one who speaks in strange tongues helps only
himself, but the one who proclaims God's message helps the whole
church.

5 I would like all of you to speak in strange tongues; but I would
rather that you had the gift of proclaiming God's message. For the
person who proclaims God's message is of greater value than the
one who speaks in strange tongues—unless there is someone present
who can explain what he says, so that the whole church may be
helped. 6 So when I come to you, my brothers, what use will I
be to you if I speak in strange tongues? Not a bit, unless I bring
you some revelation from God or some knowledge or some inspired
message, or some teaching.

7 Take such lifeless musical instruments as the flute or the harp—
how will anyone know the tune that is being played unless the notes
are sounded distinctly? 8 And if the man who plays the bugle does
not sound a clear call, who will prepare for battle? 9 In the same
way, how will anyone understand what you are talking about if
your message given in strange tongues is not clear? Your words
will vanish in the air! 10 There are many different languages in the
world, yet none of them is without meaning. 11 But if I do not know
the language being spoken, the person who uses it will be a foreigner
to me and I will be a foreigner to him. 12 Since you are eager to
have the gifts of the Spirit, you must try above everything else to
make greater use of those which help to build up the church.

13 The person who speaks in strange tongues, then, must pray
for the gift to explain what he says. 14 For if I pray in this way,
my spirit prays indeed, but my mind has no part in it. 15 What
should I do, then? I will pray with my spirit, but I will pray also
with my mind; I will sing with my spirit, but I will sing also with
my mind. 16 When you give thanks to God in spirit only, how can
an ordinary person taking part in the meeting say "Amen" to your
prayer of thanksgiving? He has no way of knowing what you are
saying. 17 Even if your prayer of thanks to God is quite good, the
other person is not helped at all.

18 I thank God that I speak in strange tongues much more than
any of you. 19 But in church worship I would rather speak five words
that can be understood, in order to teach others, than speak thousands
of words in strange tongues.

20 Do not be like children in your thinking, my brothers; be children
so far as evil is concerned, but be grown-up in your thinking. 21 In the
Scriptures it is written,

ond wrth Dduw. Nid oes unrhyw ddyn yn ei ddeall; llefaru
pethau dirgel y mae, yn yr Ysbryd. Ond y mae'r sawl sy'n 3
proffwydo yn llefaru wrth ddynion bethau sy'n eu hadeiladu,
a'u calonogi a'u cysuro. Y mae'r sawl sy'n llefaru â thafodau 4
yn ei adeiladu ei hun, ond y mae'r sawl sy'n proffwydo yn
adeiladu'r eglwys. Mi hoffwn i chwi i gyd lefaru â thafodau, 5
ond yn fwy byth i chwi broffwydo. Y mae'r dyn sy'n proffwydo
yn well na'r dyn sy'n llefaru â thafodau, os na all hwnnw dde-
hongli'r hyn y mae'n ei ddweud, er mwyn i'r eglwys gael adeil-
adaeth.

Yn awr, frodyr, os dof atoch gan lefaru â thafodau, pa les a 6
wnaf i chwi, os na ddywedaf rywbeth wrthych sy'n ddatgudd-
iad, neu wybodaeth, neu broffwydoliaeth, neu hyfforddiant?
Ystyriwch offerynnau difywyd sy'n cynhyrchu sŵn, fel pibell 7
neu delyn; os na seiniant eu nodau bob un ar wahân, sut y mae
gwybod beth sy'n cael ei ganu arnynt? Ac os yw'r utgorn yn 8
rhoi nodyn aneglur, pwy sy'n mynd i'w arfogi ei hun i frwydr?
Felly chwithau: wrth lefaru â thafodau, os na thraethwch air y 9
gellir ei ddeall, pa fodd y gall neb wybod beth a ddywedir?
Malu awyr y byddwch. Mor niferus yw'r mathau o leferydd a 10
ddichon fod yn y byd! Ac nid oes dim oll heb leferydd. Ond 11
os nad wyf yn deall ystyr y lleferydd, byddaf yn farbariad
aflafar i'r llefarwr, ac yntau i minnau. Gan eich bod chwi, felly, 12
yn dyheu am ddoniau'r Ysbryd, ceisiwch gyflawnder o'r rhai
sy'n adeiladu'r eglwys. Felly, bydded i'r sawl sy'n llefaru â 13
thafodau weddïo am y gallu i ddehongli. Oherwydd os byddaf 14
yn gweddïo â thafodau, y mae fy ysbryd yn gweddïo, ond y mae
fy meddwl yn ddiffrwyth. Beth a wnaf, felly? Mi weddïaf â'm 15
hysbryd, ond mi weddïaf â'm deall hefyd. Mi ganaf â'r ysbryd,
ond mi ganaf â'r deall hefyd. Onid e, os byddi'n moliannu â'r 16
ysbryd, pa fodd y gall rhywun sydd heb ei hyfforddi ddweud yr
"Amen" i'r diolch yr wyt yn ei roi, os nad yw'n deall beth yr
wyt yn ei ddweud? Yr wyt ti'n wir yn rhoi'r diolch yn ddigon 17
da, ond nid yw'r dyn arall yn cael ei adeiladu. Diolch i Dduw, 18
yr wyf fi'n llefaru â thafodau yn fwy na chwi i gyd. Ond yn yr 19
eglwys, y mae'n well gennyf lefaru pum gair â'm deall, er mwyn
hyfforddi eraill, na deng mil o eiriau â thafodau.

Fy mrodyr, peidiwch â bod yn blantos o ran deall; byddwch 20
yn fabanod mewn drygioni, ond yn aeddfed o ran deall. Y 21
mae'n ysgrifenedig yn y Gyfraith:

"By means of men speaking strange languages
I will speak to my people, says the Lord.
I will speak through lips of foreigners,
but even then my people will not listen to me."

22 So then, the gift of speaking in strange tongues is proof for
unbelievers, not for believers, while the gift of proclaiming God's
message is proof for believers, not for unbelievers.

23 If, then, the whole church meets together and everyone starts
speaking in strange tongues—and if some ordinary people or
unbelievers come in, won't they say that you are all crazy? 24 But
if everyone is proclaiming God's message when some unbeliever or
ordinary person comes in, he will be convinced of his sin by what
he hears. He will be judged by all he hears, 25 his secret thoughts
will be brought into the open, and he will bow down and worship
God, confessing, "Truly God is here among you!"

Order in the Church

26 This is what I mean, my brothers. When you meet for worship,
one person has a hymn, another a teaching, another a revelation
from God, another a message in strange tongues, and still another
the explanation of what is said. Everything must be of help to the
church. 27 If someone is going to speak in strange tongues, two or
three at the most should speak, one after the other, and someone
else must explain what is being said. 28 But if no one is there who
can explain, then the one who speaks in strange tongues must be
quiet and speak only to himself and to God. 29 Two or three who
are given God's message should speak, while the others are to judge
what they say. 30 But if someone sitting in the meeting receives a
message from God, the one who is speaking should stop. 31 All of
you may proclaim God's message, one by one, so that everyone
will learn and be encouraged. 32 The gift of proclaiming God's message
should be under the speaker's control, 33 because God does not want
us to be in disorder but in harmony and peace.

As in all the churches of God's people, 34 the women should keep
quiet in the meetings. They are not allowed to speak; as the Jewish
Law says, they must not be in charge. 35 If they want to find out
about something, they should ask their husbands at home. It is a
disgraceful thing for a woman to speak in church.

36 Or could it be that the word of God came from you? Or
are you the only ones to whom it came? 37 If anyone supposes

" 'Trwy ddynion o dafodau dieithr,
ac â gwefusau estroniaid,
y llefaraf wrth y bobl hyn,
ac eto ni wrandawant arnaf,'
medd yr Arglwydd." Arwyddion yw tafodau, felly, nid i gred- 22
inwyr, ond i anghredinwyr; ond proffwydoliaeth, nid i anghred-
inwyr y mae, ond i gredinwyr. Felly, pan ddaw holl aelodau'r 23
eglwys ynghyd i'r un lle, os bydd pawb yn llefaru â thafodau,
a phobl heb eu hyfforddi, neu anghredinwyr, yn dod i mewn,
oni ddywedant eich bod yn wallgof? Ond os bydd pawb yn 24
proffwydo, ac anghredadun neu rywun heb ei hyfforddi yn dod
i mewn, fe'i hargyhoeddir gan bawb, a'i ddwyn i farn gan bawb;
daw pethau cuddiedig ei galon i'r amlwg, ac felly, bydd yn 25
syrthio ar ei wyneb ac yn addoli Duw a dweud, "Yn wir y mae
Duw yn eich plith."

Popeth i'w Wneud mewn Trefn

Beth amdani, ynteu, frodyr? Pan fyddwch yn ymgynnull, 26
bydd gan bob un ei salm, ei air o hyfforddiant, ei ddatguddiad,
ei lefaru â thafodau, ei ddehongliad. Gadewch i bob peth fod
er adeiladaeth. Os oes rhywun yn llefaru â thafodau, bydded i 27
ddau yn unig, neu dri ar y mwyaf, lefaru, a phob un yn ei dro;
a bydded i rywun ddehongli. Os nad oes ddehonglydd yn 28
bresennol, bydded y llefarwr yn ddistaw yn y gynulleidfa, a
llefaru wrtho'i hun ac wrth Dduw. Dim ond dau neu dri o'r 29
proffwydi sydd i lefaru, a'r lleill i bwyso'r neges. Os daw 30
datguddiad i rywun arall sy'n eistedd gerllaw, bydded i'r
proffwyd sy'n llefaru dewi. Oherwydd gall pawb ohonoch 31
broffwydo, bob yn un, er mwyn i bawb gael addysg a chysur. Ac 32
y mae ysbryd pob proffwyd yn ddarostyngedig i'r proffwyd.
Nid Duw anhrefn yw Duw, ond Duw heddwch. 33

Yn ôl y drefn ym mhob un o eglwysi'r saint, dylai'r gwragedd 34
fod yn ddistaw yn yr eglwysi, oherwydd ni chaniateir iddynt
lefaru. Dylent fod yn ddarostyngedig, fel y mae'r Gyfraith
hefyd yn dweud. Os ydynt am gael gwybod rhywbeth, dylent 35
ofyn i'w gwŷr eu hunain yn y tŷ, oherwydd peth anweddus yw
i wraig lefaru yn y gynulleidfa. Ai oddi wrthych chwi y cych- 36
wynnodd gair Duw? Neu ai atoch chwi yn unig y cyrhaedd-
odd?

he is God's messenger or has a spiritual gift, he must realize that
what I am writing to you is the Lord's command. 38 But if he does
not pay attention to this, pay no attention to him.
39 So then, my brothers, set your heart on proclaiming God's mess-
age, but do not forbid the speaking in strange tongues. 40 Everything
must be done in a proper and orderly way.

The Resurrection of Christ

15 And now I want to remind you, my brothers, of the Good
News which I preached to you, which you received, and on
which your faith stands firm. 2 That is the gospel, the message that
I preached to you. You are saved by the gospel if you hold firmly
to it—unless it was for nothing that you believed.
3 I passed on to you what I received, which is of the greatest
importance: that Christ died for our sins, as written in the Scriptures;
4 that he was buried and that he was raised to life three days later,
as written in the Scriptures; 5 that he appeared to Peter and then
to all twelve apostles. 6 Then he appeared to more than five hundred
of his followers at once, most of whom are still alive, although
some have died. 7 Then he appeared to James, and afterwards to
all the apostles.
8 Last of all he appeared also to me—even though I am like someone
whose birth was abnormal.[o] 9 For I am the least of all the apostles—I
do not even deserve to be called an apostle, because I persecuted
God's church. 10 But by God's grace I am what I am, and the grace
that he gave me was not without effect. On the contrary, I have
worked harder than any of the other apostles, although it was not
really my own doing, but God's grace working with me. 11 So then,
whether it came from me or from them, this is what we all preach,
and this is what you believe.

Our Resurrection

12 Now, since our message is that Christ has been raised from
death, how can some of you say that the dead will not be raised
to life? 13 If that is true, it means that Christ was not raised; 14 and
if Christ has not been raised from death, then we have nothing
to preach and you have nothing to believe. 15 More than that, we
are shown to be lying about God, because we said that he raised

---

[o] whose birth was abnormal; *or* who was born at the wrong time.

Os oes rhywun ohonoch yn tybio ei fod yn broffwyd, neu'n 37
rhywun ysbrydol, dylai gydnabod mai gorchymyn yr Ar-
glwydd yw'r hyn yr wyf yn ei ysgrifennu atoch. Os oes 38
rhywun nad yw'n cydnabod hynny, ni chydnabyddir mohono
yntau.* Felly, fy mrodyr, rhowch eich bryd ar broffwydo, a 39
pheidiwch â gwahardd llefaru â thafodau. Dylid gwneud 40
popeth yn weddus ac mewn trefn.

Atgyfodiad Crist

Ynglŷn â'r Efengyl, frodyr, a bregethais i chwi ac a dderbyn- **15**
iasoch chwithau, yr Efengyl sydd yn sylfaen eich bywyd ac yn 2
foddion eich iachawdwriaeth, yr wyf am eich atgoffa am
gynnwys yr hyn a bregethais—os ydych yn dal i lynu wrtho;
onid e, yn ofer y credasoch. Oherwydd, yn y lle cyntaf, tra- 3
ddodais i chwi yr hyn a dderbyniais: i Grist farw dros ein
pechodau ni, yn ôl yr Ysgrythurau; iddo gael ei gladdu, a'i 4
gyfodi y trydydd dydd, yn ôl yr Ysgrythurau; ac iddo ym- 5
ddangos i Cephas, ac yna i'r Deuddeg. Yna, ymddangosodd i 6
fwy na phum cant o'r brodyr ar unwaith—ac y mae'r mwyafrif
ohonynt yn fyw hyd heddiw, er fod rhai wedi huno. Yna, 7
ymddangosodd i Iago, yna i'r holl apostolion. Yn ddiwethaf 8
oll, fe ymddangosodd i minnau hefyd, fel i ryw erthyl o
apostol. Oherwydd y lleiaf o'r apostolion wyf fi, un nad wyf 9
deilwng i'm galw yn apostol, gan i mi erlid eglwys Duw. Ond 10
trwy ras Duw yr wyf yr hyn ydwyf, ac ni bu ei ras ef tuag ataf
yn ofer. Yn wir, mi lafuriais yn helaethach na hwy i gyd—eto
nid myfi, ond gras Duw, oedd gyda mi. Ond prun bynnag ai 11
myfi ai hwy, felly yr ydym yn pregethu, ac felly y credasoch
chwithau.

Atgyfodiad y Meirw

Yn awr, os pregethir Crist, ei fod wedi ei gyfodi oddi wrth y 12
meirw, sut y mae rhai yn eich plith yn dweud nad oes atgyfod-
iad y meirw? Os nad oes atgyfodiad y meirw, nid yw Crist 13
wedi ei gyfodi chwaith. Ac os nad yw Crist wedi ei gyfodi, 14
gwagedd yw ein pregethu ni, a gwagedd hefyd yw eich ffydd
chwi. Ceir ein bod yn dystion twyllodrus i Dduw, am ein bod 15

---

*adn. 38: yn ôl darlleniad arall, *gadewch iddo beidio â'i gydnabod.*

Christ from death—but if it is true that the dead are not raised
to life, then he did not raise Christ. 16 For if the dead are not raised,
neither has Christ been raised. 17 And if Christ has not been raised,
then your faith is a delusion and you are still lost in your sins.
18 It would also mean that the believers in Christ who have died
are lost. 19 If our hope in Christ is good for this life only and no
more,[p] then we deserve more pity than anyone else in all the world.

20 But the truth is that Christ has been raised from death, as
the guarantee that those who sleep in death will also be raised.
21 For just as death came by means of a man, in the same way
the rising from death comes by means of a man. 22 For just as all
people die because of their union with Adam, in the same way
all will be raised to life because of their union with Christ. 23 But
each one will be raised in his proper order: Christ, first of all;
then, at the time of his coming, those who belong to him. 24 Then
the end will come; Christ will overcome all spiritual rulers, authorities,
and powers, and will hand over the Kingdom to God the Father.
25 For Christ must rule until God defeats all enemies and puts them
under his feet. 26 The last enemy to be defeated will be death. 27 For
the scripture says, "God put *all* things under his feet." It is clear,
of course, that the words "all things" do not include God himself,
who puts all things under Christ. 28 But when all things have been
placed under Christ's rule, then he himself, the Son, will place himself
under God, who placed all things under him; and God will rule
completely over all.

29 Now, what about those people who are baptized for the dead?
What do they hope to accomplish? If it is true, as some claim,
that the dead are not raised to life, why are those people being
baptized for the dead? 30 And as for us—why would we run the
risk of danger every hour? 31 My brothers, I face death every day!
The pride I have in you, in our life in union with Christ Jesus
our Lord, makes me declare this. 32 If I have, as it were, fought
"wild beasts" here in Ephesus simply from human motives, what
have I gained? But if the dead are not raised to life, then, as the
saying goes, "Let us eat and drink, for tomorrow we will die."

---

[p] If our hope in Christ is good for this life only and no more; *or* If all we have in this life is our hope in Christ.

wedi tystiolaethu iddo gyfodi Crist—ac yntau heb wneud hynny,
os yw'n wir nad yw'r meirw yn cael eu cyfodi. Oherwydd os 16
nad yw'r meirw yn cael eu cyfodi, nid yw Crist wedi ei gyfodi
chwaith. Ac os nad yw Crist wedi ei gyfodi, ofer yw eich ffydd, 17
ac yn eich pechodau yr ydych o hyd. Y mae'n dilyn hefyd fod 18
y rhai a hunodd yng Nghrist wedi darfod amdanynt. Os ar 19
gyfer y bywyd hwn yn unig yr ydym wedi gobeithio yng
Nghrist,* nyni yw'r mwyaf truenus ymhlith dynion.

Ond y gwir yw fod Crist wedi ei gyfodi oddi wrth y meirw, 20
yn flaenffrwyth y rhai sydd wedi huno. Gan mai trwy ddyn y 21
daeth marwolaeth, trwy ddyn hefyd y daeth atgyfodiad y
meirw. Oherwydd fel y mae pawb yn marw yn Adda, felly 22
hefyd y gwneir pawb yn fyw yng Nghrist. Ond pob un yn ei 23
briod drefn: Crist y blaenffrwyth, ac yna, ar ei ddyfodiad ef, y
rhai sy'n eiddo Crist. Yna daw'r diwedd, pan fydd Crist yn 24
traddodi'r deyrnas i Dduw'r Tad, ar ôl iddo ddileu pob tywys-
ogaeth, a phob awdurdod a gallu. Oherwydd y mae'n rhaid 25
iddo ef ddal i deyrnasu nes iddo osod pob gelyn dan ei draed.
Y gelyn olaf a ddileir yw angau. Oherwydd, yng ngeiriau'r 26,27
Ysgrythur, " darostyngodd bob peth dan ei draed ef." Ond
pan mae'r Ysgrythur yn dweud fod pob peth wedi ei ddaros-
twng, y mae'n amlwg nad yw hyn yn cynnwys Duw, yr un
sydd wedi darostwng pob peth iddo ef. Ond pan fydd pob 28
peth wedi ei ddarostwng i'r Mab, yna fe ddarostyngir y Mab
yntau i'r hwn a ddarostyngodd bob peth iddo ef, ac felly Duw
fydd oll yn oll.

Os nad oes atgyfodiad, beth a wna'r rhai hynny a fedyddir 29
dros y meirw ? Os nad yw'r meirw yn cael eu cyfodi o gwbl, i
ba bwrpas y bedyddir hwy drostynt ? Ac i ba ddiben yr ydym 30
ninnau hefyd mewn perygl bob awr ? Yr wyf yn marw 31
beunydd, cyn wired â bod gennyf ymffrost ynoch, fy mrodyr,
yng Nghrist Iesu ein Harglwydd. Os fel dyn cyffredin yr 32
ymleddais â bwystfilod yn Effesus,* pa elw fyddai hyn i mi ?
Os na chyfodir y meirw,

" Gadewch inni fwyta ac yfed,
canys yfory byddwn farw."

---

*adn. 19: neu, *bywyd hwn, yr unig beth sydd gennym yng Nghrist yw gobaith.*

*adn. 32: neu, *Os, yn ôl ymadrodd dynion, "ymleddais â bwystfilod" yn Effesus.*

33 Do not be fooled. "Bad companions ruin good character."
34 Come back to your right senses and stop your sinful ways. I declare
to your shame that some of you do not know God.

The Resurrection Body

35 Someone will ask, "How can the dead be raised to life? What
kind of body will they have?" 36 You fool! When you sow a seed
in the ground, it does not sprout to life unless it dies. 37 And what
you sow is a bare seed, perhaps a grain of wheat or some other
grain, not the full-bodied plant that will later grow up. 38 God provides
that seed with the body he wishes; he gives each seed its own proper
body.

39 And the flesh of living beings is not all the same kind of flesh;
human beings have one kind of flesh, animals another, birds another,
and fish another.

40 And there are heavenly bodies and earthly bodies; the beauty
that belongs to heavenly bodies is different from the beauty that
belongs to earthly bodies. 41 The sun has its own beauty, the moon
another beauty, and the stars a different beauty; and even among
stars there are different kinds of beauty.

42 This is how it will be when the dead are raised to life. When
the body is buried, it is mortal; when raised, it will be immortal.
43 When buried, it is ugly and weak; when raised, it will be beautiful
and strong. 44 When buried, it is a physical body; when raised, it
will be a spiritual body. There is, of course, a physical body, so
there has to be a spiritual body. 45 For the scripture says, "The
first man, Adam, was created a living being"; but the last Adam
is the life-giving Spirit. 46 It is not the spiritual that comes first,
but the physical, and then the spiritual. 47 The first Adam, made
of earth, came from the earth; the second Adam came from heaven.
48 Those who belong to the earth are like the one who was made
of earth; those who are of heaven are like the one who came from
heaven. 49 Just as we wear the likeness of the man made of earth,
so we will wear[q] the likeness of the Man from heaven.

50 What I mean, brothers, is that what is made of flesh and blood
cannot share in God's Kingdom, and what is mortal cannot possess
immortality.

51-52 Listen to this secret truth: we shall not all die, but when the
last trumpet sounds, we shall all be changed in an instant, as quickly

---

[q] we will wear; *some manuscripts have* let us wear.

Peidiwch â chymryd eich camarwain : 33
"Y mae cwmni drwg yn llygru cymeriad da."
Deffrowch i'ch iawn bwyll, a chefnwch ar bechod. Oherwydd 34
y mae rhai na wyddant ddim am Dduw. I godi cywilydd
arnoch yr wyf yn dweud hyn.

Corff yr Atgyfodiad

Ond bydd rhywun yn dweud: "Pa fodd y mae'r meirw yn 35
cael eu cyfodi ? Â pha fath gorff y byddant yn dod ?" Ddyn 36
ynfyd, beth am yr had yr wyt ti yn ei hau ? Ni roddir bywyd
iddo heb iddo farw yn gyntaf. A'r hyn yr wyt yn ei hau, nid y 37
corff a fydd ydyw, ond gronyn noeth, o wenith efallai, neu o
ryw rawn arall. Ond Duw, yn ôl ei ewyllys ei hun, sydd yn 38
rhoi corff iddo, i bob un o'r hadau ei gorff ei hun. Oherwydd 39
nid yr un cnawd yw pob cnawd, ond un peth yw cnawd dynion,
peth arall yw cnawd anifeiliaid, peth arall yw cnawd adar, a
pheth arall yw cnawd pysgod. Y mae hefyd gyrff nefol a chyrff 40
daearol, ond un peth yw gogoniant y rhai nefol, a pheth gwa-
hanol yw gogoniant y rhai daearol. Un peth yw gogoniant yr 41
haul, a pheth arall yw gogoniant y lloer, a pheth arall yw
gogoniant y sêr. Yn wir, y mae rhagor rhwng seren a seren
mewn gogoniant.

Felly hefyd y bydd, gyda golwg ar atgyfodiad y meirw. 42
Heuir mewn llygredigaeth, cyfodir mewn anllygredigaeth.
Heuir mewn gwaradwydd, cyfodir mewn gogoniant. Heuir 43
mewn gwendid, cyfodir mewn nerth. Yn gorff anianol yr heuir 44
ef, yn gorff ysbrydol y cyfodir ef. Os oes corff anianol, y mae
hefyd gorff ysbrydol. Felly, yn wir, y mae'n ysgrifenedig: 45
"Daeth y dyn cyntaf, Adda, yn fod byw." Ond daeth yr Adda
diwethaf yn ysbryd sydd yn rhoi bywyd. Eithr nid yr ysbrydol 46
sy'n dod gyntaf, ond yr anianol, ac yna'r ysbrydol. Y dyn 47
cyntaf, o'r ddaear y mae, a llwch ydyw; ond yr ail ddyn, o'r
nef y mae. Y mae'r rhai sydd o'r llwch yn debyg i'r dyn o'r 48
llwch, ac y mae'r rhai sydd o'r nef yn debyg i'r dyn o'r nef.
Ac fel y bu delw'r dyn o'r llwch arnom, felly hefyd y bydd 49
delw'r dyn o'r nef arnom.

Hyn yr wyf yn ei olygu, frodyr: ni all cig a gwaed etifeddu 50
teyrnas Dduw, ac ni all llygredigaeth etifeddu anllygredigaeth.
Clywch ! Yr wyf yn mynegi dirgelwch i chwi: nid ydym i 51
gyd i huno, ond yr ydym i gyd i gael ein newid, mewn eiliad, ar 52

as the blinking of an eye. For when the trumpet sounds, the dead
will be raised, never to die again, and we shall all be changed. 53 For
what is mortal must be changed into what is immortal; what will
die must be changed into what cannot die. 54 So when this takes place,
and the mortal has been changed into the immortal, then the scripture
will come true: "Death is destroyed; victory is complete!"
55 "Where, Death, is your victory?
Where, Death, is your power to hurt?"
56 Death gets its power to hurt from sin, and sin gets its power
from the Law. 57 But thanks be to God who gives us the victory
through our Lord Jesus Christ!

58 So then, my dear brothers, stand firm and steady. Keep busy
always in your work for the Lord, since you know that nothing
you do in the Lord's service is ever useless.

The Offering for Fellow-Believers

16 Now, concerning what you wrote about the money to be
raised to help God's people in Judaea. You must do what
I told the churches in Galatia to do. 2 Every Sunday each of you
must put aside some money, in proportion to what he has earned,
and save it up, so that there will be no need to collect money when
I come. 3 After I come, I shall give letters of introduction to the
men you have approved, and send them to take your gift to Jerusalem.
4 If it seems worth while for me to go, then they can go along
with me.

Paul's Plans

5 I shall come to you after I have gone through Macedonia—for
I have to go through Macedonia. 6 I shall probably spend some time
with you, perhaps the whole winter, and then you can help me
to continue my journey, wherever it is I shall go next. 7 I want
to see you more than just briefly in passing; I hope to spend quite
a long time with you, if the Lord allows.

8 I will stay here in Ephesus until the day of Pentecost. 9 There is
a real opportunity here for great and worthwhile work, even though
there are many opponents.

10 If Timothy comes your way, be sure to make him feel welcome
among you, because he is working for the Lord, just as I am. 11 No

drawiad amrant, ar ganiad yr utgorn diwethaf. Oherwydd bydd
yr utgorn yn seinio, y meirw yn cael eu cyfodi yn anllygredig, a
ninnau'n cael ein newid. Oherwydd rhaid i'r llygradwy hwn 53
wisgo anllygredigaeth, ac i'r marwol hwn wisgo anfarwoldeb.
A phan fydd y llygradwy hwn wedi gwisgo anllygredigaeth, a'r 54
marwol hwn wedi gwisgo anfarwoldeb, yna bydd y geiriau hyn
sydd yn ysgrifenedig yn dod yn wir:

"Llyncwyd angau mewn buddugoliaeth.
O angau, lle mae dy fuddugoliaeth? 55
O angau, lle mae dy golyn?"

Colyn angau yw pechod, a grym pechod yw'r Gyfraith. Ond 56,57
i Dduw y bo'r diolch, yr hwn sy'n rhoi'r fuddugoliaeth i ni
trwy ein Harglwydd Iesu Grist. Felly, fy mrodyr annwyl, 58
byddwch yn gadarn a diysgog, yn helaeth bob amser yng
ngwaith yr Arglwydd, gan eich bod yn gwybod nad yw eich
llafur yn yr Arglwydd yn ofer.

Y Casgliad i'r Saint

Ynglŷn â'r casgliad i'r saint, gweithredwch chwithau hefyd **16**
yn ôl y cyfarwyddiadau a roddais i eglwysi Galatia. Y dydd 2
cyntaf o bob wythnos, bydded i bob un ohonoch osod cyfran
o'r neilltu, yn ôl ei enillion, fel na fydd casgliadau'n cael eu
gwneud pan ddof fi. Wedi i mi gyrraedd, mi anfonaf pwy 3
bynnag sydd yn gymeradwy yn eich golwg chwi, i ddwyn eich
rhodd i Jerwsalem, gyda llythyrau i'w cyflwyno. Neu, os bydd 4
yn ymddangos yn iawn i minnau fynd hefyd, fe gânt deithio
gyda mi.

Cynlluniau Teithio

Mi ddof atoch chwi ar ôl mynd trwy Facedonia, oherwydd 5
trwy Facedonia yr wyf am deithio. Ac efallai yr arhosaf gyda 6
chwi am ysbaid, neu hyd yn oed dros y gaeaf, er mwyn i chwi
fy hebrwng i ba le bynnag y byddaf yn mynd. Oherwydd nid 7
wyf am edrych amdanoch, y tro hwn, fel un yn taro heibio ar ei
hynt. 'Rwy'n gobeithio cael aros gyda chwi am beth amser,
os bydd yr Arglwydd yn caniatáu. Ond 'rwyf am aros yn 8
Effesus tan y Pentecost. Oherwydd y mae drws wedi ei agor i mi, 9
un eang ac effeithiol, er fod llawer o wrthwynebwyr.

Os daw Timotheus, gofalwch ei wneud yn ddibryder yn eich 10
plith, oherwydd y mae ef, fel finnau, yn gwneud gwaith yr

one should look down on him, but you must help him to continue his trip in peace, so that he will come back to me; for I am expecting him back with the brothers.

12 Now, about brother Apollos. I have often encouraged him to visit you with the other brothers, but he is not completely convinced[r] that he should go at this time. When he gets the chance, however, he will go.

Final Words

13 Be alert, stand firm in the faith, be brave, be strong.
14 Do all your work in love.

15 You know about Stephanas and his family; they are the first Christian converts in Achaia and have given themselves to the service of God's people. I beg you, my brothers,
16 to follow the leadership of such people as these, and of anyone else who works and serves with them.

17 I am happy about the coming of Stephanas, Fortunatus, and Achaicus; they have made up for your absence
18 and have cheered me up, just as they cheered you up. Such men as these deserve notice.

19 The churches in the province of Asia send you their greetings; Aquila and Priscilla and the church that meets in their house send warm Christian greetings.
20 All the brothers here send greetings.

Greet one another with a brotherly kiss.

21 With my own hand I write this: *Greetings from Paul.*

22 Whoever does not love the Lord—a curse on him!

Marana tha—Our Lord, come!

23 The grace of the Lord Jesus be with you.

24 My love be with you all in Christ Jesus.

---

[r] he is not completely convinced; *or* it is not at all God's will.

Arglwydd. Am hynny, peidied neb â'i ddiystyru, ond hebryng- 11
wch ef ar ei ffordd â sêl eich bendith, iddo gael dod ataf fi.
Oherwydd yr wyf yn ei ddisgwyl gyda'r brodyr.
Am ein brawd Apolos, erfyniais yn daer arno ddod atoch 12
gyda'r brodyr, ond nid oedd yn fodlon o gwbl ddod* ar hyn o
bryd. Ond fe ddaw pan fydd gwell cyfle.

Cais Terfynol a Chyfarchion

Byddwch yn wyliadwrus, safwch yn gadarn yn y ffydd, 13
byddwch yn wrol, ymgryfhewch. Popeth a wnewch, gwnewch 14
ef mewn cariad.
Gwyddoch am deulu Steffanas, mai hwy oedd Cristion- 15
ogion cyntaf Achaia, a'u bod wedi ymroi i weini ar y saint. Yr 16
wyf yn erfyn arnoch, frodyr, gydnabod blaenoriaeth rhai felly,
a phawb sydd yn cydweithio ac yn llafurio gyda ni. Yr wyf yn 17
llawenhau am fod Steffanas a Ffortwnatus ac Achaicus wedi
dod, oherwydd y maent wedi cyflawni yr hyn oedd y tu hwnt
i'ch cyrraedd chwi. Y maent wedi esmwytho ar fy ysbryd i, 18
a'ch ysbryd chwithau hefyd. Cydnabyddwch rai felly.
Y mae eglwysi Asia yn eich cyfarch. Y mae Acwila a 19
Priscila, gyda'r eglwys sy'n ymgynnull yn eu tŷ, yn eich
cyfarch yn gynnes yn yr Arglwydd. Y mae'r brodyr i gyd yn 20
eich cyfarch. Cyfarchwch eich gilydd â chusan sanctaidd.
Y mae'r cyfarchiad hwn yn fy llaw i fy hun, Paul. Os oes 21,22
rhywun nad yw'n caru'r Arglwydd, bydded dan felltith.
Marana tha.* Gras yr Arglwydd Iesu fyddo gyda chwi! Fy 23,24
nghariad innau fyddo gyda chwi oll, yng Nghrist Iesu!

*adn. 12: neu, *yr oedd yn gwbl groes i ewyllys Duw iddo ddod.*

*adn. 22: ymadrodd Aramaeg sy'n golygu, *Tyrd, Arglwydd.*

PAUL'S SECOND LETTER TO THE

CORINTHIANS

1 From Paul, an apostle of Christ Jesus by God's will, and from
our brother Timothy—
To the church of God in Corinth, and to all God's people throughout
Achaia:
2 May God our Father and the Lord Jesus Christ give you grace
and peace.

Paul Gives Thanks to God

3 Let us give thanks to the God and Father of our Lord Jesus
Christ, the merciful Father, the God from whom all help comes!
4 He helps us in all our troubles, so that we are able to help others
who have all kinds of troubles, using the same help that we ourselves
have received from God. 5 Just as we have a share in Christ's many
sufferings, so also through Christ we share in God's great help. 6 If
we suffer, it is for your help and salvation; if we are helped, then
you too are helped and given the strength to endure with patience
the same sufferings that we also endure. 7 So our hope in you is
never shaken; we know that just as you share in our sufferings,
you also share in the help we receive.
8 We want to remind you, brothers, of the trouble we had in
the province of Asia. The burdens laid upon us were so great and
so heavy that we gave up all hope of staying alive. 9 We felt that
the death sentence had been passed on us. But this happened so
that we should rely, not on ourselves, but only on God, who raises
the dead. 10 From such terrible dangers of death[a] he saved us, and
will save us; and we have placed our hope in him that he will
save us again, 11 as you help us by means of your prayers for us.
So it will be that the many prayers for us will be answered, and
God will bless us; and many will raise their voices to him in thanks-
giving for us.

The Change in Paul's Plans

12 We are proud that our conscience assures us that our lives
in this world, and especially our relations with you, have been ruled by

---

[a] terrible dangers of death; *some manuscripts have* terrible death.

AIL LYTHYR PAUL AT Y

CORINTHIAID

Cyfarch

Paul, apostol Crist Iesu trwy ewyllys Duw, a'r brawd 1
Timotheus, at eglwys Duw sydd yng Nghorinth, ynghyd â'r
holl saint ar hyd a lled Achaia. Gras a thangnefedd i chwi oddi 2
wrth Dduw ein Tad, a'r Arglwydd Iesu Grist.

Paul yn Diolch ar ôl Gorthrymder

Bendigedig fyddo Duw a Thad ein Harglwydd Iesu Grist, y 3
Tad sy'n trugarhau a'r Duw sy'n rhoi pob diddanwch. Y mae'n 4
ein diddanu ym mhob gorthrymder, er mwyn i ninnau, trwy'r
diddanwch a gawn ganddo ef, allu diddanu'r rhai sydd dan bob
math o orthrymder. Oherwydd fel y mae dioddefiadau Crist 5
yn gorlifo hyd atom ni, felly hefyd trwy Grist y mae ein di-
ddanwch yn gorlifo. Os gorthrymir ni, er mwyn eich diddan- 6
wch chwi a'ch iachawdwriaeth y mae hynny; neu os diddenir
ni, er mwyn eich diddanwch chwi y mae hynny hefyd, i'ch
nerthu i ymgynnal dan yr un dioddefiadau ag yr ydym ni yn eu
dioddef. Y mae sail sicr i'n gobaith amdanoch, oherwydd fe 7
wyddom fod i chwi gyfran yn y diddanwch yn union fel y mae
gennych gyfran yn y dioddefiadau.

Yr ydym am i chwi wybod, frodyr, am y gorthrymder a 8
ddaeth i'n rhan yn Asia, iddo ein trechu a'n llethu mor llwyr
nes inni anobeithio am gael byw hyd yn oed. Do, teimlasom 9
ynom ein hunain ein bod wedi derbyn dedfryd marwolaeth;
yr amcan oedd ein cadw rhag ymddiried ynom ein hunain, ond
yn y Duw sy'n cyfodi'r meirw. Gwaredodd ef ni unwaith oddi 10
wrth y fath beryglon marwol, ac fe'n gwared eto; ynddo ef y
mae ein gobaith. Fe'n gwared eto, os ymunwch chwithau i'n 11
cynorthwyo â'ch gweddi, ac felly bydd ein gwaredigaeth raslon,
trwy weddi llawer, yn destun diolch gan lawer ar ein rhan.

Gohirio Ymweliad Paul

Dyma yw ein hymffrost ni: bod ein cydwybod yn tystio fod 12
ein hymddygiad yn y byd, a mwy byth tuag atoch chwi, wedi ei

God-given frankness[b] and sincerity, by the power of God's grace, and
not by human wisdom. 13-14 We write to you only what you can read
and understand. But even though you now understand us only in part,
I hope that you will come to understand us completely, so that in
the Day of our Lord Jesus you can be as proud of us as we shall
be of you.

15 I was so sure of all this that I made plans at first to visit
you, in order that you might be blessed twice. 16 For I planned to
visit you on my way to Macedonia and again on my way back,
in order to get help from you for my journey to Judaea. 17 In planning
this, did I appear fickle? When I make my plans, do I make them
from selfish motives, ready to say "Yes, yes" and "No, no" at the
same time? 18 As surely as God speaks the truth, my promise to
you was not a "Yes" and a "No." 19 For Jesus Christ, the Son
of God, who was preached among you by Silas, Timothy, and myself,
is not one who is "Yes" and "No." On the contrary, he is God's
"Yes"; 20 for it is he who is the "Yes" to all God's promises. This
is why through Jesus Christ our "Amen" is said to the glory of
God. 21 It is God himself who makes us, together with you, sure
of our life in union with Christ; it is God himself who has set us
apart, 22 who has placed his mark of ownership upon us, and who has
given us the Holy Spirit in our hearts as the guarantee of all that he
has in store for us.

23 I call God as my witness—he knows my heart! It was in order
to spare you that I decided not to go to Corinth. 24 We are not
trying to dictate to you what you must believe; we know that you
stand firm in the faith. Instead, we are working with you for your
own happiness.

2 So I made up my mind not to come to you again to make
you sad. 2 For if I were to make you sad, who would be left
to cheer me up? Only the very persons I had made sad. 3 That
is why I wrote that letter to you—I did not want to come to you
and be made sad by the very people who should make me glad.
For I am convinced that when I am happy, then all of you are
happy too. 4 I wrote to you with a greatly troubled and distressed heart
and with many tears; my purpose was not to make you sad, but
to make you realize how much I love you all.

---

[b] frankness; *some manuscripts have* holiness.

lywio gan unplygrwydd* a didwylledd duwiol, nid gan ddoeth-
ineb ddynol ond gan ras Duw. Oherwydd nid ydym yn ysgrif- 13
ennu dim atoch na allwch ei ddarllen a'i ddeall. Yr wyf yn
gobeithio y dewch i ddeall yn gyflawn, fel yr ydych eisoes wedi 14
deall yn rhannol amdanom, y byddwn ni yn destun ymffrost i
chwi yn union fel y byddwch chwi i ninnau yn Nydd yr
Arglwydd Iesu.

Am fy mod mor sicr o hyn yr oeddwn yn bwriadu dod atoch 15
chwi'n gyntaf, er mwyn i chwi gael bendith eilwaith. Fy amcan 16
oedd ymweld â chwi ar fy ffordd i Facedonia, a dod yn ôl atoch
o Facedonia, ac i chwithau fy hebrwng i Jwdea. Os hyn oedd fy 17
mwriad, a fûm yn wamal ? Neu ai fel dyn bydol yr wyf yn
gwneud fy nhrefniadau, nes medru dweud " ie, ie " a " nage,
nage " ar yr un anadl ? Ond fel y mae Duw'n ffyddlon, nid 18
" ie " a " nage " hefyd yw ein gair ni i chwi. Nid oedd Mab 19
Duw, Iesu Grist, a bregethwyd yn eich plith gennym ni, gan
Silfanus a Timotheus a minnau, nid oedd ef yn " ie " ac yn
" nage ". " Ie " yw'r gair a geir ynddo ef. Ynddo ef y mae'r 20
" Ie " i holl addewidion Duw. Dyna pam mai trwyddo ef yr
ydym yn dweud yr " Amen " er gogoniant Duw. Ond Duw 21
yw'r hwn sydd yn ein cadarnhau ni gyda chwi yng Nghrist, ac 22
sydd wedi ein heneinio ni, a'n selio ni, a rhoi'r Ysbryd yn ernes
yn ein calonnau.

Yr wyf fi'n galw Duw yn dyst ar fy einioes, mai i'ch arbed 23
chwi y penderfynais beidio â dod i Gorinth. Nid ein bod yn 24
arglwyddiaethu ar eich ffydd chwi. Cydweithio â chwi yr ydym
er eich llawenydd; oherwydd yr ydych yn sefyll yn gadarn yn y
ffydd. Penderfynais beidio â dod atoch unwaith eto mewn **2**
tristwch. Oherwydd os wyf fi'n eich tristáu, pwy fydd yna i'm 2
llonni i ond y sawl a wnaed yn drist gennyf fi ? Ac ysgrifennais 3
y llythyr hwnnw rhag i mi ddod atoch, a chael tristwch gan y
rhai a ddylai roi llawenydd imi. Y mae gennyf hyder amdanoch
chwi oll, fod fy llawenydd i yn llawenydd i chwithau i gyd.
Oherwydd ysgrifennais atoch o ganol gorthrymder mawr a 4
gofid calon, ac mewn dagrau lawer, nid i'ch tristáu chwi ond er
mwyn i chwi wybod mor helaeth yw'r cariad sydd gennyf tuag
atoch.

---

*adn. 12: yn ôl darlleniad arall, *sancteiddrwydd*.

Forgiveness for the Offender

5 Now, if anyone has made somebody sad, he has not done it
to me but to all of you—in part at least. (I say this because I
do not want to be too hard on him.) 6 It is enough that this person
has been punished in this way by most of you. 7 Now, however,
you should forgive him and encourage him, in order to keep him
from becoming so sad as to give up completely. 8 And so I beg
you to let him know that you really do love him. 9 I wrote you
that letter because I wanted to find out how well you had stood
the test and whether you are always ready to obey my instructions.
10 When you forgive someone for what he has done, I forgive him
too. For when I forgive—if, indeed, I need to forgive anything—I
do it in Christ's presence because of you, 11 in order to keep Satan
from getting the upper hand of us; for we know what his plans
are.

Paul's Anxiety in Troas

12 When I arrived in Troas to preach the Good News about Christ,
I found that the Lord had opened the way for the work there. 13 But
I was deeply worried, because I could not find our brother Titus.
So I said good-bye to the people there and went on to Macedonia.

Victory through Christ

14 But thanks be to God! For in union with Christ we are always
led by God as prisoners in Christ's victory procession. God uses
us to make the knowledge about Christ spread everywhere like a
sweet fragrance. 15 For we are like a sweet-smelling incense offered
by Christ to God, which spreads among those who are being saved
and those who are being lost. 16 For those who are being lost, it
is a deadly stench that kills; but for those who are being saved,
it is a fragrance that brings life. Who, then, is capable of such a
task? 17 We are not like so many others, who handle God's message
as if it were cheap merchandise; but because God has sent us, we
speak with sincerity in his presence, as servants of Christ.

Servants of the New Covenant

3 Does this sound as if we were again boasting about ourselves?
Could it be that, like some other people, we need letters of
recommendation to you or from you? 2 You yourselves are the letter
we have, written on our hearts for everyone to know and read.
3 It is clear that Christ himself wrote this letter and sent it by us.
It is written, not with ink but with the Spirit of the living God,
and not on stone tablets but on human hearts.

Maddeuant i'r Troseddwr

Os yw rhywun wedi peri tristwch, nid i mi y gwnaeth hynny, 5
ond i chwi i gyd—i raddau, beth bynnag, rhag i mi or-ddweud.
Digon i'r fath ddyn y gosb hon a osodwyd arno gan y mwyafrif, 6
a'ch gwaith chwi bellach yw maddau iddo a'i ddiddanu, rhag i'r 7
dyn gael ei lethu gan ormod o dristwch. Am hynny yr wyf yn 8
eich cymell i adfer eich cariad tuag ato. Oherwydd f'amcan 9
wrth ysgrifennu oedd eich gosod dan brawf, i weld a ydych yn
ufudd ym mhob peth. Y dyn yr ydych chwi'n maddau rhyw- 10
beth iddo, yr wyf fi'n maddau iddo hefyd. A'r hyn yr wyf fi
wedi ei faddau, os oedd gennyf rywbeth i'w faddau, fe'i
maddeuais er eich mwyn chwi yng ngolwg Crist, rhag i Satan 11
gael mantais arnom, oherwydd fe wyddom yn dda am ei
ddichellion ef.

Pryder Paul, a'i Ryddhad

Pan ddeuthum i Troas i bregethu Efengyl Crist, er bod drws 12
wedi ei agor i'm gwaith yn yr Arglwydd, ni chefais lonydd i'm 13
hysbryd am na ddeuthum o hyd i'm brawd Titus. Felly cenais
yn iach iddynt, a chychwyn am Facedonia.

Ond i Dduw y bo'r diolch, sydd bob amser yn ein harwain ni 14
yng Nghrist yng ngorymdaith ei fuddugoliaeth ef, ac sydd ym
mhob man, trwom ni, yn taenu ar led bersawr yr adnabydd-
iaeth ohono. Canys perarogl Crist ydym ni i Dduw, i'r rhai 15
sydd ar lwybr iachawdwriaeth ac i'r rhai sydd ar lwybr colled-
igaeth; i'r naill arogl marwol yn arwain i farwolaeth, i'r lleill, 16
persawr bywiol yn arwain i fywyd. Pwy sydd ddigonol i'r
gwaith hwn ? Oherwydd nid pedlera gair Duw yr ydym ni fel 17
y gwna cynifer, ond llefaru fel dynion didwyll, fel cenhadon
Duw, a hynny yng ngŵydd Duw, yng Nghrist.

Gweinidogion y Cyfamod Newydd

A ydym unwaith eto yn dechrau ein cymeradwyo ein hunain? **3**
Neu a oes arnom angen llythyrau cymeradwyaeth atoch chwi
neu oddi wrthych, fel sydd ar rai ? Chwi yw ein llythyr ni; y 2
mae wedi ei ysgrifennu yn ein calonnau, a gall pob dyn ei ddeall
a'i ddarllen. Yr ydych yn dangos yn eglur mai llythyr Crist 3
ydych, llythyr a gyflwynwyd gennym ni, wedi ei ysgrifennu nid
ag inc, ond ag Ysbryd y Duw byw, nid ar lechau cerrig, ond ar
lechau'r galon ddynol.

4 We say this because we have confidence in God through Christ.
5 There is nothing in us that allows us to claim that we are capable
of doing this work. The capacity we have comes from God; 6 it
is he who made us capable of serving the new covenant, which
consists not of a written law but of the Spirit. The written law
brings death, but the Spirit gives life.

7 The Law was carved in letters on stone tablets, and God's glory
appeared when it was given. Even though the brightness on Moses'
face was fading, it was so strong that the people of Israel could
not keep their eyes fixed on him. If the Law, which brings death
when it is in force, came with such glory, 8 how much greater is
the glory that belongs to the activity of the Spirit! 9 The system
which brings condemnation was glorious; how much more glorious
is the activity which brings salvation! 10 We may say that because
of the far brighter glory now the glory that was so bright in the
past is gone. 11 For if there was glory in that which lasted for a
while, how much more glory is there in that which lasts for ever!

12 Because we have this hope, we are very bold. 13 We are not
like Moses, who had to put a veil over his face so that the people
of Israel would not see the brightness fade and disappear. 14 Their
minds, indeed, were closed; and to this very day their minds are
covered with the same veil as they read the books of the old covenant.
The veil is removed only when a person is joined to Christ. 15 Even
today, whenever they read the Law of Moses, the veil still covers
their minds. 16 But it can be removed, as the scripture says about
Moses: "His veil was removed when he turned to the Lord."[c] 17 Now,
"the Lord" in this passage is the Spirit; and where the Spirit of
the Lord is present, there is freedom. 18 All of us, then, reflect the
glory of the Lord with uncovered faces; and that same glory, coming
from the Lord, who is the Spirit, transforms us into his likeness
in an ever greater degree of glory.

Spiritual Treasure in Clay Pots

4 God in his mercy has given us this work to do, and so we
are not discouraged. 2 We put aside all secret and shameful deeds;
we do not act with deceit, nor do we falsify the word of God.
In the full light of truth we live in God's sight and try to commend
ourselves to everyone's good conscience. 3 For if the gospel we preach

---

[c] *Verse 16 may be translated:* But the veil is removed whenever someone turns to the Lord.

Dyna'r fath hyder sydd gennym trwy Grist tuag at Dduw. 4
Nid ein bod yn ddigonol ohonom ein hunain; ni allwn briodoli 5
dim i ni ein hunain; o Dduw y daw ein digonolrwydd ni,
oherwydd ef a'n gwnaeth ni'n ddigonol i fod yn weinidogion y 6
cyfamod newydd, nid cyfamod y gair ysgrifenedig, ond cyfamod
yr Ysbryd. Oherwydd lladd y mae'r gair ysgrifenedig, ond rhoi
bywyd y mae'r Ysbryd.

Gweini marwolaeth oedd swydd y Gyfraith â'i geiriau cerf- 7
iedig ar feini, ond gan gymaint gogoniant ei chyflwyno, ni allai'r
Israeliaid syllu ar wyneb Moses o achos y gogoniant oedd arno,
er mai rhywbeth i ddiflannu ydoedd. Os felly, pa faint mwy 8
fydd gogoniant gweinidogaeth yr Ysbryd? Oherwydd os oedd 9
gogoniant yn perthyn i weinidogaeth sy'n condemnio, rhagor-
ach o lawer mewn gogoniant fydd gweinidogaeth sy'n cyfiawn-
hau. Yn wir, gwelir yma ogoniant a fu wedi colli ei ogoniant 10
yn llewyrch gogoniant rhagorach. Oherwydd os mewn 11
gogoniant y cyflwynwyd yr hyn oedd i ddiflannu, gymaint mwy
yw gogoniant yr hyn sydd i aros!

Gan fod gennym ni felly'r fath obaith, yr ydym yn hy iawn, 12
ac nid yn debyg i Moses yn gosod gorchudd ar ei wyneb rhag 13
ofn i'r Israeliaid syllu ar ddiwedd y gogoniant oedd i ddiflannu.
Ond pylwyd eu meddyliau. Hyd y dydd hwn, pan ddarllenant 14
yr hen gyfamod, y mae'r un gorchudd yn aros heb ei godi,
gan mai yng Nghrist yn unig y symudir ef. Hyd y dydd hwn, 15
pryd bynnag y darllenir Cyfraith Moses, y mae'r gorchudd yn
gorwedd ar eu meddwl. Ond yng ngeiriau'r Ysgrythur, "Pryd 16
bynnag y mae dyn yn troi at yr Arglwydd, fe dynnir ymaith y
gorchudd." Yr Ysbryd yw'r Arglwydd hwn. A pha le bynnag 17
y mae Ysbryd yr Arglwydd, yno y mae rhyddid. Ac yr ydym ni 18
i gyd, heb orchudd ar ein hwyneb, yn adlewyrchu gogoniant yr
Arglwydd ac yn cael ein trawsffurfio o ogoniant i ogoniant, yn
wir lun ohono ef. A gwaith yr Arglwydd, yr Ysbryd, yw hyn.

Trysor mewn Llestri Pridd

Am hynny, gan fod y weinidogaeth hon gennym trwy **4**
drugaredd Duw, nid ydym yn digalonni. Yr ydym wedi ym- 2
wrthod â ffyrdd dirgel a chywilyddus; nid ydym yn arfer
cyfrwystra nac yn llurgunio gair Duw. Yn hytrach, trwy ddwyn
y gwirionedd i'r amlwg yr ydym yn ein cymeradwyo'n hunain i
gydwybod pob dyn gerbron Duw. Os yw'n hefengyl ni dan 3

is hidden, it is hidden only from those who are being lost. 4 They
do not believe, because their minds have been kept in the dark
by the evil god of this world. He keeps them from seeing the light
shining on them, the light that comes from the Good News about
the glory of Christ, who is the exact likeness of God. 5 For it is
not ourselves that we preach; we preach Jesus Christ as Lord, and
ourselves as your servants for Jesus' sake. 6 The God who said, "Out
of darkness the light shall shine!" is the same God who made his
light shine in our hearts, to bring us the knowledge of God's glory
shining in the face of Christ.

7 Yet we who have this spiritual treasure are like common clay
pots, in order to show that the supreme power belongs to God,
not to us. 8 We are often troubled, but not crushed; sometimes in
doubt, but never in despair; 9 there are many enemies, but we are
never without a friend; and though badly hurt at times, we are
not destroyed. 10 At all times we carry in our mortal bodies the
death of Jesus, so that his life also may be seen in our bodies.
11 Throughout our lives we are always in danger of death for Jesus'
sake, in order that his life may be seen in this mortal body of ours.
12 This means that death is at work in us, but life is at work in
you.

13 The scripture says, "I spoke because I believed." In the same spirit
of faith, we also speak because we believe. 14 We know that God,
who raised the Lord Jesus to life, will also raise us up with Jesus and
take us, together with you, into his presence. 15 All this is for your
sake; and as God's grace reaches more and more people, they will
offer to the glory of God more prayers of thanksgiving.

Living by Faith

16 For this reason we never become discouraged. Even though
our physical being is gradually decaying, yet our spiritual being is
renewed day after day. 17 And this small and temporary trouble we
suffer will bring us a tremendous and eternal glory, much greater
than the trouble. 18 For we fix our attention, not on things that
are seen, but on things that are unseen. What can be seen lasts
only for a time, but what cannot be seen lasts for ever.

5 For we know that when this tent we live in—our body here
on earth—is torn down, God will have a house in heaven for
us to live in, a home he himself has made, which will last for ever.

orchudd, yn achos y rhai sydd ar lwybr colledigaeth y mae hi
felly—yr anghredinwyr y dallodd duw'r oes bresennol eu 4
meddyliau, rhag i oleuni Efengyl gogoniant Crist, delw Duw,
lewyrchu arnynt. Nid ein pregethu ein hunain yr ydym, ond 5
Iesu Grist yn Arglwydd, a ninnau yn weision i chwi er mwyn
Iesu. Oherwydd y Duw a ddywedodd, " Llewyrched goleuni 6
o'r tywyllwch", a lewyrchodd yn ein calonnau i roi i ni oleuni'r
wybodaeth am ogoniant Duw yn wyneb Crist.

Ond y mae'r trysor hwn gennym mewn llestri pridd, i 7
ddangos mai eiddo Duw yw'r gallu tra rhagorol, ac nid eiddom
ni. Ym mhob peth yr ydym yn cael ein gorthrymu ond nid ein 8
llethu, ein bwrw i ansicrwydd ond nid i anobaith, ein herlid ond 9
nid ein gadael yn amddifad, ein taro i lawr ond nid ein dinistrio.
Yr ydym bob amser yn dwyn gyda ni yn ein corff farwolaeth yr 10
Arglwydd Iesu, er mwyn i fywyd Iesu hefyd gael ei ddwyn i'r
amlwg yn ein corff ni. Oherwydd yr ydym ni, a ninnau'n fyw, 11
yn cael ein traddodi yn wastad i farwolaeth er mwyn Iesu, i
fywyd Iesu hefyd gael ei ddwyn i'r amlwg yn ein cnawd marwol
ni. Felly y mae marwolaeth ar waith ynom ni, a bywyd ynoch 12
chwi. Gan fod gennym ni yr un ysbryd crediniol yr ysgrifennir 13
amdano yng ngeiriau'r Ysgrythur, " Credais, ac am hynny y
lleferais ", yr ydym ninnau hefyd yn credu, ac am hynny yn
llefaru, gan wybod y bydd i'r hwn a gyfododd yr Arglwydd Iesu 14
ein cyfodi ninnau hefyd gyda Iesu, a'n gosod ger ei fron gyda
chwi. Oherwydd er eich mwyn chwi y mae'r cyfan, fel y bo i 15
ras Duw fynd ar gynnydd ymhlith mwy a mwy o bobl, ac aml-
hau'r diolch fwyfwy er gogoniant Duw.

Byw trwy Ffydd

Am hynny, nid ydym yn digalonni. Er ein bod o ran y dyn 16
allanol yn dadfeilio, o ran y dyn mewnol fe'n hadnewyddir
ddydd ar ôl dydd. Oherwydd y baich ysgafn o orthrymder sydd 17
arnom yn awr, darparu y mae, y tu hwnt i bob mesur, bwysau
tragwyddol o ogoniant i ni, dim ond inni gadw'n golwg, nid ar y 18
pethau a welir, ond ar y pethau na welir. Dros amser y mae'r
pethau a welir, ond y mae'r pethau na welir yn dragwyddol.

Gwyddom, os tynnir i lawr y babell ddaearol hon yr ydym yn **5**
byw ynddi, fod gennym adeilad oddi wrth Dduw, tŷ nad yw o
waith llaw, sydd yn dragwyddol yn y nefoedd. Yma yn wir yr 2

2 And now we sigh, so great is our desire that our home which
comes from heaven should be put on over us; 3 by being clothed
with it we shall not be without a body. 4 While we live in this
earthly tent, we groan with a feeling of oppression; it is not that
we want to get rid of our earthly body, but that we want to have
the heavenly one put on over us, so that what is mortal will be
transformed by life. 5 God is the one who has prepared us for this
change, and he gave us his Spirit as the guarantee of all that he
has in store for us.

6 So we are always full of courage. We know that as long as
we are at home in the body we are away from the Lord's home.
7 For our life is a matter of faith, not of sight. 8 We are full of
courage and would much prefer to leave our home in the body
and be at home with the Lord. 9 More than anything else, however,
we want to please him, whether in our home here or there. 10 For
all of us must appear before Christ, to be judged by him. Each
one will receive what he deserves, according to everything he has
done, good or bad, in his bodily life.

Friendship with God through Christ

11 We know what it means to fear the Lord, and so we try to
persuade others. God knows us completely, and I hope that in your
hearts you know me as well. 12 We are not trying again to recommend
ourselves to you; rather, we are trying to give you a good reason
to be proud of us, so that you will be able to answer those who
boast about a man's appearance and not about his character. 13 Are
we really insane? It is for God's sake. Or are we sane? Then it
is for your sake. 14 We are ruled by the love of Christ, now that
we recognize that one man died for everyone, which means that
all share in his death. 15 He died for all, so that those who live
should no longer live for themselves, but only for him who died
and was raised to life for their sake.

16 No longer, then, do we judge anyone by human standards. Even
if at one time we judged Christ according to human standards, we
no longer do so. 17 When anyone is joined to Christ, he is a new
being; the old is gone, the new has come. 18 All this is done by
God, who through Christ changed us from enemies into his friends
and gave us the task of making others his friends also. 19 Our message
is that God was making all mankind his friends through Christ.[d]
God did not keep an account of their sins, and he has given us

---

[d] God was making all mankind his friends through Christ; *or* God was in Christ making all mankind his friends.

ydym yn ochneidio yn ein hiraeth am gael ein harwisgo â'r corff
o'r nef sydd i fod yn gartref inni; o'n gwisgo felly, ni cheir 3
mohonom yn noeth. Oherwydd yr ydym ni sydd yn y babell 4
hon yn ochneidio dan ein baich; nid ein bod am ymddiosg
ond yn hytrach ein harwisgo, er mwyn i'r hyn sydd farwol gael
ei lyncu gan fywyd. Duw yn wir a'n darparodd ni ar gyfer 5
hynyma, ac ef sydd wedi rhoi yr Ysbryd inni yn ernes.

Am hynny, yr ydym bob amser yn llawn hyder. Gwyddom, 6
tra byddwn yn cartrefu yn y corff, ein bod oddi cartref oddi
wrth yr Arglwydd; oherwydd yn ôl ffydd yr ydym yn rhodio, 7
nid yn ôl golwg. Yr ydym yn llawn hyder, meddaf, a gwell 8
gennym fyddai bod oddi cartref o'r corff a chartrefu gyda'r
Arglwydd. Y mae ein bryd, felly, gartref neu oddi cartref, ar 9
fod yn gymeradwy ganddo ef. Oherwydd rhaid i fywyd pawb 10
ohonom gael ei ddwyn i'r amlwg gerbron brawdle Crist, er
mwyn i bob un dderbyn ei dâl yn ôl ei weithredoedd yn y corff,
ai da ai drwg.

Gweinidogaeth y Cymod

Felly, o wybod beth yw ofn yr Arglwydd, yr ydym yn 11
perswadio dynion; y mae'r hyn ydym yn hysbys i Dduw, ac
'rwy'n gobeithio ei fod yn hysbys i'ch cydwybod chwi hefyd.
Nid ydym yn ein cymeradwyo ein hunain unwaith eto i chwi, 12
ond rhoi cyfle yr ydym i chwi i ymffrostio o'n hachos ni, er
mwyn i chwi gael ateb i'r rhai sy'n cymryd wyneb dyn, ac nid
ei galon, fel sail eu hymffrost. Os ydym allan o'n pwyll, er 13
mwyn Duw y mae hynny; os ydym yn ein hiawn bwyll, er eich
mwyn chwi y mae hynny. Oherwydd y mae cariad Crist yn ein 14
gorfodi ni, unwaith y'n hargyhoeddir o hyn: i un farw dros
bawb, ac felly i bawb farw. A bu ef farw dros bawb er mwyn i'r 15
byw beidio â byw iddynt eu hunain mwyach, ond i'r un a fu
farw drostynt, ac a gyfodwyd.

O hyn allan, felly, nid ydym yn ystyried neb mewn ffordd 16
ddynol. Hyd yn oed os buom yn ystyried Crist mewn ffordd
ddynol, nid ydym yn ei ystyried felly mwyach. Felly, os yw 17
dyn yng Nghrist, y mae'n greadigaeth newydd; aeth yr hen
heibio, y mae'r newydd yma. Ond gwaith Duw yw'r cyfan— 18
Duw, yr hwn sydd wedi ein cymodi ni ag ef ei hun trwy Grist
a rhoi i ni weinidogaeth y cymod. Hynny yw, yr oedd Duw yng 19
Nghrist yn cymodi'r byd ag ef ei hun, heb gyfrif troseddau

the message which tells how he makes them his friends.
20 Here we are, then, speaking for Christ, as though God himself were making his appeal through us. We plead on Christ's behalf: let God change you from enemies into his friends! 21 Christ was without sin, but for our sake God made him share our sin in order that in union with him we might share the righteousness of God.

6 In our work together with God, then, we beg you who have received God's grace not to let it be wasted. 2 Hear what God says:

"When the time came for me to show you favour
I heard you;
when the day arrived for me to save you
I helped you."

Listen! This is the hour to receive God's favour; today is the day to be saved!

3 We do not want anyone to find fault with our work, so we try not to put obstacles in anyone's way. 4 Instead, in everything we do we show that we are God's servants by patiently enduring troubles, hardships, and difficulties. 5 We have been beaten, imprisoned, and mobbed; we have been overworked and have gone without sleep or food. 6 By our purity, knowledge, patience, and kindness we have shown ourselves to be God's servants—by the Holy Spirit, by our true love, 7 by our message of truth, and by the power of God. We have righteousness as our weapon, both to attack and to defend ourselves. 8 We are honoured and disgraced; we are insulted and praised. We are treated as liars, yet we speak the truth; 9 as unknown, yet we are known by all; as though we were dead, but, as you see, we live on. Although punished, we are not killed; 10 although saddened, we are always glad; we seem poor, but we make many people rich; we seem to have nothing, yet we really possess everything.

11 Dear friends in Corinth! We have spoken frankly to you; we have opened our hearts wide. 12 It is not we who have closed our hearts to you; it is you who have closed your hearts to us. 13 I speak now as though you were my children: show us the same feelings that we have for you. Open your hearts wide!

Warning against Pagan Influences

14 Do not try to work together as equals with unbelievers, for it cannot be done. How can right and wrong be partners? How

dynion yn eu herbyn, ac y mae wedi ymddiried i ni neges y
cymod. Felly cenhadon yn cynrychioli Crist ydym ni, fel pe 20
bai Duw yn apelio atoch trwom ni. Yr ydym yn deisyf arnoch,
er mwyn Crist, cymoder chwi â Duw. Ni wybu Crist beth oedd 21
pechu, ond gwnaeth Duw ef yn un â phechod* drosom ni, er
mwyn i ni fod, ynddo ef, yn un â chyfiawnder Duw.

Yr ydym ni, fel cydweithwyr, yn apelio atoch i beidio â **6**
gadael i'r gras a dderbyniasoch gan Dduw fynd yn ofer.
Oherwydd y mae Duw'n dweud : 2

"Yn yr amser cymeradwy y gwrandewais arnat,
ac yn nydd iachawdwriaeth y'th gynorthwyais."

Dyma, yn awr, yr amser cymeradwy; dyma, yn awr, ddydd
iachawdwriaeth. Nid ydym yn gosod unrhyw faen tramgwydd 3
ar lwybr neb, rhag cael bai ar ein gweinidogaeth. Yn hytrach, 4
ym mhob peth yr ydym yn ein dangos ein hunain yn weinidog-
ion Duw: yn ein dyfalbarhad mawr; yn ein gorthrymderau,
ein gofidiau, a'n cyfyngderau; yn ein profiadau o'r chwip, o 5
garchar ac o derfysg; yn ein llafur, ein hanhunedd a'n hym-
pryd; yn ein purdeb, ein gwybodaeth, ein goddefgarwch a'n 6
caredigrwydd; yn noniau'r Ysbryd Glân ac yn ein cariad di-
ragrith; yng ngair y gwirionedd ac yn nerth Duw. Ie, ein 7
dangos ein hunain yn weinidogion Duw trwy ddefnyddio arfau
cyfiawnder yn y llaw dde a'r llaw chwith, deued parch, deued 8
amarch, deued anghlod, deued clod. Twyllwyr y'n gelwir, a
ninnau'n eirwir; dynion dinod, a ninnau'n adnabyddus; 9
meirwon, ac wele, byw ydym; dynion dan gosb, ond ddim yn
cael ein lladd; dan dristwch, ond bob amser yn llawenhau; 10
mewn tlodi, ond yn gwneud llawer yn gyfoethog; heb ddim
gennym, ac eto'n berchen pob peth.

Yr ydym wedi llefaru'n gwbl rydd wrthych, Gorinthiaid; y 11
mae'n calon yn llydan agored tuag atoch. Nid nyni sy'n cyfyngu 12
arnoch, ond eich teimladau eich hunain. I dalu'n ôl—yr wyf 13
yn siarad wrthych fel wrth blant—agorwch chwithau eich
calonnau yn llydan.

Chwi yw Teml y Duw Byw

Peidiwch ag ymgysylltu'n amhriodol ag anghredinwyr, 14
oherwydd pa gyfathrach sydd rhwng cyfiawnder ac anghyfraith?

---

*adn. 21: neu, *yn offrwm pechod*; neu *yn bechod*.

can light and darkness live together? 15 How can Christ and the
Devil agree? What does a believer have in common with an
unbeliever? 16 How can God's temple come to terms with pagan
idols? For we are the temple of the living God! As God himself
has said,

"I will make my home with my people
  and live among them;
I will be their God,
  and they shall be my people."

17 And so the Lord says,

"You must leave them
  and separate yourselves from them.
Have nothing to do with what is unclean,
  and I will accept you.
18 I will be your father,
  and you shall be my sons and daughters,
  says the Lord Almighty."

7 All these promises are made to us, my dear friends. So then,
let us purify ourselves from everything that makes body or soul
unclean, and let us be completely holy by living in awe of God.

Paul's Joy

2 Make room for us in your hearts. We have wronged no one;
we have ruined no one, nor tried to take advantage of anyone. 3 I
do not say this to condemn you; for, as I have said before, you
are so dear to us that we are always together, whether we live or
die. 4 I am so sure of you; I take such pride in you! In all our
troubles I am still full of courage; I am running over with joy.

5 Even after we arrived in Macedonia, we had no rest. There were
troubles everywhere, quarrels with others, fears in our hearts. 6 But
God, who encourages the downhearted, encouraged us with the com-
ing of Titus. 7 It was not only his coming that cheered us, but also
his report of how you encouraged him. He told us how much you
want to see me, how sorry you are, how ready you are to defend
me; and so I am even happier now.

8 For even if that letter of mine made you sad, I am not sorry
I wrote it. I could have been sorry when I saw that it made you
sad for a while. 9 But now I am happy—not because I made you
sad, but because your sadness made you change your ways. That

A pha gymdeithas sydd rhwng goleuni a thywyllwch ? Pa 15
gytgord sydd rhwng Crist a Belial ? Neu pa gyfran sydd i
gredadun gydag anghredadun ? Pa gytundeb sydd rhwng teml 16
Duw ac eilunod ? Oherwydd nyni yw teml y Duw byw. Fel y
dywedodd Duw:

"Trigaf ynddynt hwy, a rhodiaf yn eu plith,
a byddaf yn Dduw iddynt hwy,
a hwy fydd fy mhobl i.
Am hynny, dewch allan o'u plith hwy, 17
ymwahanwch oddi wrthynt, medd yr Arglwydd,
a pheidiwch â chyffwrdd â dim byd aflan.
Ac fe'ch derbyniaf chwi,
a byddaf i chwi yn dad, 18
a byddwch chwi'n feibion a merched i mi,
medd yr Arglwydd, yr Hollalluog."

Felly, gan fod gennym yr addewidion hyn, gyfeillion annwyl, **7**
ymlanhawn oddi wrth bob peth sy'n halogi cnawd ac ysbryd,
gan berffeithio ein sancteiddrwydd yn ofn Duw.

Paul yn Llawenhau fod yr Eglwys wedi Edifarhau

Rhowch le i ni yn eich calonnau. Ni wnaethom gam â neb, 2
na llygru neb, na chymryd mantais ar neb. Nid i'ch condemnio 3
yr wyf yn dweud hyn, oherwydd dywedais wrthych o'r blaen
eich bod mor agos at ein calon, nes ein bod gyda'n gilydd, i
farw ac i fyw. Y mae gennyf hyder mawr ynoch, a balchder 4
mawr o'ch herwydd. Mae fy nghwpan yn llawn o ddiddanwch,
ac yn gorlifo â llawenydd yng nghanol ein holl orthrymder.

Hyd yn oed pan ddaethom i Facedonia, ni chawsom ddim 5
llonydd yn ein gwendid; yn hytrach cawsom ein gorthrymu
ym mhob ffordd—cwerylon oddi allan ac ofnau oddi mewn.
Ond y mae Duw, yr un sydd yn diddanu'r digalon, wedi ein 6
diddanu ninnau trwy ddyfodiad Titus; ac nid yn unig trwy ei 7
ddyfodiad ef, ond hefyd trwy'r diddanwch a gafodd ef ynoch
chwi. Y mae wedi dweud wrthym am eich hiraeth amdanaf,
am eich galar, ac am eich sêl drosof, nes gwneud fy llawenydd
yn fwy byth. Oherwydd er i mi beri loes i chwi â'm llythyr, 8
nid yw'n flin gennyf; 'rwy'n gweld i'r llythyr hwnnw beri loes
i chwi, o leiaf dros dro, ac er y bu'n flin gennyf, yr wyf yn awr 9
yn falch, nid am i chwi gael loes, ond am i'r loes droi'n edifeir-
wch. Oherwydd derbyniasoch eich loes yn ffordd Duw, ac

sadness was used by God, and so we caused you no harm. 10 For
the sadness that is used by God brings a change of heart that leads
to salvation—and there is no regret in that! But sadness that is
merely human causes death. 11 See what God did with this sadness
of yours: how earnest it has made you, how eager to prove your
innocence! Such indignation, such alarm, such feelings, such devotion,
such readiness to punish wrongdoing! You have shown yourselves to
be without fault in the whole matter.

12 So, even though I wrote that letter, it was not because of the one
who did wrong or the one who was wronged. Instead, I wrote it
to make plain to you, in God's sight, how deep your devotion to
us really is. 13 That is why we were encouraged.

Not only were we encouraged; how happy Titus made us with
his happiness over the way in which all of you helped to cheer
him up! 14 I did boast of you to him, and you have not disappointed
me. We have always spoken the truth to you, and in the same way
the boast we made to Titus has proved true. 15 And so his love
for you grows stronger, as he remembers how all of you were ready
to obey his instructions, how you welcomed him with fear and tremb-
ling. 16 How happy I am that I can depend on you completely!

Christian Giving

8 Our brothers, we want you to know what God's grace has accomp-
lished in the churches in Macedonia. 2 They have been severely
tested by the troubles they went through; but their joy was so great
that they were extremely generous in their giving, even though they
are very poor. 3 I can assure you that they gave as much as they
could, and even more than they could. Of their own free will 4 they
begged us and pleaded for the privilege of having a part in helping
God's people in Judaea. 5 It was more than we could have hoped
for! First they gave themselves to the Lord; and then, by God's
will they gave themselves to us as well. 6 So we urged Titus, who
began this work, to continue it and help you complete this special
service of love. 7 You are so rich in all you have: in faith, speech,
and knowledge, in your eagerness to help and in your love for us.[e]
And so we want you to be generous also in this service of love.

---

[e] your love for us; *some manuscripts have* our love for you.

felly ni chawsoch ddim colled trwom ni. Canys y mae'r loes a 10
dderbynnir yn ffordd Duw yn creu edifeirwch sydd yn arwain i
iachawdwriaeth na ellir bod yn flin amdano; ond y mae'r loes a
dderbynnir yn ffordd y byd yn peri marwolaeth. Ystyriwch 11
ganlyniadau derbyn eich loes yn ffordd Duw: y fath ymrodd-
iad a barodd ynoch, ie, y fath hunan-amddiffyniad, y fath
ddicter, y fath ofn, y fath ddyhead, y fath sêl, y fath bender-
fyniad i gosbi'n gyfiawn. Ym mhob ffordd yr ydych wedi
dangos eich bod yn ddi-fai yn y mater hwn. Felly, er i mi yn wir 12
ysgrifennu atoch, nid o achos y gŵr a wnaeth y cam, nac o
achos y gŵr a'i dioddefodd, y gwneuthum hynny, ond er mwyn
amlygu i chwi, yng ngŵydd Duw, gymaint yw eich ymroddiad
trosom. Dyna pam yr ydym yn awr wedi ein diddanu. 13
Ond yn ogystal â'n diddanwch ni, cawsom lawenydd mwy o
lawer yn llawenydd Titus, am i chwi oll roi esmwythâd i'w
ysbryd. Oherwydd os wyf wedi ymffrostio rywfaint wrtho 14
amdanoch chwi, ni chefais fy nghywilyddio, ond fel y mae
popeth a ddywedais wrthych chwi yn wir, felly hefyd daeth fy
ymffrost wrth Titus yn wir. Y mae ei galon yn cynhesu fwyfwy 15
tuag atoch o gofio ufudd-dod pob un ohonoch, a'r modd y
derbyniasoch ef mewn ofn a dychryn. Yr wyf yn llawenhau y 16
gallaf ymddiried yn llwyr ynoch.

Rhoi Haelionus

Fe garem i chwi wybod, frodyr, am y gras a roddwyd gan **8**
Dduw yn yr eglwysi ym Macedonia. Er iddynt gael eu profi'n 2
llym gan orthrymder, gorlifodd cyflawnder eu llawenydd a
dyfnder eu tlodi yn gyfoeth o haelioni ynddynt. Yr wyf yn dyst 3
iddynt roi yn ôl eu gallu, a'r tu hwnt i'w gallu, a hynny o'u
gwirfodd eu hunain, gan ddeisyf arnom yn daer iawn am gael y 4
fraint o gyfrannu tuag at y cymorth i'r saint—ac aethant 5
ymhellach na dim y gobeithiais amdano, gan eu rhoi eu hunain
yn gyntaf i'r Arglwydd, ac i ninnau yn ôl ewyllys Duw. Felly 6
yr ydym wedi gofyn i Titus orffen y gwaith grasusol hwn yn
eich plith yn union fel y dechreuodd arno. Ym mhob peth yr 7
ydych yn helaeth, yn eich ffydd a'ch ymadrodd a'ch gwybod-
aeth, yn eich ymroddiad llwyr ac yn y cariad a blannwyd ynoch
gennym ni.* Felly hefyd byddwch yn helaeth yn y gorchwyl
grasusol hwn.

---

*adn. 7: yn ôl darlleniad arall, *yn eich cariad tuag atom ni.*

8 I am not laying down any rules. But by showing how eager
others are to help, I am trying to find out how real your own love
is. 9 You know the grace of our Lord Jesus Christ; rich as he was,
he made himself poor for your sake, in order to make you rich
by means of his poverty.

10 My opinion is that it is better for you to finish now what
you began last year. You were the first, not only to act, but also
to be willing to act. 11 On with it, then, and finish the job! Be
as eager to finish it as you were to plan it, and do it with what
you now have. 12 If you are eager to give, God will accept your
gift on the basis of what you have to give, not on what you haven't.

13-14 I am not trying to relieve others by putting a burden on you;
but since you have plenty at this time, it is only fair that you should
help those who are in need. Then, when you are in need and they have
plenty, they will help you. In this way both are treated equally. 15 As
the scripture says, "The one who gathered much did not have too
much, and the one who gathered little did not have too little."

Titus and His Companions

16 How we thank God for making Titus as eager as we are to
help you! 17 Not only did he welcome our request; he was so eager
to help that of his own free will he decided to go to you. 18 With
him we are sending the brother who is highly respected in all the
churches for his work in preaching the gospel. 19 And besides that,
he has been chosen and appointed by the churches to travel with
us as we carry out this service of love for the sake of the Lord's
glory, and in order to show that we want to help.

20 We are taking care not to stir up any complaints about the
way we handle this generous gift. 21 Our purpose is to do what is
right, not only in the sight of the Lord, but also in the sight of
man.

22 So we are sending our brother with them; we have tested him
many times and found him always very eager to help. And now
that he has so much confidence in you, he is all the more eager
to help. 23 As for Titus, he is my partner and works with me to
help you; as for the other brothers who are going with him, they

Nid fel gorchymyn yr wyf yn dweud hyn, ond i brofi didwyll- 8
edd eich cariad chwi trwy sôn am ymroddiad pobl eraill.
Oherwydd yr ydych yn gwybod am ras ein Harglwydd Iesu 9
Grist, fel y bu iddo, ac yntau'n gyfoethog, ddod yn dlawd
drosoch chwi, er mwyn i chwi ddod yn gyfoethog trwy ei dlodi
ef. Ar y pen yma, rhoi fy marn yr wyf, a hynny sydd orau i 10
chwi, y rhai a fu'n gyntaf nid yn unig i weithredu ond i ewyll-
ysio gweithredu, er y llynedd. Yn awr cyflawnwch y gweith- 11
redu, er mwyn i'r cyflawniad fod yn gymesur ag eiddgarwch
eich ewyllysio; sôn yr wyf am roi yn ôl eich gallu. Oherwydd 12
os ydych yn eiddgar i roi, y mae hynny'n dderbyniol gan Dduw,
ar sail yr hyn sydd gan ddyn, nid yr hyn nad yw ganddo. Nid 13
fy mwriad yw cael esmwythyd i eraill ar draul gorthrymder i
chwi, ond eich gwneud yn gyfartal. Yn yr amser presennol hwn 14
y mae'r hyn sydd dros ben gennych chwi yn cyflenwi eu diffyg
hwy, fel y bydd i'r hyn sydd dros ben ganddynt hwy gyflenwi
eich diffyg chwi maes o law. Cyfartaledd yw'r diben. Fel y 15
mae'n ysgrifenedig:

"Yr hwn a gasglodd lawer, nid oedd ganddo ormod,
a'r hwn a gasglodd ychydig, nid oedd ganddo brinder."

Titus a'i Gymdeithion

Diolch i Dduw, yr hwn a roddodd yng nghalon Titus yr un 16
ymroddiad drosoch. Oherwydd nid yn unig gwrandawodd ar 17
ein hapêl, ond gymaint yw ei ymroddiad fel y mae o'i wirfodd
ei hun yn ymadael i fynd atoch. Yr ydym yn anfon gydag ef y 18
brawd sy'n uchel ei glod drwy'r holl eglwysi am ei waith dros
yr Efengyl, un sydd, heblaw hyn, wedi ei benodi gan yr eglwysi 19
i fod yn gyd-deithiwr i ni, ac i'n cynorthwyo yn y rhodd raslon
yr ydym yn ei gweinyddu, i ddangos gogoniant yr Arglwydd ei
hun a'n heiddgarwch ni. Yn hyn oll yr ydym yn gofalu na 20
chaiff neb fai ynom mewn perthynas â'r rhodd hael hon a
weinyddir gennym. Oherwydd y mae ein hamcanion yn 21
anrhydeddus, nid yn unig yng ngolwg yr Arglwydd, ond hefyd
yng ngolwg dynion. Yr ydym hefyd yn anfon gyda hwy ein 22
brawd, yr un y cawsom brawf o'i ymroddiad mewn llawer
modd a llawer gwaith. Y mae yn awr yn fwy ymroddgar byth
oherwydd yr ymddiriedaeth lwyr sydd ganddo ynoch. Os 23
gofynnir am Titus, fy nghydymaith yw, a'm cydweithiwr yn
eich gwasanaeth; neu am y brodyr, cenhadau'r eglwysi ydynt,

represent the churches and bring glory to Christ. 24 Show your love
to them, so that all the churches will be sure of it and know that
we are right in boasting about you.

Help for Fellow-Christians

9 There is really no need for me to write to you about the help
being sent to God's people in Judaea. 2 I know that you are
willing to help, and I have boasted of you to the people in Macedonia.
"The brothers in Achaia," I said, "have been ready to help since
last year." Your eagerness has stirred up most of them. 3 Now I
am sending these brothers, so that our boasting about you in this
matter may not turn out to be empty words. But, just as I said,
you will be ready with your help. 4 However, if the people from
Macedonia should come with me and find out that you are not
ready, how ashamed we would be—not to speak of your shame—for
feeling so sure of you! 5 So I thought it was necessary to urge these
brothers to go to you ahead of me and get ready in advance the
gift you promised to make. Then it will be ready when I arrive,
and it will show that you give because you want to, not because
you have to.

6 Remember that the person who sows few seeds will have a small
crop; the one who sows many seeds will have a large crop. 7 Each
one should give, then, as he has decided, not with regret or out
of a sense of duty; for God loves the one who gives gladly. 8 And
God is able to give you more than you need, so that you will always
have all you need for yourselves and more than enough for every
good cause. 9 As the scripture says,

"He gives generously to the needy;
his kindness lasts for ever."

10 And God, who supplies seed to sow and bread to eat, will also
supply you with all the seed you need and will make it grow and
produce a rich harvest from your generosity. 11 He will always make
you rich enough to be generous at all times, so that many will
thank God for your gifts which they receive from us. 12 For this
service you perform not only meets the needs of God's people, but
also produces an outpouring of grateful thanks to God. 13 And because
of the proof which this service of yours brings, many will give glory
to God for your loyalty to the gospel of Christ, which you profess,
and for your generosity in sharing with them and everyone else.
14 And so with deep affection they will pray for you because of
the extraordinary grace God has shown you. 15 Let us thank God
for his priceless gift!

a gogoniant Crist. Am hynny, dangoswch iddynt brawf o'ch 24
cariad, ac o'n hymffrost ni amdanoch, yng ngŵydd yr eglwysi.

Y Cymorth i'r Saint

Nid oes dim angen i mi ysgrifennu atoch chwi ynglŷn â'r **9**
cymorth i'r saint. Gwn am eich eiddgarwch, a byddaf yn ym- 2
ffrostio amdano ac amdanoch chwi wrth y Macedoniaid, ac yn
dweud fod Achaia wedi ymbaratoi er y llynedd; a bu eich sêl
yn symbyliad i'r rhan fwyaf ohonynt. 'Rwy'n anfon y brodyr 3
er mwyn sicrhau na cheir ein hymffrost amdanoch yn ofer yn
hyn o beth, ond eich bod yn barod, fel y dywedais y byddech.
Byddai'n beth chwithig pe deuai Macedoniaid gyda mi a'ch 4
cael yn amharod, ac felly i ni—heb sôn amdanoch chwi—gael
ein cywilyddio am fod mor sicr ohonoch. Dyna pam y teimlais 5
ei bod yn angenrheidiol gofyn i'r brodyr ddod atoch o'm blaen i,
a threfnu ymlaen llaw y rhodd yr oeddech wedi ei haddo o'r
blaen. Felly byddai'n barod i mi, yn rhodd haelioni, nid rhodd
cybydd-dod.

Cofiwch hyn: a heuo'n brin a fed yn brin, a heuo'n hael a 6
fed yn hael. Rhaid i bawb roi o wirfodd ei galon, nid o anfodd 7
neu o raid, oherwydd rhoddwr llawen y mae Duw'n ei garu.
Y mae Duw yn gallu rhoi popeth da i chwi yn helaeth, er mwyn 8
i chwi, ar ben eich digon bob amser ym mhob peth, allu rhoi yn
helaeth i bob gwaith da. Fel y mae'n ysgrifenedig: 9

"Gwasgarodd ei roddion ymhlith y tlodion,
y mae ei ddaioni yn aros yn dragywydd."

Bydd yr hwn sydd yn rhoi had i'r heuwr a bara iddo'n ymborth, 10
yn rhoi had i chwithau ac yn ei amlhau; bydd yn peri i ffrwyth
eich daioni fynd ar led. Ym mhob peth cewch eich cyfoethogi 11
ar gyfer pob haelioni, a bydd hynny trwom ni yn esgor ar
ddiolchgarwch i Dduw. Oherwydd y mae'r cymorth a ddaw o'r 12
gwasanaeth hwn, nid yn unig yn diwallu anghenion y saint, ond
hefyd yn gorlifo mewn llawer o ddiolchgarwch i Dduw. Ar 13
gyfrif y prawf sydd yn y cymorth hwn, byddant yn gogoneddu
Duw am eich ufudd-dod i Efengyl Crist, yr Efengyl yr ydych
yn ei chyffesu, ac am haelioni eich cyfraniad iddynt hwy ac i
bawb. Byddant yn hiraethu amdanoch a gweddïo ar eich rhan, 14
oherwydd y gras rhagorol a roddodd Duw i chwi. Diolch i 15
Dduw am ei rodd anhraethadwy.

Paul Defends His Ministry

10 I, Paul, make a personal appeal to you—I who am said to
be meek and mild when I am with you, but harsh with you
when I am away. By the gentleness and kindness of Christ I beg
you 2 not to force me to be harsh when I come; for I am sure
I can deal harshly with those who say that we act from worldly
motives. 3 It is true that we live in the world, but we do not fight
from worldly motives. 4 The weapons we use in our fight are not
the world's weapons but God's powerful weapons, which we use to
destroy strongholds. We destroy false arguments; 5 we pull down every
proud obstacle that is raised against the knowledge of God; we take
every thought captive and make it obey Christ. 6 And after you have
proved your complete loyalty, we will be ready to punish any act of
disloyalty.

7 You are looking at the outward appearance of things. Is there
someone there who reckons himself to belong to Christ? Well, let
him think again about himself, because we belong to Christ just
as much as he does. 8 For I am not ashamed, even if I have boasted
somewhat too much about the authority that the Lord has given
us—authority to build you up, not to tear you down. 9 I do not
want it to appear that I am trying to frighten you with my letters.
10 Someone will say, "Paul's letters are severe and strong, but when
he is with us in person, he is weak, and his words are nothing!"
11 Such a person must understand that there is no difference between
what we write in our letters when we are away and what we will do
when we are there with you.

12 Of course we would not dare to classify ourselves or compare
ourselves with those who rate themselves so highly. How stupid
they are! They make up their own standards to measure themselves
by, and they judge themselves by their own standards! 13 As for
us, however, our boasting will not go beyond certain limits; it will
stay within the limits of the work which God has set for us, and
this includes our work among you. 14 And since you are within those
limits, we were not going beyond them when we came to you, bringing
the Good News about Christ. 15 So we do not boast about the work
that others have done beyond the limits God set for us. Instead,
we hope that your faith may grow and that we may be able to
do a much greater work among you, always within the limits that

Paul yn Amddiffyn ei Weinidogaeth

Yr wyf fi, Paul, fy hun yn apelio atoch, ar sail addfwynder a **10**
goddefgarwch Crist—myfi, y dywedir fy mod yn wylaidd
wyneb yn wyneb â chwi ond yn hy arnoch pan fyddaf ymhell.
Yr wyf yn erfyn arnoch na fydd angen i mi, pan fyddaf gyda 2
chwi, arfer yr hyfdra hwnnw yr wyf yn cyfrif y gallaf feiddio ei
arfer tuag at rai sydd yn ein cyfrif ni yn ddynion sy'n byw ar
wastad y cnawd. Oherwydd er ein bod yn byw yn y cnawd, nid 3
ar wastad y cnawd yr ydym yn milwrio—canys nid arfau gwan 4
y cnawd yw arfau ein milwriaeth ni, ond rhai nerthol Duw sy'n
dymchwel cestyll. Felly yr ydym yn dymchwel dadleuon 5
dynion, a phob tŵr a godir yn erbyn y wybodaeth am Dduw,
ac yn cymryd pob meddwl yn garcharor, i fod yn ufudd i Grist.
Yr ydym yn barod i gosbi pob anufudd-dod unwaith y bydd 6
eich ufudd-dod chwi yn gyflawn.

Wynebwch y ffeithiau amlwg. Pwy bynnag sy'n credu yn ei 7
galon ei fod yn perthyn i Grist, ystyried hyn yn ei galon hefyd,
ein bod ninnau yn perthyn i Grist gymaint ag yntau. Hyd yn 8
oed os wyf yn ymffrostio rywfaint yn ormod am ein hawdur-
dod—awdurdod a roddodd yr Arglwydd i ni er mwyn eich ad-
eiladu, nid eich dymchwel—ni chaf fy nghywilyddio. Ni chaf fy 9
nangos, chwaith, fel un sy'n codi dychryn arnoch â'i lythyrau,
fel y myn rhai. " Mae ei lythyrau," meddant, " yn bwysfawr 10
a grymus, ond pan fydd yn bresennol, dyn bach eiddil ydyw, a'i
ymadrodd yn haeddu dirmyg." Dealled y rhai sy'n siarad felly 11
hyn: yr hyn ydym ar air mewn llythyrau pan ydym yn absennol,
hynny'n union a fyddwn mewn gweithred pan fyddwn yn
bresennol.

Canys nid ydym yn beiddio cystadlu na'n cymharu ein hun- 12
ain â'r rhai sydd yn eu canmol eu hunain. Pobl heb ddeall ydynt,
yn eu mesur eu hunain wrthynt eu hunain a'u cymharu eu
hunain â hwy eu hunain. Ond ni fydd ein hymffrost ni y tu 13
hwnt i fesur; fe'i cedwir o fewn mesur y terfyn a bennodd Duw
i ni, sy'n cyrraedd hyd atoch chwi hefyd. Oherwydd nid ydym 14
yn mynd y tu hwnt i'n terfyn, fel y byddem pe na bai ein
hawdurdod yn cyrraedd atoch; ni oedd y cyntaf i ddod ag
Efengyl Crist atoch chwi hefyd. Nid ydym yn ymffrostio y tu 15
hwnt i fesur, hynny yw, ar bwys llafur pobl eraill. Ond
gobeithio yr ydym, fel y bydd eich ffydd chwi yn mynd ar
gynnydd, y bydd ein gwaith yn eich plith yn helaethu'n ddir-

God has set. 16 Then we can preach the Good News in other countries
beyond you and shall not have to boast about work already done
in another man's field.

17 But as the scripture says, "Whoever wants to boast must boast
about what the Lord has done." 18 For it is when the Lord thinks
well of a person that he is really approved, and not when he thinks
well of himself.

Paul and the False Apostles

11 I wish you would tolerate me, even when I am a bit foolish.
Please do! 2 I am jealous for you, just as God is; you are
like a pure virgin whom I have promised in marriage to one man
only, Christ himself. 3 I am afraid that your minds will be corrupted
and that you will abandon your full and pure devotion to Christ—in
the same way that Eve was deceived by the snake's clever lies. 4 For
you gladly tolerate anyone who comes to you and preaches a different
Jesus, not the one we preached; and you accept a spirit and a gospel
completely different from the Spirit and the gospel you received
from us!

5 I do not think that I am the least bit inferior to those very
special so-called "apostles" of yours! 6 Perhaps I am an amateur
in speaking, but certainly not in knowledge; we have made this
clear to you at all times and in all conditions.

7 I did not charge you a thing when I preached the Good News
of God to you; I humbled myself in order to make you important.
Was that wrong of me? 8 While I was working among you, I was
paid by other churches. I was robbing them, so to speak, in order
to help you. 9 And during the time I was with you I did not bother
you for help when I needed money; the brothers who came from
Macedonia brought me everything I needed. As in the past, so in
the future: I will never be a burden to you! 10 By Christ's truth
in me, I promise that this boast of mine will not be silenced anywhere
in all Achaia. 11 Do I say this because I don't love you? God knows
I love you!

12 I will go on doing what I am doing now, in order to keep
those other "apostles" from having any reason for boasting and saying
that they work in the same way that we do. 13 Those men are not
true apostles—they are false apostles, who lie about their work and
disguise themselves to look like real apostles of Christ. 14 Well, no
wonder! Even Satan can disguise himself to look like an angel of
light! 15 So it is no great thing if his servants disguise themselves

fawr, o fewn ein terfynau. Ein bwriad yw pregethu'r Efengyl 16
mewn mannau y tu hwnt i chwi, nid ymffrostio yn y gwaith
sydd eisoes wedi ei wneud o fewn terfynau rhywun arall. Y 17
sawl sy'n ymffrostio, ymffrostied yn yr Arglwydd. Nid y dyn 18
sydd yn ei ganmol ei hunan, ond y dyn y mae'r Arglwydd yn
ei ganmol, hwnnw sy'n gymeradwy.

Paul a'r Ffug Apostolion

O na baech yn fy ngoddef yn fy nhipyn ffolineb ! Da chwi, **11**
goddefwch fi ! Oherwydd yr wyf yn eiddigeddus drosoch ag 2
eiddigedd Duw ei hun, gan i mi eich dyweddïo i un gŵr, eich
cyflwyno yn wyryf bur i Grist. Ond fel y twyllodd y sarff Efa 3
trwy ei chyfrwystra, y mae arnaf ofn y llygrir eich meddyliau
chwi yn yr un modd, a'ch troi oddi wrth ddidwylledd a phurdeb
eich ymlyniad wrth Grist. Oherwydd os daw rhywun a 4
phregethu Iesu arall, na phregethasom ni, neu os ydych yn
derbyn ysbryd gwahanol i'r Ysbryd a dderbyniasoch, neu
efengyl wahanol i'r Efengyl a dderbyniasoch, yr ydych yn
goddef y cwbl yn llawen. Nid wyf yn f'ystyried fy hun yn ôl 5
mewn dim i'r arch-apostolion hyn. Hyd yn oed os wyf yn 6
anfedrus fel siaradwr, nid wyf felly mewn gwybodaeth; ym
mhob ffordd ac ar bob cyfle yr ydym wedi gwneud hyn yn eglur
i chwi.

A wneuthum drosedd yn fy narostwng fy hun er mwyn i chwi 7
gael eich dyrchafu, trwy bregethu i chwi Efengyl Duw yn ddi-
dâl ? Ysbeiliais eglwysi eraill trwy dderbyn cyflog ganddynt er 8
mwyn eich gwasanaethu chwi. A phan oeddwn gyda chwi ac 9
mewn angen, ni bûm yn faich ar neb, canys diwallodd y brodyr
a ddaeth o Facedonia fy angen. Ym mhob peth fe'm cedwais,
ac fe'm cadwaf, fy hun rhag bod yn dreth arnoch. Cyn wired â 10
bod gwirionedd Crist ynof, ni roddir taw ar fy ymffrost hwn
yn ardaloedd Achaia. Pam ? Am nad wyf yn eich caru ? Fe 11
ŵyr Duw fy mod.

Daliaf i wneud yr hyn yr wyf yn ei wneud yn awr, i ddwyn 12
eu cyfle oddi ar y rhai sy'n ceisio cyfle, yn y swydd y maent yn
ymffrostio ynddi, i gael eu cyfrif ar yr un tir â ninnau. Ffug 13
apostolion yw'r fath ddynion, gweithwyr twyllodrus, yn
ymrithio fel apostolion i Grist. Ac nid rhyfedd, oherwydd y 14
mae Satan yntau yn ymrithio fel angel goleuni. Nid yw'n beth 15

to look like servants of righteousness. In the end they will get exactly
what their actions deserve.

Paul's Sufferings as an Apostle

16 I repeat: no one should think that I am a fool. But if you
do, at least accept me as a fool, so that I will have a little to
boast of. 17 Of course what I am saying now is not what the Lord
would like me to say; in this matter of boasting I am really talking
like a fool. 18 But since there are so many who boast for merely
human reasons, I will do the same. 19 You yourselves are so wise,
and so you gladly tolerate fools! 20 You tolerate anyone who orders
you about or takes advantage of you or traps you or looks down
on you or slaps you in the face. 21 I am ashamed to admit that
we were too timid to do those things!

But if anyone dares to boast about something—I am talking like
a fool—I will be just as daring. 22 Are they Hebrews? So am I.
Are they Israelites? So am I. Are they Abraham's descendants?
So am I. 23 Are they Christ's servants? I sound like a madman—but
I am a better servant than they are! I have worked much harder,
I have been in prison more times, I have been whipped much more,
and I have been near death more often. 24 Five times I was given
the thirty-nine lashes by the Jews; 25 three times I was whipped
by the Romans; and once I was stoned. I have been in three ship-
wrecks, and once I spent twenty-four hours in the water. 26 In my
many travels I have been in danger from floods and from robbers,
in danger from fellow-Jews and from Gentiles; there have been
dangers in the cities, dangers in the wilds, dangers on the high seas,
and dangers from false friends. 27 There has been work and toil; often
I have gone without sleep; I have been hungry and thirsty; I have often
been without enough food, shelter, or clothing. 28 And not to mention
other things, every day I am under the pressure of my concern for
all the churches. 29 When someone is weak, then I feel weak too; when
someone is led into sin, I am filled with distress.

30 If I must boast, I will boast about things that show how weak
I am. 31 The God and Father of the Lord Jesus—blessed be his
name for ever!—knows that I am not lying. 32 When I was in Damas-
cus, the governor under King Aretas placed guards at the city gates

mawr, felly, os yw ei weision hefyd yn ymrithio fel gweision
cyfiawnder. Bydd eu diwedd yn unol â'u gweithredoedd.

Dioddefiadau Paul fel Apostol

'Rwy'n dweud eto: na thybied neb fy mod yn ffôl. Ond os 16
gwnewch, rhowch i mi ryddid un ffôl i ymffrostio tipyn bach.
Yr wyf yn siarad yn awr, yn yr hyder ymffrostgar hwn, nid fel y 17
mynnai'r Arglwydd imi siarad, ond mewn ffolineb. Gan fod 18
llawer yn ymffrostio ar dir materol, fe ymffrostiaf finnau hefyd.
Oherwydd yr ydych yn goddef ffyliaid yn llawen, a chwithau 19
mor ddoeth! Os bydd rhywun yn eich caethiwo, neu yn eich 20
ysbeilio, neu yn cymryd mantais arnoch, neu yn ymddyrchafu,
neu yn eich taro ar eich wyneb, yr ydych yn goddef y cwbl.
'Rwy'n cydnabod, er cywilydd, i ni fod yn wan yn hyn o beth. 21
Ond os oes rhywbeth y beiddia rhywun ymffrostio amdano, fe
feiddiaf finnau hefyd—mewn ffolineb yr wyf yn siarad. Ai 22
Hebreaid ydynt? Minnau hefyd. Ai Israeliaid ydynt?
Minnau hefyd. Ai had Abraham ydynt? Minnau hefyd. Ai 23
gweision Crist ydynt? Yr wyf yn siarad yn wallgof, myfi yn
fwy; yn fwy o lawer mewn llafur, yn amlach o lawer yng
ngharchar, dan y fflangell yn fwy mynych, mewn perygl einioes
dro ar ôl tro. Pumwaith y cefais ar law'r Iddewon y deugain 24
llach ond un. Tair gwaith fe'm curwyd â ffyn, unwaith fe'm 25
llabyddiwyd, tair gwaith bûm mewn llongddrylliad, ac am
ddiwrnod a noson bûm yn y môr. Bûm ar deithiau yn fynych, 26
mewn peryglon gan afonydd, peryglon ar law lladron, peryglon
ar law fy nghenedl fy hun ac ar law'r Cenhedloedd, peryglon yn
y dref ac yn yr anialwch ac ar y môr, a pheryglon ymhlith
brodyr gau. Bûm mewn llafur a lludded, yn fynych heb gwsg, 27
mewn newyn a syched, yn fynych heb luniaeth, yn oer ac yn
noeth. Ar wahân i bob peth arall, y mae'r gofal dros yr holl 28
eglwysi yn gwasgu arnaf ddydd ar ôl dydd. Pan fydd rhywun 29
yn wan, onid wyf finnau'n wan? Pan berir i rywun gwympo,
onid wyf finnau'n llosgi gan ddicter?

Os rhaid ymffrostio, ymffrostiaf am y pethau sy'n perthyn 30
i'm gwendid. Y mae Duw a Thad yr Arglwydd Iesu, yr hwn 31
sydd fendigedig yn dragywydd, yn gwybod nad wyf yn dweud
celwydd. Yn Namascus, yr oedd y llywodraethwr oedd dan y 32
Brenin Aretas yn gwylio dinas Damascus er mwyn fy nal i, ond 33

to arrest me. 33 But I was let down in a basket through an opening in the wall and escaped from him.

Paul's Visions and Revelations

12 I have to boast, even though it doesn't do any good. But I will now talk about visions and revelations given me by the Lord. 2 I know a certain Christian man who fourteen years ago was snatched up to the highest heaven (I do not know whether this actually happened or whether he had a vision—only God knows). 3-4 I repeat, I know that this man was snatched to Paradise (again, I do not know whether this actually happened or whether it was a vision—only God knows), and there he heard things which cannot be put into words, things that human lips may not speak. 5 So I will boast about this man—but I will not boast about myself, except the things that show how weak I am. 6 If I wanted to boast, I would not be a fool, because I would be telling the truth. But I will not boast, because I do not want anyone to have a higher opinion of me than he has as a result of what he has seen me do and heard me say.

7 But to keep me from being puffed up with pride because of the many wonderful things I saw, I was given a painful physical ailment, which acts as Satan's messenger to beat me and keep me from being proud. 8 Three times I prayed to the Lord about this and asked him to take it away. 9 But his answer was: "My grace is all you need, for my power is strongest when you are weak." I am most happy, then, to be proud of my weaknesses, in order to feel the protection of Christ's power over me. 10 I am content with weaknesses, insults, hardships, persecutions, and difficulties for Christ's sake. For when I am weak, then I am strong.

Paul's Concern for the Corinthians

11 I am acting like a fool—but you have made me do it. You are the ones who ought to show your approval of me. For even if I am nothing, I am in no way inferior to those very special "apostles" of yours. 12 The many miracles and wonders that prove that I am an apostle were performed among you with much patience. 13 How were you treated any worse than the other churches, except that I did not bother you for financial help? Please forgive me for being so unfair!

14 This is now the third time that I am ready to come to visit you—and I will not make any demands on you. It is you I want,

cefais fy ngollwng i lawr mewn basged drwy ffenestr yn y mur,
a dihengais o'i afael.

Gweledigaethau a Datguddiadau

Y mae'n rhaid imi ymffrostio. Ni wna ddim lles, ond af **12**
ymlaen i sôn am weledigaethau a datguddiadau a roddwyd i mi
gan yr Arglwydd. Gwn am ddyn yng Nghrist a gipiwyd, bedair 2
blynedd ar ddeg yn ôl, i fyny i'r drydedd nef—ai yn y corff, ai
allan o'r corff, ni wn; y mae Duw'n gwybod. Gwn i'r dyn 3
hwnnw gael ei gipio i fyny i Baradwys—ai yn y corff, ai allan o'r
corff, ni wn; y mae Duw'n gwybod. Ac fe glywodd draethu'r 4
anhraethadwy, geiriau nad oes hawl gan ddyn i'w llefaru. Am 5
hwnnw yr wyf yn ymffrostio; amdanaf fy hun nid ymffrostiaf,
ar wahân i'm gwendidau. Ond os dewisaf ymffrostio, ni byddaf 6
ffôl, oherwydd dweud y gwir y byddaf. Ond ymatal a wnaf,
rhag i neb feddwl mwy ohonof na'r hyn y mae'n ei weld ynof
neu'n ei glywed gennyf. A rhag i mi ymddyrchafu o achos 7
rhyfeddod y pethau a ddatguddiwyd imi, rhoddwyd draenen
yn fy nghnawd, cennad oddi wrth Satan, i'm poeni, rhag imi
ymddyrchafu. Ynglŷn â hyn deisyfais ar yr Arglwydd dair 8
gwaith ar iddo'i symud oddi wrthyf. Ond dywedodd wrthyf, 9
"Digon i ti fy ngras i; mewn gwendid y daw fy nerth i'w
anterth." Felly, yn llawen iawn fe ymffrostiaf fwyfwy yn fy
ngwendidau, er mwyn i nerth Crist orffwys arnaf. Am hynny, 10
yr wyf yn ymhyfrydu, er mwyn Crist, mewn gwendid, sarhad,
gofid, erledigaeth, a chyfyngder. Canys pan wyf wan, yna'r
wyf gryf.

Gofal Paul dros Eglwys Corinth

Euthum yn ffôl, ond chwi a'm gyrrodd i hyn. Oherwydd 11
dylaswn i gael fy nghanmol gennych chwi. Nid wyf fi yn ôl
mewn dim i'r arch-apostolion hyn, hyd yn oed os nad wyf fi'n
ddim. Cyflawnwyd arwyddion apostol yn eich plith gyda 12
dyfalbarhad cyson, mewn gwyrthiau a rhyfeddodau a gweith-
redoedd nerthol. Ym mha beth y bu'n waeth arnoch chwi na'r 13
eglwysi eraill, ond yn hyn, na fûm i yn faich arnoch chwi?
Maddeuwch i mi y camwedd hwn. Dyma fi'n barod i ddod 14
atoch y drydedd waith. Ac nid wyf am fod yn faich arnoch.
Oherwydd chwi yr wyf yn eu ceisio, nid eich eiddo; nid y plant

not your money. After all, children should not have to provide for
their parents, but parents should provide for their children. [15]I will
be glad to spend all I have, and myself as well, in order to help
you. Will you love me less because I love you so much?

16 You will agree, then, that I was not a burden to you. But
someone will say that I was crafty, and trapped you with lies. [17]How?
Did I take advantage of you through any of the messengers I sent?
[18]I begged Titus to go, and I sent the other Christian brother with
him. Would you say that Titus took advantage of you? Do he and
I not act from the very same motives and behave in the same way?

19 Perhaps you think that all along we have been trying to defend
ourselves before you. No! We speak as Christ would wish us to
speak in the presence of God, and everything we do, dear friends,
is done to help you. [20]I am afraid that when I get there I will
find you different from what I would like you to be and you will
find me different from what you would like me to be. I am afraid
that I will find quarrelling and jealousy, hot tempers and selfishness,
insults and gossip, pride and disorder. [21]I am afraid that the next
time I come my God will humiliate me in your presence, and I
shall weep over many who sinned in the past and have not repented
of the immoral things they have done—their lust and their sexual
sins.

Final Warnings and Greetings

13 This is now the third time that I am coming to visit you.
"Any accusation must be upheld by the evidence of two or
more witnesses"—as the scripture says. [2]I want to say to those of
you who have sinned in the past, and to all the others; I said it
before during my second visit to you, but I will say it again now
that I am away: the next time I come nobody will escape punishment.
[3]You will have all the proof you want that Christ speaks through
me. When he deals with you, he is not weak; instead, he shows
his power among you. [4]For even though it was in weakness that he
was put to death on the cross, it is by God's power that he lives. In
union with him we also are weak; but in our relations with you
we shall share God's power in his life.

5 Put yourselves to the test and judge yourselves, to find out whether
you are living in faith. Surely you know that Christ Jesus is in
you?—unless you have completely failed. [6]I trust you will know
that we are not failures. [7]We pray to God that you will do no
wrong—not in order to show that we are a success, but so that
you may do what is right, even though we may seem to be failures.

a ddylai ddarparu ar gyfer eu rhieni, ond y rhieni ar gyfer eu
plant. Fe wariaf fi fy eiddo yn llawen, ac fe'm gwariaf fy hunan 15
i'r eithaf, dros eich eneidiau chwi. Os wyf fi'n eich caru chwi'n
fwy, a wyf fi i gael fy ngharu'n llai ? Ond, a chaniatáu na fûm 16
i'n dreth arnoch, eto honnir imi fod yn ddigon cyfrwys i'ch dal
trwy ddichell. A fanteisiais arnoch trwy unrhyw un o'r rhai a 17
anfonais atoch ? Deisyfais ar Titus fynd atoch, ac anfonais ein 18
brawd gydag ef. A fanteisiodd Titus arnoch ? Onid ymddwyn
yn yr un ysbryd a wnaethom ni, ac onid dilyn yr un llwybrau ?

A ydych yn tybio drwy'r amser mai ein hamddiffyn ein hun- 19
ain i chwi yr ydym ? Gerbron Duw yr ydym yn llefaru, yng
Nghrist, a'r cwbl er adeiladaeth i chwi, fy nghyfeillion annwyl.
Oherwydd y mae arnaf ofn na chaf chwi, pan ddof, fel y 20
dymunwn i chwi fod, ac na cheir finnau chwaith fel y dymunech
chwi i mi fod. Yr wyf yn ofni y bydd cynnen, eiddigedd, llidio,
ymgiprys, difenwi, clebran, ymchwyddo, terfysgu. Yr wyf yn 21
ofni rhag i'm Duw, pan ddof drachefn, fy narostwng o'ch blaen,
ac i mi alaru dros lawer sydd gynt wedi pechu, a heb edifarhau
am yr amhurdeb a'r puteindra a'r anlladrwydd a wnaethant.

Rhybuddion Terfynol a Chyfarchiadau

Dyma'r drydedd waith y dof atoch chwi. Y mae pob peth i **13**
sefyll yn gadarn ar air dau neu dri o dystion. Pan oeddwn gyda 2
chwi yr ail waith, rhoddais rybudd i'r rhai oedd gynt wedi
pechu, ac i bawb arall; yn awr, a minnau'n absennol, yr wyf
yn dal i'w rhybuddio: os dof eto, nid arbedaf. 'Rwy'n dweud 3
hyn gan eich bod yn gofyn am brawf o'r Crist sy'n llefaru ynof
fi, y Crist nad yw'n wan yn ei ymwneud â chwi, ond sydd yn
nerthol yn eich plith. Oherwydd er ei groeshoelio ef mewn 4
gwendid, eto y mae'n byw trwy nerth Duw. Ac er ein bod
ninnau yn wan ynddo ef, eto fe gawn fyw gydag ef trwy nerth
Duw, yn ein perthynas â chwi.

Profwch eich hunain i weld a ydych yn y ffydd; chwiliwch 5
eich hunain. Onid ydych yn sylweddoli fod Crist Iesu ynoch
chwi ? Os nad ydych, yr ydych wedi methu'r prawf. Yr wyf 6
yn gobeithio y dewch chwi i weld nad ydym ni wedi methu.
Yr ydym yn gweddïo ar Dduw na fydd i chwi wneud dim drwg, 7
nid er mwyn i ni ymddangos fel rhai a lwyddodd yn y prawf,
ond er mwyn i chwi wneud yr hyn sydd dda, er i ni ymddangos

8 For we cannot do a thing against the truth, but only for it. 9 We
are glad when we are weak but you are strong. And so we also
pray that you will become perfect. 10 That is why I write this while
I am away from you; it is so that when I arrive I will not have
to deal harshly with you in using the authority that the Lord has
given me—authority to build you up, not to tear you down.

11 And now, my brothers, good-bye! Strive for perfection; listen to my appeals; agree with one another; live in peace. And the God of love and peace will be with you.

12 Greet one another with a brotherly kiss.

All God's people send you their greetings.

13 The grace of the Lord Jesus Christ, the love of God, and the fellowship of the Holy Spirit be with you all.

fel rhai a fethodd. Oherwydd ni allwn wneud dim yn erbyn y 8
gwirionedd, dim ond dros y gwirionedd. Yr ydym yn llawen- 9
hau pan fyddwn ni'n wan a chwithau'n gryf; a hyn yn wir yw
ein gweddi, i chwi gael eich adfer. Yr wyf yn ysgrifennu'r 10
pethau hyn, a minnau'n absennol, er mwyn i mi, pan fyddaf yn
bresennol, beidio ag arfer gerwinder, yn ôl yr awdurdod a
roddodd yr Arglwydd i mi i adeiladu, nid i ddymchwel.

Bellach, frodyr, ffarwel. Mynnwch eich adfer, gwrandewch 11
ar fy apêl, byddwch o'r un meddwl, a byw'n heddychlon; a
bydd Duw'r cariad a'r tangnefedd gyda chwi. Cyfarchwch 12
eich gilydd â chusan sanctaidd. Y mae'r saint i gyd yn eich
cyfarch.

Gras ein Harglwydd Iesu Grist, a chariad Duw, a chymdeith- 13
as yr Ysbryd Glân fyddo gyda chwi oll!

PAUL'S LETTER TO THE

GALATIANS

1 From Paul, whose call to be an apostle did not come from
man or by means of man, but from Jesus Christ and God the
Father, who raised him from death. 2 All the brothers who are here
join me in sending greetings to the churches of Galatia:

3 May God our Father and the Lord Jesus Christ give you grace
and peace.

4 In order to set us free from this present evil age, Christ gave
himself for our sins, in obedience to the will of our God and Father.
5 To God be the glory for ever and ever! Amen.

The One Gospel

6 I am surprised at you! In no time at all you are deserting the
one who called you by the grace of Christ,[a] and are accepting another
gospel. 7 Actually, there is no "other gospel," but I say this because
there are some people who are upsetting you and trying to change
the gospel of Christ. 8 But even if we or an angel from heaven should
preach to you a gospel that is different from the one we preached
to you, may he be condemned to hell! 9 We have said it before,
and now I say it again: if anyone preaches to you a gospel that
is different from the one you accepted, may he be condemned to
hell!

10 Does this sound as if I am trying to win man's approval?
No indeed! What I want is God's approval! Am I trying to be
popular with men? If I were still trying to do so, I would not
be a servant of Christ.

How Paul Became an Apostle

11 Let me tell you, my brothers, that the gospel I preach is not
of human origin. 12 I did not receive it from any man, nor did anyone

---

[a] by the grace of Christ; *some manuscripts have* by his grace.

LLYTHYR PAUL AT Y

GALATIAID

Cyfarch

Paul, apostol—nid o benodiad dynion, na chwaith trwy awdur- 1
dod unrhyw ddyn, ond trwy awdurdod Iesu Grist a Duw
Dad, yr hwn a'i cyfododd ef oddi wrth y meirw—Paul, a'r 2
brodyr oll sydd gyda mi, at eglwysi Galatia. Gras a thang- 3
nefedd i chwi oddi wrth Dduw ein Tad a'r Arglwydd Iesu
Grist, yr hwn a'i rhoddodd ei hun dros ein pechodau ni, i'n 4
gwaredu ni o'r oes ddrwg bresennol, yn ôl ewyllys Duw ein Tad,
i'r hwn y bo'r gogoniant yn oes oesoedd. Amen. 5

Nid Oes Efengyl Arall

Yr wyf yn synnu eich bod yn cefnu mor fuan ar yr hwn a'ch 6
galwodd chwi trwy ras Crist, ac yn troi at efengyl wahanol.
Nid ei bod yn efengyl arall mewn gwirionedd, ond bod rhywrai, 7
yn eu hawydd i wyrdroi Efengyl Crist, yn aflonyddu arnoch.
Ond petai rhywun, ni ein hunain hyd yn oed, neu angel o'r nef, 8
yn pregethu i chwi efengyl sy'n groes i'r Efengyl a bregethasom
i chwi, melltith arno ! Fel yr ydym wedi dweud o'r blaen, felly 9
yr wyf yn dweud eto yn awr: os oes rhywun yn pregethu
efengyl i chwi sy'n groes i'r Efengyl a dderbyniasoch, melltith
arno !

Pwy yr wyf am ei gael o'm plaid yn awr, ai dynion, ai Duw ? 10
Ai ceisio plesio dynion yr wyf ? Pe bawn â'm bryd o hyd ar
blesio dynion, nid gwas i Grist fyddwn.

Paul yn Dod yn Apostol

Yr wyf am roi ar ddeall i chwi, frodyr, am yr Efengyl a 11
bregethwyd gennyf fi, nad rhywbeth dynol mohoni. Oherwydd 12

teach it to me. It was Jesus Christ himself who revealed it to me.
13 You have been told how I used to live when I was devoted
to the Jewish religion, how I persecuted without mercy the church
of God and did my best to destroy it. 14 I was ahead of most fellow-Jews
of my age in my practice of the Jewish religion, and was much
more devoted to the traditions of our ancestors.
15 But God in his grace chose me even before I was born, and
called me to serve him. And when he decided 16 to reveal his Son
to me, so that I might preach the Good News about him to the
Gentiles, I did not go to anyone for advice, 17 nor did I go to Jerusalem
to see those who were apostles before me. Instead, I went at once
to Arabia, and then I returned to Damascus. 18 It was three years
later that I went to Jerusalem to obtain information from Peter,
and I stayed with him for two weeks. 19 I did not see any other
apostle except James,[b] the Lord's brother.
20 What I write is true. God knows that I am not lying!
21 Afterwards I went to places in Syria and Cilicia. 22 At that
time the members of the churches in Judaea did not know me per-
sonally. 23 They knew only what others were saying: "The man who
used to persecute us is now preaching the faith that he once tried
to destroy!" 24 And so they praised God because of me.

Paul and the Other Apostles

2 Fourteen years later I went back to Jerusalem with Barnabas,
taking Titus along with me. 2 I went because God revealed to
me that I should go. In a private meeting with the leaders I explained
the gospel message that I preach to the Gentiles. I did not want
my work in the past or in the present to be a failure. 3 My companion
Titus, even though he is Greek, was not forced to be circumcised,
4 although some wanted it done. Pretending to be fellow-believers,
these men slipped into our group as spies, in order to find out
about the freedom we have through our union with Christ Jesus.
They wanted to make slaves of us, 5 but in order to keep the truth
of the gospel safe for you, we did not give in to them for a minute.
6 But those who seemed to be the leaders—I say this because
it makes no difference to me what they were; God does not judge
by outward appearances—those leaders, I say, made no new sugges-
tions to me. 7 On the contrary, they saw that God had given me

---

[b] any other apostle except James; *or* any other apostle; the only other person I saw was James.

nid ei derbyn fel traddodiad gan ddyn a wneuthum, na chael fy
nysgu ynddi chwaith; trwy ddatguddiad Iesu Grist y cefais hi.
Oherwydd fe glywsoch am fy ymarweddiad gynt yn y grefydd 13
Iddewig, imi fod yn erlid eglwys Duw i'r eithaf ac yn ceisio'i
difrodi hi, ac imi gael y blaen, fel crefyddwr Iddewig, ar gyfoed- 14
ion lawer yn fy nghenedl, gan gymaint fy sêl tros draddodiadau
fy nhadau. Ond dyma hwnnw a'm neilltuodd o groth fy mam, 15
ac a'm galwodd trwy ei ras, yn dewis datguddio ei Fab ynof fi, 16
er mwyn i mi ei bregethu ymhlith y Cenhedloedd; ac ar
unwaith, heb ymgynghori ag unrhyw ddyn, a heb fynd i fyny i 17
Jerwsalem chwaith at y rhai oedd yn apostolion o'm blaen i,
euthum i ffwrdd i Arabia, ac yna dychwelyd i Ddamascus.
Wedyn, ar ôl tair blynedd, mi euthum i fyny i Jerwsalem i 18
ymgydnabyddu â Ceffas, ac arhosais gydag ef am bythefnos.
Ni welais neb arall o'r apostolion, ar wahân i Iago, brawd yr 19
Arglwydd. Gerbron Duw, nid celwydd yr wyf yn ei ysgrifennu 20
atoch. Wedyn euthum i diriogaethau Syria a Chilicia. Nid 21,22
oedd gan y cynulleidfaoedd sydd yng Nghrist yn Jwdea ddim
adnabyddiaeth bersonol ohonof, dim ond eu bod yn clywed 23
rhai'n dweud, " Y mae ein herlidiwr gynt yn awr yn pregethu'r
ffydd yr oedd yn ceisio'i difrodi o'r blaen." Ac yr oeddent yn 24
gogoneddu Duw o'm hachos i.

Yr Apostolion Eraill yn Cydnabod Paul

Wedyn, ymhen pedair blynedd ar ddeg, euthum unwaith eto **2**
i fyny i Jerwsalem ynghyd â Barnabas, gan gymryd Titus hefyd
gyda mi. Euthum i fyny mewn ufudd-dod i ddatguddiad. 2
Gosodais ger eu bron—o'r neilltu, gerbron y gwŷr a gyfrifir yn
arweinwyr—yr Efengyl yr wyf yn ei phregethu ymhlith y
Cenhedloedd, rhag ofn fy mod yn rhedeg, neu wedi rhedeg, yn
ofer. Ond ni orfodwyd enwaedu ar fy nghydymaith Titus hyd 3
yn oed, er mai Groegwr ydoedd. Codwyd y mater o achos y 4
brodyr gau, llechgwn a oedd wedi llechian i mewn fel sbiwyr ar
y rhyddid sy'n eiddo i ni yng Nghrist Iesu, gyda'r bwriad o'n
caethiwo ni. Ond ni ildiasom iddynt trwy gymryd ein daros- 5
twng, naddo, ddim am foment, er mwyn i wirionedd yr Efengyl
aros yn ddianaf ar eich cyfer chwi. Ond am y gwŷr a gyfrifir yn 6
rhywbeth (nid yw o ddim gwahaniaeth i mi beth oeddent gynt;
nid yw Duw yn ystyried safle dyn), nid ychwanegodd yr arwein-
wyr hyn ddim at yr hyn oedd gennyf. I'r gwrthwyneb, fe 7

the task of preaching the gospel to the Gentiles, just as he had
given Peter the task of preaching the gospel to the Jews. 8 For by
God's power I was made an apostle to the Gentiles, just as Peter
was made an apostle to the Jews. 9 James, Peter, and John, who seemed
to be the leaders, recognized that God had given me this special task;
so they shook hands with Barnabas and me, as a sign that we were all
partners. We agreed that Barnabas and I would work among the
Gentiles and they among the Jews. 10 All they asked was that we
should remember the needy in their group, which is the very thing
I have[c] been eager to do.

Paul Rebukes Peter at Antioch

11 But when Peter came to Antioch, I opposed him in public,
because he was clearly wrong. 12 Before some men who had been
sent by James arrived there, Peter had been eating with the Gentile
brothers. But after these men arrived, he drew back and would not
eat with the Gentiles, because he was afraid of those who were
in favour of circumcising them. 13 The other Jewish brothers also
started acting like cowards along with Peter; and even Barnabas
was swept along by their cowardly action. 14 When I saw that they
were not walking a straight path in line with the truth of the gospel,
I said to Peter in front of them all, "You are a Jew, yet you have
been living like a Gentile, not like a Jew. How, then, can you try
to force Gentiles to live like Jews?"

Jews and Gentiles Are Saved by Faith

15 Indeed, we are Jews by birth and not "Gentile sinners," as
they are called. 16 Yet we know that a person is put right with God
only through faith in Jesus Christ, never by doing what the Law
requires. We, too, have believed in Christ Jesus in order to be put
right with God through our faith in Christ, and not by doing what
the Law requires. For no one is put right with God by doing what
the Law requires. 17 If, then, as we try to be put right with God
by our union with Christ, we are found to be sinners as much as
the Gentiles are—does this mean that Christ is serving the cause
of sin? By no means! 18 If I start to rebuild the system of Law
that I tore down, then I show myself to be someone who breaks
the Law. 19 So far as the Law is concerned, however, I am dead—killed
by the Law itself—in order that I might live for God. I have been
put to death with Christ on his cross, 20 so that it is no longer

---

[c] have; *or* had.

welsant fod yr Efengyl ar gyfer y Cenhedloedd wedi ei hym-
ddiried i mi, yn union fel yr oedd yr Efengyl ar gyfer yr Iddew-
on wedi ei hymddiried i Pedr. Oherwydd yr un a weithiodd yn 8
Pedr i'w wneud yn apostol i'r Iddewon, a weithiodd ynof
finnau i'm gwneud yn apostol i'r Cenhedloedd. A dyma Iago 9
a Ceffas ac Ioan, y gwŷr a gyfrifir yn golofnau, yn cydnabod y
gras oedd wedi ei roi i mi, ac yn estyn i Barnabas a minnau
ddeheulaw cymdeithas, a chytuno ein bod ni i fynd at y
Cenhedloedd a hwythau at yr Iddewon. Eu hunig gais oedd 10
ein bod i gofio'r tlodion; a dyna'r union beth yr oeddwn wedi
ymroi i'w wneud.

Paul yn Ceryddu Pedr yn Antiochia

Ond pan ddaeth Ceffas i Antiochia, fe'i gwrthwynebais yn ei 11
wyneb, gan ei fod yn amlwg ar fai. Oherwydd cyn i rywrai 12
ddod yno oddi wrth Iago, byddai ef yn arfer cydfwyta gyda'r
Cristionogion cenhedlig, ond wedi iddynt ddod, dechreuodd
gadw'n ôl ac ymbellhau, am ei fod yn ofni plaid yr enwaediad.
Ymunodd yr Iddewon eraill hefyd yn ei ragrith, nes ysgubo 13
Barnabas yntau i ragrithio gyda hwy. Ond pan welais nad 14
oeddent yn cadw at lwybr gwirionedd yr Efengyl, dywedais
wrth Ceffas yng ngŵydd pawb, " Os wyt ti, er dy fod yn Iddew,
yn byw nid fel Iddew ond fel Cenedl-ddyn, pa hawl sydd
gennyt ti i orfodi Cenedl-ddynion i fyw fel Iddewon ?"

Yr Iddewon, fel y Cenhedloedd, i'w Hachub trwy Ffydd

Yr ydym ni wedi'n geni yn Iddewon, nid yn Genedl-ddynion 15
pechadurus. Ac eto fe wyddom na chaiff dyn ei gyfiawnhau 16
ond trwy ffydd yn Iesu Grist, nid trwy gadw gofynion cyfraith.
Felly fe gredasom ninnau yng Nghrist Iesu er mwyn ein
cyfiawnhau, nid trwy gadw gofynion cyfraith, ond trwy ffydd
yng Nghrist, oherwydd ni chaiff undyn meidrol ei gyfiawnhau
trwy gadw gofynion cyfraith. Ond os, wrth geisio cael ein 17
cyfiawnhau trwy Grist, cafwyd ninnau hefyd yn bechaduriaid,
a yw hynny'n golygu bod Crist yn was pechod ? Nac ydyw,
ddim o gwbl ! Oherwydd os wyf yn adeiladu drachefn y pethau 18
a dynnais i lawr, yr wyf yn fy mhrofi fy hun yn droseddwr.
Oherwydd trwy gyfraith bûm farw i gyfraith, er mwyn byw i 19
Dduw. Yr wyf wedi fy nghroeshoelio gyda Christ; a mwyach, 20

I who live, but it is Christ who lives in me. This life that I live
now, I live by faith in the Son of God, who loved me and gave his
life for me. 21 I refuse to reject the grace of God. But if a person is
put right with God through the Law, it means that Christ died for
nothing!

Law or Faith

3 You foolish Galatians! Who put a spell on you? Before your
very eyes you had a clear description of the death of Jesus
Christ on the cross! 2 Tell me this one thing: did you receive God's
Spirit by doing what the Law requires or by hearing the gospel
and believing it? 3 How can you be so foolish! You began by God's
Spirit; do you now want to finish by your own power? 4 Did all
your experience mean nothing at all? Surely it meant something!
5 Does God give you the Spirit and work miracles among you because
you do what the Law requires or because you hear the gospel and
believe it?

6 Consider the experience of Abraham; as the scripture says, "He
believed God, and because of his faith God accepted him as righteous."
7 You should realize then, that the real descendants of Abraham
are the people who have faith. 8 The scripture predicted that God
would put the Gentiles right with himself through faith. And so
the scripture announced the Good News to Abraham: "Through
you God will bless all mankind." 9 Abraham believed and was blessed;
so all who believe are blessed as he was.

10 Those who depend on obeying the Law live under a curse.
For the scripture says, "Whoever does not always obey everything
that is written in the book of the Law is under God's curse!" 11 Now,
it is clear that no one is put right with God by means of the Law,
because the scripture says, "Only the person who is put right with
God through faith shall live."[d] 12 But the Law has nothing to do
with faith. Instead, as the scripture says, "Whoever *does* everything
the Law requires will live."

13 But by becoming a curse for us Christ has redeemed us from
the curse that the Law brings; for the scripture says, "Anyone who
is hanged on a tree is under God's curse." 14 Christ did this in order
that the blessing which God promised to Abraham might be given
to the Gentiles by means of Christ Jesus, so that through faith we
might receive the Spirit promised by God.

---

[d] put right with God through faith shall live; *or* put right with God shall live through faith.

nid myfi sy'n byw, ond Crist sy'n byw ynof fi. A'r bywyd yr
wyf yn awr yn ei fyw yn y cnawd, ei fyw trwy ffydd yr wyf,
ffydd ym Mab Duw, yr hwn a'm carodd i ac a'i rhoes ei hun i
farw trosof fi. Nid wyf am ddirymu gras Duw; oherwydd os 21
trwy gyfraith y daw cyfiawnder, yna bu Crist farw yn ddiachos.

Ai Cadw Gofynion Cyfraith, ynteu Ffydd?

Y Galatiaid dwl ! Pwy sydd wedi eich rheibio chwi, chwi y **3**
darluniwyd Iesu Grist ar ei groes ar goedd o flaen eich llygaid ?
Y cwbl yr wyf am ei wybod gennych yw hyn: ai trwy gadw 2
gofynion cyfraith y derbyniasoch yr Ysbryd, ynteu trwy wrando
mewn ffydd? A ydych mor ddwl â hyn ? Wedi i chwi ddechrau 3
trwy'r Ysbryd, a ydych yn ceisio pen y daith trwy'r cnawd ?
Ai yn ofer y cawsoch brofiadau mor fawr (os gallant, yn wir, 4
fod yn ofer) ? Beth, ynteu, am yr hwn sy'n cyfrannu i chwi yr 5
Ysbryd ac yn gweithio gwyrthiau yn eich plith ? Ai ar gyfrif
cadw gofynion cyfraith, ynteu ar gyfrif gwrando mewn ffydd,
y mae'n gwneud hyn oll ? Y mae fel yn achos Abraham : 6
" Rhoes ei ffydd yn Nuw, ac fe'i cyfrifwyd iddo yn gyfiawnder."

Gwyddoch, gan hynny, am bobl ffydd, mai hwy yw meibion 7
Abraham. Ac y mae'r Ysgrythur, wrth ragweld mai trwy ffydd 8
y byddai Duw yn cyfiawnhau'r Cenhedloedd, wedi pregethu'r
Efengyl ymlaen llaw wrth Abraham fel hyn: " Caiff yr holl
genhedloedd eu bendithio ynot ti." Am hynny, y mae pobl 9
ffydd yn cael eu bendithio ynghyd ag Abraham ffyddiog.
Oherwydd y mae pawb sy'n dibynnu ar gadw gofynion cyfraith 10
dan felltith, achos y mae'n ysgrifenedig: " Melltigedig yw pob
un nad yw'n cadw at bob peth sy'n ysgrifenedig yn llyfr y
Gyfraith, a'i wneud." Y mae'n amlwg na chaiff neb ei gyfiawn- 11
hau gerbron Duw ar dir cyfraith, oherwydd, yng ngeiriau'r
Ysgrythur, " Y sawl sydd trwy ffydd yn gyfiawn a gaiff fyw."
Eithr nid " trwy ffydd " yw egwyddor y Gyfraith; dweud y 12
mae hi yn hytrach, " Y sawl a wna ei gofynion a gaiff fyw
drwyddynt hwy." Prynodd Crist ryddid i ni oddi wrth felltith 13
y Gyfraith pan ddaeth, er ein mwyn, yn wrthrych melltith,
oherwydd y mae'n ysgrifenedig: " Melltigedig yw pob un a
grogir ar bren." Y bwriad oedd cael bendith Abraham i ymledu 14
i'r Cenhedloedd yng Nghrist Iesu, er mwyn i ni dderbyn, trwy
ffydd, yr Ysbryd a addawyd.

The Law and the Promise

15 My brothers, I am going to use an everyday example: when
two people agree on a matter and sign an agreement, no one can
break it or add anything to it. 16 Now, God made his promises to
Abraham and to his descendant. The scripture does not use the plural
"descendants," meaning many people, but the singular "descendant,"
meaning one person only, namely, Christ. 17 What I mean is that
God made a covenant with Abraham and promised to keep it. The
Law, which was given four hundred and thirty years later, cannot
break that covenant and cancel God's promise. 18 For if God's gift
depends on the Law, then it no longer depends on his promise.
However, it was because of his promise that God gave that gift
to Abraham.

19 What, then, was the purpose of the Law? It was added in
order to show what wrongdoing is, and it was meant to last until
the coming of Abraham's descendant, to whom the promise was
made. The Law was handed down by angels, with a man acting
as a go-between. 20 But a go-between is not needed when only one
person is involved; and God is one.[e]

The Purpose of the Law

21 Does this mean that the Law is against God's promises? No,
not at all! For if mankind had received a law that could bring
life, then everyone could be put right with God by obeying it. 22 But
the scripture says that the whole world is under the power of sin;
and so the gift which is promised on the basis of faith in Jesus
Christ is given to those who believe.

23 But before the time for faith came, the Law kept us all locked
up as prisoners until this coming faith should be revealed. 24 And
so the Law was in charge of us until Christ came, in order that
we might then be put right with God through faith. 25 Now that
the time for faith is here, the Law is no longer in charge of us.

26 It is through faith that all of you are God's sons in union
with Christ Jesus. 27 You were baptized into union with Christ, and
now you are clothed, so to speak, with the life of Christ himself.
28 So there is no difference between Jews and Gentiles, between slaves
and free men, between men and women; you are all one in union
with Christ Jesus. 29 If you belong to Christ, then you are the descend-
ants of Abraham and will receive what God has promised.

---

[e] and God is one; *or* and God acts alone.

Y Gyfraith a'r Addewid

Frodyr, i gymryd enghraifft o fyd dynion, pan fydd ewyllys 15
dyn, sef ei gyfamod olaf, wedi ei chadarnhau, ni chaiff neb ei
dirymu nac ychwanegu ati. Yn awr, i Abraham y rhoddwyd 16
addewidion y cyfamod, ac i'w had ef. Ni ddywedir, "ac i'th
hadau", yn y lluosog, ond, "ac i'th had di", yn yr unigol, a'r
un hwnnw yw Crist. Dyma yr wyf yn ei olygu: yn achos 17
cyfamod oedd eisoes wedi ei gadarnhau gan Dduw, nid yw
cyfraith, sydd bedwar cant tri deg o flynyddoedd yn ddiwedd-
arach, yn ei ddirymu, nes gwneud yr addewid yn ddiddim.
Oherwydd, os trwy gyfraith y mae'r etifeddiaeth, yna nid yw 18
mwyach trwy addewid; ond trwy addewid y mae Duw o'i ras
wedi ei rhoi i Abraham. Beth, ynteu, am y Gyfraith? Ar 19
gyfrif troseddau yr ychwanegwyd hi, i aros hyd nes y byddai'r
had, yr un y gwnaed yr addewid iddo, yn dod. Fe'i gorchmyn-
nwyd trwy angylion, gyda chymorth canolwr. Ond nid oes 20
angen canolwr lle nad oes mwy nag un; ac un yw Duw.

Caethweision a Meibion

A yw'r Gyfraith, ynteu, yn groes i addewidion Duw? Nac 21
ydyw, ddim o gwbl! Oherwydd pe bai cyfraith wedi ei rhoi â'r
gallu ganddi i gyfrannu bywyd, yna, yn wir, fe fyddai cyfiawn-
der trwy gyfraith. Ond nid felly y mae; yn ôl dyfarniad yr 22
Ysgrythur, y mae'r byd i gyd wedi ei gaethiwo gan bechod, er
mwyn peri mai trwy ffydd yn Iesu Grist, ac i'r rhai sy'n
meddu'r ffydd honno, y rhoddid yr hyn a addawyd.

Cyn i'r ffydd hon ddod, yr oeddem dan warchodaeth gaeth 23
cyfraith, yn disgwyl am y ffydd oedd i gael ei datguddio. Felly, 24
bu'r Gyfraith yn was i warchod trosom hyd nes i Grist ddod,*
ac inni gael ein cyfiawnhau trwy ffydd. Ond gan fod y ffydd 25
bellach wedi dod, nid ydym mwyach dan warchodaeth gwas.*

Oblegid yr ydych bawb, trwy ffydd, yn feibion Duw yng 26
Nghrist Iesu. Oherwydd y mae pob un ohonoch sydd wedi ei 27
fedyddio i Grist wedi gwisgo Crist amdano. Nid oes y fath 28
beth ag Iddew a Groegwr, caeth a rhydd, gwryw a benyw,
oherwydd un ydych chwi oll yng Nghrist Iesu. Ac os ydych yn 29
eiddo Crist, yna had Abraham ydych, etifeddion yn ôl yr
addewid.

---

*adn. 24: neu, *yn hyfforddwr i'n tywys ni at Grist.*
*adn. 25: neu, *hyfforddwr.*

4 But now to continue—the son who will receive his father's pro-
perty is treated just like a slave while he is young, even though
he really owns everything. 2 While he is young, there are men who
take care of him and manage his affairs until the time set by his
father. 3 In the same way, we too were slaves of the ruling spirits
of the universe before we reached spiritual maturity. 4 But when
the right time finally came, God sent his own Son. He came as
the son of a human mother and lived under the Jewish Law, 5 to
redeem those who were under the Law, so that we might become
God's sons.

6 To show that you are[f] his sons, God sent the Spirit of his Son
into our hearts, the Spirit who cries out, "Father, my Father." 7 So
then, you are no longer a slave but a son. And since you are his
son, God will give you all that he has for his sons.

Paul's Concern for the Galatians

8 In the past you did not know God, and so you were slaves
of beings who are not gods. 9 But now that you know God—or,
I should say, now that God knows you—how is it that you want
to turn back to those weak and pitiful ruling spirits? Why do you
want to become their slaves all over again? 10 You pay special atten-
tion to certain days, months, seasons, and years. 11 I am worried
about you! Can it be that all my work for you has been for nothing?

12 I beg you, my brothers, be like me. After all, I am like you.
You have not done me any wrong. 13 You remember why I preached
the gospel to you the first time; it was because I was ill. 14 But
even though my physical condition was a great trial to you, you
did not despise or reject me. Instead, you received me as you would
an angel from heaven; you received me as you would Christ Jesus.
15 You were so happy! What has happened? I myself can say that
you would have taken out your own eyes, if you could, and given
them to me. 16 Have I now become your enemy by telling you the
truth?

17 Those other people show a deep interest in you, but their inten-
tions are not good. All they want is to separate you from me, so
that you will have the same interest in them as they have in you.
18 Now, it is good to have such a deep interest if the purpose is
good—this is true always, and not merely when I am with you.
19 My dear children! Once again, just like a mother in childbirth,
I feel the same kind of pain for you until Christ's nature is formed
in you. 20 How I wish I were with you now, so that I could take
a different attitude towards you. I am so worried about you!

---

[f] To show that you are; *or* Because you are.

Dyma yr wyf yn ei olygu: cyhyd ag y mae'r etifedd dan oed, **4**
nid oes dim gwahaniaeth rhyngddo a chaethwas, er ei fod yn
berchennog ar y stad i gyd. Y mae dan geidwaid a goruchwyl- 2
wyr hyd y dyddiad a benodwyd gan ei dad. Felly ninnau, pan 3
oeddem dan oed, yr oeddem wedi ein caethiwo dan ysbrydion
elfennig y cyfanfyd. Ond pan ddaeth cyflawniad yr amser, 4
anfonodd Duw ei Fab, wedi ei eni o wraig, wedi ei eni dan y
Gyfraith, i brynu rhyddid i'r rhai oedd dan y Gyfraith, er mwyn 5
i ni gael braint mabwysiad. A chan eich bod yn feibion, anfon- 6
odd Duw Ysbryd ei Fab i'n calonnau, yn llefain, "Abba!
Dad!" Felly, nid caethwas wyt ti bellach, ond mab; ac os 7
mab, yna etifedd, trwy weithred Duw.

Gofal Paul dros y Galatiaid

Gynt, yn wir, a chwithau heb adnabod Duw, caethweision 8
oeddech i fodau nad ydynt o ran eu natur yn dduwiau. Ond yn 9
awr, a chwithau wedi adnabod Duw, neu'n hytrach, wedi eich
adnabod gan Dduw, sut y gallwch droi yn ôl at yr ysbrydion
elfennig llesg a thlawd, a mynnu mynd yn gaethweision iddynt
hwy unwaith eto. Cadw dyddiau, a misoedd, a thymhorau, a 10
blynyddoedd, yr ydych. Y mae arnaf ofn mai yn ofer yr wyf 11
wedi llafurio ar eich rhan.

'Rwy'n ymbil arnoch, frodyr, byddwch fel fi, oherwydd fe 12
fûm i, yn wir, fel chwi. Ni wnaethoch ddim cam â mi. Fel y 13
gwyddoch, ar achlysur gwendid corfforol y pregethais yr
Efengyl i chwi y tro cyntaf; ac er i gyflwr fy nghorff fod yn 14
demtasiwn i chwi, ni fuoch na dibris na dirmygus ohonof, ond
fy nerbyn a wnaethoch fel angel Duw, fel Crist Iesu ei hun.
Lle'r aeth y llawenydd a barodd fy nyfodiad i chwi? Oher- 15
wydd gallaf dystio amdanoch, y buasech wedi tynnu'ch llygaid
allan a'u rhoi i mi, petasai hynny'n bosibl. A wyf fi, felly, wedi 16
mynd yn elyn i chwi, am i mi ddweud y gwir wrthych? Y mae 17
yna bobl sy'n rhoi sylw mawr i chwi, ond nid er eich lles;
ceisio eich cau chwi allan y maent, er mwyn i chwi roi sylw
iddynt hwy. Peth da bob amser yw i chwi gael sylw, pan fydd 18
hynny er lles, ac nid yn unig pan fyddaf fi'n bresennol gyda
chwi. Fy mhlant bach, yr wyf unwaith eto mewn gwewyr esgor 19
arnoch, hyd nes y ceir ffurf Crist ynoch. Byddai'n dda gennyf 20
fod gyda chwi yn awr, a gostegu fy llais, oherwydd yr wyf
mewn penbleth yn eich cylch.

The Example of Hagar and Sarah

21 Let me ask those of you who want to be subject to the Law:
do you not hear what the Law says? 22 It says that Abraham had
two sons, one by a slave-woman, the other by a free woman. 23 His
son by the slave-woman was born in the usual way, but his son
by the free woman was born as a result of God's promise. 24 These
things can be understood as a figure: the two women represent two
covenants. The one whose children are born in slavery is Hagar,
and she represents the covenant made at Mount Sinai. 25 Hagar,
who stands for Mount Sinai in Arabia, is[g] a figure of the present
city of Jerusalem, in slavery with all its people. 26 But the heavenly
Jerusalem is free, and she is our mother. 27 For the scripture says,

"Be happy, you childless woman!
  Shout and cry with joy, you who never felt the pains of childbirth!
For the woman who was deserted will have more children
  than the woman whose husband never left her."

28 Now, you, my brothers, are God's children as a result of his
promise, just as Isaac was. 29 At that time the son who was born
in the usual way persecuted the one who was born because of God's
Spirit; and it is the same now. 30 But what does the scripture say?
It says, "Send the slave-woman and her son away; for the son of
the slave-woman will not have a part of the father's property along
with the son of the free woman." 31 So then, my brothers, we are
not the children of a slave-woman but of a free woman.

Preserve Your Freedom

5 Freedom is what we have—Christ has set us free! Stand, then,
as free people, and do not allow yourselves to become slaves
again.

2 Listen! I, Paul, tell you that if you allow yourselves to be cir-
cumcised, it means that Christ is of no use to you at all. 3 Once
more I warn any man who allows himself to be circumcised that
he is obliged to obey the whole Law. 4 Those of you who try to
be put right with God by obeying the Law have cut yourselves
off from Christ. You are outside God's grace. 5 As for us, our hope
is that God will put us right with him; and this is what we wait
for by the power of God's Spirit working through our faith. 6 For
when we are in union with Christ Jesus, neither circumcision nor
the lack of it makes any difference at all; what matters is faith that
works through love.

---

[g] Hagar...is; *some manuscripts have* Sinai is a mountain in Arabia, and it is.

Alegori Hagar a Sara

Dywedwch i mi, chwi sy'n mynnu bod dan gyfraith, onid 21
ydych yn gwrando ar y Gyfraith? Y mae'n ysgrifenedig i 22
Abraham gael dau fab, un o'i gaethferch ac un o'i wraig rydd.
Ganwyd mab y gaethferch yn ôl greddfau'r cnawd, ond ganwyd 23
mab y wraig rydd trwy addewid Duw. Alegori yw hyn oll. Y 24
mae'r gwragedd yn cynrychioli dau gyfamod. Y mae un o
fynydd Sinai, yn geni plant i gaethiwed. Hagar yw hon; y mae 25
Hagar yn cynrychioli Mynydd Sinai yn Arabia,* ac y mae'n
cyfateb i'r Jerwsalem sydd yn awr, oherwydd y mae hi, ynghyd
â'i phlant, mewn caethiwed. Ond y mae'r Jerwsalem sydd fry 26
yn rhydd, a hi yw ein mam ni. Oherwydd y mae'n ysgrif- 27
enedig:

"Llawenha, y wraig ddiffrwyth nad wyt yn dwyn plant;
bloeddia ganu, y wraig nad wyt fyth mewn
gwewyr esgor;
oherwydd y mae plant y wraig ddiymgeledd yn lluosocach
na phlant y wraig sydd â gŵr ganddi."

Ond yr ydych chwi, frodyr, fel Isaac, yn blant addewid Duw. 28
Ond megis yr oedd plentyn y cnawd gynt yn erlid plentyn yr 29
ysbryd, felly y mae yn awr hefyd. Ond beth y mae'r Ysgrythur 30
yn ei ddweud? "Bwrw allan y gaethferch a'i mab, oherwydd
ni chaiff mab y gaethferch fyth ddod i'r etifeddiaeth gyda mab
y wraig rydd." Gan hynny, frodyr, nid plant i'r gaethferch 31
ydym ni, ond plant i'r wraig rydd. I ryddid y rhyddhaodd Crist **5**
ni. Safwch yn gadarn, felly, a pheidiwch â phlygu eto i iau
caethiwed.

Rhyddid Cristionogol

Dyma fy ngeiriau i, Paul, wrthych chwi: os derbyniwch 2
enwaedu arnoch, ni bydd Crist o ddim budd i chwi. Yr wyf yn 3
tystio unwaith eto wrth bob dyn yr enwaedir arno, ei fod dan
rwymedigaeth i gadw'r Gyfraith i gyd. Chwi sy'n ceisio 4
cyfiawnhad trwy gyfraith, y mae eich perthynas â Christ wedi ei
thorri; yr ydych wedi syrthio oddi wrth ras. Ond yr ydym ni, 5
trwy'r Ysbryd, ar sail ffydd, yn disgwyl am y cyfiawnder yr
ydym yn gobeithio amdano. Oherwydd yng Nghrist Iesu nid 6
enwaediad sy'n cyfrif, na dienwaediad, ond ffydd yn gweithredu
trwy gariad.

---

*adn. 25: yn ôl darlleniad arall, *Hagar yw hon; mynydd yn Arabia yw Sinai.*

7 You were doing so well! Who made you stop obeying the truth?
How did he persuade you? 8 It was not done by God, who calls
you. 9 "It takes only a little yeast to make the whole batch of dough
rise," as they say. 10 But I still feel confident about you. Our life
in union with the Lord makes me confident that you will not take
a different view and that the man who is upsetting you, whoever
he is, will be punished by God.

11 But as for me, my brothers, if I continue to preach that cir-
cumcision is necessary, why am I still being persecuted? If that
were true, then my preaching about the cross of Christ would cause
no trouble. 12 I wish that the people who are upsetting you would
go all the way; let them go on and castrate themselves!

13 As for you, my brothers, you were called to be free. But do
not let this freedom become an excuse for letting your physical desires
control you. Instead, let love make you serve one another. 14 For the
whole Law is summed up in one commandment: "Love your neigh-
bour as you love yourself." 15 But if you act like wild animals, hurting
and harming each other, then watch out, or you will completely
destroy one another.

The Spirit and Human Nature

16 What I say is this: let the Spirit direct your lives, and you
will not satisfy the desires of the human nature. 17 For what our
human nature wants is opposed to what the Spirit wants, and what
the Spirit wants is opposed to what our human nature wants. These
two are enemies, and this means that you cannot do what you want
to do. 18 If the Spirit leads you, then you are not subject to the
Law.

19 What human nature does is quite plain. It shows itself in immoral,
filthy, and indecent actions; 20 in worship of idols and witchcraft.
People become enemies and they fight; they become jealous, angry,
and ambitious. They separate into parties and groups; 21 they are
envious, get drunk, have orgies, and do other things like these. I
warn you now as I have before: those who do these things will
not possess the Kingdom of God.

22 But the Spirit produces love, joy, peace, patience, kindness,
goodness, faithfulness, 23 humility, and self-control. There is no law
against such things as these. 24 And those who belong to Christ Jesus
have put to death their human nature with all its passions and desires.
25 The Spirit has given us life; he must also control our lives. 26 We
must not be proud or irritate one another or be jealous of one
another.

Yr oeddech yn rhedeg yn dda. Pwy a'ch rhwystrodd chwi 7
rhag canlyn y gwirionedd ? Nid oddi wrth yr hwn sy'n eich 8
galw y daeth y perswâd yma. Y mae ychydig surdoes yn suro'r 9
holl does. Yr wyf fi'n gwbl hyderus amdanoch yn yr Arglwydd, 10
na fydd i chwi ŵyro yn eich barn; ond bydd rhaid i hwnnw
sy'n aflonyddu arnoch ddwyn ei gosb, pwy bynnag ydyw.
Amdanaf fi, frodyr, os wyf yn parhau i bregethu'r enwaediad, 11
pam y parheir i'm herlid ? Petai hynny'n wir, byddai tram-
gwydd y groes wedi ei symud. O na bai eich aflonyddwyr yn eu 12
sbaddu eu hunain hefyd!

Fe'ch galwyd chwi, frodyr, i ryddid. Dyma fy unig gais: 13
peidiwch ag arfer eich rhyddid yn gyfle i'r cnawd, ond trwy
gariad byddwch yn weision i'ch gilydd. Oherwydd y mae'r 14
holl Gyfraith wedi ei mynegi'n gyflawn mewn un gair, sef yn y
gorchymyn, " Câr dy gymydog fel ti dy hun." Ond os cnoi a 15
darnio'ch gilydd yr ydych, gofalwch na chewch eich difa gan
eich gilydd.

Ffrwyth yr Ysbryd a Gweithredoedd y Cnawd

Dyma yr wyf yn ei olygu: rhodiwch yn yr Ysbryd, ac ni 16
fyddwch fyth yn cyflawni chwantau'r cnawd. Oherwydd y mae 17
chwantau'r cnawd yn erbyn yr Ysbryd, a chwantau'r Ysbryd
yn erbyn y cnawd. Y maent yn tynnu'n groes i'w gilydd, fel na
allwch wneud yr hyn a fynnwch. Ond os ydych yn cael eich 18
arwain gan yr Ysbryd, nid ydych dan gyfraith. Y mae gweith- 19
redoedd y cnawd yn amlwg, sef, puteindra, amhurdeb, anllad-
rwydd, eilunaddoliaeth, dewiniaeth, cweryla, cynnen, eiddig- 20
edd, llidio, ymgiprys, rhwygo, ymbleidio, cenfigennu,* 21
meddwi, gloddesta a phethau tebyg. Yr wyf yn eich rhybuddio,
fel y gwneuthum o'r blaen, na chaiff y rhai sy'n gwneud y fath
bethau etifeddu teyrnas Dduw.

Ond ffrwyth yr Ysbryd yw cariad, llawenydd, tangnefedd, 22
goddefgarwch, caredigrwydd, daioni, ffyddlondeb, addfwyn- 23
der, hunan-ddisgyblaeth. Nid oes gyfraith yn erbyn rhinwedd-
au fel y rhain. Y mae pobl Crist Iesu wedi croeshoelio'r cnawd, 24
ynghyd â'i nwydau a'i chwantau. Os yw ein bywyd yn yr 25
Ysbryd, ynddo hefyd bydded ein buchedd. Bydded inni 26
ymgadw rhag gwag ymffrost, rhag herio ein gilydd, a rhag
cenfigennu wrth ein gilydd.

---

*adn. 21: ychwanega rhai llawysgrifau, *llofruddio*.

Bear One Another's Burdens

6 My brothers, if someone is caught in any kind of wrongdoing,
those of you who are spiritual should set him right; but you
must do it in a gentle way. And keep an eye on yourselves, so
that you will not be tempted, too. 2 Help to carry one another's
burdens, and in this way you will obey[h] the law of Christ. 3 If someone
thinks he is somebody when really he is nobody, he is only deceiving
himself. 4 Each one should judge his own conduct. If it is good,
then he can be proud of what he himself has done, without having
to compare it with what someone else has done. 5 For everyone
has to carry his own load.

6 The man who is being taught the Christian message should share
all the good things he has with his teacher.

7 Do not deceive yourselves; no one makes a fool of God. A
person will reap exactly what he sows. 8 If he sows in the field
of his natural desires, from it he will gather the harvest of death;
if he sows in the field of the Spirit, from the Spirit he will gather
the harvest of eternal life. 9 So let us not become tired of doing
good; for if we do not give up, the time will come when we will
reap the harvest. 10 So then, as often as we have the chance, we
should do good to everyone, and especially to those who belong
to our family in the faith.

Final Warning and Greeting

11 See what big letters I make as I write to you now with my
own hand! 12 The people who are trying to force you to be circumcised
are the ones who want to show off and boast about external matters.
They do it, however, only so that they may not be persecuted for
the cross of Christ. 13 Even those who practise circumcision do not
obey the Law; they want you to be circumcised so that they can
boast that you submitted to this physical ceremony. 14 As for me,
however, I will boast only about the cross of our Lord Jesus Christ;
for by means of his cross the world is dead to me, and I am dead
to the world. 15 It does not matter at all whether or not one is
circumcised; what does matter is being a new creature. 16 As for
those who follow this rule in their lives, may peace and mercy be
with them—with them and with all God's people!

17 To conclude: let no one give me any more trouble, because
the scars I have on my body show that I am the slave of Jesus.

18 May the grace of our Lord Jesus Christ be with you all, my
brothers. Amen.

---

[h] you will obey; *some manuscripts have* obey.

Cariwch Feichiau eich Gilydd

Frodyr, os caiff dyn ei ddal mewn rhyw drosedd, eich gwaith **6**
chwi, y rhai ysbrydol, yw ei adfer mewn ysbryd addfwyn. Ond
edrych atat dy hun, rhag ofn i tithau gael dy demtio. Cariwch 2
feichiau eich gilydd, ac felly fe gyflawnwch Gyfraith Crist.
Oherwydd, os yw rhywun yn tybio ei fod yn rhywbeth, ac 3
yntau yn ddim, ei dwyllo ei hun y mae. Y mae pob un i roi 4
prawf ar ei waith ei hun, ac yna fe gaiff le i ymffrostio gyda
golwg arno'i hun yn unig, nid ar neb arall. Oherwydd bydd 5
gan bob un ei bwn ei hun i'w gario. Y mae'r sawl sy'n cael ei 6
hyfforddi yn y Gair i roi cyfran o'i holl fendithion i'w hyfford-
wr. Peidiwch â chymryd eich camarwain; ni chaiff Duw mo'i 7
watwar, oherwydd beth bynnag y mae dyn yn ei hau, hynny
hefyd y bydd yn ei fedi. Bydd y sawl sy'n hau i'w gnawd ei 8
hun yn medi o'i gnawd lygredigaeth, a'r sawl sy'n hau i'r
Ysbryd yn medi o'r Ysbryd fywyd tragwyddol. Peidiwn â 9
blino ar wneud daioni, oherwydd cawn fedi'r cynhaeaf yn ei
amser, dim ond inni beidio â llaesu dwylo. Felly, tra bydd 10
amser gennym, gadewch inni wneud da i bawb, ac yn enwedig
i'r rhai sydd o deulu'r ffydd.

Rhybudd Terfynol a'r Fendith

Gwelwch mor fras yw'r llythrennau hyn yr wyf yn eu hys- 11
grifennu atoch â'm llaw fy hun. Dynion â'u bryd ar rodres yn 12
y cnawd yw'r rheini sy'n ceisio eich gorfodi i dderbyn enwaedu
arnoch, a hynny'n unig er mwyn iddynt hwy arbed cael eu
herlid o achos croes Crist. Oherwydd nid yw'r rhai yr 13
enwaedir arnynt hyd yn oed yn cadw'r Gyfraith eu hunain.
Y maent am i chwi dderbyn enwaedu arnoch er mwyn iddynt
hwy gael ymffrostio yn eich cnawd chwi. O'm rhan fy hun, 14
cadwer fi rhag ymffrostio mewn dim ond yng nghroes ein
Harglwydd Iesu Grist, y groes y mae'r byd drwyddi* wedi ei
groeshoelio i mi, a minnau i'r byd. Nid enwaediad sy'n cyfrif, 15
na dienwaediad, ond creadigaeth newydd. A phawb fydd yn 16
rhodio wrth y rheol hon, tangnefedd arnynt, a thrugaredd, a
hefyd ar Israel Duw!

Peidied neb bellach â pheri blinder imi, oherwydd yr wyf yn 17
dwyn nodau Iesu yn fy nghorff.

Gras ein Harglwydd Iesu Grist fyddo gyda'ch ysbryd, 18
frodyr! Amen.

---

*adn. 14: neu, *Iesu Grist, y mae'r byd drwyddo*.

PAUL'S LETTER TO THE

EPHESIANS

1

1 From Paul, who by God's will is an apostle of Christ Jesus—

To God's people in Ephesus,[a] who are faithful in their life in union with Christ Jesus:

2 May God our Father and the Lord Jesus Christ give you grace and peace.

Spiritual Blessings in Christ

3 Let us give thanks to the God and Father of our Lord Jesus Christ! For in our union with Christ he has blessed us by giving us every spiritual blessing in the heavenly world. 4 Even before the world was made, God had already chosen us to be his through our union with Christ, so that we would be holy and without fault before him.

Because of his love 5 God[b] had already decided that through Jesus Christ he would make us his sons—this was his pleasure and purpose. 6 Let us praise God for his glorious grace, for the free gift he gave us in his dear Son! 7 For by the death of Christ we are set free, that is, our sins are forgiven. How great is the grace of God, 8 which he gave to us in such large measure!

In all his wisdom and insight 9 God did what he had purposed, and made known to us the secret plan he had already decided to complete by means of Christ. 10 This plan, which God will complete when the time is right, is to bring all creation together, everything in heaven and on earth, with Christ as head.

11 All things are done according to God's plan and decision; and God chose us to be his own people in union with Christ because of his own purpose, based on what he had decided from the very beginning. 12 Let us, then, who were the first to hope in Christ, praise God's glory!

13 And you also became God's people when you heard the true message, the Good News that brought you salvation. You believed in Christ, and God put his stamp of ownership on you by giving you the Holy Spirit he had promised. 14 The Spirit is the guarantee that we shall receive what God has promised his people, and this assures us that God will give complete freedom to those who are his. Let us praise his glory!

---

[a] *Some manuscripts do not have* in Ephesus.

[b] before him. Because of his love God; *or* before him, and to live in love. God.

LLYTHYR PAUL AT YR

EFFESIAID

Cyfarch

Paul, apostol Crist Iesu trwy ewyllys Duw, at y saint sydd yn 1
Effesus, yn ffyddlon* yng Nghrist Iesu. Gras a thangnefedd i 2
chwi oddi wrth Dduw ein Tad a'r Arglwydd Iesu Grist.

Bendithion Ysbrydol yng Nghrist

Bendigedig fyddo Duw a Thad ein Harglwydd Iesu Grist! Y 3
mae wedi'n bendithio ni yng Nghrist â phob bendith ysbrydol
yn y nefoedd. Cyn seilio'r byd, fe'n dewisodd yng Nghrist i 4
fod yn sanctaidd ac yn ddi-fai ger ei fron mewn cariad. O wir- 5
fodd ei ewyllys fe'n rhagordeiniodd i gael ein derbyn yn feibion
iddo'i hun trwy Iesu Grist, er clod i'w ras gogoneddus, ei rad 6
rodd i ni yn yr Anwylyd. Ynddo ef y mae i ni brynedigaeth 7
trwy ei farw aberthol, sef maddeuant ein camweddau; dyma
fesur cyfoeth y gras a roddodd mor hael i ni, ynghyd â phob 8
doethineb a dirnadaeth. Hysbysodd i ni ddirgelwch ei ewyllys, 9
y bwriad a arfaethodd yng Nghrist yng nghynllun cyflawniad 10
yr amseroedd, sef dwyn yr holl greadigaeth i undod yng Nghrist,
gan gynnwys pob peth yn y nefoedd ac ar y ddaear. Ynddo ef 11
hefyd rhoddwyd i ni ran yn yr etifeddiaeth, yn rhinwedd ein
rhagordeinio yn ôl arfaeth yr hwn sy'n gweithredu pob peth yn
ôl ei fwriad a'i ewyllys ei hun. A thrwy hyn yr ydym ni, y rhai 12
cyntaf i obeithio yng Nghrist, i ddwyn clod i'w ogoniant ef. A 13
chwithau, wedi i chwi glywed gair y gwirionedd, Efengyl eich
iachawdwriaeth, ac wedi i chwi gredu ynddo, gosodwyd arnoch
yng Nghrist sêl yr Ysbryd Glân, yr hwn oedd wedi ei addo.
Yr Ysbryd hwn yw'r ernes o'n hetifeddiaeth, nes ein prynu'n 14
rhydd i'w meddiannu'n llawn, er clod i ogoniant Duw.

Gweddi Paul

Am hynny, o'r pryd y clywais am y ffydd sydd gennych yn 15
yr Arglwydd Iesu, ac am eich cariad tuag at yr holl saint, nid 16

---

*adn. 1: yn ôl darlleniad arall, *at y saint sydd yn ffyddlon.*

Paul's Prayer

15 For this reason, ever since I heard of your faith in the Lord Jesus and your love for all God's people, [16]I have not stopped giving thanks to God for you. I remember you in my prayers [17]and ask the God of our Lord Jesus Christ, the glorious Father, to give you the Spirit, who will make you wise and reveal God to you, so that you will know him. [18]I ask that your minds may be opened to see his light, so that you will know what is the hope to which he has called you, how rich are the wonderful blessings he promises his people, [19]and how very great is his power at work in us who believe. This power working in us is the same as the mighty strength [20]which he used when he raised Christ from death and seated him at his right side in the heavenly world. [21]Christ rules there above all heavenly rulers, authorities, powers, and lords; he has a title superior to all titles of authority in this world and in the next. [22]God put all things under Christ's feet and gave him to the church as supreme Lord over all things. [23]The church is Christ's body, the completion of him who himself completes all things everywhere.[c]

From Death to Life

2 In the past you were spiritually dead because of your disobedience and sins. [2]At that time you followed the world's evil way; you obeyed the ruler of the spiritual powers in space, the spirit who now controls the people who disobey God. [3]Actually all of us were like them and lived according to our natural desires, doing whatever suited the wishes of our own bodies and minds. In our natural condition we, like everyone else, were destined to suffer God's anger.

4 But God's mercy is so abundant, and his love for us is so great, [5]that while we were spiritually dead in our disobedience he brought us to life with Christ. It is by God's grace that you have been saved. [6]In our union with Christ Jesus he raised us up with him to rule with him in the heavenly world. [7]He did this to demonstrate for all time to come the extraordinary greatness of his grace in the love he showed us in Christ Jesus. [8-9]For it is by God's grace that you have been saved through faith. It is not the result of your own efforts, but God's gift, so that no one can boast about it. [10]God has made us what we are, and in our union with Christ Jesus he has created us for a life of good deeds, which he has already prepared for us to do.

---

[c]who himself completes all things everywhere; *or* who is himself completely filled with God's fullness.

wyf fi wedi peidio â diolch amdanoch, gan eich galw i gof yn fy
ngweddïau. A'm gweddi yw, ar i Dduw ein Harglwydd Iesu 17
Grist, Tad y gogoniant, roi i chwi, yn eich adnabyddiaeth ohono
ef, yr Ysbryd sy'n rhoi doethineb a datguddiad. Bydded iddo 18
oleuo llygaid eich deall, a'ch dwyn i wybod beth yw'r gobaith
sy'n ymhlyg yn ei alwad, beth yw'r cyfoeth o ogoniant sydd ar
gael yn yr etifeddiaeth y mae'n ei rhoi i chwi ymhlith y saint, a 19
beth yw aruthrol fawredd y gallu sydd ganddo o'n plaid ni sy'n
credu, y grymuster hwnnw a gyflawnodd yng ngrym ei nerth 20
yng Nghrist pan gyfododd ef oddi wrth y meirw, a'i osod i
eistedd ar ei ddeheulaw yn y nefoedd, yn feistr ar bob tywysog- 21
aeth ac awdurdod a gallu ac arglwyddiaeth, a phob teitl a geir,
nid yn unig yn yr oes bresennol, ond hefyd yn yr oes sydd i ddod.
Darostyngodd Duw bob peth o dan ei draed ef, a rhoddodd ef 22
yn ben ar bob peth i'r eglwys; yr eglwys hon yw ei gorff ef, a 23
chyflawniad yr hwn* sy'n cael ei gyflawni ym mhob peth a
thrwy bob peth.**

O Farwolaeth i Fywyd

Bu adeg pan oeddech chwithau yn feirw o achos eich cam- **2**
weddau a'ch pechodau. Yr oeddech yn byw yn ôl ffordd y byd 2
hwn, mewn ufudd-dod i dywysog galluoedd yr awyr, yr ysbryd
sydd yn awr ar waith yn y rhai sy'n anufudd i Dduw. Ymhlith 3
y rhai hynny yr oeddem ninnau i gyd unwaith, yn byw yn ôl
ein chwantau dynol ac yn porthi dymuniadau'r cnawd a'r
synhwyrau; yr oeddem wrth natur, fel pawb arall, yn gorwedd
dan ddigofaint Duw. Ond gan mor gyfoethog yw Duw yn ei 4
drugaredd, a chan fod ei gariad tuag atom mor fawr, fe'n
gwnaeth ni, ni oedd yn feirw yn ein camweddau, yn fyw gyda 5
Christ; trwy ras yr ydych wedi eich achub. Yng Nghrist Iesu, 6
fe'n cyfododd gydag ef a'n gosod i eistedd gydag ef yn y nef-
oedd, er mwyn dangos, yn yr oesoedd sy'n dod, gyfoeth difesur 7
ei ras trwy ei diriondeb i ni yng Nghrist Iesu. Trwy ras yr 8
ydych wedi eich achub, trwy ffydd. Nid eich gwaith chwi yw
hyn; rhodd Duw ydyw; nid yw'n dibynnu ar weithredoedd, ac 9
felly ni all neb ymffrostio. Oherwydd ei waith ef ydym, wedi 10
ein creu yng Nghrist Iesu i fywyd o weithredoedd da, bywyd
y mae Duw wedi ei drefnu ar ein cyfer o'r dechrau.

---

*adn. 23: neu, *yr hyn.*

**adn. 23: neu, *yr hwn sy'n cyflawni pob peth ym mhob man.*

One in Christ

11 You Gentiles by birth—called "the uncircumcised" by the Jews,
who call themselves "the circumcised" (which refers to what men do
to their bodies)—remember what you were in the past. 12 At that time
you were apart from Christ. You were foreigners and did not belong to
God's chosen people. You had no part in the covenants, which were
based on God's promises to his people, and you lived in this world
without hope and without God. 13 But now, in union with Christ
Jesus, you who used to be far away have been brought near by
the death of Christ. 14 For Christ himself has brought us peace by
making Jews and Gentiles one people. With his own body he broke
down the wall that separated them and kept them enemies. 15 He
abolished the Jewish Law with its commandments and rules, in order
to create out of the two races one new people in union with himself,
in this way making peace. 16 By his death on the cross Christ destroyed
their enmity; by means of the cross he united both races into one
body and brought them back to God. 17 So Christ came and preached
the Good News of peace to all—to you Gentiles, who were far
away from God, and to the Jews, who were near to him. 18 It is
through Christ that all of us, Jews and Gentiles, are able to come in
the one Spirit into the presence of the Father.

19 So then, you Gentiles are not foreigners or strangers any longer;
you are now fellow-citizens with God's people and members of the
family of God. 20 You, too, are built upon the foundation laid by
the apostles and prophets,[d] the cornerstone being Christ Jesus himself.
21 He is the one who holds the whole building together and makes
it grow into a sacred temple dedicated to the Lord. 22 In union with
him you too are being built together with all the others into a place
where God lives through his Spirit.

Paul's Work for the Gentiles

3 For this reason I, Paul, the prisoner of Christ Jesus for the
sake of you Gentiles, pray to God. 2 Surely you have heard
that God in his grace has given me this work to do for your good.
3 God revealed his secret plan and made it known to me. (I have
written briefly about this, 4 and if you will read what I have written,
you can learn about my understanding of the secret of Christ.) 5 In
past times mankind was not told this secret, but God has revealed

---

[d] the foundation laid by the apostles and prophets; *or* the foundation, that is, the apostles and prophets.

Yn Un yng Nghrist

Gan hynny, chwi oedd gynt yn Genhedloedd o ran y cnawd, 11
chwi sydd yn cael eich galw yn ddienwaededig gan y rhai a
elwir yn enwaededig (ar gyfrif gwaith dwylo dynion ar y
cnawd), chwi, meddaf, cofiwch eich bod yr amser hwnnw heb 12
Grist, yn ddieithriaid i ddinasyddiaeth Israel, yn estroniaid i'r
cyfamodau a'u haddewid, heb obaith a heb Dduw yn y byd.
Ond yn awr, yng Nghrist Iesu, yr ydych chwi, a fu unwaith 13
ymhell, wedi eich dwyn yn agos trwy farw aberthol Crist.

Oherwydd ef yw ein heddwch ni. Gwnaeth y ddau, yr 14
Iddewon a'r Cenhedloedd, yn un, wedi chwalu trwy ei gnawd
ei hun y canolfur o elyniaeth oedd yn eu gwahanu. Dirymodd 15
y Gyfraith, a'i gorchmynion a'i hordeiniadau. Ac felly, i wneud
heddwch, creodd o'r ddau un ddynoliaeth newydd ynddo ef ei
hun, er mwyn cymodi'r ddau â Duw, mewn un corff, trwy'r 16
groes; trwyddi hi fe laddodd yr elyniaeth. Fe ddaeth, a 17
phregethu heddwch i chwi y rhai pell, a heddwch hefyd i'r rhai
agos. Oherwydd trwyddo ef y mae gennym ni ein dau ffordd i 18
ddod, mewn un Ysbryd, at y Tad. Felly, nid estroniaid a 19
dieithriaid ydych mwyach, ond cyd-ddinasyddion â'r saint ac
aelodau o deulu Duw. Yr ydych wedi eich adeiladu ar sylfaen 20
yr apostolion a'r proffwydi, a'r conglfaen yw Crist Iesu ei hun.
Ynddo ef y mae pob rhan a adeiledir* yn cyd-gloi yn ei gilydd 21
ac yn codi'n deml sanctaidd yn yr Arglwydd. Ynddo ef yr 22
ydych chwithau hefyd yn cael eich cydadeiladu i fod yn bres-
wylfod i Dduw yn yr Ysbryd.

Gweinidogaeth Paul i'r Cenhedloedd

Oherwydd hyn, yr wyf fi, Paul, carcharor Crist Iesu er eich **3**
mwyn chwi'r Cenhedloedd, yn offrymu fy ngweddi. Y mae'n 2
rhaid eich bod wedi clywed am gynllun gras Duw, y gras sydd
wedi ei roi i mi er eich lles chwi: sef i'r dirgelwch gael ei 3
hysbysu i mi trwy ddatguddiad. Yr wyf eisoes wedi ysgrifen-
nu'n fyr am hyn, ac o'i ddarllen gallwch weld mesur fy nirnad- 4
aeth o ddirgelwch Crist. Yn y cenedlaethau gynt, ni chafodd y 5
dirgelwch hwn mo'i hysbysu i feibion dynion, ond yn awr y
mae wedi ei ddatguddio gan Ysbryd Duw i'w apostolion sanc-

---

*adn. 21: yn ôl darlleniad arall, *yr adeilad cyfan.*

it now by the Spirit to his holy apostles and prophets. 6 The secret
is that by means of the gospel the Gentiles have a part with the
Jews in God's blessings; they are members of the same body and
share in the promise that God made through Christ Jesus.

7 I was made a servant of the gospel by God's special gift, which
he gave me through the working of his power. 8 I am less than
the least of all God's people; yet God gave me this privilege of
taking to the Gentiles the Good News about the infinite riches of
Christ, 9 and of making all people see how God's secret plan is
to be put into effect. God, who is the Creator of all things, kept
his secret hidden through all the past ages, 10 in order that at the
present time, by means of the church, the angelic rulers and powers
in the heavenly world might learn of his wisdom in all its different
forms. 11 God did this according to his eternal purpose, which he
achieved through Christ Jesus our Lord. 12 In union with Christ and
through our faith in him we have the boldness to go into God's
presence with all confidence. 13 I beg you, then, not to be discouraged
because I am suffering for you; it is all for your benefit.

The Love of Christ

14 For this reason I fall on my knees before the Father, 15 from whom
every family in heaven and on earth receives its true name. 16 I ask
God from the wealth of his glory to give you power through his
Spirit to be strong in your inner selves, 17 and I pray that Christ
will make his home in your hearts through faith. I pray that you
may have your roots and foundation in love, 18 so that you, together
with all God's people, may have the power to understand how broad
and long, how high and deep, is Christ's love. 19 Yes, may you come
to know his love—although it can never be fully known—and so
be completely filled with the very nature of God.

20 To him who by means of his power working in us is able
to do so much more than we can ever ask for, or even think of:
21 to God be the glory in the church and in Christ Jesus for all
time, for ever and ever! Amen.

The Unity of the Body

4 I urge you, then—I who am a prisoner because I serve the
Lord: live a life that measures up to the standard God set when
he called you. 2 Be always humble, gentle, and patient. Show your

taidd a'r proffwydi. Dyma'r dirgelwch: bod y Cenhedloedd, 6
ynghyd â'r Iddewon, yn gydetifeddion, yn gydaelodau o'r
corff, ac yn gydgyfranogion o'r addewid yng Nghrist Iesu
trwy'r Efengyl. Dyma'r Efengyl y deuthum i yn weinidog iddi 7
yn ôl dawn gras Duw, a roddwyd i mi trwy weithrediad ei allu
ef. I mi, y llai na'r lleiaf o'r holl saint, y rhoddwyd y ddawn 8
raslon hon, i bregethu i'r Cenhedloedd anchwiliadwy olud
Crist, ac i ddwyn i'r golau gynllun* y dirgelwch a fu'n gudd- 9
iedig ers oesoedd yn Nuw, Creawdwr pob peth, er mwyn i ys- 10
blander amryfal ddoethineb Duw gael ei hysbysu yn awr, trwy'r
eglwys, i'r tywysogaethau a'r awdurdodau yn y nefoedd. Y mae 11
hyn yn unol â'r arfaeth dragwyddol a gyflawnodd yng Nghrist
Iesu ein Harglwydd. Ynddo ef, a thrwy ffydd ynddo, y mae 12
gennym hyder i ddod at Dduw yn ffyddiog. Yr wyf yn erfyn, 13
felly, ar i chwi beidio â digalonni o achos fy nioddefiadau
drosoch; hwy, yn wir, yw eich gogoniant chwi.

Gwybod Cariad Crist

Oherwydd hyn yr wyf yn plygu fy ngliniau gerbron y Tad, 14
yr hwn y mae pob teulu yn y nefoedd ac ar y ddaear yn cymryd 15
ei enw oddi wrtho, ac yn gweddïo ar iddo ganiatáu i chwi, yn ôl 16
cyfoeth ei ogoniant, gryfder nerthol trwy'r Ysbryd yn y dyn
oddi mewn, ac ar i Grist breswylio yn eich calonnau drwy 17
ffydd. Boed i chwi, sydd â chariad yn wreiddyn a sylfaen eich
bywyd, gael eich galluogi i amgyffred ynghyd â'r holl saint 18
beth yw lled a hyd ac uchder a dyfnder cariad Crist, a gwybod 19
am y cariad hwnnw, er ei fod uwchlaw gwybodaeth. Felly
dygir chwi i gyflawnder, hyd at holl gyflawnder Duw.

Iddo ef, sydd â'r gallu ganddo i wneud yn anhraethol well na 20
dim y gallwn ni ei ddeisyfu na'i ddychmygu, trwy'r gallu sydd
ar waith ynom ni, iddo ef y bo'r gogoniant yn yr eglwys ac yng 21
Nghrist Iesu, o genhedlaeth i genhedlaeth, yn oes oesoedd!
Amen.

Undod y Corff

Yr wyf fi, felly, sy'n garcharor er mwyn yr Arglwydd, yn eich **4**
annog i fyw yn deilwng o'r alwad a gawsoch. Byddwch yn 2
ostyngedig ac addfwyn ym mhob peth, ac yn amyneddgar, gan

---

*adn. 9: yn ôl darlleniad arall, *ac i oleuo pawb ynglŷn â chynllun.*

love by being tolerant with one another. 3 Do your best to preserve
the unity which the Spirit gives by means of the peace that binds
you together. 4 There is one body and one Spirit, just as there is
one hope to which God has called you. 5 There is one Lord, one
faith, one baptism; 6 there is one God and Father of all mankind,
who is Lord of all, works through all, and is in all.

7 Each one of us has received a special gift in proportion to what
Christ has given. 8 As the scripture says,

"When he went up to the very heights,
he took many captives with him;
he gave gifts to mankind."

9 Now, what does "he went up" mean? It means that first he came
down to the lowest depths of the earth.[e] 10 So the one who came
down is the same one who went up, above and beyond the heavens,
to fill the whole universe with his presence. 11 It was he who "gave
gifts to mankind"; he appointed some to be apostles, others to be
prophets, others to be evangelists, others to be pastors and teachers.
12 He did this to prepare all God's people for the work of Christian
service, in order to build up the body of Christ. 13 And so we shall
all come together to that oneness in our faith and in our knowledge
of the Son of God; we shall become mature people, reaching to
the very height of Christ's full stature. 14 Then we shall no longer
be children, carried by the waves and blown about by every shifting
wind of the teaching of deceitful men, who lead others into error
by the tricks they invent. 15 Instead, by speaking the truth in a spirit
of love, we must grow up in every way to Christ, who is the head.
16 Under his control all the different parts of the body fit together,
and the whole body is held together by every joint with which it
is provided. So when each separate part works as it should, the
whole body grows and builds itself up through love.

The New Life in Christ

17 In the Lord's name, then, I warn you: do not continue to
live like the heathen, whose thoughts are worthless 18 and whose
minds are in the dark. They have no part in the life that God gives,
for they are completely ignorant and stubborn. 19 They have lost
all feeling of shame; they give themselves over to vice and do all
sorts of indecent things without restraint.

20 That was not what you learnt about Christ! 21 You certainly
heard about him, and as his followers you were taught the truth

[e] the lowest depths of the earth; *or* the lower depths, the earth itself.

oddef eich gilydd mewn cariad. Ymrowch i gadw, â rhwymyn 3
tangnefedd, yr undod y mae'r Ysbryd yn ei roi. Un corff sydd, 4
ac un Ysbryd, yn union fel mai un yw'r gobaith sy'n ymhlyg
yn eich galwad; un Arglwydd, un ffydd, un bedydd, un Duw a 5,6
Thad i bawb, yr hwn sydd goruwch pawb, a thrwy bawb, ac
ym mhawb.

Ond i bob un ohonom rhoddwyd gras, ei ran o rodd Crist. 7
Am hynny y mae'r Ysgrythur yn dweud :

"Esgynnodd i'r uchelder, gan arwain ei garcharorion yn 8
gaeth;
rhoddodd roddion i ddynion."

Beth yw ystyr "esgynnodd"? Onid yw'n golygu ei fod wedi 9
disgyn hefyd i barthau isaf y ddaear? Yr un a ddisgynnodd 10
yw'r un a esgynnodd hefyd ymhell uwchlaw'r nefoedd i gyd, i
lenwi'r holl greadigaeth. A dyma'i roddion: rhai i fod yn 11
apostolion, rhai yn broffwydi, rhai yn efengylwyr, rhai yn
fugeiliaid ac yn athrawon, i gymhwyso'r saint i waith gweini- 12
dogaeth, i adeiladu corff Crist. Felly y cyrhaeddwn oll hyd at 13
yr undod a berthyn i'r ffydd ac i adnabyddiaeth o Fab Duw.
Y nod yw dynoliaeth lawn dwf, a'r mesur yw'r aeddfedrwydd
sy'n perthyn i gyflawnder Crist. Nid ydym mwyach i fod yn 14
fabanod, yn cael ein lluchio gan donnau a'n gyrru yma a thraw
gan bob rhyw awel o athrawiaeth, wedi ein dal gan ystryw
dynion sy'n ddyfeisgar i gynllwynio twyll. Na, gadewch i ni 15
ddilyn y gwir mewn cariad, a thyfu ym mhob peth i Grist. Ef
yw'r pen, ac wrtho ef y mae'r holl gorff yn cael ei ddal ynghyd, 16
a'i gydgysylltu drwy bob cymal sy'n rhan ohono. Felly trwy
weithgarwch cyfaddas pob un rhan, ceir prifiant yn y corff, ac
y mae'n ei adeiladu ei hun mewn cariad.

Yr Hen Fywyd a'r Newydd

Hyn, felly, yr wyf yn ei ddweud ac yn ei argymell arnoch yn 17
yr Arglwydd, eich bod chwi bellach i beidio â byw fel y mae'r
Cenhedloedd yn byw, yn oferedd eu meddwl; oherwydd 18
tywyllwch sydd yn eu deall, a dieithriaid ydynt i'r bywyd sydd
o Dduw, o achos yr anwybodaeth y maent yn ei choleddu a'r
ystyfnigrwydd sydd yn eu calon. Pobl ydynt sydd wedi colli 19
pob teimlad ac wedi ymollwng i'r anlladrwydd sy'n peri i
ddynion gyflawni pob math o aflendid yn ddiymatal. Ond 20
nid felly yr ydych chwi wedi dysgu Crist, chwi sydd, yn wir, 21

that is in Jesus. 22 So get rid of your old self, which made you
live as you used to—the old self that was being destroyed by its
deceitful desires. 23 Your hearts and minds must be made completely
new, 24 and you must put on the new self, which is created in God's
likeness and reveals itself in the true life that is upright and holy.

25 No more lying, then! Everyone must tell the truth to his fellow-
believer, because we are all members together in the body of Christ.
26 If you become angry, do not let your anger lead you into sin,
and do not stay angry all day. 27 Don't give the Devil a chance.
28 The man who used to rob must stop robbing and start working,
in order to earn an honest living for himself and to be able to
help the poor. 29 Do not use harmful words, but only helpful words,
the kind that build up and provide what is needed, so that what
you say will do good to those who hear you. 30 And do not make
God's Holy Spirit sad; for the Spirit is God's mark of ownership
on you, a guarantee that the Day will come when God will set
you free. 31 Get rid of all bitterness, passion, and anger. No more
shouting or insults, no more hateful feelings of any sort. 32 Instead,
be kind and tender-hearted to one another, and forgive one another,
as God has forgiven you through Christ.

Living in the Light

5 Since you are God's dear children, you must try to be like
him. 2 Your life must be controlled by love, just as Christ loved
us and gave his life for us as a sweet-smelling offering and sacrifice
that pleases God.

3 Since you are God's people, it is not right that any matters
of sexual immorality or indecency or greed should even be mentioned
among you. 4 Nor is it fitting for you to use language which is obscene,
profane, or vulgar. Rather you should give thanks to God. 5 You
may be sure that no one who is immoral, indecent, or greedy (for
greed is a form of idolatry) will ever receive a share in the Kingdom
of Christ and of God.

6 Do not let anyone deceive you with foolish words; it is because
of these very things that God's anger will come upon those who
do not obey him. 7 So have nothing at all to do with such people.
8 You yourselves used to be in the darkness, but since you have
become the Lord's people, you are in the light. So you must live
like people who belong to the light, 9 for it is the light[f] that brings

---

[f] the light; *some manuscripts have* the Spirit.

wedi clywed amdano ac wedi eich hyfforddi ynddo, yn union
fel y mae'r gwirionedd yn Iesu. Fe'ch dysgwyd eich bod i roi 22
heibio'r hen natur ddynol oedd yn perthyn i'ch ymarweddiad
gynt ac sy'n cael ei llygru gan chwantau twyllodrus, a'ch bod i 23
ymadnewyddu mewn ysbryd a meddwl, a gwisgo amdanoch y 24
natur ddynol newydd sydd wedi ei chreu ar ddelw Duw, yn y
cyfiawnder a'r sancteiddrwydd sy'n gweddu i'r gwirionedd.

Rheolau'r Bywyd Newydd

Gan hynny, ymaith â chelwydd ! Dywedwch y gwir bob un 25
wrth ei gymydog, oherwydd yr ydym yn aelodau o'n gilydd.
Byddwch ddig, ond peidiwch â phechu; peidiwch â gadael i'r 26
haul fachlud ar eich digofaint, a pheidiwch â rhoi cyfle i'r 27
diafol. Y mae'r lleidr i beidio â lladrata mwyach; yn hytrach, 28
dylai ymroi i weithio'n onest â'i ddwylo ei hun, er mwyn cael
rhywbeth i'w rannu â'r sawl sydd mewn angen. Nid oes yr un 29
gair drwg i ddod allan o'ch genau, dim ond geiriau da, sydd er
adeiladaeth yn ôl yr angen, ac felly'n dwyn bendith i'r sawl sy'n
eu clywed. Peidiwch â thristáu Ysbryd Glân Duw, yr Ysbryd 30
y gosodwyd ei sêl arnoch ar gyfer dydd eich prynu'n rhydd.
Bwriwch ymaith oddi wrthych bob chwerwder, llid, digofaint, 31
twrw, a sen, ynghyd â phob drwg deimlad. Byddwch yn dirion 32
wrth eich gilydd, yn dyner eich calon, yn maddau i'ch gilydd
fel y maddeuodd Duw yng Nghrist i chwi. Byddwch, felly, yn **5**
efelychwyr Duw, fel plant annwyl iddo, gan fyw mewn cariad, 2
yn union fel y carodd Crist ni, a'i roi ei hun trosom, yn offrwm
ac aberth i Dduw, o arogl pêr. Puteindra, a phob aflendid a 3
thrachwant, peidiwch hyd yn oed â'u henwi yn eich plith, fel y
mae'n briodol i saint; a'r un modd bryntni, a chleber ffôl, a 4
siarad gwamal, pethau sy'n anweddus. Yn hytrach, geiriau 5
diolch sy'n gweddu i chwi. Gwyddoch hyn yn sicr, nad oes
gyfran yn nheyrnas Crist a Duw i neb sy'n buteiniwr neu'n
aflan, nac i neb sy'n drachwantus, hynny yw, yn eilunaddolwr.

Byddwch Fyw fel Plant Goleuni

Peidiwch â chymryd eich twyllo gan eiriau gwag neb; o 6
achos y pethau hyn y mae digofaint Duw yn dod ar y rhai sy'n 7
anufudd iddo. Peidiwch felly â chyfathrachu â hwy; tywyllwch 8
oeddech chwi gynt, ond yn awr goleuni ydych yn yr Arglwydd.

a rich harvest of every kind of goodness, righteousness, and truth.
10 Try to learn what pleases the Lord. 11 Have nothing to do with
the worthless things that people do, things that belong to the darkness.
Instead, bring them out to the light. 12 (It is really too shameful
even to talk about the things they do in secret.) 13 And when all
things are brought out to the light, then their true nature is clearly
revealed; 14 for anything that is clearly revealed becomes light.[g] That
is why it is said,

"Wake up, sleeper,
and rise from death,
and Christ will shine on you."

15 So be careful how you live. Don't live like ignorant people, but
like wise people. 16 Make good use of every opportunity you have,
because these are evil days. 17 Don't be fools, then, but try to find out
what the Lord wants you to do.

18 Do not get drunk with wine, which will only ruin you; instead, be
filled with the Spirit. 19 Speak to one another with the words of psalms,
hymns, and sacred songs; sing hymns and psalms to the Lord with
praise in your hearts. 20 In the name of our Lord Jesus Christ, always
give thanks for everything to God the Father.

Wives and Husbands

21 Submit yourselves to one another because of your reverence
for Christ.

22 Wives, submit to your husbands as to the Lord. 23 For a husband
has authority over his wife just as Christ has authority over the
church; and Christ is himself the Saviour of the church, his body.
24 And so wives must submit completely to their husbands just as
the church submits itself to Christ.

25 Husbands, love your wives just as Christ loved the church and
gave his life for it. 26 He did this to dedicate the church to God
by his word, after making it clean by washing it in water, 27 in
order to present the church to himself in all its beauty—pure and
faultless, without spot or wrinkle or any other imperfection. 28 Men
ought to love their wives just as they love their own bodies. A
man who loves his wife loves himself. 29 (No one ever hates his
own body. Instead, he feeds it and takes care of it, just as Christ
does the church; 30 for we are members of his body.) 31 As the scripture
says, "For this reason a man will leave his father and mother and
unite with his wife, and the two will become one." 32 There is a
deep secret truth revealed in this scripture, which I understand as

---

[g] anything that is clearly revealed becomes light; *or* it is light that clearly reveals everything.

Byddwch fyw fel plant goleuni, oherwydd gwelir ffrwyth y 9
goleuni ym mhob daioni a chyfiawnder a gwirionedd.
Gwnewch yn siŵr beth sy'n gymeradwy gan yr Arglwydd. 10
Gwrthodwch ymgysylltu â gweithredoedd diffrwyth y tywyll- 11
wch, ond yn hytrach dadlennwch eu drygioni. Gwarthus yw 12
hyd yn oed crybwyll y pethau a wneir ganddynt yn y dirgel.
Ond y mae pob peth a ddadlennir gan y goleuni yn olau, 13
ac y mae pob peth sydd yn olau yn oleuni. Am hynny y 14
dywedir:

"Deffro, di sydd yn cysgu,
a chod oddi wrth y meirw,
ac fe dywynna Crist arnat."

Felly, gwyliwch eich ymddygiad yn ofalus, gan fyw nid fel 15
dynion annoeth ond fel dynion doeth. Daliwch ar eich cyfle, 16
oherwydd y mae'r dyddiau'n ddrwg. Am hynny, peidiwch â 17
bod yn ffyliaid, ond ceisiwch ddeall beth yw ewyllys yr Ar-
glwydd. Peidiwch â meddwi ar win (afradlonedd yw hynny), 18
ond llanwer chwi â'r Ysbryd. Cyfarchwch eich gilydd â salmau 19
ac emynau a chaniadau ysbrydol; canwch a phynciwch o'ch
calon i'r Arglwydd. Diolchwch bob amser am bob dim i Dduw 20
y Tad yn enw ein Harglwydd Iesu Grist; a byddwch ddaros- 21
tyngedig i'ch gilydd, o barchedig ofn tuag at Grist.

Gwragedd a Gwŷr

Chwi wragedd, byddwch ddarostyngedig i'ch gwŷr fel i'r 22
Arglwydd; oherwydd y gŵr yw pen y wraig, fel y mae Crist 23
hefyd yn ben yr eglwys; ac ef yw Gwaredwr y corff. Ond fel y 24
mae'r eglwys yn ddarostyngedig i Grist, felly y mae'n rhaid i'r
gwragedd fod i'w gwŷr ym mhob peth. Chwi wŷr, carwch eich 25
gwragedd, fel y carodd Crist yntau'r eglwys a'i roi ei hun
drosti, i'w glanhau â'r golchiad dŵr ynghyd â'r gair, a'i sanc- 26
teiddio, er mwyn iddo ef ei hun ei chyflwyno iddo'i hun yn ei 27
llawn ogoniant, heb fod arni frycheuyn na chrychni na dim byd
o'r fath, iddi fod yn sanctaidd a di-fai. Yn yr un modd, dylai'r 28
gwŷr garu eu gwragedd fel eu cyrff eu hunain. Y mae'r gŵr
sy'n caru ei wraig yn ei garu ei hun. Ni chasaodd neb erioed ei 29
gnawd ei hun; yn hytrach y mae'n ei feithrin a'i anwylo. Felly
y gwna Crist hefyd â'r eglwys; oherwydd yr ydym ni'n aelodau 30
o'i gorff ef. Yng ngeiriau'r Ysgrythur: "Er mwyn hyn bydd 31
dyn yn gadael ei dad a'i fam ac yn ymlynu wrth ei wraig; a
bydd y ddau yn un cnawd." Y mae'r dirgelwch hwn yn fawr. 32

applying to Christ and the church. 33 But it also applies to you:
every husband must love his wife as himself, and every wife must
respect her husband.

Children and Parents

6 Children, it is your Christian[h] duty to obey your parents, for this
is the right thing to do. 2 "Respect your father and mother"
is the first commandment that has a promise added: 3 "so that all
may go well with you, and you may live a long time in the land."
4 Parents, do not treat your children in such a way as to make
them angry. Instead, bring them up with Christian discipline and
instruction.

Slaves and Masters

5 Slaves, obey your human masters with fear and trembling; and
do it with a sincere heart, as though you were serving Christ. 6 Do
this not only when they are watching you, because you want to
gain their approval; but with all your heart do what God wants,
as slaves of Christ. 7 Do your work as slaves cheerfully, as though
you served the Lord, and not merely men. 8 Remember that the
Lord will reward everyone, whether slave or free, for the good work
he does.
9 Masters, behave in the same way towards your slaves and stop
using threats. Remember that you and your slaves belong to the
same Master in heaven, who judges everyone by the same standard.

The Whole Armour of God

10 Finally, build up your strength in union with the Lord and
by means of his mighty power. 11 Put on all the armour that God
gives you, so that you will be able to stand up against the Devil's
evil tricks. 12 For we are not fighting against human beings but against
the wicked spiritual forces in the heavenly world, the rulers,
authorities, and cosmic powers of this dark age. 13 So put on God's
armour now! Then when the evil day comes, you will be able to
resist the enemy's attacks; and after fighting to the end, you will
still hold your ground.
14 So stand ready, with truth as a belt tight round your waist,
with righteousness as your breastplate, 15 and as your shoes the readi-
ness to announce the Good News of peace. 16 At all times carry
faith as a shield; for with it you will be able to put out all the
burning arrows shot by the Evil One. 17 And accept salvation as

---

[h] *Some manuscripts do not have* Christian.

Cyfeirio yr wyf at Grist ac at yr eglwys. Ond yr ydych chwithau 33
bob un i garu ei wraig fel ef ei hun; ac y mae'r wraig hithau i
barchu ei gŵr.

Plant a Thadau

Chwi blant, ufuddhewch i'ch rhieni yn yr Arglwydd, oher- **6**
wydd hyn sydd iawn. " Anrhydedda dy dad a'th fam "—hwn 2
yw'r gorchymyn cyntaf ag iddo addewid: " iti lwyddo a chael 3
hir ddyddiau ar y ddaear." Chwi dadau, peidiwch â chyth- 4
ruddo'ch plant, ond eu meithrin yn nisgyblaeth a hyfforddiant
yr Arglwydd.

Caethweision a Meistri

Chwi gaethweision, ufuddhewch i'ch meistri daearol mewn 5
ofn a dychryn, mewn unplygrwydd calon fel i Grist, nid
ag esgus o wasanaeth fel rhai sy'n ceisio plesio dynion, ond 6
fel gweision Crist yn gwneud ewyllys Duw â'ch holl galon.
Rhowch wasanaeth ewyllysgar fel i'r Arglwydd, nid i ddynion, 7
oherwydd fe wyddoch y bydd pob dyn, boed gaethwas neu 8
ddyn rhydd, yn derbyn tâl gan yr Arglwydd am ba ddaioni
bynnag a wna. Chwi feistri, gwnewch yr un peth iddynt 9
hwy, gan roi'r gorau i fygwth, oherwydd fe wyddoch fod eu
Meistr hwy a chwithau yn y nefoedd, ac nad yw ef yn edrych
ar safle dyn.

Y Frwydr yn erbyn Drygioni

Yn olaf, ymgryfhewch yn yr Arglwydd ac yn nerth ei allu ef. 10
Gwisgwch amdanoch holl arfogaeth Duw, er mwyn i chwi 11
fedru sefyll yn gadarn yn erbyn cynllwynion y diafol. Nid â 12
dynion yr ydym yn yr afael, ond â thywysogaethau ac awdur-
dodau, â llywodraethwyr tywyllwch y byd hwn, â phwerau ys-
brydol drygionus yn y nefoedd. Gan hynny, ymarfogwch â holl 13
arfogaeth Duw, er mwyn ichwi fedru gwrthsefyll yn y dydd
drwg, ac wedi cyflawni pob peth, sefyll yn gadarn. Safwch, 14
ynteu, â gwirionedd yn wregys am eich canol, a chyfiawnder
yn arfwisg ar eich dwyfron, a pharodrwydd i gyhoeddi Efengyl 15
tangnefedd yn esgidiau am eich traed. Heblaw hyn oll, ym- 16
arfogwch â tharian ffydd; â hon byddwch yn gallu diffodd
holl saethau tanllyd yr Un drwg. Derbyniwch iachawdwriaeth 17

a helmet, and the word of God as the sword which the Spirit gives
you. 18 Do all this in prayer, asking for God's help. Pray on every
occasion, as the Spirit leads. For this reason keep alert and never
give up; pray always for all God's people. 19 And pray also for
me, that God will give me a message when I am ready to speak,
so that I may speak boldly and make known the gospel's secret.
20 For the sake of this gospel I am an ambassador, though now
I am in prison. Pray that I may be bold in speaking about the
gospel as I should.

Final Greetings

21 Tychicus, our dear brother and faithful servant in the Lord's
work, will give you all the news about me, so that you may know
how I am getting on. 22 That is why I am sending him to you—to
tell you how all of us are getting on, and to encourage you.

23 May God the Father and the Lord Jesus Christ give to all
Christian brothers peace and love with faith. 24 May God's grace
be with all those who love our Lord Jesus Christ with undying
love.

yn helm, a'r Ysbryd, sef gair Duw, yn gleddyf. Ymrowch i 18
weddi ac ymbil, gan weddïo bob amser yn yr Ysbryd. I'r diben
hwn, byddwch yn effro, gyda dyfalbarhad ym mhob math o
ymbil dros y saint i gyd, a gweddïwch drosof finnau y bydd i 19
Dduw roi i mi ymadrodd, ac agor fy ngenau, i hysbysu'n eofn
ddirgelwch yr Efengyl. Trosti hi yr wyf yn llysgennad mewn 20
cadwynau. Ie, gweddïwch ar i mi lefaru'n eofn amdani, fel y
dylwn lefaru.

Cyfarchion Terfynol

Er mwyn i chwithau wybod fy hanes, a beth yr wyf yn ei 21
wneud, fe gewch y cwbl gan Tychicus, y brawd annwyl a'r
gweinidog ffyddlon yn yr Arglwydd. Yr wyf yn ei anfon atoch 22
yn unswydd i chwi gael gwybod am ein hynt, ac er mwyn iddo
ef eich calonogi.

Tangnefedd i'r brodyr, a chariad ynghyd â ffydd oddi wrth 23
Dduw Dad a'r Arglwydd Iesu Grist. Gras fyddo gyda phawb 24
sy'n caru ein Harglwydd Iesu Grist â chariad anfarwol !

PAUL'S LETTER TO THE

PHILIPPIANS

1 From Paul and Timothy, servants of Christ Jesus—
To all God's people in Philippi who are in union with Christ
Jesus, including the church leaders and helpers:
2 May God our Father and the Lord Jesus Christ give you grace
and peace.

Paul's Prayer for His Readers

3 I thank my God for you every time I think of you; 4 and every
time I pray for you all, I pray with joy 5 because of the way in
which you have helped me in the work of the gospel from the very
first day until now. 6 And so I am sure that God, who began this
good work in you, will carry it on until it is finished on the Day
of Christ Jesus. 7 You are always in my heart! And so it is only
right for me to feel as I do about you. For you have all shared
with me in this privilege that God has given me, both now that
I am in prison and also while I was free to defend the gospel and
establish it firmly. 8 God is my witness that I am telling the truth
when I say that my deep feeling for you all comes from the heart
of Christ Jesus himself.
9 I pray that your love will keep on growing more and more,
together with true knowledge and perfect judgement, 10 so that you
will be able to choose what is best. Then you will be free from
all impurity and blame on the Day of Christ. 11 Your lives will
be filled with the truly good qualities which only Jesus Christ can
produce, for the glory and praise of God.

To Live Is Christ

12 I want you to know, my brothers, that the things that have
happened to me have really helped the progress of the gospel. 13 As
a result, the whole palace guard and all the others here know that
I am in prison because I am a servant of Christ. 14 And my being
in prison has given most of the brothers more confidence in the
Lord, so that they grow bolder all the time to preach the message[a]
fearlessly.

---

[a] the message; *some manuscripts have* God's message.

LLYTHYR PAUL AT Y

PHILIPIAID

Cyfarch

Paul a Timotheus, gweision Crist Iesu, at yr holl saint yng 1
Nghrist Iesu sydd yn Philipi, ynghyd â'r esgobion★ a'r diacon-
iaid. Gras a thangnefedd i chwi oddi wrth Dduw ein Tad a'r 2
Arglwydd Iesu Grist.

Gweddi Paul dros y Philipiaid

Byddaf yn diolch i'm Duw bob tro y byddaf yn cofio am- 3
danoch, a phob amser ym mhob un o'm gweddïau dros bob un 4
ohonoch, yr wyf yn gweddïo gyda llawenydd. Diolch y byddaf 5
am eich cydweithrediad o blaid yr Efengyl o'r dydd cyntaf hyd
yn awr; ac yr wyf yn sicr o hyn yma, y bydd i'r hwn a ddechreu- 6
odd waith da ynoch ei gwblhau erbyn Dydd Crist Iesu. Felly 7
y mae'n iawn i mi deimlo hyn amdanoch i gyd, am fy mod mor
hoff ohonoch, ac am eich bod i gyd yn cyfranogi o'r fraint sy'n
dod i'm rhan, pan fyddaf yng ngharchar yn ogystal â phan
fyddaf yn amddiffyn yr Efengyl neu yn ei chadarnhau. Oblegid 8
y mae Duw'n dyst i mi, gymaint yr wyf yn hiraethu, â dyhead
Crist Iesu ei hun, am bawb ohonoch. Dyma fy ngweddi, ar i'ch 9
cariad gynyddu fwyfwy eto mewn gwybodaeth a phob dirnad-
aeth, er mwyn ichwi allu cymeradwyo'r hyn sy'n rhagori,★ a 10
bod yn ddidwyll a didramgwydd erbyn Dydd Crist, yn gyflawn 11
o ffrwyth y cyfiawnder sy'n dod trwy Iesu Grist, er gogoniant
a mawl i Dduw.

I Mi, Crist yw Byw

Yr wyf am i chwi wybod, frodyr, fod y pethau a ddigwydd- 12
odd i mi wedi troi, yn hytrach, yn foddion i hyrwyddo'r
Efengyl, yn gymaint â'i bod wedi dod yn hysbys, trwy'r holl 13
bencadlys★ ac i bawb arall, mai er mwyn Crist yr wyf yng

★adn. 1: neu, *arolygwyr.*

★adn. 9: neu, *er mwyn i chwi allu canfod y rhagor sydd rhwng pethau.*

★adn. 13: neu, *Praetoriwm.*

15 Of course some of them preach Christ because they are jealous
and quarrelsome, but others from genuine goodwill. 16 These do so
from love, because they know that God has given me the work
of defending the gospel. 17 The others do not proclaim Christ sincerely,
but from a spirit of selfish ambition; they think that they will make
more trouble for me while I am in prison.

18 It does not matter! I am happy about it—so long as Christ
is preached in every way possible, whether from wrong or right
motives. And I will continue to be happy, 19 because I know that
by means of your prayers and the help which comes from the Spirit
of Jesus Christ I shall be set free. 20 My deep desire and hope is
that I shall never fail in my duty, but that at all times, and especially
just now, I shall be full of courage, so that with my whole being
I shall bring honour to Christ, whether I live or die. 21 For what
is life? To me, it is Christ. Death, then, will bring more. 22 But
if by continuing to live I can do more worthwhile work, then I
am not sure which I should choose. 23 I am pulled in two directions.
I want very much to leave this life and be with Christ, which is
a far better thing; 24 but for your sake it is much more important that
I remain alive. 25 I am sure of this, and so I know that I will stay.
I will stay on with you all, to add to your progress and joy in the
faith, 26 so that when I am with you again, you will have even more
reason to be proud of me in your life in union with Christ Jesus.

27 Now, the important thing is that your way of life should be
as the gospel of Christ requires, so that, whether or not I am able
to go and see you, I will hear that you are standing firm with one
common purpose and that with only one desire you are fighting
together for the faith of the gospel. 28 Don't be afraid of your enemies;
always be courageous, and this will prove to them that they will
lose and that you will win, because it is God who gives you the
victory. 29 For you have been given the privilege of serving Christ,
not only by believing in him, but also by suffering for him. 30 Now
you can take part with me in the battle. It is the same battle you
saw me fighting in the past, and as you hear, the one I am fighting
still.

Christ's Humility and Greatness

2 Your life in Christ makes you strong, and his love comforts
you. You have fellowship with the Spirit,[b] and you have kindness
and compassion for one another. 2 I urge you, then, to make me
completely happy by having the same thoughts, sharing the same

---

[b] You have fellowship with the Spirit; *or* The Spirit has brought you into fellowship with one another.

ngharchar, a bod y mwyafrif o'r brodyr, oherwydd i mi gael fy 14
ngharcharu, wedi dod yn hyderus yn yr Arglwydd, ac yn fwy
hy o lawer i lefaru'r gair yn ddi-ofn.

Y mae'n wir fod rhai yn pregethu Crist o genfigen a chynnen, 15
ac eraill o ewyllys da. O gariad y mae'r rhain yn cyhoeddi Crist, 16
gan wybod mai i amddiffyn yr Efengyl y gosodwyd fi yma, ond 17
y mae'r lleill yn gwneud hynny o gymhellion hunanol ac amhur,
gan feddwl peri gofid i mi yng ngharchar. Ond pa waeth? Y 18
naill ffordd neu'r llall, prun ai mewn rhith neu mewn gwir-
ionedd, y mae Crist yn cael ei gyhoeddi, ac yr wyf yn gorfoleddu
yn hyn. Ie, a gorfoleddu a wnaf hefyd, oherwydd mi wn mai 19
canlyniad hyn, ar bwys eich gweddi chwi a chymorth Ysbryd
Iesu Grist, fydd fy ngwaredigaeth. Am hyn yr wyf yn disgwyl 20
yn eiddgar, gan obeithio na chaf fy nghywilyddio mewn dim,
ond y bydd Crist, yn awr fel erioed, gyda phob gwroldeb yn cael
ei fawrygu yn fy nghorff i, prun bynnag ai trwy fy mywyd ai
trwy fy marwolaeth. Oherwydd, i mi, Crist yw byw, ac elw yw 21
marw. Ond os wyf i barhau i fyw yn y cnawd, bydd hynny'n 22
golygu y caf ffrwyth o'm llafur. Eto, ni wn beth i'w ddewis.
Y mae'n gyfyng arnaf o'r ddeutu; y mae arnaf awydd ymadael, 23
a bod gyda Christ, gan fod hynny'n llawer iawn gwell; ond y 24
mae aros yn fy nghnawd yn fwy angenrheidiol er eich mwyn
chwi. 'Rwy'n gwybod hyn i sicrwydd: aros a wnaf, a phara i 25
aros gyda chwi oll, i hyrwyddo eich cynnydd a'ch llawenydd yn
y ffydd, er mwyn i chwi gael digon o le i ymffrostio, yng Nghrist 26
Iesu, o'm hachos i pan ddof yn ôl atoch.

Yn anad dim, bydded eich buchedd yn deilwng o Efengyl 27
Crist, er mwyn i mi weld, os dof atoch, neu glywed amdanoch,
os byddaf yn absennol, eich bod yn sefyll yn gadarn, yn un o
ran ysbryd, gan gydymdrechu yn unfryd dros ffydd yr Efengyl,
heb eich dychrynu mewn un dim gan y gwrthwynebwyr. Bydd 28
hyn yn arwydd eglur i'r rheini o'u distryw hwy, ond o'ch
iachawdwriaeth chwi, a hynny oddi wrth Dduw. Oherwydd 29
rhoddwyd i chwi y fraint, nid yn unig o gredu yng Nghrist, ond
hefyd o ddioddef drosto, gan ymdaflu i'r frwydr honno y 30
gwelsoch fi ynddi, ac yr ydych yn awr yn clywed fy mod ynddi
o hyd.

Gostyngeiddrwydd Cristionogol a Gostyngeiddrwydd Crist

Felly, os oes yng Nghrist unrhyw symbyliad, unrhyw apêl o **2**

love, and being one in soul and mind. 3 Don't do anything from
selfish ambition or from a cheap desire to boast, but be humble
towards one another, always considering others better than yourselves.
4 And look out for one another's interests, not just for your own.
5 The attitude you should have is the one that Christ Jesus had:

6 He always had the nature of God,
  but he did not think that by force he should try to become[c]
    equal with God.
7 Instead of this, of his own free will he gave up all he had,
  and took the nature of a servant.
He became like man
  and appeared in human likeness.
8 He was humble and walked the path of obedience all the way
    to death—
  his death on the cross.
9 For this reason God raised him to the highest place above
  and gave him the name that is greater than any other name.
10 And so, in honour of the name of Jesus
  all beings in heaven, on earth, and in the world below[d]
  will fall on their knees,
11 and all will openly proclaim that Jesus Christ is Lord,
  to the glory of God the Father.

Shining as Lights in the World

12 So then, dear friends, as you always obeyed me when I was
with you, it is even more important that you obey me now while
I am away from you. Keep on working with fear and trembling
to complete your salvation, 13 because God is always at work in
you to make you willing and able to obey his own purpose.
14 Do everything without complaining or arguing, 15 so that you
may be innocent and pure as God's perfect children, who live in
a world of corrupt and sinful people. You must shine among them
like stars lighting up the sky, 16 as you offer them the message of
life. If you do so, I shall have reason to be proud of you on the
Day of Christ, because it will show that all my effort and work
have not been wasted.
17 Perhaps my life's blood is to be poured out like an offering
on the sacrifice that your faith offers to God. If that is so, I am
glad and share my joy with you all. 18 In the same way, you too
must be glad and share your joy with me.

---

[c] become; *or* remain.

[d] WORLD BELOW: *It was thought that the dead continued to exist in a dark world under the ground.*

du cariad, unrhyw gymdeithas trwy'r Ysbryd, os oes unrhyw
gynhesrwydd a thosturi, cyflawnwch fy llawenydd trwy fod o'r 2
un meddwl, â'r un cariad gennych at eich gilydd, yn unfryd ac
yn unfarn. Peidiwch â gwneud dim o gymhellion hunanol nac 3
o ymffrost gwag, ond mewn gostyngeiddrwydd bydded i bob
un ohonoch gyfrif y llall yn deilyngach nag ef ei hun. Bydded 4
gofal gennych, bob un, nid am ei fuddiannau ei hunan yn unig
ond am fuddiannau pobl eraill hefyd. Amlygwch yn eich 5
plith eich hunain yr agwedd meddwl honno sydd, yn wir, yn
eiddo i chwi yng Nghrist Iesu. Er ei fod ef erioed ar ffurf Duw, 6
ni chyfrifodd fod cydraddoldeb â Duw yn beth i ddal gafael
ynddo,* ond fe'i gwacaodd ei hun, gan gymryd ffurf caethwas a 7
dyfod ar wedd dynion. O'i gael ar ddull dyn, fe'i darostyngodd 8
ei hun, gan fod yn ufudd hyd angau, ie, angau ar groes. Am 9
hynny tra-dyrchafodd Duw ef, a rhoi iddo'r enw sydd goruwch
pob enw, fel wrth enw Iesu y plygai pob glin yn y nef ac ar y 10
ddaear a than y ddaear, ac y cyffesai pob tafod fod Iesu Grist 11
yn Arglwydd, er gogoniant Duw Dad.

Disgleirio fel Goleuadau yn y Byd

Gan hynny, fy nghyfeillion annwyl, fel y buoch bob amser 12
yn ufudd, felly yn awr, nid yn unig fel pe bawn yn bresennol,
ond yn fwy o lawer gan fy mod yn absennol, gweithredwch,
mewn ofn a dychryn, yr iachawdwriaeth sy'n eiddo i chwi;
oblegid Duw yw'r un sydd yn gweithio ynoch i beri i chwi 13
ewyllysio a gweithredu i'w amcanion daionus ef. Gwnewch 14
bopeth heb rwgnach nac ymryson; byddwch yn ddi-fai a di- 15
ddrwg, yn blant di-nam i Dduw yng nghanol cenhedlaeth
ŵyrgam a gwrthnysig, yn disgleirio yn eu plith fel goleuadau yn
y byd, yn cyflwyno gair y bywyd.* Felly byddwch yn destun 16
ymffrost i mi yn Nydd Crist na fu i mi redeg yn ofer na llafurio
yn ofer. Hyd yn oed os tywelltir fy ngwaed ar offrwm aberthol 17
eich ffydd chwi, yr wyf yn llawen, ac yn cydlawenhau â chwi
i gyd. Yn yr un modd byddwch chwithau'n llawen, a chyd- 18
lawenhewch â mi.

---

*adn. 6: neu, *i'w gipio.*

*adn. 16: neu, *gan ddal eich gafael yng ngair y bywyd.*

Timothy and Epaphroditus

19 If it is the Lord's will, I hope that I will be able to send Timothy to you soon, so that I may be encouraged by news about you. [20]He is the only one who shares my feelings and who really cares about you. [21]Everyone else is concerned only with his own affairs, not with the cause of Jesus Christ. [22]And you yourselves know how he has proved his worth, how he and I, like a son and his father, have worked together for the sake of the gospel. [23]So I hope to send him to you as soon as I know how things are going to turn out for me. [24]And I trust in the Lord that I myself will be able to come to you soon.

25 I have thought it necessary to send you our brother Epaphroditus, who has worked and fought by my side and who has served as your messenger in helping me. [26]He is anxious to see you all and is very upset because you had heard that he was ill. [27]Indeed he was ill and almost died. But God had pity on him, and not only on him but on me, too, and spared me an even greater sorrow. [28]I am all the more eager, then, to send him to you, so that you will be glad again when you see him, and my own sorrow will disappear. [29]Receive him, then, with joy, as a brother in the Lord. Show respect to all such people as he, [30]because he risked his life and nearly died for the sake of the work of Christ, in order to give me the help that you yourselves could not give.

The True Righteousness

3 In conclusion, my brothers, be joyful in your union with the Lord. I don't mind repeating what I have written before, and you will be safer if I do so. [2]Watch out for those who do evil things, those dogs, those men who insist on cutting the body. [3]It is we, not they, who have received the true circumcision, for we worship God by means of his Spirit and rejoice in our life in union with Christ Jesus. We do not put any trust in external ceremonies. [4]I could, of course, put my trust in such things. If anyone thinks he can trust in external ceremonies, I have even more reason to feel that way. [5]I was circumcised when I was a week old. I am an Israelite by birth, of the tribe of Benjamin, a pure-blooded Hebrew.

Timotheus ac Epaffroditus

Ond yr wyf yn gobeithio yn yr Arglwydd Iesu anfon 19
Timotheus atoch ar fyrder, er mwyn imi gael fy nghalonogi o
wybod am eich amgylchiadau chwi. Oherwydd nid oes gennyf 20
neb o gyffelyb ysbryd iddo ef, i gymryd gwir ofal am eich
buddiannau chwi; y maent oll â'u bryd ar eu dibenion eu 21
hunain, nid ar ddibenion Iesu Grist. Gwyddoch fel y profwyd 22
ei werth ef, gan iddo wasanaethu gyda mi, fel mab gyda'i dad,
o blaid yr Efengyl. Dyma'r gŵr, ynteu, yr wyf yn gobeithio ei 23
anfon, cyn gynted byth ag y caf weld sut y bydd hi arnaf. Ac 24
yr wyf yn sicr, yn yr Arglwydd, y byddaf fi fy hun hefyd yn dod
yn fuan.

Yr wyf yn credu hefyd y dylwn anfon Epaffroditus atoch, 25
brawd a chydweithiwr a chydfilwr i mi, a'ch cennad chwi i
weini ar fy anghenraid i. Oherwydd y mae ef wedi bod yn 26
hiraethu amdanoch oll, ac yn poeni am i chwi glywed iddo fod
yn glaf. Yn wir, fe fu'n wael, hyd at farw bron; ond fe dostur- 27
iodd Duw wrtho, ac nid wrtho ef yn unig ond wrthyf finnau
hefyd, rhag imi gael gofid ar ben gofid. Yr wyf, felly, yn fwy 28
eiddgar i'w anfon, er mwyn i chwi lawenhau eto o'i weld, ac i
minnau fod yn llai fy ngofid. Derbyniwch ef felly yn yr 29
Arglwydd gyda phob llawenydd; ac anrhydeddwch ddynion
o'i fath ef, oherwydd bu yn ymyl marw er mwyn gwaith Crist 30
pan fentrodd ei fywyd i gyflawni drosof y gwasanaeth na allech
chwi mo'i gyflawni.

Y Gwir Gyfiawnder

Bellach, fy mrodyr, llawenhewch yn yr Arglwydd. Nid yw **3**
ysgrifennu'r un pethau atoch yn drafferth i mi, ac i chwi y
mae'n ddiogelwch.

Gwyliwch y cŵn, gwyliwch y drwgweithredwyr, gwyliwch y 2
rhai sy ddim ond yn gwaedu'r cnawd. Oherwydd ni yw'r rhai 3
gwir enwaededig, ni sy'n addoli trwy Ysbryd Duw,* ac yn
ymfalchïo yng Nghrist Iesu heb ymddiried yn y cnawd—er bod 4
gennyf, o'm rhan fy hun, le i ymddiried yn y cnawd hefyd. Os
oes rhywun arall yn tybio fod ganddo le i ymddiried yn y
cnawd, yr wyf fi'n fwy felly: wedi enwaedu arnaf yr wythfed 5

---

*adn. 3: yn ôl darlleniad arall, *addoli Duw yn yr ysbryd*; yn ôl un arall, *addoli yn yr ysbryd*.

As far as keeping the Jewish Law is concerned, I was a Pharisee,
6 and I was so zealous that I persecuted the church. As far as a
person can be righteous by obeying the commands of the Law, I
was without fault. 7 But all those things that I might count as profit
I now reckon as loss for Christ's sake. 8 Not only those things; I
reckon everything as complete loss for the sake of what is so much
more valuable, the knowledge of Christ Jesus my Lord. For his
sake I have thrown everything away; I consider it all as mere refuse,
so that I may gain Christ 9 and be completely united with him. I
no longer have a righteousness of my own, the kind that is gained
by obeying the Law. I now have the righteousness that is given
through faith in Christ, the righteousness that comes from God and
is based on faith. 10 All I want is to know Christ and to experience
the power of his resurrection, to share in his sufferings and become
like him in his death, 11 in the hope that I myself will be raised
from death to life.

Running towards the Goal

12 I do not claim that I have already succeeded or have already
become perfect. I keep striving to win the prize for which Christ
Jesus has already won me to himself. 13 Of course, my brothers,
I really do not[e] think that I have already won it; the one thing
I do, however, is to forget what is behind me and do my best to
reach what is ahead. 14 So I run straight towards the goal in order
to win the prize, which is God's call through Christ Jesus to the
life above.

15 All of us who are spiritually mature should have this same
attitude. But if some of you have a different attitude, God will make
this clear to you. 16 However that may be, let us go forward according
to the same rules we have followed until now.

17 Keep on imitating me, my brothers. Pay attention to those who
follow the right example that we have set for you. 18 I have told
you this many times before, and now I repeat it with tears: there
are many whose lives make them enemies of Christ's death on the
cross. 19 They are going to end up in hell, because their god is their
bodily desires. They are proud of what they should be ashamed
of, and they think only of things that belong to this world. 20 We,
however, are citizens of heaven, and we eagerly wait for our Saviour,
the Lord Jesus Christ, to come from heaven. 21 He will change our
weak mortal bodies and make them like his own glorious body,
using that power by which he is able to bring all things under his
rule.

---

[e] not; *some manuscripts have* not yet.

dydd, o hil Israel, o lwyth Benjamin, yn Hebrewr o dras
Hebrewyr; yn ôl y Gyfraith, yn Pharisead; o ran sêl, yn erlid 6
yr eglwys; yn ôl y cyfiawnder sy'n perthyn i'r Gyfraith, yn ddi-
fai. Ond beth bynnag oedd yn ennill i mi, yr wyf, er mwyn 7
Crist, wedi ei gyfrif yn golled. A mwy na hynny hyd yn oed, 8
yr wyf yn dal i gyfrif pob peth yn golled, ar bwys rhagoriaeth y
profiad o adnabod Crist Iesu fy Arglwydd, yr un y collais bob
peth er ei fwyn. Yr wyf yn cyfrif y cwbl yn ysbwriel, er mwyn
i mi ennill Crist a'm cael ynddo ef, heb ddim cyfiawnder o'm 9
heiddo fy hun yn seiliedig ar y Gyfraith, ond hwnnw sydd trwy
ffydd yng Nghrist, y cyfiawnder sydd o Dduw ar sail ffydd.
Fy nod yw ei adnabod ef, a grym ei atgyfodiad, a chymdeithas 10
ei ddioddefiadau, wrth gael fy nghydffurfio â'i farwolaeth ef,
er mwyn i mi, os yw'n bosibl, gyrraedd yr atgyfodiad oddi 11
wrth y meirw.

Cyflymu at y Nod

Nid fy mod eisoes wedi cael hyn, neu fy mod eisoes yn 12
berffaith, ond yr wyf yn prysuro ymlaen, er mwyn meddiannu'r
peth hwnnw y cefais innau er ei fwyn fy meddiannu gan Grist
Iesu.* Frodyr, nid wyf yn ystyried fy mod wedi ei feddiannu; 13
ond un peth, gan anghofio'r hyn sydd o'r tu cefn ac ymestyn yn
daer at yr hyn sydd o'r tu blaen, yr wyf yn cyflymu at y nod, i 14
ennill y wobr y mae Duw yn fy ngalw i fyny ati yng Nghrist
Iesu. Pob un ohonom, felly, sydd o nifer y rhai aeddfed, dyma 15
sut y dylai feddwl. Ond os ydych o wahanol feddwl am rywbeth,
fe ddatguddia Duw hyn hefyd i chwi. Ond gadewch inni 16
ymddwyn yn unol â'r safon yr ydym wedi ei chyrraedd.

Byddwch yn gydefelychwyr ohonof fi, frodyr, a daliwch sylw 17
ar y rhai sy'n byw yn ôl yr esiampl sydd gennych ynom ni.
Oherwydd y mae llawer, yr wyf yn fynych wedi sôn wrthych 18
amdanynt, ac yr wyf yn sôn eto yn awr gan wylo, sydd o ran eu
ffordd o fyw yn elynion croes Crist. Distryw yw eu diwedd, 19
chwant yw eu duw, ac yn eu cywilydd y mae eu gogoniant;
dynion â'u bryd ar bethau daearol ydynt. Canys yn y nefoedd 20
y mae ein dinasyddiaeth ni, ac oddi yno hefyd yr ydym yn
disgwyl Gwaredwr, sef yr Arglwydd Iesu Grist. Bydd ef yn 21
gweddnewid ein corff darostyngedig ni ac yn ei wneud yn un-
ffurf â'i gorff gogoneddus ef, trwy'r nerth sydd yn ei alluogi i

---

*adn. 12: neu, *er mwyn ei feddiannu, oherwydd i Grist Iesu fy meddiannu i.*

Instructions

4 So then, my brothers, how dear you are to me and how I miss
you! How happy you make me, and how proud I am of you!
This then, dear brothers, is how you should stand firm in your life
in the Lord.

2 Euodia and Syntyche, please, I beg you, try to agree as sisters
in the Lord. 3 And you too, my faithful partner, I want you to help
these women; for they have worked hard with me to spread the
gospel, together with Clement and all my other fellow-workers, whose
names are in God's book of the living.

4 May you always be joyful in your union with the Lord. I say
it again: rejoice!

5 Show a gentle attitude towards everyone. The Lord is coming
soon. 6 Don't worry about anything, but in all your prayers ask God
for what you need, always asking him with a thankful heart. 7 And
God's peace, which is far beyond human understanding, will keep
your hearts and minds safe in union with Christ Jesus.

8 In conclusion, my brothers, fill your minds with those things
that are good and that deserve praise: things that are true, noble,
right, pure, lovely, and honourable. 9 Put into practice what you
learnt and received from me, both from my words and from my
actions. And the God who gives us peace will be with you.

Thanks for the Gift

10 In my life in union with the Lord it is a great joy to me
that after so long a time you once more had the chance of showing
that you care for me. I don't mean that you had stopped caring
for me—you just had no chance to show it. 11 And I am not saying
this because I feel neglected, for I have learnt to be satisfied with
what I have. 12 I know what it is to be in need and what it is
to have more than enough. I have learnt this secret, so that anywhere,
at any time, I am content, whether I am full or hungry, whether
I have too much or too little. 13 I have the strength to face all conditions
by the power that Christ gives me.

14 But it was very good of you to help me in my troubles. 15 You
Philippians know very well that when I left Macedonia in the early
days of preaching the Good News, you were the only church to
help me; you were the only ones who shared my profits and losses.

ddwyn pob peth dan ei awdurdod. Am hynny, fy mrodyr, 4
brodyr annwyl yr wyf yn hiraethu amdanynt, fy llawenydd a'm
coron, safwch yn gadarn fel hyn yn yr Arglwydd, fy nghyfeill-
ion annwyl.

Anogaethau

Yr wyf yn annog Euodia, ac yn annog Syntyche, i fyw'n 2
gytûn yn yr Arglwydd. Ac yn wir y mae gennyf gais i tithau, 3
fy nghydymaith cywir dan yr iau: rho dy gymorth i'r gwragedd
hyn a gydymdrechodd â mi o blaid yr Efengyl, ynghyd â
Clement a'm cydweithwyr eraill, sydd â'u henwau yn llyfr y
bywyd. Llawenhewch yn yr Arglwydd bob amser; fe'i dywed- 4
af eto, llawenhewch. Bydded eich hynawsedd yn hysbys i bob 5
dyn. Y mae'r Arglwydd yn agos. Peidiwch â phryderu am 6
ddim, ond ym mhob peth gwneler eich deisyfiadau yn hysbys i
Dduw trwy weddi ac ymbil, ynghyd â diolchgarwch. A bydd 7
tangnefedd Duw, yr hwn sydd goruwch pob deall, yn gwarchod
dros eich calonnau a'ch meddyliau yng Nghrist Iesu.

Bellach, frodyr, beth bynnag sydd yn wir, beth bynnag sydd 8
yn anrhydeddus, beth bynnag sydd yn gyfiawn a phur, beth
bynnag sydd yn hawddgar a chanmoladwy, pob peth rhinwedd-
ol a phob peth clodfawr, myfyriwch ar y pethau hyn. Y pethau 9
yr ydych wedi eu dysgu a'u derbyn, eu clywed a'u gweled, ynof
fi, gwnewch y rhain; a bydd Duw'r tangnefedd gyda chwi.

Cydnabod Rhodd y Philipiaid

Y mae'n llawenydd mawr yn yr Arglwydd i mi, fod eich gofal 10
amdanaf yn awr o'r diwedd wedi blaguro eto. O ran hynny, yr
oedd y gofal gennych; yr amser cyfaddas oedd yn eisiau. Nid 11
fy mod yn dweud hyn am fod arnaf angen, oherwydd yr wyf fi
wedi dysgu bod yn fodlon, beth bynnag fy amgylchiadau.
Gwn sut i gymryd fy narostwng, a gwn hefyd sut i fod uwchben 12
fy nigon. Ym mhob rhyw amgylchiadau, yr wyf wedi dysgu'r
gyfrinach sut i fod yn llawn neu yn newynog, sut i fod mewn
helaethrwydd neu mewn prinder. Y mae gennyf gryfder at 13
bob gofyn trwy yr hwn sydd yn fy nerthu i. Serch hynny, da y 14
gwnaethoch wrth rannu baich fy ngorthrymder.

Yr ydych chwi, Philipiaid, yn gwybod hefyd, pan euthum 15
allan o Facedonia ar gychwyn y genhadaeth, na fu gan yr un
eglwys, ar wahân i chwi yn unig, ran gyda mi mewn rhoi a

16 More than once when I needed help in Thessalonica, you sent
it to me. 17 It is not that I just want to receive gifts; rather, I want
to see profit added to your account. 18 Here, then, is my receipt
for everything you have given me—and it has been more than enough!
I have all I need now that Epaphroditus has brought me all your
gifts. They are like a sweet-smelling offering to God, a sacrifice
which is acceptable and pleasing to him. 19 And with all his abundant
wealth through Christ Jesus, my God will supply all your needs.
20 To our God and Father be the glory for ever and ever! Amen.

Final Greetings

21 Greetings to each one of God's people who belong to Christ
Jesus. The brothers here with me send you their greetings. 22 All
God's people here send greetings, especially those who belong to
the Emperor's palace.

23 May the grace of the Lord Jesus Christ be with you all.

derbyn; oherwydd yn Thesalonica hyd yn oed anfonasoch 16
unwaith, ac eilwaith, i gyfarfod â'm hangen. Nid ceisio'r rhodd 17
yr wyf, ond ceisio'r elw sy'n cynyddu i'ch cyfrif chwi. Yr wyf 18
fi wedi derbyn fy nhâl yn llawn, a mwy na hynny; y mae
gennyf gyflawnder ar ôl derbyn trwy law Epaffroditus yr hyn a
anfonasoch chwi; y mae hynny'n arogl pêr, yn aberth cymer-
adwy, wrth fodd Duw. A bydd fy Nuw i, o olud ei ogoniant 19
yng Nghrist Iesu, yn cyflawni eich holl angen chwi. I'n Duw 20
a'n Tad y byddo'r gogoniant yn oes oesoedd! Amen.

Cyfarchion Terfynol

Cyfarchwch bob sant yng Nghrist Iesu. Y mae'r brodyr 21
sydd gyda mi yn eich cyfarch chwi. Y mae'r saint i gyd, ac yn 22
arbennig y rhai sydd yng ngwasanaeth Cesar, yn eich cyfarch.
Gras yr Arglwydd Iesu Grist fyddo gyda'ch ysbryd! 23

PAUL'S LETTER TO THE

COLOSSIANS

1 From Paul, who by God's will is an apostle of Christ Jesus,
and from our brother Timothy—
2 To God's people in Colossae, who are our faithful brothers in
union with Christ: May God our Father give you grace and peace.

Prayer of Thanksgiving

3 We always give thanks to God, the Father of our Lord Jesus
Christ, when we pray for you. 4 For we have heard of your faith
in Christ Jesus and of your love for all God's people. 5 When the
true message, the Good News, first came to you, you heard about
the hope it offers. So your faith and love are based on what you
hope for, which is kept safe for you in heaven. 6 The gospel keeps
bringing blessings and is spreading throughout the world, just as
it has among you ever since the day you first heard about the grace
of God and came to know it as it really is. 7 You learnt of God's
grace from Epaphras, our dear fellow-servant, who is Christ's faithful
worker on our[a] behalf. 8 He has told us of the love that the Spirit
has given you.
9 For this reason we have always prayed for you, ever since we
heard about you. We ask God to fill you with the knowledge of
his will, with all the wisdom and understanding that his Spirit gives.
10 Then you will be able to live as the Lord wants and will always
do what pleases him. Your lives will produce all kinds of good
deeds, and you will grow in your knowledge of God. 11-12 May you
be made strong with all the strength which comes from his glorious
power, so that you may be able to endure everything with patience.
And with joy give thanks to[b] the Father, who has made you fit
to have your share of what God has reserved for his people in
the kingdom of light. 13 He rescued us from the power of darkness
and brought us safe into the kingdom of his dear Son, 14 by whom
we are set free, that is, our sins are forgiven.

The Person and Work of Christ

15 Christ is the visible likeness of the invisible God. He is the first-
born Son, superior to all created things. 16 For through him God

---

[a] our; *some manuscripts have* your.

[b] with patience. And with joy give thanks to; *or* with patience and joy. And give thanks to.

LLYTHYR PAUL AT Y

COLOSIAID

Cyfarch

Paul, apostol Crist Iesu trwy ewyllys Duw, a Timotheus ein 1
brawd, at y saint yng Ngholosae, brodyr ffyddlon yng Nghrist. 2
Gras a thangnefedd i chwi oddi wrth Dduw ein Tad.

Paul yn Diolch i Dduw am Gristionogion Colosae

Yr ydym bob amser yn ein gweddïau yn diolch amdanoch i 3
Dduw, Tad ein Harglwydd Iesu Grist, oherwydd i ni glywed 4
am eich ffydd yng Nghrist Iesu, ac am y cariad sydd gennych
tuag at yr holl saint, deubeth sy'n tarddu o'r gobaith sydd 5
ynghadw yn y nefoedd i chwi. Clywsoch eisoes am y gobaith
hwn, yng ngair y gwirionedd, yr Efengyl sydd wedi dod atoch. 6
Y mae'r Efengyl yn dwyn ffrwyth ac yn cynyddu trwy'r holl
fyd, yn union fel y mae hefyd yn eich plith chwi, o'r dydd y
clywsoch am ras Duw a'i amgyffred mewn gwirionedd.
Dysgasoch hyn oddi wrth Epaffras, ein cydwas annwyl, sy'n 7
weinidog ffyddlon i Grist ar ein rhan, ac ef sydd wedi'n hysbysu 8
ni am eich cariad yn yr Ysbryd.

Person a Gwaith Crist

Oherwydd hyn, o'r dydd y clywsom hynny, nid ydym yn 9
peidio â gweddïo drosoch. Deisyf yr ydym ar i chwi gael eich
llenwi, trwy bob doethineb a deall ysbrydol, ag amgyffrediad
o ewyllys Duw, er mwyn i chwi fyw yn deilwng o'r Arglwydd 10
a rhyngu ei fodd yn gyfan gwbl, gan ddwyn ffrwyth mewn
gweithredoedd da o bob math, a chynyddu yn eich amgyffred-
iad o Dduw. Yr ydym yn deisyf ar i chwi gael eich grymuso â 11
phob grymuster, yn ôl nerth ei ogoniant ef, i ddyfalbarhau a
hirymaros yn llawen ym mhob dim, gan ddiolch i'r Tad, yr 12
hwn a'ch gwnaeth yn deilwng i gael cyfran o etifeddiaeth y
saint yn y goleuni. Gwaredodd ni o afael y tywyllwch, a'n 13
trosglwyddo i deyrnas ei annwyl Fab, yn yr hwn y mae i ni 14
brynedigaeth, sef maddeuant ein pechodau. Hwn yw delw'r 15
Duw anweledig, cyntafanedig yr holl greadigaeth; oherwydd 16

created everything in heaven and on earth, the seen and the unseen
things, including spiritual powers, lords, rulers, and authorities. God
created the whole universe through him and for him. [17]Christ existed
before all things, and in union with him all things have their proper
place. [18]He is the head of his body, the church; he is the source
of the body's life. He is the first-born Son, who was raised from
death, in order that he alone might have the first place in all things.
[19]For it was by God's own decision that the Son has in himself
the full nature of God. [20]Through the Son, then, God decided to
bring the whole universe back to himself. God made peace through
his Son's death on the cross and so brought back to himself all
things, both on earth and in heaven.

21 At one time you were far away from God and were his enemies
because of the evil things you did and thought. [22]But now, by means
of the physical death of his Son, God has made you his friends,
in order to bring you, holy, pure, and faultless, into his presence.
[23]You must, of course, continue faithful on a firm and sure foundation,
and must not allow yourselves to be shaken from the hope you
gained when you heard the gospel. It is of this gospel that I, Paul,
became a servant—this gospel which has been preached to everybody
in the world.

Paul's Work as a Servant of the Church

24 And now I am happy about my sufferings for you, for by means
of my physical sufferings I am helping to complete what still remains of
Christ's sufferings on behalf of his body, the church. [25]And I have
been made a servant of the church by God, who gave me this task to
perform for your good. It is the task of fully proclaiming his message,
[26]which is the secret he hid through all past ages from all mankind
but has now revealed to his people. [27]God's plan is to make known
his secret to his people, this rich and glorious secret which he has
for all peoples. And the secret is that Christ is in you, which means that
you will share in the glory of God. [28]So we preach Christ to everyone.
With all possible wisdom we warn and teach them in order to bring
each one into God's presence as a mature individual in union with
Christ. [29]To get this done I toil and struggle, using the mighty strength
which Christ supplies and which is at work in me.

2 Let me tell you how hard I have worked for you and for the
people in Laodicea and for all others who do not know me
personally. [2]I do this in order that they may be filled with courage
and may be drawn together in love, and so have the full wealth
of assurance which true understanding brings. In this way they will

ynddo ef y crewyd pob peth yn y nefoedd ac ar y ddaear,
pethau gweledig a phethau anweledig, gorseddau, arglwydd-
iaethau, tywysogaethau ac awdurdodau. Trwyddo ef ac er ei
fwyn ef y mae pob peth wedi ei greu. Y mae ef yn bod cyn pob 17
peth, ac ynddo ef y mae pob peth yn cydsefyll. Ef hefyd yw 18
pen y corff, sef yr eglwys. Ef yw'r dechrau, y cyntafanedig o
blith y meirw, i fod ei hun yn gyntaf ym mhob peth. Oherwydd 19
gwelodd Duw yn dda i'w holl gyflawnder breswylio ynddo ef, a 20
thrwyddo ef, ar ôl gwneud heddwch trwy ei farw aberthol ar y
groes, i gymodi pob peth ag ef ei hun, y pethau sydd ar y ddaear
a'r pethau sydd yn y nefoedd.

Yr oeddech chwithau ar un adeg wedi ymddieithrio, ac yn 21
elyniaethus eich meddwl, a'ch gweithredoedd yn ddrwg. Ond 22
yn awr fe'ch cymodwyd, yng nghorff ei gnawd ef trwy ei
farwolaeth, i gael eich cyflwyno'n sanctaidd a di-fai a digerydd
ger ei fron. Ond y mae'n rhaid i chwi barhau yn eich ffydd, yn 23
gadarn a diysgog, a pheidio â symud oddi wrth obaith yr
Efengyl a glywsoch. Dyma'r Efengyl a bregethwyd ym mhob
rhan o'r greadigaeth dan y nef, a'r Efengyl y deuthum i, Paul,
yn weinidog iddi.

Gweinidogaeth Paul i'r Eglwys

Yr wyf yn awr yn llawen yn fy nioddefiadau drosoch, ac yn 24
cwblhau yn fy nghnawd yr hyn sy'n ôl o gystuddiau Crist, er
mwyn ei gorff, sef yr eglwys. Fe ddeuthum i yn weinidog i'r 25
eglwys yn ôl yr oruchwyliaeth a roddodd Duw i mi er eich
mwyn chwi, i gyhoeddi gair Duw yn ei gyflawnder, sef y 26
dirgelwch a fu'n guddiedig ers oesoedd ac ers cenedlaethau,
ond sydd yn awr wedi ei amlygu i'w saint. Ewyllysiodd Duw 27
hysbysu iddynt hwy beth yw cyfoeth gogoniant y dirgelwch
hwn ymhlith y Cenhedloedd. Dyma'r dirgelwch: Crist ynoch
chwi, gobaith y gogoniant. Ei gyhoeddi ef yr ydym ni, gan 28
rybuddio pob dyn, a dysgu pob dyn ym mhob doethineb, er
mwyn cyflwyno pob dyn yn aeddfed yng Nghrist. I'r diben 29
hwn yr wyf yn llafurio ac yn ymdrechu trwy ei nerth ef, y nerth
sy'n gweithredu'n rymus ynof fi. Oherwydd yr wyf am i chwi **2**
wybod cymaint yw fy ymdrech drosoch chwi, a thros y rhai
sydd yn Laodicea, a phawb sydd heb fy ngweld wyneb yn
wyneb. Fy nod yw eu calonogi a'u clymu ynghyd mewn cariad, 2
iddynt gael holl gyfoeth y sicrwydd a ddaw yn sgil deall-
twriaeth, ac iddynt amgyffred dirgelwch Duw, sef Crist.

know God's secret, which is Christ himself.[c] 3 He is the key that
opens all the hidden treasures of God's wisdom and knowledge.
4 I tell you, then, do not let anyone deceive you with false arguments,
no matter how good they seem to be. 5 For even though I am absent
in body, yet I am with you in spirit, and I am glad as I see the
resolute firmness with which you stand together in your faith in
Christ.

Fullness of Life in Christ

6 Since you have accepted Christ Jesus as Lord, live in union
with him. 7 Keep your roots deep in him, build your lives on him,
and become stronger in your faith, as you were taught. And be
filled with thanksgiving.
8 See to it, then, that no one enslaves you by means of the worthless
deceit of human wisdom, which comes from the teachings handed
down by men and from the ruling spirits of the universe, and not
from Christ. 9 For the full content of divine nature lives in Christ,
in his humanity, 10 and you have been given full life in union with
him. He is supreme over every spiritual ruler and authority.
11 In union with Christ you were circumcised, not with the cir-
cumcision that is made by men, but with the circumcision made
by Christ, which consists of being freed from the power of this
sinful self. 12 For when you were baptized, you were buried with
Christ, and in baptism you were also raised with Christ through
your faith in the active power of God, who raised him from death.
13 You were at one time spiritually dead because of your sins and
because you were Gentiles without the Law. But God has now brought
you to life with Christ. God forgave us all our sins; 14 he cancelled
the unfavourable record of our debts with its binding rules and did
away with it completely by nailing it to the cross. 15 And on that
cross Christ freed himself from the power of the spiritual rulers
and authorities;[d] he made a public spectacle of them by leading
them as captives in his victory procession.
16 So let no one make rules about what you eat or drink or about
holy days or the New Moon Festival or the Sabbath. 17 All such
things are only a shadow of things in the future; the reality is Christ.
18 Do not allow yourselves to be condemned by anyone who claims
to be superior because of special visions and who insists on false
humility and the worship of angels. For no reason at all, such a

---

[c] God's secret, which is Christ himself; *some manuscripts have* God's secret; *others have* the secret of God the Father of Christ; *others have* the secret of the God and Father, and of Christ.

[d] Christ freed himself from the power of the spiritual rulers and authorities; *or* Christ stripped the spiritual rulers and authorities of their power.

Ynddo ef y mae holl drysorau doethineb a gwybodaeth yn 3
guddiedig. Yr wyf yn dweud hyn rhag i neb eich arwain ar 4
gyfeiliorn â'u hymadrodd twyllodrus. Oherwydd, er fy mod 5
yn absennol yn y cnawd, yr wyf gyda chwi yn yr ysbryd, yn
llawenhau wrth weld eich rhengoedd disgybledig a chadernid
eich ffydd yng Nghrist.

Cyflawnder Bywyd yng Nghrist

Felly, gan eich bod wedi derbyn Crist Iesu, yr Arglwydd, 6
dylech fyw ynddo ef. Cadwch eich gwreiddiau ynddo, gan 7
gael eich adeiladu ynddo, a'ch cadarnhau yn y ffydd fel y'ch
dysgwyd, a bod yn ddibrin eich diolch. Gwyliwch rhag i neb 8
eich cipio i gaethiwed drwy athroniaeth a gwag hudoliaeth yn
ôl traddodiad dynion, yn ôl ysbrydion elfennig y cyfanfyd, ac
nid yn ôl Crist. Oherwydd ynddo ef y mae holl gyflawnder y 9
Duwdod yn preswylio'n gorfforol, ac yr ydych chwithau wedi 10
eich dwyn i gyflawnder ynddo ef. Y mae ef yn ben ar bob
tywysogaeth ac awdurdod. Ynddo ef hefyd yr enwaedwyd 11
arnoch ag enwaediad nad yw o waith llaw, ond yn hytrach
o ddiosg cnawdolrwydd y corff; hwn yw enwaediad Crist.
Claddwyd chwi gydag ef yn eich bedydd, ac yn y bedydd hefyd 12
fe'ch cyfodwyd gydag ef drwy ffydd yn nerth Duw, yr hwn a'i
cyfododd ef oddi wrth y meirw. Ac er eich bod yn feirw o achos 13
eich camweddau a'ch cnawd dienwaededig, fe'ch gwnaeth chwi
yn fyw gydag ef. Y mae wedi maddau inni ein holl gamweddau,
ac wedi diddymu dogfen ein hymrwymiad i'r ordeiniadau oedd 14
yn ein gwneud yn ddyledwyr. Y mae wedi ei bwrw hi o'r
neilltu; fe'i hoeliodd ar y groes. Dinoethodd y tywysogaethau 15
a'r awdurdodau, a'u gwneud yn sioe gerbron y byd yng ngor-
ymdaith ei fuddugoliaeth arnynt ar y groes.

Peidiwch, felly, â chymryd eich barnu gan neb ynglŷn â 16
bwyta ac yfed, neu mewn perthynas â gŵyl neu newydd-loer
neu Saboth. Cysgod yw'r rhain o'r pethau sy'n dod; Crist 17
biau'r sylwedd. Peidiwch â chymryd eich gwahardd gan 18
ddyfarniad neb sydd â'i fryd ar ddiraddio'r hunan, ac ar addoli
angylion ar sail ei weledigaethau. Ei feddwl cnawdol sy'n peri
i ddyn felly ymchwyddo heb achos, ac nid oes ganddo afael ar y 19
pen. Ond oddi wrth y pen y mae'r holl gorff yn cael ei gynnal
a'i gydgysylltu trwy'r cymalau a'r gewynnau, ac felly yn prifio
â phrifiant sydd o Dduw.

person is all puffed up by his human way of thinking 19 and has
stopped holding on to Christ, who is the head of the body. Under
Christ's control the whole body is nourished and held together by
its joints and ligaments, and it grows as God wants it to grow.

Dying and Living with Christ

20 You have died with Christ and are set free from the ruling
spirits of the universe. Why, then, do you live as though you belonged
to this world? Why do you obey such rules as 21 "Don't handle
this," "Don't taste that," "Don't touch the other"? 22 All these refer
to things which become useless once they are used; they are only
man-made rules and teachings. 23 Of course such rules appear to
be based on wisdom in their forced worship of angels, and false
humility, and severe treatment of the body; but they have no real
value in controlling physical passions.

3 You have been raised to life with Christ, so set your hearts
on the things that are in heaven, where Christ sits on his throne
at the right-hand side of God. 2 Keep your minds fixed on things
there, not on things here on earth. 3 For you have died, and your
life is hidden with Christ in God. 4 Your real life is Christ and
when he appears, then you too will appear with him and share
his glory!

The Old Life and the New

5 You must put to death, then, the earthly desires at work in
you, such as sexual immorality, indecency, lust, evil passions, and
greed (for greed is a form of idolatry). 6 Because of such things God's
anger will come upon those who do not obey him.[e] 7 At one time
you yourselves used to live according to such desires, when your
life was dominated by them.

8 But now you must get rid of all these things: anger, passion,
and hateful feelings. No insults or obscene talk must ever come
from your lips. 9 Do not lie to one another, for you have taken
off the old self with its habits 10 and have put on the new self.
This is the new being which God, its Creator, is constantly renewing
in his own image, in order to bring you to a full knowledge of
himself. 11 As a result, there is no longer any distinction between
Gentiles and Jews, circumcised and uncircumcised, barbarians,
savages, slaves, and free men, but Christ is all, Christ is in all.

12 You are the people of God; he loved you and chose you for
his own. So then, you must clothe yourselves with compassion, kind-
ness, humility, gentleness, and patience. 13 Be tolerant with one another

---

[e] *Some manuscripts do not have* upon those who do not obey him.

Y Bywyd Newydd yng Nghrist

Os buoch farw gyda Christ i ysbrydion elfennig y cyfanfyd, 20
pam yr ydych, fel petaech yn byw o hyd yn y byd, yn ym-
ddarostwng i orchmynion: "Peidiwch â chyffwrdd", "Peid- 21
iwch â blasu", "Peidiwch â thrafod"—a hynny ynglŷn â 22
phethau sydd i gyd yn darfod wrth eu defnyddio? Dilyn
rheolau ac athrawiaethau dynion yr ydych. Y mae i'r fath 23
bethau enw doethineb, gyda'u crefydd wneud, eu hunan-
ddiraddiad, a'u triniaeth lem o'r corff. Ond nid ydynt o un-
rhyw werth i atal cnawdolrwydd.*

Felly, os cyfodwyd chwi gyda Christ, ceisiwch y pethau sydd **3**
uchod, lle y mae Crist yn eistedd ar ddeheulaw Duw. Rhowch 2
eich bryd ar y pethau sydd uchod, nid ar y pethau sydd ar y
ddaear. Oherwydd buoch farw, ac y mae eich bywyd wedi ei 3
guddio gyda Christ yn Nuw. Pan amlygir Crist, eich bywyd 4
chwi, yna fe gewch chwithau eich amlygu gydag ef mewn
gogoniant.

Rhowch i farwolaeth, felly, y rhannau hynny ohonoch sy'n 5
perthyn i'r ddaear: puteindra, amhurdeb, nwyd, blys, a
thrachwant, hynny yw, eilunaddoliaeth. O achos y pethau hyn 6
y mae digofaint Duw yn dod ar y rhai anufudd. Dyna oedd 7
eich ffordd chwithau o ymddwyn ar un adeg, pan oeddech yn
byw yn eu canol. Ond yn awr, rhowch heibio'r holl bethau 8
hyn: digofaint, llid, drygioni, cabledd a bryntni o'ch genau.
Peidiwch â dweud celwydd wrth eich gilydd, gan eich bod wedi 9
diosg yr hen natur ddynol, ynghyd â'i gweithredoedd, a gwisgo 10
amdanoch y natur ddynol newydd, sy'n cael ei hadnewyddu ar
ddelw ei Chreawdwr, i adnabod Duw. Nid oes yma y fath beth 11
â Groegwr ac Iddew, enwaediad a dienwaediad, barbariad,
Scythiad, caeth, rhydd; ond Crist yw pob peth, a Christ sydd
ym mhob peth.

Am hynny, fel etholedigion Duw, sanctaidd ac annwyl, 12
gwisgwch amdanoch dynerwch calon, tiriondeb, gostyngeidd-
rwydd, addfwynder ac amynedd. Goddefwch eich gilydd, a 13
maddeuwch i'ch gilydd os bydd gan rywun gŵyn yn erbyn
rhywun arall; fel y maddeuodd yr Arglwydd i chwi, felly
gwnewch chwithau. Tros y rhain i gyd gwisgwch gariad, sy'n 14

---

*adn. 23: neu *,nid oes iddynt unrhyw werth*; *porthi cnawdolrwydd y maent*.

and forgive one another whenever any of you has a complaint against
someone else. You must forgive one another just as the Lord has
forgiven you. 14 And to all these qualities add love, which binds
all things together in perfect unity. 15 The peace that Christ gives
is to guide you in the decisions you make; for it is to this peace
that God has called you together in the one body. And be thankful.
16 Christ's message in all its richness must live in your hearts. Teach
and instruct each other with all wisdom. Sing psalms, hymns, and
sacred songs; sing to God with thanksgiving in your hearts. 17 Every-
thing you do or say, then, should be done in the name of the Lord
Jesus, as you give thanks through him to God the Father.

Personal Relations in the New Life

18 Wives, submit to your husbands, for that is what you should do as Christians.

19 Husbands, love your wives and do not be harsh with them.

20 Children, it is your Christian duty to obey your parents always, for that is what pleases God.

21 Parents, do not irritate your children, or they will become discouraged.

22 Slaves, obey your human masters in all things, not only when
they are watching you because you want to gain their approval;
but do it with a sincere heart because of your reverence for the
Lord. 23 Whatever you do, work at it with all your heart, as though
you were working for the Lord and not for men. 24 Remember that
the Lord will give you as a reward what he has kept for his people.
For Christ is the real Master you serve. 25 And every wrongdoer
will be repaid for the wrong things he does, because God judges
everyone by the same standard.

4 Masters, be fair and just in the way you treat your slaves. Remember that you too have a Master in heaven.

Instructions

2 Be persistent in prayer, and keep alert as you pray, giving thanks to
God. 3 At the same time pray also for us, so that God will give
us a good opportunity to preach his message about the secret of
Christ. For that is why I am now in prison. 4 Pray, then, that I
may speak, as I should, in such a way as to make it clear.

5 Be wise in the way you act towards those who are not believers,
making good use of every opportunity you have. 6 Your speech should
always be pleasant and interesting, and you should know how to
give the right answer to everyone.

rhwymyn perffeithrwydd. Bydded i dangnefedd Crist lywod- 15
raethu yn eich calonnau; i hyn y cawsoch eich galw, yn un
corff. A byddwch yn ddiolchgar. Bydded i air Crist breswylio 16
ynoch yn ei gyfoeth. Dysgwch a rhybuddiwch eich gilydd gyda
phob doethineb. Â chalonnau diolchgar canwch i Dduw
salmau ac emynau a chaniadau ysbrydol. Beth bynnag yr 17
ydych yn ei wneud, ar air neu ar weithred, gwnewch bopeth
yn enw yr Arglwydd Iesu, gan roi diolch i Dduw, y Tad,
drwyddo ef.

Dyletswyddau Cymdeithasol y Bywyd Newydd

Chwi wragedd, byddwch ddarostyngedig i'ch gwŷr; hyn yw 18
eich dyletswydd fel pobl yr Arglwydd. Chwi wŷr, carwch eich 19
gwragedd, a pheidiwch â bod yn llym wrthynt.

Chwi blant, ufuddhewch i'ch rhieni ym mhob peth, oher- 20
wydd hyn sydd gymeradwy ym mhobl yr Arglwydd. Chwi 21
dadau, peidiwch â bod yn galed ar eich plant, rhag iddynt
ddigalonni.

Chwi gaethweision, ufuddhewch ym mhob peth i'ch meistri 22
daearol, nid ag esgus o wasanaeth fel rhai sy'n ceisio plesio
dynion, ond mewn unplygrwydd calon yn ofn yr Arglwydd.
Beth bynnag yr ydych yn ei wneud, gweithiwch â'ch holl galon, 23
fel i'r Arglwydd, ac nid i ddynion. Gwyddoch mai oddi wrth 24
yr Arglwydd y byddwch yn derbyn yr etifeddiaeth yn wobr.
Gwasanaethwch Grist, eich Meistr chwi. Oherwydd y dyn 25
sy'n gwneud cam fydd yn derbyn y cam yn ôl; nid oes ffafr-
iaeth. Chwi feistri, rhowch i'ch caethweision yr hyn sy'n **4**
gyfiawn a theg, gan wybod fod gennych chwithau hefyd Feistr
yn y nef.

Anogaethau

Parhewch i weddïo yn ddyfal, yn effro, ac yn ddiolchgar. 2
Gweddïwch yr un pryd drosom ninnau hefyd, ar i Dduw agor i 3
ni ddrws i'r gair, inni gael traethu dirgelwch Crist, y dirgelwch
yr wyf yn garcharor er ei fwyn. Gweddïwch ar i mi ei amlygu, 4
fel y mae'n ddyletswydd arnaf lefaru. Byddwch yn ddoeth eich 5
ymddygiad tuag at y rhai di-gred; daliwch ar eich cyfle.
Bydded eich gair bob amser yn rasol, wedi ei dymheru i chwi 6
fedru ateb pob dyn fel y dylid.

Final Greetings

7 Our dear brother Tychicus, who is a faithful worker and fellow-
servant in the Lord's work, will give you all the news about me.
8 That is why I am sending him to you, in order to cheer you up
by telling you how all of us are getting on. 9 With him goes Onesimus,
that dear and faithful brother, who belongs to your group. They
will tell you everything that is happening here.

10 Aristarchus, who is in prison with me, sends you greetings,
and so does Mark, the cousin of Barnabas. (You have already received
instructions to welcome Mark if he comes your way.) 11 Joshua, also
called Justus, sends greetings too. These three are the only Jewish
converts who work with me for the Kingdom of God, and they
have been a great help to me.

12 Greetings from Epaphras, another member of your group and
a servant of Christ Jesus. He always prays fervently for you, asking
God to make you stand firm, as mature and fully convinced Christians,
in complete obedience to God's will. 13 I can personally testify to
his hard work for you and for the people in Laodicea and Hierapolis.
14 Luke, our dear doctor, and Demas send you their greetings.

15 Give our best wishes to the brothers in Laodicea and to Nympha
and the church that meets in her house.[f] 16 After you read this letter,
make sure that it is read also in the church at Laodicea. At the
same time, you are to read the letter that the brothers in Laodicea
will send you. 17 And say to Archippus, "Be sure to finish the task
you were given in the Lord's service."

18 With my own hand I write this: *Greetings from Paul.* Do not
forget my chains!

May God's grace be with you.

---

[f] Nympha...her house; *some manuscripts have* Nymphas...his house.

Cyfarchion Terfynol

Fe gewch yr holl hanes amdanaf gan Tychicus, y brawd 7
annwyl a'r gweinidog ffyddlon, a'm cydwas yn yr Arglwydd.
Yr wyf yn ei anfon atoch yn unswydd i chwi gael gwybod am 8
ein hynt, ac er mwyn iddo ef eich calonogi. Daw Onesimus 9
gydag ef, y brawd ffyddlon ac annwyl, sy'n un ohonoch chwi.
Fe gewch yr holl hanes oddi yma ganddynt hwy.

Y mae Aristarchus, fy nghydgarcharor, yn eich cyfarch; a 10
Marc, cefnder Barnabas (cawsoch orchmynion ynglŷn ag ef:
os daw atoch, yr ydych i'w dderbyn); a Jesws, a elwir Jwstus. 11
Dyma'r unig gredinwyr Iddewig sy'n cydweithio â mi dros
deyrnas Dduw; a buont yn gysur mawr i mi. Y mae Epaffras, 12
sy'n un ohonoch, caethwas Crist Iesu, yn eich cyfarch. Y mae
ef bob amser yn gweddïo'n daer drosoch chwi, ar i chwi sefyll
yn gadarn, yn gredinwyr aeddfed, ac yn gwbl argyhoeddedig
ym mhob dim y mae Duw yn ei ewyllysio. Yr wyf yn tystio 13
amdano ei fod yn llafurio'n ddygn trosoch chwi, a thros y rhai
sydd yn Laodicea ac yn Hierapolis. Y mae Luc, y meddyg 14
annwyl, a Demas yn eich cyfarch. Cyfarchwch y brodyr yn 15
Laodicea, a Nymffa a'r eglwys sy'n ymgynnull yn ei thŷ. A 16
phan fydd y llythyr hwn wedi ei ddarllen yn eich plith chwi,
parwch iddo gael ei ddarllen hefyd yn eglwys y Laodiceaid.
Yr ydych chwithau hefyd i ddarllen y llythyr o Laodicea. A 17
dywedwch wrth Archipus, "Gofala dy fod yn cyflawni'r
gwasanaeth a ymddiriedodd yr Arglwydd i ti."

Y mae'r cyfarchiad hwn yn fy llaw i fy hun, Paul. Cofiwch 18
fy mod yng ngharchar. Gras fyddo gyda chwi!

PAUL'S FIRST LETTER TO THE

THESSALONIANS

1 From Paul, Silas, and Timothy—
To the people of the church in Thessalonica, who belong to
God the Father and the Lord Jesus Christ:
May grace and peace be yours.

The Life and Faith of the Thessalonians

2 We always thank God for you all and always mention you in
our prayers. 3 For we remember before our God and Father how
you put your faith into practice, how your love made you work
so hard, and how your hope in our Lord Jesus Christ is firm. 4 Our
brothers, we know that God loves you and has chosen you to be
his own. 5 For we brought the Good News to you, not with words
only, but also with power and the Holy Spirit, and with complete
conviction of its truth. You know how we lived when we were with
you; it was for your own good. 6 You imitated us and the Lord; and
even though you suffered much, you received the message with the joy
that comes from the Holy Spirit. 7 So you became an example to
all believers in Macedonia and Achaia. 8 For not only did the message
about the Lord go out from you throughout Macedonia and Achaia,
but the news about your faith in God has gone everywhere. There
is nothing, then, that we need to say. 9 All those people speak about
how you received us when we visited you, and how you turned
away from idols to God, to serve the true and living God 10 and
to wait for his Son to come from heaven—his Son Jesus, whom
he raised from death and who rescues us from God's anger that
is coming.

Paul's Work in Thessalonica

2 Our brothers, you yourselves know that our visit to you was
not a failure. 2 You know how we had already been ill-treated
and insulted in Philippi before we came to you in Thessalonica.

LLYTHYR CYNTAF PAUL AT Y

THESALONIAID

Cyfarch

Paul a Silfanus a Timotheus at eglwys y Thesaloniaid yn 1
Nuw, y Tad, a'r Arglwydd Iesu Grist. Gras a thangnefedd i
chwi.

Ffydd ac Esiampl y Thesaloniaid

Yr ydym yn diolch i Dduw bob amser amdanoch chwi oll, 2
gan eich galw i gof yn ein gweddïau, a chofio'n ddi-baid gerbron 3
ein Duw a'n Tad am weithgarwch eich ffydd, a llafur eich
cariad, a'r dyfalbarhad sy'n tarddu o'ch gobaith yn ein Har-
glwydd Iesu Grist. Gwyddom, frodyr annwyl gan Dduw, eich 4
bod chwi wedi eich ethol, oherwydd nid ar air yn unig y daeth 5
yr Efengyl yr ydym ni yn ei phregethu atoch, ond mewn nerth
hefyd, ac yn yr Ysbryd Glân, a chydag argyhoeddiad mawr.
Fe wyddoch chwithau hefyd pa fath ddynion oeddem ni yn
eich plith, ac er eich mwyn chwi. Daethoch chwi yn efelych- 6
wyr ohonom ni ac o'r Arglwydd, gan i chwi dderbyn y gair
mewn gorthrymder mawr, ynghyd â llawenydd yr Ysbryd Glân.
Felly daethoch yn esiampl i bawb o'r credinwyr ym Macedonia 7
ac yn Achaia. Canys oddi wrthych chwi yr atseiniodd gair yr 8
Arglwydd, ac nid ym Macedonia ac Achaia yn unig; y mae
eich ffydd chwi yn Nuw wedi mynd ar led ym mhob man, fel
nad oes angen i ni ddweud dim. Oherwydd y mae pobl 9
ohonynt eu hunain yn sôn amdanom, y fath dderbyniad a
gawsom i'ch plith, a'r modd y troesoch at Dduw oddi wrth
eilunod, i wasanaethu'r Duw byw a gwirioneddol, ac i ddis- 10
gwyl ei Fab o'r nefoedd, y Mab a gyfododd ef oddi wrth y
meirw, sef Iesu, yr un sydd yn ein gwaredu oddi wrth y digof-
aint sydd i dod.

Gweinidogaeth Paul yn Thesalonica

Fe wyddoch eich hunain, frodyr, na fu ein dyfodiad atoch yn 2
ofer. Yr oeddem eisoes wedi dioddef ac wedi cael ein sarhau, 2
fel y gwyddoch, yn Philipi, ond buom yn eofn trwy nerth ein

And even though there was much opposition, our God gave us courage
to tell you the Good News that comes from him. 3 Our appeal to
you is not based on error or impure motives, nor do we try to
trick anyone. 4 Instead, we always speak as God wants us to, because
he has judged us worthy to be entrusted with the Good News. We
do not try to please men, but to please God, who tests our motives.
5 You know very well that we did not come to you with flattering talk,
nor did we use words to cover up greed—God is our witness! 6 We did
not try to get praise from anyone, either from you or from others, 7 even
though as apostles of Christ we could have made demands on you. But
we were gentle when we were with you, like a mother[a] taking care of
her children. 8 Because of our love for you we were ready to share with
you not only the Good News from God but even our own lives.
You were so dear to us! 9 Surely you remember, our brothers, how
we worked and toiled! We worked day and night so that we would
not be any trouble to you as we preached to you the Good News
from God.

10 You are our witnesses, and so is God, that our conduct towards
you who believe was pure, right, and without fault. 11 You know
that we treated each one of you just as a father treats his own
children. 12 We encouraged you, we comforted you, and we kept
urging you to live the kind of life that pleases God, who calls you
to share in his own Kingdom and glory.

13 And there is another reason why we always give thanks to
God. When we brought you God's message, you heard it and accepted
it, not as man's message but as God's message, which indeed it
is. For God is at work in you who believe. 14 Our brothers, the
same things happened to you that happened to the churches of God
in Judaea, to the people there who belong to Christ Jesus. You
suffered the same persecutions from your own countrymen that they
suffered from the Jews, 15 who killed the Lord Jesus and the prophets,
and persecuted us. How displeasing they are to God! How hostile
they are to everyone! 16 They even tried to stop us from preaching
to the Gentiles the message that would bring them salvation. In
this way they have completed the full total of the sins they have
always committed. And now God's anger has at last come down
on them!

---

[a] we were gentle when we were with you, like a mother; *some manuscripts have* we were like children when we were with you; we were like a mother.

Duw i draethu i chwi Efengyl Duw, er mor galed oedd y
frwydr. Oherwydd nid yw ein hapêl ni yn codi o gyfeiliornad, 3
na chwaith o amhurdeb, ac nid oes ynddi dwyll; yn hytrach, 4
fel y cawsom ein profi'n gymeradwy gan Dduw i gael ymddir-
ied yr Efengyl inni, yr ydym yn llefaru fel rhai sy'n boddhau,
nid dynion, ond Duw, yr hwn sy'n profi ein calonnau. Oher- 5
wydd, fel y gwyddoch, ni buom un amser yn arfer geiriau
gweniaith, na chwaith esgus dros drachwant—fel y mae Duw'n
dyst. Ac nid oeddem yn ceisio gogoniant gan ddynion, gen- 6
nych chwi na neb arall, er y gallasem, fel apostolion Crist, fod 7
yn ddynion o bwys. Ond buom yn addfwyn yn eich plith, fel
mamaeth yn meithrin ei phlant ei hun. Felly, yn ein hoffter 8
ohonoch, yr oedd yn dda gennym gyfrannu i chwi, nid yn unig
Efengyl Duw, ond nyni ein hunain hefyd, gan i chwi ddod yn
annwyl gennym. Oherwydd yr ydych yn cofio, frodyr, am ein 9
llafur a'n lludded; yr oeddem yn gweithio nos a dydd, rhag
bod yn faich ar neb ohonoch, wrth bregethu Efengyl Duw i
chwi. Yr ydych chwi yn dystion, a Duw yn dyst hefyd, mor 10
sanctaidd a chyfiawn a di-fai y bu ein hymddygiad tuag atoch
chwi sy'n credu. A'r un modd, fe wyddoch inni fod i bob un 11
ohonoch fel tad i'w blant, gan apelio atoch, trwy eich annog 12
a'ch rhybuddio i fyw yn deilwng o'r Duw sydd yn eich galw
i'w deyrnas a'i ogoniant ei hun.

Yr ydym ni yn diolch i Dduw yn ddi-baid ar gyfrif hyn 13
hefyd: eich bod chwi, wrth dderbyn gair Duw fel y clywsoch
ef gennym ni, wedi ei groesawu, nid fel gair dynion, ond fel yr
hyn ydyw mewn gwirionedd, sef gair Duw, sydd hefyd ar
waith ynoch chwi sy'n gredinwyr. Canys daethoch chwi, 14
frodyr, i efelychu eglwysi Duw yng Nghrist Iesu sydd yn
Jwdea, oherwydd yr ydych chwi wedi dioddef yr un pethau yn
union oddi ar law eich cydwladwyr ag y maent hwythau oddi
ar law yr Iddewon, y bobl a laddodd yr Arglwydd Iesu, a hefyd 15
y proffwydi,* ac a'n herlidiodd ni. Nid ydynt yn boddhau Duw,
ac y maent yn elyniaethus i bob dyn, gan eu bod yn ein 16
rhwystro ni rhag llefaru i'r Cenhedloedd er mwyn iddynt gael
eu hachub. Felly y maent bob amser yn cyflenwi mesur eu
pechodau. Ond y mae'r digofaint wedi dod arnynt o'r diwedd.*

---

*adn. 15: yn ôl darlleniad arall, *a'u proffwydi eu hunain.*

*adn. 16: neu, *yn derfynol*; neu, *am byth.*

Paul's Desire to Visit Them Again

17 As for us, brothers, when we were separated from you for a
little while—not in our thoughts, of course, but only in body—how
we missed you and how hard we tried to see you again! 18 We
wanted to return to you. I myself tried to go back more than once,
but Satan would not let us. 19 After all, it is you—you, no less than
others!—who are our hope, our joy, and our reason for boasting
of our victory in the presence of our Lord Jesus when he comes.
20 Indeed, you are our pride and our joy!

3 Finally, we could not bear it any longer. So we decided to
stay on alone in Athens 2 while we sent Timothy, our brother
who works with us for God in preaching the Good News about
Christ. We sent him to strengthen you and help your faith, 3 so
that none of you should turn back because of these persecutions.
You yourselves know that such persecutions are part of God's will
for us. 4 For while we were still with you, we told you beforehand
that we were going to be persecuted; and as you well know, that
is exactly what happened. 5 That is why I had to send Timothy.
I could not bear it any longer, so I sent him to find out about your
faith. Surely it could not be that the Devil had tempted you and all
our work had been for nothing!

6 Now Timothy has come back, and he has brought us the welcome
news about your faith and love. He has told us that you always
think well of us and that you want to see us just as much as we
want to see you. 7 So, in all our trouble and suffering we have been
encouraged about you, brothers. It was your faith that encouraged
us, 8 because now we really live if you stand firm in your life in
union with the Lord. 9 Now we can give thanks to our God for
you. We thank him for the joy we have in his presence because
of you. 10 Day and night we ask him with all our heart to let us
see you personally and supply what is needed in your faith.

11 May our God and Father himself and our Lord Jesus prepare
the way for us to come to you! 12 May the Lord make your love
for one another and for all people grow more and more and become
as great as our love for you. 13 In this way he will strengthen you,

Awydd Paul i Ymweld eto â'r Eglwys

Pan oeddem ni, frodyr, wedi ein gwneud yn amddifad, o'ch 17
colli chwi dros ychydig amser, o ran golwg ond nid o ran y
galon, aethom yn fwy eiddgar, ac yn angerddol ein dymuniad
am eich gweld. Oherwydd buom yn awyddus i ddod atoch— 18
myfi, Paul, dro ar ôl tro—ond rhwystrodd Satan ni. Canys pwy 19
yw ein gobaith a'n llawenydd, a'r goron yr ymffrostiwn ynddi
gerbron ein Harglwydd Iesu ar ei ddyfodiad, pwy ond chwi
eich hunain? Ie, chwi yw ein gogoniant a'n llawenydd. 20

Felly, pan na allem ymgynnal yn hwy, buom yn fodlon aros **3**
yn Athen ar ein pen ein hunain, ac anfon Timotheus, ein 2
brawd a chydweithiwr Duw* yn Efengyl Crist, i'ch cadarnhau
a'ch calonogi chwi yn eich ffydd, rhag i neb eich siglo yn y 3
gorthrymderau hyn. Oherwydd fe wyddoch eich hunain mai i
hyn yr arfaethwyd ni; yn wir, pan oeddem gyda chwi, rhag- 4
fynegasom i chwi y byddai i ni ddioddef gorthrymder; ac felly
y bu, fel y gwyddoch. Am hynny, gan na allwn ymgynnal yn 5
hwy, mi anfonais i gael gwybod am eich ffydd chwi, rhag ofn i'r
temtiwr rywsut fod wedi eich temtio, ac i'n llafur ni fynd yn
ofer.

Ond y mae Timotheus newydd ddod atom oddi wrthych, a 6
rhoi newyddion da i ni ynglŷn â'ch ffydd a'ch cariad chwi. Y
mae'n dweud fod gennych goffa da amdanom bob amser, a'ch
bod yn hiraethu cymaint am ein gweld ni ag yr ydym ninnau
am eich gweld chwi. Am hynny cawsom ni, frodyr, yn ein holl 7
angen a'n gorthrymder, ein calonogi ynglŷn â chwi, ar gyfrif
eich ffydd, oherwydd os ydych chwi yn awr yn sefyll yn 8
gadarn yn yr Arglwydd, y mae hynny'n rhoi bywyd i ni. Pa 9
ddiolch a allwn ei dalu i Dduw amdanoch chwi, am yr holl
lawenydd yr ydym yn ei deimlo o'ch plegid gerbron ein Duw?
Yr ydym yn deisyf yn angerddol, nos a dydd, am gael gweld 10
eich wyneb a chyflenwi diffygion eich ffydd.

Bydded i'n Duw a'n Tad ei hun, a'n Harglwydd Iesu, 11
gyfeirio ein ffordd yn syth atoch! A chwithau, bydded i'r 12
Arglwydd beri i chwi gynyddu, a rhagori mewn cariad tuag at
eich gilydd a thuag at bawb, fel yr ydym ni tuag atoch chwi, i 13

---

*adn. 2: neu, *a'n cydweithiwr dros Dduw.* Yn ôl darlleniad arall, *a'n cydweithiwr.*

and you will be perfect and holy in the presence of our God and Father when our Lord Jesus comes with all who belong to him.[b]

A Life that Pleases God

4 Finally, our brothers, you learnt from us how you should live in order to please God. This is, of course, how you have been living. And now we beg and urge you in the name of the Lord Jesus to do even more. 2 For you know the instructions we gave you by the authority of the Lord Jesus. 3 God wants you to be holy and completely free from sexual immorality. 4 Each of you men should know how to live with his wife[c] in a holy and honourable way, 5 not with a lustful desire, like the heathen who do not know God. 6 In this matter, then, no man should do wrong to his fellow-Christian or take advantage of him. We have told you this before, and we strongly warned you that the Lord will punish those who do that. 7 God did not call us to live in immorality, but in holiness. 8 So then, whoever rejects this teaching is not rejecting man, but God, who gives you his Holy Spirit.

9 There is no need to write to you about love for your fellow-believers. You yourselves have been taught by God how you should love one another. 10 And you have, in fact, behaved like this towards all the brothers in all Macedonia. So we beg you, our brothers, to do even more. 11 Make it your aim to live a quiet life, to mind your own business, and to earn your own living, just as we told you before. 12 In this way you will win the respect of those who are not believers, and you will not have to depend on anyone for what you need.

The Lord's Coming

13 Our brothers, we want you to know the truth about those who have died, so that you will not be sad, as are those who have no hope. 14 We believe that Jesus died and rose again, and so we believe that God will take back with Jesus those who have died believing in him.

---

[b] all who belong to him; *or* all his angels.
[c] live with his wife; *or* control his body.

gadarnhau eich calonnau, fel y byddwch yn ddi-fai mewn sancteiddrwydd gerbron ein Duw a'n Tad yn nyfodiad ein Harglwydd Iesu gyda'i holl saint!

Byw i Foddhau Duw

Bellach, frodyr, fel y cawsoch eich hyfforddi gennym ni pa **4**
fodd y dylech fyw er mwyn boddhau Duw (ac felly, yn wir, yr
ydych yn byw), yr ydym yn gofyn ichwi, ac yn deisyf arnoch
yn yr Arglwydd Iesu, ragori fwyfwy. Oherwydd gwyddoch pa 2
gyfarwyddyd a roddasom i chwi oddi wrth yr Arglwydd Iesu.
Oherwydd hyn yw ewyllys Duw, i chwi fod yn sanctaidd: yr 3
ydych i ymgadw oddi wrth odineb; y mae pob un ohonoch i 4
wybod sut i gadw ei gorff ei hun* mewn sancteiddrwydd a
pharch, ac nid yn nwyd trachwant, fel y paganiaid nad ydynt 5
yn adnabod Duw; nid yw neb i gam-drin ei frawd, na manteisio 6
arno yn y peth hwn, oherwydd, fel y dywedasom wrthych o'r
blaen, a'ch rhybuddio, y mae'r Arglwydd yn dial am yr holl
bethau hyn. Canys galwodd Duw ni, nid i amhurdeb, ond i 7
sancteiddrwydd. Gan hynny, y mae'r sawl sydd yn diystyru 8
hyn yn diystyru, nid dyn, ond Duw, yr hwn sy'n rhoi ei Ysbryd
Glân i chwi.

Ynglŷn â chariad brawdol, nid oes arnoch angen i neb ysgrif- 9
ennu atoch; oherwydd yr ydych chwi eich hunain wedi eich
dysgu gan Dduw i garu eich gilydd. Ac yn wir, yr ydych yn 10
gwneud hyn i bawb o'r brodyr trwy Facedonia gyfan; ond yr
ydym yn eich annog, frodyr, i ragori fwyfwy: i roi eich bryd ar 11
fyw yn dawel, a dilyn eich gorchwylion eich hunain, a gweithio
â'ch dwylo, fel y gorchmynasom i chwi. Felly byddwch yn 12
ymddwyn yn weddaidd yng ngolwg y rhai sydd y tu allan, ac
ni fydd angen dim arnoch.

Dyfodiad yr Arglwydd

Yr ydym am i chwi wybod, frodyr, am y rhai sydd yn huno, 13
rhag i chwi fod yn drallodus, fel y rhelyw sydd heb ddim
gobaith. Os ydym yn credu i Iesu farw ac atgyfodi, felly hefyd 14
bydd Duw, gydag ef, yn dod â'r rhai a hunodd drwy Iesu.

---

*adn. 4: neu, *sut i gymryd ei wraig ei hun.*

15 What we are teaching you now is the Lord's teaching: we who
are alive on the day the Lord comes will not go ahead of those
who have died. 16 There will be the shout of command, the archangel's
voice, the sound of God's trumpet, and the Lord himself will come
down from heaven. Those who have died believing in Christ will
rise to life first; 17 then we who are living at that time will be gathered
up along with them in the clouds to meet the Lord in the air. And
so we will always be with the Lord. 18 So then, encourage one another
with these words.

Be Ready for the Lord's Coming

5 There is no need to write to you, brothers, about the times
and occasions when these things will happen. 2 For you yourselves
know very well that the Day of the Lord will come as a thief comes
at night. 3 When people say, "Everything is quiet and safe," then
suddenly destruction will hit them! It will come as suddenly as the
pains that come upon a woman in labour, and people will not escape.
4 But you, brothers, are not in the darkness, and the Day should
not take you by surprise like a thief. 5 All of you are people who
belong to the light, who belong to the day. We do not belong to
the night or to the darkness. 6 So then, we should not be sleeping
like the others; we should be awake and sober. 7 It is at night that
people sleep; it is at night that they get drunk. 8 But we belong
to the day, and we should be sober. We must wear faith and love
as a breastplate, and our hope of salvation as a helmet. 9 God did
not choose us to suffer his anger, but to possess salvation through our
Lord Jesus Christ, 10 who died for us in order that we might live
together with him, whether we are alive or dead when he comes.
11 And so encourage one another and help one another, just as you
are now doing.

Final Instructions and Greetings

12 We beg you, our brothers, to pay proper respect to those who
work among you, who guide and instruct you in the Christian life.
13 Treat them with the greatest respect and love because of the work
they do. Be at peace among yourselves.

14 We urge you, our brothers, to warn the idle, encourage the
timid, help the weak, be patient with everyone. 15 See that no one

Hyn yr ydym yn ei ddweud wrthych ar air yr Arglwydd: ni 15
fyddwn ni, y rhai byw a adewir hyd ddyfodiad yr Arglwydd,
yn rhagflaenu dim ar y rhai sydd wedi huno. Oherwydd, 16
pan floeddir y gorchymyn, pan fydd yr archangel yn galw
ac utgorn Duw yn seinio, bydd yr Arglwydd ei hun yn
disgyn o'r nef; bydd y meirw yng Nghrist yn cyfodi yn
gyntaf, ac yna byddwn ni, y rhai byw a fydd wedi eu 17
gadael, yn cael ein cipio i fyny gyda hwy yn y cymylau, i
gyfarfod â'r Arglwydd yn yr awyr; ac felly byddwn gyda'r
Arglwydd yn barhaus. Calonogwch eich gilydd, felly, â'r 18
geiriau hyn.

Ynglŷn â'r amseroedd a'r prydiau, frodyr, nid oes arnoch **5**
angen i neb ysgrifennu atoch. Oherwydd fe wyddoch eich 2
hunain o'r gorau mai fel lleidr yn y nos y daw Dydd yr
Arglwydd. Pan fydd dynion yn dweud, " Dyma dangnefedd a 3
diogelwch", dyna'r pryd y daw dinistr disymwth ar eu gwarthaf
fel gwewyr esgor ar wraig feichiog, ac ni fydd dim dianc iddynt.
Ond nid ydych chwi, frodyr, mewn tywyllwch, i'r Dydd eich 4
goddiweddyd fel lleidr; pobl y goleuni, pobl y dydd, ydych 5
chwi oll. Nid ydym yn perthyn i'r nos nac i'r tywyllwch. Am 6
hynny, rhaid inni beidio â chysgu, fel y rhelyw, ond bod yn
effro a sobr. Y rhai sydd yn cysgu, yn y nos y maent yn cysgu, 7
a'r rhai sydd yn meddwi, yn y nos y maent yn meddwi. Ond 8
gan ein bod ni'n perthyn i'r dydd, gadewch inni fod yn sobr,
gan wisgo amdanom ffydd a chariad yn ddwyfronneg, a gobaith
iachawdwriaeth yn helm. Oherwydd nid i ddigofaint y bwriad- 9
odd Duw ni, ond i feddu iachawdwriaeth drwy ein Harglwydd
Iesu Grist, yr hwn a fu farw drosom, er mwyn inni gael byw 10
gydag ef, prun bynnag ai yn effro ai yn cysgu y byddwn. Am 11
hynny, calonogwch eich gilydd, ac adeiladwch bob un ei gilydd
—fel, yn wir, yr ydych yn gwneud.

Anogaethau Terfynol a Chyfarchion

Yr ydym yn gofyn i chwi, frodyr, barchu'r rhai sydd yn 12
llafurio yn eich plith, yn arweinwyr arnoch yn yr Arglwydd,
ac yn eich cynghori, a synio'n uchel iawn amdanynt mewn 13
cariad, ar gyfrif eu gwaith. Byddwch yn heddychlon yn eich
plith eich hunain. Ac yr ydym yn eich annog, frodyr, cerydd- 14
wch y segurwyr, cysurwch y gwan-galon, cynorthwywch y rhai

pays back wrong for wrong, but at all times make it your aim to
do good to one another and to all people.
16 Be joyful always, [17]pray at all times, [18]be thankful in all cir-
cumstances. This is what God wants from you in your life in union with
Christ Jesus.
19 Do not restrain the Holy Spirit; [20]do not despise inspired mess-
ages. [21]Put all things to the test: keep what is good [22]and avoid
every kind of evil.
23 May the God who gives us peace make you holy in every
way and keep your whole being—spirit, soul, and body—free from
every fault at the coming of our Lord Jesus Christ. [24]He who calls
you will do it, because he is faithful.
25 Pray also for us, brothers.
26 Greet all the believers with a brotherly kiss.
27 I urge you by the authority of the Lord to read this letter
to all the believers.
28 The grace of our Lord Jesus Christ be with you.

eiddil, byddwch yn amyneddgar wrth bawb. Gwyliwch na 15
fydd neb yn talu drwg am ddrwg i neb, ond ceisiwch bob amser
les eich gilydd a lles pawb.

Llawenhewch bob amser. Gweddïwch yn ddi-baid. Ym 16,17,18
mhob dim rhowch ddiolch, oherwydd hyn yw ewyllys Duw
yng Nghrist Iesu i chwi. Peidiwch â diffodd yr Ysbryd; 19
peidiwch â dirmygu proffwydoliaethau. Ond rhowch brawf ar 20,21
bob peth, a glynwch wrth yr hyn sydd dda. Ymgadwch rhag 22
pob math o ddrygioni.

Bydded i Dduw'r tangnefedd ei hun eich sancteiddio chwi 23
yn gyfan gwbl, a chadw eich ysbryd a'ch enaid a'ch corff yn
gwbl iach a di-fai hyd ddyfodiad ein Harglwydd Iesu Grist!
Y mae'r hwn sy'n eich galw yn ffyddlon, ac fe gyflawna ef hyn. 24

Frodyr, gweddïwch drosom ninnau. 25

Cyfarchwch y brodyr i gyd â chusan sanctaidd. Yn enw'r 26,27
Arglwydd, parwch ddarllen y llythyr hwn i'r holl frodyr.

Gras ein Harglwydd Iesu Grist fyddo gyda chwi! 28

PAUL'S SECOND LETTER TO THE

THESSALONIANS

1 From Paul, Silas, and Timothy—
To the people of the church in Thessalonica, who belong to
God our Father and the Lord Jesus Christ:
2 May God our Father and the Lord Jesus Christ give you grace
and peace.

The Judgement at Christ's Coming

3 Our brothers, we must thank God at all times for you. It is
right for us to do so, because your faith is growing so much and
the love each of you has for the others is becoming greater. 4 That
is why we ourselves boast about you in the churches of God. We
boast about the way you continue to endure and believe through
all the persecutions and sufferings you are experiencing.
5 All of this proves that God's judgement is just and as a result
you will become worthy of his Kingdom, for which you are suffering.
6 God will do what is right: he will bring suffering on those who
make you suffer, 7 and he will give relief to you who suffer and
to us as well. He will do this when the Lord Jesus appears from
heaven with his mighty angels, 8 with a flaming fire, to punish those
who reject God and who do not obey the Good News about our
Lord Jesus. 9 They will suffer the punishment of eternal destruction,
separated from the presence of the Lord and from his glorious might,
10 when he comes on that Day to receive glory from all his people
and honour from all who believe. You too will be among them,
because you have believed the message that we told you.
11 That is why we always pray for you. We ask our God to make
you worthy of the life he has called you to live. May he fulfil by
his power all your desire for goodness and complete your work
of faith. 12 In this way the name of our Lord Jesus will receive
glory from you, and you from him, by the grace of our God and
of the Lord[a] Jesus Christ.

The Wicked One

2 Concerning the coming of our Lord Jesus Christ and our being
gathered together to be with him: I beg you, my brothers, 2 not
to be so easily confused in your thinking or upset by the claim

---

[a] our God and of the Lord; *or* our God and Lord.

AIL LYTHYR PAUL AT Y

THESALONIAID

Cyfarch

Paul a Silfanus a Timotheus at eglwys y Thesaloniaid yn **1**
Nuw, ein Tad, a'r Arglwydd Iesu Grist. Gras a thangnefedd i 2
chwi oddi wrth Dduw, y Tad, a'r Arglwydd Iesu Grist.

Y Farn yn Nyfodiad Crist

Dylem ddiolch i Dduw bob amser amdanoch chwi, frodyr, 3
fel y mae'n weddus, am fod eich ffydd yn cynyddu'n ddirfawr,
a chariad pob un ohonoch tuag at ei gilydd yn dyfnhau, nes ein 4
bod ninnau yn ymffrostio ynoch ymysg eglwysi Duw, o achos
eich dyfalbarhad a'ch ffydd dan yr holl erledigaethau a'r
gorthrymderau yr ydych yn eu dioddef. Y mae hyn yn brawf o 5
farn gyfiawn Duw, fel y cewch eich cyfrif yn deilwng o deyrnas
Dduw, y deyrnas, yn wir, yr ydych yn dioddef er ei mwyn. Cyf- 6
iawn ar ran Duw, yn sicr, yw talu gorthrymder yn ôl i'r rhai sydd
yn eich gorthrymu chwi, a rhoi esmwythâd i chwi sy'n cael eich 7
gorthrymu, ac i ninnau hefyd, pan ddatguddir yr Arglwydd Iesu
o'r nef gyda'i angylion nerthol. Fe ddaw mewn fflamau tân, gan 8
ddial ar y rhai nad ydynt yn adnabod Duw a'r rhai nad ydynt yn
ufuddhau i Efengyl ein Harglwydd Iesu. Dyma'r rhai fydd yn 9
dioddef dinistr bythol yn gosb, wedi eu cau allan o bresenoldeb
yr Arglwydd ac o ogoniant ei nerth ef, pan ddaw, yn y Dydd 10
hwnnw, i'w ogoneddu gan ei saint ac i fod yn destun rhyfeddod
gan bawb a gredodd; oherwydd y mae'r dystiolaeth a gyhoedd-
wyd gennym ni i chwi wedi ei chredu. I'r diben hwn hefyd yr 11
ydym bob amser yn gweddïo drosoch chwi, ar i'n Duw ni eich
cyfrif yn deilwng o'i alwad, a chyflawni trwy ei nerth bob
awydd am ddaioni a phob gweithred o ffydd, fel y bydd enw 12
ein Harglwydd Iesu yn cael ei ogoneddu ynoch chwi, a chwithau
ynddo yntau, yn ôl gras ein Duw a'r Arglwydd Iesu Grist.

Y Dyn Anghyfraith

Ynglŷn â dyfodiad ein Harglwydd Iesu Grist, a'n cyd- **2**
gynnull ni ato ef, yr wyf yn deisyf arnoch, frodyr, beidio â 2
chymryd eich ysgwyd yn ddisymwth allan o'ch pwyll, na'ch

that the Day of the Lord has come. Perhaps it is thought that we
said this while prophesying or preaching, or that we wrote it in
a letter. [3]Do not let anyone deceive you in any way. For the Day
will not come until the final Rebellion takes place and the Wicked
One appears, who is destined for hell. [4]He will oppose every so-called
god or object of worship and will put himself above them all. He
will even go in and sit down in God's Temple and claim to be
God.

5 Don't you remember? I told you all this while I was with you.
[6]Yet there is something that keeps this from happening now, and
you know what it is. At the proper time, then, the Wicked One
will appear. [7]The Mysterious Wickedness is already at work, but
what is going to happen will not happen until the one who holds
it back is taken out of the way. [8]Then the Wicked One will be
revealed, but when the Lord Jesus comes, he will kill him with
the breath from his mouth and destroy him with his dazzling presence.
[9]The Wicked One will come with the power of Satan and perform
all kinds of false miracles and wonders, [10]and use every kind of
wicked deceit on those who will perish. They will perish because they
did not welcome and love the truth so as to be saved. [11]And so God
sends the power of error to work in them so that they believe what is
false. [12]The result is that all who have not believed the truth, but
have taken pleasure in sin, will be condemned.

You Are Chosen for Salvation

13 We must thank God at all times for you, brothers, you whom
the Lord loves. For God chose you as the first[b] to be saved by
the Spirit's power to make you his holy people and by your faith
in the truth. [14]God called you to this through the Good News we
preached to you; he called you to possess your share of the glory
of our Lord Jesus Christ. [15]So then, our brothers, stand firm and
hold on to those truths which we taught you, both in our preaching
and in our letter.

16 May our Lord Jesus Christ himself and God our Father, who
loved us and in his grace gave us unfailing courage and a firm
hope, [17]encourage you and strengthen you to always do and say
what is good.

---

[b]as the first; *some manuscripts have* from the beginning.

cynhyrfu gan ddatganiad ysbryd, neu air, neu lythyr yn honni
ei fod oddi wrthym ni, i'r perwyl fod Dydd yr Arglwydd eisoes
wedi dod. Peidiwch â chymryd eich twyllo gan neb mewn 3
unrhyw fodd; oherwydd ni ddaw'r Dydd hwnnw nes i'r
gwrthgiliad ddod yn gyntaf, ac i'r dyn anghyfraith,* mab
colledigaeth, gael ei ddatguddio. Dyma'r gwrthwynebydd sy'n 4
ymddyrchafu yn erbyn pob un a elwir yn dduw neu sy'n
wrthrych addoliad, nes eistedd ei hunan yn nheml Duw, gan
gyhoeddi ei fod ef ei hun yn dduw. Onid ydych yn cofio fy 5
mod wedi dweud hyn wrthych pan oeddwn eto gyda chwi?
Ac yn awr, gwyddoch am yr hyn sydd yn ei ddal yn ôl er mwyn 6
sicrhau mai yn ei briod amser y datguddir ef. Oherwydd y 7
mae grym dirgelwch anghyfraith eisoes ar waith, eithr dim ond
nes y bydd yr hwn sydd yn awr yn ei ddal yn ôl wedi ei symud
o'r ffordd. Ac yna fe ddatguddir y dyn anghyfraith, a bydd yr 8
Arglwydd Iesu yn ei ladd ag anadl ei enau, a'i ddiddymu trwy
ysblander ei ddyfodiad. Bydd dyfodiad y dyn anghyfraith yn 9
digwydd trwy weithrediad Satan; fe'i nodweddir gan bob math
o nerth ac arwyddion a rhyfeddodau gau, a chan bob twyll 10
anghyfiawn, i ddrygu'r rhai sydd ar lwybr colledigaeth am
iddynt beidio â derbyn cariad at y gwirionedd a chael eu
hachub. Oherwydd hyn y mae Duw yn anfon arnynt dwyll, 11
i beri iddynt gredu celwydd, ac felly bydd pawb sydd heb 12
gredu'r gwirionedd, ond wedi ymhyfrydu mewn anghyfiawn-
der, yn cael eu barnu.

Wedi Eich Dewis i Iachawdwriaeth

Ond fe ddylem ni ddiolch i Dduw bob amser amdanoch chwi, 13
frodyr annwyl gan yr Arglwydd, am i Dduw eich dewis chwi
fel y rhai cyntaf i brofi* iachawdwriaeth trwy gael eich sanc-
teiddio gan yr Ysbryd a thrwy gredu'r gwirionedd. I hyn y 14
galwodd ef chwi, trwy'r Efengyl yr ydym ni yn ei phregethu, i
feddiannu gogoniant ein Harglwydd Iesu Grist. Am hynny, 15
frodyr, safwch yn gadarn, a glynwch wrth y traddodiadau yr
ydych wedi eu dysgu gennym ni, naill ai ar air neu trwy lythyr.
A bydded i'n Harglwydd Iesu Grist ei hun a Duw, ein Tad, yr 16
hwn sydd wedi ein caru ac wedi rhoi i ni ddiddanwch bythol a
gobaith da trwy ras, ddiddanu eich calonnau a'ch cadarnhau 17
ym mhob gweithred a gair da!

---

*adn. 3: yn ôl darlleniad arall, *pechod.*

*adn. 13: yn ôl darlleniad arall, *eich dewis chwi o'r dechreuad i.*

Pray for Us

3 Finally, our brothers, pray for us, that the Lord's message may
continue to spread rapidly and be received with honour, just
as it was among you. [2] Pray also that God will rescue us from wicked
and evil people; for not everyone believes the message.

3 But the Lord is faithful, and he will strengthen you and keep
you safe from the Evil One. [4] And the Lord gives us confidence
in you, and we are sure that you are doing and will continue to
do what we tell you.

5 May the Lord lead you into a greater understanding of God's
love and the endurance that is given by Christ.

The Obligation to Work

6 Our brothers, we command you in the name of our Lord Jesus
Christ to keep away from all brothers who are living a lazy life
and who do not follow the instructions that we gave them. [7] You
yourselves know very well that you should do just what we did.
We were not lazy when we were with you. [8] We did not accept
anyone's support without paying for it. Instead, we worked and toiled;
we kept working day and night so as not to be an expense to any
of you. [9] We did this, not because we have no right to demand
our support; we did it to be an example for you to follow. [10] While
we were with you, we used to say to you, "Whoever refuses to
work is not allowed to eat."

11 We say this because we hear that there are some people among
you who live lazy lives and who do nothing except meddle in other
people's business. [12] In the name of the Lord Jesus Christ we command
these people and warn them to lead orderly lives and work to earn
their own living.

13 But you, brothers, must not get tired of doing good. [14] It may be
that someone there will not obey the message we send you in this letter.
If so, take note of him and have nothing to do with him, so that
he will be ashamed. [15] But do not treat him as an enemy; instead, warn
him as a brother.

Final Words

16 May the Lord Himself, who is our source of peace, give you
peace at all times and in every way. The Lord be with you all.

17 With my own hand I write this: *Greetings from Paul.* This
is the way I sign every letter; this is how I write.

18 May the grace of our Lord Jesus Christ be with you all.

Gweddïwch drosom Ni

Bellach, frodyr, gweddïwch drosom ni, ar i air yr Arglwydd **3**
fynd rhagddo a chael ei ogoneddu, fel y cafodd yn eich plith
chwi, ac ar i ni gael ein gwaredu oddi wrth ddynion croes a 2
drwg; oherwydd nid yw pawb yn meddu ar ffydd. Ond y mae'r 3
Arglwydd yn ffyddlon, ac fe'ch cadarnha chwi a'ch gwarchod
rhag yr Un drwg. Y mae gennym hyder yn yr Arglwydd am- 4
danoch, eich bod yn gwneud y pethau yr ydym yn eu gorch-
ymyn, ac y byddwch yn dal i'w gwneud. Bydded i'r Arglwydd 5
gyfeirio eich calonnau at gariad Duw ac at amynedd Crist!

Rhybudd rhag Segura

Yr ydym yn gorchymyn i chwi, frodyr, yn enw'r Arglwydd 6
Iesu Grist, gadw draw oddi wrth bob brawd sy'n segura yn lle
byw yn ôl y traddodiad a dderbyniodd gennym ni. Gwyddoch 7
yn iawn fel y dylech ein hefelychu ni, oherwydd nid segura y
buom ni yn eich plith, na bwyta bara neb am ddim, ond yn 8
hytrach gweithio nos a dydd mewn llafur a lludded, rhag bod yn
faich ar neb ohonoch. Nid nad oes gennym hawl arnoch, ond 9
gwnaethom hyn er mwyn ein rhoi ein hunain yn esiampl i chwi
i'w hefelychu. Ac yn wir, pan oeddem yn eich plith, rhoesom 10
y gorchymyn hwn i chwi: os oes rhywun sy'n anfodlon
gweithio, peidied â bwyta chwaith. Oherwydd yr ydym yn 11
clywed bod rhai yn eich mysg yn segura, yn busnesa ym
mhobman heb weithio yn unman. I'r cyfryw yr ydym yn 12
gorchymyn, ac yn apelio yn yr Arglwydd Iesu Grist, iddynt
weithio'n dawel ac ennill eu bywoliaeth eu hunain. A pheid- 13
iwch chwithau, frodyr, â blino ar wneud daioni. Os bydd 14
rhywun yn gwrthod ufuddhau i'n gair ni yn y llythyr hwn,
cadwch eich llygad ar y dyn hwnnw, a pheidiwch â chym-
deithasu ag ef, er mwyn codi cywilydd arno. Eto peidiwch â'i 15
ystyried fel gelyn, ond rhybuddiwch ef fel brawd.

Y Fendith

Bydded i Arglwydd tangnefedd ei hun roi tangnefedd i chwi 16
bob amser ym mhob modd! Bydded yr Arglwydd gyda chwi
oll!

Y mae'r cyfarchiad yn fy llaw i, Paul. Hwn yw'r arwydd ym 17
mhob llythyr; fel hyn y byddaf yn ysgrifennu. Gras ein 18
Harglwydd Iesu Grist fyddo gyda chwi oll!

PAUL'S FIRST LETTER TO

TIMOTHY

1 From Paul, an apostle of Christ Jesus by order of God our
Saviour and Christ Jesus our hope—
2 To Timothy, my true son in the faith:
May God the Father and Christ Jesus our Lord give you grace,
mercy, and peace.

Warnings against False Teaching

3 I want you to stay in Ephesus, just as I urged you when I
was on my way to Macedonia. Some people there are teaching false
doctrines, and you must order them to stop. 4 Tell them to give
up those legends and those long lists of ancestors, which only produce
arguments; they do not serve God's plan, which is known by faith.
5 The purpose of this order is to arouse the love that comes from
a pure heart, a clear conscience, and a genuine faith. 6 Some people
have turned away from these and have lost their way in foolish
discussions. 7 They want to be teachers of God's law, but they do
not understand their own words or the matters about which they
speak with so much confidence.
8 We know that the Law is good if it is used as it should be
used. 9 It must be remembered, of course, that laws are made, not
for good people, but for lawbreakers and criminals, for the godless
and sinful, for those who are not religious or spiritual, for those
who kill their fathers or mothers, for murderers, 10 for the immoral,
for sexual perverts, for kidnappers, for those who lie and give false
testimony or who do anything else contrary to sound doctrine. 11 That
teaching is found in the gospel that was entrusted to me to announce,
the Good News from the glorious and blessed God.

Gratitude for God's Mercy

12 I give thanks to Christ Jesus our Lord, who has given me
strength for my work. I thank him for considering me worthy and
appointing me to serve him, 13 even though in the past I spoke evil

LLYTHYR CYNTAF PAUL AT

TIMOTHEUS

Cyfarch

Paul, apostol Crist Iesu trwy orchymyn Duw, ein Gwaredwr, 1
a Christ Iesu, ein gobaith, at Timotheus, ei blentyn diledryw 2
yn y ffydd. Gras a thrugaredd a thangnefedd i ti oddi wrth
Dduw ein Tad a Christ Iesu ein Harglwydd.

Rhybudd rhag Athrawiaeth Gau

Pan oeddwn ar gychwyn i Facedonia, pwysais arnat i ddal 3
ymlaen yn Effesus, a gorchymyn rhai pobl i beidio â dysgu
athrawiaethau cyfeiliornus, ac i roi'r gorau i chwedlau ac achau 4
diddiwedd. Pethau yw'r rhain sy'n hyrwyddo dyfaliadau ofer
yn hytrach na chynllun achubol Duw, a ganfyddir trwy ffydd.
Diben y gorchymyn hwn yw'r cariad sy'n tarddu o galon bur a 5
chydwybod dda a ffydd ddiffuant. Gwyro oddi wrth y safonau 6
hyn a barodd i rai fynd ar goll mewn dadleuon diffaith. Yr 7
oeddent â'u bryd ar fod yn athrawon y Gyfraith, ond nid oedd-
ent yn deall dim ar y geiriau eu hunain, na chwaith ar y pynciau
yr oeddent yn eu trafod mor awdurdodol.

Fe wyddom fod y Gyfraith yn beth ardderchog os caiff ei 8
harfer yn briodol fel cyfraith. Gadewch inni ddeall hyn: y 9
mae'r Gyfraith wedi ei llunio, nid ar gyfer y sawl sy'n cadw'r
Gyfraith ond ar gyfer y rheini sy'n ei thorri a'i herio, sef yr
annuwiol a'r pechadurus, y digrefydd a'r di-dduw, y rhai sy'n
lladd tad a mam, yn llofruddio, yn puteinio, yn ymlygru â'u 10
rhyw eu hunain, yn cipio dynion, yn twyllo, yn tyngu ar gam,
ac yn gwneud unrhyw beth arall sy'n groes i'r athrawiaeth iach
sy'n perthyn i'r Efengyl a ymddiriedwyd i mi, Efengyl ogon- 11
eddus y Duw gwynfydedig.

Diolchgarwch am Drugaredd

Yr wyf yn diolch i Grist Iesu ein Harglwydd, yr hwn a'm 12
nerthodd, am iddo fy nghyfrif yn deilwng o'i ymddiriedaeth
a'm penodi i'w wasanaeth; myfi, yr un oedd gynt yn ei gablu, 13

of him and persecuted and insulted him. But God was merciful to
me because I did not yet have faith and so did not know what
I was doing. 14 And our Lord poured out his abundant grace on
me and gave me the faith and love which are ours in union with
Christ Jesus. 15 This is a true saying, to be completely accepted and
believed: Christ Jesus came into the world to save sinners. I am
the worst of them, 16 but God was merciful to me in order that
Christ Jesus might show his full patience in dealing with me, the
worst of sinners, as an example for all those who would later believe
in him and receive eternal life. 17 To the eternal King, immortal
and invisible, the only God—to him be honour and glory for ever
and ever! Amen.

18 Timothy, my child, I entrust to you this command, which is
in accordance with the words of prophecy spoken in the past about
you. Use those words as weapons in order to fight well, 19 and keep
your faith and a clear conscience. Some men have not listened to
their conscience and have made a ruin of their faith. 20 Among them
are Hymenaeus and Alexander, whom I have punished by handing
them over to the power of Satan; this will teach them to stop their
blasphemy.

Church Worship

2 First of all, then, I urge that petitions, prayers, requests, and
thanksgivings be offered to God for all people; 2 for kings and
all others who are in authority, that we may live a quiet and peaceful
life with all reverence towards God and with proper conduct. 3 This
is good and it pleases God our Saviour, 4 who wants everyone to
be saved and to come to know the truth. 5 For there is one God,
and there is one who brings God and mankind together, the man
Christ Jesus, 6 who gave himself to redeem all mankind. That was
the proof at the right time that God wants everyone to be saved,
7 and that is why I was sent as an apostle and teacher of the Gentiles,
to proclaim the message of faith and truth. I am not lying; I am
telling the truth!

8 In every church service I want the men to pray, men who are
dedicated to God and can lift up their hands in prayer without
anger or argument. 9 I also want the women to be modest and sensible
about their clothes and to dress properly; not with fancy hair styles
or with gold ornaments or pearls or expensive dresses, 10 but with
good deeds, as is proper for women who claim to be religious.

ei erlid, a'i sarhau. Ar waethaf hynny, cefais drugaredd am mai
mewn anwybodaeth ac anghrediniaeth y gwneuthum y cwbl.
Gorlifodd gras ein Harglwydd arnaf, ynghyd â'r ffydd a'r 14
cariad sy'n eiddo i ni yng Nghrist Iesu. A dyma air i'w gredu, 15
sy'n teilyngu derbyniad llwyr: "Daeth Crist Iesu i'r byd i achub
pechaduriaid." A minnau yw'r blaenaf ohonynt. Ond cefais 16
drugaredd, a hynny fel y gallai Crist Iesu ddangos ei faith
amynedd yn fy achos i, y blaenaf, a'm gwneud felly yn batrwm
i'r rhai fyddai'n dod i gredu ynddo a chael bywyd tragwyddol.
Ac i Frenin tragwyddoldeb, yr anfarwol a'r anweledig a'r unig 17
Dduw, y byddo'r anrhydedd a'r gogoniant yn oes oesoedd!
Amen.

Timotheus, fy mab, dyma'r siars sydd gennyf i ti, o gofio'r 18
dystiolaeth broffwydol a roddwyd i ti o'r blaen; ymddiried yn
hyn a bydd lew yn y frwydr, gan ddal dy afael mewn ffydd a 19
chydwybod dda. Am i rai ddiystyru cydwybod, drylliwyd
llong eu ffydd. Pobl felly yw Hymenaius ac Alexander, dau a 20
draddodais i Satan, i'w disgyblu a chael ganddynt beidio â
chablu mwy.

Cyfarwyddiadau ynglŷn â Gweddïo

Yn y lle cyntaf, felly, yr wyf yn annog bod ymbiliau, **2**
gweddïau, deisyfiadau a diolchiadau yn cael eu hoffrymu dros
bob dyn, dros frenhinoedd a phawb sydd mewn awdurdod, i ni 2
gael byw ein bywyd yn dawel a heddychlon, yn llawn duwioldeb
a gwedduster. Peth da yw hyn, a chymeradwy gan Dduw, ein 3
Gwaredwr, sy'n dymuno gweld pob dyn yn cael ei achub ac yn 4
dod i ganfod y gwirionedd. Oherwydd un Duw sydd, ac un 5
cyfryngwr hefyd rhwng Duw a dynion, sef Crist Iesu, a oedd
yntau yn ddyn. Fe'i rhoes ei hun yn bridwerth dros bawb, yn 6
dystiolaeth, yn yr amser priodol, i fwriad Duw. Ar fy ngwir, 7
heb ddim anwiredd, dyma'r neges y penodwyd fi i dystio iddi
fel pregethwr ac apostol, yn athro i'r Cenhedloedd yn y ffydd
ac yn y gwirionedd.

Y mae'n ddymuniad gennyf, felly, fod y gwŷr ym mhob 8
cynulleidfa yn gweddïo, gan ddyrchafu eu dwylo mewn
sancteiddrwydd, heb na dicter na dadl; a bod y gwragedd, yr 9
un modd, yn gwisgo dillad gweddus, yn wylaidd a diwair, ac
yn eu harddu eu hunain, nid â phlethiadau gwallt a thlysau aur
a pherlau a gwisgoedd drud, ond â gweithredoedd da, fel sy'n 10

11 Women should learn in silence and all humility. 12 I do not allow
them to teach or to have authority over men; they must keep quiet.
13 For Adam was created first, and then Eve. 14 And it was not Adam
who was deceived; it was the woman who was deceived and broke
God's law. 15 But a woman will be saved through having children,[a]
if she perseveres[b] in faith and love and holiness, with modesty.

Leaders in the Church

3 This is a true saying: If a man is eager to be a church leader,
he desires an excellent work. 2 A church leader must be without
fault; he must have only one wife,[c] be sober, self-controlled, and
orderly; he must welcome strangers in his home; he must be able
to teach; 3 he must not be a drunkard or a violent man, but gentle
and peaceful; he must not love money; 4 he must be able to manage
his own family well and make his children obey him with all respect.
5 For if a man does not know how to manage his own family, how
can he take care of the church of God? 6 He must be mature in
the faith, so that he will not swell up with pride and be condemned,
as the Devil was. 7 He should be a man who is respected by the
people outside the church, so that he will not be disgraced and
fall into the Devil's trap.

Helpers in the Church

8 Church helpers must also have a good character and be sincere;
they must not drink too much wine or be greedy for money; 9 they
should hold to the revealed truth of the faith with a clear conscience.
10 They should be tested first, and then, if they pass the test, they
are to serve. 11 Their wives[d] also must be of good character and
must not gossip; they must be sober and honest in everything. 12 A
church helper must have only one wife,[e] and be able to manage
his children and family well. 13 Those helpers who do their work
well win for themselves a good standing and are able to speak boldly
about their faith in Christ Jesus.

---

[a] will be saved through having children; *or* will be kept safe through childbirth.
[b] if she perseveres; *or* if they persevere.
[c] have only one wife; *or* be married only once.
[d] Their wives; *or* Women helpers.
[e] have only one wife; *or* be married only once.

gweddu i wragedd sy'n honni bod yn grefyddol. Rhaid i 11
wragedd gymryd eu dysgu, yn ddistaw ac yn berffaith ufudd.
Ac nid wyf yn caniatáu i wragedd hyfforddi, nac awdurdodi ar 12
y gwŷr; eu lle hwy yw bod yn ddistaw. Oherwydd Adda oedd 13
y cyntaf i gael ei greu, ac wedyn, Efa. Ac nid Adda a dwyllwyd; 14
y wraig oedd yr un a dwyllwyd, a chwympo drwy hynny i
drosedd. Ond caiff ei hachub drwy ddwyn plant—a bwrw y 15
bydd gwragedd yn parhau mewn ffydd a chariad a sancteidd-
rwydd, ynghyd â diweirdeb.

Cymwysterau Esgobion

Dyma air i'w gredu: "Os yw dyn â'i fryd ar swydd esgob,* **3**
y mae'n chwennych gwaith rhagorol." Felly, rhaid i esgob* fod 2
heb nam ar ei gymeriad, yn ŵr i un wraig, yn ddyn sobr,
disgybledig, parchus, lletygar, ac yn athro da. Rhaid iddo 3
beidio â bod yn rhy hoff o win, nac yn rhy barod i daro. I'r
gwrthwyneb, dylai fod yn ystyriol a heddychlon a diariangar.
Dylai fod yn un â chanddo reolaeth dda ar ei dŷ ei hun, ac yn 4
cadw ei blant yn ufudd, gyda phob gwedduster. Os nad yw 5
dyn yn medru rheoli ei dŷ ei hun, sut y mae'n mynd i ofalu am
eglwys Duw? Rhaid iddo beidio â bod yn newydd i'r ffydd, 6
rhag iddo droi'n falch a chwympo dan y condemniad a gafodd y
diafol. A dylai fod yn ddyn â gair da iddo gan y byd oddi allan, 7
rhag iddo gwympo i waradwydd a chael ei ddal ym magl y
diafol.

Cymwysterau Diaconiaid

Yn yr un modd, rhaid i ddiaconiaid fod yn ddynion gweddus; 8
nid yn ddauwynebog, nac yn drachwantus am win, nac yn
chwennych elw anonest. A dylent ddal eu gafael ar ddirgelwch 9
y ffydd gyda chydwybod bur. Dylid eu rhoi hwythau ar brawf 10
ar y cychwyn, ac yna, o'u cael yn ddi-fai, caniatáu iddynt
wasanaethu. Dylai eu gwragedd hefyd fod yn weddus, yn ddi- 11
wenwyn, yn sobr, ac yn ffyddlon ym mhob dim. Rhaid i'r 12
diaconiaid fod bob un yn ŵr i un wraig, â chanddo reolaeth dda
ar ei blant a'i dŷ ei hun. Oherwydd y mae'r rhai a gyflawnodd 13
waith da fel diaconiaid yn ennill iddynt eu hunain safle da, a
hyder mawr ynglŷn â'r ffydd sy'n eiddo i ni yng Nghrist Iesu.

---

*adn. 1, 2: neu, *arolygydd*.

The Great Secret

14 As I write this letter to you, I hope to come and see you
soon. 15 But if I am delayed, this letter will let you know how we
should conduct ourselves in God's household, which is the church
of the living God, the pillar and support of the truth. 16 No one
can deny how great is the secret of our religion:

He appeared in human form,
  was shown to be right by the Spirit,[f]
    and was seen by angels.
He was preached among the nations,
  was believed in throughout the world,
    and was taken up to heaven.

False Teachers

4 The Spirit says clearly that some people will abandon the faith
in later times; they will obey lying spirits and follow the teachings
of demons. 2 Such teachings are spread by deceitful liars, whose con-
sciences are dead, as if burnt with a hot iron. 3 Such people teach
that it is wrong to marry and to eat certain foods. But God created
those foods to be eaten, after a prayer of thanks, by those who
are believers and have come to know the truth. 4 Everything that
God has created is good; nothing is to be rejected, but everything
is to be received with a prayer of thanks, 5 because the word of
God and the prayer make it acceptable to God.

A Good Servant of Christ Jesus

6 If you give these instructions to the brothers, you will be a
good servant of Christ Jesus, as you feed yourself spiritually on
the words of faith and of the true teaching which you have followed.
7 But keep away from those godless legends, which are not worth
telling. Keep yourself in training for a godly life. 8 Physical exercise
has some value, but spiritual exercise is valuable in every way, because
it promises life both for the present and for the future. 9 This is
a true saying, to be completely accepted and believed. 10 We struggle[g]
and work hard, because we have placed our hope in the living God,
who is the Saviour of all and especially of those who believe.

---

[f] was shown to be right by the Spirit; *or* and, in spiritual form, was shown to be right.

[g] struggle; *some manuscripts have* are reviled.

Dirgelwch Ein Crefydd

Yr wyf yn gobeithio dod atat cyn hir, ond rhag ofn y caf fy 14
rhwystro, yr wyf yn ysgrifennu'r llythyr hwn atat, er mwyn i ti 15
gael gwybod sut y mae ymddwyn yn nheulu Duw, sef eglwys
y Duw byw, colofn a sylfaen y gwirionedd. A rhaid inni'n 16
unfryd gyffesu mai mawr yw dirgelwch ein crefydd:

"Ei amlygu ef* mewn cnawd,
ei gyfiawnu yn yr ysbryd,
ei weld gan angylion,
ei bregethu i'r Cenhedloedd,
ei gredu drwy'r byd,
ei ddyrchafu mewn gogoniant."

Rhagfynegi Cefnu ar y Ffydd

Y mae'r Ysbryd yn dweud yn eglur y bydd rhai mewn **4**
amserau diweddarach yn cefnu ar y ffydd. Byddant yn troi at
ysbrydion twyllodrus ac at bethau y mae cythreuliaid yn eu
dysgu trwy ragrith dynion celwyddog. Dynion yw'r rhain â'u 2
cydwybod wedi ei serio, yn gwahardd priodi, ac yn mynnu fod 3
pobl yn ymwrthod â bwydydd—bwydydd y mae Duw wedi eu
creu i'w derbyn gyda diolch gan y credinwyr sydd wedi canfod
y gwirionedd. Oherwydd y mae pob peth a greodd Duw yn 4
dda, ac ni ddylid gwrthod dim yr ydym gyda diolch iddo ef yn
ei dderbyn, oherwydd y mae'n cael ei sancteiddio trwy air 5
Duw a gweddi.

Gwas Da i Iesu Grist

Os dygi di'r pethau hyn i sylw'r brodyr, byddi'n was da i 6
Grist Iesu, yn dy feithrin dy hun â geiriau'r ffydd, a'r athraw-
iaeth dda yr wyt wedi ei dilyn. Paid â gwrando ar chwedlau 7
bydol hen wrachod, ond ymarfer dy hun i'r bywyd crefyddol.
Wrth gwrs, y mae i ymarfer y corff beth gwerth, ond i ymarfer 8
y bywyd crefyddol y mae pob gwerth, gan fod ynddo addewid
o fywyd yn y byd hwn a'r byd a ddaw. Dyna air i'w gredu, sy'n 9
teilyngu derbyniad llwyr. I'r diben hwn yr ydym yn llafurio 10
ac yn ymdrechu,* oherwydd rhoisom ein gobaith yn y Duw
byw, sy'n Waredwr i bob dyn, ond i'r credinwyr yn fwy na neb.

---

*adn. 16: yn ôl darlleniad arall, *amlygu Duw*.

*adn. 10: yn ôl darlleniad arall, *yn cael ein gwaradwyddo*.

11 Give them these instructions and these teachings. 12 Do not let
anyone look down on you because you are young, but be an example
for the believers in your speech, your conduct, your love, faith, and
purity. 13 Until I come, give your time and effort to the public reading
of the Scriptures and to preaching and teaching. 14 Do not neglect the
spiritual gift that is in you, which was given to you when the prophets
spoke and the elders laid their hands on you. 15 Practise these things and
devote yourself to them, in order that your progress may be seen by
all. 16 Watch yourself and watch your teaching. Keep on doing these
things, because if you do, you will save both yourself and those
who hear you.

Responsibilities towards Believers

5 Do not rebuke an older man, but appeal to him as if he were
your father. Treat the younger men as your brothers, 2 the older
women as mothers, and the younger women as sisters, with all purity.
3 Show respect for widows who really are all alone. 4 But if a
widow has children or grandchildren, they should learn first to carry
out their religious duties towards their own family and in this way
repay their parents and grandparents, because that is what pleases
God. 5 A widow who is all alone, with no one to take care of her,
has placed her hope in God and continues to pray and ask him
for his help night and day. 6 But a widow who gives herself to pleasure
has already died, even though she lives. 7 Give them these instructions,
so that no one will find fault with them. 8 But if anyone does not
take care of his relatives, especially the members of his own family,
he has denied the faith and is worse than an unbeliever.
9 Do not add any widow to the list of widows unless she is over
sixty years of age. In addition, she must have been married only
once[h] 10 and have a reputation for good deeds: a woman who brought
up her children well, received strangers in her home, performed
humble duties for fellow-Christians, helped people in trouble, and
devoted herself to doing good.
11 But do not include younger widows in the list; because when
their desires make them want to marry, they turn away from Christ,
12 and so become guilty of breaking their earlier promise to him.
13 They also learn to waste their time in going round from house
to house; but even worse, they learn to be gossips and busybodies,
talking of things they should not. 14 So I would prefer that the younger

---

[h] married only once; *or* faithful to her husband.

Gorchymyn y pethau hyn i'th bobl, a dysg hwy iddynt. 11
Paid â gadael i neb dy ddiystyru am dy fod yn ifanc. Yn 12
hytrach, bydd di'n batrwm i'r credinwyr mewn gair a gweith-
red, mewn cariad a ffydd a phurdeb. Hyd nes imi ddod, rhaid 13
i ti ymroi i'r darlleniadau a'r pregethu a'r hyfforddi. Paid ag 14
esgeuluso'r ddawn sydd ynot ac a roddwyd i ti trwy eiriau
proffwydol ac arddodiad dwylo'r henuriaid. Gofala am y peth- 15
au hyn, ymdafla iddynt, a bydd dy gynnydd yn amlwg i bawb.
Cadw lygad arnat ti dy hun ac ar yr hyfforddiant a roddi, a dal 16
ati yn y pethau hyn. Os gwnei di felly, yna fe fyddi'n dy achub
dy hun a'r rhai sy'n gwrando arnat.

Dyletswyddau tuag at Eraill

Paid â cheryddu hynafgwr, ond ei gymell fel petai'n dad i ti, **5**
y dynion ifainc fel brodyr, yr hen wragedd fel mamau, a'r 2
merched ifainc gyda phob gwedduster fel chwiorydd.

Rho gydnabyddiaeth i'r rhai hynny sy'n weddwon mewn 3
gwirionedd. Ond os oes gan y weddw blant neu ŵyrion, dylai'r 4
rheini yn gyntaf ddysgu ymarfer eu crefydd tuag at eu teulu, a
thalu'n ôl i'w rhieni y ddyled sydd arnynt, oherwydd hynny
sy'n gymeradwy gan Dduw. Ond am yr un sy'n weddw mewn 5
gwirionedd, yr un sydd wedi ei gadael ar ei phen ei hun, y mae
hon â'i gobaith wedi ei sefydlu ar Dduw, ac y mae'n parhau nos
a dydd mewn ymbiliau a gweddïau. Y mae'r weddw afradlon, 6
ar y llaw arall, gystal â marw er ei bod yn fyw. Gorchymyn di 7
y pethau hyn hefyd, er mwyn i'r gweddwon fod yn ddigerydd.
Ond os nad yw dyn yn darparu ar gyfer ei berthnasau, ac yn 8
arbennig ei deulu ei hun, y mae wedi gwadu'r ffydd ac y mae'n
waeth nac anghredadun. Ni ddylid rhoi gwraig ar restr y 9
gweddwon os nad yw dros drigain oed, a heb fod yn briod
fwy nag un waith. A rhaid cael prawf iddi ymroi i weithred- 10
oedd da: iddi fagu plant, iddi roi llety i ddieithriaid, iddi olchi
traed y saint, iddi gynorthwyo pobl mewn cyfyngder, yn wir iddi
ymdaflu i bob math o weithredoedd da. Ond paid â rhestru'r 11
rhai ifainc gyda'r gweddwon, oherwydd cyn gynted ag y bydd
eu nwydau yn eu dieithrio oddi wrth Grist, daw arnynt chwant
priodi, a chânt eu condemnio felly am dorri'r adduned a 12
wnaethant ar y dechrau. At hynny, byddant yn dysgu bod yn 13
ddiog wrth fynd o gwmpas y tai, ac nid yn unig yn ddiog ond
hefyd yn siaradus a busneslyd, yn dweud pethau na ddylid. Fy 14

widows get married, have children, and take care of their homes,
so as to give our enemies no chance of speaking evil of us. 15 For
some widows have already turned away to follow Satan. 16 But if
any Christian woman has widows in her family, she must take care
of them and not put the burden on the church, so that it may take
care of the widows who are all alone.

17 The elders who do good work as leaders should be considered
worthy of receiving double pay, especially those who work hard
at preaching and teaching. 18 For the scripture says, "Do not muzzle
an ox when you are using it to thresh corn" and "A worker should
be given his pay." 19 Do not listen to an accusation against an elder
unless it is brought by two or more witnesses. 20 Rebuke publicly
all those who commit sins, so that the rest may be afraid.

21 In the presence of God and of Christ Jesus and of the holy
angels I solemnly call upon you to obey these instructions without
showing any prejudice or favour to anyone in anything you do.
22 Be in no hurry to lay hands on someone to dedicate him to the
Lord's service. Take no part in the sins of others; keep yourself
pure.

23 Do not drink water only, but take a little wine to help your
digestion, since you are ill so often.

24 The sins of some people are plain to see, and their sins go
ahead of them to judgement; but the sins of others are seen only
later. 25 In the same way good deeds are plainly seen, and even
those that are not so plain cannot be hidden.

6 Those who are slaves must consider their masters worthy of
all respect, so that no one will speak evil of the name of God
and of our teaching. 2 Slaves belonging to Christian masters must
not despise them, for they are their brothers. Instead, they are to
serve them even better, because those who benefit from their work
are believers whom they love.

False Teaching and True Riches

You must teach and preach these things. 3 Whoever teaches a differ-
ent doctrine and does not agree with the true words of our Lord

nymuniad, felly, yw bod gweddwon iau yn priodi a magu plant
a chadw tŷ, a pheidio â rhoi cyfle i unrhyw elyn i'n difenwi.
Oherwydd y mae rhai gweddwon eisoes wedi mynd ar gyfeil- 15
iorn a chanlyn Satan. Dylai unrhyw wraig* sy'n gredadun, â 16
chanddi weddwon yn y teulu, ofalu amdanynt. Nid yw'r
gynulleidfa i ddwyn y baich mewn achos felly, er mwyn iddynt
allu gofalu am y rhai sy'n weddwon mewn gwirionedd.

Y mae'r henuriaid sy'n arweinwyr da yn haeddu cael dwbwl 17
y gydnabyddiaeth, yn arbennig y rhai sydd yn llafurio ym myd
pregethu a hyfforddi. Oherwydd y mae'r Ysgrythur yn dweud: 18
"Paid â chau safn yr ych sydd yn dyrnu'r ŷd", a hefyd: "Y
mae'r gweithiwr yn haeddu ei gyflog." Paid â derbyn cyhudd- 19
iad yn erbyn henuriad os na fydd hyn ar air dau neu dri o dyst-
ion. Y rhai ohonynt sy'n dal i bechu, cerydda hwy yng ngŵydd 20
y cwbl, i godi ofn ar y gweddill yr un pryd. Yr wyf yn dy 21
rybuddio, yng ngŵydd Duw a Christ Iesu a'r angylion ethol-
edig, i gadw'r rheolau hyn yn ddiragfarn, a'u gweithredu ar
bob adeg yn ddiduedd. Paid â bod ar frys i arddodi dwylo ar 22
neb, a thrwy hynny gyfranogi ym mhechodau pobl eraill; cadw
dy hun yn bur. Bellach, paid ag yfed dŵr yn unig, ond cymer 23
ychydig o win at dy stumog a'th aml anhwylderau.

Y mae pechodau rhai pobl yn eglur ddigon, ac yn eu rhag- 24
flaenu i farn, ond y mae eraill sydd â'u pechodau yn eu dilyn.
Yn yr un modd, y mae gweithredoedd da yn eglur ddigon, a 25
hyd yn oed os nad ydynt mor eglur, nid oes modd eu cuddio'n
hir.

Y mae'r rhai sy'n gaethweision dan yr iau i gyfrif eu meistri **6**
eu hunain yn deilwng o wir barch, fel na chaiff enw Duw, na'r
athrawiaeth Gristionogol, air drwg. Ac ni ddylai'r rhai sydd 2
â'u meistri'n gredinwyr roi llai o barch iddynt am eu bod yn
gydaelodau. Yn hytrach, dylent roi gwell gwasanaeth iddynt
am mai credinwyr sy'n annwyl ganddynt yw'r rhai fydd yn
elwa ar eu hymroddiad.

Crefydd ynghyd â Bodlonrwydd Mewnol

Dyma'r pethau yr wyt ti i'w dysgu a'u cymell. Os bydd 3
rhywun yn dysgu'n groes i hyn, ac yn gwrthod glynu wrth

*adn. 16: yn ôl darlleniad arall, *ŵr neu wraig*.

Jesus Christ and with the teaching of our religion [4]is swollen with
pride and knows nothing. He has an unhealthy desire to argue and
quarrel about words, and this brings on jealousy, disputes, insults,
evil suspicions, [5]and constant arguments from people whose minds
do not function and who no longer have the truth. They think that
religion is a way to become rich.

6 Well, religion does make a person very rich, if he is satisfied
with what he has. [7]What did we bring into the world? Nothing!
What can we take out of the world? Nothing! [8]So then, if we
have food and clothes, that should be enough for us. [9]But those
who want to get rich fall into temptation and are caught in the
trap of many foolish and harmful desires, which pull them down
to ruin and destruction. [10]For the love of money is a source of
all kinds of evil. Some have been so eager to have it that they
have wandered away from the faith and have broken their hearts
with many sorrows.

Personal Instructions

11 But you, man of God, avoid all these things. Strive for righteous-
ness, godliness, faith, love, endurance, and gentleness. [12]Run your
best in the race of faith, and win eternal life for yourself; for it
was to this life that God called you when you firmly professed your
faith before many witnesses. [13]Before God, who gives life to all
things, and before Christ Jesus, who firmly professed his faith before
Pontius Pilate, I command you [14]to obey your orders and keep
them faithfully until the Day when our Lord Jesus Christ will appear.
[15]His appearing will be brought about at the right time by God,
the blessed and only Ruler, the King of kings and the Lord of lords.
[16]He alone is immortal; he lives in the light that no one can approach.
No one has ever seen him; no one can ever see him. To him be
honour and eternal dominion! Amen.

17 Command those who are rich in the things of this life not
to be proud, but to place their hope, not in such an uncertain thing
as riches, but in God, who generously gives us everything for our

eiriau iachusol, geiriau ein Harglwydd Iesu Grist, ac wrth
athrawiaeth sy'n gyson â gwir grefydd, y mae hwnnw'n llawn 4
balchder, heb ddeall dim, gydag awydd afiach ynddo i holi
cwestiynau a dadlau am eiriau. Cenfigen a chynnen ac enllib,
a drwgdybio cywilyddus ac anghydweld parhaus, sy'n dod o
bethau felly, mewn dynion sydd â'u deall wedi dirywio ac sydd 5
wedi eu hamddifadu o'r gwirionedd, dynion sy'n tybio mai
modd i ennill cyfoeth yw crefydd. Ac wrth gwrs, y mae 6
cyfoeth mawr mewn gwir grefydd ynghyd â bodlonrwydd
mewnol. A'r ffaith yw, na ddaethom â dim i'r byd, a hynny am 7
yr un rheswm* na allwn fynd â dim allan ohono chwaith. Os 8
oes gennym fwyd a dillad, gadewch inni fodloni ar hynny. Y 9
mae'r rhai sydd am fod yn gyfoethog yn syrthio i demtasiynau
a maglau, a llu o chwantau direswm a niweidiol, sy'n hyrddio
dynion i lawr i ddistryw a cholledigaeth. Oherwydd gwraidd 10
pob math o ddrwg yw cariad at arian, ac wrth geisio cael gafael
ynddo crwydrodd rhai oddi wrth y ffydd, a thrywanu eu calon-
nau ag arteithiau lawer.

Ymdrech Lew y Ffydd

Yr wyt ti, ŵr Duw, i ffoi rhag y pethau hyn, ac i roi dy fryd 11
ar uniondeb, duwioldeb, ffydd, cariad, dyfalbarhad ac addfwyn-
der. Ymdrecha ymdrech lew y ffydd, a chymer feddiant o'r 12
bywyd tragwyddol. I hyn y cefaist dy alw pan wnaethost dy
gyffes lew o'r ffydd o flaen tystion lawer. Yng ngŵydd Duw, 13
sy'n rhoi bywyd i bob peth, ac yng ngŵydd Crist Iesu, a dyst-
iodd i'r un gyffes lew o flaen Pontius Pilat, yr wyf yn dy gyfar-
wyddo di i gadw'r gorchymyn yn ddi-fai a digerydd hyd at 14
ymddangosiad ein Harglwydd Iesu Grist, a amlygir yn ei amser 15
addas gan yr unig Bennaeth bendigedig, Brenin y brenhin-
oedd, Arglwydd yr arglwyddi. Ganddo ef yn unig y mae an- 16
farwoldeb, ac mewn goleuni anhygyrch y mae'n preswylio.
Nid oes yr un dyn a'i gwelodd, ac ni ddichon neb ei weld. Iddo
Ef y byddo anrhydedd a gallu tragwyddol! Amen.

Gorchymyn di i gyfoethogion y byd presennol beidio â bod 17
yn falch, ac iddynt sefydlu eu gobaith nid ar ansicrwydd cyfoeth
ond ar y Duw sy'n rhoi i ni yn helaeth bob peth i'w fwynhau.

---

*adn. 7: yn ôl darlleniad arall, *ac y mae'n eglur*.

enjoyment. [18] Command them to do good, to be rich in good works,
to be generous and ready to share with others. [19] In this way they
will store up for themselves a treasure which will be a solid foundation
for the future. And then they will be able to win the life which
is true life.

20 Timothy, keep safe what has been entrusted to your care. Avoid
the profane talk and foolish arguments of what some people wrongly
call "Knowledge." [21] For some have claimed to possess it, and as a
result they have lost the way of faith.

God's grace be with you all.

Annog hwy i wneud daioni, i fod yn gyfoethog mewn gweith- 18
redoedd da, i fod yn hael ac yn barod i rannu, ac felly i gael 19
iddynt eu hunain drysor fydd yn sylfaen sicr ar gyfer y dyfodol,
i feddiannu'r bywyd sydd yn fywyd yn wir.

Timotheus, cadw'n ddiogel yr hyn a ymddiriedwyd i'th ofal, 20
a thro dy gefn ar y gwag siarad bydol, a'r gwrthddywediadau a
gamenwir yn wybodaeth. Y mae rhai sy'n proffesu'r wybod- 21
aeth hon wedi colli gafael ar y ffydd yn lân.

Gras fyddo gyda chwi !

PAUL'S SECOND LETTER TO

TIMOTHY

1 From Paul, an apostle of Christ Jesus by God's will, sent to
proclaim the promised life which we have in union with Christ
Jesus—

2 To Timothy, my dear son:

May God the Father and Christ Jesus our Lord give you grace,
mercy, and peace.

Thanksgiving and Encouragement

3 I give thanks to God, whom I serve with a clear conscience,
as my ancestors did. I thank him as I remember you always in
my prayers night and day. 4 I remember your tears, and I want to
see you very much, so that I may be filled with joy. 5 I remember
the sincere faith you have, the kind of faith that your grandmother
Lois and your mother Eunice also had. I am sure that you have
it also. 6 For this reason I remind you to keep alive the gift that
God gave you when I laid my hands on you. 7 For the Spirit that
God has given us does not make us timid; instead, his Spirit fills
us with power, love, and self-control.

8 Do not be ashamed, then, of witnessing for our Lord; nor be
ashamed of me, a prisoner for Christ's sake. Instead, take your part
in suffering for the Good News, as God gives you the strength to
do it. 9 He saved us and called us to be his own people, not because
of what we have done, but because of his own purpose and grace.
He gave us this grace by means of Christ Jesus before the beginning
of time, 10 but now it has been revealed to us through the coming
of our Saviour, Christ Jesus. He has ended the power of death and
through the gospel has revealed immortal life.

11 God has appointed me as an apostle and teacher to proclaim
the Good News, 12 and it is for this reason that I suffer these things. But
I am still full of confidence, because I know whom I have trusted, and
I am sure that he is able to keep safe until that Day what he has
entrusted to me.[a] 13 Hold firmly to the true words that I taught

---

[a] what he has entrusted to me; *or* what I have entrusted to him.

AIL LYTHYR PAUL AT

TIMOTHEUS

Cyfarch

Paul, apostol Crist Iesu trwy ewyllys Duw, yn unol â'r 1
addewid am y bywyd sydd yng Nghrist Iesu, at Timotheus, ei 2
blentyn annwyl. Gras a thrugaredd a thangnefedd i ti oddi
wrth Dduw ein Tad a Christ Iesu ein Harglwydd.

Teyrngarwch i'r Efengyl

Yr wyf yn diolch i Dduw, yr hwn yr wyf yn ei wasanaethu â 3
chydwybod bur fel y gwnaeth fy nhadau, pan fyddaf yn cofio
amdanat yn fy ngweddïau, fel y gwnaf yn ddi-baid nos a dydd.
Wrth gofio am dy ddagrau, 'rwy'n hiraethu am dy weld a chael 4
fy llenwi â llawenydd. Daw i'm cof y ffydd ddiffuant sydd 5
gennyt, ffydd a drigodd gynt yn Lois, dy nain, ac yn Eunice, dy
fam, a gwn yn sicr ei bod ynot tithau hefyd. O ganlyniad, yr 6
wyf yn dy atgoffa i gadw ynghyn y ddawn a roddodd Duw i ti,
y ddawn sydd ynot trwy arddodiad fy nwylo i. Oherwydd nid 7
ysbryd sy'n creu llwfrdra a roddodd Duw i ni, ond ysbryd sy'n
creu nerth a chariad a hunanddisgyblaeth. Felly, na foed 8
cywilydd arnat roi tystiolaeth i'r Arglwydd, na chywilydd
ohonof fi, ei garcharor ef; ond cymer dy gyfran o ddioddefaint
dros yr Efengyl, trwy'r nerth yr ydym yn ei gael gan Dduw.
Ef a'n hachubodd ni, a'n galw â galwedigaeth sanctaidd, nid ar 9
sail ein gweithredoedd ond yn unol â'i arfaeth ei hun a'i ras, y
gras a roddwyd inni yng Nghrist Iesu cyn dechrau'r oesoedd,
ond a amlygwyd yn awr drwy ymddangosiad ein Gwaredwr, 10
Crist Iesu. Oherwydd y mae ef wedi dirymu marwolaeth, a
dod â bywyd ac anfarwoldeb i'r golau trwy'r Efengyl. I'r 11
Efengyl hon yr wyf fi wedi fy mhenodi'n bregethwr, yn apostol
ac yn athro. Dyma'r rheswm, yn wir, fy mod yn dioddef yn awr. 12
Ond nid oes arnaf gywilydd o'r peth, oherwydd mi wn pwy yr
wyf wedi ymddiried ynddo, ac 'rwy'n gwbl sicr fod ganddo ef
allu i gadw'n ddiogel hyd y Dydd hwnnw yr hyn a ymddiried-
odd i'm gofal.* Cymer fel patrwm i'w ddilyn y geiriau iachusol 13

---

*adn. 12: neu, *a ymddiriedais i'w ofal.*

you, as the example for you to follow, and remain in the faith and
love that are ours in union with Christ Jesus. 14 Through the power
of the Holy Spirit, who lives in us, keep the good things that have
been entrusted to you.

15 You know that everyone in the province of Asia, including
Phygelus and Hermogenes, has deserted me. 16 May the Lord show
mercy to the family of Onesiphorus, because he cheered me up many
times. He was not ashamed that I am in prison, 17 but as soon as
he arrived in Rome, he started looking for me until he found me.
18 May the Lord grant him his mercy on that Day! And you know
very well how much he did for me in Ephesus.

A Loyal Soldier of Christ Jesus

2 As for you, my son, be strong through the grace that is ours
in union with Christ Jesus. 2 Take the teachings that you heard
me proclaim in the presence of many witnesses, and entrust them
to reliable people, who will be able to teach others also.

3 Take your part in suffering, as a loyal soldier of Christ Jesus. 4 A
soldier on active service wants to please his commanding officer and
so does not get mixed up in the affairs of civilian life. 5 An athlete who
runs in a race cannot win the prize unless he obeys the rules. 6 The
farmer who has done the hard work should have the first share
of the harvest. 7 Think about what I am saying, because the Lord
will enable you to understand it all.

8 Remember Jesus Christ, who was raised from death, who was
a descendant of David, as is taught in the Good News I preach.
9 Because I preach the Good News, I suffer and I am even chained
like a criminal. But the word of God is not in chains, 10 and so
I endure everything for the sake of God's chosen people, in order
that they too may obtain the salvation that comes through Christ
Jesus and brings eternal glory. 11 This is a true saying:

"If we have died with him,
we shall also live with him.
12 If we continue to endure,
we shall also rule with him.
If we deny him,
he also will deny us.
13 If we are not faithful,
he remains faithful,
because he cannot be false to himself."

An Approved Worker

14 Remind your people of this, and give them a solemn warning
in God's presence not to fight over words. It does no good, but

a glywaist gennyf fi, wrth fyw yn y ffydd a'r cariad sydd yng
Nghrist Iesu. Cadw'n ddiogel, trwy nerth yr Ysbryd Glân sy'n 14
trigo ynom, y peth gwerthfawr a ymddiriedwyd i'th ofal.

Fel y gwyddost, y mae pawb yn Asia wedi cefnu arnaf, gan 15
gynnwys Phygelus a Hermogenes. Ond dangosed yr Arglwydd 16
drugaredd tuag at deulu Onesifforus, oherwydd cododd ef fy
nghalon droeon, ac ni bu arno gywilydd fy mod mewn cadwyn-
au. Yn wir, pan ddaeth i Rufain, aeth i drafferth fawr i chwilio 17
amdanaf, a daeth o hyd i mi. Rhodded yr Arglwydd iddo 18
dderbyn trugaredd gan yr Arglwydd yn y Dydd hwnnw. Fe
wyddost ti yn dda gymaint o wasanaeth a roddodd ef yn
Effesus.

Milwr Da i Iesu Grist

Felly ymnertha di, fy mab, yn y gras sydd yng Nghrist Iesu. **2**
Cymer y geiriau a glywaist gennyf fi yng nghwmni tystion 2
lawer, a throsglwydda hwy i ofal dynion ffyddlon a fydd yn abl i
hyfforddi eraill hefyd. Cymer dy gyfran o ddioddefaint, fel 3
milwr da i Grist Iesu. Nid yw milwr sydd ar ymgyrch yn 4
ymdrafferthu â gofalon bywyd bob dydd, gan fod ei holl fryd ar
ennill cymeradwyaeth ei gadfridog. Ac os yw dyn yn cystadlu 5
mewn mabolgampau, ni all ennill y dorch heb gystadlu yn ôl y
rheolau. Y ffermwr sy'n llafurio sydd â'r hawl gyntaf ar y cnwd. 6
Ystyria beth yr wyf yn ei ddweud, oherwydd fe rydd yr 7
Arglwydd i ti ddealltwriaeth ym mhob peth.

Cofia Iesu Grist: ei gyfodi oddi wrth y meirw, ei eni o linach 8
Dafydd, yn ôl yr Efengyl yr wyf fi yn ei phregethu. Yng ngwas- 9
anaeth yr Efengyl hon yr wyf yn dioddef hyd at garchar, fel
rhyw droseddwr, ond nid oes garchar i ddal gair Duw. Felly, 10
yr wyf yn goddef y cyfan er mwyn ei etholedigion, iddynt
hwythau hefyd gael yr iachawdwriaeth sydd yng Nghrist Iesu,
ynghyd â gogoniant tragwyddol. Dyma air i'w gredu: 11

"Os buom farw gydag ef, byddwn fyw hefyd gydag ef;
os dioddefwn, cawn deyrnasu hefyd gydag ef; 12
os gwadwn ef, bydd ef hefyd yn ein gwadu ninnau;
os ydym yn anffyddlon, y mae ef yn aros yn ffyddlon, 13
oherwydd ni all ef ei wadu ei hun."

Gweithiwr Cymeradwy

Dwg ar gof i'th bobl y pethau hyn, gan eu rhybuddio yng 14
ngŵydd Duw i beidio â dadlau am eiriau, peth cwbl anfuddiol,

only ruins the people who listen. 15 Do your best to win full approval
in God's sight, as a worker who is not ashamed of his work, one
who correctly teaches the message of God's truth. 16 Keep away from
profane and foolish discussions, which only drive people further away
from God. 17 Such teaching is like an open sore that eats away the
flesh. Two men who have taught such things are Hymenaeus and
Philetus. 18 They have left the way of truth and are upsetting the
faith of some believers by saying that our resurrection has already
taken place. 19 But the solid foundation that God has laid cannot
be shaken; and on it are written these words: "The Lord knows
those who are his" and "Whoever says that he belongs to the Lord
must turn away from wrongdoing."

20 In a large house there are dishes and bowls of all kinds: some are
made of silver and gold, others of wood and clay; some are for
special occasions, others for ordinary use. 21 If anyone makes himself
clean from all those evil things, he will be used for special purposes,
because he is dedicated and useful to his Master, ready to be used
for every good deed. 22 Avoid the passions of youth, and strive for
righteousness, faith, love, and peace, together with those who with
a pure heart call out to the Lord for help. 23 But keep away from
foolish and ignorant arguments; you know that they end up in quarrels.
24 The Lord's servant must not quarrel. He must be kind towards
all, a good and patient teacher, 25 who is gentle as he corrects his
opponents, for it may be that God will give them the opportunity
to repent and come to know the truth. 26 And then they will come
to their senses and escape from the trap of the Devil, who had
caught them and made them obey his will.

The Last Days

3 Remember that there will be difficult times in the last days.
2 People will be selfish, greedy, boastful, and conceited; they
will be insulting, disobedient to their parents, ungrateful, and irreligi-
ous; 3 they will be unkind, merciless, slanderers, violent, and fierce;
they will hate the good; 4 they will be treacherous, reckless, and
swollen with pride; they will love pleasure rather than God; 5 they
will hold to the outward form of our religion, but reject its real
power. Keep away from such people. 6 Some of them go into people's
houses and gain control over weak women who are burdened by

ac andwyol hefyd i'r rhai sy'n gwrando. Gwna dy orau i'th 15
wneud dy hun yn gymeradwy gan Dduw, fel gweithiwr heb
achos i gywilyddio am ei waith, yn ddiwyro wrth gyflwyno gair
y gwirionedd. Gochel siarad gwag dynion bydol, oherwydd 16
agor y ffordd y byddant i fwy o annuwioldeb, a'u hymadrodd 17
yn ymledu fel cancr. Pobl felly yw Hymenaius a Philetus; y 18
maent wedi gwyro oddi wrth y gwirionedd, gan honni fod ein
hatgyfodiad eisoes wedi digwydd, ac y maent yn tanseilio ffydd
rhai pobl. Ond y mae'r sylfaen gadarn a osododd Duw yn dal, 19
a'r sêl sydd arni yw: "Y mae'r Arglwydd yn adnabod y rhai
sy'n eiddo iddo", a "Pob un sy'n enwi enw'r Arglwydd, cefned
ar ddrygioni." Mewn tŷ mawr y mae nid yn unig lestri aur ac 20
arian ond hefyd lestri pren a chlai, rhai i gael parch ac eraill
amarch. Os yw dyn yn ei lanhau ei hun oddi wrth y pethau 21
drygionus hyn, yna llestr parch fydd ef, cysegredig, defnyddiol
i'r Meistr, ac addas i bob gweithred dda. Ffo oddi wrth nwydau 22
dyn ifanc, a chanlyn gyfiawnder a ffydd a chariad a heddwch,
yng nghwmni'r rhai sy'n galw ar yr Arglwydd â chalon bur.
Paid â gwneud dim â chwestiynau ffôl a di-ddysg; fe wyddost 23
mai codi cwerylon a wnânt. Ni ddylai gwas yr Arglwydd fod 24
yn gwerylgar, ond yn dirion tuag at bawb, yn athro da, yn
ymarhous, yn addfwyn wrth ddisgyblu'r rhai sy'n tynnu'n 25
groes. Oherwydd pwy a ŵyr na fydd Duw ryw ddydd yn rhoi
cyfle iddynt i edifarhau a dod i ganfod y gwirionedd, ac na 26
ddônt i'w pwyll a dianc o fagl y diafol, yr un a'u rhwydodd
a'u caethiwo i'w ewyllys?*

Cymeriad Dynion yn y Dyddiau Diwethaf

Rhaid iti ddeall hyn, fod amserau enbyd i ddod yn y dyddiau **3**
diwethaf. Bydd dynion yn hunangar ac yn ariangar, yn ym- 2
ffrostgar a balch a sarhaus, heb barch i'w rhieni, yn anniolchgar
ac yn ddigrefydd. Byddant yn ddi-serch a digymod, yn enllibus 3
a dilywodraeth ac anwar, heb ddim cariad at ddaioni. Bradwyr 4
fyddant, yn ddi-hid, yn llawn balchder, yn caru pleser yn fwy
na charu Duw, yn cadw ffurf allanol crefydd ond yn gwadu ei 5
grym hi. Cadw draw oddi wrth y rhain. Dyma'r math o 6
ddynion fydd yn gweithio'u ffordd i mewn i dai pobl, ac yn

---

*adn. 26: neu, *wedi eu rhwydo gan Dduw a'u caethiwo i'w ewyllys.*

the guilt of their sins and driven by all kinds of desires, 7 women
who are always trying to learn but who can never come to know
the truth. 8 As Jannes and Jambres were opposed to Moses, so also
these people are opposed to the truth—people whose minds do not
function and who are failures in the faith. 9 But they will not get
very far, because everyone will see how stupid they are. That is
just what happened to Jannes and Jambres.

Last Instructions

10 But you have followed my teaching, my conduct, and my purpose
in life; you have observed my faith, my patience, my love, my
endurance, 11 my persecutions, and my sufferings. You know all that
happened to me in Antioch, Iconium, and Lystra, the terrible persecu-
tions I endured! But the Lord rescued me from them all. 12 Everyone
who wants to live a godly life in union with Christ Jesus will be
persecuted; 13 and evil persons and impostors will keep on going
from bad to worse, deceiving others and being deceived themselves.
14 But as for you, continue in the truths that you were taught and
firmly believe. You know who your teachers were, 15 and you remem-
ber that ever since you were a child, you have known the Holy
Scriptures, which are able to give you the wisdom that leads to
salvation through faith in Christ Jesus. 16 All Scripture is inspired
by God and is useful[b] for teaching the truth, rebuking error, correcting
faults, and giving instruction for right living, 17 so that the person
who serves God may be fully qualified and equipped to do every
kind of good deed.

4 In the presence of God and of Christ Jesus, who will judge
the living and the dead, and because he is coming to rule as
King, I solemnly urge you 2 to preach the message, to insist upon
proclaiming it (whether the time is right or not), to convince, reproach,
and encourage, as you teach with all patience. 3 The time will come
when people will not listen to sound doctrine, but will follow their
own desires and will collect for themselves more and more teachers
who will tell them what they are itching to hear. 4 They will turn
away from listening to the truth and give their attention to legends.
5 But you must keep control of yourself in all circumstances; endure
suffering, do the work of a preacher of the Good News, and perform
your whole duty as a servant of God.

6 As for me, the hour has come for me to be sacrificed; the time
is here for me to leave this life. 7 I have done my best in the race,

---

[b] All Scripture is inspired by God and is useful; *or* Every scripture inspired by God is also useful.

rhwydo gwragedd ffôl sydd dan faich o bechodau ac yng ngafael
pob rhyw nwydau, gwragedd sydd o hyd yn ceisio dysgu ond 7
byth yn gallu cyrraedd at wybodaeth o'r gwirionedd. Yn union 8
fel y safodd Jannes a Jambres yn erbyn Moses, felly hefyd y
mae'r dynion hyn yn gwrthsefyll y gwirionedd. Dynion llygr-
edig eu meddwl ydynt, ac annerbyniol o ran y ffydd. Ond nid 9
ânt yn eu blaen ddim pellach, oherwydd fe ddaw eu ffolineb
hwy, fel eiddo Jannes a Jambres, yn amlwg ddigon i bawb.

Siars Olaf i Timotheus

Ond yr wyt ti wedi dilyn yn ofalus fy athrawiaeth i a'm 10
ffordd o fyw, fy ymroddiad, fy ffydd, fy amynedd, fy nghariad
a'm dyfalbarhad, yr erlid a'r dioddef a ddaeth i'm rhan yn 11
Antiochia ac Iconium a Lystra; ie, yr holl erledigaethau a
ddioddefais. A gwaredodd yr Arglwydd fi o'r cyfan i gyd. Yn 12
wir, eu herlid a gaiff pawb sydd yn ceisio byw bywyd duwiol
yng Nghrist Iesu, ond bydd dynion drwg a hocedwyr yn mynd 13
o ddrwg i waeth, gan dwyllo a chael eu twyllo. Ond glŷn di 14
wrth y pethau a ddysgaist, ac y cefaist dy argyhoeddi ganddynt.
Fe wyddost gan bwy y dysgaist hwy, a'th fod er yn blentyn yn 15
gyfarwydd â'r llyfrau sanctaidd, sydd yn abl i'th wneud yn
ddoeth a'th ddwyn i iachawdwriaeth trwy ffydd yng Nghrist
Iesu. Y mae pob Ysgrythur wedi ei hysbrydoli gan Dduw ac yn 16
fuddiol i hyfforddi, a cheryddu, a chywiro, a disgyblu mewn
cyfiawnder. Felly y darperir dyn Duw â chyflawn ddarpariaeth 17
ar gyfer pob math o weithredoedd da.

Yng ngŵydd Duw a Christ Iesu, yr hwn sydd i farnu y byw **4**
a'r meirw, yr wyf yn dy rybuddio ar gyfrif ei ymddangosiad a'i
deyrnas ef: pregetha'r gair; bydd yn barod bob amser, boed 2
yn gyfleus neu'n anghyfleus; argyhoedda; cerydda; calonoga;
a hyn gydag amynedd diball wrth hyfforddi. Oherwydd fe 3
ddaw amser pan na fydd dynion yn goddef athrawiaeth iach
ond yn dilyn eu chwantau eu hunain, a chrynhoi o'u cwmpas
liaws o athrawon i oglais eu clustiau, gan droi oddi wrth y 4
gwirionedd i wrando ar chwedlau. Ond yn hyn oll cadw di 5
ddisgyblaeth arnat dy hun: goddef galedi; gwna dy waith fel
pregethwr yr Efengyl; cyflawna holl ofynion dy weinidogaeth.

Oherwydd y mae fy mywyd i eisoes yn cael ei dywallt mewn 6
aberth, ac y mae amser fy ymadawiad wedi dod. Yr wyf wedi 7

I have run the full distance, and I have kept the faith.[c] 8 And now
there is waiting for me the prize of victory awarded for a righteous
life, the prize which the Lord, the righteous Judge, will give me
on that Day—and not only to me, but to all those who wait with
love for him to appear.

Personal Words

9 Do your best to come to me soon. 10 Demas fell in love with
this present world and has deserted me, going off to Thessalonica.
Crescens went to Galatia, and Titus to Dalmatia. 11 Only Luke is
with me. Get Mark and bring him with you, because he can help
me in the work. 12 I sent Tychicus to Ephesus. 13 When you come,
bring my coat that I left in Troas with Carpus; bring the books
too, and especially the ones made of parchment.

14 Alexander the metal-worker did me much harm; the Lord will
reward him according to what he has done. 15 Be on your guard
against him yourself, because he was violently opposed to our message.

16 No one stood by me the first time I defended myself; all deserted
me. May God not count it against them! 17 But the Lord stayed
with me and gave me strength, so that I was able to proclaim the
full message for all the Gentiles to hear; and I was rescued from
being sentenced to death. 18 And the Lord will rescue me from all
evil and take me safely into his heavenly Kingdom. To him be the
glory for ever and ever! Amen.

Final Greetings

19 I send greetings to Priscilla and Aquila and to the family of
Onesiphorus. 20 Erastus stayed in Corinth, and I left Trophimus in
Miletus, because he was ill. 21 Do your best to come before winter.

Eubulus, Pudens, Linus, and Claudia send their greetings, and so do
all the other Christian brothers.

22 The Lord be with your spirit.

God's grace be with you all.

---

[c] kept the faith; *or* been true to my promise.

ymdrechu'r ymdrech lew, yr wyf wedi rhedeg yr yrfa i'r pen,
yr wyf wedi cadw'r ffydd. Bellach y mae'r dorch, a roddir am 8
gyfiawnder, ar gadw i mi; ac fe fydd yr Arglwydd, y Barnwr
cyfiawn, yn ei chyflwyno hi imi ar y Dydd hwnnw, ac nid i mi
yn unig ond i bawb fydd wedi rhoi eu serch ar ei ymddangosiad
ef.

Cyfarwyddiadau Personol

Gwna dy orau i ddod ataf yn fuan, oherwydd rhoddodd 9,10
Demas ei serch ar y byd hwn, a'm gadael. Aeth ef i Thesalonica,
a Crescens i Galatia, a Titus i Dalmatia. Luc yn unig sydd 11
gyda mi. Galw am Marc, a thyrd ag ef gyda thi, gan ei fod o
gymorth mawr i mi yn fy ngweinidogaeth. Anfonais Tychicus 12
i Effesus. Pan fyddi'n dod, tyrd â'r got a adewais ar ôl gyda 13
Carpus yn Troas, a'r llyfrau hefyd, yn arbennig y memrynau.
Gwnaeth Alexander, y gof copr, ddrwg mawr imi. Fe dâl yr 14
Arglwydd iddo yn ôl ei weithredoedd. Bydd dithau ar dy 15
wyliadwriaeth rhagddo, oherwydd y mae wedi gwrthwynebu
ein cenadwri ni i'r eithaf.

Yn y gwrandawiad cyntaf o'm hamddiffyniad, ni safodd neb 16
gyda mi; aeth pawb a'm gadael; peidied Duw â chyfrif hyn
yn eu herbyn. Ond safodd yr Arglwydd gyda mi, a rhoddodd 17
nerth i mi, er mwyn, trwof fi, i'r pregethu gael ei gyflawni ac i'r
holl Genhedloedd gael ei glywed; a chefais fy ngwaredu o
enau'r llew. A bydd yr Arglwydd eto'n fy ngwaredu i rhag 18
pob cam, a'm dwyn yn ddiogel i'w deyrnas nefol. Iddo ef y
byddo'r gogoniant yn oes oesoedd ! Amen.

Cyfarchion Terfynol

Rho fy nghyfarchion i Prisca ac Acwila, a theulu Onesi- 19
fforus. Arhosodd Erastus yng Nghorinth, a gadewais 20
Troffimus yn glaf ym Miletus. Gwna dy orau i ddod cyn y 21
gaeaf. Y mae Eubwlus a Pwdens a Linus a Claudia, a'r brodyr
oll, yn dy gyfarch. Yr Arglwydd fyddo gyda'th ysbryd di ! 22
Gras fyddo gyda chwi !

PAUL'S LETTER TO

TITUS

1 From Paul, a servant of God and an apostle of Jesus Christ.
I was chosen and sent to help the faith of God's chosen people
and to lead them to the truth taught by our religion, 2 which is
based on the hope for eternal life. God, who does not lie, promised
us this life before the beginning of time, 3 and at the right time
he revealed it in his message. This was entrusted to me, and I proclaim
it by order of God our Saviour.

4 I write to Titus, my true son in the faith that we have in common.
May God the Father and Christ Jesus our Saviour give you grace
and peace.

Titus' Work in Crete

5 I left you in Crete, so that you could put in order the things
that still needed doing and appoint church elders in every town.
Remember my instructions: 6 an elder must be blameless; he must
have only one wife,[a] and his children must be believers and not
have the reputation of being wild or disobedient. 7 For since a church
leader is in charge of God's work, he should be blameless. He must
not be arrogant or quick-tempered, or a drunkard or violent or greedy
for money. 8 He must be hospitable and love what is good. He must
be self-controlled, upright, holy, and disciplined. 9 He must hold firmly
to the message which can be trusted and which agrees with the
doctrine. In this way he will be able to encourage others with the
true teaching and also to show the error of those who are opposed
to it.

10 For there are many, especially converts from Judaism, who
rebel and deceive others with their nonsense. 11 It is necessary to
stop their talk, because they are upsetting whole families by teaching
what they should not, and all for the shameful purpose of making
money. 12-13 It was a Cretan himself, one of their own prophets,
who spoke the truth when he said, "Cretans are always liars, wicked
beasts, and lazy gluttons." For this reason you must rebuke them
sharply, so that they may have a healthy faith 14 and no longer hold

---

[a] have only one wife; *or* be married only once.

LLYTHYR PAUL AT

TITUS

Cyfarch

1 Paul, gwas Duw ac apostol Iesu Grist, sy'n ysgrifennu, yn
dwyn nod ffydd etholedigion Duw, a gwybodaeth o'r gwirion-
2 edd sydd, yn ein crefydd ni, yn seiliedig ar y gobaith am fywyd
tragwyddol. Dyma'r bywyd a addawodd y digelwyddog Dduw
3 cyn dechrau amser, ac ef hefyd yn ei amser ei hun a ddatgudd-
iodd ei air yn y neges a bregethir. Ymddiriedwyd y neges hon i
4 mi ar orchymyn Duw, ein Gwaredwr. Yr wyf yn cyfarch
Titus, fy mhlentyn diledryw yn y ffydd sy'n gyffredin inni.
Gras a thangnefedd i ti oddi wrth Dduw, ein Tad, a Christ
Iesu, ein Gwaredwr.

Gwaith Titus yng Nghreta

5 Fy mwriad wrth dy adael ar ôl yng Nghreta oedd i ti gael
trefn ar y pethau oedd yn aros heb eu gwneud, a sefydlu henur-
6 iaid ym mhob tref yn ôl fy nghyfarwyddyd i ti: rhaid i henuriad
fod yn ddi-fai, yn ŵr i un wraig, a'i blant yn gredinwyr, heb fod
7 wedi eu cyhuddo o afradlonedd nac yn afreolus. Oherwydd
rhaid i esgob* fod yn ddi-fai, ac yntau yn oruchwyliwr yng
ngwasanaeth Duw. Rhaid iddo beidio â bod yn drahaus, nac
yn fyr ei dymer, nac yn rhy hoff o win, nac yn rhy barod i daro,
8 nac yn un sy'n chwennych elw anonest, ond yn lletygar, ac yn
caru daioni, yn ddisgybledig, yn gyfiawn, yn sanctaidd, yn feistr
9 arno'i hun. Dylai ddal ei afael yn dynn yn y gair sydd i'w gredu
ac sy'n gyson â'r hyn a ddysgir, er mwyn iddo fedru annog
eraill â'i athrawiaeth iach, a threchu ei wrthwynebwyr.
10 Oherwydd y mae llawer, ac yn arbennig y credinwyr Iddewig,
11 yn afreolus, ac yn twyllo dynion â'u dadleuon diffaith; ac fe
ddylid rhoi taw arnynt. Pobl ydynt sydd yn tanseilio teulu-
oedd cyfan drwy ddysgu iddynt bethau na ddylent eu dysgu,
12 a hynny er mwyn elw anonest. Dywedodd un ohonynt, un o'u
proffwydi hwy eu hunain:

> "Celwyddgwn fu'r Cretiaid erioed, anifeiliaid anwar,
> bolrwth a diog."

---

*adn. 7: neu, *arolygydd*.

on to Jewish legends and to human commandments which come
from people who have rejected the truth. 15 Everything is pure to
those who are themselves pure; but nothing is pure to those who
are defiled and unbelieving, for their minds and consciences have
been defiled. 16 They claim that they know God, but their actions
deny it. They are hateful and disobedient, not fit to do anything
good.

Sound Doctrine

2 But you must teach what agrees with sound doctrine. 2 Instruct
the older men to be sober, sensible, and self-controlled; to be
sound in their faith, love, and endurance. 3 In the same way instruct
the older women to behave as women should who live a holy life.
They must not be slanderers or slaves to wine. They must teach
what is good, 4 in order to train the younger women to love their
husbands and children, 5 to be self-controlled and pure, and to be
good housewives who submit to their husbands, so that no one will
speak evil of the message that comes from God.

6 In the same way urge the young men to be self-controlled. 7 In
all things you yourself must be an example of good behaviour. Be
sincere and serious in your teaching. 8 Use sound words that cannot
be criticized, so that your enemies may be put to shame by not
having anything bad to say about us.

9 Slaves are to submit to their masters and please them in all
things. They must not answer them back 10 or steal from them. Instead,
they must show that they are always good and faithful, so as to
bring credit to the teaching about God our Saviour in all they do.

11 For God has revealed his grace for the salvation of all mankind.
12 That grace instructs us to give up ungodly living and worldly
passions, and to live self-controlled, upright, and godly lives in this
world, 13 as we wait for the blessed Day we hope for, when the
glory of our great God and Saviour Jesus Christ[b] will appear. 14 He
gave himself for us, to rescue us from all wickedness and to make
us a pure people who belong to him alone and are eager to do
good.

15 Teach these things and use your full authority as you encourage
and rebuke your hearers. Let none of them look down on you.

---

[b] our great God and Saviour Jesus Christ; *or* the great God and our Saviour Jesus Christ.

Y mae'r dystiolaeth hon yn wir. Am hynny, cerydda hwy'n 13
ddidostur, er mwyn eu cael yn iach yn y ffydd yn lle bod â'u 14
bryd ar chwedlau Iddewig a gorchmynion dynion sy'n troi cefn
ar y gwirionedd. I'r pur, y mae pob peth yn bur; ond i'r rhai 15
llygredig a di-gred, nid oes dim yn bur; y mae eu deall a'u
cydwybod wedi eu llygru. Y maent yn proffesu eu bod yn 16
adnabod Duw, ond ei wadu y maent â'u gweithredoedd. Y
maent yn ffiaidd ac yn anufudd, ac yn anghymwys i unrhyw
weithred dda.

Dysgu Athrawiaeth Iach

Ond yr wyt ti i lefaru'r hyn sy'n gweddu i'r athrawiaeth iach. **2**
Dywed wrth yr hynafgwyr am fod yn sobr, yn weddus, yn 2
ddisgybledig, yn iach mewn ffydd a chariad a dyfalbarhad.
Ac wrth y gwragedd hynaf yr un modd: am iddynt fod yn 3
ddefosiynol eu hymarweddiad, yn ddiwenwyn, a heb fod yn
gaeth i ormodedd o win; dylent hyfforddi'r gwragedd ifainc 4
yn y pethau gorau, a'u cymell i garu eu gwŷr a charu eu plant,
i fod yn ddisgybledig a diwair, i ofalu am eu cartrefi, ac i fod yn 5
garedig, ac yn ddarostyngedig i'w gwŷr, fel na chaiff gair Duw
enw drwg. Yn yr un modd, cymell y dynion ifainc i arfer 6
hunanddisgyblaeth. Ym mhob peth dangos dy hun yn esiampl 7
o weithredoedd da, ac wrth hyfforddi amlyga ddidwylledd a
gwedduster a neges iachusol, a fydd uwchlaw beirniadaeth. 8
Felly codir cywilydd ar dy wrthwynebwr, gan na fydd ganddo
ddim drwg i'w ddweud amdanom. Cymell y caethweision i fod 9
yn ddarostyngedig i'w meistri ym mhob peth, i wneud eu
dymuniad, i beidio â'u hateb yn ôl na lladrata oddi arnynt, ond 10
i'w dangos eu hunain yn gwbl ffyddlon a gonest, ac felly yn
addurn ym mhob peth i athrawiaeth Duw, ein Gwaredwr.

Oherwydd amlygwyd gras Duw i ddwyn gwaredigaeth i bob 11
dyn, gan ein hyfforddi i ymwrthod ag annuwioldeb a chwantau 12
bydol, a byw'n ddisgybledig a chyfiawn a duwiol yn y byd
presennol, a disgwyl am y gwynfyd yr ydym yn gobeithio 13
amdano yn ymddangosiad gogoniant ein Duw mawr a'n
Gwaredwr, Iesu Grist. Rhoddodd ef ei hun drosom ni i brynu 14
rhyddid i ni oddi wrth bob anghyfraith, a'n glanhau ni i fod yn
bobl wedi ei neilltuo iddo ef ei hun ac yn llawn sêl dros weith-
redoedd da. Dywed y pethau hyn, a chymell a cherydda gyda 15
phob awdurdod. Peidied neb â'th anwybyddu.

Christian Conduct

3 Remind your people to submit to rulers and authorities, to obey
them, and to be ready to do good in every way. 2 Tell them
not to speak evil of anyone, but to be peaceful and friendly, and
always to show a gentle attitude towards everyone. 3 For we ourselves
were once foolish, disobedient, and wrong. We were slaves to passions
and pleasures of all kinds. We spent our lives in malice and envy;
others hated us and we hated them. 4 But when the kindness and
love of God our Saviour was revealed, 5 he saved us. It was not
because of any good deeds that we ourselves had done, but because
of his own mercy that he saved us, through the Holy Spirit, who
gives us new birth and new life by washing us. 6 God poured out
the Holy Spirit abundantly on us through Jesus Christ our Saviour,
7 so that by his grace we might be put right with God and come
into possession of the eternal life we hope for. 8 This is a true saying.

I want you to give special emphasis to these matters, so that those
who believe in God may be concerned with giving their time to
doing good deeds, which are good and useful for everyone. 9 But
avoid stupid arguments, long lists of ancestors, quarrels, and fights
about the Law. They are useless and worthless. 10 Give at least two
warnings to the person who causes divisions, and then have nothing
more to do with him. 11 You know that such a person is corrupt,
and his sins prove that he is wrong.

Final Instructions

12 When I send Artemas or Tychicus to you, do your best to
come to me in Nicopolis, because I have decided to spend the winter
there. 13 Do your best to help Zenas the lawyer and Apollos to
get started on their travels, and see to it that they have everything
they need. 14 Our people must learn to spend their time doing good,
in order to provide for real needs; they should not live useless lives.

15 All who are with me send you greetings. Give our greetings
to our friends in the faith.

God's grace be with you all.

Dal at Weithredoedd Da

Dwg ar gof iddynt eu bod i ymostwng i'r awdurdodau sy'n **3**
llywodraethu, i fod yn ufudd iddynt, a bod yn barod i wneud
unrhyw weithred dda;* i beidio â bwrw anfri ar neb, ond i fod 2
yn heddychol ac yn ystyriol, gan ddangos addfwynder yn gyson
tuag at bob dyn. Oherwydd fe fuom ninnau hefyd un amser yn 3
ffôl, yn anufudd, ar gyfeiliorn, yn gaethweision i amryfal
chwantau a phleserau, â'n bywyd yn llawn malais a chenfigen,
yn atgas gan eraill ac yn casáu ein gilydd. Ond pan amlygwyd 4
daioni Duw, ein Gwaredwr, a'i gariad tuag at ddynion, fe'n 5
hachubodd ni, nid ar sail unrhyw weithredoedd o gyfiawnder a
wnaethom ni, ond o'i drugaredd ei hun. Fe'n hachubodd ni
trwy olchiad yr ailenedigaeth ac adnewyddiad gan yr Ysbryd
Glân, a dywalltodd ef arnom ni yn helaeth drwy Iesu Grist, ein 6
Gwaredwr. Ei ddiben oedd ein cyfiawnhau drwy ei ras a'n 7
gwneud, mewn gobaith, yn etifeddion bywyd tragwyddol.

Dyna air i'w gredu. Ac y mae'n ddymuniad gennyf i ti fynnu 8
hyn: fod y rhai a ddaeth i gredu yn Nuw i ofalu eu bod yn
ymroi i weithredoedd da.* Dyma gyngor da a buddiol i ddyn-
ion. Ond gochel gwestiynau ffôl, ac achau, a chynnen a 9
chwerylon ynghylch y Gyfraith, oherwydd di-fudd ac ofer
ydynt. Am y dyn a fyn greu rhaniadau, ar ôl iddo gael ei 10
rybuddio, a'i ail-rybuddio, paid â gwneud dim mwy ag ef;
fe wyddost fod dyn felly wedi ei wyrdroi, ei fod yn pechu, a 11
thrwy hynny yn ei gollfarnu ei hun.

Cyfarwyddiadau Personol a Chyfarchion

Pan anfonaf Artemas neu Tychicus atat, gwna dy orau i ddod 12
ataf i Nicopolis, oherwydd yr wyf wedi penderfynu bwrw'r
gaeaf yno. Gwna dy orau hefyd dros y cyfreithiwr, Zenas, ac 13
Apolos, i'w hebrwng ar eu taith, gan ofalu na fyddant yn fyr o
ddim. Rhaid i'n pobl ni hefyd ddysgu ymroi i waith gonest* i 14
gyfarfod ag angenrheidiau bywyd; os na wnânt, byddant yn
ddi-les.

Y mae pawb sydd gyda mi yn dy gyfarch. Rho fy nghyfarch- 15
ion i'r rhai sydd yn ein caru yn y ffydd. Gras fyddo gyda chwi
oll!

---

*adn. 1: neu, *i gyflawni unrhyw waith gonest.*
*adn. 8: neu, *i waith gonest.*
*adn. 14: neu, *i weithredoedd da.*

PAUL'S LETTER TO

PHILEMON

1 From Paul, a prisoner for the sake of Christ Jesus, and from
our brother Timothy—

To our friend and fellow-worker Philemon, 2 and the church that
meets in your house, and our sister Apphia, and our fellow-soldier
Archippus:

3 May God our Father and the Lord Jesus Christ give you grace
and peace.

Philemon's Love and Faith

4 Brother Philemon, every time I pray, I mention you and give
thanks to my God. 5 For I hear of your love for all God's people
and the faith you have in the Lord Jesus. 6 My prayer is that our
fellowship with you as believers will bring about a deeper understand-
ing of every blessing which we have in our life in union with Christ.
7 Your love, dear brother, has brought me great joy and much
encouragement! You have cheered the hearts of all God's people.

A Request for Onesimus

8 For this reason I could be bold enough, as your brother in Christ,
to order you to do what should be done. 9 But because I love you,
I make a request instead. I do this even though I am Paul, the
ambassador of Christ Jesus, and at present also a prisoner for his
sake.[a] 10 So I make a request to you on behalf of Onesimus, who
is my own son in Christ; for while in prison I have become his
spiritual father. 11 At one time he was of no use to you, but now
he is useful both to you and to me.

12 I am sending him back to you now, and with him goes my
heart. 13 I would like to keep him here with me, while I am in
prison for the gospel's sake, so that he could help me in your place.
14 However, I do not want to force you to help me; rather, I would
like you to do it of your own free will. So I will not do anything
unless you agree.

15 It may be that Onesimus was away from you for a short time
so that you might have him back for all time. 16 And now he is

---

[a] the ambassador of Christ Jesus, and at present also a prisoner for his sake; *or* an old man, and at present a prisoner for the sake of Christ Jesus.

LLYTHYR PAUL AT

PHILEMON

Cyfarch

Paul, carcharor Crist Iesu, a Timotheus ein brawd, at 1
Philemon, ein cydweithiwr annwyl, ac Apffia, ein chwaer, ac 2
Archipus, ein cydfilwr; ac at yr eglwys sy'n ymgynnull yn dy
dŷ. Gras a thangnefedd i chwi oddi wrth Dduw ein Tad a'r 3
Arglwydd Iesu Grist.

Cariad a Ffydd Philemon

Yr wyf yn diolch i'm Duw bob amser wrth gofio amdanat yn 4
fy ngweddïau, oherwydd fy mod yn clywed am dy gariad, a'r 5
ffydd sydd gennyt tuag at yr Arglwydd Iesu ac at yr holl saint.
Yr wyf yn deisyf y bydd dy gyfranogiad yn ein ffydd yn 6
hyrwyddo dirnadaeth o'r holl ddaioni sy'n eiddo i ni yng
Nghrist. Oherwydd cefais lawer o lawenydd a symbyliad trwy 7
dy gariad, gan fod calonnau'r saint wedi eu llonni drwot ti, fy
mrawd.

Paul yn Eiriol dros Onesimus

Gan hynny, er bod gennyf berffaith ryddid yng Nghrist i roi 8
gorchymyn i ti ynglŷn â'th ddyletswydd, yr wyf yn hytrach, ar 9
sail cariad, yn apelio atat. Ie, myfi, Paul, a mi'n llysgennad
Crist Iesu, ac yn awr hefyd yn garcharor drosto, apelio yr wyf 10
atat ar ran fy mhlentyn, Onesimus, un y deuthum yn dad iddo
yn y carchar. Bu ef gynt yn ddi-fudd i ti, ond yn awr y mae'n 11
fuddiol iawn i ti ac i minnau.* Yr wyf yn ei anfon yn ôl atat, 12
ac yntau bellach yn rhan ohonof fi. Mi hoffwn ei gadw gyda mi, 13
er mwyn iddo weini arnaf yn dy le di tra byddaf yng ngharchar
o achos yr Efengyl. Ond ni fynnwn wneud dim heb dy gyd- 14
syniad di, rhag i'th garedigrwydd fod o orfod, nid o wirfodd.
Efallai, yn wir, mai dyma'r rheswm iddo gael ei wahanu oddi 15
wrthyt dros dro, er mwyn iti ei dderbyn yn ôl am byth, nid fel 16

---

*adn. 11: ystyr yr enw Onesimus yw *buddiol*.

not just a slave, but much more than a slave: he is a dear brother
in Christ. How much he means to me! And how much more he
will mean to you, both as a slave and as a brother in the Lord!
17 So, if you think of me as your partner, welcome him back
just as you would welcome me. 18 If he has done you any wrong
or owes you anything, charge it to my account. 19 Here, I will write
this with my own hand: *I, Paul, will pay you back.* (I should not
have to remind you, of course, that you owe your very self to me.)
20 So, my brother, please do me this favour for the Lord's sake;
as a brother in Christ, cheer me up!
21 I am sure, as I write this, that you will do what I ask—in
fact I know that you will do even more. 22 At the same time, get
a room ready for me, because I hope that God will answer the
prayers of all of you and give me back to you.

Final Greetings

23 Epaphras, who is in prison with me for the sake of Christ
Jesus, sends you his greetings, 24 and so do my fellow-workers Mark,
Aristarchus, Demas, and Luke.
25 May the grace of the Lord Jesus Christ be with you all.

caethwas mwyach ond fel un sy'n fwy na chaethwas, yn frawd
annwyl—annwyl iawn i mi, ond anwylach fyth i ti, fel dyn ac
fel Cristion.
Os wyt, felly, yn fy ystyried i yn gymar, derbyn ef fel pe bait 17
yn fy nerbyn i. Os gwnaeth unrhyw gam â thi, neu os yw yn dy 18
ddyled, cyfrif hynny arnaf fi. Yr wyf fi, Paul, yn ysgrifennu 19
â'm llaw fy hun: fe dalaf fi yn ôl, a hynny heb sôn dy fod ti'n
ddyledus i mi am dy fywyd dy hun. Ie, frawd, mi fynnwn gael 20
ffafr gennyt ti yn yr Arglwydd; llonna fy nghalon i yng Nghrist.
Yr wyf yn ysgrifennu atat mewn sicrwydd y byddi'n ufudd- 21
hau; gwn y byddi'n gwneud mwy nag yr wyf yn ei ofyn. Yr un 22
pryd hefyd, paratoa lety imi, oherwydd 'rwy'n gobeithio y caf
fy rhoi i chwi mewn ateb i'ch gweddïau.

Cyfarchion Terfynol

Y mae Epaffras, fy nghydgarcharor yng Nghrist Iesu, yn dy 23
gyfarch; a Marc, Aristarchus, Demas a Luc, fy nghydweithwyr. 24
Gras yr Arglwydd Iesu Grist fyddo gyda'ch ysbryd chwi! 25

THE LETTER TO THE

HEBREWS

God's Word through His Son

1 In the past, God spoke to our ancestors many times and in
many ways through the prophets, 2 but in these last days he
has spoken to us through his Son. He is the one through whom
God created the universe, the one whom God has chosen to possess
all things at the end. 3 He reflects the brightness of God's glory
and is the exact likeness of God's own being, sustaining the universe
with his powerful word. After achieving forgiveness for the sins of
mankind, he sat down in heaven at the right-hand side of God,
the Supreme Power.

The Greatness of God's Son

4 The Son was made greater than the angels, just as the name
that God gave him is greater than theirs. 5 For God never said to
any of his angels,

"You are my Son;
today I have become your Father."

Nor did God say about any angel,

"I will be his Father,
and he will be my Son."

6 But when God was about to send his first-born Son into the world, he
said,

"All God's angels must worship him."

7 But about the angels God said,

"God makes his angels winds,
and his servants flames of fire."

8 About the Son, however, God said:

"Your kingdom, O God, will last[a] for ever and ever!
You rule over your[b] people with justice.
9 You love what is right and hate what is wrong.
That is why God, your God, has chosen you
and has given you the joy of an honour far greater
than he gave to your companions."

10 He also said,

"You, Lord, in the beginning created the earth,
and with your own hands you made the heavens.

---

[a] Your kingdom, O God, will last; *or* God is your kingdom.
[b] your; *some manuscripts have* his.

Y LLYTHYR AT YR

HEBREAID

Duw wedi Llefaru yn Ei Fab

Mewn llawer dull a llawer modd y llefarodd Duw gynt wrth 1
y tadau yn y proffwydi, ond yn y dyddiau olaf hyn llefarodd 2
wrthym ni mewn Mab. Hwn yw'r un a benododd Duw yn
etifedd pob peth, a'r un y gwnaeth y cyfanfyd drwyddo. Y 3
mae'n adlewyrchu gogoniant Duw, ac y mae stamp ei sylwedd
ef arno; ac y mae'n cynnal pob peth â'i air nerthol. Ar ôl iddo
gyflawni puredigaeth pechodau, eisteddodd ar ddeheulaw'r
Mawrhydi yn yr uchelder, wedi dyfod gymaint yn uwch na'r 4
angylion ag y mae'r enw a etifeddodd yn rhagorach na'r
eiddynt hwy.

Y Mab yn Uwch na'r Angylion

Oherwydd wrth bwy o'r angylion y dywedodd Duw erioed: 5

" Ti yw fy Mab;
yr wyf fi heddiw wedi dy genhedlu di " ?

Ac eto:

" Byddaf fi yn dad iddo ef,
a bydd yntau yn fab i mi."

A thrachefn, pan yw'n dod â'i gyntafanedig i mewn i'r byd, y 6
mae'n dweud:

" A bydded i holl angylion Duw ymgrymu iddo ef."

Am yr angylion y mae'n dweud: 7

" Yr hwn sy'n gwneud ei angylion yn wyntoedd,
a'i weinidogion yn fflam dân ";

ond am y Mab: 8

" Y mae dy orsedd di, O Dduw, yn oes oesoedd,
a gwialen dy deyrnas di yw gwialen uniondeb.
Ceraist gyfiawnder, a chaseaist anghyfraith. 9
Am hynny, O Dduw, y mae dy Dduw di wedi dy eneinio
ag olew gorfoledd, uwchlaw dy gymheiriaid."

Y mae hefyd yn dweud: 10

" Ti, yn y dechrau, Arglwydd, a osodaist sylfeini'r ddaear,
a gwaith dy ddwylo di yw'r nefoedd.

11 They will disappear, but you will remain;
they will all wear out like clothes.
12 You will fold them up like a coat,
and they will be changed like clothes.
But you are always the same,
and your life never ends."
13 God never said to any of his angels:
"Sit here on my right
until I put your enemies
as a footstool under your feet."
14 What are the angels, then? They are spirits who serve God
and are sent by him to help those who are to receive salvation.

The Great Salvation

2 That is why we must hold on all the more firmly to the truths
we have heard, so that we will not be carried away. 2 The message
given to our ancestors by the angels was shown to be true, and
anyone who did not follow it or obey it received the punishment
he deserved. 3 How, then, shall we escape if we pay no attention
to such a great salvation? The Lord himself first announced this
salvation, and those who heard him proved to us that it is true.
4 At the same time God added his witness to theirs by performing
all kinds of miracles and wonders and by distributing the gifts of
the Holy Spirit according to his will.

The One Who Leads Us to Salvation

5 God has not placed the angels as rulers over the new world
to come—the world of which we speak. 6 Instead, as it is said some-
where in the Scriptures:
"What is man, O God, that you should think of him;
mere man, that you should care for him?
7 You made him for a little while lower than the angels;
you crowned him with glory and honour,[c]
8 and made him ruler over all things."
It says that God made man "ruler over all things"; this clearly
includes everything. We do not, however, see man ruling over all
things now. 9 But we do see Jesus, who for a little while was made
lower than the angels, so that through God's grace he should die
for everyone. We see him now crowned with glory and honour because

---

[c] *Many manuscripts add:* You made him ruler over everything you made *(see Ps* 8.6).

Fe ddarfyddant hwy, ond yr wyt ti'n aros; 11
ânt hwy oll yn hen fel dilledyn ;
plygi hwy fel plygu mantell, 12
a newidir hwy fel newid dilledyn;
ond tydi, yr un ydwyt,
ac ar dy flynyddoedd ni bydd diwedd."
Wrth bwy o'r angylion y dywedodd ef erioed: 13
" Eistedd ar fy neheulaw
hyd oni osodaf dy elynion yn droedfainc i'th draed "?
Onid ysbrydion gwasanaethgar ydynt oll, yn cael eu hanfon i 14
weini, er mwyn y rhai sydd i etifeddu iachawdwriaeth ?

Iachawdwriaeth mor Fawr

Am hynny, rhaid i ni ddal yn fwy gofalus ar y pethau a **2**
glywyd, rhag i ni fynd gyda'r llif. Oherwydd os oedd y gair a 2
lefarwyd drwy angylion yn sicr, ac os derbyniodd pob trosedd
ac anufudd-dod ei gyfiawn dâl, pa fodd y dihangwn ni, os 3
esgeuluswn iachawdwriaeth mor fawr—iachawdwriaeth a
gafodd ei chyhoeddi gyntaf drwy enau'r Arglwydd, a'i chadarn-
hau wedyn i ni gan y rhai oedd wedi clywed, a Duw yn cyd- 4
dystio drwy arwyddion a rhyfeddodau, a thrwy amrywiol
rymusterau, a thrwy gyfraniadau'r Ysbryd Glân, yn ôl ei
ewyllys ei hun.

Tywysog Iachawdwriaeth

Oherwydd nid i angylion y darostyngodd ef y byd a ddaw, y 5
byd yr ydym yn sôn amdano. Tystiolaethodd rhywun yn 6
rhywle yn y geiriau hyn:
" Beth yw dyn, dy fod di yn ei gofio,
neu fab dyn, fod gennyt ti ofal amdano ?
Gwnaethost ef am ryw ychydig yn is na'r angylion; 7
coronaist ef â gogoniant ac anrhydedd.
Darostyngaist bob peth o dan ei draed ef." 8
Wrth ddarostwng pob peth iddo, ni adawodd ddim heb ei
ddarostwng iddo. Ond yn awr nid ydym hyd yma yn gweld
pob peth wedi ei ddarostwng iddo; eithr yr ydym yn gweld 9
Iesu, yr un a wnaed am ryw ychydig yn is na'r angylion, wedi
ei goroni â gogoniant ac anrhydedd oherwydd iddo ddioddef
marwolaeth, er mwyn iddo, trwy ras Duw,* brofi marwolaeth
dros bob dyn.

---

*adn. 9: yn ôl darlleniad arall, *wedi ei wahanu oddi wrth Dduw.*

of the death he suffered. 10 It was only right that God, who creates
and preserves all things, should make Jesus perfect through suffering,
in order to bring many sons to share his glory. For Jesus is the
one who leads them to salvation.

11 He purifies people from their sins, and both he and those who
are made pure all have the same Father. That is why Jesus is not
ashamed to call them his brothers. 12 He says to God,

"I will tell my brothers what you have done;
I will praise you in their meeting."

13 He also says, "I will put my trust in God." And he also says, "Here
I am with the children that God has given me."

14 Since the children, as he calls them, are people of flesh and
blood, Jesus himself became like them and shared their human nature.
He did this so that through his death he might destroy the Devil,
who has the power over death, 15 and in this way set free those
who were slaves all their lives because of their fear of death. 16 For
it is clear that it is not the angels that he helps. Instead, as the
scripture says, "He helps the descendants of Abraham." 17 This means
that he had to become like his brothers in every way, in order to
be their faithful and merciful High Priest in his service to God,
so that the people's sins would be forgiven. 18 And now he can help
those who are tempted, because he himself was tempted and suffered.

Jesus Is Greater than Moses

3 My Christian brothers, who also have been called by God!
Think of Jesus, whom God sent to be the High Priest of the
faith we profess. 2 He was faithful to God, who chose him to do
this work, just as Moses was faithful in his work in God's house.
3 A man who builds a house receives more honour than the house
itself. In the same way Jesus is worthy of much greater honour
than Moses. 4 Every house, of course, is built by someone—and God
is the one who has built all things. 5 Moses was faithful in God's
house as a servant, and he spoke of the things that God would
say in the future. 6 But Christ is faithful as the Son in charge of
God's house. We are his house if we keep up our courage and
our confidence in what we hope for.

Oherwydd yr oedd yn gweddu i Dduw, yr hwn y mae popeth 10
yn bod er ei fwyn a phopeth yn bod drwyddo, wrth ddwyn
meibion lawer i ogoniant, wneud tywysog eu hiachawdwriaeth
yn berffaith trwy ddioddefiadau. Canys yr hwn sydd yn sanc- 11
teiddio, a'r rhai sy'n cael eu sancteiddio, o'r un cyff y maent oll.
Dyna pam nad oes arno gywilydd eu galw hwy'n frodyr iddo'i
hun. Y mae'n dweud: 12

> "Cyhoeddaf dy enw i'm brodyr,
> yng nghanol y gynulleidfa canaf fawl i ti";

ac eto: 13

> "Ynddo ef y byddaf fi'n ymddiried";

ac eto fyth:

> "Wele fi, a'r plant a roddodd Duw imi."

Felly, gan fod y plant yn cydgyfranogi o'r un cig a gwaed, y 14
mae yntau, mewn dull cyffelyb, wedi cyfranogi o'r cig a gwaed
hwnnw, er mwyn iddo, trwy farwolaeth, ddiddymu'r hwn sy'n
rheoli marwolaeth, sef y diafol, a rhyddhau'r rheini oll oedd, 15
trwy ofn marwolaeth, yng ngafael caethiwed ar hyd eu hoes.
Yn sicr, nid am angylion y mae gofal ganddo, ond am had 16
Abraham. Am hynny, yr oedd yn rhaid iddo, ym mhob peth, 17
gael ei wneud yn debyg i'w frodyr, er mwyn iddo fod yn arch-
offeiriad tosturiol a ffyddlon, gerbron Duw, i sicrhau puredig-
aeth pechodau'r bobl. Oherwydd am iddo ef ei hunan ddi- 18
oddef dan brawf, y mae'n gallu cynorthwyo'r rhai sydd yn cael
eu profi.

Iesu'n Uwch na Moses

Gan hynny, frodyr sanctaidd, chwychwi sy'n cyfranogi o **3**
alwad nefol, ystyriwch Apostol ac Archoffeiriad ein cyffes ni,
sef Iesu, a fu'n ffyddlon i'r hwn a'i penododd, fel y bu Moses 2
hefyd yn ffyddlon yn holl dŷ Duw. Oherwydd y mae Iesu wedi 3
ei gyfrif yn deilwng o ogoniant mwy na Moses, yn gymaint â
bod sylfaenydd tŷ yn derbyn mwy o anrhydedd na'r tŷ. Y mae 4
pob tŷ yn cael ei sylfaenu gan rywun, ond Duw yw sylfaenydd
pob peth. Bu Moses yn ffyddlon yn holl dŷ Duw fel gwas, i 5
ddwyn tystiolaeth i'r pethau yr oedd Duw yn mynd i'w llefaru;
ond y mae Crist yn ffyddlon fel Mab sydd â rheolaeth ar dŷ 6
Duw. A ni yw ei dŷ ef, os daliwn ein gafael ar y gobaith sy'n
sail ein hyder a'n balchder.

A Rest for God's People

7 So then, as the Holy Spirit says,
"If you hear God's voice today,
8 do not be stubborn, as your ancestors were when they rebelled against God,
as they were that day in the desert
when they put him to the test.
9 There they put me to the test and tried me, says God,
although they had seen what I did for forty years.
10 And so I was angry with those people and said,
'They are always disloyal
and refuse to obey my commands.'
11 I was angry and made a solemn promise:
'They will never enter the land where I would have given them rest!'"

12 My fellow-believers, be careful that no one among you has
a heart so evil and unbelieving that he will turn away from the
living God. 13 Instead, in order that none of you be deceived by
sin and become stubborn, you must help one another every day,
as long as the word "Today" in the scripture applies to us. 14 For
we are all partners with Christ if we hold firmly to the end the
confidence we had at the beginning.

15 This is what the scripture says:
"If you hear God's voice today,
do not be stubborn, as your ancestors were
when they rebelled against God."

16 Who were the people who heard God's voice and rebelled against
him? All those who were led out of Egypt by Moses. 17 With whom
was God angry for forty years? With the people who sinned, who
fell down dead in the desert. 18 When God made his solemn promise,
"They will never enter the land where I would have given them
rest"—of whom was he speaking? Of those who rebelled. 19 We
see, then, that they were not able to enter the land, because they
did not believe.

4 Now, God has offered us the promise that we may receive that
rest he spoke about. Let us take care, then, that none of you
will be found to have failed to receive that promised rest. 2 For
we have heard the Good News, just as they did. They heard the
message, but it did them no good, because when they heard it, they

Gorffwysfa i Bobl Duw

Gan hynny, fel y mae'r Ysbryd Glân yn dweud: 7
"Heddiw, os clywch ei lais ef,
peidiwch â chaledu eich calonnau fel yn y gwrthryfel, 8
yn nydd y profi yn yr anialwch,
lle y temtiodd eich tadau fi, a'm profi, 9
ac y gwelsant fy ngweithredoedd am ddeugain mlyn- 10
edd.
Dyna pam y digiais wrth y genhedlaeth honno;
a dywedais, 'Y maent yn wastad yn cyfeiliorni yn eu
calonnau,
ac nid ydynt wedi adnabod fy ffyrdd i.'
Felly, tyngais yn fy nigofaint, 11
'Ni chânt fyth ddod i mewn i'm gorffwysfa i.'"

Gwyliwch, frodyr, na fydd yn neb ohonoch byth galon ddrwg 12
anghrediniol, i beri iddo gefnu ar y Duw byw. Yn hytrach, 13
calonogwch eich gilydd bob dydd, tra mae'r "Heddiw"
hwnnw'n cael ei alw felly, rhag i neb ohonoch gael ei galedu
gan dwyll pechod. Oherwydd yr ydym ni bellach yn gyd- 14
gyfranogion â Christ,* os glynwn yn dynn hyd y diwedd wrth
ein hyder cyntaf. Dyma'r hyn y mae'r Ysgrythur yn ei ddweud: 15
"Heddiw, os clywch ei lais ef,
peidiwch â chaledu eich calonnau fel yn y gwrthryfel."
Pwy, felly, a glywodd, ac a wrthryfelodd wedyn? Onid pawb 16
oedd wedi dod allan o'r Aifft dan arweiniad Moses? Ac wrth 17
bwy y digiodd ef am ddeugain mlynedd? Onid wrth y rhai a
bechodd, y rhai y syrthiodd eu cyrff yn farw yn yr anialwch?
Wrth bwy y tyngodd na chaent fyth ddod i mewn i'w orffwysfa 18
ef, os nad wrth y rhai a fu'n anufudd? Ac yr ydym yn gweld 19
mai o achos anghrediniaeth y methasant ddod i mewn.

Gochelwn, felly, rhag i neb ohonoch, a'r addewid yn aros y 4
cawn ddod i mewn i'w orffwysfa ef, dybio ei fod wedi ei gau
allan.* Oherwydd fe gyhoeddwyd y newyddion da, yn wir, i ni 2
fel iddynt hwythau, ond ni fu'r gair a glywsant o unrhyw fudd
iddynt hwy, am nad oeddent wedi eu huno mewn ffydd â'r
sawl oedd wedi gwrando ar y gair.* Oblegid nyni, y rhai sydd 3

---

*adn. 14: neu, *yn gyfranogion o Grist.*
*adn. 1: neu, *gael ei ddyfarnu'n wrthodedig.*
*adn. 2: yn ôl darlleniad arall: *am nad oedd wedi ei gysylltu â ffydd yn y gwrandawyr.*

did not accept it with faith. 3 We who believe, then, do receive that rest which God promised. It is just as he said,

"I was angry and made a solemn promise:
'They will never enter the land where I would have given them rest!' "

He said this even though his work had been finished from the time he created the world. 4 For somewhere in the Scriptures this is said about the seventh day: "God rested on the seventh day from all his work." 5 This same matter is spoken of again: "They will never enter that land where I would have given them rest." 6 Those who first heard the Good News did not receive that rest, because they did not believe. There are, then, others who are allowed to receive it. 7 This is shown by the fact that God sets another day, which is called "Today." Many years later he spoke of it through David in the scripture already quoted:

"If you hear God's voice today,
do not be stubborn."

8 If Joshua had given the people the rest that God had promised, God would not have spoken later about another day. 9 As it is, however, there still remains for God's people a rest like God's resting on the seventh day. 10 For whoever receives that rest which God promised will rest from his own work, just as God rested from his. 11 Let us, then, do our best to receive that rest, so that no one of us will fail as they did because of their lack of faith.

12 The word of God is alive and active, sharper than any double-edged sword. It cuts all the way through, to where soul and spirit meet, to where joints and marrow come together. It judges the desires and thoughts of man's heart. 13 There is nothing that can be hidden from God; everything in all creation is exposed and lies open before his eyes. And it is to him that we must all give an account of ourselves.

Jesus the Great High Priest

14 Let us, then, hold firmly to the faith we profess. For we have a great High Priest who has gone into the very presence of God—Jesus, the Son of God. 15 Our High Priest is not one who cannot feel sympathy for our weaknesses. On the contrary, we have a High Priest who was tempted in every way that we are, but did not sin. 16 Let us be brave, then, and approach God's throne, where there is grace. There we will receive mercy and find grace to help us just when we need it.

wedi credu, sydd yn mynd i mewn i'r orffwysfa, yn unol â'r
hyn a ddywedodd:

" Felly, tyngais yn fy nigofaint,
' Ni chânt fyth ddod i mewn i'm gorffwysfa i.' "

Ac eto yr oedd ei waith wedi ei orffen er seiliad y byd. Oher- 4
wydd y mae gair yn rhywle am y seithfed dydd fel hyn: " A
gorffwysodd Duw ar y seithfed dydd oddi wrth ei holl waith."
Felly hefyd yma: "Ni chânt fyth ddod i mewn i'm gorffwysfa i." 5
Felly, gan ei bod yn sicr y bydd rhai yn cael dod i mewn iddi, a 6
chan fod y rhai y cyhoeddwyd y newyddion da iddynt gynt heb
ddod i mewn oherwydd anufudd-dod, y mae ef drachefn yn 7
pennu dydd neilltuol, sef " Heddiw ", gan lefaru trwy Ddafydd
ar ôl cymaint o amser, fel y dyfynnwyd o'r blaen:

" Heddiw, os clywch ei lais ef,
peidiwch â chaledu eich calonnau."

Oherwydd petai Josua wedi rhoi gorffwys iddynt, ni fyddai 8
Duw wedi sôn ar ôl hynny am ddiwrnod arall. Felly, y mae 9
gorffwysfa'r Saboth yn aros yn sicr i bobl Dduw. Oherwydd y 10
sawl a ddaeth i mewn i'w orffwysfa ef, y mae hwnnw wedi
gorffwys oddi wrth ei waith, fel y gorffwysodd Duw oddi wrth
ei waith yntau. Gadewch inni ymdrechu, felly, i fynd i mewn 11
i'r orffwysfa honno, rhag i neb syrthio o achos yr un math o
anufudd-dod.

Y mae gair Duw yn fyw a grymus; y mae'n llymach na'r un 12
cleddyf daufiniog, ac yn treiddio hyd at wahaniad yr enaid a'r
ysbryd, y cymalau a'r mêr; ac y mae'n barnu bwriadau a
meddyliau'r galon. Nid oes dim byd a grewyd yn guddiedig o'i 13
olwg, ond y mae pob peth yn agored ac wedi ei ddinoethi o
flaen llygaid yr Un yr ydym ni i roi cyfrif iddo.

Iesu, yr Archoffeiriad Mawr

Gan fod gennym, felly, archoffeiriad mawr sydd wedi mynd 14
drwy'r nefoedd, sef Iesu, Mab Duw, gadewch inni lynu wrth
ein cyffes. Canys nid archoffeiriad heb allu cyd-ddioddef â'n 15
gwendidau sydd gennym, ond un sydd wedi ei brofi ym mhob
peth, yn yr un modd â ni,* ac eto heb bechod. Felly, gadewch 16
inni nesáu mewn hyder at orsedd gras, er mwyn derbyn
trugaredd a chael gras yn gymorth yn ei bryd.

---

*adn. 15: neu, *yn ôl ei debygrwydd i ni.*

5 Every high priest is chosen from his fellow-men and appointed
to serve God on their behalf, to offer sacrifices and offerings
for sins. 2 Since he himself is weak in many ways, he is able to
be gentle with those who are ignorant and make mistakes. 3 And
because he is himself weak, he must offer sacrifices not only for
the sins of the people but also for his own sins. 4 No one chooses
for himself the honour of being a high priest. It is only by God's
call that a man is made a high priest—just as Aaron was.
5 In the same way, Christ did not take upon himself the honour
of being a high priest. Instead, God said to him,
"You are my Son;
today I have become your Father."
6 He also said in another place,
"You will be a priest for ever,
in the line of succession to Melchizedek."
7 In his life on earth Jesus made his prayers and requests with
loud cries and tears to God, who could save him from death. Because
he was humble and devoted, God heard him. 8 But even though
he was God's Son, he learnt through his sufferings to be obedient.
9 When he was made perfect, he became the source of eternal salvation
for all those who obey him, 10 and God declared him to be high
priest, in the line of succession to Melchizedek.

Warning against Abandoning the Faith

11 There is much we have to say about this matter, but it is hard to
explain to you, because you are so slow to understand. 12 There has
been enough time for you to be teachers—yet you still need someone to
teach you the first lessons of God's message. Instead of eating solid
food, you still have to drink milk. 13 Anyone who has to drink milk
is still a child, without any experience in the matter of right and
wrong. 14 Solid food, on the other hand, is for adults, who through
practice are able to distinguish between good and evil.

6 Let us go forward, then, to mature teaching and leave behind
us the first lessons of the Christian message. We should not
lay again the foundation of turning away from useless works and

O blith dynion y bydd pob archoffeiriad yn cael ei ddewis, ac **5**
ar ran dynion y bydd yn cael ei benodi, yn y pethau a berthyn i
Dduw, i offrymu rhoddion ac aberthau dros bechodau. Y 2
mae'n gallu cydymddwyn â'r rhai anwybodus a chyfeiliornus,
gan ei fod yntau hefyd wedi ei amgylchu â gwendid; ac 3
oherwydd y gwendid hwn, rhaid iddo offrymu dros bechodau
ar ei ran ei hun, fel ar ran y bobl. Nid oes neb yn cymryd yr 4
anrhydedd iddo'i hun; Duw sydd yn ei alw, fel y galwodd
Aaron.

Felly hefyd gyda Christ. Nid ei ogoneddu ei hun i fod yn 5
archoffeiriad a wnaeth, ond Duw a ddywedodd wrtho:

" Ti yw fy Mab;
yr wyf fi heddiw wedi dy genhedlu di."

Fel y mae'n dweud mewn lle arall hefyd: 6

" Yr wyt ti'n offeiriad yn dragywydd,
yn ôl urdd Melchisedec."

Yn nyddiau ei gnawd, fe offrymodd Iesu weddïau ac erfyniadau, 7
gyda llef uchel a dagrau, i'r hwn oedd yn abl i'w achub rhag
marwolaeth, ac fe gafodd ei wrando o achos ei barchedig ofn.*
Er mai Mab ydoedd, dysgodd ufudd-dod drwy'r hyn a ddi- 8
oddefodd, ac wedi ei berffeithio, daeth yn ffynhonnell iach- 9
awdwriaeth dragwyddol i bawb sydd yn ufuddhau iddo, wedi ei 10
enwi gan Dduw yn archoffeiriad yn ôl urdd Melchisedec.

Rhybudd rhag Syrthio Ymaith

Am Melchisedec y mae gennym lawer i'w ddweud sydd yn 11
anodd ei egluro, oherwydd eich bod chwi wedi mynd yn araf i
ddeall. Yn wir, er y dylech erbyn hyn fod yn athrawon, y mae 12
arnoch angen rhywun i ail-ddysgu i chwi elfennau cyntaf
oraclau Duw; angen llaeth sydd arnoch chwi, ac nid bwyd
cryf. Nid oes gan y sawl sy'n byw ar laeth ddim profiad o 13
egwyddor cyfiawnder, am mai baban ydyw. Pobl wedi tyfu i 14
fyny sy'n cymryd bwyd cryf; y mae eu synhwyrau hwy, trwy
ymarfer, wedi eu disgyblu i farnu rhwng da a drwg.

Am hynny, gadewch inni ymadael â'r athrawiaeth elfennol **6**
am Grist, a mynd ymlaen at y tyfiant llawn. Ni ddylem eil-
waith osod y sylfaen, sef edifeirwch am weithredoedd meirwon,

---

*adn. 7: neu, *a chan gael gwrandawiad, fe'i rhyddhawyd o ofn.*

believing in God; [2]of the teaching about baptisms[d] and the laying
on of hands; of the resurrection of the dead and the eternal judgement.
[3]Let us go forward! And this is what we will do, if God allows.

4 For how can those who abandon their faith be brought back
to repent again? They were once in God's light; they tasted heaven's
gift and received their share of the Holy Spirit; [5]they knew from
experience that God's word is good, and they had felt the powers
of the coming age. [6]And then they abandoned their faith! It is
impossible to bring them back to repent again, because they are
again crucifying the Son of God and exposing him to public shame.

7 God blesses the soil which drinks in the rain that often falls
on it and which grows plants that are useful to those for whom
it is cultivated. [8]But if it grows thorns and weeds, it is worth nothing;
it is in danger of being cursed by God and will be destroyed by
fire.

9 But even if we speak like this, dear friends, we feel sure about
you. We know that you have the better blessings that belong to
your salvation. [10]God is not unfair. He will not forget the work
you did or the love you showed for him in the help you gave and
are still giving to your fellow-Christians. [11]Our great desire is that
each one of you keep up his eagerness to the end, so that the things
you hope for will come true. [12]We do not want you to become
lazy, but to be like those who believe and are patient, and so receive
what God has promised.

God's Sure Promise

13 When God made his promise to Abraham, he made a vow
to do what he had promised. Since there was no one greater than
himself, he used his own name when he made his vow. [14]He said,
"I promise you that I will bless you and give you many descendants."
[15]Abraham was patient, and so he received what God had promised.
[16]When a person makes a vow, he uses the name of someone greater
than himself, and the vow settles all arguments. [17]To those who
were to receive what he promised, God wanted to make it very
clear that he would never change his purpose; so he added his vow
to the promise. [18]There are these two things, then, that cannot change
and about which God cannot lie. So we who have found safety
with him are greatly encouraged to hold firmly to the hope placed
before us. [19]We have this hope as an anchor for our lives. It is
safe and sure, and goes through the curtain of the heavenly temple

---

[d]baptisms; *or* purification ceremonies.

a ffydd yn Nuw, dysgeidiaeth am olchiadau, arddodiad dwylo, 2
atgyfodiad y meirw, a'r Farn dragwyddol. A mynd ymlaen a 3
wnawn, os caniatâ Duw. Oherwydd y rhai a oleuwyd unwaith, 4
ac a brofodd o'r rhodd nefol, ac a fu'n gyfrannog o'r Ysbryd
Glân, ac a brofodd ddaioni gair Duw a nerthoedd yr oes i ddod 5
—os yw'r rhain wedyn wedi syrthio ymaith, y mae'n amhosibl 6
eu hadfer i edifeirwch, gan eu bod yn croeshoelio* Mab Duw
iddynt eu hunain, ac yn ei wneud yn waradwydd. Oherwydd y 7
mae'r ddaear, sy'n yfed y glaw sy'n disgyn arni'n fynych, ac
sy'n dwyn cnydau addas i'r rhai y mae'n cael ei thrin er eu
mwyn, yn derbyn ei chyfran o fendith Duw. Ond os yw'n dwyn 8
drain ac ysgall, y mae'n ddiwerth ac yn agos i felltith, a'i
diwedd fydd ei llosgi.

Er ein bod yn siarad fel hyn, yr ydym yn argyhoeddedig, 9
gyfeillion annwyl, fod pethau gwell yn wir amdanoch chwi,
pethau sy'n perthyn i iachawdwriaeth. Oherwydd nid yw Duw 10
yn anghyfiawn; nid anghofia eich gwaith, a'r cariad tuag at ei
enw yr ydych wedi ei amlygu drwy weini i'r saint, a dal ati i
weini. Ond ein dyhead yw i bob un ohonoch ddangos yr un 11
eiddgarwch, nes i'ch gobaith gael ei gyflawni hyd y diwedd.
Yr ydym am i chwi beidio â bod yn araf, ond yn efelychwyr y 12
rhai sydd drwy ffydd a hir-ymaros yn etifeddu'r addewidion.

Addewid Sicr Duw

Pan roddodd Duw, felly, addewid i Abraham, gan nad oedd 13
ganddo neb mwy i dyngu wrtho, fe dyngodd wrtho'i hun gan 14
ddweud: " Yn wir, bendithiaf di, ac yn ddiau, amlhaf di."
Ac felly, wedi hir-ymaros, fe gafodd yr hyn a addawyd. Oher- 15,16
wydd wrth un mwy y bydd dynion yn tyngu; ac y mae llw yn
rhoi gwarant sydd yn derfyn ar bob dadl rhyngddynt. Felly, 17
pan ewyllysiodd Duw brofi'n llwyrach i etifeddion yr addewid
mor ddigyfnewid yw ei fwriad, fe roddodd warant drwy lw,
er mwyn i ddau beth digyfnewid, dau beth yr oedd yn am- 18
hosibl i Dduw fod yn gelwyddog ynddynt, beri i ni sydd wedi
ffoi am noddfa dderbyn symbyliad cryf i ymaflyd yn y gobaith
a osodwyd o'n blaen. Y mae'r gobaith hwn gennym fel angor 19
i'n bywyd, un diogel a chadarn, ac un sy'n mynd trwodd i'r tu

---

*adn. 6: neu, *ailgroeshoelio*.

into the inner sanctuary. 20 On our behalf Jesus has gone in there
before us, and has become a high priest for ever, in the line of
succession to Melchizedek.

The Priest Melchizedek

7 This Melchizedek was king of Salem and a priest of the Most
High God. As Abraham was coming back from the battle in
which he defeated the four kings, Melchizedek met him and blessed
him, 2 and Abraham gave him a tenth of all he had taken. (The
first meaning of Melchizedek's name is "King of Righteousness";
and because he was king of Salem, his name also means "King
of Peace.") 3 There is no record of Melchizedek's father or mother
or of any of his ancestors; no record of his birth or of his death.
He is like the Son of God; he remains a priest for ever.

4 You see, then, how great he was. Abraham, our famous ancestor,
gave him a tenth of all he got in the battle. 5 And those descendants
of Levi who are priests are commanded by the Law to collect a
tenth from the people of Israel, that is, from their own countrymen,
even though their countrymen are also descendants of Abraham.
6 Melchizedek was not descended from Levi, but he collected a tenth
from Abraham and blessed him, the man who received God's promises.
7 There is no doubt that the one who blesses is greater than the
one who is blessed. 8 In the case of the priests the tenth is collected
by men who die; but as for Melchizedek the tenth was collected
by one who lives, as the scripture says. 9 And, so to speak, when
Abraham paid the tenth, Levi (whose descendants collect the tenth)
also paid it. 10 For Levi had not yet been born, but was, so to speak,
in the body of his ancestor Abraham when Melchizedek met him.

11 It was on the basis of the levitical priesthood that the Law
was given to the people of Israel. Now, if the work of the levitical
priests had been perfect, there would have been no need for a different
kind of priest to appear, one who is the successor of Melchizedek,
not of Aaron. 12 For when the priesthood is changed, there also
has to be a change in the law. 13 And our Lord, of whom these
things are said, belonged to a different tribe, and no member of
his tribe ever served as a priest. 14 It is well known that he was
born a member of the tribe of Judah; and Moses did not mention
this tribe when he spoke of priests.

Another Priest, like Melchizedek

15 The matter becomes even plainer; a different priest has appeared,
who is like Melchizedek. 16 He was made a priest, not by human

mewn i'r llen, lle y mae Iesu wedi mynd, yn rhagredegydd ar 20
ein rhan, wedi ei wneud yn archoffeiriad yn dragywydd, yn ôl
urdd Melchisedec.

Urdd Offeiriadol Melchisedec

Cyfarfu'r Melchisedec hwn, brenin Salem, offeiriad y **7**
Duw Goruchaf, ag Abraham pan oedd hwnnw'n dychwelyd
o drechu'r brenhinoedd, a bendithiodd ef; a rhannodd 2
Abraham iddo yntau ddegwm o bopeth. Yn gyntaf, ystyr ei
enw ef yw "brenin cyfiawnder"; ac yna, y mae'n frenin Salem,
hynny yw, "brenin tangnefedd". Ac yntau heb dad, heb fam, 3
a heb achau, nid oes iddo na dechrau dyddiau na diwedd
einioes; ond, wedi ei wneud yn gyffelyb i Fab Duw, y mae'n
aros yn offeiriad am byth.

Ystyriwch pa mor fawr oedd y gŵr hwn y rhoddwyd iddo 4
ddegwm o'r anrhaith gan Abraham y patriarch. Yn awr, y 5
mae'r rheini o blith disgynyddion Lefi sy'n cymryd swydd
offeiriad dan orchymyn yn ôl y Gyfraith i gymryd degwm gan y
bobl, hynny yw, eu brodyr, er mai disgynyddion Abraham
ydynt. Ond y mae hwn, er nad yw o'u llinach hwy, wedi 6
cymryd degwm gan Abraham ac wedi bendithio'r hwn y mae'r
addewidion ganddo. A heb ddadl o gwbl, y lleiaf sy'n cael ei 7
fendithio gan y mwyaf. Yn y naill achos, dynion meidrol sydd 8
yn derbyn degwm, ond yn y llall, un y tystiolaethir amdano ei
fod yn aros yn fyw. Gellir dweud hyd yn oed fod Lefi, derbyn- 9
iwr y degwm, yntau wedi talu degwm drwy Abraham, oblegid 10
yr oedd ef eisoes yn llwynau ei gyndad pan gyfarfu Melchisedec
â hwnnw.

Os oedd perffeithrwydd i'w gael, felly, trwy'r offeiriadaeth 11
Lefiticaidd—oblegid ar sail honno y rhoddwyd y Gyfraith i'r
bobl—pa angen pellach oedd i sôn am offeiriad arall yn codi, yn
ôl urdd Melchisedec ac nid yn ôl urdd Aaron? Oblegid os yw'r 12
offeiriadaeth yn cael ei newid, rhaid bod y Gyfraith hefyd yn
cael ei newid. Oherwydd y mae'r un y dywedir y pethau hyn 13
amdano yn perthyn i lwyth arall nad oes yr un aelod ohono
wedi gweini wrth yr allor; ac y mae'n gwbl hysbys fod ein 14
Harglwydd ni yn hanu o lwyth Jwda, llwyth na ddywedodd
Moses ddim byd am offeiriad mewn perthynas ag ef. Y mae'r 15
ddadl yn eglurach fyth os ar ddull Melchisedec y bydd yr

rules and regulations, but through the power of a life which has
no end. 17 For the scripture says, "You will be a priest for ever,
in the line of succession to Melchizedek." 18 The old rule, then, is
set aside, because it was weak and useless. 19 For the Law of Moses
could not make anything perfect. And now a better hope has been
provided through which we come near to God.

20 In addition, there is also God's vow. There was no such vow
when the others were made priests. 21 But Jesus became a priest
by means of a vow when God said to him,

"The Lord has made a vow
and will not change his mind:
'You will be a priest for ever.'"

22 This difference, then, also makes Jesus the guarantee of a better
covenant.

23 There is another difference: there were many of those other
priests, because they died and could not continue their work. 24 But
Jesus lives on for ever, and his work as priest does not pass on
to someone else. 25 And so he is able, now and always, to save
those who come to God through him, because he lives for ever
to plead with God for them.

26 Jesus, then, is the High Priest that meets our needs. He is
holy; he has no fault or sin in him; he has been set apart from
sinners and raised above the heavens. 27 He is not like other high
priests; he does not need to offer sacrifices every day for his own
sins first and then for the sins of the people. He offered one sacrifice,
once and for all, when he offered himself. 28 The Law of Moses
appoints men who are imperfect to be high priests; but God's promise
made with the vow, which came later than the Law, appoints the
Son, who has been made perfect for ever.

Jesus Our High Priest

8 The whole point of what we are saying is that we have such
a High Priest, who sits at the right of the throne of the Divine
Majesty in heaven. 2 He serves as High Priest in the Most Holy
Place, that is, in the real tent which was put up by the Lord, not
by man.

3 Every High Priest is appointed to present offerings and animal
sacrifices to God, and so our High Priest must also have something

offeiriad arall yn codi, a'i offeiriadaeth yn dibynnu nid ar 16
gyfraith sydd â'i gorchymyn yn ymwneud â'r cnawd, ond ar
nerth bywyd annistryw. Oherwydd tystir amdano: 17

"Yr wyt ti'n offeiriad yn dragywydd,
yn ôl urdd Melchisedec."

Felly, y mae yma ddiddymu ar y gorchymyn blaenorol, am ei 18
fod yn wan ac anfuddiol. Oherwydd nid yw'r Gyfraith wedi 19
dod â dim i berffeithrwydd. Ond yn awr cyflwynwyd i ni obaith
rhagorach yr ydym drwyddo yn nesáu at Dduw.

Yn awr, ni ddigwyddodd hyn heb i Dduw dyngu llw. Daeth 20
y lleill, yn wir, yn offeiriaid heb i lw gael ei dyngu; ond daeth 21
hwn trwy lw yr Un a ddywedodd wrtho:

"Y mae'r Arglwydd wedi tyngu,
ac nid â'n ôl ar ei air,
'Yr wyt ti'n offeiriad yn dragywydd.'"

Yn gymaint â hynny, felly, y mae Iesu wedi dod yn feichiau 22
cyfamod rhagorach. Y mae'r lleill a ddaeth yn offeiriaid yn 23
lluosog hefyd, am fod angau yn eu rhwystro i barhau yn eu
swydd; ond y mae gan hwn, am ei fod yn aros yn dragywydd, 24
offeiriadaeth na throsglwyddir mohoni. Dyna pam y mae ef 25
hefyd yn gallu achub hyd yr eithaf y rhai sy'n agosáu at Dduw
trwyddo ef, gan ei fod yn fyw bob amser i eiriol drostynt.

Dyma'r math o archoffeiriad sy'n addas i ni, un sanctaidd, 26
di-fai, dihalog, wedi ei ddidoli oddi wrth bechaduriaid, ac wedi
ei ddyrchafu yn uwch na'r nefoedd; un nad oes raid iddo yn 27
feunyddiol, fel yr archoffeiriaid, offrymu aberthau yn gyntaf
dros ei bechodau ei hun, ac yna dros rai'r bobl. Oblegid fe
wnaeth ef hyn un waith am byth pan offrymodd ei hun. Oher- 28
wydd y mae'r Gyfraith yn penodi yn archoffeiriaid ddynion
sy'n llawn gwendid, ond y mae geiriau'r llw, sy'n ddiweddarach
na'r Gyfraith, yn penodi Mab sydd wedi ei berffeithio yn
dragywydd.

Archoffeiriad Cyfamod Newydd a Gwell

Prif bwynt yr hyn 'rwy'n ei ddweud yw hyn: dyma'r math o **8**
archoffeiriad sydd gennym, un sydd wedi eistedd ar ddeheulaw
gorsedd y Mawrhydi yn y nefoedd, yn weinidog y cysegr, sef y 2
gwir dabernacl a osododd yr Arglwydd, nid dyn. Oherwydd y 3
mae pob archoffeiriad yn cael ei benodi i offrymu rhoddion ac
aberthau, ac felly, rhaid bod gan hwn hefyd rywbeth i'w

to offer. 4 If he were on earth, he would not be a priest at all,
since there are priests who offer the gifts required by the Jewish
Law. 5 The work they do as priests is really only a copy and a
shadow of what is in heaven. It is the same as it was with Moses.
When he was about to build the Tent, God said to him, "Be sure
to make everything according to the pattern you were shown on
the mountain." 6 But now, Jesus has been given priestly work which
is superior to theirs, just as the covenant which he arranged between
God and his people is a better one, because it is based on promises of
better things.

7 If there had been nothing wrong with the first covenant, there
would have been no need for a second one. 8 But God finds fault
with his people when he says,

"The days are coming, says the Lord,
when I will draw up a new covenant with the people of Israel
and with the people of Judah.
9 It will not be like the covenant that I made with their ancestors
on the day I took them by the hand and led them out of Egypt.
They were not faithful to the covenant I made with them,
and so I paid no attention to them.
10 Now, this is the covenant that I will make with the people of
Israel
in the days to come, says the Lord:
I will put my laws in their minds
and write them on their hearts.
I will be their God,
and they will be my people.
11 None of them will have to teach his fellow-citizen
or say to his fellow-countryman,
'Know the Lord.'
For they will all know me,
from the least to the greatest.
12 I will forgive their sins
and will no longer remember their wrongs."

13 By speaking of a new covenant, God has made the first one old;
and anything that becomes old and worn out will soon disappear.

offrymu. Yn awr, pe byddai ar y ddaear, ni fyddai'n offeiriad o 4
gwbl, gan fod yma eisoes rai sydd yn offrymu rhoddion yn ôl y
Gyfraith. Y mae'r rhain yn gweini i lun a chysgod y pethau 5
nefol, yn ôl y gorchymyn a gafodd Moses pan oedd ar fin codi'r
tabernacl. "Gofala," meddai Duw, "y byddi'n gwneud pob
peth yn ôl y patrwm a ddangoswyd i ti ar y mynydd." Ond, 6
fel y mae, cafodd Iesu weinidogaeth ragorach, gan ei fod yn
gyfryngwr cymaint gwell cyfamod—cyfamod, yn wir, sydd
wedi ei sefydlu ar addewidion gwell.

Oherwydd pe bai'r cyfamod cyntaf hwnnw yn ddi-fai, ni 7
fyddai lle i ail gyfamod. Oherwydd y mae Duw'n eu beio pan 8
yw'n dweud:

"Wele, y mae'r dyddiau'n dod, medd yr Arglwydd,
y gwnaf gyfamod newydd
â thŷ Israel ac â thŷ Jwda;
ni fydd yn debyg i'r cyfamod a wneuthum â'u tadau hwy, 9
y dydd y gafaelais yn eu llaw
i'w harwain allan o wlad yr Aifft,
oherwydd nid arosasant hwy yn fy nghyfamod i.
A minnau, bûm yn ddi-hid ohonynt, medd yr Arglwydd.
Dyma'r cyfamod a wnaf â thŷ Israel 10
ar ôl y dyddiau hynny, medd yr Arglwydd:
rhoddaf fy nghyfreithiau yn eu meddyliau,
ac ysgrifennaf hwy ar eu calonnau.
A byddaf yn Dduw iddynt hwy,
a byddant hwythau'n bobl i minnau.
Ac ni fyddant mwyach yn dysgu, bob un ei gyd-ddinesydd* 11
a phob un ei frawd, gan ddweud, 'Adnebydd yr Arglwydd.'
Oblegid byddant i gyd yn f'adnabod,
o'r lleiaf hyd y mwyaf ohonynt.
Oherwydd byddaf yn drugarog wrth eu camweddau hwy, 12
ac ni chofiaf eu pechodau byth mwy."

Wrth ddweud "Cyfamod newydd", y mae wedi dyfarnu'r 13
cyntaf yn hen; ac y mae'r hyn sy'n mynd yn hen ac oedrannus
ar fin diflannu.

---

*adn. 11: yn ôl darlleniad arall, *ei gymydog*.

Earthly and Heavenly Worship

9 The first covenant had rules for worship and a man-made place for worship as well. 2 A Tent was put up, the outer one, which was called the Holy Place. In it were the lampstand and the table with the bread offered to God. 3 Behind the second curtain was the Tent called the Most Holy Place. 4 In it were the gold altar for the burning of incense and the Covenant Box all covered with gold and containing the gold jar with the manna in it, Aaron's stick that had sprouted leaves, and the two stone tablets with the commandments written on them. 5 Above the Box were the winged creatures representing God's presence, with their wings spread over the place where sins were forgiven. But now is not the time to explain everything in detail.

6 This is how those things have been arranged. The priests go into the outer Tent every day to perform their duties, 7 but only the High Priest goes into the inner Tent, and he does so only once a year. He takes with him blood which he offers to God on behalf of himself and for the sins which the people have committed without knowing they were sinning. 8 The Holy Spirit clearly teaches from all these arrangements that the way into the Most Holy Place has not yet been opened as long as the outer Tent still stands. 9 This is an illustration which points to the present time. It means that the offerings and animal sacrifices presented to God cannot make the worshipper's heart perfect, 10 since they have to do only with food, drink, and various purification ceremonies. These are all outward rules, which apply only until the time when God will establish the new order.

11 But Christ has already come as the High Priest of the good things that are already here.[e] The tent in which he serves is greater and more perfect; it is not a man-made tent, that is, it is not a part of this created world. 12 When Christ went through the tent and entered once and for all into the Most Holy Place, he did not take the blood of goats and bulls to offer as a sacrifice; rather, he took his own blood and obtained eternal salvation for us. 13 The blood of goats and bulls and the ashes of a burnt calf are sprinkled on the people who are ritually unclean, and this purifies them by taking away their ritual impurity. 14 Since this is true, how much more is accomplished by the blood of Christ! Through the eternal Spirit he offered himself as a perfect sacrifice to God. His blood will purify our consciences from useless rituals, so that we may serve the living God.

---

[e] already here; *some manuscripts have* coming.

Y Cysegr Daearol a'r Cysegr Nefol

Yn awr, yr oedd gan y cyfamod cyntaf hefyd ordinhadau **9**
addoliad, a chysegr, ond mai cysegr daearol oedd. Oblegid 2
codwyd pabell, y nesaf allan, ac ynddi hi yr oedd y canhwyll-
bren a'r bwrdd a'r bara gosod; gelwir hon yn Gysegr. A'r tu 3
ôl i'r ail len yr oedd y babell a elwir yn Gysegr Sancteiddiolaf.
Dyma lle'r oedd y thuser aur, ac arch y cyfamod wedi ei gor- 4
euro drosti i gyd; yn honno yr oedd llestr aur yn dal y manna,
a gwialen Aaron, a flagurodd unwaith, a llechau'r cyfamod;
ac uwch ei phen yr oedd ceriwbiaid y gogoniant, yn cysgodi'r 5
drugareddfa. Am y rhain ni ellir manylu yn awr.

Yn ôl y trefniadau hyn, y mae'r offeiriaid yn mynd i mewn 6
yn barhaus i'r babell gyntaf i gyflawni'r gwasanaethau; ond yr 7
archoffeiriad yn unig sy'n mynd i'r ail, unwaith yn y flwyddyn,
ac nid yw yntau'n mynd heb waed i'w offrymu drosto'i hun a
thros bechodau anfwriadol y bobl. Yn hyn, y mae'r Ysbryd 8
Glân yn dangos nad oedd y ffordd i'r cysegr wedi ei hamlygu
cyhyd ag yr oedd y tabernacl cyntaf yn sefyll. Y mae hyn oll yn 9
arwyddlun ar gyfer yr amser presennol. Yn ôl y drefn hon
offrymir rhoddion ac aberthau na allant berffeithio'r addolwr
yn ei gydwybod, oherwydd y maent yn ymwneud yn unig â 10
bwydydd a diodydd ac amrywiol olchiadau, ordinhadau allanol
sydd wedi eu gosod hyd amser diwygiad.

Ond yn awr daeth Crist, archoffeiriad y pethau da sydd wedi 11
dod.* Trwy dabernacl rhagorach a pherffeithiach, nid o waith
llaw (hynny yw, nid o'r greadigaeth hon), ac nid â gwaed geifr a 12
lloi, ond â'i waed ei hun, yr aeth ef i mewn un waith am byth
i'r cysegr, gan ennill gwaredigaeth dragwyddol. Oblegid os yw 13
gwaed geifr a theirw, a lludw anner, o'i daenu ar yr halogedig,
yn sancteiddio hyd at buredigaeth allanol, pa faint mwy y bydd 14
gwaed Crist, yr hwn a'i hoffrymodd ei hun trwy'r Ysbryd
tragwyddol yn ddi-nam i Dduw, yn puro ein cydwybod ni oddi
wrth weithredoedd meirwon, i wasanaethu'r Duw byw.

Am hynny, y mae ef yn gyfryngwr cyfamod newydd, er 15
mwyn i'r rhai sydd wedi eu galw gael derbyn yr etifeddiaeth
dragwyddol a addawyd, gan fod marwolaeth wedi digwydd er
sicrhau rhyddhad oddi wrth y troseddau a gyflawnwyd o dan y
cyfamod cyntaf. Oherwydd lle y mae ewyllys, y mae'n rhaid 16

---

*adn. 11: yn ôl darlleniad arall, *sydd ar ddod.*

15 For this reason Christ is the one who arranges a new covenant, so that those who have been called by God may receive the eternal blessings that God has promised. This can be done because there has been a death which sets people free from the wrongs they did while the first covenant was in force.
16 In the case of a will it is necessary to prove that the person who
made it has died, 17 for a will means nothing while the person who
made it is alive; it comes into effect only after his death. 18 That is
why even the first covenant[f] came into effect only with the use of
blood. 19 First, Moses proclaimed to the people all the commandments as set forth in the Law. Then he took the blood of bulls and goats, mixed it with water, and sprinkled it on the book of the Law and
all the people, using a sprig of hyssop and some red wool. 20 He
said, "This is the blood which seals the covenant that God has
commanded you to obey." 21 In the same way Moses also sprinkled
the blood on the Tent and over all the things used in worship.
22 Indeed, according to the Law almost everything is purified by blood, and sins are forgiven only if blood is poured out.

Christ's Sacrifice Takes Away Sins

23 Those things, which are copies of the heavenly originals, had to be purified in that way. But the heavenly things themselves require
much better sacrifices. 24 For Christ did not go into a man-made Holy Place, which was a copy of the real one. He went into heaven itself, where he now appears on our behalf in the presence of God.
25 The Jewish High Priest goes into the Most Holy Place every year with the blood of an animal. But Christ did not go in to offer
himself many times, 26 for then he would have had to suffer many times ever since the creation of the world. Instead, now when all ages of time are nearing the end, he has appeared once and for
all, to remove sin through the sacrifice of himself. 27 Everyone must
die once, and after that be judged by God. 28 In the same manner
Christ also was offered in sacrifice once to take away the sins of many. He will appear a second time, not to deal with sin, but to save those who are waiting for him.

10 The Jewish Law is not a full and faithful model of the real things; it is only a faint outline of the good things to come. The same sacrifices are offered for ever, year after year. How can the Law, then, by means of these sacrifices make perfect the people
who come to God? 2 If the people worshipping God had really been purified from their sins, they would not feel guilty of sin any
more, and all sacrifices would stop. 3 As it is, however, the sacrifices

---

[f] COVENANT: *In Greek the same word means "will" and "covenant."*

profi marwolaeth y sawl a'i gwnaeth; ar farwolaeth dyn y bydd 17
ewyllys yn dod yn effeithiol; nid yw byth mewn grym tra bydd
y sawl a'i gwnaeth yn fyw. Felly, ni sefydlwyd y cyfamod 18
cyntaf, hyd yn oed, heb waed. Oblegid ar ôl i Moses gyhoeddi 19
i'r holl bobl bob gorchymyn yn ôl y Gyfraith, cymerodd waed
lloi,* gyda dŵr a gwlân ysgarlad ac isop, a'i daenellu ar y llyfr
ei hun ac ar yr holl bobl hefyd, gan ddweud, "Hwn yw gwaed 20
y cyfamod a sefydlodd Duw i chwi." Ac yn yr un modd 21
taenellodd waed ar y tabernacl hefyd, ac ar holl lestri'r
gwasanaeth. Yn wir, â gwaed y mae pob peth, bron, yn ôl 22
y Gyfraith, yn cael ei buro, a heb dywallt gwaed nid oes
maddeuant.

Dileu Pechod trwy Aberth Crist

Gan hynny, yr oedd yn rhaid i gysgodau'r pethau nefol gael 23
eu puro â'r pethau hyn, ond y pethau nefol eu hunain ag
aberthau gwell na'r rhai hyn. Oherwydd nid i gysegr o waith 24
llaw, rhyw lun o'r cysegr gwirioneddol, yr aeth Crist i mewn,
ond i'r nef ei hun, i ymddangos yn awr gerbron Duw drosom ni.
Ac nid i'w offrymu ei hun yn fynych y mae'n mynd, fel y bydd 25
yr archoffeiriad yn mynd i mewn i'r cysegr bob blwyddyn â
gwaed arall na'r eiddo ei hun; petai felly, buasai wedi gorfod 26
dioddef yn fynych er seiliad y byd. Ond yn awr, un waith am
byth, ar ddiwedd yr oesoedd, y mae ef wedi ymddangos er
mwyn dileu pechod drwy ei aberthu ei hun. Ac yn gymaint ag 27
y gosodwyd i ddynion eu bod i farw un waith, a bod barn yn
dilyn hynny, felly hefyd bydd Crist, ar ôl cael ei offrymu un 28
waith i ddwyn pechodau llawer, yn ymddangos yr ail waith,
nid ynglŷn â phechod, ond er iachawdwriaeth i'r rhai sydd yn
disgwyl amdano.

Oherwydd cysgod sydd gan y Gyfraith o'r pethau da sy'n **10**
dod, nid gwir ddelw y dirweddau hynny; ac ni all hi o gwbl,
drwy aberthau sy'n cael eu hoffrymu, yr un rhai flwyddyn ar ôl
blwyddyn, ddwyn yr addolwyr i berffeithrwydd am byth.
Petasai hynny'n bosibl, oni fuasai'r addolwyr wedi peidio â'u 2
hoffrymu, gan na fuasai mwyach ymwybyddiaeth o bechodau
gan addolwyr oedd wedi eu puro un waith am byth? Ond y 3

*adn. 19: yn ôl darlleniad arall, *lloi a geifr*.

serve year after year to remind people of their sins. 4 For the blood
of bulls and goats can never take away sins.

5 For this reason, when Christ was about to come into the world,
he said to God:

"You do not want sacrifices and offerings,
but you have prepared a body for me.
6 You are not pleased with animals burnt whole on the altar
or with sacrifices to take away sins.
7 Then I said, 'Here I am,
to do your will, O God,
just as it is written of me in the book of the Law.'"

8 First he said, "You neither want nor are you pleased with sacrifices
and offerings or with animals burnt on the altar and the sacrifices to
take away sins." He said this even though all these sacrifices are offered
according to the Law. 9 Then he said, "Here I am, O God, to do
your will." So God does away with all the old sacrifices and puts the
sacrifice of Christ in their place. 10 Because Jesus Christ did what
God wanted him to do, we are all purified from sin by the offering that
he made of his own body once and for all.

11 Every Jewish priest performs his services every day and offers the
same sacrifices many times; but these sacrifices can never take away
sins. 12 Christ, however, offered one sacrifice for sins, an offering that
is effective for ever, and then he sat down at the right-hand side of
God. 13 There he now waits until God puts his enemies as a footstool
under his feet. 14 With one sacrifice, then, he has made perfect for ever
those who are purified from sin.

15 And the Holy Spirit also gives us his witness. First he says,

16 "This is the covenant that I will make with them
in the days to come, says the Lord:
I will put my laws in their hearts
and write them on their minds."

17 And then he says, "I will not remember their sins and evil deeds any
longer." 18 So when these have been forgiven, an offering to take
away sins is no longer needed.

mae yn yr aberthau goffâd bob blwyddyn am bechodau;
oherwydd y mae'n amhosibl i waed teirw a geifr dynnu ymaith 4
bechodau.

Dyna pam y mae ef, wrth ddod i'r byd, yn dweud: 5

"Aberth ac offrwm, ni fynnaist mohonynt,
ond yr wyt wedi paratoi corff i mi.
Offrymau llosg ac offrymau dros bechod, 6
nid ymhyfrydaist ynddynt.
Yna dywedais, 7
'Dyma fi wedi dod,
fel y mae'n ysgrifenedig amdanaf yn y sgrôl,
i wneud dy ewyllys di, O Dduw.' "

Y mae'n dweud, i ddechrau, "Aberthau ac offrymau, ac 8
offrymau llosg ac offrymau dros bechod, ni fynnaist mohonynt
ac nid ymhyfrydaist ynddynt." Yn ôl y Gyfraith y mae'r rhain
yn cael eu hoffrymu. Yna dywedodd, "Dyma fi wedi dod i 9
wneud dy ewyllys di." Y mae'n diddymu'r peth cyntaf er
mwyn sefydlu'r ail. Trwy'r ewyllys honno yr ydym wedi ein 10
sancteiddio, gan fod corff Iesu Grist, un waith am byth, wedi ei
offrymu.

Y mae pob offeiriad yn sefyll beunydd yn gweini, ac yn 11
offrymu'r un aberthau dro ar ôl tro, aberthau na allant byth
ddileu pechodau. Ond am hwn, wedi iddo offrymu un aberth 12
tros bechodau am byth, eisteddodd ar ddeheulaw Duw, yn 13
disgwyl bellach hyd oni osodir ei elynion yn droedfainc i'w
draed. Oherwydd ag un offrwm y mae wedi perffeithio am 14
byth y rhai a sancteiddir.

Ac y mae'r Ysbryd Glân hefyd yn tystio wrthym; oherwydd 15
wedi iddo ddweud:

"Dyma'r cyfamod a wnaf â hwy 16
ar ôl y dyddiau hynny, medd yr Arglwydd;
rhoddaf fy nghyfreithiau yn eu calonnau,
ac ysgrifennaf hwy ar eu meddyliau",

y mae'n ychwanegu: 17

"A'u pechodau hwy, a'u drwg-weithredoedd,
ni chofiaf mohonynt byth mwy."

Yn awr, lle y ceir maddeuant am y pethau hyn, nid oes angen 18
offrwm dros bechod mwyach.

Let Us Come Near to God

19 We have, then, my brothers, complete freedom to go into the
Most Holy Place by means of the death of Jesus. 20 He opened
for us a new way, a living way, through the curtain—that is, through
his own body. 21 We have a great priest in charge of the house
of God. 22 So let us come near to God with a sincere heart and
a sure faith, with hearts that have been purified from a guilty con-
science and with bodies washed with clean water. 23 Let us hold
on firmly to the hope we profess, because we can trust God to
keep his promise. 24 Let us be concerned for one another, to help
one another to show love and to do good. 25 Let us not give up
the habit of meeting together, as some are doing. Instead, let us
encourage one another all the more, since you see that the Day of
the Lord is coming nearer.

26 For there is no longer any sacrifice that will take away sins if
we purposely go on sinning after the truth has been made known
to us. 27 Instead, all that is left is to wait in fear for the coming Judge-
ment and the fierce fire which will destroy those who oppose God!
28 Anyone who disobeys the Law of Moses is put to death without
any mercy when judged guilty on the evidence of two or more wit-
nesses. 29 What, then, of the person who despises the Son of God?
who treats as a cheap thing the blood of God's covenant which
purified him from sin? who insults the Spirit of grace? Just think
how much worse is the punishment he will deserve! 30 For we know
who said, "I will take revenge, I will repay"; and who also said,
"The Lord will judge his people." 31 It is a terrifying thing to fall
into the hands of the living God!

32 Remember how it was with you in the past. In those days,
after God's light had shone on you, you suffered many things, yet
were not defeated by the struggle. 33 You were at times publicly
insulted and ill-treated, and at other times you were ready to join
those who were being treated in this way. 34 You shared the sufferings
of prisoners, and when all your belongings were seized, you endured
your loss gladly, because you knew that you still possessed something
much better, which would last for ever. 35 Do not lose your courage,
then, because it brings with it a great reward. 36 You need to be
patient, in order to do the will of God and receive what he promises.
37 For, as the scripture says,

"Just a little while longer,
  and he who is coming will come;
  he will not delay.

Nesáu a Dyfalbarhau

Felly, frodyr, gan fod gennym hyder i fynd i mewn i'r cysegr 19
drwy waed Iesu, ar hyd ffordd newydd a byw y mae ef wedi ei 20
hagor i ni drwy'r llen, hynny yw, trwy ei gnawd ef; a chan fod 21
gennym offeiriad mawr ar dŷ Duw, gadewch inni nesáu â 22
chalon gywir, mewn llawn hyder ffydd, â'n calonnau wedi eu
taenellu'n lân oddi wrth gydwybod ddrwg, a'n cyrff wedi eu
golchi â dŵr glân. Gadewch inni ddal yn ddiwyro at gyffes ein 23
gobaith, oherwydd gallwn ddibynnu ar yr hwn a roddodd
yr addewid. Gadewch inni ystyried sut y gallwn ennyn 24
yn ein gilydd gariad a gweithredoedd da, heb gefnu ar ein 25
cydgynulliad ein hunain, yn ôl arfer rhai, ond annog ein
gilydd, ac yn fwy felly yn gymaint â'ch bod yn gweld y
Dydd yn dod yn agos.

Oherwydd os ydym yn mynnu pechu ar ôl inni dderbyn 26
gwybodaeth am y gwirionedd, nid oes aberth dros bechodau
i'w gael mwyach; dim ond rhyw ddisgwyl brawychus am farn, 27
ac angerdd tân a fydd yn difa'r gwrthwynebwyr. Os bydd dyn 28
wedi diystyru Cyfraith Moses, caiff ei ladd yn ddidrugaredd
ar air dau neu dri o dystion. Ystyriwch gymaint llymach yw'r 29
gosb a fernir yn haeddiant i'r hwn sydd wedi mathru Mab Duw,
ac wedi cyfrif yn halogedig waed y cyfamod y cafodd ei sanc-
teiddio drwyddo, ac wedi difenwi Ysbryd grasol Duw. Oher- 30
wydd fe wyddom pwy a ddywedodd:

"Myfi piau dial, myfi a dalaf yn ôl";

ac eto:

"Bydd yr Arglwydd yn barnu ei bobl."

Peth dychrynllyd yw syrthio i ddwylo'r Duw byw. 31

Cofiwch y dyddiau gynt pan fu i chwi, wedi eich goleuo, 32
wynebu yn ddiysgog ornest fawr eich cystuddiau: weithiau, yn 33
eich gwaradwydd a'ch cystuddiau, yn cael eich gwneud yn sioe
i'r cyhoedd, ac weithiau yn gymdeithion i'r rhai oedd yn cael
eu trin felly. Oherwydd cyd-ddioddefasoch â'r carcharorion, a 34
derbyniasoch mewn llawenydd ysbeilio'ch meddiannau, gan
wybod fod meddiant rhagorach ac arhosol yn eiddo i chwi.
Peidiwch felly â thaflu eich hyder i ffwrdd, gan fod gwobr fawr 35
yn perthyn iddo. Y mae angen dyfalbarhad arnoch i gyflawni 36
ewyllys Duw a meddiannu'r hyn a addawyd. Oherwydd, yng 37
ngeiriau'r Ysgrythur:

"Yn fuan, yn fuan iawn,

38 My righteous people, however, will believe and live;
but if any of them turns back,
I will not be pleased with him."
39 We are not people who turn back and are lost. Instead, we have faith
and are saved.

Faith

11 To have faith is to be sure of the things we hope for, to
be certain of the things we cannot see. 2 It was by their faith
that people of ancient times won God's approval.
3 It is by faith that we understand that the universe was created by
God's word, so that what can be seen was made out of what cannot be
seen.
4 It was faith that made Abel offer to God a better sacrifice than
Cain's. Through his faith he won God's approval as a righteous
man, because God himself approved of his gifts. By means of his
faith Abel still speaks, even though he is dead.
5 It was faith that kept Enoch from dying. Instead, he was taken
up to God, and nobody could find him, because God had taken
him up. The scripture says that before Enoch was taken up, he
had pleased God. 6 No one can please God without faith, for whoever
comes to God must have faith that God exists and rewards those
who seek him.
7 It was faith that made Noah hear God's warnings about things
in the future that he could not see. He obeyed God and built a
boat in which he and his family were saved. As a result, the world
was condemned, and Noah received from God the righteousness that
comes by faith.
8 It was faith that made Abraham obey when God called him
to go out to a country which God had promised to give him. He
left his own country without knowing where he was going. 9 By
faith he lived as a foreigner in the country that God had promised
him. He lived in tents, as did Isaac and Jacob, who received the
same promise from God. 10 For Abraham was waiting for the city
which God has designed and built, the city with permanent
foundations.
11 It was faith that made Abraham able to become a father, even
though he was too old and Sarah herself could not have children.
He[g] trusted God to keep his promise. 12 Though Abraham was practi-
cally dead, from this one man came as many descendants as there

---

[g] It was faith...children. He; *some manuscripts have* It was faith that made Sarah herself able to conceive, even though she was too old to have children. She.

fe ddaw yr hwn sydd i ddod, ac nid oeda;
ond fe gaiff fy ngŵr cyfiawn i fyw trwy ffydd, 38
ac os cilia'n ôl,
ni bydd fy enaid yn ymhyfrydu ynddo."
Eithr nid pobl y cilio'n ôl i ddistryw ydym ni, ond pobl y ffydd 39
sy'n mynd i feddiannu bywyd.

Ffydd

Yn awr, y mae ffydd yn warant o bethau y gobeithir am- **11**
danynt, ac yn sicrwydd* o ddirweddau na welir. Trwyddi hi, 2
yn wir, y cafodd y rhai gynt enw da.
Trwy ffydd yr ydym yn deall i'r cyfanfyd gael ei lunio gan 3
air Duw yn y fath fodd nes bod yr hyn sy'n weledig wedi tarddu
o'r hyn nad yw'n weladwy.
Trwy ffydd yr offrymodd Abel i Dduw aberth rhagorach na 4
Cain; trwyddi hi y tystiwyd ei fod yn gyfiawn, wrth i Dduw
ei hun dystio i ragoriaeth ei roddion; a thrwyddi hi hefyd y
mae ef, er ei fod wedi marw, yn llefaru o hyd. Trwy ffydd y 5
cymerwyd Enoch ymaith fel na welai farwolaeth; ac ni chaf-
wyd mohono, am fod Duw wedi ei gymryd. Oherwydd y mae
tystiolaeth ei fod, cyn ei gymryd, wedi rhyngu bodd Duw;
ond heb ffydd y mae'n amhosibl rhyngu ei fodd ef. Oherwydd 6
rhaid i'r sawl sy'n dod at Dduw gredu ei fod ef, a'i fod yn
gwobrwyo'r rhai sy'n ei geisio. Trwy ffydd, ac o barch i rybudd 7
Duw am yr hyn nad oedd eto i'w weld, yr adeiladodd Noa arch
i achub ei deulu; a thrwyddi hi y condemniodd y byd ac y
daeth yn etifedd y cyfiawnder a ddaw o ffydd.
Trwy ffydd yr ufuddhaodd Abraham i'r alwad i fynd allan i'r 8
lle yr oedd i'w dderbyn yn etifeddiaeth; ac fe aeth allan heb
wybod i ble'r oedd yn mynd. Trwy ffydd yr ymfudodd i wlad 9
yr addewid fel i wlad estron, gan drigo mewn pebyll, fel y
gwnaeth Isaac a Jacob, cydetifeddion yr un addewid. Canys yr 10
oedd ef yn disgwyl am ddinas ag iddi sylfeini, a Duw yn ben-
saer ac yn adeiladydd iddi. Trwy ffydd—a Sara hithau yn 11
ddiffrwyth—y cafodd nerth i genhedlu plentyn, er cymaint ei

---

*adn. 1: neu, *yn brawf*.

are stars in the sky, as many as the numberless grains of sand on the sea-shore.

13 It was in faith that all these persons died. They did not receive the things God had promised, but from a long way off they saw them and welcomed them, and admitted openly that they were foreigners and refugees on earth. 14 Those who say such things make it clear that they are looking for a country of their own. 15 They did not keep thinking about the country they had left; if they had, they would have had the chance to return. 16 Instead, it was a better country they longed for, the heavenly country. And so God is not ashamed for them to call him their God, because he has prepared a city for them.

17 It was faith that made Abraham offer his son Isaac as a sacrifice when God put Abraham to the test. Abraham was the one to whom God had made the promise, yet he was ready to offer his only son as a sacrifice. 18 God had said to him, "It is through Isaac that you will have the descendants I promised." 19 Abraham reckoned that God was able to raise Isaac from death—and, so to speak, Abraham did receive Isaac back from death.

20 It was faith that made Isaac promise blessings for the future to Jacob and Esau.

21 It was faith that made Jacob bless each of the sons of Joseph just before he died. He leaned on the top of his walking-stick and worshipped God.

22 It was faith that made Joseph, when he was about to die, speak of the departure of the Israelites from Egypt, and leave instructions about what should be done with his body.

23 It was faith that made the parents of Moses hide him for three months after he was born. They saw that he was a beautiful child, and they were not afraid to disobey the king's order.

24 It was faith that made Moses, when he had grown up, refuse to be called the son of the king's daughter. 25 He preferred to suffer with God's people rather than to enjoy sin for a little while. 26 He reckoned that to suffer scorn for the Messiah was worth far more than all the treasures of Egypt, for he kept his eyes on the future reward.

27 It was faith that made Moses leave Egypt without being afraid of the king's anger. As though he saw the invisible God, he refused to turn back. 28 It was faith that made him establish the Passover and order the blood to be sprinkled on the doors, so that the Angel of Death would not kill the first-born sons of the Israelites.

oedran, am iddo* gyfrif yn ffyddlon yr hwn oedd wedi addo.
Am hynny, felly, o un dyn, a hwnnw cystal â bod yn farw, fe 12
gododd disgynyddion fel sêr y nef o ran eu nifer, ac fel tywod
dirifedi glan y môr.

Mewn ffydd y bu farw'r rhai hyn oll, heb fod wedi medd- 13
iannu'r hyn a addawyd, ond wedi ei weld a'i groesawu o bell, a
chyfaddef mai dieithriaid ac ymdeithwyr oeddent ar y ddaear.
Y mae'r rhai sy'n llefaru fel hyn yn dangos yn eglur eu bod yn 14
ceisio mamwlad. Ac yn wir, pe buasent yn dal i feddwl am y 15
wlad yr oeddent wedi mynd allan ohoni, buasent wedi cael
cyfle i ddychwelyd iddi. Ond y gwir yw eu bod yn dyheu am 16
wlad well, sef gwlad nefol. Dyna pam nad oes ar Dduw
gywilydd ohonynt, nac o gael ei alw yn Dduw iddynt, oherwydd
y mae wedi paratoi dinas iddynt.

Trwy ffydd, pan osodwyd prawf arno, yr offrymodd Abraham 17
Isaac. Yr oedd yr hwn oedd wedi croesawu'r addewidion yn
barod i offrymu ei uniganedig fab, er fod Duw wedi dweud 18
wrtho, "Trwy Isaac daw had i ddwyn dy enw." Oblegid barn- 19
odd y gallai Duw ei godi hyd yn oed oddi wrth y meirw; ac
oddi wrth y meirw, yn wir, a siarad yn ffigurol, y cafodd ef yn ôl.
Trwy ffydd y bendithiodd Isaac Jacob ac Esau ar gyfer pethau 20
i ddod. Trwy ffydd y bendithiodd Jacob, wrth farw, bob un o 21
feibion Joseff, ac addoli gan bwyso ar ben ei ffon. Trwy ffydd y 22
soniodd Joseff, wrth farw, am ecsodus meibion Israel, a rhoi
gorchymyn ynghylch ei esgyrn.

Trwy ffydd y cuddiwyd Moses ar ei enedigaeth am dri mis 23
gan ei rieni, oherwydd eu bod yn ei weld yn blentyn tlws. Nid
oedd arnynt ofn gorchymyn y brenin. Trwy ffydd y gwrthod- 24
odd Moses, wedi iddo dyfu i fyny, gael ei alw yn fab i ferch
Pharo, gan ddewis goddef adfyd gyda phobl Duw yn hytrach 25
na chael mwynhad pechod dros dro, a chan ystyried gwara- 26
dwydd yr Eneiniog yn gyfoeth mwy na thrysorau'r Aifft, oher-
wydd yr oedd ei olwg ar y wobr. Trwy ffydd y gadawodd yr 27
Aifft, heb ofni dicter y brenin, canys safodd yn gadarn, fel un
yn gweld yr Anweledig. Trwy ffydd y cadwodd ef y Pasg, a 28
thaenellu'r gwaed, rhag i'r Dinistrydd gyffwrdd â meibion
cyntafanedig yr Israeliaid. Trwy ffydd yr aethant drwy'r Môr 29

---

*adn. 11: yn ôl darlleniad arall, *Trwy ffydd y cafodd Sara hithau nerth i feichiogi, er cymaint ei hoedran, am iddi.*

29 It was faith that made the Israelites able to cross the Red Sea as
if on dry land; when the Egyptians tried to do it, the water swallowed
them up.

30 It was faith that made the walls of Jericho fall down after
the Israelites had marched round them for seven days. 31 It was faith
that kept the prostitute Rahab from being killed with those who
disobeyed God, for she gave the Israelite spies a friendly welcome.

32 Should I go on? There isn't enough time for me to speak
of Gideon, Barak, Samson, Jephthah, David, Samuel, and the prophets.
33 Through faith they fought whole countries and won. They did
what was right and received what God had promised. They shut
the mouths of lions, 34 put out fierce fires, escaped being killed by
the sword. They were weak, but became strong; they were mighty
in battle and defeated the armies of foreigners. 35 Through faith women
received their dead relatives raised back to life.

Others, refusing to accept freedom, died under torture in order
to be raised to a better life. 36 Some were mocked and whipped,
and others were put in chains and taken off to prison. 37 They were
stoned, they were sawn in two, they were killed by the sword. They
went round clothed in skins of sheep or goats—poor, persecuted,
and ill-treated. 38 The world was not good enough for them! They
wandered like refugees in the deserts and hills, living in caves and
holes in the ground.

39 What a record all of these have won by their faith! Yet they
did not receive what God had promised, 40 because God had decided
on an even better plan for us. His purpose was that only in company
with us would they be made perfect.

God Our Father

12 As for us, we have this large crowd of witnesses round us.
So then, let us rid ourselves of everything that gets in the
way, and of the sin which holds on to us so tightly, and let us
run with determination the race that lies before us. 2 Let us keep
our eyes fixed on Jesus, on whom our faith depends from beginning
to end. He did not give up because of the cross! On the contrary,
because of the joy that was waiting for him, he thought nothing
of the disgrace of dying on the cross, and he is now seated at the
right-hand side of God's throne.

3 Think of what he went through; how he put up with so much
hatred from sinners! So do not let yourselves become discouraged

Coch fel pe ar dir sych. Pan geisiodd yr Eifftiaid wneud hynny,
fe'u boddwyd. Trwy ffydd y syrthiodd muriau Jericho ar ôl eu 30
hamgylchu am saith diwrnod. Trwy ffydd, ni chafodd Rahab, 31
y butain, ei difetha gyda'r rhai oedd wedi gwrthod credu,
oherwydd iddi groesawu'r ysbïwyr yn heddychlon.

A beth a ddywedaf ymhellach ? Canys fe ballai amser imi 32
adrodd yn fanwl hanes Gideon, Barac, Samson, Jefftha,
Dafydd a Samuel a'r proffwydi, y rhai drwy ffydd a oresgyn- 33
nodd deyrnasoedd, a weithredodd gyfiawnder, a afaelodd yn yr
addewidion, a gaeodd safnau llewod, a ddiffoddodd angerdd tân, 34
a ddihangodd rhag min y cleddyf, a nerthwyd o wendid, a
ddaeth yn gadarn mewn rhyfel a gyrru byddinoedd yr estron ar
ffo. Derbyniodd gwragedd eu meirwon drwy atgyfodiad. 35
Cafodd eraill eu harteithio, gan wrthod ymwared er mwyn cael
atgyfodiad gwell. Cafodd eraill brofi gwatwar a fflangell, ie, 36
cadwynau hefyd, a charchar. Fe'u llabyddiwyd,* fe'u torrwyd 37
â llif, fe'u rhoddwyd i farwolaeth â min y cledd; crwydrasant
yma ac acw mewn crwyn defaid, mewn crwyn geifr, yn ang-
henus, yn adfydus, dan gamdriniaeth, dynion nad oedd y byd 38
yn deilwng ohonynt, yn crwydro mewn tiroedd diffaith a
mynyddoedd, ac yn cuddio mewn ogofeydd a thyllau yn y
ddaear.

A'r rhai hyn oll, er iddynt dderbyn enw da oherwydd eu 39
ffydd, ni chawsant feddiannu'r hyn a addawyd, am fod Duw 40
wedi rhagweld rhywbeth gwell ar ein cyfer ni, fel nad ydynt
hwy i gael eu perffeithio hebom ni.

Yr Arglwydd yn Disgyblu

Am hynny, gadewch i ninnau hefyd, gan fod cymaint torf o **12**
dystion o'n cwmpas, fwrw ymaith bob rhwystr, a'r pechod sy'n
ein maglu mor rhwydd,* a rhedeg yr yrfa sydd o'n blaen heb
ddiffygio, gan gadw ein golwg ar Iesu, awdur a pherffeithydd 2
ffydd. Er mwyn y llawenydd oedd o'i flaen, fe oddefodd ef y
groes heb ddiffygio, gan ddiystyru gwarth, ac y mae wedi
eistedd ar ddeheulaw gorseddfainc Duw. Meddyliwch amdano 3
ef, a oddefodd y fath elyniaeth iddo'i hun gan bechaduriaid, a

*adn. 37: ychwanega rhai llawysgrifau, *fe'u profwyd.*

*adn. 1: neu, *sy'n glynu mor dynn wrthym.* Yn ôl darlleniad arall, *sy'n tynnu'n sylw mor rhwydd.*

and give up. 4 For in your struggle against sin you have not yet
had to resist to the point of being killed. 5 Have you forgotten the
encouraging words which God speaks to you as his sons?

"My son, pay attention when the Lord corrects you,
and do not be discouraged when he rebukes you.
6 Because the Lord corrects everyone he loves,
and punishes everyone he accepts as a son."

7 Endure what you suffer as being a father's punishment; your suffering
shows that God is treating you as his sons. Was there ever a son
who was not punished by his father? 8 If you are not punished,
as all his sons are, it means you are not real sons, but bastards.
9 In the case of our human fathers, they punished us and we respected
them. How much more, then, should we submit to our spiritual
Father and live! 10 Our human fathers punished us for a short time,
as it seemed right to them; but God does it for our own good,
so that we may share his holiness. 11 When we are punished, it seems
to us at the time something to make us sad, not glad. Later, however,
those who have been disciplined by such punishment reap the peaceful
reward of a righteous life.

Instructions and Warnings

12 Lift up your tired hands, then, and strengthen your trembling
knees! 13 Keep walking on straight paths, so that the lame foot may
not be disabled, but instead be healed.

14 Try to be at peace with everyone, and try to live a holy life,
because no one will see the Lord without it. 15 Guard against turning
back from the grace of God. Let no one become like a bitter plant
that grows up and causes many troubles with its poison. 16 Let no
one become immoral or unspiritual like Esau, who for a single meal
sold his rights as the elder son. 17 Afterwards, you know, he wanted
to receive his father's blessing; but he was turned away, because
he could not find any way to change what he had done, even though
in tears he looked for it.[h]

18 You have not come, as the people of Israel came, to what
you can feel, to Mount Sinai with its blazing fire, the darkness and
the gloom, the storm, 19 the blast of a trumpet, and the sound of

---

[h] he looked for it; *or* he tried to get the blessing.

pheidiwch â blino na digalonni.
Hyd yma, nid ydych wedi gwrthwynebu hyd at waed yn y 4
frwydr yn erbyn pechod, ac yr ydych wedi anghofio'r anogaeth 5
sy'n eich annerch fel meibion:

"Fy mab, paid â dirmygu disgyblaeth yr Arglwydd,
a phaid â digalonni pan gei dy geryddu ganddo;
oherwydd y mae'r Arglwydd yn disgyblu'r sawl y mae'n 6
ei garu,
ac yn fflangellu pob mab y mae'n ei arddel."

Goddefwch y cwbl er mwyn disgyblaeth; y mae Duw yn eich 7
trin fel meibion. Canys pa fab sydd nad yw ei dad yn ei
ddisgyblu? Ac os ydych heb y ddisgyblaeth y mae pob un yn 8
gyfrannog ohoni, yna bastardiaid ydych, ac nid meibion. Mwy 9
na hynny, yr oedd gennym dadau daearol i'n disgyblu, ac yr
oeddem yn eu parchu hwy. Oni ddylem, yn fwy o lawer,
ymddarostwng i'n Tad ysbrydol, a chael byw? Yr oedd ein 10
tadau yn disgyblu am gyfnod byr, fel yr oeddent hwy'n gweld
yn dda; ond y mae ef yn gwneud hynny er ein lles, er mwyn
inni allu cyfranogi o'i sancteiddrwydd ef. Nid yw unrhyw 11
ddisgyblaeth, yn wir, ar y pryd yn ymddangos yn bleserus, ond
yn hytrach yn boenus; ond yn nes ymlaen, y mae'n dwyn
heddychol gynhaeaf cyfiawnder i'r rhai sydd wedi eu hyfforddi
ganddi.

Felly, codwch i fyny'r dwylo sy'n llaesu, a'r gliniau sy'n llesg, 12
a gwnewch lwybrau union i'ch traed, rhag i'r aelod cloff gael ei 13
ddatgymalu, ond yn hytrach gael ei wneud yn iach.

Rhybudd rhag Gwrthod Gras Duw

Ceisiwch heddwch â phawb, a'r bywyd sanctaidd hwnnw 14
nad oes modd i neb weld yr Arglwydd hebddo. Cymerwch 15
ofal na chaiff neb syrthio'n ôl oddi wrth ras Duw, rhag i ryw
wreiddyn chwerw dyfu i'ch blino, ac i lawer gael eu llygru
ganddo. Na foed yn eich plith unrhyw buteiniwr neu ŵr 16
halogedig, fel Esau, a werthodd am bryd o fwyd ei freintiau fel
mab hynaf. Oherwydd fe wyddoch iddo ef, pan ddymunodd 17
wedi hynny etifeddu'r fendith, gael ei wrthod, canys ni chafodd
gyfle i edifarhau, er iddo grefu am hynny â dagrau.

Oherwydd nid ydych chwi wedi dod at fynydd y gellir ei 18
gyffwrdd, at dân sydd yn llosgi, at gaddug a thywyllwch a
thymestl, at floedd utgorn, a llef yn rhoi gorchymyn nes i'r rhai 19

a voice. When the people heard the voice, they begged not to hear
another word, 20 because they could not bear the order which said,
"If even an animal touches the mountain, it must be stoned to death."
21 The sight was so terrifying that Moses said, "I am trembling and
afraid!"

22 Instead, you have come to Mount Zion and to the city of the
living God, the heavenly Jerusalem, with its thousands of angels.
23 You have come to the joyful gathering of God's first-born sons,
whose names are written in heaven. You have come to God, who
is the judge of all mankind, and to the spirits of good people made
perfect. 24 You have come to Jesus, who arranged the new covenant,
and to the sprinkled blood that promises much better things than
does the blood of Abel.

25 Be careful, then, and do not refuse to hear him who speaks.
Those who refused to hear the one who gave the divine message
on earth did not escape. How much less shall we escape, then, if
we turn away from the one who speaks from heaven! 26 His voice
shook the earth at that time, but now he has promised, "I will
once more shake not only the earth but heaven as well." 27 The
words "once more" plainly show that the created things will be
shaken and removed, so that the things that cannot be shaken will
remain.

28 Let us be thankful, then, because we receive a kingdom that
cannot be shaken. Let us be grateful and worship God in a way
that will please him, with reverence and awe; 29 because our God
is indeed a destroying fire.

How to Please God

13 Keep on loving one another as Christian brothers. 2 Remember
to welcome strangers in your homes. There were some who
did that and welcomed angels without knowing it. 3 Remember those
who are in prison, as though you were in prison with them. Remember
those who are suffering, as though you were suffering as they are.

4 Marriage is to be honoured by all, and husbands and wives must
be faithful to each other. God will judge those who are immoral
and those who commit adultery.

5 Keep your lives free from the love of money, and be satisfied
with what you have. For God has said, "I will never leave you;
I will never abandon you." 6 Let us be bold, then, and say,

"The Lord is my helper,
I will not be afraid.
What can anyone do to me?"

7 Remember your former leaders, who spoke God's message to
you. Think back on how they lived and died, and imitate their faith.

a'i clywodd ymbil am i'r llefaru beidio, am na allent oddef y 20
gorchymyn: "Os bydd anifail, hyd yn oed, yn cyffwrdd â'r
mynydd, rhaid ei labyddio." A chan mor ofnadwy oedd yr 21
olygfa, dywedodd Moses, "Y mae arnaf arswyd a chryndod."
Ond at Fynydd Seion yr ydych chwi wedi dod, ac i ddinas y 22
Duw byw, y Jerwsalem nefol; ac at fyrddiynau o angylion
mewn cymanfa, a chynulleidfa y rhai cyntafanedig sydd â'u 23
henwau'n ysgrifenedig yn y nefoedd; ac at Dduw, Barnwr
pawb, ac at ysbrydoedd y rhai cyfiawn sydd wedi eu perffeithio,
ac at Iesu, cyfryngwr y cyfamod newydd, ac at waed y taenellu, 24
sydd yn llefaru'n fwy grymus na gwaed Abel.

Gwyliwch beidio â gwrthod yr hwn sydd yn llefaru, oher- 25
wydd os na ddihangodd y rhai a wrthododd yr hwn oedd yn eu
rhybuddio ar y ddaear, mwy o lawer ni bydd dianc i ni os bydd-
wn yn troi oddi wrth yr hwn sy'n ein rhybuddio o'r nefoedd.
Siglodd ei lais y ddaear y pryd hwnnw, ond yn awr y mae wedi 26
addo, "Unwaith eto fe ysgydwaf nid yn unig y ddaear ond y
nef hefyd." Ond y mae'r geiriau, "Unwaith eto", yn dynodi 27
bod y pethau a siglir, fel pethau wedi eu creu, i gael eu symud,
er mwyn i'r pethau na siglir aros. Felly, gan ein bod yn derbyn 28
teyrnas ddi-sigl, gadewch inni fod yn ddiolchgar, a thrwy
hynny* wasanaethu Duw wrth ei fodd, â pharch ac ofn duwiol.
Oherwydd tân ysol yw ein Duw ni. 29

Gwasanaeth Cymeradwy gan Dduw

13 Bydded i frawdgarwch barhau. Peidiwch ag anghofio llety- 2
garwch, oherwydd trwyddo y mae rhai, heb wybod hynny,
wedi rhoi llety i angylion. Cofiwch y carcharorion, fel pe 3
byddech yn y carchar gyda hwy; a'r rhai a gam-drinir, fel pobl
sydd â chyrff gennych eich hunain. Bydded priodas mewn 4
parch gan bawb, a'r gwely yn ddihalog; oherwydd bydd Duw
yn barnu puteinwyr a godinebwyr. Byddwch yn ddiariangar 5
yn eich dull o fyw; byddwch yn fodlon ar yr hyn sydd gennych.
Oherwydd y mae ef wedi dweud, "Ni'th adawaf fyth, ac ni
chefnaf arnat ddim." Am hynny dywedwn ninnau'n hyderus: 6

"Yr Arglwydd yw fy nghynorthwywr,
ac nid ofnaf;
beth a all dyn ei wneud i mi?"

Cadwch mewn cof eich arweinwyr, y rhai a lefarodd air Duw 7

*adn. 28: neu, *bydded gennym ras, a thrwyddo.*

8 Jesus Christ is the same yesterday, today, and for ever. 9 Do not
let all kinds of strange teachings lead you from the right way. It
is good to receive inner strength from God's grace, and not by obeying
rules about foods; those who obey these rules have not been helped
by them.
10 The priests who serve in the Jewish place of worship have
no right to eat any of the sacrifice on our altar. 11 The Jewish High
Priest brings the blood of the animals into the Most Holy Place
to offer it as a sacrifice for sins; but the bodies of the animals
are burnt outside the camp. 12 For this reason Jesus also died outside
the city, in order to purify the people from sin with his own blood.
13 Let us, then, go to him outside the camp and share his shame.
14 For there is no permanent city for us here on earth; we are looking
for the city which is to come. 15 Let us, then, always offer praise
to God as our sacrifice through Jesus, which is the offering presented
by lips that confess him as Lord. 16 Do not forget to do good and
to help one another, because these are the sacrifices that please God.
17 Obey your leaders and follow their orders. They watch over
your souls without resting, since they must give God an account
of their service. If you obey them, they will do their work gladly;
if not, they will do it with sadness, and that would be of no help
to you.
18 Keep on praying for us. We are sure we have a clear conscience,
because we want to do the right thing at all times. 19 And I beg
you even more earnestly to pray that God will send me back to
you soon.

Closing Prayer

20–21 God has raised from death our Lord Jesus, who is the Great
Shepherd of the sheep as the result of his sacrificial death, by which the
eternal covenant is sealed. May the God of peace provide you with
every good thing you need in order to do his will, and may he,
through Jesus Christ, do in us what pleases him. And to Christ
be the glory for ever and ever! Amen.

Final Words

22 I beg you, my brothers, to listen patiently to this message of
encouragement; for this letter I have written to you is not very
long. 23 I want you to know that our brother Timothy has been
let out of prison. If he comes soon enough, I will have him with
me when I see you.
24 Give our greetings to all your leaders and to all God's people. The
brothers from Italy send you their greetings.
25 May God's grace be with you all.

wrthych; myfyriwch ar ganlyniad eu buchedd, ac efelychwch
eu ffydd. Iesu Grist, yr un ydyw ddoe a heddiw ac yn dra- 8
gywydd. Peidiwch â chymryd eich camarwain gan athraw- 9
iaethau amrywiol a dieithr; oherwydd da yw i'r galon gael ei
chadarnhau gan ras, ac nid gan fwydydd na fuont o unrhyw les
i'r rhai oedd yn ymwneud â hwy. Y mae gennym ni allor nad 10
oes gan wasanaethwyr y tabernacl ddim hawl i fwyta ohoni. Y 11
mae cyrff yr anifeiliaid hynny, y dygir eu gwaed dros bechod
i'r cysegr gan yr archoffeiriad, yn cael eu llosgi y tu allan i'r
gwersyll. Felly Iesu hefyd, dioddef y tu allan i'r porth a wnaeth 12
ef, er mwyn sancteiddio'r bobl trwy ei waed ei hun. Am hynny, 13
gadewch i ni fynd ato ef y tu allan i'r gwersyll, gan oddef y
gwaradwydd a oddefodd ef. Canys nid oes dinas barhaus 14
gennym yma; ceisio yr ydym, yn hytrach, y ddinas sydd i
ddod. Gadewch inni, felly, drwyddo ef offrymu aberth 15
moliant yn wastadol i Dduw; hynny yw, ffrwyth gwefusau sy'n
cyffesu ei enw. Peidiwch ag anghofio gwneud daioni a rhannu 16
ag eraill; oherwydd ag aberthau fel hyn y rhyngir bodd Duw.

Ufuddhewch i'ch arweinwyr, ac ildiwch iddynt, oherwydd y 17
maent hwy'n gwylio'n ddiorffwys dros eich eneidiau, fel rhai
sydd i roi cyfrif amdanoch. Gadewch iddynt allu gwneud
hynny'n llawen, ac nid yn ofidus, oherwydd di-fudd i chwi
fyddai hynny.

Gweddïwch drosom ni; oherwydd yr ydym yn sicr fod 18
gennym gydwybod lân, am ein bod yn dymuno ymddwyn yn
iawn ym mhob peth. Yr wyf yn erfyn yn daerach arnoch i 19
wneud hyn, er mwyn imi gael fy adfer i chwi yn gynt.

Bendith, a Chyfarchion Terfynol

Bydded i Dduw tangnefedd, yr hwn a ddug yn ôl oddi wrth 20
y meirw ein Harglwydd Iesu, Fugail mawr y defaid, trwy waed
y cyfamod tragwyddol, eich cyflawni â phob daioni, er mwyn 21
ichwi wneud ei ewyllys ef; a bydded iddo lunio ynom yr hyn
sydd gymeradwy ganddo, trwy Iesu Grist, i'r hwn y byddo'r
gogoniant yn oes oesoedd! Amen.

Yr wyf yn deisyf arnoch chwi, frodyr, oddef y gair hwn o 22
anogaeth, oblegid yn fyr yr ysgrifennais atoch. Y newydd yw 23
fod ein brawd Timotheus wedi ei ryddhau, ac os daw mewn
pryd, caf eich gweld gydag ef.

Cyfarchwch eich holl arweinwyr, a'r holl saint. Y mae'r 24
cyfeillion o'r Eidal yn eich cyfarch. Gras fyddo gyda chwi oll! 25

THE LETTER FROM

JAMES

1 From James, a servant of God and of the Lord Jesus Christ:
Greetings to all God's people scattered over the whole world.

Faith and Wisdom

2 My brothers, consider yourselves fortunate when all kinds of
trials come your way, 3 for you know that when your faith succeeds
in facing such trials, the result is the ability to endure. 4 Make sure
that your endurance carries you all the way without failing, so that
you may be perfect and complete, lacking nothing. 5 But if any of
you lacks wisdom, he should pray to God, who will give it to him;
because God gives generously and graciously to all. 6 But when you
pray, you must believe and not doubt at all. Whoever doubts is
like a wave in the sea that is driven and blown about by the wind.
7-8 A person like that, unable to make up his mind and undecided
in all he does, must not think that he will receive anything from
the Lord.

Poverty and Riches

9 The Christian who is poor must be glad when God lifts him
up, 10 and the rich Christian must be glad when God brings him
down. For the rich will pass away like the flower of a wild plant.
11 The sun rises with its blazing heat and burns the plant; its flower
falls off, and its beauty is destroyed. In the same way the rich man
will be destroyed while he goes about his business.

Testing and Tempting

12 Happy is the person who remains faithful under trials, because
when he succeeds in passing such a test, he will receive as his reward
the life which God has promised to those who love him. 13 If a
person is tempted by such trials, he must not say, "This temptation

LLYTHYR

IAGO

Cyfarch

Iago, gwas Duw a'r Arglwydd Iesu Grist, at y deuddeg **1**
llwyth sydd ar wasgar, cyfarchion.

Ffydd a Doethineb

Fy mrodyr, cyfrifwch hi'n llawenydd pur pan syrthiwch i 2
amrywiol brofedigaethau, gan wybod fod y prawf ar eich ffydd 3
yn magu dyfalbarhad. A gadewch i ddyfalbarhad gyflawni ei 4
waith, er mwyn i chwi fod yn gyfan a chyflawn, heb fod yn
ddiffygiol mewn dim. Ac os yw rhywun ohonoch yn ddiffygiol 5
mewn doethineb, gofynned gan Dduw, ac fe'i rhoddir iddo,
oherwydd y mae Duw yn rhoi i bawb yn hael a heb ddannod.
Ond gofynned mewn ffydd, heb betruso, gan fod y sawl sy'n 6
petruso yn debyg i don y môr, sy'n cael ei chwythu a'i chwalu
gan y gwynt. Nid yw'r dyn hwnnw—ac yntau'n ddyn dau 7,8
feddwl, ansicr yn ei holl ffyrdd—i dybio y caiff ddim gan yr
Arglwydd.

Tlodi a Chyfoeth

Dylai'r brawd distadl ymfalchïo pan ddyrchefir ef, ond y 9,10
brawd cyfoethog pan ddarostyngir ef, oherwydd diflannu a
wna hwnnw fel blodeuyn glaswellt. Bydd yr haul yn codi yn ei 11
wres tanbaid, a bydd y glaswellt yn gwywo, ei flodeuyn yn
syrthio, a thlysni ei wedd yn darfod. Felly hefyd y diflanna'r
cyfoethog yng nghanol ei holl fynd a dod.

Prawf a Themtasiwn

Gwyn ei fyd y gŵr sy'n dal ei dir mewn temtasiwn, oherwydd 12
ar ôl iddo fynd trwy'r prawf fe gaiff, yn goron, y bywyd a
addawodd yr Arglwydd* i'r rhai sydd yn ei garu ef. Ni ddylai 13
neb sy'n cael ei demtio ddweud, " Oddi wrth Dduw y daw fy

---

*adn. 12: yn ôl darlleniad arall, *addawodd Duw*; yn ôl un arall, *addawodd*.

comes from God." For God cannot be tempted by evil, and he
himself tempts no one. 14 But a person is tempted when he is drawn
away and trapped by his own evil desire. 15 Then his evil desire
conceives and gives birth to sin; and sin, when it is full-grown,
gives birth to death.

16 Do not be deceived, my dear brothers! 17 Every good gift and
every perfect present comes from heaven; it comes down from God,
the Creator of the heavenly lights, who does not change or cause
darkness by turning. 18 By his own will he brought us into being
through the word of truth, so that we should have first place among
all his creatures.

Hearing and Doing

19 Remember this, my dear brothers! Everyone must be quick
to listen, but slow to speak and slow to become angry. 20 Man's
anger does not achieve God's righteous purpose. 21 So get rid of
every filthy habit and all wicked conduct. Submit to God and accept
the word that he plants in your hearts, which is able to save you.

22 Do not deceive yourselves by just listening to his word; instead,
put it into practice. 23 Whoever listens to the word but does not
put it into practice is like a man who looks in a mirror and sees
himself as he is. 24 He takes a good look at himself and then goes
away and at once forgets what he looks like. 25 But whoever looks
closely into the perfect law that sets people free, who keeps on
paying attention to it and does not simply listen and then forget
it, but puts it into practice—that person will be blessed by God
in what he does.

26 Does anyone think he is religious? If he does not control his
tongue, his religion is worthless and he deceives himself. 27 What God
the Father considers to be pure and genuine religion is this: to take
care of orphans and widows in their suffering and to keep oneself from
being corrupted by the world.

Warning against Prejudice

2 My brothers, as believers in our Lord Jesus Christ, the Lord
of glory, you must never treat people in different ways according
to their outward appearance. 2 Suppose a rich man wearing a gold

nhemtasiwn"; oherwydd ni ellir temtio Duw gan ddrygioni,
ac nid yw ef ei hun yn temtio neb. Yn wir, pan mae dyn yn 14
cael ei demtio, ei chwant ei hun sydd yn ei dynnu ar gyfeiliorn
ac yn ei hudo. Yna, y mae chwant yn beichiogi ac yn esgor ar 15
bechod, ac y mae pechod, ar ôl cyrraedd ei lawn dwf, yn
cenhedlu marwolaeth.
Peidiwch â chymryd eich camarwain, fy mrodyr annwyl. 16
Oddi uchod y daw pob rhoi da a phob rhodd berffaith. Disgyn 17
y maent oddi wrth Dad goleuadau'r nef; ac iddo ef ni pherthyn
na chyfnewid na chysgod troadau'r sêr. O'i fwriad ei hun y 18
cenhedlodd ef ni trwy air y gwirionedd, er mwyn inni fod yn
rhyw fath o flaenffrwyth o'i greaduriaid.

Gwrando a Gweithredu'r Gair

Ystyriwch, fy mrodyr annwyl. Rhaid i bob dyn fod yn 19
gyflym i wrando, ond yn araf i lefaru, ac yn araf i ddigio,
oherwydd nid yw dicter dyn yn hyrwyddo cyfiawnder Duw. 20
Ymaith gan hynny â phob aflendid, ac ymaith â'r drygioni sydd 21
ar gynnydd, a derbyniwch yn wylaidd y gair hwnnw a blan-
nwyd ynoch, ac sy'n abl i achub eich eneidiau.
Byddwch yn weithredwyr y gair, nid yn wrandawyr yn unig, 22
gan eich twyllo eich hunain. Oherwydd os yw rhywun yn 23
wrandawr y gair, ac nid yn weithredwr, y mae'n debyg i ddyn
yn gweld mewn drych yr wyneb a gafodd; fe'i gwelodd ei hun, 24
ac yna, wedi iddo fynd i ffwrdd, anghofiodd ar unwaith pa fath
ddyn ydoedd. Ond am y sawl a roes sylw dyfal i berffaith 25
gyfraith rhyddid ac a ddaliodd ati, a dod yn weithredwr ei
gofynion, ac nid yn wrandawr anghofus, bydd y dyn hwnnw
yn ddedwydd yn ei weithredoedd.
Os yw rhywun yn tybio ei fod yn grefyddol, ac yntau'n 26
methu ffrwyno'i dafod, ac yn wir yn twyllo'i galon ei hun, yna
ofer yw crefydd y dyn hwnnw. Dyma'r grefydd sy'n bur a 27
dilychwin yng ngolwg Duw, ein Tad: bod dyn yn gofalu am yr
amddifad a'r gweddwon yn eu trallod, ac yn ei gadw ei hun
heb ei ddifwyno gan y byd.

Rhybudd rhag Dangos Ffafriaeth

Fy mrodyr, yn y ffydd sydd gennych yn ein Harglwydd Iesu **2**
Grist, Arglwydd y gogoniant, peidiwch â rhoi lle i ffafriaeth.

ring and fine clothes comes to your meeting, and a poor man in
ragged clothes also comes. 3 If you show more respect to the well-
dressed man and say to him, "Have this best seat here," but say
to the poor man, "Stand over there, or sit here on the floor by
my feet," 4 then you are guilty of creating distinctions among your-
selves and of making judgements based on evil motives.

5 Listen, my dear brothers! God chose the poor people of this
world to be rich in faith and to possess the kingdom which he
promised to those who love him. 6 But you dishonour the poor!
Who are the ones who oppress you and drag you before the judges?
The rich! 7 They are the ones who speak evil of that good name
which has been given to you.

8 You will be doing the right thing if you obey the law of the
Kingdom, which is found in the scripture, "Love your neighbour
as you love yourself." 9 But if you treat people according to their
outward appearance, you are guilty of sin, and the Law condemns
you as a law-breaker. 10 Whoever breaks one commandment is guilty
of breaking them all. 11 For the same one who said, "Do not commit
adultery," also said, "Do not commit murder." Even if you do not
commit adultery, you have become a law-breaker if you commit
murder. 12 Speak and act as people who will be judged by the law
that sets us free. 13 For God will not show mercy when he judges
the person who has not been merciful; but mercy triumphs over
judgement.

Faith and Actions

14 My brothers, what good is it for someone to say that he has
faith if his actions do not prove it? Can that faith save him? 15 Suppose
there are brothers or sisters who need clothes and don't have enough to
eat. 16 What good is there in your saying to them, "God bless you! Keep
warm and eat well!"—if you don't give them the necessities of life?
17 So it is with faith: if it is alone and includes no actions, then it
is dead.

18 But someone will say, "One person has faith, another has
actions." My answer is, "Show me how anyone can have faith without
actions. I will show you my faith by my actions." 19 Do you believe

Bwriwch fod dyn â modrwy aur a dillad crand yn dod i'r cwrdd, 2
a bod dyn tlawd mewn dillad carpiog yn dod hefyd. A bwr- 3
iwch eich bod chwi'n talu sylw i'r un sy'n gwisgo dillad crand,
ac yn dweud wrtho ef, " Eisteddwch yma, os gwelwch yn dda";
ond eich bod yn dweud wrth y dyn tlawd, " Saf di ar dy draed,
neu eistedd fan draw* wrth fy nhroedfainc." Onid ydych yn 4
anghyson eich agwedd ac yn llygredig eich barn ?

Clywch, fy mrodyr annwyl. Oni ddewisodd Duw y rhai sy'n 5
dlawd yng ngolwg y byd i fod yn gyfoethog mewn ffydd ac yn
etifeddion y deyrnas a addawodd ef i'r rhai sydd yn ei garu ?
Eto rhoesoch chwi anfri ar y dyn tlawd. Onid y cyfoethogion 6
sydd yn eich gormesu chwi, ac onid hwy sydd yn eich llusgo i'r
llysoedd ? Onid hwy sydd yn cablu'r enw glân a alwyd arnoch? 7
Wrth gwrs, os cyflawni gofynion y Gyfraith frenhinol yr ydych, 8
yn unol â'r Ysgrythur, "Câr dy gymydog fel ti dy hun", yr
ydych yn gwneud yn ardderchog. Ond os o ffafriaeth yr ydych 9
yn gwneud hyn, cyflawni pechod yr ydych, ac yng ngoleuni'r
Gyfraith yr ydych yn droseddwyr. Pwy bynnag a gadwodd holl 10
ofynion y Gyfraith, ond a lithrodd ar un peth, y mae hwnnw'n
euog o dorri'r cwbl. Oherwydd y mae'r un a ddywedodd, 11
"Na odineba", wedi dweud hefyd, "Na ladd." Os nad wyt
yn godinebu, ond eto yn lladd, yr wyt yn droseddwr yn erbyn y
Gyfraith. Llefarwch a gweithredwch fel dynion sydd i'w barnu 12
dan gyfraith rhyddid. Didrugaredd fydd y farn honno i'r sawl 13
na ddangosodd drugaredd. Trech trugaredd na barn.

Ffydd Heb Weithredoedd yn Farw

Fy mrodyr, pa les yw i ddyn ddweud fod ganddo ffydd, ac 14
yntau heb weithredoedd ? A all ei ffydd ei achub ef ? Os yw 15
brawd neu chwaer yn garpiog ac yn brin o fara beunyddiol, ac 16
un ohonoch yn dweud wrthynt, " Pob bendith ichwi; cadwch
yn gynnes a mynnwch ddigon o fwyd", ond heb roi dim iddynt
ar gyfer rheidiau'r corff, pa les ydyw ? Felly hefyd y mae 17
ffydd, os nad oes ganddi weithredoedd, yn farw ynddi ei hun.

Ond efallai y bydd rhywun yn dweud, " Ffydd sydd gennyt 18
ti, gweithredoedd sydd gennyf fi." O'r gorau, dangos i mi dy
ffydd di heb weithredoedd, ac fe ddangosaf finnau i ti fy ffydd i

---

*adn. 3: yn ôl darlleniad arall, *Saf di ar dy draed fan draw, neu eistedd yn y fan yma.*

that there is only one God? Good! The demons also believe—and tremble with fear. [20]You fool! Do you want to be shown that faith without actions is useless?[a] [21]How was our ancestor Abraham put right with God? It was through his actions, when he offered his son Isaac on the altar. [22]Can't you see? His faith and his actions worked together; his faith was made perfect through his actions. [23]And the scripture came true that said, "Abraham believed God, and because of his faith God accepted him as righteous." And so Abraham was called God's friend. [24]You see, then, that it is by his actions that a person is put right with God, and not by his faith alone.

25 It was the same with the prostitute Rahab. She was put right with God through her actions, by welcoming the Israelite spies and helping them to escape by a different road.

26 So then, as the body without the spirit is dead, so also faith without actions is dead.

The Tongue

3 My brothers, not many of you should become teachers. As you know, we teachers will be judged with greater strictness than others. [2]All of us often make mistakes. But if a person never makes a mistake in what he says, he is perfect and is also able to control his whole being. [3]We put a bit into the mouth of a horse to make it obey us, and we are able to make it go where we want. [4]Or think of a ship: big as it is and driven by such strong winds, it can be steered by a very small rudder, and it goes wherever the pilot wants it to go. [5]So it is with the tongue: small as it is, it can boast about great things.

Just think how large a forest can be set on fire by a tiny flame! [6]And the tongue is like a fire. It is a world of wrong, occupying its place in our bodies and spreading evil through our whole being. It sets on fire the entire course of our existence with the fire that comes to it from hell itself. [7]Man is able to tame and has tamed all other creatures—wild animals and birds, reptiles and fish. [8]But no one has ever been able to tame the tongue. It is evil and uncontrollable, full of deadly poison. [9]We use it to give thanks to our Lord and Father and also to curse our fellow-man, who is created in

---

[a] useless; *some manuscripts have* dead.

trwy weithredoedd. A wyt ti'n credu mai un Duw sydd? 19
Da iawn! Ond y mae'r cythreuliaid hefyd yn credu, ac yn
crynu. Y dyn ffôl, a oes raid dy argyhoeddi mai diwerth yw 20
ffydd heb weithredoedd? Onid trwy ei weithredoedd y 21
cyfiawnhawyd Abraham, ein tad, pan offrymodd ef Isaac, ei
fab, ar yr allor? Y mae'n eglur iti mai cydweithio â'i weithred- 22
oedd yr oedd ei ffydd, ac mai trwy'r gweithredoedd y cafodd ei
ffydd ei mynegi'n berffaith. Felly cyflawnwyd yr Ysgrythur 23
sy'n dweud, "Rhoes Abraham ei ffydd yn Nuw, ac fe'i cyfrif-
wyd iddo yn gyfiawnder"; a galwyd ef yn gyfaill Duw. Fe 24
welwch felly mai trwy weithredoedd y mae dyn yn cael ei
gyfiawnhau, ac nid trwy ffydd yn unig. Yn yr un modd hefyd, 25
onid trwy weithredoedd y cyfiawnhawyd Rahab, y butain, pan
dderbyniodd hi'r negeswyr a'u hanfon i ffwrdd ar hyd ffordd
arall? Fel y mae'r corff heb anadl yn farw, felly hefyd y mae 26
ffydd heb weithredoedd yn farw.

Y Tafod

Fy mrodyr, peidiwch â thyrru i fod yn athrawon, oherwydd **3**
fe wyddoch y byddwn ni'r athrawon yn cael ein barnu'n llym-
ach. Oherwydd y mae mynych lithriad yn hanes pawb ohonom. 2
Os gall rhywun ymgadw rhag llithro yn ei ymadrodd, dyma
ddyn perffaith, â'r gallu ganddo i ffrwyno ei holl gorff hefyd.
Yr ydym yn rhoi'r ffrwyn yng ngenau'r march i'w wneud yn 3
ufudd inni, ac yna gallwn droi ei gorff cyfan. A llongau yr un 4
modd; hyd yn oed os ydynt yn llongau mawr, ac yn cael eu
gyrru gan wyntoedd geirwon, gellir eu troi â llyw bychan iawn i
ba gyfeiriad bynnag y mae'r peilot yn ei ddymuno. Felly hefyd 5
y mae'r tafod; aelod bychan ydyw, ond y mae'n honni pethau
mawr.

Ystyriwch fel y mae gwreichionen fechan yn gallu rhoi
coedwig fawr ar dân. A thân yw'r tafod; y mae'n sefyll, 6
ymhlith ein haelodau, dros y byd anghyfiawn, yn halogi'r corff
i gyd, ac yn rhoi holl gylch ein bodolaeth ar dân wrth iddo ef ei
hun gael ei roi ar dân gan uffern. Y mae'r hil ddynol yn gallu 7
meistroli pob math o anifeiliaid ac adar, o ymlusgiaid a physgod;
yn wir, y mae wedi eu meistroli. Ond nid oes unrhyw ddyn 8
sy'n gallu meistroli'r tafod. Drwg diorffwys yw, yn llawn o
wenwyn marwol. Â'r tafod yr ydym yn bendithio'r Arglwydd 9
a'r Tad; â'r tafod hefyd yr ydym yn melltithio dynion a lun-

the likeness of God. 10 Words of thanksgiving and cursing pour out from the same mouth. My brothers, this should not happen! 11 No spring of water pours out sweet water and bitter water from the same opening. 12 A fig-tree, my brothers, cannot bear olives; a grape-vine cannot bear figs, nor can a salty spring produce sweet water.

The Wisdom from Above

13 Is there anyone among you who is wise and understanding? He is to prove it by his good life, by his good deeds performed with humility and wisdom. 14 But if in your heart you are jealous, bitter, and selfish, don't sin against the truth by boasting of your wisdom. 15 Such wisdom does not come down from heaven; it belongs to the world, it is unspiritual and demonic. 16 Where there is jealousy and selfishness, there is also disorder and every kind of evil. 17 But the wisdom from above is pure first of all; it is also peaceful, gentle, and friendly; it is full of compassion and produces a harvest of good deeds; it is free from prejudice and hypocrisy. 18 And goodness is the harvest that is produced from the seeds the peacemakers plant in peace.

Friendship with the World

4 Where do all the fights and quarrels among you come from? They come from your desires for pleasure, which are constantly fighting within you. 2 You want things, but you cannot have them, so you are ready to kill; you strongly desire things, but you cannot get them, so you quarrel and fight. You do not have what you want because you do not ask God for it. 3 And when you ask, you do not receive it, because your motives are bad; you ask for things to use for your own pleasures. 4 Unfaithful people! Don't you know that to be the world's friend means to be God's enemy? Whoever wants to be the world's friend makes himself God's enemy. 5 Don't think that there is no truth in the scripture that says, "The spirit that God placed in us is filled with fierce desires."[b] 6 But the grace that God gives is even stronger. As the scripture says, "God resists the proud, but gives grace to the humble."

---

[b] The spirit...fierce desires; *or* God yearns jealously over the spirit that he placed in us.

iwyd ar ddelw Duw. O'r un genau y mae bendith a melltith 10
yn dod. Fy mrodyr, ni ddylai pethau fel hyn fod. A welir dŵr 11
peraidd a dŵr chwerw yn tarddu o lygad yr un ffynnon ? A 12
yw'r pren ffigys, fy mrodyr, yn gallu dwyn olifiaid, neu'r win-
wydden ffigys ? Nac ydyw, ac ni ddaw dŵr peraidd o ddŵr
hallt chwaith.

Y Ddoethineb sydd Oddi Uchod

Pwy sy'n ddoeth a deallus yn eich plith ? Gadewch i hwnnw 13
ddangos, trwy ei ymarweddiad, fod i'w weithredoedd ostyng-
eiddrwydd doethineb. Ond os ydych yn coleddu eiddigedd 14
chwerw ac uchelgais hunanol yn eich calon, peidiwch ag ym-
ffrostio a dweud celwydd yn erbyn y gwirionedd. Nid dyma'r 15
ddoethineb sy'n disgyn oddi uchod; peth daearol yw, peth
bydol a chythreulig. Oherwydd lle bynnag y mae cenfigen ac 16
uchelgais, yno hefyd y mae anhrefn a phob gweithred ddrwg.
Ond am y ddoethineb sydd oddi uchod, y mae hon yn y lle 17
cyntaf yn bur, ac yna'n heddychol, yn dirion, yn hawdd ym-
wneud â hi, yn llawn o drugaredd a'i ffrwythau daionus, yn
ddiragfarn ac yn ddiragrith. Y mae cynhaeaf cyfiawnder yn 18
cael ei hau mewn heddwch i'r rhai sy'n gwneud heddwch.

Cyfeillgarwch â'r Byd

O ble y daeth ymrafaelion a chwerylon yn eich plith ? Onid **4**
o'r chwantau sy'n milwrio yn eich aelodau. Yr ydych yn 2
chwennych ac yn methu cael, ac felly yr ydych yn llofruddio;
yr ydych yn eiddigeddu ac yn methu meddiannu, ac felly yr
ydych yn ymladd a rhyfela. Nid ydych yn cael am nad ydych
yn gofyn. A phan fyddwch yn gofyn, nid ydych yn derbyn, a 3
hynny am eich bod yn gofyn ar gam, gyda'ch bryd ar wario ar
eich chwantau yr hyn a gewch. Chwi rai anffyddlon, oni 4
wyddoch fod cyfeillgarwch â'r byd yn elyniaeth tuag at Dduw ?
Y mae unrhyw un sy'n mynnu bod yn gyfaill i'r byd yn ei wneud
ei hun yn elyn i Dduw. Neu a ydych yn tybio nad oes ystyr i'r 5
Ysgrythur sy'n dweud, " Y mae Duw'n dyheu hyd at eiddigedd
am yr ysbryd a osododd i drigo ynom."* A gras mwy y mae ef 6
yn ei roi. Oherwydd y mae'r Ysgrythur yn dweud :

---

*adn. 5: neu, *Dyheu hyd at eiddigedd y mae'r ysbryd a osododd Duw i drigo ynom.*

7 So then, submit to God. Resist the Devil, and he will run away
from you. 8 Come near to God, and he will come near to you. Wash
your hands, you sinners! Purify your hearts, you hypocrites! 9 Be
sorrowful, cry, and weep; change your laughter into crying, your
joy into gloom! 10 Humble yourselves before the Lord, and he will
lift you up.

Warning against Judging a Christian Brother

11 Do not criticize one another, my brothers. Whoever criticizes a
Christian brother or judges him, criticizes the Law and judges it. If
you judge the Law, then you are no longer one who obeys the
Law, but one who judges it. 12 God is the only lawgiver and judge.
He alone can save and destroy. Who do you think you are, to judge
your fellow-man?

Warning against Boasting

13 Now listen to me, you that say, "Today or tomorrow we will
travel to a certain city, where we will stay a year and go into business
and make a lot of money." 14 You don't even know what your life
tomorrow will be! You are like a puff of smoke, which appears
for a moment and then disappears. 15 What you should say is this:
"If the Lord is willing, we will live and do this or that." 16 But
now you are proud, and you boast; all such boasting is wrong.

17 So then, the person who does not do the good he knows he
should do is guilty of sin.

Warning to the Rich

5 And now, you rich people, listen to me! Weep and wail over
the miseries that are coming upon you! 2 Your riches have rotted
away, and your clothes have been eaten by moths. 3 Your gold and
silver are covered with rust, and this rust will be a witness against
you and will eat up your flesh like fire. You have piled up riches
in these last days. 4 You have not paid any wages to the men who
work in your fields. Listen to their complaints! The cries of those
who gather in your crops have reached the ears of God, the Lord

"Y mae Duw yn gwrthwynebu'r beilchion,
ond i'r gostyngedig y mae'n rhoi gras."

Felly, ymddarostyngwch i Dduw. Gwrthsafwch y diafol, ac fe 7
gilia oddi wrthych. Neséwch at Dduw, ac fe nesâ ef atoch chwi. 8
Glanhewch eich dwylo, chwi bechaduriaid, a phurwch eich
calonnau, chwi bobl ddau feddwl. Tristewch a galarwch ac 9
wylwch. Bydded i'ch chwerthin droi'n alar a'ch llawenydd yn
brudd-der. Ymostyngwch o flaen yr Arglwydd, a bydd ef yn 10
eich dyrchafu chwi.

Collfarnu Brawd

Peidiwch â dilorni eich gilydd, frodyr; y mae'r dyn sy'n 11
dilorni ei frawd, neu'n collfarnu ei frawd, yn dilorni'r Gyfraith
ac yn collfarnu'r Gyfraith. Ac os wyt ti yn collfarnu'r Gyfraith,
yna nid gwneuthurwr y Gyfraith mohonot, ond ei barnwr hi.
Nid oes ond un deddfroddwr a barnwr, sef yr un sy'n abl i 12
achub, a hefyd i fwrw i golledigaeth. Pwy wyt ti i eistedd mewn
barn ar dy gymydog ?

Rhybudd rhag Ymffrostio

Clywch yn awr, chwi sy'n dweud, "Heddiw neu yfory, 13
byddwn yn mynd i'r ddinas a'r ddinas, ac fe dreuliwn flwyddyn
yno yn marchnata ac yn gwneud arian." Nid oes gan rai fel 14
chwi ddim syniad sut y bydd hi arnoch yfory. Nid ydych ond
tarth, sy'n cael ei weld am ychydig, ac yna'n diflannu. Dylech 15
ddweud, yn hytrach, "Os yr Arglwydd a'i myn, byddwn yn
fyw ac fe wnawn hyn neu'r llall." Ond yn lle hynny, ym- 16
ffrostio yr ydych yn eich honiadau balch. Y mae pob ymffrost
o'r fath yn ddrwg. Ac felly, pechod yw i ddyn beidio â gwneud 17
y daioni y mae'n gwybod sut i'w wneud.

Rhybudd i'r Cyfoethog

Ac yn awr, chwi'r cyfoethogion, wylwch ac udwch o achos y **5**
trallodion sydd yn dod arnoch. Y mae eich golud wedi pydru, 2
ac y mae'r gwyfyn wedi difa eich gwisgoedd. Y mae eich aur 3
a'ch arian wedi rhydu, a bydd eu rhwd yn dystiolaeth yn eich
erbyn, ac yn bwyta eich cnawd fel tân. Casglu cyfoeth a
wnaethoch yn y dyddiau olaf. Clywch ! Y mae'r cyflogau na 4
thalasoch i'r gweithwyr a fedodd eich meysydd yn gweiddi
allan; ac y mae llefain y medelwyr yng nghlustiau Arglwydd

Almighty. 5 Your life here on earth has been full of luxury and
pleasure. You have made yourselves fat for the day of slaughter. 6 You
have condemned and murdered innocent people, and they do not resist
you.[c]

Patience and Prayer

7 Be patient, then, my brothers, until the Lord comes. See how
patient a farmer is as he waits for his land to produce precious
crops. He waits patiently for the autumn and spring rains. 8 You
also must be patient. Keep your hopes high, for the day of the
Lord's coming is near.

9 Do not complain against one another, my brothers, so that God
will not judge you. The Judge is near, ready to appear. 10 My brothers,
remember the prophets who spoke in the name of the Lord. Take
them as examples of patient endurance under suffering. 11 We call
them happy because they endured. You have heard of Job's patience,
and you know how the Lord provided for him in the end. For
the Lord is full of mercy and compassion.

12 Above all, my brothers, do not use an oath when you make
a promise. Do not swear by heaven or by earth or by anything
else. Say only "Yes" when you mean yes, and "No" when you mean
no, and then you will not come under God's judgement.

13 Is anyone among you in trouble? He should pray. Is anyone
happy? He should sing praises. 14 Is there anyone who is ill? He
should send for the church elders, who will pray for him and rub
olive-oil on him in the name of the Lord. 15 This prayer made in
faith will heal the sick person; the Lord will restore him to health,
and the sins he has committed will be forgiven. 16 So then, confess
your sins to one another and pray for one another, so that you
will be healed. The prayer of a good person has a powerful effect.
17 Elijah was the same kind of person as we are. He prayed earnestly
that there would be no rain, and no rain fell on the land for three
and a half years. 18 Once again he prayed, and the sky poured out
its rain and the earth produced its crops.

19 My brothers, if one of you wanders away from the truth and
another one brings him back again, 20 remember this: whoever turns
a sinner back from his wrong way will save that sinner's soul[d] from
death and bring about the forgiveness of many sins.

---

[c] people, and they do not resist you; *or* people. Will God not resist you?

[d] that sinner's soul; *or* his own soul.

y lluoedd. Buoch yn byw yn foethus a glwth ar y ddaear; 5
buoch yn eich pesgi eich hunain ar gyfer dydd y lladd. Yr 6
ydych wedi condemnio a lladd y cyfiawn, heb iddo yntau eich
gwrthsefyll.

Amynedd a Gweddi

Byddwch yn amyneddgar, frodyr, hyd ddyfodiad yr Ar- 7
glwydd. Gwelwch fel y mae'r ffermwr yn aros am gynnyrch
gwerthfawr y ddaear, yn fawr ei amynedd amdano nes i'r
ddaear dderbyn y glaw cynnar a diweddar. Byddwch chwithau 8
hefyd yn amyneddgar, a'ch cadw eich hunain yn gadarn,
oherwydd y mae dyfodiad yr Arglwydd wedi dod yn agos.
Peidiwch ag achwyn ar eich gilydd, fy mrodyr, rhag i chwi gael 9
eich barnu. Gwelwch, y mae'r barnwr yn sefyll wrth y drws.
Ystyriwch, frodyr, fel esiampl o ddynion yn dioddef yn 10
amyneddgar, y proffwydi a lefarodd yn enw'r Arglwydd. Ac 11
yr ydym yn dweud mai gwyn eu byd y rhai a ddaliodd eu tir.
Clywsoch am ddyfalbarhad Job, a gwelsoch y diwedd a gafodd
ef gan yr Arglwydd; y mae'r Arglwydd yn dosturiol a thru-
garog.

Ond yn anad dim, fy mrodyr, peidiwch â thyngu llw wrth y 12
nef, nac wrth y ddaear, nac wrth ddim arall chwaith. I'r gwrth-
wyneb, bydded eich " ie " yn " ie " yn unig, a'ch " nage " yn
" nage " yn unig, rhag i chwi syrthio dan farn.

A oes rhywun yn eich plith mewn adfyd ? Dylai weddïo. 13
A oes rhywun mewn llawenydd ? Dylai ganu mawl. A oes 14
rhywun yn glaf yn eich plith ? Galwed ato henuriaid yr eglwys,
i weddïo trosto a'i eneinio ag olew yn enw yr Arglwydd. Bydd 15
gweddi a offrymir mewn ffydd yn iacháu y sawl sy'n glaf, a
bydd yr Arglwydd yn ei godi ef ar ei draed; ac os yw wedi
pechu, fe gaiff faddeuant. Felly, cyffeswch eich pechodau i'ch 16
gilydd, a gweddïwch dros eich gilydd, er mwyn i chwi gael
iachâd. Peth grymus iawn ac effeithiol yw gweddi daer dyn da.
Yr oedd Elias yn ddyn o'r un anian â ninnau, ac fe weddïodd ef 17
yn daer am iddi beidio â glawio; ac ni lawiodd ar y ddaear am
dair blynedd a chwe mis. Yna gweddïodd eilwaith, a dyma'r 18
nefoedd yn arllwys ei glaw, a'r ddaear yn dwyn ei ffrwyth.

Fy mrodyr, os digwydd i un ohonoch ŵyro oddi wrth y 19
gwirionedd, ac i un arall ei droi'n ôl, y mae'n sicr y bydd y dyn 20
a drodd y pechadur o gyfeiliorni ei ffordd yn achub ei enaid
rhag angau, ac yn dileu lliaws o bechodau.

THE FIRST LETTER FROM

PETER

1 From Peter, apostle of Jesus Christ—
To God's chosen people who live as refugees scattered throughout
the provinces of Pontus, Galatia, Cappadocia, Asia, and Bithynia.
2 You were chosen according to the purpose of God the Father and
were made a holy people by his Spirit, to obey Jesus Christ and
be purified by his blood.
May grace and peace be yours in full measure.

A Living Hope

3 Let us give thanks to the God and Father of our Lord Jesus
Christ! Because of his great mercy he gave us new life by raising
Jesus Christ from death. This fills us with a living hope, 4 and so
we look forward to possessing the rich blessings that God keeps
for his people. He keeps them for you in heaven, where they cannot
decay or spoil or fade away. 5 They are for you, who through faith
are kept safe by God's power for the salvation which is ready to
be revealed at the end of time.
6 Be glad about this, even though it may now be necessary for
you to be sad for a while because of the many kinds of trials you
suffer. 7 Their purpose is to prove that your faith is genuine. Even
gold, which can be destroyed, is tested by fire; and so your faith,
which is much more precious than gold, must also be tested, so
that it may endure. Then you will receive praise and glory and
honour on the Day when Jesus Christ is revealed. 8 You love him,
although you have not seen him, and you believe in him, although
you do not now see him. So you rejoice with a great and glorious
joy which words cannot express, 9 because you are receiving the sal-
vation of your souls, which is the purpose of your faith in him.
10 It was concerning this salvation that the prophets made careful
search and investigation, and they prophesied about this gift which
God would give you. 11 They tried to find out when the time would
be and how it would come.[a] This was the time to which Christ's
Spirit in them was pointing, in predicting the sufferings that Christ
would have to endure and the glory that would follow. 12 God revealed

---

[a] when the time would be and how it would come; *or* who the person would be and when he would come.

LLYTHYR CYNTAF

PEDR

Cyfarch

Pedr, apostol Iesu Grist, at y dieithriaid sydd ar wasgar yn 1
Pontus, Galatia, Capadocia, Asia a Bithynia, sy'n etholedigion
yn ôl rhagwybodaeth Duw, y Tad, trwy waith sancteiddiol yr 2
Ysbryd, i fod yn ufudd i Iesu Grist ac i'w taenellu â'i waed ef.
Gras a thangnefedd a amlhaer i chwi !

Gobaith Bywiol

Bendigedig fyddo Duw a Thad ein Harglwydd Iesu Grist ! 3
O'i fawr drugaredd, fe barodd ef ein geni ni o'r newydd i obaith
bywiol trwy atgyfodiad Iesu Grist oddi wrth y meirw, i etifedd- 4
iaeth na ellir na'i difrodi, na'i difwyno, na'i difa. Saif hon
ynghadw yn y nefoedd i chwi, chwi sydd trwy ffydd dan 5
warchod gallu Duw hyd nes y daw iachawdwriaeth, yr iach-
awdwriaeth sydd yn barod i'w datguddio yn yr amser diwethaf.
Yn wyneb hyn yr ydych yn gorfoleddu, er eich bod, fe ddichon, 6
newydd brofi blinder dros dro dan amrywiol brofedigaethau.
Y mae hyn wedi digwydd er mwyn i ddilysrwydd eich ffydd 7
chwi, sy'n fwy gwerthfawr na'r aur sy'n darfod—ac y mae
hwnnw'n cael ei brofi trwy dân—gael ei amlygu er mawl a
gogoniant ac anrhydedd yn Nydd datguddio Iesu Grist. Yr 8
ydych yn ei garu ef, er na welsoch mohono; ac am eich bod yn
awr yn credu ynddo heb ei weld, yr ydych yn gorfoleddu â
llawenydd anhraethadwy a gogoneddus wrth ichwi ennill diben 9
eich ffydd, sef iachawdwriaeth eich eneidiau.

Am yr iachawdwriaeth hon bu ymofyn ac ymorol dyfal gan y 10
proffwydi a broffwydodd am y gras oedd i ddod i chwi. Holi yr 11
oeddent at ba amser neu amgylchiadau yr oedd Ysbryd Crist
o'u mewn yn cyfeirio, wrth dystiolaethu ymlaen llaw i'r
dioddefiadau oedd i ddod i ran Crist, ac i'w canlyniadau
gogoneddus. Datguddiwyd i'r proffwydi hyn mai nid arnynt 12
eu hunain, ond arnoch chwi, yr oeddent yn gweini wrth sôn am
y pethau sydd yn awr wedi eu cyhoeddi i chwi gan y rhai a
bregethodd yr Efengyl i chwi drwy nerth yr Ysbryd Glân, a

to these prophets that their work was not for their own benefit,
but for yours, as they spoke about those things which you have
now heard from the messengers who announced the Good News
by the power of the Holy Spirit sent from heaven. These are things
which even the angels would like to understand.

A Call to Holy Living

13 So then, have your minds ready for action. Keep alert and
set your hope completely on the blessing which will be given you
when Jesus Christ is revealed. 14 Be obedient to God, and do not
allow your lives to be shaped by those desires you had when you
were still ignorant. 15 Instead, be holy in all that you do, just as
God who called you is holy. 16 The scripture says, "Be holy because
I am holy."

17 You call him Father, when you pray to God, who judges all
people by the same standard, according to what each one has done;
so then, spend the rest of your lives here on earth in reverence
for him. 18 For you know what was paid to set you free from the
worthless manner of life handed down by your ancestors. It was
not something that can be destroyed, such as silver or gold; 19 it
was the costly sacrifice of Christ, who was like a lamb without
defect or flaw. 20 He had been chosen by God before the creation
of the world and was revealed in these last days for your sake.
21 Through him you believe in God, who raised him from death
and gave him glory; and so your faith and hope are fixed on God.

22 Now that by your obedience to the truth you have purified
yourselves and have come to have a sincere love for your fellow-
believers, love one another earnestly with all your heart.[b] 23 For
through the living and eternal word of God you have been born
again as the children of a parent who is immortal, not mortal. 24 As
the scripture says,

"All mankind are like grass,
and all their glory is like wild flowers.
The grass withers, and the flowers fall,
25 but the word of the Lord remains for ever."

This word is the Good News that was proclaimed to you.

The Living Stone and the Holy Nation

2 Rid yourselves, then, of all evil; no more lying or hypocrisy
or jealousy or insulting language. 2 Be like new-born babies,

---

[b] with all your heart; *some manuscripts have* with a pure heart.

anfonwyd o'r nef. Pethau yw'r rhain y mae angylion yn
chwenychu edrych arnynt.

Galwad i Fuchedd Sanctaidd

Gan hynny, rhowch fin ar* eich meddwl, ymddisgyblwch, a 13
gosodwch eich gobaith yn gyfan gwbl ar y gras sy'n prysuro
atoch gyda Dydd datguddio Iesu Grist. Fel plant ufudd, 14
peidiwch â chydymffurfio â'r chwantau a fu arnoch gynt yn eich
anwybodaeth; eithr yn ôl patrwm yr Un Sanctaidd a'ch galwodd 15
chwi, byddwch chwithau yn sanctaidd yn eich holl ymarwedd-
iad. Oherwydd y mae'n ysgrifenedig, "Byddwch yn sanctaidd, 16
canys yr wyf fi yn sanctaidd."

Ac os fel Tad yr ydych yn galw ar yr hwn sydd yn barnu'n 17
ddidderbynwyneb yn ôl gwaith pob un, ymddygwch mewn
parchedig ofn dros amser eich alltudiaeth. Gwyddoch nad â 18
phethau llygradwy, arian neu aur, y prynwyd i chwi ryddid
oddi wrth yr ymarweddiad ofer a etifeddwyd gennych, ond â 19
gwaed gwerthfawr Un oedd fel oen di-fai a di-nam, sef Crist.
Yr oedd Duw wedi rhagwybod amdano cyn seilio'r byd, 20
ac amlygwyd ef yn niwedd yr amserau er eich mwyn chwi sydd 21
drwyddo ef yn credu yn Nuw, yr hwn a'i cyfododd ef oddi wrth
y meirw ac a roes iddo ogoniant, fel y byddai eich ffydd a'ch
gobaith chwi yn Nuw.

A chwithau, trwy eich ufudd-dod i'r gwirionedd, wedi puro 22
eich eneidiau nes ennyn brawdgarwch diragrith, carwch eich
gilydd o'r galon yn angerddol. Yr ydych wedi eich geni o'r 23
newydd, nid o had llygradwy, ond anllygradwy, trwy air Duw,
sydd yn fyw ac yn aros. Oherwydd, yng ngeiriau'r Ysgrythur: 24

"Y mae pob dyn meidrol fel glaswellt,
a'i holl ogoniant fel blodeuyn glaswellt.
Y mae'r glaswellt yn gwywo,
a'r blodeuyn yn syrthio,
ond y mae gair yr Arglwydd yn aros yn dragywydd." 25

A dyma'r gair a bregethwyd yn Efengyl i chwi.

Y Maen Bywiol a'r Genedl Sanctaidd

Ymaith gan hynny â phob drygioni, a phob twyll a rhagrith **2**
a chenfigen, a phob siarad bychanus! Fel babanod newydd eu 2

---

*adn. 13: neu, *gwregyswch lwynau.*

always thirsty for the pure spiritual milk, so that by drinking it
you may grow up and be saved. [3]As the scripture says, "You have
found out for yourselves how kind the Lord is."
4 Come to the Lord, the living stone rejected by man as worthless but
chosen by God as valuable. [5]Come as living stones, and let yourselves
be used in building the spiritual temple, where you will serve as
holy priests to offer spiritual and acceptable sacrifices to God through
Jesus Christ. [6]For the scripture says,

"I chose a valuable stone,
which I am placing as the cornerstone in Zion;
and whoever believes in him will never be disappointed."

[7]This stone is of great value for you that believe; but for those who
do not believe:

"The stone which the builders rejected as worthless
turned out to be the most important of all."

[8]And another scripture says,

"This is the stone that will make people stumble,
the rock that will make them fall."

They stumbled because they did not believe in the word; such was
God's will for them.
9 But you are the chosen race, the King's priests, the holy nation,
God's own people, chosen to proclaim the wonderful acts of God,
who called you out of darkness into his own marvellous light. [10]At
one time you were not God's people, but now you are his people;
at one time you did not know God's mercy, but now you have
received his mercy.

Slaves of God

11 I appeal to you, my friends, as strangers and refugees in this
world! Do not give in to bodily passions, which are always at war
against the soul. [12]Your conduct among the heathen should be so
good that when they accuse you of being evildoers, they will have
to recognize your good deeds and so praise God on the Day of
his coming.

geni, blysiwch am laeth ysbrydol pur, er mwyn i chwi drwyddo
gynyddu i iachawdwriaeth, a chwithau* wedi blasu tiriondeb 3
yr Arglwydd. Wrth ddod ato ef, y maen bywiol, gwrthodedig 4
gan ddynion ond etholedig a chlodfawr gan Dduw, yr ydych 5
chwithau hefyd, fel meini bywiol, yn cael eich adeiladu yn dŷ
ysbrydol, i fod yn offeiriadaeth sanctaidd, er mwyn offrymu
aberthau ysbrydol, cymeradwy gan Dduw trwy Iesu Grist.
Oherwydd y mae'n sefyll yn yr Ysgrythur: 6

"Wele, yr wyf yn gosod maen yn Seion,
conglfaen etholedig a chlodfawr,
a'r hwn sydd yn credu ynddo, ni chywilyddir byth
mohono."

Y mae ei glod, gan hynny, yn eiddoch chwi, y credinwyr; ond 7
i'r anghredinwyr,

"Y maen a wrthododd yr adeiladwyr,
hwn a ddaeth yn faen y gongl",

a hefyd, 8

"Maen i syrthio drosto,
a chraig i faglu arni."

Y maent yn syrthio wrth anufuddhau i'r Gair; dyma'r dynged
a osodwyd iddynt.

Ond yr ydych chwi yn hil etholedig, yn offeiriadaeth frenhin- 9
ol, yn genedl sanctaidd, yn bobl o'r eiddo Duw ei hun, i hysbysu
gweithredoedd ardderchog yr Un a'ch galwodd chwi allan o
dywyllwch i'w ryfeddol oleuni ef:

"A chwi gynt heb fod yn bobl, 10
yr ydych yn awr yn bobl Duw;
a chwi gynt heb dderbyn trugaredd,
yr ydych yn awr yn rhai a dderbyniodd drugaredd."

Byw fel Gweision Duw

Gyfeillion annwyl, 'rwy'n deisyf arnoch, fel alltudion a 11
dieithriaid, ymgadw rhag y chwantau cnawdol sydd yn rhyfela
yn erbyn yr enaid. Bydded eich ymarweddiad ymhlith y 12
paganiaid mor amlwg o dda nes iddynt hwy, lle y maent yn awr
yn eich sarhau fel drwgweithredwyr, ogoneddu Duw yn nydd
ei ymweliad ar gyfrif yr hyn a welant o'ch gweithredoedd da
chwi.

---

*adn. 3: yn ôl darlleniad arall, *os ydych*.

13 For the sake of the Lord submit to every human authority:
to the Emperor, who is the supreme authority, 14 and to the governors,
who have been appointed by him to punish the evildoers and to
praise those who do good. 15 For God wants you to silence the
ignorant talk of foolish people by the good things you do. 16 Live
as free people; do not, however, use your freedom to cover up any
evil, but live as God's slaves. 17 Respect everyone, love your fellow-
believers, fear God, and respect the Emperor.

The Example of Christ's Suffering

18 You servants must submit to your masters and show them com-
plete respect, not only to those who are kind and considerate, but
also to those who are harsh. 19 God will bless you for this, if you
endure the pain of undeserved suffering because you are conscious
of his will. 20 For what credit is there if you endure the beatings
you deserve for having done wrong? But if you endure suffering
even when you have done right, God will bless you for it. 21 It
was to this that God called you, for Christ himself suffered for you
and left you an example, so that you would follow in his steps.
22 He committed no sin, and no one ever heard a lie come from
his lips. 23 When he was insulted, he did not answer back with an
insult; when he suffered, he did not threaten, but placed his hopes
in God, the righteous Judge. 24 Christ himself carried our sins in
his body to the cross, so that we might die to sin and live for
righteousness. It is by his wounds that you have been healed. 25 You
were like sheep that had lost their way, but now you have been brought
back to follow the Shepherd and Keeper of your souls.

Wives and Husbands

3 In the same way you wives must submit to your husbands,
so that if any of them do not believe God's word, your conduct
will win them over to believe. It will not be necessary for you to

Ymostyngwch, er mwyn yr Arglwydd, i bob sefydliad dynol, 13
prun ai i'r ymerawdwr fel y prif awdurdod, ai i'r llywodraeth- 14
wyr fel rhai a anfonir ganddo ef er cosb i ddrwgweithredwyr a
chlod i weithredwyr daioni. Oherwydd hyn yw ewyllys Duw, i 15
chwi trwy wneud daioni roi taw ar anwybodaeth dynion ynfyd.
Rhaid ichwi fyw fel dynion rhydd, eto peidio ag arfer eich 16
rhyddid i gelu drygioni, ond bod fel caethweision Duw.
Rhowch barch i bawb, carwch y frawdoliaeth, ofnwch Dduw, 17
parchwch yr ymerawdwr.

Dioddefaint Crist yn Esiampl

Chwi gaethweision, byddwch ddarostyngedig, gyda phob 18
parchedig ofn, i'ch meistri, nid yn unig i'r rhai da ac ystyriol
ond hefyd i'r rhai gormesol. Canys hyn sydd ganmoladwy, 19
bod dyn, am fod ei feddylfryd ar Dduw, yn dygymod â'i flin-
derau er iddo ddioddef ar gam. Oherwydd pa glod sydd mewn 20
dygymod â chael eich cernodio am ymddwyn yn ddrwg ? Ond
os am wneuthur daioni y byddwch yn dioddef, ac yn dygymod
â hynny, dyna'r peth sy'n ganmoladwy gyda Duw. Canys i hyn 21
y'ch galwyd, oherwydd dioddefodd* Crist yntau er eich mwyn
chwi, gan adael i chwi esiampl, ichwi ganlyn yn ôl ei draed ef.
Yng ngeiriau'r Ysgrythur: 22

"Ni wnaeth ef unrhyw bechod,
ac ni chafwyd ar ei wefusau unrhyw gelwydd."

Pan fyddai'n cael ei ddifenwi, ni fyddai'n difenwi'n ôl; pan 23
fyddai'n dioddef, ni fyddai'n bygwth, ond yn ei gyflwyno'i hun
i'r Un sy'n barnu'n gyfiawn. Ef ei hun a gariodd ein pechodau 24
yn ei gorff ar* y croesbren, er mwyn i ni ddarfod â'n pechodau
a byw i gyfiawnder. Â'i archoll ef y cawsoch eich iacháu.
Canys yr oeddech fel defaid ar ddisberod, ond yn awr troesoch 25
at Fugail a Gwarchodwr eich eneidiau.

Gwragedd a Gwŷr

Yn yr un modd, chwi wragedd priod, byddwch ddarostyng- **3**
edig i'ch gwŷr; ac yna, os oes rhai sy'n gwrthod credu gair
Duw, fe'u henillir hwy trwy ymarweddiad eu gwragedd, heb i

---

*adn. 21: yn ôl darlleniad arall, *bu farw*.

*adn. 24: neu, *at*.

say a word, 2 because they will see how pure and reverent your
conduct is. 3 You should not use outward aids to make yourselves
beautiful, such as the way you do your hair, or the jewellery you
put on, or the dresses you wear. 4 Instead, your beauty should consist
of your true inner self, the ageless beauty of a gentle and quiet
spirit, which is of the greatest value in God's sight. 5 For the devout
women of the past who placed their hope in God used to make
themselves beautiful by submitting to their husbands. 6 Sarah was
like that; she obeyed Abraham and called him her master. You
are now her daughters if you do good and are not afraid of anything.

7 In the same way you husbands must live with your wives with
the proper understanding that they are the weaker sex. Treat them
with respect, because they also will receive, together with you, God's
gift of life. Do this so that nothing will interfere with your prayers.

Suffering for Doing Right

8 To conclude: you must all have the same attitude and the same
feelings; love one another as brothers, and be kind and humble
with one another. 9 Do not pay back evil with evil or cursing with
cursing; instead, pay back with a blessing, because a blessing is
what God promised to give you when he called you. 10 As the scripture
says,

"Whoever wants to enjoy life
and wishes to see good times,
must keep from speaking evil
and stop telling lies.
11 He must turn away from evil and do good;
he must strive for peace with all his heart.
12 For the Lord watches over the righteous
and listens to their prayers;
but he opposes those who do evil."

13 Who will harm you if you are eager to do what is good?
14 But even if you should suffer for doing what is right, how happy
you are! Do not be afraid of anyone, and do not worry. 15 But
have reverence for Christ in your hearts, and honour him as Lord.
Be ready at all times to answer anyone who asks you to explain
the hope you have in you, 16 but do it with gentleness and respect.
Keep your conscience clear, so that when you are insulted, those
who speak evil of your good conduct as followers of Christ will

chwi ddweud yr un gair, wedi iddynt weld eich ymarweddiad 2
pur a duwiolfrydig. Boed ichwi'n addurn, nid pethau allanol 3
fel plethu gwallt, ymdaclu â thlysau aur, ymharddu â gwisg-
oedd, ond cymeriad cêl y galon a'i degwch di-dranc, sef ysbryd 4
addfwyn a thawel. Dyna sy'n werthfawr yng ngolwg Duw.
Canys felly hefyd y byddai'r gwragedd sanctaidd gynt, a oedd 5
yn gobeithio yn Nuw, yn eu haddurno eu hunain; byddent yn
ymddarostwng i'w gwŷr, fel yr ufuddhaodd Sara i Abraham a'i 6
alw'n arglwydd. A phlant iddi hi ydych chwi, os daliwch ati i
wneud daioni, heb ofni dim oll.

Yn yr un modd, chwi wŷr, byddwch yn ystyriol yn eich 7
bywyd priodasol; rhowch y parch dyladwy i'r wraig, gan mai
hi yw'r llestr gwannaf, a chan eich bod yn gydetifeddion y gras
sy'n rhoi bywyd. Felly, ni chaiff eich gweddïau mo'u rhwystro.

Dioddef o achos Cyfiawnder

Yn olaf, bawb ohonoch, byddwch yn un mewn meddwl a 8
theimlad, yn frawdol, yn dyner eich calon, yn ostyngedig eich
ysbryd. Peidiwch â thalu drwg am ddrwg na sen am sen. I'r 9
gwrthwyneb cyfrannwch fendith, oherwydd i etifeddu bendith
y cawsoch eich galw. Yng ngeiriau'r Ysgrythur: 10

"Yr hwn sy'n ewyllysio caru bywyd
  a gweld dyddiau da,
rhaid iddo atal ei dafod rhag drwg,
  a'i wefusau rhag dweud celwydd;
rhaid iddo gefnu ar y drwg a gwneud da, 11
  ceisio heddwch a'i ganlyn ef;
canys y mae llygaid yr Arglwydd ar y cyfiawn, 12
  a'i glustiau'n agored tuag at eu deisyfiad hwy,
ond y mae wyneb yr Arglwydd yn erbyn y sawl sy'n
    gwneud drwg."

Ac eto, pwy a wna ddrwg i chwi os byddwch yn selog tros 13
ddaioni ? Ond hyd yn oed pe digwyddai i chwi ddioddef o 14
achos cyfiawnder, gwyn eich byd ! Peidiwch â'u hofni hwy, a
pheidiwch â chymryd eich tarfu, ond sancteiddiwch Grist yn 15
Arglwydd yn eich calonnau. Byddwch yn barod bob amser i
roi ateb i bob un fydd yn ceisio gennych gyfrif am y gobaith
sydd ynoch. Ond gwnewch hynny gydag addfwynder a pharch- 16
edig ofn, gan gadw eich cydwybod yn lân; ac yna, lle'r ydych
yn awr yn cael eich sarhau, fe godir cywilydd ar y rhai sy'n

be ashamed of what they say. [17] For it is better to suffer for doing
good, if this should be God's will, than for doing evil. [18] For Christ
died[c] for sins once and for all, a good man on behalf of sinners,
in order to lead you to God. He was put to death physically, but
made alive spiritually, [19] and in his spiritual existence he went and
preached to the imprisoned spirits. [20] These were the spirits of those
who had not obeyed God when he waited patiently during the days
that Noah was building his boat. The few people in the boat—eight
in all—were saved by the water, [21] which was a symbol pointing to
baptism, which now saves you. It is not the washing away of bodily dirt,
but the promise made to God from a good conscience. It saves
you through the resurrection of Jesus Christ, [22] who has gone to
heaven and is at the right-hand side of God, ruling over all angels
and heavenly authorities and powers.

Changed Lives

4 Since Christ suffered physically, you too must strengthen your-
selves with the same way of thinking that he had; because whoever
suffers physically is no longer involved with sin. [2] From now on,
then, you must live the rest of your earthly lives controlled by God's
will and not by human desires. [3] You have spent enough time in
the past doing what the heathen like to do. Your lives were spent
in indecency, lust, drunkenness, orgies, drinking parties, and the dis-
gusting worship of idols. [4] And now the heathen are surprised when
you do not join them in the same wild and reckless living, and
so they insult you. [5] But they will have to give an account of themselves
to God, who is ready to judge the living and the dead. [6] That is
why the Good News was preached also to the dead, to those who
had been judged in their physical existence as everyone is judged;
it was preached to them so that in their spiritual existence they
may live as God lives.

Good Managers of God's Gifts

7 The end of all things is near. You must be self-controlled and
alert, to be able to pray. [8] Above everything, love one another earnestly,
because love covers over many sins. [9] Open your homes to each
other without complaining. [10] Each one, as a good manager of God's
different gifts, must use for the good of others the special gift he

---

[c] died; *many manuscripts have* suffered.

dilorni eich ymarweddiad da yng Nghrist. Oherwydd gwell 17
yw dioddef, os dyna ewyllys Duw, am wneud da nag am wneud
drwg. Canys, er eich mwyn chwi, bu Crist yntau farw* un 18
waith am byth dros bechodau, y cyfiawn dros yr anghyfiawn,
i'ch dwyn chwi at Dduw. Er ei roi i farwolaeth o ran y cnawd,
fe'i gwnaed yn fyw o ran yr ysbryd, ac felly yr aeth a chyhoeddi 19
ei genadwri i'r ysbrydion yng ngharchar. Yr oedd y rheini 20
wedi bod yn anufudd gynt, pan oedd Duw yn ei amynedd yn
dal i ddisgwyl, yn nyddiau Noa ac adeiladu'r arch. Yn yr arch
fe achubwyd ychydig, sef wyth enaid, trwy ddŵr, ac y mae'r 21
hyn sy'n cyfateb i hynny, sef bedydd, yn eich achub chwi yn
awr, nid fel modd i fwrw ymaith fudreddi'r cnawd, ond fel ernes
o gydwybod dda tuag at Dduw, trwy atgyfodiad Iesu Grist.
Y mae ef, ar ôl mynd i mewn i'r nef, ar ddeheulaw Duw, a'r 22
angylion a'r awdurdodau a'r galluoedd wedi eu darostwng iddo.

Gweinyddwyr Da ar Ras Duw

Am hynny, gan i Grist ddioddef yn y cnawd, cymerwch **4**
chwithau yr un meddwl yn arfogaeth i chwi—oherwydd y mae'r
sawl a ddioddefodd yn y cnawd wedi darfod â phechod—fel na 2
fydd ichwi mwyach dreulio gweddill eich amser ar y ddaear yn
ôl chwantau dynion, ond yn ôl ewyllys Duw. Oherwydd y 3
mae'r amser a aeth heibio yn hen ddigon i fod wedi gwneud y
pethau y mae bryd y paganiaid arnynt, gan rodio mewn
trythyllwch, chwantau, meddwdod, cyfeddach, diota ac eilun-
addoliaeth ffiaidd. Yn hyn o beth, y mae dynion yn ei gweld yn 4
chwith nad ydych chwi'n dal i ruthro gyda hwy i'r un llifeiriant
o afradlonedd; ac y maent yn eich cablu. Bydd raid iddynt roi 5
cyfrif i'r hwn sydd yn barod i farnu'r byw a'r meirw. Oher- 6
wydd diben pregethu'r Efengyl i'r meirw hefyd oedd iddynt,
er cael eu barnu yn y cnawd fel y bernir dynion, fyw yn yr
ysbryd fel y mae Duw yn byw.

Y mae diwedd pob peth ar ein gwarthaf. Am hynny, ym- 7
bwyllwch ac ymddisgyblwch i weddïo. O flaen pob peth, 8
cadwch eich cariad at eich gilydd yn llawn angerdd, oherwydd
y mae cariad yn dileu lliaws o bechodau. Byddwch letygar i'ch 9
gilydd heb rwgnach. Yn ôl fel y derbyniodd pob un ohonoch 10
ddawn, defnyddiwch eich dawn yng ngwasanaeth eich gilydd,

---

*adn. 18: yn ôl darlleniad arall, *dioddefodd Crist yntau.*

has received from God. 11 Whoever preaches must preach God's mess-
ages; whoever serves must serve with the strength that God gives
him, so that in all things praise may be given to God through Jesus
Christ, to whom belong glory and power for ever and ever. Amen.

Suffering as a Christian

12 My dear friends, do not be surprised at the painful test you
are suffering, as though something unusual were happening to you.
13 Rather be glad that you are sharing Christ's sufferings, so that
you may be full of joy when his glory is revealed. 14 Happy are
you if you are insulted because you are Christ's followers; this means
that the glorious Spirit, the Spirit of God, is resting on you. 15 If
any of you suffers, it must not be because he is a murderer or
a thief or a criminal or meddles in other people's affairs. 16 However,
if you suffer because you are a Christian, don't be ashamed of it,
but thank God that you bear Christ's name.

17 The time has come for judgement to begin, and God's own
people are the first to be judged. If it starts with us, how will it
end with those who do not believe the Good News from God?
18 As the scripture says,

"It is difficult for good people to be saved;
what, then, will become of godless sinners?"

19 So then, those who suffer because it is God's will for them, should by
their good actions trust themselves completely to their Creator, who
always keeps his promise.

The Flock of God

5 I, who am an elder myself, appeal to the church elders among
you. I am a witness of Christ's sufferings, and I will share in
the glory that will be revealed. I appeal to you 2 to be shepherds
of the flock that God gave you and to take care of it willingly,
as God wants you to, and not unwillingly. Do your work, not for
mere pay, but from a real desire to serve. 3 Do not try to rule over
those who have been put in your care, but be examples to the flock.
4 And when the Chief Shepherd appears, you will receive the glorious
crown which will never lose its brightness.

fel gweinyddwyr da ar amryfal ras Duw. Os yw dyn yn llefaru, 11
llefared fel un sydd wedi derbyn oraclau Duw; os yw'n
gwasanaethu, gwasanaethed fel un sydd wedi derbyn o'r nerth
y mae Duw yn ei gyfrannu. Yr amcan ym mhob dim yw
gogoneddu Duw trwy Iesu Grist. Iddo ef y perthyn y gogon-
iant a'r gallu yn oes oesoedd. Amen.

Dioddef fel Cristion

Gyfeillion annwyl, na fydded chwith gennych am y tân sydd 12
ar waith yn eich plith er mwyn eich profi, fel petai rhywbeth
chwithig yn digwydd i chwi. Yn hytrach, llawenhewch yn ôl 13
mesur eich cyfran yn nioddefiadau Crist, er mwyn i chwi allu
llawenhau hefyd, a gorfoleddu, yn Nydd datguddio'i ogoniant
ef. Os gwaradwyddir chwi oherwydd enw Crist, gwyn eich byd, 14
canys y mae Ysbryd y gogoniant, sef Ysbryd Duw, yn gorffwys
arnoch. Ni ddylai neb ohonoch ddioddef fel llofrudd neu leidr 15
neu ddrwgweithredwr, neu fel chwyldrowr.* Ond os bydd i 16
rywun ddioddef fel Cristion, ni ddylai gywilyddio, ond
gogoneddu Duw trwy'r enw hwn. Oherwydd y mae'n bryd i'r 17
Farn ddechrau, a dechrau gyda theulu Duw. Ac os gyda ni yn
gyntaf, beth yn y diwedd fydd i'r rhai fydd yn gwrthod
Efengyl Duw? Yng ngeiriau'r Ysgrythur: 18

"Ac os o'r braidd yr achubir y cyfiawn,
ple bydd yr annuwiol a'r pechadur yn sefyll?"

Am hynny, bydded i'r rhai sy'n dioddef yn ôl ewyllys Duw 19
ymddiried eu heneidiau i'r Creawdwr ffyddlon, gan wneud
daioni.

Bugeiliwch Braidd Duw

Yr wyf yn apelio, yn awr, at yr henuriaid yn eich plith. Yr **5**
wyf finnau'n gyd-henuriad â chwi, ac yn dyst o ddioddefiadau
Crist, ac yn un sydd hefyd yn gyfrannog o'r gogoniant sydd ar
gael ei ddatguddio. Bugeiliwch braidd Duw sydd yn eich gofal, 2
nid dan orfod, ond o'ch gwirfodd yn ôl ffordd Duw; nid er
mwyn elw anonest, ond o eiddgarwch, nid fel rhai sy'n tra- 3
arglwyddiaethu ar y rhai a osodwyd dan eu gofal, ond gan fod
yn esiamplau i'ch praidd. A phan ymddengys y Pen Bugail, fe 4

---

*adn. 15: neu *dyn busneslyd*.

5 In the same way you younger men must submit to the older
men. And all of you must put on the apron of humility, to serve
one another; for the scripture says, "God resists the proud, but shows
favour to the humble." 6 Humble yourselves, then, under God's mighty
hand, so that he will lift you up in his own good time. 7 Leave
all your worries with him, because he cares for you.

8 Be alert, be on the watch! Your enemy, the Devil, roams round
like a roaring lion, looking for someone to devour. 9 Be firm in
your faith and resist him, because you know that your fellow-believers
in all the world are going through the same kind of sufferings. 10 But
after you have suffered for a little while, the God of all grace, who
calls you to share his eternal glory in union with Christ, will himself
perfect you and give you firmness, strength, and a sure foundation.
11 To him be the power for ever! Amen.

Final Greetings

12 I write you this brief letter with the help of Silas, whom I
regard as a faithful Christian brother. I want to encourage you and
give my testimony that this is the true grace of God. Stand firm
in it.

13 Your sister church in Babylon,[d] also chosen by God, sends
you greetings, and so does my son Mark. 14 Greet one another with
the kiss of Christian love.

May peace be with all of you who belong to Christ.

---

[d] BABYLON: *As in the book of Revelation, this probably refers to Rome.*

gewch eich coroni â thorch gogoniant, nad yw byth yn gwywo.
Yn yr un modd, chwi wŷr ifainc, ymostyngwch i'r henuriaid.* 5
A phawb ohonoch, gwisgwch amdanoch ostyngeiddrwydd yng
ngwasanaeth eich gilydd, oherwydd, fel y dywed yr Ysgrythur:

"Y mae Duw'n gwrthwynebu'r beilchion,
ond i'r gostyngedig y mae'n rhoi gras."

Ymddarostyngwch, gan hynny, dan law gadarn Duw, fel y 6
bydd iddo ef eich dyrchafu pan ddaw'r amser. Bwriwch eich 7
holl bryder arno ef, oherwydd y mae gofal ganddo amdanoch.
Ymddisgyblwch a byddwch effro. Y mae eich gwrthwyneb- 8
ydd, y diafol, yn cerdded oddi amgylch fel llew yn rhuo, gan
chwilio am rywun i'w lyncu. Gwrthsafwch ef yn gadarn mewn 9
ffydd, gan wybod fod yr un math o ddioddefiadau yn brofiad
i'ch brodyr yn y byd. Ond wedi i chwi ddioddef am ychydig, 10
bydd Duw pob gras, yr hwn a'ch galwodd i'w dragwyddol
ogoniant yng Nghrist, yn eich gwneud yn gymwys, yn gadarn,
yn gryf ac yn ddiysgog. Iddo ef y perthyn y gallu yn oes oes- 11
oedd. Amen.

Cyfarchion Terfynol

Yr wyf yn ysgrifennu'r ychydig hyn trwy law Silfanus, brawd 12
y gellir, yn ôl fy nghyfrif i, ymddiried ynddo. Fy mwriad yw
eich calonogi, a thystio mai dyma wir ras Duw. Safwch yn
ddi-sigl ynddo.
Y mae'r hon ym Mabilon sydd yn gydetholedig â chwi yn 13
eich cyfarch, a Marc, fy mab. Cyfarchwch eich gilydd â 14
chusan cariad. Tangnefedd i chwi oll sydd yng Nghrist!

---

*adn. 5: neu, *i'r hynafgwyr*.

THE SECOND LETTER FROM

PETER

1 From Simon Peter, a servant and apostle of Jesus Christ—
To those who through the righteousness of our God and Saviour
Jesus Christ have been given a faith as precious as ours:
2 May grace and peace be yours in full measure through your
knowledge of God and of Jesus our Lord.

God's Call and Choice

3 God's divine power has given us everything we need to live
a truly religious life through our knowledge of the one who called
us to share in his own[a] glory and goodness. 4 In this way he has
given us the very great and precious gifts he promised, so that by
means of these gifts you may escape from the destructive lust that
is in the world, and may come to share the divine nature. 5 For
this very reason do your best to add goodness to your faith; to
your goodness add knowledge; 6 to your knowledge add self-control;
to your self-control add endurance; to your endurance add godliness;
7 to your godliness add brotherly affection; and to your brotherly
affection add love. 8 These are the qualities you need, and if you
have them in abundance, they will make you active and effective
in your knowledge of our Lord Jesus Christ. 9 But whoever does
not have them is so short-sighted that he cannot see and has forgotten
that he has been purified from his past sins.
10 So then, my brothers, try even harder to make God's call and
his choice of you a permanent experience; if you do so, you will
never abandon your faith.[b] 11 In this way you will be given the
full right to enter the eternal Kingdom of our Lord and Saviour
Jesus Christ.
12 And so I will always remind you of these matters, even though
you already know them and are firmly grounded in the truth you
have received. 13 I think it only right for me to stir up your memory
of these matters as long as I am still alive. 14 I know that I shall

---

[a] to share in his own; *some manuscripts have* through his.
[b] abandon your faith; *or* fall into sin.

AIL LYTHYR

PEDR

Cyfarch

Simeon Pedr, gwas ac apostol Iesu Grist, sy'n ysgrifennu at 1
y rhai sydd, trwy gyfiawnder ein Duw a'n Gwaredwr Iesu Grist,
wedi derbyn ffydd gyfuwch ei gwerth â'r eiddom ninnau.
Gras a thangnefedd a amlhaer i chwi trwy adnabyddiaeth o 2
Dduw ac Iesu ein Harglwydd !

Galwad ac Etholedigaeth y Cristion

Y mae ei allu dwyfol wedi rhoi i ni bob peth sy'n angen- 3
rheidiol i fywyd a gwir grefydd trwy ein dwyn i adnabod yr
hwn a'n galwodd â'i weithred ogoneddus a rhagorol ei hun.
Trwy hyn y mae ef wedi rhoi i ni y breintiau gwerthfawr yr 4
oedd wedi eu haddo, er mwyn i chwi trwyddynt hwy ddianc o
afael llygredigaeth y trachwant sydd yn y byd, a dod yn
gyfranogion o'r natur ddwyfol. Am yr union reswm yma, felly, 5
gwnewch eich gorau glas i rymuso eich ffydd â rhinwedd, a'ch
rhinwedd â gwybodaeth, a'ch gwybodaeth â hunanddisgyblaeth, 6
a'ch hunanddisgyblaeth â dyfalbarhad, a'ch dyfalbarhad â
duwioldeb, a'ch duwioldeb â brawdgarwch, a'ch brawdgarwch 7
â chariad. Oherwydd os yw'r rhinweddau hyn gennych yn 8
helaeth, byddant yn peri nad diog na diffrwyth fyddwch yn
eich adnabyddiaeth o'n Harglwydd Iesu Grist. Ond hebddynt 9
y mae dyn mor fyr ei olwg nes bod yn ddall, heb ddim cof
ganddo am y glanhad oddi wrth ei bechodau gynt. Dyna 10
pam, frodyr, y dylech ymdrechu'n fwy byth i wneud eich
galwad a'ch etholedigaeth yn sicr. Oherwydd os gwnewch hyn,
ni lithrwch byth. Felly y rhydd Duw i chwi, o'i haelioni, 11
fynediad i dragwyddol deyrnas ein Harglwydd a'n Gwaredwr,
Iesu Grist.

Am hynny, 'rwy'n bwriadu eich atgoffa'n wastad am y 12
pethau hyn, er eich bod yn eu gwybod, ac wedi eich sefydlu'n
gadarn yn y gwirionedd sydd gennych. Tra bydd y cnawd hwn 13
yn babell i mi, yr wyf yn ystyried ei bod hi'n iawn i mi eich
deffro trwy eich atgoffa amdanynt. Gwn y bydd yn rhaid i mi 14

soon put off this mortal body, as our Lord Jesus Christ plainly
told me. [15] I will do my best, then, to provide a way for you to
remember these matters at all times after my death.

Eye-Witnesses of Christ's Glory

16 We have not depended on made-up stories in making known
to you the mighty coming of our Lord Jesus Christ. With our own
eyes we saw his greatness. [17] We were there when he was given
honour and glory by God the Father, when the voice came to him
from the Supreme Glory, saying, "This is my own dear Son, with
whom I am pleased!" [18] We ourselves heard this voice coming from
heaven, when we were with him on the holy mountain.

19 So we are even more confident of the message proclaimed by
the prophets. You will do well to pay attention to it, because it
is like a lamp shining in a dark place until the Day dawns and
the light of the morning star shines in your hearts. [20] Above all
else, however, remember that no one can explain by himself a prophecy
in the Scriptures. [21] For no prophetic message ever came just from
the will of man, but men were under the control of the Holy Spirit
as they spoke the message that came from God.

False Teachers

2 False prophets appeared in the past among the people, and in
the same way false teachers will appear among you. They will
bring in destructive, untrue doctrines, and will deny the Master who
redeemed them, and so they will bring upon themselves sudden destruc-
tion. [2] Even so, many will follow their immoral ways; and because
of what they do, others will speak evil of the Way of truth. [3] In
their greed these false teachers will make a profit out of telling
you made-up stories. For a long time now their Judge has been
ready, and their Destroyer has been wide awake!

4 God did not spare the angels who sinned, but threw them into
hell, where they are kept chained in darkness,[c] waiting for the Day
of Judgement. [5] God did not spare the ancient world, but brought
the flood on the world of godless people; the only ones he saved
were Noah, who preached righteousness, and seven other people.
[6] God condemned the cities of Sodom and Gomorrah, destroying
them with fire, and made them an example of what will happen

---

[c] chained in darkness; *some manuscripts have* in dark pits.

roi fy mhabell heibio yn fuan, fel y mae ein Harglwydd Iesu
Grist, yn wir, wedi gwneud yn eglur imi. Gwnaf fy ngorau, 15
felly, i ofalu y byddwch, ar ôl fy ymadawiad, yn dwyn y pethau
hyn yn wastad i gof.

Gogoniant Crist a'r Gair Proffwydol

Nid dilyn chwedlau wedi eu dyfeisio'n gyfrwys yr oeddem 16
wrth hysbysu i chwi allu ein Harglwydd Iesu Grist a'i ddyfod-
iad; yn hytrach, yr oeddem wedi ei weld â'n llygaid ein hunain
yn ei fawredd. Yr oeddem yno pan dderbyniodd anrhydedd a 17
gogoniant oddi wrth Dduw Dad, a phan ddaeth y llais ato o'r
Gogoniant goruchel yn dweud: "Hwn yw fy Mab, yr Anwylyd;
ynddo ef yr wyf yn ymhyfrydu." Do, fe glywsom ni'r llais hwn 18
yn dod o'r nef; yr oeddem gydag ef ar y mynydd sanctaidd.
Y mae hyn yn cadarnhau i ni genadwri'r proffwydi; a pheth da 19
fydd i chwi roi sylw iddi, gan ei bod fel cannwyll yn disgleirio
mewn lle tywyll, hyd nes y bydd y Dydd yn gwawrio a seren y
bore yn codi i lewyrchu yn eich calonnau. Ond sylwch ar hyn 20
yn gyntaf; ni all neb ar ei ben ei hun ddehongli'r un broffwyd-
oliaeth o'r Ysgrythur. Ni ddaeth yr un broffwydoliaeth erioed 21
trwy ewyllys dyn; ond y mae dynion, wrth gael eu symbylu
gan yr Ysbryd Glân, wedi llefaru gair oddi wrth Dduw.

Proffwydi Gau ac Athrawon Gau
(Jwdas 4-13)

Ymddangosodd hefyd broffwydi gau ymhlith pobl Israel, ac **2**
yn yr un modd bydd athrawon gau yn eich plith chwithau,
dynion fydd yn dwyn i mewn yn llechwraidd heresïau dinistriol,
yn gwadu'r Meistr a'u prynodd, ac yn dwyn arnynt eu hunain
ddistryw buan. A bydd llawer yn dilyn eu harferion anllad, a 2
thrwyddynt hwy caiff ffordd y gwirionedd enw drwg. Yn eu 3
trachwant gwnânt elw ohonoch â'u storïau ffug; y mae eu
barnedigaeth ar gerdded ers talwm, a'u dinistr yn rhythu arnynt.
Oherwydd nid arbedodd Duw yr angylion a bechodd; 4
traddododd hwy i bydewau tywyll byd y meirw i'w cadw hyd y
Farn. Nid arbedodd yr hen fyd chwaith, er iddo ddiogelu Noa, 5
pregethwr cyfiawnder, ynghyd â saith arall, wrth ddwyn y
dilyw ar fyd y rhai annuwiol. Condemniodd hefyd ddinasoedd 6
Sodom a Gomorra; llosgodd hwy yn lludw, a'u gosod yn

to the godless. 7 He rescued Lot, a good man, who was distressed
by the immoral conduct of lawless people. 8 That good man lived
among them, and day after day he suffered agony as he saw and
heard their evil actions. 9 And so the Lord knows how to rescue
godly people from their trials and how to keep the wicked under
punishment for the Day of Judgement, 10 especially those who follow
their filthy bodily lusts and despise God's authority.

These false teachers are bold and arrogant, and show no respect
for the glorious beings above; instead, they insult them. 11 Even the
angels, who are so much stronger and mightier than these false
teachers, do not accuse them with insults in the presence of the
Lord. 12 But these men act by instinct, like wild animals born to
be captured and killed; they attack with insults anything they do
not understand. They will be destroyed like wild animals, 13 and they
will be paid with suffering for the suffering they have caused. Pleasure
for them is to do anything in broad daylight that will satisfy their
bodily appetites; they are a shame and a disgrace as they join you
in your meals, all the while enjoying their deceitful ways! 14 They
want to look at nothing but immoral women; their appetite for
sin is never satisfied. They lead weak people into a trap. Their hearts
are trained to be greedy. They are under God's curse! 15 They have
left the straight path and have lost their way; they have followed
the path taken by Balaam son of Beor, who loved the money he
would get for doing wrong 16 and was rebuked for his sin. His donkey
spoke with a human voice and stopped the prophet's insane action.

17 These men are like dried-up springs, like clouds blown along
by a storm; God has reserved a place for them in the deepest darkness.
18 They make proud and stupid statements, and use immoral bodily
lusts to trap those who are just beginning to escape from among
people who live in error. 19 They promise them freedom while they
themselves are slaves of destructive habits—for a person is a slave
of anything that has conquered him. 20 If people have escaped from
the corrupting forces of the world through their knowledge of our
Lord and Saviour Jesus Christ, and then are again caught and con-
quered by them, such people are in a worse state at the end than
they were at the beginning. 21 It would have been much better for
them never to have known the way of righteousness than to know

esiampl o'r hyn sydd i ddigwydd i'r annuwiol. Gwaredodd 7
Lot, gŵr cyfiawn oedd yn cael ei drallodi gan fywyd anllad
dynion direol; oherwydd wrth i'r gŵr cyfiawn hwn fyw yn eu 8
plith, yr oedd gweld a chlywed eu gweithredoedd digyfraith
yn artaith feunyddiol i'w enaid cyfiawn. Y mae'r Arglwydd yn 9
medru gwaredu'r duwiol o'u treialon, a chadw'r anghyfiawn
hyd Ddydd y Farn i'w cosbi, ac yn arbennig felly y rhai sy'n 10
byw i borthi chwantau aflan y cnawd, ac yn diystyru awdurdod.

Y maent yn rhyfygus a thrahaus, ac yn sarhau'r bodau nefol
yn gwbl eofn, peth nad yw'r angylion, er eu rhagoriaeth mewn 11
nerth a gallu, yn ei wneud wrth gyhoeddi barn yn eu herbyn
hwy gerbron yr Arglwydd. Ond y mae'r dynion hyn yn siarad 12
yn sarhaus am bethau nad ydynt yn eu deall; y maent fel
anifeiliaid direswm sydd, yn nhrefn natur, wedi eu geni i'w dal
a'u difetha; ac fel y difethir anifeiliaid, fe'u difethir hwythau.
Fe gânt ddrwg yn dâl am eu drygioni. Eu syniad am bleser yw 13
gloddesta liw dydd. Meflau a brychau ydynt, yn gwneud
gloddest i'w chwantau* wrth gydeistedd â chwi. Y mae gan- 14
ddynt lygaid sy'n llawn godineb, na chânt byth mo'u digon o
bechod. Y maent yn denu'r ansicr i'w dinistr. Y mae ganddynt
galonnau wedi eu hymarfer i drachwant—dynion dan felltith
ydynt. Gadawsant y ffordd union a mynd ar gyfeiliorn, gan 15
ddilyn ffordd Balaam fab Bosor, hwnnw a roes ei fryd ar wobr
drygioni, ond na chafodd ddim ond cerydd am ei drosedd, pan 16
lefarodd asyn mud â llais dyn ac atal gwallgofrwydd y proffwyd.

Ffynhonnau heb ddŵr ydynt, a niwloedd yn cael eu gyrru 17
gan dymestl; y mae'r tywyllwch dudew ar gadw iddynt.
Oherwydd y maent yn llefaru geiriau ymffrostgar a gwag, ac yn 18
defnyddio chwantau anllad y cnawd i ddenu i'w dinistr y rhai
nad ydynt ond braidd wedi dianc o blith pobl gyfeiliornus eu
buchedd. Y maent yn addo rhyddid iddynt, a hwythau'n gaeth 19
i lygredigaeth; oherwydd y mae dyn yn gaeth i beth bynnag
sydd wedi ei drechu. Oherwydd os yw dynion sydd wedi dianc 20
rhag aflendid y byd trwy ddod i adnabod ein Harglwydd a'n
Gwaredwr, Iesu Grist, wedi eu dal a'u trechu eilwaith gan yr
aflendid hwnnw, yna y mae eu diwedd yn waeth na'u dechrau.
Byddai'n well iddynt hwy fod heb ddod i adnabod ffordd 21
cyfiawnder, yn hytrach na'i hadnabod ac yna droi oddi wrth y

---

*adn. 13: yn ôl darlleniad arall, *mewn cariad-wleddoedd.*

it and then turn away from the sacred command that was given
them. 22 What happened to them shows that the proverbs are true:
"A dog goes back to what it has vomited" and "A pig that has
been washed goes back to roll in the mud."

The Promise of the Lord's Coming

3 My dear friends, this is now the second letter I have written
to you. In both letters I have tried to arouse pure thoughts
in your minds by reminding you of these things. 2 I want you to
remember the words that were spoken long ago by the holy prophets,
and the command from the Lord and Saviour which was given you
by your apostles. 3 First of all, you must understand that in these
last days some people will appear whose lives are controlled by
their own lusts. They will mock you 4 and will ask, "He promised
to come, didn't he? Where is he? Our fathers have already died,
but everything is still the same as it was since the creation of the
world!" 5 They purposely ignore the fact that long ago God gave
a command, and the heavens and earth were created. The earth
was formed out of water and by water, 6 and it was also by water,
the water of the flood, that the old world was destroyed. 7 But the
heavens and the earth that now exist are being preserved by the same
command of God, in order to be destroyed by fire. They are being kept
for the day when godless people will be judged and destroyed.

8 But do not forget one thing, my dear friends! There is no difference
in the Lord's sight between one day and a thousand years; to him
the two are the same. 9 The Lord is not slow to do what he has
promised, as some think. Instead, he is patient with you, because
he does not want anyone to be destroyed, but wants all to turn
away from their sins.

10 But the Day of the Lord will come like a thief. On that Day
the heavens will disappear with a shrill noise, the heavenly bodies
will burn up and be destroyed, and the earth with everything in
it will vanish.[d] 11 Since all these things will be destroyed in this
way, what kind of people should you be? Your lives should be
holy and dedicated to God, 12 as you wait for the Day of God and
do your best to make it come soon—the Day when the heavens
will burn up and be destroyed, and the heavenly bodies will be

---

[d] vanish; *some manuscripts have* be found; *others have* be burnt up; *one has* be found destroyed.

gorchymyn sanctaidd a draddodwyd iddynt. Gwireddwyd, yn 22
eu hachos hwy, y ddihareb :

"Y mae'r ci'n dychwelyd at ei chwydiad ei hun",

a hefyd:

"Y mae'r hwch a ymolchodd yn ymdrybaeddu yn y llaid."

Yr Addewid am Ddyfodiad yr Arglwydd

Bellach, gyfeillion annwyl, dyma'r ail lythyr i mi ei ysgrifennu **3**
atoch. Yn y ddau ohonynt, yr wyf yn ceisio deffro deall-
twriaeth ddilychwin ynoch trwy eich atgoffa am y pethau hyn.
Yr wyf am i chwi gofio'r pethau a ragddywedwyd gan y 2
proffwydi sanctaidd, a gorchymyn yr Arglwydd a'r Gwaredwr,
y gorchymyn a roddwyd trwy eich apostolion. Deallwch hyn 3
yn gyntaf, y daw yn y dyddiau diwethaf watwarwyr sy'n byw
yn ôl eu chwantau eu hunain, ac yn holi'n goeglyd: "Beth a 4
ddaeth o'r addewid am ei ddyfodiad ef ? Oherwydd, byth er
pan hunodd y tadau, y mae popeth wedi parhau yn union fel y
bu o ddechreuad y greadigaeth." Y maent yn fwriadol yn an- 5
wybyddu'r ffaith hon, fod y nefoedd yn bod ers talwm, a'r
ddaear wedi ei llunio o ddŵr a thrwy ddŵr gan air Duw; a 6
thrwy ddŵr y dinistriwyd byd yr oes honno, sef dŵr y dilyw.
Gan yr un gair hefyd y mae nefoedd a daear yr oes hon wedi eu 7
gosod mewn stôr ar gyfer y tân; y maent ar gadw hyd Ddydd
barn a distryw dynion annuwiol.

Gyfeillion annwyl, peidiwch ag anghofio'r un peth hwn, fod 8
un diwrnod yng ngolwg yr Arglwydd fel mil o flynyddoedd,
a mil o flynyddoedd fel un diwrnod. Nid yw'r Arglwydd yn 9
oedi cyflawni ei addewid, fel y bydd rhai pobl yn deall oedi;
bod yn ymarhous wrthych y mae, am nad yw'n ewyllysio i neb
gael ei ddinistrio, ond i bawb ddod i edifeirwch. Fe ddaw 10
Dydd yr Arglwydd fel lleidr, a'r Dydd hwnnw bydd y nefoedd
yn diflannu â thrwst, a'r elfennau yn ymddatod gan wres, a'r
ddaear a phopeth sydd ynddi yn peidio â bod.* Gan fod yr holl 11
bethau yma ar gael eu datod fel hyn, ystyriwch pa mor sanctaidd
a duwiol y dylai eich ymarweddiad fod, a chwithau'n disgwyl 12
am Ddydd Duw ac yn prysuro ei ddyfodiad, y Dydd pan
ddatodir y nefoedd gan dân ac y toddir yr elfennau gan wres.

---

*adn. 10: yn ôl darlleniad arall, *yn cael ei dinoethi*; yn ôl un arall, *yn cael ei llosgi*.

melted by the heat. [13]But we wait for what God has promised:
new heavens and a new earth, where righteousness will be at home.

14 And so, my friends, as you wait for that Day, do your best
to be pure and faultless in God's sight and to be at peace with
him. [15]Look on our Lord's patience as the opportunity he is giving
you to be saved, just as our dear brother Paul wrote to you, using
the wisdom that God gave him. [16]This is what he says in all his
letters when he writes on the subject. There are some difficult things
in his letters which ignorant and unstable people explain falsely,
as they do with other passages of the Scriptures. So they bring on
their own destruction.

17 But you, my friends, already know this. Be on your guard,
then, so that you will not be led away by the errors of lawless
people and fall from your safe position. [18]But continue to grow
in the grace and knowledge of our Lord and Saviour Jesus Christ.
To him be the glory, now and for ever! Amen.

Ond disgwyl yr ydym ni, yn ôl ei addewid ef, am nefoedd 13
newydd a daear newydd, lle bydd cyfiawnder yn cartrefu.
Felly, gyfeillion annwyl, gwnewch eich gorau, wrth ddisgwyl 14
am y pethau hyn, i fod yn ddi-nam a di-fai yng ngolwg Duw, ac
i'ch cael mewn tangnefedd. Ystyriwch hirymaros ein Har- 15
glwydd yn iachawdwriaeth, yn union fel yr ysgrifennodd ein
brawd annwyl, Paul, atoch yn ôl y ddoethineb a roddwyd iddo
ef. Felly hefyd yn ei holl lythyrau y mae'n sôn am y pethau 16
hyn. Y mae rhai pethau ynddynt sydd yn anodd eu deall,
pethau y mae'r annysgedig a'r ansicr yn eu gwyrdroi, fel y
maent yn gwyrdroi'r Ysgrythurau eraill hefyd, i'w dinistr eu
hunain. Ond yr ydych chwi, gyfeillion annwyl, yn gwybod am 17
y pethau hyn eisoes. Byddwch, felly, ar eich gwyliadwriaeth
rhag i chwi gael eich ysgubo ymaith gan gyfeiliornad dynion
direol, a syrthio o'ch safle cadarn. Ond cynyddwch mewn gras, 18
ac mewn gwybodaeth o'n Harglwydd a'n Gwaredwr, Iesu Grist.
Iddo ef y bo'r gogoniant yn awr ac yn oes oesoedd ! Amen.

THE FIRST LETTER OF

JOHN

The Word of Life

1 We write to you about the Word of life, which has existed
from the very beginning. We have heard it, and we have seen
it with our eyes; yes, we have seen it, and our hands have touched
it. 2 When this life became visible, we saw it; so we speak of it
and tell you about the eternal life which was with the Father and
was made known to us. 3 What we have seen and heard we announce
to you also, so that you will join with us in the fellowship that
we have with the Father and with his Son Jesus Christ. 4 We write
this in order that our[a] joy may be complete.

God Is Light

5 Now the message that we have heard from his Son and announce
is this: God is light, and there is no darkness at all in him. 6 If,
then, we say that we have fellowship with him, yet at the same
time live in the darkness, we are lying both in our words and in
our actions. 7 But if we live in the light—just as he is in the light—then
we have fellowship with one another, and the blood of Jesus, his
Son, purifies us from every sin.

8 If we say that we have no sin, we deceive ourselves, and there
is no truth in us. 9 But if we confess our sins to God, he will keep
his promise and do what is right: he will forgive us our sins and
purify us from all our wrongdoing. 10 If we say that we have not
sinned, we make God out to be a liar, and his word is not in us.

Christ Our Helper

2 I am writing this to you, my children, so that you will not
sin; but if anyone does sin, we have someone who pleads with
the Father on our behalf—Jesus Christ, the righteous one. 2 And

[a] our; *some manuscripts have* your.

LLYTHYR CYNTAF

IOAN

Gair y Bywyd

Yr hyn oedd o'r dechreuad, yr hyn yr ydym wedi ei glywed, **1**
yr hyn yr ydym wedi ei weld â'n llygaid, yr hyn yr edrychasom
arno, ac a deimlodd ein dwylo, ynglŷn â gair y bywyd, dyna'r
hyn yr ydym yn ei gyhoeddi. Amlygwyd y bywyd hwn; ac yr 2
ydym wedi gweld, ac yr ydym yn tystiolaethu ac yn cyhoeddi
i chwi y bywyd tragwyddol oedd gyda'r Tad ac a amlygwyd i ni.
Yr hyn yr ydym wedi ei weld a'i glywed, yr ydym yn ei gyhoeddi 3
i chwi hefyd, er mwyn i chwithau gael cymundeb â ni. Ac yn
wir, y mae ein cymundeb ni gyda'r Tad a chyda'i Fab ef, Iesu
Grist. Ac yr ydym ni'n ysgrifennu hyn er mwyn i'n llawenydd 4
fod yn gyflawn.

Goleuni yw Duw

Hon yw'r genadwri yr ydym wedi ei chlywed ganddo ef, ac yr 5
ydym yn ei chyhoeddi i chwi: goleuni yw Duw, ac nid oes
ynddo ef ddim tywyllwch. Os dywedwn fod gennym gymun- 6
deb ag ef, a rhodio yn y tywyllwch, yr ydym yn dweud celwydd,
ac nid ydym yn gwneud y gwirionedd; ond os rhodiwn yn y 7
goleuni, fel y mae ef yn y goleuni, y mae gennym gymundeb â'n
gilydd, ac y mae gwaed Iesu, ei Fab ef, yn ein glanhau ni o bob
pechod. Os dywedwn ein bod yn ddibechod, yr ydym yn ein 8
twyllo ein hunain, ac nid yw'r gwirionedd ynom. Os cyffeswn 9
ein pechodau, y mae ef yn ffyddlon ac yn gyfiawn, ac fe faddeua,
felly, i ni ein pechodau, a'n glanhau o bob anghyfiawnder. Os 10
dywedwn nad ydym wedi pechu, yr ydym yn ei wneud ef yn
gelwyddog, ac nid yw ei air ef ynom ni.

Crist, Ein Heiriolwr

Fy mhlant, yr wyf yn ysgrifennu'r pethau hyn atoch i'ch **2**
cadw rhag pechu. Ond os bydd i rywun bechu, y mae gennym
Eiriolwr gyda'r Tad, sef Iesu Grist, y cyfiawn; ac ef sy'n 2
foddion ein puredigaeth oddi wrth ein pechodau, ac nid

Christ himself is the means by which our sins are forgiven, and
not our sins only, but also the sins of everyone.
3 If we obey God's commands, then we are sure that we know
him. 4 If someone says that he knows him, but does not obey his
commands, such a person is a liar and there is no truth in him.
5 But whoever obeys his word is the one whose love for God has
really been made perfect. This is how we can be sure that we are
in union with God: 6 whoever says that he remains in union with
God should live just as Jesus Christ did.

The New Command

7 My dear friends, this command I am writing to you is not new;
it is the old command, the one you have had from the very beginning.
The old command is the message you have already heard. 8 However,
the command I am now writing to you is new, because its truth
is seen in Christ and also in you. For the darkness is passing away,
and the real light is already shining.
9 Whoever says that he is in the light, yet hates his brother, is
in the darkness to this very hour. 10 Whoever loves his brother lives in
the light, and so there is nothing in him that will cause someone else[b]
to sin. 11 But whoever hates his brother is in the darkness; he walks
in it and does not know where he is going, because the darkness has
made him blind.
12 I am writing to you, my children, because your sins are forgiven
for the sake of Christ. 13 I am writing to you, fathers, because you know
him who has existed from the beginning. I am writing to you, young
men, because you have defeated the Evil One.
14 I am writing to you, my children, because you know the Father. I
am writing to you, fathers, because you know him who has existed
from the beginning. I am writing to you, young men, because you
are strong; the word of God lives in you, and you have defeated
the Evil One.

---

[b] someone else; *or* him.

puredigaeth ein pechodau ni yn unig, ond hefyd bechodau'r
holl fyd. Dyma sut yr ydym yn gwybod ein bod yn ei adnabod 3
ef: a ydym yn cadw ei orchmynion? Yr hwn sy'n dweud, 4
" 'Rwyf yn ei adnabod", a heb gadw ei orchmynion, y mae
hwnnw'n gelwyddog, ac nid yw'r gwirionedd ynddo; ond pwy 5
bynnag sy'n cadw ei air ef, yn hwn, yn wir, y mae cariad at
Dduw wedi ei berffeithio. Dyma sut yr ydym yn gwybod ein
bod ynddo ef: dylai'r hwn sy'n dweud ei fod yn aros ynddo ef 6
rodio ei hun fel y rhodiodd ef.

Y Gorchymyn Newydd

Gyfeillion annwyl, nid gorchymyn newydd yr wyf yn ei 7
ysgrifennu atoch, ond hen orchymyn, un oedd gennych o'r
dechreuad; y gair a glywsoch yw'r hen orchymyn hwn. Eto, 8
yr wyf yn ysgrifennu atoch orchymyn newydd, rhywbeth sydd
yn wir ynddo ef ac ynoch chwithau; oherwydd y mae'r tywyll-
wch yn mynd heibio, a'r gwir oleuni eisoes yn tywynnu. Yr 9
hwn sy'n dweud ei fod yn y goleuni, ac yn casáu ei frawd, yn y
tywyllwch y mae o hyd. Y mae'r hwn sy'n caru ei frawd yn 10
aros yn y goleuni, ac nid oes dim ynddo ef i faglu neb. Ond yr 11
hwn sy'n casáu ei frawd, yn y tywyllwch y mae, ac yn y tywyll-
wch y mae'n rhodio, ac nid yw'n gwybod lle y mae'n mynd, am
fod y tywyllwch wedi dallu ei lygaid ef.

'Rwyf yn ysgrifennu atoch chwi, blant, 12
am fod eich pechodau wedi eu maddau drwy ei enw ef.
'Rwyf yn ysgrifennu atoch chwi, dadau, 13
am eich bod yn adnabod yr hwn sydd wedi bod o'r
dechreuad.
'Rwyf yn ysgrifennu atoch chwi, wŷr ifainc,
am eich bod wedi gorchfygu'r Un drwg.
'Rwyf wedi ysgrifennu atoch chwi, blant, 14
am eich bod yn adnabod y Tad.
'Rwyf wedi ysgrifennu atoch chwi, dadau,
am eich bod yn adnabod yr hwn sydd wedi bod o'r
dechreuad.
'Rwyf wedi ysgrifennu atoch chwi, wŷr ifainc,
am eich bod yn gryf,
ac am fod gair Duw yn aros ynoch,
a'ch bod wedi gorchfygu'r Un drwg.

15 Do not love the world or anything that belongs to the world.
If you love the world, you do not love the Father. 16 Everything
that belongs to the world—what the sinful self desires, what people
see and want, and everything in this world that people are so proud
of—none of this comes from the Father; it all comes from the world.
17 The world and everything in it that people desire is passing away;
but he who does the will of God lives for ever.

The Enemy of Christ

18 My children, the end is near! You were told that the Enemy
of Christ would come; and now many enemies of Christ have already
appeared, and so we know that the end is near. 19 These people
really did not belong to our fellowship, and that is why they left
us; if they had belonged to our fellowship, they would have stayed
with us. But they left so that it might be clear that none of them
really belonged to us.

20 But you have had the Holy Spirit poured out on you by Christ,
and so all of you know the truth. 21 I am writing to you, then,
not because you do not know the truth; instead, it is because you
do know it, and you also know that no lie ever comes from the
truth.

22 Who, then, is the liar? It is anyone who says that Jesus is
not the Messiah. Such a person is the Enemy of Christ—he rejects
both the Father and the Son. 23 For whoever rejects the Son also
rejects the Father; whoever accepts the Son has the Father also.

24 Be sure, then, to keep in your hearts the message you heard
from the beginning. If you keep that message, then you will always
live in union with the Son and the Father. 25 And this is what Christ
himself promised to give us—eternal life.

26 I am writing this to you about those who are trying to deceive you.
27 But as for you, Christ has poured out his Spirit on you. As long
as his Spirit remains in you, you do not need anyone to teach you. For
his Spirit teaches you about everything, and what he teaches is true,
not false. Obey the Spirit's teaching, then, and remain in union with
Christ.

28 Yes, my children, remain in union with him, so that when
he appears we may be full of courage and need not hide in shame
from him on the Day he comes. 29 You know that Christ is righteous;
you should know, then, that everyone who does what is right is
God's child.

Peidiwch â charu'r byd na'r pethau sydd yn y byd. Os yw 15
rhywun yn caru'r byd, nid yw cariad y Tad ynddo ef, oherwydd 16
y cwbl sydd yn y byd—trachwant y cnawd, a thrachwant y
llygaid, a balchder mewn meddiannau—nid o'r Tad y mae,
ond o'r byd. Y mae'r byd a'i drachwant yn mynd heibio, ond 17
y mae'r hwn sy'n gwneud ewyllys Duw yn aros am byth.

Yr Anghrist

Blant, dyma'r awr olaf, ac fel y clywsoch fod yr Anghrist yn 18
dod, yn awr dyma anghristiau lawer wedi dod; wrth hyn yr
ydym yn gwybod mai dyma'r awr olaf. Aethant allan oddi wrth- 19
ym ni, ond nid oeddent yn perthyn i ni, oherwydd pe byddent
yn perthyn i ni, byddent wedi aros gyda ni; dangoswyd felly
nad oedd neb ohonynt yn perthyn i ni. Ond amdanoch chwi, y 20
mae gennych eneiniad oddi wrth yr Un Sanctaidd, ac yr ydych
bawb yn gwybod.* Nid am nad ydych yn gwybod y gwirionedd 21
yr wyf yn ysgrifennu atoch, ond am eich bod yn ei wybod, ac yn
gwybod hefyd am bob celwydd, nad yw o'r gwirionedd. Pwy 22
yw'r un celwyddog, ond yr hwn sy'n gwadu mai Iesu yw'r
Meseia ? Hwn yw'r Anghrist, sy'n gwadu'r Tad a'r Mab. Pob 23
un sy'n gwadu'r Mab, nid yw'r Tad ganddo chwaith; yr hwn
sy'n cyffesu'r Mab, y mae'r Tad ganddo hefyd. Chwithau, 24
bydded i'r hyn a glywsoch o'r dechrau aros ynoch. Os bydd yr
hyn a glywsoch o'r dechrau yn aros ynoch, byddwch chwithau
hefyd yn aros yn y Mab ac yn y Tad. Dyma'r hyn a addawodd 25
ef i ni, sef bywyd tragwyddol.

Ysgrifennais hyn atoch ynglŷn â'r rhai sydd am eich arwain 26
ar gyfeiliorn. A chwithau, y mae'r eneiniad a gawsoch ganddo 27
ef yn aros ynoch, ac nid oes arnoch angen neb i'ch dysgu; ond
y mae'r eneiniad a roddodd ef yn eich dysgu am bopeth, a gwir
yw, nid celwydd. Fel y dysgodd ef chwi, arhoswch ynddo ef.

Plant Duw

Ac yn awr, blant, arhoswch ynddo ef, er mwyn inni, pan 28
fydd ef yn ymddangos, gael hyder a bod heb gywilydd arnom
ger ei fron ef ar ei ddyfodiad. Os gwyddoch ei fod ef yn 29
gyfiawn, yna fe ddylech wybod fod pob un sy'n gwneud

---

*adn. 20: yn ôl darlleniad arall, *yr ydych yn gwybod pob peth.*

Children of God

3 See how much the Father has loved us! His love is so great
that we are called God's children—and so, in fact, we are. This
is why the world does not know us: it has not known God. 2 My
dear friends, we are now God's children, but it is not yet clear
what we shall become. But we know that when Christ appears, we
shall be like him, because we shall see him as he really is. 3 Everyone
who has this hope in Christ keeps himself pure, just as Christ is
pure.

4 Whoever sins is guilty of breaking God's law, because sin is
a breaking of the law. 5 You know that Christ appeared in order
to take away sins,[c] and that there is no sin in him. 6 So everyone
who lives in union with Christ does not continue to sin; but whoever
continues to sin has never seen him or known him.

7 Let no one deceive you, my children! Whoever does what is
right is righteous, just as Christ is righteous. 8 Whoever continues
to sin belongs to the Devil, because the Devil has sinned from the
very beginning. The Son of God appeared for this very reason, to
destroy what the Devil had done.

9 Whoever is a child of God does not continue to sin, for God's
very nature is in him; and because God is his Father, he cannot
continue to sin. 10 This is the clear difference between God's children
and the Devil's children: anyone who does not do what is right
or does not love his brother is not God's child.

Love One Another

11 The message you heard from the very beginning is this: we
must love one another. 12 We must not be like Cain; he belonged
to the Evil One and murdered his own brother Abel. Why did Cain
murder him? Because the things he himself did were wrong, but
the things his brother did were right.

13 So do not be surprised, my brothers, if the people of the world
hate you. 14 We know that we have left death and come over into
life; we know it because we love our brothers. Whoever does not
love is still under the power of death. 15 Whoever hates his brother
is a murderer, and you know that a murderer has not got eternal
life in him. 16 This is how we know what love is: Christ gave his
life for us. We too, then, ought to give our lives for our brothers!

---

[c] sins; *some manuscripts have* our sins.

cyfiawnder wedi ei eni ohono ef. Gwelwch pa fath gariad y 3
mae'r Tad wedi ei ddangos tuag atom: cawsom ein galw yn
blant Duw, a dyna ydym. Y rheswm nad yw'r byd yn ein
hadnabod ni yw nad oedd yn ei adnabod ef. Gyfeillion annwyl, 2
yn awr yr ydym yn blant Duw, ac nid amlygwyd eto beth a
fyddwn. Yr ydym yn gwybod, pan amlygir hynny,* y byddwn
yn debyg iddo, oherwydd cawn ei weld ef fel y mae. Ac y mae 3
pob un sydd â'r gobaith hwn ganddo o'i fewn, yn ei buro ei hun,
fel y mae Crist yn bur.

Y mae pob un sy'n cyflawni pechod yn gwneud anghyfraith 4
hefyd; anghyfraith yw pechod. Yr ydych yn gwybod bod Crist 5
wedi ymddangos er mwyn dileu pechodau; ac ynddo ef nid oes
bechod. Nid oes neb sy'n aros ynddo ef yn pechu; nid yw'r 6
sawl sy'n pechu wedi ei weld ef na'i adnabod ef. Blant, peid- 7
iwch â gadael i neb eich arwain ar gyfeiliorn. Y mae'r hwn sy'n
gwneud cyfiawnder yn gyfiawn, fel y mae ef yn gyfiawn. O'r 8
diafol y mae'r hwn sy'n cyflawni pechod, oherwydd y mae'r
diafol yn pechu o'r dechreuad. I ddinistrio gweithredoedd y
diafol yr ymddangosodd Mab Duw. Nid oes neb sydd wedi ei 9
eni o Dduw yn cyflawni pechod, oherwydd y mae had Duw yn
aros ynddo ef; ac ni all bechu, oherwydd ei fod wedi ei eni o
Dduw. Dyma sut y mae'n amlwg pwy yw plant Duw a phwy 10
yw plant y diafol: pob un nad yw'n gwneud cyfiawnder, nid
yw o Dduw, na'r hwn nad yw'n caru ei frawd.

Carwch Eich Gilydd

Oherwydd hon yw'r genadwri a glywsoch chwi o'r dechrau: 11
ein bod i garu ein gilydd. Nid fel Cain, a oedd o'r Un drwg ac a 12
laddodd ei frawd. A pham y lladdodd ef? Oherwydd fod ei
weithredoedd ef yn ddrwg, a gweithredoedd ei frawd yn
gyfiawn. Peidiwch â synnu, frodyr, os yw'r byd yn eich casáu 13
chwi. Yr ydym ni'n gwybod ein bod wedi croesi o farwolaeth i 14
fywyd, am ein bod yn caru'r brodyr; y mae'r hwn nad yw'n
caru yn aros mewn marwolaeth. Llofrudd yw pob un sy'n 15
casáu ei frawd, ac yr ydych yn gwybod nad oes gan unrhyw
lofrudd fywyd tragwyddol yn aros ynddo. Dyma sut yr ydym 16
yn gwybod beth yw cariad: am iddo ef roi ei fywyd drosom ni.

---

*adn. 2: neu, *pan fydd ef yn ymddangos.*

17 If a rich person sees his brother in need, yet closes his heart against
his brother, how can he claim that he loves God? 18 My children,
our love should not be just words and talk; it must be true love,
which shows itself in action.

Courage before God

19 This, then, is how we will know that we belong to the truth;
this is how we will be confident in God's presence. 20 If our conscience
condemns us, we know that God is greater than our conscience
and that he knows everything. 21 And so, my dear friends, if our
conscience does not condemn us, we have courage in God's presence.
22 We receive from him whatever we ask, because we obey his com-
mands and do what pleases him. 23 What he commands is that we
believe in his Son Jesus Christ and love one another, just as Christ
commanded us. 24 Whoever obeys God's commands lives in union
with God and God lives in union with him. And because of the
Spirit that God has given us we know that God lives in union
with us.

The True Spirit and the False

4 My dear friends, do not believe all who claim to have the Spirit,
but test them to find out if the spirit they have comes from
God. For many false prophets have gone out everywhere. 2 This
is how you will be able to know whether it is God's Spirit: anyone
who acknowledges that Jesus Christ came as a human being has
the Spirit who comes from God. 3 But anyone who denies this about
Jesus does not have the Spirit from God. The spirit that he has
is from the Enemy of Christ; you heard that it would come, and
now it is here in the world already.
4 But you belong to God, my children, and have defeated the
false prophets, because the Spirit who is in you is more powerful
than the spirit in those who belong to the world. 5 Those false prophets
speak about matters of the world, and the world listens to them
because they belong to the world. 6 But we belong to God. Whoever
knows God listens to us; whoever does not belong to God does
not listen to us. This, then, is how we can tell the difference between
the Spirit of truth and the spirit of error.

Ac fe ddylem ninnau roi ein bywyd dros y brodyr. Pwy byn- 17
nag sydd â meddiannau'r byd ganddo, ac yn gweld ei frawd
mewn angen, ac eto'n cau ei galon yn ei erbyn, sut y mae cariad
Duw yn aros ynddo ef ? Fy mhlant, gadewch i ni garu, nid ar 18
air nac ar dafod, ond mewn gweithred a gwirionedd.

Hyder gerbron Duw

Dyma sut y cawn wybod ein bod o'r gwirionedd, a sicrhau 19
ein calonnau yn ei ŵydd ef pryd bynnag y bydd ein calon yn 20
ein condemnio; oherwydd y mae Duw yn fwy na'n calon, ac y
mae'n gwybod pob peth. Gyfeillion annwyl, os nad yw'n calon 21
yn ein condemnio, y mae gennym hyder gerbron Duw, ac yr 22
ydym yn derbyn ganddo ef bob dim yr ydym yn gofyn amdano,
am ein bod yn cadw ei orchmynion, ac yn gwneud y pethau
sydd wrth ei fodd. Dyma ei orchymyn: ein bod i gredu yn 23
enw ei Fab ef, Iesu Grist, a charu'n gilydd, yn union fel y
rhoddodd ef orchymyn i ni. Y mae'r hwn sy'n cadw ei orch- 24
mynion ef yn aros ynddo ef, ac ef ynddo yntau. Dyma sut yr
ydym yn gwybod ei fod ef yn trigo ynom ni: trwy'r Ysbryd a
roddodd ef i ni.

Ysbryd Duw ac Ysbryd Anghrist

Gyfeillion annwyl, peidiwch â chredu pob ysbryd, ond **4**
profwch yr ysbrydion i gael gwybod a ydynt o Dduw, oherwydd
y mae gau-broffwydi lawer wedi mynd allan i'r byd. Dyma sut 2
yr ydych yn adnabod Ysbryd Duw: pob ysbryd sy'n cyffesu
fod Iesu Grist wedi dod yn y cnawd, o Dduw y mae, a phob 3
ysbryd nad yw'n cyffesu Iesu, nid yw o Dduw. Ysbryd yr
Anghrist yw hwn; clywsoch ei fod yn dod, ac yn awr y mae
eisoes yn y byd. Blant, yr ydych chwi o Dduw, ac yr ydych 4
wedi eu gorchfygu hwy; oherwydd y mae'r hwn sydd ynoch
chwi yn gryfach na'r hwn sydd yn y byd. I'r byd y maent hwy'n 5
perthyn, ac o'r byd, felly, y daw'r hyn y maent yn ei ddweud;
ac y mae'r byd yn gwrando arnynt hwy. O Dduw yr ydym ni; 6
y mae'r hwn sy'n adnabod Duw yn gwrando arnom ni, a'r hwn
nad yw o Dduw, nid yw'n gwrando arnom ni. Dyma sut yr
ydym yn adnabod ysbryd y gwirionedd ac ysbryd cyfeiliornad.

God Is Love

7 Dear friends, let us love one another, because love comes from
God. Whoever loves is a child of God and knows God. 8 Whoever
does not love does not know God, for God is love. 9 And God
showed his love for us by sending his only Son into the world,
so that we might have life through him. 10 This is what love is:
it is not that we have loved God, but that he loved us and sent
his Son to be the means by which our sins are forgiven.

11 Dear friends, if this is how God loved us, then we should love
one another. 12 No one has ever seen God, but if we love one another,
God lives in union with us, and his love is made perfect in us.

13 We are sure that we live in union with God and that he lives
in union with us, because he has given us his Spirit. 14 And we
have seen and tell others that the Father sent his Son to be the
Saviour of the world. 15 If anyone declares that Jesus is the Son
of God, he lives in union with God and God lives in union with
him. 16 And we ourselves know and believe the love which God
has for us.

God is love, and whoever lives in love lives in union with God
and God lives in union with him. 17 Love is made perfect in us
in order that we may have courage on Judgement Day; and we
will have it because our life in this world is the same as Christ's.
18 There is no fear in love; perfect love drives out all fear. So then,
love has not been made perfect in anyone who is afraid, because
fear has to do with punishment.

19 We love because God first loved us. 20 If someone says he loves
God, but hates his brother, he is a liar. For he cannot love God,
whom he has not seen, if he does not love his brother, whom he
has seen. 21 The command that Christ has given us is this: whoever
loves God must love his brother also.

Our Victory over the World

5 Whoever believes that Jesus is the Messiah is a child of God;
and whoever loves a father loves his child also. 2 This is how

Cariad yw Duw

Gyfeillion annwyl, gadewch i ni garu ein gilydd, oherwydd o 7
Dduw y mae cariad, ac y mae pob un sy'n caru wedi ei eni o
Dduw, ac yn adnabod Duw. Yr hwn nad yw'n caru, nid yw'n 8
adnabod Duw, oherwydd cariad yw Duw. Yn hyn y dangos- 9
wyd cariad Duw tuag atom:* bod Duw wedi anfon ei unig
Fab i'r byd er mwyn i ni gael byw drwyddo ef. Yn hyn y mae 10
cariad: nid ein bod ni'n caru Duw, ond ei fod ef wedi ein caru
ni, ac anfon ei Fab i fod yn foddion ein puredigaeth oddi wrth
ein pechodau. Gyfeillion annwyl, os yw Duw wedi ein caru ni 11
fel hyn, fe ddylem ninnau hefyd garu ein gilydd. Nid oes neb 12
wedi gweld Duw erioed; os ydym yn caru ein gilydd, y mae
Duw yn aros ynom, ac y mae ei gariad ef wedi cael ei berffeithio
ynom ni.

Dyma sut yr ydym yn gwybod ein bod yn aros ynddo ef, ac 13
ef ynom ninnau: am iddo ef roi i ni o'i Ysbryd. Yr ydym ni 14
wedi gweld, ac yr ydym yn tystiolaethu fod y Tad wedi anfon ei
Fab yn Waredwr y byd. Pwy bynnag sy'n cyffesu fod Iesu yn 15
Fab Duw, y mae Duw yn aros ynddo ef, ac yntau yn Nuw.
Felly yr ydym ni wedi dod i adnabod a chredu'r cariad sydd 16
gan Dduw tuag atom.*

Cariad yw Duw, ac y mae'r hwn sy'n aros mewn cariad yn
aros yn Nuw, a Duw yn aros ynddo yntau. Yn hyn y mae 17
cariad wedi cael ei berffeithio ynom: fod gennym hyder yn
Nydd y Farn, oherwydd fel y mae ef, felly yr ydym ninnau
hefyd yn y byd hwn. Nid oes ofn mewn cariad, ond y mae 18
cariad perffaith yn bwrw allan ofn; y mae a wnelo ofn â chosb,
ac nid yw'r hwn sy'n ofni wedi ei berffeithio mewn cariad. Yr 19
ydym ni'n caru, am iddo ef yn gyntaf ein caru ni. Os dywed 20
rhywun, " 'Rwy'n caru Duw", ac yntau'n casáu ei frawd, y
mae'n gelwyddog; oherwydd ni all neb nad yw'n caru'r brawd
y mae wedi ei weld, garu Duw nad yw wedi ei weld. A dyma'r 21
gorchymyn sydd gennym oddi wrtho ef: bod i'r hwn sy'n caru
Duw garu ei frawd hefyd.

Ffydd yn Gorchfygu'r Byd

Pob un sy'n credu mai Iesu yw'r Crist, y mae ef wedi ei eni o **5**
Dduw; ac y mae pawb sy'n caru tad yn caru ei blentyn hefyd.

---

*adn. 9: neu, *ynom.* *adn. 16: neu, *ynom.*

we know that we love God's children: it is by loving God and
obeying his commands. 3 For our love for God means that we obey
his commands. And his commands are not too hard for us, 4 because
every child of God is able to defeat the world. And we win the
victory over the world by means of our faith. 5 Who can defeat
the world? Only the person who believes that Jesus is the Son
of God.

The Witness about Jesus Christ

6 Jesus Christ is the one who came with the water of his baptism
and the blood of his death. He came not only with the water, but
with both the water and the blood. And the Spirit himself testifies
that this is true, because the Spirit is truth. 7 There are three witnesses:
8 the Spirit, the water, and the blood; and all three give the same
testimony. 9 We believe man's testimony; but God's testimony is
much stronger, and he has given this testimony about his Son. 10 So
whoever believes in the Son of God has this testimony in his own
heart; but whoever does not believe God, has made him out to
be a liar, because he has not believed what God has said about
his Son. 11 The testimony is this: God has given us eternal life,
and this life has its source in his Son. 12 Whoever has the Son has
this life; whoever does not have the Son of God does not have
life.

Eternal Life

13 I am writing this to you so that you may know that you have
eternal life—you that believe in the Son of God. 14 We have courage
in God's presence, because we are sure that he hears us if we ask
him for anything that is according to his will. 15 He hears us whenever
we ask him; and since we know this is true, we know also that
he gives us what we ask from him.

16 If you see your brother commit a sin that does not lead to
death, you should pray to God, who will give him life. This applies
to those whose sins do not lead to death. But there is sin which
leads to death, and I do not say that you should pray to God about
that. 17 All wrongdoing is sin, but there is sin which does not lead
to death.

Dyma sut yr ydym yn gwybod ein bod yn caru plant Duw: 2
pan fyddwn yn caru Duw ac yn cadw ei orchmynion. Oher- 3
wydd dyma yw caru Duw: bod i ni gadw ei orchmynion. Ac
nid yw ei orchmynion ef yn feichus, am fod pawb sydd wedi eu 4
geni o Dduw yn gorchfygu'r byd. Hon yw'r oruchafiaeth a
orchfygodd y byd: ein ffydd ni. Pwy yw gorchfygwr y byd 5
ond yr hwn sy'n credu mai Iesu yw Mab Duw ?

Tystiolaeth am y Mab

Dyma'r un a ddaeth drwy ddŵr a gwaed, Iesu Grist; nid 6
trwy ddŵr yn unig, ond trwy'r dŵr a thrwy'r gwaed. Yr
Ysbryd yw'r tyst, am mai'r Ysbryd yw'r gwirionedd. Oherwydd 7
y mae tri sy'n tystiolaethu, yr Ysbryd, y dŵr, a'r gwaed, ac y 8
mae'r tri yn gytûn. Os ydym yn derbyn tystiolaeth dynion, y 9
mae tystiolaeth Duw yn fwy. A hon yw tystiolaeth Duw: ei
fod wedi tystio am ei Fab. Y mae gan yr hwn sy'n credu ym 10
Mab Duw y dystiolaeth ynddo ef ei hun. Y mae'r hwn nad
yw'n credu Duw yn ei wneud ef yn gelwyddog, am nad yw wedi
credu'r dystiolaeth sy'n dystiolaeth Duw am ei Fab. A hon 11
yw'r dystiolaeth: bod Duw wedi rhoi inni fywyd tragwyddol.
Ac y mae'r bywyd hwn yn ei Fab. Yr hwn y mae'r Mab ganddo, 12
y mae'r bywyd ganddo; yr hwn nad yw Mab Duw ganddo,
nid yw'r bywyd ganddo.

Gwybod am Fywyd Tragwyddol

Yr wyf yn ysgrifennu'r pethau hyn atoch chwi, y rhai sydd 13
yn credu yn enw Mab Duw, er mwyn i chwi wybod fod gennych
fywyd tragwyddol. A hwn yw'r hyder sydd gennym ger ei fron 14
ef: y bydd ef yn gwrando arnom os gofynnwn am rywbeth yn
unol â'i ewyllys ef. Ac os ydym yn gwybod ei fod yn gwrando 15
arnom, beth bynnag y byddwn yn gofyn amdano, yr ydym yn
gwybod fod y pethau yr ydym wedi gofyn iddo amdanynt yn
eiddo i ni.

Os gwêl unrhyw un ei frawd yn cyflawni pechod nad yw'n 16
bechod marwol, dylai ofyn, ac fe rydd Duw fywyd i hwnnw—
hynny yw, i'r rhai nad yw eu pechod yn farwol. Y mae pechod
sy'n farwol; nid ynglŷn â hwn yr wyf yn dweud y dylai weddïo.
Y mae pob anghyfiawnder yn bechod; ond y mae hefyd bechod 17
nad yw'n farwol.

18 We know that no child of God keeps on sinning, for the Son of God keeps him safe, and the Evil One cannot harm him.

19 We know that we belong to God even though the whole world is under the rule of the Evil One.

20 We know that the Son of God has come and has given us understanding, so that we know the true God. We live in union with the true God—in union with his Son Jesus Christ. This is the true God, and this is eternal life.

21 My children, keep yourselves safe from false gods!

Yr ydym yn gwybod nad yw'r sawl sydd wedi ei eni o Dduw 18
yn dal i bechu, ond y mae'r Un a anwyd o Dduw yn ei gadw ef,
ac nid yw'r Un drwg yn cyffwrdd ag ef. Yr ydym yn gwybod 19
ein bod ni o Dduw, a bod yr holl fyd yn gorwedd yng ngafael
yr Un drwg. Yr ydym yn gwybod fod Mab Duw wedi dod, ac 20
wedi rhoi inni ddealltwriaeth, er mwyn inni adnabod yr Un
gwir; ac yr ydym ni yn yr Un gwir, yn ei Fab ef, Iesu Grist.
Hwn yw'r gwir Dduw a'r bywyd tragwyddol. Blant, ymgadwch 21
rhag eilunod.

THE SECOND LETTER OF

JOHN

1 From the Elder—
To the dear Lady and to her children,[a] whom I truly love. And
I am not the only one, but all who know the truth love you, 2 because
the truth remains in us and will be with us for ever.
3 May God the Father and Jesus Christ, the Father's Son, give
us grace, mercy, and peace; may they be ours in truth and love.

Truth and Love

4 How happy I was to find that some of your children live in
the truth, just as the Father commanded us. 5 And so I ask you,
dear Lady: let us all love one another. This is no new command
I am writing to you; it is the command which we have had from
the beginning. 6 This love I speak of means that we must live in
obedience to God's commands. The command, as you have all heard
from the beginning, is that you must all live in love.
7 Many deceivers have gone out all over the world, people who
do not acknowledge that Jesus Christ came as a human being. Such
a person is a deceiver and the Enemy of Christ. 8 Be on your guard,
then, so that you will not lose what we[b] have worked for, but will
receive your reward in full.
9 Anyone who does not stay with the teaching of Christ, but goes
beyond it, does not have God. Whoever does stay with the teaching
has both the Father and the Son. 10 So then, if someone comes to
you who does not bring this teaching, do not welcome him in your
homes; do not even say, "Peace be with you." 11 For anyone who
wishes him peace becomes his partner in the evil things he does.

Final Words

12 I have so much to tell you, but I would rather not do it with
paper and ink; instead, I hope to visit you and talk with you personally,
so that we shall be completely happy.
13 The children of your dear Sister[c] send you their greetings.

---

[a] LADY AND...HER CHILDREN: *This probably refers to a church and its members (also in verses 4-5).*

[b] we; *some manuscripts have* you.

[c] CHILDREN OF YOUR DEAR SISTER: *This probably refers to the members of the church to which the writer belonged.*

AIL LYTHYR

IOAN

Cyfarch

Yr henuriad at yr arglwyddes etholedig a'i phlant. Yr wyf fi, 1
ac nid myfi yn unig, ond pawb sydd wedi dod i wybod y gwir-
ionedd, yn eich caru yn y gwirionedd, er mwyn y gwirionedd 2
sydd yn aros ynom ni, ac a fydd gyda ni am byth. Bydd gras, 3
trugaredd a thangnefedd gyda ni, oddi wrth Dduw, y Tad, ac
oddi wrth Iesu Grist, Mab y Tad, mewn gwirionedd a chariad.

Aros yn Nysgeidiaeth Crist

Bu'n llawenydd mawr i mi gael rhai o'th blant di yn rhodio 4
yn y gwirionedd, fel y cawsom orchymyn gan y Tad. Ac yn 5
awr yr wyf yn erfyn arnat, arglwyddes, ond nid fel un yn ysgrif-
ennu i ti orchymyn newydd; gorchymyn oedd gennym o'r
dechreuad ydyw, sef ein bod i garu ein gilydd. A hyn yw 6
cariad: ein bod yn rhodio yn ôl ei orchmynion ef. A'r gorch-
ymyn hwn, fel y clywsoch o'r dechreuad, yw eich bod i rodio
mewn cariad. Oherwydd aeth twyllwyr lawer allan i'r byd, y 7
rhai nad ydynt yn cyffesu fod Iesu Grist wedi dod yn y cnawd;
dyma'r twyllwr a'r Anghrist. Gwyliwch eich hunain, rhag i 8
chwi golli ffrwyth eich llafur, ond er mwyn i chwi dderbyn eich
gwobr yn gyflawn. Pob un sy'n mynd rhagddo heb aros yn 9
nysgeidiaeth Crist, nid yw Duw ganddo; yr hwn sydd yn aros
yn y ddysgeidiaeth, y mae'r Tad a'r Mab ganddo ef. Os daw 10
rhywun atoch heb ddod â'r ddysgeidiaeth hon gydag ef, peid-
iwch â'i dderbyn i'ch tŷ na'i gyfarch ef, oherwydd y mae'r hwn 11
sy'n ei gyfarch yn gyfrannog o'i weithredoedd drygionus ef.

Cyfarchion Terfynol

Er bod gennyf lawer o bethau i'w hysgrifennu atoch, gwell 12
gennyf beidio â'u hysgrifennu â phapur ac inc; 'rwy'n gobeith-
io dod atoch, a siarad â chwi wyneb yn wyneb, ac yna bydd ein
llawenydd yn gyflawn. Y mae plant dy chwaer etholedig yn dy 13
gyfarch di.

THE THIRD LETTER OF

JOHN

1 From the Elder—
To my dear Gaius, whom I truly love.
2 My dear friend, I pray that everything may go well with you
and that you may be in good health—as I know you are well in
spirit. 3 I was so happy when some Christian brothers arrived and
told me how faithful you are to the truth—just as you always live
in the truth. 4 Nothing makes me happier than to hear that my children
live in the truth.

Gaius Is Praised

5 My dear friend, you are so faithful in the work you do for
your fellow-Christians, even when they are strangers. 6 They have
spoken to the church here about your love. Please help them to
continue their journey in a way that will please God. 7 For they
set out on their journey in the service of Christ without accepting
any help from unbelievers. 8 We Christians, then, must help these
people, so that we may share in their work for the truth.

Diotrephes and Demetrius

9 I wrote a short letter to the church; but Diotrephes, who likes to
be their leader, will not pay any attention to what I say. 10 When I
come, then, I will call attention to everything he has done: the terrible
things he says about us and the lies he tells! But that is not enough
for him; he will not receive the Christian brothers when they come,
and even stops those who want to receive them and tries to drive them
out of the church!
11 My dear friend, do not imitate what is bad, but imitate what
is good. Whoever does good belongs to God; whoever does what
is bad has not seen God.
12 Everyone speaks well of Demetrius; truth itself speaks well
of him. And we add our testimony, and you know that what we
say is true.

Final Greetings

13 I have so much to tell you, but I do not want to do it with

TRYDYDD LLYTHYR

IOAN

Cyfarch

Yr henuriad at Gaius, y gŵr annwyl yr wyf fi yn ei garu yn y 1
gwirionedd.
Gyfaill annwyl, yr wyf yn dymuno iechyd i ti, a llwyddiant 2
ym mhob peth, fel y mae dy enaid yn llwyddo. Oherwydd yr 3
oedd yn llawenydd mawr i mi pan fyddai brodyr yn dod ac yn
tystio i'th wirionedd di, i'r modd yr wyt ti'n rhodio yn y gwir-
ionedd. Nid oes dim sy'n fwy o lawenydd i mi na chlywed fod 4
fy mhlant yn rhodio yn y gwirionedd.

Cydweithrediad a Gwrthwynebiad

Gyfaill annwyl, yr wyt ti'n gwneud peth teilwng wrth 5
wasanaethu'r brodyr, a hwythau'n ddieithriaid. Y maent hwy 6
wedi tystio gerbron yr eglwys i'th gariad di; da ti, dyro iddynt
ar eu taith gymorth teilwng o Dduw. Oherwydd er mwyn yr 7
enw yr aethant allan, heb gymryd dim gan y paganiaid. Felly, 8
dylem ni gynorthwyo dynion o'r fath, er mwyn i ni fod yn
gydweithwyr dros y gwirionedd.
Ysgrifennais air at yr eglwys, ond nid yw Diotreffes, sy'n 9
chwenychu bod yn ben arnynt, yn derbyn ein hawdurdod.
Felly, pan ddof, byddaf yn galw sylw at yr hyn y mae'n ei 10
wneud, yn clebran yn ein herbyn â geiriau drygionus; ac yn
wir, nid yw'n fodlon ar eiriau—y mae'n gwrthod derbyn y
brodyr, ac yn gwahardd y rhai sydd am eu derbyn, ac yn eu
bwrw allan o'r eglwys.
Gyfaill annwyl, efelycha ddaioni, nid drygioni. Yr hwn sy'n 11
gwneud daioni, o Dduw y mae; ond yr hwn sy'n gwneud
drygioni, nid yw wedi gweld Duw. Y mae gair da i Demetrius 12
gan bawb, a chan y gwirionedd ei hun; ac yr ydym ninnau
hefyd yn tystio iddo, a gwyddost fod ein tystiolaeth ni yn wir.

Cyfarchion Terfynol

Y mae gennyf lawer o bethau i'w hysgrifennu atat, ond gwell 13
gennyf beidio ag ysgrifennu atat â phen ac inc. 'Rwy'n 14

pen and ink. [14] I hope to see you soon, and then we will talk personally.
15 Peace be with you.
All your friends send greetings. Greet all our friends personally.

gobeithio dy weld yn fuan, a chawn siarad wyneb yn wyneb.
Tangnefedd i ti! Y mae'r cyfeillion yma yn dy gyfarch. 15
Cyfarch di y cyfeillion yna, bob un wrth ei enw.

THE LETTER FROM

JUDE

1 From Jude, servant of Jesus Christ, and brother of James—
To those who have been called by God, who live in the love
of God the Father and the protection of Jesus Christ:
2 May mercy, peace, and love be yours in full measure.

False Teachers

3 My dear friends, I was doing my best to write to you about
the salvation we share in common, when I felt the need of writing
at once to encourage you to fight on for the faith which once and
for all God has given to his people. 4 For some godless people have
slipped in unnoticed among us, persons who distort the message
about the grace of our God in order to excuse their immoral ways,
and who reject Jesus Christ, our only Master and Lord. Long ago
the Scriptures predicted the condemnation they have received.
5 For even though you know all this, I want to remind you of
how the Lord[a] once rescued the people of Israel from Egypt, but
afterwards destroyed those who did not believe. 6 Remember the angels
who did not stay within the limits of their proper authority, but
abandoned their own dwelling place: they are bound with eternal
chains in the darkness below, where God is keeping them for that
great Day on which they will be condemned. 7 Remember Sodom
and Gomorrah, and the nearby towns, whose people acted as those
angels did and indulged in sexual immorality and perversion: they
suffer the punishment of eternal fire as a plain warning to all.
8 In the same way also, these people have visions which make
them sin against their own bodies; they despise God's authority

---

[a] the Lord; *some manuscripts have* Jesus, *which in Greek is the same as* Joshua.

LLYTHYR

JWDAS

Cyfarch

Jwdas, gwas Iesu Grist, a brawd Iago, at y rhai sydd trwy 1
alwad Duw, y Tad, yn annwyl ganddo ac wedi eu cadw i Iesu
Grist. Trugaredd a thangnefedd a chariad a amlhaer i chwi ! 2

Barn ar Athrawon Gau

(2 Pedr 2.1-17)

Gyfeillion annwyl, yr oeddwn yn awyddus iawn i ysgrifennu 3
atoch am yr iachawdwriaeth sy'n eiddo i ni i gyd, ond daeth
rheidrwydd arnaf i ysgrifennu atoch i'ch annog i ymuno yn y
frwydr o blaid y ffydd a draddodwyd un waith am byth i'r
saint. Oherwydd y mae rhywrai wedi llithro'n llechwraidd i 4
mewn, dynion y mae'r Ysgrythur ers talwm wedi cyhoeddi
arnynt y farnedigaeth hon, mai dynion annuwiol ydynt, yn troi
gras ein Duw ni yn anlladrwydd, ac yn gwadu ein hunig Feistr
ac Arglwydd, Iesu Grist.

Er eich bod un waith am byth wedi cael gwybod hyn oll, yr 5
wyf am eich atgoffa fod yr Arglwydd,* er iddo waredu'r bobl o
dir yr Aifft, wedi dinistrio wedyn y rhai oedd heb gredu.
Cofiwch yr angylion hefyd, y rhai a wrthododd gadw o fewn 6
terfynau eu llywodraeth ac a gefnodd ar eu trigfan eu hunain;
y mae ef wedi eu cadw hwy yn nhywyllwch carchar tragwyddol,
i aros barn y Dydd mawr. A chofiwch Sodom a Gomorra, a'r 7
dinasoedd o'u cwmpas; fel yr angylion, ymollwng a wnaethant
hwythau i buteindra ac i borthi eu chwantau annaturiol. Wrth
gael eu cosbi yn y tân tragwyddol, y maent yn esiampl amlwg
i bawb.

Y mae'r un fath eto yn achos y dynion hyn. Y mae eu 8
breuddwydio yn peri iddynt halogi'r cnawd, a diystyru awdur-

---

*adn. 5: yn ôl darlleniad arall, *Iesu*.

and insult the glorious beings above. 9 Not even the chief angel Michael
did this. In his quarrel with the Devil, when they argued about
who would have the body of Moses, Michael did not dare to condemn
the Devil with insulting words, but said, "The Lord rebuke you!"
10 But these people attack with insults anything they do not under-
stand; and those things that they know by instinct, like wild animals,
are the very things that destroy them. 11 How terrible for them!
They have followed the way that Cain took. For the sake of money
they have given themselves over to the error that Balaam committed.
They have rebelled as Korah rebelled, and like him they are destroyed.
12 With their shameless carousing they are like dirty spots in your
fellowship meals. They take care only of themselves. They are like
clouds carried along by the wind, but bringing no rain. They are
like trees that bear no fruit, even in autumn, trees that have been
pulled up by the roots and are completely dead. 13 They are like wild
waves of the sea, with their shameful deeds showing up like foam. They
are like wandering stars, for whom God has reserved a place for ever
in the deepest darkness.

14 It was Enoch, the sixth direct descendant from Adam, who
long ago prophesied this about them: "The Lord will come with
many thousands of his holy angels 15 to bring judgement on all, to
condemn them all for the godless deeds they have performed and
for all the terrible words that godless sinners have spoken against
him!"

16 These people are always grumbling and blaming others; they
follow their own evil desires; they boast about themselves and flatter
others in order to get their own way.

Warnings and Instructions

17 But remember, my friends, what you were told in the past by
the apostles of our Lord Jesus Christ. 18 They said to you, "When
the last days come, people will appear who will mock you, people
who follow their own godless desires." 19 These are the people who
cause divisions, who are controlled by their natural desires, who
do not have the Spirit. 20 But you, my friends, keep on building
yourselves up on your most sacred faith. Pray in the power of the
Holy Spirit, 21 and keep yourselves in the love of God, as you wait
for our Lord Jesus Christ in his mercy to give you eternal life.

22 Show mercy towards those who have doubts; 23 save others
by snatching them out of the fire; and to others show mercy mixed
with fear, but hate their very clothes, stained by their sinful lusts.

dod, a sarhau'r bodau nefol. Pan oedd Mihangel, yr archangel, 9
mewn ymryson â'r diafol yn ymgiprys am gorff Moses, ni
feiddiodd gyhoeddi barn a fyddai'n sarhau'r diafol; yn hytrach
dywedodd, "Cerydded yr Arglwydd di." Ond y mae'r dynion 10
hyn yn sarhau'r pethau nad ydynt yn eu deall, a'r pethau y
maent yn eu deall wrth reddf fel anifeiliaid direswm yw'r peth-
au sydd yn eu dinistrio. Gwae hwy! Y maent wedi dilyn 11
llwybr Cain; y maent wedi ymollwng, er mwyn elw, i gyfeil-
iornad Balaam; y maent wedi gwrthryfela fel Core, a darfod
amdanynt. Dyma'r rhai sydd yn feflau ar eich cariad-wledd- 12
oedd, yn cydeistedd â chwi yn ddigywilydd, bugeiliaid sy'n eu
pesgi eu hunain. Cymylau heb ddŵr ydynt, yn cael eu chwythu
ymaith gan wyntoedd; coed yr hydref, yn ddiffrwyth ac wedi
eu diwreiddio, ddwywaith yn farw; tonnau cynddeiriog y môr, 13
yn ewynnu llysnafedd eu gweithredoedd; sêr wedi crwydro
o'u llwybrau, a'r tywyllwch dudew ar gadw iddynt am byth.

Am y rhain y mae Enoch hefyd, y seithfed yn llinach Adda, 14
wedi proffwydo wrth ddweud, "Wele, y mae'r Arglwydd wedi
dod gyda'i fyrddiynau sanctaidd i weithredu barn ar bawb, i 15
gondemnio'r annuwiolion i gyd am annuwioldeb eu holl
weithredoedd ysgeler, ac am atgasedd holl eiriau'r pechadur-
iaid annuwiol hynny yn ei erbyn." Dynion yn caru grwgnach 16
a gweld bai yw'r rhain, yn byw yn ôl eu chwantau, yn ymffrost-
gar eu siarad, yn gynffonwyr er mwyn ffafr.

Rhybuddion ac Anogaethau

Ond dylech chwi, gyfeillion annwyl, gofio'r pethau a rag- 17
ddywedwyd gan apostolion ein Harglwydd Iesu Grist. Dywed- 18
asant wrthych: "Yn yr amser diwethaf fe fydd gwatwarwyr,
dynion fydd yn byw yn ôl eu chwantau annuwiol eu hunain."
Dyma'r rhai fydd yn achosi rhaniadau, pobl fydol yn amddifad 19
o'r Ysbryd. Ond rhaid i chwi, gyfeillion annwyl, eich adeiladu 20
eich hunain ar sylfaen eich ffydd holl-sanctaidd, a gweddïo yn
yr Ysbryd Glân; cadwch eich hunain yng nghariad Duw, gan 21
ddisgwyl am i'n Harglwydd Iesu Grist yn ei drugaredd roi i
chwi fywyd tragwyddol. Y mae rhai y dylech dosturio wrthynt 22
yn eu hamheuon, eraill y dylech eu hachub a'u cipio o'r tân, ac 23
y mae eraill y dylech dosturio wrthynt gydag ofn, gan gasáu
hyd yn oed y dilledyn sydd â llygredd y cnawd arno.

Prayer of Praise

24 To him who is able to keep you from falling, and to bring
you faultless and joyful before his glorious presence—[25] to the only
God our Saviour, through Jesus Christ our Lord, be glory, majesty,
might, and authority, from all ages past, and now, and for ever
and ever! Amen.

Bendith

Iddo ef, sydd â'r gallu ganddo i'ch cadw rhag syrthio, a'ch 24
gosod yn ddi-fai a gorfoleddus gerbron ei ogoniant, iddo ef, yr 25
unig Dduw, ein Gwaredwr, trwy Iesu Grist ein Harglwydd, y
byddo gogoniant a mawrhydi, gallu ac awdurdod, cyn yr oes-
oedd, ac yn awr, ac yn oes oesoedd ! Amen.

THE REVELATION

TO JOHN

1 This book is the record of the events that Jesus Christ revealed.
God gave him this revelation in order to show his servants
what must happen very soon. Christ made these things known to
his servant John by sending his angel to him, 2 and John has told
all that he has seen. This is his report concerning the message from
God and the truth revealed by Jesus Christ. 3 Happy is the one
who reads this book, and happy are those who listen to the words
of this prophetic message and obey what is written in this book!
For the time is near when all these things will happen.

Greetings to the Seven Churches

4 From John to the seven churches in the province of Asia:

Grace and peace be yours from God, who is, who was, and who
is to come, and from the seven spirits in front of his throne, 5 and
from Jesus Christ, the faithful witness, the first to be raised from
death and who is also the ruler of the kings of the world.

He loves us, and by his death he has freed us from our sins 6 and
made us a kingdom of priests to serve his God and Father. To
Jesus Christ be the glory and power for ever and ever! Amen.

7 Look, he is coming on the clouds! Everyone will see him, including
those who pierced him. All peoples on earth will mourn over him.
So shall it be!

8 "I am the first and the last," says the Lord God Almighty, who is,
who was, and who is to come.

A Vision of Christ

9 I am John, your brother, and as a follower of Jesus I am your
partner in patiently enduring the suffering that comes to those who
belong to his Kingdom. I was put on the island of Patmos because
I had proclaimed God's word and the truth that Jesus revealed.
10 On the Lord's day the Spirit took control of me, and I heard
a loud voice, that sounded like a trumpet, speaking behind me. 11 It

DATGUDDIAD IOAN

Rhagymadrodd a Chyfarchiad

Dyma'r datguddiad a roddwyd gan Iesu Grist. Fe'i rhodd- 1
wyd iddo ef gan Dduw, er mwyn iddo ddangos i'w weision y
pethau y mae'n rhaid iddynt ddigwydd ar fyrder. Fe'i gwnaeth
yn hysbys trwy anfon ei angel at ei was Ioan. Tystiodd yntau 2
i air Duw ac i dystiolaeth Iesu Grist, trwy adrodd y cwbl a
welodd. Gwyn ei fyd yr hwn sy'n darllen a'r rhai sy'n gwrando 3
geiriau'r broffwydoliaeth hon ac yn cadw'r hyn sy'n ysgrifen-
edig ynddi. Oherwydd y mae'r amser yn agos.

Ioan at y saith eglwys yn Asia: gras a thangnefedd i chwi 4
oddi wrth yr hwn sydd a'r hwn oedd a'r hwn sydd i ddod, ac
oddi wrth y saith ysbryd sydd gerbron ei orsedd, ac oddi wrth 5
Iesu Grist, y tyst ffyddlon, y cyntafanedig oddi wrth y meirw a
llywodraethwr brenhinoedd y ddaear.

I'r hwn sydd yn ein caru ni ac a'n rhyddhaodd ni oddi wrth
ein pechodau â'i waed, ac a'n gwnaeth yn urdd frenhinol, yn 6
offeiriaid i Dduw ei Dad, iddo ef y bo'r gogoniant a'r gallu yn
oes oesoedd! Amen.

Wele, y mae'n dyfod gyda'r cymylau, 7
a bydd pob llygad yn ei weld,
ie, a'r rhai a'i trywanodd,
a bydd holl lwythau'r ddaear yn galaru o'i blegid ef.

Boed felly! Amen.

"Myfi yw Alffa ac Omega," medd yr Arglwydd Dduw, yr 8
hwn sydd a'r hwn oedd a'r hwn sydd i ddod, yr Hollalluog.

Gweledigaeth o Grist

Yr oeddwn i, Ioan, eich brawd, sy'n cyfranogi gyda chwi o'r 9
gorthrymder a'r frenhiniaeth a'r dyfalbarhad sydd i ni yn Iesu,
yr oeddwn ar yr ynys a elwir Patmos, ar gyfrif gair Duw a
thystiolaeth Iesu. Yr oeddwn yn yr Ysbryd ar ddydd yr 10
Arglwydd, a chlywais y tu ôl imi lais uchel, fel sŵn utgorn, yn 11

said, "Write down what you see, and send the book to the churches
in these seven cities: Ephesus, Smyrna, Pergamum, Thyatira, Sardis,
Philadelphia, and Laodicea."
12 I turned round to see who was talking to me, and I saw seven
gold lamp-stands, 13 and among them there was what looked like
a human being, wearing a robe that reached to his feet, and a gold
belt round his chest. 14 His hair was white as wool, or as snow,
and his eyes blazed like fire; 15 his feet shone like brass that has
been refined and polished, and his voice sounded like a roaring water-
fall. 16 He held seven stars in his right hand, and a sharp two-edged
sword came out of his mouth. His face was as bright as the midday
sun. 17 When I saw him, I fell down at his feet like a dead man.
He placed his right hand on me and said, "Don't be afraid! I am
the first and the last. 18 I am the living one! I was dead, but now
I am alive for ever and ever. I have authority over death and the
world of the dead.[a] 19 Write, then, the things you see, both the things
that are now and the things that will happen afterwards. 20 This
is the secret meaning of the seven stars that you see in my right
hand, and of the seven gold lamp-stands: the seven stars are the
angels of the seven churches, and the seven lamp-stands are the
seven churches.

The Message to Ephesus

2 "To the angel of the church in Ephesus write:
"This is the message from the one who holds the seven stars
in his right hand and who walks among the seven gold lamp-stands.
2 I know what you have done; I know how hard you have worked
and how patient you have been. I know that you cannot tolerate
evil men and that you have tested those who say they are apostles
but are not, and have found out that they are liars. 3 You are patient,
you have suffered for my sake, and you have not given up. 4 But
this is what I have against you: you do not love me now as you
did at first. 5 Think how far you have fallen! Turn from your sins
and do what you did at first. If you don't turn from your sins,
I will come to you and take your lamp-stand from its place. 6 But
this is what you have in your favour: you hate what the Nicolaitans do,
as much as I do.
7 "If you have ears, then, listen to what the Spirit says to the
churches!
"To those who win the victory I will give the right to eat the
fruit of the tree of life that grows in the Garden of God.

---

[a] WORLD OF THE DEAD: *It was thought that the dead continued to exist in a dark world under the ground.*

dweud, " Ysgrifenna mewn llyfr yr hyn a weli, ac anfon ef at y
saith eglwys, i Effesus, i Smyrna, i Bergamus, i Thyatira, i
Sardis, i Philadelffia, ac i Laodicea."
Yna trois i weld pa lais oedd yn llefaru wrthyf; ac wedi troi, 12
gwelais saith canhwyllbren aur, ac yng nghanol y canhwyll- 13
brennau, un tebyg i fab dyn, a'i wisg yn cyrraedd hyd ei draed,
a gwregys aur am ei ddwyfron. Yr oedd gwallt ei ben yn wyn 14
fel gwlân, cyn wynned â'r eira, a'i lygaid fel fflam dân. Yr oedd 15
ei draed fel pres gloyw, fel petai wedi ei buro mewn ffwrnais,
a'i lais fel sŵn dyfroedd lawer. Yn ei law dde yr oedd ganddo 16
saith seren, ac o'i enau yr oedd cleddyf llym daufiniog yn dod
allan, ac yr oedd ei wyneb yn disgleirio fel yr haul yn ei anterth.
Pan welais ef, syrthiais wrth ei draed fel un marw; gosododd 17
yntau ei law dde arnaf, a dywedodd, " Paid ag ofni; myfi yw'r
cyntaf a'r olaf, a'r Un byw; bûm farw, ac wele, yr wyf yn fyw 18
yn oes oesoedd, ac y mae gennyf allweddau Marwolaeth a
Thrigfan y Meirw. Ysgrifenna, felly, y pethau a welaist, y 19
pethau sydd, a'r pethau sydd i fod ar ôl hyn. Dyma ystyr 20
ddirgel y saith seren a welaist ar fy llaw dde a'r saith canhwyll-
bren aur: angylion y saith eglwys yw'r saith seren, a'r saith
eglwys yw'r saith canhwyllbren.

Y Neges i Effesus

" At angel yr eglwys yn Effesus, ysgrifenna: **2**
' Dyma y mae'r hwn sy'n dal y saith seren yn ei law dde, ac yn
cerdded yng nghanol y saith canhwyllbren aur, yn ei ddweud:
Gwn am dy weithredoedd a'th lafur a'th ddyfalbarhad, a gwn 2
na elli oddef y rhai drwg; gwn dy fod wedi rhoi prawf ar y rhai
sy'n eu galw eu hunain yn apostolion a hwythau heb fod felly, a
chefaist hwy'n gelwyddog; ac y mae gennyt ddyfalbarhad, a 3
dygaist faich trwm er mwyn fy enw i, ac ni ddiffygiaist. Ond y 4
mae gennyf hyn yn dy erbyn, iti golli dy gariad cynnar. Cofia, 5
felly, o ble y syrthiaist, ac edifarha, a gwna eto dy weithredoedd
cyntaf. Os na wnei, ac os na edifarhei, fe ddof atat a symud dy
ganhwyllbren o'i le. Ond y mae hyn o'th blaid, dy fod fel 6
minnau yn casáu gweithredoedd y Nicolaiaid. Yr hwn sydd 7
ganddo glust, gwrandawed beth y mae'r Ysbryd yn ei ddweud
wrth yr eglwysi. I'r hwn sy'n gorchfygu, rhoddaf yr hawl i
fwyta o bren y bywyd sydd ym Mharadwys Duw.'

The Message to Smyrna

8 "To the angel of the church in Smyrna write:
"This is the message from the one who is the first and the last, who
died and lived again. 9 I know your troubles; I know that you are
poor—but really you are rich! I know the evil things said against
you by those who claim to be Jews but are not; they are a group
that belongs to Satan! 10 Don't be afraid of anything you are about
to suffer. Listen! The Devil will put you to the test by having some
of you thrown into prison, and your troubles will last ten days.
Be faithful to me, even if it means death, and I will give you life
as your prize of victory.
11 "If you have ears, then, listen to what the Spirit says to the
churches!
"Those who win the victory will not be hurt by the second death.

The Message to Pergamum

12 "To the angel of the church in Pergamum write:
"This is the message from the one who has the sharp two-edged
sword. 13 I know where you live, there where Satan has his throne.
You are true to me, and you did not abandon your faith in me
even during the time when Antipas, my faithful witness, was killed
there where Satan lives. 14 But there are a few things I have against
you: there are some among you who follow the teaching of Balaam,
who taught Balak how to lead the people of Israel into sin by persuad-
ing them to eat food that had been offered to idols and to practise
sexual immorality. 15 In the same way you have people among you
who follow the teaching of the Nicolaitans. 16 Now turn from your
sins! If you don't, I will come to you soon and fight against those
people with the sword that comes out of my mouth.
17 "If you have ears, then, listen to what the Spirit says to the
churches!
"To those who win the victory I will give some of the hidden
manna. I will also give each of them a white stone on which is
written a new name that no one knows except the one who receives
it.

The Message to Thyatira

18 "To the angel of the church in Thyatira write:
"This is the message from the Son of God, whose eyes blaze like
fire, whose feet shine like polished brass. 19 I know what you do.
I know your love, your faithfulness, your service, and your patience.

Y Neges i Smyrna

"Ac at angel yr eglwys yn Smyrna, ysgrifenna: 8
'Dyma y mae'r cyntaf a'r olaf, yr hwn a fu farw ac a ddaeth yn
fyw, yn ei ddweud: Gwn am dy orthrymder a'th dlodi, ac eto 9
yr wyt yn gyfoethog; gwn hefyd am gabledd y rhai sy'n eu galw
eu hunain yn Iddewon a hwythau heb fod felly, ond yn hytrach
yn synagog Satan. Paid ag ofni'r pethau yr wyt ar fedr eu 10
dioddef. Wele, y mae'r diafol yn mynd i fwrw rhai ohonoch i
garchar er mwyn eich profi, ac fe gewch orthrymder am ddeg
diwrnod. Bydd ffyddlon hyd angau, a rhoddaf iti goron y
bywyd. Yr hwn sydd ganddo glust, gwrandawed beth y mae'r 11
Ysbryd yn ei ddweud wrth yr eglwysi. Yr hwn sy'n gorchfygu,
ni chaiff niwed gan yr ail farwolaeth.'

Y Neges i Bergamus

"Ac at angel yr eglwys ym Mhergamus, ysgrifenna: 12
'Dyma y mae'r hwn sydd â'r cleddyf llym daufiniog ganddo yn
ei ddweud: Gwn ym mhle yr wyt yn trigo, lle mae gorsedd 13
Satan; ac eto yr wyt yn glynu wrth f'enw i, ac ni wedaist dy
ffydd ynof fi, hyd yn oed yn nyddiau fy nhyst Antipas, a fu'n
ffyddlon i mi ac a laddwyd yn eich mysg chwi, lle mae Satan
yn trigo. Ond y mae gennyf ychydig bethau yn dy erbyn, fod 14
gennyt rai yna sy'n glynu wrth athrawiaeth Balaam, a ddysgodd
i Balac osod magl i blant Israel, a pheri iddynt fwyta pethau a
aberthwyd i eilunod, a godinebu; yn yr un modd, y mae 15
gennyt ti hyd yn oed rai sy'n glynu wrth athrawiaeth y Nicolai-
aid. Edifarha felly; os na wnei, fe ddof atat yn fuan, a rhyfela 16
yn eu herbyn hwy â chleddyf fy ngenau. Yr hwn sydd ganddo 17
glust, gwrandawed beth y mae'r Ysbryd yn ei ddweud wrth yr
eglwysi. I'r hwn sy'n gorchfygu, rhoddaf gyfran o'r manna
cuddiedig, a rhoddaf iddo garreg wen, ac yn ysgrifenedig ar y
garreg enw newydd na fydd neb yn ei wybod ond y sawl sydd
yn ei derbyn.'

Y Neges i Thyatira

"Ac at angel yr eglwys yn Thyatira, ysgrifenna: 18
'Dyma y mae Mab Duw yn ei ddweud, yr hwn sydd ganddo
lygaid fel fflam dân, a'i draed fel pres gloyw: Gwn am dy 19
weithredoedd, dy gariad, dy ffydd, dy wasanaeth, dy ddyfal-

I know that you are doing more now than you did at first. 20 But
this is what I have against you: you tolerate that woman Jezebel,
who calls herself a messenger of God. By her teaching she misleads
my servants into practising sexual immorality and eating food that
has been offered to idols. 21 I have given her time to repent of her
sins, but she does not want to turn from her immorality. 22 And
so I will throw her on to a bed where she and those who committed
adultery with her will suffer terribly. I will do this now unless they
repent of the wicked things they did with her. 23 I will also kill
her followers, and then all the churches will know that I am the
one who knows everyone's thoughts and wishes. I will repay each
one of you according to what he has done.

24 "But the rest of you in Thyatira have not followed this evil
teaching; you have not learnt what the others call 'the deep secrets
of Satan.' I say to you that I will not put any other burden on
you. 25 But until I come, you must hold firmly to what you have.
26-28 To those who win the victory, who continue to the end to
do what I want, I will give the same authority that I received from
my Father: I will give them authority over the nations, to rule
them with an iron rod and to break them to pieces like clay pots.
I will also give them the morning star.

29 "If you have ears, then, listen to what the Spirit says to the
churches!

The Message to Sardis

3 "To the angel of the church in Sardis write:
"This is the message from the one who has the seven spirits
of God and the seven stars. I know what you are doing; I know
that you have the reputation of being alive, even though you are
dead! 2 So wake up, and strengthen what you still have before it
dies completely. For I find that what you have done is not yet
perfect in the sight of my God. 3 Remember, then, what you were
taught and what you heard; obey it and turn from your sins. If
you do not wake up, I will come upon you like a thief, and you
will not even know the time when I will come. 4 But a few of you
there in Sardis have kept your clothes clean. You will walk with
me, clothed in white, because you are worthy to do so. 5 Those
who win the victory will be clothed like this in white, and I will
not remove their names from the book of the living. In the presence of
my Father and of his angels I will declare openly that they belong to
me.

6 "If you have ears, then, listen to what the Spirit says to the
churches!

barhad, a gwn fod dy weithredoedd diwethaf yn fwy lluosog
na'r rhai cyntaf. Ond y mae gennyf hyn yn dy erbyn, dy fod yn 20
goddef y wraig honno, Jesebel, sy'n ei galw ei hun yn broffwyd-
es, a hithau'n dysgu ac yn twyllo fy ngweision i odinebu a bwyta
pethau a aberthwyd i eilunod. Rhoddais amser iddi i edifarhau, 21
ond y mae'n gwrthod edifarhau am ei godineb. Wele, bwriaf hi 22
i wely cystudd, a'r rhai sy'n godinebu gyda hi i orthrymder
mawr, os nad edifarhant am ei gweithredoedd hi. A lladdaf ei 23
phlant hi yn gelain; ac fe gaiff yr holl eglwysi wybod mai myfi
yw'r hwn sy'n chwilio dyheadau a meddyliau dynion. Rhoddaf
i chwi bob un yn ôl eich gweithredoedd. Wrth y gweddill 24
ohonoch yn Thyatira, pawb nad ydynt yn derbyn yr athrawiaeth
hon, ac sydd heb brofiad o'r hyn a elwir yn ddyfnderoedd
Satan, 'rwy'n dweud hyn: ni osodaf arnoch faich arall, ond yn 25
unig glynwch wrth yr hyn sydd gennych, hyd nes i mi ddod.
Yr hwn sy'n gorchfygu ac yn cadw fy ngofynion hyd y diwedd, 26
rhoddaf iddo awdurdod ar y cenhedloedd,
a bydd yn eu llywodraethu hwy â gwialen haearn; 27
torrir hwy fel llestri pridd.
(Dyma'r awdurdod a dderbyniais innau gan fy Nhad.) Rhodd- 28
af iddo hefyd seren y bore. Yr hwn sydd ganddo glust, 29
gwrandawed beth y mae'r Ysbryd yn ei ddweud wrth yr
eglwysi.'

Y Neges i Sardis

"Ac at angel yr eglwys yn Sardis, ysgrifenna: **3**
'Dyma y mae'r hwn sydd ganddo saith ysbryd Duw a'r saith
seren yn ei ddweud: Gwn am dy weithredoedd, a bod gennyt
enw dy fod yn fyw er mai marw ydwyt. Bydd effro, a chryfha'r 2
hyn sydd ar ôl gennyt, sydd ar ddarfod amdano, oherwydd ni
chefais dy weithredoedd yn gyflawn yng ngolwg fy Nuw i.
Cofia, felly, beth a dderbyniaist ac a glywaist; cadw at hynny
ac edifarha. Os na fydd iti ddeffro, fe ddof fel lleidr, ac ni chei 3
wybod pa awr y dof atat. Ond y mae gennyt rai enwau yn 4
Sardis nad ydynt wedi halogi eu dillad; caiff y rhain rodio
gyda mi mewn gwisg wen, oherwydd y maent yn deilwng. Yr 5
hwn sy'n gorchfygu, gwisgir ef yn yr un modd mewn dillad
gwynion, a'i enw ef ni thorraf allan fyth o lyfr y bywyd, a
chyffesaf ei enw gerbron fy Nhad a gerbron ei angylion ef. Yr 6
hwn sydd ganddo glust, gwrandawed beth y mae'r Ysbryd yn ei
ddweud wrth yr eglwysi.'

The Message to Philadelphia

7 "To the angel of the church in Philadelphia write:
"This is the message from the one who is holy and true. He has
the key that belonged to David, and when he opens a door, no
one can close it, and when he closes it, no one can open it. 8 I
know what you do; I know that you have a little power; you have
followed my teaching and have been faithful to me. I have opened
a door in front of you, which no one can close. 9 Listen! As for
that group that belongs to Satan, those liars who claim that they
are Jews but are not, I will make them come and bow down at
your feet. They will all know that I love you. 10 Because you have
kept my command to endure, I will also keep you safe from the
time of trouble which is coming upon the world to test all the people
on earth. 11 I am coming soon. Keep safe what you have, so that
no one will rob you of your victory prize. 12 I will make him who
is victorious a pillar in the temple of my God, and he will never leave
it. I will write on him the name of my God and the name of the city
of my God, the new Jerusalem, which will come down out of heaven
from my God. I will also write on him my new name.
13 "If you have ears, then, listen to what the Spirit says to the
churches!

The Message to Laodicea

14 "To the angel of the church in Laodicea write:
"This is the message from the Amen, the faithful and true witness,
who is the origin[b] of all that God has created. 15 I know what you have
done; I know that you are neither cold nor hot. How I wish you
were either one or the other! 16 But because you are lukewarm,
neither hot nor cold, I am going to spit you out of my mouth!
17 You say, 'I am rich and well off; I have all I need.' But you
do not know how miserable and pitiful you are! You are poor,
naked, and blind. 18 I advise you, then, to buy gold from me, pure
gold, in order to be rich. Buy also white clothing to dress yourself
and cover up your shameful nakedness. Buy also some ointment
to put on your eyes, so that you may see. 19 I rebuke and punish
all whom I love. Be in earnest, then, and turn from your sins. 20 Listen!
I stand at the door and knock; if anyone hears my voice and opens
the door, I will come into his house and eat with him, and he
will eat with me. 21 To those who win the victory I will give the

---

[b] origin; *or* ruler.

Y Neges i Philadelffia

" Ac at angel yr eglwys yn Philadelffia, ysgrifenna: 7
' Dyma y mae'r Un sanctaidd, yr Un gwir, yn ei ddweud,
yr hwn y mae allwedd Dafydd ganddo,
yr hwn sy'n agor ac ni fydd neb yn cau,
ac yn cau a neb yn agor:
Gwn am dy weithredoedd, a dyma fi wedi rhoi o'th flaen ddrws 8
agored na fedr neb ei gau. Gwn mai ychydig nerth sydd
gennyt, ond cedwaist fy ngair ac ni wedaist fy enw. Wele, 9
rhoddaf iti rai o synagog Satan sydd yn eu galw eu hunain yn
Iddewon a hwythau heb fod felly; dweud celwydd y maent.
Wele, gwnaf iddynt ddod ac ymgrymu wrth dy draed, a chael
gwybod i mi dy garu di. Am iti gadw fy ngair a dyfalbarhau, 10
byddaf finnau yn dy gadw di rhag awr y prawf sydd ar ddod ar
yr holl fyd i brofi trigolion y ddaear. Yr wyf yn dod yn fuan; 11
glyna wrth yr hyn sydd gennyt, rhag i neb ddwyn dy goron di.
Yr hwn sy'n gorchfygu, gwnaf ef yn golofn yn nheml fy Nuw i, 12
ac nid â ef allan oddi yno byth. Ac ysgrifennaf arno enw fy
Nuw i—ac enw dinas fy Nuw i, y Jerwsalem newydd sy'n
disgyn o'r nef oddi wrth fy Nuw i—a'm henw newydd i. Yr 13
hwn sydd ganddo glust, gwrandawed beth y mae'r Ysbryd yn ei
ddweud wrth yr eglwysi.'

Y Neges i Laodicea

" Ac at angel yr eglwys yn Laodicea, ysgrifenna: 14
' Dyma y mae'r Amen, y tyst ffyddlon a gwir, a dechreuad
creadigaeth Duw, yn ei ddweud: Gwn am dy weithredoedd; 15
nid wyt nac oer na phoeth. Gwyn fyd na fyddit yn oer neu yn
boeth ! Ond gan mai claear ydwyt, heb fod nac yn boeth nac yn 16
oer, fe'th boeraf allan o'm genau. Dweud yr wyt, " 'Rwy'n 17
gyfoethog, ac wedi casglu golud, ac nid oes arnaf eisiau dim ";
ac ni wyddost mai gwrthrych trueni a thosturi ydwyt, yn dlawd,
yn ddall, yn noeth. Felly, cynghoraf di i brynu gennyf fi aur 18
wedi ei buro drwy dân, iti ddod yn gyfoethog, a dillad gwynion
i'w gwisgo, i guddio gwarth dy noethni, ac eli i iro dy lygaid,
iti gael gweld. Yr wyf fi'n ceryddu ac yn disgyblu'r rhai a garaf; 19
bydd selog, felly, ac edifarha. Wele, yr wyf yn sefyll wrth y 20
drws ac yn curo; os clyw rhywun fy llais ac agor y drws, dof i
mewn ato a swperaf gydag ef, ac yntau gyda minnau. Yr hwn 21

right to sit beside me on my throne, just as I have been victorious and
now sit by my Father on his throne.
22 "If you have ears, then, listen to what the Spirit says to the
churches!"

Worship in Heaven

4 At this point I had another vision and saw an open door in
heaven. And the voice that sounded like a trumpet, which I
had heard speaking to me before, said, "Come up here, and I will
show you what must happen after this." 2 At once the Spirit took
control of me. There in heaven was a throne with someone sitting
on it. 3 His face gleamed like such precious stones as jasper and
carnelian, and all round the throne there was a rainbow the colour
of an emerald. 4 In a circle round the throne were twenty-four other
thrones, on which were seated twenty-four elders dressed in white
and wearing crowns of gold. 5 From the throne came flashes of light-
ning, rumblings, and peals of thunder. In front of the throne seven
lighted torches were burning, which are the seven spirits of God.
6 Also in front of the throne there was what looked like a sea of
glass, clear as crystal.

Surrounding the throne on each of its sides, were four living
creatures covered with eyes in front and behind. 7 The first one looked
like a lion; the second looked like a bull; the third had a face
like a man's face; and the fourth looked like an eagle in flight.
8 Each one of the four living creatures had six wings, and they were
covered with eyes, inside and out. Day and night they never stop
singing:

"Holy, holy, holy, is the Lord God Almighty,
who was, who is, and who is to come."

9 The four living creatures sing songs of glory and honour and
thanks to the one who sits on the throne, who lives for ever and
ever. When they do so, 10 the twenty-four elders fall down before
the one who sits on the throne, and worship him who lives for
ever and ever. They throw their crowns down in front of the throne
and say,

11 "Our Lord and God! You are worthy
to receive glory, honour, and power.
For you created all things,
and by your will they were given existence and life."

sy'n gorchfygu, rhof iddo eistedd gyda mi ar fy ngorsedd,
megis y gorchfygais innau ac yr eisteddais gyda'm Tad ar ei
orsedd ef. Yr hwn sydd ganddo glust, gwrandawed beth y 22
mae'r Ysbryd yn ei ddweud wrth yr eglwysi.' "

Addoliad y Nef

Ar ôl hyn edrychais, ac wele ddrws wedi ei agor yn y nef; a **4**
dyma'r llais, a glywswn gyntaf yn llefaru wrthyf fel sŵn utgorn,
yn dweud, " Tyrd i fyny yma, a dangosaf iti'r pethau y mae'n
rhaid iddynt ddigwydd ar ôl hyn." Ar unwaith, yr oeddwn yn 2
yr Ysbryd; ac wele, yr oedd gorsedd wedi ei gosod yn y nef ac
ar yr orsedd un yn eistedd. Yr oedd hwn yn debyg ei olwg i 3
faen iasbis a sardion, ac o amgylch yr orsedd yr oedd enfys
debyg i emrallt. O amgylch yr orsedd yr oedd hefyd bedair 4
gorsedd ar hugain, ac ar y rhain, bedwar henuriad ar hugain yn
eistedd mewn dillad gwynion, ac ar eu pennau goronau aur.
O'r orsedd yr oedd fflachiadau mellt a sŵn taranau yn dod allan, 5
ac yn llosgi gerbron yr orsedd yr oedd saith ffagl dân; y rhain
yw saith ysbryd Duw. O flaen yr orsedd yr oedd môr megis o 6
wydr, tebyg i risial.

Ac yng nghanol yr orsedd ac o'i hamgylch yr oedd pedwar
creadur byw yn llawn o lygaid o'r tu blaen a'r tu ôl. Yr oedd y 7
creadur cyntaf yn debyg i lew, a'r ail i lo; yr oedd gan y trydydd
wyneb fel dyn, ac yr oedd y pedwerydd yn debyg i eryr yn
hedfan. I'r pedwar creadur byw yr oedd chwech adain yr un, 8
ac yr oeddent yn llawn o lygaid o'u hamgylch ac o'u mewn, a
heb orffwys ddydd na nos yr oeddent yn dweud:

" Sanctaidd, sanctaidd, sanctaidd,
Arglwydd Dduw hollalluog,
yr hwn oedd a'r hwn sydd a'r hwn sydd i ddod!"

Pan fydd y creaduriaid byw yn rhoi gogoniant ac anrhydedd a 9
diolch i'r hwn sy'n eistedd ar yr orsedd, yr hwn sy'n byw yn
oes oesoedd, bydd y pedwar henuriad ar hugain yn syrthio o 10
flaen yr hwn sy'n eistedd ar yr orsedd, gan addoli'r hwn sy'n
byw yn oes oesoedd, a bwrw eu coronau gerbron yr orsedd a
dweud:

" Teilwng wyt ti, ein Harglwydd a'n Duw, 11
i dderbyn y gogoniant a'r anrhydedd a'r gallu,
oherwydd tydi a greodd bob peth,
a thrwy dy ewyllys y daethant i fod ac y crewyd hwy."

The Scroll and the Lamb

5 I saw a scroll in the right hand of the one who sits on the
throne; it was covered with writing on both sides and was sealed
with seven seals. 2 And I saw a mighty angel, who announced in
a loud voice, "Who is worthy to break the seals and open the scroll?"
3 But there was no one in heaven or on earth or in the world below[c]
who could open the scroll and look inside it. 4 I cried bitterly because
no one could be found who was worthy to open the scroll or look
inside it. 5 Then one of the elders said to me, "Don't cry. Look!
The Lion from Judah's tribe, the great descendant of David, has
won the victory, and he can break the seven seals and open the
scroll."

6 Then I saw a Lamb standing in the centre of the throne, surrounded
by the four living creatures and the elders. The Lamb appeared
to have been killed. It had seven horns and seven eyes, which are
the seven spirits of God that have been sent throughout the whole
earth. 7 The Lamb went and took the scroll from the right hand
of the one who sits on the throne. 8 As he did so, the four living
creatures and the twenty-four elders fell down before the Lamb.
Each had a harp and gold bowls filled with incense, which are the
prayers of God's people. 9 They sang a new song:

"You are worthy to take the scroll
  and to break open its seals.
For you were killed, and by your death you bought for God
  people from every tribe, language, nation, and race.
10 You have made them a kingdom of priests to serve our God,
  and they shall rule on earth."

11 Again I looked, and I heard angels, thousands and millions
of them! They stood round the throne, the four living creatures,
and the elders, 12 and sang in a loud voice:

"The Lamb who was killed is worthy
  to receive power, wealth, wisdom, and strength,
  honour, glory, and praise!"

13 And I heard every creature in heaven, on earth, in the world
below, and in the sea—all living beings in the universe—and they
were singing:

"To him who sits on the throne and to the Lamb,
  be praise and honour, glory and might,
  for ever and ever!"

---

[c] WORLD BELOW: *the world of the dead (see 1.18).*

Y Sgrôl a'r Oen

A gwelais yn llaw dde yr hwn oedd yn eistedd ar yr orsedd **5**
sgrôl gydag ysgrifen arni o'r tu mewn ac o'r tu allan, wedi ei
selio â saith sêl. A gwelais angel nerthol yn cyhoeddi â llef 2
uchel, "Pwy sydd deilwng i agor y sgrôl ac i ddatod ei seliau?"
Nid oedd neb yn y nef nac ar y ddaear na than y ddaear a allai 3
agor y sgrôl nac edrych arni. Yr oeddwn i'n wylo yn hidl am na 4
chafwyd neb yn deilwng i agor y sgrôl nac i edrych arni. A 5
dywedodd un o'r henuriaid wrthyf, "Paid ag wylo; wele, y
mae'r Llew o lwyth Jwda, Gwreiddyn Dafydd, wedi gorchfygu
ac ennill yr hawl i agor y sgrôl a'i saith sêl."

Gwelais Oen yn sefyll yn y canol, rhwng yr orsedd a'r pedwar 6
creadur byw a'r henuriaid. Yr oedd yr Oen fel un wedi ei ladd,
ac yr oedd ganddo saith o gyrn a saith o lygaid; y rhain yw
saith ysbryd Duw, sydd wedi eu hanfon i'r holl ddaear. Daeth 7
yr Oen a chymerodd y sgrôl o law dde yr hwn oedd yn eistedd
ar yr orsedd. Ac wedi iddo gymryd y sgrôl, syrthiodd y pedwar 8
creadur byw a'r pedwar henuriad ar hugain o flaen yr Oen, ac
yr oedd gan bob un ohonynt delyn, a ffiolau aur yn llawn o
arogldarth; y rhain yw gweddïau'r saint. Ac yr oeddent yn 9
canu cân newydd fel hyn:

"Teilwng wyt ti i gymryd y sgrôl
ac i agor ei seliau,
oherwydd ti a laddwyd ac a brynaist i Dduw â'th waed
ddynion o bob llwyth ac iaith a phobl a chenedl,
a gwnaethost hwy yn urdd frenhinol ac yn offeiriaid i'n 10
Duw ni;
ac fe deyrnasant hwy ar y ddaear."

Yna edrychais a chlywais lais angylion lawer; yr oeddent o 11
amgylch yr orsedd a'r creaduriaid byw a'r henuriaid. A'u rhif
oedd myrdd myrddiynau a miloedd ar filoedd, yn dweud â llef 12
uchel:

"Teilwng yw'r Oen a laddwyd i dderbyn
gallu, cyfoeth, doethineb a nerth,
anrhydedd, gogoniant a mawl."

A chlywais bob peth a grewyd, yn y nef ac ar y ddaear a than y 13
ddaear ac ar y môr, a'r cwbl sydd ynddynt, yn dweud:

"I'r hwn sy'n eistedd ar yr orsedd ac i'r Oen
y bo'r mawl a'r anrhydedd a'r gogoniant a'r nerth
yn oes oesoedd!"

14 The four living creatures answered, "Amen!" And the elders fell
down and worshipped.

The Seals

6 Then I saw the Lamb break open the first of the seven seals,
and I heard one of the four living creatures say in a voice
that sounded like thunder, "Come!" 2 I looked, and there was a
white horse. Its rider held a bow, and he was given a crown. He
rode out as a conqueror to conquer.

3 Then the Lamb broke open the second seal; and I heard the
second living creature say, "Come!" 4 Another horse came out, a
red one. Its rider was given the power to bring war on the earth,
so that men should kill each other. He was given a large sword.

5 Then the Lamb broke open the third seal; and I heard the third
living creature say, "Come!" I looked, and there was a black horse.
Its rider held a pair of scales in his hand. 6 I heard what sounded
like a voice coming from among the four living creatures, which
said, "A litre of wheat for a day's wages, and three litres of barley
for a day's wages. But do not damage the olive-trees and the vineyards!"

7 Then the Lamb broke open the fourth seal; and I heard the
fourth living creature say, "Come!" 8 I looked, and there was a pale-
coloured horse. Its rider was named Death, and Hades[d] followed
close behind. They were given authority over a quarter of the earth,
to kill by means of war, famine, disease, and wild animals.

9 Then the Lamb broke open the fifth seal. I saw underneath the
altar the souls of those who had been killed because they had pro-
claimed God's word and had been faithful in their witnessing. 10 They
shouted in a loud voice, "Almighty Lord, holy and true! How long
will it be until you judge the people on earth and punish them
for killing us?" 11 Each of them was given a white robe, and they
were told to rest a little while longer, until the complete number
of their fellow-servants and brothers had been killed, as they had
been.

12 And I saw the Lamb break open the sixth seal. There was
a violent earthquake, and the sun became black like coarse black
cloth, and the moon turned completely red like blood. 13 The stars
fell down to the earth, like unripe figs falling from the tree when
a strong wind shakes it. 14 The sky disappeared like a scroll being
rolled up, and every mountain and island was moved from its place.
15 Then the kings of the earth, the rulers and the military chiefs,

---

[d] HADES: *The world of the dead (see 1.18).*

A dywedodd y pedwar creadur byw, " Amen " ; a syrthiodd 14
yr henuriaid i lawr ac addoli.

Y Seliau

Edrychais pan agorodd yr Oen y gyntaf o'r saith sêl, a **6**
chlywais y cyntaf o'r pedwar creadur byw yn dweud â llais fel
taran, " Tyrd." Edrychais, ac wele geffyl gwyn; yr oedd gan 2
ei farchog fwa; rhoddwyd iddo goron, ac fe aeth allan fel
concwerwr i ennill concwest.

Pan agorodd yr Oen yr ail sêl, clywais yr ail greadur byw yn 3
dweud, " Tyrd." A daeth allan geffyl arall, fflamgoch; ac i 4
farchog hwn rhoddwyd awdurdod i ddwyn heddwch oddi ar y
ddaear a pheri i ddynion ladd ei gilydd, a rhoddwyd iddo
gleddyf mawr.

Pan agorodd y drydedd sêl, clywais y trydydd creadur byw 5
yn dweud, " Tyrd." Edrychais, ac wele geffyl du; ac yr oedd
gan ei farchog glorian yn ei law. Clywais sŵn fel llais o ganol y 6
pedwar creadur byw yn dweud: " Cyflog diwrnod am chwart
o wenith, cyflog diwrnod am dri chwart o haidd; ond paid â
difetha'r olew na'r gwin."

Pan agorodd y bedwaredd sêl, clywais lais y pedwerydd 7
creadur byw yn dweud, " Tyrd." Edrychais, ac wele geffyl 8
gwelwlwyd; ac enw ei farchog ef oedd Marwolaeth, ac yn ei
ganlyn yn dynn yr oedd Trigfan y Meirw. Rhoddwyd iddynt
awdurdod ar y bedwaredd ran o'r ddaear, hawl i ladd â'r cleddyf
ac â newyn ac â phla, a thrwy fwystfilod y ddaear.

Pan agorodd y bumed sêl, gwelais dan yr allor eneidiau'r 9
rhai a laddwyd ar gyfrif gair Duw ac am y dystiolaeth yr oedd-
ent wedi ei dwyn. Gwaeddasant â llais uchel: " Pa hyd, O 10
Benllywydd sanctaidd a gwir, cyn i ti farnu, a dial ein gwaed ar
drigolion y ddaear ?" Yna rhoddwyd i bob un ohonynt fantell 11
wen, a dywedwyd wrthynt am orffwys eto am ychydig amser
hyd nes bod nifer eu cydweision a'u brodyr, a oedd i'w lladd
fel hwythau, yn gyflawn.

Edrychais pan agorodd y chweched sêl. Bu daeargryn mawr, 12
aeth yr haul yn ddu fel sachliain galar, a'r lleuad lawn yn goch
fel gwaed. Syrthiodd sêr y nef i'r ddaear fel cawod o ffigys 13
gleision oddi ar ffigysbren pan siglir ef gan wynt mawr.
Rhwygwyd y ffurfafen fel sgrôl yn cael ei dirwyn, a symud- 14
wyd pob mynydd ac ynys o'u lle. A brenhinoedd y ddaear, y 15

the rich and the powerful, and all other men, slave and free, hid
themselves in caves and under rocks on the mountains. 16 They called
out to the mountains and to the rocks, "Fall on us and hide us
from the eyes of the one who sits on the throne and from the anger
of the Lamb! 17 The terrible day of their anger is here, and who
can stand against it?"

The 144,000 People of Israel

7 After this I saw four angels standing at the four corners of
the earth, holding back the four winds so that no wind should
blow on the earth or the sea or against any tree. 2 And I saw another
angel coming up from the east with the seal of the living God.
He called out in a loud voice to the four angels to whom God
had given the power to damage the earth and the sea. 3 The angel
said, "Do not harm the earth, the sea, or the trees, until we mark
the servants of our God with a seal on their foreheads." 4 And I
was told that the number of those who were marked with God's
seal on their foreheads was 144,000. They were from the twelve
tribes of Israel, 5-8 twelve thousand from each tribe: Judah, Reuben,
Gad, Asher, Naphtali, Manasseh, Simeon, Levi, Issachar, Zebulun,
Joseph, and Benjamin.

The Enormous Crowd

9 After this I looked, and there was an enormous crowd—no one
could count all the people! They were from every race, tribe, nation,
and language, and they stood in front of the throne and of the Lamb,
dressed in white robes and holding palm branches in their hands.
10 They called out in a loud voice: "Salvation comes from our God,
who sits on the throne, and from the Lamb!" 11 All the angels stood

mawrion a'r cadfridogion, y cyfoethogion a'r cryfion, a phawb,
yn gaethion ac yn rhyddion, cuddiasant eu hunain mewn ogof-
eydd ac yng nghreigiau'r mynyddoedd; a dywedasant wrth y 16
mynyddoedd a'r creigiau, "Syrthiwch arnom, a chuddiwch ni
rhag wyneb yr hwn sy'n eistedd ar yr orsedd a rhag digofaint
yr Oen, oherwydd daeth dydd mawr eu digofaint hwy, a phwy 17
all sefyll?"

Selio'r 144,000 o Israel

Ar ôl hyn gwelais bedwar angel yn sefyll ar bedair congl y **7**
ddaear yn dal pedwar gwynt y ddaear, i gadw'r gwynt rhag
chwythu ar y ddaear nac ar y môr nac ar un goeden. A gwelais 2
angel arall yn esgyn o godiad haul, â chanddo sêl y Duw byw.
Gwaeddodd â llais uchel ar y pedwar angel y rhoddwyd iddynt
awdurdod i niweidio'r ddaear a'r môr, a dywedodd: "Peid- 3
iwch â niweidio na'r ddaear na'r môr na'r coed nes i ni selio
gweision ein Duw ar eu talcennau." A chlywais rif y rhai a 4
seliwyd, cant a phedwar deg a phedair o filoedd wedi eu selio,
o bob un o lwythau meibion Israel.

O lwyth Jwda yr oedd deuddeng mil wedi eu selio, 5
o lwyth Reuben deuddeng mil,
o lwyth Gad deuddeng mil,
o lwyth Aser deuddeng mil, 6
o lwyth Neffthali deuddeng mil,
o lwyth Manase deuddeng mil,
o lwyth Simeon deuddeng mil, 7
o lwyth Lefi deuddeng mil,
o lwyth Isachar deuddeng mil,
o lwyth Sabwlon deuddeng mil, 8
o lwyth Joseff deuddeng mil,
ac o lwyth Benjamin deuddeng mil wedi eu selio.

Y Dyrfa o Bob Cenedl

Ar ôl hyn edrychais, ac wele dyrfa fawr na allai neb ei rhifo, 9
o bob cenedl a'r holl lwythau a phobloedd ac ieithoedd, yn
sefyll o flaen yr orsedd ac o flaen yr Oen, wedi eu gwisgo â
mentyll gwynion, a phalmwydd yn eu dwylo. Yr oeddent yn 10
gweiddi â llais uchel:

"Buddugoliaeth i'n Duw ni, sy'n eistedd ar yr orsedd, ac
i'r Oen!"

round the throne, the elders, and the four living creatures. Then
they threw themselves face downwards in front of the throne and
worshipped God, 12 saying, "Amen! Praise, glory, wisdom, thanks-
giving, honour, power, and might belong to our God for ever and
ever! Amen!"

13 One of the elders asked me, "Who are these people dressed
in white robes, and where do they come from?"

14 "I don't know, sir. You do," I answered.

He said to me, "These are the people who have come safely through
the terrible persecution. They have washed their robes and made
them white with the blood of the Lamb. 15 That is why they stand
before God's throne and serve him day and night in his temple.
He who sits on the throne will protect them with his presence.
16 Never again will they hunger or thirst; neither sun nor any scorching
heat will burn them, 17 because the Lamb, who is in the centre of
the throne, will be their shepherd, and he will guide them to springs
of life-giving water. And God will wipe away every tear from their
eyes."

The Seventh Seal

8 When the Lamb broke open the seventh seal, there was silence
in heaven for about half an hour. 2 Then I saw the seven angels
who stand before God, and they were given seven trumpets.

3 Another angel, who had a gold incense-burner, came and stood
at the altar. He was given a lot of incense to add to the prayers
of all God's people and to offer it on the gold altar that stands
before the throne. 4 The smoke of the burning incense went up with
the prayers of God's people from the hands of the angel standing
before God. 5 Then the angel took the incense-burner, filled it with
fire from the altar, and threw it on the earth. There were rumblings
and peals of thunder, flashes of lightning, and an earthquake.

The Trumpets

6 Then the seven angels with the seven trumpets prepared to blow
them.

Yr oedd yr holl angylion yn sefyll o amgylch yr orsedd a'r 11
henuriaid a'r pedwar creadur byw, a syrthiasant ar eu hwyneb-
au gerbron yr orsedd ac addoli Duw gan ddweud: 12

"Amen. I'n Duw ni y bo'r mawl a'r gogoniant a'r doeth-
ineb a'r diolch a'r anrhydedd a'r gallu a'r nerth yn oes
oesoedd! Amen."

Gofynnodd un o'r henuriaid imi, "Y rhai hyn sydd wedi eu 13
gwisgo â mentyll gwynion, pwy ydynt ac o ble y daethant?"
Dywedais wrtho, "Ti sy'n gwybod, f'arglwydd." Meddai 14
yntau wrthyf, "Dyma'r rhai sy'n dod allan o'r gorthrymder
mawr; y maent wedi golchi eu mentyll a'u cannu yng ngwaed
yr Oen.

Am hynny, y maent o flaen gorsedd Duw, 15
ac yn ei wasanaethu ddydd a nos yn ei deml,
a bydd yr hwn sy'n eistedd ar yr orsedd yn preswylio
gyda hwy.
Ni newynant mwy ac ni sychedant mwy, 16
ni ddaw ar eu gwarthaf na'r haul
na dim gwres,
oherwydd bydd yr Oen sydd yng nghanol yr Orsedd yn eu 17
bugeilio hwy,
ac yn eu harwain i ffynhonnau dyfroedd bywyd,
a bydd Duw yn sychu pob deigryn o'u llygaid hwy."

Y Seithfed Sêl a'r Thuser Aur

Pan agorodd yr Oen y seithfed sêl, bu distawrwydd yn y nef **8**
am tua hanner awr. Yna gwelais y saith angel sy'n sefyll 2
gerbron Duw; a rhoddwyd iddynt saith utgorn.

Daeth angel arall, a safodd wrth yr allor â thuser aur yn ei 3
law. Rhoddwyd iddo ddigonedd o arogldarth i'w offrymu'n
arwydd o weddïau'r holl saint ar yr allor aur oedd o flaen yr
orsedd. O law yr angel esgynnodd mwg yr arogldarth gerbron 4
Duw yn arwydd o weddïau'r saint. Cymerodd yr angel y 5
thuser, a llanwodd hi â thân o'r allor a'i thaflu ar y ddaear; ac
yna bu sŵn taranau a fflachiadau mellt a daeargryn.

Yr Utgyrn

Paratôdd y saith angel, yr oedd y saith utgorn ganddynt, i'w 6
seinio.

7 The first angel blew his trumpet. Hail and fire, mixed with blood,
came pouring down on the earth. A third of the earth was burnt
up, a third of the trees, and every blade of green grass.
8 Then the second angel blew his trumpet. Something that looked
like a huge mountain on fire was thrown into the sea. A third of
the sea was turned into blood, 9 a third of the living creatures in
the sea died, and a third of the ships were destroyed.
10 Then the third angel blew his trumpet. A large star, burning
like a torch, dropped from the sky and fell on a third of the rivers
and on the springs of water. 11 (The name of the star is "Bitterness.") A
third of the water turned bitter, and many people died from drinking
the water, because it had turned bitter.
12 Then the fourth angel blew his trumpet. A third of the sun
was struck, and a third of the moon, and a third of the stars, so
that their light lost a third of its brightness; there was no light
during a third of the day and a third of the night.
13 Then I looked, and I heard an eagle that was flying high in
the air say in a loud voice, "O horror! horror! How horrible it
will be for all who live on earth when the sound comes from the
trumpets that the other three angels must blow!"
9 Then the fifth angel blew his trumpet. I saw a star which had
fallen down to the earth, and it was given the key to the abyss.[e]
2 The star opened the abyss, and smoke poured out of it, like the
smoke from a large furnace; the sunlight and the air were darkened
by the smoke from the abyss. 3 Locusts came down out of the smoke
upon the earth, and they were given the same kind of power that
scorpions have. 4 They were told not to harm the grass or the trees
or any other plant; they could harm only the people who did not
have the mark of God's seal on their foreheads. 5 The locusts were
not allowed to kill these people, but only to torture them for five
months. The pain caused by the torture is like the pain caused by
a scorpion's sting. 6 During those five months they will seek death,
but will not find it; they will want to die, but death will flee from
them.
7 The locusts looked like horses ready for battle; on their heads
they had what seemed to be crowns of gold, and their faces were
like men's faces. 8 Their hair was like women's hair, their teeth were
like lions' teeth. 9 Their chests were covered with what looked like
iron breastplates, and the sound made by their wings was like the
noise of many horse-drawn chariots rushing into battle. 10 They have

---

[e] ABYSS: *The place in the depths of the earth where the demons were imprisoned until their final punishment.*

Seiniodd y cyntaf ei utgorn. Yna bwriwyd cenllysg a thân, 7
yn gymysg â gwaed, ar y ddaear. Llosgwyd traean o'r ddaear,
llosgwyd traean o'r coed, llosgwyd pob porfa las.
Seiniodd yr ail angel ei utgorn. Yna taflwyd i'r môr rywbeth 8
tebyg i fynydd mawr yn llosgi'n dân. Trôdd traean o'r môr yn
waed, a bu farw traean o greaduriaid byw y môr, a dinistriwyd 9
traean o'r llongau.
Seiniodd y trydydd angel ei utgorn. Yna syrthiodd o'r nef 10
seren fawr yn llosgi fel ffagl; syrthiodd ar draean o'r afonydd
ac ar ffynhonnau'r dyfroedd. Enw'r seren yw Wermod, a 11
thrôdd traean o'r dyfroedd yn wermod, a bu farw llawer o
bobl o achos chwerwi'r dyfroedd.
Seiniodd y pedwerydd angel ei utgorn. Yna trawyd traean 12
o'r haul a thraean o'r lleuad a thraean o'r sêr, nes tywyllu
traean ohonynt, ac ni bu dim golau am draean o'r dydd, a'r un
modd am draean o'r nos.
Edrychais, a chlywais eryr yn hedfan yng nghanol y nef ac 13
yn llefain â llais uchel, " Gwae, gwae, gwae drigolion y ddaear
o achos seiniau'r utgyrn sydd eto'n ôl i'r tri angel eu seinio!"
Seiniodd y pumed angel ei utgorn. Yna gwelais seren wedi **9**
syrthio o'r nef i'r ddaear, a rhoddwyd iddi allwedd pwll y
pydew diwaelod. Agorodd bwll y pydew diwaelod, a chododd 2
mwg o'r pwll fel mwg ffwrnais fawr, a thywyllwyd yr haul a'r
awyr gan fwg y pwll. O'r mwg daeth locustiaid allan ar y 3
ddaear, a rhoddwyd iddynt allu tebyg i'r gallu sydd gan
ysgorpionau'r ddaear. Dywedwyd wrthynt am beidio â 4
niweidio na phorfa'r ddaear na'r un planhigyn na choeden,
ond yn unig y bobl nad oedd sêl Duw ganddynt ar eu talcen-
nau. Gorchmynnwyd iddynt beidio â'u lladd, ond eu poen- 5
ydio am bum mis; a'u poenedigaeth hwy oedd fel poenedigaeth
ysgorpion yn brathu dyn. Yn y dyddiau hynny bydd dynion 6
yn chwilio am farwolaeth, ond ni ddônt o hyd iddi, yn chwen-
ychu marw, ond bydd marwolaeth yn ffoi rhagddynt.
Yn yr olwg arnynt yr oedd y locustiaid yn debyg i geffylau 7
wedi eu paratoi i ryfel. Ar eu pennau yr oedd megis coronau
euraid, ac yr oedd eu hwynebau fel wynebau dynion, a gwallt 8
ganddynt fel gwallt merched, a'u dannedd fel dannedd llewod.
Ac yr oedd eu dwyfron fel dwyfronneg o haearn, a sŵn eu 9
hadenydd fel sŵn cerbydau rhyfel lawer, a'u ceffylau yn
carlamu i'r frwydr. Yr oedd ganddynt gynffonnau tebyg i 10

tails and stings like those of a scorpion, and it is with their tails
that they have the power to hurt people for five months. 11 They
have a king ruling over them, who is the angel in charge of the
abyss. His name in Hebrew is Abaddon; in Greek the name is
Apollyon (meaning "The Destroyer").

12 The first horror is over; after this there are still two more
horrors to come.

13 Then the sixth angel blew his trumpet. I heard a voice coming
from the four corners of the gold altar standing before God. 14 The
voice said to the sixth angel, "Release the four angels who are bound
at the great river Euphrates!" 15 The four angels were released; for this
very hour of this very day of this very month and year they had been
kept ready to kill a third of all mankind. 16 I was told the number of
the mounted troops: it was two hundred million. 17 And in my vision I
saw the horses and their riders: they had breastplates red as fire, blue
as sapphire, and yellow as sulphur. The horses' heads were like lions'
heads, and from their mouths came out fire, smoke, and sulphur. 18 A
third of mankind was killed by those three plagues: the fire, the
smoke, and the sulphur coming out of the horses' mouths. 19 For the
power of the horses is in their mouths and also in their tails. Their
tails are like snakes with heads, and they use them to hurt people.

20 The rest of mankind, all those who had not been killed by
these plagues, did not turn away from what they themselves had
made. They did not stop worshipping demons, nor the idols of gold,
silver, bronze, stone, and wood, which cannot see, hear, or walk.
21 Nor did they repent of their murders, their magic, their sexual
immorality, or their stealing.

The Angel and the Little Scroll

10 Then I saw another mighty angel coming down out of heaven.
He was wrapped in a cloud and had a rainbow round his
head; his face was like the sun, and his legs were like pillars of
fire. 2 He had a small scroll open in his hand. He put his right
foot on the sea and his left foot on the land, 3 and called out in
a loud voice that sounded like the roar of lions. After he had called
out, the seven thunders answered with a roar. 4 As soon as they

ysgorpionau, a cholynnau, ac yn eu cynffonnau yr oedd eu gallu
i niweidio dynion am bum mis. Yn frenin arnynt yr oedd angel 11
y pydew diwaelod; ei enw yn Hebraeg yw Abadon, ac mewn
Groeg gelwir ef Apolyon.*

Aeth y gwae cyntaf heibio; wele, daw eto ddau wae ar ôl 12
hyn.

Seiniodd y chweched angel ei utgorn. Yna clywais lais o 13
blith cyrn yr allor aur oedd gerbron Duw, yn dweud wrth y 14
chweched angel, yr un â'r utgorn ganddo: "Gollwng yn
rhydd y pedwar angel sydd wedi eu rhwymo ar lan yr afon fawr
Euffrates." Rhyddhawyd y pedwar angel, oedd wedi eu dal yn 15
barod ar gyfer yr awr a'r dydd a'r mis a'r flwyddyn, i ladd
traean o'r ddynolryw. Yr oedd lluoedd eu gwŷr meirch yn 16
rhifo dau fyrddiwn o fyrddiynau; clywais eu rhif hwy. Yn fy 17
ngweledigaeth dyma'r olwg a welais ar y ceffylau a'u marchog-
ion: yr oedd eu dwyfronneg yn fflam o goch a glas a melyn, a'u
ceffylau â phennau ganddynt fel llewod, a thân a mwg a brwm-
stan yn dylifo o'u safnau. Gan y tri phla hyn fe laddwyd 18
traean o'r ddynolryw, hynny yw, gan y tân a'r mwg a'r brwm-
stan oedd yn dylifo o'u safnau. Yr oedd gallu'r ceffylau yn eu 19
safnau ac yn eu cynffonnau, oherwydd yr oedd gan eu cynffon-
nau bennau, fel seirff, ac â'r rhain yr oeddent yn peri niwed.

Ac am y gweddill o'r ddynolryw, nas lladdwyd gan y plâu 20
hyn, ni bu edifar ganddynt am yr hyn a luniodd eu dwylo; ac
ni pheidiasant ag addoli'r cythreuliaid a'r delwau aur ac arian a
phres a cherrig a phren, pethau na allant na gweld na chlywed
na cherdded. Ni bu edifar ganddynt chwaith am na'u llofrudd- 21
iaeth na'u dewiniaeth, na'u godineb, na'u lladrad.

Yr Angel a'r Sgrôl Fechan

Yna gwelais angel nerthol arall yn disgyn o'r nef wedi ei **10**
wisgo â chwmwl, a'r enfys ar ei ben. Yr oedd ei wyneb fel yr
haul, a'i draed fel colofnau o dân. Yr oedd yn dal yn ei law 2
sgrôl fechan wedi ei hagor. Gosododd ei droed dde ar y môr
a'r un chwith ar y tir. Yna gwaeddodd â llais uchel fel llew yn 3
rhuo; a phan waeddodd, cododd y saith taran eu llef hwythau.
Ac wedi i'r saith taran lefaru, yr oeddwn ar fin ysgrifennu; ond 4

*adn. 11: hynny yw *Y Dinistrydd*.

spoke, I was about to write. But I heard a voice speak from heaven,
"Keep secret what the seven thunders have said; do not write it
down!"

5 Then the angel that I saw standing on the sea and on the land
raised his right hand to heaven 6 and took a vow in the name of
God, who lives for ever and ever, who created heaven, earth, and
the sea, and everything in them. The angel said, "There will be
no more delay! 7 But when the seventh angel blows his trumpet,
then God will accomplish his secret plan, as he announced to his
servants, the prophets."

8 Then the voice that I had heard speaking from heaven spoke
to me again, saying, "Go and take the open scroll which is in the
hand of the angel standing on the sea and on the land."

9 I went to the angel and asked him to give me the little scroll.
He said to me, "Take it and eat it; it will turn sour in your stomach, but
in your mouth it will be sweet as honey."

10 I took the little scroll from his hand and ate it, and it tasted sweet
as honey in my mouth. But after I swallowed it, it turned sour in
my stomach. 11 Then I was told, "Once again you must proclaim
God's message about many nations, races, languages, and kings."

The Two Witnesses

11 I was then given a stick that looked like a measuring-rod,
and was told, "Go and measure the temple of God and the
altar, and count those who are worshipping in the temple. 2 But
do not measure the outer courts, because they have been given to
the heathen, who will trample on the Holy City for forty-two months.
3 I will send my two witnesses dressed in sackcloth, and they will
proclaim God's message during those 1,260 days."

4 The two witnesses are the two olive-trees and the two lamps
that stand before the Lord of the earth. 5 If anyone tries to harm
them, fire comes out of their mouths and destroys their enemies;
and in this way, whoever tries to harm them will be killed. 6 They
have authority to shut up the sky so that there will be no rain
during the time they proclaim God's message. They have authority
also over the springs of water, to turn them into blood; they have
authority also to strike the earth with every kind of plague as often
as they wish.

7 When they finish proclaiming their message, the beast that comes
up out of the abyss will fight against them. He will defeat them

clywais lais o'r nef yn dweud, " Gosod y pethau a lefarodd y
saith taran dan sêl; paid â'u hysgrifennu." A dyma'r angel a 5
welais yn sefyll ar y môr ac ar y tir

yn codi ei law dde i'r nef
a thyngu i'r hwn sydd yn byw yn oes oesoedd, 6

i'r hwn a greodd y nef a'r pethau sydd ynddi, y tir a'r pethau
sydd ynddo, a'r môr a'r pethau sydd ynddo. Dywedodd: " Ni
bydd oedi mwy; ond yn nyddiau sain yr utgorn y mae'r seith- 7
fed angel i'w seinio, bydd bwriad dirgel Duw wedi ei ddwyn i
ben, yn unol â'r newyddion da a gyhoeddodd i'w weision, y
proffwydi."

Yna'r llais a glywais o'r nef, fe'i clywais eto'n llefaru wrthyf 8
gan ddweud, " Dos a chymer y sgrôl sy'n agored yn llaw'r angel
sy'n sefyll ar y môr ac ar y tir." Euthum at yr angel a dweud 9
wrtho am roi'r sgrôl fechan imi, ac atebodd fi: " Cymer a
bwyta hi; fe fydd hi'n chwerw i'th gylla, ond yn felys fel mêl
yn dy enau." Cymerais y sgrôl fechan o law'r angel a'i bwyta 10
hi, ac yr oedd yn felys fel mêl yn fy ngenau; ond wedi i mi ei
bwyta aeth fy nghylla yn chwerw. A dywedwyd wrthyf, 11
" Rhaid iti broffwydo eto ynghylch pobloedd a chenhedloedd
ac ieithoedd a brenhinoedd lawer."

Y Ddau Dyst

Rhoddwyd i mi gorsen fel gwialen fesur, a dywedwyd wrthyf: **11**
" Cod a mesura deml Duw a'r allor a'r addolwyr ynddi. Ond 2
anwybydda gyntedd allanol y deml; paid â mesur hwnnw,
oherwydd fe'i rhoddwyd i'r Cenhedloedd, ac fe sathrant hwy'r
ddinas sanctaidd am ddeufis a deugain. Ac fe roddaf i'm dau 3
dyst gennad i broffwydo mewn gwisg sachliain am y deuddeg
cant a thrigain hyn o ddyddiau. Dyma'r ddwy olewydden a'r 4
ddau ganhwyllbren sy'n sefyll gerbron Arglwydd y ddaear.
Os myn neb wneud niwed iddynt, daw tân allan o'u genau a 5
difa'u gelynion; os myn neb wneud niwed iddynt, felly y bydd
raid iddo farw. Y mae gan y rhain awdurdod i gau'r nefoedd 6
fel na bydd i law syrthio yn ystod dyddiau eu proffwydo, ac y
mae ganddynt awdurdod ar y dyfroedd i'w troi yn waed ac i
daro'r ddaear â phob pla mor aml ag y mynnant. Wedi iddynt 7
orffen eu tystiolaeth, bydd y bwystfil sydd i ddringo o'r pydew
diwaelod yn rhyfela yn eu herbyn a'u gorchfygu a'u lladd.

and kill them, 8 and their bodies will lie in the street of the great
city, where their Lord was crucified. The symbolic name of that
city is Sodom, or Egypt. 9 People from all nations, tribes, languages,
and races will look at their bodies for three and a half days and
will not allow them to be buried. 10 The people of the earth will
be happy because of the death of these two. They will celebrate
and send presents to each other, because those two prophets brought
much suffering upon mankind. 11 After three and a half days a life-
giving breath came from God and entered them, and they stood
up; and all who saw them were terrified. 12 Then the two prophets
heard a loud voice say to them from heaven, "Come up here!"
As their enemies watched, they went up into heaven in a cloud.
13 At that very moment there was a violent earthquake; a tenth of
the city was destroyed, and seven thousand people were killed. The
rest of the people were terrified and praised the greatness of the
God of heaven.

14 The second horror is over, but the third horror will come soon!

The Seventh Trumpet

15 Then the seventh angel blew his trumpet, and there were loud
voices in heaven, saying, "The power to rule over the world belongs
now to our Lord and his Messiah, and he will rule for ever and
ever!" 16 Then the twenty-four elders who sit on their thrones in
front of God threw themselves face downwards and worshipped God,
17 saying:

"Lord God Almighty, who is and who was!
We thank you that you have taken your great power
and have begun to rule!
18 The heathen were filled with rage,
because the time for your anger has come,
the time for the dead to be judged.
The time has come to reward your servants, the prophets,
and all your people, all who worship you,
great and small alike.
The time has come to destroy those who destroy the earth!"

19 God's temple in heaven was opened, and the Covenant Box
was seen there. Then there were flashes of lightning, rumblings and
peals of thunder, an earthquake, and heavy hail.

Bydd eu cyrff ar hyd strydoedd y ddinas fawr a elwir yn ffigurol 8
yn Sodom ac Aifft; yno hefyd y croeshoeliwyd eu Harglwydd.
Am dri diwrnod a hanner, bydd dynion o blith pobloedd a 9
llwythau ac ieithoedd a chenhedloedd yn edrych ar eu cyrff a
gwrthod eu rhoi mewn bedd. A llawenha trigolion y ddaear 10
trostynt a gorfoleddant, gan anfon rhoddion i'w gilydd;
oherwydd bu'r ddau broffwyd hyn yn boenedigaeth i drigolion
y ddaear. Wedi'r tri diwrnod a hanner, daeth anadl einioes 11
oddi wrth Dduw i mewn iddynt; safasant ar eu traed, a daeth
ofn mawr ar y rhai oedd yn eu gwylio. Yna clywsant lais uchel 12
o'r nef yn dweud wrthynt, "Dewch i fyny yma." Ac aethant i
fyny i'r nef mewn cwmwl, a'u gelynion yn eu gwylio. Yr awr 13
honno, bu daeargryn mawr, a syrthiodd y ddegfed ran o'r
ddinas. Lladdwyd saith mil o bobl yn y daeargryn, a rhoddodd
y gweddill mewn dychryn mawr ogoniant i Dduw'r nef.

Aeth yr ail wae heibio; wele'r trydydd gwae yn dod ar 14
fyrder.

Y Seithfed Utgorn

Seiniodd y seithfed angel ei utgorn. Yna bu lleisiau uchel yn 15
y nef yn dweud:

"Aeth brenhiniaeth y byd yn eiddo ein Harglwydd ni a'i
Grist ef,
a bydd yn teyrnasu yn oes oesoedd."

A dyma'r pedwar henuriad ar hugain, sy'n eistedd ar eu 16
gorseddau gerbron Duw, yn syrthio ar eu hwynebau ac addoli
Duw gan ddweud:
17
"Yr ydym yn diolch i ti, O Arglwydd Dduw hollalluog,
yr hwn sydd a'r hwn oedd,
am i ti feddiannu d'allu mawr
a sefydlu dy frenhiniaeth.
Llidiodd y cenhedloedd, 18
a daeth dy ddigofaint
ac amser barnu'r meirw,
a rhoi eu gwobr i'th weision y proffwydi,
ac i'r saint ac i'r rhai sy'n ofni dy enw,
y rhai bach a'r rhai mawr,
yr amser i ddinistrio'r rhai sy'n dinistrio'r ddaear."

Agorwyd teml Duw yn y nef, a gwelwyd arch ei gyfamod yn 19
ei deml ef; yna bu fflachiadau mellt a sŵn taranau a daeargryn
a chenllysg mawr.

The Woman and the Dragon

12 Then a great and mysterious sight appeared in the sky. There
was a woman, whose dress was the sun and who had the
moon under her feet and a crown of twelve stars on her head. 2 She
was soon to give birth, and the pains and suffering of childbirth
made her cry out.

3 Another mysterious sight appeared in the sky. There was a huge
red dragon with seven heads and ten horns and a crown on each
of his heads. 4 With his tail he dragged a third of the stars out
of the sky and threw them down to the earth. He stood in front
of the woman, in order to eat her child as soon as it was born.
5 Then she gave birth to a son, who will rule over all nations with
an iron rod. But the child was snatched away and taken to God
and his throne. 6 The woman fled to the desert, to a place God
had prepared for her, where she will be taken care of for 1,260
days.

7 Then war broke out in heaven. Michael and his angels fought
against the dragon, who fought back with his angels; 8 but the dragon
was defeated, and he and his angels were not allowed to stay in
heaven any longer. 9 The huge dragon was thrown out—that ancient
serpent, called the Devil, or Satan, that deceived the whole world.
He was thrown down to earth, and all his angels with him.

10 Then I heard a loud voice in heaven saying, "Now God's salva-
tion has come! Now God has shown his power as King! Now
his Messiah has shown his authority! For the one who stood before
our God and accused our brothers day and night has been thrown
out of heaven. 11 Our brothers won the victory over him by the
blood of the Lamb and by the truth which they proclaimed; and
they were willing to give up their lives and die. 12 And so be glad,
you heavens, and all you that live there! But how terrible for the
earth and the sea! For the Devil has come down to you, and he
is filled with rage, because he knows that he has only a little time
left."

13 When the dragon realized that he had been thrown down to
the earth, he began to pursue the woman who had given birth to
the boy. 14 She was given the two wings of a large eagle in order
to fly to her place in the desert, where she will be taken care of
for three and a half years, safe from the dragon's attack. 15 And
then from his mouth the dragon poured out a flood of water after
the woman, so that it would carry her away. 16 But the earth helped

Y Wraig a'r Ddraig

Gwelwyd arwydd mawr yn y nef, gwraig wedi ei gwisgo â'r **12**
haul, a'r lleuad dan ei thraed a deuddeg seren yn goron ar ei
phen. Yr oedd yn feichiog, ac yn gweiddi yn ei gwewyr a'i hing 2
am gael esgor. Yna gwelwyd arwydd arall yn y nef, draig fflam- 3
goch fawr, a chanddi saith pen a deg corn, ac ar ei phennau
saith dïadem. Ysgubodd ei chynffon draean o sêr y nef a'u 4
bwrw i'r ddaear. Safodd y ddraig o flaen y wraig oedd ar fin
esgor, er mwyn llyncu ei phlentyn ar ei eni. Esgorodd hi ar 5
blentyn gwryw, hwnnw sydd i lywodraethu'r holl genhedloedd
â gwialen haearn; ond cipiwyd ei phlentyn at Dduw a'i orsedd
ef. Ffôdd y wraig i'r anialwch; yno y mae ganddi le wedi ei 6
baratoi gan Dduw, i'w chynnal ynddo am ddeuddeg cant a
thrigain o ddyddiau.

Yna bu rhyfel yn y nef, Mihangel a'i angylion yn rhyfela yn 7
erbyn y ddraig. Rhyfelodd y ddraig a'i hangylion hithau, ond 8
ni chafodd y trechaf, a bellach nid oedd lle iddynt yn y nef.
Fe'i bwriwyd hi, y ddraig fawr, yr hen sarff, a elwir Diafol a 9
Satan, twyllwr yr holl fyd, fe'i bwriwyd i'r ddaear a'i hangylion
gyda hi. Yna clywais lais uchel yn y nef yn dweud: 10

"Hon yw awr buddugoliaeth a gallu
  a brenhiniaeth ein Duw ni,
  ac awdurdod ei Grist ef,
oherwydd bwriwyd i lawr gyhuddwr ein brodyr,
  yr hwn sy'n eu cyhuddo gerbron ein Duw ddydd a nos.
Ond y maent hwy wedi ei orchfygu trwy waed yr Oen 11
  a thrwy air eu tystiolaeth,
yn ddibris o'u bywyd hyd at angau.
Am hynny, gorfoleddwch, chwi'r nefoedd, 12
  a chwi sy'n preswylio ynddynt!
Gwae chwi'r ddaear a'r môr,
  oherwydd disgynnodd y diafol arnoch
yn fawr ei lid,
  o wybod mai byr yw'r amser sydd ganddo!"

Pan welodd y ddraig ei bod wedi ei bwrw i'r ddaear, aeth i 13
erlid y wraig a esgorodd ar y plentyn gwryw. Ond rhoddwyd 14
i'r wraig ddwy adain eryr mawr er mwyn iddi hedfan i'r anial-
wch i'w lle ei hun, i'w chynnal yno am amser ac amserau a
hanner amser, o olwg y sarff. Poerodd y sarff o'i genau afon o 15
ddŵr ar ôl y wraig, i'w hysgubo ymaith gyda'r llif. Ond rhoes 16

the woman; it opened its mouth and swallowed the water that had
come from the dragon's mouth. [17]The dragon was furious with the
woman and went off to fight against the rest of her descendants, all
those who obey God's commandments and are faithful to the truth
revealed by Jesus. [18]And the dragon stood[f] on the sea-shore.

The Two Beasts

13 Then I saw a beast coming up out of the sea. It had ten
horns and seven heads; on each of its horns there was a
crown, and on each of its heads there was a name that was insulting
to God. [2]The beast looked like a leopard, with feet like a bear's
feet and a mouth like a lion's mouth. The dragon gave the beast
his own power, his throne, and his vast authority. [3]One of the heads
of the beast seemed to have been fatally wounded, but the wound
had healed. The whole earth was amazed and followed the beast.
[4]Everyone worshipped the dragon because he had given his authority
to the beast. They worshipped the beast also, saying, "Who is like
the beast? Who can fight against it?"

5 The beast was allowed to make proud claims which were insulting
to God, and it was permitted to have authority for forty-two months.
[6]It began to curse God, his name, the place where he lives, and
all those who live in heaven. [7]It was allowed to fight against God's
people and to defeat them, and it was given authority over every
tribe, nation, language, and race. [8]All people living on earth will
worship it, except those whose names were written before the creation
of the world in the book of the living which belongs to the Lamb
that was killed.

9 "Listen, then, if you have ears! [10]Whoever is meant to be captured
will surely be captured; whoever is meant to be killed by the sword will
surely be killed by the sword. This calls for endurance and faith on
the part of God's people."

11 Then I saw another beast, which came up out of the earth.
It had two horns like a lamb's horns, and it spoke like a dragon.
[12]It used the vast authority of the first beast in its presence. It
forced the earth and all who live on it to worship the first beast,

---

[f]And the dragon stood; *some manuscripts have* And I stood, *connecting this verse with what follows.*

y ddaear ddihangfa i'r wraig: agorodd y ddaear ei genau a
llyncu'r afon a boerodd y ddraig o'i genau. Ffromodd y ddraig 17
wrth y wraig, ac aeth ymaith i ryfela yn erbyn gweddill ei
phlant hi, y rhai sy'n cadw gorchmynion Duw ac yn dal
tystiolaeth Iesu. Ac fe safodd ar dywod y môr. 18

Y Ddau Fwystfil

Gwelais fwystfil yn codi o'r môr, â chanddo ddeg corn a saith **13**
pen, ac ar ei gyrn ddeg dïadem, ac ar bob un o'i bennau enw
cableddus. Yr oedd y bwystfil a welais yn debyg i lewpart, 2
ond ei draed fel traed arth a'i enau fel genau llew. A rhoddodd
y ddraig iddo ei gallu a'i gorsedd ac awdurdod mawr. Yr oedd
un o'i bennau fel pe bai wedi cael ergyd farwol, ond yr oedd ei 3
glwyf marwol wedi ei iacháu. Aeth yr holl fyd ar ôl y bwystfil
yn llawn rhyfeddod, ac addoli'r ddraig am iddi roi'r awdurdod
i'r bwystfil, ac addoli'r bwystfil hefyd gan ddweud, " Pwy 4
sydd debyg i'r bwystfil, a phwy all ryfela yn ei erbyn ef ?"

Rhoddwyd i'r bwystfil enau i draethu ymffrost a chabledd, a
rhoddwyd iddo hawl i weithredu am ddeufis a deugain. Agor- 5
odd ei enau mewn cabledd yn erbyn Duw, i gablu ei enw a'i 6
breswylfa ef, sef y rhai sy'n preswylio yn y nef. Rhoddwyd
hawl iddo hefyd i ryfela yn erbyn y saint a'u gorchfygu hwy, a 7
rhoddwyd iddo awdurdod ar bob llwyth a phobl ac iaith a
chenedl. Bydd holl drigolion y ddaear yn ei addoli ef, pob un 8
nad yw ei enw'n ysgrifenedig yn llyfr bywyd yr Oen a laddwyd
er seiliad y byd.

Os oes gan rywun glust, gwrandawed: 9

" A gaethiwir,* 10
a gaethiwir.
A leddir** â'r cleddyf,
a leddir â'r cleddyf."

Dyma yw sail dyfalbarhad a ffydd y saint.

Gwelais fwystfil arall yn dringo allan o'r ddaear, ac yr oedd 11
ganddo ddau gorn fel oen, ond yn llefaru fel draig. Yr oedd 12
ganddo holl awdurdod y bwystfil cyntaf, i'w arfer ar ei ran.
Gwnaeth i'r ddaear a'i thrigolion addoli'r bwystfil cyntaf,

---

*adn. 10: yn ôl darlleniad arall, *A gaethiwo.*

**adn. 10: yn ôl darlleniad arall, *A laddo.*

whose wound had healed. 13 This second beast performed great mir-
acles; it made fire come down out of heaven to earth in the sight
of everyone. 14 And it deceived all the people living on earth by
means of the miracles which it was allowed to perform in the presence
of the first beast. The beast told them to build an image in honour
of the beast that had been wounded by the sword and yet lived.
15 The second beast was allowed to breathe life into the image of
the first beast, so that the image could talk and put to death all
those who would not worship it. 16 The beast forced all the people,
small and great, rich and poor, slave and free, to have a mark placed
on their right hands or on their foreheads. 17 No one could buy
or sell unless he had this mark, that is, the beast's name or the
number that stands for the name.

18 This calls for wisdom. Whoever is intelligent can work out
the meaning of the number of the beast, because the number stands
for a man's name. Its number is 666.

The Lamb and His People

14 Then I looked, and there was the Lamb standing on Mount
Zion; with him were 144,000 people who have his name and
his Father's name written on their foreheads. 2 And I heard a voice
from heaven that sounded like a roaring waterfall, like a loud peal
of thunder. It sounded like the music made by musicians playing
their harps. 3 The 144,000 people stood before the throne, the four
living creatures, and the elders; they were singing a new song, which
only they could learn. Of all mankind they are the only ones who
have been redeemed. 4 They are the men who have kept themselves
pure by not having sexual relations with women; they are virgins.
They follow the Lamb wherever he goes. They have been redeemed
from the rest of mankind and are the first ones to be offered to
God and to the Lamb. 5 They have never been known to tell lies;
they are faultless.

The Three Angels

6 Then I saw another angel flying high in the air, with an eternal
message of Good News to announce to the peoples of the earth,
to every race, tribe, language, and nation. 7 He said in a loud voice,
"Fear God and praise his greatness! For the time has come for
him to judge mankind. Worship him who made heaven, earth, sea,
and the springs of water!"

8 A second angel followed the first one, saying, "She has fallen!
Great Babylon has fallen! She made all peoples drink her wine—the
strong wine of her immoral lust!"

hwnnw yr iachawyd ei glwyf marwol. Cyflawnodd arwyddion 13
mawr, gan beri hyd yn oed i dân ddisgyn o'r nef i'r ddaear
gerbron dynion. Twyllodd drigolion y ddaear trwy'r arwydd- 14
ion y rhoddwyd iddo hawl i'w cyflawni ar ran y bwystfil, gan
ddweud wrth drigolion y ddaear am wneud delw i'r bwystfil a
glwyfwyd â'r cleddyf ac a ddaeth yn fyw. Rhoddwyd iddo hawl 15
i roi anadl i ddelw'r bwystfil, er mwyn i ddelw'r bwystfil lefaru
a pheri lladd pob un nad addolai ddelw'r bwystfil. Parodd y 16
bwystfil i bob un, yn fach a mawr, yn gyfoethog a thlawd, yn
rhydd a chaeth, dderbyn nod ar ei law dde neu ar ei dalcen,
ac nid oedd neb i allu prynu neu werthu ond y sawl yr oedd 17
ganddo'r nod, sef enw'r bwystfil neu rif ei enw. Dyma'r de- 18
hongliad: bydded i'r hwn sydd ganddo ddeall ystyried rhif y
bwystfil, oherwydd rhif dyn ydyw; a'i rif ef yw chwe chant,
chwe deg a chwech.

Cân y 144,000

Edrychais, ac wele'r Oen yn sefyll ar Fynydd Seion, a chydag **14**
ef gant a phedwar deg a phedair o filoedd, a'i enw ef ac enw ei
Dad wedi eu hysgrifennu ar eu talcennau. Clywais lais o'r nef 2
fel sŵn dyfroedd lawer ac fel sŵn taran fawr. Yr oedd y llais a
glywais fel sain telynorion yn canu eu telynau. Yr oeddent yn 3
canu cân newydd gerbron yr orsedd a gerbron y pedwar
creadur byw a'r henuriaid; ni allai neb ddysgu'r gân ond y
cant a phedwar deg a phedair o filoedd, y rhai oedd wedi eu
prynu'n rhydd oddi ar y ddaear. Dyma'r rhai sydd heb eu 4
halogi eu hunain â merched, oherwydd diwair ydynt. Dyma'r
rhai sy'n dilyn yr Oen i ble bynnag yr â. Prynwyd hwy'n rhydd
o blith dynion, yn flaenffrwyth i Dduw ac i'r Oen; ni chafwyd 5
celwydd yn eu genau; y maent yn ddi-fai.

Negesau'r Tri Angel

Yna gwelais angel arall yn hedfan yng nghanol y nef, â 6
chanddo efengyl dragwyddol i'w chyhoeddi i breswylwyr y
ddaear ac i bob cenedl a llwyth ac iaith a phobl. Dywedodd â 7
llais uchel, " Ofnwch Dduw, a rhowch iddo ogoniant, oher-
wydd daeth yr awr iddo farnu. Addolwch yr hwn a wnaeth nef
a daear, y môr a ffynhonnau'r dyfroedd."

Dilynodd angel arall, yr ail, a dweud, " Syrthiodd, syrthiodd 8
Babilon fawr, y ddinas honno sydd wedi peri i'r holl genhedl-
oedd yfed gwin a llid ei phuteindra."

9 A third angel followed the first two, saying in a loud voice,
"Whoever worships the beast and its image and receives the mark
on his forehead or on his hand 10 will himself drink God's wine,
the wine of his fury, which he has poured at full strength into the
cup of his anger! All who do this will be tormented in fire and
sulphur before the holy angels and the Lamb. 11 The smoke of the
fire that torments them goes up for ever and ever. There is no relief
day or night for those who worship the beast and its image, for
anyone who has the mark of its name."

12 This calls for endurance on the part of God's people, those
who obey God's commandments and are faithful to Jesus.

13 Then I heard a voice from heaven saying, "Write this: Happy
are those who from now on die in the service of the Lord!"

"Yes indeed!" answers the Spirit. "They will enjoy rest from their
hard work, because the results of their service go with them."

The Harvest of the Earth

14 Then I looked, and there was a white cloud, and sitting on
the cloud was what looked like a human being, with a crown of
gold on his head and a sharp sickle in his hand. 15 Then another
angel came out from the temple and cried out in a loud voice to
the one who was sitting on the cloud, "Use your sickle and reap
the harvest, because the time has come; the earth is ripe for the
harvest!" 16 Then the one who sat on the cloud swung his sickle
on the earth, and the earth's harvest was reaped.

17 Then I saw another angel come out of the temple in heaven,
and he also had a sharp sickle.

18 Then another angel, who is in charge of the fire, came from
the altar. He shouted in a loud voice to the angel who had the
sharp sickle, "Use your sickle, and cut the grapes from the vineyard
of the earth, because the grapes are ripe!" 19 So the angel swung
his sickle on the earth, cut the grapes from the vine, and threw
them into the winepress of God's furious anger. 20 The grapes were
squeezed out in the winepress outside the city, and blood came out
of the winepress in a flood three hundred kilometres long and nearly
two metres deep.

The Angels with the Last Plagues

15 Then I saw in the sky another mysterious sight, great and
amazing. There were seven angels with seven plagues, which
are the last ones, because they are the final expression of God's
anger.

Dilynodd angel arall hwy, y trydydd, a dweud â llais uchel, 9
" Pwy bynnag sy'n addoli'r bwystfil a'i ddelw, ac yn derbyn
nod ar ei dalcen neu ar ei law, caiff yntau yfed gwin llid Duw, 10
wedi ei arllwys yn ei lawn gryfder i gwpan ei ddigofaint, a chaiff
ei boenydio mewn tân a brwmstan gerbron angylion sanctaidd
a gerbron yr Oen. Bydd mwg eu poenedigaeth yn codi yn oes 11
oesoedd, ac ni bydd gorffwys na dydd na nos i'r rhai sy'n
addoli'r bwystfil a'i ddelw, nac i'r rhai sy'n derbyn nod ei enw
ef." Dyma yw sail dyfalbarhad y saint, y rhai sy'n cadw 12
gorchmynion Duw a'u ffydd yn Iesu.
Yna clywais lais o'r nef yn dweud, " Ysgrifenna: ' O hyn 13
allan gwyn eu byd y meirw sy'n marw yn yr Arglwydd.' ' Ie,'
medd yr Ysbryd, ' cânt orffwys o'u llafur, oherwydd y mae eu
gweithredoedd yn mynd gyda hwy.' "

Cynhaeaf y Ddaear

Yna edrychais, ac wele gwmwl gwyn, ac yn eistedd ar y 14
cwmwl un tebyg i fab dyn, â chanddo goron aur ar ei ben a
chryman miniog yn ei law. Daeth angel arall allan o'r deml, 15
yn galw â llais uchel ar yr hwn oedd yn eistedd ar y cwmwl,
" Bwrw dy gryman i'r fedel, oherwydd daeth yr awr i fedi; y
mae cynhaeaf y ddaear yn aeddfed." A dyma'r hwn oedd yn 16
eistedd ar y cwmwl yn bwrw ei gryman i'r ddaear, a medwyd y
ddaear.
Daeth angel arall allan o'r deml yn y nef, â chanddo yntau 17
gryman miniog. A daeth angel arall allan o'r allor, ac yr oedd 18
gan hwn awdurdod ar y tân. Galwodd â llais uchel ar yr hwn
yr oedd y cryman miniog ganddo. " Bwrw dy gryman miniog,"
meddai, " a chasgla rawnsypiau gwinwydden y ddaear, oher-
wydd aeddfedodd ei grawnwin." A dyma'r angel yn bwrw ei 19
gryman i'r ddaear a chasglu ffrwyth gwinwydden y ddaear a'i
daflu i winwryf mawr digofaint Duw. Sathrwyd y gwinwryf y 20
tu allan i'r ddinas, a llifodd gwaed o'r gwinwryf nes cyrraedd at
ffrwynau'r ceffylau, am tua dau can milltir o gwmpas.

Yr Angylion a'r Plâu Olaf

Gwelais arwydd arall yn y nef, un mawr a rhyfeddol: saith **15**
angel â chanddynt saith pla—y rhai olaf, oherwydd ynddynt
hwy y cwblhawyd digofaint Duw.

2 Then I saw what looked like a sea of glass mixed with fire.
I also saw those who had won the victory over the beast and its
image and over the one whose name is represented by a number.
They were standing by the sea of glass, holding harps that God
had given them 3 and singing the song of Moses, the servant of God,
and the song of the Lamb:

"Lord God Almighty,
how great and wonderful are your deeds!
King of the nations,[g]
how right and true are your ways!
4 Who will not fear you, Lord?
Who will refuse to declare your greatness?
You alone are holy.
All the nations will come
and worship you,
because your just actions are seen by all."

5 After this I saw the temple in heaven open, with the Tent of
God's presence in it. 6 The seven angels who had the seven plagues
came out of the temple, dressed in clean shining linen and with
gold belts tied around their chests. 7 Then one of the four living
creatures gave the seven angels seven gold bowls full of the anger
of God, who lives for ever and ever. 8 The temple was filled with
smoke from the glory and power of God, and no one could go
into the temple until the seven plagues brought by the seven angels
had come to an end.

The Bowls of God's Anger

16 Then I heard a loud voice speaking from the temple to the
seven angels: "Go and pour out the seven bowls of God's
anger on the earth!"

2 The first angel went and poured out his bowl on the earth.
Terrible and painful sores appeared on those who had the mark
of the beast and on those who had worshipped its image.

3 Then the second angel poured out his bowl on the sea. The
water became like the blood of a dead person, and every living
creature in the sea died.

4 Then the third angel poured out his bowl on the rivers and
the springs of water, and they turned into blood. 5 I heard the angel
in charge of the waters say, "The judgements you have made are

---

[g] nations; *some manuscripts have* ages.

Gwelais fôr megis o wydr, a thân yn gwau drwyddo, ac yn 2
sefyll ar y môr o wydr gwelais orchfygwyr y bwystfil a'i ddelw
a rhif ei enw, yn dal telynau Duw. Yr oeddent yn canu cân 3
Moses, gwas Duw, a chân yr Oen:

"Mawr a rhyfeddol yw dy weithredoedd,
O Arglwydd Dduw hollalluog;
cyfiawn a gwir yw dy ffyrdd,
O Frenin y cenhedloedd.*
Pwy nid ofna, Arglwydd, 4
a gogoneddu dy enw?
Oherwydd tydi yn unig sydd sanctaidd.
Daw'r holl genhedloedd
ac addoli ger dy fron,
oherwydd y mae dy farnedigaethau cyfiawn wedi eu
hamlygu."

Ar ôl hyn edrychais, ac agorwyd teml pabell y dystiolaeth 5
yn y nef. Ac allan o'r deml daeth y saith angel yr oedd y saith 6
pla ganddynt. Yr oeddent wedi eu gwisgo â lliain disgleirwych,
a gwregys aur am eu dwyfron. Yna rhoddodd un o'r pedwar 7
creadur byw saith ffiol aur i'r saith angel, yn llawn o lid Duw,
yr hwn sy'n byw yn oes oesoedd. Llanwyd y deml â mwg gan 8
ogoniant Duw a'i allu ef, ac ni allai neb fynd i mewn i'r deml
hyd nes cwblhau saith pla y saith angel.

Ffiolau Llid Duw

Clywais lais uchel o'r deml yn dweud wrth y saith angel, **16**
"Ewch ac arllwyswch ar y ddaear saith ffiol llid Duw."

Aeth y cyntaf ac arllwys ei ffiol ar y ddaear; a chododd 2
cornwydydd drwg a phoenus ar y dynion yr oedd nod y
bwystfil arnynt ac oedd yn addoli ei ddelw.

Arllwysodd yr ail ei ffiol i'r môr; a throes y môr yn debyg 3
i waed corff marw, a bu farw popeth byw oedd yn y môr.

Arllwysodd y trydydd ei ffiol i'r afonydd ac i ffynhonnau'r 4
dyfroedd; a throesant yn waed. Yna clywais angel y dyfroedd 5
yn dweud:

---

*adn. 3: yn ôl darlleniad arall, *yr oesoedd*. Yn ôl un arall, *y saint*.

just, O Holy One, you who are and who were! 6 They poured out
the blood of God's people and of the prophets, and so you have
given them blood to drink. They are getting what they deserve!"
7 Then I heard a voice from the altar saying, "Lord God Almighty!
True and just indeed are your judgements!"

8 Then the fourth angel poured out his bowl on the sun, and
it was allowed to burn people with its fiery heat. 9 They were burnt
by the fierce heat, and they cursed the name of God, who has authority
over these plagues. But they would not turn from their sins and
praise his greatness.

10 Then the fifth angel poured out his bowl on the throne of
the beast. Darkness fell over the beast's kingdom, and people bit
their tongues because of their pain, 11 and they cursed the God of
heaven for their pains and sores. But they did not turn from their
evil ways.

12 Then the sixth angel poured out his bowl on the great river
Euphrates. The river dried up, to provide a way for the kings who
come from the east. 13 Then I saw three unclean spirits that looked
like frogs. They were coming out of the mouth of the dragon, the
mouth of the beast, and the mouth of the false prophet. 14 They
are the spirits of demons that perform miracles. These three spirits
go out to all the kings of the world, to bring them together for
the battle on the great Day of Almighty God.

15 "Listen! I am coming like a thief! Happy is he who stays
awake and guards his clothes, so that he will not walk around naked
and be ashamed in public!"

16 Then the spirits brought the kings together in the place that
in Hebrew is called Armageddon.

17 Then the seventh angel poured out his bowl in the air. A loud
voice came from the throne in the temple, saying, "It is done!"
18 There were flashes of lightning, rumblings and peals of thunder,
and a terrible earthquake. There has never been such an earthquake
since the creation of man; this was the worst earthquake of all!
19 The great city was split into three parts, and the cities of all countries
were destroyed. God remembered great Babylon and made her drink
the wine from his cup—the wine of his furious anger. 20 All the
islands disappeared, all the mountains vanished. 21 Huge hailstones,
each weighing as much as fifty kilogrammes, fell from the sky on
people, who cursed God on account of the plague of hail, because
it was such a terrible plague.

"Cyfiawn ydwyt, yr hwn sydd a'r hwn oedd, y sanctaidd Un,
yn y barnedigaethau hyn.
Oherwydd iddynt dywallt gwaed saint a phroffwydi, 6
rhoddaist iddynt hwythau waed i'w yfed;
dyma eu haeddiant."
Yna clywais yr allor yn dweud: 7
"Ie, O Arglwydd Dduw hollalluog,
gwir a chyfiawn yw dy farnedigaethau."

Arllwysodd y pedwerydd angel ei ffiol ar yr haul; a rhoddwyd 8
iddo hawl i losgi dynion â thân. Llosgwyd dynion yn enbyd, 9
ond cablu a wnaethant enw Duw, yr hwn sydd ganddo awdurdod ar y plâu hyn; nid edifarhasant a rhoi gogoniant iddo.

Arllwysodd y pumed ei ffiol ar orsedd y bwystfil; a syrthiodd 10
tywyllwch ar ei deyrnas ef. Yr oedd dynion yn cnoi eu tafodau
gan boen, a chablu enw Duw'r nef o achos eu poenau a'u 11
cornwydydd, ond ni bu edifar ganddynt am eu gweithredoedd.

Arllwysodd y chweched ei ffiol ar yr afon fawr, Euffrates; a 12
sychodd ei dyfroedd hi i baratoi ffordd i'r brenhinoedd o'r
dwyrain. Gwelais yn dod allan o enau'r ddraig ac o enau'r 13
bwystfil ac o enau'r gau-broffwyd dri ysbryd aflan, tebyg i
lyffaint; oherwydd ysbrydion cythreulig oeddent, yn cyflawni 14
gwyrthiau. Ac aethant allan at frenhinoedd yr holl fyd i'w
casglu ynghyd i ryfel ar ddydd mawr Duw, yr Hollalluog.
(Wele, 'rwy'n dod fel lleidr. Gwyn ei fyd yr hwn sy'n effro, 15
â'i ddillad ganddo'n barod, rhag iddo orfod ymddangos yn
noeth a'i weld yn ei warth.) Ac felly casglasant y brenhin- 16
oedd ynghyd i'r lle a elwir yn Hebraeg Armagedon.

Arllwysodd y seithfed ei ffiol ar yr awyr; a daeth llais uchel 17
o'r deml, o'r orsedd, yn dweud, "Y mae ar ben." Yna bu 18
fflachiadau mellt a sŵn taranau; bu hefyd ddaeargryn mawr,
na ddigwyddodd ei debyg o'r blaen yn hanes dyn ar y ddaear
gan mor fawr ydoedd. Holltwyd y ddinas fawr yn dair rhan, a 19
syrthiodd dinasoedd y cenhedloedd. Cofiodd Duw Fabilon
fawr a rhoi iddi gwpan gwin ei ddigofaint llidiog. Ciliodd pob 20
ynys, a diflannodd y mynyddoedd o'r golwg. Ac ar ddynion 21
disgynnodd o'r awyr genllysg mawr, tua chan pwys yr un;
ond cablu Duw a wnaeth dynion am bla'r cenllysg, gan mor
llym oedd y pla hwnnw.

The Famous Prostitute

17 Then one of the seven angels who had the seven bowls came
to me and said, "Come, and I will show you how the famous
prostitute is to be punished, that great city that is built near many
rivers. 2 The kings of the earth practised sexual immorality with her,
and the people of the world became drunk from drinking the wine
of her immorality."

3 The Spirit took control of me, and the angel carried me to a
desert. There I saw a woman sitting on a red beast that had names
insulting to God written all over it; the beast had seven heads and
ten horns. 4 The woman was dressed in purple and scarlet, and covered
with gold ornaments, precious stones, and pearls. In her hand she
held a gold cup full of obscene and filthy things, the result of her
immorality. 5 On her forehead was written a name that has a secret
meaning: "Great Babylon, the mother of all the prostitutes and per-
verts in the world." 6 And I saw that the woman was drunk with
the blood of God's people and the blood of those who were killed
because they had been loyal to Jesus.

When I saw her, I was completely amazed. 7 "Why are you
amazed?" the angel asked me. "I will tell you the secret meaning
of the woman and of the beast that carries her, the beast with seven
heads and ten horns. 8 That beast was once alive, but lives no longer;
it is about to come up from the abyss and will go off to be destroyed.
The people living on earth whose names have not been written before
the creation of the world in the book of the living, will all be amazed
as they look at the beast. It was once alive; now it no longer lives,
but it will reappear.

9 "This calls for wisdom and understanding. The seven heads are
seven hills, on which the woman sits. They are also seven kings:
10 five of them have fallen, one still rules, and the other one has
not yet come; when he comes, he must rule only a little while.
11 And the beast that was once alive, but lives no longer, is itself
an eighth king who is one of the seven and is going off to be destroyed.

12 "The ten horns you saw are ten kings who have not yet begun
to rule, but who will be given authority to rule as kings for one
hour with the beast. 13 These ten all have the same purpose, and
they give their power and authority to the beast. 14 They will fight
against the Lamb; but the Lamb, together with his called, chosen,
and faithful followers, will defeat them, because he is Lord of lords
and King of kings."

15 The angel also said to me, "The waters you saw, on which
the prostitute is sitting, are nations, peoples, races, and languages.
16 The ten horns you saw, and the beast, will hate the prostitute;

Y Farn ar y Butain Fawr

Yna daeth un o'r saith angel yr oedd y saith ffiol ganddynt, **17**
a siarad â mi. " Tyrd yma," meddai, " dangosaf iti'r farn ar y
butain fawr sy'n eistedd ar ddyfroedd lawer. Gyda hi y 2
puteiniodd brenhinoedd y ddaear, ac ar win ei phuteindra y
meddwodd trigolion y ddaear." Yna cludodd fi yn yr Ysbryd i 3
anialwch. Gwelais wraig yn eistedd ar fwystfil ysgarlad ag
enwau cableddus drosto i gyd, â chanddo saith pen a deg corn.
Yr oedd y wraig wedi ei gwisgo â phorffor ac ysgarlad, a'i 4
thecáu â thlysau aur, â gemau gwerthfawr ac â pherlau. Yn ei
llaw yr oedd ganddi gwpan aur yn llawn o ffieidd-dra ac
aflendid ei phuteindra hi. Ac ar ei thalcen yr oedd enw wedi ei 5
ysgrifennu, ac ystyr dirgel iddo: " Babilon fawr, mam putein-
iaid a ffiaidd bethau'r ddaear." Gwelais y wraig yn feddw ar 6
waed y saint ac ar waed tystion Iesu.

Wrth edrych arni, rhyfeddais yn fawr iawn. Gofynnodd yr 7
angel imi, " Pam yr wyt yn rhyfeddu ? Fe esboniaf fi iti
ddirgelwch y wraig a'r bwystfil sy'n ei chario, y bwystfil y mae'r
saith pen a'r deg corn ganddo. Ynglŷn â'r bwystfil a welaist, 8
yr oedd yn bod, ac nid yw'n bod, ond y mae ar fin dringo o'r
pydew diwaelod a mynd i ddistryw. Bydd trigolion y ddaear,
y rhai nad yw eu henwau'n ysgrifenedig yn llyfr y bywyd er
seiliad y byd, yn rhyfeddu o weld y bwystfil; oherwydd yr
oedd yn bod, ac nid yw'n bod, ac y mae i ddod. Dyma'r ystyr 9
sy'n rhoi'r dehongliad: y saith pen, saith mynydd ydynt, ac
arnynt y mae'r wraig yn eistedd. A saith brenin ydynt hefyd;
y mae pump wedi syrthio, y mae un yn llywodraethu, nid yw'r 10
llall wedi dod eto, a phan ddaw nid yw i aros ond am fyr amser.
A'r bwystfil oedd yn bod ac nad yw'n bod, yr wythfed yw ef, 11
ac eto y mae'n un o'r saith, ac y mae'n mynd i ddistryw. A'r 12
deg corn a welaist, deg brenin ydynt, rhai na ddaethant eto i'r
orsedd, ond fe dderbyniant awdurdod i lywodraethu am un awr
ynghyd â'r bwystfil. Y mae'r rhain yn unfryd ar drosglwyddo 13
eu gallu a'u hawdurdod i'r bwystfil. Fe ryfelant yn erbyn yr 14
Oen, ac fe orchfyga'r Oen hwy, oherwydd y mae ef yn Ar-
glwydd arglwyddi a Brenin brenhinoedd, a'i osgorddlu ef yw'r
rhai a alwyd ac a etholwyd ac sy'n ffyddlon."

A dywedodd wrthyf, " Y dyfroedd a welaist, lle'r oedd y 15
butain yn eistedd, pobloedd a thyrfaoedd, cenhedloedd ac
ieithoedd ydynt. A'r deg corn a welaist, a'r bwystfil, byddant 16

they will take away everything she has and leave her naked; they
will eat her flesh and destroy her with fire. 17 For God has placed
in their hearts the will to carry out his purpose by acting together
and giving the beast their power to rule until God's words come
true.

18 "The woman you saw is the great city that rules over the kings of
the earth."

The Fall of Babylon

18 After this I saw another angel coming down out of heaven.
He had great authority, and his splendour brightened the whole
earth. 2 He cried out in a loud voice: "She has fallen! Great Babylon
has fallen! She is now haunted by demons and unclean spirits; all
kinds of filthy and hateful birds live in her. 3 For all the nations
have drunk her wine—the strong wine of her immoral lust. The
kings of the earth practised sexual immorality with her, and the
businessmen of the world grew rich from her unrestrained lust."

4 Then I heard another voice from heaven, saying,
"Come out, my people! Come out from her!
You must not take part in her sins;
you must not share in her punishment!
5 For her sins are piled up as high as heaven,
and God remembers her wicked ways.
6 Treat her exactly as she has treated you;
pay her back double for all she has done.
Fill her cup with a drink twice as strong
as the drink she prepared for you.
7 Give her as much suffering and grief
as the glory and luxury she gave herself.
For she keeps telling herself:
'Here I sit, a queen!
I am no widow,
I will never know grief!'
8 Because of this, in one day she will be struck with plagues—
disease, grief, and famine.
And she will be burnt with fire,
because the Lord God, who judges her, is mighty."

hwy'n casáu'r butain, a'i gadael yn amddifad ac yn noeth.
Bwytânt ei chnawd hi a'i llosgi â thân. Oherwydd rhoddodd 17
Duw yn eu calonnau gyflawni ei fwriad ef, iddynt dros-
glwyddo'n unfryd eu teyrnas i'r bwystfil hyd nes cwblhau
geiriau Duw. Y wraig a welaist yw'r ddinas fawr sydd â'r 18
frenhiniaeth ganddi ar frenhinoedd y ddaear."

Babilon yn Syrthio

Ar ôl hyn gwelais angel arall yn disgyn o'r nef, â chanddo **18**
awdurdod mawr; a goleuwyd y ddaear gan ei ogoniant ef.
Gwaeddodd â llais cryf:

" Syrthiodd, syrthiodd Babilon fawr, 2
aeth yn drigfa cythreuliaid,
yn gyrchfa pob ysbryd aflan
ac yn nythle pob aderyn aflan ac atgas,
oherwydd o win llid ei phuteindra 3
y parodd hi i'r holl genhedloedd yfed.
Puteiniodd brenhinoedd y ddaear gyda hi,
ac ymgyfoethogodd masnachwyr y ddaear ar ormodedd
ei moethusrwydd hi."

Yna clywais lais arall o'r nef yn dweud: 4

" Dewch allan, fy mhobl, ohoni,
rhag i chwi gyfranogi o'i phechodau,
ac o'i phlâu
dderbyn rhan;
oherwydd pentyrrwyd ei phechodau hyd y nef, 5
a chadwodd Duw ei hanghyfiawnderau hi ar gof.
Talwch y pwyth yn ôl iddi, 6
talwch hi'n ddyblyg am ei gweithredoedd;
dyblwch iddi chwerwder y cwpan a gymysgodd hi;
yn ôl mesur ei rhwysg a'i moethusrwydd, 7
rhowch iddi boenedigaeth a galar.
Oherwydd yn ei chalon y mae'n dweud,
' 'Rwy'n eistedd yn frenhines,
nid gweddw wyf,
a galar nis gwelaf byth.'
Am hyn daw arni mewn undydd ei phlâu hi, 8
marwolaeth, galar a newyn,
a llosgir hi'n ulw mewn tân;
oblegid nerthol yw'r Arglwydd Dduw, ei barnwr hi."

9 The kings of the earth who took part in her immorality and
lust will cry and weep over the city when they see the smoke from
the flames that consume her. [10]They stand a long way off, because
they are afraid of sharing in her suffering. They say, "How terrible!
How awful! This great and mighty city Babylon! In just one hour
you have been punished!"

11 The businessmen of the earth also cry and mourn for her, because
no one buys their goods any longer; [12]no one buys their gold, silver,
precious stones, and pearls; their goods of linen, purple cloth, silk, and
scarlet cloth; all kinds of rare woods and all kinds of objects made
of ivory and of expensive wood, of bronze, iron, and marble; [13]and
cinnamon, spice, incense, myrrh, and frankincense; wine and oil,
flour and wheat, cattle and sheep, horses and carriages, slaves, and
even human lives. [14]The businessmen say to her, "All the good
things you longed to own have disappeared, and all your wealth
and glamour are gone, and you will never find them again!" [15]The
businessmen, who became rich from doing business in that city, will
stand a long way off, because they are afraid of sharing in her suffering.
They will cry and mourn, [16]and say, "How terrible! How awful
for the great city! She used to dress herself in linen, purple, and
scarlet, and cover herself with gold ornaments, precious stones, and
pearls! [17]And in one hour she has lost all this wealth!"

All the ships' captains and passengers, the sailors and all others who
earn their living on the sea, stood a long way off, [18]and cried out
as they saw the smoke from the flames that consumed her: "There
never has been another city like this great city!" [19]They threw dust on
their heads, they cried and mourned, saying, "How terrible! How
awful for the great city! She is the city where all who have ships
sailing the seas became rich on her wealth! And in one hour she
has lost everything!"

Bydd brenhinoedd y ddaear, a buteiniodd gyda hi a byw'n 9
foethus, yn wylo a galaru amdani, pan welant fwg ei llosgi hi.
Safant o hirbell gan ofn ei phoenedigaeth, a dweud: 10

"Gwae, gwae'r ddinas fawr,
Babilon, y ddinas nerthol,
oherwydd daeth arnat mewn un awr dy farn!"

Bydd masnachwyr y ddaear yn wylo a galaru amdani, oher- 11
wydd nid oes neb mwyach yn prynu eu nwyddau, eu llwythi o 12
aur ac arian, o emau gwerthfawr a pherlau, o liain main a sidan,
o borffor ac ysgarlad; eu llwythi o bob pren persawrus ac o
bob gwaith ifori a gwaith pren drudfawr neu bres neu haearn
neu farmor; eu llwythi o sinamon, sbeis a pherlysiau, o bersawr 13
a thus, o win ac olew, o flawd mân a gwenith, o wartheg a defaid,
o geffylau a cherbydau, o gaethweision a bywydau dynion.
Dywedant wrthi: 14

"Y mae'r ffrwyth y chwenychodd dy enaid amdano
wedi mynd oddi wrthyt,
a'r holl wychder a'r ysblander oedd i ti
wedi cilio oddi wrthyt,
byth mwy i'w gweld gan ddynion."

Bydd y masnachwyr hynny a enillodd eu cyfoeth drwyddi hi 15
yn sefyll o hirbell gan ofn ei phoenedigaeth, yn wylo a galaru a 16
dweud:

"Gwae, gwae'r ddinas fawr,
sydd wedi ei gwisgo â lliain main,
â phorffor ac ysgarlad,
a'i thecáu â thlysau aur,
â gemau gwerthfawr a pherlau,
oherwydd ei hamddifadu mewn un awr o gymaint
o gyfoeth!"

Yna cafwyd pob capten llong a phob teithiwr ar fôr, llong- 17
wyr a phawb sydd â'u gwaith ar y môr, yn sefyll o hirbell a 18
gweiddi wrth weld mwg ei llosgi hi: "A fu dinas debyg i'r
ddinas fawr?" Bwriasant lwch ar eu pennau a gweiddi mewn 19
dagrau a galar:

"Gwae, gwae'r ddinas fawr,
lle'r enillodd pawb â chanddo longau ar y môr
gyfoeth trwy ei golud hi,
oherwydd ei hamddifadu mewn un awr!"

20 Be glad, heaven, because of her destruction! Be glad, God's
people and the apostles and prophets! For God has condemned
her for what she did to you!

21 Then a mighty angel picked up a stone the size of a large
millstone and threw it into the sea, saying, "This is how the great
city Babylon will be violently thrown down and will never be seen
again. 22 The music of harps and of human voices, of players of
the flute and the trumpet, will never be heard in you again! No
workman in any trade will ever be found in you again; and the
sound of the millstone will be heard no more! 23 Never again will
the light of a lamp be seen in you; no more will the voices of
brides and grooms be heard in you. Your businessmen were the
most powerful in all the world, and with your false magic you deceived
all the peoples of the world!"

24 Babylon was punished because the blood of prophets and of
God's people was found in the city; yes, the blood of all those
who have been killed on earth.

19 After this I heard what sounded like the roar of a large crowd
of people in heaven, saying, "Praise God! Salvation, glory,
and power belong to our God! 2 True and just are his judgements!
He has condemned the prostitute who was corrupting the earth with
her immorality. God has punished her because she killed his servants."
3 Again they shouted, "Praise God! The smoke from the flames that
consume the great city goes up for ever and ever!" 4 The twenty-four
elders and the four living creatures fell down and worshipped God,
who was seated on the throne. They said, "Amen! Praise God!"

O nef, gorfoledda drosti, 20
a chwithau'r saint, a'r apostolion a'r proffwydi,
oherwydd y farn a roes hi arnoch chwi a roes Duw arni hi.

Cododd angel nerthol garreg debyg i faen melin mawr a'i 21
thaflu i'r môr a dweud:

"Felly yr hyrddir i'r ddaear
Fabilon, y ddinas fawr,
ac nis gwelir byth mwy.
A sain telyn a cherdd 22
a phib ac utgorn,
nis clywir ynot byth mwy;
a chrefft yr un crefftwr,
nis ceir ynot byth mwy;
a sŵn maen y felin,
nis clywir ynot byth mwy;
a golau lamp, 23
nis gwelir ynot byth mwy;
a llais priodfab a phriodferch,
nis clywir ynot byth mwy.
Mawrion y ddaear oedd dy fasnachwyr di,
a thwyllwyd yr holl genhedloedd gan dy ddewiniaeth.
Ynddi hi y cafwyd gwaed y proffwydi a'r saint, 24
a phawb a laddwyd ar y ddaear."

Ar ôl hyn clywais sŵn fel llais uchel tyrfa fawr yn y nef yn **19**
dweud:

"Haleliwia!
Eiddo ein Duw ni y fuddugoliaeth a'r gogoniant a'r gallu,
oherwydd gwir a chyfiawn yw ei farnedigaethau ef,
gan iddo farnu'r butain fawr 2
a lygrodd y ddaear â'i phuteindra,
a dial gwaed ei weision
arni hi."

A dywedasant eilwaith:
"Haleliwia! 3
Bydd ei mwg hi'n codi yn oes oesoedd."

Syrthiodd y pedwar henuriad ar hugain a'r creaduriaid byw, ac 4
addoli Duw, yr hwn sy'n eistedd ar yr orsedd, a dweud:
"Amen! Haleliwia!"

The Wedding-Feast of the Lamb

5 Then there came from the throne the sound of a voice, saying,
"Praise our God, all his servants and all people, both great and
small, who worship him!" 6 Then I heard what sounded like a large
crowd, like the sound of a roaring waterfall, like loud peals of thunder.
I heard them say, "Praise God! For the Lord, our Almighty God,
is King! 7 Let us rejoice and be glad; let us praise his greatness!
For the time has come for the wedding of the Lamb, and his bride
has prepared herself for it. 8 She has been given clean shining linen
to wear." (The linen is the good deeds of God's people.)

9 Then the angel said to me, "Write this: Happy are those who
have been invited to the wedding-feast of the Lamb." And the angel
added, "These are the true words of God."

10 I fell down at his feet to worship him, but he said to me,
"Don't do it! I am a fellow-servant of yours and of your brothers,
all those who hold to the truth that Jesus revealed. Worship God!"

For the truth that Jesus revealed is what inspires the prophets.

The Rider on the White Horse

11 Then I saw heaven open, and there was a white horse. Its
rider is called Faithful and True; it is with justice that he judges
and fights his battles. 12 His eyes were like a flame of fire, and he
wore many crowns on his head. He had a name written on him,
but no one except himself knows what it is. 13 The robe he wore
was covered with blood. His name is "The Word of God." 14 The
armies of heaven followed him, riding on white horses and dressed
in clean white linen. 15 Out of his mouth came a sharp sword, with
which he will defeat the nations. He will rule over them with a
rod of iron, and he will trample out the wine in the winepress of
the furious anger of the Almighty God. 16 On his robe and on his
thigh was written the name: "King of kings and Lord of lords."

Gwledd Briodas yr Oen

A daeth llais allan o'r orsedd yn dweud: 5
" Molwch ein Duw ni,
chwi ei holl weision ef,
a'r rhai sy'n ei ofni ef,
y rhai bach a'r rhai mawr."
A chlywais lais fel sŵn tyrfa fawr a sŵn dyfroedd lawer a sŵn 6
taranau mawr yn dweud:
" Haleliwia!
Oherwydd yr Arglwydd ein Duw, yr Hollalluog,
a sefydlodd ei frenhiniaeth.
Llawenhawn a gorfoleddwn, 7
a rhoddwn iddo'r gogoniant,
oherwydd daeth dydd priodas yr Oen,
ac ymbaratôdd ei briodferch ef.
Rhoddwyd iddi hi i'w wisgo 8
liain main disgleirwych,
oherwydd gweithredoedd cyfiawn y saint yw'r lliain main."
Dywedodd yr angel wrthyf, " Ysgrifenna: ' Gwyn eu byd y 9
rhai sydd wedi eu gwahodd i wledd briodas yr Oen.' " Dywed-
odd wrthyf hefyd, " Dyma wir eiriau Duw." Syrthiais wrth ei 10
draed i'w addoli, ond meddai wrthyf, " Paid ! Cydwas â thi
wyf fi, ac â'th frodyr sy'n dal tystiolaeth Iesu; addola Dduw.
Ysbryd proffwydoliaeth yw tystiolaeth Iesu."

Marchog y Ceffyl Gwyn

Gwelais y nef wedi ei hagor, ac wele geffyl gwyn; enw ei 11
farchog oedd Ffyddlon a Gwir, oherwydd mewn cyfiawnder y
mae ef yn barnu ac yn rhyfela. Yr oedd ei lygaid fel fflam dân, 12
ac ar ei ben yr oedd dïademau lawer. Yn ysgrifenedig arno yr
oedd enw na wyddai neb ond ef ei hun. Yr oedd y fantell am- 13
dano wedi ei throchi mewn gwaed, ac fe'i galwyd wrth yr enw
Gair Duw. Yn ei ganlyn ar geffylau gwynion yr oedd byddin- 14
oedd y nef, wedi eu gwisgo â lliain main disgleirwyn. O'i enau 15
yr oedd cleddyf llym yn dod allan, iddo daro'r cenhedloedd ag
ef; a bydd ef yn eu llywodraethu â gwialen haearn, ac yn
sathru gwinwryf digofaint llidiog Duw, yr Hollalluog. Yn 16
ysgrifenedig ar ei fantell ac ar ei glun y mae enw: " Brenin

17 Then I saw an angel standing on the sun. He shouted in a
loud voice to all the birds flying in midair: "Come and gather together
for God's great feast! 18 Come and eat the flesh of kings, generals,
and soldiers, the flesh of horses and their riders, the flesh of all
people, slave and free, great and small!"

19 Then I saw the beast and the kings of the earth and their
armies gathered to fight against the one who was riding the horse
and against his army. 20 The beast was taken prisoner, together with
the false prophet who had performed miracles in his presence. (It
was by those miracles that he had deceived those who had the mark
of the beast and those who had worshipped the image of the beast.)
The beast and the false prophet were both thrown alive into the
lake of fire that burns with sulphur. 21 Their armies were killed by
the sword that comes out of the mouth of the one who was riding
the horse; and all the birds ate all they could of their flesh.

The Thousand Years

20 Then I saw an angel coming down from heaven, holding
in his hand the key of the abyss and a heavy chain. 2 He
seized the dragon, that ancient serpent—that is, the Devil, or Satan—
and chained him up for a thousand years. 3 The angel threw him
into the abyss, locked it, and sealed it, so that he could not deceive
the nations any more until the thousand years were over. After that
he must be let loose for a little while.

4 Then I saw thrones, and those who sat on them were given
the power to judge. I also saw the souls of those who had been
executed because they had proclaimed the truth that Jesus revealed
and the word of God. They had not worshipped the beast or its
image, nor had they received the mark of the beast on their foreheads
or their hands. They came to life and ruled as kings with Christ
for a thousand years. 5 (The rest of the dead did not come to life
until the thousand years were over.) This is the first raising of the
dead. 6 Happy and greatly blessed are those who are included in
this first raising of the dead. The second death has no power over
them; they shall be priests of God and of Christ, and they will
rule with him for a thousand years.

The Defeat of Satan

7 After the thousand years are over, Satan will be let loose from
his prison, 8 and he will go out to deceive the nations scattered over
the whole world, that is, Gog and Magog. Satan will bring them
all together for battle, as many as the grains of sand on the sea-shore.

brenhinoedd, ac Arglwydd arglwyddi."
Yna gwelais angel yn sefyll yn yr haul, a gwaeddodd â llais 17
uchel wrth yr holl adar oedd yn hedfan yng nghanol y nef:
"Dewch, ymgasglwch i wledd fawr Duw; cewch fwyta cnawd 18
brenhinoedd, cnawd cadfridogion, cnawd y cryfion, cnawd
ceffylau a'u marchogion, a chnawd pawb, yn rhyddion ac yn
gaethion, yn fach ac yn fawr." Gwelais y bwystfil, a brenhin- 19
oedd y ddaear a'u byddinoedd, wedi ymgasglu i ryfela yn
erbyn marchog y ceffyl a'i fyddin. Daliwyd y bwystfil, ac 20
ynghyd ag ef y gau-broffwyd oedd wedi gwneud yr arwyddion
o'i flaen i dwyllo'r rhai oedd wedi derbyn nod y bwystfil ac
addoli ei ddelw ef. Bwriwyd y ddau yn fyw i'r llyn tân oedd
yn llosgi â brwmstan. Lladdwyd y gweddill â'r cleddyf oedd 21
yn dod allan o enau marchog y ceffyl, a chafodd yr holl adar eu
gwala o'u cnawd hwy.

Y Mil Blynyddoedd

Gwelais angel yn disgyn o'r nef, â chanddo yn ei law allwedd **20**
y pydew diwaelod a chadwyn fawr. Gafaelodd yn y ddraig, yr 2
hen sarff, sef Diafol a Satan, a rhwymodd hi am fil o flynydd-
oedd. Bwriodd hi i'r pydew diwaelod, a chloi'r pwll a'i selio 3
arni rhag iddi dwyllo'r cenhedloedd eto, nes i'r mil blynydd-
oedd ddod i ben; ar ôl hynny, rhaid ei gollwng yn rhydd am
ychydig amser.

Gwelais orseddau, ac yn eistedd arnynt y rhai y rhoddwyd 4
iddynt awdurdod i farnu; gwelais hefyd eneidiau'r rhai a ddi-
enyddiwyd ar gyfrif tystiolaeth Iesu ac ar gyfrif gair Duw.
Nid oedd y rhain wedi addoli'r bwystfil, na'i ddelw ef, na
chwaith wedi derbyn ei nod ar eu talcen nac ar eu llaw.
Daethant yn fyw, a theyrnasu gyda Christ am fil o flynydd-
oedd. Ni ddaeth gweddill y meirw yn fyw nes i'r mil blynydd- 5
oedd ddod i ben. Dyma'r atgyfodiad cyntaf. Gwyn ei fyd a 6
sanctaidd y sawl sydd â rhan yn yr atgyfodiad cyntaf; nid oes
gan yr ail farwolaeth awdurdod arnynt, ond byddant yn
offeiriaid Duw a Christ, a theyrnasant gydag ef am y mil
blynyddoedd.

Pan ddaw'r mil blynyddoedd i ben, caiff Satan ei ollwng yn 7
rhydd o'i garchar, a daw allan i dwyllo'r cenhedloedd ym 8
mhedwar ban y byd, sef lluoedd Gog a Magog, a'u casglu yng-
hyd i ryfel; byddant mor niferus â thywod y môr. Heidiasant 9

9 They spread out over the earth and surrounded the camp of God's
people and the city that he loves. But fire came down from heaven
and destroyed them. 10 Then the Devil, who deceived them, was thrown
into the lake of fire and sulphur, where the beast and the false
prophet had already been thrown; and they will be tormented day
and night for ever and ever.

The Final Judgement

11 Then I saw a great white throne and the one who sits on it.
Earth and heaven fled from his presence and were seen no more.
12 And I saw the dead, great and small alike, standing before the
throne. Books were opened, and then another book was opened,
the book of the living. The dead were judged according to what
they had done, as recorded in the books. 13 Then the sea gave up
its dead. Death and the world of the dead[h] also gave up the dead
they held. And all were judged according to what they had done.
14 Then death and the world of the dead were thrown into the lake
of fire. (This lake of fire is the second death.) 15 Whoever did not
have his name written in the book of the living was thrown into
the lake of fire.

The New Heaven and the New Earth

21 Then I saw a new heaven and a new earth. The first heaven
and the first earth disappeared, and the sea vanished. 2 And
I saw the Holy City, the new Jerusalem, coming down out of heaven
from God, prepared and ready, like a bride dressed to meet her
husband. 3 I heard a loud voice speaking from the throne: "Now
God's home is with mankind! He will live with them, and they
shall be his people. God himself will be with them, and he will
be their God. 4 He will wipe away all tears from their eyes. There
will be no more death, no more grief or crying or pain. The old
things have disappeared."

5 Then the one who sits on the throne said, "And now I make
all things new!" He also said to me, "Write this, because these
words are true and can be trusted." 6 And he said, "It is done!
I am the first and the last, the beginning and the end. To anyone
who is thirsty I will give the right to drink from the spring of the
water of life without paying for it. 7 Whoever wins the victory will

---

[h] WORLD OF THE DEAD: *See 1.18.*

dros wyneb y ddaear ac amgylchynu gwersyll y saint a'r ddinas
sy'n annwyl gan Dduw. Ond disgynnodd tân o'r nef a'u difa
yn llwyr; a bwriwyd y diafol, twyllwr y cenhedloedd, i'r llyn 10
tân a brwmstan, lle mae'r bwystfil hefyd a'r gau-broffwyd.
Yno cânt eu poenydio ddydd a nos yn oes oesoedd.

Y Farn gerbron yr Orsedd Fawr Wen

Gwelais orsedd fawr wen a'r Un oedd yn eistedd arni, 11
hwnnw y ffoesai'r ddaear a'r nef o'i ŵydd a gadael eu lle yn wag.
Gwelais y meirw, y rhai mawr a'r rhai bach, yn sefyll o flaen yr 12
orsedd; ac agorwyd llyfrau. Yna agorwyd llyfr arall, sef llyfr y
bywyd; a barnwyd y meirw ar sail yr hyn oedd yn ysgrifenedig
yn y llyfrau, yn ôl eu gweithredoedd. Ildiodd y môr y meirw 13
oedd ynddo, ac ildiodd Marwolaeth a Thrigfan y Meirw y rhai
oedd ynddynt hwy, ac fe'u barnwyd, pob un yn ôl ei weithred-
oedd. Bwriwyd Marwolaeth a Thrigfan y Meirw i'r llyn tân; 14
dyma'r ail farwolaeth, sef y llyn tân. Pwy bynnag ni chafwyd 15
ei enw'n ysgrifenedig yn llyfr y bywyd, fe'i bwriwyd i'r llyn tân.

Y Nef Newydd a'r Ddaear Newydd

Yna gwelais nef newydd a daear newydd; oherwydd yr oedd **21**
y nef gyntaf a'r ddaear gyntaf wedi mynd heibio, ac nid oedd
môr mwyach. A gwelais y ddinas sanctaidd, Jerwsalem newydd, 2
yn disgyn o'r nef oddi wrth Dduw, wedi ei pharatoi fel priodas-
ferch wedi ei thecáu i'w gŵr. Clywais lais uchel o'r orsedd yn 3
dweud, " Wele, y mae preswylfa Duw gyda dynion; bydd ef
yn preswylio gyda hwy, byddant hwy yn bobloedd iddo ef, a
bydd Duw ei hun gyda hwy, yn Dduw iddynt.* Fe sych bob 4
deigryn o'u llygaid hwy, ac ni bydd marwolaeth mwyach, na
galar na llefain na phoen. Y mae'r pethau cyntaf wedi mynd
heibio."

Yna dywedodd yr hwn oedd yn eistedd ar yr orsedd, " Wele, 5
yr wyf yn gwneud pob peth yn newydd." Dywedodd hefyd,
" Ysgrifenna, oherwydd dyma eiriau ffyddlon a gwir." A 6
dywedodd wrthyf, " Y mae'r cwbl ar ben. Myfi yw Alffa ac
Omega, y dechrau a'r diwedd. Rhoddaf fi i'r sychedig ddiod
yn rhad o ffynnon dŵr y bywyd. Yr hwn sy'n gorchfygu, caiff 7

---

*adn. 3: y mae rhai llawysgrifau yn gadael allan *yn Dduw iddynt*.

receive this from me: I will be his God, and he will be my son.
8 But cowards, traitors, perverts, murderers, the immoral, those who
practise magic, those who worship idols, and all liars—the place
for them is the lake burning with fire and sulphur, which is the
second death."

The New Jerusalem

9 One of the seven angels who had the seven bowls full of the
seven last plagues came to me and said, "Come, and I will show
you the Bride, the wife of the Lamb." 10 The Spirit took control
of me, and the angel carried me to the top of a very high mountain.
He showed me Jerusalem, the Holy City, coming down out of heaven
from God 11 and shining with the glory of God. The city shone
like a precious stone, like a jasper, clear as crystal. 12 It had a great,
high wall with twelve gates and with twelve angels in charge of
the gates. On the gates were written the names of the twelve tribes
of the people of Israel. 13 There were three gates on each side: three
on the east, three on the south, three on the north, and three on
the west. 14 The city's wall was built on twelve foundation-stones,
on which were written the names of the twelve apostles of the Lamb.
15 The angel who spoke to me had a gold measuring-rod to measure
the city, its gates, and its wall. 16 The city was perfectly square,
as wide as it was long. The angel measured the city with his measuring-
rod: it was 2,400 kilometres long and was as wide and as high as
it was long. 17 The angel also measured the wall, and it was sixty metres
high,[i] according to the standard unit of measure which he was using.
18 The wall was made of jasper, and the city itself was made of
pure gold, as clear as glass. 19 The foundation-stones of the city wall
were adorned with all kinds of precious stones. The first foundation-
stone was jasper, the second sapphire, the third agate, the fourth
emerald, 20 the fifth onyx, the sixth carnelian, the seventh yellow
quartz, the eighth beryl, the ninth topaz, the tenth chalcedony, the
eleventh turquoise, the twelfth amethyst. 21 The twelve gates were
twelve pearls; each gate was made from a single pearl. The street
of the city was of pure gold, transparent as glass.

22 I did not see a temple in the city, because its temple is the
Lord God Almighty and the Lamb. 23 The city has no need of the
sun or the moon to shine on it, because the glory of God shines
on it, and the Lamb is its lamp. 24 The peoples of the world will

---

[i] high; *or* thick.

etifeddu'r pethau hyn; byddaf yn Dduw iddo, a bydd yntau'n
fab i mi. Ond y llwfr, yr anffyddlon, y ffiaidd, y llofruddwyr, 8
y puteinwyr, y dewiniaid, yr eilunaddolwyr, a phawb celwydd-
og, eu rhan hwy fydd y llyn sy'n llosgi gan dân a brwmstan,
hynny yw yr ail farwolaeth."

Y Jerwsalem Newydd

Daeth un o'r saith angel oedd â'r saith ffiol ganddynt yn 9
llawn o'r saith pla diwethaf, a siaradodd â mi. "Tyrd,"
meddai, "dangosaf iti'r briodferch, gwraig yr Oen." Ac aeth 10
â mi ymaith yn yr ysbryd i fynydd mawr ac uchel, a dangosodd
imi'r ddinas sanctaidd, Jerwsalem, yn disgyn o'r nef oddi wrth
Dduw, â gogoniant Duw ganddi. Yr oedd ei llewyrch fel 11
llewyrch gem dra gwerthfawr, fel maen iasbis, yn disgleirio fel
grisial. Yr oedd iddi fur mawr ac uchel a deuddeg porth, ac 12
wrth y pyrth ddeuddeg angel, ac enwau deuddeg llwyth
meibion Israel yn ysgrifenedig ar y pyrth. Yr oedd tri phorth 13
o du'r dwyrain, tri o du'r gogledd, tri o du'r de, a thri o du'r
gorllewin. I fur y ddinas yr oedd deuddeg carreg sylfaen, ac 14
arnynt enwau deuddeg apostol yr Oen.

Yr oedd gan yr angel oedd yn siarad â mi wialen fesur o aur, i 15
fesur y ddinas a'i phyrth a'i mur. Yr oedd y ddinas wedi ei 16
llunio'n betryal, ei hyd yn gyfartal â'i lled. Mesurodd ef y
ddinas â'r wialen. Yr oedd yn ddeuddeng mil o fesurau, a'i
hyd a'i lled a'i huchder yn gyfartal. A mesurodd ei mur. Yr 17
oedd yn gant pedwar deg a phedwar o'r mesurau dynol yr oedd
yr angel yn mesur wrthynt. Iasbis oedd defnydd y mur, a'r 18
ddinas ei hun yn aur pur, gloyw fel gwydr. Yr oedd sylfeini 19
mur y ddinas wedi eu haddurno â phob math o emau gwerth-
fawr: iasbis oedd y garreg sylfaen gyntaf, saffir yr ail,
chalcedon y drydedd, emrallt y bedwaredd, sardonyx y 20
bumed, sardion y chweched, eurfaen y seithfed, beryl yr
wythfed, topas y nawfed, chrysoprasos y ddegfed, hyacinth yr
unfed ar ddeg, amethyst y ddeuddegfed. A deuddeg perl oedd 21
y deuddeg porth; pob porth wedi ei wneud o un perl. Ac yr
oedd heol y ddinas yn aur pur, fel gwydr tryloyw.

A theml ni welais ynddi, oherwydd ei theml hi yw'r 22
Arglwydd Dduw, yr Hollalluog, a'r Oen. Nid oes ar y ddinas 23
angen na'r haul na'r lleuad i dywynnu arni, oherwydd gogon-
iant Duw sy'n ei goleuo, a'i lamp hi yw'r Oen. A bydd y cen- 24

walk by its light, and the kings of the earth will bring their wealth
into it. 25 The gates of the city will stand open all day; they will
never be closed, because there will be no night there. 26 The greatness
and the wealth of the nations will be brought into the city. 27 But
nothing that is impure will enter the city, nor anyone who does
shameful things or tells lies. Only those whose names are written
in the Lamb's book of the living will enter the city.

22 The angel also showed me the river of the water of life,
sparkling like crystal, and coming from the throne of God
and of the Lamb 2 and flowing down the middle of the city's street.
On each side of the river was the tree of life, which bears fruit
twelve times a year, once each month; and its leaves are for the
healing of the nations. 3 Nothing that is under God's curse will be
found in the city.

The throne of God and of the Lamb will be in the city, and
his servants will worship him. 4 They will see his face, and his name
will be written on their foreheads. 5 There shall be no more night,
and they will not need lamps or sunlight, because the Lord God
will be their light, and they will rule as kings for ever and ever.

The Coming of Jesus

6 Then the angel said to me, "These words are true and can be
trusted. And the Lord God, who gives his Spirit to the prophets,
has sent his angel to show his servants what must happen very soon."

7 "Listen!" says Jesus. "I am coming soon! Happy are those who
obey the prophetic words in this book!"

8 I, John, have heard and seen all these things. And when I finished
hearing and seeing them, I fell down at the feet of the angel who
had shown me these things, and I was about to worship him. 9 But
he said to me, "Don't do it! I am a fellow-servant of yours and
of your brothers the prophets and of all those who obey the words
in this book. Worship God!" 10 And he said to me, "Do not keep
the prophetic words of this book a secret, because the time is near
when all this will happen. 11 Whoever is evil must go on doing evil,
and whoever is filthy must go on being filthy; whoever is good
must go on doing good, and whoever is holy must go on being
holy."

12 "Listen!" says Jesus. "I am coming soon! I will bring my rewards
with me, to give to each one according to what he has done. 13 I
am the first and the last, the beginning and the end."

14 Happy are those who wash their robes clean and so have the
right to eat the fruit from the tree of life and to go through the

hedloedd yn rhodio yn ei goleuni hi, a brenhinoedd y ddaear yn
dwyn eu trysorau i mewn iddi. Byth ni chaeir ei phyrth y dydd, 25
ac ni bydd nos yno. A byddant yn dwyn i mewn iddi drysorau 26
a golud y cenhedloedd. Ni chaiff dim halogedig, na neb sy'n 27
ymddwyn yn ffiaidd neu'n gelwyddog, fynd i mewn iddi hi,
neb ond y rhai sydd â'u henwau'n ysgrifenedig yn llyfr bywyd
yr Oen.

Dangosodd yr angel imi afon dŵr y bywyd, yn ddisglair fel **22**
grisial, yn llifo allan o orsedd Duw a'r Oen, ar hyd canol heol y 2
ddinas. Ar ddwy lan yr afon yr oedd pren y bywyd, yn dwyn
deuddeg cnwd, gan roi pob cnwd yn ei fis; a dail y pren oedd
er iachâd y cenhedloedd. Ni bydd dim mwyach dan felltith. 3
Yn y ddinas bydd gorsedd Duw a'r Oen, a'i weision yn ei
addoli; cânt weld ei wyneb, a bydd ei enw ar eu talcennau. 4
Ni bydd nos mwyach, ac ni bydd arnynt angen na golau lamp 5
na golau haul, oherwydd bydd yr Arglwydd Dduw yn eu
goleuo, a byddant hwy'n teyrnasu yn oes oesoedd.

Dyfodiad Crist

Yna dywedodd yr angel wrthyf, "Dyma eiriau ffyddlon a 6
gwir: y mae'r Arglwydd Dduw, sy'n ysbrydoli'r proffwydi,
wedi anfon ei angel i ddangos i'w weision y pethau y mae'n
rhaid iddynt ddigwydd ar fyrder. Ac wele, yr wyf yn dod yn 7
fuan. Gwyn ei fyd yr hwn sy'n cadw geiriau proffwydoliaeth y
llyfr hwn."

Myfi, Ioan, yw'r un a glywodd ac a welodd y pethau hyn. 8
Ac wedi imi glywed a gweld, syrthiais wrth draed yr angel a'u
dangosodd imi, i'w addoli; ond meddai wrthyf, "Paid! 9
Cydwas â thi wyf fi, ac â'th frodyr y proffwydi, ac â'r rhai sy'n
cadw geiriau'r llyfr hwn; addola Dduw." Dywedodd wrthyf 10
hefyd, "Paid â gosod geiriau proffwydoliaeth y llyfr hwn dan
sêl, oherwydd y mae'r amser yn agos. Yr anghyfiawn, parhaed 11
yn anghyfiawn, a'r aflan yn aflan; y cyfiawn, parhaed i wneud
cyfiawnder, a'r sanctaidd i fod yn sanctaidd."

"Wele, yr wyf yn dod yn fuan, a'm gwobr gyda mi i'w rhoi 12
i bob un yn ôl ei weithredoedd. Myfi yw Alffa ac Omega, y 13
cyntaf a'r olaf, y dechrau a'r diwedd."

Gwyn eu byd y rhai sy'n golchi eu mentyll er mwyn iddynt 14
gael hawl ar bren y bywyd a mynediad trwy'r pyrth i'r ddinas.

gates into the city. 15 But outside the city are the perverts and those
who practise magic, the immoral and the murderers, those who wor-
ship idols and those who are liars both in words and deeds.
16 "I, Jesus, have sent my angel to announce these things to you in
the churches. I am descended from the family of David; I am the
bright morning star."
17 The Spirit and the Bride say, "Come!"
Everyone who hears this must also say, "Come!"
Come, whoever is thirsty; accept the water of life as a gift, whoever
wants it.

Conclusion

18 I, John, solemnly warn everyone who hears the prophetic words
of this book: if anyone adds anything to them, God will add to
his punishment the plagues described in this book. 19 And if anyone
takes anything away from the prophetic words of this book, God
will take away from him his share of the fruit of the tree of life
and of the Holy City, which are described in this book.
20 He who gives his testimony to all this says, "Yes indeed! I
am coming soon!"
So be it. Come, Lord Jesus!
21 May the grace of the Lord Jesus be with everyone.[j]

---

[j] everyone; *some manuscripts have* God's people; *others have* all God's people.

Oddi allan y mae'r cŵn, y dewiniaid, y puteinwyr, y llofruddion, 15
yr eilunaddolwyr, a phawb sy'n caru celwydd ac yn ei wneud.
"Yr wyf fi, Iesu, wedi anfon fy angel i dystiolaethu am y 16
pethau hyn i chwi ar gyfer yr eglwysi. Myfi yw Gwreiddyn a
Hiliogaeth Dafydd, seren ddisglair y bore." Y mae'r Ysbryd 17
a'r briodasferch yn dweud, "Tyrd"; a'r hwn sy'n clywed,
dyweded yntau, "Tyrd." A'r hwn sy'n sychedig, deued
ymlaen, a'r hwn sydd yn ei ddymuno, derbynied ddŵr y
bywyd yn rhad.

Yr wyf fi'n rhybuddio pob un sy'n clywed geiriau proffwyd- 18
oliaeth y llyfr hwn: os ychwanega neb ddim atynt, fe ychwan-
ega Duw iddo yntau y plâu sydd wedi eu hysgrifennu yn y
llyfr hwn. Ac os tynn neb ddim allan o eiriau llyfr y broffwyd- 19
oliaeth hon, fe dynn Duw ei ran yntau allan o bren y bywyd,
ac o'r ddinas sanctaidd, y pethau yr ysgrifennwyd amdanynt
yn y llyfr hwn.

Y mae'r hwn sy'n tystiolaethu i'r pethau hyn yn dweud, 20
"Yn wir, yr wyf yn dod yn fuan." Amen. Tyrd, Arglwydd
Iesu!

Gras yr Arglwydd Iesu fyddo gyda phawb! 21

WORD LIST

A

Aaron The brother of Moses, who was chosen by God to be the chief priest in Israel (Exodus 28.1—30.10).

Abel One of Adam's sons who was murdered by his brother Cain (Genesis 4.1-16).

Achaia A Roman province covering what is now the southern half of Greece (the northern half of modern Greece was known as Macedonia). The capital city of the province was Corinth; other cities in Achaia mentioned in the New Testament are Cenchreae and Athens.

Agate A semi-precious stone of different colours, but usually white and brown.

Agrippa Herod Agrippa II, great-grandson of Herod the Great, was king of Chalcis, a small country north of Palestine, and ruler of nearby territories. Paul made his defence before him and his sister Bernice (Acts 25.13—26.32).

Alabaster A soft stone, usually of light creamy colour, from which vases and jars were made.

Aloes A sweet-smelling liquid, produced from a plant. It was used as medicine and as a perfume.

Altar The place where sacrifices were offered to God.

Amen A Hebrew word which means "it is so" or "may it be so". It can also be translated "certainly", "truly", or "surely". In Revelation 3.14 it is used as a name for Christ.

Amethyst A semi-precious stone, usually purple or violet in colour.

Ancestor Someone who lived in the past, from whom a person is descended.

Anoint To pour or rub olive-oil on someone in order to honour him or to appoint him to some special work. The Israelite kings were anointed when they took office, and so the king could be called "the anointed one". Christ, the Greek word for "The Anointed One", is the title of the one whom God chose and appointed as Saviour and Lord.

Apostle Usually one of the group of twelve men whom Jesus chose to be his special followers and helpers. It is also used in the New

Testament to refer to Paul and other Christian workers. The word means "messenger".

Areopagus A hill in Athens where the city council used to meet. For this reason the council itself was called Areopagus, even after it no longer met on the hill.

Armageddon The place mentioned in Revelation 16.16; it is not certain whether the name refers to an actual place ("the hill of Megiddo"), or is used as a symbol.

Artemis The Greek name of an ancient goddess of fertility, worshipped especially in Asia Minor.

Asia A Roman province in the western part of what was later known as Asia Minor, and is today part of the country of Turkey. Besides the seven cities of Asia listed in the book of Revelation (1.4,11; 2.1—3.22), other cities in the province mentioned in the New Testament are Colossae, Hierapolis, and Miletus. The capital of the province was Ephesus.

Atonement, Day of The most important of Israel's holy days, when the High Priest would offer sacrifice for the sins of the people of Israel (Leviticus 16). It was held on the 10th day of the seventh month of the Hebrew calendar (about October 1st). The Jewish name for this day is Yom Kippur.

Augustus One of the titles of Gaius Octavius, who was Roman Emperor from 27 B.C. to A.D. 14 (Luke 2.1).

B

Baal The god of fertility worshipped by the Canaanites (1 Kings 18).

Babylon The capital city of the ancient land of Babylonia, east of Palestine, on the rivers Tigris and Euphrates. In 1 Peter 5.13 and Revelation the name Babylon probably refers to the city of Rome.

Balaam A native of Pethor, near the River Euphrates, who was asked by Balak, king of Moab, to curse the people of Israel. Instead, Balaam obeyed God's command and blessed Israel (Numbers 22.1—24.25).

Balak The king of Moab, a country on the southeast side of the Dead Sea. He led the people of Israel to worship idols (Numbers 22.1—24.25).

Bastard A person born of parents who are not legally married.

Beelzebul A New Testament name given to the Devil as the chief of the evil spirits.

Beryl A semi-precious stone, usually green or bluish green in colour.

Breastplate Part of a soldier's armour, made of leather or metal; it covered the chest and sometimes the back, to protect him against arrows and the blows of a sword.

C

Caesar The title given to the Roman Emperor.

Carnelian A semi-precious stone, usually red in colour.

Census The registration of citizens and their property, to determine how much tax they had to pay.

Chalcedony A semi-precious stone, usually milky or grey in colour.

Christ The Greek word for the Hebrew "Messiah". It means "the anointed one". Jesus was called the Christ because he was the one whom God chose and sent as Saviour and Lord.

Circumcise To cut off the foreskin of the penis. As a sign of God's covenant with his people Israelite boys were circumcised eight days after they were born (Genesis 17.9–14).

Claudius Roman Emperor A.D. 41–54 (Acts 11.28; 18.2).

Convert A person who is converted, or turned, from one belief or faith to another.

Council The highest religious court of the Jews. It was made up of seventy leaders of the Jewish people. Its president was the High Priest.

Covenant An agreement, either between people, or between God and a person or a group of people. God made a covenant with Noah (Genesis 9.8–17) and with Abraham (Genesis 17.1–8), but in the Old Testament the term usually refers to the covenant made between God and the people of Israel at the time of Moses (Exodus 24.4–8). In Hebrews 8 the writer refers to a new covenant and quotes Jeremiah 31.31–34.

Covenant Box A wooden chest covered with gold. The two stone tablets with the Ten Commandments written on them were kept in it. It is often called "the Ark of the Covenant".

Cumin A small plant whose seeds are crushed and used for seasoning foods.

D

Dalmatia The southern half of the province of Illyricum.

David's City In the Old Testament it usually refers to the part of Jerusalem which was captured from the Jebusites by King David. In the New Testament Bethlehem, David's boyhood home where Jesus was born, is referred to as David's town.

Dedication, Festival of A Jewish festival in which people remembered how Judas Maccabeus rededicated the altar in the Temple in 165 B.C. The festival began on the 25th day of the month Kislev (about

December 10th) and lasted eight days. The Jewish name for this festival is Hannukah.

Defile To make a person unfit to worship God. Some foods and actions were forbidden by the Law of Moses. If people broke these laws they were not allowed into the place where they worshipped God. Such people could not take part in worship until they had gone through certain rituals.

Demon An evil spirit with the power to harm people; it was regarded as a messenger and servant of the Devil.

Descendant A person who is related by family line to someone who lived a long time before him.

Dill A small plant whose stems, leaves, and seeds are used for seasoning food.

Disciple A person who follows and learns from someone else. In the New Testament the word is used of the followers of John the Baptist and especially of the followers of Jesus, particularly the twelve apostles.

Dragon A beast in old legends, thought to be like a huge lizard. It is also called a serpent and appears as a picture of the Devil (Revelation 12.3—13.4; 20.2-3).

E

Elders In the New Testament three different groups are called elders: (1) in the Gospels the elders are important Jewish religious leaders, some of whom were members of their highest Council; (2) in Acts 11—21 and the Letters, the elders are Christian church officers who were responsible for the work of the church; (3) in Revelation the twenty-four elders are part of God's court in heaven, perhaps as representatives of God's people.

Elijah The Old Testament prophet who was expected to appear to announce the coming of the Messiah (1 Kings 17.1—2 Kings 2.15; Malachi 4.5-6).

Elisha The Old Testament prophet who followed Elijah (2 Kings 2—9).

Emerald A very valuable stone, green in colour.

Epicureans Those who followed the teaching of Epicurus (died 270 B.C.), a Greek philosopher who taught that happiness is the highest good in life.

Epileptic A person who suffers from a nervous disease which causes fits and fainting.

Eunuch A man who has had an operation which prevents him from having normal sexual relations. Eunuchs were often important officials in the courts of ancient kings, and the word may have come to be used of such officials, even if they had not had the operation.

F

Fast To go without food for a while as a religious duty.
Felix The Roman governor of Judaea A.D. 52-60, before whom Paul defended himself (Acts 23.24—24.27).
Festus The Roman governor of Judaea A.D. 60-62, before whom Paul defended himself and made his appeal to the Roman Emperor (Acts 25.1—26.32).
Frankincense A valuable substance made from the sap of a certain tree, probably brought from Arabia. It was burnt to give a pleasant smell.

G

Gabriel One of God's chief angels, who was sent to Zechariah, father of John the Baptist (Luke 1.11-20), and to Mary, mother of Jesus (Luke 1.26-38).
Galatia A Roman province in the eastern part of what was later known as Asia Minor, and is today part of the country of Turkey. The cities of Antioch of Pisidia, Iconium, Lystra, and Derbe were in the province of Galatia.
Gallio The Roman governor of Greece A.D. 51-52 (Acts 18.12-17).
Generation The average period, about 30 years in length, from the time a man becomes an adult to the time his son becomes an adult.
Gennesaret Another name for Lake Galilee (Luke 5.1).
Gentile A person who is not a Jew.

H

Hades The Greek name used in the New Testament to refer to the world of the dead.
Hermes The name of a Greek god who served as messenger of the gods.
Herod (1) Herod the Great was king of all the country of the Jews 37-4 B.C. He was responsible for the killing of the baby boys in Bethlehem soon after Jesus was born. (2) Herod (whose full name was Herod Antipas) was ruler of Galilee 4 B.C.-A.D. 39. He was son of Herod the Great, and although called a king (Mark 6.14), he was not a king as his father had been. He was responsible for the death of John the Baptist. (3) Herod (whose full name was Herod Agrippa I) was ruler of Judaea, with the title of king, A.D. 41-44. He was grandson of Herod the Great. He put the apostle James to death and arrested Peter.

Herodias The wife of Herod Antipas, ruler of Galilee. Before marrying Herod she had been the wife of his half-brother Philip.

Herod's Party A political party in New Testament times made up of Jews who wanted to be ruled by one of the family of Herod the Great rather than by the Roman governor.

High Priest The chief Jewish priest and president of their supreme Council. Once a year (on the Day of Atonement) he would enter the Most Holy Place in the Temple and offer a sacrifice for himself and for the sins of the people of Israel.

Homosexual A man who has sexual relations with another man.

Hyssop A small bushy plant used in religious ceremonies to sprinkle liquids.

I

Illyricum A province on the coast of the Adriatic Sea, north of the province of Macedonia, in what is now Yugoslavia.

Incense Material which is burnt in order to produce a pleasant smell. The Israelites used it in their worship.

J

Jasper A semi-precious stone of various colours. The jasper mentioned in the Bible was probably green, or else clear.

Jesse The father of King David (1 Samuel 16), one of the ancestors of Jesus.

K

Kingdom of God, Kingdom of heaven The titles used to describe God's ruling over the world as king. There is no difference between the two titles, both of which refer primarily to God's possession and exercise of his power, not to a place or time in history. This Kingdom is spoken of as being already present and also as coming in the future.

L

Lady The recipient of 2 John (verses 1, 5), probably a church, not an individual. Under this interpretation, her "children" (verses 1, 4) are the church members, and her "Sister" (verse 13) is also a church to which the writer belongs.

Law The name which the Jews applied to the first five books of the Old Testament, also called "The Books of Moses". Sometimes, however, the name is used in a more general way for the entire Old Testament.

Levite (1) A member of the tribe of Levi (Exodus 6.16-25); (2) a man who helped the priest to perform religious duties (Numbers 1.47-53).

Living Creatures Symbols of God's majesty and his presence. For a description of them, see Exodus 25.18-20; Ezekiel 1.5-13; 10; Revelation 4.6-9. Older translations call them cherubim.

Locust A winged insect extremely harmful to plants; locusts fly in huge swarms and eat crops and other plants.

Lot The nephew of Abraham who escaped with his daughters from the city of Sodom when it was destroyed by God (Genesis 19.12-29).

M

Macedonia A Roman province covering what is now the northern half of Greece. Its capital city was Thessalonica. Other cities in the province mentioned in the New Testament are Neapolis, Philippi, Amphipolis, Apollonia, and Berea.

Magdalene Mary Magdalene, a follower of Jesus, was one of those to whom Jesus appeared after he was raised from death (Mark 15.40-47; John 20.1-18). Her name indicates that she was born in Magdala, a town on the west side of Lake Galilee.

Manna A food eaten by the Israelites during their travels in the wilderness. It was white and flaky, and looked like small seeds (Exodus 16.14-21; Numbers 11.7-9).

Messiah A Hebrew title (meaning "the anointed one") given to the Saviour whose coming was promised by the Hebrew prophets; the Greek word "the Christ" has the same meaning.

Michael One of God's chief angels (Jude 9; Revelation 12.7).

Mint A small garden plant whose leaves are used for seasoning foods.

Molech One of the gods of the ancient people of Canaan.

Most Holy Place The innermost room of the Tent of the LORD's presence or the Temple. The Covenant Box was kept there. Only the High Priest could enter the Most Holy Place, and he did so only once a year, on the Day of Atonement.

Mustard A large plant which grows from a very small seed. The seeds are ground into powder and used as spice on food.

Myrrh A sweet-smelling resin that was very valuable. It served as a medicine (Mark 15.23) and was used by the Jews in preparing bodies for burial (John 19.39).

N

Nard An expensive perfume made from a plant.

Nazarene Someone from the town of Nazareth. The name was used as a title for Jesus and also as a name for the early Christians (Acts 24.5).

Nicolaitans A group referred to in Revelation 2.6,15 whose teachings and actions are condemned. They apparently practised idolatry and immorality, but nothing definite is known as to when, where, and by whom the group was started.

Nineveh The ancient capital of Assyria, on the east side of the river Tigris, where the prophet Jonah preached (Jonah 3.1-10).

Noah The Old Testament patriarch who built a boat in which he, his family, and the animals were saved from the flood that God sent on the earth (Genesis 6.5—9.28).

O

Onyx A semi-precious stone of various colours.

Outcasts In other Bibles this word is translated "sinners". In the Gospels it refers to Jews who were not allowed to attend synagogue worship because they had broken rules about foods that should not be eaten, and about being friendly with people who were not jews. Such outcasts were looked down on by many of their fellow-Jews, and Jesus was criticized for being friendly with them (Mark 2.15-17; Luke 7.34; 15.1-2).

P

Parable A story which teaches spiritual truth. It was often used by Jesus.

Paradise A name for heaven (Luke 23.43; 2 Corinthians 12.3).

Parchment The skin of an animal, usually a sheep or a goat, which was prepared to be written on (2 Timothy 4.13).

Passover The Israelite festival, on the 14th day of the month Nisan (about April 1st), which celebrated the freeing of the Hebrews from their captivity in Egypt. The Angel of Death killed the first-born in the Egyptian homes but passed over the Hebrew homes (Exodus 12.23-27). The Jewish name for this festival is Pesach.

Pentecost, Day of The Greek name for the Israelite festival of wheat harvest (see Harvest Festival). The name Pentecost (meaning "fiftieth") comes from the fact that the feast was held fifty days after Passover.

Pervert One who commits unnatural sexual acts.

Pharaoh The title of the kings of ancient Egypt. Two different kings of Egypt are mentioned in the New Testament: the one who ruled during the time of Joseph, the son of Jacob (Genesis 40.1—50.26; Acts 7.10-13), and the one who ruled during the time of Moses (Exodus 1.8—14.31; Acts 7.21; Romans 9.17; Hebrews 11).

Pharisees A Jewish religious party during the time of Jesus. They were strict in obeying the Law of Moses and other regulations which had been added to it through the centuries.

Pilate Pontius Pilate was the Roman governor of Judaea, Samaria, and Idumea, A.D. 26-36 (Mark 15.1-15; Luke 3.1; Acts 3.13; 1 Timothy 6.13).

Preparation, Day of The sixth day of the week (Friday), on which the Jews got ready to keep the Sabbath (Saturday).

Prophet A person who proclaims a message from God. The word usually refers to certain men in the Old Testament, but the New Testament speaks of prophets in the early church. John the Baptist is also called a prophet.

Q

Quartz A semi-precious stone of various colours, but usually clear.

R

Rabbi A Hebrew word which means "my teacher".

Red Sea The sea which separated Egypt from the desert and which the Israelites crossed under the leadership of Moses, as described in Exodus 14.

Rephan The name of an ancient god who was worshipped as the ruler of the planet Saturn.

Rue A small garden plant whose leaves are used for seasoning food.

S

Sabbath The seventh day of the week (from sunset on Friday to sunset on Saturday), a holy day on which no work was permitted.

Sackcloth A coarse cloth made of goats' hair, which was worn as a sign of mourning or distress.

Sadducees A small Jewish religious party in New Testament times. Most of them were priests. They based their beliefs mainly on the first five books of the Old Testament. They had several beliefs and practices which were different from those of the larger party of the Pharisees.

Samaritan A name used to refer to a native of Samaria, the region between Judaea and Galilee. Because of differences in politics, race, customs, and religion (including especially the central place of worship), there was much bad feeling between the Jews and the Samaritans.

Sanctuary A building dedicated to the worship of God. Sometimes the word refers to the central place of worship and not to the whole building.

Sapphire A very valuable stone, usually blue in colour.

Saul (1) The first king of Israel (1 Samuel 13—31); (2) the Hebrew name of the apostle Paul.

Scorpion A small creature which has eight legs and a long tail with a poisonous sting. It can inflict a very painful, and sometimes fatal, wound.

Scribe A person who wrote documents for others or copied written material. Some scribes were employed by ancient kings to prepare official documents, and so became important officials.

Scriptures In the New Testament the word refers to the Hebrew sacred writings, known to Christians as the Old Testament. Various names are used: the Law (or the Law of Moses) and the prophets (Matthew 5.17; 7.12; Luke 2.22; 24.44; Acts 13.15; 28.23); the Holy Scriptures (Romans 1.2; 2 Timothy 3.15); the old covenant (2 Corinthians 3.14). The singular "scripture" refers to a single passage of the Old Testament.

Serpent A name given to the dragon, which appears in the New Testament as a picture of the Devil (Revelation 12.3-17; 20.2-3).

Sheepfold An enclosure where sheep were kept, usually at night, to protect them from wild animals and thieves.

Shelters, Festival of A happy festival celebrated by the Israelites in the autumn after the harvest was complete. In order to help them remember the years when their ancestors wandered through the wilderness, the Israelites built rough shelters to live in during the festival. The Jewish name for this festival is Sukkoth. It is also called the Feast of Tabernacles or the Feast of Booths.

Sickle A tool consisting of a curved metal blade and a wooden handle, used for cutting wheat and other crops.

Sodom and Gomorrah Cities near the Dead Sea which God destroyed by fire because of the great wickedness of their people (Genesis 19.24-28).

Solomon's Porch A covered court on the east side of the Temple in Jerusalem.

Son of David A title which the Jews used of the expected Messiah as the descendant and successor of King David.
Son of Man The title used by Jesus to refer to himself as the one chosen by God to be the Saviour (Mark 10.45). As used by Jesus, this title emphasized both his present lowly condition (Mark 8.31; Luke 9.58) and his future glory (Matthew 25.31; Mark 8.38).
Spice One of several pleasant-smelling vegetable products which were used by the Jews in preparing bodies for burial.
Stoics Those who followed the teachings of the Greek philosopher Zeno (died 265 B.C.), who taught that happiness is to be found in being free from pleasure and pain.
Sulphur In the Bible this refers to a chemical which burns with great heat and produces an unpleasant smell.
Synagogue The place where Jews met every Sabbath day for their public worship; it was also used as a social centre and as a school for Jewish children during week days.

T

Teachers of the Law Men who in New Testament times taught and explained the teachings of the Old Testament, especially the first five books.
Tenant In Bible times, a man who grew crops on land owned by someone else, and handed over a part of the harvest to the owner to pay for the use of his land.
Tent of the LORD's Presence The large tent described in detail in Exodus 26, where the Israelites worshipped God until Solomon built the Temple. It is also called the Tabernacle or Tent of Meeting.
Ten Towns A group of ten Gentile towns, most of which were to the east and southeast of Lake Galilee.
Theophilus The one to whom the Gospel of Luke and the book of Acts (Luke 1.1; Acts 1.1) are dedicated. Nothing is known about him, and it is not certain that he is a real person; the name means "God's friend," and may designate the Christian readers of the books.
Tiberius Roman Emperor A.D. 14–37. It was in the 15th year of his rule (about A.D. 29) that John the Baptist began his work (Luke 3.1).
Topaz A semi-precious stone, usually yellow in colour.
Turquoise A semi-precious stone, blue or bluish green in colour.

U

Unleavened Bread, Festival of The Israelite festival, lasting seven days after Passover; it also celebrated the deliverance of the ancient

Hebrews from Egypt. The name came from the practice of not using leaven (yeast) in making bread during that week (Exodus 12.14–20). It was held from the 15th to the 22nd day of the month Nisan (about the first week of April).

V

Vow A strong statement or promise, often made by calling upon God to punish the speaker if the statement should prove to be untrue or if the promise was not kept.

W

Winnowing Shovel A tool like a shovel or a large fork, used to separate the grains from the husks.

Wreath Flowers or leaves arranged in a circle, to be placed on a person's head. In ancient times a wreath of leaves was the prize given to winners in athletic games.

Y

Yeast A substance, also called leaven, which is added to dough made from flour of wheat or barley to make it rise before being baked into bread.

Yoke A heavy bar of wood which is fitted over the necks of two oxen to make it possible for them to pull a plough or a cart. The word is used to describe the rules for living that a teacher passes on to his pupils.

Z

Zeus The name of the supreme god of the Greeks.

Zion Originally a name for "David's City", the Jebusite stronghold captured by King David's men. The word "Zion" was later used to refer to the hill on which the Temple stood.

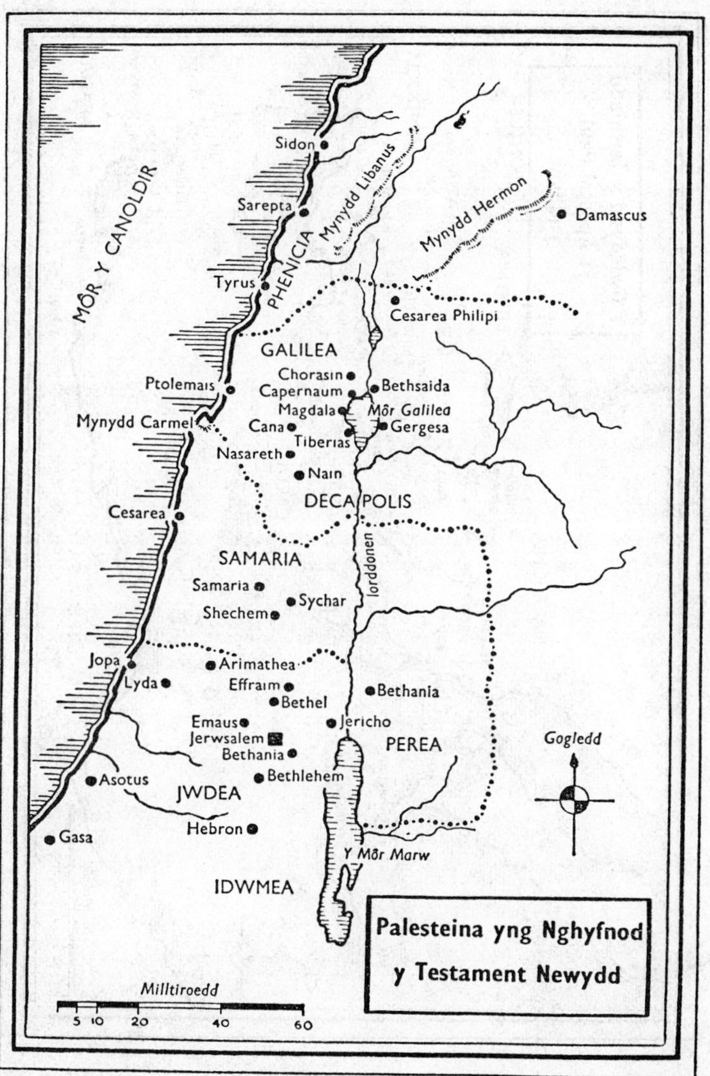

Palesteina yng Nghyfnod y Testament Newydd

Y Gwledydd y Teithiodd yr Apostol Paul ynddynt
YR EIDAL
DALMATIA
MACEDONIA
PONTUS
BITHYNIA
ASIA
GALATIA
CAPADOCIA
ACHAIA
Rhufain
Y Tair Tafarn
Marchnad Apius
Potioli
Rhegium
Syracwsa
MELITA
Gogledd
Nicopolis
Thesalonica
Berea
Philipi
Samothrace
Troas
Asos
Pergamus
Thyatira
Smyrna
Sardis
Effesus
Miletus
Corinth
Athen
Cos
Cnidus
Rhodos
Philadelffia
Antiochia
Laodicea
Colosae
Atalia
Perga
Patara
Myra
Iconium
Lystra
Derbe
Tarsus
Seleucia
Antiochia
CRETA
Phenix
Lasaia
Salmone
Cauda
CYPRUS
Salamis
Paffos
Sidon
Tyrus
Damascus
Ptolemais
Cesarea
Jopa
Jerwsalem
ARABIA
MÔR Y CANOLDIR
Cyrene
CYRENAICA
Alexandria
YR AIFFT
Milltiroedd
50 100 200 300

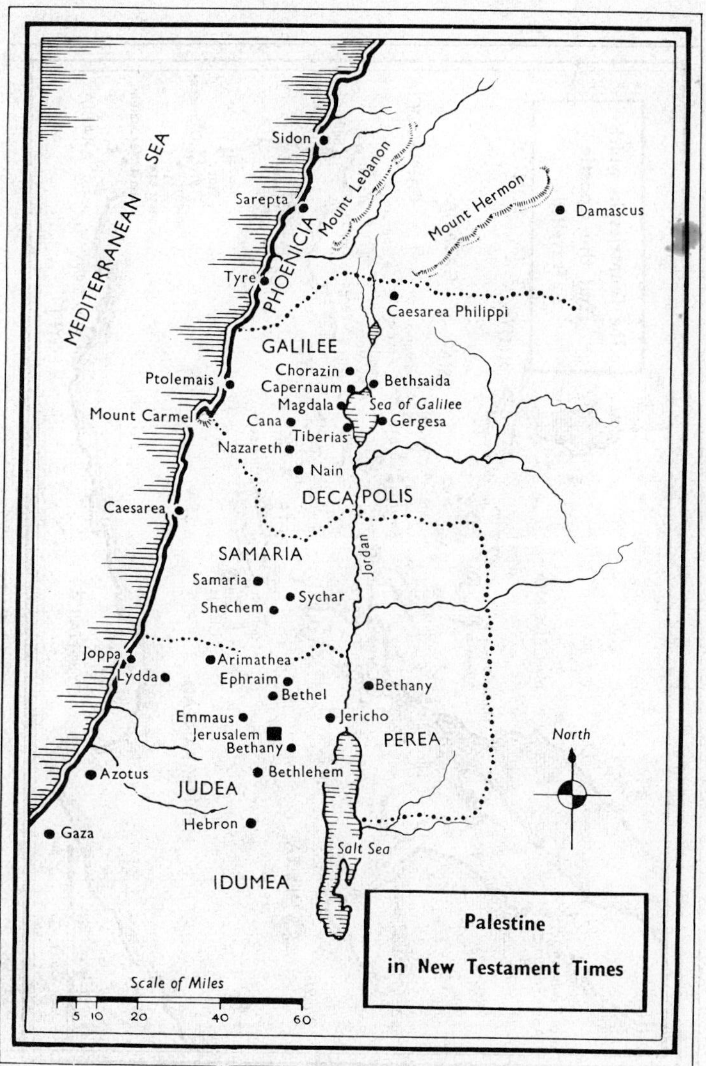

Palestine

in New Testament Times

The Countries in which
Paul the Apostle
Travelled
Rome
Three Taverns
Appii Forum
Puteoli
ITALY
DALMATIA
MACEDONIA
Philippi
Thessalonica
Berea
Samothrace
BITHYNIA
PONTUS
Troas
Assos
Pergamos
Thyatira
ASIA
GALATIA
CAPPADOCIA
Nicopolis
ACHAIA
Philadelphia
Antioch
Iconium
Lystra
Smyrna
Sardis
Ephesus
Rhegium
Corinth
Athens
Miletus
Laodicea
Colosse
Tarsus
Derbe
Perga
Attalia
Patara
Myra
Seleucia
Antioch
Syracuse
Coos
Cnidus
Rhodes
North
MELITA
CRETE
CYPRUS
Salamis
Paphos
Phenice
Lasea
Salmone
Claude
Sidon
Tyre
Damascus
Ptolemais
Caesarea
Joppa
Jerusalem
MEDITERRANEAN
SEA
Cyrene
CYRENAICA
Alexandria
EGYPT
ARABIA
Scale of Miles
50
100
200
300

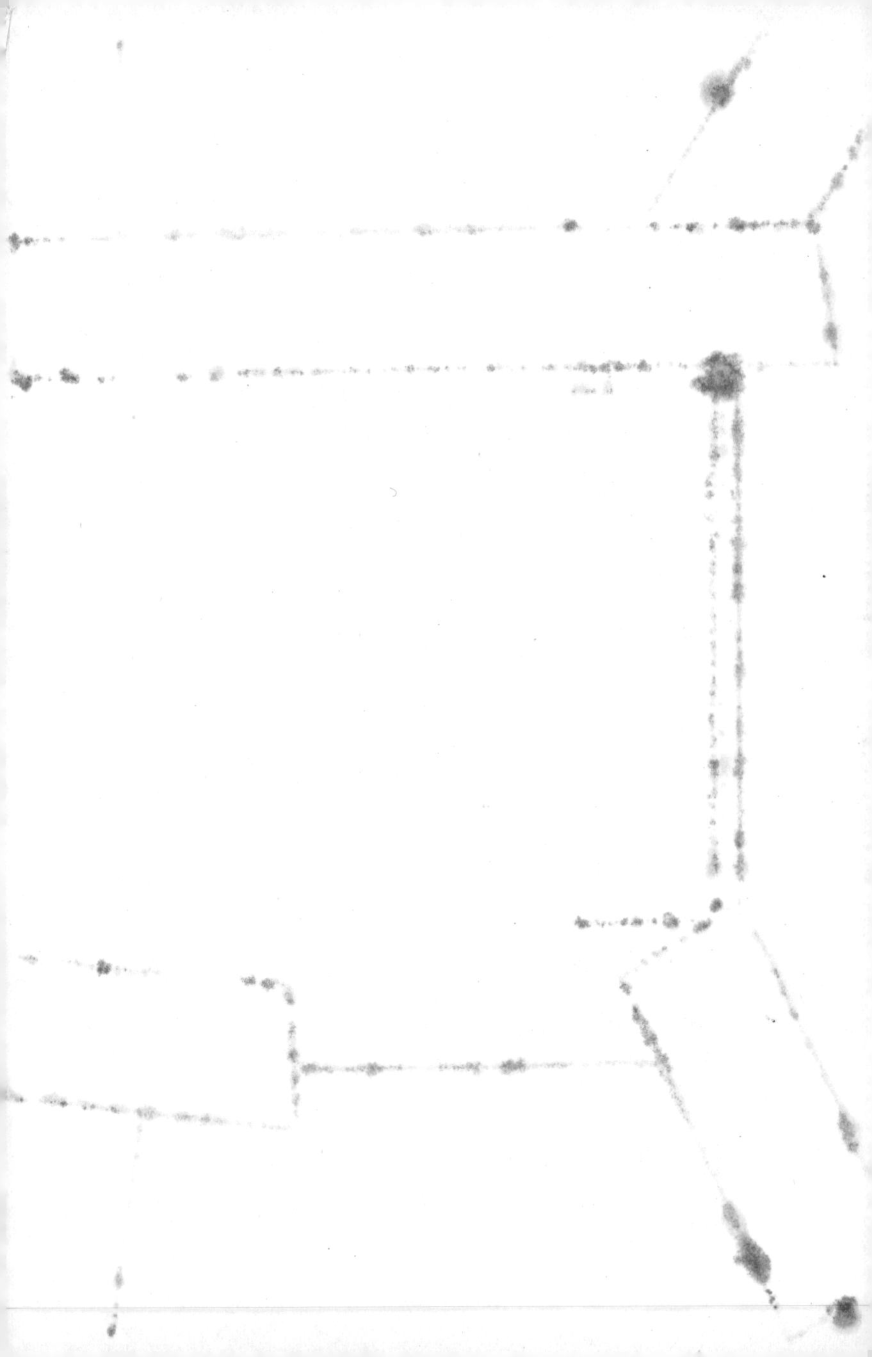

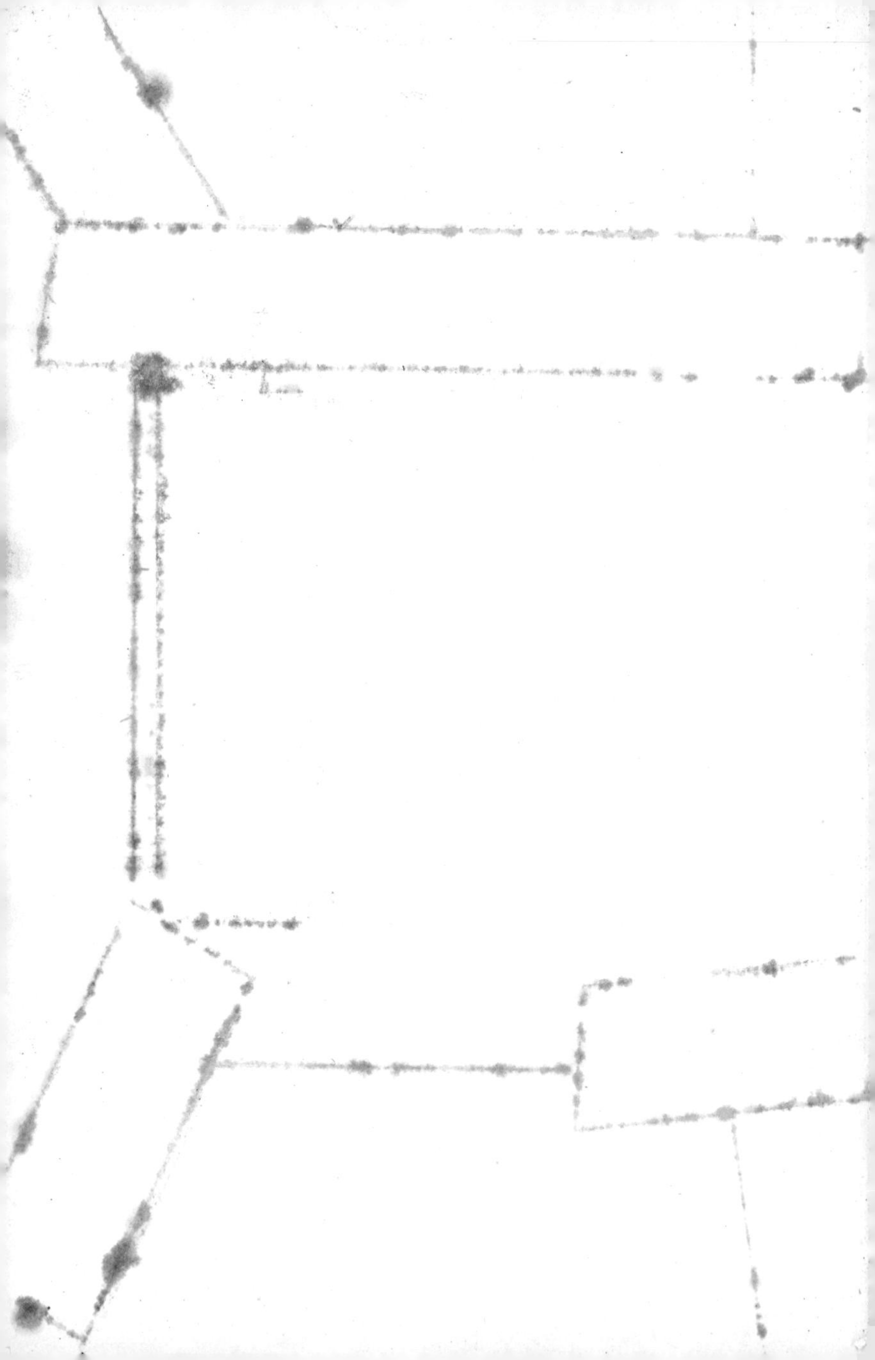